Sintaxis del español
The Routledge Handbook of Spanish Syntax

El volumen *Sintaxis del español/The Routledge Handbook of Spanish Syntax* proporciona una visión general de los temas fundamentales de la sintaxis del español, basada en datos extraídos de corpus textuales, sensible a los fenómenos de variación y conectada con otros componentes de la lengua.

La obra, escrita en español, reúne perspectivas teóricas diversas, elaboradas por un grupo internacional de lingüistas. Está dividida en seis partes y comprende 45 capítulos centrados en cuestiones teóricas, cláusulas, oraciones y estructuras supraoracionales, categorías verbales, frases y clases de palabras, variación y cambio sintácticos, así como acercamientos computacionales y sus diferentes aplicaciones.

El volumen constituye una referencia fundamental para los investigadores al tiempo que proporciona una introducción accesible para estudiantes de la lengua y la lingüística españolas.

Guillermo Rojo es profesor emérito de la Universidade de Santiago de Compostela, España.

Victoria Vázquez Rozas es profesora titular de Lengua española en la Universidade de Santiago de Compostela, España.

Rena Torres Cacoullos es profesora de Lingüística hispánica en la Pennsylvania State University, Estados Unidos.

Routledge Spanish Language Handbooks

Series Editors: Manel Lacorte, **University of Maryland, USA**,
and Javier Muñoz-Basols, **University of Oxford, UK**

Routledge Spanish Language Handbooks provide comprehensive and state-of-the-art overviews of topics in Hispanic Linguistics, Hispanic Applied Linguistics and Spanish Language Teaching. Editors are well-known experts in the field. Each volume contains specially-commissioned chapters written by leading international scholars.

Each Handbook includes substantial pieces of research that analyse recent developments in the discipline, both from a theoretical and an applied perspective. Their user-friendly format allows the reader to acquire a panoramic perspective of selected topics in the fields of Spanish language and linguistics.

Published in English or in Spanish, the Handbooks are an indispensable reference tool for undergraduate and postgraduate students, teachers, university lecturers, professional researchers, and university libraries worldwide. They are also valuable teaching resources to accompany textbooks, research publications, or as self-study material. Proposals for the series will be welcomed by the Series Editors.

The Routledge Handbook of Spanish in the Global City
Edited by Andrew Lynch

The Routledge Handbook of Spanish Phonology
Edited by Sonia Colina and Fernando Martínez-Gil

The Routledge Handbook of Spanish Pragmatics
Foundations and Interfaces
Edited by Dale A. Koike and J. César Félix-Brasdefer

The Routledge Handbook of Spanish Morphology
Edited by Antonio Fábregas, Víctor Acedo-Matellán, Grant Armstrong, María Cristina Cuervo and Isabel Pujol Payet

The Routledge Handbook of Variationist Approaches to Spanish
Edited by Manuel Díaz-Campos

Lingüística de corpus en español/The Routledge Handbook of Spanish Corpus Linguistics
Edited by Giovanni Parodi, Pascual Cantos-Gómez and Chad Howe

Estudios del discurso/The Routledge Handbook of Spanish Language Discourse Studies
Edited by Carmen López Ferrero, Isolda E. Carranza and Teun A. van Dijk

Dialectología hispánica/The Routledge Handbook of Spanish Dialectology
Edited by Francisco Moreno-Fernández and Rocío Caravedo

Sintaxis del español/The Routledge Handbook of Spanish Syntax
Edited by Guillermo Rojo, Victoria Vázquez Rozas and Rena Torres Cacoullos

For more information about this series please visit: www.routledge.com/Routledge-Spanish-Language-Handbooks/book-series/RSLH

Sintaxis del español

The Routledge Handbook of Spanish Syntax

*Editado por Guillermo Rojo,
Victoria Vázquez Rozas y Rena Torres Cacoullos*

DIRECTORES DE LA COLECCIÓN
MANEL LACORTE Y JAVIER MUÑOZ-BASOLS

ASESOR PARA LA COLECCIÓN DE ESPAÑOL
JAVIER MUÑOZ-BASOLS

LONDON AND NEW YORK

Designed cover image: MicroStockHub via Getty Images

First published 2023
by Routledge
4 Park Square, Milton Park, Abingdon, Oxon OX14 4RN

and by Routledge
605 Third Avenue, New York, NY 10158

Routledge is an imprint of the Taylor & Francis Group, an informa business

© 2023 selection and editorial matter, Guillermo Rojo, Victoria Vázquez Rozas and Rena Torres Cacoullos; individual chapters, the contributors

The right of Guillermo Rojo, Victoria Vázquez Rozas and Rena Torres Cacoullos to be identified as the authors of the editorial material, and of the authors for their individual chapters, has been asserted in accordance with sections 77 and 78 of the Copyright, Designs and Patents Act 1988.

All rights reserved. No part of this book may be reprinted or reproduced or utilised in any form or by any electronic, mechanical, or other means, now known or hereafter invented, including photocopying and recording, or in any information storage or retrieval system, without permission in writing from the publishers.

Trademark notice: Product or corporate names may be trademarks or registered trademarks and are used only for identification and explanation without intent to infringe.

British Library Cataloguing-in-Publication Data
A catalogue record for this book is available from the British Library

Library of Congress Cataloging-in-Publication Data
Names: Rojo, Guillermo, editor. | Vázquez Rozas, Victoria, editor. | Torres Cacoullos, Rena, editor.
Title: Sintaxis del español / The Routledge Handbook of Spanish Syntax / editado por Guillermo Rojo, Victoria Vázquez Rozas y Rena Torres Cacoullos.
Description: Abingdon, Oxon ; New York, NY : Routledge, 2023. | Series: Routledge Spanish language handbooks | Includes bibliographical references and index.
Identifiers: LCCN 2022038465 (print) | LCCN 2022038466 (ebook) | ISBN 9780367476496 (hardback) | ISBN 9781032419459 (paperback) | ISBN 9781003035633 (ebook)
Subjects: LCSH: Spanish language—Syntax. | LCGFT: Essays.
Classification: LCC PC4361 .S47 2023 (print) | LCC PC4361 (ebook) | DDC 465—dc23/eng/20221004
LC record available at https://lccn.loc.gov/2022038465
LC ebook record available at https://lccn.loc.gov/2022038466

ISBN: 978-0-367-47649-6 (hbk)
ISBN: 978-1-032-41945-9 (pbk)
ISBN: 978-1-003-03563-3 (ebk)

DOI: 10.4324/9781003035633

Typeset in Bembo
by Apex CoVantage, LLC

Índice general

Lista de tablas ix
Lista de figuras xii
Biografías de los autores xiii
Prólogo xix

PARTE I
Perspectivas históricas y conceptos fundamentales 1

1 La llamada "sintaxis tradicional (española)" 3
  Margarita Lliteras

2 La sintaxis generativa 14
  Ángela L. Di Tullio

3 La sintaxis funcional 27
  José A. Martínez

4 La gramática de construcciones 40
  Mar Garachana Camarero

5 Unidades, relaciones y categorías sintácticas 53
  Petr Čermák

6 Sintaxis y discurso 66
  Pedro Martín Butragueño

7 Sintaxis y cognición 79
  Paola E. Dussias

8 Sintaxis y léxico 90
  Elena de Miguel

PARTE II
La oración: estructura, clases — 103

9. La oración y sus clases — 105
   Manuel Iglesias Bango

10. La estructura oracional — 119
    Johan Pedersen

11. Sintaxis supraoracional — 133
    Catalina Fuentes Rodríguez

12. Las cláusulas absolutas — 147
    Isabel Pérez-Jiménez

13. Las oraciones complejas (completivas) — 160
    Manuel Delicado Cantero

14. Las oraciones de relativo — 173
    Javier Elvira

15. Construcciones coordinadas — 187
    Tomás Jiménez Juliá

16. Construcciones condicionales y concesivas — 203
    Rocío Caravedo

17. Construcciones comparativas y pseudocomparativas — 217
    Salvador Gutiérrez Ordóñez

18. Construcciones causales, consecutivas e ilativas — 231
    José Luis Girón Alconchel

19. Estructura informativa — 246
    Andreas Dufter

20. Orden de elementos — 260
    Belén López Meirama

PARTE III
Fenómenos oracionales — 273

21. Transitividad e intransitividad — 275
    José M. García-Miguel

22	Las construcciones pasivas del español *Fernando Zúñiga*	289
23	La impersonalidad *Joseph Clancy Clements y Laura M. Merino Hernández*	302
24	Régimen verbal *Chantal Melis*	315
25	*Ser, estar* y los verbos semicopulativos *Javier Rivas*	327
26	La polaridad *Raquel González Rodríguez*	339
27	Modo y modalidad *Manuel Pérez Saldanya*	354
28	Tiempo y aspecto *Alexandre Veiga*	369
29	Perífrasis verbales *Hella Olbertz*	383

PARTE IV
Sintagmas y clases de palabras — **399**

30	El sintagma nominal *María José Rodríguez Espiñeira*	401
31	Los pronombres personales *Diana L. Ranson*	414
32	Demostrativos y posesivos *Naomi Shin y Rosa Vallejos Yopán*	427
33	El sintagma adjetival *Ana Serradilla Castaño*	441
34	El sintagma adverbial *Mabel Giammatteo*	454
35	El sintagma preposicional *María Victoria Pavón Lucero*	470

36 Las conjunciones 483
    Pedro Gras

37 Los marcadores discursivos 498
    Asela Reig Alamillo

PARTE V
Variación y cambio en sintaxis **511**

38 El cambio sintáctico en español 513
    Christopher John Pountain

39 La variación sintáctica en español 526
    Carmen Silva Corvalán

40 Sintaxis del español hablado 539
    Mercedes Sedano

41 Sintaxis del español en contacto con otras lenguas 551
    Ricardo Otheguy y Luis Bernardo Quesada Nieto

42 La enseñanza de la gramática en ELE 564
    Javier de Santiago Guervós y Jesús Fernández González

43 La adquisición de la sintaxis 577
    Juana M. Liceras

PARTE VI
Sintaxis y computación **591**

44 Corpus para el estudio de la sintaxis del español 593
    Carlos Sánchez Lancis

45 Análisis morfosintáctico y sintáctico automáticos 605
    M. Antònia Martí y Mariona Taulé

Índice temático *619*

Tablas

4.1	Construcciones gramaticales, diferencias de complejidad y de esquematicidad.	42
9.1	Modalidad y actos de habla.	109
9.2	Modalidad aseverativa y actos de habla.	109
9.3	Modalidad interrogativa y actos de habla.	110
9.4	Modalidad imperativa y actos de habla.	114
9.5	Modalidades. Porcentajes totales y por zonas.	116
9.6	Modalidades. Porcentajes por tipo de texto.	117
9.7	Modalidad interrogativa. Porcentajes totales y por zonas.	117
9.8	Modalidad interrogativa. Porcentajes por tipo de texto.	117
10.1	Construcciones con el esquema sintáctico [SUJ-VERBO-CD].	127
10.2	Construcciones con el esquema sintáctico [SUJ-VERBO-CD-ATR].	128
10.3	Construcciones con el esquema sintáctico [SUJ-VERBO-CD-CI].	129
10.4	Construcciones con el esquema sintáctico [SUJ-VERBO-CR].	130
11.1	Sistema de unidades.	136
11.2	Unidades discursivas.	137
11.3	Tipología de secuencias.	138
14.1	Pronombres relativos en español, según el CREA.	175
14.2	*Cuanto(s)* en español rural, según el COSER.	175
15.1	Conjunciones coordinantes copulativas básicas en español.	195
15.2	Tipos de estructuras coordinadas.	199
16.1	Tipos de condicionales asociados a los modos y tiempos verbales.	205
16.2	Tipos de concesivas propias, según Flamenco (1999).	206
16.3	Frecuencia normalizada de *si*, *siempre y cuando* y *siempre que* por zonas lingüísticas.	209
16.4	Frecuencias normalizadas de *aunque*, *a pesar de* y *si bien* por zonas lingüísticas.	212
17.1	Clasificación según los criterios semántico y formal.	218
17.2	Prefiguración de la estructura de la coda.	221
17.3	Correspondencia de funciones.	222
17.4	Patrón formal de las comparativas relativas.	222
17.5	Clasificación de las comparativas temporales.	224
17.6	Paralelismo en comparativas temporales.	224
17.7	Comparativas de (di)similitud.	225
17.8	Correspondencia de funciones en comparativas de similitud.	225
17.9	Estructura semántica de *Cría más animales que perros*.	227
17.10	Distribución de correctivas y comparativas.	228
18.1	Frecuencia de construcciones consecutivas de manera y locuciones ilativas.	242

Tablas

21.1	Cláusulas y verbos transitivos por clase semántica. Frecuencias relativas sobre el total de cada clase.	279
21.2	Algunas propiedades de los participantes en cláusulas Suj- V- CDir.	280
21.3	Algunos verbos para los que se registra en ADESSE la alternancia causativa en voz activa (<Suj=X CDir=Y> vs <Suj=Y>) ordenados según la frecuencia relativa de cada alternante.	284
21.4	Algunos verbos para los que se registra en ADESSE la alternancia causativa/anticausativa con SE.	284
22.1	Uso relativo de voces gramaticales por estilo.	295
22.2	Uso relativo de pasivas (porcentajes; español escrito).	296
22.3	Uso relativo de pasivas por estilo escrito.	296
22.4	Uso del complemento agente con pasivas analíticas.	297
25.1	Factores lingüísticos que condicionan la variación *ser/estar*.	331
25.2	Gramática probabilística de *ser* y *estar*.	334
26.1	Datos de <*sí* + verbo> y <*sí que* + verbo> en el período 2001–2005.	344
26.2	Datos de *no creo que* y *creo que no*.	345
26.3	Datos de *hasta que no* en el período 2001–2005.	346
26.4	Datos de *sí no* y *sí que no* en Perú, Colombia y México.	348
26.5	Datos de <*continuar sin* + infinitivo simple> y <*continuar no* + gerundio simple> en el CORPES.	351
26.6	Datos de <*continuar sin* + infinitivo simple> y <*continuar no* + gerundio simple> en el CREA.	351
27.1	Modos y géneros textuales.	357
27.2	Modo y tipos de oración.	357
27.3	El modo en oraciones encabezadas por adverbios de duda y posibilidad.	361
27.4	El modo en las subordinadas dependientes de *creer* en contextos negativos e interrogativos.	363
27.5	El modo en las subordinadas interrogativas.	364
28.1	Caracterizaciones temporales.	373
28.2	Formulaciones vectoriales (GDLE) y caracterizaciones aspectuales (NGLE).	375
28.3	Subsistemas y variedades de español sobre *he cantado/canté*.	378
28.4	*He cantado/canté* por países.	379
28.5	Frecuencia de *he cantado* por capitales.	379
29.1	Perífrasis verbales frecuentes.	386
29.2	Perífrasis de fase.	387
29.3	Perífrasis cuantitativas.	388
29.4	Dominio y orientación de la modalidad perifrástica.	390
29.5	Perífrasis modales.	391
29.6	Semiauxiliares.	392
31.1	Los pronombres personales en español.	415
31.2	Leísmo, laísmo, loísmo en algunos dialectos del norte y centro de España.	422
32.1	Los demostrativos en español.	428
32.2	Determinantes posesivos.	430
32.3	"Adjetivos" posesivos.	430
33.1	Distribución de *muy cerebral* por país.	450
33.2	Distribución de *muy cerebral* por país.	450
33.3	Distribución de *muy inglés* por país.	451
36.1	Conjunciones y locuciones conjuntivas agrupadas según su significado.	485

36.2	Las 15 conjunciones más frecuentes en CORPES.	486
36.3	Adverbios relativos vs. <preposición + relativo> con antecedente expreso.	488
39.1	Contribución de distintos factores lingüísticos a la presencia de elemento redundante (probabilidades GOLDVARB).	531
39.2	Variables explicativas estadísticamente significativas en tres comunidades.	535
40.1	Frecuencias normalizadas (casos por millón de formas) del futuro simple y del futuro perifrástico.	545
42.1	Frecuencias normalizadas (casos por millón) de nexos por niveles.	573
43.1	Cambio diacrónico de la posición y el doblado de los clíticos.	585

Figuras

2.1	Niveles de la sintaxis.	18
2.2	Estructura de las categorías léxicas.	18
4.1	Organización de construcciones en la gramática.	45
7.1	Representaciones de entidades léxicas.	85
15.1	Estructura de la frase conjuntiva.	191
15.2	Estructura conjuntiva subordinante y estructura coordinativa.	191
15.3	Coordinadores disyuntivos.	195
21.1	Proporción de usos causativos con verbos que registran alternancia causativa en ADESSE.	285
23.1	La referencialidad, la distinción tipo-instancia y la (in)definitud.	303
29.1	Modos de acción.	387
32.1	La frecuencia normalizada por millón de palabras en el CORPES.	429
38.1	Frecuencia relativa de tres nexos concesivos a base de datos extraídos del Corpus del español.	521

Biografías de los autores

Rocío Caravedo es doctora en Filología y catedrática en la Pontificia Universidad Católica del Perú, Miembro Correspondiente de la Academia Peruana de la Lengua Española. Ha ejercido la docencia en Italia en las universidades de Padua, de Pisa y de Venecia. Ha publicado estudios en el ámbito de la teoría de la variación, de la sociolingüística cognitiva, del análisis de corpus, de la sintaxis discursiva y del contacto de lenguas.

Petr Čermák es profesor titular de Filología Hispánica en la Universidad Carolina de Praga (República Checa). Su investigación y publicaciones se centran en la sintaxis, morfosintaxis y fonética del español. Además, estudia la historia del Círculo Lingüístico de Praga. Es responsable del subcorpus español enmarcado en el corpus multilingüe paralelo *InterCorp* de la Universidad Carolina.

Joseph Clancy Clements es profesor emérito de la Indiana University-Bloomington (EE. UU.). Su investigación y publicaciones se centran, por una parte, en las cuestiones de formación y evolución de variedades lingüísticas que resultan del contacto entre comunidades que no comparten una lengua en común, y por otra, en la interacción entre la sintaxis y otros componentes de la gramática como la semántica y la pragmática.

Manuel Delicado Cantero es *Senior Lecturer* en el programa de Lengua española en la Australian National University. Su investigación se centra en la historia sintáctica del español, especialmente en cuestiones relacionadas con la subordinación finita y la nominalización oracional. En sus trabajos ha prestado atención también a otras lenguas romances, especialmente el portugués.

Ángela L. Di Tullio ha sido profesora en la Universidad Nacional del Comahue, y actualmente es investigadora del Instituto de Filología y Literaturas Hispánicas "Dr. Amado Alonso". Sus investigaciones se han centrado en la sintaxis y en la historia del español, en ambos casos con particular atención al español rioplatense.

Andreas Dufter es catedrático de Filología Románica en la Ludwig-Maximilians-Universität (LMU) de Múnich, Alemania. Se ha dedicado especialmente a la sintaxis histórica de las lenguas románicas, a la interfaz entre sintaxis y estructura informativa y a diferentes aspectos relativos a la variación gramatical en francés y en español.

Paola E. Dussias es profesora de la Universidad de Penn State University (EE. UU.). Sus investigaciones se centran en el estudio del procesamiento sintáctico en hablantes bilingües. Para estudiar estos procesos emplea diversas metodologías, entre ellas los potenciales evocados y el registro de movimientos oculares. Su investigación ha recibido subvenciones del National Science Foundation y del National Institutes of Healths.

Javier Elvira es catedrático de Lengua Española en la Universidad Autónoma de Madrid. Ha dedicado su docencia e investigación al estudio diacrónico de la gramática del español, en el dominio de la morfología y de la sintaxis. También se ha ocupado de aspectos cognitivos en la evolución de la gramática.

Jesús Fernández González es profesor titular de Lingüística General en la Universidad de Salamanca (España). Su investigación y publicaciones se centran en la adquisición de segundas lenguas, el contraste interlingüístico y la metodología de la enseñanza del español LE/L2.

Catalina Fuentes Rodríguez es catedrática de Lengua española en la Universidad de Sevilla (España). Su investigación y publicaciones se centran en la sintaxis del discurso (marcadores, enunciados parentéticos) desde un enfoque de lingüística pragmática, así como en el análisis del discurso (cortesía, discurso político y mediático, discurso femenino). Ha dirigido varios proyectos de investigación y es responsable del grupo "Argumentación y Persuasión en Lingüística".

Mar Garachana Camarero es catedrática de Lengua Española en la Universidad de Barcelona. Su investigación gira en torno a la gramática histórica del español. De manera particular, se ha ocupado de la conformación del sistema de perífrasis verbales del español, lo que sitúa su trabajo en el ámbito de la gramática de construcciones diacrónica. Asimismo, ha estudiado las construcciones gramaticales en una perspectiva sincrónica.

José M. García-Miguel es catedrático de Lingüística General en la Universidad de Vigo. Sus principales publicaciones versan sobre la estructura sintáctica y semántica de la cláusula en español y en otras lenguas. Ha dirigido varios proyectos de investigación, entre los que destacan los que dieron lugar a la elaboración de la Base de Datos de Verbos, Alternancias de Diátesis y Esquemas Sintáctico-semánticos del Español (ADESSE).

Mabel Giammatteo es profesora titular de Gramática en la Facultad de Filosofía y Letras de la Universidad de Buenos Aires. Sus investigaciones se han centrado en diversos temas de morfología, sintaxis y léxico. En la línea aplicada se ocupó de la enseñanza de la lengua, los neologismos de la Argentina y la comunicación digital. Con su equipo de investigación actual estudia las relaciones interoracionales desde la perspectiva sintáctico-semántica y textual.

José Luis Girón Alconchel es profesor emérito de la Universidad Complutense de Madrid (España). Sus investigaciones más recientes se ocupan de morfología y sintaxis —históricas y sincrónicas—, de análisis histórico del discurso y de la gramaticalización, lexicalización y textualización de las unidades y construcciones gramaticales.

Raquel González Rodríguez es profesora de Lengua Española en la Universidad Complutense de Madrid. Su investigación se centra en el estudio de la sintaxis y la semántica del español y, en concreto, en el de la polaridad (afirmación y negación) y las propiedades tempoaspectuales de los predicados.

Pedro Gras es Profesor Titular de Lengua y Lingüística Españolas en el Departamento de Lingüística de la Universidad de Amberes (Bélgica) e investigador del grupo Grammar and

Pragmatics (GaP) de dicha universidad. Sus intereses giran en torno a la interfaz gramática y discurso, con especial interés por los marcadores del discurso y los mecanismos de conexión oracional.

Salvador Gutiérrez Ordóñez es profesor emérito de la Universidad de León (España). Sus investigaciones se han centrado en la relación de sintaxis, semántica y pragmática, con especial referencia en los últimos tiempos a las funciones informativas, así como a la sintaxis de enunciados y del microdiscurso.

Manuel Iglesias Bango es catedrático de Lengua española en la Universidad de León. Su investigación y publicaciones se centran en gramática, más concretamente, en sintaxis del español, y de manera más reciente, en sintaxis de enunciados o macrosintaxis. Otros campos de interés son los estudios gramaticográficos y la enseñanza del español como lengua extranjera (ELE).

Tomás Jiménez Juliá es catedrático de Lengua española en la Universidad de Santiago de Compostela. Su trabajo se centra en sintaxis general y del español desde una óptica funcional y ha publicado numerosos trabajos en torno a unidades y relaciones sintácticas, estructuras temáticas, gramaticalizaciones y aspectos contrastivos del español con otras lenguas.

Juana M. Liceras es catedrática de Lingüística general de la Universidad de Ottawa y directora de la Cátedra global Nebrija-Santander del español como lengua de migrantes y refugiados. Su investigación se centra en la relación entre la teoría lingüística y la adquisición, el bilingüismo, la psicolingüística y el contacto de lenguas.

Margarita Lliteras es catedrática de Lengua Española de la Universidad de Valladolid. Sus áreas de investigación son la historia de la gramática española, especialmente de las corrientes ilustradas y descriptivas de los siglos XVIII y XIX., la morfología flexiva y derivativa y las relaciones entre léxico y gramática del español.

Belén López Meirama es profesora de Lengua Española en la Universidade de Santiago de Compostela. Sus investigaciones se centran en la sintaxis del español, particularmente en el orden de constituyentes y en la estructura sintáctico-semántica de la cláusula, en la disponibilidad léxica y en la fraseología del español desde la perspectiva de la Gramática de Construcciones.

M. Antònia Martí es catedrática emérita de Lingüística en la Universitat de Barcelona. Su investigación se centra en la lingüística computacional, con especial atención a la semántica computacional y a la lingüística de corpus, en cuyo ámbito ha elaborado aspectos teóricos y metodológicos para la anotación de corpus a diferentes niveles del análisis lingüístico, con especial atención a la semántica y la pragmática.

Pedro Martín Butragueño es profesor-investigador en El Colegio de México. Su investigación y publicaciones se centran en variación y cambio lingüístico del español, principalmente a partir de corpus orales basados en entrevistas sociolingüísticas.

José A. Martínez, emérito de la Universidad de Oviedo (España), ha investigado en lingüística general, lenguaje poético y teoría de la literatura, gramática española y sintaxis histórica, y esporádicamente, en ortotipografía y "lenguaje de género".

Biografías de los autores

Chantal Melis es investigadora en el Centro de Lingüística Hispánica de la Universidad Nacional Autónoma de México. Sus líneas de investigación incluyen la diacronía del español y la relación entre sintaxis y semántica en fenómenos de variación sincrónica.

Laura M. Merino Hernández es investigadora posdoctoral en la Humboldt Universität zu Berlin (Alemania). Sus áreas principales de investigación son la variación y el cambio lingüístico con un enfoque en la morfosintaxis y su interfaz con la semántica y la pragmática, así como en el diseño e implementación de métodos experimentales para el análisis de fenómenos poco frecuentes.

Elena de Miguel es catedrática de Lengua Española en la UAM. Su investigación se centra en la relación entre el léxico y la sintaxis. Es autora de "El aspecto léxico" (*Gramática descriptiva de la lengua española*, Madrid, Espasa-Calpe, 1999) y "Lexicología" (*Enciclopedia de lingüística hispánica*, Londres/Nueva York, Routledge, 2016) y editora del volumen *Panorama de la lexicología* (Barcelona, Ariel, 2009).

Hella Olbertz es investigadora afiliada al Amsterdam Center for Language and Communication (Países Bajos). Su investigación y publicaciones se centran en la expresión del aspecto y de la modalidad, y en la gramaticalización de estas categorías en español y portugués, que analiza dentro del marco teórico de la Gramática Discursivo-Funcional.

Ricardo Otheguy es profesor emérito de Lingüística de la City University of New York (CUNY). Sus investigaciones se han centrado en las lenguas en contacto, la sociolingüística variacionista, el bilingüismo en los EE. UU. y la teoría de la Escuela de Columbia. Las publicaciones en el área de lingüística aplicada han tratado sobre la educación bilingüe y la enseñanza del español a hispanohablantes en EE. UU.

María Victoria Pavón Lucero es catedrática de Lengua Española en la Universidad Carlos III de Madrid. Su labor investigadora y sus publicaciones se han centrado en la gramática del español, particularmente en la sintaxis de la preposición, la conjunción y el adverbio, la subordinación adverbial y los verbos pseudocopulativos del español.

Johan Pedersen es Profesor Titular de Lingüística hispánica en la Universidad de Copenhague. Su investigación y publicaciones se centran en la variación inter- e intralingüística de la estructura oracional, y la lingüística contrastiva en general. Entre sus publicaciones se encuentran "Verb-based vs. schema-based constructions and their variability..." (2019) y "Spanish constructions of directed motion—A quantitative study..." (2016).

Isabel Pérez-Jiménez es profesora de Lengua Española en la Universidad de Alcalá (España). Su ámbito de investigación es la sintaxis formal del español y la variación sintáctica, especialmente las cláusulas absolutas, cópulas, elipsis y fenómenos de concordancia. Coordina el grupo de investigación "Lingüística Teórica" de la UAH.

Manuel Pérez Saldanya es catedrático de Filología catalana de la Universitat de València. Su investigación se centra, principalmente, en la morfología y la sintaxis del catalán, el español y, en menor medida, el eusquera, tanto desde una perspectiva sincrónica como diacrónica.

Christopher John Pountain es catedrático emérito de Queen Mary Universidad de Londres. Autor de muchos estudios que versan sobre la historia morfosintáctica del español, sus investigaciones actuales se centran en la influencia culta en las lenguas románicas y en la variación diastrática y diafásica en la historia del español.

Luis Bernardo Quesada Nieto es profesor de Lingüística hispánica en Brooklyn College de la City University of New York (CUNY). Es maestro en Ciencias del lenguaje por la Escuela Nacional de Antropología e Historia (México) y candidato doctoral en Culturas latinoamericanas, ibéricas y latinas por el Graduate Center (CUNY).

Diana L. Ranson, University of Georgia, EE. UU., se especializa en variación sintáctica en español, sobre todo la expresión del sujeto, en variación fonológica en francés, y en lingüística histórica y comparada de las lenguas romances.

Asela Reig Alamillo es doctora en lingüística (UAM, OSU) y profesora de Lingüística en la Universidad Autónoma del Estado de Morelos, México. Su investigación y publicaciones se centran en la pragmática, la variación morfosintáctica del español y el procesamiento lingüístico.

Javier Rivas es profesor titular de Lingüística hispánica en la Universidad de Colorado, Boulder (USA). Su investigación se enfoca en el estudio de la variación y cambio lingüísticos desde una perspectiva basada en el uso. Sus publicaciones incluyen dos libros y artículos en revistas como *Language Variation and Change, Lingua* y *WORD*.

María José Rodríguez Espiñeira es catedrática de Lengua española en la Universidade de Santiago de Compostela. Su investigación y publicaciones se centran en diferentes aspectos de la gramática del español, como valencia semántica y sintáctica, predicaciones secundarias, nominalizaciones, y expresiones de modalidad epistémica. En sus publicaciones más recientes se ocupa de temas de variación sintáctica y cambio lingüístico.

Guillermo Rojo es profesor emérito de la Universidade de Santiago de Compostela (España). Sus investigaciones se han centrado, en los últimos años, en los efectos de la frecuencia sobre diversos fenómenos lingüísticos y el diseño, construcción y explotación de grandes corpus textuales.

Carlos Sánchez Lancis es catedrático de Gramática histórica del español en la Universidad Autónoma de Barcelona. Su investigación y publicaciones se centran en la variación, principalmente diacrónica, en morfología y sintaxis, la periodización, el cambio lingüístico en general, y la explotación de corpus y diccionarios para el estudio de la lengua española.

Javier de Santiago Guervós es catedrático de Lengua Española y Comunicación en la Universidad de Salamanca y director del Departamento de Lengua Española. Su investigación y publicaciones se centran en el análisis del discurso persuasivo y la enseñanza aprendizaje del español LE/L2. En estos ámbitos ha publicado numerosos libros y artículos en editoriales como Cátedra, Arco/Libros, Ariel, Peter Lang, Santillana, etc.

Mercedes Sedano es catedrática jubilada de la Universidad de Venezuela. Sus investigaciones se han centrado fundamentalmente en la variación sintáctica del español, con especial referencia al español de Venezuela. Entre sus publicaciones se encuentran las mencionadas en las referencias del capítulo 40.

Ana Serradilla Castaño es catedrática de Lengua Española en la Universidad Autónoma de Madrid. En los últimos años, sus investigaciones se han centrado en el estudio de la variación morfosintáctica desde un punto de vista diacrónico y diatópico, y en la fraseología histórica y aplicada.

Naomi Shin es profesora de Lingüística general y Lingüística hispánica en la Universidad de Nuevo México. Sus investigaciones y publicaciones se centran en el desarrollo lingüístico en niños, el bilingüismo y la sociolingüística, con un enfoque particular en la variación lingüística. Su trabajo aplicado se centra en el acercamiento sociolingüístico a la enseñanza de la gramática española.

Carmen Silva Corvalán es catedrática emérita de Lingüística hispánica en la Universidad del Sur de California (University of Southern California). Ha realizado investigación sobre sintaxis y pragmática del español, variación morfosintáctica, sociolingüística, bilingüismo y adquisición bilingüe temprana. Entre sus publicaciones se encuentran *Sociolingüística y pragmática del español* (2001) y *Bilingual Language Acquisition: Spanish and English in the first six years* (2014).

Mariona Taulé es profesora de Lingüística en la Universitat de Barcelona. Su investigación se centra en la lingüística computacional, especialmente en la modelización del lenguaje humano, en establecer las bases teóricas y metodológicas para la anotación de corpus a diferentes niveles lingüísticos y en el desarrollo de recursos lingüísticos, principalmente para el español, catalán e inglés.

Rena Torres Cacoullos es profesora de Lingüística hispánica en la Pennsylvania State University. Estudia la variación y el cambio, la gramaticalización y el contacto lingüístico, con enfoque en las restricciones probabilísticas sobre las formas morfosintácticas que aparecen en alternancia en el discurso. Entre sus publicaciones se encuentra *Bilingualism in the Community: Code-switching and Grammars in Contact* (2020).

Rosa Vallejos Yopán es profesora de Lingüística en la Universidad de Nuevo México. Sus investigaciones prestan especial atención a la diversidad lingüística y cultural en la Amazonía. Documenta y estudia las lenguas kukama (Tupí), secoya (Tukano) y el español amazónico. Sus publicaciones más recientes tratan temas como la clasificación nominal, la conceptualización espacial, el contacto lingüístico y la innovación morfosintáctica.

Victoria Vázquez Rozas es profesora de Lengua española en la Universidade de Santiago de Compostela (España). Su investigación y publicaciones se centran en aspectos sintácticos y discursivos del español con un enfoque basado en el uso. Ha coordinado los proyectos que permitieron la elaboración del corpus ESLORA del español hablado en Galicia.

Alexandre Veiga es catedrático de Lengua Española en la Universidad de Santiago de Compostela (España), campus de Lugo. Es autor de una docena de libros y de numerosos artículos, mayoritariamente centrados en el dominio de la lingüística y la filología españolas. Es fundador y codirector de la revista *Moenia. Revista Lucense de Lingüística & Literatura*.

Fernando Zúñiga es catedrático de Lingüística general en la Universidad de Berna, Suiza. Investiga sobre tipología morfosintáctica, voz gramatical y lenguas indígenas de América del Norte y del Sur, así como sobre el euskera. Entre sus publicaciones se encuentran *Mapudungun: el habla mapuche* (2006) y *Grammatical Voice* (con Seppo Kittilä, 2019).

Prólogo

Frente a la escasa atención que se le prestaba en la gramática tradicional, centrada más bien en la morfología, es indudable que la sintaxis está situada en el núcleo de los estudios lingüísticos desde mediados del siglo pasado. La difusión de la lingüística de orientación chomskyana desde 1957 y, sobre todo, 1965, tuvo, además de sus valores intrínsecos, la un tanto paradójica virtud de revitalizar las perspectivas estructuralistas clásicas, que salieron de la crisis reforzadas, con nuevos objetivos y unas herramientas conceptuales profundamente evolucionadas. Aunque la situación resulta mucho más tranquila en estos últimos años, lo cierto es que esa agitación teórica ha provocado que, con demasiada frecuencia, el afán por demostrar la superioridad de una corriente sobre las demás haya traído como consecuencia la falta de atención a los fenómenos en sí mismos o la reducción de su análisis a aquellos aspectos de mayor relevancia para la discusión teórica. Todo ello hace especialmente difícil la tarea de localizar un texto que pueda servir como base para un curso universitario de sintaxis española o bien como guía y apoyo para la enseñanza del español como lengua extranjera.

En cualquier estudio general sobre la evolución de la teoría sintáctica y los estudios sintácticos pueden encontrarse los detalles acerca de las duras polémicas de los primeros años, la evolución experimentada por la gramática generativa y las aproximaciones funcionalistas, la reducción de la distancia existente entre ellas, las correcciones en nociones muy polémicas en los primeros años, como el hablante-oyente ideal, el papel de la introspección, etc. Sin duda, la sintaxis que se practica en los últimos años es en buena parte el resultado de una cierta confluencia de los dos grandes modelos generales. Sin embargo, aun reconociendo la enorme importancia de esta evolución, es forzoso tener en cuenta que la sintaxis actual es también el resultado de la actuación de algunos otros factores, que, en muchos casos, tienen una incidencia mayor que los destacados habitualmente. En efecto, los que podemos considerar los dos grandes modelos de la lingüística del siglo xx —los formulados por de Saussure y Chomsky— proponen una aproximación a los hechos lingüísticos que prima la importancia del sistema —en forma de *langue* o de *competence*— y reduce a un papel muy marginal y secundario la actividad lingüística —en forma de *parole* o de *performance*—. Buena parte de los cambios producidos en la forma de analizar, tratar de comprender o intentar explicar los hechos lingüísticos proceden, precisamente, de la atribución de mayor importancia a la cara preterida en esos modelos. Podemos centrar estos cambios en las líneas siguientes:

- Atención a los actos lingüísticos realizados.
- Relevancia de la variación.
- La lingüística de corpus.
- La lingüística computacional.

Prólogo

Como hemos indicado, los dos grandes paradigmas del siglo xx muestran una atención casi exclusiva al sistema lingüístico y la correspondiente marginación de los actos de habla efectivamente realizados. Las críticas a esta orientación surgen muy pronto, pero lo cierto es que no consiguen generalizarse hasta bastante tiempo después. Perspectivas como la pragmática o la sociolingüística, por ejemplo, muestran que en la actividad lingüística y en el concepto mismo de competencia intervienen muchos factores y que una buena parte de ellos no encaja en la concepción del hablante-oyente ideal, insensible a las realizaciones, o requieren la integración de estos aspectos tan alejados de los primeros modelos generativistas y funcionalistas. Una faceta vinculada a lo anterior radica en la atención progresivamente mayor concedida a la lengua hablada, que, aunque muy poco a poco, va dejando de ser considerada simplemente como variante "incorrecta". En esta línea se pueden incluir también la suprasintaxis, vinculada a la pragmática, y alguna de las líneas relacionadas con la lingüística del texto (no la centrada en los textos literarios).

Así pues, se presta atención a la actividad lingüística corriente, cotidiana, especialmente en su vertiente oral y, sobre todo, considerada como un objeto de estudio válido en sí mismo, con sus reglas propias, y no simplemente como un inventario de peculiaridades marginales, interesantes solo en la medida en que se alejan de la gramática "normal" y reducido frecuentemente al análisis de datos aislados, recogidos de forma incluso un tanto aleatoria.

Estrechamente vinculado a lo anterior está la variación. El sistema tiene, como la sincronía, necesidad de ser un modelo abstracto. Se aceptaba que toda sincronía contiene variaciones diacrónicas y también diatópicas y diastráticas, pero se trabajaba habitualmente como si esas divergencias no existieran, salvo, como es natural, en los estudios de tipo histórico o dialectológico, caracterizados por proporcionar casi siempre una visión fragmentaria de las variedades descritas.

El sesgo que se produce con la aparición de la sociolingüística consiste fundamentalmente en la situación de la variación en el meollo mismo del funcionamiento y el estudio de las lenguas. La observación de los cambios lingüísticos tal como están teniendo lugar en el interior de las comunidades lingüísticas ha tenido fortísimas repercusiones en todas las subdisciplinas, muy especialmente en la lingüística histórica, cuyo impresionante desarrollo en los últimos años es indeslegable de los cambios en la concepción de qué es y cómo opera el cambio lingüístico. Estudios basados únicamente en la variedad estándar de un país (casi siempre España) y presentados como visiones de toda la lengua resultan hoy mucho menos frecuentes y más difíciles de justificar. ¿Cómo explicar, por ejemplo, el sistema verbal del español sin tener en cuenta lo que se encuentra en sus distintas variedades en fenómenos como la oposición entre *canté* y *he cantado*, entre *cantara* y *cantase* o entre *no sé si pueda decirlo* y *no sé si puedo decirlo*? Pero no se trata solo de atender a estas diferencias, sino de considerar que son, precisamente, el elemento central que hay que explicar.

La difusión del empleo de computadoras en la investigación ha tenido efectos en todas las disciplinas científicas, pero ha sido especialmente significativa en el caso de la lingüística. La posibilidad de utilizar corpus constituidos por cientos o miles de millones de formas ha puesto a nuestro alcance unas posibilidades con las que no podíamos ni siquiera soñar hace cincuenta años. Naturalmente, no se trata solo de recuperar con comodidad los casos de una palabra o de un fenómeno gramatical al estilo de lo que puede lograrse con buscadores comerciales, sino de trabajar con corpus que han sido bien diseñados, codificados y, cuando menos, anotados morfosintácticamente, lo cual brinda la posibilidad de hacer recuperaciones selectivas y de contrastar la frecuencia de un elemento o fenómeno en un cierto tipo de texto (país, género, época, área temática, etc.) con la que presenta en otros. Es, pues, básicamente la posibilidad de acceder a posibilidades existentes en una lengua y que, en muchos casos, están totalmente alejadas de la competencia lingüística de la persona que realiza la investigación. Se puede trabajar, pues, con datos reales, externos, contrastables, que es lo que se requiere para llevar a cabo una investigación bien fundada empíricamente.

Pero la lingüística de corpus es solo una parte de lo que las computadoras han supuesto para la lingüística. Ha provocado también la aparición de disciplinas nuevas, como la lingüística computacional, y de aplicaciones inexistentes hasta no hace mucho tiempo, como la traducción automática. El diseño y construcción de un simple anotador morfosintáctico, que tiene que encontrar la etiqueta adecuada a cada aparición concreta de formas homógrafas, requiere la aplicación no solo de los componentes estadísticos obtenidos en un corpus de entrenamiento, sino también la formulación de reglas que intentan dar la solución adecuada. Con un caso bastante más complejo, piénsese, por ejemplo, en la formulación de las reglas que hacen funcionar un analizador sintáctico o un programa de traducción automática.

La orientación general de este volumen es, precisamente, la de proporcionar una visión clara de la situación actual de los que hemos identificado como aspectos más importantes de la sintaxis del español. Una visión clara, pero no superficial: cada capítulo pretende proporcionar un panorama razonablemente abarcador de lo que debe conocer quien pretenda iniciarse primero y profundizar después en los temas seleccionados. Hemos pretendido integrar estos diversos componentes en aquellos capítulos en los que resultan pertinentes. El objetivo fundamental es proporcionar una perspectiva general, razonablemente detallada, de las cuestiones teóricas pertinentes en cada caso atendiendo, en la medida de lo posible, a factores vinculados a la frecuencia de los fenómenos, su distribución y la variación observable en las diferentes variedades de español e incluyendo mayoritariamente ejemplos reales.

Como es habitual en una obra de estas características, la redacción de los capítulos ha sido encargada a personas distintas. Para paliar los inconvenientes derivados de los enfoques individuales, pedimos a los autores que sus textos se ajustaran, en la medida conveniente en cada caso, a los rasgos siguientes:

- Carácter empírico. Atención prioritaria a los datos de uso, incluyendo siempre que sea posible y pertinente un componente cuantitativo.
- Necesidad de tener en cuenta la existencia de variación, especialmente la diatópica.
- Conveniencia de conectar la descripción sintáctica con otros componentes o ámbitos, especialmente la pragmática y el discurso.

El volumen está organizado en seis secciones, que corresponden a otras tantas grandes áreas de trabajo en sintaxis y sintaxis del español. En la primera, dedicada a las perspectivas teóricas y conceptos fundamentales, se integran los capítulos destinados a proporcionar una visión general de las corrientes contemporáneas que consideramos de mayor interés para el estudio del español en el ámbito de la sintaxis. Se incluyen también aquellos capítulos que tratan los conceptos sintácticos fundamentales y deben servir como el marco general en cuyo interior se desarrollan los de carácter más específico que aparecen en las demás secciones. Por último, hemos situado también en este bloque los destinados a establecer las zonas de contacto de la sintaxis con terrenos como el léxico, el discurso y la cognición.

En los bloques segundo y tercero, centrados en la oración, sus clases y fenómenos más relevantes, figuran los capítulos dedicados a los temas tratados tradicionalmente, pero atienden también a aquellos otros que se han incorporado en los últimos años. En el segundo bloque se sitúan los capítulos dedicados a la oración como tal y también los que analizan algunas de las construcciones más características del español. El tercero se centra en los fenómenos oracionales que estimamos de mayor importancia en esta lengua. Dadas las características del volumen y su extensión limitada, en ambos bloques ha sido necesario limitarse a los que suponemos de mayor interés para los destinatarios de la obra.

El cuarto bloque está dedicado a las unidades inferiores a la oración, intentando combinar la atención a los sintagmas de mayor peso sintáctico (nominal, adjetival, adverbial y preposicional) con el estudio detenido de algunas clases de palabras (en sentido amplio) de especial importancia en español, como el verbo, los pronombres personales o los marcadores discursivos.

El bloque dedicado a variación y cambio en sintaxis pretende proporcionar una perspectiva completa de los ámbitos en los que se dan diferencias entre las distintas variedades del español (la variabilidad diacrónica, la diatópica, la diastrática y la diafásica). Hemos añadido un capítulo sobre la sintaxis del español en contacto con otras lenguas y otro acerca de la enseñanza de la gramática del español como lengua extranjera.

Finalmente, el bloque dedicado a sintaxis y computación presta atención a un ámbito todavía muy poco explorado en los textos generales: la proyección sobre los estudios sintácticos de la lingüística de corpus y el procesamiento del lenguaje natural (PLN).

De acuerdo con las características de la colección en que se inscribe este volumen, todos los capítulos están estructurados en las secciones siguientes:

- Introducción
- Conceptos fundamentales
- Aproximaciones teóricas
- Perspectivas actuales
- Direcciones futuras y conclusiones
- Lecturas complementarias recomendadas
- Referencias bibliográficas

Es claro que esta organización única no es igualmente adecuada para todos los temas, de modo que, respetando la estructura más general, algunos capítulos presentan subapartados, sistemáticamente encabezados siempre por un título específico que sitúa al lector en el contexto adecuado.

De acuerdo con el diseño de la colección, la obra está dirigida a un público amplio que, sin duda, mostrará interés especial en ciertas secciones del libro y podrá beneficiarse de su contenido en diferentes grados. En la intención de los editores de la colección y los responsables del volumen, el libro está dirigido fundamentalmente a:

- Estudiantes universitarios de grado en cursos centrados en lengua española, gramática española o sintaxis del español.
- Estudiantes de máster o doctorado en programas de lingüística, lingüística española o filología española, español como lengua extranjera, traducción e interpretación.
- Profesores de lengua española en centros de enseñanza media (fundamentalmente L1, pero también lengua extranjera y L2).
- Profesores de español como lengua extranjera en niveles universitarios y asimilados.
- En general, personas interesadas en el conocimiento científico de la sintaxis española.

La planificación, desarrollo y edición de esta obra ha tenido lugar, en su mayor parte, en las condiciones especiales derivadas de la pandemia. Ello ha supuesto la necesidad de enfrentarse a problemas de naturaleza distinta a los esperables en la preparación de un volumen de estas características. Por esa razón, los editores deseamos expresar nuestro más profundo agradecimiento a los cincuenta autores que, en circunstancias difíciles, han centrado buena parte de su actividad profesional en la redacción de las sucesivas versiones de los capítulos que integran la obra.

Prólogo

Nuestro reconocimiento se dirige también a los especialistas que evaluaron anónimamente nuestra propuesta inicial y a los que aceptaron encargarse de la evaluación externa de los capítulos. El volumen se ha enriquecido considerablemente con sus aportaciones:

Álvaro Arias Cabal, José Antonio Bartol, María Paz Battaner Arias, Julio Borrego, Josep Maria Brucart, Teresa Cadierno, Rafael Cano Aguilar, José Luis Cifuentes Honrubia, Alice Corr, Barbara De Cock, Bob De Jonge, Violeta Demonte, Domnita Dumitrescu, Adolfo Elizaincín, María Victoria Escandell, M. Teresa Espinal, Luis García Fernández, Inés Fernández-Ordóñez, Pilar García Mouton, Pablo Gamallo, Joaquín Garrido, José J. Gómez Asencio (fallecido en marzo de 2022), José Manuel González Calvo, Kees Hengeveld, Carol Klee, Manuel Leonetti (fallecido en julio de 2022), Guillermo Lorenzo González, Manuel J. Gutiérrez, Ricardo Maldonado, Rafael Marín, Antonio Narbona, Francisco Ocampo, Álvaro Octavio de Toledo, Ignacio Palacios, Alberto Pastor, Salvador Pons, Emilio Ridruejo, Susana Rodríguez Rosique, Cristina Sanz, Guillermo Soto, Sergi Torner, Glòria Vázquez, Agustín Vera Luján, Jiyoung Yoon, Iker Zulaica-Hernández.

Queremos expresar también nuestro agradecimiento a la editorial Routledge y, muy especialmente, a las editoras Samantha Vale Noya, Rosie McEwan y Tassia Watson, que nos han ayudado en todas las fases del proceso, y, finalmente, a Javier Muñoz-Basols y Manel Lacorte, editores de la colección Routledge Spanish Language Handbooks, que han dedicado una constante y generosa atención a la preparación de la obra.

Parte I
Perspectivas históricas y conceptos fundamentales

1
La llamada "sintaxis tradicional (española)"
(Spanish) traditional syntax

Margarita Lliteras

1 Introducción

Este breve recorrido historiográfico por la tradición española persigue la finalidad de mostrar el desarrollo de la sintaxis en los tratados gramaticales que se han publicado para el estudio del español desde el periodo renacentista hasta la recepción de las teorías estructuralistas.

La evolución de la gramática española entre los siglos XVI y XX se corresponde en gran medida con la mayor atención que las diferentes escuelas prestan a las relaciones sintácticas entre las unidades gramaticales. Desde el modelo renacentista, se analizan los cambios en la sintaxis introducidos por las corrientes de la Ilustración, los movimientos empíricos e inductivos, las orientaciones psicologistas y descriptivistas, además de las reformas sintácticas en los textos académicos.

La sintaxis en las gramáticas pasa de unas pocas páginas a un estudio autónomo. La dependencia de la sintaxis con respecto a la Etimología o Analogía explica la desproporción entre estas dos disciplinas. El objetivo se dirigía más hacia el tratamiento de los paradigmas y la definición de las clases de palabras que hacia el análisis de los fenómenos sintácticos y, en particular, los que se refieren al concepto y a la clasificación de la oración.

Se analiza este desarrollo de la sintaxis tradicional en las principales gramáticas para hispanohablantes, especialmente con relación a las cuestiones centrales, como son: las partes de la gramática, la definición y división de la sintaxis (natural y figurada), los conceptos de régimen, concordancia, construcción y orden, el progresivo reconocimiento de unidades y funciones sintácticas.

Palabras clave: historiografía lingüística española; gramática tradicional; siglos XVI–XX; sintaxis; oración

This brief historiographical journey through the Spanish grammatical tradition aims to show the development of syntax in grammatical treatises for the study of Spanish, from the Renaissance to 20th-century structuralist theories.

The evolution of Spanish grammar between the 16th and 20th centuries largely corresponds to the greater attention that different schools pay to the syntactic relationships established between grammatical units. Using the Renaissance model as a starting point, we analyse changes in the description of syntax introduced by the Baroque school, the Enlightenment, the empirical and inductive movements and the psychological and descriptivist orientations. The syntactic reforms found in texts composed by the Real Academia Española are also reviewed.

From being accorded a few pages, syntax becomes an independent topic of study. This shift is explained by the fact that the aim of the first treatises was mainly the exploration of paradigms and the definition of word classes, rather than the analysis of syntactic phenomena, particularly those related to the concept of the sentence and its classification.

This development of traditional syntax is explored in the most relevant grammars for Spanish speakers, especially as concerns key questions such as the parts of grammar, the definition and divisions of (natural and figurative) syntax, the concepts of argument structure or government, agreement, construction and order, and the progressive identification of syntactic units and functions.

Keywords: Spanish historiography of Linguistics; traditional grammar; 16 to 20th century; syntax; sentence

2 Conceptos fundamentales

El término *sintaxis* (del griego σuντάξις "con orden") es el más generalizado en la tradición española para denominar uno de los tratados que forman la gramática. Sin embargo, los conceptos que los autores consideran propiamente sintácticos resultan casi marginales en el conjunto de sus obras, frente a los utilizados en el otro tratado gramatical, llamado inicialmente Etimología, donde, en cambio, se aplican nociones sintácticas para definir y clasificar las palabras. En general, la desproporción entre ambos tratados se basa en el principio tradicional de que la terminología técnica utilizada en la gramática para designar las entidades que son objeto de estudio (nombres de las clases y subclases de palabras, nombres de los accidentes, etc.) debe estar justificada etimológicamente. Las denominaciones han de reflejar la verdadera realidad (*vera ratio*). Esta definición etimológica, aunque remite en muchos casos a comportamientos sintácticos, junto a otros formales o nocionales, debe presentarse en el primer tratado gramatical, llámese Etimología o Analogía (*similis ratio*).

Hasta bien entrado el siglo XIX los conceptos fundamentales que comprenden los tratados de sintaxis son, ante todo, los relacionados con los términos equivalentes en latín y en castellano del étimo griego, *construcción* y *orden*, respectivamente, que además de servir en ocasiones como sinónimos de *sintaxis*, adquieren sus propios significados. Junto a estos dos conceptos, desde la gramática del siglo XVI, se generalizan los de régimen o rección y concordancia, entendido el primero como la selección de caso y el segundo como la dependencia de marcas formales de unas palabras sobre otras.

2.1 Contenidos estructurales

La sintaxis que se extiende en la tradición española durante siglos a partir de Nebrija, aunque con diferencias destacables, se decide por una estructura básica en cuatro capítulos (o "artículos"): los dedicados al orden y a la construcción, a los que se añaden los cada vez más complejos sobre el régimen y la concordancia. En líneas generales, esta es la planta sobre la que se construye la sintaxis en las primeras *Gramáticas* académicas (en adelante, GRAE seguido del año de edición), como la primera y la cuarta edición (GRAE 1771, 1796).

A partir del primer tercio del siglo XIX la tradición española cuenta con nuevos modelos para estructurar los contenidos de la sintaxis. A los capítulos heredados sobre el orden, la construcción, el régimen y la concordancia, Salvá (1830) añade un capítulo más por cada una de las ocho clases de palabras definidas en la Etimología y, desde 1835, Analogía. Hay, pues, un capítulo para la "Sintaxis del nombre en general", otro para la "Sintaxis de los artículos", etc. Así, la división del nombre en sustantivo y adjetivo se basa no solo en el significado sino sobre todo en las diferencias sintácticas. Las partículas indeclinables o invariables (adverbio, preposición, conjunción e interjección), agrupadas en un breve apartado en la primera parte, ocupan en la Sintaxis tres largos capítulos de más de 200 páginas, si bien la mitad de estas se dedica al régimen preposicional. El estudio de la negación, la interrogación y la exclamación recibe su correspondiente tratamiento sintáctico, pues los tres tipos se describen como "frases" u "oraciones", sin mención previa de estas construcciones (o "sentencias") en la parte analógica de la gramática.

Esta estructura de la sintaxis, próxima a la que refleja Bello (1847), sirvió de contrapeso a la tradición y fue generalizándose a finales del siglo XIX. La reforma de la sintaxis practicada por la Academia en esta época sigue en parte el nuevo trazado (GRAE 1870, 1880). Sin embargo, en estas ediciones, aunque la doctrina va ampliándose desde mediados de siglo, no hay propiamente un capítulo para la "Sintaxis del nombre" o la "Sintaxis del verbo", sino epígrafes para introducir el "Régimen del nombre" o la "Construcción del verbo". La innovadora Sintaxis de la GRAE 1917, en cambio, dedica sendos capítulos (parte II, caps. XIII y XIV) a la "Sintaxis del nombre sustantivo: sus oficios y complementos" y a la "Sintaxis del nombre adjetivo: sus oficios y complementos", que se mantienen en la edición de 1931.

Para Gili Gaya (1943, § 78), corresponde a la Sintaxis, tras el estudio de las oraciones simples, "exponer en varios capítulos el empleo y valor funcional de cada una de las partes de la oración", de modo que los tradicionales apartados sobre el régimen o la construcción del nombre se sustituyen por los "Oficios del substantivo" (parte II, cap. XV), los "Oficios del adjetivo" (parte II, cap. XVI), entendidos explícitamente como las "funciones sintácticas" de estas clases de palabras. Como comisionado, con Fernández Ramírez, para la redacción de una nueva Gramática de la Real Academia Española, esta estructura se adopta en el ENGLE (1973) sin apenas modificaciones.

2.2 Sintaxis natural y sintaxis figurada

Inicialmente, la sintaxis responde a una estructura binaria, pues los autores asumen que los fenómenos de construcción, concordancia y régimen o son naturales o son figurados. El tratamiento de las figuras en los capítulos de Sintaxis se justifica por la común aceptación de dos principios. De un lado, la proximidad de las definiciones clásicas de la Gramática o *ars recte loquendi* y de la Retórica o *ars bene loquendi* favorecía el tránsito de los gramáticos desde la corrección del texto hacia la elegancia del discurso. De otro, la herencia durante siglos de las dos partes constitutivas de las artes gramaticales, la metódica y la histórica, exigía reservar algunos capítulos de la Sintaxis a las figuras retóricas para cumplir con este segundo compromiso sobre el conocimiento de la lengua literaria que deben proporcionar los gramáticos.

Este modelo fue seguido por Nebrija, tanto en sus *Introductiones latinae* (1481) como en la *Gramática castellana* (1492), quien distinguió entre la "perfecta habla" o "phrasis" y el "vicio intolerable" o "solecismo" un nivel medio: la "figura" o "schema", "vicio que por alguna razón se puede escusar" (Nebrija 1492, 287, 293). Las figuras en la sentencia, que para Nebrija "son tantas que no se podrían contar", pasan por el tamiz racionalista de la *Minerva* del Brocense [1587] al capítulo titulado "De las figuras de la construcción", distribuidas solo en cuatro tipos: las figuras por defecto (elipsis y zeugma), por hipérbole (pleonasmo), por discordia (silepsis) y por inversión del orden (hipérbaton). Los gramáticos españoles del siglo XVII (Jiménez Patón y Correas) aplicaron este canon a la gramática castellana. La tradición se perpetúa a través de las sucesivas ediciones de la Gramática académica, sin apenas cambios sustanciales, hasta el ENGLE (1973, 6), donde se reconoce la novedad de suprimir los capítulos "hoy superados" sobre la "Sintaxis figurada" y los "Vicios de dicción".

2.3 Concordancia

Desde finales del siglo xiv se generaliza el reconocimiento de la noción de concordancia como uno de los capítulos estructurales de la Sintaxis. Se entendía este concepto (*consequentia, congruitas*) como la conformidad de accidentes gramaticales a partir de una identidad referencial, de modo que se llegó a distinguir entre la concordancia formal (*congrua voce*) y la concordancia del sentido (*congrua sensu*). Junto a las reglas generales de la concordancia gramatical, los autores se interesaron igualmente por los contraejemplos, los fenómenos de la *evocatio* y la silepsis, hasta formar un cuerpo de doctrina sintáctica con los casos excepcionales.

Los primeros avances descriptivos corresponden al interés de los autores por regularizar las irregularidades sin recurrir a la sintaxis figurada, de modo que la silepsis pasa a ser un tipo "natural" de concordancia. Este proceso de integración atraviesa tres fases principales, representadas por las aportaciones de Bello, la GRAE 1917 y Gili Gaya. Aunque se contaba con sólidos antecedentes (Correas 1625, 360), el avance de esta época consistió en la aplicación de criterios sintácticos apenas antes explorados para determinar las relaciones de concordancia. Estos recursos de codificación se basan, entre otros, en el orden de palabras, la posición relativa entre el sujeto y el verbo, el alcance limitado del adjetivo antepuesto al sustantivo, la contigüidad estricta, la anáfora entre proposiciones o la identidad flexiva del verbo con otras funciones sintácticas diferentes del sujeto. Así, por ejemplo, la GRAE 1917 atiende a la concordancia con el predicado nominal en oraciones del tipo *La soledad inmensa que aflige al alma son setecientas leguas de arena y cielo* y además ordena las reglas de ediciones anteriores. Gili Gaya (1943, § 30) trata de la "extensión múltiple" del adjetivo pospuesto al sustantivo en contraposición con el "alcance limitado" del adjetivo antepuesto y toma en consideración el "grado de cohesión" para distinguir entre *Lengua y literatura españolas* y *Lengua y literatura española*. El recurso a la interpretación de los enunciados permite a estos autores describir los casos de doble concordancia según prevalezca o no el sentido unitario.

2.4 Construcción y régimen

Frente a la concordancia, cuyo tratamiento llega renovado al siglo xx, las voces sobre el régimen o rección se van apagando conforme avanza el siglo xix y son prácticamente testimoniales de nociones superadas en el xx. Así, Benot relega a una nota a pie de página la definición de régimen: "A esta dependencia en que los adjetivos y los verbos principalmente se hallan respecto de ciertas preposiciones llaman los gramáticos *régimen*" (1910, 137). La extensa doctrina sobre el régimen de los dos siglos anteriores había quedado reducida también en la GRAE 1917 apenas a una sola referencia histórica sobre la selección preposicional del participio de presente: "En lo antiguo tenían estos participios con más frecuencia que ahora el mismo régimen que sus verbos: [...] *pasante los montes Pirineos*; [...] *temiente a Dios*" (GRAE 1917, § 469e).

Tampoco tuvo el régimen un buen comienzo en los primeros siglos de la gramática española. Dos de sus principales protagonistas, Nebrija y Correas, no recurren al término "régimen" para titular sus capítulos de Sintaxis, sino que mantienen el concepto de "construcción", entendida como la exigencia de caso por parte del verbo y del nombre, lo que equivale a identificar la marca de la relación casual con las preposiciones castellanas y los "géneros" del verbo con el caso que "demandan".

Durante el siglo xviii y gran parte del siguiente, este sentido del término "construcción" se sustituye por el de "régimen", probablemente por influencia del logicismo y racionalismo de la gramática francesa posterior a Port-Royal (1660). En la tradición española, el periodo con mayor presencia de doctrina sobre el régimen comienza en el *Arte del romance castellano* del P. Benito de San Pedro (1769), quien, bajo el título de "Sintaxis de regencia", defiende la teoría del verbo único o sustantivo (*ser, estar* y *parecer*) y dedica nueve reglas a las cinco clases de verbos adjetivos según "la regencia de los casos" (1769, 104–115) (Martínez Alcalde 2011).

Esta orientación se desarrolla en las sucesivas ediciones de la Gramática académica, así como en las principales aportaciones del primer tercio del siglo XIX. Por entonces, la teoría de la "determinación" —defendida por el enciclopedismo de Du Marsais— va dejando paso a la noción de "dependencia", basada en las relaciones jerárquicas entre las categorías sintácticas. En una primera fase de esta evolución, la dependencia se limita solo a las palabras, al elemento regente y al regido. Pero antes de mediar el siglo XIX (Gómez Asencio 1981, 56–66), algunos gramáticos llegaron a identificar los dos tipos principales del régimen verbal (llamados "régimen directo" y "régimen indirecto") con los "complementos" directo e indirecto. La teoría del régimen o rección casual deja paso a la categoría sintáctica del complemento: "Los gramáticos llaman régimen a lo que nosotros hemos llamado hasta aquí complemento de un nombre, de un adjetivo o de un verbo adjetivo" (Lacueva 1832, 78).

A finales del siglo XIX el interés por el régimen y la construcción pasa de la gramática a la lexicografía en el monumental *Diccionario de construcción y régimen de la lengua castellana* de Cuervo, quien únicamente pudo acabar los dos primeros volúmenes [1886, 1893]. El de Cuervo se ha considerado como el prototipo de diccionario sintáctico y único representante de esta clase en la tradición española. Para Cuervo (1886, III–x), mientras que la gramática estudia las "leyes generales de cada categoría de palabras", su *Diccionario* contiene la "sintaxis individual" de las palabras, según el principio de que cada tipo de construcción (transitiva, intransitiva, factitiva, causativa, refleja, etc.) y de régimen (modal, preposicional, etc.) determinan históricamente las diferentes acepciones de las palabras.

3 Aproximaciones teóricas

Sin duda, cada gramático refleja corrientes del pensamiento de su época. Pero las teorías contemporáneas de carácter innovador suelen convivir en las obras con las tradicionales (Sahlin 1928, 7–40), cada una con sus correspondientes unidades sintácticas. De ahí, en parte, la dificultad de establecer periodos nítidos en la historia de la sintaxis española según la red de influencias teóricas sobre los gramáticos (Chevalier 1968, 9–13), casi siempre extremadamente cuidadosos en ocultar sus fuentes.

3.1 La palabra o parte de la oración

El modelo de sintaxis representado por la *Gramática castellana* de Nebrija (1492), de apenas 10 de un total de 66 folios (pero más de la mitad de aquellos dedicada a la explicación de 42 figuras) proporcionó, pese a su brevedad, el esquema básico para los desarrollos posteriores hasta, al menos en lo fundamental, casi finales del siglo XIX. En el programa humanista de dignificación de la lengua vulgar, Nebrija se adelanta a sus contemporáneos en el propósito de "reducir en artificio este nuestro lenguaje castellano" (1492, 105) a semejanza de la codificación de la norma que presentaba el latín, cuya gramática pretendía introducir "alos ombres de nuestra lengua".

La unidad sintáctica en este modelo nebrisense es la palabra o parte de la oración, de modo que las relaciones entre estas partes, aisladas unas de otras, son suficientes para conformar el libro de Sintaxis. Los gramáticos distinguen, en líneas generales, tipos de relaciones sintácticas entre palabras según los tres criterios introducidos por Nebrija: la correspondencia de accidentes, la colocación de unas palabras tras otras y la exigencia de determinados casos por parte de verbos y nombres. Las relaciones sintácticas entre palabras son, pues, las de concordancia, las de orden y las de régimen (o rección), llamado a veces también construcción.

Hasta la recepción en la España ilustrada de las corrientes de la gramática general y filosófica francesa del siglo XVII, uno de los principales problemas para el tratamiento sintáctico del idioma consiste en la ausencia de unidades intermedias que, por definición, sean única y específicamente unidades de la sintaxis, y no tanto del conjunto de la gramática (Rojo 2001, 85–86).

3.2 De la palabra a la función sintáctica

La primera reforma significativa de la tradición sintáctica nebrisense se encuentra probablemente en el *Arte* del P. Benito de San Pedro (1769) bajo la influencia, por un lado, de sus compatriotas Sánchez de las Brozas (1587) y Correas (1625), pero también de la gramática racionalista francesa, representada inicialmente por la *Grammaire générale et raisonnée* de Arnauld y Lancelot o Gramática de Port-Royal [1660]. La novedad reside en la aplicación del logicismo a la sintaxis española mediante el establecimiento de correspondencias rigurosas entre las categorías gramaticales y las categorías lógicas. Con estas bases, el gramático ilustrado defiende la teoría del verbo único, cuya definición, fundada en la predicación lógica, está determinada por la relación con los elementos que resultan del análisis lógico de la proposición u oración: "La serie de palabras donde se contienen un sugeto i un atributo unidos por medio del Verbo se llama *oracion o proposicion*" (San Pedro 1769, II, 2). Comienza, pues, a admitirse que, además de la palabra, también las funciones oracionales pueden ser las unidades sintácticas de referencia. Progresivamente, las definiciones de las clases de palabras abandonan los criterios formales y nocionales o, más frecuentemente, los acumulan a los "oficios" que estas categorías desempeñan en la oración. Así, sujeto, atributo, predicado, cópula son las nuevas unidades sintácticas del siglo XIX, especialmente a partir de Bello: "La clasificación de las palabras es propiamente una clasificación de oficios gramaticales" (Bello 1847, 744).

La teoría racionalista del verbo conduce a una nueva doctrina sobre la estructura del predicado, alejada de los tradicionales *genera verbi*. La transitividad (intransitividad, impersonalidad, etc.) pasa a ser el objeto de estudio en la sintaxis del régimen, donde se describen las relaciones que contrae el verbo, no ya con el sujeto (o nominativo), sino con los casos regidos, muy poco después llamados "complementos". Este nuevo enfoque abre el camino para reconocer que la transitividad depende del predicado, y no solo del verbo.

Estos modelos racionalistas tuvieron algunos seguidores en el siglo XIX (Swiggers 2011, 53–98), como Gómez Hermosilla y su discípulo Saqueniza, quien introduce en su *Gramática elemental de la lengua castellana* (1828) nuevos conceptos para el término "complemento", así como una aproximación a las clases de oraciones (Gómez Asencio 1987, 123–125). Para Saqueniza, la oración consta de tres "palabras": el verbo, el sujeto y dos tipos de complementos del verbo, el objeto y el término (Saqueniza 1828, 8–9). El concepto de régimen ha evolucionado en esta época, cuando se aplica no solo a la clasificación de los verbos, sino también a las clases de oraciones (*transitivas*, *intransitivas*, *impersonales* y *sustantivas*), de acuerdo con la naturaleza del verbo. Se distingue también entre oraciones simples y compuestas, según la noción de dependencia. La función de complemento en la oración simple tiene su correspondencia en el análisis de la oración compuesta con la denominación de "oración completiva": "La oración formada por el verbo determinado es el complemento verdadero del verbo determinante: *quiero que vengas; dijo que lo haria* [...]. Por esto se podria dar á estas oraciones el nombre de *completivas*" (1828, 97).

Las Gramáticas académicas van asumiendo estas reformas desde finales del siglo XIX. A partir de la edición de 1870, la Institución recoge el término y la noción de complemento como una de las funciones oracionales, junto al sujeto y al verbo, y explica claramente los conceptos de complemento directo y complemento indirecto. Desde la edición de 1917, además de reformar sustancialmente la clasificación de la oración compuesta, utiliza la denominación de oración completiva (GRAE 1917, 345) en referencia al análisis de oraciones como *digo que viene*.

3.3 De la función sintáctica a la frase

La fase siguiente de esta evolución de la sintaxis en la tradición española se puede situar en el reconocimiento de la unidad operativa intermedia entre la palabra y la oración, una vez que comienzan a describirse las funciones sintácticas. El término y el concepto de frase es excepcional antes de Bello, cuando solía emplearse en referencia a cualquier secuencia de palabras, fuese o no oracional, incluidas las locuciones o sentencias. Bello, en cambio, añade un apéndice al capítulo II de su Gramática, que trata de "la clasificación de las palabras por sus varios oficios", para distinguir en "la nomenclatura gramatical" entre *frase sustantiva*, *frase verbal*, *frase adjetiva* y *frase adverbial*.

Sin embargo, esta unidad del análisis sintáctico apenas tuvo recorrido en la tradición posterior, pues la mayoría de los gramáticos —con escasas excepciones (Calero Vaquera 1986, 223–224)— siguió asociando las funciones sintácticas con las palabras o con los "conjuntos de ellas", como dice la GRAE desde finales siglo XIX (1870, 206). Se mantiene, pues, la idea de que el sujeto es el nombre y el predicado es el verbo, hasta el punto de que esta identificación llega a convertirse en un lugar común, cuando, por ejemplo, se sentencia que "estas dos partes son tan precisas para formar la oración que no puede haber nombre sin verbo ni verbo sin nombre" (GRAE 1870, 171). Esta Institución no se separa apenas de los textos decimonónicos en la última edición normativa del siglo XX: "el sujeto y el predicado, o sea el nombre substantivo y el verbo, que son los que desempeñan la función de tales, son las dos palabras a las cuales se refieren inmediata o mediatamente todas las demás de la oración simple" (GRAE 1931, 162).

Las principales aportaciones significativas a la noción de frase introducida por Bello se sitúan en la primera mitad del siglo XX. Por un lado, en América, Lenz (1920) y especialmente en el 2.º curso de la *Gramática* de Alonso y Henríquez Ureña (1939) se utiliza —como en algunas gramáticas actuales— el término "grupo sintáctico" y se muestra su análisis con las denominaciones de "núcleo" y "complemento". Tras varios ejemplos sobre los tipos de "construcciones nominales", sean sujeto o complemento, los autores formulan la siguiente ley gramatical: "todo núcleo forma con sus complementos una construcción compuesta, que tiene la misma categoría gramatical que el núcleo" (1939, § 51). Más adelante, extienden su descripción también al grupo verbal: "El papel oracional del verbo es el ser núcleo del predicado, pues a él se refieren, directa o indirectamente, todos los complementos" (1939, § 118). Poco antes, en España, Rafael Seco (1930) describe las frases sustantivas, adjetivas, verbales, adverbiales, prepositivas y conjuntivas. Dice, por ejemplo, de las primeras que "debemos llamar frase sustantiva a la constituida por un sustantivo, cualquiera que sea su función sintáctica, y todo aquel conjunto de determinaciones que le acompañan" (1930, 165).

Finalmente, a partir de los años cuarenta, Gili Gaya introduce la diferencia entre frase y oración. Esta distinción entra en el ENGLE, aunque el valor operativo del primero de estos conceptos suele seguir siendo muy limitado para el desarrollo de la doctrina sintáctica del español. Así, el académico catalán explica al final del primer capítulo de su *Curso* que "para evitar ambigüedades de nomenclatura, distinguiremos con rigor entre *oración* y *frase*. Esta última denominación se aplica en nuestro libro a cualquier grupo de palabras conexas, ya formen oración o no. Toda oración es una frase, pero no viceversa. Expresiones como *aquel día de octubre*; *por el camino de la estación*; *con gran sencillez*; etc., son frases y no oraciones" (Gili Gaya 1943, § 14 bis). Con estos antecedentes, la RAE avanza un paso más en el ENGLE con la incorporación al vocabulario técnico del término "sintagma" como sinónimo de "frase". Así, se lee en el cuerpo del texto: "En sentido gramatical llamamos *frase* a cualquier grupo de palabras conexo y dotado de sentido. Según esta definición, las oraciones son *frases*, pero no viceversa [...]. Las frases que no son oraciones son a menudo elementos constitutivos de la oración" y en nota al pie se añade: "En Lingüística la *frase* se denomina *sintagma*, y su definición es la misma que damos en el texto" (ENGLE, § 3.1.5).

3.4 De la función sintáctica a las clases de oraciones

La sintaxis tradicional española llega al siglo XX con el desarrollo del capítulo sobre la clasificación de las oraciones en simples y compuestas, coordinadas y subordinadas. Esta importante novedad pudo alcanzarse, entre otros factores, por el reconocimiento de la oración como la unidad fundamental del análisis sintáctico, sea el análisis lógico o el análisis gramatical (Haßler 2012, 23–37) y tras la generalización entre los autores de la teoría de la complementación, una vez superada la doctrina del régimen, así como tras la descripción sistemática de la clasificación funcional de las conjunciones y los relativos (Gómez Asencio 1987, 117–132; Iglesias Bango 2019, 767–780).

El interés por los enlaces conjuntivos se fue desplazando a finales del siglo XIX desde los tipos semánticos de estas unidades hacia la clasificación de las oraciones según el elemento que sirve de unión. En este largo proceso, como señala Lope Blanch (1995, 22–25), había destacado la aportación de Garcés [1791], quien, entre otras precisiones, distingue entre *que* relativo y *que* conjunción. Su método y su corpus fueron ampliados posteriormente por Salvá, Bello y Cuervo. A estos gramáticos se debe, entre otras cuestiones, la clasificación de las oraciones de relativo en especificativas y explicativas, en el que puede considerarse como el primer paso hacia la descripción de las oraciones subordinadas. De acuerdo con esta diferencia sobre el relativo *que*, Bello distingue entre proposición subordinada y proposición incidente (1847, § 307) con un planteamiento que, para Lope Blanch (1995, 42) se acerca ya a los conceptos de subordinación o, según Lenz (1920, § 86), de "incorporación" y coordinación.

Aunque la descripción de la oración compuesta, entendida como unidad de análisis sintáctico, recibió durante los siglos anteriores aportaciones de interés (Gómez Asencio 1987, 125–126, 2014, 393–406; Calero Vaquera 2007, 107–110), como, entre otras, las de Jovellanos [c. 1795], que recoge la influencia de Condillac (Ridruejo 2011, 234–237), la renovación sustancial de esta parte de la sintaxis comienza seguramente con Benot (1852), se desarrolla con Cejador y Frauca (1905) y se consolida a partir de la GRAE 1917. En sus *Breves apuntes sobre los casos y las oraciones* (Benot 1852), Benot establece las bases de sus tratados posteriores (1889, 1910) con la clasificación de las oraciones subordinadas según la función sintáctica, sustantiva, adjetiva o adverbial, que desempeñan en la cláusula o período (Lope Blanch 1995, 47–53). Por su parte, la influencia de Cejador y Frauca (1905) en la decisiva reforma sintáctica de la Academia (1917), analizada por Iglesias Bango (2001, 573–588), se manifiesta no solo en la oposición entre coordinación (o parataxis) y subordinación (o hipotaxis) o entre las clases de oraciones coordinadas, sino también en las diferencias entre coordinación y subordinación causal.

4 Perspectivas actuales

En la actualidad, el conocimiento de la historia gramatical española y, en particular, de la sintaxis tradicional se desarrolla notablemente por la confluencia de diversos factores. Desde hace más de 25 años, la Sociedad Española de Historiografía Lingüística (SEHL) sirve de cauce a las investigaciones de la mayoría de los especialistas en esta materia, procedentes de casi todas las universidades españolas y de muchas europeas (Alemania, Bélgica, Francia, Italia, Portugal, Reino Unido, entre otras) y americanas (Argentina, Brasil, Chile, México). La actividad de los 12 congresos internacionales convocados por la SEHL y por las Universidades anfitrionas (La Coruña, León, Vigo, La Laguna, Murcia, Cádiz, Vila Real, Rey Juan Carlos, Córdoba, Extremadura, Buenos Aires, Bolonia) se refleja en sus correspondientes actas. Se forman escuelas que incorporan a jóvenes investigadores al campo de la historiografía lingüística con sus tesis doctorales. Se financian proyectos de investigación, a menudo de carácter interuniversitario. Se especializan revistas y colecciones editoriales en el ámbito de la historiografía con contribuciones nacionales e internacionales que, a menudo, se dirigen a la investigación de la tradición gramatical española y a su relación con la de otras lenguas europeas, americanas y asiáticas.

De estas y otras iniciativas (jornadas, simposios, etc.) ha resultado la publicación de recursos imprescindibles para la investigación historiográfica de la sintaxis tradicional: tres volúmenes de la

Historia de la gramática española, dirigidos por Gómez Asencio (2006a, 2006b, 2011), cinco tomos de *Bibliografía cronológica* (Niederehe 1994, 1999, 2005; Esparza Torres y Niederehe 2012, 2015), dos tomos de *Bibliografía temática de historiografía lingüística española*. *Fuentes secundarias* (Esparza Torres 2008), ediciones de fuentes primarias (impresas y digitales), monografías sobre periodos históricos, autores, corrientes teóricas y metodológicas, balances sobre publicaciones de historiografía lingüística española (García Gondar 2004, 2014), por citar solo algunos resultados sobresalientes.

5 Direcciones futuras y conclusiones

Los estudios sobre la tradición sintáctica española avanzan conforme crecen también las investigaciones históricas sobre las restantes disciplinas lingüísticas, aunque todavía el interés historiográfico por las clases de palabras parece superior al que despiertan los temas relacionados con el tratamiento sintáctico del español en las gramáticas.

Faltan trabajos sobre periodos, autores y escuelas, corrientes y tendencias relevantes para componer la historia de la sintaxis, principalmente de la primera mitad del siglo xx, y escasean las publicaciones dirigidas a la valoración de conceptos y términos sintácticos utilizados por la tradición española. Contribuiría a este quehacer historiográfico un examen más crítico sobre los resultados de la sintaxis tradicional con respecto a la caracterización de las unidades, estructuras y funciones sintácticas. Al mismo tiempo, la historia de la sintaxis española cobraría un interés renovado con trabajos dirigidos a la consideración actual de los planteamientos y autores tradicionales, de modo que en estos estudios se tratara de responder, entre otras, a cuestiones como qué se entiende hoy por tradicional en sintaxis, qué se ha superado o, por el contrario, qué se da por recuperado de la tradición sintáctica española, qué presencia alcanzan en la sintaxis actual los gramáticos del pasado, anteriores al estructuralismo. Para trazar una historia de la sintaxis española, sería de gran ayuda, en fin, disponer de ediciones modernas, accesibles, críticas y anotadas de los principales autores que han contribuido a su desarrollo, especialmente los que publicaron sus obras en la primera mitad del siglo xx, como fueron, al menos, R. Lenz (1920), R. Seco (1930), A. Alonso y P. Henríquez Ureña (1939) y S. Gili Gaya (1943).

Pese a estas limitaciones, aquí se ha tratado de esbozar a grandes rasgos la imagen de los principales cambios que experimentó el tratamiento sintáctico del español desde el humanismo renacentista hasta las puertas del estructuralismo lingüístico. En conclusión, durante las diferentes etapas de este largo periodo, se asiste a un notable incremento de los fenómenos sintácticos que se someten a la observación del gramático. La Sintaxis llega a constituirse, así, en el tratado fundamental, el más extenso y complejo de muchas Gramáticas, incluso en un estudio autónomo, independiente de la Etimología o Analogía (más tarde, Morfología), y además unitario, en el sentido de que se prescinde de la llamada "Sintaxis figurada". Junto a este cambio sustancial, se suceden en la tradición española otros muy representativos de las influencias generales que reciben los autores, como el racionalismo y logicismo, las corrientes descriptivas y el psicologismo. Como resultado de esta apertura a nuevas escuelas, la herencia latina se difumina, la noción de función sintáctica se impone, la identificación de unidades propias de la sintaxis se generaliza y se abre paso el análisis y la clasificación de las oraciones compuestas.

Lecturas complementarias recomendadas

Por su influencia en la sintaxis española, conviene tener presente la tradición francesa a partir de los estudios clásicos de Sahlin (1928) y Chevalier (1968) o de otros más recientes como el de Swiggers (2011).

A falta de una historia de la sintaxis tradicional española, resultan de gran utilidad los tres volúmenes dirigidos por Gómez Asencio (2006a, 2006b, 2011), que pueden completarse con las monografías editadas por Koerner y Niederehe (2001), Maquieira y Martínez Gavilán (2008), entre otras.

En cuanto al desarrollo de la sintaxis tradicional española en diferentes etapas históricas, son fundamentales los trabajos de Gómez Asencio (1981) y Calero Vaquera (1986, 2007).

Referencias bibliográficas

Fuentes primarias

Alonso, A. y P. Henríquez Ureña. 1939. *Gramática castellana. Segundo curso*. 2.ª ed., 1.ª reimpr. Buenos Aires: Losada, 1977.
Bello, A. 1847. *Gramática de la lengua castellana destinada al uso de los americanos*. Edición crítica de Ramón Trujillo. Santa Cruz de Tenerife: Cabildo Insular de Tenerife, 1981.
Benot, E. 1852. *Breves apuntes sobre los casos y las oraciones*. Madrid: Viuda de Hernando, 1888.
Benot, E. 1889. *Arquitectura de las lenguas*, 3 vols. Madrid: Juan Muñoz Sánchez.
Benot, E. 1910. *Arte de hablar. Gramática filosófica de la lengua castellana*. Reproducción facsímil. Introducción de Ramón Sarmiento. Barcelona: Anthropos, 1991.
Cejador y Frauca, J. 1905. *La lengua de Cervantes [...]. Tomo I Gramática*. Madrid: Jaime Ratés.
Correas, G. 1625. *Arte de la lengua española castellana*. Edición y prólogo de Emilio Alarcos García. Madrid: CSIC, 1954.
Cuervo, R. J. 1886. *Diccionario de construcción y régimen de la lengua castellana*, t. i., 8 vols. Barcelona: Herder, 1998.
ENGLE = Real Academia Española (Comisión de Gramática). 1973. *Esbozo de una nueva gramática de la lengua española*. Madrid: Espasa-Calpe.
Gili Gaya, S. 1943. *Curso superior de sintaxis española*, 9ª ed. Barcelona: Bibliograf, 1964.
GRAE 1771 = Real Academia Española. 1771. *Gramática de la lengua castellana*. Edición facsímil, introducción y apéndice documental Ramón Sarmiento. Madrid: Editora Nacional, 1984.
GRAE 1796 = Real Academia Española. 1796. *Gramática de la lengua castellana*, 4ª ed. Madrid: Viuda de Ibarra.
GRAE 1870 = Real Academia Española. 1870. *Gramática de la lengua castellana*, 12ª ed. Madrid: Rivadeneyra.
GRAE 1880 = Real Academia Española. 1880. *Gramática de la lengua castellana*, 15ª ed. Madrid: Gregorio Hernando.
GRAE 1917 = Real Academia Española. 1917. *Gramática de la lengua castellana*, 30ª ed. Madrid: Perlado, Páez y Compañía.
GRAE 1931 = Real Academia Española. 1931. *Gramática de la lengua española*, 34ª ed. Madrid: Espasa-Calpe
Lacueva, F. 1832. *Elementos de gramática general*. Madrid: Espinosa.
Lenz, R. 1920. *La oración y sus partes. Estudios de gramática general y castellana*, 2.ª ed. Madrid: Publicaciones de la "Revista de Filología Española", 1925.
Nebrija, E. A. de. 1492. *Gramática castellana*. Introducción y notas de Miguel Ángel Esparza y Ramón Sarmiento. Madrid: SGEL, 1992.
Salvá, V. 1830. *Gramática de la lengua castellana según ahora se habla*. Edición y estudio de Margarita Lliteras. Madrid: Arco/Libros, 1988.
Sánchez de las Brozas, F. 1587. *Minerva o De causis linguae latinae*. Edición de E. Sánchez Salor y C. Chaparro Gómez. Cáceres: Institución Cultural "El Brocense", Universidad de Extremadura. 1995.
San Pedro, B. de. 1769. *Arte del romance castellano*. Valencia: Benito Monfort.
Saqueniza, J. [pseudónimo de Joaquín Cabezas]. 1828. *Gramática elemental de la lengua castellana con un compendio de ortografía*. Madrid: Núñez.
Seco, R. 1930. *Manual de gramática española*. Revisado y ampliado por Manuel Seco. Madrid: Aguilar, 1986.

Fuentes secundarias

Calero Vaquera, M. L. 1986. *Historia de la gramática española (1847–1920). De A. Bello a R. Lenz*. Madrid: Gredos.
Calero Vaquera, M. L. 2007. "Desarrollo de la sintaxis en la tradición gramatical hispánica". En *Historiografía de la lingüística en el ámbito hispánico. Fundamentos epistemológicos y metodológicos*, eds. J. Dorta *et al.*, 89–118. Madrid: Arco/Libros.

Chevalier, J.-C. 1968. *Histoire de la syntaxe. Naissance de la notion de complément dans la grammaire française (1530–1750)*. Ginebra: Droz.
Esparza Torres, M. Á. 2008. *Bibliografía temática de historiografía lingüística española. Fuentes secundarias*. 2 vols. Hamburgo: Helmut Buske.
Esparza Torres, M. Á. y H.-J. Niederehe. 2012. *Bibliografía cronológica de la lingüística, de la gramática y la lexicografía del español (BICRES IV). Desde el año 1801 hasta el año 1860*. Ámsterdam: John Benjamins.
Esparza Torres, M. Á. y H.-J. Niederehe. 2015. *Bibliografía cronológica de la lingüística, de la gramática y la lexicografía del español (BICRES V). Desde el año 1861 hasta el año 1899*. Ámsterdam: John Benjamins.
García Gondar, F. 2004. "Balance de una década de historiografía lingüística española". En *Nuevas aportaciones a la historiografía lingüística*, vol. 1, eds. C. Corrales Zumbado *et al.*, 583–597. Madrid: Arco/Libros.
García Gondar, F. 2014. "La historiografía lingüística en Internet. Panorámica de las fuentes secundarias". En *Métodos y resultados actuales en Historiografía de la Lingüística*, vol. 1, eds. M. L. Calero *et al.*, 235–246. Münster: Nodus Publikationen.
Gómez Asencio, J. J. 1981. *Gramática y categorías verbales en la tradición española (1771–1847)*. Salamanca: Universidad de Salamanca, Acta Salmanticensia, Anejos. Estudios 5.
Gómez Asencio, J. J. 1987. "Naissance et développement de la notion de phrase composée dans les grammaires espagnoles (1771–1851)". *Histoire Épistémologie Langage* 9(2): 117–132.
Gómez Asencio, J. J., dir. 2006a. *El castellano y su codificación gramatical. Volumen I. De 1492 (A. de Nebrija) a 1611 (John Sanford)*. S.L.: Fundación Instituto Castellano y Leonés de la Lengua. Colección Beltenebros 14.
Gómez Asencio, J. J., dir. 2006b. *El castellano y su codificación gramatical. Volumen II. De 1614 (B. Jiménez Patón) a 1697 (F. Sobrino)*. S.L.: Fundación Instituto Castellano y Leonés de la Lengua. Colección Beltenebros 17.
Gómez Asencio, J. J., dir. 2011. *El castellano y su codificación gramatical. Volumen III. De 1700 a 1835*. S.L.: Fundación Instituto Castellano y Leonés de la Lengua. Colección Beltenebros 31.
Gómez Asencio, J. J. 2014. "Tratamiento de la sintaxis en gramáticas españolas del último tercio del siglo XVIII". En *Penser l'histoire des savoirs linguistiques. Hommage à Sylvain Auroux*, vol. 2, eds. S. Archaimbault *et al.*, 393–406. Lyon: ENS Éditions.
Haßler, G. 2012. "Los conceptos de 'análisis lógico' y 'análisis gramatical' en gramáticas de la primera mitad del siglo XIX". *Revista Argentina de Historiografía Lingüística* 4(1): 23–37.
Iglesias Bango, M. 2001. "La formación de las ideas sintácticas en las gramáticas académicas de principios de siglo: la posible influencia de J. Cejador y Frauca". En *Actas del II Congreso Internacional de la SEHL*, eds. M. Maquieira Rodríguez *et al.*, 573–588. Madrid: Arco/Libros.
Iglesias Bango, M. 2019. "Tres etapas en la historia de la sintaxis en España". En *Estudios lingüísticos en homenaje a Emilio Ridruejo*, vol. 2, eds. A. Briz *et al.*, 767–780. Valencia: Universitat de València.
Koerner, E. F. K. y H.-J. Niederehe. 2001. *History of Linguistics in Spain*. Ámsterdam: John Benjamins.
Lope Blanch, J. M. 1995. *La clasificación de las oraciones. Historia de un lento proceso*. México: UNAM.
Maquieira, M. y M. D. Martínez Gavilán. 2008. *España y Portugal en la tradición gramatical*. Grama-Temas 3, Colección Contextos. León: Centro de estudios metodológicos e interdisciplinares, Universidad de León.
Martínez Alcalde, M. J. 2011. "El retorno de la gramática: los textos de 1743 (B. Martínez Gómez Gayoso) y 1769 (B. de San Pedro)". En J. J. Gómez Asencio 2011, 159–193.
Niederehe, H.-J. 1994. *Bibliografía cronológica de la lingüística, de la gramática y la lexicografía del español (BICRES). Desde los comienzos hasta el año 1600*. Ámsterdam: John Benjamins.
Niederehe, H.-J. 1999. *Bibliografía cronológica de la lingüística, de la gramática y la lexicografía del español (BICRES II). Desde el año 1601 hasta el año 1700*. Ámsterdam: John Benjamins.
Niederehe, H.-J. 2005. *Bibliografía cronológica de la lingüística, de la gramática y la lexicografía del español (BICRES III). Desde el año 1701 hasta el año 1800*. Ámsterdam: John Benjamins.
Ridruejo, E. 2011. "La aportación de Jovellanos a los estudios gramaticales sobre el español". En J. J. Gómez Asencio 2011, 225–259.
Rojo, G. 2001. *El lugar de la Sintaxis en las primeras Gramáticas de la Academia*. Discurso leído el día 7 de octubre de 2001 en su recepción pública. Madrid: RAE.
Sahlin, G. 1928. *César Chesneau du Marsais et son rôle dans l'évolution de la grammaire générale*. Macon: Protat Frères.
Swiggers, P. 2011. "La gramática general y filosófica francesa y su recepción en España". En J. J. Gómez Asencio 2011, 53–98.

2
La sintaxis generativa
Generative Syntax

Ángela L. Di Tullio

1 Introducción

La sintaxis generativa ha mantenido su posición central a través de los sucesivos modelos de la gramática generativa: la Teoría Estándar (Chomsky 1957, 1965), basada en reglas; la Teoría de Principios y Parámetros (1986), en un sistema de principios y en representaciones, y su continuación, el Programa Minimalista (1995), con un número menor de operaciones y de niveles de representación. Esta posición se sustenta en el enfoque internista del lenguaje como conocimiento interiorizado de la lengua, en la productividad o creatividad de su sistema combinatorio, que hace posible formar un número ilimitado de expresiones a partir de un número limitado de expresiones simples, y en el requisito de economía, motor de los cambios introducidos a lo largo de la historia de la gramática generativa. La relación entre el enfoque internista y la productividad se analiza en § 2; y los requisitos epistemológicos involucrados en los ajustes y cambios de los modelos en § 3. La sección § 4 se ocupa de la variación, definida por parámetros y microparámetros. En § 5 se presentan las conclusiones.

Palabras clave: facultad del lenguaje, sistema combinatorio, principios, parámetros, economía

Syntax has kept its central position through the successive generative grammar models: the Standard Theory (Chomsky 1957, 1965), based on rules, the Principles and Parameters Framework (1986), a system of principles and representations, and subsequently, the Minimalist Program, which seeks to reduce the levels of representation. The centrality of syntax lies within the following principles: the I-language Approach, understood as the implicit knowledge that speakers have of their own language; the productive or creative character of language, which makes possible the formation of an unlimited number of expressions from a limited number of simple elements; and the Economy Principle, which is essential to the reformulations and changes that have been introduced among the models. The relationship between the internalist approach and productivity is analyzed in § 2 and the epistemological requirements involved in reformulations and changes of the models in § 3. Section § 4 deals with variation, defined by parameters and microparameters. Some conclusions are offered in § 5.

Keywords: faculty of language, combinatorial system, principles, parameters, economy

2 Conceptos fundamentales

Los fundamentos filosóficos de la sintaxis generativa se han mantenido constantes en sus aspectos fundamentales, aunque con algunas variaciones terminológicas y con crecientes precisiones. Desde la perspectiva internista, la facultad del lenguaje se concibe como una capacidad mental altamente especializada, que forma parte del patrimonio genético específico de los seres humanos. Esta dotación no consiste en una abstracción, sino en una realidad de naturaleza mental y que, como tal, se concibe como un módulo u órgano de la mente.

La adquisición de la lengua ha tenido siempre un lugar privilegiado en la teoría chomskiana: de hecho, el grado más alto de la adecuación de la gramática, el explicativo, solo se alcanza si proporciona una respuesta al contraste entre el carácter limitado y fragmentario de los estímulos que recibe el aprendiz y la rapidez y la uniformidad de los resultados alcanzados, o Problema de Platón. Estos resultados no dependen de los factores personales ni sociales ni educativos del niño, ni de su imitación del lenguaje de los adultos, sino que, como ha sostenido Chomsky reivindicando la tradición racionalista, solo puede explicarse por la disposición innata, específica de la especie, que hace posible adquirir una lengua durante un breve período si está expuesto a los estímulos apropiados.

Los principios generales de este órgano mental determinan la naturaleza de las relaciones sintácticas, basadas en un complejísimo sistema combinatorio, severamente reducido en el minimalismo. Las combinaciones se forman de manera sistemática y restrictiva a partir de esquemas abstractos, algunos de la gramática universal y otros específicos de tipos o de familias de lenguas. El paralelismo que se establece entre los aspectos formales y los semánticos de tales combinaciones, o composicionalidad, no está reñido con el principio de la "autonomía de la sintaxis" (Chomsky 1957), entendido como la exigencia de dar una explicación autónoma a lo que es sintácticamente pertinente, y no a relegar la estructura sintáctica a factores semánticos o pragmáticos. La composicionalidad, indisociable de la creatividad lingüística, caracteriza la zona productiva de la gramática; en la periferia quedan las construcciones (semi)lexicalizadas, las irregularidades derivadas de procesos históricos, los préstamos.

Una de las propiedades distintivas del lenguaje humano, vinculada a la creatividad, es la recursividad, que consiste en la posibilidad de incluir sucesivamente un tipo de expresión en otra de la misma clase. La recursividad se ilustra en las sucesivas unidades intermedias, los sintagmas determinantes (SD) que se acumulan en (1a) como respuesta a la pregunta sobre la identidad de una persona, así como en las unidades máximas, las oraciones jerárquicamente ordenadas que se van incrustando en (1b) pero de forma indeterminada en (1a) y restringida en (1b):

1   a   [[$_{SD}$ El hermano menor de papá], [$_{SD}$ el marido de tía Carmen], [$_{SD}$ el padre de Jorge], [$_{SD}$ el abuelo de Aldana], [$_{SD}$ el dueño del taller] $_{SD}$ ...]]
     b   ¿Qué libro dijiste [$_O$ que los profesores afirman [$_O$ que los estudiantes piensan [$_O$ que no leerán ___]]]?

Como todos los sintagmas de (1a) describen el mismo referente, se trata de una estructura sintáctica apositiva, y no de una coordinación. La estructura jerárquica en que se ordenan las oraciones interrogativas de (1b) hace posible que el sintagma interrogativo *qué libro*, que es el objeto directo del verbo más incrustado *leerán*, se mueva a la posición inicial.

La capacidad de formar expresiones cada vez más complejas y extensas distingue el lenguaje de otros sistemas comunicativos que permiten formar expresiones de creciente longitud mediante la concatenación lineal de unidades. Sin embargo, relaciones tan básicas como la concordancia entre el sujeto y el verbo no se explican por el orden lineal, como en *La maestra de mis hijos recomendó este libro*, sino por una estructura más abstracta, la relación jerárquica entre los constituyentes del sintagma nominal (SN), el núcleo *maestra* y el complemento *de mis hijos*.

En principio, la recursividad hace posible extender las construcciones indefinidamente, sin alterar su buena formación, o gramaticalidad, aunque pueda dificultar su comprensión. La gramaticalidad de una secuencia y su efectiva extensión no pertenecen al mismo plano: el primero corresponde a una realidad mental, la COMPETENCIA o conocimiento interiorizado de los hablantes; el otro, a su realización concreta en la ACTUACIÓN, en la que inciden factores de diversa índole, como la atención, el interés, el cansancio, los ocasionales lapsus que el mismo hablante puede subsanar; todos ellos, más o menos circunstanciales y de escasa pertinencia respecto de la competencia.

Otra de las consecuencias del carácter recursivo del lenguaje humano es que impide que se pueda reducir una lengua a un número finito de oraciones. Por eso una lengua no se identifica con un corpus, que por definición es un conjunto cerrado, por más amplio que sea. Además, si bien los corpus proporcionan información muy valiosa respecto de las expresiones que se emplean en una variedad en un cierto intervalo, no aportan evidencia negativa. El hecho de que no se registre una cierta expresión puede atribuirse a diversos factores, entre muchos otros, la casualidad, pero no indica necesariamente agramaticalidad. Así, una expresión como la de (1b), en la que un pronombre interrogativo seleccionado por el verbo más incrustado se mueve a la posición inicial no presenta problemas con respecto a su gramaticalidad, pero probablemente no aparezca en ningún corpus. Las construcciones no aceptadas por la normativa, como la queísta *no se ha enterado que aquí exigen* ..., figuran en muchos corpus del español; en cambio, las secuencias agramaticales, que se marcan con asterisco, como *no se ha enterado esto*, son construidas por los gramáticos para mostrar los límites de una regla, en este caso la simetría entre los complementos oracionales y los nominales.

La perspectiva internista de la gramática generativa privilegia factores cognitivos, por lo que se opone a la externista, sostenida desde marcos teóricos que entienden el lenguaje como un fenómeno basado en el uso, y que se ha desarrollado para hacer posible y efectiva la comunicación. Por eso privilegian en su análisis los factores pragmáticos, relativos a las estrategias comunicativas, además de los geográficos y sociolingüísticos, que atienden a las variables que permiten clasificar a los hablantes y relacionarlos con sus usos lingüísticos.

3 Aproximaciones teóricas

Desde sus inicios, la sintaxis generativa ha sido una teoría explícita, cuyo aparato conceptual define rigurosamente sus unidades de análisis y sus decisiones metodológicas. Se distingue de los marcos teóricos no formales por plantear requisitos como la explicitud respecto de sus unidades y de las relaciones que estas contraen al combinarse, la restrictividad, tendiente a reforzar la coherencia interna, y la economía, que se traduce en la exigencia de eliminar redundancias y estipulaciones, de descomponer las unidades complejas en sus componentes más simples y abstractos, y de reducir el número de las reglas, principios o niveles de representación. Los cambios de modelo y de sus formulaciones internas se deben a esta constante evaluación, habitual en las disciplinas científicas.

Esta teoría se distingue también por sus estrategias metodológicas, como las destinadas a prescindir de variables que pudieran perturbar el análisis del objeto de estudio, como las idealizaciones que Chomsky (1965) introdujo acerca del hablante-oyente ideal de una comunidad lingüísticamente homogénea, tergiversadas como afirmaciones sobre la realidad de tales nociones.

El constructo teórico de la sintaxis generativa siempre se ha entendido como un sistema deductivo, y no como el producto de generalizaciones inductivas. Sin embargo, no se trata de un sistema axiomático como el de las ciencias formales puesto que la lingüística es una ciencia empírica, que explica algún conjunto de datos, tomados de algún corpus o, como es normal en la tradición, construidos por el gramático, y que da lugar a la experimentación. Esta se entiende como un riguroso ejercicio de reflexión formal, basado en la capacidad introspectiva de los hablantes. En un plano más concreto, la argumentación se caracteriza por emplear la técnica de los pares mínimos, destinada a aislar la diferencia relevante, por representar gráficamente la estructura en constituyentes de una expresión mediante diagramas arbóreos, e incluso por su forma de notación con paréntesis, que indican opcionalidad, y con asteriscos y signos de interrogación para marcar el carácter agramatical o dudoso de una expresión lingüística.

Las definiciones de términos que proceden de la tradición, basadas en criterios intuitivos, ingenuos y apropiados solo para algunas lenguas, son sustituidas por formulaciones más explícitas y generales. Por ejemplo, las numerosas definiciones de la oración se reducen a la regla inicial de (2a), que corresponde al análisis tradicional de la oración en sus constituyentes inmediatos como una construcción bimembre exocéntrica, formada por dos sintagmas léxicos SN y SV. Una de las mayores contribuciones de los primeros modelos generativos fue el reconocimiento de que la flexión verbal debe estar representada sintácticamente, de modo que no puede ser considerada simplemente como mero formante morfológico. En este sentido, Chomsky (1957) propone que el SV (sintagma verbal) contiene dos constituyentes, como en (2b). El constituyente *Verbal*, a su vez es analizado como en (2c): Aux corresponde al núcleo que expresa las propiedades flexivas de *tiempo* y V corresponde al núcleo léxico, en el que se inserta el verbo, propiamente dicho.

2 a O   → SN SV
   b SV   → *Verbal* SN
   c *Verbal* → Aux V

Diversos hallazgos posteriores llevan a atribuirle una mayor relevancia a la flexión verbal. La simplificación de las reglas de estructura de frase en favor del esquema de *X barra*, la adopción de una perspectiva fuertemente *endocéntrica* de las estructuras sintácticas y el reconocimiento de que las propiedades de la flexión verbal, centrales para explicar la distribución de los sujetos sintácticos, llevan a una reformulación de la partición bimembre. En efecto, en los modelos siguientes, el núcleo correspondiente a la flexión verbal (FLEX) se expande de manera similar a como lo hacen las categorías léxicas. La noción de oración es abandonada como primitivo teórico y es concebida como expansión máxima de un núcleo FLEX, o SFLEX. El constituyente léxico SV queda así subordinado al núcleo flexivo (3b), y se define en (3c):

3 a SFLEX → SN FLEX'
   b FLEX' → FLEX SV
   c SV   → V (SN)

Esta última regla proporciona información relativa al carácter endocéntrico del sintagma, a las posibilidades de expansión derivadas de la naturaleza léxica del verbo y al orden del SN respecto del verbo. Al concentrar estos tres tipos de información en una única regla, (3c) no puede ser un primitivo de la sintaxis. Gran parte de las reglas de la Teoría Estándar adolecía de estos problemas, además de su frecuente carácter *ad hoc*, su limitación a lenguas particulares, y sus redundancias y estipulaciones.

Por eso quedan eliminadas en el modelo de Principios y Parámetros, que se concibe como una hipótesis sobre la forma de la gramática de las lenguas naturales, que tiene una parte más general y permanente, los principios, y otra correspondiente a los aspectos sujetos a variación interlingüística, la de los parámetros. Además, la concepción modular de la mente, que supone la noción de la facultad del lenguaje como un módulo específico del cerebro, se aplica a la gramática misma, compuesta por varios módulos encargados de tareas específicas que interactúan en la derivación de una oración. Así, la información concentrada en (3c) se deriva a partir de la combinación de los principios independientes de tres módulos, las teorías X barra, temática y del caso.

El siguiente esquema representa los cuatro niveles de la sintaxis: dos estrictamente sintácticos, los de las estructuras p y s, y los dos restantes interpretativos, FF y FL:

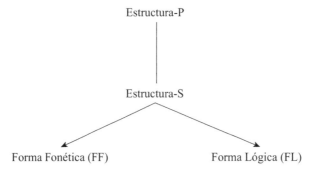

Figura 2.1   Niveles de la sintaxis.

Además de la sintaxis o SISTEMA COMPUTACIONAL, que asigna a cada expresión lingüística una descripción estructural, o representación lineal y jerárquica, el lenguaje-I, o gramática interiorizada, consta de un LÉXICO (L), formado por un conjunto de clases de palabras dotadas de propiedades sintácticas, semánticas, morfológicas y fonológicas. La estructura-p precisamente se conecta con las propiedades del léxico, sobre todo las correspondientes a la selección argumental de los predicados. Otro de los niveles de representación de la sintaxis es el de la estructura-s, en la que la anterior se transforma por la operación de desplazamiento de constituyentes, o *muévase-a*. Esta representación es la que se interpreta, por un lado, en la Forma Fonética en relación con los sonidos articulados, en interfaz con el sistema articulatorio perceptivo y, por el otro, en la Forma Lógica respecto del significado determinado por la gramática, independientemente de los otros sistemas cognitivos, y en interfaz con el sistema intencional conceptual.

La importancia que se dispensa al léxico en este modelo se reconoce en varios de los módulos que interactúan. La teoría de la X barra, en el que la X constituye una variable que puede ser llenada por cualquier categoría (N, V, A, P, Adv), propone reducir las diferencias estructurales entre las varias categorías léxicas a una estructura jerárquica común, formada por una serie ordenada de proyecciones. Toda estructura sintagmática es, entonces, una expansión máxima de un núcleo categorial X que puede seleccionar un Complemento, y da lugar a una proyección intermedia (X'); esta es una proyección recursiva, que admite modificadores. Al combinarse X' con un Especificador, queda cerrada la proyección máxima: SX o X''. Tanto el Complemento como el Especificador son opcionales y dependen de las propiedades léxico-semánticas del núcleo. Así, el esquema X barra se representa en su forma más básica en la siguiente estructura asimétrica para todas las categorías léxicas.

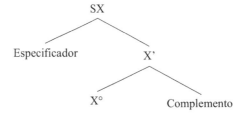

Figura 2.2   Estructura de las categorías léxicas.

La buena formación de estas proyecciones depende de tres condiciones que restringen los tipos de sintagmas posibles: la ENDOCENTRICIDAD, que exige que toda construcción tenga un núcleo, el BINARISMO, que acota el número máximo de ramificaciones a dos, y la MAXIMIDAD o proyección de X a SX. Se alcanza así un alto grado de abstracción que permite a esta teoría su aplicabilidad a todas las lenguas y, más recientemente, no solo a las proyecciones de núcleos léxicos sino también a la de núcleos funcionales que las cierran, como el SFLEX, el SC(omplementante), el SD(eterminante).

La información pertinente para la sintaxis que el léxico aporta se refiere tanto a las valencias del predicado como a la interpretación semántica que recibe el argumento a partir del significado del verbo, es decir, al PAPEL TEMÁTICO (PT) que se les asigna a los argumentos. El Criterio Temático requiere la obligatoria saturación de las valencias previstas por el predicado, y la asignación de los papeles temáticos a los respectivos argumentos, jerárquicamente organizados. Así, el verbo bivalente *cerrar* selecciona dos lugares, o valencias, que quedan saturados en *Mi tía cierra la puerta de su casa*, primero con el complemento o argumento interno, *la puerta de su casa*, al que se le asigna el PT (papel temático) de Tema, y luego con el especificador o argumento externo, *mi tía*, al que se le asigna el PT de Agente; del argumento externo se predica el predicado en su conjunto. En cambio, la saturación no se cumple de manera completa en **Mi tía cierra*, donde no se ha proyectado el Tema, ni en **Mi tía cierra la puerta la casa*, en que este se satura con más de un complemento.

La estructura argumental de un predicado léxico es, entonces, la representación sintácticamente relevante de su significado. Así, la de un verbo monovalente como *caminar* contiene un único argumento al que se le asigna el papel temático de Agente, mientras que el de *caer* recibe el de Tema. El argumento externo de un verbo bivalente como *cerrar* corresponde a un Agente, pero el de *esperar*, a un Experimentante, y el interno de ambos a un Tema. Más compleja es la estructura argumental de un verbo trivalente como *regalar*, porque sus argumentos —Agente, Tema y Destinatario— quedan dispuestos en tres capas de análisis binarios. Estas nociones básicas se han enriquecido con las relativas a la proyección de los argumentos, las jerarquías en las que se ubican respecto de las posiciones sintácticas de sujeto u objeto, las clases de verbos, la posibilidad de alternancias, y la relación entre la estructura argumental y la aspectual.

3.1 Clases de verbos intransitivos

La distribución de estos argumentos en la estructura sintáctica está regulada por la Teoría del Caso, que se concibe como una propiedad abstracta cuya función es legitimar la aparición de los constituyentes nominales en ciertas configuraciones. Así entendido, todas las lenguas tienen Caso; en algunas, como el latín o el islandés, esta propiedad tiene realización fonológica, pero en otras, como el español o el inglés, carecen de marcas morfológicas especiales. El Caso se distingue de los Papeles temáticos, asociados con la saturación de las valencias argumentales de los predicados, por legitimar la ocurrencia de los argumentos en ciertas posiciones sintácticas. Típicamente, los tres tipos de núcleos que pueden asignar caso son los verbos V, las preposiciones P y la flexión finita FLEX.

El sujeto de los verbos intransitivos o monovalentes *caminar* y *caer* reciben caso nominativo en las oraciones flexionadas, pero se distinguen en cuanto al papel temático: el de Agente, privativo del sujeto, en el primero, pero el de Tema, característico del argumento interno o del sujeto pasivo, en el segundo. Esta asignación no es arbitraria, sino que tiene que ver con el tipo de evento designado por la respectiva clase verbal: la de los inergativos como *caminar* y *trabajar* designan acciones, llevadas a cabo por sujetos con rasgos agentivos, en tanto que los inacusativos como *caer* y *nacer* designan procesos que ocurren y que afectan a una entidad, como es propio de los Temas, que típicamente se realizan como objetos directos.

Estas diferencias semánticas van acompañadas por otras formales: solo los inacusativos admiten como sujeto sintagmas nominales escuetos pospuestos: *Cayeron piedras*, rechazados por los inergativos: ?**Caminaron hombres*; los participios concordantes de los verbos inacusativos funcionan como modificadores: *la piedra caída*, o como predicados de oraciones absolutas: *Caído el telón, ...*, como los de los transitivos, pero de significado activo, frente a los de los verbos inergativos **Caminados los hombres*. Además, como en el italiano actual, el perfecto compuesto del español antiguo admitía la alternancia entre los auxiliares *ser*, con los verbos inacusativos: *era caído de una puente abajo* (1564: Timoneda), y *haber* con los inergativos: *no había caminado una cuando ya le tenía olvidado* (1647: Zayas y Sotomayor).

Tampoco coincide totalmente el comportamiento de ambas clases de verbos en las oraciones impersonales. En estas el sujeto de los inergativos recibe la interpretación no referencial indefinida de una variable libre, tanto en las oraciones de tercera persona del plural de interpretación arbitraria, Ø *Llaman a la puerta*, Ø *Aquí trabajan hasta las cinco*, como en las impersonales reflejas: *Aquí* Ø *se bailó hasta tarde* o *En verano* Ø *se duerme en hamacas*, de lectura referencial o genérica. Por el contrario, con los verbos inacusativos no se forman oraciones impersonales de tercera plural: *Ø *Aquí crecen poco* ni tampoco impersonales reflejas de lectura referencial: *Ø *Aquí se creció poco el año pasado*, aunque mejoran en la interpretación genérica: ?*Ø *Aquí se crece poco*, sobre todo en oraciones de cierta complejidad: *Se crece más si se desayunan cereales*.

Otro contexto que corrobora la distinción entre las dos clases de verbos intransitivos es el de las oraciones de infinitivo seleccionadas por verbos de percepción sensible como *oír* y *ver*. Si bien los infinitivos carecen de los rasgos de concordancia que legitimen sus sujetos, estos pueden expresarse en el contexto de estos verbos, marcados en caso acusativo: *Lo oí toser* y en *Ayer los vi nacer*. Este Marcado Excepcional de Caso afecta al único constituyente SD/SN disponible al que el verbo puede asignarle caso. Además, en estas oraciones el sujeto puede ser omitido, pero su omisión depende de la clase a la que pertenece el infinitivo, como se comprueba en los siguientes ejemplos:

4   a   [Oí [toser al paciente]]/Lo oí toser   [Oí [toser (al paciente)]]
     b   [Vi [correr a tu hijo]]/Lo vi correr   [Vi [correr (a tu hijo)]]
     c   [Oí [llegar al doctor]]/Lo oí llegar   [Oí [llegar (*al doctor)]]
     d   [Ayer vi [nacer mellizos]]/Los vi nacer   [Ayer [vi nacer (*mellizos)]]

El contraste entre estos pares de oraciones demuestra que los inergativos como *toser* o *correr* admiten que el sujeto de la oración de infinitivo pueda quedar implícito, de manera similar a los sujetos de las oraciones impersonales, que reciben interpretación indefinida. Por el contrario, con los verbos inacusativos como *llegar* o *nacer*, la omisión da lugar a agramaticalidad. Esta diferencia, no advertida en la bibliografía, refuerza la distinción entre ambas clases de verbos intransitivos.

4 Perspectivas actuales

El primer modelo de la sintaxis generativa, la Teoría Estándar, contaba con reglas específicas de una lengua, y la Gramática Universal (GU) operaba como una metateoría sobre las gramáticas particulares. Sin embargo, en la segunda mitad de los setenta comenzó a advertirse que algunos principios de la GU admitían opciones fijadas en un número limitado de formas, los denominados parámetros. De este modo se revisa la noción de la GU, y surge el concepto de "lengua natural posible": todas las lenguas tienen propiedades comunes —los mecanismos innatos de la GU—, pero dentro de estos límites pueden variar; estas propiedades, que no son innatas, se fijan a partir de la experiencia. La adquisición de una lengua resulta de la fijación de los parámetros de la GU. Cada lengua se concibe así como una expresión de la GU con valores paramétricos particulares y diferentes, aunque con un margen de variación acotado. Por ejemplo, en la formación de las interrogativas las lenguas pueden emplear dos opciones: la de las lenguas occidentales consiste en el movimiento del sintagma interrogativo a la periferia izquierda de la oración: *¿**Quién** te dijo eso?*, en tanto que el chino y otras lenguas asiáticas lo dejan *in situ*, equivalente a *Te dijo eso **quién***. Aun así, las restricciones a las que están sometidas estas oraciones, sobre todo en el caso de que la palabra interrogativa provenga de una subordinada, son las mismas si el movimiento es explícito como en español o si queda implícito como en chino (Huang 1982).

Uno de los cambios más trascendentes que introdujo el modelo de Principios y Parámetros fue el de complementar el estudio de la Gramática Universal (GU), o conjunto de principios invariables, con el estudio de la variación interlingüística, definido por los parámetros. Esta nueva perspectiva se inicia con el reconocimiento de los (macro) parámetros como condiciones definidas a partir del valor [+/-] de un rasgo formal F, que expresan diferencias profundas entre las lenguas y que comprenden varias propiedades gramaticales, asociadas a distintas construcciones. Así, el Parámetro del Núcleo fija dos opciones para el orden entre el núcleo y su complemento: lo precede en español o inglés, pero lo sigue en japonés o vasco; esta diferencia se relaciona con la existencia de preposiciones o posposiciones. En el Programa Minimalista adquieren especial importancia los microparámetros, acotados a una diferencia formal específica de menor alcance en variedades de una misma lengua o de lenguas estrechamente relacionadas.

4.2 La variación gramatical

Entre los parámetros más estudiados, y seguramente el más conocido, figura el referido a la posibilidad que algunas lenguas tienen de no explicitar el sujeto de la oración. Si bien un principio universal es que toda oración —incluidas las no flexionadas— tiene sujeto como posición estructural disponible, o Principio de Proyección Extendido, no en todas las lenguas el sujeto se expresa necesariamente. Por eso este principio aparece regulado por un parámetro, el PARÁMETRO DEL SUJETO NULO, que brinda dos opciones: o bien el sujeto debe estar expresado fonológicamente, o bien puede no estarlo. Las lenguas de sujeto obligatorio, como el inglés o el francés, responden a la primera posibilidad, mientras que las lenguas de sujeto nulo o tácito, o lenguas *pro-drop*, como el español o el italiano, responden a la segunda. Solo estas disponen de un sujeto pronominal no explícito o silencioso, que se suele denominar *pro*. La diferencia entre ambos grupos de lenguas se ha vinculado con la riqueza de la flexión, y, en particular, con los rasgos de Concordancia, es decir, de Persona y Número, que permiten identificar al sujeto de la oración, y así legitimar el *pro*, así. El efecto de esta diferencia afecta a varias construcciones, como las siguientes:

A La realización nula del sujeto resulta gramatical en las oraciones flexionadas del español o el italiano, como las de (5a, b), pero produce agramaticalidad en las lenguas de sujeto obligatorio, como el inglés o el francés, marcada en (5c, d):
    5   a   Ø todavía canta
          b   Ø ancora canta
          c   *Ø still sings
          d   *Ø encore chante

B   En las oraciones impersonales de verbos cerovalentes las lenguas de sujeto obligatorio ocupan la posición del sujeto con pronombres expletivos, mientras que en las de sujeto nulo es ocupada por un *pro* —Ø— que no se realiza fonéticamente:

6   a   Ø ha llovido
     b   Ø ha piovuto
     c   It has rained
     d   Il a plu

C   La posición preverbal del sujeto es prácticamente obligatoria en las lenguas no *prodrop*, pero el español o el italiano admiten también la posverbal:

7   a   Ya se ha ido tu amiga
     b   Già se n'è andata la tua amica
     c   *Has already left your friend
     d   *Est dejá partie ta amie

D   En las oraciones identificativas los verbos copulativos concuerdan con el SN posverbal, mientras que en las lenguas de sujeto nulo la concordancia se establece con el expletivo: *it* en inglés, *il* o *ce* en francés:

8   a   Ø Soy yo
     b   Ø Sono io
     c   It's me
     d   C'est moi

A pesar de estas claras diferencias, se ha cuestionado la oposición tajante entre los dos grupos de lenguas. Así, se suelen interpretar una serie de características innovadoras del español caribeño como señales de un cambio respecto del español general, que indicarían que se está perdiendo —o que se ha perdido— su condición de variedad con sujeto nulo (Bosque y Brucart 2019).

Así, la abundancia de sujetos pronominales se suele atribuir a la habitual función discursiva contrastiva, vinculada al cambio de tópico. Sin embargo, esta explicación no se reconoce en el siguiente ejemplo del español puertorriqueño, procedente de González Rivera y Escalante 2020, 636 (citado de Morales 2017):

9   Bueno es que... yo... cuando me acuerdo... cómo eran las cosas... cuando yo era estudiante y cómo son ahora, pues es que yo me acuerdo... por ejemplo, que nosotros aceptábamos el Rotecé voluntario, mejor dicho, obligatorio, y nunca recuerdo yo, nunca recuerdo yo, que esto cuestionase, nunca hubo un grupo de muchachos que dijera, bueno, pero esto hay que acabarlo.

También se la ha entendido como un recurso gramatical tendiente a compensar la pérdida de la morfología verbal de persona, también erosionada en la Andalucía Occidental, donde también se registra un fenómeno similar.

La abundancia de sujetos expresos, pronominales o léxicos, en estas variedades se reconoce también en las preguntas parciales de (10a,b) y en las exclamativas de (10c,d). Además, las palabras interrogativas y exclamativas, o palabras-*qu*, se caracterizan por aparecer en posición preverbal, sin la inversión normal de estos elementos funcionales cuando son argumentales:

10   a   ¿Qué **tú** dices?
      b   ¿Qué **Mariela** quiere?
      c   ¡Qué inteligente **Juan** es! Completó la carrera de medicina con muy altos honores.
      d   ¡Qué bestia **tú** eres! Te comiste toda la comida y no dejaste para otros.

A este sujeto, no focalizado, de acento débil, se le ha reconocido el carácter del tópico, como el que en el español general aparece antepuesto a la oración: así interpretado, *¿Qué tú dices?* resulta el correlato caribeño del general *Tú, ¿qué dices?*

Otro fenómeno característico de la región caribeña, continental e insular, es la tendencia a explicitar los sujetos de las oraciones de infinitivo en posición preverbal, si van precedidos por una preposición:

11 a Esa era la forma para **él** decirnos dónde estábamos equivocados (Venezuela. Bentivoglio y Sedano 1992)
   b Y de repente te dan el premio por **tú** hacer las mejores ventas (Cuba. Ortiz López *et al.* 2016)
   c Él corrigió todas las pruebas para **yo** poder descansar (Puerto Rico. Toribio 1994)

A una zona de la República Dominicana está acotada la presencia del pronombre *ello*, que se ha interpretado como un expletivo (Henríquez Ureña 1940; Toribio 1994):

12 a Ello hace calor.
   b Ello llegó la guagua para Santiago hace poco.

Sin embargo, el análisis de *ello* como pronombre se enfrenta con dificultades como la compatibilidad con formas verbales no concordantes en casos como *Ello veremos*. Su comportamiento parece más próximo al de un marcador discursivo, de significado adversativo o concesivo, situado en la periferia izquierda de estas oraciones. La refutación del carácter expletivo de *ello* es un argumento fuerte para rechazar un cambio paramétrico del español caribeño puesto que la existencia de pronombres expletivos es una de las propiedades básicas de las lenguas que no admiten sujeto nulo.

Por lo tanto, si bien esta variedad presenta importantes diferencias con el español general, muchas de ellas probablemente originadas en factores históricos, como el contacto con los criollos africanos, no cabe concluir que revisten la envergadura necesaria para plantear un cambio en su condición de variedad de lengua de sujeto nulo.

Mientras que los (macro)parámetros establecen diferencias profundas entre las gramáticas, y son resistentes al cambio y a la variación dialectal, los microparámetros están limitados a construcciones específicas de dialectos de la misma lengua o de lenguas relacionadas. Se ajusta a estas características, por ejemplo, la inserción de una categoría funcional, la partícula expletiva *de*, delante de infinitivos oracionales que ocupan la posición de objeto directo (15a, b) o de sujeto de verbos inacusativos (15c, d), todos ellos procedentes del Corpus del Español de Mark Davies (Web/Dialectos):

13 a Prometió **de** tomar medidas para mejorar la vida de los dominicanos (República Dominicana).
   b Le pedí **de** quedar con él para ir al cine, él aceptó pero el día acordado él no estaba allí (España).
   c Aún faltan **de** traducir los capítulos finales (México).
   d Incluso me pasa **de** llegar cansado y decir no salgo porque estoy cansado y salir igual (Uruguay).

Este rasgo sintáctico, denominado deísmo, que concierne a la variación en el sistema de complementantes del español se registra en diferentes variedades vernáculas, tanto del español europeo como del americano, y se documenta en la literatura española medieval y renacentista: *Aun me pesa de veros en tan tierna edad casado* (Guevara, Fray Antonio. *Epístolas familiares*. CORDE).

No se trata de un rasgo privativo del español, sino compartido por el italiano, el francés y el catalán, en los que la presencia de *de* sigue siendo un rasgo sintáctico productivo, a diferencia del español moderno, en el que ocupa un lugar marginal por su carácter facultativo y vernáculo. Esta condición explica su diversificación dialectal y sociolingüística, pero también algunas de sus propiedades estrictamente gramaticales.

En primer lugar, la presencia de *de* delante del infinitivo no se justifica por los requerimientos del predicado; así, en la posición de objeto el verbo triádico *prometer* selecciona un SD: *le prometió eso*, o una subordinada sustantiva: *le prometió tomar medidas/que tomaría medidas*. Ninguna de estas opciones prevé la presencia de *de*. Se distingue así de los verbos que rigen la preposición *de* como núcleo del complemento de régimen, como en *lo convenció de eso/lo convenció de tomar medidas/lo convenció de que tomara medidas*, en los que la presencia de *de* es requerida.

Esta diferencia entre el comportamiento de la partícula *de* en (13) y la que introduce el complemento de régimen de *convencer* concierne a un rasgo categorial. Así, *convencer* selecciona la preposición *de* entre las varias de la clase [P]. En cambio, de acuerdo con Rizzi (1997), en italiano *di* alterna con *che* como variante de la categoría [Comp], (Complementante o conjunción), que introduce unidades de carácter proposicional, que se distinguen por el rasgo [+/-Finitud]. Teniendo en cuenta ejemplos como los de (13), si se aplica esta distinción al español, *que* está marcado positivamente [+Fin] por introducir subordinadas flexionadas, que contienen información flexiva relativa tanto a la Concordancia con el sujeto como al Tiempo, Modo, Aspecto (TAM). En cambio, *de* está marcado negativamente [-Fin], puesto que el infinitivo carece de esta información, que se recupera contextualmente por la correferencia con el sujeto o el dativo de la oración principal y por la orientación temporal del verbo.

5 Direcciones futuras y conclusiones

Los avances y logros de la sintaxis generativa obtenidos en los más de cincuenta años de su historia pueden ser evaluados de diferentes formas, por ejemplo, en relación con la tradición o con otros marcos teóricos, o bien, internamente, a partir de los problemas que se fueron suscitando y la forma en que se resolvieron, total o parcialmente, en el mismo modelo o en el siguiente.

La primera perspectiva puede ilustrarse por el concepto de la estructura informativa de la oración propuesto por el funcionalismo europeo y, en particular, el praguense, articulada por las nociones de tema y rema, que se revelaron necesarias para explicar el orden de palabras, no en términos estilísticos ni como tendencias generales, sino en su relación con la jerarquía remática y las restricciones de orden y coaparición. Su incorporación sistemática en la sintaxis generativa fue posible al ampliarse el número de las categorías funcionales con la del Sintagma Complementante (SC, Chomsky 1986) y, más específicamente, cuando Rizzi (1997) propuso escindir este nudo en una serie de proyecciones funcionales jerárquicamente ordenadas: la que tiene que ver con la modalidad de la oración y su carácter subordinado (SFuerza) y la que concierne a sus propiedades flexivas (SFinitud), ya mencionado en relación con el deísmo. Entre ambas ubica otras dos facultativas, el Sintagma Tópico, recursivo, y el Sintagma Foco, en el que se alojan los elementos desplazados en las construcciones contrastivas y en las oraciones interrogativas y exclamativas. Los espacios diferenciados para alojar las proyecciones conforman la cartografía exhaustiva de la periferia izquierda de la oración. En el análisis cartográfico los sintagmas funcionales dominan a las proyecciones léxicas, y el patrón oracional resultante de estas combinaciones es fijo y universal; las lenguas difieren en cuanto al subconjunto de proyecciones funcionales que cada una selecciona de ese inventario.

La importancia asignada a las categorías funcionales, como engranajes donde se insertan las unidades lexicales ha permitido no solo entender mejor la interfaz entre la morfología flexiva y la sintaxis, sino también enriquecer la comprensión de la interfaz entre sintaxis y pragmática, así como iluminar aspectos de la variación. Sin embargo, su preminencia sobre las léxicas no está exenta de debate: así, Baker (2003) critica la preferencia por las similitudes, sin considerar las diferencias, en reducciones que estima excesivas como la de los rasgos [+/-N] y [+/-V] (Chomsky 1970) o la unificación del comportamiento de los verbos y los sustantivos en relación con la selección de sus complementos en la Teoría de la X barra.

La segunda perspectiva es la que prevalece en las introducciones, manuales y *handbooks* que se ocupan del análisis de los conceptos y unidades de análisis de la sintaxis generativa. Es la adoptan, por ejemplo, Eguren y Fernández Soriano (2004) y Bosque y Gutiérrez-Rexach (2009) en sus análisis argumentados sobre las cuestiones teóricas generales planteadas en los sucesivos modelos, en que se distinguen las zonas más consolidadas de las más polémicas, así como las ventajas y los inconvenientes que suscita las opciones analizadas.

Aunque suele reprochársele a la sintaxis generativa su carácter abstracto y especulativo, sus logros no se miden solo en la capacidad explicativa derivada de su manera de concebir el lenguaje humano y su adquisición y en su consecuente forma de entender la gramática, sino también en su notable contribución al análisis y la descripción de las lenguas. Así lo demuestran las grandes obras gramaticales de fines del siglo XX e inicios del XXI que han emprendido la descripción de las lenguas románicas desde este marco teórico preferente.

En los últimos años ha alcanzado un importante desarrollo el estudio de la variación, sea de manera general como en las obras de Baker (1996) y de Kayne (2000), sea respecto de dialectos particulares o de fenómenos específicos del español, como en *The syntactic Variation of Spanish Dialects*, editado por Ángel Gallego [Oxford University Press, 2019], en el número de *Cuadernos de la ALFAL. Romania Nova. Balance y porvenir.* Nº12 (2) que editó Andrés Saab, o en *Variación y diversidad lingüística*, editado por Hernández y Butragueño (México, 2015).

En esta misma línea se inscribe el proyecto de investigación del Atlas Sintáctico del Español (ASinES), coordinado por Á. Gallego, cuyo objetivo es construir una base de datos de la variación gramatical destinada a proporcionar una herramienta para el estudio de la sintaxis de las diferentes variedades geográficas del español.

En cuanto a la relación entre lenguaje, mente y cerebro, Itziar Laka presenta *un* panorama sobre los aportes más recientes de la lingüística generativa a la neurosintaxis, que comprende la adquisición, los trastornos del lenguaje y otros temas recurrentes en la neuro y psicolingüística, como el uso de técnicas experimentales, la relevancia del área de Broca o el cerebro bilingüe.

Queda mucho por hacer, por ejemplo, en el ámbito de la didáctica de la lengua, a la que recientemente Bosque y Gallego han aportado varios artículos y conferencias. Una contribución interesante en ese sentido es el proyecto GROC (Gramática orientada a las competencias), que ha nucleado a profesores universitarios y de institutos en cursos de actualización y jornadas, realizadas en diferentes universidades de España y América. Bosque (2018) ofrece un balance general sobre los logros alcanzados por la sintaxis formal y los retos que aún debe enfrentar.

Lecturas complementarias recomendadas

Baker (1996), Bosque y Gutiérrez-Rexach (2009), Eguren y Fernández Soriano (2004), Kayne (2000), Sánchez López y Gallego (en prensa).

Referencias bibliográficas

Baker. M. 1996. *The Polysynthesis Parameter*. Oxford: Oxford University Press.
Baker, M. 2003. *Lexical Categories: Verbs, Nouns, and Adjectives*. Cambridge: Cambridge University Press.
Bentivoglio, P. y M. Sedano. 1992. "El español hablado en Venezuela". En *Historia y presente del español de América*, ed. César Hernández Alonso, 775–802. Valladolid: Junta de Castilla y León.
Bosque, I. 2018. "Cuarenta años en un suspiro. Repaso apresurado de los logros y los desafíos de la sintaxis moderna". En *A linguística em diálogo*, eds. J. Veloso, J. Guimarães, P. Silvano y R. Silva, 15–30. Oporto: CLUP.
Bosque, I. y J. M.ª Brucart. 2019. "Caribbean Spanish and Theoretical Syntax: An Overview". En *The Syntactic Variation of Spanish Dialects*, ed. A. Gallego, 297–328. Oxford: Oxford University Press.
Bosque, I. y J. Gutiérrez-Rexach. 2009. *Fundamentos de sintaxis formal*. Madrid: Akal.
Chomsky, N. 1957. *Estructuras sintácticas*. México: Siglo XXI, 1974.
Chomsky, N. 1965. *Aspectos de la teoría de la sintaxis*. Madrid: Aguilar, 1970.
Chomsky, N. 1970. "Observaciones sobre la nominalización". En *Sintaxis y semántica de la Lingüística Transformatoria*, ed. V. Sánchez de Zavala, 133–187. Madrid: Alianza, 1974.
Chomsky, N. 1995. *The Minimalism Program*. Cambridge: The MIT Press.
Eguren, L. y O. Fernández Soriano. 2004. *Introducción a una sintaxis minimista*. Madrid: Gredos.
González Rivera, M. y M.ª F. Escalante. 2020. "Aspectos sintácticos y semánticos del español caribeño". *Cuadernos de la ALFAL* 12(noviembre de 2020): 632–652.
Henríquez Ureña, P. 1940. *El español en Santo Domingo*. Buenos Aires: Universidad de Buenos Aires.
Huang, Ch. 1982. "Move WH in a Language without WH Movement". *The Linguistic Review* 1: 369–416.
Kayne, R. 2000. *Parameters and Universals*. Oxford: Oxford University Press.
Laka, Itziar. 2015. "Hacia la neurosintaxis". En *Perspectivas de sintaxis formal*, ed. A. Gallego, 699–714. Madrid: Akal.
Morales, A. 2017. "Procesos discursivos del español de Puerto Rico". Ponencia presentada en el *Simposio de La Lengua Española*, Cartagena (Colombia), 2017.
Ortiz López, L. A. 2016. "Dialectos del español de América: Caribe Antillano (morfosintaxis y pragmática)". En *Enciclopedia de Lingüística Hispánica*, vol. 2, ed. J. Gutiérrez-Rexach, 316–328. Nueva York: Routledge.
Ortiz López, L. A., A. Dauphinais y H. Aponte. 2016. "Cuban Spanish: Is it a Null Subject Parameter dialect?". En *Cuban Spanish Dialectology: Variation, Contact and Change*, ed. Alejandro Cuza, 97–118. Washington, DC: Georgetown University Press.
Rizzi, L. 1997. "The Fine Structure of the Left Periphery". En *Elements of Grammar: Handbook in Generative Grammar*, ed. L. Haegeman, 281–337. Dordrecht: Kluwer.
Sánchez López, C. y A. Gallego. En prensa. *A Guide to Spanish Dialects: Descriptive and Theoretical Aspects of Linguistic Variation in the Hispanic World*. Oxford: Oxford University Press.
Toribio, J. 1994. "Dialectal Variation in the Licensing of Null Referential and Expletive Subjects". En *Aspects of Romance Linguistics: Selected Papers from the Linguistics Symposium on Romance Languages XXIV*, eds. Claudia Parodi, Carlos Quicoli, Mario Saltarelli y Maria Luisa Zubizarreta, 409–432. Washington, DC: Georgetown University Press.

3
La sintaxis funcional

José A. Martínez

1 Introducción

Las corrientes funcionalistas se reconocen como tales por la relevancia en ellas del término y concepto de "función" como relación entre entidades internas a la lengua (estructura) o como orientación de esta al mundo extralingüístico (referencia) y, más en general, en interconexión con la realidad social, que se concreta en la comunicación como intercambio de información lingüística (significación) mediante las formas fonológicas, su orden secuencial y la entonación.

Aunque la inicial inexistencia de una sintaxis estructural se debió a la prevalencia de la "langue" saussureana y la pujanza metodológica de la Fonología praguense, es en la propia Escuela de Praga donde se inicia la sintaxis funcional con la FSP (*Functional Sentence Perspective*: Mathesius, Firbas) y las funciones de la lengua hacia el entorno comunicativo (Jakobson).

Tras el primer acercamiento de A. Alonso —iniciador de la "escuela funcionalista argentina"— a la Escuela de Ginebra y su atención a la "parole", la estilística (Ch. Bally) y la sintaxis (A. Sechehaye), la aplicación al español de las nuevas metodologías viene con E. Alarcos, cuya obra, con la de Martinet y Coseriu, merece el doble título de "estructural-funcional".

Halliday y Dik incorporan a la significación gramatical el componente discursivo y pragmático (elevado a marca del funcionalismo); lo que lleva al actual "funcionalismo de la Costa Oeste" (Rojo y Vázquez 2003) a destacar la diversidad y gradualidad de los usos frente a las categorías discretas del sistema lingüístico.

Panorámicamente, la Sintaxis funcional tendría como objeto la construcción de la significación oracional (del enunciado, del discurso), a partir del léxico, que, con la caracterización morfológica, puede formar predicaciones u oraciones mínimas, y unidades temáticas, y especificarlas o cuantificarlas, integrarlas o contrastarlas, mediante las funciones sintácticas y otras relaciones y elementos "gramaticales", y obtener así unidades más o menos extensas según las circunstancias de la comunicación.

Palabras clave: enunciado; conmutación; oración; función sintáctica; argumentos; tema; predicación; circunstanciales; designación; gramaticalización

Functional approaches have as a common trait the relevance of the term and concept "function", understood as a relationship between entities internal to the language (structure) or as the orientation of language to the extralinguistic world (reference) and, more broadly, the interconnection of language with social reality, specified in communication as the exchange of linguistic information (meaning) through phonological forms, their sequential order and intonation.

Although the initial non-existence of a structural syntax was due to the prevalence of the Saussurean "langue" and the methodological strength of Prague phonology, it is in the Prague School itself that functional syntax begins with the FSP (*Functional Sentence Perspective*: Mathesius, Firbas) and the functions of language towards the communicative environment (Jakobson).

After the first approach of A. Alonso—initiator of "the Argentinian Functionalist School"—to the Geneva School and its attention to "parole", stylistics (Ch. Bally) and syntax (A. Sechehaye), the application to Spanish of the new methodologies comes with E. Alarcos, whose work, with that of Martinet and Coseriu, deserves the double title of "structural-functional".

Halliday and Dik incorporate the discursive and pragmatic component (which becomes the mark of functionalism) into grammatical meaning, and this leads the current "Funcionalismo de la Costa Oeste" (Rojo y Vázquez 2003) to highlight the diversity and gradualness of uses when compared to the discrete categories of the linguistic system.

Overall, Functional Syntax would have as its goal the construction of the meaning of the sentence (statement, discourse), from lexical items which, inflected, can form minimal predications or sentences, and thematic units, and then specify or quantify them, integrate or contrast them, through syntactic functions and other "grammatical" relationships and elements, thus obtaining more or less extensive units according to the circumstances of communication.

Keywords: statement; commutation; sentence; syntactic function; arguments; theme; predicate; circumstantial complements; designation; grammaticalization

2 Conceptos fundamentales

La única realidad sometida al análisis funcional es el mensaje o *discurso* como significación dirigida a la comunicación social (Halliday) y al intercambio de información (Dik), o como unidad comunicativa dotada de expresión y contenido ("gramática estructural funcional" de Alarcos y continuadores (Martínez 2002) y "sintaxis constitutivo-funcional" o "funcional analítica" de Rojo (1978) y Jiménez Juliá (2012))(v. § 3).

En ambas (GEF y SFA, en cómoda abreviación convencional), el primer segmento sería el *enunciado* entonativo, unidad sintáctica máxima, fronteriza o ya perteneciente al discurso, a la que unos niegan y otros suponen entidad propia.

El siguiente es la *oración*, "constituto no constituyente", definida por componentes funcionales específicos: sujeto, predicado y complementos del verbo personal (en la SFA, esto definiría a la *cláusula*, reservándose "*oración*" para la unidad máxima constituida por cláusulas "interordinadas": Rojo y Jiménez Juliá 1989). En descenso, seguirían las *frases nominal, adjetiva, preposicional*..., hasta la unidad sintáctica básica, la *palabra* (sustantivo, adjetivo, artículo, preposición, nexo...), "constituyente no constituto".

En la GEF, la alternativa a la palabra (gráfica) tradicional es el "*sintagma*", virtual enunciado mínimo, pragmáticamente utilizable en alguna situación o contexto para, configurado por el signo entonativo, aseverar ("afirmación"/"negación") o interrogar ("suspensión de la aseveración"). Más allá del sintagma, solo se constatan *grupos sintagmáticos* y las funciones entre ellos de *dependencia* (subordinación), interdependencia (*solidaridad*) o relaciones sin dependencia (*combinaciones*) (v. § 3). En la SFA se consideran, además, las relaciones constitutivas secuenciales "parte—parte" (palabra—palabra, frase—frase...) y jerárquicas "parte⊂todo" (palabras⊂frase, cláusulas⊂oración) (Rojo y Jiménez Juliá 1989).

En la cláusula u oración, los constituyentes se integran mediante las *funciones sintácticas*: sujeto, "implemento" o complemento directo, indirecto, "suplemento" (complemento de régimen preposicional), "predicativo" o "atributivo", predicado nominal o "atributo", más circunstanciales varios. En la SFA, los componentes clausales (*argumentos*, "participantes": García-Miguel 1995) llevan aparejados roles semánticos: "agente", "objeto" o "término", "beneficiario" o "receptor"..., y las "oraciones (bipolares)" *funciones semánticas* como "condición", "concesión"... (Narbona 1983).

Distintas son las relaciones que establecen la *concordancia* y la *rección*, la *anafórica* de artículo, pronombres y *marcadores discursivos* en la oración o el enunciado, frecuentemente orientados al contexto o la situación comunicativa (Martín Zorraquino y Portolés 1999).

Las unidades sintácticas —y ello es extensible a las semánticas del discurso (Halliday 1994)— no se seleccionan para una posición sintagmática a título propio, pues dejan su puesto a otras muchas, o a unas pocas, opcionales, con las que guardan una relación opositiva o paradigmática. Cada *paradigma* o inventario de unidades (especialmente, palabras o sintagmas) susceptibles de contraer una misma relación sintagmática, forma una *clase* o *categoría gramatical*: verbal, nominal, determinante, preposición, conjunciones... Cada categoría se diversifica —según posición, posibilidades y funciones sintagmáticas— en subclases.

Los funcionalismos suelen sobrepasar la tradicional frontera de sintaxis con morfología, dando prevalencia al léxico (cada verbo lleva en germen sus propios argumentos), hasta bordear la tentación extrema de sustituir la sintaxis por un "diccionario de construcción y régimen".

La mayoría de los signos léxicos —verbos, adjetivos calificativos, sustantivos comunes (todos "predicativos", según Dik 1989), más algunos adverbios— tienen capacidad de *designación*: la de referir su significado a una clase (sustantivos) o subclase (calificativos) de entidades, o de estados y acontecimientos (verbos), de la realidad extralingüística.

El contenido de otros —instrumentales o "gramaticales"— se limita a uno o unos pocos rasgos afines a los de los morfemas. Así, en el *artículo*, el de "identificación" de un sustantivo consabido en el contexto o con referente presente en la situación, es rasgo también inherente al *nombre propio*, al *(pro)nombre personal*, a los morfemas "subjetivos" y "objetivos" del verbo (v.4), y en el *posesivo* lo identifica por su relación con la persona gramatical. Este valor básico "determinante" se modula en los *demostrativos* en tres grados de "cercanía-alejamiento" espacial (con relación al hablante) o temporal (respecto del momento de la emisión), y se reduce a dos en la recuperación anafórica de sentido en el contexto discursivo.

Todos estos, con significación designativa más o menos reducida, o nula, tienen, en cambio, capacidad de *denotación*: la de referirse por sí mismos —y también, como *actualizadores*, referir la designación de sustantivos comunes y calificativos— a entidades individuales extralingüísticas, siendo así ingrediente principal en la construcción de unidades "temáticas". Al contrario, su ausencia favorece la integración "predicativa" de las unidades léxicas (Martínez 2022, § 22-25) (v. § 4).

Así, en torno a emisor y emisión, funciona un sistema donde también entran los adverbios *deícticos* locativos y temporales con los propios morfemas oracionales, para ubicar espacial y temporalmente —"actualizar"— eventos y situaciones.

También el contenido de los adverbios predicativos se reduce a rasgos elementales: *sí/no* "afirmación"/"negación" (y sus afines de "duda, probabilidad" *quizás, a lo mejor, igual, tal vez*); *todavía, aún* "continuidad"/*ya* "punto inicial" o "final"; *no obstante, sin embargo, con todo*, reguladores de la "concesividad"... En el otro extremo, los "modales" *bien, pronto, tarde*..., y derivados en -*mente*, conservan la capacidad designativa de sus adjetivos de base.

Por su parte, los *cuantificadores* —capaces de medir eventos, cualidades y entidades designadas, y de contar estas— prolongan sintácticamente la mínima actualización del "plural", capacitándolas para la denotación, como asimismo hacen los demás indefinidos (Jiménez Juliá 2009; Martínez 2013).

Preposiciones y conjunciones, y prefijos y afijos en la derivación, presentan un grado de "gramaticalización" variable: máximo en *a* o *de* y mínimo en *mediante* o *tras*; completa "deslexicalización" de *que* (conjunción o relativo) y la menor de *mientras* o *apenas*; valor genérico de *y* frente al muy concreto de *sino*; abstracto del sufijo *-tivo* y el casi calificativo o predicativo de prefijos como *seudo-* o *ex-*.

En fin, la gramaticalización-deslexicalización parcial afecta también a verbos como el "proverbo" *hacer* o los auxiliares de perífrasis (Olbertz 1998), que "califican" (*deber, haber que* o *de, poder...*) o "determinan" (*ir a, romper a...*) al lexema verbal del infinitivo, participio o gerundio, para configurar cuatro ejes semánticos (Fernández de Castro 1999, 2007).

3 Aproximaciones teóricas

En su tipología de las "teorías gramaticales" en "funcionalistas"/"no funcionalistas", y estas en "estructurales"/"formales", Rojo (1994) pone como marca de las primeras al componente pragmático, que se sustancia en la lengua como instrumento de comunicación, y esta como intercambio de "información pragmática" (Dik): "conjunto de conocimientos, creencias, asunciones, opiniones, etc., de que dispone un individuo durante la interacción verbal" (García Velasco 2003, 82).

Jiménez Juliá (2012) da la primogenitura del funcionalismo a la "función antropológica" y a su rama británica (Firth), aunque concede que "cada tradición estructural dio lugar a un funcionalismo" (en la GEF, en efecto, este es la segunda fase programática del estructuralismo).

La inicial divergencia del funcionalismo se da entre los discípulos de Saussure (Ch. Bally), que, con la Escuela de Praga, se interesan en el "habla", usos lingüísticos y comunicación, y por otro lado, la de Copenhague con Hjelmslev al frente, que busca mediante análisis la estructura sistemática de la lengua. Sin embargo, es en Praga donde se desarrolla la Fonología, fundamentalmente "paradigmática", con cuyo principal instrumento analítico, la "conmutación", comprueba Hjelmslev la "función sígnica" (que abarca y gobierna el discurso entero, no solo el "signo-palabra" saussureano) entre línea de expresión y bloque de contenido, y las relaciones entre sus unidades o elementos (v. *infra*).

Aquí divergen la corriente estructural y funcional (Martinet, Alarcos, Coseriu) y las funcionales de Halliday, Dik y seguidores. En aquella, el análisis sintáctico y semántico se hace en constante referencia a la expresión fonológica, entonativa y secuencial. En las segundas, la expresión entra en el modelo en forma de reglas que manifiestan significaciones configuradas previa y autónomamente, quizá por considerarlas "universales", y a las reglas, variaciones de las distintas lenguas (García Velasco 2003).

La Escuela de Praga se centra en el discurso y su significación, y en las funciones externas de la lengua hacia las entidades del acto comunicativo (Bühler, Jakobson): entre ellas, la referencial, a la realidad extralingüística contextual o situacional; la expresiva (emotiva), al emisor; y la apelativa (conativa), al receptor. Estas dos, precedentes de la metafunción interpersonal de Halliday (1994), las ubica Dik (1989) en el nivel interpersonal de la cláusula.

Las dos líneas funcionales mejor definidas y más difundidas en España —la GEF de Alarcos y la SFA de Rojo y Jiménez Juliá— son ramificaciones indirectas del tronco común de la Escuela de Praga. Una, por vía fonológica (Troubetzkoy, Jakobson), incorpora el estructuralismo saussureano mediante Hjelmslev, e importantes conceptos de Martinet, Tesnière y Coseriu, siguiendo de cerca a la gramática tradicional hispana (Bello, Lenz, A. Alonso), incluida la histórica de Menéndez Pidal y Lapesa. La otra, por vía sintáctica, enlaza con la tradición inglesa (Jespersen) y el propio Alarcos, importando métodos del distribucionalismo, la Tagmémica de Pike y algunos (no fundacionales) del generativismo; pero, sobre todo, el funcionalismo de Dik y, trasunto más lejano, de Halliday.

En la GEF se adoptan y adaptan tempranamente las funciones jakobsonianas, considerándolas variantes de la referencial o representativa, orientadas a referentes con estatuto especial en el acto comunicativo. Siguiendo la solidaridad saussureana entre las caras del signo, la expresivo-apelativa se reserva para cuando le corresponde en la expresión algún rasgo, elemento o unidad específica: entonación exclamativa, interjecciones, construcciones enfáticas, dativo de interés, ciertos sufijos..., en la expresiva; interjecciones, vocativo, imperativo o interrogación, en la apelativa (Martínez 1994). En cambio, ha sido tardío el encaje de los conceptos praguenses de "tema" y "rema", "progresión informativa"..., tan frecuentados por las corrientes funcionalistas (y generativas), que se vinculan a la disposición secuencial de la oración y del discurso, así como a la posición "incidental" (Fernández Lorences 2010)(v.4).

Como herramienta, criterio y prueba de análisis, Alarcos importa la conmutación de la Fonología para extenderla a la Gramática, donde sirve para redefinir la concordancia y rección tradicionales (Martínez 1994), y registrar —con supresión y permutación como modalidades suyas (v.*infra*)— las relaciones básicas y generales de dependencia, solidaridad y combinación.

Con la supresión ("conmutación por ø") se comprueba la necesidad de cada sintagma para la presencia de otro, y de ambos juntos respecto de un tercero, y así sucesivamente. Si de ello se sigue "agramaticalidad" en algún punto del enunciado [*], el suprimido [Ø] es imprescindible ("núcleo"); si, al contrario, el enunciado es viable (aun semánticamente más genérico), el sintagma es opcional ("adyacente", "subordinado", "complemento"). Si ambos resultan necesarios para la "gramaticalidad", hay interdependencia. Y si cada uno es suprimible separadamente, la relación será de combinación (base común a yuxtaposición, coordinación y aposición).

Sea objeto de análisis el siguiente enunciado, que consta de un total de 19 sintagmas:

(1) Con las manos atadas, el jefe de la mafia, no obstante, se le escapó completamente libre al entonces fiscal Rudy Giuliani, huyendo poco después por los patios traseros de Manhattan y el Bronx.

Suprimiendo *con las manos* y luego *atadas*, se constata interdependencia (**con las manos Ø, el jefe se le escapó*; **Øatadas, el jefe se le escapó*).

La supresión de *el jefe* lleva a la desconexión de *de la mafia*: (**Øde la mafia se le escapó*); inversamente, la eliminación de *de la mafia* no afecta a la subsistencia de *el jefe* (*el jefe Øse le escapó*). Hay, pues, subordinación. E igualmente en los grupos [*completamente*] *libre*, *al* [*entonces*] *fiscal*, [*poco*] *después* y *por los patios* [*traseros*] [entre corchetes los subordinados, suprimibles].

Al contrario, la existente entre el grupo *al entonces fiscal* y los sintagmas *Rudy* y *Giuliani* es de no-dependencia (cada uno se integra en el enunciado independientemente): tan viable es *se le escapó al entonces fiscal* como *se le escapó a Rudy* o *se le escapó a Giuliani*. La combinación está en la base de la aposición (esas tres unidades son "co-referentes") y en la de la coordinación *de Manhattan y el Bronx*.

La supresión también comprueba si los grupos o agrupaciones sintagmáticas se relacionan o no, entre sí o con otros sintagmas. Sí hay subordinación de *de Manhattan y el Bronx* a *por los patios traseros*. En cambio, entre los grupos *con las manos atadas, el jefe de la mafia, completamente libre, al entonces fiscal Rudy Giuliani, poco después* y *por los patios traseros de Manhattan y el Bronx*, no hay relación directa (pese a la concordancia entre *libre* y *el jefe*), ni tampoco, pese a la anáfora, entre *no obstante* y *con las manos atadas* (eliminado este, el adverbio lleva a buscar su referencia en un contexto precedente).

La supresión de *se le escapó* registra como adyacentes suyos a *no obstante* y a todos los analizados, mientras que la eliminación de estos deja a *se le escapó* como enunciado mínimo.

En fin, tanto *poco después* como *por los patios traseros de Manhattan y el Bronx* se subordinan a *huyendo*; pero, apurando el análisis, también se constata cómo, suprimido *huyendo*, sus subordinados pasarían a depender directamente de *se le escapó*.

Este caso de subordinado alternativamente a dos o más núcleos lleva a comprobar que la jerarquía de los constituyentes, expresada en el orden secuencial, constituye una significación sintáctica pura (o sea, que la complementación sintáctica es, por sí misma, semántica). Así, los enunciados siguientes:

(2) a   Exigen que "pidan perdón" a los Reyes de España (El Mundo, 27/03/2019).
(3) a   Al recordar la muerte de su padre durante el interrogatorio (El Confidencial, 20/02/2019).

ofrecen una significación ambigua según cuál sea el núcleo (*pidan perdón* o *exigen*; *la muerte* o *recordar*) complementado por el adyacente (*a los Reyes de España*; *durante el interrogatorio*), aunque la más obvia sea la del núcleo inmediato.

Esta incertidumbre semántica y referencial la resuelve el lector en un sentido u otro recurriendo a la información contextual (suele haberla en las noticias) o apelando a su previo conocimiento de la realidad ("universo de discurso"). Si el redactor hubiera previsto y querido obviar esta falta de información extralingüística, sin duda habría construido una significación más acorde con la realidad, y lo habría hecho corrigiendo la jerarquía de constituyentes mediante permutación:

(2) b   Exigen a los Reyes de España "que pidan perdón".
(3) b   Al recordar durante el interrogatorio la muerte de su padre.

Por lo demás, cada sintagma de (1) es miembro de una categoría gramatical: la de todos los conmutables en la misma relación sintagmática. Aplicando las tradicionales de Verbo, Sustantivo, Adjetivo (calificativo) y Adverbio, se concluiría, por generalización, que: 1) al Verbo (aquí, *se le escapó, huyendo*) se subordinan las otras tres, englobadas en la Nominal (*jefe, fiscal, Rudy, Giuliani; libre; después, no obstante*); 2) al Sustantivo (*patios, fiscal*), el Adjetivo (*traseros*) y también el Adverbio (*entonces*); 3) el Adverbio (*completamente*), al Adjetivo (*libre*); y 4) al Adverbio (*después*), el cuantitativo (*poco*).

Esto es aplicable también a los grupos sintagmáticos, que, siguiendo el "endocentrismo" de Hockett, son de igual categoría que su sintagma nuclear (subordinación) o sus sintagmas componentes (combinación): Sustantiva (*el jefe de la mafia, el entonces fiscal Rudy Giuliani, los patios traseros de Manhattan y el Bronx*); Adjetiva (*completamente libre*); Adverbial (*algo después; huyendo algo después por los patios traseros de Manhattan y el Bronx*). Al contrario, hay "exocentrismo" en los grupos con interdependencia interna (aquí, *con las manos atadas*), de categoría siempre adverbial si es constituyente, u "oracional" si no lo es: *A la vejez, viruelas* ("tema"—"predicado").

Para explicar cómo un sustantivo (*mafia, Manhattan, Bronx*) puede subordinarse a otro (*jefe, patios*), puede postularse la nueva categoría de "frase preposicional" (*de la mafia, de Manhattan*) (Rojo y Jiménez Juliá 1989), o bien recurrirse a la "transposición" como paso ocasional de una unidad —verbo, sustantivo, adjetivo, adverbio— de su categoría a otra, inducida por un "transpositor" que se le incorpora: conjunción o relativo, preposición, artículo (Alarcos 1970; Gutiérrez Ordóñez 1985), incluida la transposición "desinencial" y la de la "neutralización morfológica" (Martínez 1994), que explican la subordinación de verbo (*huyendo*) a verbo (*escapó*) y de adjetivo (*poco*) a adverbio (*después*).

La gramática de Alarcos es funcional y categorial a partes iguales, y así, sus "funciones sintácticas" conllevan la exigencia de una categoría (v. § 4). Para la SFA, al contrario, hay una "falta de implicación mutua constante entre tipo o subtipo de unidad [definidos por su estructura interna] y valor funcional"; y así, *el bueno, el niño, el despertar a la vida, el nuestro*, podrían igualmente tener el mismo valor funcional, por ejemplo, el de sujeto (Rojo y Jiménez Juliá 1989, 22). Con todo, ambos análisis no divergen tanto, pues a esas unidades las equipararía con *el niño* el artículo como determinante (Jiménez Juliá 2009) o como transpositor, que, por redefinición, siempre deja intactos el (sub)tipo y la identidad léxica, estructural y significativa de las unidades transpuestas.

Aunque el funcionalismo ha ido aplicando sus análisis al "español" de la gramática tradicional, yendo de lo general a lo particular, no ha llegado a una visión de conjunto ni tan detallada que dé cuenta de las variedades "de estilo" (Labov) o de "registro" (Halliday), "diatópicas" y "diastráticas" (Coseriu), más cercanas a la lengua de los hablantes reales que la gramática descriptivo-normativa del "hablante" ideal y los textos creados *ad hoc* o descontextualizados de buena parte —aunque con excepciones (Álvarez Martínez 1987; Cáceres Lorenzo 1992; Meilán 1996)— del funcionalismo estructural y analítico.

De ahí que el actual funcionalismo americano (Rojo y Vázquez 2003) prefiera la investigación sectorial a un objetivo teórico general, partiendo de contextos, referencias, situaciones comunicativas, registros y géneros (oralidad, narrativa ...), y seguir la vía inductiva que lleva del discurso a las "estructuras gramaticales" para explorar esa zona —la de la "sustancia" hjelmsleviana— en que lengua y realidad se entreveran. Con la conclusión, lógica, de que las "categorías" estancas de la SFA o la GEF (clases de palabras, transitividad, subordinación ...) se desdibujan y pasan a concebirse como continuas y graduales v. § 4. Su elección de los "corpus" y el tratamiento cuantitativo de las variedades del español americano aportan un mayor grado de realidad lingüística a la de las "normas cultas" de investigadores anteriores (*cf.* Álvarez Martínez 1994).

4 Perspectivas actuales

En el funcionalismo más notorio, las tradicionales "funciones sintácticas" quedan prácticamente subsumidas en las de "tema" (sujeto) y "rema" (predicado), y la oración tradicional reemplazada por la FSP. En Dik se conciben semánticamente como "argumentos", "circunstantes", "satélites"... (García Velasco 2003).

El funcionalismo más extendido en España arranca con la redefinición de la oración tradicional hispánica, moderadamente crítica en Alarcos (1970), y muy crítica en Rojo (1978), quien naturaliza en el español la "cláusula" de la tradición anglosajona.

Ambos desglosan "función sintáctica" y "funciones semánticas"; pero mientras que Alarcos relega estas a mera "sustancia de contenido" extralingüística (inconsecuente en esto con su propia concepción del fonema como "sustancia": Martínez 2022, § 19), Rojo considera los valores semánticos ("agente", "término"...) manifestados por la función sintáctica (sujeto, complemento directo), y a esta como una suerte de significante, con la concordancia o la preposición como rasgos sustanciales suyos (*v. infra*). Pero quizá las sintácticas deban concebirse como funciones instrumentales para construir significaciones a partir de los significados léxicos, más que como expresiones de significados al uso.

En la GEF, el sujeto es un subordinado del verbo personal, y este una oración en sí mismo por contener la "relación predicativa" entre el sujeto desinencial y el lexema verbal (predicado mínimo), bajo la actualización, como "predicadores", de los morfemas de "modo", "tiempo" y "aspecto". Los tres componentes forman el "núcleo oracional", que, al faltar el desinencial en infinitivo y gerundio, se reduce a simple "núcleo verbal".

El núcleo —eventualmente, con los "operadores referenciales" *no* y *sí*— marca la frontera entre la zona predicativa y la "zona temática", preverbal, que ocupa, no sin condiciones, el sujeto léxico (López Meirama 1997; Ojea 2015) y, con más requisitos, los restantes complementos.

Antes y después, además, puede haber "incisos" entonativos delimitados por semicadencias o semianticadencias, que acogen unidades igualmente oracionales pero externas a la predicación ("satélites", en Dik) o "disjuntas": denotativas ("incisos temáticos") o predicaciones secundarias ("incidentales" y "continuativas").

La concordancia en el sujeto o los "referentes pronominales" de implemento y complemento quizá sean solo marcas que hacen reconocibles las funciones sintácticas, pero no las definen (Rojo y Jiménez Juliá 1989, 49). Con todo, sería el juego combinado de estos y otros rasgos distintivos (*v. infra*) lo que —en forma de rección o exigencia a las unidades— caracteriza a las funciones como un sistema cerrado (un único sujeto, un solo implemento...) de relaciones o "puestos" jerárquicamente interconectados que actualizan —y reducen— los potenciales argumentos proyectados por cada lexema verbal v. § 5.

Para la GEF, el requisito más general —y formal, sin aporte de significación— es la categoría: Sustantiva para sujeto (Suj), complemento directo (CD), indirecto (CI) y —aunque bajo discusión (Rojo 1983; Martínez García 1986, 2022)— suplemento (Supl); Adverbial, en el cuantitativo (CQ) y modales (CM); y Nominal —indiferentemente, adjetiva, adverbial o sustantiva— en los predicativos (Pred), incluido el atributo (Atr). Todos en "adjunción" o integrados en el predicado, al que circundan los aditamentos, adverbiales (Circ). Asimismo es Nominal la categoría de los "incidentales" (Inc), contrapartida "disjunta" de los Pred (Rodríguez Espiñeira 1991). Cada categoría, en fin, puede ser originaria o resultante de una transposición (García García 2015; Martínez Menéndez 2022).

También es formal la concordancia del Suj con los "morfemas subjetivos" y la de CD, CI y Atr con los "objetivos" (diferentes dosificaciones de género y número: acusativo *lo/a/os/as*, dativo *le/s* o *se*, atributo *lo*), que aseguran la pertenencia al predicado de sus argumentos, al adelantarse estos a la zona temática (o enfática), introducirse en un inciso inicial o recuperarse del contexto como consabidos.

Marca sin significación es la preposición *a* del CD y la imprescindible y no conmutable, ni siquiera con *para*, del CI. Tampoco añaden significación propia las preposiciones de Supl, no conmutables separadamente del verbo regente. Al contrario, las de los Circ, conmutables entre sí, matizan semánticamente al adverbio y capacitan al sustantivo para la función adverbial; y lo mismo *para* y *con* de los nunca adverbiales "complemento final" (CF) y "complemento de compañía" (Cc).

Puesto que los demás adyacentes verbales llevan o pueden llevar preposición, el rasgo definitorio del Suj es ser "apreposicional", marca negativa que, en defecto de la concordancia, sigue identificando al sujeto léxico del infinitivo y el gerundio en Inc.

Otro rasgo de las funciones sintácticas es su exigencia de grados de "actualización" diferentes en el sustantivo (incluso en posición predicativa o posverbal) según la subclase de este. El CI requiere la mínima del "plural" en los discontinuos (*Da clases a adultos*) y la plena del artículo en los medibles (*Añadió agua al vino*). La exigencia del Suj va del grado cero para medibles (*Apareció gente, Salía agua*), pasando por el "plural" en contables (*Salían chicas*), hasta el máximo del artículo con los abstractos (*Ahora impera la diversidad*). Frente a ellos, el CD admite inactualizados a sustantivos de cualquiera de estas subclases.

La no actualización, o la mínima del "plural", favorece la "incorporación" (García-Miguel 1995) del CD al predicado de verbos más o menos genéricos: *concederles indultos*, *decir calumnias del profesor*, hasta llegar a "co-variante" con un derivado del sustantivo: *indultarlos, calumniarlo* (lo que lleva al "desplazamiento" de la unidad CI o Supl a CD). Algo parecido ocurre con el Supl: *La cubrió de insultos~La insultó, La manchó de barro~La embarró*.

También caracterizan a Suj y CD su intervención en la compleja función de Pred, que acoge preferentemente —además de infinitivos y gerundios— adjetivos o adverbios, todos inactualizados, pues se destinan a "predicado secundario" del "tema" expresado como CD o Suj, con igual resultado de "absorción" o "integración predicativa" del nominal en un verbo genérico (entrando así en variación sintáctica con uno derivado): *Sus rasgos se hicieron más suaves~Se suavizaron, Puso turbia el agua~La enturbió, Los colocó lejos~Los alejó* (el predicativo pasa a predicado). Con verbos menos genéricos, el nominal mantiene una relativa autonomía como predicado, aunque siempre bajo el dominio del tiempo verbal: *Ella llegó [estaba] cansada, Lo encontrarás aburrido*.

El Atr es un predicativo que, con los verbos "gramaticalizados" *ser, estar, parecer* o los semicopulativos *resultar, quedar*..., él mismo pasa a ser predicado oracional: *El café es amargo~amarga, Quedó pálida~palideció*. Gramaticalización extrema y diacrónicamente progresiva (García García 2022) es la de *ser* en las "ecuacionales": *Por lo que protestaron fue por eso~Por eso fue que protestaron*, hasta convertirse en mero elemento cuasiprefijado a la unidad enfatizada: *Protestaron fue por eso*.

También compleja es la función Cc (que es un subtipo de Pred) con el rol de "acompañante" con un "acompañado" expresado en el Suj (*Pedro gobernó con Pablo*) o en el Cd (*Crió a su hijo con un sobrino*), implicando "reciprocidad" ("Pablo gobernó con Pedro", "crio a un sobrino con su hijo"), análoga y potencialmente coincidente con la reflexiva (*Pablo se abrazó con Pedro*), frente a la no reciprocidad del Ci (*Pablo se abrazó a Pedro, se le abrazó*) o de los complementos "mediador" (*Educó a su hijo con los curas*) y "direccional": *Envió al hijo (para) con su padre* (Martínez 1995).

Ciertamente, el verbo requiere de sus argumentos roles semánticos, más o menos abstractos, como "agente", "instrumento", "fuerza", "causa", "experimentante" (Suj); "objeto", "resultado" ("creado", "destruido", "modificado", "movido") (Cd); "beneficiario", "receptor" (Ci); "destino último" (Cf)..., que forman su estructura argumental o valencial. Pero la proliferación y dispersión de tipos y subtipos (que en parte estilizan definiciones crudamente referenciales de la tradición gramatical) hacen incierto el hallazgo del grial de la invariante semántica asociada a cada función. Muchos años después, hay que resignarse a suscribir las palabras de Gutiérrez Ordóñez (1993, 14): "todos los intentos de relacionar directamente funciones como sujeto a significados del tipo 'agente', 'paciente', 'instrumental'... han fracasado".

En efecto, los valores semánticos no son propiedad de las funciones sintácticas. Así, "agente" y "objeto" se expresan igualmente en el complemento determinativo subjetivo (*el murmurar de las vecinas*) u objetivo (*un arrastrar de cadenas*), y en las nominalizaciones (predicaciones "encapsuladas" como argumento), con un deverbal sustantivo al que el "objeto" resulta más cercano y el "agente" más periférico e irrelevante: *la concesión del premio a Les Luthiers por el jurado* (con "perspectiva" desde el objeto o de pasiva).

Por otro lado, el "sujeto" léxicamente implicado en infinitivo y gerundio se expresa no solo en el Suj (*Vino a cantar, Llegó cantando*) sino también en el Cd (*La oímos cantar, La dejamos escribiendo*), y el del infinitivo, en el Ci (*Nos permiten salir, Les agrada pasear*). Hasta el punto de que, como argumento implícito, paradójicamente se expresa en *Oímos cantar* ["a alguien"], *Dejan entrar* ["a todo mundo"], *Agrada pasear* ["a cualquiera"], con su originario valor léxico "omnipersonal", similar al del *se* en *Se oye cantar* ["a alguien"], *Se permite fumar* ["a quien quiera"]).

En fin, es innegable que el "objeto" se mantiene como tal en la pasiva refleja, donde se desplaza de Cd a Suj: pasar de *El profesor convocó los exámenes* a *Se convocaron los exámenes* en nada cambia el rol de "objeto" y nada significativo le añade el Suj. Sí, en cambio, sucede que —bloqueada la posición Cd por el *se* ("transpositor" de transitivo a intransitivo) y ocupada la de Suj— todo posible "agente" queda fuera de la oración o relegado a la periferia del predicado.

Finalmente, los factores discursivos (contextos, referencias, situaciones...) intervienen en cada paso de la construcción sintáctica, y no únicamente en el producto final de la oración o el enunciado. Vázquez Rozas (1999) muestra cómo en la "bitransitividad" son factores discursivos los que diferencian a Ci y Cd; e igualmente responsables de que en verbos como *atraer, fascinar...,* manifiesten a veces un grado alto (Cd) y a veces uno más bajo (Ci) en el *continuum* de la categoría "transitividad"; o de que sea, según Torres-Cacoullos, la referencia a la actividad mental o al movimiento físico (entre otros factores) lo que lleva a usar la perífrasis de gerundio con *estar* o con *andar* (Travis y Torres-Cacoullos 2012).

Sin duda, el hablante construye las significaciones en función de la realidad referida, sus necesidades comunicativas, su voluntad o capricho. Pero la estructura sintáctica impone sus condiciones y guía las construcciones y reconstrucciones. Con un verbo usualmente impersonal e intransitivo, el redactor de La Nueva España [26/6/2021] introduce una unidad que la jerarquía sintáctica coloca como Suj (argumento1.º): "*Va a llover dinero*"; la incorporación de otro del contexto habría desplazado al anterior a la posición Cd (argumento2.º): *La UE va a llover dinero*. Y si el redactor de "*Han granizado chuzos de punta en portadas y editoriales*" (El Mundo, 5/7/20) hubiera optado por dar relevancia al Circ incorporándolo al predicado, donde el sistema sintáctico lo encaja como Suj, desplazaría al actual a Cd: *Portadas y editoriales han granizado chuzos de punta*.

La introducción en la "escala de transitividad" —que llega al dativo "direccional-personal" (*Se acercó a ella*~*Se le acercó*)— de nuevas piezas léxicas o la reestructuración de las preexistentes provoca desplazamientos del Cd al Ci (*La vimos*→ *Le vimos la cara*), del Ci al Cf (*Le compré rosas a ella*→ *Le compré al florista rosas para ella*). Algo similar ocurre en el paso, dentro del Ci, entre sus dos significados polares, el de "destino": *Se bebió toda la cerveza*, y el de "origen": *Nos bebió toda la cerveza* (ambos pueden expresarse a la vez: *Se nos bebió toda la cerveza*).

Este intercambio de roles semánticos entre las funciones sintácticas, donde la misma unidad —como se documenta en la serie *La Ley Secreta* (TV Caracol, Netflix)— se expresa ya como Cd o Ci ya como Supl (o a la inversa):

(4) lo único que merecen es que *lo* acaben (ep.40) [~que acaben *con él*]; *esa mercancía, la que* pensaba traficar [...] a traficar *con esa mercancía* (ep.1)
(5) Yo *le* voy a colaborar (ep.1); ténga*me* paciencia, ¿sí? (ep.2); Cumplí *con mi trabajo*. *Les* cumplí, *me* cumplí (ep.37)

Representa —junto con los casos de "absorción"—"expansión" (v. *supra*)— la quizá más elemental fuente del "variacionismo" sintáctico individual o "de estilo" (Labov): el inherente a toda lengua ("rewording", en Jakobson); que viene a añadirse a variaciones e "invariaciones" (*cf.* Caravedo 2012) bien conocidas, como la ausencia de la segunda persona plural en pronombres y posesivos, la duplicación rioplatense del Cd, la peculiaridad del *hasta* y el *ya que* mexicanos, y otras menos conocidas del canario (Álvarez Martínez 1987).

5 Direcciones futuras y conclusiones

En conclusión, la Sintaxis funcional tendría como finalidad mostrar cómo se construye la significación oracional (o del enunciado, o del discurso) partiendo de las palabras (semántica léxica), bajo el control de la expresión fonológica (léxico), del orden secuencial fijo (compuestos y derivados, morfología) y el variable significativo, y de la entonación (sintaxis y discurso).

El valor léxico simple (más el de la derivación no productiva) es significación heredada y "comprimida" (se expande en las definiciones); pero cada pieza consistiría en una constelación de referencias posibles, que hay que desambiguar mediante el contexto inmediato, el discursivo y la situación comunicativa.

En la base, los morfemas que especifican ("femenino") al sustantivo y lo cuantifican ("plural") se prolongan sintácticamente en los calificativos (que lo subclasifican) y en los cuantificadores que, como los determinantes, lo actualizan y construyen como "tema".

En el extremo alto, los morfemas oracionales determinan (modo), cuantifican (aspecto) y ubican (tiempo) lo predicado por el lexema verbal respecto de un tema o sujeto expresado en el complejo morfológico de persona y número.

Por su parte, la simplicidad léxica de los adverbios y su plasticidad funcional (por su carencia de morfemas) les permite "modificar" verbos, adjetivos, a otros adverbios, a la oración como tal, e incluso a sustantivos actualizados. Por eso, los "circunstantes" son más o menos marginales respecto del predicado, nunca de la oración; pues los deícticos temporales *ayer, entonces...* los aspectuales *ya* o *todavía* y los de modo (*ojalá, quizá...*) especifican a los morfemas oracionales.

Además, adverbios y unidades equiparadas pueden incorporarse al predicado como "complemento adverbial" regido (Rojo 1983) o predicado secundario (v. § 4) de un "tema" siempre alojado en el CD: *Te hacía lejos, Los creía en Madrid, Las imaginaba en su casa*. Y hasta llegan a ser alternativa léxica al SUJ en posición temática: *Aquí (este) no está de acuerdo, En su familia la desprecian*.

Por su lado, los cuantificadores adverbiales —más los numerosos sustantivos adoptados como tales (San Julián 2019)— se acercan tanto al lexema verbal, que, como expresión cuantificativa con sustantivos de medida, se equiparan al CD: *Quise dormir doce horas y las dormí, Creció tres centímetros, Recorrió varios kilómetros*.

Es conocida la adjunción de deícticos locativos y temporales a un deverbal (*su convocatoria aquí y ahora será recurrida por ilegal*), y no tanto su incrustación cuasi-predicativa en el SUJ (*esta mesa ahí afea tu despacho*), con idéntica significación de "causa" que la aportada al SUJ por la predicación cuantitativa interna en construcciones como *Muchos chocolates*[,] *engordan* o *Muchos chiquillos a su lado*[,] *la irritaban* (donde la semianticadencia va asociada a la significación "en gran cantidad", frente a la lectura especificativa "la mayoría de ellos"). También hay aportación predicativa de locativos, temporales, de modo y aspectuales dentro del grupo nominal: *El entonces [antes, ya (no) nunca más, aquí y ahora, sin duda ...] presidente, El hasta ayer todavía Joseph Ratzinger y hoy ya Benedicto* XVI.

Las compatibilidades de los adverbios entre sí y con otros sintagmas, singularmente con el verbo y la oración, muestran la relación entre la anteposición sintagmática y el carácter semánticamente "envolvente" de la propia oración como argumento, por parte de esos adverbios que, como algunos auxiliares de perífrasis, la "califican": *Posiblemente (~Tal vez) aún puedas verlo, Tristemente, quizá ya habrá muerto* (Kovacci 1980–1981). A la tipología argumental de Ojea (1994), añádanse los cuantificadores que en algunas consecutivas (bipolares) inciden en la cláusula entera: *Tan no lo sabía, que me sorprendí, ¡Si será tramposa, que siempre gana!* (Álvarez Menéndez 1989); y algunos otros "de oración", que, en realidad, lo son del acto mismo de responder, al que califican apelativamente: *Rápidamente, ¿cuánto son trece más doce?* (Fernández Fernández 1993).

En fin, yendo a la unidad límite, o transversal, de la sintaxis, el "enunciado" vendría definido por el signo entonativo, que, en su calidad de "extensible", puede configurar como tal a unidades de diferente estructura y de extensión teóricamente indefinida; si bien, de modo genérico, en todo enunciado se expresaría al menos una significación denotativa ("denominaciones etiqueta": *Entrada, Ascensores*), una predicación (*Se busca, ¡Fuego!*) o ambas la vez (*Cuidado con el perro; Franco, fuera del Valle de los Caídos*).

La plasticidad del enunciado entonativo para ampliarse o reducirse hace de él la unidad "administrativa" por excelencia, al servicio del hablante, para dosificar y ajustar en cada caso la cantidad de significación —inversamente proporcional— a la información contextual (la ya procesada y actualizada en enunciados precedentes), a la del "universo de discurso" (consabida por los hablantes) o a la percibida en la situación comunicativa.

Para el oyente, cada enunciado sería su unidad de percepción e interpretación, un paso adelante en la progresión informativa y el proceso de comunicación.

Para el analista, serviría al menos de punto de referencia en el desarrollo de una "sintaxis del enunciado" o "supraoracional" (Fuentes 2005; Iglesias 2015); necesario también en tanto que delimitación previa a su discusión como unidad de "sentido completo" o "sintácticamente independiente" (Rojo 1978).

6 Lecturas complementarias recomendadas

Jiménez Juliá 2009; Martínez 2013, sobre el grupo nominal, y Narbona 1983 sobre las "bipolares"; asuntos escasamente atendidos aquí.

Referencias bibliográficas

Alarcos Llorach, E. 1983 [1970]. *Estudios de gramática funcional del español*. Madrid: Gredos.
Álvarez Martínez, M.ª Á. 1987. *Rasgos gramaticales del español de Canarias*. La Laguna: I.E.C.
Álvarez Martínez, M.ª Á. 1994. *La gramática española en América*. Universidad de La Laguna.
Álvarez Menéndez, A. I. 1989. *Las construcciones consecutivas en español*. Universidad de Oviedo.
Arias Cabal, Á. ed. 2022. *Construcción del significado y análisis de la expresión en Lingüística Funcional*. Madrid: Iberoamericana y Frankfurt: Vervuert.
Cáceres Lorenzo, M.ª T. 1992. *Expresiones adverbiales en el español de Canarias*. La Laguna: I.E.C.
Caravedo, R. 2012. "Los conceptos funcionalistas en la variación sintáctica". En Jiménez Juliá *et al.*, 207–219.
Dik, S. C. 1989. *The Theory of Functional Grammar*. Dordrecht: Foris.
Fernández de Castro, F. 1999. *Las perífrasis verbales en el español*. Universidad de Oviedo.
Fernández de Castro, F. 2007. "Relaciones entre flexión y perífrasis verbales". En *El tiempo y los eventos*, ed. B. Camus, 77–94. Cuenca: Universidad de Castilla-LaMancha.
Fernández Fernández, A. 1993. *La función incidental en español*. Universidad de Oviedo.
Fernández Lorences, T. 2010. *Gramática de la tematización en español*. Universidad de Oviedo.
Fuentes Rodríguez, C. 2005. "Hacia una sintaxis del enunciado". *LEA* 27(1): 33–62.
García García, S. 2015. "Modo verbal y actualización del predicado". En *Studium ...*, 369–394.
García García, S. 2022. "Ecuativas, protoecuacionales y ecuacionales". En *Arias Cabal*.
García-Miguel, J. M.ª 1995. *Las relaciones gramaticales entre predicado y participantes*. Universidade de Santiago de Compostela.
García Velasco, D. 2003. *Funcionalismo y Lingüística: la Gramática Funcional de S.C. Dik*. Universidad de Oviedo.
Gutiérrez Ordóñez, S. 1985. "Sobre las categorías, las clases y la transposición". *Contextos* 3(5): 75–111.
Gutiérrez Ordóñez, S. 1993. "¿Hacia dónde va el funcionalismo sintáctico?". *Español Actual* 60: 13–63.
Halliday, M. A. K. 1994. *An Introduction to Functional Grammar*. London: Edward Arnold.
Iglesias Bango, M. 2015. "Un ejemplo de sintaxis de enunciados". En *Studium ...*, 473–487.
Jiménez Juliá, T. 2009. "Notas sobre determinantes definidos y no definidos". *Boletín de lingüística* 21(32): 47–66.
Jiménez Juliá, T. 2012. "Notas sobre la sintaxis funcional analítica en España". En Jiménez Juliá *et al.*, 443–455.
Jiménez Juliá, T. *et al.*, eds. 2012. *Cum corde et in nova grammatica. Estudios ofrecidos a Guillermo Rojo*. Universidade de Santiago de Compostela.
Kovacci, O. 1980–1981. "Sobre los adverbios oracionales". *Boletín de Filología de la Universidad de Chile* XXXI/2, 519–535.
López Meirama, B. 1997. *La posición del sujeto en la cláusula monoactancial del español*. Universidad de Compostela.
Martínez, J. A. 1994. *Propuesta de gramática funcional*. Madrid: Istmo.
Martínez, J. A. 1995."El no tan circunstancial 'complemento de compañía'". *LEA* 17(2): 201–228.
Martínez, J. A. 2002. "El funcionalismo a partir de Alarcos". En *Presente y futuro de la lingüística en España*, 153–170. Madrid: SEL.
Martínez, J. A. 2013. "Cuantificación y clasificación en los grupos nominales del español". En *A Life in Language. Estudios en homenaje al prof. José Luis González Escribano*, 301–335. Universidad de Oviedo.
Martínez, J. A. 2022. "La configuración del contenido en una gramática funcional". En *Arias Cabal*.
Martínez García, H. 1986. *El suplemento en español*. Madrid: Gredos.
Martínez García, H. 2022. "El suplemento. Criterios de la gramática funcional para su caracterización". En *Arias Cabal*.
Martínez Menéndez, P. 2022."Relativas y relativos en español". En *Arias Cabal*.
Martín Zorraquino, M.ªA. y J. Portolés. 1999. "Los marcadores del discurso". En *Gramática descriptiva de la lengua española*, dirs. I. Bosque y V. Demonte, vol. 3, cap. 63, 4051–4213. Madrid: Espasa-Calpe.
Meilán García, A. J. 1996. "Algunas diferencias en las construcciones atributivas entre el español de la Península y el de América". En *Actas del X Congreso de ALFAL*, eds. Arjona Iglesias *et al.*, 206–215. Veracruz.
Narbona Jiménez, A. 1983. "Las oraciones bipolares". *Alfinge* 1: 121–139.
Ojea, A. 1994. "Adverbios y categorías funcionales en español". *REL* 24(2): 393–416.
Ojea, A. 2015. "Sintaxis y estructura informativa: el sujeto preverbal en español". En *Studium ...*, 625–639.
Olbertz, H. 1998. *Verbal Periphrases in a Functional Grammar of Spanish*. Berlín: Mouton de Gruyter.

Rodríguez Espiñeira, M.ª J. 1991. "Los adjetivos incidentales como subtipos de adjetivos predicativos". *Verba* 18: 255–274.

Rojo, G. 1978. *Cláusulas y oraciones*. Universidad de Santiago de Compostela.

Rojo, G. 1983. "Sobre los complementos adverbiales". En *Jornadas de Filología. Homenaje al profesor F. Marsá*, 153–171. Universidad de Barcelona.

Rojo, G. 1994. "Estado actual y perspectivas de los estudios gramaticales de orientación funcionalista aplicados al español". *Verba* 21: 7–23.

Rojo, G. y T. Jiménez Juliá. 1989. *Fundamentos del análisis sintáctico funcional*. Universidad de Santiago de Compostela.

Rojo, G. y V. Vázquez Rozas. 2003. "Veinticinco años de estudios sobre sintaxis del español". *LEA* 25(1/2): 71–93.

SanJulián Solana, J. 2019. "La obtención de cuantificadores a partir de sustantivos designativos". *REL* 49(1): 177–206.

Studium grammaticae. Homenaje al prof. José A. Martínez. 2015. Universidad de Oviedo.

Travis, C. E. y R. Torres-Cacoullos. 2012. "Discourse Syntax". En *The Handbook of Hispanic Linguistics*, eds. J. I. Hualde, A. Olarrea & E. O'Rouke, 653–672. Blackwell.

Vázquez Rozas, V. 1999. "Sintaxis y discurso. Las construcciones bitransitivas con objetos animados". En *Homenaxe ó Profesor Camilo Flores*, 100–113. Universidade de Santiago de Compostela.

4
La gramática de construcciones
(Construction Grammar)

Mar Garachana Camarero

1 Introducción

La gramática de construcciones es una teoría del conocimiento lingüístico que se ha diversificado en un conjunto de enfoques que comparten el interés por el concepto de *construcción*. Desde la gramática de construcciones, una construcción es una unidad simbólica y convencionalizada que enlaza una forma con un significado. Los conceptos de *forma* y *significado* van más allá de la concepción de la sintaxis y la semántica tradicionales. Para la gramática de construcciones, la forma abarca el conjunto de rasgos fonológicos, morfológicos y sintácticos que caracterizan las emisiones lingüísticas; el significado, a su vez, incluye rasgos semánticos, pragmáticos y discursivos.

Las construcciones no se limitan a combinaciones de palabras: tan construcción es una oración o un sintagma como una palabra o un morfema. Además, las construcciones se estructuran en diferentes niveles de abstracción. De este modo, hay construcciones máximamente saturadas (*Salomé hizo matar a Juan*) y otras máximamente esquemáticas (por ejemplo, la construcción causativa [X verbo Y Z] "X hace que Y llegue a Z"). Entre la construcción causativa esquemática y la formulada explícitamente con palabras, mediarían otras más o menos sustantivas como "X *hizo matar a* Y" o "X *hizo* INF a Y".

La gramática de construcciones aspira a dar cuenta de la red de construcciones que conforman el conocimiento lingüístico de los hablantes. Estas construcciones, recogidas en el *constructicón*, trazan un *continuum* entre léxico y gramática que permite postular un análisis similar para cualquier construcción. Asimismo, la gramática de construcciones no solo se ocupa de construcciones que forman parte de la gramática nuclear, sino también de otras consideradas periféricas.

Palabras clave: gramática de construcciones; composicionalidad; constructo; constructicón; lingüística cognitiva

Construction Grammar is a theory of linguistic knowledge, diversified into a family of theories that share an interest in the concept of construction. From the point of view of construction grammar, a construction is a form–meaning pairing. In Construction Grammar the concepts of form and meaning go beyond the conception of traditional syntax and semantics: form encompasses the set of phonological, morphological and syntactic features that characterize linguistic utterances; meaning, in turn, includes semantic, pragmatic and discursive features.

Constructions are not limited to word combinations: a sentence or a phrase is as much a construction as a word or a morpheme is. Moreover, constructions are structured at different levels of abstraction. Thus, there are maximally saturated constructions such as *Salome had John killed* and maximally schematic ones (e.g., the causative construction [X verb Y Z] "X causes Y to reach Z"). Between the schematic causative construction and the one explicitly formulated with words, there are other more or less saturated constructions such as "X made kill Z" or "X made INF Z".

Construction Grammar aims to account for the network of constructions that comprise the linguistic knowledge of speakers. These constructions, collected in the *constructicon*, constitute a continuum between lexicon and grammar which allows us to postulate the same analysis for any construction. Also, Construction Grammar deals with constructions that are part of core grammar, as well as with others considered peripheral.

Keywords: construction grammar; compositionality; construct; constructicon; cognitive linguistics

2 Conceptos fundamentales

La gramática de construcciones es una teoría general para la representación sintáctica que se inscribe en el marco teórico de la Lingüística Cognitiva (para la fundamentación teórica de esta última, vid. Lakoff 1987; Langacker 1987, 1991). Las diferentes teorías gramaticales que se insertan en la gramática de construcciones se oponen al modelo componencial del generativismo, donde cada nivel de descripción gramatical resulta autónomo, y la pragmática tiene su propio estatus al margen de la gramática. Pese a que generativismo y gramática de construcciones comparten supuestos relevantes, las diferencias resultan más profundas que los puntos de contacto.

Como se explica en Goldberg (2006, 4–5), generativismo y gramática de construcciones coinciden en considerar el lenguaje un sistema cognitivo (mental) y en señalar que debe existir un procedimiento para combinar estructuras y, así, crear nuevos enunciados. Ambos reconocen también la necesidad de una teoría de la adquisición lingüística.

Las diferencias entre modelos tienen que ver con que, como se acaba de señalar, el generativismo apuesta por un análisis componencial del lenguaje que deja fuera del estudio de las estructuras formales a la semántica y a las funciones discursivas, mientras que el concepto mismo de *construcción* aboga por incluir en la explicación de las unidades lingüísticas todos los niveles de descripción gramatical, así como las condiciones de producción de los enunciados. Otra diferencia tiene que ver con el hecho de que el generativismo concentra su atención en la gramática nuclear (*core grammar*), y desestima el estudio de otros fenómenos considerados *periféricos*. Para la gramática de construcciones, en cambio, una teoría que describa de manera exhaustiva la lengua no puede marginar ningún elemento lingüístico. Por último, frente a la defensa de una gramática universal por parte del generativismo, desde la gramática de construcciones, como desde la lingüística cognitiva en general, se defiende que, aparte de la existencia de cierta predisposición genética para desarrollar la competencia del lenguaje, la adquisición de las lenguas descansa en la memorización de estructuras concretas desde las que el hablante extrae generalizaciones. En el proceso de aprendizaje se partiría de elementos máximamente saturados, esto es, formados por palabras concretas, para, desde ellos, ir adquiriendo construcciones más esquemáticas (Tomasello 2003; Goldberg 2006). En este punto, hay que remarcar que los postulados teóricos de la gramática de construcciones han recibido un fuerte respaldo teórico y empírico de los estudios sobre la adquisición de primeras y segundas lenguas, de ciertas investigaciones psicolingüísticas y neurolingüísticas, así como de los trabajos que se desarrollan en el terreno de la diacronía y de la variación dialectal y discursiva (para una presentación sintética de estas cuestiones, Hoffmann y Trousdale 2013).

2.1 El concepto de construcción

La gramática de construcciones bebe de la tradición anterior y rompe con ella a partes iguales. El concepto clave de esta aproximación teórica al estudio de la lengua, el de *construcción*, es un concepto presente en la tradición gramatical anterior, si bien, desde los planteamientos de la gramática de construcciones, adquiere una nueva dimensión (Goldberg y Casenhiser 2006, 344; Gras Manzano 2011, 49–50). En la tradición gramatical, una *construcción* es típicamente una forma lingüística compleja con una función gramatical (por ejemplo, una oración concesiva o una oración pasiva). En cambio, desde la gramática de construcciones, las construcciones se definen como el emparejamiento convencionalizado de una forma y un significado. Esta idea entronca con el concepto saussuriano del signo lingüístico, entendido como la unión arbitraria de un significante (o sonido) y un significado (o concepto mental). Pero la gramática de construcciones amplía la concepción del signo, de modo que las construcciones son parte de un *continuum* léxico-sintaxis.

En una primera fase de la investigación, el concepto de *construcción gramatical* se circunscribió estrechamente a estructuras no composicionales, cuyo valor no se desprende de la suma de sus componentes, esto es, ni de la suma de las palabras que las forman ni de las reglas gramaticales consideradas regulares (Goldberg 1995, 4). Más adelante, sin embargo, la definición se amplió para contemplar toda construcción convencionalizada y generalizada en las lenguas:

> Any linguistic pattern is recognized as a construction as long as some aspects of its form or function is not strictly predictable from its component parts or from other constructions recognized to exist. In addition, patterns are stored as constructions even if they are fully predictable as long as they occur with sufficient frequency.
>
> *(Goldberg 2006, 5)*

Las construcciones se dan en diferentes niveles y revisten diferentes grados de abstracción. Una construcción puede ser un morfema saturado (verbal {*-aste*} o nominal {*-s*}), o no (*desinencia de segunda persona del singular del pretérito indefinido de indicativo*, PLURAL); una palabra (*reír, casa, rojo*); una locución idiomática saturada totalmente (*echar las campanas al vuelo*) o de forma parcial (*echar* SN); patrones gramaticales parcialmente saturados como las construcciones pasivas (*ser* PART.PASADO) y patrones sintácticos totalmente esquemáticos (la construcción de concordancia SUJETO PREDICADO). En la siguiente tabla, recogemos de manera esquemática diferentes tipos de construcciones gramaticales.

La diferencia entre las palabras y las construcciones más complejas radica en que las palabras son sustantivas y atómicas (esto es, unidades sintácticas mínimas), mientras que otras construcciones pueden ser parcialmente esquemáticas y complejas (compuestas de más de un elemento sintáctico). Así pues, la noción de construcción se generaliza hasta ser un modelo para la representación de todo el conocimiento gramatical —sintaxis, morfología y léxico— (v. Tabla 4.1), al tiempo que se añade la pragmática y las condiciones de producción de los mensajes. Esto es, para la

Tabla 4.1 Construcciones gramaticales, diferencias de complejidad y de esquematicidad.

	Esquemático	Saturado
Morfema	Plural	-s, -es
Palabra	Sustantivo	Mesa
Locución idiomática	SN SV	Echar las campanas al vuelo
Construcción bitransitiva	Suj V Obj_1 Obj_2	María le dio el jarabe al niño
Construcción pasiva	Suj. aux. SV_{pp} (SP_{por})	El fuego fue apagado por los bomberos

gramática de construcciones la forma incluye información sintáctica, morfológica y fonológica, mientras que el significado da cabida a la semántica, a la pragmática y a las propiedades discursivas de la construcción. De este modo, a diferencia de la sintaxis generativa, para la gramática de construcciones el conocimiento del vocabulario no queda separado del conocimiento de las reglas gramaticales. Precisamente esa atención a todos los elementos implicados en la producción de mensajes dificulta la formalización de las descripciones gramaticales que se proponen dentro de este modelo teórico (v. ejemplos en Fried 2015).

3 Aproximaciones teóricas

La gramática de construcciones nace en la década de 1980 con los trabajos de Paul Kay y Charles Fillmore sobre las construcciones idiomáticas (Fillmore 1985; Fillmore et al. 1988; Fillmore y Kay 1997; Kay y Fillmore 1999). El objetivo que guiaba a estos lingüistas era doble. Por un lado, rechazaban el acercamiento componencial al lenguaje. Por otro lado, señalaban la importancia de no relegar a la periferia de la gramática estructuras que, como el inglés *let alone*, tienen un significado no composicional.

Para Fillmore y Kay, el significado no composicional de algunas construcciones no obliga irremediablemente al hablante a aprenderlas de memoria, pues a menudo las construcciones gramaticales no están enteramente fijadas, sino que reflejan esquemas gramaticales productivos, en ocasiones idénticos a los patrones regulares de la gramática, lo que las emparenta con otro tipo de unidades sintácticas. En otras palabras, en la base del pensamiento de Fillmore y Kay se encuentra la idea de que, aunque la fraseología pueda remitir a expresiones cuyo significado no se deduce del significado de las partes que las conforman, esto no significa que su estructuración sintáctica no se ajuste a pautas de construcción regulares. En este punto, en la perspectiva histórica, habría que señalar el hecho de que para la mayoría de las locuciones idiomáticas pueden encontrarse contextos en que estas resultan significativas. Por ejemplo, una expresión como *cortarse la coleta* 'abandonar una actividad o afición' solo es opaca si ignoramos el mundo del toreo en el que se habría formado. Que un torero se corte la coleta representa, simbólicamente, el final de su actividad como matador. Esta expresión metonímica se extendió socialmente para referirse al punto final de otras actividades.

3.1 El continuum entre el léxico y la gramática

Un ejemplo de la productividad que pueden tener las expresiones idiomáticas lo tenemos en la construcción de tópico reduplicado *Estudiar estudiar, no estudia, pero saca buenas notas* (Hilferty et al. 2005). Esta construcción se emplea para indicar que el concepto denotado por las dos primeras palabras (que aparecen repetidas y seguidas de la correspondiente negación con un verbo flexionado) no debe entenderse en sentido estricto, sino aproximado. La repetición del concepto, seguida de su negación, sirve para destacar la información que aparece detrás de *pero* (ya sea atenuándola, ya sea resaltándola). Así pues, lo que se comunica con *Estudiar estudiar, no estudia, pero saca buenas notas* es que alguien no estudia como se esperaría, pero que, contrariamente a lo que podría pensarse, obtiene buenas calificaciones. Lo relevante desde la gramática de construcciones es que esta expresión idiomática admite una variabilidad lo suficientemente amplia como para no poder incluirla en un diccionario, so pena de tener que ampliar notablemente las obras lexicográficas. En efecto, siguen el modelo de *Estudiar estudiar...* expresiones como *Sobrino sobrino no es, pero lo quiero como si lo fuese*; *Despacio despacio no iba, pero tampoco iba demasiado deprisa*; o *Grande grande el sofá no es, pero no me cabe en el comedor*. La productividad de la construcción de tópico reduplicado solo puede explicarse si se admite que dichas expresiones son concreciones de un esquema abstracto que presenta espacios vacíos que pueden ser rellenados con determinados elementos (y no por otros). Puede postularse, pues, que en español existe una construcción esquemática que puede representarse como en (1). De acuerdo con este esquema, la construcción consta de un tópico que introduce, a través de una repetición, el tema del que se hablará. Este tópico presenta una categoría entendida en su sentido prototípico (*Comer lo que se dice comer*). A continuación, viene el comentario, formado por una oración simple que presenta el estado real de cosas, que se contrapone a la categoría prototípica presentada en el tópico. Finalmente, en la explicación acostumbra a aparecer una oración adversativa, que justifica por qué no se puede interpretar el tópico en su sentido prototípico, sin que ello signifique que haya que excluirlo. Ejemplos como este son una objeción importante para considerar marginales las expresiones idiomáticas.

(1) **PERÍODO A**   **PERÍODO B**   **PERÍODO C**
    TÓPICO   COMENTARIO   EXPLICACIÓN
    Insultarme   no me insultó,   pero tampoco me dijo
    insultarme   cosas agradables

Para interpretar adecuadamente la construcción de tópico reduplicado, hay que incluir, además, información prosódica, que puede representarse como en (2), donde se marca una pausa breve entre tópico y comentario, y una mayor entre ambos y la explicación. Además, la construcción de tópico reduplicado tiene un patrón rítmico propio (3), según el cual el tópico tiene una curva entonativa ligeramente descendente; el comentario una curva marcadamente descendente, y la explicación, otra menos descendente que la del comentario.

(2) Insultarme insultarme // no me insultó /// pero me puso verde muy finamente
(3) Insultarme insultarme (→) no me insultó (↓↓) pero me puso verde finamente (↓)

Este análisis viene a probar que las expresiones idiomáticas no siempre están fijadas, sino que, como las reglas sintácticas, pueden ser productivas e, incluso, como en el caso de la construcción de tópico reduplicado, pueden admitir elementos gramaticales diversos en los huecos que conforman el esquema al que responden. Por lo tanto, si los hablantes emplean productivamente las expresiones idiomáticas, conviene abandonar la estricta separación entre léxico y gramática que se postula desde el generativismo o el estructuralismo. Para la gramática de construcciones, existe un *continuum* que vincula el léxico a la gramática. Y, dada la productividad subyacente a algunas construcciones idiomáticas, se postula que las mismas herramientas de análisis deben emplearse para el estudio de la gramática y del léxico. Así pues, la red de construcciones que conforman el conocimiento lingüístico de los hablantes comprende reglas sintácticas regulares (y sus correspondientes reglas semánticas regulares), además de otras en que falta algún tipo de composicionalidad, sintáctica o semántica. La diferencia entre ellas estriba en que las reglas sintácticas regulares son construcciones complejas y totalmente esquemáticas (por ejemplo, las oraciones transitivas), mientras que las segundas retienen algunos elementos sustantivos. En el caso de la construcción de tópico reduplicado, con frecuencia el comentario va introducido por el adverbio negativo *no*, y la norma habitual es añadir un comentario mediante un conector contraargumentativo [X X, no X, *pero* Y].

Por último, ejemplos como el de tópico reduplicado rompen con la idea del análisis componencial del lenguaje, pues ponen de manifiesto que, para una completa descripción de sus valores y funciones, es preciso incluir información de varios niveles de descripción gramatical (sintaxis, semántica, fonología y pragmática).

La gramática de construcciones, asimismo, señala que las reglas de la sintaxis no siempre bastan para explicar la (a)gramaticalidad de ciertas expresiones. Así, ni el significado de las palabras ni la gramática permiten justificar por qué una oración como ¿*Tienes maridos?* resulta poco aceptable en español. La explicación estriba en el conocimiento del mundo, de acuerdo con el cual el modelo prototípico asociado a las relaciones matrimoniales supone que no se tenga más que un marido simultáneamente. En contrapartida, ¿*Tienes sobrino?* resulta inusual, precisamente por lo contrario: el conocimiento estereotipado del mundo (lo que la semántica cognitiva denomina *modelo cognitivo idealizado*) induce a pensar que los individuos tienen más de un sobrino, lo que determina el empleo del plural (¿*Tienes sobrinos?*).

3.2 La organización del constructicón

El conocimiento lingüístico de los hablantes comprende todas las construcciones gramaticales de una lengua, que se encuentran almacenadas en el denominado *constructicón*. La organización de las construcciones en el constructicón implica relaciones verticales (de mayor a menor grado de esquematicidad) y horizontales (entre construcciones de idéntico grado de saturación o esquematicidad).

En lo relativo a las relaciones verticales, el constructicón conforma una red de construcciones en la que cada nodo tiene su propia idiosincrasia, pero, al mismo tiempo, forma parte de una construcción más general. Así, una locución idiomática como *Echar las cartas*, [SUJ *echar las cartas*], por más que resulte máximamente saturada y tenga un significado convencionalizado asociado ("adivinar el futuro"), remite a una construcción más esquemática, pero todavía con un verbo específico [SUJ *echar* OBJ], bajo la cual caben también otras expresiones (*Echar una mano, Echar la buenaventura, Echar un vistazo*, entre otras). En un nivel de abstracción más alto, *Echar las cartas* puede representarse en un nodo totalmente esquemático: [SUJ VERB TRANSITIVO OBJ] correspondiente a la construcción de oración transitiva. De este modo, se capta la afinidad que existe entre expresiones idiomáticas y construcciones enteramente composicionales o regulares: comparten la misma estructura argumental *Echar las cartas* que *Escribir una carta*.

De acuerdo con Croft (2007, 477), diferentes niveles jerárquicos pueden representarse como en la Figura 4.1. Este esquema recoge la posibilidad de que las oraciones sean transitivas o intransitivas. Las intransitivas están formadas únicamente por un sujeto y un verbo (categoría esquemática) y se concretan en construcciones más o menos sustantivas. A su vez, las construcciones transitivas constan de tres elementos constitutivos (sujeto, verbo y objeto), que se actualizan en construcciones sustanciales en mayor o menor grado. La construcción más sustantiva se conoce con el nombre de *constructo*. En la Figura 4.1, los constructos son *Blanca se ríe, Mateo anda, María echa las cartas, Irene escribe una carta*.

A modo de síntesis, puede decirse que la jerarquía taxonómica que se establece entre construcciones permite representar la misma información (o una información similar) en diferentes niveles de esquematicidad dentro de la jerarquía. Así, *las cartas* es el objeto directo

Figura 4.1 Organización de construcciones en la gramática.

de *echar* en *echar las cartas*. Esta relación puede plasmarse en la construcción idiomática [*echar las cartas*], pero también en otra más esquemática [VERBO TR. OBJ].

Junto a las construcciones con diferente nivel de esquematicidad, el constructicón implica también la presencia de construcciones con diferentes niveles de complejidad, pero con igual grado de esquematicidad. A menudo, las estructuras complejas resultan de la suma de más de una construcción, es lo que podemos llamar construcciones que incrementan la valencia de los elementos. Así pues, las construcciones gramaticales no solo derivan unas de otras, sino que, además, se combinan entre sí. Se diría que hay una especie de ensamblaje: el constructicón se compone de una red taxonómica de construcciones donde cada construcción es un nodo en la taxonomía, pero, asimismo, las construcciones pueden combinarse para originar nuevas estructuras gramaticales.

Por tanto, además de la taxonomía que hemos ejemplificado en la Figura 4.1, entre las construcciones gramaticales se dan relaciones horizontales, referidas, por ejemplo, a la diferente flexión que se puede dar al verbo. Esto es, [SUJ *dejar* OBJ] es una construcción diferente, aunque vinculada a [SUJ *dejó* OBJ], que, empleando una metáfora, podríamos considerar su *hermana*. Pero las relaciones entre nodos categoriales suelen ser mucho más complejas. Así, una oración como *¿Le ha dado María el jarabe al niño?* supone la intervención de la construcción bitransitiva [SUJ VERB BITRANSITIVO OBJ$_1$ OBJ$_2$], pero también de la construcción interrogativa. Esta última tiene repercusiones en el orden de los elementos en la oración, pues supone la intervención del patrón formal de INVERSIÓN SUJETO-VERBO => [¿VERBO SUJ. OBJ?]), así como de una construcción SN y otra SV. De este modo, la estructura de cada enunciado particular recoge diferentes construcciones esquemáticas. Y, a la inversa, las construcciones esquemáticas son una abstracción de los enunciados que describen.

Otro ejemplo de las relaciones entre construcciones hermanas es el enunciado de (4), cuya descripción exige tomar en consideración las construcciones explicitadas en (5).

(4) Los bocadillos se los llevaba siempre María a sus hijos
(5)   a   Construcción bitransitiva
    b   Construcción de topicalización
    c   Construcción de inversión de orden SUJETO-VERBO
    d   Construcción de SV
    e   Construcción de SN
    f   Construcción de SP
    g   Construcción de determinante definido
    h   Construcción de plural
    i   Construcción de reduplicación de OI
    j   Construcciones nominales: *bocadillos, María, hijos*

La construcción bitransitiva presente en el ejemplo topicalizado de (4) es la misma que aparece en el enunciado interrogativo *¿Le ha dado María el jarabe al niño?* o en estructuras escindidas como *Un ramito de violetas es lo que su marido le mandaba a Cecilia cada nueve de noviembre*. Por lo tanto, existe una unidad fruto de una abstracción adquirida en el proceso de aprendizaje lingüístico.

Las combinaciones entre construcciones como las que hemos visto en (4)-(5) no tienen más límites que los marcados por la interpretabilidad de las oraciones: mientras no se genere ningún conflicto, las construcciones pueden combinarse libremente, lo que da cuenta del infinito potencial creativo del lenguaje (Goldberg 2006, 22). Las combinaciones las realizan los hablantes. Esto es, las gramáticas no generan las oraciones, sino que esta es una tarea propia de los hablantes.

Las estructuras más complejas resultan de la herencia de otras más básicas y las subregularidades se capturan a través de construcciones que se encuentran en diversos puntos intermedios de la red jerárquica (Goldberg 2006, 13). Los patrones excepcionales, que escapan a toda regularidad, se capturan a través de construcciones de nivel bajo. Así, una construcción como ¿*Casarme yo?* (Garachana y Hilferty 2005), que connota un significado refutativo y que tiene una forma fija que se escapa de los patrones regulares del español, también responde a la herencia de otras construcciones como la de inversión de sujeto, propia de las estructuras interrogativas, y a la construcción que permite oraciones sin verbo conjugado. De este modo, puede concluirse con Croft (2007, 471) que "grammatical knowledge represents a continuum on two dimensions, from the substantive to the schematic and from the atomic to the complex". La gramática se entiende como "a structured inventory of conventional linguistic units" (Langacker 1987, 57).

En este punto, la diferencia respecto de otros enfoques para el estudio de la gramática es significativa. En efecto, para la sintaxis generativa el centro de la estructuración argumental viene determinada por el significado del verbo principal. En contrapartida, desde la gramática de construcciones se sostiene que son los verbos los que se ajustan, en función de sus características y de las particularidades de la situación comunicativa, a construcciones argumentales concretas (transitiva, bitransitiva, resultativa, causativa, etc.). Este cambio de perspectiva permite explicar que un verbo intransitivo como *reír* pueda aparecer en construcciones bitransitivas como la de (6):

(6) Los abuelos le ríen todas las gracias a la nietecita

Esto es, para algunos modelos construccionalistas, toda construcción tiene asociado algún tipo de significado que resulta conocido para el hablante.[1] La estructura argumental de toda oración representa construcciones sintácticas que no son solo un modelo esquemático que guía la organización de las palabras, sino que, además, ellas mismas tienen significado. Por ejemplo, la construcción bitransitiva tiene un significado suficientemente arraigado en la mente de los hablantes como para favorecer la emergencia de estructuras que rompen con el significado y la estructura argumental prototípica de las palabras, como en el caso de *reír*. Asimismo, sería precisamente el significado de la construcción el que impediría, siguiendo a Goldberg (2006), admitir el enunciado de (7), frente a la gramaticalidad de (8): el significado de transferencia asociado a la construcción bitransitiva exige que todo destinatario pueda ser receptor del elemento que se le transfiere. Esta condición se cumple en (8), pero no en (7).

(7) María le dio unas galletas a la fotocopiadora
(8) María le dio unas galletas a Juan

El significado asociado a las construcciones permite explicar también alejamientos de la norma estándar culta. Este es el caso, por ejemplo, de usos pluralizados del verbo impersonal *haber* en enunciados como el de (9) —muy extendidos en el español de América y en el de Cataluña—, donde el verbo *haber* deja de funcionar como impersonal para concordar con el elemento nominal plural que aparece a su derecha (Claes 2014). Esta concordancia refleja la presión ejercida por la construcción que establece la exigencia de una concordancia entre el sujeto y el predicado de las oraciones. Esto es, la construcción ORACIÓN contempla la posibilidad de que la estructura argumental conste de un solo verbo, pero, si este aparece acompañado de un elemento nominal y no hay posibilidad de sobreentender un sujeto elíptico, se impone la interpretación de que el verbo debe concordar con dicho elemento nominal.

(9) Cuando yo era niña, sí. No *habían* estos condominios, desde luego (Claes 2014, 222)

Las posibilidades coercitivas de las construcciones gramaticales sobre el empleo de las palabras tienen, sin embargo, límites. Esto es, no cualquier verbo puede entrar en cualquier construcción. Existen restricciones derivadas del *principio de coherencia semántica*.

3.3 La gramática nuclear en la gramática de construcciones

Más arriba citábamos el ejemplo de *Cortarse la coleta* y señalábamos que la existencia de esta construcción no es ajena a la interacción del individuo con el entorno que le rodea. Esta relación entre la lengua y las experiencias de los hablantes no se limita a la fraseología. Uno de los principios de la gramática cognitiva es el concepto de *embodiment* o *corporeización*. La corporeización remite a la constatación de que existen estructuras gramaticales que reflejan la interacción del individuo con su cuerpo en el mundo. Esto se observa, por ejemplo, en el empleo de verbos de movimiento para crear perífrasis prospectivas (*ir a* + INF), basadas en una metáfora según la cual el avance en el tiempo se interpreta en términos del avance en el espacio.

La interacción entre la experiencia humana y la lengua se extiende a otros ámbitos de la gramática nuclear. En este sentido, desde la gramática de construcciones se sostiene que las oraciones simples codifican actividades y hechos frecuentes del día a día del hablante. Esta idea se ha captado en la máxima *Grammars code best what speakers do most* (Du Bois 1985, 363), que Goldberg reformula en su hipótesis de la codificación del escenario (*scene-encoding hypothesis*):

> Constructions which correspond to basic sentence types encode as their central senses event types that are basic to human experience.
>
> *(Goldberg 1995, 39)*

Así, las construcciones resultativas, bitransitiva o de movimiento causado se corresponderían con escenas frecuentes en la experiencia humana como provocar un resultado, transferir un objeto a una persona o recorrer un camino.

4 Perspectivas actuales

La gramática de construcciones la forman un conjunto de teorías que comparten los siguientes tres supuestos:

1. El concepto de construcción como unidad simbólica
2. La representación simbólica uniforme de la información gramatical
3. La organización taxonómica de las construcciones

Además, los enfoques construccionalistas comparten un objetivo de naturaleza cognitiva más profunda que el estudio de las construcciones gramaticales: tratar de responder a las preguntas de cómo los seres humanos adquieren el lenguaje y de por qué las lenguas son como son. Esto es, a la gramática de construcciones le interesa dar cuenta de por qué existen las generalizaciones que se encuentran en las lenguas.

Las diferencias entre teorías afectan a la terminología empleada, así como a la manera como se describen las construcciones y la información gramatical. Además, los focos de interés de cada modelo varían. Por ejemplo, la gramática de construcciones analiza detalladamente las relaciones sintácticas; el modelo de Lakoff y Goldberg se centra más en las relaciones entre construcciones; la gramática cognitiva focaliza la atención en las categorías semánticas y en sus relaciones; la gramática de construcciones radical analiza las categorías sintácticas desde un modelo no reduccionista. Asimismo, los diferentes enfoques construccionalistas difieren en los tipos de herencia que admiten, en el tipo de semántica que se incluye en las descripciones, y en el énfasis que se pone en el uso y en la realidad psicológica (Goldberg 2006, cap. 10).

Asimismo, se observa que, por más que la gramática de construcciones parta de la idea de que las construcciones emergen de la experiencia cotidiana del hablante con su entorno lingüístico, no siempre son modelos basados en el uso. Pese a ello, el desarrollo del modelo de aproximación al estudio de la lengua basado en el uso (Bybee 2001), que postula que el uso determina la representación lingüística, ofrece un buen apoyo para la gramática de construcciones. Las aplicaciones de este modelo de aproximación se pueden observar en los enfoques colostruccionales (Stefanowitsch y Gries 2003; Gries y Stefanowitsch 2004; Hilpert 2012), que han mostrado, por ejemplo, que determinados patrones lingüísticos son más frecuentes que otros. Así, Bybee y Torres Cacoullos (2009) demuestran que en la perífrasis *estar* + GER la posición del verbo no finito la ocupa muy a menudo *hablar*. Para el inglés, Gries y Stefanowitsch (2004), señalan la propensión a que en las estructuras causativas con *into* aparezca el verbo *trick*, otros verbos frecuentes son *fool, coerce* o *force* (*He tricked me into employing him* "me engañó para que lo contratara"). La perspectiva diacrónica ha puesto el énfasis en la importancia de las colocaciones en la evolución lingüística, ya sea como punto de partida de la creación de gramática, ya sea como patrones que ayudan a la difusión de determinados cambios. Así, la perífrasis del español *haber que* + INF nace de la locución "haber que ver". A su vez, la construcción multiverbal *va y* + *grupo verbal* (*Ahora va y dice que no*), muestra que su asentamiento en la lengua progresó a través de la expansión desde unas colocaciones que solo incluían verbos de movimiento en la posición del grupo verbal hasta otras que abarcaban un mayor número de *tokens* y de tipos (verbos de movimiento, verbos de pensamiento hasta llegar a los verbos meteorológicos) (Garachana Camarero 2020). Especialmente relevantes para resaltar la importancia de las colocaciones en la evolución de la gramática son los trabajos de Bybee y Torres Cacoullos (2009) y Torres Cacoullos y Schwenter (2008).

Los principales modelos desarrollados al amparo de la noción de construcción son los siguientes:

1. La gramática de construcciones (de Berkeley) (*Berkeley Construction Grammar*: BCG), surgida de los trabajos de Fillmore y Kay. Este es el modelo que más se parece a ciertas teorías formalistas, sobre todo a la *Head-Driven Phrase-Structure Grammar*, que también es una teoría basada en el signo (esto es, una teoría cuyas unidades básicas son simbólicas). La gramática de construcciones de Berkeley considera que todas las propiedades gramaticales se representan como rasgos con valores. Así, la construcción sintagma verbal se describe a partir de un conjunto de rasgos que reflejan sus propiedades sintácticas.

    Dentro del modelo de la gramática de construcciones, Lakoff (1987) y Goldberg (1995, 2006) desarrollan una variante particular, que pone el acento en las relaciones entre construcciones que se encuentran en un mismo nivel taxonómico. Esto es, les interesan construcciones idénticas en lo que respecta a su especificación sintáctica, pero diferentes en su semántica.
2. La gramática de construcciones Basada en el Signo (*Sign-Based Construction Grammar*: SBCG), desarrollada a partir de los trabajos de Paul Kay, Laura A. Michaelis e Ivan Sag. Como la BCG, la SBCG emplea estructuras de rasgos para modelar los fenómenos lingüísticos, pero a diferencia de la BCG, los rasgos están organizados en una clasificación de herencia jerárquica.
3. La *Fluid Construction Grammar* (FCG: Steels 2011) y la *Embodied Construction Grammar* (ECG: Chang 2008), marcos de estudio altamente formalizados que aspiran a la implementación computacional de la gramática de construcciones. La FCG quiere ofrecer un formalismo que permita una formulación precisa de los principios de la gramática de construcciones; además, pretende testar las implicaciones de esta para el análisis sintáctico, la producción y el aprendizaje lingüísticos. La ECG se propone analizar cómo el lenguaje se emplea en contextos físicos y sociales concretos, en un intento de modelar computacionalmente los mecanismos cognitivos y neuronales que subyacen al comportamiento lingüístico humano.
4. La Gramática Cognitiva, desarrollada a partir de los estudios de Langacker (1987, 1991). La Gramática Cognitiva contrasta con la formalización de los modelos anteriores, pues adopta una perspectiva fuertemente basada en el uso lingüístico. Su premisa básica es

que el lenguaje se fundamenta en la experiencia corporeizada de los humanos. Desde la Gramática Cognitiva se asume que la gramática es inherentemente significativa. Aunque la construcción es el eje central del lenguaje, se define como la unión simbólica entre un polo semántico y otro fonológico (no sintáctico).

5   La gramática de construcciones radical (*Radical construction grammar*: RCG), fruto de los estudios tipológicos de William Croft. Para Croft, todas las categorías gramaticales son específicas de cada lengua y de cada construcción, idea que luego ha sido matizada al existir construcciones gramaticales compartidas entre lenguas.

6   La gramática de construcciones cognitiva (*Cognitive Construction Grammar*: CCG), que aspira a ofrecer una descripción psicológica plausible del lenguaje a partir del estudio de los principios cognitivos que estructuran la red de construcciones. Uno de los objetivos de este modelo es explicar cómo el significado determina la forma de las construcciones.

El modelo léxico construccional (*Lexical Constructional Model*, LCM), surgido de las investigaciones de Ruiz de Mendoza y Mairal (2008). Este modelo conjuga las aportaciones de la Gramática del Papel y la Referencia con las de la Lingüística Cognitiva. El objetivo es alcanzar una descripción lingüística que tome en cuenta el significado léxico y el sintáctico.

7   La gramática de construcciones y la adquisición lingüística. Los estudios de adquisición no suelen considerarse una rama particular de la gramática de construcciones. Sin embargo, las investigaciones sobre los primeros estadios del desarrollo lingüístico en niños, han ofrecido un sustento teórico para la fundamentación de los principios teóricos en que se basa la gramática de construcciones (Tomasello 2003).

8   La gramática de construcciones diacrónica (*Diachronic Construction Grammar*), orientada al estudio del cambio gramatical. El hecho de que el modelo imperante desde la década de 1990 fuese la gramaticalización, que consideraba que el cambio gramatical a menudo partía de una construcción, ha llevado a que la gramaticalización experimentase lo que Van Rompaey *et al.* (2015) denominaron *un giro hacia la construccionalización* (Hilpert 2008; Traugott 2015; Trousdale 2008, Octavio de Toledo y Garachana en evaluación).

9   La gramática de construcciones sociolingüística, originada en la Sociolingüística Cognitiva, un campo de investigación relativamente nuevo que aúna los métodos y modelos de la Lingüística Cognitiva y de la Sociolingüística variacionista. En esta línea de trabajos, se ha estudiado la dimensión social de los significados construccionales (v. algunos de los trabajos contenidos en Geeraerts *et al.* 2010).

10   La gramática de construcciones interactiva, interesada en estudiar las construcciones en situaciones de interacción. Se trata de trabajos que apuestan por integrar en el estudio construccional la dimensión intersubjetiva de la interacción hablante-oyente. De este modo, la gramática de construcciones intersecciona con el análisis de la conversación (vid. algunos de los trabajos contenidos en Boogaart *et al.* 2014).

5 Direcciones futuras y conclusiones

La gramática de construcciones constituye una teoría para el estudio del lenguaje humano que rechaza el postulado de que los enunciados derivan de estructuras sintácticas esquemáticas. La gramática de construcciones se fundamenta en las construcciones gramaticales, entendidas como formas de conocimiento lingüístico que adoptan formas más saturadas o más esquemáticas según los casos y que resultan de la interacción entre los hablantes y de estos con la realidad circundante.

Los estudios sobre gramática de construcciones reflejan una pluralidad de enfoques que en muchas ocasiones resultan complementarios, si bien la diversificación de los modelos construccionalistas hace que existan puntos discordantes notables entre ellos (Hilpert 2014, xi–xii). Esta diversidad de trabajos ha supuesto la aplicación del concepto y de la concepción de las construcciones gramaticales a ámbitos de estudio diversos. Es de prever que las direcciones futuras de trabajo continúen las actuales líneas de investigación, al tiempo que se vaya ahondando en cuestiones a las que se ha prestado atención más recientemente, a saber, las posibilidades que ofrece incorporar el concepto de construcción a los estudios sociolingüísticos, al análisis conversacional y a la gramática histórica. Asimismo, es de suponer que el trabajo morfológico, aún limitado, se intensificará.

Nota

1   No todos los modelos de gramática de construcciones admiten que toda construcción gramatical tenga significado. Algunos autores defienden que hay construcciones que, como la de Sujeto-Predicado, simplemente reflejan una generalización formal.

Lecturas complementarias recomendadas

Boas y Gonzálvez-García (2014); Goldberg (1995); Gras (2011); Hennecke y Wiesinger (en prensa); Hilpert (2014); Wiesinger (2021); Yoon y Gries (2016).

Referencias bibliográficas

Boas, H. y F. Gonzálvez-García. 2014. *Romance Perspectives on Construction Grammar*. Ámsterdam: John Benjamins.
Boogaart, R., T. Colleman y G. Rutten. 2014. *Extending the Scope of Construction Grammar*. Berlín: De Gruyter.
Bybee, J. 2001. *Phonology and Language Use*. Cambridge: Cambridge University Press.
Bybee, J. L. y R. Torres Cacoullos. 2009. "The Role of Prefabs in Grammaticization". En *Formulaic Language: Volume 1. Distribution and Historical Change*, eds. R. L. Corrigan, E. A. Moravcsik, H. Ouali y K. Wheatley, 187–217. Ámsterdam: John Benjamins.
Chang, N. 2008. *Constructing Grammar: A Computational Model of the Emergence of Early Constructions*. Berkeley: University of California.
Claes, J. 2014. "A Cognitive Construction Grammar Approach to the Pluralization of Presentational *Haber* in Puerto Rican Spanish". *Language Variation and Change* 26(2): 219–246.
Croft, W. 2007. "Construction Grammar". En *The Oxford Handbook of Cognitive Linguistics*, eds. D. Geeraerts y H. Cuyckens, 463–508. Oxford: Oxford University Press.
Du Bois, J. 1985. "Competing Motivations". En *Iconicity in Syntax*, ed. J. Haiman, 343–365. Ámsterdam: John Benjamins.
Fillmore, C. J. 1985. "Syntactic Intrusions and the Notion of Grammatical Construction". *Berkeley Linguistics Society* 11: 73–86.
Fillmore, C. J. y P. Kay. 1997. Berkeley Construction Grammar. (http://www1.Icsi. Berkeley.Edu/~kay/Bcg/ConGram.Html).
Fillmore, C. J., P. Kay y M. C. O'Connor. 1988. "Regularity and Idiomaticity in Grammatical Constructions". *Language* 64: 501–538.
Fried, M. 2015. "Construction Grammar". En *Syntax – Theory and Analysis. An International Handbook. Handbooks of Linguistics and Communication Science*, eds. A. Alexiadou y T. Kiss, 974–1003. Berlín: Mouton de Gruyter.
Garachana, M. y J. Hilferty. 2005. "¿Gramática sin construcciones?". *Verba* 32: 385–396.
Garachana Camarero, M. 2020. "¿Es necesaria una gramática de construcciones diacrónica?". En *La evolución de las perífrasis verbales en español. Una aproximación desde la gramática de construcciones diacrónica y la gramaticalización*, ed. M. Garachana, 45–73. Berlín: Peter Lang.
Geeraerts, D., G. Kristiansen y Y. Peirsman. 2010. *Advances in Cognitive Sociolinguistics*. Berlín: De Gruyter.

Goldberg, A. E. 1995. *Constructions: A Construction Grammar Approach to Argument Structure*. Chicago: Chicago University Press.

Goldberg, A. E. 2006. *Constructions at Work: The Nature of Generalization in Language*. Oxford: Oxford University Press.

Goldberg, A. E. y D. Casenhiser. 2006. "English Constructions". En *Handbook of English Linguistics*, 343–355. Londres: Blackwell Publishers.

Gras Manzano, P. 2011. *Gramática de Construcciones en Interacción*. Tesis doctoral inédita, Universidad de Barcelona.

Gries, S. y A. Stefanowitsch. 2004. "Extending Collostructional Analysis". *International Journal of Corpus Linguistics* 9(1): 97–129.

Hennecke, Inga & Evelyn Wiesinger, eds. (en prensa). *Constructions in Spanish*. Ámsterdam: John Benjamins.

Hilferty, J., J. Valenzuela y M. Garachana. 2005. "On the Reality of Constructions: The Spanish Reduplicative-Topic Construction". *Annual Review of Cognitive Linguistics* 3(1): 201–215.

Hilpert, M. 2008. *Germanic Future Constructions: A Usage-Based Approach to Language Change*. Ámsterdam: John Benjamins.

Hilpert, M. 2012. "Diachronic Collostructional Analysis Meets the Noun Phrase". En *The Oxford Handbook of the History of English*, eds. T. Nevalainen y E. C. Traugott, 233–244. Oxford: Oxford University Press.

Hilpert, M. 2014. *Construction Grammar and Its Applications to English*. Edinburgh: Edinburgh Textbooks on the English Language.

Hoffmann, T. y G. Trousdale. 2013. *The Oxford Handbook of Construction Grammar*. Oxford: Oxford University Press.

Kay, P. y C. J. Fillmore. 1999. "Grammatical Constructions and Linguistic Generalizations: The What's X Doing Y? Construction". *Language* 75, 1–34.

Lakoff, G. 1987. *Women, Fire, and Dangerous Things*. Chicago: University of Chicago Press.

Langacker, R. W. 1987. *Foundations of Cognitive Grammar I: Theoretical Prerequisites*. Standford: Standford University Press.

Langacker, R. W. 1991. *Foundations of Cognitive Grammar II: Descriptive Application*. Standford: Standford University Press.

Octavio de Toledo, Á. y M. Garachana. (en evaluación). "Subjectivation and Conativity. Origins and Development of the Verbal Construction *Tratar de* + INF".

Ruiz de Mendoza, F. J. y R. Mairal. 2008. "Levels of Description and Constraining Factors in Meaning Construction: An Introduction to the Lexical Constructional Model". *Folia Linguistica* 42(2): 355–400.

Steels, L. ed. 2011. *Design Patterns in Fluid Construction Grammar*. Ámsterdam: John Benjamins.

Stefanowitsch, A. y S. Gries 2003. "Collostructions: Investigating the Interaction of Words and Constructions". *International Journal of Corpus Linguistics* 8(2): 209–243.

Tomasello, M. 2003. *Constructing a Language: A Usage-Based Theory of Language Acquisition*. Cambridge: Harvard University Press.

Torres Cacoullos, Rena y S. A. Schwenter. 2008. "Constructions and Pragmatics: Variable Middle Marking in Spanish *subir(se)* 'Go Up' and *bajar(se)* 'Go Down'". *Journal of Pragmatics* 40: 1455–1477. doi:10.1016/j.pragma.2008.01.005

Traugott, E. C. 2015. "Toward a Coherent Account of Grammatical Constructionalization". En *Diachronic Construction Grammar*, eds. J. Barðdal, E. Smirnova, L. Sommerer y S. Gildea, 51–79. Ámsterdam: John Benjamins.

Trousdale, G. 2008. "Constructions in Grammaticalization and Lexicalization". En *Constructional Approaches to English Grammar*, eds. G. Trousdale y N. Gisborne, 33–67. Berlín: Mouton de Gruyter.

Van Rompaey, T., K. Davidse y P. Petré. 2015. "Lexicalization and Grammaticalization". *Functions of Language* 22(2): 232–263.

Vázquez, M. V. y V. G. Miglio. 2016. "Constructions with Subject vs. Object Experiencers in Spanish and Italian". En *Corpus-Based Approaches to Construction Grammar*, eds. J. Yoon y S. Th. Gries, 65–102. Ámsterdam: John Benjamins.

Wiesinger, E. 2021. "The Spanish Verb-Particle Construction [V para atrás]. *Disentangling constructional contact and change*". En *Constructions in Contact 2. Language Change, Multilingual Practices, and Additional Language Acquisition*, eds. H. Boas y S. Höder, 140–187. Ámsterdam: John Benjamins.

Yoon, J. y Gries, S. Th. 2016. *Corpus-Based Approaches to Construction Grammar*. Ámsterdam: John Benjamins.

5
Unidades, relaciones y categorías sintácticas
(Syntactic units, relations and categories)

Petr Čermák

1 Introducción

En este capítulo[1] se estudiarán las unidades sintácticas, las categorías expresadas por ellas y las relaciones que se establecen entre ellas, esto es, el punto de partida de cualquier concepción sintáctica que conciba la gramática como un sistema organizado de unidades y de reglas. A lo largo de la evolución de la sintaxis española en tanto que disciplina teórica, la definición y la interpretación de estas unidades, categorías y relaciones sintácticas han sufrido cambios importantes, debidos, entre otras cosas, a los siguientes factores:

1   Gradualmente se han ido abandonando patrones gramaticales e interpretaciones tomadas de la gramática latina y se han reemplazado paulatinamente por enfoques basados exclusiva o mayoritariamente en el análisis del material español.
2   Desde la segunda mitad del siglo xx hasta nuestros días ha aumentado la influencia de las teorías sintácticas de ámbito internacional (estructuralismo, funcionalismo, etc.), que pretenden que su metodología y sus conceptos teóricos sean compartidos universalmente en los análisis de todos los idiomas; el generativismo es quizá el representante más importante de este tipo de teorías.
3   El enfoque descriptivo ha ido complementando, enriqueciendo y, en último término, reemplazando el enfoque prescriptivo, que había prevalecido durante mucho tiempo.
4   Se han cuestionado algunos conceptos tradicionales, que hasta entonces se habían definido entremezclando criterios sintácticos con otros criterios, y se ha impuesto una distinción clara entre las características sintácticas, semánticas, formales y categoriales de las unidades, de un lado, y las relaciones sintácticas, de otro.
5   Se ha redefinido la relación de la sintaxis con otras disciplinas lingüísticas (morfología, lexicología, análisis del discurso), con disciplinas no exclusivamente lingüísticas (semántica, pragmática) y aun con disciplinas no lingüísticas (lógica, matemática).

Palabras clave: unidad sintáctica; relación sintáctica; categoría sintáctica; función sintáctica; sintagma

DOI: 10.4324/9781003035633-6

Within grammar conceived as an organized system of units and rules, the definition of syntactic units, the categories they express, and the relations formed between them constitutes the starting point for any syntactic theory. During the evolution of Spanish syntax as a theoretical discipline, the definition and interpretation of these units, categories and relations have undergone significant changes due, among other things, to these factors:

- Grammatical patterns and interpretations taken (mainly) from Latin grammar have been gradually abandoned and replaced with approaches based exclusively or mainly on analysis of Spanish material;
- since the middle of the 20th century, there has been an increase in the influence of internationally recognized syntactic theories (structuralism, functionalism etc.) claiming that their methodologies and theoretical concepts are to be applied universally, in the analysis of all languages; generativism is perhaps the most significant of these;
- the descriptive approach has gradually and variously complemented, enriched and at times even replaced the long-prevailing prescriptive one;
- certain traditional concepts defined hitherto by mixing syntactic with other criteria have been questioned, and a clear distinction has been imposed between the syntactic, semantic, formal and categorial characteristics of units on the one hand, and syntactic relations on the other; and
- there has been a redefinition of the relationship between syntax and other disciplines, be they linguistic (morphology, lexicology, discourse analysis), not exclusively linguistic (semantics, pragmatics) and even non-linguistic (logic, mathematics).

Keywords: syntactic units; syntactic relation; syntactic category; syntactic function; syntagma

2 Conceptos fundamentales

El repertorio de las unidades sintácticas se extiende, dependiendo de la concepción aplicada, desde la palabra hasta el enunciado. El lenguaje suele concebirse como un sistema de varios niveles en el que la unión de las unidades de un nivel inferior forma las unidades de otro nivel superior. En general, son más bien marginales las corrientes teóricas que no comparten esta concepción del sistema "céntrico": por ejemplo, el modelo de arquitectura paralela de Jackendoff (2002) trabaja con un conjunto paralelo de niveles que poseen componentes de interfase. La sintaxis moderna —a diferencia del enfoque clásico, tradicional— tiende a definir las unidades sintácticas partiendo de su organización interna, tomando en cuenta su estructura. Así definidas, las unidades establecen relaciones, desempeñan funciones, etc., pero su naturaleza es categorial, no funcional. La definición tradicional de las unidades no distinguía suficientemente entre lo categorial y lo funcional. A modo de ejemplo, puede citarse el concepto tradicional de la proposición subordinada sustantiva (*promete* **que volverá pronto**), que es de carácter funcional y que contrasta con la definición categorial de otro concepto tradicional, grupo sintáctico nominal (**promesa de volver**).

En la historia de la sintaxis española se ha discutido bastante sobre el tema de la unidad mínima de la sintaxis.

(1) Mi abuelo canta una canción.

Si observamos el ejemplo (1) la *palabra* es el elemento básico de la cadena, lo que se refleja en la grafía. Por eso, durante mucho tiempo se la consideró como unidad mínima de la sintaxis. No obstante, para la sintaxis moderna es más bien *el grupo sintáctico/la frase/el sintagma* el portador de las funciones sintácticas básicas. El desarrollo del concepto de constituyente sintáctico por la lingüística estructural norteamericana, unido con la teoría de los constituyentes inmediatos (*immediate constituents*, Bloomfield 1933), desempeñó un papel crucial en este proceso: en el ejemplo (1a), pueden observarse claramente las agrupaciones jerárquicas.

(1a) [[[*Mi*] [*abuelo*]] [[*canta*] [[*una*] [*canción*]]]].

Como podemos apreciar en (1a), la función sintáctica muchas veces es asignable a estructuras superiores a la palabra, que solo forma parte de ellas: la función del sujeto la desempeña el sintagma nominal *mi abuelo*. A pesar de ello, el papel de la palabra sigue siendo crucial, ya que la palabra es portadora de la categoría de la clase de palabra (tradicionalmente conocida como *parte de la oración*), es decir, de la base categorial de la unidad superior, del grupo sintáctico (además, si nos referimos a las funciones que operan en unidades inferiores a la oración, resulta más frecuente que las funciones correspondan a las palabras).

En definitiva, en la sintaxis actual son los *grupos sintácticos* (denominados también *sintagmas* o *frases*) las unidades mínimas que desempeñan las diversas funciones sintácticas en la oración. Estos grupos sintácticos se interrelacionan y crean unidades superiores. Según la interpretación tradicional, la *oración* es la unidad mínima de predicación, concebida como una relación entre el sujeto y el predicado. Tradicionalmente, la oración presuponía la presencia de una forma verbal personal en función del predicado. Las concepciones modernas admiten la presencia de la predicación —y por ello el carácter oracional— de algunas construcciones que carecen de forma personal del verbo, como la secuencia *terminada la guerra* en (2):

(2) Dice que, *terminada la guerra*, se hará pacifista… (Marchán, Jaime, "Quimbiurco". *Dacáveres: relatos perversos*, [Ecuador, 2005], CORPES).

Dicho de otra manera, la predicación (o la predicatividad) no equivale a "tener predicado". La oración se opone al *enunciado*, entendido este como la unidad mínima de *comunicación*. Así, un enunciado puede equivaler a una oración o puede constar de más oraciones, pero también puede ser no oracional (*Buenos días* es un enunciado, pero no se considera oración por carecer de predicado). Ello quiere decir que también las palabras o los grupos sintácticos pueden constituir enunciados por sí solos. Para algunos, el enunciado constituye una unidad de transición entre la sintaxis y la sintaxis del discurso o hipersintaxis (el enunciado forma parte de unidades superiores: párrafo, discurso, etc.). De todos modos, difiere de la oración porque no se define por su estructura interna.

Como ya se ha señalado, las unidades sintácticas establecen *relaciones sintácticas* de diferentes tipos. Ya hemos visto que estas unidades difieren por su grado de complejidad: las unidades más simples forman parte de las más complejas, con lo cual se establece una jerarquía.

Es primaria la capacidad de las unidades de combinarse con otras unidades, estableciendo relaciones *combinatorias* (*sintagmáticas*). Tradicionalmente, los elementos que se combinan así establecen dos tipos básicos de relación: 1) los elementos están al mismo nivel sintáctico y no dependen uno del otro (dicho de otra manera, son sintácticamente homogéneos); esta relación suele denominarse *coordinación*; en cualquier caso, si los dos elementos tienen el mismo contenido referencial, suele hablarse de *adordinación* o *aposición*; 2) un elemento se subordina al otro (son sintácticamente heterogéneos): el elemento subordinado presupone la existencia del elemento subordinante; esta relación se conoce como *subordinación*.

Se considera que todas las unidades pueden establecer relaciones de este tipo. Por ejemplo, la relación de coordinación puede darse entre dos oraciones o entre dos grupos sintácticos.

Las relaciones sintácticas mencionadas pueden tener diferentes manifestaciones formales: los diferentes subtipos semánticos de coordinación se expresan mediante nexos (unión sindética) o sin ellos (unión asindética, yuxtapuesta); la subordinación se expresa empleando diferentes marcas formales (la concordancia, la selección/rección/régimen y la adjunción). Los conceptos de selección y de adjunción están asociados a otros conceptos sustanciales: los de *argumento* y *adjunto*.

El concepto de función ha tenido definiciones muy diferentes a lo largo de la historia de la lingüística y de la sintaxis. En su acepción más genérica, las *funciones sintácticas* son "relaciones de dependencia que nos permiten interpretar la manera en que se vinculan gramaticalmente ciertos grupos sintácticos con alguna categoría de la que dependen" (NGLE, 62). En la mayoría de los trabajos sintácticos de corte tradicional aparece una definición más sencilla: la función sintáctica es el papel gramatical desempeñado por un segmento sintáctico. En este sentido, los gramáticos siempre han trabajado con una tipología de funciones sintácticas heredadas de la tradición sintáctica anterior (*sujeto, predicado, objeto*, etc.), pero la irrupción de métodos modernos y criterios más precisos ha traído consigo redefiniciones y reinterpretaciones de muchas funciones tradicionales (por ejemplo, la de *atributo*).

Aunque la sintaxis moderna reserva el término de función sintáctica solo para las funciones de sujeto, predicado, etc., o para las funciones en el interior del sintagma (núcleo, modificador, etc.), en realidad se estudian —en el campo de la sintaxis— también otras funciones, denominadas *semánticas* (especifican la interpretación semántica que debe darse a determinados grupos en función del predicado del que dependen: agente, paciente; tienen que ver con el concepto de *papel temático/semántico* en el generativismo) e *informativas* (reflejan la llamada partición o estructura informativa de la oración y permiten al locutor separar lo que considera como conocido y lo que da por nuevo, lo incorporado al contexto anterior y lo no incorporado: tema o tópico frente a rema o foco).

3 Aproximaciones teóricas

3.1 Unidades sintácticas

El punto de referencia para cualquier aproximación teórica a la definición e interpretación de las unidades, las categorías y las relaciones sintácticas ha sido durante siglos la llamada sintaxis tradicional (véase el cap. 1 del volumen). Durante mucho tiempo estuvo en la posición de fijar la norma e influir, mediante la enseñanza escolar, en la terminología y en la interpretación de las cuestiones sintácticas. Esta corriente de la sintaxis española está representada especialmente por los compendios normativos de la Real Academia Española (los más recientes son RAE 1931 y ENGLE). La evolución de la sintaxis moderna hizo cambiar la concepción de la gramática académica, por lo que NGLE pretende ofrecer no solo la opinión de las instituciones codificadoras, sino también una visión de las cuestiones sintácticas compartida —a grandes rasgos— por especialistas de diferentes enfoques teóricos. Dado que en el campo de las unidades, relaciones, categorías y funciones es particularmente fuerte la influencia de la concepción tradicional, cualquier aproximación sintáctica moderna se ve obligada a tomarla como punto de partida, aunque en muchos casos solo sea para mostrar su diametral distanciamiento de ella.

Entre las aproximaciones modernas, es sumamente innovador el enfoque formal que concibe la sintaxis como disciplina combinatoria que cuenta con unas piezas y unos principios para combinarlas. Los segmentos relevantes se consideran constituyentes (el mecanismo de operar con constituyentes y principios es aplicable también a las demás disciplinas lingüísticas: la fonología, la morfología) que, regidos por unas "reglas de juego", entran en relaciones y desempeñan funciones. El principio de los constituyentes sintácticos es el punto de partida para el estudio detallado de la jerarquía estructural (el generativismo introduce conceptos como segmentación binaria, diagramas arbóreos, nudos, ramas, reglas de reescritura, dominio, inclusión, etc.) y de las operaciones que se realizan con los constituyentes o unidades para crear secuencias gramaticales de la lengua.

Aunque RAE (1931) y ENGLE coinciden en poner el énfasis en la oración como unidad básica y central de la sintaxis, la definen de una manera diferente. Este enfoque de considerar la oración como punto de partida de la descripción es predominante en la sintaxis tradicional, tal como demuestra el término tradicional *partes de la oración* utilizado para denominar las clases de palabras. Los dos compendios académicos mencionados divergen en el tratamiento de las palabras: mientras que en la primera obra "la sintaxis nos enseña el modo como deben enlazarse unas palabras con otras para formar la oración gramatical" (RAE 1931, 154), en la segunda la sintaxis "estudia las agrupaciones de palabras conexas o relacionadas entre sí, con los medios para significar sus relaciones mutuas, y señala y clasifica las unidades o agrupaciones que la intención del hablante establece en el conjunto de la elocución." (ENGLE, 349). Dicho de otra manera, en el segundo compendio académico ya aparece el concepto de grupo sintáctico como unidad constitutiva de la oración (aunque la interpretación de este concepto no equivalga del todo al sentido más habitual que se le atribuye hoy). Este hecho, que sin duda está relacionado con la evolución general en el terreno de la teoría sintáctica, viene confirmado por NGLE, que trata el grupo sintáctico como unidad mínima del análisis sintáctico.

Como se ha señalado más arriba, no nos interesa en este momento la estructura formal de la palabra y su papel en la sintaxis. No obstante, lo que resulta realmente importante en la sintaxis formal de hoy son las propiedades combinatorias de la palabra: la palabra se concibe como un "conjunto de rasgos, es decir, conjuntos de propiedades sensibles a sus relaciones mutuas" (Bosque y Gutiérrez-Rexach 2009, 21). Estas propiedades son semánticas, categoriales, gramaticales, selectivas y de otros tipos.

Ya se ha dicho que en la sintaxis actual son los grupos sintácticos las unidades mínimas que desempeñan determinadas funciones sintácticas. La mencionada falta de terminología única y compartida por todos a veces (sintagma, frase, grupo sintáctico) complica la comunicación entre diferentes enfoques. Hay que advertir que algunos de los términos presentan la desventaja de tener varias acepciones. La selección del término utilizado puede además estar influida por la terminología internacional (*phrase*, *syntagma*); el vocablo *sintagma* tiene, además, el sentido saussureano que lo opone a *paradigma*; el término *frase* también es ambiguo en el ámbito de la lingüística española porque a veces equivale a *oración* o a *locución*.

De todos modos, los grupos sintácticos se conciben como ampliaciones, expansiones o proyecciones del elemento central que se considera como su núcleo (es lo que se llama en la sintaxis moderna, sobre todo en la de corte generativista, *principio de endocentricidad*). Al mismo tiempo, generalmente se considera que los grupos pueden constar solo de un elemento, es decir, de su núcleo; dicho de otra manera, una palabra puede constituir ella sola un grupo sintáctico (Fernández Leborans 2003, 2005). No es el caso de las preposiciones, como se comentará más adelante.

Como ya se ha dicho, la tipología de los grupos sintácticos/sintagmas se fundamenta en la base categorial de su núcleo. De ello se desprende que el papel de la categoría de la clase de palabras resulta ambiguo: por una parte, esta categoría predetermina el comportamiento del grupo sintáctico correspondiente a través de su llamado núcleo (los grupos sintácticos son nominales, verbales, etc. por tener como núcleo un nombre, un verbo, etc.), pero, por otra parte, ella misma está definida mediante criterios sintácticos (además de mediante criterios semánticos y formales/morfológicos).

En la sintaxis española actual se acepta generalmente la existencia de los sintagmas/grupos sintácticos nominal, adjetival, verbal y adverbial. Ya desde su primera versión, la excepción la constituye el generativismo, que considera como categoría básica la preposición, no el adverbio, y maneja el concepto de grupo sintáctico preposicional, no adverbial. El sintagma preposicional no es el único que provoca controversia: no hay unanimidad ni siquiera en cuanto a la existencia de los sintagmas pronominal, conjuntivo e interjectivo, y tampoco de otros sintagmas, especialmente las llamadas proyecciones funcionales, que provienen de versiones más nuevas de la lingüística generativa. A partir del generativismo, se supone una analogía total en el comportamiento de los diferentes sintagmas, representados, en las representaciones formales de las estructuras sintácticas, por el sintagma universal SX/XP. Esta suposición de un comportamiento uniforme de los sintagmas influye en el análisis de los sintagmas individuales en español; de ahí vienen, por ejemplo, las discusiones sobre el carácter endocéntrico del sintagma preposicional.

El ejemplo (3) nos muestra el diferente grado de libertad con que se aplican los principios combinatorios de la sintaxis a los sintagmas:

(3) En el fondo, su hermano no me cae bien, porque siempre me toma el pelo.

Por una parte, existe el llamado *grupo sintáctico libre* (*su hermano* en (3)); por otra, existen las llamadas *locuciones* (*en el fondo* en (3)), que, según NGLE, 53, son "grupos de palabras lexicalizados que constituyen una sola pieza léxica y ejercen la misma función sintáctica que la categoría que les da nombre". La manifestación extrema de las locuciones la constituyen las formas idiomáticas, que son opacas a la sintaxis: no nos permiten reconocer las estructuras y hacer cálculos con ellas, algo que constituye precisamente el principio sustancial de la sintaxis (*tomar el pelo* en (3)).

Como se ha señalado, en general la sintaxis moderna considera la oración como unidad central del análisis. No obstante, la definición de la oración ha sido desde siempre objeto de gran controversia teórica, ya que se han empleado criterios definitorios muy diversos.

La mencionada definición de la oración como unidad mínima de predicación cumple con el requisito de que las unidades sintácticas sean definidas por su estructura interna. En otras palabras, la definición refleja la configuración funcional interna de la oración: la oración tiene una estructura interna única que consta de elementos constituyentes que no aparecen en otros tipos de unidades, a saber, del predicado y de los elementos que se refieren a él. No obstante, en la historia de la sintaxis española aparecen otros criterios definitorios que no siempre cumplen con este requisito:

1) las propiedades formales de la oración; p. ej., se define como la secuencia que aparece entre pausas, que tiene una entonación particular, que cuenta con sujeto y predicado, etc.;
2) el significado: la oración tiene un sentido completo (autosuficiencia semántica, que, según las teorías utilizadas, se define desde un punto de vista semántico, lógico, psicológico, etc.);
3) la independencia sintáctica, concebida como inexistencia de relaciones sintagmáticas con elementos exteriores (como podemos observar los criterios están en gran medida interrelacionados, por ejemplo, la independencia sintáctica y el sentido completo; Rojo 1978).

Es evidente que algunos de los criterios (p. ej., el sentido completo) exigen mayor grado de precisión para ser utilizables, mientras que otros parecen contradecirse entre sí, de tal manera que una misma secuencia lingüística es una oración según un determinado criterio y no lo es según otro.

(4) —Martín, dos cañas más para sellar una amistad. (Muñoz, José Luis: *Cazadores en la nieve*, [España, 2016], CORPES).
(5) Y Juan casi confía en que Angélica pierda los nervios. (Pombo, Álvaro: *La fortuna de Matilda Turpin*, [España, 2006], CORPES).

La secuencia (4), por ejemplo, es oración según los criterios 1, 2 y 3, pero no lo es según el criterio de la necesaria presencia de predicado. Por otra parte, la secuencia (5) contiene dos predicados, es decir, dos oraciones, pero ¿puede también considerarse como oración la secuencia entera?

Las teorías sintácticas a lo largo de la historia de la sintaxis española son pródigas en las más variadas combinaciones de los criterios mencionados. Lógicamente, aparecen problemas de ambigüedad terminológica, que intentan solucionarse mediante:

1) calificativos que denotan subtipos formales o funcionales del término *oración* (*oración simple, oración compuesta, oración principal, oración subordinada*);
2) términos nuevos que denominan secuencias que, tradicionalmente, se consideraban como oraciones (*proposición, cláusula, período*).

Debido a ello hoy en día la clasificación tipológica de las oraciones en tanto que unidades sintácticas es muy rica:

1) según la actitud del hablante (según la fuerza ilocutiva; aspecto pragmático) se distinguen *oraciones declarativas, interrogativas, exclamativas, imperativas* (o *exhortativas*), *dubitativas* y *desiderativas* (u *optativas*);
2) según la naturaleza del predicado, la tradición española distingue oraciones *transitivas, intransitivas, copulativas, pasivas* y *reflexivas*;
3) según la complejidad de la secuencia, tradicionalmente se distinguen las *oraciones simples* y las *complejas* (o *compuestas*); atendiendo a la relación entre los componentes de las oraciones compuestas, existen oraciones *principales* y *subordinadas* (véase el capítulo 9 del volumen).

Esta clasificación no pretende ser exhaustiva. De todos modos, hay que subrayar que en la sintaxis tradicional existen muchos solapamientos entre los subtipos mencionados y muchos puntos de controversia. Ello es aún más patente en la sintaxis moderna, que en ocasiones llega a rechazar rotundamente algunos de los términos mencionados (p. ej., el de oración principal).

3.2 Relaciones sintácticas

A la hora de considerar las diferentes interpretaciones de las relaciones sintácticas no hay que olvidar que a lo largo de la historia de la lingüística el término *relación* ha tenido muy diversos significados, desde el que posee en la lengua común hasta el sentido que tiene en el lenguaje matemático.

Por definición, en la coordinación ningún elemento se superordina al otro, por lo que no puede establecer requisitos formales. Los componentes de las construcciones coordinadas se enlazan mediante nexos coordinantes que expresan la relación semántica entre ellos sin establecer una dependencia sintáctica. En las construcciones coordinadas asindéticas (o yuxtapuestas) la relación semántica no tiene expresión formal, ya que no existe ningún nexo.

Por el contrario, la relación jerárquica entre un elemento subordinante y su subordinado se expresa mediante marcas formales:

- la concordancia: los dos elementos reflejan formalmente que comparten cierta información morfológica (*su* y *hermano, hermano* y *cae* en (3));
- selección (régimen o rección; *cf.* la interpretación de este concepto en el generativismo, ing. *government*): el elemento subordinante prescribe ciertas marcas formales al elemento subordinado (*confía en* en (5));
- adjunción: el elemento subordinante puede no prescribir marcas formales al elemento subordinado (*toma* y *siempre* en (3)); el generativismo tiene una concepción particular de la adjunción (Bosque y Gutiérrez Rexach 2009, 142).

Los conceptos de subordinación y de marcas formales tienen que ver con la capacidad sustancial de los predicados de exigir elementos que completen su significación. En la historia de la sintaxis, la primera descripción de esta capacidad la constituye el llamado enfoque valencial

(Tesnière 1959). Originalmente la valencia se concebía como la capacidad de los verbos de exigir complementos para constituir la estructura básica de la oración (el verbo *cantar* exige dos "actantes", *cf.* (1)). En la sintaxis moderna se habla más bien de la capacidad de ciertas palabras de exigir *argumentos* y el término de *valencia* remite al número de tales argumentos (actantes o actuantes), con lo que los verbos se clasifican en avalentes, divalentes, etc. Además, suele diferenciarse entre la valencia cuantitativa y la valencia cualitativa, que hace referencia al carácter del elemento (su función oracional, por ejemplo).

En definitiva, los argumentos de un predicado están exigidos por su naturaleza semántica, mientras que la forma en que se manifiestan está determinada por la sintaxis (*depender* y *dependencia* tienen la misma estructura argumental, pero una manifestación sintáctica diferente). El concepto de argumento puede concebirse, pues, como un solapamiento de la semántica y del lexicón sobre la sintaxis. A los argumentos se oponen los adjuntos, en tanto que elementos no exigidos por el predicado.

3.3 Funciones sintácticas

El concepto de función tiene varias interpretaciones en la lingüística, entre ellas las siguientes: 1) función como la finalidad del funcionamiento de una entidad; 2) función como relación mutua de dos entidades; 3) función matemática: una magnitud es función de otra si el valor de la primera depende del valor de la segunda. La interpretación del concepto es fundamental para todas las teorías generales de la lengua (desde Hjelmslev 1953 hasta la llamada gramática léxico-funcional, Lexical Functional Grammar, LFG) y la historia de la sintaxis española nos ofrece muestras abundantes de un uso diverso que complica muchas veces la comprensión mutua entre los especialistas.

En sentido estricto, son funciones sintácticas los roles gramaticales desempeñados por una unidad sintáctica. En español forman parte de la estructura argumental del predicado los argumentos con función de sujeto, de complemento directo y de complemento indirecto (salvo los dativos no argumentales), así como el complemento de régimen preposicional. Generalmente (aunque no siempre) son adjuntos los complementos circunstanciales. Los atributos se asimilan a los predicados y no a los argumentos, por lo que constituyen un caso especial. No todas las funciones sintácticas son oracionales: existen también las que operan en la estructura interna de los grupos sintácticos (p. ej., *intervención* **económicamente** *rentable*).

En general, en la clasificación de las funciones sintácticas se puede observar una tendencia hacia la simplificación y la unificación de la terminología tradicional, que a menudo peca de redundancia y mezcla criterios diversos.

4 Perspectivas actuales

4.1 Unidades sintácticas

Como ya se ha explicado, los enfoques modernos estudian las unidades y las relaciones que las combinan. Estas relaciones se denominan —según el enfoque que se adopte— reglas, operaciones o computaciones sintácticas. Los enfoques actuales más influyentes son de corte funcionalista/estructuralista o generativista. Los primeros estudian las unidades y sus relaciones paradigmáticas y sintagmáticas, mientras los segundos describen las operaciones sobre los constituyentes que permiten generar y entender secuencias de una lengua.

Es sumamente difícil, si no imposible, esbozar brevemente la perspectiva actual del tratamiento de las unidades sintácticas en la sintaxis generativa española, influida totalmente por el generativismo internacional. En general puede decirse que dos temas son cardinales: el carácter endocéntrico o exocéntrico de las estructuras y la uniformidad de las proyecciones (o sea, se presupone el comportamiento idéntico de diferentes sintagmas). En las primeras fases del generativismo, la uniformidad de las proyecciones viene confirmada por la llamada teoría de la X con barra (Chomsky 1970; Jackendoff 1977), que trabajaba con estructuras endocéntricas, con una sola excepción: el constituyente O (Oración) era la única estructura exocéntrica, ya que se suponía que la oración no tenía núcleo. En el desarrollo posterior de la teoría se presta atención a la naturaleza de la categoría en cuestión y se toma en cuenta el hecho de que el papel de las categorías léxicas (nombres, adjetivos, verbos) en las estructuras sintácticas difiere notablemente del papel de las categorías que podrían denominarse funcionales (preposiciones, conjunciones, determinantes). De ahí la aparición de categorías funcionales cuyo núcleo no es una categoría léxica o referencial sino algún tipo de morfema abstracto cuya interpretación es puramente gramatical (pertenece a este grupo por ejemplo la categoría CONC/concordancia de tiempo). Ello lleva consigo la postulación de nuevos tipos de sintagmas (por ejemplo, aparece el sintagma SFlex, más tarde ST, que se entiende como núcleo oracional). El desarrollo posterior de la teoría es muy complejo (consúltese, por ejemplo, Chomsky 1995); entre otras cosas, se postula la llamada hipótesis de endocentricidad generalizada.

En la sintaxis actual de corte no generativista continúa la discusión sobre la existencia de los sintagmas preposicional y conjuntivo. Algunos autores la consideran en entredicho por el hecho de que las preposiciones y las conjunciones no pueden prescindir de su término, lo que no permite considerarlas como núcleo. No obstante, los defensores de la existencia de estos sintagmas encuentran un comportamiento análogo en los verbos que no pueden pasarse sin su complemento directo, *cf. regalar*. Estas discusiones conducen en ocasiones a una redefinición del concepto de núcleo o a la consideración de una tercera posibilidad: considerarlos estructuras exocéntricas entre cuyos componentes hay una relación de interordinación.

El tratamiento actual de las locuciones es diferente del que se da a los grupos sintácticos libres. Aunque su clasificación se parece bastante a la clasificación tradicional de los grupos sintácticos (modernamente, se distinguen locuciones nominales, adjetivas, verbales, adverbiales, preposicionales, conjuntivas e interjectivas), la clase gramatical a la que pertenecen las locuciones no está determinada por su estructura sintáctica (de ello se desprende que el concepto de locución es de naturaleza funcional más que categorial); en *Cuesta una barbaridad ganar una Champions*, *una barbaridad* tiene la estructura de un grupo nominal, pero es locución adverbial (*cf.* NGLE, 54). En los análisis modernos son motivo de controversia los límites entre los diferentes tipos de locuciones (por ejemplo, entre las locuciones preposicionales y las conjuntivas).

En la consideración teórica no generativista de las unidades superiores de la escala (oración, enunciado) constituye un hito el enfoque novedoso de Rojo (1978). Pone en duda no solo las definiciones de algunos conceptos tradicionales (oración, que considera un término incómodamente polisémico; oración compuesta; oración simple; oración principal, proposición), sino sobre todo los principios definitorios que establecen el sistema tradicional de unidades sintácticas superiores. En el marco de su teoría que, entre otras cosas, diferencia netamente entre la presencia de rasgos extracategoriales de las unidades (como son, por ejemplo, la in/dependencia sintáctica, auto/in/suficiencia semántica) y la posesión de ciertas características que son exclusivas de una determinada categoría sintáctica (o sea, características intracategoriales), introduce el concepto novedoso de *cláusula* que le permite esbozar un sistema y una terminología nuevas (oraciones monoclausales, policlausales, bipolares; una interpretación nueva del enunciado), que, posteriormente, influirían incluso en el tratamiento que dan a este tema las obras académicas.

Aún siguen vivas otras discusiones parciales sobre otras unidades sintácticas del inventario de la gramática tradicional. Por ejemplo, es motivo de controversia teórica la existencia del criterio categorial tradicional que sirve para distinguir entre subordinadas sustantivas, adjetivas y adverbiales, criterio que, por cierto, no suele existir en otras tradiciones sintácticas. Algunas concepciones modernas optan por utilizar términos diferentes, otras ponen en duda los conceptos como tales. Esto se refiere especialmente a las subordinadas adverbiales: se cuestionan algunos de los elementos de su definición tradicional, como, por ejemplo, su característica categorial (a veces, el adverbio no es correlato de la oración subordinada), su carácter endocéntrico o su papel de subordinada en algunos subtipos (por ejemplo, se asume que en el subtipo ilativo se da más bien una relación de interdependencia entre oración principal y subordinada; NGLE, 3514 ss.).

4.2 Relaciones sintácticas

En el campo de las relaciones sintácticas la investigación actual presta especial atención a sus propiedades específicas. Por ejemplo, en la coordinación se estudia el grado de independencia funcional de los coordinandos, las posibles asimetrías jerárquicas entre los coordinandos (hay propuestas que sostienen que la coordinación no es siempre homocategorial ni homofuncional), las realizaciones nulas de algunos de los coordinandos (la elipsis), el endocentrismo/el exocentrismo, etc. (cfr. Camacho 1999; Jiménez Juliá 1995).

En el marco de las diversas teorías se redefinen a menudo las relaciones sintácticas tradicionales o aparecen términos nuevos. A modo de ejemplo, mencionemos el concepto de interdependencia, inspirado en la glosemática (Hjelmslev 1953), que le permite a Rojo (1978) delimitar la tipología de las cláusulas.

En el generativismo el análisis del comportamiento de los constituyentes dentro de los esquemas arbóreos lleva a definir relaciones sintácticas nuevas (un nudo *domina* a otro; lo domina inmediatamente o no; los nudos pueden mantener una relación de hermandad, etc.). Lógicamente, estas relaciones se corresponden total o parcialmente con las relaciones tradicionales que ya se han mencionado.

4.3 Funciones sintácticas

En el campo de las funciones sintácticas, la sintaxis actual separa netamente la interpretación sintáctica de los conceptos de las demás interpretaciones posibles. Por ejemplo, el concepto sustancial de predicado tiene dos interpretaciones básicas. Según la primera —más amplia y tomada de la lógica— el predicado se corresponde con la expresión del contenido atribuido al sujeto; según la segunda, el predicado es categoría que designa estado, acción, propiedad o proceso en el cual interviene uno o varios participantes.

(6) La abuela prepara una tarta.

De acuerdo a esta distinción, en (6) la secuencia *prepara una tarta* es predicado. La segunda interpretación del término considera como predicado solo el verbo *prepara*. Concebido del segundo modo, el predicado "prescribe" la configuración de la oración. En este ejemplo, el verbo *prepara* denota una acción que requiere dos participantes (o argumentos): un agente (al que le corresponde la función de sujeto) y un elemento afectado por la acción expresada por el verbo (con la función de complemento directo). Aparte de estos complementos argumentales, que expresan información exigida por el significado del predicado, existen los adjuntos, que aportan información no exigida por el predicado, como, por ejemplo, *siempre* en (6a):

(6a) La abuela **siempre** prepara una tarta.

Al carácter semánticamente obligatorio de los argumentos y el opcional de los adjuntos se une, a nivel sintáctico, el diferente proceso de asignación de marcas formales en uno y otro caso: salvo contadas excepciones, en los argumentos se produce la selección/rección o la concordancia, mientras que en los adjuntos se produce la adjunción.

Hablando de funciones, tal y como advierte Rojo (1994, 12), una parte importante de la tradicional gramática estructural española dejaba de lado el componente pragmático del análisis. Los actuales enfoques estructurales y funcionales estudian los tres tipos de funciones mencionados (sintácticas, semánticas, informativas), prestando además mucha atención al componente pragmático del análisis. Los diversos modelos funcionalistas aplicados al español difieren en la interpretación de la relación entre los conceptos de función sintáctica y de categoría sintáctica (prevalece la consideración de que la función sintáctica es el elemento primitivo del análisis), así como en el papel que se le atribuye al concepto de estructura en la descripción de las funciones y las relaciones sintácticas (Rojo 1978, 1983; Martínez 1994; Gutiérrez Ordóñez 1997).

El concepto tradicional de las funciones semánticas se trata en el marco de la teoría temática, en la que —al igual que en los enfoques tradicionales— no existe consenso sobre la cantidad y el tipo de papeles temáticos/funciones sintácticas (*cf.* García Murga 2002; Bosque y Gutiérrez-Rexach 2009).

Las funciones informativas son objeto de estudio tanto de enfoques tradicionales como de enfoques generativistas y constituyen un tema compartido por la sintaxis de la oración y la sintaxis/análisis del discurso. En la historia del generativismo son muy variados los intentos de introducir la partición informativa en el análisis de las estructuras: propuestas de reglas específicas de rematización o focalización, la adscripción de los rasgos [+tópico], [+foco], etc., a los constituyentes, la creación de sintagmas específicos (SFoco), etc.

Aunque el repertorio básico de las funciones sintácticas tradicionales sigue vigente en las aproximaciones modernas (sujeto, predicado, complemento directo, complemento indirecto, suplemento/complemento de régimen, complemento circunstancial, atributo, complemento predicativo), aparecen novedades importantes:

- Se presta mucha atención al carácter argumental o no del elemento en cuestión, lo que trae consigo precisiones terminológicas importantes. Esta consideración permite distinguir entre estructuras formalmente idénticas, pero funcionalmente diferentes (p. ej., *la salida del metro* y *la salida de Juan*, tradicionalmente analizadas como complementos del nombre; o *Juan reside en Madrid* y *Juan vende sus productos en Madrid* donde la construcción locativa *en Madrid*, formalmente idéntica, es argumento en el primer caso y adjunto en el segundo).
- En relación con las funciones sintácticas se estudia el papel de las posiciones sintácticas. En los enfoques de dependencias las funciones sintácticas, concebidas como unidades básicas de tipo relacional, cumplen su papel independientemente del lugar que ocupen. En los enfoques que trabajan con los constituyentes sí que importa la posición: las relaciones de jerarquía o de inclusión formal determinan las posiciones relevantes sintácticamente (Bosque 1989, 69).
- Los análisis de la estructura argumental prestan atención también a los complementos periféricos; si se quiere determinar su inventario hay que tomar en cuenta aspectos pragmáticos (actos de habla; enunciación vs. enunciado: *Francamente, no lo sé* y *Te lo digo francamente*) y las funciones informativas (los tópicos en Fuentes Rodríguez 2007 y otros). De ello se desprende que muchos análisis modernos no separan netamente las funciones sintácticas de las demás.
- Se redefinen algunos conceptos tradicionales, lo que permite crear inventarios más sutiles y más precisos. Como ejemplo sirva la comparación de la definición tradicional del atributo (como palabra o frase ligada al sujeto mediante un verbo copulativo y que expresa una cualidad de dicho sujeto) con la nutrido inventario tipológico del atributo moderno, concebido como elemento con doble relación sintáctica que abarca incluso los

complementos predicativos (*Me gusta que lleven <u>bien limpia</u> la ropa*) y los predicados de las cláusulas absolutas (<u>Una vez limpia y seca la ropa</u>, *debe plancharse*, NGLE, 2774).
- La influencia del generativismo refuerza la tendencia presente ya en la sintaxis tradicional a contar con conceptos como determinante o cuantificador; aunque NGLE los caracteriza como clase gramatical, como agrupación transversal, el aspecto funcional/sintáctico de su definición es sustancial.
- No se logra una unidad terminológica, pervive la tradicional heterogeneidad: siguen siendo muy variados los términos que a grandes rasgos pretenden denominar lo mismo (cfr. complemento nominal, complemento de sustantivo, complemento del nombre, adyacente del sustantivo, complemento modificador del sustantivo, etc.).

5 Direcciones futuras y conclusiones

En resumen, las aportaciones modernas que se dan en el campo de las unidades, relaciones y funciones sintácticas no parten ya de unas teorías coherentes dedicadas a este tema, sino que son más bien consecuencia de las aplicaciones siempre más precisas de teorías sintácticas generales al material lingüístico. Es de suponer que siga la tendencia observable en las obras académicas más recientes: las futuras obras académicas (que indudablemente son punto de referencia en el campo de las unidades, relaciones y funciones sintácticas) seguirán adoptando los resultados de la sintaxis moderna, lo que llevará a redefiniciones y precisiones de los conceptos y los inventarios actuales. Sin duda, seguirán existiendo diferencias interpretativas importantes entre la rama generativista y la rama no generativista de la sintaxis española, pero continuará también el enriquecimiento mutuo entre ambas.

Para el futuro de la sintaxis española, igual que para la sintaxis de cualquier otro idioma, seguirá siendo crucial la evolución de las teorías lingüísticas/sintácticas generales, de alcance internacional, que, como se ha explicado en la introducción del capítulo, suelen ser el punto de partida de importantes aportes teóricos.

En las unidades sintácticas se prestará mucha atención a los polos de la escala; en este sentido, son interesantes las teorías actuales que intentan construir morfemas a partir de unidades primitivas como son los rasgos morfosintácticos (número, género, caso, etc.; *cf.* el concepto de nanosintaxis, Baunaz *et al.* 2018).

Por más que pueda parecer que el tema de las unidades, categorías y funciones sintácticas es mayoritariamente teórico, la lingüística de corpus nos hace ver su dimensión práctica. El desarrollo de su metodología trae consigo un perfeccionamiento técnico de los corpus: entre otras cosas, se hace evidente la necesidad de contar con un sistema de análisis sintáctico y de anotación morfosintáctica y sintáctica cada vez más elaborado, que debería ir acompañado en el futuro de una anotación semántica y pragmática. De hecho, la mayoría de los corpus actuales aporta información sintáctica que a menudo incluye también la relacionada con las unidades y categorías sintácticas (*cf.* CORPES o AnCora-ES). Además de exigir una precisión máxima de las definiciones y de sus aplicaciones, la anotación intenta igualmente desambiguar lo ambiguo, lo que a su vez retroalimenta la reflexión teórica sobre el tema. Un aporte especial lo constituyen los *tree-banks* (por ejemplo, *Spanish tree bank* de la Universidad Autónoma de Madrid) y las bases de datos/corpus explícitamente sintácticos, que suelen unir el análisis de los datos con una teoría creada *a priori*. Muchos de ellos (por ejemplo, BDS o ADESSE) aportan datos empíricos para el estudio de aspectos importantes como son el inventario sintáctico de las oraciones o la estructura argumental de los verbos.

Nota

1 El trabajo fue financiado por el Fondo Europeo de Desarrollo Regional, Proyecto «Creatividad y adaptabilidad como condiciones del éxito de Europa en un mundo interrelacionado» (No. CZ.02.1.01/

0.0/0.0/16_019/0000734), y por el proyecto *Progres Q10: La variabilidad del lenguaje a lo largo del tiempo, el espacio y la cultura* (Universidad Carolina de Praga).

Lecturas complementarias recomendadas

Bosque, I. (1989); Bosque y Gutiérrez-Rexach (2009); Rojo (1978).

Referencias bibliográficas

ADESSE: Base de datos de Verbos, Alternancias de Diátesis y Esquemas Sintáctico-Semánticos del Español. (http://adesse.uvigo.es/).
AnCora-ES. (http://clic.ub.edu/corpus/ancora).
Baunaz, L., K. de Clerq, L. Haegeman y E. Lander eds. 2018. *Exploring Nanosyntax*. Oxford: Oxford University Press.
BDS: Base de Datos Sintácticos del Español Actual. (www.bds.usc.es/).
Bloomfield, L. 1933. *Language*. New York: Henry Holt.
Bosque, I. 1989. *Las categorías gramaticales. Relaciones y diferencias*. Madrid: Síntesis.
Bosque, I. y J. Gutiérrez-Rexach. 2009. *Fundamentos de sintaxis formal*. Madrid: Ediciones Akal.
Camacho, J. 1999. "La coordinación". En *Gramática descriptiva de la lengua española*, eds. I. Bosque y V. Demonte, 2635–2694. Madrid: Espasa.
Chomsky, N. 1970. "Remarks on Nominalizations". En *Readings in English Transformational Grammar*, eds. R. Jacobs y P. Rosenbaum, 184–221. Waltham: Ginn & Co.
Chomsky, N. 1995. *The Minimalist Program*. Cambridge: The MIT Press.
CORPES: Real Academia Española. Corpus del Español del Siglo XXI. (http://rae.es/recursos/banco-de-datos/corpes-xxi) Versión 0.94.
Fernández Leborans, M. J. 2003. *Los sintagmas del español I. El sintagma nominal*. Madrid: Arco Libros.
Fernández Leborans, M. J. 2005. *Los sintagmas del español II. El sintagma verbal y otros*. Madrid: Arco Libros.
Fuentes Rodríguez, C. 2007. *Sintaxis del enunciado: los complementos periféricos*. Madrid: Arco Libros.
García Murga, F. 2002. *El significado: una introducción a la semántica*. Múnich: LINCOM Europa.
Gutiérrez Ordóñez, S. 1997. *Principios de sintaxis funcional*. Madrid: Arco Libros.
Hjelmslev, L. 1953. *Prolegomena to a Theory of Language*. Baltimore: Wawerly Press (traducción: F. J. Whitfield).
Jackendoff, R. 1977. *X'Syntax*. Cambridge: The MIT Press.
Jackendoff, R. 2002. *Foundations of Language: Brain, Meaning, Grammar, Evolution*. Oxford: Oxford University Press.
Jiménez Juliá, T. 1995. *La coordinación en español. Aspectos teóricos y descriptivos*. Anejo 39 de *Verba*. Santiago de Compostela: Universidad de Santiago de Compostela.
Martínez, J. A. 1994. *Propuesta de gramática funcional*. Madrid: Istmo.
NGLE: RAE y ASALE. 2009. *Nueva gramática de la lengua española. Sintaxis II*. Madrid: Espasa.
RAE 1931. *Gramática de la lengua española*. Madrid: Espasa Calpe.
RAE 1973. *Esbozo de una nueva gramática de la lengua española*. Madrid: Espasa Calpe.
Rojo, G. 1978. *Cláusulas y oraciones*. Anejo 14 de *Verba*. Santiago de Compostela: Universidad de Santiago de Compostela.
Rojo, G. 1983. *Aspectos básicos de sintaxis funcional*. Málaga: Librería Ágora.
Rojo, G. 1994. "Estado actual y perspectivas de los estudios gramaticales de orientación funcionalista aplicados al español". *Verba* 21: 7–23.
Spanish tree bank de la Universidad Autónoma de Madrid. (www.lllf.uam.es/~sandoval/UAMTreebank.html).
Tesnière, L. 1959. *Éléments de syntaxe structural*. París: Klincksieck.

6
Sintaxis y discurso
Syntax and discourse

Pedro Martín Butragueño

1 Introducción

La estructuración sintáctica obedece, al menos en parte, a los requisitos impuestos por la enunciación y ubicación en un contexto discursivo del material lingüístico.[1] Esta respuesta vincula la estructura de constituyentes con lo dicho y con lo que se va a decir, y ayuda a que lo enunciado se interprete como una actividad verbal específica. Así, en la interfase sintaxis-discurso se gestionan diversas herramientas comunicativas, como las cadenas referenciales, el flujo informativo, el armado convencional de ciertos actos de habla o el tamaño prosódico factible para las secuencias enunciadas. Para describir el aspecto de esa interfase, el capítulo inicia delimitando los planos lingüísticos involucrados, discriminando entre existencia de estructura de constituyentes y agregaciones relevantes de elementos discursivos y señalando la importancia de distinguir entre oraciones y enunciados. En segundo término, el texto presenta algunos de los principios rectores de las relaciones sintaxis-discurso, en particular el papel de la pesadez y complejidad de los tramos sintácticos, la administración de la distancia referencial y el manejo topical, los pesos relativos de la ambigüedad y la redundancia y las fuerzas elocutivas, ilocutivas y perlocutivas. La parte siguiente ilustra esos principios a través de una serie de ejemplos (como la expresión del sujeto pronominal o el fraseo prosódico, entre otros). Por fin, se termina con unas breves conclusiones.

Palabras clave: interfase sintaxis-discurso; distancia referencial; gestión informativa; fraseo prosódico; actos de habla

Syntactic structuring responds, at least in part, to the requirements imposed by the enunciation and location in a discursive context of the linguistic material. This response links the constituent structure to what is said and what is to be said and helps the statement to be interpreted as a specific verbal activity. Thus, in the syntax-discourse interface, various communication tools are managed, such as referential chains, information flow, the conventional assembly of certain speech acts or the feasible prosodic size for the stated sequences. With the aim of describing this interface, the chapter begins by delimiting the linguistic levels involved, discriminating between the existence of a constituent structure and relevant aggregations of discursive elements, and pointing out the importance of distinguishing between sentences and utterances. Secondly, the chapter presents some of the guiding principles of syntax-discourse relationships, in particular the role of the heaviness and complexity of the syntactic chunks, the administration of referential distance and topic handling, the relative weights of ambiguity and redundancy and locutionary, illocutionary and perlocutionary forces. The next part illustrates these principles through a series of examples, such as the expression of the pronominal subject or prosodic phrasing, among others. Finally, we end with some brief conclusions.

Keywords: syntax-speech interface; referential distance; information management; prosodic phrasing; speech acts

2 Conceptos fundamentales

Las interfases entre dimensiones analíticas son cruciales en la descripción lingüística y en la estructuración del lenguaje. Por ejemplo, la fonología segmental clásica se basa en una idea fundamental: lo fonológico es el resultado de proyectar el léxico sobre el sonido, de modo que lo que hace diferente a /p/ y /b/ en español es la existencia de pares como *para* y *vara*; la fonología segmental es, pues, fruto de una relación de interfase. Menos evidente es definir lo fonológico en la prosodia enunciativa, la que afecta a las unidades mayores. El fraseo estudia la relación interficial entre sintaxis y prosodia, lo que permite distinguir *Fuimos a las jacarandas que le encantan a Canica* de *Fuimos a las jacarandas, que le encantan a Canica*, con diferentes estructuras de constituyentes y distintas condiciones de verdad; es decir, la existencia de dos grupos prosódicos o de uno es fonológica, porque produce un significado diferente. A su vez, la distinción entre *Tus lentes están sobre la cama* y *¿Tus lentes están sobre la cama?* reside, fundamentalmente, en la interfase entre prosodia y pragmática: el primer enunciado es una aseveración y el segundo una directriz de petición de información. Si esto último es una diferencia fonológica o no, depende de qué entendamos por fonología (y por significado), porque también puede interpretarse que la diferencia es pragmática.

Las relaciones entre sintaxis y discurso (SD) aluden al efecto de la enunciación sobre la sintaxis. Estos alcances se producen en la interfase de la sintaxis con la prosodia, la pragmática y propiamente el discurso: la prosodia contribuye a regular el tamaño aceptable de los constituyentes y a gestionar los actos de habla y el flujo informativo; la pragmática motiva marcas sintácticas para los actos de habla, la gestión de información o las relaciones fóricas, así como para la evidencialidad, la epistemicidad o la aleticidad (si es que estas no se prefieren tomar como semánticas); el discurso necesita de recursos procedimentales, como los marcadores discursivos, parcialmente ajenos a la constituencia sintáctica, y de organizar unidades mayores, como los pares dialógicos, las secuencias de paralelismo y contraste y las instrucciones para formar textos específicos.

En un discurso efectivo se asiste a una secuencia de enunciados. Algunos aspectos estructurales de esos enunciados incumben solo al análisis sintáctico, es decir, a la formalización de las relaciones de constituencia entre categorías léxicas, frásticas y oracionales, al examen de las funciones que desempeñan esas categorías en el seno de las predicaciones, y a las posiciones en que se ubican dentro de cada nivel de constituencia; existen, sin embargo, diversos elementos y relaciones que, constituidos o no, se agregan e interpretan pragmáticamente para generar discursos coherentes (*cf.* Givón 1979, especialmente § 3, 97–98; 2001a, § 1.2.3, 11–13): es lo que ocurre, al menos parcialmente, con los orientadores (Dik 1997b, § 17.2.3.2, 387–401), con los marcadores discursivos, con las cadenas de correferencia, en parte de la gestión informativa y con la ejecución de ciertos actos de habla, entre otras dimensiones lingüísticas y comunicativas. Además, el discurso es esencial para analizar ciertas elecciones morfosintácticas de los hablantes y la recurrencia discursiva es sumamente relevante en los procesos de gramaticalización (Mithun 2018, 12). El trasiego entre agregación y constituencia es también visible en el desarrollo lingüístico, por ejemplo en la construcción de focos (Villalobos 2021).

Las relaciones SD pueden reducirse al problema de la (falta de) homorganicidad entre oración y enunciado, siendo la oración la unidad mayor de la sintaxis y el enunciado la unidad mínima del discurso, por decirlo en términos básicos. No son unidades homorgánicas en muchas ocasiones, como se puede apreciar en (1).

(1) a   Todas las cosas tienen su razón de ser.
    b   —¿Y a santo de qué ...? —Bueno, ya ...
    c   Allí, en las mañanas, la cocina, Juan, has de saber, le gusta mucho eso cuando está en casa, cocinar.
    d   Juan pasea a su perra y María recoge flores.

En (1a) la oración y el enunciado tienen el mismo tamaño; en (1b) no hay oraciones, pero sí dos enunciados vinculados en un par dialógico; en (1c) aparece una oración, pero rodeada de diversos elementos extraoracionales agregados; y en (1d) se muestran dos oraciones, pero un solo enunciado.

A continuación, se presentan algunos de los principios generales que quedan involucrados en la relación entre sintaxis y discurso, como el tamaño de las unidades y el manejo de la distancia secuencial (§ 3); enseguida se presentan diversos casos específicos, como la expresión del sujeto pronominal, los contrastes focales o el fraseo de constituyentes pesados (§ 4), para terminar con unas perspectivas futuras y una conclusión (§ 5). Los ejemplos ilustrativos proceden, principalmente, del *Corpus sociolingüístico de la Ciudad de México* (CSCM, Martín Butragueño y Lastra 2011–2015) y del *Corpus oral del español de México* (COEM, Martín Butragueño, Mendoza y Orozco en preparación).

3 Aproximaciones teóricas

Sin pretender agotar los sustentos de la interfase SD, se alude ahora a algunos de ellos, en particular a la gestión del tamaño de los segmentos sintácticos, el manejo de las secuencias de enunciados, los mecanismos para eludir la ambigüedad y evitar las fallas comunicativas y la actuación a través de la triada formada por elocución, ilocución y perlocución. Podría decirse que la adecuada gestión de la interfase SD se rige, al menos, por cuatro estrategias generales: "dosifica lo que dices" (§ 3.1), "acorta la distancia entre las menciones" (§ 3.2), "evita los malentendidos" (§ 3.3) y "haz lo apropiado con lo que dices" (§ 3.4).

3.1 Dosificación de pesadez y complejidad

El discurso comunicativo es uno de los vehículos principales de la interacción humana y puede precisar armados largos y pesados y diversas complejidades estructurales. Cabe pensar en un principio interficial de dosificación: la longitud y pesadez del material enunciado se referiría a la acumulación secuencial; la complejidad, a su vez, aludiría a las estructuración sintáctica, que puede alejarse más o menos de ciertos prototipos simples y menos marcados (pero véase Haspelmath 2006; Conti Jiménez 2018). Pesadez-longitud y complejidad tienen consecuencias para la producción adecuada y el procesamiento ágil. La eficiencia dosificadora se produce en el borde SD, decidiendo a cada paso el conjunto de herramientas preferible. Considérese (2):

(2) a   Es una lectura anacrónica de *La Peste*, pese a quien pese, señaló.
    b   Señaló que pesara a quien pesara se trataba de una lectura anacrónica de *La Peste*.

En (2a) se ha elegido un discurso directo construido con tres unidades sintácticas con tres contornos prosódicos para la aseveración inicial y su calificación enunciativa, con un verbo de "decir" marginal;

en (2b) se opta por un armado plenamente sintáctico con material subordinado y un solo contorno prosódico —aunque divisible en tres—, con un verbo de "decir" incorporado. Cómo dosificar sintaxis, prosodia y discurso depende del objetivo del hablante, no de una necesidad estructural.

3.2 Distancia y coherencia

Un principio comunicativo general es que a mayor distancia entre dos elementos coindizados, mayor dificultad de procesamiento. Al tiempo, para que un material discursivo guarde una unidad procesual, debe mantener un hilo conductor que asegure la coherencia. La coherencia es la clave para la inserción de las oraciones en el discurso (Halliday y Hasan 1976; Dik 1997b; § 18.6, 433–441; Givón 2001a, 13, etc.). Por ello, es entendible que existan diversas estrategias para acortar —o manejar— las distancias y facilitar la administración de las coindizaciones, por ejemplo, de la recuperabilidad anafórica y de la prospección catafórica, sustanciales para el manejo topical (*cf.* Dik 1997b, 437; Bentivoglio 1983; Givón 2001a, 198, etc.), de modo que no se difumine de qué se está hablando y que esto se refleje en los temas extraoracionales y en los tópicos oracionales (en el sentido de Dik 1997b, 389–395, 1997a, § 13.3, 313–326), como en *¡Qué frío hace, hay que abrigarse!* Los calcetines*, sabes que tienen que estar secos para no enfermarte* (tema extraoracional) y *Es importante abrigarse para no enfermarse. Ya sabes,* los calcetines *tienen que estar secos* (tópico oracional).

Los ejemplos (3–4) muestran varias líneas secuenciales que aseguran la coherencia del texto reflejándolo en la gramática oracional.

(3) mm/ la escuela/ **a mí me** *metieron*// como de <~de:>/ nueve años/ a primero/ pero este <~este:>// **me** *sacaron*/ Ø *estuve*// muy poquito tiempo/ como unas/ sería/ unas dos semanas/ Ø no sé/ porque Ø no tenía/ **mi** acta de nacimiento [...] a la primera escuela que Ø *fui* <~fui:>/ Ø *fui* al Pípila/ la que está ahí este <~este:> [CSCM, Ent. 106, ME-292–13M-07, turnos 173 y 175].

En (3) hay un constante seguimiento del "yo" del hablante (negrita), en forma de personas verbales, objetos, sujetos e incluso un posesivo; otra secuencia refiere las "escuelas" (subrayado); hay también contrastes léxicos —"meter", "sacar"— y diversas referencias temporales explícitas.

(4) Ah/ claro/ no/ de hecho ahorita pues **los niños** están/ ahorita que estamos de vacaciones **los niños** están en casa/ y mi esposo se encarga de atender **a los niños** [COEM-Monterrey, MT-009-C11–1AM-13].

Los niños reaparece tres veces en (4), las dos primeras como sujeto y la tercera como objeto: obsérvese que las menciones subsecuentes léxicamente plenas no son imprescindibles —podrían recuperarse con pronombres o con la concordancia verbal—, por lo que la cercanía de las remisiones va más allá de la coherencia.

(5) mh// imagínate *está* <~tá> *muy feo*/ y **mucha gente** se ha ido/ **mucha gente** pues/ ha vendido sus casas/ Ø se van/ por lo mismo pues de que/ **les** ha pasado cosas/ más que nada/ **sus** muchachas las/ en la calle pues Ø? vienen/ a veces hasta de la escuela Ø? vienen y/ y ay no/ *está* <~tá> *feo* [COEM-Acapulco, AC-007-C00–1MM-12].

Por fin, (5) podría presentar problemas para procesarse: encuadrado en una valoración (*está feo*), el tópico *mucha gente* (negrita) se va desarrollando, pero al aparecer un posible tópico alternativo, *sus muchachas*, compromete la coherencia y queda confuso cuál es el correferente del sujeto de *vienen*.

3.3 Ambigüedad y redundancia

Para minimizar las confusiones comunicativas, las lenguas desarrollan mecanismos desambiguadores, en parte redundantes. El contexto discursivo es esencial para deshacer la ambigüedad morfofonológica, como en *¿Tiene la ventana abierta?*, en un dialecto que elidiera /s/; la homonimia léxica (*Me quedé esperando en el banco*, sea para sentarse o para una transacción); la confluencia morfológica (*Llevaba demasiada ropa para la maleta que traía*), donde los dos sujetos de los copretéritos podrían ser "yo" o "él", dando lugar a cuatro combinaciones posibles. Ciertos fenómenos SD, como la expresión de los sujetos pronominales (§ 4.1), son sensibles al manejo adecuado de la ambigüedad. También el fraseo (§ 4.5) es esencial para desambiguar estructuras sintácticas, como la diferencia entre *Juan, sabe lo que se hace* y *Juan sabe lo que se hace* (tema extraoracional vs. tópico intraoracional, *supra*), o entre *Podé el laurel que le gusta al gato* (y no otro) y *Podé el laurel, que le gusta al gato* (una circunstancia adicional).

Aunque existen mínimos textuales o contextuales que deberían evitar la ambigüedad, la redundancia mejora la tolerancia al malentendido, que puede tener diversas causas: el ruido comunicativo —no solo el ruido literal, sino todo lo irrelevante—, las diferencias dialectales (Labov 1994 [1996, 317–321 y otros pasajes]), las expectativas pragmáticas o sociolingüísticas, etc. La redundancia —o anti-economía— tiene efectos SD, al proponer constantes anclajes deícticos, conexiones fóricas, concordancias intra- y extra-oracionales, secuencias topicales, *consecutio temporum*, órdenes de palabras estables, suma de pistas morfológicas, sintácticas y prosódicas, etc.

3.4 Elocución, ilocución y perlocución

Al hablar, se busca satisfacer algún objetivo que nos hemos propuesto, por lo que debemos tomar las medidas apropiadas para que nuestra acción tenga éxito. Dicho ahora en términos generales, la teoría clásica de actos de habla (Austin 1975 [1962]; Searle 1969, 2010; Félix-Brasdefer 2019, cap. 3, 53–78), distingue entre lo que se dice efectivamente (elocución), lo que se quiere hacer (ilocución) y los efectos que se consiguen durante la interacción (perlocución) (*cf.* Searle 1969, § 2.1, 22–26; Félix-Brasdefer 2019, § 3–4, 58–60). Así, en la aseveración *El perro está ladrando mucho*, puede estarse formulando una queja que pide una solución por parte del interlocutor, con el efecto, por ejemplo, de ir a calmar al animal.

Existen actos de habla directos (*Ponte la bufanda*), mediados muchas veces por el papel de la cortesía (*Por favor, ponte la bufanda, para que no te enfermes*) y que pueden ser formulados indirectamente (*¿Podrías ponerte la bufanda?*); hay también actos indirectos no convencionales (*¡Hoy hace mucho frío!*) (*cf.* Félix-Brasdefer 2019, § 3.7, 67–70; Blum-Kulka 1987).

Un enfoque sintáctico-discursivo de la implementación de los actos de habla debe considerar que la unidad de trabajo es el enunciado, a veces realizado como elemento léxico (*¡Aguas!*), como frase (*¡Para nada!*), como oración (*La función se me hizo larga*) o como construcción supraoracional (*Oye, Juan, no sé si pudieras echarme una mano con la batería del coche, lo he movido poco porque estaba enfermo*).

La arquitectura de las preguntas (Dik 1997b, cap. 12, 257–289; Escandell Vidal 1999) es un ejemplo interficial clásico, en la medida en que no solo debe estudiarse cómo se construyen formalmente, sino cómo se modifican según la fuerza ilocutiva específica —el tipo de petición que se lleva a cabo: de información, de acción, de confirmación... (Orozco 2012)—, cómo se atenúan para ser corteses, cómo confirman y verifican el efecto perlocutivo, y qué recursos léxicos y morfosintácticos tiene todo ello.

4 Perspectivas actuales

El apartado ilustra cuestiones relevantes para la interfase entre la sintaxis y el discurso: el manejo de los sujetos pronominales; el papel de los verbos en presente, útiles para construir narraciones atractivas; la gestión informativa (operadores, apéndices, focos contrastivos); la relación sintaxis-prosodia enunciativa; algunas soluciones para construir enunciados directivos. De ninguna manera es una nómina completa ni el tratamiento exhaustivo.

4.1 Expresión del sujeto pronominal

Algunas lenguas permiten que el sujeto sea nulo con relativa facilidad; son las llamadas lenguas *pro-drop* (Bosque y Gutiérrez-Rexach 2009, § 6.2.2, 348–352; De La Rosa Yacomelo 2020). Es común también que la presencia de pronombres, frente a su ausencia, se decante para rendir ciertas utilidades, como muestra, por ejemplo, Mithun (2018, 20–22) para funciones topicales y focales de los pronombres independientes del mohawk, lengua que tiene también prefijos verbales pronominales. Dryer (2013), al hilo del mapa correspondiente del WALS, muestra que la presencia de afijos verbales con valor pronominal de sujeto es, en realidad, la situación más común (véase, en el mismo sentido, De La Rosa Yacomelo 2020, 111–112, 120) y remite a Van Valin y LaPolla (1997, 331), para un análisis en el que los afijos serían los sujetos.

Si el planteamiento fuera correcto, la abundante bibliografía sobre la expresión del sujeto pronominal (ESP) en español debería leerse en un marco tipológico y centrarse en las condiciones de aparición —no en las de elisión—, pues la presencia de pronombres independientes sería lo marcado. La idea es coherente con los porcentajes menores en que aparecen los sujetos pronominales (SP) expresos en los contextos variables, alrededor del 20 %, por ejemplo, en español mexicano (*cf.* Lastra y Martín Butragueño 2015, tabla 3.1, 42), lo que los convierte, cuantitativamente, en formas marcadas.

Lo interesante es que algunas de las condiciones que influyen en ESP se encuentran en la interfase sintaxis-discurso. Por ejemplo, un sujeto nulo no se focaliza (Bosque y Gutiérrez-Rexach 2009, 347). Muchos de los efectos que influyen en ESP en español no son categóricos, sino variables, como la ambigüedad de la forma verbal o la correferencialidad o no del SP con el sujeto previo (*cf.* Bentivoglio *et al.* 2011).

Como muestra de la variabilidad, en (6a) aparecen 6 o 7 SP independientes, pero 10 verbos flexionados; en (6b) hay 6 y 17 casos, respectivamente.

(6) a   y/ porque eso decía/ que **ella** sabía/ **ella** sen-/ o sea **ella**/ **ella** tenía pues/ buen ojo para eso/ no sé en qué forma/ ni nada pero/ y también// eh un esposo de mi prima C/ su esposo de mi prima C// por eso **yo**/ cuando andaba **yo** reglando/ mejor **yo** me ponía <~ponía:>/ la falda más abajo (risa)/ para <~pa> que no me vieran/ porque sí decían/ que <~que:> se daban cuenta [...] [CSCM, Ent. 106, ME-292–13M-07, turno 133].

   b   [...] o sea **yo** sabía a lo que iba/ **yo** tenía necesidad económica/ pero sabía que también tenía un compromiso// entonces [...] veía **yo** que no había ética [...] // y terminé peleada con la gente de ahí porque// o sea/ no peleada de discutir/ sino que/ no compartía// y bueno/ **yo** sé que tengo mi trabajo/ asumo una responsabilidad y la cumplo// le decía **yo** al licenciado/ "o sea **yo** no me espanto del trabajo"/ y puedo tener unas cargas de trabajo enormes y no me espanto [...] [CSCM, Ent. 22, ME-253–32M-05, turno 104].

Existe una abundante bibliografía sobre ESP bajo la perspectiva de cambio y variación (*cf.* Carvalho *et al.* 2015, entre otros). Al comparar diversos estudios sobre ESP realizados en España y América basados en datos del proyecto PRESEEA, se ha propuesto la siguiente jerarquización de los principales factores que influyen para el SP expreso (Martín Butragueño 2020, ítem 7, 311):

(7) Cambio de referente > sujeto específico > morfología verbal ambigua.

Es decir, en ese orden de importancia, el SP tiende a ser expreso si no aparece un co-referente en el sujeto o en un objeto de la oración previa, si el sujeto considerado es específico y si la morfología del verbo admite varias interpretaciones. Se trata de una tendencia transurbana, no de un hecho categórico. Estos efectos se relacionan con varias de las grandes fuerzas que regulan la interfase entre sintaxis y discurso (§ 3), como la administración de la distancia y la ambigüedad.

4.2 El presente narrativo como evaluador

El manejo del llamado presente narrativo (Labov 2013, 19; Silva-Corvalán y Enrique-Arias 2017, § 6.2, 219–229; Guerrero González *et al.* 2020; Martín Butragueño y Lastra 2021, etc.) es un buen ejemplo de las relaciones entre la sintaxis y el discurso, y de cómo los valores semántico-sintácticos quedan al servicio de las necesidades enunciativo-discursivas.

(8) [...] y un compañero/ que no <u>tenía</u> conocimientos más que de/ computación/ lo **ponen** de técnico// **y y y dice**// no se me va a olvidar que **llega** con un proyecto en la mano/ "¡ay!/ piden doce mil pesos// ¡todo el trabajo que hicieron! nada más para pedir este// una marimba"// **le digo**/ "pues <~pus> es que es lo que necesitan"// **dice** "pero te imaginas/ ¿nada más para una marimba?// todo lo que hicieron// ¡no!"/ **dice**/ "eso no es un proyecto"/ **le digo** "bueno/ entonces/ ¿qué es un proyecto para ti?// o sea/ ¿cuáles son las necesidades que tú debieras apoyar según tú?"// o sea/ no <u>tenía</u> la menor conciencia de que por ejemplo/ que <u>era</u> algo tan importante para estas personas/ **y le digo**/ "si te lo están pidiendo/ es porque lo necesitan"// "¡ay! pero pues <~pus> doce mil pesos// como si no los pudieran juntar"/ "pues <~pus> no/ no los tienen"/ [...] [CSCM, Ent. 22, ME-253–32M-05, turno 106].

Obsérvese en (8) cómo se está rememorando un acontecimiento pasado (*no se me va a olvidar*), descrito por medio de varios copretéritos (*tenía, era*) y actualizado en presente por varios *decir* que abren el discurso referido y otros verbos (*poner, llegar*). Como recuerdan Silva-Corvalán y Enrique-Arias (2017, 225), estos presentes son un recurso lingüístico interno para evaluar lo narrado, es decir, para mejorar su calidad narrativa y atraer la atención. Este manejo del presente surge en todas las lenguas indoeuropeas (Labov 2013, 19).

4.3 Orientadores y apéndices oracionales

Dik (1997b, 387–388 y en general § 17.2.3, 386–405) presenta la orientación como una superfunción pragmática de la que forman parte los temas, las condiciones y los escenarios, que ayudan a anclar el enunciado en el discurso. A su vez, la función pragmática de los apéndices (*tails*) es aclarar aspectos relevantes de la proposición (Dik 1997b, 401). Orientadores y apéndices, al igual que otros elementos extraoracionales, se vinculan de modo más pragmático que sintáctico con la oración (Dik 1997a, 310), al hilo del "modo pragmático" vs. el "modo sintáctico" de Givón (1979, 97).[2] Hidalgo Downing (2003) es relevante para el español, lengua en cuyos datos es también claro el papel de la prosodia para la ilación de la periferia oracional (Martín Butragueño 2019, 278–301). Considérese (9):

(9) cuatro cinco kilos pues ya se/ está la masa/ pero este **antes** no/ **antes**/ lo poníamos el nixtamal con su/ **el maíz**/ con su cal/ con todo y se cocía el maíz que ni se cocieran ni que

se/ sí/ yo sí lo sé poner/ y este/ y para **los tamales** también igual// y para **los tamales**/ no/ pues ese se lava bien bien bien bien/ ya se lleva a moler/ se extiende en una mesa/ se le echa su manteca/ su sal/ se extiende muy bien en una mesa/ y se le pone el frijol/ **todo** [CSCM, Ent. 105, ME-192–13M-01, turno 213].

En el ejemplo (9), *los tamales* —que aparece dos veces— es un tema extraoracional que anuncia de qué se está hablando (y cuyo referente se recoge en el pronombre *ese*). Por otra parte, el apéndice *el maíz* precisa lo dicho, mientras que el apéndice *todo* resume la enumeración expuesta previamente; *antes*, que también surge en dos ocasiones, orienta temporalmente el proceso descrito.

No son extraños los casos como (10), donde el apéndice *de maguey* aclara la referencia para *de ése*.

(10) hacía esos mixiotes <~mishiotes> pero con la tela de <~de:> de ése/ de maguey/ [...] algo así [COEM-Oaxaca, OA-002-C00–1MM-12].

4.4 Construcción de focos contrastivos

La gestión de la estructura informativa cobra pleno sentido en la interfase SD. Otro ejemplo es la posibilidad de operar sintáctico-discursivamente una relación contrastivo-correctiva del tipo "no solamente X, sino Y" o una relación contrastivo-confirmatoria, de la clase "X y también Y", entre otras, por medio del manejo focal (*cf.* Lambrecht 1994, § 5.5.1, 286–291; Dik 1997a, § 13.4.2.2, 331–335; Krifka 2007, esp. 33; Givón 2001b, cap. 15, 221–251, etc.; sobre la noción de contraste, véase Repp 2016).

Como señala GTG (2019, s.v., 131), los focos contrastivos confrontan alternativas, expuestas o supuestas. Así, (11a) contrasta "esperar estáticamente" con "tener calma", que corrige cómo debe entenderse el hecho de esperar. Muy parecido es (11b), que expone lo que no debe hacerse frente a lo que sí.

(11) a [...] y así que/ empiezas a/ entender que hay que esperar/ también/ o sea/ <u>no</u> **esperar así estático**/ **sentado**/ <u>sino que</u> **tener esa calma**/ **esa paciencia**// **para que lleguen las cosas que quieres**/ ¿no?/ [...] [CSCM, Ent. 22, ME-253–32M-05, turno 152].

b I: nada// entonces yo digo "qué maravilloso es"/ y gracias a Dios/ de todos y cada uno/ así como de nosotros que conocemos la palabra// el que como dicen/ "<u>no</u> **nos avergoncemos de él**"
E: claro
I: <u>sino que</u> **hablemos a las personas** ¿no? [...] [COEM-Oaxaca, OA-001-C00–1AM-12].

En (12) aparecen secuencias más complejas. (12a) muestra al menos tres focos contrastantes alusivos a un mismo *rescate*, en referencia otros tantos temas extraoracionales (en el sentido de Dik 1997b, 389–395), *en él*, *a mis hijos* y *a mí*. En la secuencia de (12b), por su parte, dos orientadores temporales (*ibid.*, 396–398), *cuando Acapulco empezó* y *ahorita*, arrastran material focal contrastivo ("no había"/"ya ya hay").

(12) a [...] y <u>ese rescate de su persona</u>/ ese/ <u>ese ¡saneamiento!</u> <~saneamiento> <u>de su persona</u>// <u>en él</u>/ <u>sí</u> **le hizo muy bien**// <u>a mis hijos</u>/ **no tanto**// porque a ellos sí les afectó/ en su estilo de vida// pero/ <u>a mí sí también</u>/ **en ¡sacudirme! muchas cosas** [...] [CSCM, Ent. 22, ME-253–32M-05, turno 154].

b   I: [pues <~ pues:>]/ sí [...]/ sí/ de que cuando/ bueno la historia es de que <u>cuando Acapulco empezó</u> ¿no? [...] aquí la colonia estaba bien/ **no había ningún servicio de nada/ ni luz/ ni agua/ menos calles**/ mh/ y así que pues no/ sufrimos también [...] mh/ sí/ y pues <u>ahorita</u> **ya tenemos todo**/ gracias a Dios [...] mh/ **ya hay agua/ ya hay luz/ ya hay teléfono**/ ya <~ya:> [...] [COEM-Acapulco, AC-007-C00–1MM-12].

La lengua en uso —en discurso— permite observar estas estructuraciones complejas. La estructura informativa no es solo el fruto de una organización conceptual o una posición sintáctica, sino una de las herramientas esenciales para construir lo que narramos, describimos, confirmamos o contravenimos, entre otras operaciones (*cf.* Martín Butragueño y Pozas Loyo en preparación).

4.5 *Fraseo prosódico de subordinaciones y de constituyentes pesados*

La prosodia enunciativa del español —inscrita en un discurso— no sostiene una relación biunívoca con la sintaxis (*cf.* Martín Butragueño 2019, en prensa). Algunos modelos reducen el papel de la prosodia a la proyección experimentada desde la sintaxis, pero la corriente principal de estudios sobre la interfase entre ambos componentes considera que sí existe una prosodia autónoma, pues esta no se frasea solo por la sintaxis, sino que el tamaño de los constituyentes y la velocidad de habla, particularmente, tienen también un papel relevante (*cf.* Selkirk 2011; Féry 2017, § 3.1, 35–39; Downing y Rialland 2017, § 4, 11–13, etc.). Autores como Selkirk (2011, especialmente 439, 451, 468–472) proponen que las tendencias a equiparar categorías sintácticas y prosódicas pueden verse como restricciones que compiten con otras, como las restricciones de marcación y las específicas de cada lengua: en lo que toca a la equiparación, las palabras léxicas (w) tenderían a equipararse con palabras prosódicas (ω), las frases sintácticas (FX) con las frases fonológicas (φ) y las oraciones (O) con las frases entonativas (ι) (*cf.* Martín Butragueño en prensa, cap. 5).

Que la relación sintaxis-prosodia no es biunívoca puede mostrarse con ejemplos como los de (13). Las ι de (13a) proyectan la relación O principal/subordinada, mientras que en (13b) explicitan una relación de coordinación; por fin, subordinación y coordinación se prosodizan en (13c).

(13) a   (Me comí la ensalada)ι (porque me gusta y porque es sana)ι.
   b   (Me comí la ensalada porque me gusta)ι (y porque es sana)ι.
   c   (Me comí la ensalada)ι (porque me gusta)ι (y porque es sana)ι.

Es posible asimismo incrustar unos elementos dentro de otros (Selkirk 2011; Féry 2017, § 4.5, 78–91), produciendo resultados sintáctico-discursivos diferentes, al tiempo que más o menos unidades según la velocidad de habla. (14a) sugiere una enunciación lenta, que otorga autonomía a las subordinaciones, frente a la probable velocidad requerida para las incorporaciones de (14b). En (14c), ambas mitades de O aparecen incorporadas, pero el segundo miembro incrusta dos subcontornos.

(14) a   (Sería bueno que vinieras)ι (si te parece bien a esa hora)ι (cuando te levantes)ι (porque ya te sientas mejor)ι.
   b   (Sería bueno que vinieras si te parece bien a esa hora)ι (cuando te levantes porque ya te sientas mejor)ι.
   c   ((Sería bueno que vinieras si te parece bien a esa hora)ι)ι ((cuando te levantes)ι (porque ya te sientas mejor)ι)ι.

El tamaño prosódico tiene un efecto claro en la introducción de particiones, a veces de nivel φ (por ejemplo, entre sujeto y predicado) y otras de nivel ι (por ejemplo, entre O principal y subordinada), como puede comprobarse leyendo los ejemplos de (15).

(15) a La señora estudia.
 b La señora del cuadro estudia afanosamente en libros preciosos.
 c La señora del cuadro que conoces se está poniendo a estudiar afanosamente en aquellos libros preciosos en octavo que adornaban los estantes de su librería.

4.6 Sintaxis y actos de habla directivos

Un hablante realiza un acto de habla directivo con un enunciado cuando busca que el interlocutor haga algo (Searle 1969, 2010 [2014, 103]). Hay muchos tipos de directrices, como las peticiones de información, las de acción, las de atención o las de confirmación (*cf.* Orozco 2012; Félix-Brasdefer 2019, § 7.4, 190–195). Como se adelantaba en § 3.4, ciertas directrices pueden funcionar de manera indirecta: por ejemplo, se puede realizar un enunciado con apariencia de petición de información (*¿Te queda un poco de café?*) cuando en realidad es una petición de acción ("Dame café"), lo que atenúa cortésmente el costo de la petición de acción (*ibid.*, § 3.5, 67–70). Además, algunas directrices emplean formas convencionales, mientras que otras se realizan no convencionalmente, con soluciones *ad hoc* (Blum Kulka 1987; Félix-Brasdefer 2019, 68–69), lo que da pie a un rico repertorio de soluciones léxico-sintácticas para que el hablante consiga lo que se propone.

Las formas verbales en imperativo pueden servir para realizar peticiones de acción. Si estas directrices se interpretan como órdenes o como peticiones corteses depende sobre todo de la presencia de indicadores de atenuación de la petición (Félix-Brasdefer 2019, § 7.4, 190–195; Martín Butragueño 2019, 146–206). Así, (16a) es una orden directa, (16b) atenúa la orden con cortesía positiva al emplear el "nosotros", y (16c) incluye apelaciones y atenuaciones, al servicio de la cortesía negativa, conformándose como petición.

(16) a **Vete** a tu cuarto.
 b **Vámonos yendo** a tu cuarto.
 c Manuel, por favor, **vete** a tu cuarto, hay que ventilar, este... sé buen niño.

Las directrices en forma de preguntas realizan tareas muy variadas. (17a) es una petición de información, (17b) es un ofrecimiento, (17c) supone un lamento y (17d) se acerca al reclamo.

(17) a [...] le pregunté "**¿de qué descendencia venimos abuelo** <~agüelo>?"// y me contestó él muy francamente/ "de sor Juana Inés de la Cruz" [. .] [CSCM, Ent. 101, ME-310–13H-07, turno 99].
 b P: **¿tú quieres/ manzanita?**
   I: de favor hijo/ no/ tengo aquí/ la coca// si usted se da cuenta [CSCM, Ent. 101, ME-310–13H-07, turnos 110–111].
 c digo "**¿Dios mío por qué me has dejado?**"// para seguir sirviéndote admitiendo el mensaje/// todos los padrinos que les hablé por teléfono pidiendo ayuda/ ¡en mi recaída!/ me contestaban sus esposas "hace ocho días la [*sic*] acabamos de enterrar" [CSCM, Ent. 101, ME-310–13H-07, turno 121].
 d y este/ pues me dice/ "ya no puede abandonar a la niña"/ me dice "**¿quién la va a cuidar?/** no es lo mismo que sigas trabajando" [...] [COEM-Mérida, ME-015-C00–1AM-15].

Aunque existe una gran connivencia sintáctica entre estas preguntas, el contexto discursivo es indispensable para su interpretación.

5 Direcciones futuras y conclusiones

El estudio de las relaciones SD en español muestra ciertos desequilibrios. La expresión del sujeto pronominal o los marcadores discursivos cuentan con bibliografía abundante, con datos examinados en diferentes tipos de textos, épocas y regiones hispanohablantes. Aunque merezcan seguirse estudiando, llama la atención la relativa escasez de trabajos, por ejemplo, sobre la relación entre la prosodia enunciativa y la estructura sintáctica, no entendida solamente como problema fónico o como puesta en escena periférica a la sintaxis, sino como clave para la enunciación, la textualización y la sintactización de ciertos materiales (Selkirk 2011; Féry 2017, cap. 4, 59–93, Martín Butragueño en prensa, cap. 5).

Es claro que sería relevante equilibrar los objetivos a medio plazo y abordar más proporcionadamente la investigación del español. Para ello, puede ser útil seguir acudiendo a necesarias visiones integradoras (como Dik 1997a, 1997b; Givón 2001a, 2001b; Hengeveld y Mackenzie 2008, etc.), que permitan discutir qué aspectos pueden ser cruciales para entender la actualización de la sintaxis en el discurso. En particular, debería enfatizarse el papel de los enfoques basados en el uso (Bybee 2010) y con fundamentos empíricos amplios, a la vista de corpus y entrevistas e incluso de cuestionarios y experimentos *ad hoc*.

El estudio de la relación SD del español ha tenido presencia en las grandes descripciones gramaticales (*cf.* Bosque y Demonte 1999; NGLE 2009), pero cabe plantearse el papel que deban tener en otros proyectos futuros la prosodia o las estructuras macro-discursivas, el estudio de los eventos de habla, etc., así como las perspectivas surgidas de la comparación tipológica.

Como conclusión, sería deseable un diálogo permanente con el análisis de los principios comunicativos generales que regulan los fenómenos específicos de la interfase SD, así como que la investigación hispanista no solo describa adecuadamente el español, sino que tenga mayor presencia en el escrutinio y en la discusión de los propios principios generales.

Notas

1 Agradezco las observaciones de Lorena Gamper al manuscrito del trabajo, así como los diversos comentarios de los evaluadores anónimos.
2 Al hablar Dik (1997b, 380) de la incorporación diacrónica de elementos extraoracionales a la estructura propiamente oracional, ve el proceso (*ibid.*, 380, n. 2) como parte del cambio del "modo pragmático" al "modo sintáctico" expuesto en Givón (1979).

Bibliografía recomendada

Dik (1997a, 1997b), Bybee (2010), Félix-Brasdefer (2019), Givón (2001a, 2001b), Mithun (2018).

Referencias bibliográficas

Austin, J. L. 1975. *How to Do Things with Words*, 2ª ed., eds. J. O. Urmson y Marina Sbisà. Cambridge, MA: Harvard University Press. [1ª ed., 1962].
Bentivoglio, P. 1983. "Topic Continuity and Discontinuity in Discourse: A Study of Spoken Latin-American Spanish". En *Topic Continuity in Discourse: A Quantitative Cross-Language Study*, ed. T. Givón, 255–311. Ámsterdam–Filadelfia: John Benjamins.
Bentivoglio, P., L. A. Ortiz y C. Silva-Corvalán 2011. "La variable «expresión del sujeto pronominal». Guía de codificación". En *PRESEEA—Grupo de análisis de expresión de sujetos*. (https://preseea.linguas.net/Portals/0/Metodologia/guia_codificacion_sujetos_julio_2011.pdf) [consulta: 15–11–2020].

Blum-Kulka, S. 1987. "Indirectness and Politeness in Requests: Same or Different?". *Journal of Pragmatics* 11(2): 131–146. https://doi.org/10.1016/0378-2166(87)90192-5.
Bosque, I. y V. Demonte, dirs. 1999. *Gramática descriptiva de la lengua española*. Madrid: Espasa Calpe.
Bosque, I. y J. Gutiérrez-Rexach 2009. *Fundamentos de sintaxis formal*. Madrid: Akal.
Bybee, J. L. 2010. *Language, Usage and Cognition*. Cambridge: Cambridge University Press.
Carvalho, A. M., R. Orozco y N. L. Shin, eds. 2015. *Subject Pronoun Expression in Spanish: A Cross-Dialectal Perspective*. Washington: Georgetown University Press.
Conti Jiménez, C. 2018. *Complejidad lingüística. Orígenes y revisión crítica del concepto de lengua compleja*. Bern: Peter Lang.
De La Rosa Yacomelo, J. 2020. "Sujetos nulos: tipología lingüística, adquisición y contacto de lenguas". *Forma y Función* 33(2): 109–134. www.doi.org/10.15446/fyf.v33n2.79774.
Dik, S. C. 1997a. *The Theory of Functional Grammar. 1: The Structure of the Clause*. 2ª ed., revisada, ed. K. Hengeveld. Berlín–Nueva York: Mouton de Gruyter.
Dik, S. C. 1997b. *The Theory of Functional Grammar. 2: Complex and Derived Constructions*, ed. Kees Hengeveld. Berlín–Nueva York: Mouton de Gruyter.
Downing, L. J. y A. Rialland 2017. "Introduction". En *Intonation in African Tone Languages*, eds. L. J. Downing y A. Rialland, 1–16. Berlín: De Gruyter Mouton.
Dryer, M. S. 2013. "Expression of Pronominal Subjects". En *The World Atlas of Language Structures Online*, eds. M. S. Dryer y M. Haspelmath. Leipzig: Max Planck Institute for Evolutionary Anthropology. (http://wals.info/chapter/101) [consulta: 26–8–2020].
Escandell Vidal, Ma. V. 1999. "Los enunciados interrogativos. Aspectos semánticos y pragmáticos". En *Gramática descriptiva de la lengua española*, dirs. I. Bosque y V. Demonte, 3929–3991. Madrid: Espasa Calpe.
Félix-Brasdefer, J. C. 2019. *Pragmática del español. Contexto, uso y variación*. Londres–Nueva York: Routledge.
Féry, C. 2017. *Intonation and Prosodic Structure*. Cambridge: Cambridge University Press.
Givón, T. 1979. "From Discourse to Syntax: Grammar as a Processing Strategy". En *Syntax and Semantics*. Vol. 12: *Discourse and Syntax*, ed. T. Givón, 81–112. Nueva York: Academic Press.
Givón, T. 2001a. *Syntax [.] An Introduction [.] Volume I*. Ámsterdam–Filadefia: John Benjamins.
Givón, T. 2001b. *Syntax [.] An Introduction [.] Volume II*. Ámsterdam–Filadefia: John Benjamins.
GTG: Real Academia Española y Asociación de Academias de la Lengua Española 2019. *Glosario de términos gramaticales*. Salamanca: Ediciones Universidad de Salamanca.
Guerrero González, S., J. González Riffo y S. Arriagada Anabalón. 2020. "Narrative Present in the Spanish of Santiago, Chile: Convergence and Divergence with the Spanish Variety from Mexico City". *Spanish in Context* 17(2): 341–361.
Halliday, M. A. K. y R. Hasan. 1976. *Cohesion in English*. Londres: Longman.
Haspelmath, M. 2006. "Against Markedness (And What to Replace It With)". *Journal of Linguistics* 42(1): 25–70.
Hengeveld, K. y J. L. Mackenzie 2008. *Functional Discourse Grammar: A Typologically-Based Theory of Language Structure*. Oxford: Oxford University Press.
Hidalgo Downing, R. 2003. *La tematización en el español hablado. Estudio discursivo sobre el español peninsular*. Madrid: Gredos.
Krifka, M. 2007. "Basic Notions of Information Structure". *Interdisciplinary Studies on Information Structure* 6: 13–55.
Labov, W. 1994. *Principles of Linguistic Change*. Vol. 1: *Internal Factors*. Oxford: Blackwell. [Trad.: *Principios del cambio lingüístico*. Vol. 1: *Factores internos*. Trad. P. Martín Butragueño. Madrid: Gredos, 1996].
Labov, W. 2013. *The Language of Life and Death: The Transformation of Experience in Oral Narrative*. Cambridge: Cambridge University Press.
Lambrecht, K. 1994. *Information Structure and Sentence Form: Topic, Focus, and the Mental Representations of Discourse Referents*. Cambridge: Cambridge University Press.
Lastra, Y. y P. Martín Butragueño 2015. "Subject Pronoun Expression in Oral Mexican Spanish". En *Subject Pronoun Expression in Spanish: A Cross-Dialectal Perspective*, eds. R. Orozco, N. L. Shin y A. M. Carvalho, 39–57. Washington: Georgetown University Press.
Martín Butragueño, P. 2019. *Fonología variable del español de México*, Vol. II: *prosodia enunciativa*. Tomo 1. Ciudad de México: El Colegio de México.
Martín Butragueño, P. 2020. "An Approach to Subject Pronoun Expression Patterns in Data from the «Project for the Sociolinguistic Study of Spanish in Spain and America»". *Spanish in Context* 17(2): 294–316.

Martín Butragueño, P. en prensa. *Fonología variable del español de México*, Vol. II: *prosodia enunciativa. Tomo 2.* Ciudad de México: El Colegio de México.

Martín Butragueño, P. y Y. Lastra, coords. 2011–2015. *Corpus sociolingüístico de la Ciudad de México*, 3 vols. Ciudad de México: El Colegio de México.

Martín Butragueño, P. y Y. Lastra. 2021. "El presente narrativo en historias de experiencia personal en el *Corpus sociolingüístico de la Ciudad de México*". En *Estudios en homenaje a Alfredo Matus Olivier*, eds. A. San Martín, D. Rojas y S. Chávez, 635–667 = *Boletín de Filología de la Universidad de Chile*, anejo 3, vol. II. https://doi.org/10.34720/1fm4-xc65

Martín Butragueño, P., É. Mendoza y L. Orozco, coords. en preparación. *Corpus oral del español de México.* (https://lef.colmex.mx/).

Martín Butragueño, P. y J. Pozas Loyo. en preparación. "Estrategias de focalización I: focos informativos, focos contrastivos y focos operados por adverbios". Para *Sintaxis histórica de la lengua española*, dir. C. Company.

Mithun, M. 2018. "Discourse and Grammar". En *The Handbook of Discourse Analysis*, 2ª ed., eds. D. Tannen, H. E. Hamilton y D. Schiffrin, 11–41. Chichester y Oxford: Wiley Blackwell.

NGLE: Real Academia Española y Asociación de Academias de la Lengua Española 2009. *Nueva gramática de la lengua española. Morfología y sintaxis*. Madrid: Espasa.

Orozco, L. 2012. "Propuesta de clasificación de las situaciones del ATLES en tipos de actos de habla", presentación en el *Seminario de prosodia*. Ciudad de México: El Colegio de México, 12 de junio.

Repp, S. 2016. "Contrast: Dissecting an Elusive Information-Structural Notion and Its Role in Grammar". En *The Oxford Handbook of Information Structure*, eds. C. Féry y Sh. Ishihara, 270–289. Oxford: Oxford University Press.

Searle, J. R. 1969. *Speech Acts: An Essay in the Philosophy of Language*. Cambridge: Cambridge University Press. [Trad.: *Actos de habla. Ensayo de filosofía del lenguaje*. Tad. L. M. Valdés Villanueva. Madrid: Cátedra, 1980].

Searle, J. R. 2010. *Making the Social World: The Structure of Human Civilization*. Oxford: Oxford University Press. [Trad.: *Creando el mundo social. La estructura de la civilización humana*. Trad. J. Bostelmann. Ciudad de México: Paidós, 2014].

Selkirk, E. O. 2011. "The Syntax-Phonology Interface". En *The Handbook of Phonological Theory*, 2ª ed., eds. J. A. Goldsmith, J. Riggle y A. C. L. Yu, 435–484. Oxford: Wiley Blackwell.

Silva-Corvalán, C. y A. Enrique-Arias. 2017. *Sociolingüística y pragmática del español*, 2ª ed. Washington: Georgetown University Press.

Van Valin, R. D. y R. J. LaPolla, 1997. *Syntax: Structure, Meaning, and Function*. Cambridge: Cambridge University Press.

Villalobos, L. 2021. *Prosodia de la expresión temprana del foco informativo y del foco contrastivo en español*. Tesis doctoral, Ciudad de México: Universidad Nacional Autónoma de México.

WALS = Dryer, M. S. y M. Haspelmath, eds. 2013. *The World Atlas of Language Structures Online*. Leipzig: Max Planck Institute for Evolutionary Anthropology. (http://wals.info) [consulta: 15–11–2020].

7
Sintaxis y cognición
Syntax and Cognition

Paola E. Dussias

1 Introducción

El presente capítulo trata el tema del procesamiento sintáctico, con un enfoque en hablantes bilingües. Este tema ha recibido una gran atención en las últimas décadas ya que la permeabilidad que se observa durante el procesamiento sintáctico en bilingües (y que ilustraremos en los apartados a continuación) arroja dudas sobre la propuesta de la autonomía o encapsulamiento de la información sintáctica no solo en hablantes bilingües sino también en hablantes monolingües (ver Dell y Chang 2014; MacDonald 2013, quienes proponen modelos basados en una relación estrecha entre la cognición y la sintaxis en hablantes monolingües). Debido a esto, es imprescindible que las teorías sintácticas que aspiran a ser modelos de la competencia lingüística humana consideren cómo operan los mecanismos de procesamiento sintáctico en hablantes bilingües. Numerosos estudios acreditan que el cerebro bilingüe activa ambas lenguas de forma paralela sin que el hablante sea consciente de ello. Las consecuencias de tal "*acceso no selectivo*" se verifican aun cuando la intención del hablante sea la de usar un solo idioma. Coherentemente con los hallazgos de la activación en paralelo de las dos lenguas, el tema del procesamiento sintáctico se adentrará más específicamente en el papel que juega el conocimiento y empleo de la L2 en el procesamiento de la L1, y en estudios centrados en el procesamiento de cláusulas relativas y género gramatical, citando contextos de inmersión en la L2, así como de trabajos experimentales llevados a cabo en los confines del laboratorio. Se recogerán las principales conclusiones, haciendo hincapié en que el hablante bilingüe no es la suma de dos monolingües: contrariamente a lo que ha dominado la palestra en lo que atañe el conocimiento de la L1, la L1 en hablantes bilingües con un cuadro de alto dominio en los dos idiomas deja de semejarse a la L1 de hablantes monolingües.

Palabras clave: procesamiento sintáctico; bilingüismo; el papel de la L2 en el procesamiento sintáctico de la L1; español e inglés; movimientos oculares

This chapter provides an overview of key issues in syntactic processing, with a specific focus on syntactic processing in bilingual speakers. This topic has generated great interest in the last decades given that the permeability that has been reported during bilingual sentence processing (and which we illustrate below) casts doubt on the proposal that there is an autonomous syntactic module. Therefore, it is important that syntactic theories that aspire to be models of human competence consider the processing mechanisms that underlie bilingual sentence processing. Many studies have provided evidence that the bilingual brain activates both languages in parallel. The consequences of this parallel activation are evident even when the intention of the speaker is to use one language. Given the parallel activation of both languages, this chapter will consider how knowledge of a second language might affect processing in the native language. We will discuss research primarily on syntactic and morpho-syntactic processing, focusing specifically on relative clause ambiguity resolution and grammatical gender processing when bilinguals are immersed in a second language environment. I will end with a discussion of the implications of these findings for models of language processing, for our understanding of how bilinguals manage to negotiate their two languages, and for existing assumptions about the plasticity of cognitive and neural representations. The aim is to show that research on sentence processing in second language speakers has the potential to lead to significant changes in the conceptualization of the mind with two languages and in current views about the permeability of the first language system.

Keywords: syntactic processing; bilingualism; the influence of the L2 during syntactic processing in the L1; Spanish and English; eye movements

2 Conceptos fundamentales

La sintaxis del español ha sido estudiada a través de la combinación de detallados aspectos teóricos con otros puramente empíricos o descriptivos. Diversas corrientes lingüísticas han servido para caracterizarla. En todos los casos, la "materia prima" ha sido la expresión lingüística del hablante monolingüe. Por consiguiente, el estudio del procesamiento sintáctico se ha centrado en hablantes monolingües. En las últimas décadas, se ha registrado un gran interés en la investigación del procesamiento sintáctico en hablantes bilingües, gracias a la observación de que un buen número de los hablantes del mundo son bilingües o plurilingües, y de que el estudio del bilingüismo es importante no solo por su aporte al conocimiento lingüístico, pedagógico, económico, social y clínico, sino porque también sirve de herramienta para revelar aspectos importantes de la función del lenguaje que de otra forma quedarían oscurecidos o serían difíciles de investigar si nos limitáramos al estudio de hablantes monolingües (Dussias y Sagarra 2007). Ilustramos este último punto con el siguiente ejemplo.

Una diferencia primordial entre las teorías sintácticas que favorecen el formalismo lingüístico generativista y aquellas que defienden la teoría de la gramática basada en el principio que es posible aprender el lenguaje a través de procesos cognitivos generales (por ejemplo, Langacker 1987; Goldberg 2013) es que en el primer caso la sintaxis actúa de forma autónoma —sin considerar otros factores vinculados a aspectos lingüísticos, como lo serían el uso cotidiano de ciertas formas sintácticas, las frecuencias de dichas formas, y las probabilidades de uso— mientras que en el segundo caso las estructuras gramaticales se convencionalizan precisamente a partir de patrones discursivos (Rojo 1983; Torres Cacoullos 2011). Un argumento particularmente convincente a favor de la primera posición es que las variantes sintácticas de una misma construcción a menudo también difieren en significado (Newmeyer 2003). De este razonamiento se desprende que para demostrar que las estructuras sintácticas almacenan información sobre las probabilidades de uso, sería necesario disociar la estructura de su significado. Lograr este objetivo con datos empíricos provenientes de hablantes monolingües representa un verdadero reto ya que dentro de un mismo idioma es posible conseguir estructuras sintácticas similares, pero estas casi siempre conllevan sutiles cambios de significado.

He aquí donde el estudio del procesamiento sintáctico en poblaciones bilingües nos permite cristalizar un aporte importante a la sintaxis. En algunas comunidades bilingües se registra el denominado *cambio de código* (la intercalación en un mismo discurso de dos idiomas a través de elementos léxicos o sintácticos). A través del estudio de los patrones sintácticos concernientes al cambio de código en castellano e inglés se ha comprobado empíricamente que ciertos sintagmas verbales se procesan de forma más eficiente que otros. Concretamente, algunos resultados provenientes del campo psicolingüístico muestran que las oraciones en las que se emplea el auxiliar *ser* en castellano y la forma verbal del progresivo en inglés, como lo muestra el ejemplo *los chicos están cleaning their room* ("los chicos están limpiando sus habitaciones") se procesan con la misma facilidad que aquellas que combinan tanto el auxiliar como la forma verbal del progresivo en inglés (*los chicos are cleaning their room*). Por otro lado, cuando al auxiliar *haber* en castellano lo sigue el participio pasado de un verbo en inglés (*los chicos han cleaned their room* ("los chicos han limpiado sus habitaciones") se registran mayores dificultades de procesamiento en comparación a casos en los que ambos elementos aparecen en inglés (*los niños have cleaned their room*). Quienes han tratado de explicar este fenómeno en términos de la sintaxis funcional (por ejemplo, Guzzardo Tamargo *et al.* 2016) apuntan que las diferencias en el procesamiento de ambas estructuras reflejan diferencias en las probabilidades sintácticas y no en los sesgos del significado. Esto gracias a que frases tales como *los niños están cleaning their room* significan lo mismo que *los niños are cleaning their room*; y el significado de *los niños han cleaned their room* coincide solo en parte con el de *los niños have cleaned their room* (la norma del español europeo hace uso del presente perfecto mientras la norma hispanoamericana se inclina preferentemente por el uso del pretérito para referirse a situaciones comunicativas similares; ver Schwenter y Torres Cacoullos 2008). De esta forma, el estudio del procesamiento sintáctico en hablantes bilingües brinda una herramienta valiosa a la investigación sintáctica y abre puertas que quedarían cerradas si se trabajara exclusivamente con datos monolingües.

Tres descubrimientos importantes han trazado los avances en el campo del bilingüismo en los últimos 20 años. El primero es que los bilingües activan ambos idiomas en paralelo y no pueden prevenir la activación e influencia de su primer idioma incluso cuando están procesando el lenguaje en su segundo idioma y a pesar de que el contexto social y lingüístico requiera el uso de una sola lengua. Dicha activación se observa en todos los aspectos del lenguaje (léxico, sintáctico, semántico, etc.) y se registra durante los procesos de comprensión y producción. El segundo es que no solo la primera lengua (L1) juega un papel primordial en el aprendizaje y procesamiento de la segunda lengua (L2), sino que incluso aquellos elementos lingüísticos relacionados con la segunda lengua ejercen dominio sobre la primera lengua. En otras palabras, así como lo recalca Grosjean (1989), el bilingüe no equivale a dos personas monolingües en una. Si ambos idiomas se representaran por separado, como se pensaba anteriormente, no debería observarse efecto alguno de la L2 en la L1 en aquellas personas que han aprendido la L2 post pubertad, dado que el conocimiento de la L1 en la edad adulta se supone esté firmemente arraigado; pero como veremos a continuación, la L1 es más maleable de lo que se esperaría. El tercer descubrimiento es que el control que conlleva el suprimir la L1 para usar la L2 supone un "entrenamiento mental" que en sí concede ventajas en otras actividades cognitivas que requieren "control ejecutivo" y de "atención", como lo sería conducir un automóvil al mismo tiempo que se entabla una conversación (Telner *et al.* 2008).

En lo que resta de este capítulo se discutirá la evidencia que se considera entre las más innovadoras en el trato del procesamiento sintáctico en hablantes bilingües: el papel que juega la segunda lengua en el procesamiento sintáctico de la primera lengua. El tema se abordará a través de trabajos que han investigado el efecto que tiene la inmersión en la L2 en el procesamiento de aspectos estructurales y morfosintácticos de la L1.

3 Aproximaciones teóricas

La adquisición de un segundo idioma durante la edad adulta está marcada por la existencia, ya innegable, de un alto grado de variabilidad en lo que respecta al aprendizaje y dominio lingüístico de la L2 (ver Flege 2007). Toda persona que haya emprendido el estudio de otro idioma sabe que la tarea conlleva mucho más que la simple memorización de listas de palabras y de paradigmas gramaticales. Las dificultades vinculadas al aprendizaje de una L2 han sido objeto de encendidos debates sobre las causas que subyacen a la adquisición incompleta de un segundo idioma. Según Lenneberg (1967), esto se debe a que el mecanismo que permite al ser humano aprender el lenguaje se atrofia al alcanzar la pubertad, lo cual conlleva "diferencias fundamentales" (Clahsen y Felser 2006) entre hablantes nativos y no nativos que impiden que el hablante no nativo alcance el mismo grado de competencia lingüística que el nativo-hablante. Otra corriente desafía esta afirmación y propone como contrapartida que es posible aprender hasta los aspectos más sutiles de una segunda lengua, inclusive aquellos relacionados con la sintaxis y la morfosintaxis. Según los que apoyan esta posición, los patrones no nativos que se observan durante el procesamiento sintáctico de la L2 están modulados por una serie de variables, incluidas el tiempo de inmersión en la L2 (p. ej., Dussias y Sagarra 2007) y la disponibilidad de recursos cognitivos y computacionales (p. ej., McDonald 2006), que acarrean diferencias entre hablantes nativos y no nativos. Antes de continuar, hemos de aclarar a lo que nos referimos cuando se habla de *procesamiento sintáctico*.

El término *procesamiento sintáctico* abarca tres etapas distintas: la primera consiste en la identificación de las categorías sintácticas de cada una de las palabras. Por ejemplo, en (1) *mi* es un determinante, *hermana* es un sustantivo, *recibió* es un verbo, *el* es un determinante, *regalo* es un sustantivo y así sucesivamente:

(1) *Mi hermana recibió el regalo de su amiga*

La segunda etapa agrupa los elementos oracionales en "unidades que no son más pequeñas que las palabras ni mayores que la oración" (Hualde *et al.* 2010, 275). A estas unidades sintácticas se les denomina *constituyentes*. Por ejemplo, en (1) *Mi hermana* es un constituyente (un sintagma nominal) y *recibió el regalo de su amiga* (un sintagma verbal). La tercera etapa consiste en el establecimiento de las relaciones estructurales y jerárquicas entre las categorías sintácticas identificadas en la primera etapa y clasificadas en la segunda. Por ejemplo, en (1) el sujeto de la oración es *Mi hermana*, y *el regalo* funciona como complemento del verbo *recibió*. El sintagma preposicional *de su amiga* es estructuralmente ambiguo, por lo que hay dos estructuras jerárquicas diferentes. Si la frase preposicional modifica el objeto directo (el regalo pertenecía a la amiga), entonces *el regalo de su amiga* es un único constituyente. Si, por otro lado, la función de la frase preposicional es de complemento verbal, entonces *de su amiga* estaría asociado con el verbo.

La razón primordial por la que el procesamiento sintáctico ha llamado la atención de muchos estudiosos reside en que la comunicación entre seres humanos ocurre de forma muy rápida y eficaz. Al comunicarnos, combinamos sonidos en palabras, palabras en frases, y frases en oraciones, algunas simples y otras muy complejas, con el objetivo de transmitir el significado que queremos comunicar. Es por esto que el objetivo primordial de aquellos que se han interesado por estudiar el procesamiento sintáctico ha sido el de descifrar cuáles son los procesos cognitivos que nos permiten establecer relaciones entre palabras para construir la estructura sintáctica de una oración. Dos hipótesis han predominado en el campo. Por un lado, los modelos *modulares* (Frazier y Rayner 1987) plantean que los diferentes tipos de información lingüística (sintáctica, semántica, léxica, etc.) se comportan como módulos dentro del lenguaje (es decir, el acceso a la información en cada módulo ocurre en forma serial), y que la selección de análisis sintácticos se rige por principios cognitivos simples y universales cuyo fin es el de producir un análisis sintáctico en el menor tiempo posible. Los defensores de esta teoría proponen que este mecanismo cognitivo explica cómo es posible que el procesamiento sintáctico ocurra en cuestión de milisegundos: el procesador sintáctico emplea estrategias universales que le permiten establecer relaciones estructurales y jerárquicas entre palabras de forma automática e inmediata, sin consultar la información de otros módulos; de esta forma no se detiene a tomar una decisión sobre cuál es la estructura más acertada de un enunciado.

Por su parte, los modelos denominados *interactivos*, como lo son los modelos lexicalistas de satisfacción de restricciones (del inglés *Constraint-Based Lexicalist Accounts*; por ejemplo, MacDonald 2013), están basados en el uso del lenguaje y por lo tanto aceptan la existencia de interacciones entre diferentes tipos de información lingüística (léxica, semántica, fonológica, etc.) y no lingüística durante el procesamiento sintáctico. Esta interacción es posible gracias a una concepción conexionista de la arquitectura neuronal según la cual el sistema cognitivo está conformado por una amplia red de nodos en la que las diferentes unidades están conectadas entre sí y se forman a partir de la experiencia que el hablante tiene con el lenguaje. ¿Cómo se explica la integración sintáctica casi inmediata de cada una de las palabras que procesamos? Según estos modelos, el sistema cognitivo emplea el factor *frecuencia de uso* durante el procesamiento lingüístico, de tal forma que este proporcionaría una serie de patrones probabilísticos que señalan distribuciones más y menos frecuentes. Estos patrones, a su vez, condicionarían la comprensión del lenguaje, dando lugar a que el procesamiento de ciertas estructuras fuese más o menos veloz.

A pesar de que las bases teóricas de estas propuestas son vastamente diferentes, ambas coinciden en un atributo que se da por sentado en el campo del procesamiento sintáctico, y es que el proceso se despliega de forma *incremental*. Con esto nos referimos a que el lector u oyente no espera hasta tener una representación lingüística completa de un enunciado para empezar a construir una representación sintáctica, sino que crea secuencias de representaciones parciales que se actualizan a medida que se accede a segmentos nuevos de información lingüística (Tanenhaus *et al.* 1995). En otras palabras, el procesador sintáctico (o *syntactic parser* en inglés) construye representaciones sintácticas intermedias a partir de datos incompletos, las cuales actualiza al tener a su alcance información nueva entrante.

La investigación del procesamiento sintáctico en hablantes bilingües es relativamente reciente en comparación con hablante monolingües, y se ha centrado principalmente en el papel que juega la primera lengua en el procesamiento sintáctico de la segunda. Las siguientes preguntas han dominado el campo: ¿Existen diferencias entre el procesamiento sintáctico de hablantes nativos y no nativos? ¿Cuáles son los mecanismos que explican dichas diferencias? ¿Qué papel juega la primera lengua en el procesamiento de la segunda lengua, cuando los dos idiomas favorecen las mismas estrategias de procesamiento y cuando difieren? Las respuestas a estas preguntas han servido como base para formular teorías e hipótesis que pueden clasificarse atendiendo a los distintos factores que afectan el procesamiento de la L2. Sin embargo, la activación paralela de los dos idiomas que presentamos al comienzo de este capítulo nos lleva lógicamente a preguntarnos el papel que juega la L2 en el procesamiento de la L1.

En líneas generales, se han adoptado dos enfoques metodológicos para examinar el procesamiento sintáctico en hablantes bilingües. Uno hace uso del *priming* sintáctico o facilitación estructural (se trata de la tendencia que muestran los hablantes a reutilizar estructuras sintácticas que han sido empleadas recientemente) con el fin de determinar la existencia de representaciones sintácticas compartidas. Si el procesamiento lingüístico en hablantes bilingües recurre a representaciones compartidas, se esperaría que el efecto de activación residual de los rasgos de un idioma —provocado por la presencia del *prime*— facilite el procesamiento de estructuras similares en el otro idioma (ver Hartsuiker *et al.* 2004). Y esto es lo que se ha demostrado. Los resultados de Hartsuiker *et al.* (2004) señalan que los hablantes bilingües castellano/inglés producen con más frecuencia oraciones pasivas en inglés en presencia de oraciones pasivas en castellano (la oración que cumple la función de *prime*) en comparación con frases activas o intransitivas (frases que cumplen la función de *control*). Este resultado sugiere que las operaciones sintácticas que se llevan a cabo en cada uno de los idiomas acceden a una misma fuente abstracta de representaciones sintácticas, siempre y cuando las estructuras sintácticas en ambos idiomas se solapen. El segundo enfoque metodológico consiste en el estudio de estructuras que difieren en cuanto a las estrategias de procesamiento sintáctico en la L1 y la L2. Si, tal como lo indican las amplias líneas de investigación en el campo del bilingüismo, se produce una activación en paralelo de las dos lenguas, se esperaría que la resolución del conflicto generado por las diferencias entre la L1 y la L2 pueda proporcionar información útil en lo que atañe al grado de adaptación y maleabilidad de la L1. En el siguiente apartado se exponen algunos estudios que sirven para ilustrar dicha estrategia metodológica.

4 Perspectivas actuales

Dussias y Sagarra (2007) emplearon el segundo enfoque metodológico para investigar la resolución de ambigüedades sintácticas en hablantes castellano/inglés. El estudio hace uso de una diferencia importante en el procesamiento de cláusulas relativas en ambos idiomas. La oración (2) contiene una ambigüedad sintáctica debido a que el fragmento *que estaba en el balcón* (la cláusula relativa) puede referirse o vincularse a *hermana* (el primer referente) o a *actriz* (el segundo referente):

(2) *Alguien disparó a la hermana de la actriz que estaba en el balcón*

Como ha de esperarse, en el discurso cotidiano esta y muchas otras ambigüedades sintácticas se resuelven por vía del contexto, lo cual explica por qué normalmente pasan desapercibidas. Sin embargo, la oración aislada presenta una ambigüedad que se da en inglés y en castellano.

Los estudios que han empleado tanto métodos de observación de conducta (por ejemplo, los que miden tiempo de lectura o movimientos oculares; ver Carreiras y Clifton 1993) como los que usan técnicas que examinan las bases cerebrales de la comprensión del lenguaje señalan que en castellano la interpretación más común vincula la cláusula relativa al primer referente. A este tipo de interpretación se le llama *adjunción temprana* o *cierre temprano* (del inglés *early closure*). Por otro lado, aun cuando la estructura sintáctica es prácticamente idéntica en castellano e inglés, los angloparlantes adjuntan la cláusula relativa al segundo referente (*adjunción tardía* o *cierre tardío/ late closure*). La pregunta que plantearon Dussias y Sagarra (2007) es si la adjunción en nativo-hablantes de castellano se ve afectada por el contacto con inglés.

En el estudio participaron tres grupos: hablantes monolingües de castellano, bilingües castellano/inglés que vivían en un contexto donde predominaba el uso de la L1 (castellano), y bilingües castellano/inglés residentes en un contexto donde predominaba el uso de la L2 (inglés). Un ejemplo de las frases utilizadas es el siguiente:

(3) El policía arrestó a la hermana del criado que estaba enferma desde hacía tiempo.
(4) El policía arrestó al hermano de la criada que estaba enferma desde hacía tiempo.

La estructura está compuesta por una frase nominal compleja (*hermana del criado/hermano de la criada*), seguida de una cláusula relativa (*que estaba...*) que a su vez incluye un adjetivo cuya función es sesgar la ambigüedad sintáctica hacia el primer referente —tal como se muestra en (3)— o al segundo referente (ver (4)). Esto es debido a que las reglas de concordancia nominal en castellano requieren que el sustantivo y el adjetivo concuerden en género gramatical. Por lo tanto, el tiempo de lectura del adjetivo (el cual fue registrado en Dussias y Sagarra (2007) a través de movimientos oculares) permite determinar si se favorece el cierre temprano o tardío. Si los participantes adjuntan la cláusula relativa al primer referente, como se supondría han de mostrar los nativo-hablantes de castellano, el tiempo de lectura del adjetivo en (4) tendría que ser mayor que en (3), ya que en (4) el lector se percataría de que la adjunción temprana provocaría una violación de concordancia de género gramatical, lo que ocasionaría reanálisis y el consecuente incremento de los tiempos de lectura asociados al procesamiento. Esperaríamos el reverso si los participantes vinculan la cláusula relativa al segundo referente; es decir, mayor tiempo de lectura en (3) que en (4). Los resultados de los monolingües y los bilingües inmersos en la L1 confirmaron que la estrategia de cierre temprano prevalece en castellano; el hallazgo más destacable fue que se comprobó una preferencia hacia el cierre tardío en los bilingües inmersos en la L2. Esto sugiere que las estrategias de procesamiento de la L1 pueden cambiar aun cuando los participantes usen la L1 diariamente en contextos formales e informales (como lo hacían los participantes en Dussias y Sagarra). Cabe destacar que este resultado es compatible con modelos lingüísticos basados en el uso (por ejemplo, Bybee 2001), los cuales apuntan que la lengua es un sistema adaptivo complejo, y que las estructuras que encontramos en una lengua emergen de los patrones interrelacionados de la experiencia, de la interacción social y de los mecanismos cognitivos que rigen funciones cognitivas generales. Según esta perspectiva, las experiencias que tienen los hablantes con el lenguaje interactúan con los mecanismos cognitivos generales para formar las representaciones mentales que a su vez facilitan el uso productivo del lenguaje.

Otros estudios han examinado cambios en el procesamiento de la L1 que involucran factores morfosintácticos. Entre ellos está el procesamiento del género gramatical en castellano. Un conjunto de resultados provenientes de estudios con niños y adultos monolingües (por ejemplo Lew Williams y Fernald 2007) señala que el género gramatical presente en determinantes en castellano facilita la identificación de sustantivos. Lew-Williams y Fernald (2007) llegaron a esta conclusión mostrando imágenes con dos objetos, uno masculino y otro femenino, tal como lo presenta la Figura 7.1 mientras los participantes (niños y adultos hispanohablantes) ejecutaban acciones ("*busca la pelota*") presentadas de forma auditiva. El resultado sorprendente es que al igual que los adultos, los niños dirigían la mirada al objeto correcto después de haber oído el artículo, pero antes de oír el nombre (en este ejemplo, antes de oír *pelota*). Este resultado indica que el género gramatical juega un papel facilitador en la identificación de sustantivos. ¿Por qué? Para que la comprensión del lenguaje sea rápida y eficaz, el oyente tiene que ser capaz de reconocer de dos a tres palabras por segundo entre todas las unidades léxicas almacenadas en el cerebro. Se ha propuesto que el sistema cognitivo emplea una serie de mecanismos para facilitar esta tarea; uno el uso de género gramatical, el cual ayuda a restringir los candidatos léxicos posibles de manera anticipada, facilitando a su vez la búsqueda e identificación de palabras en el "diccionario mental".

En el campo del bilingüismo se ha observado que el efecto facilitador del género gramatical sufre ciertos cambios en quienes emplean el cambio de código en interacciones diarias, o en quienes están expuestos a él cotidianamente en contextos discursivos. Valdés Kroff *et al.* (2017)

 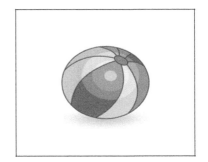

El vaso   La pelota

Figura 7.1   Representaciones de entidades léxicas.

parten de una observación lingüística difundida en estudios que tratan el cambio de código, la cual se manifiesta cuando un sintagma nominal contiene un determinante en castellano y un sustantivo en inglés (los llamados *sintagmas nominales mixtos*). En estos casos existe un conflicto gramatical porque uno de los idiomas tiene género gramatical pero el otro no. Algunos estudios de corpus bilingües castellano-inglés que hacen referencia a datos naturales (Valdés Kroff 2016) concluyen que a pesar de que el género analógico de los sustantivos en inglés (es decir, el género de los sustantivos equivalentes en castellano) podría determinar la asignación de género en sintagmas mixtos, existe una asimetría arrasadora del uso del género masculino (el 96 % de los casos en el corpus de Valdés Kroff 2016; 304 de 316 casos), de forma que el determinante masculino aparece con palabras en inglés cuya traducción al español corresponde a palabras en español de género masculino (ej. (5): la palabra "glass" es "vaso$_{MASC}$" en español y está acompañada por el artículo masculino "el") y femenino (ej. (6): "flag" es "bandera$_{FEM}$" en español pero está acompañada por el artículo masculino "el", cuando se esperaría ver "la"). Muy escasos son los sintagmas nominales mixtos en los que un determinante de género femenino acompaña una palabra en inglés cuya traducción corresponde a una palabra de género femenino en español (ej. (7): "cookie" es "galleta$_{FEM}$" en español y está acompañada por el artículo femenino "la"):

(5) That he's like ah como muerto que se ve como muerto con un tiro en el <u>glass</u>
    (Miami Bangor Corpus; herring7.SEB)
    "Es como que eh como muerto que se ve como muerto con un tiro en el vaso".
(6) Pero no tenían <u>el flag out there</u>?
    (Miami Bangor Corpus; sastre9.fem2)
    "Pero ¿no tenían la bandera ahí afuera?"
(7) ¿Qué es lo que ella quiere, qué es una <u>cookie</u>?)
    (Miami Bangor corpus, sastre4.fem1)
    ¿Qué es lo que ella quiere, qué es una <u>galleta</u>?

Esto sugiere que el género masculino es el género por *defecto* en el habla bilingüe castellano-inglés, similar a la propuesta que hace Harris (1991) para el género en castellano monolingüe.

La pregunta que plantearon Valdés Kroff *et al.* (2017) es qué efecto tiene esta asimetría cuando el participante bilingüe procesa frases en castellano, donde la asimetría no existe debido a que la división de sustantivos en masculino (53 %) y femenino (47 %) en castellano es equiparable.

Los autores examinaron esta pregunta en un grupo de participantes nacidos en países de habla hispana que se desplazaron a los EE. UU. después de los 9 años, ya cuando la adquisición de la concordancia de género en determinantes y nombres se da por concluida. También reclutaron un grupo control de monolingües. Los participantes bilingües (cuya edad media era de 22 años) vivían en una comunidad bilingüe donde el cambio de código era parte el repertorio lingüístico de la comunidad. En el estudio se grabaron movimientos oculares usando el **paradigma del mundo visual** (*Visual World Paradigm en inglés*), siguiendo el mismo diseño empleado en Lew-Williams y Fernald (2007). Los participantes escuchaban frases breves a través de altavoces mientras se les mostraba un conjunto de dibujos, algunos de los cuales representaban las frases que oían. La tarea de los participantes era sencillamente escuchar instrucciones previamente grabadas, explorar libremente los dibujos mostrados, y escoger el dibujo (o referente) que se mencionara en la frase. En la condición experimental crítica, los participantes oían frases con determinantes de género masculino (por ejemplo, *Encuentra el libro*) en presencia del dibujo de una mesa y de un libro, y frases con determinantes de género femenino (*Encuentra la mesa*) en presencia de la misma imagen. Si los participantes usan el género gramatical del determinante para anticipar el referente correcto, se esperarían miradas anticipatorias al sustantivo que concuerda con el género del determinante.

Valdés Kroff *et al.* (2017) encontraron que cuando el género del determinante era femenino, la mirada de los participantes se dirigía hacia el dibujo mencionado en la frase unos 200 ms después de que dicha palabra comenzara a pronunciarse en la oración. Estos 200 ms corresponden al tiempo promedio que tarda en ejecutarse un movimiento ocular desde el momento en el que es programado por la corteza motora. Los **movimientos oculares de los participantes**, por tanto, **se generaban antes de que se pronunciara el sustantivo concordante femenino**, revelando un **potente efecto anticipador**. Sorprendentemente, cuando el género del determinante era masculino, no se observaron miradas anticipadoras. En su lugar, los participantes alternaban miradas breves a ambas imágenes en la pantalla hasta que en las instrucciones auditivas desplegaran los primeros fonemas del sustantivo correcto. Conviene destacar que una tarea de producción espontánea confirmó que el uso del género gramatical y de las reglas de concordancia de los participantes bilingües respetaban todas las normas del castellano, lo cual indica que la carencia del efecto anticipatorio en presencia del género masculino no fue producto de una posible erosión de las reglas gramaticales del español. Los autores explicaron los resultados en el contexto de modelos interactivos. Como mencionamos anteriormente, el sistema cognitivo aprovecha la frecuencia de uso para establecer patrones probabilísticos que permiten restringir la información lingüística y así facilitar los procesos anticipatorios. En concreto la propuesta es que la mayoría de los casos en los que los participantes procesan determinantes de género femenino, el determinante está seguido bien sea de un sustantivo en castellano marcado con género femenino o de su traducción al inglés. Por consiguiente, pueden usar esta clave lingüística de forma fiable para facilitar el procesamiento. En el caso de los determinantes con género masculino, este no es el caso ya que vienen seguidos de sustantivo en castellano marcado con género masculino o de sustantivos en inglés cuyo género analógico es tanto masculino como femenino.

El dinamismo y permeabilidad de la L1 que se destaca en los estudios que hemos reseñado nos llevan a preguntar si es posible "revertir" los efectos de la L2 en la L1. Para responder a esta pregunta, Perrotti *et al.* (2015) llevaron a cabo un estudio experimental basado en los resultados de Dussias y Sagarra (2007) presentados anteriormente. Reclutaron a dos grupos de bilingües castellano-inglés: un grupo que había mostrado preferencia a la adjunción temprana durante el procesamiento de cláusulas relativas (como "*El policía arrestó al hermano de la criada que estaba enferma ...*") y otro grupo cuya preferencia era hacia la adjunción tardía. Las preferencias se determinaron a través de una prueba preliminar en la que se analizaron movimientos oculares. Al cabo de pocos días, se les pidió a los participantes que leyeran historietas durante cinco días consecutivos que incluían frases con diversas estructuras sintácticas, entre las cuales se encontraban dispersas oraciones de relativo sesgadas hacia la preferencia opuesta de los participantes. Es decir, los participantes que favorecían el cierre temprano leyeron historietas con frases cuyo sesgo era hacia el cierre tardío, y los que mostraron preferencia hacia el cierre tardío leyeron historietas sesgadas hacia el cierre temprano. Los participantes regresaron al laboratorio un día después (post-test 1) y una semana después (post-test 2) para determinar si se había registrado algún cambio. Los resultados mostraron que el sesgo preferencial de los participantes durante la prueba preliminar se revertió en función al sesgo presentado durante la lectura de las historietas, revelando **un proceso finamente sincronizado entre el *input* y el procesamiento lingüístico**.

5 Direcciones futuras y conclusiones

Los estudios reseñados en los apartados anteriores destacan la capacidad del sistema lingüístico de adaptar la estructura y funcionamiento del procesamiento sintáctico en reacción a la diversidad lingüística del entorno. Esta característica del procesamiento, que se destaca más claramente en los estudios con hablantes bilingües, representa una reflexión amplia sobre la permeabilidad del sistema lingüístico. Cabe mencionar que, en líneas generales, los datos registrados en el campo de la psicolingüística, a pesar de que revelan aspectos importantes sobre el procesamiento sintáctico monolingüe y bilingüe, están sometidos a un grado de control experimental que raramente se observa en el mundo real. Los protocolos seguidos en experimentos psicolingüísticos buscan minimizar la variabilidad que caracteriza el uso cotidiano del lenguaje con el fin de poder medir con gran exactitud aquello que se está estudiando. Debido a esto, lo que frecuentemente resulta por razones necesarias, son oraciones inventadas —cuya composición léxica y estructura sintáctica han sido estrictamente controladas— que carecen de contexto lingüístico y social. Claro está, el trabajo experimental es importante porque los tiempos que requieren los procesos cognitivos a los que estamos haciendo referencia son imperceptibles con los sentidos humanos. Al mismo tiempo, también es cierto que los datos experimentales pueden llevar a desdibujar la relación que existe entre el lenguaje al que estamos expuestos y que nos rodea, y el supuesto proceso cognitivo asociado a su procesamiento.

Este panorama actual nos lleva a destacar la necesidad de emprender estudios experimentales que incluyan ejemplos reales del uso del lenguaje y de metodologías que engloben validez ecológica, con el propósito de sustentar los resultados que hasta el momento se han obtenidos en el laboratorio. Los métodos experimentales convencionalizados son importantes, pero su función debe entenderse en el contexto de la ciencia como un proceso de descubrimiento, en el que los resultados de la investigación se generan a través de iteraciones interrelacionadas de exploración, que a su vez conducen a nuevos conocimientos y que permiten la formulación de nuevas preguntas.

Otra dirección futura importante será la de caracterizar a los hablantes bilingües que participan en estudio experimentales en términos de sus prácticas comunitarias habituales (ver Torres Cacoullos y Travis 2018 a título ilustrativo). En este ámbito, debemos considerar los procesos diacrónicos que han dado forma a la cultura y la historia de la comunidad. La observación y descripción de las prácticas comunitarias (Labov 2001) nos llevará a establecer y entender cómo, cuándo y con quién el hablante bilingüe utiliza los dos idiomas. El llevar a cabo este objetivo requiere un perfil detallado de cómo el entorno comunitario apoya las prácticas lingüísticas de los hablantes. Tomar este camino en esta encrucijada es primordial ya que el contexto social define no solo lo que dice el hablante sino cómo lo dice. En conclusión, la incorporación de métodos etnográficos en los trabajos de corte psicolingüístico nos llevará a descubrimientos y afirmaciones que se acercarán más a la realidad lingüística de los hablantes.

Lecturas complementarias recomendadas

Beatty-Martínez, A. L., J. R. Valdés Kroff y P. E. Dussias. 2018. "From the Field to the Lab: A Converging Methods Approach to the Study of Codeswitching". *Languages* 3: 19.

Kroll, J. F., P. E. Dussias, C. A. Bogulski y J. R. Valdés-Kroff. 2012. "Juggling Two Languages in One Mind: What Bilinguals Tell Us About Language Processing and Its Consequences for Cognition". En *The Psychology of Learning and Motivation*, vol. 56, ed. B. Ross, 229–262. San Diego: Academic.

Referencias bibliográficas

Bybee, J. 2001. *Phonology and Language Use*. Cambridge: Cambridge University Press.

Carreiras, M. y C. Clifton. 1993. "Relative Clause Interpretation Preferences in Spanish and English". *Language and Speech* 36: 353–372.

Clahsen, H. y C. Felser. 2006. "Grammatical Processing in Language Learners". *Applied Psycholinguistics* 27: 3–42.

Dell, G. S. y F. Chang. 2014. "The P-Chain: Relating Sentence Production and Its Disorders to Comprehension and Acquisition". *Philosophical Transactions of the Royal Society of London. Series B, Biological Sciences* 369: 20120394.

Dussias, P. E. y N. Sagarra. 2007. "The Effect of Exposure on Syntactic Parsing in Spanish-English Bilinguals". *Bilingualism, Language and Cognition* 10: 101–116.

Flege J. E. 2007. "Language Contact in Bilingualism: Phonetic System Interactions". En *Laboratory Phonology 9*, eds. J. Cole y J. I. Hualde, 353–382. Berlin: Mouton de Gruyter.

Frazier, L. y K. Rayner. 1987. "Resolution of Syntactic Category Ambiguities: Eye Movements in Parsing Lexically Ambiguous Sentences". *Journal of Memory and Language* 26: 505–526.

Goldberg, A. E. 2006. *Constructions at Work: The Nature of Generalization in Language*. Oxford: Oxford University Press.

Goldberg, A. E. 2013. "Explanations and Constructions: Response to Adger". *Mind and Language* 28(4): 479–485.

Grosjean, F. 1989. "Neurolinguists, Beware! The Bilingual Is Not Two Monolinguals in One Person". *Brain and Language* 36: 3–15.

Guzzardo Tamargo, R. E., J. R. Valdés Kroff y P. E. Dussias. 2016. "Examining the Relationship Between Comprehension and Production Processes in Codeswitched Language". *Journal of Memory and Language* 89: 138–161.

Harris, J. W. 1991. "The Exponence of Gender in Spanish". *Linguistic Inquiry* 22: 27–62.

Hartsuiker, R. J., M. J. Pickering y E. Veltkamp. 2004. "Is Syntax Separate or Shared Between Languages? Cross-Linguistic Syntactic Priming in Spanish-English Bilinguals". *Psycho logical Science* 15: 409–414. http://doi.org/10.1111/j.0956-7976.2004.00693.x

Hualde, J. I., A. Olarrea, A. M. Escobar y C. E. Travis. 2010. *Introducción a la lingüística hispánica*. Cambridge: Cambridge University Press [2nd. ed, 2010].

Labov, W. 2001. *Principles of Linguistic Change: Vol. II: Social Factors*. Oxford: Blackwell.

Langacker, R. W. 1987. *Foundations of Cognitive Grammar. Theoretical Prerequisites*. Stanford California, CA: Stanford University Press.

Lenneberg, E. H. 1967. *Biological Foundations of Language*. Nueva York: Wiley.

Lew-Williams, C. y A. Fernald. 2007. "Young Children Learning Spanish Make Rapid Use of Grammatical Gender in Spoken Word Recognition". *Psychological Science* 18: 193–198.

MacDonald, M. C. 2013. "How Language Production Shapes Language Form and Comprehension". *Frontiers in Psychology* 4: 226. doi: 10.3389/fpsyg.2013.00226.

McDonald, J. 2006. "Beyond the Critical Period: Processing-Based Explanations for Poor Grammaticality Judgment Performance By Late Second Language Learners". *Journal of Memory and Language* 55: 381–401.

Newmeyer, F. J. 2003. "Grammar Is Grammar and Usage Is Usage". *Language* 79: 682–707.

Perrotti, L., M. Carlson, P. E. Dussias y M. Brown. 2015. "Exposure to English Can Change Spanish Speakers' Processing Strategies in Spanish." Ponencia presentada en *2015 Linguistic Symposium on Romance Languages*, Campinas, Brazil, 6–9 de mayo.

Rojo, G. 1983. *Aspectos básicos de sintaxis funcional*. Málaga: Ágora, S.A.

Schwenter, S. A. y R. Torres Cacoullos. 2008. "Defaults and Indeterminacy in Temporal Grammaticalization: The 'Perfect' Road to Perfective". *Language Variation and Change* 20(1): 1–39.

Tanenhaus, M. K., M. J. Spivey-Knowlton, K. M. Eberhard y J. C. Sedivy.1995. "Integration of Visual and Linguistic Information in Spoken Language Comprehension". *Science* 268: 1632–1634.

Telner, J. A., D. L. Wiesenthan, E. Bialystok y M. York. 2008. "Is There a Bilingual Advantage When Driving and Speaking Over a Cellular Telephone?". *Proceedings of the Human Factors and Ergonomics Society Annual Meeting* 52: 1905–1909.

Torres Cacoullos, R. 2011. "Variation and Grammaticalization". En *The Handbook of Hispanic Sociolinguistics*, ed. M. Díaz-Campos, 148–167. Malden, MA, Oxford: Wiley-Blackwell.

Torres Cacoullos, R. y C. E. Travis. 2018. *Bilingualism in the Community: Code-Switching and Grammars in Contact*. Cambridge: Cambridge University Press.

Valdés Kroff, J. R. 2016. "Mixed NPs in Spanish-English Bilingual Speech: Using a Corpus Based Approach to Inform Models of Sentence Processing". En *Spanish-English Code Switching in the Caribbean and the US*, eds. R. E. Guzzardo Tamargo, C. M., Mazak y M. C. Parafita Couto, 281–300. Amsterdam, The Netherlands: John Benjamins.

Valdés Kroff, J. R., P. E. Dussias, C. Gerfen y M. T. Bajo. 2017. "Experience with Code-Switching Modulates the Use of Grammatical Gender during Sentence Processing". *Linguistic Approaches to Bilingualism* 7: 163–198.

8
Sintaxis y léxico
(Syntax and Lexicon)

Elena de Miguel

1 Introducción

Este capítulo se ocupa de la relación entre sintaxis y léxico, eje central de la investigación lingüística actual y de la actividad en algunos de sus ámbitos de aplicación, como el desarrollo de bases de datos y herramientas informáticas de análisis de construcciones, la práctica lexicográfica o la traducción automática.

En la historia de los estudios gramaticales son frecuentes las menciones a la influencia mutua de las propiedades de las palabras y de las construcciones sintácticas, pero hasta el último tercio del siglo pasado no se formula explícitamente la existencia de una relación. La forma de entender esa relación varía según las teorías: suele plantearse como una interacción entre las unidades del léxico y las de la sintaxis (con discrepancias respecto de la dirección de la relación), aunque también existen aproximaciones que difuminan la distinción entre palabra y construcción, porque consideran las propiedades de las expresiones lingüísticas como parte de un continuo.

Independientemente de cómo conciban la relación, los distintos modelos que presuponen su existencia comparten una serie de temas y conceptos centrales, que serán revisados aquí: la distinción entre palabras léxicas y funcionales y la noción de categoría léxica como conjunto de unidades léxicas con un mismo comportamiento sintáctico; la selección sintáctica y la léxico-semántica; las nociones de predicado, argumento y adjunto; el concepto de función semántica o papel temático; la noción de estructura argumental, temática y eventiva; el concepto de concordancia léxica, la naturaleza composicional del significado y la interpretación mediante coacción contextual de las expresiones que aparentemente vulneran la composicionalidad.

Palabras clave: selección sintáctica y léxico-semántica, concordancia léxica, composicionalidad, coacción contextual

This chapter deals with the relationship between syntax and lexicon, the central axis of current linguistic research and activity in some fields of application, such as the development of databases and computer tools for the analysis of constructions, lexicographic work or automatic translation.

In the history of grammatical studies there are frequent mentions of the mutual influence of the properties of words and syntactic constructions, but it was not until the last third of the past century that the existence of a relationship was explicitly formulated. The understanding of this relationship varies according to the different theories: it is usually posited as an interaction between the units of the lexicon and those of syntax (with discrepancies regarding the direction of the relationship), although there are also approaches that blur the distinction between word and construction, because they consider the properties of linguistic expressions as part of a continuum.

Regardless of how they conceive of the relationship, the different models that presuppose its existence share a number of central themes and concepts, which will be reviewed here: the distinction between lexical and functional words and the notion of lexical category as a set of lexical units with the same syntactic behavior; syntactic and lexical-semantic selection; the notions of predicate, argument and adjunct; the concept of semantic function or thematic role; the notion of argumental, thematic and eventive structure; the concept of lexical agreement, the compositional nature of meaning and the interpretation by contextual coercion of expressions that apparently violate compositionality.

Keywords: syntactic and lexical-semantic selection, lexical agreement, compositionality, contextual coercion

2 Conceptos fundamentales

El léxico es el componente lingüístico en el que las unidades léxicas se alojan y distribuyen en clases, establecen redes y mantienen relaciones en virtud de su significado. La sintaxis es el componente lingüístico en el que las unidades léxicas se combinan en constituyentes cuya interpretación varía en función de las palabras que los componen y de la articulación de su estructura interna.

La comprobación de que existe una relación entre la estructura sintáctica y las propiedades de las unidades del léxico ha dado pie a distintas hipótesis sobre la naturaleza de la relación: entre ellas, la de una interfaz léxico-sintaxis, en la que ocurren los procesos que interesan a ambos componentes.

A continuación, se revisan los presupuestos en que se apoya la formulación explícita de la existencia de un vínculo o correlato entre sintaxis y léxico.

2.1 La distinción entre categorías léxicas y categorías funcionales

Las categorías léxicas son unidades que cuentan con una definición de diccionario (*comer, comida, mesa, redondez, redondo*). Las categorías funcionales son unidades sin definición, con una función estrictamente gramatical (el determinante *los*, la conjunción *ni*, el pronombre *le*).

Aunque la adjudicación de una clase de palabras a uno u otro grupo no es un asunto cerrado, no parece haber discusión sobre la naturaleza léxica de nombres, adjetivos y verbos, cuyo significado les permite referirse a objetos, atribuir propiedades y denotar eventos: esto es, predicar de los constituyentes que requieren para expresar plenamente aquello a lo que aluden.1 En este sentido amplio de predicación, los nombres que denotan clases y conjuntos de individuos (como *mesa* o *comida* en *La comida está en la mesa*) se predican de su referente; los nombres de evento (*comida* en *La comida es a las 14 h*) predican de los participantes en el evento denotado; los nombres de propiedad (*redondez*) predican del nombre al que atribuyen la propiedad (*cf.* Bosque y Gutiérrez-Rexach 2009, § 5.3).

Las unidades léxicas completan su significado con los complementos que seleccionan y el sujeto del que se predican; *mesa* en *Compré una mesa redonda* se refiere a un objeto y *redonda* predica la forma del objeto; *mesa redonda* en *Asistí a una mesa redonda* es una locución y denota un evento. El significado de *mesa redonda* como objeto o como evento se refleja sintácticamente en la distribución de la cópula en contextos locativos: *La mesa redonda **está** en el salón de actos/ La mesa redonda **es** en el salón de actos*.

Los diccionarios prestan atención a las informaciones sintácticamente relevantes y recogen, además de la clase léxica de una palabra, distinciones como esta entre nombre de objeto y nombre de evento, aunque no siempre y no siempre de manera homogénea. Por ejemplo, el *DLE* incluye cada significado de *comida* en dos acepciones de la misma entrada, pero en *grabación* agrupa los sentidos de evento y producto resultante, ilustrados respectivamente en (1a) y (1b), bajo la conocida fórmula "acción y efecto":

(1) a. Barrera asistió a la grabación de un programa televisivo (Río, Abril del: "Barrera y Morales podrían unificar títulos". *La Jornada*, CORPES).
 b. [V]er la grabación completa es rotundamente aburrido (Hernández Sosa, Jonathan: "Proveen solución para compartir videos". *Reforma*, CORPES).

En cuanto a la polisemia de *mesa redonda*, no se recoge explícitamente pero se deduce: en la entrada *mesa*, aparece la locución sustantiva *mesa redonda*, de la que se proporciona la definición de evento; y el significado de "objeto de forma redonda" corresponde a una unidad sintagmática y resulta de la suma de los significados de *mesa* y de *redonda*.

2.2 La noción de valencia argumental

Las palabras léxicas seleccionan un sujeto del que se predican. Además, pueden completar su significado con los complementos. Sujeto y complementos son los *argumentos* de una palabra predicativa: constituyen su *valencia argumental* (cf. caps. 10 y 24). Las palabras que excepcionalmente no tienen argumentos se denominan *avalentes* y carecen de sujeto en la sintaxis; es el caso de los verbos meteorológicos, que no se predican de ningún argumento y forman oraciones impersonales: *Llueve*.

Cuando la palabra selecciona al menos un argumento, ese es el sujeto. Los demás argumentos son los complementos. Un verbo que solo seleccione un argumento (*monovalente*), sintácticamente es intransitivo (2a); si selecciona dos (*bivalente*), es transitivo (2b), si selecciona tres (*trivalente*), es ditransitivo (2c); cabe incluso la posibilidad de que un verbo tenga cuatro argumentos (*tetravalente*) y, en la sintaxis, tres complementos (2d):[2]

(2) a Los almendros **florecen** (Torres, Mara: *Sin ti. Cuatro miradas desde la ausencia*, CORPES).
 b El niño y ella también **beben** zumo (Almodóvar, Pedro: *Dolor y Gloria*, CORPES).
 c La señora de la tienda **regaló** a la madre de Juan la blanca caja (Arenas García, Carlos: *Cuentos provincianos*, CORPES).
 d Google le **vendió** Motorola a Lenovo por 2900 millones de dólares. (Bederman, Uriel: "Baterías, las ovejas negras de la tecnología". *La Nación*, CORPES).

Un predicado está completo cuando se saturan todas las posiciones previstas en su valencia argumental, pero es muy frecuente que algunos argumentos no se materialicen, si su contenido se deduce del significado del predicado. Los diccionarios recogen a menudo esta posibilidad a propósito de los verbos, con la expresión "úsase también como intransitivo", cuando el complemento no se materializa (*Juan come Ø siempre en esta cafetería*). También el denominado *contorno* de la definición lexicográfica recoge los argumentos implícitos y sus consecuencias en la sintaxis. Así, la definición de *poner* en el *DLE* alude, en su acepción trigésimo-tercera, "tr. Hacer adquirir a alguien una condición o estado. [...] *Poner de mal humor*", a dos de los argumentos del verbo: el predicado que denota el estado (*de mal humor*) y el complemento que lo experimenta, *a alguien*. Si este complemento no se expresa, se interpreta forzosamente como humano y genérico

(*El sol pone [Ø] de buen humor* = "el sol pone {[a todo el mundo]/[*a las plantas]} de buen humor") y, aunque no se materializa sintácticamente, legitima la presencia del predicativo.

En efecto, los argumentos implícitos tienen repercusión sintáctica; también el argumento agente en una pasiva, aunque no esté expreso, puede legitimar la presencia de una oración subordinada final: en *el restaurante fue incendiado **para cobrar el seguro***, el sujeto de *cobrar el seguro* recibe la referencia del agente implícito de *incendiar*.

La aparición de los argumentos no es libre: deriva de los requisitos de las palabras léxicas. En cambio, los *adjuntos* o circunstanciales son constituyentes opcionales: proporcionan información sobre circunstancias adicionales, relevante a efectos interpretativos, pero no exigida por el predicado y prescindible para la sintaxis. Así, los cuatro predicados de (2) aceptan *rápidamente*, aunque ninguno requiere su presencia.

Las palabras léxicas imponen a sus argumentos requisitos de selección de distinta naturaleza, sintáctica y léxico-semántica, que se presuponen codificados en diferentes estructuras de la definición en el lexicón mental.

2.3 La selección categorial. El concepto de estructura argumental

Por *selección categorial* se entiende la que impone un predicado a sus argumentos desde una perspectiva sintáctica o configuracional. En la *estructura argumental* del predicado se codifica la información sobre cuántos argumentos selecciona y cómo se realizan sintácticamente.

El sujeto se materializa siempre como un grupo nominal, pero los complementos se materializan como grupos nominales o preposicionales, en distintas combinaciones: por ejemplo, el complemento de *comer* es nominal (*comer {un pollo/pollo}*) pero puede ser preposicional (*comer de un pollo*); *poner* (en el sentido de "colocar, depositar") selecciona dos complementos, uno nominal y otro preposicional (*poner el libro en el estante*); *hablar* tiene dos complementos, el primero nominal o preposicional, el segundo preposicional (*hablar {algo/de algo} con alguien*).

Como vemos, es frecuente que los predicados admitan variaciones en la realización de su estructura argumental, que suelen llevar asociados cambios de significado. Es el caso del verbo *poner*, transitivo en *Pedro puso [la televisión]*, ditransitivo en *Pedro puso [la televisión] [encima de la mesa]* y con un complemento y un predicativo en *La televisión pone [a Pedro] [de mal humor]*. La bibliografía sobre aspecto recurre a menudo al ejemplo de *cargar* (en su acepción de "meter algo en un contenedor") que, según cómo materialice sus dos complementos, describe un evento sin final —*cargar botellas en el camión (durante horas)*— o un evento que acaba —*cargar el camión con botellas (en dos horas)*—. También se han atribuido a alternancias en su estructura argumental las diferencias de comportamiento sintáctico que presentan ciertos verbos de afección psíquica, en función de si su complemento es directo o indirecto: por ejemplo, *asustar* en *A María **le** asusta la tesis* (>**María fue asustada por la tesis*) frente a *A María **la** asustó su directora de tesis* (> *María fue asustada por su directora de tesis*).

2.4 La selección léxico-semántica. El concepto de concordancia léxica

Por *selección léxico-semántica* se entiende la que impone un predicado a los argumentos que selecciona en función de su compatibilidad léxico-semántica.

Cuando los rasgos léxico-semánticos del predicado y los de sus argumentos son compatibles, se produce una *concordancia léxica*, proceso de cotejo de rasgos que sanciona como legítima una combinación de palabras (*comer un bocadillo*) o la descarta (**comer un almendro*). Si los rasgos del predicado y el argumento concuerdan plenamente, se produce una redundancia (*comer una comida*), hecho que la sintaxis suele evitar: a menos que el argumento se especifique (*comer* *una comida **elaborada con mucho mimo**), lo normal es que no se materialice (*comer[Ø]*). Muy a menudo, los rasgos del predicado y el argumento no son en principio compatibles, a pesar de lo cual la combinación se interpreta sin dificultad, porque opera presuntamente un mecanismo de rescate de la concordancia: *comer un plato*, se entiende en un sentido metonímico; *comer el agua las piedras* se entiende en un sentido metafórico. Son casos de lo que tradicionalmente llamamos *significados figurados*; lejos de ser irregulares o inesperados, se desencadenan sistemáticamente en ciertos contextos sintácticos.

Las concordancias léxicas se deducen de los contextos en que las palabras aparecen más frecuentemente. Los corpus lingüísticos informatizados permiten observarlas. El *Diccionario combinatorio del español REDES* (Bosque dir. 2004) recoge muchas de ellas.

El contenido léxico-semántico que determina la concordancia entre predicado y argumento abarca informaciones de diferente rango, a menudo concebidas como rasgos y organizadas en taxonomías. Por ejemplo, en función del tipo de entidad que denota, una palabra se clasifica como [OBJETO], [EVENTO] o [PROPIEDAD]. El verbo *celebrarse* requiere un sujeto eventivo (*La mesa redonda se celebró en el aula 105*) por lo que rechaza un sujeto que denote un objeto (**La mesa de comedor se celebró en el aula 105*). Ahora bien, esta condición es necesaria pero no suficiente: no todo nombre eventivo puede ser sujeto de *celebrarse* (**el eclipse se celebró a las 10*). A pesar de su exhaustividad, *REDES* no permite predecir esta incompatibilidad. Resulta necesario profundizar en la identificación y articulación de más rasgos léxico-semánticos con consecuencias sintácticas.

Entre los más frecuentes, los objetos denotados se clasifican a su vez en concretos o abstractos, animados o no animados, individuales o colectivos, contables o no contables; los eventos, en dinámicos o estáticos, acabados o no acabados, puntuales o durativos, agentivos o no agentivos; las propiedades, en predicadas de individuos y vinculadas a estados.

Otros rasgos que determinan la selección de un argumento por parte de un predicado son más recientes en el estudio léxico-sintáctico; por ejemplo, [CONTENEDOR] o [INSTITUCIÓN], que parecen más próximos al mundo que a la lengua pero deben su formulación a la sintaxis: de un nombre [CONTENEDOR] se puede predicar que ha saturado su capacidad sin necesidad de especificar su carga, lo que refleja la gramaticalidad de *El camión está lleno* frente a **La bicicleta está llena*; el rasgo [INSTITUCIÓN] del nombre *colegio* legitima la combinación con el adjunto *a una edad temprana*, en *Mi abuelo abandonó el colegio a una edad temprana*. Este tipo de contenidos se consideran codificados en un nivel de la entrada léxica de las palabras que se conoce como *Estructura de Qualia*, del que el modelo del Lexicón Generativo hace un uso exhaustivo (*cf.* Pustejovsky y Batiukova 2019).

Los rasgos revisados son determinantes en la asignación de función semántica por parte del predicado a sus argumentos: un sujeto [-ANIMADO] no puede ser agente de un evento (**El viento decidió abrir la puerta usando la llave*) y un sujeto [-DINÁMICO] no puede ser paciente de un evento de movimiento (**la carretera regresó ayer*). La noción de función semántica se aborda a continuación.

2.5 Las funciones semánticas de los argumentos. La estructura temática

Uno de los presupuestos más comúnmente asumido en la investigación sobre la relación entre sintaxis y léxico es el de que cada argumento de una palabra predicativa contribuye a la predicación de una manera particular, como un actor necesario para el desarrollo del evento. Por ello los argumentos han recibido también el nombre de *actantes*, frente a los adjuntos o *circunstantes*, cuya intervención en el evento, relación o propiedad denotada por el predicado no es decisiva, según se expuso en § 2.2. La relación de los argumentos con el predicado que los selecciona ha recibido los nombres de *función semántica*, *papel semántico* y *papel temático*.

El conjunto de papeles temáticos de un predicado es su *red* o *estructura temática*; consta de un papel para cada argumento del predicado y solo uno. Solo los argumentos tienen papel temático;

el contenido de un adjunto puede coincidir con el papel de un argumento, pero en su caso es prescindible. Por ejemplo, *en la cama* informa sobre el lugar tanto en *Juan está leyendo el periódico (en la cama)* como en *Juan está metiendo al niño *(en la cama)*, pero de *meter* es argumento necesario y de *leer* es adjunto prescindible.[3]

La noción de función semántica está presente en algunas denominaciones clásicas de la gramática tradicional, como las de *sujeto paciente* y *complemento agente de la pasiva*, o la de *dativo ético de interés*, etiquetas que aúnan la información relativa a la función sintáctica (sujeto, complemento, dativo) y la referida a la participación del argumento en el evento denotado (paciente, agente, interesado o afectado). Pero son los análisis sintácticos del último tercio del siglo XX los que explotan el concepto convirtiéndolo en eje fundamental de las hipótesis sobre la interfaz sintaxis-léxico en los distintos marcos formales y funcionales y, muy especialmente, en la gramática generativa, a cuyo giro lexicista contribuyó de manera fundamental. Son muchos los fenómenos que reciben una explicación basada en los papeles temáticos de los argumentos del predicado: por ejemplo, la escisión de los verbos intransitivos en inacusativos (*nacer*) o inergativos (*trabajar*), vinculada inicialmente al distinto papel de su sujeto (paciente en los inacusativos, agente en los inergativos), o el distinto comportamiento sintáctico de los verbos de afección psíquica, entre los que se discriminan diferentes subclases en función de si su sujeto es experimentador (*temer*), causa (*gustar*) o {agente/causa} (*asustar*, en los dos sentidos mencionados supra en § 2.3).

A pesar de su importante presencia en los análisis, la formulación del concepto de papel temático resulta imprecisa e inestable: por un lado, no existe acuerdo generalizado sobre el número de posibles papeles y son muchas las taxonomías propuestas; tampoco existe acuerdo sobre el contenido y la definición de cada papel, ni sobre los criterios para su identificación y las pruebas de su influencia en la sintaxis; y, sobre todo, no existe acuerdo sobre cómo se produce el enlace entre los papeles de la estructura temática y las posiciones sintácticas, esto es, cómo se implementa la proyección que se presupone del léxico a la sintaxis (*cf.* Bosque y Gutiérrez Rexach 2009, §§ 5.4.2 y 5.4.3.).

Las dificultades anexas al concepto de papel temático contribuyeron a su progresivo abandono como elemento semántico primitivo con correlato en la sintaxis. En este momento, la hipótesis más comúnmente aceptada atribuye el papel que desempeña un argumento al lugar que ocupa en la configuración sintáctica: el sujeto de los verbos inergativos (*trabajar*) se interpreta como agente porque se genera en la posición de sujeto en la sintaxis mientras que el sujeto de los inacusativos (*nacer*) se interpreta como paciente porque se genera como complemento.

2.6 La estructura eventiva

Para finales de la pasada década de los 80 diversos análisis coinciden en derivar el papel semántico de los argumentos de un predicado del tipo de evento que denota: el sujeto de un verbo inergativo es [AGENTE] porque interviene en un evento de actividad (*Ana trabaja mucho*) mientras que el sujeto de un inacusativo es [PACIENTE] porque experimenta un cambio de estado (*Ana nació en sábado*). En consecuencia, la información aspectual debe formar parte de la definición de la palabra en el lexicón mental y materializarse de algún modo en la sintaxis.

Ha habido dos tipos de propuestas de incorporación del aspecto léxico a la entrada de las palabras predicativas: (a) como un argumento oculto en la estructura argumental del predicado (*el argumento evento*), de naturaleza especial porque solo se visualiza en ocasiones en la sintaxis, pero responsable del papel semántico de los demás argumentos del predicado; (b) como un nivel independiente (la *estructura eventiva*), en el que se codifica la información sobre el tipo de evento en forma de fragmentos de contenido (COMO [CAUSA], [MEDIDA], [CAMBIO], [TRAYECTORIA]) o en forma de subeventos o fases (como [PROCESO] y [ESTADO]).

Esta segunda hipótesis es la que se ha impuesto: la existencia de una estructura eventiva o aspectual para las palabras predicativas ha ido impregnando los análisis léxico-sintácticos del último medio siglo, en especial en los modelos de corte proyeccionista, que han formulado distintas hipótesis sobre sus contenidos (rasgos, fragmentos, subeventos), su intervención en la determinación de otros contenidos (por ejemplo, en los de la estructura argumental), su lugar en relación con esos otros contenidos de la definición —es decir, su ubicación en la entrada de la palabra en el lexicón mental— y su materialización en la sintaxis. La variedad de propuestas ha permitido un avance notable en el conocimiento de las propiedades de los eventos denotados por las predicaciones y en el desarrollo de clasificaciones léxico-semánticas de los predicados que justifican su comportamiento sintáctico.

Entre ellas, ha alcanzado un notable desarrollo la formulada por uno de los modelos léxico-semánticos de más proyección en las últimas décadas, la teoría del Lexicón Generativo, según la cual los eventos no constituyen entidades atómicas, sino que se descomponen en fases o subeventos, es decir, constan de estructura interna. La información sobre esa estructura interna del evento se codifica en el nivel de Estructura Eventiva, que interactúa de forma crucial con los niveles de Estructura Argumental y Estructura de Qualia para generar los distintos sentidos de las palabras en los diferentes contextos (*cf.* Pustejovsky 1995). En el caso de los verbos, sus distintos sentidos aspectuales derivan de la fase que el contexto focalice; por ejemplo, *ocultarse* tiene dos subeventos: un cambio inicial puntual, que enfoca *de repente* en (3a), y un estado durativo subsiguiente, que enfoca *durante horas* en (3b).

(3) a El sol se ocultó de repente.
    b El sol se ocultó durante horas.
    c El atleta llega a la meta (en este preciso instante).
    d La carretera llega hasta la montaña (desde los años cuarenta).

También los argumentos del predicado pueden intervenir en distintas fases de su estructura eventiva y conformar eventos distintos: *el atleta* en (3c) participa en un subevento de cambio, dinámico y puntual; *la carretera* en (3d) participa en el subevento subsiguiente, estático y durativo. Ello implica que la estructura eventiva es compleja y articulada y admite diferentes materializaciones e interpretaciones.

El presupuesto de que la sintaxis puede visualizar o focalizar fragmentos de la estructura eventiva de las palabras de forma independiente se ha aplicado al análisis de numerosos fenómenos sintácticos. Para el caso del español, entre otros, la predicación secundaria y la modificación adverbial, la formación de pasivas o la distribución del *se* aspectual (*cf.* De Miguel ed. 2009b y las referencias allí citadas).

En este momento está también muy extendida otra línea de investigación, avalada por los modelos construccionistas, que atribuye las diferentes interpretaciones aspectuales de un predicado a las posiciones que ocupan sus argumentos. En este tipo de explicación, el tipo de evento denotado deriva de la estructura sintáctica, por lo que no cabe la postulación de una estructura eventiva independiente (*cf.* Martínez Atienza 2021 y las referencias allí citadas).

2.7 La propiedad de la composicionalidad y sus vulneraciones. La coacción contextual

La composicionalidad es una "propiedad de un segmento lingüístico cualquiera según la cual su significado está determinado por el de sus [constituyentes], junto con las relaciones gramaticales que entre ellos se establecen" (*GTG sub voce*). Explica cómo los hablantes son capaces de generar e interpretar un número infinito de enunciados a partir de un número limitado de unidades léxicas, y cómo pueden producirlos y entenderlos sin haberlos oído nunca antes. No obstante, son muchas las expresiones cuyo significado no parece construirse composicionalmente, como las de (4c, d), que vulneran aparentemente los requisitos de selección léxico-semántica del predicado:

(4) a Sofía empezó la redacción de la tesis.
    b * Sofía empezó el almendro.
    c Sofía empezó la tesis.
    d Sofía comió el plato que le ofrecieron.

El verbo *empezar* exige un complemento que denote un evento, como en (4ª) y rechaza los nombres de objeto, como en (4b). Sin embargo, en (4c) se combina con *tesis*, que es un nombre de objeto. Por último, *comer* elige preferentemente complementos hipónimos de [ALIMENTO] pero en (4d) se combina con *plato*, que no lo es. Aunque los significados de (4c, d) no se deducen de la suma de sus constituyentes, no se perciben como anómalos. Existen dos posibles enfoques para abordar este inesperado comportamiento:

(a) El primero defiende que las palabras tienen múltiples sentidos y el contexto sintáctico los selecciona.

De acuerdo con esta opción, los sentidos expresados por los nombres *tesis* y *plato* no ilustran desajustes en la selección, sino que figuran, junto a otros, en su entrada del lexicón mental, que se denomina, desde esta perspectiva, un *lexicón enumerativo de sentidos*. Así, *tesis* se define como "evento de redactar una tesis" y como "resultado del evento de redactar una tesis" y *plato* alude a "recipiente" y a "contenido". Por tanto, *empezar* selecciona el sentido eventivo de *tesis*, y *comer*, el sentido "contenido" de *plato*.

Esta postura es la que adoptan normalmente los diccionarios, que intentan recoger la polisemia contextual de las palabras —en ocasiones, mediante la expresión *dicho de*—, a pesar del desafío que tal tarea supone, dado que los contextos son infinitos: *empezar*, dicho de *tesis*, puede interpretarse como "empezó a leer" y como "empezó a redactar", pero dicho de *plato* es "empezó a comer" o "empezó a cocinar".

La polisemia ligada al contexto plantea serios problemas para el procesamiento del lenguaje por medios tecnológicos, puesto que exige que el diccionario del programa computacional no solo recoja todos los sentidos de una palabra sino que esté además capacitado para seleccionar de manera automatizada el sentido adecuado a cada contexto (*cf.* Battaner y López Ferrero 2019). La hipótesis de que el lexicón mental contiene los posibles significados de una misma palabra en los distintos contextos representa asimismo un problema para las explicaciones sobre adquisición y procesamiento del lenguaje, por un lado, por la capacidad de memoria que exige del hablante y, por otra parte, porque niega la potencialidad que este tiene de predecir los sentidos que desencadenan contextualmente las palabras (*cf.* De Miguel y Batiukova 2017).

(b) El segundo enfoque defiende que las palabras tienen sentidos potenciales y el contexto los explota o materializa.

Desde esta perspectiva, las entradas de las palabras en el lexicón mental contienen una información poco especificada pero potencialmente capacitada para especificarse en el contexto. No es necesario, pues, almacenar todos los significados posibles de una palabra, sino contar con definiciones flexibles o elásticas, y con mecanismos regulares capaces de extenderlas o comprimirlas en uno u otro sentido.

Esta hipótesis sobre la polisemia, propia pero no exclusiva del Lexicón Generativo, concibe el léxico como un componente dinámico y generativo, en el que los mecanismos generadores de nuevos sentidos realizan operaciones gracias a las informaciones potenciales codificadas en las entradas léxicas. De hecho, los mecanismos pueden describirse como procesos de concordancia de rasgos que cotejan la adecuación de una combinación y la sancionan como legítima — (4a)— o la descartan —(4b)—. Existen además mecanismos de concordancia excepcional, que legitiman combinaciones en las que aparentemente no se respeta la composicionalidad, como (4c) o (4d).

Los mecanismos en cuestión no operan libremente: de ser así, todas las combinaciones serían interpretables, pero no lo son —(4b)—. Para que un mecanismo actúe es precisa una predisposición semántica de la palabra que facilite su recategorización como palabra de otro tipo: los rasgos que permiten la recategorización de *tesis* de nombre de [OBJETO] a [EVENTO] y *plato* como nombre de [CONTENEDOR] a [CONTENIDO] forman parte potencial de sus respectivas definiciones y son visualizados o materializados en la combinación con *empezar* y *comer*.

El acceso al rasgo potencial de una palabra y su recategorización léxica se define como una *coacción contextual*: el contexto sintáctico modifica el tipo léxico-semántico de un argumento para que satisfaga los requisitos del predicado que lo selecciona; este proceso de coacción es regular y se da sistemáticamente siempre que se den las mismas condiciones en el contexto sintáctico (De Miguel y Batiukova 2017; De Miguel 2019).

3 Aproximaciones teóricas

Los conceptos presentados en § 2 cobran sentido en los modelos teóricos que los defienden, pero no siempre son originales o exclusivos de esos modelos. A menudo se localizan en trabajos previos.

La propuesta de una conexión entre sintaxis y léxico es una constante, en mayor o menor medida, en gramáticas y diccionarios. Así, en las gramáticas clásicas se encuentran análisis sintácticos que toman en cuenta el léxico, aunque de forma esporádica y no siempre explícita: en la tradición del español, Andrés Bello, Salvador Fernández Ramírez y Samuel Gili Gaya, incluyen menciones en ese sentido; por lo que respecta a la *NGLE*, las alusiones al léxico son muy numerosas.

La información sintáctica en las obras lexicográficas, ilustrada de forma paradigmática por la obra de Rufino José Cuervo, consiste por lo general en menciones a la categoría léxica de la palabra (nombre, verbo, etc.); para los nombres se recoge información sobre su tipo semántico, por ejemplo, cuando se definen como "acción" o como "acción y efecto"; en el caso de los verbos se encuentran referencias a la estructura argumental: se les adjudica un uso canónico como transitivos o como intransitivos y posibles variaciones. A través del contorno se incluye otra información relativa a la selección categorial y a la selección léxico-semántica; más puntualmente, se especifica el tipo de argumento semántico del que la palabra se predica con la fórmula *especialmente*. Aunque los contenidos recogidos no siempre son los más relevantes, no son homogéneos para todas las entradas, o no siempre se registran adecuadamente, cada vez se presta más atención a la información sintáctica que se incorpora a las definiciones y a cómo se articula y presenta.

En cambio, el debate sobre la naturaleza y límites de la relación entre sintaxis y léxico sí es relativamente reciente y está directamente vinculado al desarrollo de las teorías formales y funcionales en el siglo xx. Para el estudio teórico inspirado por el estructuralismo europeo, los contenidos de las palabras, organizadas en clases (categoriales y léxicas) en el eje paradigmático, determinan su posibilidad de insertarse en el eje sintagmático pero, a su vez, el contexto puede alterar no solo la definición de la palabra sino su propia naturaleza categorial: así, *cantar* es un verbo que denota un evento dinámico, con duración y final (*Esta noche voy a cantar en el Casino*); en cambio, en el contexto *He editado un cantar de gesta*, es un nombre, que se refiere al objeto resultante del evento, en un sentido próximo al de *canción* o *poema*.

Este tipo de análisis, en que lo sintagmático se impone a lo paradigmático, desemboca en la propuesta del distribucionalismo norteamericano, según la cual, en la famosa formulación de Bloomfield, para el estudio lingüístico solo importa la estructura o distribución sintáctica, de la que se sigue la definición categorial e interpretación de las palabras. De ella deriva a su vez la primera versión de la gramática generativa, en la segunda mitad del siglo XX, que niega influencia al léxico en la aceptabilidad de las oraciones: la conocida oración *Las ideas verdes incoloras duermen furiosas* se considera gramatical porque satisface las reglas de la gramática, aunque no se pueda interpretar.

No tardan en plantearse objeciones a esta afirmación, cuyo contenido plantea serios problemas para la teoría: si considera gramatical una oración que no se puede interpretar, es una teoría inadecuada, porque genera más oraciones de las que realmente pueden darse. Por otra parte, si la teoría mantiene que la oración se puede generar pero no interpretar, tiene que explicar por qué, y si en realidad no se genera, también tendrá que dar cuenta de por qué.

Ya en su primera revisión, a mediados de los años 60 del pasado siglo, el modelo generativista incorpora a sus análisis sintácticos los requisitos de selección categorial y léxico-semántica, que se han presentado en §§ 2.3.–2.5. Comienza entonces un interés creciente por la relación entre sintaxis y léxico, no solo en el marco en el que surge el debate sino en prácticamente todas las corrientes de estudio teórico, formales, funcionales o cognitivas. El último cuarto de siglo está dominado por la investigación *lexicista* o *determinista*, que considera que la sintaxis está determinada por las propiedades de las palabras; desde esta nueva perspectiva *Las ideas verdes incoloras duermen furiosas* es una oración agramatical, porque *verdes* no puede predicarse de un nombre abstracto, *verdes* e *incoloras* no pueden predicarse simultáneamente del mismo sujeto, y *dormir* y *furiosas* requieren un sujeto animado.

En función de sus rasgos léxico-semánticos, las palabras se agrupan en clases que comparten el comportamiento sintáctico, presupuesto que preside los conocidos trabajos de Levin y Rapapport Hovav, en el seno de la Gramática Generativa, o los de Dik en el ámbito de la Gramática Funcional (*cf.* Mairal y Cortés 2009; Mendikoetxea 2009).

La presuposición de que la clase léxico-semántica a la que pertenece una palabra determina el tipo de configuración sintáctica en que se proyecta conlleva la búsqueda de parámetros léxico-sintácticos en torno a los cuales organizar las palabras. Por ejemplo, el comportamiento sintáctico frente a la cuantificación con *mucho*, que discrimina los nombres no contables y los verbos imperfectivos (*Mireia bebió **mucha** (cantidad de) agua*; *Mireia nadó **mucho***) de los nombres contables y los verbos perfectivos (**Mireia pintó **mucha**(cantidad de) mesa*; **Mireia nació **mucho***), se atribuye a la especificación, positiva o negativa, de un rasgo [±HOMOGÉNEO].

Ahora bien, el hecho de que un mismo nombre pueda interpretarse como contable o no contable admite otro tipo de explicación, muy extendida en lo que llevamos de siglo XXI, que atribuye la interpretación de las palabras a la configuración en que aparecen; así, un nombre contable como *pollo* (en *he comprado un pollo*) en la posición de núcleo de un grupo nominal no determinado (*he comprado {pollo/mucho pollo}*) se interpreta como no contable (pasa de referirse a un "animal" para significar "carne de animal").

Desde esta perspectiva es la construcción la que determina la interpretación que reciben las unidades léxicas y la expresión resultante, lo que limita considerablemente la parte de significado que corresponde a la palabra y reduce consiguientemente el lexicón mental. La lingüística de corpus, en la medida en que pone de relieve la necesidad de interpretar las palabras en contexto, supone un apoyo fundamental para los enfoques que defienden que las palabras solo pueden analizarse en función de la construcción en que aparecen: entre otros, la Léxico-Gramática de Maurice Gross y Gaston Gross, los modelos de inspiración funcional y cognitiva que no distinguen entre léxico y sintaxis (por ejemplo, Sinclair o Van Valin), los influyentes trabajos de Croft, Goldberg y Langacker, y, en el marco de la gramática generativa, la corriente neoestructuralista o construccionista, representada paradigmáticamente por Borer. (Para una revisión de las distintas propuestas sobre la relación entre léxico y sintaxis, *cf.* De Miguel ed. 2009; Val Álvaro 2010; Rodríguez Ramalle 2015; Battaner y Lopez Ferrero 2019; *cf.* asimismo el capítulo 12 de Hanks 2013).

4 Perspectivas actuales

El enfoque lexicista y el construccionista han convivido en las últimas décadas, pero la extensa presencia de información léxica en los análisis sintácticos del último cuarto del siglo pasado ha provocado cierta hipertrofia del primero y su relativo abandono en el siglo XXI, a favor del segundo. Incluso el modelo proyeccionista del Lexicón Generativo, en el que la información del léxico es fundamental para que opere una coacción, considera decisiva la intervención del contexto. En esta aproximación la relación entre sintaxis y léxico se concibe como bidireccional: así, el verbo *llegar* ("pasar de no estar a estar aquí") selecciona un sujeto capaz de participar en un evento de cambio, puntual y dinámico, como *el atleta* en (3c); si su sujeto es una entidad no dinámica como *la carretera* en (3d), el verbo no puede denotar un cambio. Puesto que *la carretera* denota una entidad con extensión y el adjunto la mide (*hasta la montaña*), se enfoca el resultado del cambio ("estar aquí") y queda opaca la fase de cambio: el verbo deja de ser puntual y dinámico y denota un estado durativo en que "la carretera está hasta la montaña", esto es, "hay carretera hasta ahí". La coacción aspectual se produce porque el contenido léxico del verbo la consiente, pero esta solo se da si el contexto la desencadena, en una secuencia interactiva léxico > sintaxis > léxico.

Este tipo de aproximación permite superar algunos de los inconvenientes de los modelos lexicistas, en la medida en que reconoce la importancia de la construcción para el significado, y, a su vez, restringe la sobregeneración que supone un análisis en el que el contexto legitime por sí solo la interpretación, al considerar decisiva la aportación del significado potencial de las unidades léxicas. Los presupuestos del Lexicón Generativo auguran soluciones prometedoras para el problema que la polisemia y las vulneraciones de la composicionalidad plantean a los programas informáticos destinados al tratamiento automatizado de datos lingüísticos, y su aplicación está alcanzando un grado interesante de desarrollo.

Muchos problemas teóricos clásicos pueden abordarse desde esta nueva perspectiva bidireccional de la relación sintaxis-léxico, como el de la distinción entre argumentos y adjuntos en términos de su obligatoriedad, cuestionada a menudo por los datos. Por ejemplo, el llamado *argumento agente* de la pasiva es obligatorio solo en ocasiones, como ilustra el contraste entre (5a) y (5b); además, la necesidad del argumento para la gramaticalidad de (5a) se ve negada por (5c), donde la presencia de un adjunto legitima la oración:

(5)   a   Este cuadro fue pintado *(por Velázquez).
        b   La firma fue subastada. "Tower Records comenzó a liquidar en Guayaquil". *Elcomercio.com*, CORPES.
        c   El cuadro fue pintado a principios del siglo XVI. González, José Gregorio: *Guía mágica de Canarias*, CORPES.

Son dos las cuestiones por resolver: por qué en la pasiva con *subastar* la predicación está completa sin necesidad de argumentos ni adjuntos, y por qué con *pintar* hace falta un constituyente, pero no forzosamente un argumento.

Ambos hechos encuentran explicación en términos de concordancia léxica: *pintar* y *cuadro* forman una concordancia léxica plena; son, por tanto, redundantes: de *el cuadro de Velázquez* se recupera "el cuadro que Velázquez pintó" y de *Velázquez pintó mucho*, "Velázquez pintó muchos cuadros". Predicar de *un cuadro* que ha sido *pintado* no es, pues, informativamente relevante a menos que aparezca un constituyente adicional, sea argumento —(5a)— o sea adjunto —(5c)—. En cambio, *firma* ("empresa", hipónimo de [OBJETO]), concuerda con *subastar*, aunque no plenamente: (5b) es una combinación legítima y no redundante; es informativamente relevante sin necesidad de que el contexto la complete.

Los adjuntos también desencadenan en los predicados algunas diferencias aspectuales atribuidas tradicionalmente a la presencia de un complemento: *andar* es imperfectivo y *andar **diez kilómetros*** es perfectivo, pero lo es igualmente *andar **hasta la valla***. Los adjuntos no solo comparten con los argumentos la capacidad para delimitar el evento sino que pueden modificar su interpretación en función del contenido que seleccionan en el nombre del que se predican: en *ver el colegio **desde el autobús*** el adjunto predica la visión de un [OBJETO] desde fuera y describe un evento puntual; en *ver el colegio **por dentro*** el evento es durativo porque el adjunto selecciona el contenido de [ESTRUCTURA INTERNA] del nombre *colegio* (*cf.* De Miguel 2015). Finalmente, el tipo de adjunto puede incluso desencadenar uno u otro significado en una construcción: en *Mi abuelo abandonó el colegio {**a una edad temprana** /**por la ventana**}*, los adjuntos en negrita seleccionan respectivamente en *colegio* sus rasgos de [INSTITUCIÓN EDUCATIVA] y [EDIFICIO] y desencadenan dos sentidos en el verbo: "dejar de formar parte de la institución" y "salir del edificio".

En suma, los procesos de concordancia léxica no se dan solo entre un predicado y sus argumentos sino también entre el predicado y los adjuntos. La desambiguación que desencadenan los adjuntos puede explicarse si estos se conciben como predicados que seleccionan un sujeto, lo que implica una inversión del concepto tradicional: desde esta perspectiva, no es el grupo verbal el que acepta o no un determinado adjunto sino el adjunto el que selecciona la predicación de la que a su vez se predica.

5 Direcciones futuras y conclusiones

El recurso a las informaciones léxicas contenidas en las palabras, la intervención del contexto en situaciones de discordancia o de redundancia, y la difuminación de los límites entre argumentos y adjuntos abren nuevas vías para los análisis sintácticos de fenómenos cuya explicación se ha resistido tradicionalmente, como la pasiva, la naturaleza composicional del aspecto léxico, y, más en general, el amplio conjunto de procesos que interesan a la sintaxis y el léxico.

Los conceptos presentados y los fenómenos examinados a lo largo de este capítulo ofrecen una imagen dinámica del ámbito de estudio de la relación entre sintaxis y léxico. Se ha avanzado mucho en la delimitación de los aspectos del significado léxico que tienen un correlato sintáctico, y el desarrollo de las herramientas informáticas destinadas a recopilar y organizar datos proporciona un instrumento único para confirmar y rectificar hipótesis y para elaborar y contrastar análisis.

Cada vez se sabe más sobre la importancia del contexto en la interpretación de las expresiones lingüísticas complejas y cada vez parece más evidente la importancia del significado léxico en la legitimación de los mecanismos de recategorización contextual. Lejos de constituir posturas contrapuestas, se integran en nuevas propuestas de explicación que intentan dar cuenta del procesamiento del lenguaje y reproducirlo, con consecuencias interesantes para otros ámbitos, como el de la lexicografía digital, la traducción automática y, también, la didáctica del léxico.

Notas

1 La clasificación de preposiciones y adverbios sí suscita discrepancias. Unos autores las consideran categorías léxicas, otros, funcionales, y, otros, categorías mixtas: *súbitamente* es un adverbio léxico, pero *muy* es un adverbio funcional; la preposición *de* significa procedencia en *venir de Ávila*, pero en *el hecho de que* solo tiene función sintáctica. Finalmente, hay autores que las agrupan en una única clase (en línea con Jackendoff 1973).

2 Excepcionalmente, ciertos verbos no materializan ningún argumento como sujeto sintáctico: así, *haber* es bivalente pero sintácticamente impersonal (Ø *hay árboles en el jardín*), comportamiento inesperado que puede estar en el origen de la tendencia a interpretar su primer argumento como sujeto ({*Había ~ Habían*} *suficientes pruebas para incriminarlos*. NGLE, §41.6b).

3 El distinto comportamiento de *en la cama* frente a ciertos procesos sintácticos confirma su distinta naturaleza: adjunto respecto de *leer*, puede focalizarse en una estructura ecuacional (*Si Juan está leyendo el periódico, es en la cama*); argumento respecto de *meter*, no admite focalización en una ecuacional (**Si Juan está metiendo al niño, es en la cama*).

Lecturas complementarias recomendadas

Battaner y López Ferrero (2019); De Miguel y Batiukova (2017); Val Álvaro (2010)

Referencias bibliográficas

Battaner, P. y C. López Ferrero. 2019. *Introducción al léxico, componente transversal de la lengua*. Madrid: Cátedra.
Bosque, I. dir. 2004. *REDES. Diccionario combinatorio del español contemporáneo*. Madrid: SM.
Bosque. I. y J. Gutiérrez-Rexach. 2009. *Fundamentos de sintaxis formal*. Madrid: Akal.
De Miguel, E. 2009a. "La teoría del lexicón generativo". En De Miguel ed. 2009, 336–368.
De Miguel, E. ed. 2009b. *Panorama de la lexicología*. Barcelona: Ariel.
De Miguel, E. 2015. "Lexical Agreement Processes: On the Construction of Verbal Aspect". En *Verbal Classes and Aspect*, eds. J. L. Cifuentes Honrubia, E. Barrajón y S. Rodríguez Rosique, 131–152. Amsterdam: John Benjamins.
De Miguel, E. 2019. "La recategorización léxica, Nombres colectivos y nombres recategorizados como colectivos". *Revista Signos. Estudios de lingüística* 52(100): 531–559.
De Miguel, E. y O. Batiukova. 2017. "Compositional Mechanisms in a Generative Model of the Lexicon". En *Collocations and Other Lexical Combinations in Spanish. Theoretical, Lexicographical and Applied Perspectives*, eds. S. Torner y E. Bernal, 92–113. Londres/Nueva York: Routledge.
DLE: RAE y ASALE. 2014. *Diccionario de la lengua española*. Madrid: Espasa. (http://dle.rae.es/).
GTG: RAE y ASALE. 2019. *Glosario de términos gramaticales*. Salamanca: Ediciones de la Universidad de Salamanca.
Hanks, P. 2013. *Lexical Analysis: Norms and Exploitations*. Cambridge, MA: MIT Press.
Jackendoff, R. S. 1973. "The Base Rules for Prepositional Phrases", en *A Festschrift for Morris Halle*, eds. S. Anderson y P. Kiparsky, 345–356. Nueva York: Holt, Rinehart & Winston.
Mairal, R. y F. Cortés. 2009. "Modelos funcionales". En De Miguel ed. 2009, 247–279.
Martínez-Atienza, M. 2021. *Entre el léxico y la sintaxis: las fases de los eventos*. Berna: Peter Lang.
Mendikoetxea, A. 2009. "Modelos formales". En De Miguel ed. 2009, 301–335.
NGLE: RAE y ASALE. 2009. *Nueva gramática de la lengua española. Sintaxis II*. Madrid: Espasa. (www.rae.es/recursos/gramatica/nueva-gramatica).
Pustejovsky, J. 1995. *The Generative Lexicon*. Cambridge, MA: MIT Press.
Pustejovsky, J. y O. Batiukova. 2019. *Lexicon*. Cambridge: Cambridge University Press.
RAE/ASALE. 2021. Banco de datos (CORPES XXI). *Corpus del Español del Siglo XXI (CORPES)*. Versión 0.94, disponible en. (https://apps2.rae.es/CORPES).
Rodríguez Ramalle, M.ª T. 2015. *Las relaciones sintácticas*. Madrid: Síntesis.
Val Álvaro, J. 2010. "La encrucijada del léxico y la sintaxis". En *La gramática del sentido: Léxico y Sintaxis en la encrucijada*, eds. J. F. Val Álvaro y M.ª C. Horno Chéliz, 17–47. Zaragoza: Prensas Universitarias de Zaragoza.

Parte II
La oración
Estructura, clases

9
La oración y sus clases
(The sentence and its categories)

Manuel Iglesias Bango

1 Introducción

Aunque históricamente la oración no ha tenido un criterio estable en su definición, hoy alterna con el concepto de cláusula y se diferencia del concepto de enunciado como una unidad gramatical definida por sus propiedades internas: se considera una estructura de predicación en la que la presencia de un verbo es decisiva.

Entre los criterios que se han utilizado para clasificar oraciones se encuentra la modalidad o actitud del hablante. Así, se habla de oraciones aseverativas, interrogativas, imperativas, exclamativas y desiderativas. En las primeras el hablante transmite una información con la que se compromete. Las oraciones interrogativas son expresiones abiertas que plantean al oyente una incertidumbre, que afecta a todo el proceso o alguno de sus componentes. Con las oraciones imperativas se pretende influir sobre el oyente. Las oraciones exclamativas y desiderativas no siempre se han defendido como clases oracionales independientes. Las exclamativas manifiestan reacciones emotivas. Mediante las desiderativas el hablante hace saber su deseo de que se cumpla el contenido de su mensaje.

Cada clase oracional se identifica mediante recursos lingüísticos codificados, como la entonación, el empleo de formas verbales específicas, la presencia de elementos gramaticales con valor funcional propio o la aparición de ciertas expresiones léxicas.

Palabras clave: oración; enunciado; modalidad; actos de habla; clases de oraciones

Though the concept of the *sentence* has historically lacked a systematic definition, nowadays it alternates with the concept of the *clause* and is distinguished from that of the *utterance* by its internal properties: a sentence is thus a declarative structure in which the presence of a verb is mandatory.

Among the criteria for classifying sentences is modality or attitude of the speaker. Thus, sentences can be categorized as affirmative, interrogative, imperative, exclamative or desiderative. In the first type, speakers communicate information to which they become committed. Interrogative sentences are open expressions that raise an uncertainty for the listener, concerning either the whole process or a particular component. Imperative sentences try to influence the listener. As for exclamative and desiderative sentences, they have not always been considered as independent

DOI: 10.4324/9781003035633-11

sentence categories. Exclamative sentences express emotive reactions, while desiderative ones allow speakers to communicate their wish that the content of their message becomes true.

Each sentence category can be identified by encoded linguistic features such as intonation, use of specific verbal forms, grammatical constituents with a particular functional value, or certain lexically specific expressions.

Keywords: sentence; utterance; modality; speech acts; sentences categories

2 Conceptos fundamentales

2.1 Enunciado y oración

Pese a que en la definición de la oración abundan las caracterizaciones que apuntan a perspectivas y aspectos distintos de las secuencias, hay un cierto consenso en señalar dos aproximaciones básicas: la que la define aplicando un criterio externo y la que usa en su delimitación un punto de vista interno.

Externamente, la oración se toma en su conjunto y se define semánticamente (unidad con sentido completo), formalmente (unidad con independencia sintáctica, unidad con capacidad de aparecer aislada) o fónicamente (unidad enmarcada entre pausas y abrazada por un contorno melódico). Internamente, se incide sobre su configuración y, en concreto, sobre la presencia de dos componentes, un sujeto y un predicado.

Se ha señalado que la existencia de estas dos perspectivas lleva a contradicciones: una secuencia como ¡*Una canción más!* puede ser considerada una oración (si se aplica el criterio externo) o no (si se utiliza el criterio interno), de la misma forma que el segmento subrayado de *Me parece que la solución es esa* se puede tomar como oración (criterio interno) o no (criterio externo).

Lo anterior lleva a una reacción en el ámbito de la gramática española, en los años setenta del siglo pasado (Rojo 1978; Gutiérrez 1978): si en las definiciones tradicionales de oración coexisten dos conceptos que conducen a conclusiones diferentes para una misma secuencia, parece lógico que se les segregue y que se les asignen nombres distintos. Por esta razón, para designar a las unidades gramaticales que se ajustan al criterio externo se reserva en la actualidad el término *enunciado*, mientras que se usa el de *oración* o el de *cláusula*, según escuelas y autores, para las unidades que satisfacen el criterio interno.

2.2 Oración y clases de oraciones

Con el término oración se hace referencia, pues, a una estructura con una determinada composición. Pero, además, en su definición suele ponerse énfasis en la noción de "predicación" (NGLE, § 1.13a), lo que acarrea, de nuevo, una falta de unanimidad en la caracterización.

Se han señalado dos posibles interpretaciones de "predicado" (GTG, *s.v.* predicado): (i) la expresión lingüística de un contenido que se atribuye al referente de una entidad sintáctica denominada sujeto, o (ii) el segmento léxico que designa estados, acciones o procesos en los que intervienen uno o varios participantes. Desde el primer punto de vista, la oración es una fórmula gramatical con dos componentes esenciales (el predicado y el sujeto); desde la segunda opción, en cambio, la oración es una unidad con un único elemento central (el verbo).

De estos dos criterios, ha prevalecido en nuestra tradición el primero sobre el segundo y, por ello, se ha empleado como referencia para establecer los tipos de oraciones más habituales: oraciones de predicado nominal y de predicado verbal; oraciones transitivas, intransitivas... El segundo criterio, por su parte, lleva a considerar que toda oración posee una estructura argumental, y también puede utilizarse para establecer otro tipo de clases: oraciones avalentes, monovalentes, bivalentes y trivalentes.

Aunque el término oración aparece en la tradición gramatical española desde sus inicios, en realidad, no se toma como una auténtica unidad gramatical hasta unos siglos después. La consolidación de las ideas racionalistas a fines del siglo XVIII va a provocar cambios importantes, y hará que a los gramáticos les empiecen a interesar la combinatoria de oraciones, sus componentes y las relaciones que hay entre ellos, y también sus distintas clases.

El establecimiento de tipos de oraciones se produce, pues, a partir de ese momento histórico, y se hará prácticamente desde entonces tomando como referencia el número (oraciones simples, compuestas, etc.) o la naturaleza (oraciones transitivas, impersonales, etc.) de los verbos que hay en cada predicado. A estos dos criterios iniciales se unirá desde fines del siglo XIX un tercer criterio: el que tiene en cuenta la modalidad o actitud del hablante.

3 Aproximaciones teóricas

3.1 Enunciado y modalidad

Se suele entender por *enunciación* el proceso mediante el cual el hablante transmite al oyente una información utilizando un determinado sistema o código en un contexto concreto. Al producto o resultado de toda enunciación, es decir, a la información transmitida codificada, se le denomina *enunciado*. El enunciado es, pues, una unidad con capacidad comunicativa (es la unidad comunicativa mínima), que, además, está formalmente caracterizada y organizada estructuralmente.

Pero los enunciados transportan además otra información relevante: la actitud del enunciador respecto a los hechos que emite. De ahí que en todo enunciado se puedan distinguir dos componentes necesarios, pero independientes (NGLE, § 1.13c): una secuencia o *dictum*, que refleja, mediante una determinada estructura, la información que se quiere transmitir, y una modalidad o *modus* que informa del propósito del hablante. Lo que hace que los mensajes *Llegó tarde el tren* y *Llegada tardía del tren* sean enunciados distintos es la configuración estructural del *dictum*; en cambio, *Es de día*, *¿Es de día?*, y *¡Es de día!* son también enunciados diferentes, pero por su *modus*.

La presencia de una modalidad específica es uno de los aspectos más importantes en el cierre categorial para que una secuencia pueda adquirir valor comunicativo y se considere enunciado. También explica las características de independencia, autonomía y completud semántica que se le atribuye a esta última unidad.

La modalidad es una propiedad del enunciado y puede tomarse como criterio para establecer clases o tipos de enunciados, independientemente de su estructura lingüística o *dictum*: *¿Es de día?* y *¿Verdad o mentira?* son enunciados similares por la modalidad, a pesar de que el primero contenga una oración y el segundo, no.

Hay un cierto acuerdo en considerar tres tipos básicos de modalidades (NGLE, vol. III, § 10.4a): la aseverativa (también llamada asertiva, enunciativa o declarativa), mediante la que el hablante defiende la veracidad de lo enunciado (*Es de día*); la interrogativa, con la que el enunciador plantea una cuestión abierta al oyente (*¿Es de día?*), y la imperativa (o apelativa), a través de la que el emisor pretende influir sobre el interlocutor (*¡No molestes!*). A estas se suelen añadir otras dos: la exclamativa, con la que se transmite un cierto estado de ánimo y emociones (*¡Es de día!*); y la desiderativa (u optativa), que se utiliza para manifestar deseos (*¡Ojalá fuera de día!*).

Las modalidades exclamativa y desiderativa en algunas perspectivas no se consideran modalidades independientes (Sánchez 2020, 145 y 173). La primera se toma o bien como una variante enfática de la modalidad aseverativa, o bien como una realización especial, de tipo afectivo, de cualquiera de las tres básicas (aseverativa, interrogativa, imperativa). La segunda se agrupa con la exclamativa o con la imperativa (NGLE, § 42.1d; Sánchez 2020, 174–177).

No obstante, hay motivos suficientes no solo para considerar la desiderativa como un tipo de modalidad distinta a la exclamativa e imperativa, sino también para estimarlas como clases independientes: en las secuencias exclamativas pueden aparecer ciertos elementos léxicos específicos (*qué, qué de, quién, cuánto, cuán, cómo*); en las desiderativas se usa solo el subjuntivo; y en las imperativas se emplean formas verbales exclusivas (las del modo imperativo).

3.2 Oración y modalidad

Las cinco modalidades anteriores dan lugar a cinco clases de oraciones o cláusulas. En su establecimiento resulta determinante la presencia de recursos codificados específicos ligados a cada una. Estas propiedades lingüísticas pueden ser de tipo fónico, morfológico, sintáctico o léxico:

- Propiedades fónicas: consisten básicamente en la entonación y, en concreto, en la preferencia por contornos melódicos con tonema final descendente (modalidad aseverativa) o fuertemente descendente (exclamativas, desiderativas e imperativas), o con inflexión final ascendente (modalidad interrogativa).
- Propiedades morfológicas: empleo de formas verbales específicas, como las del modo imperativo (propias de la modalidad imperativa), las del subjuntivo (que caracterizan a las modalidades desiderativa e imperativa) y las de indicativo (usadas en las modalidades aseverativas, interrogativas y exclamativas).
- Propiedades sintácticas: presencia (modalidades interrogativas y exclamativas) de unidades con valor funcional (denominadas de diferente forma: relativos tónicos, palabras interrogativas y exclamativas, pronombres y adverbios interrogativos, palabras *qu-*); preferencia por la posposición del sujeto (característica de las imperativas, interrogativas y exclamativas); enclisis de pronombres átonos (modalidad imperativa), con alteraciones destacables en las terminaciones; incompatibilidades con la subordinación, como le sucede a la modalidad imperativa con las formas denominadas exclusivas, frente a las demás que sí pueden subordinarse sin restricciones (*Vino pronto* → *Dice que vino pronto*; *¿Vino pronto?* → *Dice que si vino pronto*; *¡Qué pronto vino!* → *Dice que qué pronto vino*; *¡Ojalá venga pronto!* → *Dice que ojalá venga pronto*; *¡Vení vos pronto!* →**Dice que vení vos pronto*).
- Propiedades léxicas: en la modalidad desiderativa las secuencias pueden ir introducidas con expresiones específicas como *Ojalá (que)*, o *Así* (*¡Ojalá lo logre! ¡Ojalá que lo logre!, ¡Así reviente!*); y en las exclamativas, con locuciones como *Bien que, Vaya si* o *Vaya que si* (*¡Bien que lo mirabas! ¡Vaya si tiene dinero! ¡Vaya que si lo recuerdo!*).

3.3 Modalidad y actos de habla

Cada enunciado posee una estructura y modalidad lingüística determinada: la expresión *Hace frío* será siempre una oración aseverativa. Ahora bien, el contexto en el que se enmarque la emisión del enunciado puede hacer que este tome un valor intencional o ilocutivo preciso, y constituya un acto de habla específico en cada situación comunicativa. Modalidad lingüística y valor ilocutivo son dos propiedades de los enunciados y, por extensión, de las oraciones, pero son independientes (Sánchez 2020, 21–43). Por esa razón, la oración aseverativa anterior *Hace frío* puede adquirir distintos valores ilocutivos:

Tabla 9.1 Modalidad y actos de habla.

Secuencia/Modalidad		Acto de habla
Oración/Aseverativa	*Hace frío*	Aserción
	{A: ¿Qué día tenéis?}	
	B: *Hace frío*	Respuesta
	{A: ¿Puedo abrir la ventana?}	
	B: *Hace frío*	Denegación de permiso
	{A: ¿Su habitación es cómoda?}	
	B: *Hace frío*	Queja
	{A: Voy a la calle}	
	B: *Hace frío*	Consejo
	{A: Al entrar en un aula con las ventanas abiertas en invierno}	
	B: *Hace frío*	Orden

Los contextos anteriores en los que la secuencia *Hace frío* se asocia a actos de habla no asertivos corresponden a lo que Searle (1977) denominó *actos de habla indirectos* (para este apartado, véase también Jiménez Juliá 1989).

4 Perspectivas actuales

4.1 Oraciones aseverativas

Con las oraciones aseverativas el hablante transmite una información con la que de alguna manera se compromete (Sánchez 2020, 221–237). Desde el punto de vista de la modalidad, son el tipo oracional más neutro y menos marcado de todos. Probablemente, por esta razón están habilitadas para constituir distintos actos de habla:

Tabla 9.2 Modalidad aseverativa y actos de habla.

Modalidad		Acto de habla
Aseverativa	*El hombre es un animal racional*	Aserción
	Deseo descansar los lunes	Petición
	Me gustaría saber qué piensas	Petición de información
	Puedes venir hoy	Invitación
	Ya es hora de quedarse quieto	Orden
	No me deberías hablar así	Reproche
	Estará enojado conmigo	Suposición

Desde un punto de vista prosódico, la entonación canónica de las aseverativas presenta una curva melódica que comienza en un tono medio, se eleva en la primera sílaba tónica y va cayendo progresivamente hasta la última sílaba tónica, a partir de la cual se inicia una inflexión final descendente. Esta cadencia final es más pronunciada si la oración se corresponde con una aseveración categórica (*El paquete lleva un retraso considerable*). Si se trata de una aseveración neutra (*El hombre es un ser racional*) y, sobre todo, de una aseveración dubitativa (*Quizás te conviene esa solución*) el tonema final puede no ser tan pronunciado (NGLE vol. III, §§ 10.5b-10.5e).

109

El carácter neutro ya señalado de las oraciones aseverativas es también lo que explica que se construyan en indicativo, el modo no marcado. En la mayor parte de las ocasiones aceptan ser verificadas y, en consecuencia, se las pueda catalogar como verdaderas o falsas. El mayor o menor grado de compromiso con la verdad de lo expresado puede explicitarse mediante la utilización de verbos de conocimiento, de percepción o de comunicación, o mediante combinaciones que expresen incertidumbre, duda, posibilidad... Obsérvese el contraste entre *Ha llegado* y *Sé que ha llegado/Veo que ha llegado/Creo que ha llegado/Dice que ha llegado/Es probable que haya llegado/Es posible que haya llegado/Es dudoso que haya llegado*.

Aunque no es una propiedad específica de las oraciones aseverativas, estas pueden ser clasificadas, según la polaridad, en afirmativas o negativas. En las segundas se expresa la falsedad o inexistencia de cierto estado de cosas.

Desde un punto de vista formal, mientras que las primeras no suelen estar marcadas lingüísticamente (o, si lo están, es por contraste: *Andrea sí vino*), las segundas siempre llevan una marca lingüística, en concreto, una serie de segmentos negativos, que pueden ser determinantes y pronombres (*nadie, nada...*), adverbios (*no, jamás...*), conjunciones (*ni, sino*), preposiciones (*sin*), o expresiones más o menos fijadas (*gota de, en absoluto...*). Estos términos de polaridad negativa suelen exigir una negación explícita (*No se divierte nada, No se divierte jamás, No se divierte en absoluto, No bebe una gota de agua*) o implícita (*Pongo en duda que beba una gota de agua*).

La negación, por último, puede afectar a toda la oración (negación externa o proposicional) o a alguno de sus componentes (negación interna o de constituyente): *En aquella época Juan no comía carne* (= 'No es cierto que en aquella época Juan comiera carne')/*En aquella época Juan no comía carne, sino pescado* (NGLE, § 48.2).

4.2 Oraciones interrogativas

Las oraciones interrogativas (Escandell 1999; Grande 2002, 356–360; Sánchez 2020, 111–144) son expresiones abiertas: el hablante plantea una variable o incógnita, establece una "incertidumbre" que, en su caso, tiene que despejar el oyente. Pueden representar distintos actos de habla:

Tabla 9.3 Modalidad interrogativa y actos de habla.

Modalidad		Acto de habla
Interrogativa	¿Cuántos hijos tienes?	Pregunta
	¿Me dejas los apuntes?	Petición
	¿Tienes hora?	Solicitud de información
	¿Quieres un café?	Invitación
	¿No es hora de que te acuestes?	Orden
	¿Por qué llegas tarde?	Reproche
	¿Quién es el niño más guapo?	Aserción
	Te llaman "Dani", ¿no?	Confirmación
	¿Contamos contigo o no?	Aclaración

Según que la incógnita informativa afecte a todo el proceso (*¿Ha llegado tu hermana?, ¿Viene hoy o mañana?*) o se circunscriba solo a uno o varios componentes del mismo (*¿Cuándo ha llegado tu hermana?, ¿Por qué no vienes a cenar?*), se habla, respectivamente, de *oraciones interrogativas totales* y de *oraciones interrogativas parciales*.

A su vez, las *totales* pueden ser *polares* o *alternativas*: las primeras afectan a todo el proceso y, en concreto, a su carácter afirmativo o negativo; las *alternativas* a toda la secuencia también, pero encauzado en una alternativa que se presenta. Las *polares* aceptan por respuesta los adverbios y expresiones *sí, no, quizás, por supuesto, en ningún caso...*; las *alternativas*, en cambio, pueden responderse con cualquiera de las opciones que se ofertan, o cualquier otra no incluida: *¿Ha llegado tu hermana?* → *Sí/no/quizás/por supuesto*; *¿Vienes hoy o mañana?* → *Hoy/mañana/mejor la semana que viene ...*

Pero, además, es bastante frecuente establecer una segunda clasificación entre *oraciones interrogativas directas* y *oraciones interrogativas indirectas*. Las secuencias interrogativas del párrafo anterior son ambas directas y constituyen enunciados independientes. No lo son, en cambio, las *interrogativas indirectas* siguientes, que dependen sintácticamente de un verbo externo (*sabe, preguntó, ignoraba*): *No sabe si ha llegado su hermana; Me preguntó cuándo había llegado su hermana; Ignoraba por qué no venía a cenar.*

Desde un punto de vista prosódico la diferencia entre interrogativas totales e interrogativas parciales es relevante (NGLE, vol. III, §§ 10.7–10.10). En las primeras, el contorno melódico comienza, a partir de las sílabas iniciales, con un tono medio que disminuye paulatinamente hasta la última sílaba tónica, después de la cual la inflexión final es claramente ascendente. Este ascenso es mayor en caso de que el hablante enuncie una interrogativa exclamativa: *¿¡Estás todavía en casa!?* (NGLE, vol. III, § 10.8.d)

Las interrogativas parciales aparecen encabezadas por una palabra interrogativa que concentra el foco de la incógnita. Por esa razón, en este caso es este primer componente el que recibe el tono más alto de la oración, tono que va decayendo suavemente hasta la última sílaba tónica, donde se produce un descenso más acusado.

En las interrogativas directas parciales la partícula interrogativa ocupa siempre la posición inicial, salvo que por razones enfáticas o por proponer una aclaración, repetición o rectificación se posponga (*¿Dijo qué cosa?*).

El interrogativo hace referencia catafórica a la solución de la incógnita planteada y, en consecuencia, adquiere la función de esta (*¿Qué dijo?* → *Dijo tonterías*; *¿Cuándo ha llegado tu hermana?* → *Tu hermana ha llegado esta mañana*). El pronombre o adverbio interrogativo puede ir precedido de preposición, que es la misma que aparecería en la respuesta y guarda relación exclusiva con su papel sintáctico (*¿De qué hablan?* → *Hablan de cosas inútiles*; *¿Por qué tose?* → *Tose porque fuma*). Son posibles oraciones interrogativas directas parciales múltiples (Contreras 1999, 1943), que contienen más de una palabra interrogativa, pero solo una de estas aparece antepuesta al verbo: *¿Quién le dijo qué a quién?*

Se ha señalado la preferencia por la posposición del sujeto con relación al verbo en las interrogativas parciales (*¿Cuándo ha llegado tu hermana?*) (Escandell 1999, 3951–3952; NGLE, § 42.9c), pero esa tendencia no parece general: en el español de Cuba, Venezuela, Santo Domingo y Puerto Rico es frecuente intercalarlo entre el pronombre relativo y el verbo (*¿Qué tú crees que yo voy a hacer?*) (Herrero 1992; Brown y Rivas 2011).

Las oraciones interrogativas directas parciales tienen una propiedad común con las estructuras de relativo (Brucart 1999, 472–473): presentan la posibilidad de incrustar verbos como *creer, pensar, opinar, juzgar, considerar, parecer, comentar, saber*, etc., seguidos de la conjunción *que*, mediante los cuales el hablante tiene la posibilidad de delimitar o matizar la secuencia: *¿Cuándo llega tu hermana?* → *¿Cuándo crees/opinas/piensas que llega tu hermana?* La inclusión de estos verbos hace que la palabra interrogativa actúe "a distancia", en concreto respecto del verbo introducido por la conjunción *que*.

No es infrecuente encontrar interrogaciones directas totales con valor confirmativo a continuación de una oración aseverativa: *Hoy estoy muy disgustado, ¿sabes?/¿no te das cuenta?/¿lo ves?/¿entendés?* Estas expresiones interrogativas, que también pueden ser parciales, se pueden utilizar además para presentar una secuencia aseverativa con información novedosa, interesante o inesperada para el interlocutor: *¿Sabes?/¿Sabes una cosa?/¿Sabes qué? Hoy no he podido ir a trabajar* (NGLE, § 42.8).

Las oraciones interrogativas totales pueden usarse con valor confirmativo: la secuencia *¿Te llaman "Dani"?* puede ser una estructura equivalente a *¿Es cierto/es verdad que te llaman "Dani"?* En este caso, no es infrecuente completar la interrogativa con el apéndice negativo..., *¿no?: Te llaman "Dani", ¿no?* Frente a las anteriores, reclaman más bien una aclaración las interrogativas terminadas en *¿... o no?: ¿Te llaman "Dani" o no?* (NGLE, §§ 42.7f y 42.7h)

Se denominan *interrogativas retóricas* las que incluyen implícita o explícitamente una respuesta (de polaridad contraria), lo que las convierte en aserciones encubiertas: *¿No es un artículo muy bueno?* y *¿Acaso podíamos esperar algo de ellas?* orientan hacia la interpretación *Es un artículo muy bueno* y *No podíamos esperar nada de ellas*.

Por último, se habla también de *interrogativas eco*: son aquellas que se refieren a una información introducida con anterioridad en el discurso y de la que se reclama, con un cierto grado de sorpresa, una aclaración o una repetición, o incluso una rectificación. Si son parciales, suelen llevar pospuesta la palabra interrogativa: *¿Es amiga de quién?, ¿Que probaste qué?* Es destacable en estos casos el comportamiento de la partícula *cómo*, que puede aparecer con este valor antepuesta y acompañada de un *que: ¿Cómo que tienes que hacer muchas cosas y no me puedes ayudar?* (Escandell 1999, 3969–3970).

Las interrogativas indirectas (*No sabe si quiere ir, Se pregunta qué dijo exactamente, Le preguntó por qué se comporta así*) se integran en una secuencia más amplia y se subordinan a un verbo externo en la forma habitual de los SN.

La lengua permite reproducir lo emitido en otro acto discursivo, propio o ajeno, de *forma literal* o de *forma no literal*. En el primer caso se habla de *discurso directo* (*Samuel dijo: "Lo he visto"*); en el segundo, de *discurso indirecto* (*Samuel dijo que lo había visto*). Siempre es posible la transformación del uno en el otro, pero, entre otras cosas, hay que tener en cuenta la modalidad del segmento que se reproduce literalmente. Se dan varias posibilidades: (a) si se trata de una secuencia aseverativa, la conversión se realiza mediante la interposición de la conjunción *que*: *Samuel dijo: "Lo he visto"* → *Samuel dijo que lo había visto*; (b) en el caso de una oración interrogativa total, el cambio se realiza mediante la combinación de las conjunciones *que* y *si*: *Samuel dijo: "¿Lo has visto?"* → *Samuel dijo que si lo había visto*; c) si lo reproducido literalmente es una interrogativa parcial encabezada por una partícula interrogativa, el paso al estilo indirecto se hace mediante la combinación de la conjunción *que* y la palabra interrogativa correspondiente: *Samuel me dijo: "¿Qué has hecho?"* → *Samuel me dijo que qué había hecho; Samuel me dijo: "¿Dónde vives?"* → *Samuel me dijo que dónde vivía* (NGLE 2009, §§ 43.9f-43.9ñ; Iglesias y Lanero 2019, 332–333; Sánchez 2020, 242–248).

4.3 Oraciones exclamativas

Mediante las oraciones exclamativas (Alonso-Cortés 1999; Grande 2002, 365–391; Sánchez 2020, 145–171) el hablante manifiesta reacciones emotivas (de sorpresa, admiración, rechazo, etc.) ante un determinado estado de cosas. En las exclamaciones también cabe hablar de *exclamaciones totales* (*¡Hace un calor insoportable! ¡Graciosa es la niña!*), donde esas emociones no se encuentran ponderadas o intensificadas, y *exclamaciones parciales* (*¡Qué calor hace! ¡Cómo resolvió el problema!*), en las que sí existe una ponderación o intensificación (en cuanto a la cantidad o de la cualidad). También cabe hablar de *exclamaciones directas* (*¡Hace un calor insoportable! ¡Cómo resolvió el problema!*) y *exclamaciones indirectas* (*No te imaginas cómo resolvió el problema; No sabes qué calor hace*).

Entonativamente, las oraciones exclamativas son aseverativas amplificadas; dicho de otro modo, en ellas existe también una inflexión final, pero mucho más acusada. Un dato característico de este tipo oracional que se apunta es la existencia de elevaciones y descensos tonales, y de acentos melódicos suplementarios en determinadas palabras con el fin de enfatizarlas (NGLE, vol. III, §§ 10.5f-10.6m).

Para algunos autores, el hecho de pronunciar cualquier secuencia con énfasis, sea de la modalidad que sea, la convierte en exclamativa: *¡Hace mucho frío!; ¿¡Estás todavía en casa!?; ¡Vení pronto!; ¡Ojalá vengas pronto!* De ahí que se discuta su independencia. No obstante, avalaría su estatus de clase oracional la presencia de partículas específicas (partículas exclamativas, relativos tónicos, pronombres y adverbios exclamativos, palabras *qu-*) que ponderan o cuantifican el estado de sorpresa, admiración o rechazo.

Solo son oraciones exentas las exclamativas directas (*¡Hace un calor insoportable! ¡Cómo resolvió el problema!*). Las indirectas dependen de un verbo externo de emoción (*¡Es lamentable cómo se está portando!*) y actúan respecto de este como un SN.

En el paso del estilo directo al estilo indirecto la modalidad exclamativa no se refleja si lo reproducido literalmente es una exclamativa total (*Andrea dijo: "¡Hace mucho frío!"* → *Andrea dijo que hacía mucho frío*), pero sí en el caso de las exclamativas parciales, con la inclusión de la conjunción *que* y la partícula exclamativa correspondiente (*Andrea exclamó: "¡Qué bien lo hizo!"* → *Andrea exclamó que qué bien lo había hecho*).

La relación entre interrogativas y exclamativas se extiende a más datos, en especial con las parciales (Contreras 1999): las partículas exclamativas son las mismas que las interrogativas (aunque reducidas a *qué, qué de, cuánto* y su apócope *cuán, quién* y *cómo*); según se ha señalado en algunos trabajos (NGLE, § 42.15w), ciertas oraciones interrogativas, en concreto las retóricas, son en muchos casos indistinguibles de las exclamativas, hasta el punto de que en los textos alternan los signos de interrogación con los de exclamación en su transcripción: *¿Cómo quieres que lo sepa? ¡Cómo quieres que lo sepa!*

Las exclamativas parciales pueden llevar un *que* expletivo (Sánchez 2020, 158): *¡Qué de gente que vino! ¡Qué tranquilo que está! ¡Cuántas cosas que tienes!* Tipos especiales de oraciones exclamativas son aquellas que llevan una partícula enfática inicial (*Vaya que, Vaya si, Vaya que si, Bien que*) o la conjunción *si*: *¡Vaya que resolvió el problema!, ¡Vaya si resolvió el problema!, ¡Vaya que si resolvió el problema!, ¡Bien que resolvió el problema!, ¡Si seré tonto!*

En el grupo de las exclamativas suelen incluirse las construidas con artículo determinado "enfático" (*¡La casa que le regaló su padre!, ¡Lo cara que es esa bicicleta!, ¡Lo bien que se porta esa chica!*), dado que son equivalentes a oraciones exclamativas parciales (*¡Qué casa le regaló su padre!, ¡Qué cara es esa bicicleta!, ¡Qué bien se porta esa chica!*), pero lo cierto es que, aunque haya equivalencia semántica, no se trata de oraciones, sino de SN (NGLE, § 42.16; Sánchez 2020, 160–161).

Es posible que del cruce entre las exclamativas con artículo "enfático" y las oraciones exclamativas parciales equivalentes surjan las referidas en el apartado anterior con *que* expletivo: *¡Qué casa le regaló!, ¡La casa que le regaló!* → *¡Qué casa que le regaló!; ¡Qué cara es esa bicicleta!, ¡Lo cara que es esa bicicleta!* → *¡Qué cara que es esa bicicleta!; ¡Qué bien se porta esa chica!, ¡Lo bien que se porta esa chica!* → *¡Qué bien que se porta esa chica!*

Por último, estructuras exclamativas pueden intervenir como primer componente de una consecutiva: *¡Lo bien que trabaja que le han subido el sueldo!, ¡Si seré torpe que me he cortado el dedo!; ¡Qué les habrá contado que ni me hablan!* (Iglesias y Lanero 2019, 339–340).

4.4 Oraciones desiderativas

Por medio de las oraciones desiderativas (u optativas) el hablante manifiesta un vehemente deseo de que se cumpla el contenido de su mensaje (Sánchez 2020, 173–194).

Como ya se señaló, aunque guardan parentesco con las oraciones exclamativas, se diferencian de estas en que desencadenan presuposiciones distintas: las exclamativas son siempre factivas (denotan un hecho), mientras que las desiderativas son contrafactivas o antifactivas (hacen referencia no a un hecho, sino a una situación potencial) (Sánchez 2020, 149 y 176). También se han puesto en relación con las oraciones imperativas, pero, frente a las desiderativas, aquellas se caracterizan por ser siempre directivas, es decir, porque en ellas siempre hay un destinatario al que el hablante se dirige con el fin de que actúe en un sentido u otro.

Melódicamente, las oraciones desiderativas no difieren de las oraciones exclamativas. Como estas, presentan elevaciones y descensos tonales marcados, y el tono final cae más acusadamente que en las aseverativas.

El rasgo lingüístico que caracteriza a las oraciones desiderativas es el empleo del subjuntivo, pero sin que la aparición de este modo esté condicionado a la presencia de un predicado externo.

Con frecuencia aparecen introducidas por el segmento *ojalá (que)* (o su variante americana *ojalá y*), por las conjunciones *que* o *si*, por el adverbio *así* (aunque en este caso el deseo pasa a tener un claro valor negativo), o por el pronombre *quién*: *¡Ojalá (que) pases un buen día!*, *¡Ojalá y su boca dijera la verdad!*, *¡Que pases un buen día!*, *¡Si pudieras pasar un buen día!*, *¡Así te caiga toda el agua del mundo!*, *¡Quién tuviera dinero para comprar ese coche!* Son posibles oraciones desiderativas sin marcas explícitas, en muchos casos con referencia a seres sobrenaturales o con pronombres pospuestos: *¡Vivan los novios!*, *¡Hágase tu voluntad!*, *¡Dios no lo quiera!*

4.5 Oraciones imperativas

Las oraciones imperativas (o apelativas) (Haverkate 1979; Garrido 1999; Sánchez 2020, 195–219) forman enunciados mediante los que el hablante pretende influir sobre el interlocutor para que actúe de una determinada forma. Tienen, pues, un claro valor directivo: se dirigen a alguien para solicitar de él algo. Mediante ese tipo de oraciones se pueden transmitir diferentes actos de habla:

Tabla 9.4 Modalidad imperativa y actos de habla.

Modalidad		Acto de habla
Imperativa	¡Pase usted!	Orden
	¡Que se sienten de una vez!	Exhortación
	¡Déjame los apuntes!	Petición/ruego
	¡Pruebe este chocolate!	Sugerencia
	¡Cantemos todos juntos!	Invitación

Desde un punto de vista prosódico, las oraciones imperativas se caracterizan por una elocución rápida, tono agudo y elevación de la intensidad de voz, todo ello para lograr un estado de exaltación y acentuar la fuerza apelativa. En líneas generales, como sucede en las oraciones aseverativas, exclamativas y desiderativas, el tono desciende desde la primera sílaba tónica hasta el final, donde llega al nivel mínimo del hablante (NGLE, vol. III, §§ 10.11 y 10.12).

En las oraciones apelativas se usa el modo imperativo, de paradigma defectivo, constituido solo por formas de segunda persona (*¡Ven pronto!*, *¡Vení pronto!*, *¡Venid pronto!*). Con otras personas o en contextos negativos, en lugar del imperativo se emplea el subjuntivo (*¡Vayamos todos a verlo!*, *¡No vengáis todavía!*).

Se pueden encontrar usos de infinitivos ligados a este tipo de modalidad, tanto afirmativos como negativos (*¡Veniros pronto!*, *¡No venir sin avisar!*), pero este uso está sujeto a variación dialectal: es característico del español de España (Sánchez 2020, 218). También son posibles secuencias imperativas coloquiales con gerundio (*¡Corriendo a por ello!*), con el esquema "*ya estás + gerundio*" (*¡Ya estás corriendo a por ello!*), o con infinitivo precedido de las preposiciones *a* o *sin* (*¡A trabajar ya!*, *¡Sin olvidarse ni de una coma!*). En variedades del español de México (Torres y Hernández 1999) estas secuencias imperativas se combinan con la partícula invariable *le* intensiva, como en *Trae unos "Raleigh"*. *¡Córrele!* (= "Corre ya a por ellos"), *Límpiele* (= "Limpie inmediatamente") o *¡A trabajarle!* (= "¡A trabajar ya!").

Las oraciones imperativas no suelen llevar explícito el sujeto, salvo que este sea "usted", o cuando se pretende un contraste. Si lo llevan, aparece pospuesto (*¡Pase usted!*, *¡Pasad vosotros, pero no el pequeño!*).

No pueden considerarse sujetos segmentos nominales vocativos: los sujetos van unidos directamente al verbo y se sitúan detrás de este (*¡Pasad ya vosotros!*); los vocativos aparecen en inciso, aislados mediante pausas, pueden ir antepuestos o pospuestos, y son nombres propios o nombres comunes sin determinante (*¡Samuel, pasa ya!*, *¡Chicas, pasad ya!*, *¡Pasa ya, Samuel!*, *¡Pasad ya, chicas!*).

Los clíticos van también pospuestos, salvo que la oración imperativa sea negativa: *¡Pasádmelo ya!*, *¡Pásenmelo ya!*, *¡Que no me lo pasen todavía!* Esta enclisis puede producir cambios en la terminación del imperativo: desaparición de la *-d* de la segunda persona de plural cuando va seguida de la forma pronominal *os* (*¡Callaos!*, *¡Miraos bien!*); pérdida de la *-s* final de la primera persona del plural cuando se combina con el referente *nos* (*¡Callémonos!*, *¡Mirémonos bien!*).

Las oraciones imperativas presentan algunas restricciones. Sintácticamente, no aceptan la subordinación en sus formas exclusivas (las del modo imperativo). Tampoco hay oraciones imperativas cuando la predicación denota estados o propiedades (**¡Sé tranquilo!*). Los ejemplos del tipo *¡Sé bueno! ¡Estate tranquilo!* son posibles porque el predicado indica un comportamiento, que puede ser sometido a control por parte del referente del sujeto, lo que explica su compatibilidad con el imperativo.

Un caso particular son las llamadas *imperativas retóricas*, con las que el hablante, en realidad, no solicita acción alguna al destinatario: *¡Mira quién está aquí!* Con frecuencia en estos casos la oración imperativa es una aserción de polaridad contraria: *¡Vete a alquilar ahora una casa! ¡Eso, sigue gritando!* (NGLE, §§ 42.5k y 42.5n).

Se denominan enunciados *imperativos retrospectivos* a los formados con infinitivos compuestos, con los que se expresa un reproche o un comentario con relación a alguna acción que no se realizó en el pasado: *¡Haberme interrumpido antes!*, *¡Haberlo comunicado con anterioridad a la reunión!* Estos imperativos retrospectivos no son del todo independientes, porque presuponen una secuencia previa.

Las oraciones imperativas pueden ser equivalentes a la prótasis de las condicionales (son los *imperativos condicionales*), cuando se combinan mediante las conjunciones *y* u *o* con secuencias no imperativas: *¡Llámala ahora mismo y comprobarás que tengo razón!* (NGLE, § 42.5h).

5 Direcciones futuras y conclusiones

Como ya se indicó al final de § 3.1., la modalidad es, en realidad, una propiedad del enunciado. A las oraciones o cláusulas se les puede asignar una modalidad de manera indirecta o derivada, en tanto que son el esquema o *dictum* elegido en un contexto determinado. Nada impide que el hablante elija un esquema no oracional para dar forma a su enunciado y que, en consecuencia, se asocie a las diferentes modalidades (*Azul cobalto*; *¿Verdad o mentira?*; *¡Qué suerte!*; *¡Quietos!*; *¡Buen camino!*).

El concepto de enunciado se incorpora a nuestra tradición a partir de Rojo (1978) y Gutiérrez (1978), pero ha evolucionado desde entonces: de ser una unidad con predicatividad, que es independiente, y autosuficiente semánticamente (Rojo 1978), o la unión de un determinado esquema sintagmático y una curva de entonación que configura una modalidad (Gutiérrez 1978), ha pasado a incluir también el valor ilocutivo que posee en cada contexto (Gutiérrez 2016a: 274).

El enunciado se configura como una unidad de referencia importante en el análisis gramatical, de ahí que cobre gran relevancia su delimitación. Desde que se incorporó a la práctica lingüística, siempre se ha unido al concepto de aislabilidad, en parte porque ese valor ilocutivo ya indicado que posee le da un cierre y lo constituye en una unidad con capacidad para entrar por sí mismo como una intervención de un acto comunicativo.

Sin duda alguna, el anterior es el dato formal prototípico que define a un enunciado. Pero quizás no sea suficiente. La independencia del enunciado suele demostrarse acudiendo a otros datos subsidiarios, entre los que destaca precisamente la presencia de un esquema entonativo ligado a una única modalidad (Iglesias 2018, 25–27).

Si se aplica el criterio anterior (un enunciado, una única modalidad), hay que poner en duda que solo se pueda hablar de enunciados cuando haya independencia formal. En Gutiérrez (2016a: 277), Gutiérrez (2016b: 522) y Grande 2017 se apunta que quizás sean enunciados los segmentos resaltados en *Los están insultando y se callan*, *Estuvieron allí y no saben nada de lo que pasó*, *Me duele la garganta, pero podré dar la charla*, o las oraciones subordinadas de *Se pone calcetines porque tiene frío*; *Vendrá a verme aunque sea tarde*; *Saldré de paseo si no llueve*. Todos pueden tener su propia modalidad diferente a la del otro componente: *Los están insultando y ¡se callan!*, *Estuvieron allí y ¡ojalá no sepan nada de lo que pasó!*, *Me duele la garganta, pero ¿podré dar la charla?*, *Se pone calcetines ¿porque tiene frío?*; *Vendrá a verme ¡aunque ojalá sea tarde!*; *Saldré de paseo ¡si no llueve!*

La idea anterior, que confirmaría que las llamadas oraciones subordinadas sí pueden tener fuerza ilocutiva propia (Sánchez 2020, 240–244), está siendo explorada recientemente en el marco de la macrosintaxis y, de confirmarse, supondría abrir el camino a interpretar parte de la sintaxis oracional, en realidad, como una sintaxis de enunciados (Gutiérrez 2016b, 522–523).

Se ofrece en la tabla 9.5 un recuento estadístico sobre la frecuencia de uso de las distintas modalidades, obtenido a partir de la *Base de datos sintácticos del español actual* (BDS), desarrollada en la Universidad de Santiago de Compostela.

Los datos, que han sido tomados desde el interior del sistema (no es posible hacerlo desde la aplicación web), son parciales: en la BDS no están codificadas las oraciones o cláusulas desiderativas; tampoco se han podido obtener datos sobre exclamativas totales, ni sobre las posibles diferencias entre directas e indirectas tanto en exclamativas como en interrogativas. Pese a todo, se proporcionan resultados significativos sobre casi 160 000 oraciones o cláusulas (125 000 con procedencia de España, y 35 000 de América), distribuidas por tipos de textos (novela, teatro, ensayo, prensa, y textos orales).

Como era de esperar la preponderancia de la modalidad declarativa es abrumadora: se encuentra por encima del 90 % tanto en España como América, con un ligero ascenso en este último caso en detrimento sobre todo de la modalidad imperativa:

Tabla 9.5 Modalidades. Porcentajes totales y por zonas.

	Total	España	América
Declarativa	92,19	91,80	93,60
Imperativa	2,36	2,59	1,50
Interrogativa	5,06	5,18	4,62
Exclamativa	0,39	0,42	0,28
	100	100	100

Fuente: *Base de datos sintácticos del español* (BDS). Elaboración propia.

Por tipos de texto, la situación llega con las oraciones declarativas incluso al 96 y al 99 % en ensayo y prensa, aunque en textos orales y teatrales bajan, respectivamente, hasta unos significativos 90 y 84 %. Este descenso de las declarativas se debe, en el primero de estos últimos casos, al auge de interrogativas, y, en el segundo, al de interrogativas e imperativas.

Tabla 9.6 Modalidades. Porcentajes por tipo de texto.

	Novela	Ensayo	Teatro	Prensa	Oral
Declarativa	93,30	96,91	83,95	99,03	90,83
Imperativa	1,92	0,95	6,70	0,20	0,99
Interrogativa	4,34	2,01	8,59	0,72	7,92
Exclamativa	0,44	0,13	0,76	0,04	0,25
	100	100	100	100	100

Fuente: Base de datos sintácticos del español (BDS). Elaboración propia.

Respecto a la diferencia entre interrogativas totales y parciales, predominan las parciales, en mayor medida en América.

Tabla 9.7 Modalidad interrogativa. Porcentajes totales y por zonas.

	Total	España	América
Interrogativas totales	47,76	48,27	45,67
Interrogativas parciales	52,24	51,73	54,33
	100	100	100

Fuente: Base de datos sintácticos del español (BDS). Elaboración propia.

Por último, de nuevo sobre interrogativas totales y parciales, por tipo de texto, las distancias en favor de las parciales crecen un poco en novela y en prensa, y considerablemente en ensayo. Se igualan a las totales en textos orales y se invierte la frecuencia en teatro.

Tabla 9.8 Modalidad interrogativa. Porcentajes por tipo de texto.

	Novela	Ensayo	Teatro	Prensa	Oral
Interrogativas totales	44,35	33,83	52,55	41,67	50,43
Interrogativas parciales	55,65	66,17	47,45	58,33	49,57
	100	100	100	100	100

Fuente: Base de datos sintácticos del español (BDS). Elaboración propia.

Bibliografía recomendada

Grande (2002); Bravo (2017); Sánchez (2020).

Bibliografía citada

Alonso-Cortés, Á. 1999. "Las construcciones exclamativas". En *GDLE*, vol. 3, 3993–4050.
BDS: *Base de datos sintácticos del español actual*. Universidad de Santiago de Compostela. (www.bds.usc.es).
Bravo, A. 2017. *Modalidad y verbos modales*. Madrid: Arco libros.

Brown, E. y J. Rivas. 2011. "Subject-Verb Word Order in Spanish Interrogatives: A Quantitative Analysis of Puerto Rican Spanish". *Spanish in Context* 8(1): 23–49.

Brucart, J. M.ª 1999. "La estructura del sintagma nominal: las oraciones de relativo". En *GDLE*, vol. 1, 395–522.

Contreras, H. 1999. "Relaciones entre las construcciones interrogativas, exclamativas y relativas". En *GDLE*, vol. 2, 1931–1963.

Escandell, V. 1999. "Los enunciados interrogativos". En *GDLE*, vol. 3, 3929–3991.

Garrido, J. 1999. "Los actos de habla. Las oraciones imperativas". En *GDLE*, vol. 3, 3879–3928.

GDLE: *Gramática descriptiva de la lengua española*, dirs. I. Bosque y V. Demonte. Madrid: Espasa-Calpe, 1999.

Grande, F. J. 2002. *Aproximación a las modalidades enunciativas*. León: Universidad de León.

Grande, F. J. 2017. "Coordinación de enunciados de distinta modalidad: el caso de los enunciados 'desiderativo-apelativos' con valor condicional y concesivo". En *Macrosintaxis y lingüística pragmática*, *Círculo de Lingüística Aplicada a la Comunicación* 71, eds. C. Fuentes y E. Alcaide, 115–140.

GTG: Real Academia Española y Asociación de Academias de la Lengua Española. *Glosario de términos gramaticales*. Salamanca: Ediciones Universidad de Salamanca, 2019.

Gutiérrez, S. 1978. "Visualización sintáctica: un nuevo modelo de representación espacial". En *Actas del VII Coloquio Internacional de Lingüística Funcional*, 259–270. Oviedo: Universidad de Oviedo.

Gutiérrez, S. 2016a. "Apuntes conversacionales para seguir pensando". En *Oralidad y análisis del discurso. Homenaje a Luis Cortés Rodríguez*, eds. A. M. Bañón et al., 273–289. Almería: Universidad de Almería.

Gutiérrez, S. 2016b. "Relaciones y funciones en sintaxis y macrosintaxis". En *El español a través del tiempo. Estudios ofrecidos a Rafael Cano Aguilar*, volumen I, dirs. A. López et al., 515–539. Sevilla: Universidad de Sevilla.

Haverkate, H. 1979. *Impositive Sentences in Spanish: Theory and Description in Linguistic Pragmatic*. Amsterdam/Philadelphia: North-Holland Publishing Company.

Herrero, F. J. 1992. "Sobre la posición del sujeto en las interrogativas directas encabezadas por pronombre o adverbio interrogativo". *Revista de Filología de la Universidad de La Laguna* 11: 115–123.

Iglesias, M. 2018. "Macrosintaxis: una propuesta sobre dimensiones, unidades y categorías". En *Macrosintaxis del español: unidades y estructuras, Círculo de Lingüística Aplicada a la Comunicación* 75, eds. E. Alcaide y C. Fuentes, 19–44.

Iglesias, M. y C. Lanero. 2019. "Las estructuras sintácticas complejas". En *Manual de lingüística española*, ed. E. Ridruejo, 313–352. Berlín, Boston: De Gruyter.

Jiménez Juliá, T. 1989. "Modalidad, modo verbal y modus clausal en español". *Verba* 16: 175–214.

NGLE: Real Academia Española y Asociación de Academias de la Lengua Española. 2009–2011. *Nueva gramática de la lengua española*. Madrid: Espasa. (www.rae.es/recursos/gramatica/nueva-gramatica).

Rojo, G. 1978. *Cláusulas y oraciones*, Santiago de Compostela: Universidad de Santiago de Compostela.

Sánchez, C. 2020. *Las modalidades oracionales*. Madrid: Editorial Síntesis.

Searle, J. R. 1977. "Actos de habla indirectos". *Teorema. Revista internacional de filosofía* 7(1): 23–54.

Torres, R. y J. E. Hernández. 1999. "*A trabajarle*: la construcción intensiva en el español mexicano". *Southwest Journal of Linguistics* 18(2): 79–100.

10
La estructura oracional
(Sentence structure)

Johan Pedersen

1 Introducción

En este capítulo se introducen, en primer lugar, los conceptos fundamentales para el análisis de la estructura oracional. La oración prototípica del español está estructurada con un verbo como núcleo predicativo y un número de argumentos que por su función semántica y sintáctica se relacionan con él. Los adjuntos independientes y otros elementos añaden información modificadora a esta estructura nuclear. A continuación, se discuten, muy brevemente, algunas aproximaciones teóricas a la estructura oracional que, además de representar diferentes puntos de vista teóricos, enfocan otros aspectos particulares importantes. Por un lado, los generativistas defienden la existencia de un conjunto de principios, parámetros y estructuras sintácticas abstractas, en alguna medida relacionado con el sistema cognitivo, que puede generar las oraciones que usamos en la comunicación. Por otro lado, la lingüística cognitiva-funcional enfatiza la interacción entre los procesos cognitivos, nuestra experiencia del uso y la formación de las estructuras lingüísticas. En el capítulo se prestará más atención al modelo construccionista, cuyo fundamento teórico es el cognitivo-funcional, y particularmente, el de "la gramática basada en generalizaciones sobre la experiencia del uso". Se describirá, usando datos de la base de datos BDS, la distribución de los verbos en algunas de las construcciones oracionales fundamentales en español.

Palabras clave: predicado; argumentos; construcciones oracionales; variación; corpus

This chapter focuses on the structure of the sentence. First, we introduce the fundamental concepts. The prototypical Spanish sentence is structured by the verbal predicate with which a number of arguments is associated by their semantic and syntactic function. To this core structure of the sentence, independent adjuncts and other elements add modifying information. We then briefly discuss some approaches to Spanish sentence structure that, in addition to their theoretical contribution, bring other important aspects into focus. On the one hand, generativists defend the existence of a set of principles, parameters and abstract syntactic structures, to some extent related to the cognitive system, that generate the sentences we use when we communicate. On the other hand, cognitive-functional linguistics emphasizes the interaction between cognitive processes, our experience of usage and the formation of linguistic structures. In the chapter, we pay specific attention to the constructionist model of the sentence. Its theoretical foundation is the cognitive-functional approach, and, in particular, the usage-based model of grammar. We thus describe the distribution of verbs in some of the fundamental clausal constructions in Spanish by using corpus data from the BDS database.

Keywords: predicate; arguments; clausal constructions; variation; corpus

2 Conceptos fundamentales

La unidad *oración* es fundamental en la comunicación. La oración prototípica está estructurada en torno a un *predicado verbal* (PRED) que aporta el significado principal que se quiera comunicar. Este significado puede ser un estado, una acción, una actividad, una propiedad o un proceso, con el que están relacionados uno o varios participantes. Así, en la estructura oracional el predicado verbal selecciona un número de *argumentos* (ARG) que completan el significado predicativo. La manifestación formal de esta selección predicativa de argumentos es lo que solemos llamar *la estructura sintáctica* de la oración.

Las descripciones básicas de la estructura oracional comprenden el predicado verbal y las funciones semánticas y sintácticas de los argumentos. Las *funciones semánticas* son, por ejemplo, el agente, el paciente, el destinatario, el beneficiario, el experimentador, la meta, la locación, el instrumento, el estímulo, etc. En su manifestación sintáctica, las principales *funciones sintácticas* son el sujeto (SUJ), el complemento directo (CD) o el complemento indirecto (CI). A veces el verbo selecciona un complemento adverbial (CA) o un argumento que se manifiesta como un grupo preposicional específico. Este tipo de argumento desempeña la función de complemento de régimen (CR). Como se explicará más adelante en este apartado, el verbo también puede seleccionar un atributo (ATR), que de por sí es una predicación de un argumento.

A cada función sintáctica corresponden diversas características formales que permiten reconocerla. Son, básicamente, el tipo de sintagma, la concordancia, la posición de los constituyentes, los marcadores de caso (en los pronombres personales) y la presencia de preposiciones. Mediante estas indicaciones formales de las funciones sintácticas se hacen identificables las relaciones que establecen el predicado verbal y sus argumentos en el núcleo oracional. Por ejemplo, el sujeto concuerda en español con el verbo en número y persona (véase -*aba* en el ejemplo (1)). La indicación formal del complemento directo es normalmente la posición que ocupa, por inseguro que sea el orden de los constituyentes como marca de las funciones sintácticas en español. Como se ve en (1), la marca preposicional *a* también es índice del complemento directo si el constituyente es una entidad animada específica.

(1) Hace 22 años en Santiago de Chile, **un estadio lleno de gente** [SUJ] escuch<u>aba</u> <u>a</u> **Fidel Castro** [CD] que preguntaba a una multitud entusiasmada que quién cometía más errores, si la burguesía o el pueblo. (El Mundo, España, 1994, CREA)

El verbo no concuerda en español con el CD, si bien la duplicación clítica pronominal de los CD y CI se puede analizar como un tipo particular de concordancia. Los pronombres personales (a diferencia de los sustantivos) tienen morfología de caso en español, lo cual sirve para identificar el CD y CI por medio de la sustitución por el pronombre en caso acusativo y dativo, respectivamente, si bien su contribución para la identificación del complemento se complica por la amplia variación del caso en los pronombres átonos en español. El le**í**smo (en su versión más frecuente el índice "dativo" marca el complemento directo masculino como en (2)) y el laísmo o loísmo (el índice "acusativo" marca el complemento indirecto), que no está aceptado como normativo por la RAE/ASALE, son los ejemplos más importantes de esta variación formal.

(2) Aunque [Braudel] me irritara a menudo también me revelaba siempre algo importante...
Sin embargo, **le** veía poco en estos últimos años...
(El País, [España, 1985], CREA)

El complemento indirecto puede ser argumental, es decir, seleccionado por el predicado verbal como en (3), pero también puede ser un complemento adjunto opcional como en (4) (sobre los adjuntos, véase más adelante).

(3) Fernando Santos concede una "ligera ventaja" **a su equipo**.
(La Voz de Galicia, [España, 1991], ARTHUS)

(4) ¿Para qué le traías? ¿Para que **te** limpiara el parabrisas?
(A. Diosdado, Los ochenta son nuestros, [España, 1990], ARTHUS)

El verbo *conceder* exige un destinatario/beneficiario (CI) como parte esencial de su significado, igual que *dar*. Los dos verbos seleccionan tres argumentos (SUJ, CD y CI), mientras que *limpiar* solo exige un agente (SUJ) y un paciente (CD).

En la mayoría de los casos, las funciones sintácticas se relacionan con las funciones semánticas siguiendo un patrón prototípico, si bien cabe enfatizar que no son relaciones invariables. Muchas veces el sujeto es agente y el objeto es paciente, pero no siempre es así. Además, la manifestación sintáctica de los argumentos se puede omitir, siendo la indicación implícita del léxico verbal la única presencia de la función semántica del argumento exigido por el predicado verbal. Es normal que se omita el sujeto en español, pero en este caso, no solo el léxico verbal, sino también la flexión, contribuye a la identificación del argumento correspondiente del predicado, ya que en ausencia del sujeto explícito la condición de concordancia hace buscar el argumento fuera de la oración. En algunos casos también se puede omitir el complemento directo como, por ejemplo, en *por favor, limpia (la mesa/la cocina) cuando termines de comer*. Esta posibilidad de omitir el CD sobre todo depende del verbo. Los complementos indirectos, así como los complementos de régimen verbal, también se pueden omitir si el contexto lo permite.

Los *adjuntos* (ADJ) agregan informaciones que son marginales con respecto a la predicación verbal y sus argumentos. Son complementos circunstanciales. Algunos complementos de contenido circunstancial son argumentales porque están exigidos por el predicado verbal (véase (5)), pero la mayor parte de los complementos que aportan ese tipo de información son adjuntos como en el ejemplo (6).

(5) Yo estoy acomodado a Sevilla, porque siempre he vivido **aquí**.
PRED verbal de 'vivir en algún sitio' + 'complemento ARG del lugar'
(M. A. de Pineda (ed.), Sociolingüística andaluza 2, Material de encuestas para el estudio del habla urbana culta de Sevilla, [España, 1983], ARTHUS)

(6) "Nos casaremos **aquí**." Sí, ya está dicho.
PRED verbal de 'casarse' + 'ADJ de lugar'
(J. L. Sampedro, La sonrisa etrusca, [España, 1985], ARTHUS)

Los *atributos* (ATR) se distinguen de los argumentos porque no completan el significado de un núcleo predicativo verbal y se distinguen de los adjuntos porque no añaden informaciones marginales con respecto a predicación verbal nuclear. Son predicaciones de por sí de un argumento. Si el verbo selecciona un ATR (complemento predicativo), que, a su vez, es una predicación de un argumento de la predicación verbal (típicamente sujeto o complemento directo), la estructura oracional implica una *predicación secundaria*. En (7), por ejemplo, además de ser 'una característica' del complemento directo (*la*) del predicado verbal, el ATR (*contenta*) está seleccionado por el mismo predicado verbal porque si se omite, cambia la esencia del significado.

(7) De nuevo, acercándonos al Coliseum, iniciamos nuestra conversación, tan interesante como el día en que la conocí. Ella se sentía bien. La veía **contenta**.
(L. Llongueras, Llongueras tal cual. Anécdotas y recuerdos de una vida, [España, 2001], CREA)

Si la predicación del argumento (por parte del ATR) *no* depende del núcleo predicativo verbal de la estructura oracional, la contribución predicativa del ATR se puede caracterizar como *facultativa*, si bien puede haber cierta cohesión entre el predicado verbal y el atributo, que puede ser más o menos fuerte (compárense (8) y (9)).

(8) He vuelto **cansada**, con necesidad de unas verdaderas vacaciones.
(J. R. Aldecoa, Porque éramos jóvenes, [España, 1986], ARTHUS)

(9) Mi hermano y los dos hombres que vivían en nuestra casa estaban asomados a una ventana, ..., y vigilaban la calle. Tardaron bastante en verme, **detenida** en la acera, mientras yo los contemplaba.
(R. Bolaño, Una novelita lumpen, 77, [Chile, 2009]).

Los atributos facultativos suelen ser de sujeto, como en (8), pero también pueden ser del complemento directo, como en (9).

En las *oraciones copulativas*, el atributo denota una propiedad o un estado del sujeto mediante el verbo copulativo. En *Juan es médico*, por ejemplo, el atributo es "la característica de ser médico". Los principales verbos copulativos son *ser, estar y parecer*. Véase una descripción de las expresiones copulativas y semi-copulativas en este volumen (cap. 25).

En suma, el núcleo de la estructura oracional se forma en torno a su elemento nuclear predicativo: la predicación verbal con sus argumentos y/u otras estructuras predicativas. Al margen de este núcleo, los adjuntos y los atributos facultativos añaden información que no está prevista por el núcleo predicativo.

La complejidad de la estructura oracional depende de la función que tiene en su contexto sintáctico. Las oraciones que están constituidas por un verbo en forma morfológica personal se pueden usar como *oraciones principales*, es decir, oraciones que son *sintácticamente independientes*, como en (10). Las oraciones son *subordinadas* si dependen de algún otro elemento, por ejemplo, otra estructura predicativa a la que complementan como en (11) o un grupo sintáctico nominal al que modifican como en (12).

(10) [Los animalitos mueren].
(11) Yo estaba contando [que los animalitos mueren].
(12) Yo estaba contando de los animalitos [que mueren].
(A. M. Barrenechea (ed.), El habla culta de la ciudad de Buenos Aires, Materiales para su estudio (tomo 2), [Argentina, 1987], ARTHUS)

La oración subordinada entre corchetes en (11) y (12) está insertada en otra estructura sintáctica. En (11), esta otra estructura es un núcleo oracional constituido por otro predicado verbal (*contar*), y la función sintáctica de la oración subordinada es complemento directo. En (12), está insertada en un grupo nominal cuyo elemento nuclear son *los animalitos*, y su función sintáctica es *modificador*. En ambos casos, toda la secuencia oracional compuesta constituye una estructura oracional principal.

La oración que es construida en torno a un verbo en forma no personal (*el infinitivo, el gerundio o el participio*) suele ser una oración subordinada. Es decir, además de tener un núcleo predicativo y su estructura argumental correspondiente, funciona como argumento, adjunto, atributo o modificador, en otra estructura oracional, que es la principal con respecto a la función de aquella. Véanse los ejemplos (13)–(15).[1]

(13) Yo no necesitaba **escuchar** aquellas palabras para percibir que una atmósfera enrarecida brotaba a mi alrededor.
(Oración del PRED de *escuchar* = CD en la oración del PRED de *necesitar*)
(A. García Morales, El sur, [España, 1985], ARTHUS)

(14) Después de horas de andar, Juan y Juana se sienten optimistas, **pensando** que los hombres no son tan malos y que aquí o allá aparece una persona bondadosa.
(Oración del PRED de *pensar* = ADJ en la oración del PRED de *sentir*)
(H. Aridjis, La zona del silencio, [México, 2005], CORPES)

(15) **Concluida** la tarea, el muchacho le da las gracias y propone: —¿Me aceptaría un café, señor?
(Oración del PRED de *concluir* (construcción absoluta) = ADJ en la oración del PRED de *dar*)
(J. L. Sampedro, La sonrisa etrusca, [España, 1985], ARTHUS)

3 Aproximaciones teóricas

Los diferentes modelos teóricos, además de reflejar distintas concepciones fundamentales de la lengua, tienden a enfocar diferentes aspectos de la estructura oracional. Los planteamientos teóricos de *la gramática funcional* (y de dependencias) dan importancia especial a *las funciones sintácticas*, que son elementos primitivos que vinculan los elementos principales en la estructura interna de la oración (véase, p. ej., Alarcos Llorach 1994).

Las gramáticas de valencia o dependencia analizan la estructura oracional a partir del predicado verbal, enfocando las posibles estructuras o esquemas argumentales que los verbos puedan encuadrar. Así, los predicados verbales se agrupan en avalentes, monovalentes, bivalentes y trivalentes. Los predicados *avalentes* son los que no tienen argumentos, como por ejemplo los verbos meteorológicos (p. ej., *llover* o *nevar*), los monovalentes solo tienen un argumento (*María está gritando*), etcétera. Cuando la valencia predicativa está sin llenar, el argumento correspondiente está implícito y su interpretación queda sobreentendida (¡[ ] *Viene!*, o *Mi hija no me ha escrito* [ ]). Muchas veces el verbo se usa con varios esquemas argumentales. Por ejemplo, el verbo *lavar*, además de usarse en el típico esquema con dos argumentos (*María está lavando la ropa*), también se usa en otro esquema de tres argumentos (*Mercedes se lava las manos*, Alarcos Llorach (1994, 206, 290). En este último ejemplo, la presencia del CI reflexivo es obligatorio. Si se omite, cambia la esencia del significado, que implica que las manos son de Mercedes. En las gramáticas de valencia o dependencia se suele considerar esta variabilidad del uso verbal como una consecuencia directa del significado complejo del léxico verbal (se considera que *lavar* implica varios esquemas predicativos).

Los modelos cognitivistas fundamentan las estructuras sintácticas en la cognición y enfatizan la estructura oracional como un dispositivo del hablante que conlleva o genera la información necesaria para la comunicación. Sin embargo, dos paradigmas cognitivos se oponen por su orientación teórica fundamental.

En primer lugar, los generativistas defienden la existencia, y predominio, de un conjunto de principios, reglas y estructuras abstractas, fundamentalmente relacionado con el sistema cognitivo, que puede generar, de forma ilimitada, todas las oraciones que necesitemos en la comunicación. Suele implicar una *perspectiva internista*, según el cual el lenguaje se considera una facultad de la mente que facilita el aspecto creativo del lenguaje. La gramática generativista no hace referencia a elementos externos, como la función que un enunciado tiene en su contexto comunicativo. Con respecto a las estructuras oracionales básicas, en algunos modelos teóricos se analizan como esquemas de subcategorización sintáctica (y semántica) parecidos a las estructuras argumentales de las gramáticas de valencia o dependencia. Sin embargo, se consideran centrales los aspectos formales de la estructura oracional y no se suele recurrir a funciones estructurales en la descripción, como las funciones sintácticas y semánticas.

En segundo lugar, en los modelos de la lingüística cognitiva-funcional las estructuras oracionales se consideran formadas a partir de la interacción entre nuestras necesidades comunicativas, nuestra experiencia lingüística y los procesos de los dominios cognitivos (véanse, p. ej., Langacker 1987/1991; Croft y Cruse 2004). Uno de sus fundamentos es la teoría general sobre la categorización y la noción de prototipo. El prototipo es el mejor ejemplo de una categoría, es el miembro que más atributos comparte con los demás miembros de la categoría y que menos atributos comparte con miembros de categorías vecinas. En el análisis de la estructura oracional, en vez de definir los elementos mediante atributos binarios y condiciones suficientes y necesarias, la pertenencia a una categoría se determina en función del grado de aproximación a un prototipo. Así pues, las funciones sintácticas de la estructura oracional, como por ejemplo el sujeto y el complemento directo, o la misma unidad oracional, pueden tener una forma y una estructura más o menos prototípica. El sujeto en **Pedro** *está arreglando la casa* es un sujeto prototípico porque hace referencia a una persona, está en primera posición, es tópico y es agente; mientras que el sujeto en *me gusta* ***volver a casa*** no lo es porque es una oración de verbo no personal, está en última posición y tiene la función semántica "estímulo". También se hace referencia a principios semiológicos, como p.ej., la *iconicidad*. Los iconos se caracterizan por guardar semejanza entre su expresión (forma) y su significado. Por ejemplo, la oración prototípica tiene ciertas características icónicas de un diagrama. Hay una relación de similitud entre el orden de los constituyentes de la oración y su estructura semántica. En español, el orden es básicamente: SUJ—VERBO—CD (si bien hay mucha variación; véase este volumen (cap. 20)). Este patrón formal corresponde a una estructura semántica análoga de acción prototípica: "el agente"(Ag) inicia "un proceso de acción" dirigido al "paciente" (Pt), que es el afectado. Esta estructura icónica se ve en el ejemplo (16).

(16) Entretanto, la policía empuja a los manifestantes que quedan
 SUJ VERBO CD
 Ag Acción Pt

(La Voz de Galicia (23/11/91), [España, 1991], ARTHUS)

En la sección siguiente, se prestará atención especial al *modelo construccionista* cuyo fundamento teórico es el cognitivo-funcional (véanse, p. ej., Goldberg 1995 y este volumen (cap. 4)). La mayoría de las teorías construccionistas adopta el principio de *la gramática basada en el uso* (p. ej., Langacker 1987/1991, cap. 2). Según este principio, los usuarios (desde que empiezan a adquirir su lengua) hacen generalizaciones sobre sus experiencias lingüísticas, basadas en el uso continuo de comprensión y producción, formando y ajustando los patrones y las regularidades de su gramática.

4 Perspectivas actuales

4.1 La construcción oracional

Una *construcción* se define técnicamente como el emparejamiento de una estructura formal y su significado. En el modelo construccionista, la *construcción oracional* tiene en su estructura interna varias *sub-construcciones*.

Basándose en la adquisición temprana de estas estructuras y su experiencia lingüística continua, el hablante de español sabe que *la construcción predicativa* (PRED) centrada en el verbo tiene un papel privilegiado en la estructura interna de la construcción oracional. Es decir, el significado principal de la oración se atribuye a la construcción predicativa, que está organizada por un verbo concreto y sus argumentos (Pedersen 2019, 15–20). Teniendo su estructura formal argumental sin especificar ([ ]) y una estructura semántica (' '), se puede representar de esta forma generalizada, en la que el predicado verbal concreto aporta el núcleo semántico de la oración:

(17) $[ARG_1 \textbf{VERB}_i \ldots ARG_n]/\text{'}X_1 \ldots X_n \textbf{ (predicado verbal}_i)\text{'}$

No obstante, este significado nuclear no se puede deslindar estrictamente de otros elementos construccionales. La información oracional está organizada en sub-construcciones de varios tipos y a diferentes niveles de especificidad. Son, principalmente, 1) la construcción predicativa (PRED), y 2) una construcción esquemática (ESQ), también de estructura argumental (véase (18)).

(18) Construcción oracional.
$[ARG_1 \textbf{VERBO}_i \ldots ARG_n]/\text{'}X_1 \ldots X_n \textbf{ (predicado verbal}_i)\text{'}$ Construcción PRED
$[FS_1 \text{ VERBO} \ldots FS_n]/\text{'}X, Y \ldots \text{(REL SEM)'}$. Construcción ESQ

La construcción esquemática tiene forma sintáctica ($[FS_1 \text{ VERBO} \ldots FS_n]$) específica, que puede ser, por ejemplo, [SUJ VERBO CD], y tiene su propia estructura semántica ('X, Y... relación semántica'). Es un patrón de estructura argumental que se ha formado en la gramática del hablante a base de su experiencia lingüística del uso. Representa otra capa estructural que hace su contribución al significado, fundiéndose con el de la construcción predicativa. En principio, su contribución semántica es independiente de la construcción predicativa, si bien esta suele motivar el tipo de construcción argumental con el que se combina. Su función es contribuir a que la construcción predicativa se implemente en una variante de construcción oracional que se conforme a los patrones de la experiencia y la convención lingüísticas y que corresponda a la intención comunicativa específica del usuario. En (19), se implementa la construcción predicativa de 'construir algo' en una construcción de estructura argumental isomorfa, a base de un patrón muy frecuente de transitividad generalizada de la experiencia lingüística: 'alguien actúa sobre algo.'

(19) Los norteamericanos... quieren construir un mundo propio, el suyo, los rusos quieren dominar al mundo para convertirlo.
$[ARG_1 \textbf{\textit{construir}}_i ARG_2]/\text{'}X_1 \text{ construir}_i X_2\text{'}$
$[SUJ \text{ VERBO CD}]/\text{'}X \text{ actúa sobre } Y\text{'}$.
(O. Paz, Tiempo nublado, España, 1983, ARTHUS)

La construcción predicativa y la construcción esquemática no son siempre isomorfas, si bien el significado principal de la oración suele ser predecible por el predicado verbal. A veces la construcción esquemática extiende la estructura argumental aportada por la construcción predicativa con otro argumento. En (20), por ejemplo, la construcción predicativa intransitiva se implementa en una construcción transitiva cuya interpretación se adapta a la construcción predicativa ('Ella baja estableciéndose una relación transitiva entre ella y la escalera').

(20) (Ella) bajó las escaleras sujetándose al pasamanos.
[ARG$_1$ *bajar$_i$*]/'X$_1$ bajar$_i$'
[SUJ VERBO CD]/'X REL Y'
(J. R. Aldecoa, Porque éramos jóvenes, España, 1986, ARTHUS)

En (21), la construcción predicativa transitiva de *lavar*, que es divalente, se implementa en una construcción con complemento indirecto (CI) y una función semántica de experimentador (EXP), cuya interpretación se adapta al contexto sintáctico reflexivo (interpretación posesiva: 'mi cara').

(21) (Yo) me lavé la cara en una fuente pública.
[ARG$_1$ *lavar$_i$* ARG$_2$]/'X$_1$ lavar$_i$ X$_2$'
[SUJ CI(REFL) VERBO CD]/'X actúa sobre Y con EXP Z)'.
(E. Mendoza, El laberinto de las aceitunas, España, 1982, ARTHUS)

Así pues, en el modelo construccionista este uso de *lavar* no se atribuye a una variedad predicativa del significado del verbo, sino a una variedad construccional (compárese el análisis de este uso de *lavar* de la gramática de valencia en el apartado anterior).

Hemos visto en la Sección 2 que la manifestación sintáctica de los argumentos del predicado se puede omitir, siendo la indicación implícita del léxico verbal la única presencia de la función semántica del argumento exigido por el predicado verbal. Esta omisión sintáctica también se puede observar cuando la construcción predicativa se extiende fundiéndose con otra sub-construcción en la estructura interna de la construcción oracional. En (22), la construcción predicativa de *decir*, que es trivalente si bien los argumentos están sin llenar ('(X$_1$) decir (X$_2$) (a X$_3$))', se implementa en la construcción oracional fundiéndose con una construcción esquemática con atributo de complemento directo, y de significado evaluativo (compárese *le consideraban el Fred Astaire de la Colonia del valle*).

(22) Fuimos a una fiesta en la que estaba un señor que bailaba tan bien que le decían el Fred Astaire de la Colonia del valle.
[(ARG$_1$) *decir$_i$* (ARG$_2$) (ARG$_3$)]/'(X$_1$) decir$_i$ (X$_2$) (X$_3$)'
[SUJ VERBO CD ATR]/'X evalúa Y como Z'
(J. Ibargüengoitia, La ley de Herodes y otros cuentos, 22. [México, 2014 [1967]].

La construcción oracional en (19)–(22) es básicamente la integración de las sub-construcciones, cada una de las cuales está codificada en la expresión oracional, y que se originan en los patrones de conocimientos y experiencia del uso.

Según la gramática de construcciones, el corpus lingüístico se puede usar para simular nuestra experiencia lingüística a base de la cual están formadas las construcciones en la gramática (véase también este volumen (cap. 44) sobre la lingüística de corpus). Por lo tanto, los datos de corpus son un buen fundamento empírico para describir el uso de las construcciones oracionales por medio del análisis cuantitativo. En la próxima sección se describirá la variación de algunas de las construcciones oracionales fundamentales en español, usando datos de la Base de Datos Sintácticos del Español Actual (BDS).

4.2 El análisis cuantitativo de la construcción oracional

En esta sección analizaremos cuantitativamente el uso verbal (la construcción predicativa) en algunas de las construcciones oracionales fundamentales, basándonos en datos de la BDS.[2] Las construcciones esquemáticas de las construcciones analizadas son: [SUJ-VERBO-CD], [SUJ-VERBO-CD-ATR], [SUJ-VERBO-CD-CI] y [SUJ-VERBO-CR]. En las tablas 10.1–10.4 se ven las frecuencias del uso verbal en cada esquema sintáctico, incluyendo solo los usos de voz activa (excluyendo los usos impersonales y pasivos). En las columnas 4–11 aparecen las frecuencias normalizadas por millón de palabras en ARTHUS, o en sub-partes del corpus (España, América, Novela etc.). Así podemos comparar las frecuencias de las variedades del uso. En la columna 3 se ve el porcentaje que supone la frecuencia sobre el total de los usos del verbo. Es una indicación de la importancia del uso en relación con otros usos del verbo. Las tablas incluyen los usos verbales más frecuentes del esquema sintáctico en cuestión.

En la Tabla 10.1 podemos observar que el uso más frecuente de la construcción transitiva no implica exactamente la relación semántica 'X actúa sobre Y', sino más bien una relación más abstracta de transitividad, a diferencia de lo que muchas veces se presupone (compárense los ejemplos (16) y

Tabla 10.1 Construcciones con el esquema sintáctico [SUJ-VERBO-CD].

Verbo	Frecuencia absoluta	Porcentaje	Frecuencias normalizadas (casos por millón)							
			Global	España	América	Novela	Ensayo	Teatro	Prensa	Oral
Tener	4789	84	3305	3273	3424	2576	2084	3313	1547	6965
Hacer	2802	51	1934	1935	2029	1958	1055	3402	941	2292
Saber	2402	79	1658	1596	1886	2219	497	2955	282	1476
Ver	2273	63	1569	1426	1918	2114	365	1802	234	2062
Creer	1551	81	1070	1160	738	759	190	1308	186	2871
Querer	1165	90	804	775	891	1308	508	998	210	278
Mirar	871	68	601	562	585	909	116	1214	36	139
Decir	831	31	573	597	562	638	272	1111	390	509
Pensar	791	54	546	508	686	735	198	711	126	630
Conocer	782	93	540	491	585	521	147	532	204	1007
Dar	745	24	514	567	442	555	268	734	228	809
Recordar	644	78	444	455	403	778	167	249	246	319
Oír	565	61	390	385	403	557	93	739	12	297
Buscar	549	89	379	322	582	564	225	400	204	238
Esperar	523	70	361	345	419	547	140	546	246	128
Encontrar	467	42	322	280	403	456	202	358	48	227
Llevar	462	33	319	340	254	328	132	442	102	527
Tomar	453	60	313	272	462	418	159	438	84	293
Sentir	445	39	307	284	387	533	66	358	48	201
Leer	404	76	279	265	328	251	159	165	18	696
Entender	374	70	258	257	244	262	175	466	198	183
Abrir	373	57	257	277	289	505	93	344	114	62
Dejar	366	23	253	268	195	276	93	489	90	271
Necesitar	357	92	246	257	205	308	221	358	102	146
Escuchar	340	78	235	243	205	392	43	438	24	77
Intentar	331	95	228	258	117	204	202	485	234	99
Recibir	315	85	217	209	247	269	213	122	390	88
Comprender	312	75	215	203	244	347	140	240	36	99
Perder	311	65	215	211	228	278	178	254	162	125
Coger	306	77	211	265	16	189	8	513	12	337

Fuente: BDS. Elaboración propia.

(19)). El verbo *tener* es el más frecuente en la construcción transitiva (3305), y su uso transitivo es sumamente representativo del uso de este verbo (84 %). La frecuencia de su uso es similar en España y en América (3273/3424), y es relativamente más frecuente en la lengua oral (6965). Los datos confirman la observación común de que el uso del verbo *coger* en la construcción transitiva (*coger un autobús*) es más frecuente en el español de España (265) comparado con el español de Hispanoamérica (16). Con respecto al verbo *tomar* (*tomar un bus*), podemos observar lo contrario (272/462).

En la Tabla 10.2 se ven los datos de las construcciones con el esquema sintáctico [SUJ-VERBO-CD-ATR]. Verbos como, p. ej., *dejar* (448), *hacer* (426), *ver* (417), o *tener* (387), están entre los verbos que más se usan en esta construcción. Sin embargo, los que más se asocian específicamente con este esquema sintáctico son verbos como, p. ej., *calificar* (86 %), *tachar* (53 %), *denominar* (50 %), o *considerar* (43 %).

Tabla 10.2 Construcciones con el esquema sintáctico [SUJ-VERBO-CD-ATR].

Verbo	Frecuencia absoluta	Porcentaje	\multicolumn{7}{l}{Frecuencias normalizadas (frecuencia/millón)}
			Global	España	América	Novela	Ensayo	Teatro	Prensa	Oral
Dejar	649	42	448	477	341	627	303	729	144	198
Hacer	618	11	426	441	374	585	508	452	222	143
Ver	604	17	417	377	481	653	171	386	48	337
Tener	561	10	387	420	267	379	291	339	348	557
Llamar	302	30	208	193	267	184	384	193	48	201
Poner	225	16	155	166	114	139	229	146	210	92
Considerar	136	43	94	101	68	50	66	85	270	106
Oír	105	11	72	73	72	143	19	99	0	7
Encontrar	99	9	68	65	81	80	35	56	24	114
Llevar	82	6	57	63	33	71	43	52	12	73
Sentir	77	7	53	43	91	93	66	19	6	18
Tomar	75	10	52	45	78	67	62	52	6	40
Mantener	74	22	51	60	20	63	105	24	30	11
Calificar	43	86	30	32	20	11	4	0	210	4
Creer	38	2	26	27	23	35	16	47	30	0
Imaginar	31	14	21	16	42	52	8	5	0	0
Dar	26	1	18	18	16	20	23	33	6	4
Volver	25	3	17	12	36	26	12	33	0	4
Traer	19	5	13	11	23	22	4	14	0	11
Estimar	18	32	12	15	3	11	16	9	30	4
Pasar	14	1	10	9	13	15	12	0	6	7
Mirar	14	1	10	6	23	19	16	0	0	0
Juzgar	11	22	8	8	7	13	8	0	6	4
Concebir	11	29	8	2	29	2	35	0	0	4
Tratar	10	1	7	6	10	7	8	0	6	11
Tachar	10	53	7	8	0	0	31	5	0	4
Escuchar	10	2	7	6	10	7	8	14	0	4
Denominar	10	50	7	8	3	6	16	0	18	0
Reconocer	9	3	6	8	0	7	8	0	12	4
Coger	8	2	6	7	0	2	0	0	6	22

Fuente: BDS. Elaboración propia.

La estructura oracional

Entre otras observaciones interesantes, los datos de las construcciones con complemento directo más complemento indirecto en la Tabla 10.3 muestran que los verbos como *dar*, *decir* o *hacer* están entre los que más se usan con este esquema sintáctico (908/428/376), si bien no son los que más asociamos con él (42 %/23 %/10 %) porque también son frecuentes en otras construcciones. En cambio, el uso del verbo *regalar* es mucho menos frecuente en esta construcción (50), si bien tiene el perfil semántico que le permite construirse casi exclusivamente con este esquema sintáctico (84 %). Comparando con la frecuencia global, podemos observar que este uso del verbo *dar* es normal en la lengua hablada (908/864). En cambio, si consideramos la mayoría de los demás verbos, este uso es menos frecuente en la lengua hablada que en la lengua escrita.

Tabla 10.3 Construcciones con el esquema sintáctico [SUJ-VERBO-CD-CI].

Verbo	Frecuencia absoluta	Porcentaje	Frecuencias normalizadas (casos por millón)						
			Global	España	América	Novela	Ensayo	Teatro	Prensa	Oral
Dar	1315	42	908	898	800	1047	376	1412	444	864
Decir	620	23	428	407	432	544	47	894	90	319
Hacer	545	10	376	370	296	429	159	776	114	209
Preguntar	352	39	243	139	198	262	27	146	36	128
Contar	339	50	234	204	244	312	23	344	6	220
Pedir	272	51	188	184	202	236	70	306	180	117
Poner	245	18	169	98	94	100	50	80	102	146
Quitar	190	63	131	81	62	87	39	160	12	66
Permitir	151	53	104	99	49	124	105	80	66	22
Ofrecer	121	46	84	91	49	115	47	141	54	22
Explicar	114	26	79	81	62	128	4	85	42	62
Proponer	100	56	69	25	42	26	27	56	24	18
Enseñar	100	50	69	71	62	100	35	56	6	88
Traer	97	25	67	62	85	111	16	75	0	62
Dejar	96	6	66	67	65	72	31	113	24	77
Recordar	82	10	57	55	62	100	27	52	30	18
Devolver	80	65	55	51	65	84	23	89	6	26
Entregar	76	49	52	55	26	80	23	47	60	7
Abrir	75	11	52	21	62	43	27	33	0	22
Regalar	73	84	50	53	39	61	8	108	6	51
Mostrar	70	22	48	42	72	109	12	24	6	7
Asegurar	69	29	48	49	42	43	12	151	30	22
Echar	66	17	46	48	16	48	19	94	30	15
Prestar	61	57	42	48	20	52	54	38	30	22
Presentar	60	17	41	44	29	39	50	38	48	33
Llevar	58	4	40	32	55	58	19	38	12	26
Mandar	56	28	39	24	94	63	16	28	0	44
Impedir	56	43	39	39	36	59	39	42	18	7
Costar	55	47	38	42	23	41	8	42	6	77
Atribuir	53	73	37	31	46	43	74	5	30	4

Fuente: BDS. Elaboración propia.

La tabla 10.4 muestra cuáles son los verbos que casi exclusivamente se construyen con preposición y un argumento con la función de complemento de régimen (p. ej., *depender de* (90 %), *renunciar a* (93 %) o *consistir en* (100 %)), y cuáles son los verbos que se construyen así ocasionalmente (p. ej., *pensar en* (19 %), *contar con* (17 %) o *creer en* (4 %)). Estos son verbos que también se construyen con complemento directo (p. ej., *pensar/contar/creer algo*).

Tabla 10.4 Construcciones con el esquema sintáctico [SUJ-VERBO-CR].

Verbo	Frecuencia absoluta	Porcentaje	Frecuencias normalizadas (frecuencia/millón)							
			Global	España	América	Novela	Ensayo	Teatro	Prensa	Oral
Hablar de	534	34	369	385	309	356	338	339	204	549
Tratar de/con	336	48	232	215	296	347	248	198	78	110
Pensar en	277	19	191	175	250	291	132	235	54	99
Pertenecer a	124	82	86	89	72	93	120	47	108	55
Contar con	118	17	81	87	62	35	70	66	318	51
Asistir a	115	85	79	91	36	74	43	24	192	99
Participar en	102	89	70	74	55	41	27	24	342	40
Responder a	101	35	70	73	59	85	101	0	144	18
Depender de	87	90	60	50	98	30	81	38	72	110
Creer en	86	4	59	50	94	71	16	89	24	77
Jugar a/con	79	29	55	56	49	76	23	42	24	70
Insistir en	77	50	53	54	49	59	78	33	84	15
Renunciar a	74	93	51	52	49	69	101	24	18	11
Consistir en	73	100	50	36	104	39	136	5	66	18
Cambiar de	72	19	50	49	72	84	31	56	6	44
Carecer de	65	100	45	32	94	39	109	24	42	15
Disponer de	64	32	44	46	36	41	19	24	180	7
Tender a	63	43	43	39	59	17	167	0	0	40
Coincidir con/en	62	71	43	34	75	35	89	5	78	22
Afectar a	59	61	41	46	20	6	81	0	210	0
Confiar en	53	67	37	42	16	41	12	71	54	15
Esperar a	52	7	36	43	10	56	12	42	36	15
Dudar de	51	50	35	39	23	58	23	19	36	15
Tardar en	48	40	33	34	29	56	23	52	6	0
Corresponder a	48	47	33	23	72	32	54	14	60	15
Servir a	47	15	32	35	23	22	47	19	42	44
Aludir a	46	100	32	37	13	17	101	5	60	0
Acabar con	46	20	32	30	39	35	62	33	24	0
Gozar de	43	62	30	32	23	48	47	5	6	11
Soñar con	42	33	29	33	13	30	50	42	0	15

Fuente: BDS Elaboración propia.

5 Direcciones futuras

En las secciones anteriores, hemos visto que típicamente hay cierta similitud y congruencia entre las contribuciones semánticas de la construcción predicativa verbal y los esquemas oracionales, si bien no siempre es así; y hemos discutido algunos aspectos importantes relacionados con ese grado de correspondencia, con la ayuda de datos cuantitativos. Sin embargo, la variación de las construcciones oracionales también incluye casos en que la contribución verbal no se corresponde con la contribución esquemática; p. ej., los ejemplos (20)-(22). Este tipo de variación de la estructura oracional requiere más estudios, sobre todo para entender mejor la aportación relativa de la construcción esquemática y la construcción predicativa al significado de la oración.

Tampoco entendemos del todo el papel de la experiencia del uso en relación con la habilidad innovadora, p. ej., el uso verbal creativo de una construcción esquemática específica, o el uso construccional creativo de un verbo específico. Son aspectos fundamentales de la competencia lingüística. En efecto, la creatividad lingüística depende de la estructura interna de la construcción oracional, la cual a su vez depende de la clase tipológica a la que pertenezca la lengua en cuestión. Es decir, la estructura oracional del español restringe la habilidad creativa del usuario. En las lenguas germánicas, el significado verbal de por sí puede tener muy poco que ver con el significado nuclear de la construcción oracional, como, por ejemplo, 'el movimiento causado' (*They **laughed** the poor guy out of the room* '*la gente **se rio** el pobre chico fuera de la habitación', *cf.* Goldberg 1995, 152–175). Este tipo de uso creativo del verbo es una propiedad característica de las lenguas germánicas, pero no es una opción en español. En español el uso creativo del verbo parece partir de la extensión construccional del significado nuclear del predicado verbal, como, por ejemplo, la extensión argumental (recuérdense los ejemplos (20)-(22) en la Sección 4.1) o las extensiones metafóricas o metonímicas. En (23), por ejemplo, la extensión construccional del significado del predicado verbal es una combinación de extensión metafórica y extensión argumental. La construcción predicativa es avalente (*llover*). Se funde con una construcción metafórica y otra construcción (esquemática) de estructura argumental.

(23) Sobre todos los momentos sublimes **llovía**, con el tiempo, la prosa de la
 cotidianeidad. Pero el recuerdo del momento sublime
 quedaba intacto en las almas.
 [– ***llover*** –] / 'proceso de llover' Núcleo PRED avalente
 [– ***llover*** –] / 'proceso de caer sobre y cubrir' Extensión metafórica
 [SUJ VERBO ADV] / 'X se mueve hacia Y' Extensión argumental
 (C. Martín Gaite, Usos amorosos de la postguerra española, España, 1988, ARTHUS).

El uso creativo de las expresiones oracionales en español de alguna forma tiene que implicar una congruencia semántica verbal, o por lo menos una extensión del significado nuclear de la predicación verbal. Una línea de investigación futura sería desarrollar el análisis construccionista de la estructura oracional en la dirección que hemos esbozado en la Sección 4 de este capítulo, para que pueda captar las peculiaridades de las estructuras oracionales del español. Hay que tomar en consideración que la mayoría de los modelos construccionistas está basada principalmente en el inglés. Es decir, los modelos implican una relación mucho más flexible entre la contribución predicativa verbal y la contribución (esquemática) construccional en la estructura oracional.

Notas

1 Para consultas sobre la terminología básica, véanse también NGLE, cap. 1 (§ 1.12–1.13), caps. 26–27, y GTG.
2 Para descripciones y discusiones sobre la metodología básica, véanse, p. ej., Rojo (2003, 2011) y Stefanowitsch y Gries (2003). También se pueden encontrar datos de corpus sobre la estructura oracional del español en *Spanish FrameNet* (*cf.* Subirats-Rüggeberg y Petruck 2003) y el *SenSem* corpus (*cf.* Vázquez y Fernández-Montraveta 2015).

Lecturas complementarias recomendadas

NGLE, cap. 1 (§§ 1.12–1.13), caps. 26, 27 y 33–39; Rojo (2003, 2011); Croft y Cruse (2004, cap. 8–10); Subirats-Rüggeberg y Petruck (2003); Vázquez y Fernández-Montraveta (2015).

Referencias bibliográficas

Alarcos Llorach, E. 1994. *Gramática de la Lengua Española*. Real Academia Española. Colección Nebrija y Bello. Madrid: Espasa Calpe.
ARTHUS: Archivo de Textos Hispánicos de la Universidad de Santiago de Compostela. (www.bds.usc.es/).
BDS: Universidad de Santiago de Compostela. Base de Datos Sintácticos del Español Actual. (www.bds.usc.es/).
Bustos Tovar, R. C., Aguilar, E. M., García de Paredes y A. López Serena. Universidad de Sevilla, 907–922.
CORPES XXI: Real Academia Española. Corpus del Español del Siglo XXI. (https://apps2.rae.es/CORPES/view/inicioExterno.view). Versión 0.94
CREA: Real Academia Española. Corpus de Referencia del Español Actual. (http://rae.es/recursos/banco-de-datos/crea).
Croft, W. y D. Alan Cruse. 2004. *Cognitive linguistics*. Cambridge: Cambridge University Press. Traducido al español por Antonio Benítez Burraco. *Lingüística cognitiva*. Madrid 2008: Akal.
Goldberg, A. E. 1995. *Constructions: A Construction Grammar Approach to Argument Structure*. Chicago: The University of Chicago Press.
GTG: Real Academia Española (RAE) y la Asociación de Academias de la Lengua Española (ASALE). *Glosario de términos gramaticales*. Salamanca 2020: Universidad de Salamanca.
Langacker, R. W. 1987/1991. *Foundations of Cognitive Grammar*, Vol. I+II. Stanford: Stanford University Press.
NGLE: Real Academia Española y Asociación de Academias de la Lengua Española. *Nueva gramática de la lengua española*, Volumen I+II. Madrid 2009: Espasa.
Pedersen, J. 2019. "Verb-Based vs. Schema-Based Constructions and Their Variability: On the Spanish Transitive Directed Motion Construction in a Contrastive Perspective". *Linguistics* 57(3): 473–530.
Rojo, G. 2003. "La frecuencia de los esquemas sintácticos clausales en español". En *Lengua, variación y contexto*, eds. I. M. Fernández, Francisco, F. G. Menéndez, J. A. Samper, M.ª L. Gutiérrez Araus, M. Vaquero y C. Hernández. *Estudios dedicados a Humberto López Morales*. Madrid: Arco/Libros, 413–424.
Rojo, G. 2011. "Sobre la frecuencia de verbos y esquemas sintácticos". En *Sintaxis y análisis del discurso hablado en español. Homenaje a Antonio Narbona*, vol. II, eds. J. J. de.
Stefanowitsch, A. y S. Th. Gries. 2003. "Collostructions: Investigating the Interaction beween Words and Constructions". *International Journal of Corpus Linguistics* 8(2): 209–243.
Subirats-Rüggeberg, C. y M. R. L. Petruck. 2003. "Surprise: Spanish FrameNet!" En *Proceedings of the International Congress of Linguists* (Workshop on Frame Semantics), Praga. (www.icsi.berkeley.edu/pubs/ai/subirats-petruck.pdf).
Vázquez, G. y A. Fernández-Montraveta. 2015. "Constructions at Argument-Structure Level in the SenSem Corpora". *Language Resources and Evaluation Journal* 49(3): 637–658. (https://link.springer.com/content/pdf/10.1007/s10579-015-9309-4.pdf).

11
Sintaxis supraoracional
(Suprasentential syntax)

Catalina Fuentes Rodríguez

1 Introducción

Los estudios sobre sintaxis supraoracional[1] han ido extendiéndose en los últimos 50 años tras la apertura a la oralidad y a la realización textual. En este trabajo se aborda la descripción del entramado de enunciados, intervenciones y unidades mayores, que generan una sintaxis más allá de la estructura oracional, aunque interconectada con esta. Existe jerarquía, estructura componencial y relaciones, aunque, en este caso, partir de la unidad realizada en contexto exige tener en cuenta otras variables (hablante, oyente, situación comunicativa) que se concretan en huecos funcionales y generan nuevos paradigmas. En la primera parte se recogen las propuestas de estructuración del texto oral y escrito que aparecen en la lingüística española. A continuación, se describe la estructura del enunciado con sus zonas funcionales, donde se sitúan los complementos periféricos o "extraclausales" que diversas metodologías han ido analizando. De este modo, aludiremos a paradigmas que se mueven en planos (campos) como la enunciación, la modalidad, la organización informativa o argumentativa. Con ellos el hablante expresa su posición ante lo dicho y orienta la interpretación del receptor. Nos detendremos también en otras estructuras menos prototípicas de enunciados, como los parentéticos o los suspendidos (truncados).

Por último, hablaremos de las relaciones entre los componentes discursivos, con las diferentes clasificaciones que se proponen desde la extensión de la sintaxis oracional, la investigación sobre marcadores o los acercamientos retóricos al discurso.

Palabras clave: sintaxis supraoracional; enunciado; interacción verbal; discurso; gramática

Research on suprasentential syntax has grown in the last 50 years after the turn to oral and written texts. This chapter deals with the description of the network of utterances, speaker turns and larger units, which generate a syntax beyond the sentence, yet are interconnected with it. There is a hierarchy, a compositional structure and relationships between parts, though the unit realized in context requires considering other variables (speaker, listener, communicative situation) that are manifested in functional gaps and new relationships, generating new paradigms.

The first section reviews proposals within Spanish linguistics for structuring oral and written texts. The structure of the utterance with its functional areas (including extraclausal constituents)

is discussed in the next section. In this way, we will allude to paradigms dealing with questions of enunciation, modality, and informative and argumentative organization. With these paradigms, the speaker expresses their position on what has been said and guides the interpretation of the receiver. Other less prototypical structures of utterances will also be described, such as parenthetical or truncated utterances.

Finally, we will discuss relationships between the components of discourse, with the different classifications that have been proposed from the extension of sentential syntax, research on discourse markers, or rhetorical approaches.

Key words: suprasentential syntax; utterance; verbal interaction; discourse; grammar

2 Algunos conceptos fundamentales

Los estudios sobre sintaxis del español han dedicado en los últimos años mucha atención a la descripción de las oraciones subordinadas adverbiales y, de manera muy específica, al estudio de la conversación, de la oralidad como registro, la coloquialidad y, sobre todo, de los marcadores del discurso. En ellos el enfoque "discursivo" se ha apoyado también en perspectivas pragmáticas o de Análisis del Discurso.

También contamos con aproximaciones más globales a la sintaxis del discurso. Entre ellas se encuentran la macrosintaxis (Blanche Benveniste 2002; Berrendonner 1990), la Gramática Discursivo-Funcional (GDF) de Hengeveld y Mackenzie (2008) o la distinción entre dos partes de la gramática (*sentence grammar* y *thetical grammar*) que proponen Kaltenböck *et al.* (2011). La *sentence grammar* corresponde a la gramática de la oración y estudia las clases de palabras tradicionales y sus combinaciones en la estructura predicativa. Estas unidades soportan un contenido designativo y tienen como entorno la predicación verbal. En la *thetical grammar* incluyen los autores todos los elementos (*theticals*) que aparecen como periféricos, sintácticamente independientes, tienen movilidad en el enunciado, forman una unidad entonativa propia y soportan un contenido "no restrictivo", referido al hablante/oyente o a la organización textual (Kaltenböck *et al.* 2011, 857)

Las razones que ofrecen los autores citados coinciden con las que esgrimen muchos de los que se ocupan del estudio del discurso: la gramática de la oración, en sentido general, parte de una estructura abstracta que no tiene en cuenta la realización discursiva ni los contenidos que surgen de esa inscripción. Abren, así, la puerta al estudio de otras unidades y contenidos que se enmarcan dentro del discurso. Algunos autores incluyen en sus trabajos sobre sintaxis oracional los usos discursivos de las formas. En este punto, resulta necesario un enfoque pragmático, ya que estudiamos elementos realizados en el momento de la comunicación, entorno en el que influyen factores situacionales y combinatorios que van más allá de la estructura abstracta.

En este capítulo queremos ofrecer una panorámica de los avances logrados en la descripción de la sintaxis del texto, aunque sea aún un ámbito en desarrollo y en ocasiones resulte objeto de debate. Nos concentraremos en dos campos: estructura y relaciones entre las unidades, siguiendo un orden especular al de la sintaxis oracional:

a) La estructura del discurso, en sus dos vertientes, monologal y dialogal. Analizaremos las unidades propuestas por las distintas aproximaciones teóricas (Garrido 2015; Cortés 2011; Grupo Valesco 2014, la Lingüística Pragmática de Fuentes Rodríguez 2017) y revisaremos los avances y los temas pendientes. Con todo ello, abordaremos la estructura del diálogo y la del texto monologal, y presentaremos la unidad mínima, el enunciado, con sus diferentes zonas funcionales.

b) Las relaciones entre enunciados y entre párrafos. Aquí las propuestas son variadas: las que toman la sintaxis oracional como base y siguen hablando de oraciones coordinadas, subordinadas, con variantes como la interordinación o insubordinación, frente a las que utilizan otros criterios. Así, para algunos autores las relaciones secuenciales se basan en contenidos semántico-pragmáticos de elaboración-contraste-reformulación, etc, en una organización "retórica" del discurso. Junto a ello, existe una estructuración informativa, argumentativa y polifónica, que también debe ser explicada.

Los estudios más conocidos son los que tratan los mecanismos de cohesión (véase este volumen, cap. 6) y específicamente los marcadores discursivos, en los que se han incluido generalmente los relacionantes (véase este volumen, cap. 37), aunque también otras formas que ya no aportan cohesión, sino que se refieren a aspectos informativos (focalizadores, como *precisamente*), modalidad (*desgraciadamente*), enunciación (*sinceramente*) o estructuración argumentativa (*como mucho*). Veremos también en el apartado 4 cómo algunas construcciones cubren estas mismas "funciones pragmáticas".

A ello habría que añadir otro aspecto fundamental: la multidimensionalidad propia de los elementos discursivos y su categorización. Los operadores discursivos suelen tener una función primaria, en primer plano, y pueden desempeñar otras que acompañan al elemento en su uso. Así, *por desgracia* es un elemento modal, pero a la vez focaliza lo dicho. Por su parte, la argumentación es una dimensión presente en gran parte de los discursos realizados, por lo que diferentes elementos, como modales o enunciativos, cumplen a su vez una función en el plano argumentativo. El refuerzo de la aserción (enunciación) adquiere valores de intensificación argumentativa, como hace *francamente* en:

(1) Lo miré a los ojos y *francamente* tuve miedo (C. D. Martínez, "El Kadmon". El amor cambia, CORPES)

Dado que muchos temas son abordados en otros capítulos de este volumen, nos centraremos en algunos específicos, como la estructura del enunciado y del texto, oral y escrito, sus patrones constructivos y las relaciones que se establecen entre sus miembros. La perspectiva adoptada es global, incluye todo tipo de texto. En el análisis de algunos de esos patrones tendremos en cuenta los avances realizados en la investigación sobre la oralidad y, concretamente, en la variante coloquial, donde han predominado estos estudios (Briz 1998; Narbona 1989). Por ejemplo, Narbona sostiene que en el uso coloquial el hablante recurre a lo que él llama sintaxis parcelada. Al mismo tiempo, estos autores comparten una visión de la variación que sigue las aportaciones de Koch-Oesterreicher (1985), en la que se diferencian los registros (formal y coloquial) de la forma oral o escrita (véase este volumen, cap. 40).

3 Aproximaciones teóricas

En la estructura del discurso se han realizado diversas propuestas. Nos limitaremos a presentar las que se han aplicado al español de manera más extensa, unas centradas en la conversación (Grupo Val.Es.Co 2014) y otras más generales (Garrido y Rodríguez Ramalle 2015; Cortés 2011; Fuentes Rodríguez 2017).

3.1 Estructura de la interacción oral

El equipo Val.Es.Co. propone un esquema de unidades que se organiza en niveles y dimensiones:

Tabla 11.1 Sistema de unidades.

NIVEL	DIMENSIONES		
Dialógico	ESTRUCTURAL Discurso Diálogo Intercambio	SOCIAL Alternancia de turnos	INFORMATIVA
Monológico	Intervención Acto	Turno	Subacto

Fuente: Grupo Val.Es.Co. 2014, 16.

Este modelo separa la dimensión estructural de la social e informativa. Esta última afecta a la organización de cada turno o intervención. El modelo ha sido aplicado al estudio de la conversación en español: distingue la intervención como unidad monológica máxima que se agrupa formando intercambios (unidad dialógica mínima) y analiza los marcadores que aparecen entre ellos. Las intervenciones se refieren a lo dicho por el hablante cuando este hace uso de su turno de palabra y se caracterizan por su contribución al progreso de la conversación. Pueden ser iniciativas, reactivas o iniciativo-reactivas.

Por ejemplo, el siguiente intercambio está formado por una intervención iniciativa y otra reactiva:

(2) Mara Torres: A ver↓/ Lo primero que te voy a pedir↑/ es/ un seudónimo↓ para arrancar la conversación↓
Dulceida: *La sirena*↓ (Entrevista a Dulceida. El Faro, Cadena Ser, 16/2/2021)

En el plano monológico, el Grupo Val.Es.Co. sitúa los componentes de la intervención: acto (unidad aislable, con fuerza ilocutiva propia) y subacto (no aislable). En el intercambio anterior, en la primera intervención hay un acto ("Lo primero que te voy a pedir es un seudónimo para arrancar la conversación"), con contenido completo, y *a ver* constituye un subacto que sirve como inicio del intercambio y establece la conexión con su interlocutora.

Gallardo (1996) añade a intervención e intercambio otra unidad intermedia entre los intercambios y el diálogo: la secuencia, entendida como organización temática de los intercambios. Añade, pues, un aspecto no sintáctico estrictamente hablando. Esta propuesta del grupo Val.Es.Co. constituye el intento más organizado de análisis de la conversación en español. Muestra una constante en sintaxis supraoracional: la interfaz sintaxis-estructura informativa o, en sentido más general, sintaxis-pragmática.

3.2 La estructuración del texto

Recogemos en este apartado otras dos propuestas, de diferente tono y ámbito de aplicación, pero que descansan sobre un presupuesto común: la estructuración jerárquica y componencial del discurso.

Garrido y Rodríguez Ramalle apuestan por una continuidad entre los niveles oración-texto. Para ellos la jerarquía de constituyentes en el nivel supraoracional es paralela a la de la oración, en una estructura jerarquizada desde la unidad inferior a la superior hasta llegar al texto (Garrido y Rodríguez Ramalle 2015; Rodríguez Ramalle 2014; Garrido 2015). En esta perspectiva se ve la gramática como interacción. La unidad temática se muestra en el texto escrito en los párrafos y se explica "a partir de las propiedades léxicas de las unidades" (Rodríguez Ramalle 2014, 261). Cuando las oraciones se integran en una unidad mayor, lo hacen independientemente de su grado de dependencia sintáctica (ya sean subordinadas o principales). La estructuración en los niveles superiores, como vemos, descansa en el aspecto temático.

Cortés aplica este mismo criterio en la segmentación lingüística del discurso. El autor se ha centrado en debates políticos como el Debate del Estado de la Nación en España (Cortés 2011). Para ello, desarrolla una jerarquía de unidades que van desde el acto (unidad mínima) al texto, incluyendo secuencias temáticas. Cortés Rodríguez y Hidalgo Downing (2015) consideran secuencias de inicio, de desarrollo y descienden hasta las unidades del enunciado, entre las que se establecen relaciones de coherencia. Por ejemplo, en su análisis del Debate del Estado de la Nación utilizan el siguiente esquema:

Secuencia (inicio, desarrollo, por ejemplo)-subsecuencia-tema-subtema-asuntos-indicadores.

3.3 La propuesta integrada de la Lingüística Pragmática

La Lingüística Pragmática (Fuentes Rodríguez 2017) propone un esquema integral de unidades que abarca toda la variedad textual:

Tabla 11.2 Unidades discursivas.

Textos monologales	Dialogales
Discurso-Texto	
Secuencia	
Parágrafo o Periodo	
	Intercambio
	intervención
Enunciado	

Fuente: Fuentes Rodríguez (2017).

Esta clasificación es componencial (con los elementos inferiores se forman los superiores) y sigue criterios macroestructurales y superestructurales (género discursivo). La secuencia podría situarse por encima del parágrafo o por encima del enunciado, ya que a veces el fragmento que constituye un tipo discursivo ocupa extensiones distintas (Fuentes Rodríguez 2017). El concepto de secuencia se utiliza en este modelo como unidad superestructural, siguiendo la propuesta de Adam (1990): está formado por los enunciados, intercambios o incluso parágrafos que pertenecen al mismo tipo discursivo. Así, consideramos que existen textos heterogéneos en cuyo interior se incluyen secuencias de diferente tipo: narrativas, descriptivas o instruccionales. Por ejemplo, en una novela alternamos narración y descripción; en una receta de cocina la descripción de ingredientes aparece junto a las instrucciones de ejecución. En un anuncio publicitario, con clara dimensión argumentativa, puede haber algún segmento narrativo, pero suele aparecer la descripción junto a una instrucción explícita para que se adquiera el producto. Si el texto es homogéneo, todo él constituye una secuencia.

Fuentes Rodríguez (2017) añade otras variables a la clasificación: la enunciación (texto monologal-dialogal, monológico-dialógico) y las dimensiones (poética y/o argumentativa). Con ello resulta una caracterización interna y multidimensional de los textos. La clasificación resultante es la que se muestra en la tabla siguiente. Las tres columnas son independientes y los textos se caracterizan combinando estos tres criterios. Así, un texto homogéneo puede ser instruccional, argumentativo y monologal dialógico. Pensemos en las recomendaciones sanitarias para una pandemia. Se indican normas de conducta, se ofrecen argumentos que la refuerzan y puede invocarse alguna ley o disposición (aspecto dialógico, otra voz). Un poema puede ser descriptivo poético y monologal monológico. Las variantes son muchas. La tabla siguiente muestra los tres criterios que han de tenerse en cuenta.

Tabla 11.3 Tipología de secuencias.

Macro y superestructura	Dimensiones	Enunciación
Narrativa	Argumentativa	Monologal: monológico dialógico
Expositiva: descriptiva deliberativa	Poética	Dialogal
Instruccional		

Fuente: Fuentes Rodríguez (2017, 136).

4 Perspectivas actuales

4.1 La estructura del enunciado. Núcleo y periferia

El enunciado es la unidad mínima de la macrosintaxis o sintaxis supraoracional. Corresponde a la realización de un acto de habla completo, de un acto de enunciación emitido por un locutor y asumido por un enunciador (el que se hace responsable de lo dicho) e implica su aparición en un contexto concreto. Puede definirse con los siguientes rasgos:

a) Es un segmento completo según el hablante y así lo manifiesta su entonación.
b) Tiene unos márgenes establecidos, generalmente marcados por la curva entonativa y las pausas o junturas.
c) Realiza un acto de habla, tiene fuerza ilocutiva, expresada en la modalidad.
d) Constituye un acto de enunciación. Por tanto, lo dicho puede ser "referido por el verbo de habla o verbo enunciativo (…) subyacente a toda comunicación" (Fuentes Rodríguez (2014, 145).

Por ello, una misma estructura oracional abstracta puede dar lugar a diferentes enunciados, según su modalidad, respondiendo a las diferentes intenciones comunicativas del hablante:

(3) a Tu hijo ha superado el examen de selectividad.
    b ¿Tu hijo ha superado el examen de selectividad?
    c ¡Tu hijo ha superado el examen de selectividad!

El enunciado puede estar formado por una (3a) o varias oraciones (1), pero también por segmentos menores. Así, es frecuente encontrar intervenciones reactivas formadas por un solo segmento porque los elementos que faltan se deducen de lo previo:

(4) A: ¿Te apetece un café?
    B: Solo.

El hablante hace pausas mayores también para focalizar una información, como en (5):

(5) Voy a comprar un piso. Sin hipoteca.

Se destaca el último elemento para generar mayor informatividad, jugando con la presuposición que creemos que maneja el oyente: "la compra será mediante hipoteca".

La estructura del enunciado se amplía con la consideración de los complementos periféricos, expresiones más frecuentes en la lengua oral, que preceden, siguen o interrumpen una cláusula, y se relacionan de una manera más libre que el resto de los segmentos de la oración. Estos constituyentes pueden codeterminar la interpretación del enunciado, pueden interactuar con la estructura de la cláusula, aunque no son esenciales en la estructura predicativa, pueden aparecer entre pausas y operan "fuera de los límites de la oración".

Por ejemplo, podemos citar el tema al inicio del enunciado, en el Margen izquierdo (MI) ("*En cuanto a Juan*, no ha sido invitado") o al final, en el derecho (MD) "es un tío guay, *tu hermano*") ("tail"). Esta estructura es adoptada también por los autores de la macrosintaxis (Blanche Benveniste 2002) quienes afirman la existencia de *préfixes, suffixes, postfixes*, es decir, una serie de elementos periféricos que se añaden al núcleo oracional.

En la gramática española se ha descrito la tematización (Fernández Lorences 2010; Hidalgo 2003) y, sobre todo, abundan los estudios sobre modales (Martín Zorraquino 1999; González *et al.* 2016) o enunciativos (Gutiérrez Ordóñez 1996). La periferia, por su parte, ha ocupado a autores como Rodríguez Ramalle (2011), Fuentes Rodríguez (2007, 2012), Pons (2014) o Gutiérrez Bravo (2013), entre otros.

La estructura del enunciado, pues, incluye un *núcleo*, que correspondería a la oración u oraciones que aportan el contenido predicativo, y unos *márgenes o periferias* (Fuentes Rodríguez 2007). La estructura tipo en español sería: "(elemento periférico del margen izquierdo) -Oración(es)- (elemento periférico intercalado) (elemento periférico margen derecho)". Entre paréntesis indicamos el elemento opcional.

Los huecos sintácticos de la periferia pueden estar ocupados por unidades específicas, los operadores, pero también por sintagmas u oraciones, y se organizan según los planos de referencia procedimental, relativos a la expresión de la intención del hablante y su relación con el oyente. Así, muchas de las llamadas adverbiales impropias ocupan una posición marginal y desarrollan valores modales o argumentativos. De ahí que Kovacci (1990–91) las llamara "modificadores de modalidad".

Con los elementos periféricos el hablante precisa el contenido informativo básico expresado en la oración, situándolo en el contexto comunicativo (función macroestructural). Ajusta lo dicho a su intención comunicativa (enunciación o modalidad) y proporciona instrucciones al receptor para el correcto procesamiento de la información (argumentación y organización informativa).

Estos elementos no dependen del verbo de la oración. Son, como hemos dicho, opcionales. Suelen marcar su extraproposicionalidad y su no dependencia del núcleo verbal por medio de pausas, formando grupos entonativos. Así, en español podemos encontrar casos de circunstante como *en la actualidad* en (6), un sintagma que establece el marco temporal que afecta a todo lo dicho en el enunciado. En (7) es un operador, *sinceramente*, el que marca la enunciación del hablante como sincera y en (8) se incluye un modal en posición final, *por Dios*:

(6) *En la actualidad*, tres son las principales barreras que se imponen en el mercado estadounidense al comercio proveniente de América Latina y El Caribe: las políticas de importaciones, las normas y regulaciones sanitarias, y los requerimientos específicos a diversos productos. (Fundación para la Innovación Agraria: Bosque nativo en Chile: situación actual y perspectivas, CORPES).

(7) Lo felicito. *Sinceramente*, lo felicito, coronel Saldías. Siéntese (R. Courtoisie, Caras extrañas, CORPES).

(8) ¡Eso no hay hombre que lo aguante, *por Dios*! (C. Sánchez-Andrade, Bueyes y rosas dormían, CORPES).

La posición de estos periféricos es relevante: el MI introduce el marco en el que va a situarse la aserción (punto de vista del hablante, tema del texto o marco argumentativo). En posición intercalada podemos encontrar cualquier indicación macroestructural necesaria para precisar el contenido, por lo que el locutor interrumpe lo dicho para insertarla. En (9) *sin ánimo de ofender* es un complemento de enunciación inserto:

(9) La hija de Pardalot está que tumba y usted, *sin ánimo de ofender*, no vale nada (E. Mendoza, La aventura del tocador de señoras, CORPES).

En esta posición se sitúa un tipo específico de enunciados que desarrollaremos después: los enunciados parentéticos.

El MD supone un "después" enunciativo. En el MD podemos encontrar sintagmas que reinterpretan lo dicho o añaden un comentario. Los primeros proporcionan una instrucción al receptor para que realice un movimiento retroactivo hacia lo previo y añaden una nueva interpretación restrictiva o modalizada, a posteriori (Fuentes Rodríguez 2003, 2006; Brenes 2017).

(10) Mejor que nadie sepa qué ha pasado, *al menos de momento*. (E. Palomares, No cerramos en agosto, CORPES)

En (10) el hablante inserta la aclaración o salvedad "al menos de momento". El operador argumentativo (*al menos*) dirige su acción hacia un segmento temporal, que constituye su alcance, y juntos introducen una reserva a la aserción primera: "que nadie sepa qué ha pasado". De este modo, ya no se entiende como una afirmación absoluta, sino que se presenta restringida al momento actual, dejando abierta la posibilidad de cambio. Es el caso de la reinterpretación.

Sobre la función comentario hay pocos estudios específicos, así como sobre el MD en general, pero en la NGLE encontramos muestras de estos contenidos cuando trata, por ejemplo, las oraciones relativas de antecedente oracional (cap. 44). Por ejemplo, en (11) *lo cual* introduce un comentario valorativo del hablante sobre lo dicho en toda la estructura predicativa anterior. El fragmento (12) incluye dos formas: un segmento enunciativo establece el marco del discurso directo (*clama ella*) y, dentro del discurso referido, *por favor* (operador modal) atenúa el acto directivo:

(11) Comentando el partido del fin de semana se refirió al equipo rival como "los paquis", *lo cual es políticamente bastante incorrecto* (R. Ramos, "El sentido de Inglaterra, a través del cricket". Diario de Londres, CORPES).

(12) —Déjenlo en paz, *por favor* —*clama ella*. (H. Aridjis, La zona del silencio, CORPES).

Por si había dudas en (13) actúa como un complemento enunciativo del MD. El hablante introduce al final una aclaración metadiscursiva. Expresa el motivo de su aserción.

(13) Rabanales. Y en su reaparición en Marbella —cornada a Camino— cortó cuatro orejas y rabo, *por si había dudas*. (S. Trixac, Lances que cambiaron la fiesta, CREA)

Todos estos periféricos (operadores, sintagmas u oraciones) pueden combinarse entre sí, como se muestra en Fuentes Rodríguez (2018a). Un ejemplo ilustrativo puede ser el siguiente:

(14) Me pareció que me daba pie para preguntarle por su trabajo anterior. Y sin embargo en el momento mismo de hacerlo la pregunta sonó indiscreta. Y perdonable, *por lo visto y por suerte*: me sonrió mientras se levantaba y se acercaba a su neverita. (J. Montes, La vida de hotel, CORPES).

4.2 Elementos periféricos: operadores discursivos

Entre los elementos que ocupan la periferia del enunciado ocupan un lugar especial los operadores discursivos, una categoría de elementos con un comportamiento sintáctico específico y contenido no conceptual sino relativo a la organización discursiva y las instrucciones que dirigen la interpretación del receptor (procedimental). Provienen preferentemente de paradigmas adverbiales o sintagmas con preposición (incluso verbos u oraciones) y actúan dentro del enunciado. Para ello, se despojan de su función originaria (como complemento verbal o núcleo oracional), constituyen una unidad fraseológica, con un significado único y unas características distribucionales que muchas veces implican el aislamiento entonativo. A veces, no obstante, pueden estar integrados entonativamente en la estructura oracional y tienen como alcance un segmento del enunciado. Podemos verlo en (15): *evidentemente* afecta al sintagma *fuera de uso*.

(15) Es algo así como un sótano, no demasiado sucio, no demasiado oscuro, pero *evidentemente* fuera de uso. (I. Apolo, La Pecera, CORPES).

Los paradigmas de operadores cubren los distintos planos discursivos y presentan variación según las modalidades del español. Podemos clasificarlos en cuatro grupos:

a) Los operadores enunciativos establecen características relativas al decir, como en (7) o en (16) y 17, y muestran la implicación del hablante en lo dicho y refuerzan o mitigan la aserción (*sinceramente, dizque, diríamos, por así decir...*)

(16) *La verdad*, yo ya no sé qué es lo correcto y qué es lo incorrecto. ¿Ella sufría? (L. Heker, "Una mañana para ser feliz". *La crueldad de la vida*, CORPES).

(17) Al principio lo que predomina es un sentimiento de curiosidad, *diríamos* iconográfica, por la atracción de los movimientos físicos que se desarrollan sobre el terreno de juego. (A. Bahamonde Magro, El Real Madrid en la historia de España, CORPES).

b) Los operadores modales expresan la actitud subjetiva del hablante, como *por Dios* en (8) y *evidentemente* en (15). Los operadores modales se distinguen del resto de operadores en que pueden aparecer en dos entornos discursivos: afectan a todo el enunciado, como en los casos anteriores, o constituyen una intervención reactiva, solos o con *sí, no*.

(18) me recomiendas un restaurante argentino en Madrid?

Por supuesto. El restaurante De María, situado en la calle Felix Boix o bien en su sucursal de Callao. (Elmundo.es. Encuentro digital con Andy Chango, CORPES)

c) Los operadores informativos dirigen la atención del oyente hacia un segmento concreto del enunciado que constituye su alcance (focalización).

(19) Un estudioso norteamericano observaba que el atraso de nuestros países latinoamericanos se debía *precisamente* al desinterés de sus gobernantes por la educación (S. Noriega, Venezuela en sus artes visuales, CORPES).

d) Los argumentativos están orientados a la persuasión del oyente. Indican orientación o fuerza argumentativa, por lo que se organizan escalarmente (Anscombre-Ducrot 1983; Fuentes-Alcaide 2002) (*hasta, ni siquiera, no más, ...*). Pueden expresar atenuación (*casi*), intensificación (*sumamente*) o límite escalar (*como poco, como mucho...*)

(20) Mira que leyendo De senectute, el bolsa. Todo para impresionar, *no más*. Pa dárselas de leído (S. Marras, Sauna, CORPES).

(21) Existe un pantano *sumamente* peligroso (J. Biggs, En torno a la casa de Madame Lorraine, CORPES).

(22) Pues por cómo habla de usted debe estar, *como poco*, enamorado. (L. Beccaria, La luna en Jorge, CORPES).

4.3 Otros patrones constructivos del enunciado

A la estructura prototípica del enunciado que hemos explicado, con núcleo y periferia, patrón estándar con todas sus opciones, añadimos casos particulares por su relevancia sintáctica.

a)   Enunciados parentéticos

Estos enunciados aparecen entre pausas, tienen curva entonativa propia y pueden expresar una modalidad distinta a la del enunciado en el que se insertan. A veces van introducidos por un conector para expresar su función argumentativa y conectarse al enunciado base (Fuentes Rodríguez 2018b, 232).

Implican una interrupción de la linealidad discursiva. Surgen por la necesidad del hablante de aclarar su intención, introducir argumentos que justifiquen lo previo o comentarios sobre su propia enunciación. Para ello se desdobla el hablante en dos enunciadores, característica fundamental de esta estructura.

Los enunciados parentéticos cumplen funciones semejantes a las ya indicadas por los operadores discursivos. Hay enunciados que tienen un valor enunciativo (aclarar, precisar, reformular, o corregir), modal (insertar comentarios que indican una actitud subjetiva), informativo (señalan la relevancia del segmento, si es una digresión), introducen un argumento o bien establecen indicaciones sobre la organización cohesiva del texto (inicio, fin, ...) (vid. Fuentes Rodríguez 2018b). Algunos ejemplos ilustrativos pueden ser:

(23)   Hemos adoptado un acuerdo por el que se amplían /*voy concluyendo*/ los límites del Parque Nacional Marítimo Terrestre del Archipiélago de Cabrera// (I. Celáa, Rueda de prensa del Consejo de Ministros del Gobierno Español: Conferencia de prensa de la ministra de Educación, Formación Profesional y portavoz del Gobierno y del ministro de Cultura y Deporte, después de la reunión del Consejo de Ministros del viernes 1 de febrero de 2019, CORPES).
(24)   yo menté a la Virgen Santisima *y qué horror*, el gato se puso grifo y se puso a maullar y así se hizo el alboroto entre todas las beatas y comadres (R. Madrid, "El cura, el sacristán y los gatos". Copán Ruinas en cuento, CORPES).

La ministra introduce en su discurso *voy concluyendo* para avisar a los receptores de la propia estructura de su discurso: se encuentra en el momento final. En (24), sin embargo, *qué horror* introduce un comentario modal emotivo que muestra la actitud del hablante ante el contenido que está transmitiendo.

b)   Enunciados suspendidos

Son aquellos enunciados truncados, cuya estructura no está completa desde el punto de vista sintáctico, pero terminan con una entonación ascendente o suspendida. Dicho tonema constituye la marca de la construcción junto a la elipsis de lo que sería la cláusula principal (Pérez Béjar 2018, 33).

(25)   Si tuvieras dinero...
(26)   Como no venías...
(27)   Para lo que sirve...

El hablante presupone que el oyente tiene suficientes pistas para reponer el resto de información. La clasificación de Pérez Béjar (2018) incluye causales, condicionales, respectuales, ponderativas (consecutivas y comparativas). Entre estas últimas se incluyen también oraciones asertivas sin marca de subordinación:

(28) ¡Tengo un hambre...!

Al estar precedidos generalmente de una conjunción subordinante y constituir enunciados completos, algunos autores los han analizado como oraciones insubordinadas, ya que apuntan a contenidos propios de oraciones principales (Evans 2007 y cap. 36 en este volumen). Evans describió sus funciones por su relación con el hablante, como un modo de expresar contenidos ilocutivos determinados. En este sentido podemos encontrar en español muchas de ellas: así las precedidas por *que* enunciativo. O las condicionales de réplica, antiorientadas argumentativamente (Montolío 1999):

(29) —¿Diplomático? *Pero si ya emplearon las armas.* (H. Guzmán, Los extraños, CORPES)

Montolío considera que en este enunciado aparece solo la oración condicional (*si ya emplearon las armas*) sin necesidad de expresar la principal. La autora lo explica por el valor argumentativo que adopta la construcción y sobreentiende una supuesta oración principal del tipo: "Si ya emplearon las armas, ¿cómo me hablas de diplomacia?".

4.4 Relaciones

Las relaciones discursivas constituyen el tema menos investigado en el ámbito supraoracional. En general, se han extendido los criterios de dependencia (coordinación, subordinación, interordinación) a las unidades superiores (Garrido y Rodríguez Ramalle 2015). Hablamos con facilidad de enunciados subordinados, incluso de insubordinación cuando la oración precedida por una conjunción no lleva oración principal, como en los enunciados suspendidos mencionados en el punto anterior. Gutiérrez Ordóñez (2019) afirma para lo que considera microdiscursos que las relaciones son, por una parte, las señaladas por Hjelmslev (1971): interdependencia, determinación y constelación, y, por otra, relaciones retóricas (Jasinskajay Karagjosova 2015) o semántico-pragmáticas, en la misma línea de Duque (2016). Este divide las relaciones entre las de presentación y de contenido y se centra en las tres básicas: semejanza, contigüidad y causalidad, en las que, a su vez, realiza subdivisiones.

La propuesta de Asher y Vieu en 2005 partía de presupuestos semejantes. Estos autores propugnan una estructura jerárquica del discurso, en la que incluyen como relaciones discursivas o retóricas las de coordinación o subordinación, entendidas como dependencia en el plano informativo. Y las distinguen en el monólogo (continuación, contraste, explicación, elaboración, etc) y en el diálogo (pregunta-respuesta, corrección, etc.).

Los mecanismos cohesivos, por su parte, se basan en relaciones de repetición o fóricas, o usan marcas formales específicas (conectores).

En los trabajos sobre los marcadores del discurso (véase este volumen, cap. 37), se aplican otras relaciones, como la reformulación (relación enunciativa de corrección o explicación, junto a otras más relacionadas con la organización textual (Garcés Gómez 2008) o argumentativa (adición, contraargumentación, condicionalidad, relaciones consecutivas o conclusivas, Fuentes-Alcaide 2002). También encontramos trabajos sobre relaciones de comentario, expresadas por segmentos periféricos (Fuentes Rodríguez 2013, 2018b), de reserva (Brenes 2017), evaluativas, de reinterpretación (Fuentes Rodríguez 2006). Algunas de ellas han sido ilustradas previamente cuando hemos tratado el MD. Así, la reformulación, expresada por *o sea* en:

(30) —Gozo ... gozo estudiando literatura, eso jamás podría ser un trabajo para mí. —*O sea* que no cobras. (J. Maronna, L. Pescetti, Copyright: plagios literarios y poder político al desnudo, CORPES).

Como podemos ver en estas aportaciones, los estudios sobre relaciones supraoracionales unen lo sintáctico a lo informativo. En esta interconexión sintaxis-estructura informativa hay que citar los estudios sobre la progresión temática (Combettes 1988), las dinámicas discursivas basadas en las relaciones fóricas, como los encapsuladores, las etiquetas discursivas o la catáfora (Borreguero 2018; López Samaniego 2011), las estructuras ecuacionales o ecuandicionales (Gutiérrez Ordóñez 1994) o las estructuras presentativas (*resulta que...*). Veamos algunos casos que lo ilustran:

(31) LÓPEZ: (...) Te *digo una cosa*, si vos sos el instrumento de Dios... yo camino sobre el agua. (S. Torres, Teatro completo I, CORPES).

En el enunciado emitido por López aparece una primera estructura "te digo una cosa" que incluye un término que "encapsula", recoge todo el contenido que sigue: "si vos ... agua". En el fragmento siguiente hay una variante de la estructura ecuacional, la ecuandicional:

(32) "*Si* algo hay que hacer, es subir. La respuesta debería estar en las alturas." (J. Chambeaux, El circo, el loco y lo demás, CORPES).

Por su parte, los teóricos de la macrosintaxis (Blanche Benveniste 2002) acuden siempre a la relación de la sintaxis con la entonación. En el texto dialogal hay que añadir las relaciones interactivas, ligadas a la predictibilidad (entre intervenciones) o a la conexión de actos de habla en los turnos (pares adyacentes como pregunta-respuesta; propuesta-aceptación/rechazo ...)

5 Direcciones futuras y conclusiones

La sintaxis supraoracional incluye muchos campos que necesitan mayor atención. Entre ellos, urge, en nuestra opinión, describir la sintaxis de unidades superiores como los párrafos, los mecanismos de inserción de secuencias diferentes en un texto heterogéneo, o las marcas de relación entre intercambios (posiblemente basados en criterios temáticos y de ordenación discursiva).

En la estructuración informativa, es necesario desarrollar la interfaz fonética-sintaxis para describir los mecanismos de focalización, la duración de las pausas y su relación con los elementos periféricos o los enunciados parentéticos. Debemos investigar más a fondo las relaciones fóricas, ya sea mediante proformas o con construcciones semifijadas, que actúan como anticipación o recuperación de la información. Aquí semántica y sintaxis van de la mano, por lo que el estudio de los mecanismos cohesivos debe extenderse desde la palabra hasta las oraciones y enunciados completos en diferentes posiciones del texto. Asimismo, en español falta un estudio detenido sobre la jerarquización de las informaciones, ya sea dentro de un enunciado (entre diferentes oraciones) o dentro del párrafo para aplicar la distinción de figura-fondo o las dinámicas de relevancia informativa.

La estructura argumentativa suele analizarse en pragmática, pero es necesario presentar los patrones sintácticos más recurrentes, en una interfaz necesaria, que no se limite a la clasificación de marcadores discursivos de coorientación, contraargumentación y conclusión. Estructuras de reserva o explicitadoras de la fuente argumentativa nos llevan a un estudio de la polifonía y sus marcas textuales, intentando dirimir qué diferencias de contenido procedimental argumentativo proporcionan las diferentes opciones sintácticas. Por ejemplo, en la expresión del discurso directo, en el que estamos ante la inserción de un discurso dentro de otro.

Por último, queremos resaltar la necesidad de tener siempre presente el funcionamiento multidimensional de las estructuras discursivas, ya que en su descripción es necesario analizar su comportamiento en los planos contextuales de referencia: enunciación, modalidad, argumentación e información. Esto ya se ha percibido en los marcadores discursivos (Fuentes Rodríguez (2018c) pero es necesario extenderlo a todos los patrones y al campo de la variación en español.

Nota

1 Este trabajo se enmarca en el proyecto FFI2017–82898-P "De construcciones periféricas a operadores discursivos: un estudio macrosintáctico del español actual", financiado por el Ministerio de Ciencia e Innovación y fondos FEDER, y del proyecto Frontera P18-FR-2619 financiado por la Junta de Andalucía y fondos FEDER: "Macrosintaxis del discurso persuasivo: construcciones y operadores". Asimismo, entra dentro de los trabajos realizados para el proyecto FEDER Andalucía US- 1263310.

Lecturas complementarias recomendadas

Grupo Val.Es.Co. (2014), Duque (2016), Fuentes Rodríguez (2012, 2018b), Fuentes Rodríguez y Gutiérrez Ordóñez (eds.) (2019).

Referencias bibliográficas

Adam, J. M. 1990. *Éléments de linguistique textuelle*. Liège: Mardaga.
Anscombre, J.-C. y O. Ducrot. 1983. *L'argumentation dans la langue*. Liège: Mardaga.
Asher, N. y L. Vieu. 2005. "Subordinating and Coordinating Discourse Relations". *Lingua* 115: 591–610.
Berrendonner, A. 1990. "Pour une macro-syntaxe". *Travaux de linguistique* 21: 25–36.
Blanche-Benveniste, C. 2002. "Macro-syntaxe et micro-syntaxe: les dispositifs de la rection verbale". En *Macro-syntaxe et micro-sémantique*, eds. H. L. Andersen y H. Nølke, 95–115. Berne: Peter Lang.
Borreguero, M. 2018. "Los encapsuladores anafóricos: una propuesta de clasificación". *Caplletra* 64: 179–203.
Brenes, E. 2017. "La reserva argumentativa. Análisis pragmalingüístico de sus correlatos sintácticos". *Pragmalingüística* 25: 89–106.
Briz, A. 1998. *El español coloquial en la conversación*. Barcelona: Ariel.
Combettes, B. 1988. *Pour une grammaire textuelle. La progression thématique*. Paris: De Boeck-Duculot.
CORPES: Real Academia Española. Corpus del Español del Siglo XXI. (http://rae.es/recursos/banco-de-datos/corpes-xxi).
Cortés Rodríguez, L. 2011. "El plano secuencial y los debates en torno al estado de la nación. I. El discurso del presidente". *Clac* 46: 3–50.
Cortés Rodríguez, L. y R. Hidalgo Downing. 2015. "Indicadores de cambio temático en el discurso parlamentario: Análisis de un discurso de Rodríguez Zapatero [2011]". *Revista signos* 48(89): 279–306.
Duque, E. 2016. *Las relaciones del discurso*. Madrid: Arco Libros.
Evans, N. 2007. "Insubordination and Its Uses". En *Finiteness: Theoretical and Empirical Foundations*, ed. I. Nikolaeva, 366–431. New York: Oxford University Press.
Fernández Lorences, T. 2010. *Gramática de la tematización en español*. Oviedo: Universidad de Oviedo.
Fuentes, C. y E. Alcaide. 2002. *Mecanismos lingüísticos de la persuasión*. Madrid: Arco Libros.
Fuentes Rodríguez, C. 2003. "Factores argumentativos y correlatos sintácticos". *ELUA: Estudios de Lingüística* 17: 289–304.
Fuentes Rodríguez, C. 2006. "Notas acerca de *eso sí* y la reinterpretación enunciativa". *Oralia* 9: 305–318.
Fuentes Rodríguez, C. 2007. *Sintaxis del enunciado: los complementos periféricos*. Madrid: Arco Libros.
Fuentes Rodríguez, C. 2012. "El margen derecho del enunciado". *RSEL* 42(2): 63–93.
Fuentes Rodríguez, C. 2013. "Las 'oraciones' de comentario en español". En *Actas del XXVI Congreso Internacional de Lingüística y de Filología Románicas*, ed. E. Casanova, 459–510. Berlin: De Gruyter.
Fuentes Rodríguez, C. 2014. "Los límites del enunciado". *Estudios de Lingüística del Español* 35: 143–167.
Fuentes Rodríguez, C. 2017. *Lingüística pragmática y análisis del discurso*, 3ª ed. Madrid: Arco Libros.
Fuentes Rodríguez, C. 2018a. "Coordinación en el margen izquierdo del enunciado". *LEA* 40 (1): 5–34.
Fuentes Rodríguez, C. 2018b. *Parentéticos*. Madrid: Arco Libros.
Fuentes Rodríguez, C. 2018c. *Diccionario de conectores y operadores del español*, 2ª ed. Madrid: Arco Libros.
Fuentes Rodríguez, C. y S. Gutiérrez Ordóñez dirs. 2019. *Avances en macrosintaxis*. Madrid: Arco Libros.
Gallardo, B. 1996. *Análisis conversacional y pragmática del receptor*. Valencia: Episteme.

Garcés Gómez, M.ª P. 2008. *La organización del discurso: marcadores de ordenación y de reformulación.* Madrid y Frankfurt: Iberoamericana y Vervuert.
Garrido, J. 2015. "Unidades intermedias y párrafos en la construcción del discurso y el texto". En *Pragmática, discurso y norma*, eds. I. Carrasco Cantos y S. Robles Ávila, 133–149. Madrid: Arco/Libros.
Garrido, J. y T. M. Rodríguez Ramalle. 2015. "Constituyentes y relaciones en la oración y en el discurso". *CLAC* 62: 199–225.
González, R., D. Izquierdo Alegría y Ó. Loureda. 2016. *La evidencialidad en español: teoría y descripción.* Madrid: Iberoamericana - Vervuert.
Grupo Val.Es.Co. 2014. "Las unidades del discurso oral". *Estudios de Lingüística del Español* 35: 13–73.
Gutiérrez-Bravo, R. 2013. *Structural Markedness and Syntactic Structure: A Study of Word Order and the Left Periphery in Mexican Spanish.* New York: Routledge.
Gutiérrez Ordóñez, S. 1994. "Estructuras ecuandicionales". En *Gramática del español*, ed. V. Demonte, 363–384. Ciudad de México: El Colegio de México.
Gutiérrez Ordóñez, S. 1996. "La periferia verbal (II): complementos de verbo enunciativo y atributos de modalidad". En *Pragmática y gramática del español hablado: actas del II Simposio sobre Análisis del Discurso Oral*, 91–108. Univ. Valencia.
Gutiérrez Ordóñez, S. 2019. "Sintaxis del microdiscurso". En *Traducción y sostenibilidad cultural: sustrato, fundamentos y aplicaciones*, coord. C. Carrasco et al., 25–25. Salamanca: Edit. Univ. Salamanca.
Hengeveld, K. y J. L. Mackenzie. 2008. *Functional Discourse Grammar: A Typologically-Based Theory of Language Structure.* Oxford: Oxford University Press.
Hidalgo, R. 2003. *La tematización en español.* Madrid: Gredos.
Hjelmslev, L. 1971. *Prolegómenos a una teoría del lenguaje.* Madrid: Editorial Gredos.
Jasinskaja, K. y E. Karagjosova. 2015. *Rhetorical Relations: The Companion to Semantics.* Oxford: Wiley.
Kaltenböck, G., B. Heine y T. Kuteva. 2011. "On Thetical Grammar". *Studies in Language* 35(4): 852–897.
Koch, P. y W. Oesterreicher. 1985. "Sprache der Nähe-Sprache der Distanz. Mündlichkeit und Schriftlichkeit im Spannungsfeld von Sprachtheorie und Sprachgeschichte". *Romanistisches Jahrbuch* 36: 15–43.
Kovacci, O. 1990–1991. *El comentario gramatical I y II.* Madrid: Arco/Libros.
López Samaniego, A. 2011. *La categorización de entidades del discurso en la escritura profesional. Las etiquetas discursivas como mecanismo de cohesión léxica.* Tesis doctoral. Barcelona, Universitat de Barcelona.
Martín Zorraquino, M.ª A. 1999. "Aspectos de la gramática y de la pragmática de las partículas de modalidad en español actual". En *Español como lengua extranjera, enfoque comunicativo y gramática: actas del IX congreso internacional de ASELE*, eds. M. C. Losada et al., 25–56. Santiago de Compostela: Univ. Santiago.
Montolío, E. 1999. "Las construcciones condicionales". En *Gramática descriptiva de la lengua española*, eds. I. Bosque y V. Demonte, 3643–3737. Madrid: Espasa.
Narbona, A. 1989. *Sintaxis española: nuevos y viejos enfoques.* Barcelona: Ariel.
NGLE. 2009. *Nueva Gramática de la lengua española.* Real Academia Española / Asociación de Academias de la Lengua Española. Madrid: Espasa.
Pérez Béjar, V. 2018. *Pragmagramática de las estructuras suspendidas.* Tesis doctoral. Sevilla, Universidad de Sevilla.
Pons Bordería, S. ed. 2014. *Discourse segmentation in romance languages.* Amsterdam: John Benjamins.
Rodríguez Ramalle, T. 2011. "Sobre *si* y la organización del margen preverbal en español". *LEA* 33(2): 199–222.
Rodríguez Ramalle, T. 2014. "Conexiones discursivas y subordinación: recursos sintácticos y conjunciones". *Signo y Seña* 25: 261–283.

12
Las cláusulas absolutas
(Absolute clauses)

Isabel Pérez-Jiménez

1 Introducción

En este capítulo[1] se describen las propiedades de las *cláusulas absolutas*. El apartado segundo comienza con la definición y delimitación de esta construcción frente a otras similares. En el apartado tercero, se exponen las principales hipótesis y debates teóricos existentes sobre su estructura interna. Se analiza también cuál es la naturaleza del vínculo que se establece entre la cláusula absoluta y la oración en la que se inserta. En el apartado cuarto se exploran las líneas más actuales de estudio sobre estas construcciones, relacionadas con su interpretación retórica y con el análisis de la variación sintáctica. Por último, en el apartado quinto, se avanzan algunas direcciones futuras de investigación relacionadas tanto con la sintaxis de las cláusulas absolutas como con sus propiedades discursivas y textuales.

Palabras clave: cláusula absoluta; adjunto libre; predicación no verbal; participio; tópico

This chapter presents the fundamental properties of absolute clauses. Section 2 defines and delimits this structure as opposed to others that appear in the periphery of the sentence. In section 3, the main proposals on the internal structure of absolute clauses are presented, as well as the theoretical debates on their syntactic connection with the sentence in which they are inserted. Section 4 explores current lines of study regarding absolute clauses, related to their rhetorical interpretation and to the analysis of syntactic variation. Finally, in section 5, some future directions of study related not only to the syntax of absolute clauses but also to their discursive and textual properties are advanced.

Keywords: absolute construction; free adjunct; non-verbal predication; participle; topic

2 Conceptos fundamentales

El concepto de *cláusula* o *construcción absoluta* no ha recibido en los estudios sobre gramática del español una definición unívoca y uniformemente aceptada, al no existir acuerdo sobre cuáles son sus propiedades caracterizadoras esenciales.

Desde un punto de vista restringido, las *cláusulas absolutas* se definen del siguiente modo: a) son estructuras de predicación integradas por un predicado no finito y un sujeto,

b) el predicado puede ser un participio pasivo —proveniente de un verbo con argumento interno, transitivo o inacusativo (verbo monovalente cuyo único argumento es un tema o paciente: *llegar, morir*, etc.)—, un grupo adjetival, nominal, preposicional o adverbial, c) el sujeto de predicación aparece necesariamente pospuesto; este sujeto puede ser un sintagma nominal, un pronombre en caso recto/nominativo y, con más restricciones, una oración, d) aparecen ligadas a otra estructura, generalmente oracional, respecto a la cual ocupan una posición parentética (forman su propio grupo entonativo), e) semánticamente, se vinculan temporalmente a la oración con que se combinan y establecen con ella una relación de "circunstancia concomitante", que se instancia en cada caso concreto en una relación de causa, objeción, condición o explicación (Hernanz y Suñer 1999; Marín 2002; Suñer 2013; NGLE, 38.11). Estas propiedades se ilustran en los siguientes ejemplos, agrupados según la categoría del predicado.

I. Participio pasivo (también llamado participio de pasado)

(1) ... asigna el caso a un agente de investigación para que realice las diligencias indicadas. **Realizadas las diligencias de investigación,** el agente entrega un informe del caso al fiscal (V. Meza [coord.], *Honduras: Hacia una política integral de seguridad ciudadana*, Honduras, 2004, CORPES, divulgación).

(2) La cremación en sí misma tampoco resultaba fácil. **Desaparecida la vieja cocina económica, en cuyo fogón las fotos se hubieran quemado con rapidez,** hubo de recurrir al brasero del salón... (J. L. Borau, *Camisa de once varas*, España, 2003, CORPES, ficción).

(3) **Afirmado que las medidas adoptadas son adecuadas y necesarias,** considera el Abogado de la Generalitat que son ponderadas o proporcionadas, porque el sacrificio que establecen no es excesivo, ... (BOE núm. 171, de 19 de julio de 2017, https://boe.es/buscar/doc.php?id=BOE-A-2017-8474).

II. Adjetivo (incluyendo los adjetivos participiales: *Equivocado el juez en su veredicto*, ...)

(4) ... llegamos al aciago año de 1830, encrucijada donde la contrarrevolución (...) logró abortar el proceso. (...) **Difunto el Libertador,** los líderes militares bolivarianos que retornaron al país hacia 1833 y su descendencia terminaron como exiliados en su propia tierra (F. Toro Jiménez, *Los mitos políticos de la oligarquía venezolana*, Venezuela, 2003, CORPES, académico).

(5) Es conocido el cuento del ciempiés y la cucaracha. **Envidiosa ésta de la elegancia de las cien patas del ciempiés,** le preguntó aduladora y ladina cómo era posible que pudiese marchar armónicamente con esa cantidad de miembros... (C. Iglesias, *De historia y literatura como elementos de ficción*, España, 2002, CORPES, divulgación).

III. Nombre

(6) No conoció a Miroslav Krezla ni a Danilo Kis, (...) pero la última vez que Prasel estuvo en Mostar ellos fueron a despedirlo a la estación. **Víctimas todos de una diáspora verdadera,** Kis confesó que iría a París a buscar la enciclopedia de los muertos, Krezla manifestó... ("Slavko Zupcic", *Espéculo*, 2002–06–03, España, 2002, CORPES, prensa).

IV. Grupo preposicional

(7) Y cuando llegue esta ansiada hora y, **en silencio las armas,** estalle la pugna apasionada, sectaria y vengativa... (E. Aguilar y J. Ponce, *Memorias de José Cruz Conde*, España, 2011, josecarlosaranda.com).

V. Adverbio

(8) El autor ha puesto un espejo delante de las relaciones amorosas en la vorágine de la gran ciudad (...). El asfalto es la piel nueva de la civilización. **Lejos la naturaleza,** no hay ya, según Marber, grandes amores (L. Mª Ansón "Belén Rueda, Closer, más cerca", *El Cultural*, elcultural.com, 2007–02–01, España, 2007, CORPES, prensa).

Las *cláusulas absolutas* pueden aparecer no solo como construcciones parentéticas, sino también como *cláusulas internas* o *dependientes*, no parentéticas, seleccionadas por adverbios y expresiones temporales del tipo de *antes/después/luego/a poco/a los diez años de*, (9), o como modificadores temporales adjuntos de un predicado, (10):

(9) ... los propietarios de los colegios tienen derecho a rechazar alumnos **antes de iniciado el año lectivo** (*La Nación.com.py, 02–11–2011*, Paraguay, 2001, CORPES, prensa).
(10) ... los decretos podrían ser expedidos **terminada la reunión del gabinete** (*El Tiempo*, Bogotá: eltiempo.com, 04–11–2003, Colombia, 2003, CORPES, prensa).

Nótese, sin embargo, que estas estructuras dependientes no expresan una "circunstancia concomitante" del estado de cosas expresado por la oración en la que se insertan, sino que señalan un momento temporal concreto. De ahí se sigue que, como señaló Fernández Fernández (1993), en las cláusulas dependientes, no parentéticas, no puedan aparecer modificadores temporales propios, frente a lo que sucede en las cláusulas parentéticas, (11). Este hecho podría reflejar que ambos tipos de cláusulas tienen distinta estructura interna.

(11) *Se fueron a sus casas **terminado el encierro a las cinco** vs. **Terminado el encierro a las cinco**, se fueron a sus casas (poco después).

3 Aproximaciones teóricas

Esta sección presenta los aspectos que han sido más estudiados desde el punto de vista teórico en relación con las cláusulas absolutas, relativos a la posibilidad de que aparezca o no en ellas un sujeto explícito, a su estatuto oracional o clausal y, por último, a la posición sintáctica que ocupan con relación a la oración con la que concurren.

3.1 Sujetos explícitos y tácitos: cláusulas absolutas y predicados incidentales

Dada la definición restrictiva de *cláusula absoluta* antes presentada, cabe plantearse si estructuras como las de (12), que carecen de sujeto explícito, deben considerarse o no estructuras de ese tipo.

(12) Hasselblad es el principal fabricante de cámaras y objetivos de formato medio. **Realizadas a mano en Suecia,** las cámaras Hasselblad son famosas por su icónico diseño ergonómico ("[DNG] Recomienda", *DNG Photo Magazine*, fotodng.com, España, 2016, CORPES, divulgación).
(13) Era un autor demasiado celebrado. **Envidiosos de su éxito,** sus personajes lo mataron a puñetazos (J. P. Aparicio, *El juego del diábolo*, España, 2008, CORPES, ficción).
(14) Luego, tras hacer el juramento de seguir la lucha armada, redacta el manifiesto *Volveremos a la montaña*. **Víctima de una delación,** el 9 de septiembre de 1969 cae herido y es apresado y asesinado ese mismo día. ("El destacamento de refuerzo", *Bohemia*, Bohemia.cu, 2017–10–03, Cuba, 2017, CORPES, prensa).

Por una parte, en la línea de Bello (1847), autores como Hernanz (1991), López (1994), Fernández Leborans (1995), Marín (2002) y Pérez-Jiménez (2007), entre otros, defienden que el sujeto de predicación de las cláusulas absolutas puede ser explícito o tácito, al igual que sucede en otras estructuras oracionales. Este sujeto se identifica mediante correferencia con un elemento nominal presente en el discurso. Desde el punto de vista sintáctico, ese sujeto tiene la capacidad, por ejemplo, de legitimar un elemento anafórico interno a la cláusula absoluta, (15) (Pérez-Jiménez 2007, 160 y ss.). Este es el análisis más extendido a día de hoy en la bibliografía.

(15) Un campo magnético (...) la protegía. Por más que intentó romper ese campo no lo logró. **Enojado consigo mismo,** soltó a Umma y lo intentó solo (R. Gudiño, *Destino de papel*, 2007, Ecuador, CORPES, ficción).

Sin embargo, debe reconocerse que algunos autores, como Lapesa (1973), De Miguel (1992), Fernández Fernández (1993), Martínez (1994), Hernanz y Suñer (1999), Suñer (2013), entre otros, consideran que las construcciones de (12)–(15) son estructuralmente diferentes a las cláusulas absolutas, en tanto que carecen enteramente de sujeto. No serían, por tanto, estructuras oracionales o clausales. Se trataría, según las distintas denominaciones otorgadas, de *predicados incidentales, adjuntos libres, construcciones de inciso predicativo, construcciones adyacentes dependientes* o *construcciones conjuntas o concertadas* (en el caso de las estructuras participiales).

A favor de esta diferencia estructural, Suñer (2013) señala que los participios de verbos intransitivos puros o inergativos (verbos monovalentes con un argumento agentivo, del tipo de *bostezar, reír, llorar, ladrar*...) pueden aparecer como predicados incidentales en ciertos casos, (16), pero nunca en construcción absoluta con sujeto explícito (**Una vez llorado nosotros,* ...).

(16) Tenemos derecho a llorar, pero **una vez llorado,** volvemos a levantarnos y a continuar la lucha (Google, consulta 8/8/2013, España, url: www.elperiodico.com/es, tomado de Suñer 2013).

Para Gutiérrez Ordóñez (1986), los *predicados incidentales* o *adjuntos libres* carecen de sujeto porque son variantes posicionales de modificadores explicativos o complementos predicativos que han sufrido un desplazamiento y se han antepuesto a la oración. Sin embargo, en (14) y en (16) no hay ningún elemento nominal explícito en la oración que pudiera ser soporte del modificador explicativo antes de su desplazamiento. Por otra parte, como señala Fernández Fernández (1993), el predicado incidental que aparece en (17) no podría ocupar la posición interna a la oración en que debería aparecer de tratarse de un complemento predicativo antepuesto, puesto que esa opción, como se ve en (17b) es agramatical (nótese que *culpable del primer delito* podría ser también un predicado incidental en *Lo juzgaron, culpable del primer delito, por tres delitos más*, que constituiría por tanto una variante posicional de (17a)). Esta hipótesis, pues, plantea problemas de descripción empírica.

(17) a. Culpable del primer delito, lo juzgaron por tres delitos más
b. *Lo juzgaron culpable del primer delito por tres delitos más (Fernández Fernández 1993, 88).

Junto a la definición restringida de *cláusula absoluta* ofrecida al comienzo del capítulo, el término se utiliza también más laxamente como sinónimo de *cláusula mínima no seleccionada* para designar a toda estructura predicativa adjunta que carezca de soporte verbal flexionado. Desde esta perspectiva, se consideran cláusulas absolutas las siguientes estructuras: cláusulas de gerundio (*sabiendo Juan todo aquello*), cláusulas de infinitivo introducidas por *al* (*al haber estado durmiendo todo el día*), cláusulas introducidas por la preposición *con/sin* (*con el niño enfermo*), estructuras bimembres independientes propias de los titulares de prensa, pies de foto, títulos de cuadros, refranes, etc. (*El presidente, hospitalizado*), estructuras independientes de focalización de predicado (*Excelente, tu interpretación*), construcciones atributivas con anteposición de predicado (*cansado como estaba; tan guapo como era*), o cláusulas descriptivas (*Altiva la mirada, tensos los hombros, Eduardo respondió al juez*).

3.2 La estructura interna de las cláusulas absolutas

La cuestión de si las *cláusulas absolutas* tienen o no los mismos tipos de sujetos que otras estructuras oracionales plenas (sujetos explícitos, sujetos nulos) va de la mano de considerar que estas construcciones tengan o no una estructura oracional, dentro de la cual se legitimaría ese sujeto. En este sentido, es general la opinión de que la estructura interna de las cláusulas absolutas es, en algún sentido, defectiva, si se compara con la de las oraciones finitas. Para numerosos autores, las cláusulas absolutas son estructuras oracionales truncadas. En ellas, al no existir elemento alguno que aporte información de tiempo + concordancia de persona, es el aspecto (gramatical o léxico) del predicado el elemento que legitima por defecto la presencia de un sujeto pospuesto. Esta es la propuesta de De Miguel (1992), López (1994), Hernanz y Suñer (1999), Bruno (2011) para las cláusulas absolutas participiales. Según esta hipótesis, el participio legitima la presencia de un sujeto explícito en la cláusula en virtud de su contenido aspectual de perfecto (aspecto gramatical), que condiciona la selección de predicados con modo de acción télico (en las propuestas de orientación generativa, el desplazamiento del participio a un nudo sintáctico Aspecto, da lugar, además, al orden lineal <predicado-sujeto>). Hernanz (1993) defiende idéntica propuesta para las cláusulas absolutas no participiales. Al carecer estas de información de tiempo + concordancia de persona, el sujeto queda legitimado por el aspecto léxico del predicado, que ha de ser necesariamente perfectivo/de estadio/acotado y expresar una situación o estado.

Si bien la generalización de que solo ciertos tipos aspectuales de predicados pueden legitimar sujetos en las cláusulas absolutas tiene un robusto soporte empírico, debe reconocerse que, en lo que respecta a las cláusulas participiales, es posible documentar estructuras con participios (no adjetivales) derivados de verbos atélicos y sujeto expreso, (18)–(20). Estos ejemplos, no obstante, son escasos en los corpus del español (el único ejemplo de este tipo encontrado en CORPES es (20). El motivo de este contraste numérico no ha recibido explicación a día de hoy en la bibliografía, ni tampoco es claro cómo estos ejemplos influyen en la propuesta de que el aspecto léxico/gramatical del predicado de la cláusula absoluta sea determinante en la legitimación del sujeto (las relaciones entre aspecto gramatical y léxico en las cláusulas de participio se estudian en Marín 2000, 2002; Pérez-Jiménez 2007, capítulo IX; Suñer 2013, apartado 2). Se trata, pues, de un tema abierto en la investigación gramatical actual sobre el español.

(18) **Una vez rodadas las canicas,** se contarán los puntos obtenidos por el jugador… (A. A. Aguirre Vanegas, *Jugando aprendo y comprendo*, www.calameo.com > books).

(19) Es fácil pensar en uno de esos pubs tras el cierre del Derby, **empujada la persiana por el covid aunque el confinamiento solo le metió octanaje a la agonía** (F. Tabarés, "Derby", *La voz de Galicia*, España, 2020, www.lavozdegalicia.es/noticia/opinion/2020/06/10/derby/0003_202006E10P48993.htm).

(20) Los electores tienen en sus manos el porvenir de la tierra —dijo—, lo que exige honradez, juicio y laboriosidad, para que, **estimulada una numerosa inmigración de agricultores,** se desarrolle la masa de su población, como factor indispensable de engrandecimiento moral y material (B. Bernal, *Cuba y sus leyes*, 2002, Cuba, CORPES, académico).

Del mismo modo, en las cláusulas no participiales, es posible encontrar predicados no perfectivos/ de individuo/no acotados en construcción absoluta: recuérdese que el predicado puede ser un nombre, o considérese el adjetivo de individuo de (21) (Pérez-Jiménez 2007, 180 y ss.).

(21) **Incapaz Santiago de doblarse,** y teniendo afición a semejantes contiendas, volvióse contra el general,... (Corpus del español, A. Alcalá Galiano, *Memorias*).

Frente a la idea de que las cláusulas absolutas son estructuras oracionales truncadas, Gunnarson (1994) y Pérez-Jiménez (2007), entre otros, las analizan como un tipo especial de oración subordinada en la que la marca de subordinación es el proceso de ascenso o inversión del predicado, que da lugar al orden lineal <predicado-sujeto>. Este análisis es similar al que algunos autores han propuesto para las estructuras subordinadas en subjuntivo del tipo de *Rogamos [salgan ustedes de forma ordenada]*. El proceso de ascenso/inversión del predicado puede afectar al constituyente predicativo completo, (22), o solo a su núcleo, (21) y (23). Esto indica que la estructura interna de las cláusulas absolutas es más compleja, al menos, que la de una mera cláusula mínima de predicación.

(22) Empezó a perturbar a los del Rey de Romanos con (...) sus correrías. **Incapaces de resistirle los dos confederados**, enviaron mensaje sobre mensaje (M. J. Quintana, *El Duque de Alba*, Corpus del español).
(23) La polémica se extendió a los autos sacramentales. **Alentadas las autoridades por Clavijo y Fajardo y por Moratín,** prohibieron su representación en 1765 (M. de Riquer, *Historia de la literatura universal*, vol. 4, tomado de Pérez-Jiménez 2007).

Dentro de esta propuesta, los sujetos de las cláusulas absolutas se legitiman por la información temporal que expresan estas cláusulas, que, tal como se mostró en (11), es relativamente independiente del tiempo de la oración en la que aparecen (si bien es información temporal que no está relacionada con rasgos de persona, frente a lo que sucede en los verbos flexionados). Así, el hecho de que los sujetos de las cláusulas absolutas se legitimen de forma similar a otros sujetos en español, explica el siguiente paralelismo: los sujetos de las cláusulas absolutas, al igual que los sujetos preverbales de las oraciones finitas no pueden ser nombres escuetos excepto si aparecen coordinados.

(24) *Llegados niños a la fiesta, comenzó la actuación de los payasos vs. Llegados niños y niñas a la fiesta, comenzó la actuación de los payasos.
(25) *Niños llegaron tarde vs. Niños y niñas llegaron tarde.

3.3 El vínculo con la oración

Frente a la disparidad de propuestas existentes acerca de la estructura interna de las cláusulas absolutas (periféricas), existe consenso general en la bibliografía sobre el modo en que estas estructuras se vinculan sintácticamente a la oración con la que concurren. Autores de distinta orientación teórica como Fernández Fernández (1993), Martínez (1994), Pérez-Jiménez (2007), entre otros, defienden que las cláusulas absolutas son *tópicos no dislocados* de la oración en la que aparecen. Específicamente, Pérez-Jiménez (2007) propone que las cláusulas absolutas son *tópicos de marco o encuadramiento*, cuya función semántica es la de establecer un marco dentro del cual interpretar la oración.

Esta propuesta explica la independencia entonativa y posicional de las cláusulas absolutas. Como se ha mostrado, estas construcciones pueden aparecer en posición inicial de la oración y también en posición final (recuérdese (19)). Los siguientes ejemplos ilustran su aparición en otras posiciones internas a la oración.

(26) En las últimas semanas fue necesario crear fuerzas costureriles de relevo para terminar el traje y que la boda se acabara de efectuar. // Se trabajaba en el vestido, **ayudadas las hermanas por amigas y vecinas,** las veinticuatro horas del día //. (M. L. González, *Astillas, fugas, eclipses*, Cuba, 2001, CORPES, ficción).

(27) El guardia comenzó a decirme por señas que esperara un momento. // Me apresuré, **vista la experiencia de unos segundos antes,** a cortar su mudo discurso //. (J. M. Reverte, *Gálvez en la frontera*, España, 2001, CORPES, ficción).

Pese a la existencia a priori de estas posibilidades, la posición concreta de una cláusula absoluta en un contexto dado está constreñida por restricciones discursivas relativas a la estructura informativa de las secuencias, que afectan también a la distribución de distintas clases de subordinadas. Este tipo de restricciones hasta donde se nos alcanza, no se han estudiado de forma sistemática para el español más allá de los apuntes que aparecen en Pérez-Jiménez 2007, I–III.

Como se verá en la siguiente sección, el hecho de ser sintácticamente tópicos condiciona crucialmente la interpretación de las cláusulas absolutas.

4 Perspectivas actuales

En este apartado se exponen las líneas más actuales de estudio en relación con las cláusulas absolutas, relacionadas con su interpretación retórica y con la existencia de patrones de variación sintáctica en este dominio de predicación.

4.1 La interpretación retórica de las cláusulas absolutas

Como se mostró en el apartado anterior, las cláusulas absolutas son tópicos de la oración en la que se insertan. Semánticamente, por tanto, quedan fuera del alcance de los operadores oracionales, como la interrogación (*Encarcelado Juan, ¿qué piensas hacer con tu parte del negocio común?*) y la negación (*Terminada la cena, no fuimos al cine*). Como se observa en (28), la proposición expresada por la cláusula absoluta "(los pacientes) han superado el episodio", se interpreta como verdadera con independencia de que la oración en la que se inserta se vea afectada por la negación: "No es verdad que, superado el episodio, los pacientes lograran volver a la comunidad".

(28) ... son pacientes con trastornos severos que, tras sufrir un "brote", fueron internados y, **superado el episodio,** no lograron volver a la comunidad (M. Ayuso, "Sin salida: tienen su alta médica, pero igual viven en neuropsiquiátricos", *La Nación*, 21–07–2016, Argentina, CORPES, prensa).

Así, las cláusulas absolutas, expresan una proposición o estado de cosas parcialmente independiente de la aserción principal (en términos semánticos más específicos, expresan *aserciones secundarias*). Esa independencia se extiende también a su interpretación temporal, como se adelantó en (11). Como se muestra en (29) y (30), el estado de cosas descrito en las cláusulas absolutas sucede en un intervalo de tiempo que está localizado mediante un modificador temporal explícito, distinto al que aparece en la oración finita.

(29) ... se frustró la impresión de la obra en Roma; así tomé la decisión de imprimirla aquí (...). **Obtenido el imprimátur en 1631, el libro salió en febrero del año siguiente** (R.

Núñez Centella, *Hablarán de ti siempre las estrellas: Galileo y la Astronomía*, España, 2009, CORPES, Académico).

(30) El edificio original es la Fábrica Casarramona (...). **Cerrada la fábrica en 1920, después de la guerra civil se usó como caballerizas** de la policía montada hasta 1992 ... (M. P. Biel Ibáñez, *El patrimonio industrial en el siglo XXI y su relación con la ciudad posindustrial*, España, 2016, CORPES, académico).

En ausencia de modificadores temporales explícitos dentro de las cláusulas absolutas, el estado de cosas que expresan se ancla temporalmente, de forma general, al tiempo de la oración de la que son tópico (localización temporal dependiente). Cuando el predicado de la cláusula es un participio o un adjetivo perfectivo, la relación temporal que se establece entre la cláusula y la oración es de anterioridad (especialmente si la cláusula aparece en posición inicial), aunque puede expresar también simultaneidad, (26). Los factores que determinan en último término la interpretación temporal de las cláusulas absolutas participiales son la interpretación aspectual del participio, el orden lineal de la cláusula, el orden de palabras interno a la cláusula, el hecho de que el sujeto sea o no explícito o las relaciones de correferencia nominal que se establezcan entre la cláusula y el discurso previo o posterior (véase Pérez-Jiménez 2007, capítulo IX). Las cláusulas cuyo predicado no es un participio o adjetivo perfectivo establecen generalmente una relación temporal de solapamiento o simultaneidad (parcial o total) con la situación descrita en la oración en la que aparecen.

A consecuencia de su carácter tópico y de la relación temporal que establecen con la oración, las cláusulas absolutas reciben con frecuencia una interpretación retórica adicional. En palabras de Fernández Fernández (1993, 93), la situación descrita en las cláusulas absolutas (especialmente las que aparecen en posición inicial) se interpreta como "telón de fondo con el que confrontar el contenido proposicional de la predicación matriz". Según Pérez-Jiménez (2007, 2009) la cláusula absoluta constituye junto con la oración principal una secuencia discursiva compleja donde la aserción secundaria que expresa la cláusula absoluta (P) establece una relación argumentativa de tipo implicativo con la proposición denotada por la oración principal (Q). Esa relación es de tipo causa-efecto: causa real (P $\rightarrow$ Q) (2), (13), (21); causa hipotética o condición, si hay un verbo modal u operador condicional en la oración, (31); explicación (Q $\rightarrow$ P), interpretación ligada al orden en que aparecen las proposiciones, (19); concesión (P $\rightarrow \neg$ Q), generalmente desencadenada por la presencia de conectores con significado concesivo, (40) y (42) más abajo (Pérez-Jiménez 2007, 2009 analiza en más detalle cómo se construyen estas secuencias retóricas en español).

(31) Los antidólar destacan que, **abolida la moneda propia,** el gobierno no podrá emitir para proveer liquidez cuando haga falta, y que tampoco podrá auxiliar a los bancos (J. Nudler, "2002: unidos o dolarizados", *Página 12. Buenos Aires*, pagina12.com.ar/diario/economia/2-5549-2002-05-25.html, Argentina, 2002–05–25, CORPES, prensa).

La aceptabilidad de la secuencia <cláusula absoluta + oración> será más baja cuanto más difícil sea establecer una secuencia argumentativa/retórica entre ellas. Esto explica la recomendación de la NGLE (38.12a) de evitar por razones estilísticas las construcciones absolutas en las que no se reconoce relación argumentativa alguna con la oración, como sucede en el siguiente ejemplo:

(32) Mucho más conocida es la curiosa biografía de José Saramago. **Nacido José de Sousa en el seno de una familia humilde del Alentejo portugués,** Saramago es el mote de familia, pasó por los más variopintos oficios (de cerrajero mecánico a administrativo de

un hospital) con una meta: aprender de los libros (E. Pita, "Es la única mujer que me ha hecho sentir la cuarta dimensión del amor", *El Mundo. Magazine*, elmundo.es, 2003–08–03, España, 2003, CORPES, prensa).

4.2 Cláusulas absolutas y variación sintáctica

El interés que suscita hoy en día el estudio de la variación sintáctica es visible en el ámbito de las formas no personales del verbo. Así, existen numerosos estudios sobre la sintaxis del infinitivo en el español del Caribe y del gerundio en el español de Colombia, Venezuela y Ecuador. Avellana (2012) analiza fenómenos de variación que afectan al infinitivo y gerundio en las variedades de español que están en contacto con las lenguas amerindias toba y guaraní, y señala usos de gerundio en lugar de participio del tipo de *Dejé apagando la luz* (Avellana 2012, 315 ej. 118) en el español hablado en contacto con el quechua.

Sin embargo, son escasísimos los trabajos dedicados a estudiar las cláusulas absolutas desde esta perspectiva. Una posible causa es que no se den fenómenos de variación en este dominio sintáctico, al tratarse, como se menciona generalmente, de estructuras propias de la lengua escrita culta fuertemente sujetas, por tanto, a la presión de la norma. Sin embargo, en registros menos formales y fuera de la prosa literaria o académica, algunos autores han documentado fenómenos de variación que afectan a las cláusulas absolutas.

Así, Quesada Pacheco (2005) recoge la existencia de construcciones como las de (33) en el habla popular de la zona del Valle Central de Costa Rica (todos los ejemplos pertenecen al texto citado). El autor considera arcaísmos este tipo de estructuras en tanto que fueron productivas en el castellano hasta fines del siglo XVIII.

(33) Una vez metídose el animal en la cueva, nadie lo saca; Por secádose, sirve de abono; Ya por calentádome [hablando del efecto del licor], yo voy y como lo que sea; Muértose el perro, acabádose la rabia.

Los rasgos que las caracterizan son los siguientes (Los siguientes ejemplos son también del autor): a) están encabezadas generalmente por *por, una vez* o *ya*; b) el participio aparece sistemáticamente en masculino singular (**Por secádase la ropa, se aplancha*); c) es necesaria la aparición de un pronombre enclítico acusativo (*Por puéstome a jugar, nadie me para*); d) el sujeto puede ser expreso o tácito, en cuyo caso establece una relación de correferencia con un sintagma de la oración en la que aparece la construcción (*Por despertádose, Lito apaga el reloj y me despierta*; *Por puéstose a comer, nadie para a Juan*); e) puede aparecer en distintas posiciones lineales (*Nos vamos ahorita, por levantádose Pacheco*).

Conforme al análisis de Quesada Pacheco (2005), el participio en estas construcciones es parte de una estructura <verbo auxiliar + participio>, en la que el auxiliar está elidido, como se representa en el siguiente ejemplo: *Por [haber] secádose la ropa, se aplancha* (Quesada Pacheco 2005, 32). Esa propuesta, sin embargo, choca con el hecho de que los participios que aparecen en otras oraciones subordinadas como parte de una forma verbal compuesta no pueden estar acompañados de pronombres enclíticos, como se observa en la agramaticalidad de **Después de haber comídose el pan, se tomó el café* (Quesada Pacheco 2005, 25).

Suñer (2013) analiza otro caso de variación sintáctica en las cláusulas absolutas, en concreto, la variación en la diátesis de los participios absolutos derivados de verbos transitivos que se observa en los ejemplos de (34)–(36). Se trata de estructuras alejadas de los usos recogidos en las gramáticas normativas, propias del español europeo, que se documentan en textos escritos oficiales o comerciales (actas de reuniones, informes, transcripciones de juicios, estatutos), prensa en línea, manuales (recetarios de cocina, libros de instrucciones, etc.) y blogs. Como ya se señaló, los participios que aparecen en construcción absoluta son participios pasivos provenientes de verbos transitivos o bien participios de verbos inacusativos cuyo sujeto aparece en caso nominativo. Sin embargo, como se ve en los siguientes ejemplos, los participios poseen rasgos activos, como son el marcado diferencial de caso del complemento directo mediante la preposición *a* o la falta de concordancia en género y número entre el participio y el argumento interno.

(34) **Una vez detenido al autor,** la policía le pondrá a disposición del Juzgado de Guardia (Suñer 2013, 71 (23a), www.elmundo.es/elmundo).

(35) **Una vez rescatada a la víctima,** debemos situarla en un lugar fuera de peligro (Suñer 2013, 81 (45a), aparatorespiratorio3a.blogspot.com)

(36) Por ello, **una vez localizado a los implicados,** se procede a su detención (Suñer 2013, 81 (44b), www.sevillaactualidad.com).

5 Direcciones futuras y conclusiones

Como se ha mostrado en estas páginas, las cláusulas absolutas constituyen un dominio gramatical que ha recibido notable atención en los estudios sobre el español. Del mismo modo, han sido foco de atención de la sintaxis diacrónica, perspectiva que no se ha contemplado tampoco en este capítulo (consúltese Del Rey Quesada 2019, Suñer en prensa y las referencias allí citadas).

Desde la perspectiva sincrónica, como ha quedado patente, el aspecto más estudiado es la estructura interna de estas cláusulas. No obstante, existen aspectos sintácticos que no han sido siquiera descritos empíricamente de forma exhaustiva. Uno de ellos es la posible presencia de elementos conjuntivos en estas estructuras. Así, por ejemplo, la contribución semántica y sintáctica de *una vez* no ha sido estudiada en profundidad. De forma general, los autores que han estudiado la estructura interna de las cláusulas absolutas analizan *una vez* como un adverbio aspectual compatible con estructuras que tienen interpretación tempoaspectual perfectiva (al igual que *ya* o *apenas*) y asumen que es un elemento opcional que puede o no aparecer si el predicado de la cláusula tiene la caracterización aspectual adecuada. Sin embargo, como se reconoce en la NGLE (31.14j), el estatuto gramatical de *una vez* como adverbio o conjunción no es claro. En este sentido, quizá no es casual que, frente a los ejemplos que se revisaron en (16) (*Una vez llorado*, …), no se haya encontrado en CORPES, ni tampoco a través de una búsqueda con la herramienta Sketch Engine (Spanish Web Corpus 2018, esTenTen18), ningún caso de participio inergativo incidental (en posición inicial de oración) que no esté encabezado por *una vez*.

Del mismo modo, no es clara la contribución sintáctica de *aunque* y *si bien* en las estructuras que estudiamos. El contraste entre (37)–(38) y (39) parece indicar que predicados incidentales y cláusulas absolutas tienen una estructura interna diferente, con independencia de que *aunque* y *si bien* se analicen como conjunciones (Fernández Leborans 1995) o como adverbios que pueden aparecer en determinados constituyentes oracionales y suboracionales (López 1994).

(37) Servida la cena, Juan se fue a dormir vs. *Aunque/*Si bien servida la cena, Juan se fue a dormir.

(38) Servida la cena con lujo, quedamos fascinados vs. *Aunque/??Si bien servida la cena con lujo, no quedamos contentos.

(39) Servida con lujo, la cena fue un éxito vs. Aunque/Si bien servida con lujo, la cena no resultó ser de gran calidad.

Resulta escasísima la documentación de ejemplos reales de cláusulas absolutas con sujeto expreso encabezadas por estos elementos. Los ejemplos encontrados aparecen mencionados en la bibliografía, (40), o se encuentran con bajísima frecuencia en los corpus, (41) (no ha sido posible documentar en el Corpus del español ningún ejemplo con *aunque*). Cabe mencionar que no se ha encontrado en CORPES ningún ejemplo que ilustre esta estructura frente a los numerosos ejemplos del tipo de (42) y (43) encontrados.

(40) Si bien modificado el primer artículo, ...; Aunque aprobada la propuesta, ... (Fernández Leborans 1995, 375 (4)).

(41) [...] aprovechaba con gusto la ocasión de entrar en capitulaciones con hombre tan recto, pundoroso y valiente. **Si bien sorprendido el noble militar de una proposición tan extraordinaria,** [...], no retrocedió su valor (R. López, *Jaime el Barbudo*, Corpus del español).

(42) ... pueden distinguirse tres momentos en el periodo. **Si bien acotados por acontecimientos nacionales,** se extienden sin grandes diferencias en el noroeste: a) la reconstrucción (1915–1920), ... (E. Méndez Sáinz, *Arquitectura Nacionalista: el proyecto de la Revolución Mexicana en el Noroeste*, México, 2004, CORPES, académico).

(43) ... convencido de que por el momento no podía derrotar al enemigo resolvió retirarse hacia la selva y, **aunque perseguido por tropas de Almagro,** logró alcanzar Vitcos (A. Mª Lorandi, *Ni ley, ni rey, ni hombre virtuoso. Guerra y sociedad en el virreinato del Perú*, Argentina, 2002, CORPES, académico).

Otros elementos conjuntivos (*puesto que, porque*) resultan agramaticales tanto en las cláusulas absolutas como en los predicados incidentales, si bien no se ha analizado en la bibliografía si se trata de una incompatibilidad sintáctica o semántica. En suma, la aparición de distintos tipos de unidades adverbiales y conjuntivas en las cláusulas absolutas y adjuntos libres está pendiente de descripción y análisis en los estudios sobre estas construcciones.

Tampoco han sido estudiadas en profundidad las propiedades de tipo discursivo (interfaz sintaxis-discurso) y genérico-textual de las cláusulas absolutas, frente a lo que ha sucedido con relación a otras lenguas. Así, por ejemplo, no se han estudiado qué restricciones discursivas determinan la posición lineal de las cláusulas absolutas. Tampoco se ha analizado la solidaridad de esta construcción con ciertos géneros discursivos, ni los paralelismos y diferencias a este respecto con los adjuntos libres, cuestión que sí ha interesado desde la perspectiva diacrónica; por ejemplo, Winter-Froemel *et al.* (2015) analizan la presencia de cláusulas absolutas y adjuntos libres en ciertos tipos de textos como la crónica y el ensayo.

En el plano metodológico, tampoco en español se ha hecho explotación de recursos cuyo uso está extendido actualmente en el análisis gramatical, como los corpus paralelos, frente a lo que sucede en otras lenguas. Así, por ejemplo, Behrens *et al.* (2012) estudian a través de corpus paralelos (inglés, alemán, noruego, francés) el modo en que compiten las cláusulas absolutas y los adjuntos libres con oraciones subordinadas finitas de distinto tipo, con oraciones coordinadas y con oraciones independientes yuxtapuestas, y exploran qué condiciones determinan que puedan establecerse o no equivalencias entre esos distintos tipos de estructuras que permitan su intercambiabilidad en ciertos contextos y no en otros. Este tipo de estudio permite abordar múltiples cuestiones. Por ejemplo, arroja luz sobre los diferentes recursos lingüísticos disponibles en las lenguas para formar cláusulas absolutas; permite también estudiar la existencia de equivalencias semánticas entre esas estructuras, y, además, ofrece datos para analizar el modo en que ciertas propiedades sintácticas (el lugar de adjunción de la cláusula —interna, periférica—, su posición lineal, sus propiedades de modo de acción, aspecto y tiempo) contribuyen a favorecer o a impedir esas equivalencias; por último, permite estudiar las diferencias discursivas/retóricas existentes entre esos distintos tipos de estructuras. Malá y Šaldová (2015), en esta misma línea, realizan una comparación de las cláusulas participiales en inglés y checo. Este parece ser, pues, un camino fructífero para el estudio de las cláusulas absolutas del español, aún inexplorado.

Nota

1 Quiero agradecer los comentarios y sugerencias recibidos de un/a revisor/a anónimo/a, que han ayudado a mejorar muchos aspectos de este trabajo. La realización de este capítulo ha sido posible gracias a la financiación del proyecto EPSILONE, PID2019–104405GB-I00 del Ministerio de Ciencia e Innovación de España.

Lecturas complementarias recomendadas

Fernández Fernández (1993), Gutiérrez Ordóñez (1986); Pérez-Jiménez (2007).

Referencias bibliográficas

Avellana, A. M. 2012. *Las categorías funcionales en el español en contacto con lenguas indígenas en la argentina: tiempo, aspecto y modo*. Tesis doctoral, Universidad de Buenos Aires.

Behrens, B., C. Fabricius-Hansen y K. Solfjeld. 2012. "Competing Structures: The Discourse Perspective". En *Big Events, Small Clauses: The Grammar of Elaboration*, eds. C. Fabricius-Hansen y D. T. T. Haug, 179–226. Berlin: De Gruyter.

Bello, A. 1847. *Gramática de la lengua castellana*. Madrid: Edaf, 1984. Edición electrónica: www.cervantesvirtual.com.

Bruno, J. V. 2011. "Absolute Constructions: Telicity, Abstract Case, and Micro-Variation". En *Selected Proceedings of the 13th Hispanic Linguistics Symposium*, ed. L. A. Ortiz-López, 264–274. Somerville, MA: Cascadilla Proceedings Project.

CORPES: Real Academia Española. Corpus del Español del Siglo xxi. (http://rae.es/recursos/banco-de-datos/corpes-xxi), versión 0.92 (mayo de 2020).

Corpus del español (Web/Dialects). Dir. Mark Davies. (www.corpusdelespanol.org/).

CREA: Real Academia Española. Corpus de Referencia del Español Actual. (http://rae.es/recursos/banco-de-datos/crea).

Fernández Fernández, A. 1993. *La función incidental en español*. Oviedo: Universidad de Oviedo, Publicaciones del departamento de Filología española.

Fernández Leborans, Mª. J. 1995. "Sobre construcciones absolutas". *Revista Española de Lingüística* 25(2): 365–395.

Gunnarson, K. Å. 1994. "Small Clauses and Absolute Constructions in Spanish". *Probus* 7: 125–171.

Gutiérrez Ordóñez, S. 1986. *Variaciones sobre la atribución*. León: Ediciones de la Universidad de León.

Hernanz, Mª Ll. 1991. "Spanish Absolute Constructions and Aspect". *Catalan Working Papers in Linguistics* 1: 75–128. [1994: "Concordancia, rección y aspecto: las construcciones absolutas en español". En *II Encuentro de lingüistas y filólogos de España y México*, eds. A. Alonso et al., 367–402. Salamanca: Ediciones de la Universidad de Salamanca].

Hernanz, Mª Ll. 1993. "A propósito de los adjuntos libres". En *Teoria i perspectives. Sintaxi*, ed. A. Viana, 125–173. Lleida: Pagès.

Hernanz, Mª Ll. y A. Suñer. 1999. "La predicación: la predicación no copulativa. Las construcciones absolutas". En *Gramática descriptiva de la lengua española*, dirs. I. Bosque y V. Demonte, capítulo 39. Madrid: RAE-Espasa Calpe.

Lapesa, R. 1973. *Estudios de morfosintaxis histórica del español*. Madrid: Gredos, 2000.

López, L. 1994. "The Internal Structure of Absolute Small Clauses". *Catalan Working Papers in Linguistics* 4: 45–92.

Malá, M. y P. Šaldová. 2015. "English Non-Finite Participial Clauses as Seen Through Their Czech Counterparts". *Nordic Journal of English Studies* 14(1): 232–257.

Marín, R. 2000. *El componente aspectual de la predicación*. Tesis doctoral, Universidad Autónoma de Barcelona.

Marín, R. 2002. "De nuevo sobre construcciones absolutas". *Clac* 10.

Martínez, J. A. 1994. *Cuestiones marginadas de gramática española*. Madrid: Ediciones Istmo.

Miguel, E. de. 1992. *El aspecto en la sintaxis del español: perfectividad e impersonalidad*. Madrid: Ediciones de la Universidad Autónoma de Madrid.

NGLE: Real Academia Española y Asociación de Academias de la Lengua Española. 2009–2011. *Nueva gramática de la lengua española*. Madrid: Espasa. (www.rae.es/recursos/gramatica/nueva-gramatica).

Pérez Jiménez, I. 2007. *Las cláusulas absolutas*. Madrid: Visor.

Pérez Jiménez, I. 2009. "Construcciones absolutas y coherencia discursiva". *Español Actual* 9: 271–279.

Quesada Pacheco, M. Á. 2005. "El participio con complemento pronominal en el español de Costa Rica". *LETRAS* 37: 5–29.

Rey Quesada, S. del. 2019. "Estructuras participiales y gerundiales en el castellano del s. XVI: caracterización sintáctica y estatuto variacional". *Revista de Filología Románica* 36: 179–199.

Rodríguez Espiñeira, M. J. 1991. "Los adjetivos incidentales como subtipo de adjetivos predicativos". *Verba* 18: 255–274.

Spanish Web Corpus. 2018. (esTenTen18): https://www.sketchengine.eu/estenten-spanish-corpus/

Suñer, A. 2013. "La diátesis de los participios en construcción absoluta: microvariación en la lengua escrita de los semicultos". *Lingüística* 29(2): 51–91.

Suñer, A. En prensa. "Las cláusulas absolutas". En *Sintaxis histórica de la lengua española*, dir. C. Company, Tercera parte. México: UNAM/FCE.

Winter-Froemel, E., A. López Serena, Á. S. Octavio de Toledo y Huerta y B. Frank-Job. 2015. "Introducción". En *Tradiciones discursivas, tradicionalidad discursiva e idiomaticidad en el cambio lingüístico*, eds. E. Winter-Froemel, A. López Serena, Á. S. Octavio de Toledo, Huerta y B. Frank-Job, 1–27. Tübingen: Narr (ScriptOralia 141).

13
Las oraciones complejas (completivas)
Complex clauses (noun clauses)

Manuel Delicado Cantero

1 Introducción[1]

Este capítulo explora las oraciones completivas en español. En la sección 2 se presentan cuestiones fundamentales de definición y contexto de uso tales como los conceptos de *completiva* y *sustantiva*, debido bien a su función (objeto directo, etc.) o bien a su distribución similar a los sustantivos. Se presentan los subtipos según la completiva: declarativas o enunciativas e interrogativas/exclamativas indirectas, con verbo finito o infinitivo. También se comentan los tipos de predicados que las seleccionan, el modo en la subordinada, la elisión de *que* y la recomplementación. La sección 3 se centra en asuntos teóricos según diferentes marcos: tradicional, estructuralista/funcionalista y formal, sin olvidar fenómenos tales como el *dequeísmo* y *queísmo*, de interés dialectal y normativo. En la sección 4 se presentan muy sucintamente estudios actuales sobre asuntos con implicaciones fonológicas, semánticas, pragmáticas/discursivas y de interés dialectal tales como la integración prosódica, la factividad, la nominalización oracional, la naturaleza categorial de los complementantes y el *deísmo*. El capítulo finaliza con una conclusión, una lista de lecturas recomendadas y las referencias bibliográficas.

Palabras clave: completiva; sustantiva; subordinación; complementante; infinitivo

This chapter explores noun clauses in Spanish. Section 2 introduces the key questions on definition and context of use, i.e., the concepts of complement clause and noun clause. The former term derives from the grammatical functions (direct object, etc.) of these clauses whereas the latter reflects their noun-like distribution. The subtypes of noun clauses are also introduced: declarative clauses and indirect interrogative/exclamative clauses, both finite and non-finite. Other topics include the selecting predicates for each subtype, the mood of the subordinate clause, the deletion of *que* and recomplementation. Section 3 revolves around different theoretical frameworks (traditional grammar, structuralism/functionalism, and formal grammar). Attention is also paid to *dequeísmo* and *queísmo*, which are of particular interest from a prescriptivist and dialectal perspective. Section 4 presents a brief overview of select issues with phonological, semantic, pragmatic/discourse and dialectal implications. These include the prosodic integration of noun clauses, factivity, clausal nominalization, the categorial nature of complementisers and the phenomenon of *deísmo*. The chapter ends with the conclusions, a list of recommended readings and the reference list.

Keywords: complement clause; noun clause; subordination; complementiser; infinitival

2 Conceptos fundamentales

Podemos destacar dos términos. Un primer término es el de *oraciones completivas*. Considérense los ejemplos en (1), en los cuales las completivas están subrayadas:

(1) a   Quiero que todo salga bien.
    b   Que todo salga bien depende del comportamiento responsable de todos.
    c   La solución a esto depende de que todos se comporten responsablemente.
    d   Desde chico tenía ese tipo de rebelión, ¿no?, contra que me mostraran como un chico determinado, ¿no? (CREA, oral [Argentina, sin año]).

En (1a) la oración subordinada es complemento del verbo transitivo *querer*, es su objeto directo. En (1b) la oración también es requerida por la estructura argumental del verbo *depender de*, en este caso se trata de su sujeto. En (1c) la oración es el complemento preposicional regido (o suplemento) del mismo verbo. En (1d) encontramos una completiva como complemento de la preposición léxica *contra*. De hecho, muchas de las llamadas *subordinadas adverbiales* (*porque, para que, hasta que*...) se han analizado sintácticamente como completivas objeto de una preposición (Pavón 2003).

Es común encontrar los términos *oración principal* y *oración subordinada* para referirse a las partes de una oración compleja. Aunque en ocasiones encontremos análisis, quizás para simplificar la exposición, que consideren que en (1a), por ejemplo, *quiero* es la oración principal frente a la subordinada *que todo salga bien*, en realidad, la oración principal incluye la subordinada, lo que significa que en (1a) la oración principal es toda ella, es decir, *Quiero que todo salga bien*.

La etiqueta de *oración completiva* se debe a su función típica de complemento, es decir, a la función sintáctica. Sin embargo, encontramos este tipo de oraciones también en contextos que, según el modelo sintáctico que se adopte, pueden no ser realmente complementos. Por ejemplo, la completiva puede ser el argumento externo de verbos como *depender de* (1b), pero no es teóricamente un complemento. Igualmente, estas oraciones pueden ser el predicado, no un argumento, en una oración copulativa (2a) o incluso un adjunto nominal (2b, introducido por la preposición *de*):

(2) a   La solución es que todos se queden en casa.
    b   El hecho de que todos se queden en casa.

Otra denominación común es *oraciones sustantivas*, en atención a su distribución similar a los sustantivos (en realidad, a sintagmas nominales o similares, según el marco teórico), como se puede ver en el siguiente ejemplo, donde la completiva *que todo salga bien* es equivalente a *esta solución*:

(3)   Quiero esta solución = que todo salga bien.

Esta distribución típicamente nominal se ha destacado desde estudios tradicionales hasta otros formales más recientes.

Las oraciones completivas suelen subdividirse en dos grupos —excluimos las relativas sin antecedente de este capítulo— según el tipo de contenido que expresan (*Nueva gramática de la lengua española* [NGLE], capítulo 43). Las oraciones *declarativas/enunciativas* vienen introducidas por el complementante *que* y expresan, en general, "contenidos que se *declaran* o se *enuncian*, ya sean afirmativos o negativos, en el sentido de que no se interrogan" (NGLE: 3226) (4a). Las *interrogativas/exclamativas indirectas* expresan contenido interrogativo o exclamativo y pueden estar introducidas por palabras-*qu* tipo *qué, quién, cómo* (4b–d), el complementante *si* (4e) o incluso por el complementante *que* y palabras-*qu* o *si* (4f). Aunque han recibido menos atención, entre las declarativas también podemos añadir casos de completivas introducidas por *como* dependientes de ciertos predicados, por ejemplo, de percepción (4g).

(4) a Dijo que iba a ir al gimnasio.
 b Preguntó quién iba a ir al gimnasio.
 c La pregunta de quién iba a ir al gimnasio.
 d Se sorprendió de quién había sido el ganador al final.
 e Preguntó si todo estaba bien.
 f Pregunto que quién/si iba a ir al gimnasio.
 g Ya verás como consigue ganar (NGLE 1656).

En (4g) la subordinada puede considerarse una completiva si la interpretación es que se verá que cierta persona conseguirá ganar y no cómo conseguirá hacerlo. En todo caso, la ambigüedad entre completiva e interrogativa (o exclamativa) —con la consiguiente diferencia en la tonicidad de *como/cómo*—es bastante común en este tipo de subordinadas (NGLE 1656, 3228, 3233–3234).

Las *oraciones infinitivas* también pueden ser completivas, tanto las equivalentes a finitas declarativas (5a-c) como las interrogativas/exclamativas indirectas (5d):

(5) a Quiero leer una novela.
 b Leer novelas estos días nos ayuda.
 c El hecho de haber escrito un par de páginas hoy.
 d El dilema de qué hacer ahora.

Las completivas son seleccionadas por diferentes predicados. Las declarativas son seleccionadas por predicados con rasgos semánticos compatibles, tales como *prometer, decir, saber, lamentar*, etc. Las interrogativas/exclamativas indirectas, a su vez, lo son por predicados tipo *preguntar* o *sorprender*. Las completivas pueden ser el objeto directo de verbos de pensamiento, de habla, de deseo o de percepción y también pueden funcionar como el sujeto de verbos presentativos, de suceso o de afección como *resultar, suceder, parecer, gustar, molestar* o *interesar*; en muchos de estos casos la completiva aparece postpuesta. En otros contextos la selección semántica es menos clara; por ejemplo, diferentes tipos de verbos preposicionales admiten una completiva. Igualmente, algunos adjetivos y algunos nombres abstractos —típicamente eventivos deverbales como, *justificación* o *promesa*, pero no necesariamente, como *hecho* o *idea*— pueden tomar una completiva, sea esta argumento o adjunto (véase el ejemplo 2b; Leonetti 1999).

A diferencia de lo que ocurre en otras lenguas como el inglés, en español el complementante *que* es generalmente obligatorio, aunque no siempre:

(6) a Deseo (que) te guste el regalo.
 b Rogamos (que) confirmen asistencia.
 c Rogamos (que) no tiren basura a las alcantarillas.
 d *(Que) los alquileres hayan aumentado considerablemente es probable (Brovetto 2002, 36).
 e En una jugada que se pensó sería ofensiva... (NGLE, 3232).
 f Me parece (que) podrían mejorarse algunos aspectos (Brovetto 2002, 35).

NGLE muestra que la ausencia de *que* en casos como (6a, b) se ve favorecida por factores extralingüísticos como un contexto formal y por factores lingüísticos como verbos de mandato/petición y volitivos —que rigen subjuntivo—, sujetos postpuestos o elididos en la subordinada y la adyacencia entre la completiva y el verbo regente de la principal, solo rota por la negación (6c), pero no por el orden de palabras, como muestra la agramaticalidad de (6d), con una completiva de sujeto antepuesta. Aunque la elisión del complementante suele ir ligada a un verbo en subjuntivo, NGLE también señala que existen verbos que permiten elisión con indicativo, por ejemplo, *pensar* en (6e), tomado de prensa hondureña. Brovetto (2002) considera clave para la elisión el valor irreal (*irrealis*) o de falta de certeza de la subordinada, incluya esta un verbo en subjuntivo o en indicativo con condicionales o futuros, por ejemplo; en (6f) vemos que el complementante es opcional con un verbo en condicional en la subordinada. Rodríguez Riccelli (2018), en un trabajo cuantitativo con datos extraídos de Twitter en Los Ángeles y en Ciudad de México, confirma que verbos volitivos, especialmente *esperar*, y un sujeto postpuesto o elidido en la subordinada favorecen la ausencia de *que*; sin embargo, en su análisis estadístico no encuentra pruebas de que la ciudad o el modo del verbo en la subordinada, por ejemplo, fueran significativos.

La repetición del complementante *que* en una misma subordinada se denomina *recomplementación*:

(7) Dice mamá que a tu hermana (que) no la dejes salir (Demonte y Fernández Soriano 2009, 26).

El verbo *decir* selecciona una completiva de objeto directo; la topicalización del sintagma *a tu hermana* permite la proyección (opcional) del segundo complementante.

En cuanto al modo en las completivas, encontramos contextos donde ciertos predicados rigen un determinado modo; por ejemplo, los verbos de percepción y de certeza seleccionan indicativo en la completiva declarativa (8a) mientras que los verbos volitivos —como en (1a)— y los evaluativos rigen subjuntivo (8b-c). Los dos modos pueden encontrarse en ejemplos de interrogativas/exclamativas indirectas (8d-e), aunque en el caso de las interrogativas totales —las introducidas por *si*—, el uso del subjuntivo está más limitado geográficamente (8f-g) (NGLE, 3227):

(8) a Veo que se encuentra/*encuentre bien.
    b Me alegra que se encuentre/*encuentra bien.
    c Me alegro de que se encuentre/*encuentra bien.
    d No recuerdo quién te llamó (NGLE, 3227).
    e Depende de cuánto cueste el auto (NGLE, 3227).
    f No sé si te gustará lo que estoy preparando.
    g No sé si te guste este platillo (NGLE, 3227).

En (8a) vemos el verbo de percepción con una completiva de objeto directo con verbo en indicativo. En (8b) y (8c) tenemos verbos muy similares, de evaluación (factivos, en tanto que se asume la veracidad de la proposición de la completiva): en (8b) la completiva es de sujeto, pero en (8c) es de complemento preposicional regido; ambas aparecen en subjuntivo. Un mismo predicado puede aceptar dos modos diferentes en la completiva; por ejemplo, *decir* como verbo de comunicación (9a) frente a *decir* como verbo de orden (9b):

(9) a Dijo que <u>iba</u> al partido de *rugby*.
    b Dijo que <u>fuera</u> al partido de *rugby*.

El modo también puede ser inducido por otros elementos modalizadores como la negación (con alcance sobre toda la oración), la interrogación o cuantificadores de valor negativo:

(10) a No veo que se encuentre/*encuentra bien.
     b ¿Observaste que dijera algo nuevo? (NGLE 1874).
     c Pocos creen que pueda gobernar el país (NGLE 1908).

Las explicaciones de los modos en las completivas son parte de una discusión teórica mucho mayor acerca de la sintaxis y especialmente de la semántica de los modos en español, la cual sobrepasa los límites de este capítulo (véanse las referencias y la discusión en Ridruejo 1999, NGLE y Bosque 2012). En líneas muy generales, por un lado, explicaciones sintácticas y semánticas, particularmente desde marcos formales, consideran que el modo, especialmente el subjuntivo, es regido sintácticamente en muchos casos, de forma que la morfología modal se considera reflejo formal del predicado selector. Esta motivación sintáctica no elimina consideraciones semánticas tales como el tipo de predicado selector y casos de alternancia modal (Bosque 2012). Desde un punto de vista funcionalista, Torres Cacoullos *et al.* (2017) hablan de rutinización del uso del subjuntivo en completivas ya desde antiguo. Por otro lado, muchos trabajos, especialmente de tipo funcionalista, proponen una aportación propia semántica y/o pragmática de los modos, haya alternancia o no. Trabajos clásicos como Terrell y Hooper (1974) consideran que la dicotomía indicativo-subjuntivo se debe a una diferencia semántica de aserción-no aserción. De este modo, el predicado de la subordinada se afirma (aserción) en (8a), de ahí el indicativo; en (8b-c) el contenido de la subordinada se presupone (*que se encuentre bien* se da por verdadero) y no se afirma, de ahí el uso del subjuntivo. Estudios pragmáticos-discursivos como Lunn (1989) argumentan que el indicativo expresa información que el hablante considera relevante, por ser nueva o verdadera, mientras que el subjuntivo expresa información falsa o conocida (presupuesta).

Finalmente, existen diferencias dialectales importantes en contextos monolingües y bilingües. En el caso de los monolingües, DeMello (1996) estudia el uso del indicativo en completivas donde se esperaría subjuntivo y destaca que está documentado en varios dialectos del español, como se ve en (11a), de Lima, y en (11b), de Bogotá:

(11) a Me agrada que esa tesis <u>ha sido comentada</u> por N.N. (DeMello 1996, 367).
     b A mí personalmente me interesa mucho que sí <u>ha habido</u> cosas positivas (DeMello 1996, 367).

En el caso de contextos bilingües, Silva-Corvalán (1994) es un trabajo clásico sobre la reducción del subjuntivo en bilingües español-inglés en Los Ángeles, especialmente en el tercer grupo de mexicano-estadounidenses que estudia la autora: aquellos nacidos en Los Ángeles con por lo menos un progenitor nacido en esa ciudad también, y a los que se les supone una mayor influencia del inglés. De todos modos, Silva-Corvalán remarca que la reducción del subjuntivo es un cambio documentado en la historia del español y, por tanto, este contexto de bilingüismo solamente ha acelerado un cambio ya en desarrollo. Sin embargo, en un estudio reciente también en Estados Unidos, Torres Cacoullos y Travis (2019) no encuentran pruebas de simplificación del uso del subjuntivo, con atención a las completivas, en bilingües español-inglés de Nuevo México.

Los contextos donde encontramos las oraciones completivas infinitivas son similares a los de las finitas, con una restricción importante:

(12) a Espero leer mucho hoy.
     b Espero que leáis mucho hoy.
     c *Espero que yo lea mucho hoy.
     d *Espero leer tú mucho hoy.

En (12a) el sujeto del verbo *espero* es el elidido "yo", el mismo referente del sujeto (PRO) de *leer mucho hoy*. En (12b), por contra, el sujeto del verbo *esperar* y el de la subordinada son diferentes. Aunque hemos visto que el verbo *esperar* permite completivas finitas e infinitivas, la agramaticalidad de (12c) y (12d) nos muestra el efecto de la *obviación*, por el cual los sujetos correferentes en las subordinadas (12a) generalmente exigen una infinitiva, mientras que los sujetos no correferentes suelen requerir una finita (12b). Hernanz (1999) destaca que los predicados que toman subjuntivo suelen poder tomar una infinitiva (13a), mientras que suele ocurrir lo contrario con los que rigen indicativo (13b):

(13) a   Es inútil lamentarse/que se lamenten.
     b   El presidente ha indicado a los periodistas que adelantará/*adelantar las elecciones (Hernanz 1999, 2286).

Aun así, la situación es más compleja. Como destacan Hernanz (1999) y Ridruejo (1999), predicados de percepción y de comunicación sí permiten tanto una finita en indicativo como una infinitiva (14a), pero, al mismo tiempo, algunos verbos de percepción no aceptan una completiva infinitiva con correferencia de sujetos (14b). En (14c) vemos que un verbo de percepción como *observar* permite alternancia infinitivo-indicativo y sin correferencia de sujetos ("yo" frente a "Juan"). A su vez, el mismo verbo de percepción no permite tal alternancia si se interpreta como percepción intelectual y no física (14d):

(14) a   Creo que lo entiendo/entenderlo.
     b   Ana ve que tiene canas/*tener canas (Delbecque y Lamiroy 1999, Delbecque y Lamiroy 2010).
     c   Observé a Juan entrar en la pescadería/que entraba en la pescadería (Ridruejo 1999, 3248).
     d   Observaron que Pedro dominaba el alemán/*a Pedro dominar el alemán (Hernanz 1999, 2241).

En cuanto a la posición en la oración, Delbecque y Lamiroy (1999) muestran que ciertas completivas, especialmente las de sujeto, pueden aparecer antepuestas:

(15) a   Resulta que estaban en el bar.
     a'   *Que estaban en el bar resulta.
     b   Es poco gratificante que tengamos que hacer siempre lo mismo (Delbecque y Lamiroy 1999, Delbecque y Lamiroy 1988).
     b'   El que/?que tengamos que hacer siempre lo mismo es poco gratificante (Delbecque y Lamiroy 1999, Delbecque y Lamiroy 1989).

En el primer par encontramos verbos presentativos: la oración aparece detrás del verbo dado su carácter remático; y en este caso no se puede anteponer, como muestra la agramaticalidad de (15a'). En el segundo grupo, con verbo copulativo y predicado evaluativo, el orden no marcado es de sujeto pospuesto, como en (15b). La completiva en este caso sí puede aparecer antepuesta (15b'), pero consideran que se debe a que es factiva.

Un último punto básico es el uso del artículo *el* con las completivas (nominalización oracional). El español permite la presencia de un determinante con oraciones completivas infinitivas (16a-b) y, a diferencia de muchas otras lenguas europeas, con finitas (16c), con algunas restricciones (16d-e):

(16) a <u>El</u> hablar con otras personas ayuda a superar estas situaciones.
 b Lamento <u>el</u> haber tomado aquella decisión.
 c Lamento <u>el</u> que la situación haya llegado a tanto.
 d No lamento <u>el</u> que la situación haya llegado a tanto.
 e Dice (*el) que todo va a salir bien.
 f Me alegro de(*l) que todo esté bien.

La gramaticalidad de *el que* se ha solido explicar por un factor semántico: la factividad del predicado que selecciona la completiva finita (Leonetti 1999). En (16b) el verbo *lamentar* es un verbo factivo en tanto que presupone la verdad del contenido predicado por la subordinada ("que la situación haya llegado a tanto" se asume como verdadero); la negación de un predicado factivo no cancela la presuposición de verdad, como muestra la gramaticalidad de (16d). Un verbo no factivo como *decir* es incompatible con una completiva con determinante (16e), como tampoco lo es una preposición (16f), independientemente de la semántica del predicado regente: *alegrarse* es un factivo emotivo. En estos contextos es gramatical añadir *el hecho de* (17), equivalente a (16c) (pero véase el punto 2 en § 4, infra):

(17) Lamento <u>el hecho de que</u> la situación haya llegado a tanto.

3 Aproximaciones teóricas

Las completivas han recibido atención en la gramática tradicional, en marcos teóricos funcionalistas/estructuralistas y en marcos formales.

Muchas de las cuestiones sobre la categorización y distribución típicamente nominales de las completivas que siguen recibiendo atención hoy ya aparecen mencionadas en las gramáticas tradicionales. Por ejemplo, Bello (1847) ya define el complementante *que* como sustantivo, equivalente al pronombre *esto*. Alcina y Blecua (1998), por su parte, analizan las adverbiales (*para que*, etc.) como casos de sustantivas complemento de preposiciones léxicas o parte de locuciones conjuntivas como *a pesar de que*, etc. La gramática tradicional también resalta el uso del artículo *el* en la nominalización oracional.

En cuanto a trabajos funcionalistas/estructuralistas, Alarcos (1994) considera que *que* sustantiviza la cláusula porque es un *transpositor*, igual que lo es *si* para algunas interrogativas indirectas. Esta recategorización también permite que ciertas completivas tales como las de complemento de nombres, adjetivos e incluso adverbios, se adjetiven puesto que funcionan como un adjetivo. También analiza las adverbiales como preposiciones que toman una sustantiva como objeto. Más allá del carácter nominal de las completivas, Rojo (1978) propone una nueva división teórica entre cláusula y oración. Nuestras completivas pasan a considerarse cláusulas que cumplen cierta función dentro de otra cláusula. De esta forma, Rojo (1978) rechaza el concepto de oración compleja ya que reserva el término de *oración* para la proyección final y propone el concepto de *cláusula* tanto para lo que otros denominan oraciones simples (una sola cláusula que proyecta en oración) como para las compuestas o complejas (una cláusula que a su vez contiene una o más cláusulas). Ambos tipos son en realidad estructuralmente iguales, es decir, no hay oraciones compuestas realmente.

Los enfoques formales también han prestado mucha atención a las subordinadas completivas. En la gramática generativa chomskiana, las oraciones subordinadas finitas se reinterpretan como sintagmas o proyecciones máximas de un núcleo. A diferencia de las simples, que se analizan normalmente como Sintagmas Flexión (SF) o Sintagma Tiempo (ST) en tanto que proyecciones máximas de la información tempo-modal-aspectual (18a), las subordinadas completivas son

Sintagmas Complementante (SC o SCOMP) (18b), proyecciones del núcleo complementante (por ejemplo, *que* o *si*):

(18) a [ST Lees un libro].
 b [ST Veo [SC que lees un libro]].

En (18b) encontramos que el verbo *veo* toma un SC como objeto directo. Este SC tiene al complementante *que* como núcleo; este a su vez toma un ST finito como complemento: *lees un libro*. El SC, a su vez, se ha subdividido en otras proyecciones tales como SFuerza y SFinitud, que permiten dar cuenta de otros fenómenos sintácticos, entre ellos los dos complementantes en la recomplementación mencionada en (7) (Demonte y Fernández Soriano 2009).

Para las completivas infinitivas, es común hablar de control y ascenso. Considérense los siguientes ejemplos:

(19) a [ST María$_{i/*j}$ intentó [PRO$_{i/*j}$ comprar este libro]].
 b [Pepe obligó a su hijo$_{i/*j}$ a [PRO$_{i/*j}$ ir al gimnasio]].
 c [[PRO$_{arb}$ Ir al gimnasio] ayuda a la salud física y mental].
 d El asunto parece [tener una solución].

En (19a) el sujeto del verbo *intentó*, *María*, controla obligatoriamente la interpretación del sujeto de la infinitiva, conocido como PRO. Se trata de control de sujeto. En (19b) es el objeto directo el que controla obligatoriamente la interpretación del PRO: control de objeto. En (19c) no existe un controlador para el PRO y, aun así, el ejemplo es completamente gramatical: es un PRO arbitrario, es decir, de interpretación indeterminada. Finalmente, (19d) contiene el verbo *parecer*. Este verbo se caracteriza por tener un solo argumento, una oración, sea finita o infinitiva, aquí *el asunto tener una solución*. *Parecer* carece de un sujeto argumental, a pesar de que en (19d) vemos *el asunto* en la posición esperable de sujeto gramatical. Esto se explica formalmente porque *el asunto* se ha desplazado desde la posición de sujeto de la completiva infinitiva a la posición de sujeto —no argumental— del verbo *parecer*. En este caso no hay control sino ascenso del sujeto del verbo infinitivo de la completiva (*tener*) a la posición de sujeto de la principal.

Finalmente, la gramática prescriptiva también ha prestado atención a las completivas, especialmente los fenómenos del dequeísmo y el queísmo (Gómez Torrego 1999). Consideremos los siguientes ejemplos:

(20) a Depende de que puedas venir o no.
 b en su campaña electoral dijo de que iba a recuperar ese terreno (CREA, oral [Paraguay, sin año]).
 c El hecho de que vengas.
 d el hecho que se quiera ver al equipo siempre entre los mejores, ganando, no significa que se pierdan las proporciones (*El País*, [Colombia, 1996], CREA).
 e cuando te invita a comer insiste que te quedes indefinidamente (Caretas, [Perú, 1996], CREA).

Desde un punto de vista normativo, (20b) y (20d) son incorrectas. Desde un punto de vista descriptivo, todos estos ejemplos son gramaticales para algunos hablantes de español.

El *dequeísmo* se define como el uso de una preposición *de* ante completiva introducida por *que* en casos donde el uso de la preposición no es normativo (Rabanales 1977). En (20b) tenemos dequeísmo dado que el verbo *decir* no rige *de* en ningún otro contexto (*dijo *de* eso); en (20a) no hay dequeísmo ya que *depender* sí rige *de* (depende *de* eso). Algunos lingüistas consideran que el dequeísmo es más frecuente en América, pero queísmo y dequeísmo se documentan a ambos lados del Atlántico; trabajos como Rabanales (1977) ya notaban la existencia de variación en un mismo hablante. En cuanto a las explicaciones sobre sus orígenes, se ha analizado como resultado de varios factores. Algunos trabajos hablan de la analogía y/o la hipercorrección; otros estudios ven en la presencia de *de* una función semántica y/o pragmática, ya sea como marcador icónico de falta de compromiso del hablante hacia la veracidad del contenido de la subordinada, ya sea como marcador de evidencialidad (véanse el resumen y las referencias adicionales en Delicado Cantero 2014).

El *queísmo* se define como la ausencia de una preposición regida normativamente ante una completiva introducida por *que* (Rabanales 1977); este término se ha aplicado también para relativas e interrogativas indirectas. En (20d) vemos un caso: la preposición *de*, esperable prescriptivamente (20c), no aparece. Otras preposiciones como *en* o *a* también pueden estar ausentes (20e). Aunque algunos lingüistas consideran que el queísmo es una innovación bastante reciente, otros consideran que no es más que el mantenimiento de un uso general antiguo (véanse el resumen y las referencias adicionales en Delicado Cantero 2014).

4 Perspectivas actuales

Esta sección se centra en asuntos teóricos que han recibido especial atención recientemente desde varios marcos y que ofrecen nuevas líneas de investigación. Estas cuestiones demuestran los enlaces entre la sintaxis y la fonología, la semántica y/o la pragmática en el estudio de las completivas.

1. <u>Completivas y fonología, semántica</u>. Estudios funcionalistas recientes han prestado atención a la integración de una subordinada completiva en la principal y para ello examinan si la subordinada y la oración matriz aparecen en la misma unidad entonativa o no. Steuck (2016) estudia los factores semánticos y sintácticos que influyen en tal integración prosódica en español e inglés, con la hipótesis básica de que una mayor integración prosódica se corresponde con una mayor integración semántica y sintáctica entre ambas partes de una oración compleja. Los factores semánticos incluyen la correferencia de sujetos, la presencia de morfología verbal tempo-aspecto-modal similar y la misma polaridad. Los factores sintácticos, para el español, incluyen la interpolación (pausas, adverbios, etc.), la persona gramatical y el tipo de sujeto (elidido o no, con mayor contenido léxico o pronominal) en la subordinada.

Usando un corpus de español coloquial colombiano, Steuck (2016) concluye que los factores semánticos no se corresponden bien con la integración prosódica: sus resultados muestran que el porcentaje de integración prosódica (misma unidad entonativa) es similar tanto en los ejemplos que presentan los factores semánticos indicados arriba (correferencia de sujetos, etc.) como en lo que no. En cuanto a los factores sintácticos, concluye que la primera persona en el verbo de la principal sí favorece la integración prosódica, mientras que el tipo de sujeto en la subordinada no llega a ser estadísticamente significativo; la interpolación favorece la ausencia de integración prosódica. De todos modos, destaca que sus datos muestran que las completivas tienden a aparecer en la misma unidad entonativa que la matriz.

2. <u>Completivas y factividad</u>. Otro asunto que combina sintaxis y semántica (o pragmática) es el de la factividad en las oraciones completivas. Como veíamos antes, se ha relacionado con la posible presencia del artículo *el* con completivas con *que*. Sin embargo, trabajos recientes han cuestionado estos enlaces. Serrano (2015) demuestra que *el* es gramatical con una completiva finita incluso con predicados no factivos como *facilitar* (21a), entre otros,

y que resulta agramatical con predicados potencialmente factivos como el semifactivo *descubrir* (21b):

(21) a La ayuda de un buen médico especialista... facilita el que la persona afectada supere este problema (Serrano 2015, 36).
 b *El niño descubrió el que su amigo le había roto los juguetes (Serrano 2015, 52).

En casos como (21a) no se mantiene la presuposición de verdad de la subordinada con la negación, que es una de las pruebas básicas para la factividad y, aun así, la subordinada es perfectamente gramatical con el artículo. Serrano (2015) concluye que predicados factivos como *lamentar,* pero también causativos como *fomentar* o verbos de juicio como *cuestionar* son gramaticales con *el que.*

Este estudio también concluye que la tradicional relación entre *el que* y *el hecho de que* no es válida en tanto que *el que* es gramatical en contextos no factivos (22a) mientras que *el hecho de que* no lo es (22b):

(22) a En esa empresa fomentan enérgicamente el que los empleados se adhieran a un proyecto solidario (Serrano 2015, 34).
 b *En esa empresa fomentan enérgicamente el hecho de que los empleados se adhieran a un proyecto solidario (Serrano 2015, 34).

Tal conclusión asume que *el hecho de que* es factivo. Sin embargo, estudios recientes ofrecen datos que ponen en cuestión esa supuesta factividad; véase, por ejemplo, Amaral y Delicado Cantero (2019), y las referencias allí citadas, que estudian el español *el hecho de* y también el portugués *o facto de.*

3. Completivas, categorización y nominalización. El uso del artículo con las completivas finitas ha recibido atención en varios estudios (formales) recientes que retoman la cuestión tradicional de la naturaleza nominal del complementante *que* en lenguas romances o arguyen que algunas completivas en realidad son relativas. Así, estudios como Manzini y Roussou (2020) proponen un análisis según el cual el español *que* (y sus equivalentes en otras lenguas romances y no romances) es en realidad un pronombre; este, a su vez, toma una subordinada como complemento. El resultado teórico es que el complementante deja de ser el núcleo de un SC, deja de ser parte de la subordinada en sí, para pasar a ser una categoría nominal en realidad seleccionada como argumento por el predicado de la oración principal.

A la discusión sobre la nominalidad de las completivas podemos añadir un punto más. La NGLE señala que las interrogativas indirectas no suelen aceptar el artículo *el* más allá de algunas áreas americanas y solamente con *por qué* o *para qué.* Sin embargo, Delicado Cantero (2020) documenta, en diferentes países hispanohablantes, muchos casos con los predicados que típicamente aceptan interrogativas/exclamativas indirectas. Considérense los siguientes ejemplos, reproducidos según aparecen en el corpus del que están tomados:

(23) a como tampoco desveló Zapatero, por la mañana, el cuándo y el cómo se adoptarán determinadas medidas preventivas (*La Razón,* [España, 2003], CREA).
 b Al principio se le fue el de dónde eran y porqué estaban ahí las tías de Marcelina, mucho menos se enteró del para qué habían venido (Aura Hila de la Vega, *Marcelina Culebro,* [México, 1993], CREA).

En (23a) encontramos uno de estos casos funcionando como objeto directo del verbo *desvelar;* en (23b) vemos que una interrogativa indirecta nominalizada puede ser introducida por una preposición, a diferencia de las nominalizaciones con *que* (16f).

4. <u>Completivas, sintaxis dialectal y corpus</u>. El *deísmo*, el uso no normativo de *de* ante infinitivo (Gómez Torrego 1999), nos permite destacar trabajos recientes sobre completivas infinitivas en sintaxis dialectal y con corpus dialectales actuales. Di Tullio (2011) estudia tres contextos:

(24) a   Andrea me dijo de ir al cine (Di Tullio 2011, 179).
 b   Piensa de hacer algunas investigaciones (Di Tullio 2011, 180).
 c   Quedó de traérmelo (Di Tullio 2011, 182).

En (24a) vemos el uso de *decir de* prospectivo, con un *de* obligatorio para este significado. En (24b) vemos el uso facultativo (y no normativo) de *de* con verbos como *pensar*. En (24c) vemos la presencia de *de* en lugar de la preposición esperada (*en*). Sin embargo, Camus Bergareche (2013) solo incluye ejemplos similares a (24a) y (24b) en su estudio. De Benito y Pato (2015) descartan los casos tipo (24a) y (24c) porque *decir de* no alterna con una ausencia de *de* y porque en (24c) se trata de un cambio de preposición, no tanto de un uso superfluo de *de*.

El uso no normativo de *de* con completivas recuerda inmediatamente al dequeísmo. Sin embargo, Di Tullio (2011, Di Tullio 2012) y Camus Bergareche (2013) rechazan tal posible conexión ya que no hay una correspondencia exacta en los contextos en los que aparece cada fenómeno. De Benito y Pato (2015) no rechazan completamente tal enlace.

En cuanto a su dialectología, Di Tullio (2011) añade que sus casos de alternancia en (24c) están documentados en partes de España y también de América. Camus Bergareche (2013) estudia el deísmo en el español de Ciudad Real (España). De Benito y Pato (2015) estudian datos sobre España extraídos del Corpus Oral y Sonoro del Español Rural (COSER) y muestran que está documentado especialmente en el español meridional, pero también en Madrid, Valencia y en algunos puntos del norte de España y que los contextos de uso son múltiples: verbos de afección (25a), impersonales (25b), de percepción (25c), de manipulación (25d), volitivos (25e) y con modales (25f):

(25) a   Me costó de adaptarme (Albacete) (De Benito y Pato 2015, 36).
 b   se tenía por costumbre de hacer bailes (Cuenca) (De Benito y Pato 2015, 36).
 c   me ha visto de ir p'abajo (Badajoz) (De Benito y Pato 2015, 37).
 d   Me ha[n] hecho mis padres de correr (Toledo) (De Benito y Pato 2015, 37).
 e   están deseandito de venir (Huelva) (De Benito y Pato 2015, 37).
 f   Suele de pasar (Murcia) (De Benito y Pato 2015, 38).

En los casos deístas se ha destacado que *de* no se comporta como una preposición real; por ejemplo, *de* no se mantiene con un sintagma nominal, como ilustra el contraste entre (26a) y la agramaticalidad de *de* en (26b), ambas con el mismo verbo:

(26) a   La vi (de) llorar (De Benito y Pato 2015, 30).
 b   Vi (*de) las lágrimas (De Benito y Pato 2015, 30).

En cuanto a la naturaleza categorial de este *de*, Di Tullio (2011) y Camus Bergareche (2013) consideran que se trata de un complementante especializado para completivas infinitivas, sintácticamente similar al complementante preposicional que encontramos en italiano o en francés. De Benito y Pato (2015) hipotetizan que este *de* ha evolucionado hasta ser una partícula para introducir infinitivos, como el inglés *to*. Todos estos trabajos recuerdan los orígenes históricos del deísmo, que se ha mantenido como variante arcaizante y marginalizada, con resultados dialectales diferentes.

5 Direcciones futuras y conclusiones

Las oraciones completivas o sustantivas deben su nombre a sus funciones sintácticas —complemento/objeto directo o complemento/objeto de preposición, aunque no complementos como sujeto— o a su distribución típicamente nominal. Las completivas pueden ser finitas o infinitivas y pueden subdividirse en declarativas (o enunciativas) e interrogativas/exclamativas indirectas. En el caso de las primeras, suelen ir introducidas por el complementante *que*, generalmente obligatorio en español. Dependiendo de factores sintácticos o semánticos e incluso de variación dialectal, las completivas declarativas finitas pueden presentar un verbo en indicativo o en subjuntivo. Las infinitivas están relacionadas con asuntos sintácticos y semánticos como la correferencia entre referentes de sujeto y/o objeto y la obviación. Las completivas pueden ser nominalizadas, como muestra la presencia gramatical del artículo *el*.

Estudios tradicionales, funcionalistas y formales han abordado la naturaleza categorial de las completivas. La nominalidad de *que* se menciona ya en Bello y se retoma con el concepto funcionalista de *transpositor*. Los estudios formales chomskianos hablan de las completivas como sintagmas propios. El *dequeísmo* y el *queísmo*, como fenómenos gramaticales para muchos hablantes, pero normativamente censurados, han recibido bastante atención desde diferentes marcos teóricos.

Finalmente, hemos revisado algunas cuestiones de interés actual que pueden marcar los caminos de investigación futura. Así, algunos lingüistas se están enfocando de nuevo en cuestiones ya presentes en trabajos tradicionales tales como la naturaleza categorial nominal del complementante *que* y asuntos como la nominalización oracional. También hemos visto que algunos lingüistas están explorando la supuesta correspondencia entre las completivas y la fonología, por ejemplo, la integración prosódica o no de un completiva en la principal, y entre las completivas y la semántica, con nuevos aportes sobre la no factividad de las finitas nominalizadas. Los trabajos de sintaxis dialectal y de corpus también ofrecen nuevos caminos de investigación, como hemos mostrado brevemente con el fenómeno conocido como *deísmo*.

Nota

1 Doy las gracias a los revisores anónimos y a los editores por sus comentarios y sugerencias. Igualmente, quiero expresar mi agradecimiento a William Steed, Catherine Travis, Fabricio Tocco y Ailén Cruz por sus comentarios y su ayuda durante la elaboración de este capítulo.

Lecturas complementarias recomendadas

Bogard (2017); Demonte (2016); Suñer (1999).

Referencias bibliográficas

Alarcos, E. 1994. *Gramática de la lengua española*. Madrid: Espasa.
Alcina, J. y J. M. Blecua. 1998. *Gramática española*. Barcelona: Ariel.
Amaral, P. y M. Delicado Cantero. 2019. "Not a Fact: A Synchronic Analysis of *el hecho de* and *o facto de*". *Probus* 31: 1–27.
Bello, A. 1847. *Gramática de la lengua castellana destinada al uso de los americanos. Con las notas de Rufino José Cuervo*. Edición de R. Trujillo. Madrid: Arco/Libros, 1988.
Benito, C. de y E. Pato. 2015. "On the *de*+Infinitive Construction (Deísmo) in Spanish". *Dialectologia* 5: 29–51.
Bogard, S. 2017. "Oraciones de complemento en español. Tipos, estructura y función". *Boletín de filología* 52(1): 11–45.

Bosque, I. 2012. "Mood: Indicative vs. Subjunctive". En *Handbook of Hispanic Linguistics*, eds. J. I. Hualde et al., 373–394. Malden: Wiley.
Brovetto, C. 2002. "Spanish Clauses without Complementizer". En *Current Issues in Romance Languages*, eds. T. Satterfield et al., 33–46. Ámsterdam: John Benjamins.
Camus Bergareche, B. 2013. "On *Deísmo*: Another Case of Variation in Spanish Complementation". *Catalan Journal of Linguistics* 12: 13–39.
COSER: I. Fernández-Ordóñez, dir. (2005–). Corpus Oral y Sonoro del Español Rural. (www.corpusrural.es).
CREA: Real Academia Española. Corpus de Referencia del Español Actual. (www.rae.es/banco-de-datos/crea).
Delbecque, N. y B. Lamiroy. 1999. "La subordinación sustantiva". En *Gramática descriptiva de la lengua española*, eds. I. Bosque y V. Demonte, 1965–2083. Madrid: RAE/Espasa.
Delicado Cantero, M. 2014. "*Dequeísmo* and *Queísmo* in Portuguese and Spanish". En *Portuguese-Spanish Interfaces*, eds. P. Amaral y A. M. Carvalho, 95–120. Ámsterdam: John Benjamins.
Delicado Cantero, M. 2020. "Substantivized Embedded Interrogative and Exclamative Finite Wh-Clauses in Spanish". En *Interface-Driven Phenomena in Spanish*, eds. M. González-Rivera y S. Sessarego, 85–110. Abingdon: Routledge.
DeMello, G. 1996. "Indicativo por subjuntivo en cláusula regida por expresión de reacción personal". *Nueva Revista de Filología Hispánica* 44: 365–386.
Demonte, V. 2016. "Subordinación sustantiva". En *Enciclopedia de lingüística hispánica*, vol. 2, ed. J. Gutiérrez-Rexach, 88–110. Abingdon: Routledge.
Demonte, V. y O. Fernández-Soriano. 2009. "Force and Finiteness in the Spanish Complementizer System". *Probus* 21: 23–49.
Di Tullio, Ángela. 2011. "Infinitivos introducidos por *de*". *Cuadernos de ALFAL* 3: 176–187.
Gómez Torrego, L. 1999. "La variación en las subordinadas sustantivas: *dequeísmo* y *queísmo*". En *Gramática descriptiva de la lengua española*, eds. I. Bosque y V. Demonte, 2105–2148. Madrid: RAE/Espasa.
Hernanz, M. L. 1999. "El infinitivo". En *Gramática descriptiva de la lengua española*, eds. I. Bosque y V. Demonte, 2197–2356. Madrid: RAE/Espasa.
Leonetti, M. 1999. "La subordinación sustantiva: las subordinadas enunciativas en los complementos nominales". En *Gramática descriptiva de la lengua española*, eds. I. Bosque y V. Demonte, 2083–2104. Madrid: RAE/Espasa.
Lunn, P. 1989. "Spanish Mood and the Prototype of Assertability". *Linguistics* 27: 687–702.
Manzini, M. R. y A. Roussou. 2020. "Recategorizing C". (www.researchgate.net/publication/349476622_Manzini_Roussou_recategorizing_C).
NGLE: Real Academia Española y Asociación de Academias de la Lengua Española. 2009–2011. *Nueva gramática de la lengua española*. Madrid: Espasa.
Pavón, M. V. 2003. *Sintaxis de las partículas*. Madrid: Visor.
Rabanales, A. 1977. "Queísmo y dequeísmo en el español de Chile". En *Estudios sobre el español hablado en las principales ciudades de América*, ed. J. M. Lope Blanch, 541–569. México: UNAM.
Ridruejo, E. 1999. "Modo y modalidad. El modo en las subordinadas sustantivas". En *Gramática descriptiva de la lengua española*, eds. I. Bosque y V. Demonte, 3209–3251. Madrid: RAE/Espasa.
Rodríguez Ricelli, A. 2018. "*Espero estén todos*: The Distribution of the Null Subordinating Complmentizer in Two Varieties of Spanish". En *Language Variation and Contact-Induced Change: Spanish across Space and Time*, eds. J. King y S. Sessarego, 301–333. Ámsterdam: John Benjamins.
Rojo, G. 1978. "Cláusulas y oraciones". *Verba*. Anejo 14.
Serrano, S. 2015. *Subordinación y determinación: completivas precedidas de artículo definido en español*. Tesis, UAM-IUIOG.
Silva-Corvalán, C. 1994. "The Gradual Loss of Mood Distinctions in Los Angeles Spanish". *Language Variation and Change* 6: 255–272.
Steuck, J. 2016. "Exploring the Syntax-Semantics-Prosody Interface: Complement Clauses in Conversation". En *Inquiries in Hispanic Linguistics*, eds. A. Cuza et al., 73–94. Ámsterdam: John Benjamins.
Suñer, M. 1999. "La subordinación sustantiva: la interrogación indirecta". En *Gramática descriptiva de la lengua española*, eds. I. Bosque y V. Demonte, 2149–2196. Madrid: RAE/Espasa.
Terrell, T. y J. Hooper. 1974. "A Semantically Based Analysis of Mood in Spanish". *Hispania* 57: 484–494.
Torres Cacoullos, R. et al. 2017. "El subjuntivo: hacia la rutinización". *Moenia* 23: 73–94.
Torres Cacoullos, R. y C. E. Travis. 2019. "Gramáticas en contacto en un corpus bilingüe". En *Corpus y construcciones. Perspectivas hispánicas*, eds. M. Blanco, H. Olbertz y V. Vázquez Rozas. *Verba. Anexo* 79: 13–40. Universidade de Santiago de Compostela.

14
Las oraciones de relativo[1]
(Relative clauses)

Javier Elvira

1 Introducción

Las oraciones de relativo no tienen una definición fácil, porque su estructura y comportamiento sintáctico son muy variados. Algunos gramáticos han extendido la idea de que los relativos trasponen o degradan una oración a la posición funcional de adjetivo y las definen como subordinadas adjetivas, pero las oraciones de relativo desbordan con creces la categoría funcional del adjetivo.

El único rasgo que las identifica a todas, al menos en español, es la presencia de un relativo, llamado así porque sirve para enlazar una oración con un elemento de otra, llamado antecedente. Pero la presencia de antecedente tampoco es esencial, a no ser que se asuma en algunos casos la existencia de un antecedente implícito o elíptico, que puede ser costosa desde el punto de visto teórico.

En las páginas que siguen se aporta una descripción básica del comportamiento de estas oraciones y de los problemas teóricos y descriptivos que su estudio acarrea. Se argumenta que parte de los problemas para su descripción arranca del carácter híbrido de la propia categoría del relativo, que comparte rasgos con otras categorías gramaticales. Se sugiere también que una aproximación a las oraciones de relativo desde el punto de vista de la tipología puede contribuir a esclarecer algunos de los aspectos más confusos de su sintaxis.

Palabras clave: relativo, subordinación, antecedente, estrategia de relativización

Relative clauses cannot be easily defined because their structure and syntactic behaviour vary enormously. Some grammarians have spread the idea that relatives displace or relegate a clause to the functional position of an adjective, and they define them as adjective subordinates. But relative clauses amply exceed the functional category of the adjective.

The only feature identifying them all, at least in Spanish, is the presence of a relativizer, so called because it serves as a link between a clause and an element from another one, called the antecedent. But the presence of an antecedent is not essential either, unless the existence of an implicit or elliptical antecedent is assumed in some cases. This assumption can be costly from a theoretical point of view.

The following pages provide a basic description of the behaviour of these clauses and the theoretical and descriptive problems that their study entails. It is argued that some of the problems for describing them stem from the hybrid character of the relative category itself, which shares some features with other grammatical categories. Similarly, it is also suggested that an approach to relative clauses from a typological point of view may help clarify some of the most confusing aspects of their syntax.

Keywords: relative, subordination, antecedent, relativization strategy

2 Conceptos fundamentales

2.1 El listado de los relativos

La tarea de establecer la lista de los llamados relativos no es problemática. La mayoría de los tratados distinguen dos tipos esenciales: los pronombres y los adverbios. En el primer grupo aparecen habitualmente piezas simples (*que, quien, cuanto, cuyo*) o combinadas con artículo (*el que, el cual*). *Que* es invariable desde el punto de vista del género y número; *quien* solo tiene variación de número y *el cual, el que* y *cuanto* distinguen género y número. Por su parte, el grupo de los adverbios relativos está integrado por las piezas *donde, cuando* y *como*.

La denominación de pronombre se basa en la idea de que la relativización provoca la elisión de un sintagma nominal en la relativa, que deja un lugar vacío que viene a ser ocupado por un pronombre:

Esta denominación se ajusta a los relativos con antecedente *quien, el que* o *el cual* y a la mayoría de los usos del relativo *que*. Pero el relativo *que* puede desempeñar también el papel de un adverbio (*lo bien que lo haces*) o de un adjetivo (*lo guapo que eres*). Recuérdese también que el relativo *que* carece de flexión, cosa poco habitual en un pronombre, y es, además, homónimo de la conjunción *que*, lo que ha llevado a algunos gramáticos a considerarlo un marcador genérico de subordinación, sin carácter pronominal.

La etiqueta de pronombre se queda corta también en relación con *cuanto*, que tiene estatuto pronominal solo en algunos casos (*cuantos lo supieron se enfadaron*), pero puede ser un adjetivo cuantificador en otros (*cuantas personas había allí lo comprendieron*; v. 4.2.1.). Tampoco está clara la etiqueta de pronombre aplicada a *cuyo*: es verdad que tiene flexión de género y número, pero no concuerda con el antecedente, sino con otro nombre al que modifica (*la mujer con cuyos padres hablaste...*; v. 4.2.4.).

No todos los relativos del español tienen el mismo arraigo en todos los niveles de uso. Un rastreo en CREA en revistas de España en el año 2004 proporciona las siguientes cifras de frecuencia:

Tabla 14.1 Pronombres relativos en español, según el CREA.

Lema	Frecuencia	Porcentaje
Que	1579	70,9
El que	506	22,69
Quien	43	1,93
El cual	62	2,78
Cuanto	3	0,13
Cuyo	37	1,66
Totales	2230	100

Fuente: CREA (versión 3.2).

Los datos de esta tabla muestran un bajo índice de empleo de los relativos *cuanto* y *cuyo*. En efecto, la supervivencia y vitalidad del relativo *cuyo* es solo parcial y no ha podido evitar con el tiempo un notable retroceso. Muchos hablantes en la actualidad lo rechazan totalmente y prefieren sustituirlo por construcciones reasuntivas de tipo quesuista (v. 2.1 y 4.1). En el pasado, sin embargo, tuvo usos más amplios y pudo ser atributo (*aquellos cuyos son estos libros*) y también interrogativo (*¿cúyo es?*; Elvira 2007).

Cuanto y *cuyo* están también ausentes de la lengua rural. El habla testimoniada en el COSER apenas registra cuatro ejemplos de *cuyo*. Este mismo corpus documenta con frecuencia la expresión temporal *en cuanto* y también un abundante empleo del cuantificador *unos cuantos*, pero el uso propiamente relativo de *cuanto* está prácticamente ausente de esa base de datos:

Tabla 14.2 Cuanto(s) en español rural, según el COSER.

Lema	Frecuencia	Porcentaje
Unos/Otros cuantos	16	17,7
En cuanto	54	60
Comparativo: *cuanto más... más*, etc.	6	6,6
Interrogativo	7	7,7
Relativo	2	2,2
Otros	5	5,5
Totales	90	100

Fuente: COSER.

2.2 Modificación adjetiva

Las oraciones de relativo se denominan con frecuencia adjetivas, porque desempeñan una función de modificación del nombre similar a la ejercida por el adjetivo y ocupan el mismo lugar que este en la estructura del sintagma nominal (*una persona que trabaja bien/eficiente*; Gili-Gaya 1943, 301–303; Alarcos 1999, 331). Esta equivalencia funcional con el adjetivo es cierta, pero no absoluta, porque las relativas con *que* no pueden funcionar como atributo en oraciones copulativas (*Juan es trabajador* = **Juan es que trabaja*).

En realidad, el calificativo de "adjetiva" encaja bien con muchas de las oraciones introducidas por *que*, que son el prototipo más habitual de relativa, pero no siempre se aplica con la misma facilidad a las oraciones introducidas por otros relativos. Algunas oraciones de relativo son

Javier Elvira

sustantivas, porque se comportan sintácticamente como tales y pueden desempeñar los papeles que son propios del nombre o del sintagma nominal, es decir, sujeto, objeto, etc. (v. gr. *quien hizo eso no lo sabía*, etc.; NGLE, § 44.1.4c).

Por otro lado, muchas relativas pueden ejercer un papel adverbial, por razones similares de equivalencia distribucional con adverbios simples. Estas relativas adverbiales pueden ser introducidas por los adverbios relativos *donde, cuando, como* y *cuanto*:

Vivo donde trabajo = vivo allí
Lo dije cuando lo supe = lo dije entonces
Lo haré como tú quieras = lo haré así
Me esforzaré cuanto pueda = me esforzaré mucho

2.3 Vinculación con un antecedente

La noción de antecedente viene siendo esencial en la definición y análisis de los relativos. El propio término que denomina estas piezas hace referencia a la vinculación gramatical de una oración, llamada relativa, con un constituyente de otra, llamado antecedente: *la persona que has mencionado es mi hermana*. En algunos casos el antecedente no es un constituyente de una oración sino la oración completa. Esta situación solo se da en las relativas explicativas, introducidas por *que, lo que* y *lo cual*: *llegaste tarde, lo que me enfadó muchísimo* (NGLE, 846).

Este énfasis en la vinculación con el antecedente describe muy bien la sintaxis más habitual del relativo *que*. Con todo, no hay que olvidar que algunas construcciones contienen el empleo de un *qué* tónico sin antecedente: *no tengo qué ponerme, no tengo con qué pelar esta manzana*, etc.

El cual es también un relativo con antecedente de manera esencial, pero el simple *cual*, sin artículo, funciona siempre sin antecedente en usos como *sea cual sea, sean cuales fueren* y similares. Los relativos *quien* o *el que* tienen usos inequívocamente vinculados con un antecedente, aunque conocen otros en los que el antecedente está ausente. Esta ambivalencia funcional es el origen de la distinción entre relativos con o sin antecedente expreso (v. 3.2.):

Relativo con antecedente: La mujer con quien/con la que viajas...
Relativo sin antecedente: Quien/el que tiene boca se equivoca

Pero otros relativos, como *cuanto* o los adverbios relativos, tienen una relación más difusa o discutible con un antecedente. Algunos gramáticos consideran que el antecedente de *cuanto* está normalmente ausente (Alarcos 1999, 103). En algunas ocasiones, *cuanto* se combina con *todo(s)*, pero este no funciona como auténtico antecedente sino como cuantificador adjunto o correlativo, según la *NGLE* (417). Obsérvese además que *todo(s)* puede ser elidido, porque aporta el mismo contenido de totalidad que posee el propio *cuanto(s)* y da lugar, por ello, a una cierta redundancia:

(1) ... y seguramente producirá un nivel de vida mejor para [**todos**] **cuantos** participan en este sistema (16/12/1995, *La Vanguardia*, España, CREA).

También es posible la combinación de *cuanto(s)* con el comparativo *tanto(s)*, que resulta también prescindible:

(2) el neoliberalismo plantea escuetamente que lo mejor es tener menos Estado, [**tanto**] **cuanto** se requiera para el buen funcionamiento macroeconómico (24/11/1996, *Proceso*, México, CREA).

Los adverbios relativos admiten también usos con antecedente, pero solo *donde* puede referir a cualquier nombre de lugar (*la casa/la ciudad/el pueblo donde vivo*), mientras que *como* solo admite un catálogo muy reducido de antecedentes (*la manera/el modo como lo haces*) y *cuando* solo algún adverbio, que resulta también prescindible:

(3) Edgard vuelve a soñar con las Grandes Ligas, justo [**ahora**] **cuando** tiene ante sí una segunda oportunidad (24/11/2000, *La Prensa*, Nicaragua, CREA).

La posición sintáctica de régimen preposicional ha tenido en el pasado y en el presente un efecto especial en el comportamiento de las relativas, por razones que no siempre se hacen explícitas. Algunos relativos con antecedente, como *el que*, *quien* y *el cual*, cuando son especificativos, solo son posibles tras preposición y pueden alternar entre ellos y también con el simple *que*, sin diferencias significativas (*la persona de que/de la que/de la cual/de quien te hablé...*). De hecho, el relativo *quien*, en particular, surgió en el pasado como régimen de preposición, antes de extenderse a otras posiciones como relativo explicativo (Elvira 1999, 1433).

De entrada, no resulta fácil entender el motivo sintáctico de la vinculación de estos relativos especificativos con el régimen preposicional. No hay que descartar que entre las motivaciones de esta extensión pueda haber alguna de carácter prosódico. Normalmente, el elemento regido por una preposición debe ser tónico, para poder ser el núcleo de una unidad prosódica o grupo entonativo independiente. Ello favorece la sustitución del simple *que* por otros relativos de mayor cuerpo fónico. Por ello mismo, el uso de estos relativos complejos es hoy general con preposiciones bisilábicas (*la perspectiva desde *que/desde la que hablo ...*) y no necesariamente con las monosilábicas (*la cuestión de que/de la que te hablé ...*), lo que permite evitar que la preposición tenga más envergadura que su propio régimen.

3 Aproximaciones teóricas

El estudio de las oraciones de relativo está lleno de cuestiones teóricas no totalmente aclaradas, que merecen todavía reflexión y pueden ser abordadas desde diferentes perspectivas. Nos detenemos a continuación en dos de las más actuales y relevantes.

3.1 Especificativas vs. explicativas

La contraposición entre relativas y especificativas es esencial en los tratados gramaticales (*ENGLE*, 525; *NGLE*, §§ 44.3, 44.1.4b). La terminología no es unánime y otros gramáticos prefieren hablar de restrictivas frente a incidentales o apositivas, etc. El fundamento de la distinción está en la idea de que las especificativas añaden una restricción en la denotación del grupo nominal del que forman parte. Por ese motivo, los nombres propios y pronombres no pueden ser antecedentes del relativo especificativo, ya que no es posible restringir su referencia. Las explicativas, por su parte, aportan información secundaria sobre el antecedente, que ya se encuentra totalmente identificado.

También hay diferencias prosódicas entre ambas. Habitualmente, las relativas especificativas se vinculan en un grupo fónico con el antecedente al que refieren: [*el coche que te has comprado ayer*]...; mientras que las explicativas forman una unidad de entonación aislada, provocan pausa en la enunciación y suelen ir separadas por una coma: [*el coche*], [*que te has comprado ayer*]...

Por otra parte, el núcleo nominal del antecedente de una especificativa puede ser suprimido, si el contexto comunicativo lo permite, dando lugar a una sustantivación de la oración adjetiva: *he encontrado el coche que fue robado ayer*. El mecanismo es esencialmente el mismo que produce la sustantivación de un adjetivo: *el coche robado*, etc. Esta supresión no es posible en explicativas: **he encontrado el coche*, que fue robado ayer.

Los sintagmas nominales definidos necesitan a menudo especificar o restringir su referencia. La especificación contenida en la oración *el hombre que se ha marchado estaba mareado* puede estar justificada en un contexto con muchos individuos presentes. Pero en otras situaciones, con un solo referente potencial, la especificación puede resultar innecesaria. Si alguien dice *la noticia que me cuentas es alucinante* no está restringiendo la referencia del sintagma *la noticia*, si no hay en el contexto actual o inmediato otro referente posible. De hecho, la supresión de la relativa será aplicable en la misma situación sin cambiar el sentido del mensaje: *la noticia es alucinante*. Nos encontramos en este caso ante lo que algunos llaman relativas maximales ("maximalizing" en la terminología de De Vries 2005, 9), porque tienen referencia máxima a entidades únicas o a la totalidad de un conjunto y no pueden, por tanto, ser restringidas.

Quizá no se observa con la debida frecuencia que el contraste entre oraciones especificativas y explicativas se justifica normalmente a partir de ejemplos con antecedente definido. Ello no es casual, porque esta distinción es razonablemente clara para las relativas con antecedente definido, pero no tanto en aquellos casos en los que el antecedente tiene carácter indefinido o va modificado por un cuantificador, un numeral, etc.

Se dice, por ejemplo, que las oraciones especificativas no pueden suprimirse sin cambiar el significado de la oración o incluso dar lugar a oraciones falsas o sin sentido (Alarcos 1999, 332):

(4) Los hombres [que maltratan a sus mujeres] son despreciables.

Sin embargo, esta misma prueba sintáctica en las relativas que tienen un antecedente indefinido tiene un efecto diferente, pues la oración sin relativa perderá detalle informativo, pero será aplicable y verdadera en contextos similares:

(5) Un hombre [que lleva una camisa verde] ha preguntado por ti.

Se ha observado que los nominales indefinidos muestran resistencia a ver restringida su referencia por un modificador adjetivo de cualquier tipo y que favorecen, en cambio, una modificación predicativa (*tienes unos ojos muy bonitos*). De hecho, muchos nombres continuos que rechazan habitualmente el artículo *un* necesitan usarlo para poder recibir predicación valorativa (*tienes un orgullo insoportable*; Leonetti 1999, 850).

Esta misma resistencia a la restricción referencial puede estar en la base del rechazo de los nominales indefinidos a combinarse con relativas restrictivas. Téngase en cuenta, además, que el papel discursivo de los indefinidos contribuye probablemente a ese rechazo. Los nominales indefinidos sirven para activar referentes en el discurso, que podrán ser usados con artículo definido en el discurso subsiguiente (*tengo un problema... el problema es que...*). Por tanto, un nominal indefinido, aunque pueda tener referente en la realidad o en el mundo, en el sentido más amplio, tiene su referencia inactiva o ausente en el discurso y no puede por ello ser restringida.

3.2 Relativas libres y semilibres

Es tradicional en la descripción gramatical la identificación de un grupo de relativas en las que no hay antecedente, porque este no va expreso o está callado (ENGLE, 526). A este grupo pertenecen las introducidas por el compuesto *el que* y los relativos *quien* y *cuanto*. También los adverbios relativos suelen funcionar sin antecedente.

El análisis de las relativas de *el que* sin antecedente no ha sido nunca unánime, porque no hay acuerdo sobre el verdadero estatuto funcional del aparente artículo que está presente en estos relativos. Gili Gaya (1943, § 231) y Alarcos (1999, 107–108) sostienen que se trata de un verdadero artículo, que nominaliza una oración originariamente adjetiva de relativo. Por su parte, Bello (1847, § 324) y ENGLE (219) sostuvieron que el propio artículo es el antecedente del relativo. Esta opinión se basa en la idea de que el artículo es intercambiable por un pronombre demostrativo (*el que* = *aquel que*). La idea tiene más fundamento desde un punto de vista diacrónico que sincrónico. El origen del artículo está, como es sabido, en el antiguo demostrativo *ille*. Pero en el presente el papel demostrativo del artículo se ve más claro en unos casos (v. gr. *cómprate esos/los que te gusten más*) que en otros (*todos los que quieras/*todos esos que quieras*).

Brucart (1999, 446–447) plantea un análisis de estas relativas en términos de elipsis de un antecedente. Considera que las relativas con *el que*, que denomina semilibres, omiten el núcleo nominal del antecedente (v. gr. *los [hombres] que viste*), que puede ser recuperado por el contexto. Según esta visión, las relativas con demostrativo en el antecedente también pueden dar lugar a relativas semilibres: *aquellos [hombres] que viste*.

Una similar ausencia de antecedente expreso se da en las oraciones introducidas por *quien*. Algunos gramáticos consideran que *quien* incorpora semánticamente su antecedente, pero no lo expresa de manera sintáctica, porque puede ser identificado gracias a los rasgos léxicos del pronombre (Brucart 1999, 449; NGLE, 849). Por tanto, en las relativas con *quien* no hay propiamente elipsis, como en el caso de *el que*, sino un antecedente implícito en la propia gramática del relativo. En los últimos años se ha extendido la denominación de relativas libres para hacer referencia a este tipo de construcciones. El pronombre *cuanto(s)* y los adverbios relativos *donde, cuando* y *como* también pueden introducir relativas libres.

Esta interpretación de las relativas libres se basa en la idea de que todas ellas parecen ser equivalentes a una relativa vinculada con un antecedente explícito (*quien dice esto miente* = *la persona que dice esto miente*; *donde vive tu hermano* = *el lugar donde vive tu hermano*, etc.). Por el mismo motivo, cabría afirmar que el relativo *cuanto(s)* tiene el antecedente *todo(s)* en su interior e introduce relativas libres (Brucart 1999, 507). Este análisis tiene como corolario que las relativas libres son por naturaleza especificativas (Brucart 1999, 449).

Pero la conmutación por expresiones sinónimas o equivalentes tiene un efecto limitado en la descripción gramatical. Que una oración pueda ser emulada o sustituida por otra con significado equivalente no implica que ambas tengan la misma estructura gramatical, tampoco en un nivel subyacente. Significa solo que una misma idea puede verbalizarse a través de dos estructuras sintácticas diferentes.

Por lo mismo, el hecho de que *quien* pueda ser sustituido en muchos contextos por *la persona que* no significa que haya un elemento léxico *persona* implícito en algún nivel de su gramática, por abstracto que sea. Igualmente, la observación de que el indefinido *alguien* pueda ser sustituido por *alguna persona* no nos autorizaría tampoco a asumir que *alguien* da abrigo a un núcleo nominal implícito o subyacente.

En el fondo, este análisis se basa en una visión de las relativas en la que "la existencia de un antecedente es consustancial con este tipo de subordinadas" (Brucart 1999, 445). Pero esta vinculación esencial de las relativas con un antecedente no resulta clara, como se ha mostrado en un apartado anterior (v. 2.3.) ni viene tampoco confirmada por la investigación tipológica (v. 5).

4 Perspectivas actuales

Existen nuevas perspectivas de estudio que pueden ampliar el conocimiento de los relativos. Una de ellas es el reconocimiento y la atención debida a aquellas modalidades de relativización que quedan al margen de la norma, como las llamadas construcciones reasuntivas y el quesuismo. El estudio de la relativización puede verse también enriquecido desde una perspectiva que aborde los relativos como piezas con una ubicación imprecisa frente a otras categorías sintácticas.

4.1 Construcciones reasuntivas y quesuismo

Buena parte de la investigación actual sobre relativas se centra en las construcciones reasuntivas o de retoma. Estas construcciones van introducidas por la pieza *que*, desprovista de cualquier marca de caso o función sintáctica, que es expresada por un pronombre, un sintagma nominal (con o sin preposición) o un adverbio en el interior de la relativa (*es una persona que su única preocupación es el dinero*).

Existen muchos trabajos cualitativos y cuantitativos que nos informan de los factores que favorecen la aparición de esas piezas de retoma. La mayoría de ellos tienen carácter sintáctico o semántico, pero también los hay que indagan su relación con el procesamiento (Checa-García 2019).

Silva-Corvalán (1999) ha analizado los datos de variación de esta construcción reasuntiva en un corpus del español de Santiago de Chile y Bentivoglio (2003) ha trabajado con datos procedentes del *Corpus Sociolingüístico del Habla de Caracas*. Ambos estudios detectan la relevancia de los mismos factores, aunque no siempre en el mismo rango, y permiten delimitar un tipo de estructura relativa prototípica que favorece la aparición de la reasunción. Esta estructura prototípica va introducida por un *que* en función de objeto directo con antecedente animado e indefinido y algún material de separación entre el reasuntivo y el relativo:

(6) Mira, este verano ha estao una, una que hacía lo menos veinte [...] años, veinte, veinte años que no la veía (Jarandilla de la Vera, Cáceres, COSER).

Según estos datos, ciertas funciones sintácticas, la de sujeto en particular, van raramente expresadas a través de elementos de retoma (*la persona que ella vive allí*). Sin embargo, las reasuntivas de sujeto no son infrecuentes en el español rural de España (Agulló 2019, 592). Estas diferencias se explican probablemente por el hecho de que algunas funciones sintácticas, como la de sujeto, se encuentran en las posiciones más altas de la escala de accesibilidad (Comrie 1998, 156–163), lo que las hace más fácilmente recuperables e identificables sin necesidad de marca explícita de función.

Por el contrario, la función de genitivo ocupa una posición muy baja en esa misma jerarquía. No sorprende, por tanto, que el relativo posesivo *cuyo* pueda ser sustituido en español por una expresión de retoma en la que aparece el adjetivo posesivo (*la mujer que has conocido a su padre*). Se trata del fenómeno conocido como quesuismo (NGLE, 854). Según Serradilla Castaño (2020), el quesuismo se ve favorecido por la incidencia de factores sociales y también por un rechazo del hablante a la complejidad gramatical y a la estructura sintética del relativo *cuyo*, muy apoyado y mantenido en el registro culto.

Aparte de los factores mencionados, se ha observado que las propiedades léxicas de ciertos nombres favorecen su presencia en construcciones reasuntivas. Cierto tipo de nombres, como los relacionales *abuelo, madre*, etc., muestran una esencial dependencia referencial con otros (*madre de x*). Esta dependencia favorece la aparición de estos nombres como elementos de retoma en la estructura reasuntiva, en la que el antecedente puede saturar su argumento referencial: *el hombre que la madre vive en el pueblo* (Agulló 2019, 600).

4.2 Estatuto categorial híbrido

4.2.1 Cuanto y los cuantificadores

El relativo *cuanto(s)* lleva escrito en su nombre su valor de cuantificador. Confirman esta idea su propio significado y también su comportamiento morfológico y sintáctico. En efecto, *cuanto(s)* tiene un significado vinculado a la idea de totalidad, similar en muchos aspectos al cuantificador *todo*, con el que muestra equivalencia semántica y alternancia expresiva (*haré cuanto me digas* = *haré todo lo que me digas*). Pero esta equivalencia nos habla de un valor de cuantificación intrínseco, no de la existencia de un antecedente subyacente *todo(s)* en una relativa libre (v. 3.2.).

En segundo lugar, igual que otros cuantificadores, como *mucho(s)*, *todo(s)*, etc., el relativo *cuanto(s)* reinterpreta la oposición morfológica singular vs. plural en términos de contable vs. no contable o, si se prefiere, continuo vs. no continuo (*tengo mucho dinero* vs. *tengo muchos euros*; *te daré cuanto pidas* vs. *te daré cuantas cosas me pidas*). En fin, en tercer lugar, el relativo *cuanto(s)* coincide con otros cuantificadores en la posibilidad de ocupar la posición de modificador o determinante del nombre: *cuantas cosas digas se volverán en contra de ti*.

Este relativo cuantificador *cuanto(s)* puede introducir una oración de carácter sustantivo o adverbial, que puede incrustarse en uno de los argumentos del verbo, de carácter nominal (*te daré mucho dinero/cuanto dinero quieras*) o adverbial (*protestaron mucho/cuanto quisieron*), pero esas relativas carecen de antecedente. *Cuanto(s)* puede ir precedido por el cuantitativo *todo(s)*, pero este no debe verse como antecedente sino justamente como un cuantificador adjunto (NGLE, 417). Además, este cuantificador adjunto es innecesario, por repetitivo y redundante (*te daré [todo] cuanto tengo*).

4.2.2 Quien y los indefinidos

No es habitual que las gramáticas equiparen a *quien* con los indefinidos, a pesar de que este relativo presenta rasgos gramaticales que lo aproximan en buena medida a esa clase gramatical. Posee, en primer lugar, el rasgo humano, que es propio de otros indefinidos en su versión positiva (*alguien*), negativa (*nadie*) o no animado (*algo*). Este mismo rasgo de persona le opone al relativo tónico *qué* (*no tengo con quién hablar* vs. *no tengo con qué defenderme*). No sorprende entonces que la cercanía funcional entre *quien* y los indefinidos esté en la base del origen del propio *alguien*, que tuvo acento agudo en la Edad Media (*alguién*), porque surgió por analogía con *quien*.

Por otro lado, *quien* comparte rasgos de distribución con los indefinidos y aparece en contextos sintácticos en los que no cabe la presencia del relativo definido *el que*. En particular, el relativo *quien* no alterna nunca con *el que* en las construcciones existenciales con el verbo *haber*. Esto se debe a que en español y otras lenguas está activa una <u>restricción o efecto de definitud</u>, que excluye los sintagmas definidos de las construcciones existenciales con *haber*:

(7) Hay aquí algunas personas/muchas personas/demasiadas personas/*las personas.
(8) Hay quien piensa que eres tonto/*hay el que piensa que eres tonto.

La restricción de definitud vale sobre todo para el singular, pues en el plural son posibles algunos usos definidos (*hay los que piensan así y los hay que piensan de otra manera*).

La vinculación de *quien* con la construcción existencial no es anecdótica. En muchos registros del español es la más habitual, particularmente en el habla rural. El 69,7 % de todos los usos de *quien* sin antecedente registrados en el COSER (505 de 724) están vinculados con el verbo *haber* en construcción existencial:

(9) Hay **quien** tenía colmenas aquí (Aulago, Almería, COSER).

Este carácter indefinido de algunos de los usos de *quien* hace dudosa la afirmación de que todas las relativas libres son especificativas (NGLE, 845), porque la distinción entre especificativas y explicativas es borrosa y problemática para los antecedentes indefinidos (v. 3.1.) y *quien* carece de antecedente (v. 3.2.). Esa misma idea ha sido ya cuestionada en una perspectiva general para piezas similares de otras lenguas por investigadores como De Vries (2001, 236 y n. 11), que considera que las relativas libres tienen, por el contrario, un carácter maximal (v. 3.1.).

4.2.3 Cuyo y los posesivos

Si, como hemos visto, *quien* muestra rasgos de relativo indefinido y *cuanto* es un híbrido entre cuantificador y relativo, de manera similar cabe afirmar que la pieza *cuyo* es un híbrido entre relativo y posesivo. Este rasgo ayuda de entrada a entender el peculiar comportamiento de este relativo.

No está de más comentar que *cuyo* es un residuo de un antiguo genitivo latino *cuius*. El genitivo no es ya una categoría activa en la morfosintaxis española, pero *cuyo* ha sobrevivido en español gracias a que ha sido reinterpretado como un posesivo. Prueba de esta vinculación de *cuyo* con la noción de posesión es el hecho de que el propio posesivo *suyo* surgió por analogía con este relativo (*los sos* > *los suyos*) y esta asociación entre ambos explica parte de los rasgos sintácticos del relativo.

Hay que observar, además, que *cuyo* es un pronombre relativo usado solo en tercera persona, igual que *su* y *suyo/a*. Por eso no es posible una oración como **yo, cuyo padre conoces, soy muy sincero*. Esta vinculación con la persona es exclusiva de los posesivos.

Por otra parte, *cuyo* en la actualidad es siempre un relativo adjetivo con antecedente, que concuerda con el sustantivo que modifica, no con el que le sirve de antecedente (*el hombre cuya hermana conociste*). Esta concordancia es similar a la que efectuaría un posesivo (v. gr. *hermana suya*).

En fin, *cuyo* no desempeña en la relativa ningún papel argumental del verbo subordinado. Es un modificador de un nombre en un sintagma que sí desempeña alguna función oracional (v. gr. régimen preposicional [*las personas con cuyos padres hablaste*], sujeto, etc.). Este rasgo es también característico de un adjetivo posesivo.

4.2.4 El cual y los demostrativos

El compuesto *el cual* se conoce desde antiguo como relativo explicativo. De hecho, este es su uso más antiguo (Elvira 1985, 311). El empleo especificativo vino después y está restringido a la función de régimen preposicional (v. 2.3.).

El uso explicativo de *el cual* se ha encontrado siempre en la frontera entre la inserción oracional del relativo y la función anafórica propiamente demostrativa. No es raro que el relativo *el cual* rebase esta frontera y se comporte a veces como un demostrativo pleno.

Por un lado, *el cual* proporciona, no una información complementaria de lo afirmado en la principal, sino que introduce una "nueva peripecia", en términos de Fernández Ramírez (1951, 343). Por eso, puede introducir un período sintáctico independiente, con frecuencia tras punto ortográfico:

(10) O, más precisamente, con un sector de dicho Consejo, formado por miembros nombrados por el PP. **Los cuales** [= Estos] tachan a dicha ley de discriminatoria y parcial (21/06/2004, *La Razón digital: ¿El varón discriminado?*, CREA).

Igual que los demostrativos, *el cual* puede hacer referencia a un nombre del contexto sintáctico previo que puede ser reiterado en la propia relativa:

(11) ... y esto era en sus cantares e bailes, que ellos llaman **areyto**, que es lo mismo que nosotros llamamos bailar cantando [...]. **El cual areyto** hacían desta manera... (1975, Fernando Ortiz, *La música afrocubana*, CREA).

Otro rasgo de comportamiento de *el cual* similar también al de los demostrativos es lo que Fernández Ramírez (1951, 250) denomina *anáfora difusa* y hoy día se prefiere llamar empleo *encapsulador*, en el que *el cual* modifica un sustantivo que no repite un antecedente, sino que denomina todo o parte de lo mencionado en la principal:

(12) La destilación [...] es una extracción de la humedad de la cosa que se destila. **La cual definición** es falsa, porque... (1994, Sagrario Muñoz Calvo, *Historia de la farmacia en España*, CREA).

5 Direcciones futuras y conclusiones

De acuerdo con lo visto hasta ahora, las oraciones de relativo se resisten a una caracterización homogénea, porque bajo el concepto de relativas se incluye un conjunto de estructuras y piezas sintácticas con un comportamiento relativamente heterogéneo. El carácter subordinado, la presencia del antecedente, la modificación adjetiva, la contraposición entre especificativas y restrictivas, etc., son rasgos sintácticos que no sirven para caracterizar las relativas de manera uniforme y genérica.

Sin embargo, desde un punto de vista diferente, cabe intentar una definición más amplia, de carácter comunicativo, que las englobe a todas. Desde esa perspectiva es posible afirmar que las oraciones de relativo, cualquiera que sea su modalidad, surgen siempre de una misma motivación expresiva: la de combinar con procedimientos sintácticos dos enunciados que comparten un elemento de contenido.

Esta idea estaba presente en Bello (1847, § 303), cuando propuso que existen diversas formas y grados de integración entre proposiciones. Bello sostuvo que un enunciado como *las estrellas son otros tantos soles; éstos brillan con luz propia* muestra una forma posible de integrar, mediante la referencia anafórica del demostrativo *estos*, el contenido de dos oraciones que comparten un elemento común (la referencia a los soles). Observó Bello que esta conexión anafórica es "floja" y que existen otras modalidades de "conexión más estrecha", aludiendo explícitamente a la subordinación relativa: *las estrellas son otros tantos soles que brillan con luz propia*.

La intuición de Bello avanzaba con más de un siglo de antelación la noción de estrategia gramatical, que la moderna tipología lingüística emplea para denominar las diferentes configuraciones estructurales alternativas que las lenguas pueden activar para dar expresión a una misma situación comunicativa.

Hoy sabemos, gracias a la investigación tipológica, que las lenguas pueden recurrir a varias estrategias de conexión de oraciones con vinculación nocional. De acuerdo con algunas de las clasificaciones más conocidas (Comrie 1998, 61–62; Comrie y Kuteva 2003a, 2003b), existen esencialmente cuatro estrategias, que se prodigan en presencia y distribución variables en las lenguas del mundo y también dentro de una misma lengua, en función de diversos factores, entre otros, la función sintáctica que deba ser relativizada.

a) La más sencilla y también la menos explícita de todas es sin duda la **estrategia de vacío o hueco,** en la que el núcleo nominal de la relativa, compartido con la principal, resulta omitido y no queda marca explícita de su flexión o del papel sintáctico que este nombre habría de jugar en la subordinada. Encontramos la versión más drástica de esta estrategia en oraciones del inglés como *this is the woman I love* "esta es la mujer que yo amo", en la que el nombre omitido no deja huella de ningún tipo en la subordinada. Esta misma estrategia no excluye la posibilidad de que haya una pieza o marcador que sirva de enlace de la relativa con el antecedente. Las relativas españolas que usan el marcador *que*, igual que las del inglés que recurren a *that*, responden también a esta estrategia (Comrie y Kuteva 2003a).

b) Otra estrategia gramatical para expresar la relativización es el recurso a **un pronombre relativo** ubicado en posición inicial y con marca explícita de la función sintáctica del núcleo nominal omitido en la subordinada. Los relativos que están presentes en estas construcciones son pronombres en este sentido tipológico, porque llevan marcas de concordancia flexiva con el antecedente. El alemán proporciona ejemplos de esta estrategia (*der Mann, der mich begrüßt hat, ist mein Vater* "el hombre que me ha saludado es mi padre"). También los relativos preposicionales del español siguen esta estrategia en oraciones como *la mujer con quien/con la cual/con la que vivo no es mi esposa*, en las que el nominal omitido deja huella preposicional y/o flexiva en el relativo. La estrategia de relativos pronominales para la posición preposicional es muy frecuente en las lenguas de Europa, pero es mucho más escasa en lenguas de otras zonas (Comrie y Kuteva 2003b).

c) En la estrategia de **elemento reasuntivo**, la oración relativa va también introducida por medio de una suerte de marcador genérico de subordinación, pero la función y las marcas flexivas del elemento relativizado en la subordinada van expresadas por pronombre o adverbio de retoma, que expresan la función sintáctica y las marcas de flexión del nombre relativizado. Muchas lenguas europeas, sobre todo en los niveles orales, recurren a esta estrategia (Murelli 2011, 105–108), que da lugar también a las relativas reasuntivas del español (*la persona que la dieron por muerta*) y a los fenómenos de quesuismo ya examinados en otro apartado (v. 4.1.).

d) En fin, existe una **estrategia de no reducción**, en la que el núcleo nominal de la relativa no resulta "extraído" de su posición inicial en la oración subordinada.

Una de las variantes más conocidas y extendidas de esta estrategia es la estructura correlativa. Se trata de una estructura bimembre, con la relativa en posición inicial incluyendo el núcleo léxico, que aparece recuperado en la principal a través de una referencia pronominal anafórica. Esta estructura no tiene antecedente en ningún sentido, porque el nombre de la relativa, que no ha sido movido de su posición, aparece mencionado anafóricamente en la segunda oración.

El latín muestra ejemplos de esta construcción en usos arcaicos del relativo *qui* en los que funcionaba con su valor originario de indefinido (Hahn 1964; Haudry 1973):

qui homo peccauit, is punitur
"algún hombre pecó, ese debe ser castigado"

Esta estructura está presente en muchas otras lenguas indoeuropeas de ayer (como el sánscrito y el inglés antiguo) y de hoy (como el búlgaro, el macedonio, el ruso o el letón) y también en otras no indoeuropeas (como el vasco, el húngaro o el bambara; Murelli 2011, 159–160). La estrategia correlativa ya había sido intuida por Bello en la cita mencionada más arriba, en la conexión interoracional que él consideró más "floja" (vid. supra).

Las construcciones de *quien* y *cuanto* se basan también en esta estrategia, porque el nominal o pronombre no es removido de su posición inicial. La retoma anafórica del segundo miembro ha tendido a ser suprimida:

Quien hizo eso, [esa persona] no tiene perdón.
Cuantas personas vinieron, [todas/esas personas] lo vieron perfectamente.

Una evolución posterior favoreció que estas construcciones pudieran ser incrustadas en la posición de un nominal, sin la presencia ya del antiguo anafórico:

Viajaré con quien quiera.
Viajaré con cuantos me den su beneplácito.

La configuración es nueva, pero la estrategia de no reducción es esencialmente la misma, con el nominal de la relativa en su posición de origen y sin referencia anafórica a ningún antecedente.

De acuerdo con lo visto, las cuatro estrategias que reconocen los tipólogos están presentes en la lengua española en proporción y distribución variables. Alguna de estas estrategias, la de reasunción, está marcada socialmente y es rechazada por la norma. Pero todas tienen el mismo estatuto desde el punto de vista tipológico.

Por tanto, en español no hay una sino cuatro gramáticas de la relativización, es decir, cuatro procedimientos formales para dar expresión a los enunciados con algún tipo de vinculación conceptual o nocional. Aunque los gramáticos del español sientan que las relativas con *que* son, con diferencia, la forma más habitual y "natural" de estructura relativa, el saber tipológico puede ayudarnos a descartar la tentación de dar por general un tipo de estructura que solo está presente en una parte de las oraciones de relativo y a evitar analizar el conjunto completo de estas oraciones con los esquemas gramaticales de una parte de ellas.

Nota

1   Esta investigación ha sido financiada a través de la ayuda concedida al proyecto PGC2018–095077-B-C42 (Ministerio de Economía y Competitividad).

Lecturas complementarias recomendadas

Brucart 1999; Murelli 2011; Porto Dapena 2003; NGLE (caps. 22 y 44); Stark 2016.

Referencias bibliográficas

Agulló, J. 2019. "Desde lo subléxico hasta lo sintáctico: Reasunción, sustantivos relacionales y sustantivos de parte-todo". *Signos* 52(100): 590–613.
Alarcos, E. 1999. *Gramática de la lengua española*. Madrid: Espasa, RAE.
Bello, A. 1847. *Gramática de la lengua castellana destinada al uso de los americanos*. Buenos Aires: Sopena, 1964.
Bentivoglio, P. 2003. "Las construcciones 'de retoma' en las cláusulas relativas: un análisis variacionista. Lengua, variación y contexto". En *Estudios dedicados a Humberto López Morales*, eds. Francisco Moreno-Fernández et. al., 507–520. Madrid: Arco/Libros.
Bosque, I. y V. Demonte dirs. 1999. *Gramática descriptiva de la lengua española*, vol. 1. Madrid: Espasa.
Brucart, J. Mª .1999. "La estructura del sintagma nominal: las oraciones de relativo". En Bosque y Demonte (dirs. 1999), 395–519.
Checa-García, I. 2019. "Resumptive Elements in Spanish Relative Clauses and Processing Difficulties: A Multifactorial Analysis". *Folia Lingüística* 53(2): 479–517.

Comrie, B. 1998. "Rethinking Relative Clause Types". *Language Design* 1: 59–86.
Comrie, B. y T. A. Kuteva. 2013a. "Relativization on Subjects". En *The World Atlas of Language Structures Online*, eds. Matthew Dryer y Martin Haspelmath. (http://wals.info/chapter/122).
Comrie, B. y T. A. Kuteva. 2013b. "Relativization on Obliques". En *The World Atlas of Language Structures Online*, eds. Matthew Dryer y Martin Haspelmath. (http://wals.info/chapter/123).
COSER: Inés Fernández-Ordóñez (dir.): Corpus Oral y Sonoro del Español Rural. (www.corpusrural.es).
CREA: Real Academia Española: Corpus de Referencia del Español Actual. (corpus.rae.es/creanet.html).
De Vries, M. 2001. "Patterns of Relative Clauses". *Linguistics in the Netherlands* 18(1): 231–243.
De Vries, M. 2005. "The Fall and Rise of Universals on Relativization". *The Journal of Universal Language* 6: 1–33.
Elvira, J. 1985. "*Qual* con antecedente en español antiguo". *Revista de Filología Española* 65: 305–316.
Elvira, J. 1999. "El nexo *que*". En C. Company Company, *Sintaxis histórica de la lengua española. Segunda parte: La frase nominal*, vol. 2, 1413–1478. México: Fondo de Cultura Económica.
Elvira, J. 2007. "Observaciones sobre el uso y la diacronía de *cuyo*". En *Ex admiratione et amicitia. Homenaje a Ramón Santiago*, vol. 1, 365–375. Madrid: Ediciones del Orto.
ENGLE: Real Academia Española. 1973. *Esbozo de una nueva gramática de la lengua española*. Madrid: Espasa-Calpe.
Fernández Ramírez, S. 1951. *Gramática española. Los sonidos, el nombre y el pronombre*. Madrid: Revista de Occidente.
Gili Gaya, S. 1943. *Curso superior de sintaxis española*, 2ª ed. Madrid: Escelicer, 1964.
Hahn, A. 1964. "Relative and Antecedent". *Transactions and Proceedings of the American Philological Association* 95: 111–141.
Haudry, J. 1973. "Parataxe, hypotaxe et corrélation dans la phrase latine". *Bulletin de la Societé de Linguistique de Paris* 68: 147–186.
Leonetti, M. 1999. "El artículo". En Bosque y Demonte 1999 (dirs.), 787–890.
Murelli, A. 2011. *Relative Constructions in European Non-Standard Varieties*. Berlín y Boston: De Gruyter Mouton.
NGLE: Real Academia Española y Asociación de Academias de la Lengua Española. 2009–2011. *Nueva gramática de la lengua española*. Madrid: Espasa.
Porto Dapena, Á. 2003. *Oraciones de relativo*. Madrid: Arco Libros.
Serradilla Castaño, A. 2020. "'El pequeño pueblo que su nombre consta de una sola letra': la extensión del quesuismo en español actual". *Nueva Revista de Filología Hispánica* 68(2): 571–603.
Silva-Corvalán, C. 1999. "'Copias pronominales' en cláusulas relativas en el español conversacional de Santiago de Chile". En *Actas del XI Congreso Internacional de la ALFAL*, eds. J. A. Samper y M. T. Déniz, 447–454. Las Palmas de Gran Canaria: Universidad.
Stark, E. 2016. "Relative Clauses". En *The Oxford Guide to the Romance Languages*, eds. A. Ledgeway y M. Maiden, 1029–1040. Oxford: Oxford University Press.

15
Construcciones coordinadas
(Coordinating Constructions)

Tomás Jiménez Juliá

1 Introducción

La coordinación es un proceso sintáctico tan interesante como complejo, si bien su complejidad está a menudo enmascarada por la relativa claridad de su estructura constitutiva. El presente capítulo se estructura como sigue: tras esta breve introducción, el segundo apartado muestra los conceptos fundamentales que se han de tratar en el estudio de la coordinación, centrados en el tipo de estructura, la naturaleza de las restricciones aplicables a los miembros, el valor del nexo y el fin y resultados de la estructura coordinada. El tercer apartado presenta las dos aproximaciones teóricas fundamentales en el estudio de esta estructura, la formal y la funcional, mostrando sus diferencias en relación con la consideración de su estructura constitutiva y el papel del nexo, y, al tiempo, se valora brevemente la aproximación considerada más oportuna para una presentación descriptiva. El cuarto apartado presenta una descripción de la coordinación en español, teniendo en cuenta las aproximaciones más difundidas y representativas para la gramática del español actualmente. El quinto apartado valora aspectos de la estructura coordinativa del español que ofrecen un interesante campo de estudio, tanto descriptivo como contrastivo y recapitula el contenido del capítulo.

Palabras clave: Relación sintáctica; parataxis; coordinación; nexo conjuntivo; recursos comunicativos

Coordination is an interesting and complex syntactic process, even though its complexity is often concealed by the apparent simplicity of its constituent structure. The present chapter is organized as follows: after this brief introduction, the second section addresses the basic concepts in the study of coordination, focusing on its structure type, the conditions imposed on coordinated members, the nature of the linking device, and the aim and communicative results of coordinating structures. The third section introduces the two main theoretical frameworks in the study of coordination: the formal and the functional. Their differences in relation to the type of constituent structure involved, as well as the role of the linking device, will be highlighted, and the adequacy of both frameworks for a descriptive approach will be briefly considered. A description of the study of coordination in Spanish is presented in the fourth section, taking into account the most widespread and representative current approaches for Spanish grammar. The fifth section presents different aspects of Spanish coordinating constructions that offer interesting avenues of study, in both descriptive and contrastive terms, along with a summary of the chapter.

Keywords: Syntactic relation; parataxis; coordination; conjunctive link; communicative resources

2 Conceptos fundamentales

Frente a la subordinación, que supone una dependencia unilateral, la coordinación es la asociación de dos o más unidades semánticamente homogéneas, a través de una conjunción, con el fin de expresar una relación lógica entre ellas, sin que en esa unión se establezca una relación subordinada de un miembro con respecto al otro.[1] La falta de subordinación entre los miembros de la coordinación ha hecho que hasta hace poco no se viera como una verdadera construcción sintáctica, sino como la unión de unidades "independientes".[2] La realidad es que, muy al contrario, la coordinación supone una estructura sintáctica muy importante y rica en matices en todas las lenguas.

La identificación de los rasgos considerables como definitorios de la coordinación como estructura sintáctica en una aproximación descriptiva funcional pasa por (a) la distinción formal entre las estructuras coordinativas, o paratácticas, en general, y las hipotácticas introducidas por conjunciones, con las que puede haber confusión, y (b) las características de los miembros coordinados.

2.1 El nexo coordinante

Dado que la coordinación, y la parataxis en general, gira en torno a la actuación del nexo conjuntivo que une los miembros, a diferencia de la hipotaxis, donde el núcleo define la naturaleza del conjunto, el comportamiento de las conjunciones y, más concretamente, su comportamiento distribucional, será el criterio básico para saber si estamos ante una estructura coordinada o una subordinación introducida por conjunción. Hay dos indicios importantes en este sentido: la movilidad de la conjunción y su compatibilidad con otras conjunciones.

2.1.1 La movilidad de la conjunción

Lo primero que nos dice si la actuación de una conjunción es la de un nexo hipotáctico o paratáctico es su relación con la unidad con la que está en contacto. Por ello, es importante tener en cuenta la *cohesión de la conjunción con el miembro al que se antepone* para saber si lo está "introduciendo" *en* o si lo está "uniendo" *a* otra unidad. Las conjunciones subordinantes "introducen" secuencias como expansiones de otra unidad, formando con aquellas un todo globalmente asociado al subordinante. Ello implica que la asociación "conjunción-secuencia sucesiva" funciona como un constituyente que, cuestiones estilísticas aparte, puede moverse de un lado a otro, funcionando como una verdadera "frase conjuntiva", paralela en gran medida, aunque no totalmente, a la frase preposicional. El primer criterio, por tanto, será *el grado de asociación de la conjunción con la unidad que introduce*, y uno de los índices de esta integración es la *movilidad* de este conjunto "conjunción + unidad subsiguiente". Conjunciones como *aunque, porque* o *si* (condicional) se comportan como subordinantes, esto es, asociadas al constituyente que introducen, lo que permite su traslado de posición en bloque: *Me mojaré [si llueve]/[Si llueve] me mojaré*.

No ocurre así en la coordinación: en este caso la conjunción no se asocia a una unidad para integrarla en otra, sino que se limita a unir dos (o más) unidades que quedan así fuertemente asociadas por la relación lógica que indica la conjunción, sin integrar una en la otra. Como consecuencia de esta distinta actuación, la movilidad de la conjunción no es posible y las secuencias (b), como equivalentes referencialmente a (a) son inviables:

(1) a   Guerra *y* paz.
    b   *Y paz, guerra.
(2) a   Don Álvaro *o* la fuerza del sino.
    b   *O la fuerza del sino, don Álvaro.

2.1.2 La compatibilidad de la conjunción con otras conjunciones

Un segundo criterio que nos permite distinguir entre conjunciones subordinantes y paratácticas es la posible coaparición entre las primeras y no entre las segundas. Este rasgo, como el primero, es consecuencia de su diferente actuación sintagmática. Las conjunciones subordinantes introducen secuencias subordinadas que se asocian a su núcleo como una expansión más, y las expansiones se pueden acumular debidamente jerarquizadas en torno a un núcleo, por ello podemos encontrar secuencias como:

(3)   Tiene condiciones para ser mediapunta *porque aunque* le puede faltar pase, tiene mucha llegada (*La Voz de Galicia* [15/01/2004, España], CREA).

Frente a esta concatenación, que supone un encadenamiento de expansiones:

[tiene condiciones... [*porque* [*aunque* le pueda...] tiene mucha llegada]]

las conjunciones paratácticas, al situarse entre los dos miembros unidos sin asociarse constitutivamente a ninguno, no pueden combinarse. Secuencias como (4) son sencillamente imposibles:

(4)   *Tiene condiciones para ser mediapunta *y pero* le puede faltar pase.

Por ello, un recurso práctico para detectar el carácter paratáctico o hipotáctico de una unidad es comprobar su posible asociación con la conjunción paratáctica más general, la copulativa *y*.

2.2 Los miembros coordinados

La coordinación une cualesquiera unidades léxicas o sintácticas que posean homogeneidad semántica. No opera, en cambio, en unidades subsintácticas, salvo casos de preposiciones o prefijos contrastivos (*con o sin azúcar; pro y antiabortistas*). La bibliografía sobre la coordinación, sobre todo a raíz de Dik (1968), ha insistido en la identidad de función sintáctica de los miembros coordinados, por lo que de un modo más o menos explícito esta equifuncionalidad está latente en los estudios sobre coordinación desde que esta construcción empezó a tomarse en consideración. Según este requisito, si la coordinación en (5) es posible, ello es porque los miembros coordinados tienen una misma función en un contexto no coordinado, como (6–7) y —se supone— previo a la coordinación:

(5) Compró [*mandarinas y ciruelas*]_{COMPLEMENTO DIRECTO}
(6) Compró [*mandarinas*]_{COMPLEMENTO DIRECTO}
(7) Compró [*ciruelas*]_{COMPLEMENTO DIRECTO}

Existen, sin embargo, numerosos contraejemplos que muestran que la identidad funcional, entendida como identidad de función de los elementos coordinados "previa" a su coordinación, no es el requisito relevante, sino, más bien, la consecuencia de la coordinación. Como se verá brevemente en § 5.1, coordinaciones como (8) no cumplen esta premisa:

(8) Fazio se refirió a que con la nueva directiva "queremos ganar *todo y a todos los niveles*" (*La Tercera* [Chile, 23/01/2002], Corpes XXI).

Por ello, conviene ajustar los verdaderos términos de la coordinación y considerar que el requisito para que dos (o más) unidades puedan coordinarse o, más generalmente, asociarse paratácticamente, es su identidad de clase semántica. La falta de identidad de clase semántica es lo que provoca extrañeza en coordinaciones como *Ana es simpática y escritora*. La identidad de función sintáctica no es, en sentido estricto, un requisito, sino una *consecuencia* de la asociación paratáctica. Y la identidad de función "aisladamente" es tan solo un factor que facilita la coordinación, no un requisito.

3 Aproximaciones teóricas

3.1 Aproximación formal

Aunque se pueden detallar tantas aproximaciones a un fenómeno como marcos teóricos queramos reconocer como diferentes, lo cierto es que, en términos generales, y más en el estudio de una estructura tan específica como la coordinación, podemos hablar actualmente de dos grandes aproximaciones teóricas: la formal y la funcional. Dentro de la formal destaca el paradigma chomskiano y aquellos que se acogen a la descripción de la coordinación emanada de este paradigma. Esta diferencia, en lo que se refiere a la coordinación, es incluso relativamente reciente, pues hasta los inicios de la aproximación minimalista (véase Chomsky 1995; Boeckx 2006), la descripción de la coordinación en el paradigma chomskiano y, por extensión, en todos los marcos influidos por este, no guardaba diferencias teóricas importantes con otras aproximaciones, incluso de carácter funcional.

El minimalismo supuso un vuelco en el tratamiento de muchas estructuras sintácticas, y la coordinación fue una de las más afectadas. En esencia, lo que ocurrió es que la reducción minimalista a un solo tipo de estructura general de carácter endocéntrico común a todas las construcciones sintácticas, con un núcleo rector que determinase las propiedades formales y (de un modo vago) sintagmáticas de sus subordinados, obligó a reformular el concepto de núcleo, para poder considerar como tales elementos inicialmente no integrables en él. En los años ochenta ya existían algunos trabajos que reformulaban el concepto de núcleo (por ejemplo, Zwicky 1985), y de ellos se sirvió el generativismo para reconvertirlo y, con ello, transformar una estructura prototípicamente no endocéntrica, como el propio generativismo reconocía en los años setenta, en endocéntrica.[3] De acuerdo con los postulados minimalistas, toda estructura es endocéntrica, por lo que debe tener un núcleo que es el que determina las propiedades de las unidades que domina. El nuevo concepto de núcleo permite que cualquier unidad pueda ser tal (determinantes, preposiciones, conjunciones, rasgos flexivos...). En el caso de la coordinación, el núcleo será, precisamente, la conjunción, configurando una construcción que, a nivel estructural, equipara conjunciones coordinantes y subordinantes (véase, por ejemplo, Camacho 2000). La estructura sintáctica asociada a este comportamiento nuclear de la conjunción varía en distintos autores, pero en general se la dota de un carácter binario como el que se muestra en la figura 15.1:

Figura 15.1 Estructura de la frase conjuntiva.

3.2 Aproximación funcional

Frente a esta configuración teórica de la coordinación, que da prioridad al sometimiento de la construcción a la homogeneización de las estructuras sintácticas mediante la flexibilización extrema del concepto de núcleo, la perspectiva funcional ofrece una visión muy diferente. Quizá las tres diferencias más destacables sean:

a) El papel de la conjunción. Mientras en las perspectivas formales la conjunción es un núcleo rector que "decide" las propiedades de los elementos a los que se adjunta, en la perspectiva funcional es un mero nexo que solamente induce la interpretación semántica de la relación entre las unidades unidas, pero no sus propiedades sintácticas. De hecho, la conjunción coordinante puede unir prácticamente todo, incluyendo unidades sintácticas heterogéneas, pues la coordinación es vista, precisamente, como un mecanismo de homogeneización de unidades con respecto a una tercera. En la aproximación funcional, las posibilidades sintagmáticas de las conjunciones (sus distintas posibilidades de combinación) son indicativas del estatus coordinante o subordinante de la conjunción, pero no deciden propiedades de los elementos implicados. Las variaciones modales asociadas a verbos introducidos por conjunción no pueden calificarse de recciones, como la gramática ha hecho con las preposiciones, pues son determinadas por elementos jerárquicamente superiores, no directamente por la conjunción. En realidad, eso mismo podría decirse en el caso de las preposiciones, pero por razones históricas en las que no podemos entrar ahora, la consideración de la preposición como unidad rectora de su término, o complemento, está fuertemente asentada en las distintas tradiciones gramaticales.

Desde el punto de vista distribucional, la situación jerárquica de la conjunción subordinante y de la coordinante difieren, de acuerdo con la figura 15.2:

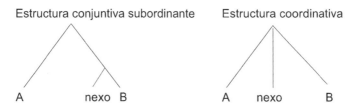

Figura 15.2 Estructura conjuntiva subordinante y estructura coordinativa.

Esta consideración, propia, en general, de las visiones funcionales, según la cual las conjunciones subordinantes forman parte de la unidad que introducen, al igual que las preposiciones se adjuntan a su término, mientras que las paratácticas actúan de modo equidistante de ambos miembros, contrasta con la aproximación formal, en la que lo que en la figura 15.2 se muestra como la estructura conjuntiva subordinante refleja la estructura distribucional de toda estructura conjuntiva, según acabamos de ver en § 3.1. Es cierto que ha habido quien ha mantenido esta opinión en el pasado, pero esta posición no tuvo excesiva trascendencia hasta que la adoptó la gramática chomskiana, con antecedentes esporádicos (Groot 1949). Los argumentos para justificar tanto el carácter nuclear de la conjunción coordinante como la consiguiente estructura de la "frase conjuntiva (coordinante)" están fuertemente ligados a la concepción generativa de la lengua y de la gramática, y son difícilmente asumibles fuera de ese marco; de hecho, son pocos los casos es los que se mantiene esta visión "asimétrica" fuera del generativismo. Uno de ellos es el trabajo de Blühdorn (2008), quien no asume el carácter nuclear de la conjunción, pero defiende la asimetría de los miembros con argumentos diferentes, fundamentalmente prosódicos. Naturalmente, también hay visiones fuertemente críticas de la "frase conjuntiva" aplicada a la coordinación, como la de Borsley (2005). Tanto por razones teóricas como descriptivas consideraremos que las conjunciones paratácticas y, por tanto, las coordinantes, no están ligadas a la unidad a la que preceden y su actuación es la de unir miembros, aunque para los fines de este capítulo no es este un aspecto determinante.

b) A consecuencia de la diferencia de concepción del papel de las conjunciones, la estructura que define una y otra también varía en ambas visiones. Mientras en la aproximación formal la diferencia entre conjunciones coordinantes y subordinantes se difumina, pues los esfuerzos se centran, precisamente, en asimilar las conjunciones coordinantes a las subordinantes, en la visión funcional ambas conjunciones intervienen en estructuras nítidamente diferenciadas: las subordinantes definen verdaderas "frases conjuntivas", siempre subordinadas a un núcleo. En este sentido tienen similitudes, aunque también diferencias, con las frases preposicionales. Las coordinantes, en cambio, definen estructuras paratácticas, sin dependencias unilaterales, y esta ausencia de dependencia unilateral tiene su reflejo a nivel funcional en una homogeneidad del valor funcional de sus miembros. Por ello, mientras las conjunciones subordinantes introducen subordinados, según ilustra (9),

(9) Vargas Llosa dijo que *La fiesta del chivo* ha sido su libro más traducido, **aunque** reconoció que le costó mucho trabajo escribirlo (*La Prensa de Nicaragua* [Nicaragua, 2004] CREA),

las coordinantes sirven para homogeneizar informaciones que de otro modo podrían estar jerarquizadas:

(10) No hay límites a la irresponsabilidad de las empresas urbanísticas, a las que no les ha importado la seguridad de miles de panameños, y han construido donde sea **y** sin importar nada. (*El Siglo* [Panamá, 16/01/2001] CREA).

Esta homogeneización es obviamente más factible y frecuente entre constituyentes que, de entrada, realizarían una función similar en un mismo contexto de manera aislada, como en (10), pero también se usa como mecanismo activo para igualar el valor sintáctico de miembros potencialmente distintos, al incluirlos como miembros en una construcción paratáctica, como ilustra (11):

(11) (...) sus reuniones con congresistas abrieron las puertas al debate **y** para que los trámites posteriores fueran fructíferos. (*La Tribuna* [Honduras 08/01/1998] CREA).

c) Naturalmente, este último rasgo sintáctico no es sino el reflejo del diferente papel comunicativo que separa ambos tipos de conjunción y, con ello, ambos tipos de estructura. Toda conjunción expresa una conexión lógica entre dos partes semánticamente homogéneas, o susceptibles de ser homogeneizadas, pero mientras la subordinación lo hace añadiendo algo a una secuencia que constituye el núcleo de la construcción, de ahí las posibilidades de movilidad y de combinación con otras conjunciones vistas en § 2.1., la coordinación lo hace convirtiendo la relación en el eje fundamental de la estructura, lo que explica la imposibilidad de trasladar el conjunto que sigue a la conjunción, o de la combinación de operadores (conjunciones) relacionales. Esta diferencia comunicativa está en la base de las diferencias de comportamiento de las conjunciones y, con ello, de las estructuras que definen.

Dado el papel que el valor comunicativo tiene en una aproximación funcional, que en este caso subraya la diferencia entre coordinación y subordinación, y la eliminación virtual de tal diferencia en una aproximación formal, una y otra visión teóricas se muestran muy alejadas entre sí a la hora de hacer una descripción del comportamiento de la coordinación. Por razones tanto teóricas (de convencimiento de la coherencia y adecuación de la descripción) como prácticas (la disponibilidad de un aparato descriptivo más apropiado), en el próximo apartado la descripción de la coordinación en español actualmente se hará siguiendo una aproximación funcional.

4 Perspectivas actuales

4.1 Visión actual de la coordinación

La clasificación de las estructuras coordinadas en español es heredera de la consideración de las conjunciones coordinantes del latín, que reconocía *copulativas, disyuntivas, adversativas, causales* e *ilativas*, esto es, aquellas introducidas por conjunciones que no introducían valores modales en el verbo y, por tanto, no determinaban el uso del subjuntivo. De esta clasificación, presente en las clasificaciones iniciales (Cejador y Frauca 1905, 200 y ss.; GRAE 1931, cap. 22), se han caído las dos últimas. Para Gili Gaya (1943, cap. XX), que identifica coordinación y parataxis, son coordinadas las *copulativas, distributivas* (entendidas como un subtipo de copulativa o de disyuntiva), *disyuntivas* y *adversativas*. Finalmente, la NGLE considera como inequívocamente coordinadas las *copulativas, disyuntivas* y *adversativas*, pero es ambigua acerca de la naturaleza (paratáctica o hipotáctica) de comparativas y consecutivas correlativas (*cf. cap.* 45); esta consideración de las *copulativas, disyuntivas* y *adversativas* como las construcciones propiamente coordinadas tiene justificación tanto histórica como sintagmática.

En el caso de otras, consideradas a veces coordinadas, *causales, comparativas, consecutivas* e *ilativas* (como parte de las *consecutivas* o fuera de ellas), no hay tanta continuidad expresiva en relación con los recursos que se utilizaban en latín. Así, para construcciones que hoy se expresan mediante conjunciones el latín utilizó originariamente relativos (*tam*)... *quam*, con posteriores fijaciones y gramaticalizaciones, de ahí las fluctuaciones en la clasificación: integrando alguna de ellas en las coordinadas (Cejador y Frauca 1905), metiéndolas entre las subordinadas, sobre todo en el cajón de sastre de las adverbiales (Gili Gaya 1943; GRAE 1931) o, simplemente, separando unas y otras y dejándolas sin una afiliación clara (Alarcos Llorach 1963, y en parte, NGLE).

4.2 Las estructuras coordinadas copulativas

La coordinación copulativa es la más general, pues supone simplemente la asociación de dos unidades semánticamente homogéneas. Esta generalidad permite muchas interpretaciones contextuales. El coordinador general de miembros afirmados es la conjunción *y*.

4.2.1 La movilidad de la conjunción

Cuando la coordinación funciona en una secuencia verbal, existen en español dos tipos básicos de coordinadas copulativas: las de "acción paralela" y las de "relación necesaria". Las primeras, ilustradas mediante (12) suponen la existencia de dos procesos que podrían igualmente existir individualmente:

(12) Me lo pagan *mi padre y mi madre*. Hasta que se cansen, claro (Oral, *Grupo G13. Filología*. [España] CREA).

La coordinada copulativa de "relación necesaria", en cambio, enuncia un solo proceso en el cual hay solidaridad entre dos unidades:

(13) *Adán y Eva fueron una buena pareja* que tuvieron dos hijos varones (*Tiempo* [España, 1990] CREA).

4.2.2 La compatibilidad entre conjunciones

El coordinador general *y* es común a los dos valores, pero para expresar la acción paralela, el español, como gran parte de las lenguas indoeuropeas, ha gramaticalizado la forma *tanto X como Y*, heredera de una estructura de relativo latina, origen igualmente de esquemas comparativos, convirtiéndose en un coordinador correlativo utilizado para expresar "acción paralela", como vemos en (14):

(14) Los iconos de acceso directo pueden representar *tanto aplicaciones, como documentos asociados a dichas aplicaciones* (M. Pardo: *Windows 2000. Guía práctica* [España, 2000] CREA).

La forma *tanto X como Y* tiene un correlato negativo en la forma "Neg *X ni Y*", que hay que leer como "un primer miembro negado se coordina en español con la conjunción *ni*". Esta negación se puede llevar a cabo correlativamente, como en (15), mediante una preposición negativa (16) o mediante una unidad con contenido negativo (17):

(15) El partido se desarrolló desde la negación y al final *ni uno ni otro* hallaron la salida. (*La nación* [Costa Rica, 7/04/1997] CREA).
(16) Somos una institución privada, *sin fines de lucro, ni filiación política* (VVAA. *Fundación para el desarrollo del agro* [Perú, 1991] CREA).
(17) Por lo cual *ninguna historia tiene principio ni fin* (A. Roa Bastos: *Vigilia del almirante*, [Paraguay, 1992] CREA).

La forma *ni* supone la coordinación de miembros negados en español y se aplica tan solo a la "acción paralela", en un sentido muy próximo al *nec* latino. En latín existía también la coordinación negativa con la forma *et non*. El español la conserva, aunque las gramáticas no se suelen hacer eco de ello. En construcciones como (18):

(18) Hablé con ellos el sábado para traer *información y no rumores* (Luis M. Anson: *Don Juan* [España, 1996] CREA).

La tabla 15.1 resume los coordinadores copulativos en español:

Tabla 15.1 Conjunciones coordinantes copulativas básicas en español.

	Miembros afirmados	*Miembros negados*	*Miembros contrastados*
ACCIÓN PARALELA	tanto X como Y y	Neg. X ni Y	X y / pero $\begin{Bmatrix} no \\ si \\ tampoco \\ también \end{Bmatrix}$ Y
ASOCIACIÓN NECESARIA	y	—	—

4.2.3

Es preciso insistir en que la conjunción *y* define siempre una coordinación copulativa, aunque *contextualmente* puedan inferirse otros valores. El primer miembro de las secuencias *Se cayó y se rompió la cadera* y *Se (le) rompió la cadera y se cayó* se interpreta siempre como la causa del proceso. Igualmente, en (19–20) se puede considerar que la conjunción *y* expresa valores consecutivos o temporales, respectivamente:

(19) Vamos, ahora mismo me dicen que el año que viene le dan el premio a otra, *y* como que me jode (Lindo, 17).
(20) Subió al sobrado, eligió un libro de Austral *y* se lo echó al bolsillo (Lorenzo, 41).

Es evidente que esa interpretación no es una consecuencia del valor de *y*, sino de nuestro conocimiento de la realidad y de cuál es la relación lógica esperable cuando se encadenan los eventos expresados y, además, cuando ese encadenamiento se expresa en cierto orden. Esto no es específico del *y* en español, sino que es una constante en el coordinador copulativo general de prácticamente todas las lenguas. Recordemos el ejemplo citado por Dik (1968, 265): *She took arsenic and fell ill*, con una evidente interpretación consecutiva.

Esta generalidad hace que la conjunción coordinativa general sea, al parecer, la primera que aprenden los niños en todas las lenguas (véase, por ejemplo, Owens 2001).

4.3 *Las estructuras disyuntivas*

4.3.1

Las estructuras disyuntivas, como las copulativas, tienen dos sentidos básicos, no siempre bien definidos, la disyunción "exclusiva" (A o B, pero no ambas), y la "inclusiva", (A o B, o ambas). En latín una y otra se expresaban con conjunciones diferentes: *aut* expresaba el valor exclusivo y *uel* (o *siue/seu*) el inclusivo. El español heredó la conjunción *o* de la primera, pero no conservó *uel*. Ello, sin embargo, no implicó la pérdida de los dos valores. Se produjo una reconversión, de modo que la conjunción *o* pasó a ser la general para ambos valores, como *y* en el caso de la coordinación copulativa, así como la específica para el valor inclusivo, mientras que la repetición de la conjunción, convirtiéndola en correlativa (*o X o Y*), expresará únicamente el valor exclusivo, como se muestra en la Figura 15.3:

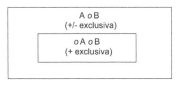

Figura 15.3 Coordinadores disyuntivos.

El uso ambivalente de *o* se refleja en (21–23): (21) es inclusiva, (22) puede interpretarse en ambos sentidos y (23) es claramente exclusiva:

(21) Otra gente como Hawking cree que en unos veinte *o* treinta años estará todo resuelto ([*El Heraldo de Aragón* [España], 2000] CREA).
(22) La Agencia Organizadora se reserva el derecho de alterar el orden del recorrido de cualquiera de los itinerarios, (...), porque fuese imprescindible por dificultades de alojamiento *o* si circunstancias de fuerza mayor obligan a ello (Efímero. *Información turística.* [España, 1998] CREA).
(23) Lo único que tiene que hacer es contestar sí *o* no (W. Shand: *El sastre* [Argentina, 1989] CREA).

O ... o, en cambio, siempre es exclusivo:

(24) No tenemos espacio, hay que elegir *o* la vajilla y la cristalería *o* tenemos que salir nosotros (J.J. Alonso Millán: *Solo para parejas* [España, 1993] CREA).

En modalidades no declarativas, sin embargo, la exclusiva se expresa regularmente mediante el simple *o*:

(25) Cállate, Merlín. Ten más educación *o* te tapo (J.J. Alonso Millán: *Solo para parejas* [España 1993] CREA).
(26) ¿Qué va a traernos el futuro? ¿Es bueno *o* es malo? (S. Arrau: *Digo que Norte Sur corre la tierra*, [Chile, 1992] CREA).

Esta falta de alternancia desaparece si con la misma intención comunicativa la secuencia se emite con modalidad declarativa:

(27) *O* me dejás estudiar *o* te rompo la cabeza, en serio (E. Pavlovsky: *El señor Galíndez*, [Argentina, 1975] CREA).

Como en el caso de *y*, la disyuntiva general *o* asume las acepciones contextuales que tienen como principales manifestaciones la "imprecisión" (28) y la "equivalencia" (29):

(28) Tienen como gérmenes *o* algo así (G. Ott: *80 dientes, 4 metros y doscientos quilos*, [Venezuela, 1999] CREA).
(29) "gorgojo" *o* "gorgoja" (el coleóptero perjudicial para algunas semillas y frutos) (R. Alberti, *El adefesio* [España, 1976] CREA).

4.3.2

A menudo se ha distinguido, dentro de las conjunciones coordinantes, un grupo denominado "distributivas", compuesto por conjunciones correlativas del tipo *bien... bien, ya... ya, sea... sea*. Sin embargo, no es este un tipo específico de conjunciones, y mucho menos de estructuras individualizadas dentro de la lengua española. Es, simplemente, el modo de llamar a, bien estructuras coordinadas copulativas, bien disyuntivas, expresadas con nexos correlativos. Estas conjunciones en algunos casos pueden verse como equivalentes a *tanto... como* y tener, así, un valor copulativo:

(30) se lleva a cabo el establecimiento de la población, de forma diversa: *bien* de forma dispersa, *bien* de forma concentrada (D. López Bonillo: *El medio ambiente* [España, 1994] CREA).

o ser intercambiables con la conjunción exclusiva *o... o*:

(31) Una vez que los contaminantes se incorporan a la atmósfera tiene lugar *bien* su eliminación *bien* su difusión (D. López Bonillo: *El medio ambiente* [España, 1994] CREA).

Hay que señalar que este mismo efecto distributivo se puede lograr con una coordinación asindética, que simplemente yuxtaponga secuencias reiterativamente, mostrando acumulación de situaciones y equivaliendo así a una coordinación copulativa:

(32) Puro ruido, puritito desmadre, caray. Una pirámide *aquí*, una catedral *allá*, un monumento a la revolución *más allacito* (M.L. Puga, *La forma del silencio* [México, 1987] CREA).

4.4 Las estructuras adversativas

4.4.1

Las adversativas, con las conjunciones *pero* y *sino* como unidades básicas, han sido prácticamente siempre integradas en el grupo de las coordinadas. Y, en efecto, sus rasgos se ajustan fielmente a los de las conjunciones paratácticas vistos en § 3.2. A diferencia de las copulativas y disyuntivas, las conjunciones adversativas definen estructuras binarias que las asemejan a conectores consecutivos, ilativos o comparativos, sin embargo, los importantes rasgos comunes de las conjunciones adversativas con copulativas y disyuntivas, unido a la fuerza de la tradición, aconsejan describir estas estructuras en el capítulo de las coordinadas.

La relación adversativa puede definirse como la asociación de dos elementos uno de los cuales matiza o contradice al otro, de acuerdo con (33)

(33) A & B
      (siendo B una unidad que niega o matiza rasgos relevantes de A)

4.4.2

Los dos tipos de coordinación adversativa reconocidos en español son el tradicionalmente denominado "restrictivo", cuya conjunción representativa es *pero*, y el "exclusivo", expresada mediante la conjunción *sino*. La conjunción *pero* expresa la asociación entre una unidad de la que se infiere una cierta valoración y otra que la matiza o contradice:

(34) Copia los archivos seleccionados *pero* no los marca (M. Pardo: *Windows 2000. Guía práctica* [España, 2000] CREA).
(35) He aquí una breve, *pero* precisa imagen de la persona sometida al STRESS cotidiano (F. Bañó, *Curso de relajación integral para todos* [España, 1987] CREA).

Esta característica hace que la adversativa con *pero* sea menos esperable con unidades nominales que tengan un valor identificativo y no atributivo. Algo como *Es un estudiante, pero un niño* solo tiene sentido si se supone que ser estudiante excluye la condición de ser niño. La conjunción *pero* tiene un equivalente en la unidad *mas*, proveniente del latín *magis*, e inicialmente usada para añadir información, es la que dio como resultado la conjunción adversativa dominante en lenguas románicas como el francés (*mais*) o el portugués (*mas*), sin embargo tanto en el español europeo como en las variedades americanas parece relegada a registros cultos:

(36) Una persona en este estado sólo puede respirar y mover los ojos, *mas* no los párpados (A. Téllez, *Trastornos del sueño*. [México, 1998]) CREA).

La adversativa con *sino* tiene un carácter parcialmente diferente. Su formación es tardía, a partir de la conjunción latina *si* y la partícula *no*, por lo que no es común en las demás lenguas románicas. En este caso el elemento explícitamente negado va en primer lugar, y la conjunción sirve para contraponer ese elemento negado a su contrario, de acuerdo con algún punto de vista:

(37) Me dieron ganas de reír. No de alegría *sino* de nervios (A. Jodorowsky, *La danza de la realidad* [Chile, 2001]) CREA).

A diferencia de las demás conjunciones, y, sin duda, por su particular origen romance, ante unidades verbales requiere del completivo *que:*

(38) no podemos decir que haya una mejor ayuda para los drogadictos en general, *sino que* hay que ir caso a caso (Oral, *Si yo fuera presidente* TVE2 [España, 1983] CREA.

4.4.3

Existen otras unidades que intervienen en las construcciones adversativas, como *sin embargo* o *no obstante*, que, aunque a veces consideradas conjunciones adversativas de valor similar a *pero*, tienen un carácter de locución adverbial que refuerza el valor de la conjunción, pudiendo incluso aparecer como marca única de la adversatividad, pero no son conjunciones. La prueba, es, precisamente, su convivencia con ellas para reforzar su significado. Tienen un carácter similar a adverbios como *además*, susceptible de reforzar conjunciones como *y* o *pero*:

(39) Rebajó en dos segundos su registro del viernes, *pero, sin embargo*, perdió cuatro puestos (*El País* [España, 2/10/1988]) CREA).
(40) Eso hice *y, además*, salió en directo (Oral: Cadena SER, *A vivir que son dos días* [España, 2/11/96] CREA).

Una última cuestión, que se aparta totalmente de las estructuras coordinadas, es el uso de conjunciones coordinantes, particularmente *y* y *pero*, como marcadores discursivos, de tipo conectivo (véase capítulo 37 en este mismo volumen). En casos como:

(41) ¿*Y* tú no dictas clases? (Oral (Colombia) [Sin datos] CREA).
(42) *Pero* ¿qué pasaría si Gore no acepta una victoria de Bush con los votos de ausentes (...)? (*El nuevo Herald* [Estados Unidos, 14/11/2000]) CREA).

estas partículas actúan como elementos cohesivos, que no unen dos o más unidades semánticamente homogéneas para expresar una relación lógica entre ellas y formar una estructura paratáctica. Lo que unen es el contexto en el que se produce la situación comunicativa y el texto.

Podemos resumir los tipos de coordinación y los recursos destinados a expresarlos en español en la tabla 15.2:

Tabla 15.2 Tipos de estructuras coordinadas.

tipos	subtipos		conjunciones	ejemplos
Copulativas	Acción paralela	Miembros negados	Neg/*ni* ... *ni*	No bebe *ni* fuma Vive sin teléfono *ni* ordenador Nada *ni* nadie lo moverá *Ni* Ana *ni* Luis llegaron bien
		Miembros afirmados	*tanto* ... *como/y*	*Tanto* Ana *como* Luis llegaron bien Ana *y* Luis llegaron bien
	Relación necesaria		*y*	Tú *y* yo nos llevamos bien
Disyuntivas	Exclusiva		*o* ... *o/o*	*O* vienes *o* te quedas ¡Decídete! ¡Ven *o* quédate! ¡Decídete!
	Inclusiva		*o*	En estos mares abunda la orca *o* ballena asesina
Adversativas	Restrictiva		*pero*	Es bueno *pero* muy pesado
	Exclusiva		*sino*	No es bueno, *sino* buenísimo

5 Direcciones futuras y conclusiones

El estudio de la coordinación ofrece un campo interesante, sobre todo si se concibe como un mecanismo comunicativo activo y no tanto como una estructura estática resultado de la aplicación de restricciones formales. La coordinación es una estructura mucho más flexible de lo que a menudo se ha descrito, pues, ante todo, es el mecanismo que el hablante tiene para homogeneizar funcionalmente informaciones que fuera de la coordinación podrían adoptar funciones diferentes, pero que el contexto o la intención comunicativa del hablante aconseja igualar. Es el caso de:

(43) Fazio se refirió a que con la nueva directiva "queremos ganar *todo y a todos los niveles*" (*La Tercera* [Chile, 23/01/2002], CORPES).
(44) Cuando uno llega a mi edad se da las gracias *por todo y a todos* (R. Presán, *El fondo del cielo* [Argentina, 2009], CORPES).

en donde la coordinación permite enfatizar la similar importancia que tienen los dos constituyentes que, por su valor dentro del predicado, estaban destinados a ser complementaciones diferentes.

La coordinación incluso permite la creación de constituyentes unitarios que no existen fuera de su carácter de miembros de coordinación, como:

(45) Luis le dio *un libro a María y un diccionario a Pedro* (Brucart 1987, 118),

donde constituyentes inicialmente diferentes se unen para actuar en bloque en un tipo de coordinación contrastiva contextualmente muy marcada y, por tanto, con condiciones comunicativas estrictas. La investigación sobre coordinaciones (mal) llamadas "asimétricas" ha sido abordada, aunque centrada en tipos específicos y más propios de la lengua inglesa (por ejemplo, Johannessen 1998, desde una perspectiva generativa), pero no tanto en español. Brucart (1987) trata ejemplos como (45), entre otros, desde una óptica generativa. Jiménez Juliá (1995, 2019), desde una óptica funcional.

Es de destacar la mayor frecuencia del uso de la coordinación en español con respecto a otras lenguas. No es este el contexto en el que pueda introducir datos de frecuencia fiables, que tendrían que ser contrastivos para ser significativos, pero un mero vistazo a traducciones de estructuras no coordinadas como, por ejemplo, la acumulación de adjetivos descriptivos, común en lenguas germánicas, permite ver cómo el resultado es frecuentemente una conversión de esa acumulación jerarquizada en una estructura coordinada. Las lenguas germánicas no solo admiten, sino que favorecen el recurso de la acumulación de adjetivos descriptivos en torno a un sustantivo. (46a) es una secuencia original de un cuento infantil inglés. (46b) su traducción castellana. (47a), por su parte, es una traducción alemana del original español (47b):

(46) a What are these *dear soft fluffy* things? (Potter (a) 96).
 b ¿Qué son esas prendas tan *suaves y vaporosas*? (Potter (b) 96).
(47) a Du hast *hübsche große schwarze* Augen (A. Pérez-Reverte, *Die Königin des Südens* [Frankfurt, 2016] PaGes).
 b Tú tienes ojos *negros grandes y bonitos* (A. Pérez-Reverte, *La reina del Sur* [España, 2002] PaGes).

Esto es, ante el rechazo del español a acumular adjetivos descriptivos, la alternativa mayoritaria, al lado de la menos frecuente simplificación o eliminación de unidades en la traducción, es la coordinación. Análisis contrastivos de estas características serían interesantes para ver la verdadera importancia de esta estructura dentro de los usos regulares de los hablantes.

Por otra parte, en la coordinación se producen los tipos principales de elipsis, entendida, no como la mera eliminación de elementos repetidos o consabidos por su recuperación del contexto lingüístico o situacional, por razones de economía comunicativa, lo que podemos llamar meras "elisiones", sino como la eliminación sistemática de elementos comunes en estructuras paralelas cuando lo que se quiere es resaltar la información contrastada. Existen dos tipos de elipsis particularmente ligados a la coordinación verbal, el llamado *gapping*:

(48) Yo soy falso *y* tú Ø fría como el hielo (R. Hernández, *El secreter del rey* [España, 1995] CREA).

y la elipsis de SV, más propiamente denominable "elipsis remática":

(49) ¿por qué a ellos el Niño Jesús se le adelantó *y a nosotros no* (Oral (Venezuela) [sin datos], CREA).

Esta última estructura tiene similitudes con otras no elípticas como las estructuras correctivas, directamente heredadas del latín:

(50) Porque son ellos quienes tienen razón... *y no* nosotros. (J. Salom, *Las casas, una hoguera al amanecer* [España, 1994] CREA).

La existencia de distintas estructuras sintácticas, equivalentes referencialmente, pero que guardan diferencias en lo relativo a las implicaciones, las unidades focalizadas y, en consecuencia, los contextos comunicativos en los que se usan por parte de los hablantes proporcionan un ejemplo de campo de estudio comunicativo relacionado con la coordinación francamente interesante. Podemos decir que estructuras como (49) siguen un esquema informativo como (51):

(51)
a ellos + el niño Jesús se le adelantó y   *a nosotros + no*
[Tema +   Rema]   &   [**Tema** + marca de polaridad + Ø]
  1º MIEMBRO   **foco**   2º MIEMBRO
Ø = totalidad del rema

(50), en cambio, sigue el esquema (52):

(52)
            son + ellos quienes tienen razón…   *y no*   *nosotros*
(Tema +) Verbo + Complementos   **&- marca de polaridad** + 2º MIEMBRO
                                                              foco

(51) y (52) son estructuras en distribución complementaria, y un terreno ideal para el estudio de la relación entre contextos comunicativos y estructuras asociadas a ellos.

En definitiva, podemos considerar que la coordinación ofrece un campo de estudio de gran interés en las distintas facetas de la construcción, a saber:

(a) Como estructura paratáctica y lo que ello implica desde el punto de vista estructural.
(b) Las condiciones en las que se produce y su carácter de mecanismo activo con un fin comunicativo claro: homogeneizar informaciones que pueden ser heterogéneas funcionalmente si no se expresan integradas en la construcción coordinativa. En este sentido, la coordinación puede ser un neutralizador de diferencias funcionales.
(c) Las posibles restricciones, inicialmente de tipo semántico, que condicionan la coordinabilidad de los constituyentes.
(d) El papel del nexo coordinante y, en una aproximación funcional, sus diferencias con el subordinante.
(e) Los tipos de coordinación reconocibles en español, según criterios, con equivalencia en la descripción de otras lenguas indoeuropeas.
(f) Las características relevantes sobre el uso de la coordinación en español en cuanto a frecuencias, elisiones o relación complementaria con otras estructuras, y el campo de estudio que ello proporciona.

Notas

1 La existencia de la conjunción es inherente a la coordinación, si bien esta puede ser asindética cuando el contexto permite recuperarla. Es lo que ocurre, entre otros casos, en las enumeraciones, donde los miembros se yuxtaponen asindéticamente apareciendo la conjunción solo ante el último (*Ana, Luis, Pedro y María*) o no apareciendo: *María es muy completa: estudia, trabaja, hace deporte, es solidaria*. En este sentido la yuxtaposición no es una relación en sí (la NGLE no la contempla como tal), sino la manifestación económica de una relación que puede ser la de la coordinación copulativa, como en los ejemplos vistos, o interpretada de otro modo, como en *Unos pelean bravamente, otros se quedan mirando* (posible interpretación adversativa); La asíndesis en la subordinación (*Deseo estéis bien*) es poco usual en las lenguas románicas, y en español suele ser vista como una construcción arcaica, aunque es habitual en lenguas como el inglés, y no se suele identificar con la yuxtaposición de la parataxis.

2 Hasta Cejador y Frauca (1905) la coordinación no es vista como una estructura plenamente sintáctica. Y no deja de ser significativo que la NGLE trate las estructuras coordinadas en el capítulo de la conjunción (31: *La conjunción. Sus grupos sintácticos. Las construcciones coordinadas*), dentro el apartado "Clases de palabras y sus grupos sintácticos". Las subordinadas, de todo tipo, están, en cambio, en la sección "Las construcciones sintácticas fundamentales".

3 "One obvious exception to the theory of phrase structure presented so far is coordination. It is generally agreed that the node dominating conjoined Ss is an S, that the node dominating conjoined NPs is an NP, and so forth (...) This violates even the hierarchical arrangement of categories predicted by (...) the primitive version of the phrase structure rule schema. Furthermore, no constituent of a coordinate construction can be identified as its head. Clearly a separate phrase structure schema is necessary". (Jackendoff 1977, 50–51).

Lecturas complementarias recomendadas

Un clásico de la coordinación, en general, es el texto de Dik (1968). Para el español se puede ver Camacho (1999), y, más recientemente la descripción que hace la NGLE (cap. 31).

Referencias bibliográficas

Alarcos Llorach, E. 1963, "Español 'que'". *Archivum* 13, 5–17. Reed. en *Estudios de gramatica funcional del español*, 260–274. Madrid: Gredos, 1980.
Blühdorn, H. 2008. "Subordination and Coordination in Syntax, Semantics and Discourse: Evidence from the Study of Connectives". En *'Subordination' versus 'Coordination' in Sentence and Text*, eds. C. Fabricius Hansen y W. Ramm, 59–85. Amsterdam y Philadelphia: John Benjamins.
Boeckx, C. 2006. *Linguistic Minimalism: Origins, Concepts, Methods and Aims*. Oxford: Oxford University Press.
Borsley, R. D. 2005. "Against ConjP." *Lingua* 115: 461–482.
Brucart, J. M. 1987. "Sobre la representación sintáctica de las estructuras coordinadas". *R.S.E.L.* 17(1): 105–129.
Camacho, J. 1999. "La coordinación". En *Gramática descriptiva de la lengua española*, dirs. I. Bosque y V. Demonte, Cap. 41. Madrid: Espasa.
Camacho, J. 2000. "On the Structure of Conjunction". En *Ellipsis in Conjunction*, eds. K. Schwabe y N. Zhang, 23–49. Tübingen: Max Niemeyer.
Cejador y Frauca, J. 1905. *La lengua de Cervantes. Tomo I: Gramática*. Madrid: Establecimiento tipográfico de Jaime Ratés.
Chomsky, N. 1995. *The Minimalist Program*. Cambridge, MA: The MIT Press.
De Groot, A. W. 1949. *Structurele syntaxis*. Mouton: The Hague.
Dik, S. C. 1968. *Coordination: Its Implications for the Theory of General Linguistics*. Amsterdam: North-Holland.
Gili Gaya, S. 1943. *Curso superior de sintaxis española*, 10ª ed. Barcelona: Spes, 1972.
GRAE 1931 = Real Academia Española. 1931. *Gramática de la lengua española*, nueva ed. reformada. Madrid: Espasa Calpe.
Jackendoff, J. S. 1977. *X'-Syntax: A Study of Phrase Structure*. Cambridge, MA: The MIT Press.
Jiménez Juliá, T. 1995. *La coordinación en español. Aspectos teóricos y descriptivos*. Universidade de Santiago de Compostela.
Jiménez Juliá, T. 2019. "Un ejemplo de rentabilidad comunicativa en la sintaxis del español: los grupos complementarios". *Studia Romanica posnaniensia* 46(4): 41–51.
Johannessen, J. B. 1998. *Coordination*. Oxford: Oxford University Press.
NGLE: Real Academia Española y Asociación de Academias de la Lengua Española. 2009–2011. *Nueva gramática de la lengua española*. Madrid: Espasa. (www.rae.es/recursos/gramatica/nueva-gramatica).
Owens, R. E. 2001. *Language Development: An Introduction*. Upper Saddle River, NJ: Pearson.
Zwicky, A. 1985. "Heads". *Journal of Linguistics* 21: 1–29.

Procedencia de los ejemplos

Lindo = E. Lindo. 2002. *El mundo es un pañuelo. Tinto de verano 2*. Madrid: Aguilar.
Lorenzo = S. Lorenzo. 2018. *Los asquerosos*. Barcelona: Blackie Books.
PaGeS: *Parallel Corpus German Spanish* (USC). (www.corpuspages.eu/corpus/search/search) [14/04/2020].
Potter (a) = B. Potter. 2002. *The Complete Tales*. New York: Frederick Warne.
Potter (b) = B. Potter. 2019. *Cuentos Completos*. Trad. de R. Buckley y F. Chueca. Barcelona: Beascoa,.
Real Academia Española: Banco de datos (CORPES XXI) [en línea]. *Corpus del español del siglo XXI*. (www.rae.es/recursos/banco-de-datos/corpes-xxi) [12–14/04/2020].
Real Academia Española: Banco de datos (CREA) [en línea]. *Corpus de referencia del español actual*. (www.rae.es) [10–14/04/2020].

16
Construcciones condicionales y concesivas
Conditionals and Concessives

Rocío Caravedo

1 Introducción

Las construcciones condicionales y concesivas constituyen uno de los más importantes recursos cognitivos de razonamiento. La agrupación de ambas en un mismo capítulo se debe a que implican un significado causal, si bien cada una de ellas supone una interpretación diferente de la causalidad. Así, si las primeras actualizan una relación causal que puede no ser obligatoria, sino de carácter conjetural o probabilístico, las segundas presuponen esta misma relación, pero la niegan o rechazan y, en este sentido, contradicen la conjetura.

La gramática tradicional, como lo mostraremos de modo sucinto, tiene como objetivo presentar una taxonomía ilustrada mediante ejemplos de oraciones aisladas. A diferencia de esta, adoptaremos una perspectiva discursiva, en la que la pauta descriptiva emerge del análisis de enunciados contextualizados registrados en diferentes corpus. Tal punto de partida no invalida la utilización de los conceptos sintáctico-semánticos generales para abordar estas construcciones; a saber, condicionalidad y concesividad explicitadas en los enlaces interoracionales más frecuentes (*si* y *aunque*, respectivamente). Ahora bien, la sintaxis expresada en el discurso entraña variación o cambio entre los hablantes de una lengua. Después de una breve introducción de los conceptos canónicos, abordaremos las construcciones mencionadas desde un enfoque variacionista replanteado, aplicado a las diferencias diatópicas.

Palabras clave: condicionales; concesivas; sintaxis discursiva; variación sintáctica; espacios conceptuales

Conditionals and concessives constitute one of the most important cognitive resources for reasoning. The grouping of both clause types in the same chapter is due to their causal meaning, although they involve a different interpretation of causality. Thus, the former implies conjectural or probabilistic causality, while the latter expresses this same relationship, but denies or rejects and, in this sense, contradicts the conjecture.

The goal of traditional grammar, as we succinctly show, is to present a taxonomy illustrated by examples from isolated sentences. Distinct from this, we will adopt a discourse perspective, in which the descriptive model emerges from the analysis of contextualized utterances extracted from different corpora. This perspective does not reject general syntactic-semantic concepts to treat these constructions, namely, conditionality and concessiveness as expressed by the most frequent clausal connectives (*si* and *aunque*, respectively). Nevertheless, discourse syntax implies linguistic variation or change among speakers. Following a brief introduction of canonical concepts, we will the address the aforementioned constructions from a revisited variationist approach, applied to diatopic variation.

Keywords: conditionals; concessives; discourse syntax; syntactic variation; conceptual spaces

2 Conceptos fundamentales

En los estudios gramaticales la nomenclatura utilizada para estas construcciones no ha estado exenta de discusión. Estructuralmente, las condicionales y concesivas se han agrupado en el conjunto de subordinadas *adverbiales* con el nombre de causativas, junto con las subordinadas temporales, espaciales y modales. Sin embargo, se ha reconocido que las causativas expresan relaciones que no cumplen realmente funciones adverbiales, como las de espacio, tiempo y modo (Narbona 1989, 1990); de allí el nombre de *adverbiales impropias*. El concepto de subordinación aplicado a este conjunto ha sido también cuestionado. Así, todas las construcciones de este tipo, rebautizadas como *bipolares*, no establecen relaciones de subordinación propiamente dicha, sino, más bien, de interdependencia interna, que se define como *interordinación* (Rojo 1978; Moya 1996). Hay quienes prefieren la denominación de *hipotaxis*, como Rivarola (1982) o López García (1999, 3516–3517). Por otro lado, la NGLE denomina *períodos* a las agrupaciones oracionales de este tipo.

2.1 Las construcciones condicionales

Semánticamente, la relación de las condicionales con la causalidad ha sido resaltada en gran parte de los estudios clásicos y modernos (Bello 1847; Gili Gaya 1967; Polo 1971, 51; NGLE, entre otros). Así lo muestra el siguiente ejemplo ya clásico*: si llueve, no salgo*. Este enunciado implica un significado causal, el cual supone que el motivo por el cual no se sale es la lluvia.

Consensualmente, las construcciones condicionales se definen como aquellas en las que se establece una relación hipotética o de condición entre dos oraciones, una llamada *prótasis* introducida, aunque no de modo exclusivo, por la conjunción *si*, y otra llamada *apódosis*, tradicionalmente considerada como oración principal. Así, en el enunciado *si me hubieras avisado que vendrías, no habría salido*, la prótasis sería *si me hubieras avisado que vendrías*, mientras que *no habría salido* constituiría la apódosis. Se usan también otros nexos o locuciones compuestas que aportan diferentes matices semánticos en la condicionalidad como *siempre que, siempre y cuando, como, a condición de que, con tal de que, en el caso de que, en el supuesto de que, de + infinitivo*, entre otros. Especial atención han recibido *siempre que* y *como*, y la combinación *de + infinitivo* (*de haber sabido que vendrías, no habría salido*) (Borrego 1980, 2008). Las variantes queístas en las locuciones que incluyen los sustantivos *caso* o *condición* son consideradas incorrectas por la NGLE (3592), a pesar de que en algunas zonas son muy utilizadas. Por otro lado, la variante dequeísta en *a menos de que*, en vez de *a menos que*, es calificada también como incorrecta. En cambio, es admitida la variación con la preposición *de* o sin ella en *con tal de que* y *con tal que*, lo que revela la subjetividad en los criterios de corrección.

Actualmente, *prótasis* y *apódosis* constituyen términos ampliamente difundidos y han dejado de significar una posición determinada, como en sus orígenes latinos, aunque son comunes también *condicionante* y *condicionado* (Contreras 1963), y *antecedente* y *consecuente*, respectivamente.

Montolío (1999a) hace ver que la forma prototípica en las lenguas es aquella en que la prótasis con *si* va en posición inicial, aunque esta puede desplazarse a la segunda posición, con una variación de matiz semántico que implica restricción.

Los conceptos de condición y de hipótesis utilizados para definir estas construcciones no deberían considerarse coincidentes, según Montolío (1999a, 3647–3648). Así, esta autora sostiene que una relación de condición irreal como en "*Si nuestros padres hubieran sido ricos, nosotros habríamos estudiado en el extranjero*", deja de ser hipotética y se convierte en asertiva, lo que implica que nuestros padres no fueron ricos ni tampoco estudiamos en el extranjero. Lo mismo sostienen Porcar 1993 y la NGLE (3529). En nuestra opinión, este enunciado mantiene su naturaleza hipotética, si se acepta el significado de hipótesis como suposición de algo, en este caso, imposible. Por otro lado, el enunciado *Si te encuentras mal, nuestro vecino médico acaba de llegar a casa* no sería, según Montolío, ni condicional, ni hipotético. A nuestro juicio, desde el punto de vista discursivo, esta construcción considerada en su totalidad no deja de expresarse como suposición en una construcción interdependiente, esto es, expresa una condición, en el sentido de que la prótasis establece una relación implicativa con la apódosis ("solo si te encuentras mal tiene sentido que venga el vecino médico"). Este sentido hipotético lo avala también Santana (2003). Los conceptos de condición y de hipótesis son en sí mismos conceptos distintos, en su carácter lógico el primero y epistémico el segundo, pero compatibles para explicar la relación semántica entre prótasis y apódosis en las construcciones condicionales. En otras palabras, la condición expresa la relación lógica de implicación entre prótasis y apódosis, de acuerdo con el carácter bipolar (Rojo 1978), mientras que la hipoteticidad indica suposición en el sentido epistémico; por lo tanto, posibilidad mayor o menor de realización (Rodríguez Rosique 2005).

Existe una relación inversa entre hipoteticidad y grados de probabilidad de realización. Así, a mayor hipoteticidad, menor probabilidad de cumplimiento de un hecho o una acción, y viceversa. Estas distinciones se han vinculado, aunque de manera discutible, a los tiempos y modos verbales (López Alonso 2004). Con el presente de indicativo se expresarían las condicionales *reales* o *factuales* (*Si tengo tiempo, voy al cine*). El imperfecto de subjuntivo (*-ra* o *-se*) (*Si tuviera/ se tiempo, iría al cine*) se referiría a las *potenciales* (*contingentes*), mientras que el pluscuamperfecto subjuntivo se remitiría a las *irreales* (*contrafácticas/contrafactuales*) (*Si hubiera/se viajado en ese autobús, estaría muerta*), si partimos de la distinción tripartita (Rojo y Montero 1983), sostenida también en la NGLE (ver tabla 16.1). Montolío (1999a, 3660) denomina *improbables* a las potenciales. Para estos estudiosos, la clasificación tripartita es una mejor alternativa a la bipartita que distingue entre *reales* e *irreales*, sostenida en Gili Gaya (1967), Polo (1971), Santana (2003).[1]

Tabla 16.1 Tipos de condicionales asociados a los modos y tiempos verbales.

Reales	Indicativo	**Si tengo**
Potenciales (contingentes)	Imperfecto subjuntivo	*Si tuviera/se*
Irreales (contrafácticas)	Pluscuamperfecto subjuntivo	*Si hubiera/se tenido*

Hay que tener en cuenta que las asociaciones modales y temporales están idealizadas en las clasificaciones, pues en el discurso real —como lo veremos en el apartado 4— se admiten variaciones, como por ejemplo, la forma condicional en vez de la subjuntiva (*si tendría/si habría tenido...*) (Lavandera 1984; Silva-Corvalán 1984), que estas autoras han estudiado desde la sociolingüística considerando la diatopía y la diastratía. De allí la necesidad de ahondar en la variación producida por los hablantes en el discurso.

2.2 Las construcciones concesivas

Las construcciones concesivas expresan también, como las condicionales, una relación binaria de orden causal, pero, a diferencia de estas, implican una contradicción o rechazo de la causalidad (*aunque esté enfermo, salgo*). De alguna manera, la prótasis y la apódosis mantienen una relación opositiva o, desde el punto de vista discursivo, contraargumentativa. En la concesión, la apódosis va en contra de las expectativas de una condicional; a saber, *si estoy enfermo, normalmente no salgo* o *no debería salir*. Para comprender esta relación se ha acudido al concepto de presuposición, en el sentido lógico, según el cual se entiende que un enunciado como el citado presupone la negación de la relación condicional causal, según la cual una persona no sale si está enferma (Rivarola 1976, 4). Rivas (1989, 240) define esta relación como negación de una implicación, aspecto reconocido también por Rivarola. La NGLE (3660) llega a considerar que la condicionalidad es uno de los componentes de la concesividad. Condición y concesión constituirían puntos extremos en el continuo de la causalidad (Montolío 1999a, 3719).

En razón de la semejanza entre ambas construcciones, las concesivas son tratadas de modo paralelo a las condicionales. Así, se aplican también los términos de prótasis y apódosis para nombrar ambas cláusulas. Por otra parte, Flamenco (1999, 3827) propone la diferenciación entre concesivas *propias* e *impropias*, entrecruzada con una tipificación tripartita de los contextos, análoga a la de los condicionales (*factuales, semifactuales y contrafactuales*), más que a la de los tiempos y modos verbales, como comúnmente se ha sostenido. Según este autor, esta tipificación depende de los contextos comunicativos. Tanto las *propias* como las *impropias* pueden corresponder a cada uno de esos tipos; es decir, pueden ser factuales y no factuales. Las concesivas impropias están, además, sujetas a una subclasificación que se comentará en el apartado siguiente. Por otro lado, las concesivas propias factuales con indicativo implican el cumplimiento del acto: *Aunque ahora está lloviendo, iremos al campo*. Si se combinan con el subjuntivo, indicarían cierto conocimiento del hecho de parte de los interlocutores: *Aunque no te caigan bien mis padres, debes intentar mostrarte más amable con ellos*. Se dan también las semifactuales en indicativo, como: *Aunque aún no habrá terminado de estudiar, voy a saludarle*, en que el hablante desconoce el hecho anunciado en la prótasis, y en subjuntivo: *Aunque me ofrecieran una buena indemnización, no tengo intención de dejar el trabajo*. En cambio, en las contrafactuales el hecho expresado en la prótasis con condicional es falso, como en *Aunque de buena gana viviría en París, no se está mal aquí en Madrid*, o nunca ocurrió ni ocurrirá, como en *Aunque tuviera todo el dinero del mundo, no me casaría con ese pelagatos*. Tanto la tipificación como los ejemplos provienen de Flamenco (1999, 3827–3832). (Ver tabla 16.2 para las concesivas propias).

Tabla 16.2 Tipos de concesivas propias, según Flamenco (1999).

Concesiva factual	Indicativo	Aunque está lloviendo...
	Subjuntivo	Aunque no te caigan mis padres...
Concesiva semifactual	Indicativo	Aunque aún no habrá terminado de estudiar...
	Subjuntivo	Aunque me ofrecieran/sen una buena indemnización...
Concesiva contrafactual	Indicativo	Aunque de buena gana viviría en Madrid...
	Subjuntivo	Aunque tuviera/se todo el dinero del mundo...

3 Aproximaciones teóricas

Como lo hemos mostrado, la sintaxis tradicional está basada mayormente en abstracciones de carácter taxonómico, ejemplificadas en oraciones aisladas consideradas correctas. Sin embargo, esta perspectiva tiene limitaciones, pues deja de lado las construcciones que realmente compone el hablante común en las circunstancias de la cotidianeidad, y que se relacionan con aspectos de orden cognitivo, comunicativo, contextual, socio-espacial. Esto no quiere decir que las ejemplificaciones no sean posibilidades realizables en un mundo conceptual determinado, sino que las taxonomías se definen sobre la base de oraciones idealizadas como bien formadas y descontextualizadas, más que sobre las naturales del discurso, con excepción de los datos del pasado, cuya realización no se pone en duda. No obstante, es un hecho demostrable que las lenguas se manifiestan de forma variable en distintos puntos de su organización y es esta variabilidad la que debe ser foco de atención.

Las más importantes aproximaciones teóricas en relación con las construcciones condicionales y concesivas se pueden dividir en dos vertientes: lógico-estructural y discursiva. La primera puede adoptar distintos modelos teóricos: estructuralistas, glosemáticos, generativistas, y considera las gramáticas como mecanismos independientes de condiciones extralingüísticas. En cambio, la segunda supone una perspectiva no autónoma que conecta la sintaxis con la cognición, con el marco pragmático-discursivo o con ambos. El enfoque de la sintaxis cognitiva se basa en los principios de conceptualización con que cuenta un hablante en general, mientras que el pragmático-discursivo se fundamenta en los modos como se realizan las construcciones en el discurso mismo. No faltan las aproximaciones mixtas. Estas últimas unen, a través de diferentes modalidades, los conceptos de la gramática lógica con los de la discursiva. En estas posiciones se da una aproximación ecléctica que combina ambos tipos de tradiciones teóricas. Tal posición está representada por la NGLE, en la que se presenta una taxonomía mixta que reúne lo gramatical con lo discursivo. Por ejemplo, entre las clasificaciones utilizadas para las condicionales figura la diferencia entre dos tipos: *del enunciado* (*centrales o directas*), cuando es posible identificar la relación causa/efecto entre las dos preposiciones, y *de la enunciación* (*periféricas o indirectas*), cuando está involucrado el acto de habla. Ejemplos del primer tipo son: *Si llueve, se mojan las calles*. Del segundo tipo, se considera: *Si su hija ya tiene quince años, Alicia pasó seguramente los cincuenta* (NGLE, 3551). En el segundo tipo, la relación no se da directamente entre los contenidos de la prótasis y apódosis, sino indirectamente a través de un verbo del decir (*verbum dicendi*) como puede ser *Si su hija ya tiene quince, [pienso, creo o supongo que] Alicia pasó los cincuenta*. Montolío (1999a, 3683–3684) llama *indirectas* al segundo tipo: *Si te soy sincero, este proyecto no funciona*. Se trata de una extensión de la diferencia análoga que propuso Lapesa (1978) para las causales, a partir de una distinción de Bello entre la causa *de lo dicho* (*enunciado*) y la causa *del decir* (*enunciación*) (Bello 1847; Marcos Marín 1979; Caravedo 2003). Esta misma distinción se ha aplicado a las concesivas, de modo que se distinguen concesivas del enunciado (*Te estuve esperando más de dos horas, aunque hacía un frío terrible*) y de la enunciación (*Te estuve esperando más de dos horas, aunque pienses lo contrario*). Los ejemplos provienen de Flamenco (1999, 3825).

La identificación de las de enunciación como clase aparte hace pensar que las perspectivas pragmática y discursiva constituyen una mera adición a la clasificación gramatical estricta. Por un lado, algunos tipos de condicionales y concesivas, *v. g.* las del enunciado, corresponderían en sentido estricto a una lógica pura de carácter no discursivo, mientras que, por otro, las de enunciación dependerían del discurso. Esto conduciría a concluir que lo lógico-estructural posee un carácter central en la descripción, mientras que lo discursivo queda como periférico o marginal.

Adicionalmente, desde la perspectiva pragmático-discursiva se han identificado las condicionales llamadas *independientes*, que se dan en la interacción emisor/receptor, del tipo: *Los primos van a llegar esta tarde.*—¡*Si han llegado esta mañana!* (Schwenter 2016), con una entonación enfática. Según Schwenter estas, junto con las introducidas con *como* sin apódosis explícita (*como no te calles...*) constituyen casos de *insubordinación*, en los que una de las proposiciones aparece con *si* (eventualmente con *como*, aunque con diferentes matices) de modo suspendido sin una apódosis explícita de parte del emisor. Esta no subordinada posee un valor refutativo o replicativo respecto de lo afirmado por el otro interlocutor (Schwenter 2016; Montolío 1999b; Narbona 2015, 147). No obstante, este ejemplo implica una relación causal cuya paráfrasis podría ser: [*no es cierto que*] *los primos lleguen esta tarde porque los he visto esta mañana*. Al margen de los usos pragmáticos, la llamada *insubordinación*, aplicable solo a estas construcciones, parece no ser compatible con el concepto de *interordinación*, a menos que se opte por un enfoque pragmático en la tipificación de las estructuras condicionales en que se incluya toda la interacción comunicativa emisor-receptor.

Un aspecto central de la discusión teórica reside en la interrelación semántica entre condicionales y concesivas. A nuestro criterio, hay que distinguir con nitidez dos modalidades de esta relación, pues con frecuencia no están claramente separadas en los estudios sobre este tema. Una es obvia, y se refiere a la propia definición de la concesividad como vinculada a una relación condicional presupuesta, que hemos ya definido. En cambio, la otra implica la existencia de un tipo específico híbrido de concesivas y condicionales, denominado *condicionales concesivas* o *concesivo-condicionales*, que poseen atributos de ambas construcciones (Haspelmath y König 1998; Flamenco 1999; Montolío 1999a; Olbertz et al. 2016, 94), además de las concesivas, propiamente dichas. Según Haspelmath y König, quienes hacen un análisis comparativo de esta clase en diversas lenguas europeas, el español carecería de un conector específico para distinguir ambos tipos, de modo que la diferencia modal indicativo/subjuntivo serviría para expresar si se trata de una concesiva prototípica en indicativo como en *aunque llueve, salgo*, o de una concesiva condicional en subjuntivo, del tipo: *aunque llueva, salgo*, en que se manifestaría el carácter hipotético. Los autores identifican, además, otros subtipos que entrarían en la clase de concesivo-condicionales, como los llamados *escalares, alternativos* y *universales*, tratados también por Montolío (1999a) y Flamenco (1999), que no abordaremos aquí.

4 Perspectivas actuales

¿De qué manera una perspectiva variacionista sería útil para el conocimiento de la sintaxis del español? ¿Cómo se relacionaría esa perspectiva con las taxonomías presentadas en los apartados anteriores? En primer lugar, teniendo en cuenta que el estudio de la variación se aplica al discurso real y contextualizado de los hablantes en una comunidad lingüística culturalmente compleja y diferenciada como la hispánica, tal perspectiva permitiría una visión más realista de los fenómenos sintácticos del español que la proporcionada por una taxonomía reductiva. En este apartado, ejemplificaremos algunos casos de variación que emergen a primera vista de la observación de los hablantes reales en distintos espacios. Los textos sometidos a análisis provienen de varios corpus, en cuya recolección y estudio hemos participado: la norma culta "Juan M. Lope Blanch", EGREHA, Klee/Caravedo y corpus-Medellín.[2] Partimos del hecho de que las construcciones realizadas en el discurso real no reflejan necesariamente las taxonomías idealizadas y, más bien, registran variación entre los diferentes espacios hispánicos, derivada de la evolución independiente de estas construcciones en la diacronía. A pesar de esto, la variación no ha sido considerada como una característica central e inherente al plano sintáctico, menos aún en lo que respecta a estas construcciones.

Al centrarnos en la variación, consideramos dos modos de expresión de esta. El primero parte del concepto canónico de *variable*; es decir, la identificación de formas diferentes con relativa equivalencia semántica (Labov 1972). El segundo parte de una noción extendida de variación que consiste en la detección de diferencias sutiles de significado referidas a una misma forma, en este caso, a un mismo nexo conjuntivo, diferencias que se dan en diferentes espacios geográficos (Caravedo 2008). Así, por ejemplo, conjunciones de tipo temporal o espacial adquieren en el discurso significados de orden causal. Este enfoque forma parte de una investigación de más largo alcance sobre la variación semántica de los nexos conjuntivos en español (Caravedo 2008, 2009, 2014).

Nos centraremos en la variación diatópica en torno a las construcciones condicionales y concesivas, que se valen de nexos distintos, prototípicamente temporales o espaciales. Desde el punto de vista cognitivo, sostendremos que los significados carecen de bordes definidos para los usuarios y, por ello, forman parte de los procesos de variación y de cambio. La variación de significado supone la existencia de *espacios conceptuales* distintos entre los hablantes con puntos de intersección en que confluyen significados diversos. Así, por ejemplo, ciertos nexos considerados de orden espacial o temporal, como *donde* o *cuando*, pueden manifestarse en la sincronía con significados causales, condicionales o concesivos, como ha ocurrido en la diacronía (Eberenz 1984; Méndez de Paredes 1995; Herrero 2005). Esto implica que tales nexos no contienen un significado fijo, sino que forman un continuo conceptual con márgenes flexibles en que caben distintos significados. Existe, pues, una zona mental de confluencia entre la espacialidad, la temporalidad y la causalidad. En lo que sigue, mostraremos en una limitada selección de microtextos cómo se dan estas intersecciones en diferentes regiones hispánicas.

4.1 Aplicación al análisis de las condicionales

El nexo más frecuente en todos los corpus utilizados es *si*, aunque hemos registrado también con bajísima frecuencia, las combinaciones *siempre y cuando* o *siempre que*. Un examen de los recuentos del CORPES XXI nos ha permitido verificar la frecuencia normalizada (número de casos por millón) del nexo prototípico *si* en las diferentes regiones geográficas.[3]

Tabla 16.3 Frecuencia normalizada de *si*, *siempre y cuando* y *siempre que* por zonas lingüísticas.

Zona	Frec. norm. si	Frec. norm. siempre y cuando	Frec. norm. siempre que
España	2463,11	7,93	42,16
México y Centroamérica	1903,59	15,64	19,90
Río de la Plata	2207,37	8,30	21,03
Caribe continental	1818,50	14,35	17,01
Andina	1659,61	12,81	16,27
Chilena	2007,33	8,58	19,19
Antillas	1686,52	8,08	24,21
Estados Unidos	1875,29	13,77	14,51
Guinea Ecuatorial	1921,24	9,96	53,15
Filipinas	1358,78		
Sin identificar		2,78	

Fuente: CORPES (versión 0.94). Elaboración propia.

En la tabla anterior (16.3), se observa con claridad la generalidad de la presencia de condicionales introducidas por *si*, en relación con las locuciones *siempre que* y *siempre y cuando*. Hemos seleccionado esos nexos, ya que fueron los únicos que se presentaron en los corpus analizados. Ejemplos tomados del CORPES XXI son los siguientes:

1. Ahora/ yo soy un servidor público// así que **si** hubiera entrado por la puerta de servicio/ tampoco me habría ofendido (Chile, 2001, CORPES)

2. No tenían adoquines/aquí no se ha tapado un solo adoquín/ y **si** hubiésemos tapado un solo adoquín//nos hubiesen multado severamente el Instituto. (Puerto Rico, 2002, CORPES)
3. Es un grupo que le da vida al Bernabeu. **Siempre que** no lleven su pasión hasta el punto de violencia, tendrán una influencia positiva. (Argentina, 2001, CORPES)
4. Si el gobierno no quiere bloquear nada/ ningún debate// todos son legítimos/ **siempre y cuando** se respeten la Constitución y la ley (España, 2001, CORPES).

Una de las ventajas del CORPES reside en la posibilidad de detectar las construcciones no solo en una diversidad textual, sino en su extensión en todo el dominio hispánico, lo que permite acercarse a la variación producida en distintas comunidades. Resulta notable la mayor frecuencia normalizada de la conjunción *si* en España, seguida por Río de la Plata y Chile. Estas cifras contrastan con las correspondientes a la zona andina y Filipinas, que registran el menor número de ocurrencias en el corpus mencionado. En cambio, los nexos *siempre y cuando* y *siempre que* tienen no solo una frecuencia de aparición menor en todas las regiones, sino que se distribuyen de modo diferente en estas. Así, la mayor frecuencia del primero se da en México y Centroamérica, el Caribe y la zona andina, mientras que el segundo aparece con mayor frecuencia en España, seguido de Guinea Ecuatorial. Tales resultados constituyen solo un primer paso para la realización de un análisis profundo de las construcciones mismas y de los factores que favorecen su distribución geográfica que puedan explicar este desbalance en las preferencias de uso.

De acuerdo con la perspectiva de variación, hemos seleccionado algunas construcciones condicionales y concesivas no canónicas encontradas en los corpus estudiados (v.g. corpus NC "Lope Blanch", Klee/Caravedo, EGREHA y, Medellín), con la finalidad de mostrar que los datos provenientes del discurso real no siempre se ajustan a las idealizaciones descriptivas y, más bien, se expresan de forma variable.

(5) **Si es que tengo tiempo,** sí tomaría otro idioma.
—Cuál? —Francés por ejemplo. Francés me gusta... pero **si es que tengo tiempo**, verdaderamente no sé, no puedo planear por mucho tiempo. (corpus NC "Juan M. Lope Blanch" Lima, Caravedo 1989, 78)

El texto (5) en el presente de indicativo tipificaría una condicional *real* con dos valores discursivos distintos (primer turno de habla: *Si es que tengo tiempo, sí tomaría otro idioma/ segundo turno: pero si es que tengo tiempo, verdaderamente no sé...*). Se puede observar aquí el proceso mismo de construcción del enunciado en la dinámica del discurso. En la segunda emisión, el hablante reproduce la prótasis, pero no la apódosis para enfatizar que se trata de un hecho no probable: *verdaderamente no sé*. El conocimiento de la situación y del interlocutor en un enfoque discursivo avalan la interpretación de irrealidad o de improbabilidad, aun cuando el verbo en modo indicativo representa, según las gramáticas, las condicionales reales. En contra de lo establecido, el modo verbal de la realidad ha servido para expresar también la irrealidad.

Los siguientes textos (6–12) ilustran los casos en que el hablante se vale de nexos protípicamente temporales o espaciales, pero que actúan con significados de tipo condicional o concesivo.

(6) Todo deporte tiene sus riesgos... en la tabla hawaiana las rocas, el movimiento del mar... y bueno uno tiene que seguir ciertos consejos, por ejemplo, **cuando uno va a una playa que es nueva,** correr olas que no sean las más grandes, sino que hay que conocer la ola, si es rápida, si es muy parada, todo esto que es una técnica ¿no? (NC, Lima Caravedo, 83)

En (6), la construcción introducida por el nexo temporal puede ser reinterpretada como condicional. La apódosis se ha construido con un infinitivo, probablemente síntesis de *se tiene que/hay que correr olas [...]* y con un enlace contrastivo de polaridad negativa (*sino que*). La apódosis idealizada sería: *no hay que correr olas de cualquier manera, sino que hay que aprender una técnica*. Nada de esto se explicita, sino que se infiere del contexto y de los supuestos compartidos.

Los siguientes enunciados provienen del corpus de Medellín recogido por la autora:

(7) **Donde** se entere la policía, le hacen una emboscada y lo atrapan.
(8) **Donde** mi papá se entere, te mata
(9) **Donde** te vean haciendo eso, te van a dar vuelta.
(10) Te imaginas **donde** te hubiera pasado algo, ... ¡qué habría hecho!
(11) **Desde que** Ud. tenga claro que todo lo que diga será registrado en su contra, hable, de lo contrario, absténgase. [dicho por una fiscal a un prisionero en el momento de tomarle declaración]
(12) [el amigo le comunica un lugar en que pueda encontrarse con alguien]. Eso [ese lugar] puede ser, **desde que** no lo tengan lleno de cachivaches.

En los enunciados que van de (7) a (10) se utilizan nexos básicamente espaciales (*donde*), mientras que en los textos (11) y (12), temporales delimitativos (*desde que*) para expresar relaciones condicionales que, según he podido comprobar *in situ*, están generalizados en esta zona y no corresponden a un uso marcado diastráticamente. Tales enunciados revelan que los hablantes utilizan construcciones condicionales valiéndose de una base cognoscitiva distinta con respecto a otras áreas del español. Esos usos se dan en otros espacios dentro y fuera de Colombia, pero la investigación tendría que delimitar con claridad su difusión. Kany (1969, 452–453) ofrece ejemplos con diferentes valores en Chile, Ecuador, Costa Rica, México, Cuba, Guatemala, El Salvador, Santo Domingo, mientras que la NGLE menciona, además de los usos antiguos, usos actuales en México y Centroamérica. En ninguno de los dos casos, se menciona su utilización en Colombia, lo que revela la falta de investigación orgánica que lleve a establecer la difusión de estos usos. Estos nexos representan la variación extendida al significado mencionada líneas arriba, que implica que el significado de una misma forma puede ampliarse. No es difícil imaginar las conexiones lógicas entre espacialidad y temporalidad delimitativa, por un lado, y condicionalidad, por otro. El significado espacial de *donde* puede servir para indicar un espacio no físico, sino abstracto, que cognitivamente puede conectarse con la situación hipotética de la prótasis condicional (Caravedo 2008). De otra parte, el nexo temporal puede relacionarse con una delimitación de anterioridad que adquiere el valor causal de un condicionante (Caravedo 2009). Así, *donde* y *desde que* no son exclusivamente espacial y temporal, respectivamente, sino que admiten también el valor condicional, que fluctúa con los demás en la mente del hablante. Esto revela hasta qué punto la base cognitiva de ciertos nexos conjuntivos posee una semántica variable en la misma lengua y, por lo tanto, un comportamiento sintáctico diferente según los diversos espacios hispánicos.

4.2 Aplicación al análisis de las concesivas

El nexo concesivo prototípico más frecuente es *aunque*, pero se dan también en nuestros corpus (NC, EGREHA, Klee/Caravedo), en segundo lugar, en el orden de frecuencias, *a pesar de que (pese a que)* y*, si bien*. La siguiente tabla, extraída del CORPES puede dar una idea de la distribución cuantitativa de *aunque*, *a pesar de* y de *si bien* en las diferentes zonas hispánicas.

En la tabla 16.4 la mayor frecuencia registrada del nexo prototípico corresponde curiosamente a Guinea Ecuatorial y, en segundo lugar, muy cercano, a España. Las demás regiones están cuantitativamente distantes. Estados Unidos y México/Centroamérica se sitúan en tercer y

Tabla 16.4 Frecuencias normalizadas de *aunque, a pesar de* y *si bien* por zonas lingüísticas.

Zona	aunque	a pesar de	si bien
España	923,35	191,18	65,30
México y Centroamérica	676,12	196,24	89,82
Río de la Plata	639,71	150,37	157,35
Caribe Continental	554,21	203,80	84,71
Antillas	674,45	204,90	56,33
Andina	547,23	176,79	118,69
Chilena	609,03	176,51	162,37
Estados Unidos	693,08	206,17	104,31
Guinea Ecuatorial	926,85	410,82	86,37
Filipinas	320,13	163,62	277,44

Fuente: CORPES (versión 0.94). Elaboración propia.

cuarto lugares, respectivamente. El uso del nexo *si bien*, menos frecuente, coloca en primer lugar a Filipinas, seguido de las zonas chilena, rioplatense y andina. Las frecuencias menores corresponden en primer lugar a la zona del Caribe continental y a España. Por otro lado, el nexo *a pesar de que*, que en el corpus de la NC bajo examen aparece de modo recurrente, sobre todo en Lima, no registra ocurrencias en el CORPES o, por lo menos, no se presentan cuantificadas en los textos.

Queda pendiente el estudio detallado de las divergencias de orden cuantitativo en las preferencias de las formas que denotan la concesividad o la condicionalidad en las diferentes zonas hispánicas. Falta determinar cuáles son los factores que favorecen las elecciones distintas de las formas alternativas en cada región.

Con respecto a los desplazamientos semánticos, el microtexto 13 constituye un ejemplo de la aparición del nexo temporal *cuando* con un significado concesivo.

(13) Pienso que el juego es un aspecto bastante importante de nuestra vida y que, de hecho, se limita a los tres años o se limita hasta cierta edad, **cuando** debería estar presente siempre en nuestra vida. (corpus Juan M. Lope Blanch, Samper/Hernández/Troya Las Palmas/ España).

El hablante niega explícitamente que el juego debe limitarse a la infancia. Este ejemplo permite ampliar aún más el espacio conceptual del nexo temporal para abarcar el concesivo, y se muestra compatible con la evolución diacrónica, en la que se dan testimonios de la variación de *cuando* (Eberenz 1984; Méndez 1995).

5 Direcciones futuras y conclusiones

Aunque las construcciones que son objeto de este capítulo han sido abundantemente estudiadas en lo que atañe al enfoque gramatical lógico-estructural y, más recientemente, al enfoque pragmático-discursivo son escasos los estudios focalizados en la variación de las estructuras sintácticas en las diferentes zonas hispánicas y en los variados estratos sociales. En este sentido, una dirección futura de investigación debería centrarse en el enfoque de variación. No obstante, la teoría canónica de este enfoque resulta limitada, en el sentido de que se fundamenta en el principio de equivalencia semántica para delimitar una variable, como conjunto de formas alternativas para decir lo mismo, lo que circunscribe la investigación a diferencias obvias en la materialidad. Por lo tanto, esta teoría exige un replanteamiento. Así, en el plano de la sintaxis resulta ostensible que la variación puede afectar el propio significado de una misma forma material. Esto se ha manifestado de modo patente en relación con los nexos conjuntivos básicamente temporales y espaciales. En diferentes estudios hemos comprobado que los propios significados de los nexos no son inmutables, sino que están sujetos a variación y cambio, tanto en la dimensión diacrónica como en la sincrónica diatópica (Caravedo 2008, 2009, 2014). Por ello, es necesario partir de la interconexión entre diacronía/sincronía, por un lado, y diatopía, por otro, que proporcionará la base para comprender las diferencias. No obstante, el enlace entre la diatopía y la diacronía no ha sido sistemáticamente explorado en lo que corresponde a la variación sea del significante, sea del significado en las construcciones condicionales y concesivas. En lo que respecta al primero, si tomamos como ejemplo la cuantificación del CORPES, resulta indudable la mayor frecuencia de los nexos prototípicos (*si/aunque*), si bien estos resultados deberían complementarse con otros tipos de corpus. En lo concerniente a la variación de significado, faltan mayores estudios. Por lo pronto, en este trabajo hemos ejemplificado algunos casos de desplazamientos semánticos de los nexos conjuntivos prototípicamente espaciales o temporales hacia los valores que se mueven en el dominio de la causalidad, como los condicionales y concesivos.

Un enfoque de variación replanteado muestra que tanto el significante, como también el significado son mutables y variables sin límites precisos, más que fijos y categóricos. Con respecto a este último, la condicionalidad y la concesividad pueden converger con la temporalidad o espacialidad conformando un solo espacio conceptual, como se ha mostrado en la selección de textos analizados. Valores aparentemente diferentes se acercan en la lógica real del hablante, de modo que existen determinados puntos de intersección en que estos fluctúan. De acuerdo con lo dicho, una dirección futura de investigación debe partir de un enfoque de variación replanteado, que tenga como centro la base cognitiva de los hablantes reales y que permita entender el cambio sintáctico diacrónica y diatópicamente documentado.

En las líneas que anteceden se han presentado en una visión panorámica, sin duda limitada, de acuerdo con los objetivos de un manual, los más importantes enfoques con respecto a las construcciones condicionales y concesivas, como un primer paso para el conocimiento más profundo de estas construcciones sintácticas en el mundo hispánico.

Se ha mostrado el carácter binario de ambas construcciones, que mantienen entre sus miembros una relación estructural de interordinación más que de subordinación. Desde el punto de vista semántico, ambas se vinculan con la causalidad en diferentes sentidos. Así, las condicionales implican la causalidad, mientras que las concesivas la rechazan.

Hemos distinguido básicamente dos vertientes en la aproximación a estas construcciones; a saber, lógico-estructural y discursiva. La primera persigue una descripción basada en la determinación de tipos o clases dentro de una taxonomía que se ejemplifica con oraciones prefabricadas y descontextualizadas. En cambio, la segunda tiene como eje la actividad comunicativa de los hablantes comunes y se basa en enunciados realmente producidos y contextualizados. No faltan las perspectivas que combinan ambas vertientes. Así, la NGLE adopta un enfoque mixto que reúne clasificaciones lógicas y de orden pragmático-discursivo, lo que complica el estudio de esas construcciones.

En este capítulo se ha propuesto un enfoque de sintaxis discursiva que, a diferencia de otros, no implica una relación mixta o complementaria entre sintaxis pura y discurso. Antes bien, la sintaxis tiene como finalidad primaria la composición del discurso (sea oral, sea escrito), y, en este sentido, esta termina dependiendo de la actividad comunicativa de los hablantes. En consecuencia, el análisis hermenéutico no basado en la proliferación de taxonomías constituye una alternativa viable para acercarse al modo como los hablantes construyen la causalidad en el discurso. Se trata de captar las intenciones comunicativas del hablante, básicamente subjetivas, a través de mecanismos objetivables en el análisis. En este sentido, resulta imperioso partir de corpus bien diseñados y codificados que permitan extraer las construcciones en contextos explícitos. Sin embargo, paralelamente, es necesario valerse también de lo que hemos llamado *observación asistemática*, que no implica una observación desordenada, sino, más bien, directa del discurso real que el investigador no ha extraído de un corpus formal. Los datos de corpus deben contrastarse con los de la *observación asistemática*, que incluye la comprobación de los usos en múltiples situaciones reales de habla no extraíbles mediante la metodología del corpus. El conjunto de ambos tipos de información nos dará luces sobre el modo como los hablantes realizan estas construcciones, valiéndose de una lógica real y determinada sociocognitivamente en los diferentes espacios geográficos.

A la luz del panorama presentado en este capítulo, queda pendiente un estudio que profundice en el análisis cuantitativo y sepa coordinarlo con las observaciones asistemáticas del analista en diversas circunstancias del discurso natural, imposibles de recoger en un corpus. Si el objetivo es llegar a identificar y analizar las relaciones condicionales y concesivas tal como las construyen realmente los hablantes, es necesario trascender la taxonomía e incluso los datos codificados en el corpus. Aunque los estudios de carácter discursivo son cada vez más frecuentes, no está de más destacar que una sintaxis autónoma, que persiga la demostración de taxonomías ejemplificadas en enunciados construidos de modo idealizado, no permite comprender la lógica de los hablantes comunes.

En este capítulo nos hemos concentrado en los nexos prototípicos utilizados. Así, cuando se trata de las construcciones condicionales, el nexo más usado es *si*, mientras que en las construcciones concesivas el nexo prototípico es *aunque*. Los nexos que unen la prótasis con la apódosis en ambas construcciones desempeñan una función primordial para marcar el tipo de relación entre ambas partes del período. Adicionalmente, nos hemos valido de los corpus: NC "Juan M. Lope Blanch", EGREHA, Klee/Caravedo y Medellín, en cuya recolección hemos participado, provenientes de distintas zonas del español hispanoamericano, con la finalidad de mostrar los desplazamientos semánticos de nexos prototípicamente temporales o espaciales, cuyo significado se desplaza hacia el área de la condicionalidad o de la concesividad. Estas ejemplificaciones tienen como finalidad la inclusión de las diferencias sociocognitivas entre los hablantes de diversos espacios del español.

Un enfoque de variación replanteado aplicado al significado muestra que este es mutable y variable sin límites precisos, más que fijo y categórico. Significados tan distintos como la condicionalidad y la concesividad pueden converger con la temporalidad o espacialidad conformando un solo espacio conceptual.

Notas

1 Entre los problemas teóricos que no abordaremos, está la problemática de la variación entre *ra/se/* en las oraciones condicionales referidas a los posibles cambios diacrónicos o sincrónicos en el significado de estas formas. Para conexiones con la caracterización de irreales en la historia, véase Herrero (2005).

2 El corpus de la norma culta "Juan M. Lope Blanch" incluye hablantes de tres generaciones y alto nivel de escolaridad. Para Lima, Caravedo (1989) y, para los demás países, Samper *et al.* (2003). EGREHA es el corpus del "Estudio de la gramática del español de España e Hispanoamérica", coordinado por César Hernández, que contiene textos orales de los países hispanoamericanos. El corpus Klee/Caravedo

corresponde al proyecto: "Language Change as a result of migration in Lima/Peru" (Universidad de Minnesota, no publicado), y el corpus-Medellín (no publicado) ha sido recogido por Caravedo para el estudio de la variación diatópica de los nexos conjuntivos.

3 Hay que tener en cuenta que las frecuencias normalizadas no permiten deslindar los casos en que los nexos como *si*, no son propiamente condicionales.

Lecturas complementarias recomendadas

Para visiones de conjunto que se detienen en la casuística estructural y discursiva, ver Montolío (1999), Flamenco (1999) y NGLE (capítulo 47). Para análisis específicamente discursivos, Garachana (1999), Santana (2003). Para la tipología y la diacronía, Rojo y Montero (1983). Para la variación del significado de los nexos, Caravedo (2009).

Referencias bibliográficas

Bello, A. 1847. *Gramática de la lengua española*. Santiago de Chile.
Borrego, J. 1980. "Las locuciones condicionales con 'como' y siempre que". *Studia Philologica Salmanticensia* 4: 17–38.
Borrego, J. 2008. "Condicionales con *de*+infinitivo". En *Lengua viva. Estudios ofrecidos a César Hernández Alonso*, eds. A. Álvarez Tejedor *et al.*, 51–64. Valladolid: Universidad de Valladolid.
Caravedo, R. 1989. *El español de Lima. Materiales para el estudio del habla culta*. Lima: Pontificia Universidad Católica del Perú.
Caravedo, R. 2003. "Causalidad en el discurso oral". En *Estudios ofrecidos al profesor José Jesús de Bustos Tovar*, vol. 1, eds. J. L. Girón *et al.*, 45–60. Madrid: Editorial Complutense.
Caravedo, R. 2008. "Sintaxis de la espacialidad". En *Lengua viva. Estudios ofrecidos a César Hernández Alonso*, eds. Antonio Álvarez Tejedor *et al.*, 65–86. Valladolid: Universidad de Valladolid.
Caravedo, R. 2009. "Zonas borrosas entre temporalidad y causalidad en la sintaxis discursiva del español". En *Romanische Syntax im Wandel*, eds. E. Stark, R. Schmidt-Riese y E. Stoll, 163–184. Tubinga: Gunter Narr.
Caravedo, R. 2014. *Percepción y variación lingüística. Enfoque sociocognitivo*. Madrid: Vervuert.
Contreras, L. 1963. "Las oraciones condicionales". *Boletín de Filología de la Universidad de Chile* 12: 33–109.
CORPES: Real Academia Española. Corpus del Español del Siglo XXI. (http://rae.es/recursos/banco-de-datos/corpes-XXI). Versión 0.94.
DLE: Real Academia Española y Asociación de Academias de la lengua española. 2014. *Diccionario de la lengua española*. Madrid: Espasa. (https://dle.rae.es/).
Eberenz, R. 1984. "Las conjunciones temporales en español". *BRAE* 62(198): 289–385.
Flamenco García, L. 1999. "Construcciones concesivas y adversativas". En *Gramática descriptiva de la lengua española*, eds. I. Bosque y V. Demonte, 3805–3878. Madrid: Espasa-Calpe.
Garachana, M. 1999. "Valores discursivos de las oraciones concesivas". *Lingüística española actual* 21: 189–205.
Gili Gaya, S. 1967. *Curso superior de sintaxis española*. Barcelona: Biblograf.
Haspelmath, M. y E. König. 1998. "Concessive Conditionals in the Languages of Europe". En *Adverbial Constructions in the Languages of Europe*, ed. J. van der Auwera, 563–640. Berlin: Mouton de Gruyter.
Hengeveld, K. y J. L. Mackenzie. 2011. "Gramática discursivo funcional". *Moenia* 17: 5–45.
Herrero, F. J. 2005. *Sintaxis histórica de la oración compuesta en español*. Madrid: Gredos.
Kany, Ch. 1969. *Sintaxis hispanoamericana*. Madrid: Gredos.
Labov, W. 1972. *Sociolinguistic Patterns*. Philadelphia: University of Pennsylvania Press.
Lapesa, R. 1978. "Sobre dos tipos de subordinación causal". En *Estudios ofrecidos a Emilio Alarcos* 3, 173–205. Oviedo: Universidad de Oviedo.
Lavandera, B. 1984. *Variación y significado*. Buenos Aires: Hachette.
López Alonso, C. 2004. "L'expression de l'hypothèse en espagnol". En *L'hypothèse au miroir des langues*, ed. C. Hare, 61–84. París: L'Harmattan.
López García, A. 1999. "Relaciones paratácticas e hipotácticas". En *Gramática descriptiva de la lengua española*, vol. 3, eds. I. Bosque y V. Demonte, 3507–3548. Madrid: Espasa-Calpe.
Marcos Marín, F. 1979. "A propósito de las oraciones causales. Observaciones críticas". *Cuadernos de Filología. Studia Linguistica Hispanica II* 1: 163–171.
Méndez García de Paredes, E. 1995. *Las oraciones temporales en castellano medieval*. Sevilla: Universidad de Sevilla.

Montolío Durán, E. 1999a. "Las construcciones condicionales". En *Gramática descriptiva de la lengua española*, eds. I. Bosque y V. Demonte, 3643–3737. Madrid: Espasa-Calpe.

Montolío Durán, E. 1999b. "*Si nunca he dicho que estuviera enamorada de él*. Sobre construcciones independientes introducidas por *si* con valor replicativo". *Oralia* 2: 37–70.

Moya, J. A. 1996. *Los mecanismos de interordinación a propósito de "pero" y "aunque"*. Granada: Universidad de Granada.

Narbona, A. 1989. *Las subordinadas adverbiales impropias en español (I). Bases para su estudio*. Málaga: Ágora.

Narbona, A. 1990. *Las subordinadas impropias del español. Causales y finales, comparativas y consecutivas, condicionales y concesivas (II)*. Málaga: Ágora.

Narbona, A. 2015. *Sintaxis del español coloquial*. Sevilla: Universidad de Sevilla.

NGLE: Real Academia Española y Asociación de Academias de la Lengua Española. 2009–2011. *Nueva gramática de la lengua española*. Madrid: Espasa. (www.rae.es/recursos/gramatica/nueva-gramatica).

Olbertz, H., T. S. García y B. G. Parra. 2016. "El uso de *aunque* en el español peninsular: un análisis discursivo-funcional". *Lingüística* 32(2): 91–111.

Polo, J. 1971. *Las oraciones condicionales en español. (Ensayo de una teoría gramatical)*. Granada: Universidad de Granada.

Porcar, M. 1993. *La oración condicional. La evolución de los esquemas verbales condicionales desde el latín al español actual)*. Castellò de la Plana: Universitat Jaume I.

Rivarola, J. L. 1976. *Las conjunciones concesivas en español medieval y clásico*. Tubinga: Niemeyer.

Rivarola, J. L. 1982. "Las construcciones concesivas y adversativas en español (hipotaxis y parataxis)". En *Actas del VII Congreso AIH II*, ed. G. Bellini, 865–874. Roma: Bolzoni.

Rivas, E. 1989. "Observaciones sobre las concesivas. Su comparación con las condicionales y adversativas". *Verba* 16: 237–255.

Rodríguez Rosique, S. 2005. "Hipoteticidad, factualidad e irrelevancia: la elección del modo subjuntivo en las condicionales concesivas del español". En *Selected Proceedings of the 7th Hispanic Linguistics Symposium*, ed. D. Eddington, 31–41. Sommerville: Cascadilla Proceeding Project.

Rodríguez Rosique, S. 2008. *Pragmática y gramática. Condicionales concesivas en español*. Frankfurt: Peter Lang.

Rojo, G. 1978. *Cláusulas y oraciones*. *Verba* (Anexo 14). Santiago de Compostela: Universidad de Santiago de Compostela.

Rojo, G. y E. Montero, E. 1983. "La evolución de los esquemas condicionales". (Potenciales e irreales desde el Poema del Cid hasta 1400). *Verba*, Universidad de Santiago de Compostela.

Samper, J. A., C. Hernández y M. Troya. 2003. *Macrocorpus de la norma lingüística culta de las principales ciudades del mundo hispánico. ALFAL*. Las Palmas: Universidad de las Palmas de Gran Canaria.

Santana, J. 2003. *Las oraciones condicionales: estudio en la lengua hablada. Sociolingüística andaluza* 13. Sevilla: Universidad de Sevilla.

Schwenter, S. 2016. "Independent Si-Clauses in Spanish: Functions and Consequences for Insubordination". En *Insubordination*, eds. N. Evans y H. Watanabe, 89–113. Amsterdam: John Benjamins.

Silva-Corvalán, C. 1984. "The Social Profile of a Syntactic-Semantic Variable: Three Verb Forms in Old Castile". *Hispania* 67: 594–601.

17
Construcciones comparativas y pseudocomparativas
Comparatives and Pseudocomparatives Constructions

Salvador Gutiérrez Ordóñez

1 Introducción

Las *comparativas* son estructuras de gran complejidad. En este capítulo se describen los componentes que constituyen sus dos segmentos (A y B). Se estudian las características de las comparativas canónicas, de las comparativas relativas, así como de las comparativas temporales y de similitud. A pesar de que guardan un aire de familia, las *pseudocomparativas* se distinguen de las anteriores en contenido (no comparan) y en numerosos rasgos formales. En este grupo heterogéneo se diferencian las *copulativas*, las *aditivas* y las *restrictivas*. Se excluyen de las estructuras comparativas las comparaciones léxicas, formadas sobre el significado y sobre el esquema sintáctico de un verbo, de un adjetivo o un nombre (*preferir, preferible, comparar, comparación...*).

Palabras clave: comparativas canónicas, comparativas relativas, comparativas temporales, pseudocomparativas

Comparatives are highly complex structures. This chapter describes the components of a comparative's two segments (A and B). The characteristics of canonic comparatives relative comparatives as well as temporal and similarity comparatives are studied. Despite their family resemblance, pseudo-comparatives differ from comparatives in content (they do not make comparisons) and in several formal features. In this heterogeneous group, copulative, additive and restrictive structures are differentiated. Excluded from comparative structures are lexical comparisons, deriving from the meaning and syntactic scheme of verbs, adjectives or nouns (*preferir, preferible, comparar, comparación...*).

Key words: canonical comparatives, relative comparatives, temporal comparatives, pseudo-comparatives

2 Conceptos fundamentales

2.1 Comparar

Comparar es una actividad que consiste en cotejar dos magnitudes escalares aplicando un patrón de tres grados (+/=/−). Tradicionalmente, las comparativas se circunscriben al ámbito del número, cantidad o grado (*Tiene más años que yo*; *Hace más frío que ayer*; *Es tan ágil como un niño*). En la actualidad, se admiten las *comparativas temporales* (*Salen antes que mamá*; *Lo encontramos después que a ti*) y es posible asimismo hablar de *comparativas de similitud* (*Es igual que Sara*; *Su madre es distinta que nosotras*).

La comparación es una actividad esencial para el conocimiento y también para la comunicación. El hombre coteja magnitudes para discernir; pero también para informar. Por eso, las comparaciones son tan comunes en las lenguas. Ahora bien, su estudio se halla minado de escollos.

La primera dificultad reside en su definición. Históricamente, se han aplicado tres tipos de criterios: a) formal, b) semántico y c) combinado. El primero exige la presencia de determinados marcadores. Por ejemplo, el concurso de un cuantificador (*más, menos, tanto*) y de un término de enlace (*que, como, de*) (*cf.* Bolinger 1950, 29–39). Este criterio permite considerar comparativas secuencias que no lo son (*No hace más que rezar*). La visión semántica determina la existencia de una comparación siempre que se detecta un cotejo cuantitativo o cualitativo entre dos magnitudes, cualquiera que sea la organización, gramatical o léxica, con que se exprese. Se incluirían en este conjunto estructuras en las que la responsabilidad de la comparación reside en el significado de una palabra y sus posibilidades combinatorias (*Prefiere el té al café*). La visión combinada requiere la correspondencia solidaria de rasgos formales y semánticos, como ya proponía Bello (1847, § 1007). En el siguiente esquema se observa la no coincidencia de los criterios:

Tabla 17.1 Clasificación según los criterios semántico y formal.

Criterio semántico		
Comparan		No comparan
Comparaciones léxicas	**Comparativas sintácticas**	**Pseudocomparativas**
—Compara el agua con el vino.	—(No) bebe más agua que vino.	—Bebe más líquidos que agua.
—Prefiere la montaña al mar.	—Es más alto de lo que eras tú.	—Más que vino, era vinagre.
—Juan se asemeja al abuelo.	—Irán tantos niños como niñas.	—Irán tanto niños como niñas.
Estructura léxica	**Estructura sintáctica**	
	Criterio formal	

Las manifestaciones léxicas (*Prefiere la ciudad al campo*) no forman estructuras comparativas, pues la responsabilidad reside en el contenido de la palabra nuclear (*preferir, comparar*...), no en la construcción. Lo que distingue *Compara la Odisea con la Ilíada* de *Confunde la Odisea con la Ilíada* no es la sintaxis (tienen la misma estructura), sino el léxico (*comparar/confundir*). Las construcciones de la columna derecha de la tabla 17.1, aunque son estructuras sintácticas y guardan cierto aire de familia, se diferencian de las comparativas en forma y significado (no comparan) (Gutiérrez 1994b, 9–10).

Las comparativas y consecutivas guardan rasgos comunes. Ambas son estructuras de intensidad por cuanto introducen un marcador intensivo. Ambas ofrecen una información no absoluta (*Hizo 10° bajo cero*), sino relativa: *Hizo más frío que el lunes*; *Pero hacía tanto frío que las orejas y las manos se me quedaban heladas*, Muñoz Molina, Corpes). Su interpretación necesita de un conocimiento enciclopédico.

2.2 Organización sintáctica. Componentes

Las comparativas son construcciones que poseen una arquitectura sintagmática propia. Están formadas por dos miembros denominados *segmento A* y *segmento B* (o *coda*). El segmento B se halla separado del previo mediante una conjunción (*que, como*) o una preposición (*de*), según los casos.

En el primer brazo se ubica un *cuantificador* (*más, menos, tan, antes, después, primero, igual, mejor, peor, mayor, menor*...). Según el significado del cuantificador, las comparativas se dividen de forma binaria: de *igualdad* (*tanto, igual, mismo*) y de *desigualdad*. Estas últimas se subdividen en comparativas *de superioridad* (*más, mejor, mayor, antes, primero*) y *de inferioridad* (*menos, peor, menor, después*). Los cuantificadores admiten una modificación realizada por adverbios o expresiones adverbializadas (<u>mucho</u> *más*, <u>bastante</u> *menos*, <u>exactamente</u> *igual*, <u>dos días</u> *más tarde*...), modificación conocida como *expresión diferencial*.

El cuantificador forma con su núcleo el *grupo comparativo* (*más madera, menos días, tan sabio*). El centro de este *grupo cuantificativo* puede ser un nombre contable en plural sin determinante (*menos días*), un sustantivo no contable (*más cemento*), un adjetivo calificativo (*tan dulce, menos alegre*) o un adverbio graduable (*más cerca*).

El núcleo del grupo cuantificativo remite a una magnitud de naturaleza escalar sobre la que se establece la confrontación o cotejo entre los dos segmentos o términos. Es la *noción comparada*. Cuando el núcleo es un sustantivo contable, la noción comparada es numérica (*más años*). Con los sustantivos no contables y los *pluralia tantum*, la noción comparada es una cantidad mensurable (*menos sal, más nieve, tantos celos*). Con los adjetivos y adverbios, es una noción graduable (*menos fácil, más cerca*).

El *núcleo de la estructura comparativa* es el centro sintáctico donde se inserta el grupo comparativo, con el que no siempre coincide. En la secuencia *Luis* TIENE *más hermanos que yo*, el grupo comparativo es *más hermanos*, mientras que el núcleo de la construcción comparativa es el verbo TIENE. El núcleo de la estructura comparativa puede no ser verbal (UN MINISTRO *más comunicativo que su predecesor*). Es de gran importancia, pues determina la estructura sintáctica del segundo término.

La *coda* incluye uno o varios constituyentes que representan la base sobre la que se compara. Son los *términos de la comparación*, que se oponen a los expresados por sus funciones homólogas en el segmento A: *Los jóvenes$_1$ se preparan hoy$_2$ mejor que nosotros$_1$ antes$_2$*.

3 Aproximaciones teóricas

3.1 Perspectiva general

Hasta mediados del siglo pasado, no ha habido estudios monográficos sobre las comparativas. En la historia de las aportaciones a su estudio en la gramática del español, es posible delimitar varias etapas:

a) Fase tradicional. Se siguen las pautas de las descripciones gramaticales de las construcciones latinas: se centran en las comparativas cuantitativas, se otorga importancia a los factores formales (intensificadores y conjunciones), se hace referencia a las comparaciones sintéticas (*mejor, peor, mayor, menor*), se relacionan con las estructuras correlativas (*tanto ... cuanto*)

y se intenta diferenciarlas de las adverbiales modales. Las aportaciones más relevantes se encuentran en las gramáticas académicas (GRAE31, ENGLE).
b) Fase formalista. Destaca el comprehensivo trabajo de Bolinger (1950). Se aborda un estudio estructural riguroso en el que se incluyen las construcciones formalmente ligadas a las formas comparativas (*más ... que, más ... de*). Pone en evidencia una gran diversidad interna que dificulta llegar a generalizaciones teóricas.
c) Fase diferenciadora. Se introducen delimitaciones importantes. Prytz (1979) aporta ideas y criterios relevantes. Martínez (1987) separa las comparativas relativas y las asocia a las construcciones enfáticas *lo fuertes que eran*. Gutiérrez (1994a, 1994b) introduce la diferencia entre *estructuras comparativas* y *estructuras pseudocomparativas* (con varios subtipos), seguida por Sáez del Álamo (1999) y otros. Defiende asimismo la existencia de *comparativas temporales*.
d) Fase de especialización, de revisión y de aplicación. Desde 1999 hasta el presente, aparecen numerosos trabajos que abordan las comparativas desde una visión general (Sáez del Álamo1999; NGLE) o que tratan aspectos particulares. A este respecto pueden verse, entre otros muchos, Brucart (2003, 2009), Sáez y Sánchez López (2014), Devís Márquez (2016, 2017). Desde un punto de vista de aplicación a la enseñanza del español como lengua extranjera, es modélica la exposición de Borrego *et al.* (2013).

En la actualidad, los gramáticos han dividido el antiguo ámbito de las comparativas en diferentes parcelas. En primer lugar, diferencian las comparativas propias (ya sean cuantitativas, temporales o cualitativas) de las comparativas relativas. Poseen rasgos comunes y comparten componentes y principios. Se diferencian en la naturaleza del segmento B.

Los autores coinciden en la necesidad de segregar del antiguo tronco un conjunto de construcciones que, aunque muestran algún parecido externo con las comparativas, se diferencian de ellas en significado (no comparan) y en rasgos formales. Son las pseudocomparativas, entre las que se diferencian: 1) las copulativas bimembres, 2) las aditivas y excluyentes, y 3) las correctivas.

Algunos autores incluyen en esta familia las correlativas y las superlativas, que no se estudian aquí.

3.2 Comparativas propias y comparativas relativas

Según la naturaleza de la coda, se diferencian dos tipos de estructuras comparativas, las propias o canónicas y las relativas. Las primeras se corresponden con las que siempre han estudiado las gramáticas: *más ... que, menos ... que* y *tan(to) ... como* (*Lee menos poesía que su hermano; Tiene tanta fiebre como ayer*). La coda de las comparativas relativas viene introducida por la preposición *de* seguida de artículo más un relativo correferencial con el núcleo cuantificado: *La moto tiene más potencia$_1$ de la (potencia$_1$) que$_1$ está permitida, Está más delgado$_1$ de lo (delgado$_1$) que$_1$ estaba yo a su edad*.

3.2.1 Comparativas propias

Según una hipótesis de elevado poder explicativo, pero de aceptación no unánime, el segmento B de las comparativas propias tiene dos rasgos singulares: *paralelismo estructural* y *elipsis* de los términos que no forman parte de la base de comparación. Según la primera hipótesis, presenta una estructura especular con referencia al segmento A: las funciones de la coda se corresponden una a una con las funciones del segmento A (Gutiérrez 1994a, 10; NGLE § 45.2.5b). Esta homología en la correspondencia de funciones está prefigurada por las características del núcleo de la estructura comparativa, normalmente un verbo. Una vez formulado el primer segmento de la comparación (por ejemplo, *Nadal ganó más premios este año*), quedan abiertos los huecos funcionales posibles del segmento B:

Tabla 17.2 Prefiguración de la estructura de la coda.

A	Nadal (1)	ganó (2)	más (tantos) premios (3)	este año (4)
que (como)	↓	↓	↓	↓
B	1'	2'	3'	4'

La *ley de elipsis* obliga a silenciar en el segundo segmento todos los constituyentes que sean idénticos a los de su función homóloga en el primero. A partir del ejemplo propuesto (*Nadal ganó más premios este año*), podemos encontrar realizaciones diferentes en el segundo: a) *que Federer* (1); b) *que torneos* (3); c) *que el año pasado* (4); d) *que Federer* (1) *el año pasado* (4); e) *que torneos* (3) *el año pasado* (4); d) *que ganará* (2) *el próximo año* (4). Los tres últimos ejemplos son plurifocales. La teoría de la elipsis implica que la estructura de la coda es isomórfica con la del primer segmento. Esta propiedad se refleja en el comportamiento de los constituyentes. En *María me hace más regalos a mí que yo a ella*, la forma de *yo* y *a ella* se halla condicionada por las funciones que contrae (Sujeto y CInd.).

Las denominadas *comparativas elativas* o *hiperbólicas* son muy frecuentes en el uso coloquial. En ellas el término de la comparación suele ser un segmento fijado o una creación que expresa un grado de intensidad extremo, bien conocido o fácilmente deducible por el interlocutor. Abundan ejemplos en los tres grados: superioridad (*Es más feo que Picio*), igualdad (*Es tan fuerte como un toro*) o inferioridad (*Dura menos que un suspiro*). Lo singular de estas construcciones no reside aparentemente en su estructura. Sin embargo, el carácter fijado e hiperbólico del segundo segmento, limita algunas de las posibilidades estructurales de las comparativas (*cf.* Casas 2006, 298–299; Sáez y Sánchez López 2014, 142–142). Rechazan la negación cuando se apoya en una metáfora (**No es más pesado que una vaca en brazos*). Evitan la presencia de un modificador del comparativo (*Es* **mucho más tonto que Picio*). Las comparativas relativas hiperbólicas resultan extrañas (#*Tiene más cuento del que tenía Calleja*). No permiten comparativas plurifocales (*Está tan borracho como una cuba* *ellos). El segundo término puede ser una cuantificación disfémica: *Se quejan más que la hostia*.

Las comparativas propias de igualdad, aparte de la variación de intensivo (*tan, tanto, tanta, tantos, tantas*) y del nexo (*como*), siguen las pautas reseñadas para las comparaciones de desigualdad. Son simétricas, elípticas y pueden ser plurifocales (*Acuden ahora tantos aficionados al fútbol como antes feligreses a la iglesia*). La elipsis puede afectar al cuantificador cuando es un adjetivo recuperable por el contexto: ... *su ilusión por ser un vaquero bueno como John Wayne* (M. Ramírez, CORPES). La negación de una comparativa de igualdad se interpreta pragmáticamente como una de inferioridad: ... *descubrí que mi árabe no era tan bueno como supuse* (B. Burrell, CORPES) (= era peor).

Algunas construcciones con significado modal del tipo *Cantan como Caruso* o *Escribe como ella* presentan dificultades de clasificación. Por un lado, se comportan como relativas sin antecedente (adverbiales de modo) y, por otro, se asemejan a las comparativas de igualdad. En favor de la primera opción pesa el argumento de que carecen de grupo intensivo (*tan bien*). En favor de la segunda acuden argumentos de peso. En las relativas nunca se elide el verbo subordinado, mientras que aquí, sí. En las comparaciones, el segundo segmento puede ser plurifocal; aquí, también: *La Caballé cantó ese día La Traviata como la Callas en su juventud*. El segundo segmento admite un término de polaridad negativa, rasgo característico de las comparaciones: *Cantó* La Traviata *como* NUNCA.

La coincidencia de dos *que* favorece la inclusión del adverbio *no* que evita el contacto cacofónico, a la vez que muestra que el segmento B es un espacio de negación (o concordancia negativa): *Más vale que sobre que* NO *que falte*.

3.2.2 Comparativas relativas o comparativas con /de/

Existe un segundo tipo de comparativas que se refleja en estos ejemplos: *Trabaja menos de lo que trabajaba, Comete más excesos de los que le permite su salud, Parecía más honesto de lo que era*. Según el rasgo que se tome como representativo, han recibido diferentes nombres: *comparativas con "de"*, *comparativas de relativo* (o *relativas*) y *comparativas de núcleo coincidente* (NGLE, § 45.2.5).

No fueron estudiadas por las gramáticas tradicionales. Su singularidad no se halla en el primer segmento, sino en el enlace (*de* en lugar de *que*) y en la estructura de la coda. Esta es una construcción de relativo cuyo verbo siempre está presente y cuyo antecedente es el núcleo del grupo comparativo (Prytz 1979, 270 y 273).

La estructura relativa de la coda es una construcción del tipo *lo fuertes que eran* (Martínez 1985, 144). Este hecho explica el uso del neutro *lo* cuando el foco recae sobre un adjetivo o un adverbio (LO *fuertes que eran,* LO *lejos que está*). El carácter enfático de estas construcciones aporta un valor cuantitativo que permite utilizarlas como segundo término de la comparación (Gutiérrez Ordóñez 1992a, 33).

El foco de estas construcciones, al coincidir con el núcleo comparativo del primer segmento, se elide normalmente, pero no de forma obligatoria: *Tengo ahora menos* DISCOS$_1$ *de los (*DISCOS$_1$*) que$_1$ tenía entonces, Es más alta$_1$ de lo (*ALTO$_1$*) que$_1$ es su novio*.

Por otra parte, la coda reproduce de forma expresa o elíptica las funciones que configuran la estructura del segmento A:

Tabla 17.3 Correspondencia de funciones.

de	Juan ↕ Pepe	escribió ↕ había escrito	ayer ↕ anteayer	más ↕	correos ↕ los que

Cuando el primer segmento es una estructura no oracional, el segundo, al formarse sobre estructuras enfáticas de relativo, ha de incluir un verbo (normalmente, *ser*): *Noticias más alarmantes de lo (alarmantes) que fueron las del sida*. En las estructuras propias o canónicas, este verbo no es necesario: *Noticias más alarmantes que las del sida*. Adoptan el siguiente patrón formal:

Tabla 17.4 Patrón formal de las comparativas relativas.

	Cuantificador	Núcleo	Nexo	Secuencia relativa
(+)	—más, mejor, el doble (de), el triple (de)…	X$_1$	de	art. (X$_1$) que$_1$
(−)	—menos, peor, menor, la mitad…	X$_1$	de	art. (X$_1$) que$_1$
(=)	—tan(to)/igual (de), art.+ mismo (de)…	X$_1$	como	art. (X$_1$) que$_1$

La incrustación de verbos parentéticos (*creer, juzgar, considerar, parecer, asegurar, suponer, oír, decir, esperar, prometer, percatarse*…) solo es posible en comparativas relativas o comparativas con *de*. Cuando esto ocurre, aparecen normalmente amplias elipsis en el segundo segmento que dan lugar a las *comparativas abreviadas* (*cf.* Gutiérrez 1994a, 66–68): *Mi marido tiene más genio del (genio) que crees* [*que tiene*]; *Ese niño es más inteligente de lo (inteligente) que parece* [*que es—ser*]; *No tiene tanto poder como (el) (poder) (que) aparenta* [*tener*].

Cuando se elide la parte final (la que contiene el relativo), es frecuente que ante sustantivos el artículo se asimile al neutro: *Vende más libros de lo* (< *los*) *que piensas (que vende)*. Por otra parte, la equivalencia semántica y funcional de los relativos *cuanto* y *como* con "art. + *que*" permite su sustitución en las codas comparativas de desigualdad, tal como se observa en los siguientes ejemplos: *Ulises era más astuto de como* (= lo que) *dice Homero*; *Al Capone ingresaba más dinero de cuanto* (= el que) *declaraba al fisco*.

Las estructuras con segundo término "*de* + art. + adjetivo o participio" (*aconsejable, autorizado, esperado, acordado, justo, previsto, posible, requerido*...) parecen derivar de comparativas relativas (*de lo que es aconsejable, de lo que está autorizado*...). Mantienen el sentido comparativo, pero en la conciencia del hablante se difumina su origen, lo que da lugar a construcciones nuevas (*más de la cuenta, más de lo normal*...) que comparan, pero que no evidencian una estructura comparativa.

Los dos tipos de comparativas (las propias y las relativas) coinciden en algunos casos, pero no en otros, lo que exige una fina delimitación entre los usos de *más que* y *más de*. En general, las comparativas propias son de uso más extendido que las relativas. Cuando el término de la comparación en la coda es homólogo del término intensificado, son posibles *más que* y *más de*: *Miente más que habla/Miente más de lo que habla*; *Es más rico que su padre/Es más rico de lo (rico) que era su padre*. Son obligatorias las construcciones con *de* si se intercala una construcción parentética (*Es más difícil de lo que cree que es/*Es más difícil que cree que es*). Por lo común, cuando son posibles las dos construcciones, el hablante opta por las comparativas propias, pues son las más económicas (utilizan menos términos): *Ganó más torneos que el año anterior/Ganó más torneos de los que ganó el año anterior*.

Las comparativas relativas presentan una característica que se ha denominado *borrado comparativo*. Este hecho tiene lugar cuando en la coda queda borrado el correlato de la cabeza (*cf*. Sáez y Sánchez López 2014, 110 y ss.). De otra manera, cuando la coda no reproduce la estructura del primer segmento. Ocurre así en *Tiene más años de los que figuran en su DNI*; *Es más bajo de lo que la Academia Militar exige*. El borrado no aparece en las comparativas propias. Constituye un interesante ámbito de estudio.

3.2.3 Comparativos sincréticos

Se denominan así los marcadores comparativos que incluyen en su significado el intensivo y la noción comparada. Casos prototípicos son los comparativos heredados del latín: *mejor, peor, mayor* y *menor*. Aunque carecen de una desinencia específica, siguen el mismo comportamiento los marcadores de las *comparativas temporales* (*antes, después, a la vez*) y de las *comparativas de (di)similitud* (*igual, distinto, diferente*).

A pesar de que el español ha heredado numerosas formas de los comparativos sincréticos de latín (*superior, inferior, citerior, ulterior, anterior, exterior*...), solo cuatro conservan la capacidad de generar estructuras comparativas: *mejor, peor, mayor, menor*. Las dos primeras son adjetivos o adverbios, mientras que *mayor* y *menor* son siempre adjetivos. Todos incluyen en forma y contenido el intensificador y núcleo intensificado, lo que explica su coexistencia con las expresiones analíticas (*más bueno, más malo, más grande* y *más pequeño*) y las restricciones en su uso: solo aparecen en funciones propias de su naturaleza: adjetivas (*mayor* y *menor*) o adjetivas y adverbiales (*mejor* y *peor*): *... un muchacho mucho mayor que tú* (J. Magfud, CORPES), *Gilmore es todavía mayor que yo* (F. Nieva, CORPES); *... sus discursos son mejores que los de Cicerón* (B. Baltés,

CORPES); *Un coche peor* (complemento nominal) *que el nuestro*. Aunque se las relaciona con una base "positiva" (*bueno, malo, grande, pequeño*), la noción comparada es un punto de las escalas de "bondad" o "tamaño": *mejor* y *mayor* no implican que su referente sea *bueno* o *grande*. Hallamos comparativos sincréticos en comparativas propias o canónicas (*Luis es mayor que su hermano*) y en comparativas de relativo: *... piensan que son mejores de lo que son* (J.P. Simeone, CORPES).

Los adverbios *antes, primero* y *después*, así como las expresiones *al mismo tiempo, a la vez ...* se comportan como comparativos sincréticos: "Otros adverbios comparativos sincréticos son *antes* ('más pronto') y *después* ('más tarde')" (NGLE, 45.2.1d): en sí mismos incluyen el marcador comparativo y una noción comparada que se ubica en la escala gradual de la sucesión del tiempo. Forman unas construcciones que no se adecuan al canon de la cantidad, cualidad o grado, pero que constituyen el centro de un nuevo tipo de comparativas propias: las *comparativas temporales* (Gutiérrez 1994b, 56–58). Como las propias, las temporales diferencian tres grados (anterioridad, posterioridad, simultaneidad) que se organizan en oposiciones binarias: *Mi hijo se acuesta antes (/ después/a la vez) que los abuelos*, *Javier terminó la carrera a la vez (/ al mismo tiempo/ antes/después) que la mili*:

Tabla 17.5 Clasificación de las comparativas temporales.

No simultaneidad (≠)		Simultaneidad (=)
Anterioridad (+)	Posterioridad (—)	
antes, primero ... que	después ... que	a la vez, al mismo tiempo ... que

Al igual que las comparativas propias de cantidad, las temporales se ordenan en dos segmentos funcionalmente simétricos y en la coda rige la ley de la elipsis:

Tabla 17.6 Paralelismo en comparativas temporales.

Nadie	*llegó*	*nunca*	*antes*	*a su casa*
↕	↕	↕		↕
1'	2'	3'		4'

Las casillas vacías se llenan solo cuando los constituyentes de las funciones homólogas son diferentes. También son posibles comparaciones plurifocales: *Se sintió turbado por no haberme halagado antes que yo a él* (CORPES). Al igual que las comparativas propias y las relativas, permiten comparativas no oracionales (*Una visita al museo antes que a las ruinas*) y su segundo segmento puede aparecer ocupado por un término negativo (*Vieron primero que* NADIE *el panorama*, CORPES). Desarrollan asimismo comparativas relativas (*Puede venir antes de lo que crees*, CORPES). No se suele contemplar la existencia de las *temporales de simultaneidad* (*... accede a la presentación a la vez que tú*), pero su valor comparativo no parece ofrecer duda.

La GRAE31 señalaba la posibilidad de formar comparaciones con algunos adjetivos: "Los adjetivos *diferente, distinto, diverso*, etc. y también sus adverbios, lo mismo que el adjetivo *otro*, llevan a veces una subordinada comparativa de desigualdad" (1931, 25–26). La NGLE (§ 45.2.7) coincide en considerar que forman comparaciones en sentido amplio: *Él tiene distinta opinión que yo cuando era joven*. No operan sobre la escala gradual de la cantidad ni del tiempo, sino en el eje que incluye las nociones de similitud y la disimilitud. Al tratarse de un esquema no prototípico, la lengua recicla como marcadores de comparación signos que forman también construcciones léxicas propias de su categoría: *distinto (de)/distinto (que), diferente (de)/diferente (que)* ... Frente a las comparaciones de cantidad y de tiempo, solo oponen dos valores: *similitud* (=) y *disimilitud* (≠):

Tabla 17.7 Comparativas de (di)similitud.

Comparaciones de (di)similitud	
(≠) Disimilitud	(=) Similitud
distinto (a, os, as) (que)	*igual (que)*
diferente(s) (que)	(art. +) *mismo (que)*

El adverbio *igual* y la locución *igual de* son utilizados como marcadores de equivalencia en las comparativas de cantidad: *Trabaja igual que un esclavo; ... están igual de pobres que yo* (A. Salgado, CORPES). En las comparaciones cualitativas, funcionan como adverbios o como adjetivos: *Los argentinos manejan igual que los italianos* (adverbio) (Fogwill, CORPES); *Las armas, las pistolas, son iguales que las drogas* (A. Morales, CORPES).

Generan también comparaciones no oracionales (*unos jóvenes iguales que ellos*) que suelen insertarse como bloques comparativos en estructuras más complejas: *descubren que pertenecen a un universo de 2 millones de [jóvenes iguales que ellos]$_{comp}$*, (Sanhueza, CORPES). El segundo segmento de las comparativas de (di)similitud mantiene el paralelismo funcional, se adecua a las mismas reglas de elipsis y puede ser plurifocal:

Tabla 17.8 Correspondencia de funciones en comparativas de similitud.

A (que)	Mis primos (1) ↓	son (2) ↓	ahora (3) ↓	iguales (4) ↓
B	su padre (1')	era (2')	en la infancia (3')	4'

Las expresiones "art. + *mismo*" y "*lo mismo de*" se utilizan como intensificadores en comparativas de cantidad: *Gana lo mismo que el jefe; Saludó lo mismo de correcto que el viejo que lo abría* (M. Naveros, CORPES). A veces intensifica a nombres genéricos como *cantidad, número*: ... *tienen el mismo número de neuronas que nosotros* (O.M. Gutiérrez, CORPES). En el eje de la similitud, "art. + *mismo*" designa "identidad": *Los derechos humanos de uno no son los mismos que los derechos humanos del otro* (europarl.europa.eu); *Mi única disciplina era la misma que hoy: hacer fotos* (museoreinasofia.es).

Las comparativas de disimilitud se forman con los adjetivos *distinto* y *diferente*. Además de construir comparaciones léxicas (*distinto de todo, diferente de los hermanos*), permiten la formación de comparaciones sintácticas: *El hemisferio izquierdo percibe distinto que el derecho* (J. Dualte, CORPES), *Un niño brasileño recibe un legado distinto que un inglés* (J. Valdano, CORPES); *Los disléxicos tienen un desarrollo y un funcionamiento cerebral diferente que los lectores normales* (CORPES).

3.3 Estructuras pseudocomparativas

Cuando la identificación de las oraciones comparativas se guiaba por criterios formales, se acogían en esta clase todas las construcciones que incluían en su composición las secuencias *más ... que, menos ... que, tanto ... como*. Era un proceder implícito en gramáticas tradicionales y expreso en algunos trabajos relevantes como el de Bolinger (1950, 29). Al aplicar este rasgo, se incluyen dentro del conjunto estructuras sintácticas heterogéneas que, guardando algún parecido con las construcciones comparativas de cantidad, se diferencian de ellas en el contenido (no comparan) y también en la forma. La tradición de considerarlas comparativas, a pesar de su heterogeneidad y de su diferencia con las verdaderas comparativas, desembocaba en caracterizaciones y clasificaciones tan complejas como carentes de valor explicativo.

La investigación experimenta un cambio cualitativo cuando se combina en la selección de las comparativas el doble criterio: el formal y el semántico. A partir de ese momento, se consideran comparativas solo aquellas construcciones que efectúan una comparación y que, además, satisfacen ciertos rasgos formales y estructurales que se toman como criterios de base. La posibilidad de coherencia en la descripción de las estructuras comparativas nace en el momento en el que se segregan del tronco las *estructuras pseudocomparativas* (Gutiérrez 1994b).

Ha de quedar claro un hecho: aunque muestren semejanza en algún rasgo, no son comparativas. Pueden parecerlo, pero no lo son. A diferencia de las comparativas no presentan oposición de tres grados (superioridad, inferioridad e igualdad). Por ejemplo, la expresión correctiva *Más que realismo es surrealismo* (L. Beccaría, CORPES) no admite la variación de cuantificadores **Menos que realismo, es surrealismo*. Suelen diferenciarse también en la distribución de sus constituyentes funcionales: *El problema que tiene Celia, más que físico, es anímico* (CORPES)/*... es más físico que anímico*). También se diferencia mediante otros rasgos formales y semánticos que se irán enumerando. En resumen, ni establecen una comparación ni satisfacen los rasgos formales de estas construcciones. Se distinguen diferentes tipos de pseudocomparativas.

Coordinaciones bimembres. Los conectores correlativos *tanto ... como ..., igual ... que, lo mismo ... que ...* dan lugar a construcciones que, aunque presentan semejanza externa con las comparativas de igualdad, son copulativas bimembres. Por un lado, no comparan, sino que poseen un significado aditivo (A + B). Por otra parte, muestran numerosos rasgos formales que los distinguen de las estructuras comparativas.

Si se observa, la primera parte de estos conectores (*tanto, igual, mismo*) permanece invariable ante nombres. Cuando introducen un sustantivo, no concuerdan con él (a diferencia de su valor comparativo): *... y se concentraron tantos docentes como alumnos* (comp.)/*... y tanto los docentes como los alumnos se concentraron* (coord.) (C. Peralta, CORPES); *Cuida los mismos niños que niñas* (comp.)/*Cuida lo mismo niños que niñas* (coord.).

En las coordinaciones de *tanto ... como*, tras el primer nexo, el sintagma nominal admite artículo. Por el contrario, en la comparación, el término intensificado lo repele: *Asistirán tantos alumnos como profes* (comp.)/*Asistirán tanto los alumnos como los profes* (coord.). La coordinación de dos sintagmas nominales en singular concuerda en plural: *Tanto María como su hermano disfrutaron de la fiesta* (coordinada); *María disfrutó de la fiesta tanto como su hermano* (comparación). Cada segmento coordinado ha de venir precedido de su coordinador. Por el contrario, en las comparativas el intensivo *tanto* y la conjunción *como* pueden venir juntos: *Tanto los de aquí como los de allí lo lamentan* (coordinada)/*Los de aquí lo lamentan tanto como los de allí* (comparativa).

Las correlaciones copulativas con *igual ... que ...; lo mismo ... que ...* siguen un comportamiento similar para diferenciarse de las comparativas correspondientes. El primer miembro de las correlaciones copulativas *igual ... que* y *lo mismo ... que* se inmoviliza, no concuerda: *Participan igual (lo mismo) niños que adultos.* Con sujetos en singular, el verbo concuerda en plural: *Lloraban lo mismo (igual) el pobre que el rico. Igual* y *lo mismo* preceden al primer segmento coordinado: *Igual compone un soneto que canta un tango.* Por último, con sustantivos no contables las comparaciones utilizan la forma partitiva. En la coordinación, no: *Se siembra lo mismo de trigo que de cebada* (comp.)/*Se siembran lo mismo trigo que cebada.*

Entre estructuras de esta semejanza formal, surgen secuencias ambiguas: *Informan lo mismo de fútbol que del tiempo*. Su desambiguación es inferencial y depende del contexto.

Estructuras aditivas y excluyentes. La construcción *Cría más animales que perros* se asemeja externamente a la comparativa *Cría más gatos que perros.* Sin embargo, en la primera nada se compara. Se reduce a decir que, además de perros, cría otros animales. Poseen un valor de suma, por lo que han recibido la denominación de *estructuras aditivas.* También se denominan *construcciones de alteridad*.

Entre las comparativas y las aditivas media una diferencia de contenido: su segundo componente ha de hallarse incluido semánticamente al primero (*perros* pertenece a la clase *animales*). Así queda reflejado en la representación:

Tabla 17.9 Estructura semántica de *Cría más animales que perros*.

Dado que el primer segmento es fácilmente recuperable del contexto, se suele suprimir el término incluyente (*animales*, en este caso): *Cría más que perros*.

Las estructuras aditivas no solo se distinguen en el contenido de las comparativas, sino también en la forma (*cf.* Gutiérrez 1994b, 29–42). En las aditivas *más* no es sustituible por *menos* ni por *tanto* (**Bebe menos líquidos que agua*). Por otra parte, *más* no puede afectar al verbo (se aplica generalmente a nombres) y no es el núcleo del segundo término. A diferencia de las comparativas, la coda en las aditivas nunca es plurifocal: **Bebe más líquidos que <u>agua</u> <u>ellas</u>*. La coda no permite términos de polaridad negativa **Vinieron más personas que* NADIE. Ante preposición, comparativas y aditivas adoptan distribuciones diferentes. En las comparaciones, *más* se antepone o se pospone al conjunto "preposición + nombre": *más [preposición + nombre] más*: *Escribe (más) de ciencia (más) que de cultura, Habla (más) de deportes (más) que de estudios*. Por el contrario, en las aditivas con preposición el orden es fijo: [prep.] + [*más*] + [nombre]: *Habla de más deportes que el fútbol; Viaja en más medios que el avión; ... precisan de más recetas que las dos autorizadas* (*La Nación*, CORPES XXI).

La negación de una estructura aditiva anula el segundo término de la suma (X = 0), con lo que se produce un sentido de exclusividad. La negación afecta al conjunto: *no [más líquidos]*. Las secuencias *No bebe más (líquidos) que agua* y *Solo bebe agua* son equivalentes en interpretación, pero no poseen la misma estructura. La negación de una aditiva ofrece como resultado una de exclusión (*No encontraron más que océano*, J. Maronna, CORPES), mientras que la negación de una comparativa da como resultado otra comparativa (*No bebe más vino que agua*).

Algunas formas de las construcciones aditivas dan lugar a secuencias de oposición entre *más de* y *más que*. Es frecuente cuando concurre algún numeral: *No había más que un libro / No había más de un libro*. Aunque pueda darse una coincidencia referencial, estas secuencias no son sinónimas. En la primera se dice que "había un libro y ninguna otra cosa más" (= *Solo había un libro*). En la segunda, lo único que se singulariza es *libro* (*Había un solo libro*), pero no se niega que hubiera otras cosas.

Las construcciones aditivas aplicadas a los adjetivos adquieren un valor de intensificación: *... un plazo más que rentable* (R. Arcos, CORPES). Desde estos usos se ha pasado, probablemente, al valor superlativo que adquiere con adjetivos de valoración: *¡Idiota, más que idiota!*

Estructuras correctivas. Las secuencias *Más que una historia o argumento, es un itinerario* (R. Bolaño, CORPES); *Más que austero, resultaba precario en demasía* (J. Martínez, CORPES); *Gruñe, más que canta...* constituyen un nuevo tipo de pseudocomparativas (*cf.* Gutiérrez 1994b, 47–56). Desde una perspectiva semántica no comparan, sino que introducen una corrección a lo que expresa el segmento afectado por *más*, por lo que reciben la denominación de *estructuras correctivas*. Solo utilizan la forma *más que* (no *menos que*). Por otra parte, la secuencia *más que* es inseparable (solo permite la interpolación de *bien*) y poseen una distribución propia que las diferencia netamente de las comparativas cuando ambas estructuras son posibles:

Tabla 17.10 Distribución de correctivas y comparativas.

Correctivas	Comparativas
—Más que listo, es astuto.	Ø
—Es astuto, más que listo.	Ø
—Ø	Es más astuto que listo.

Cuando el segmento focalizado es un verbo y se traslada a la izquierda, se intensifica fónicamente y se separa por medio de una pausa: C*HILLAN, más que cantan* (opuesto a la comparación *Chillan más que cantan*). Si el verbo afectado por *más que* se antepone (se topicaliza), se transforma en infinitivo (*Más que* CANTAR, *chillan*). Estas estructuras no son compatibles con la negación: **Es no más que inteligente, estudioso*. La coda no puede ser múltiple (*Más que astuto *tú, es listo*). Por último, a diferencia de las comparativas (que solo se forman sobre calificativos), las correctivas pueden construirse con adjetivos relacionales (*Más que románico, es gótico*).

Las correctivas se comportan como estructuras coordinadas: los términos que unen han de presentar identidad de forma, de categoría y de función. Se asemejan en esto a otras secuencias coordinadas que manifiestan valores semejantes: *Es astuto y no inteligente* (copulativa); *No es inteligente, sino astuto* (adversativa); *Más que inteligente, es astuto*; *Es astuto, más que inteligente* (correctivas).

4 Perspectivas actuales

La teoría de la elipsis en el segundo segmento ha suscitado un denso caudal bibliográfico. Sáez y Sánchez López (2014, 95) ordenan las teorías en dos grandes grupos según consideren que el segundo segmento es una oración (hipótesis de coda con elipsis: "Hipótesis clausal") o una frase ("Hipótesis frasal").

Otro punto de discusión entre los teóricos es la naturaleza de la relación que media entre los segmentos comparativos. Predomina la hipótesis tradicional de que la coda se halla subordinada a la primera parte, bien a todo el grupo comparativo o bien al cuantificador mismo. Sin embargo, emerge de forma recurrente la hipótesis de coordinación, ya sugerida por Alarcos (1980, 260–274). Se justifica esta tesis también en el hecho de que facilitaría la explicación de las elipsis en la coda. Sin embargo, esta posición encuentra algunas dificultades formales y semánticas (*cf.* Sáez y Sánchez López 2014, 107–110).

Las gramáticas de la tradición incluían las comparativas entre las oraciones subordinadas adverbiales (GRAE31, 371 y ss.) o circunstanciales (ENGLE 543 y ss.). Desde hace algún tiempo se las separa de este grupo, pues ni siquiera dependen de un verbo. Tampoco son necesariamente oraciones. Esto ocurre cuando el núcleo de la estructura comparativa no es verbal. Es el caso de los ejemplos: *Un director menos eficaz que el anterior* (SN), *Tan hermosa como una reina* (SAdj.), *Más tarde que nunca* (SAdv.). De ahí que se haya sustituido la denominación *oraciones comparativas* por *estructuras comparativas*.

Las *estructuras correctivas* han centrado la atención de varios estudiosos en el último decenio. Han recibido también la denominación de *comparativas metalingüísticas*. A pesar de que algunos autores han sostenido que comparten características con las comparativas canónicas, tras un análisis detenido, Sáez y Sánchez López concluyen: "las comparaciones metalingüísticas no solo tienen una semántica distinta de las canónicas, sino que presentan también una estructura sintáctica distinta, lo que justifica su libertad de posición y las restricciones asociadas a ellas" (2014, 53). Se trata de estructuras argumentativas que efectúan una refutación polifónica semejante a la de las adversativas de *sino*.

5 Direcciones futuras y conclusiones

La dificultad y la complejidad de la familia de las comparativas abren posibles líneas de investigación en cualquiera de sus apartados. Se necesitan estudios sobre variedades de las comparativas propias, especialmente, las temporales y las de similitud. Las comparaciones hiperbólicas, muy ligadas al lenguaje coloquial, piden desvelar la relación que mantienen con las comparativas truncadas, los mecanismos de creación de segundos términos, su evolución...

En las comparativas relativas se han de dilucidar algunos puntos de desacuerdo o de silencio. Reclaman un estudio de los mecanismos que conducen a su simplificación por elipsis masivas, así como de los mecanismos que ayudan al hablante a recuperar o a catalizar la información sumergida.

Las estructuras pseudocomparativas abren asimismo rutas a la investigación. Tanto en los caracteres semánticos y formales que las definen como en las diferencias que presentan respecto de las comparativas propias. Se ha de determinar la naturaleza del lazo que las une (¿coordinación?, ¿subordinación?). En algunos casos, como en las correctivas (o metalingüísticas), el halo pragmático al que aluden algunos autores no es sino una estructura polifónica en la que la voz de un emisor refuta la opinión de otro (al igual que en las adversativas de *sino*).

Para todas las dimensiones apuntadas se necesitan trabajos que exploren la evolución histórica. Una de las preguntas fundamentales sería esta: ¿cómo surgen las pseudocomparativas a partir de las comparativas propias? De igual modo, se ha de estar atento a la variación diatópica con el fin de detectar y estudiar las particularidades dialectales. La manifestación oral y la comunicación a través de las redes, especialmente en el lenguaje de los jóvenes, constituyen verdadera fuente de innovaciones a las que es necesario seguir de manera constante.

Desde la didáctica, tanto de la lengua materna como de las segundas lenguas, se necesita conocer las fases de la adquisición y de la enseñanza de estas estructuras tan variadas y complejas.

La gramática normativa ha de estar atenta a las variaciones que se produzcan en el ámbito de las comparativas y de las pseudocomparativas con el fin de encauzar su uso.

Bibliografía complementaria recomendada

Para una visión comprehensiva de las comparativas y pseudocomparativas se recomienda consultar S. Gutiérrez Ordóñez (1992a, 1994a, 1994b); L. A. Sáez del Álamo (1999); NGLE (2009), así como L. Sáez y C. Sánchez López (2014).

Bibliografía citada

Alarcos, E. 1980³. *Estudios de gramática funcional del español*. Madrid: Gredos.
Alcina Franch, J. y J. M. Blecua. 1975. *Gramática española*. Barcelona: Ariel.
Bello, A. 1847. *Gramática de la lengua castellana destinada al uso de los americanos*. Estudio y edición de R. Trujillo. Madrid: Arco Libros 1988.
Bolinger, D. L. 1950. "The Comparison of Inequality in Spanish". *Language* 26(1): 28–62.

Borrego, J. dir., et al. 2013. *Gramática de referencia para la enseñanza del español. La combinación de oraciones*. Salamanca: Universidad de Salamanca.

Brucart, J. M. 2003. "Adición, sustracción y comparación: un análisis composicional de las construcciones aditivo-sustractivas del español". *Actas del XXIII Congreso Internacional de Lingüística y Filología Románica*, Salamanca, 24–30 de septiembre de 2001. Max Niemeyer Verlag, Tübingen.

Brucart, J. M. 2009. "Patrones formales e interpretación: el funcionamiento de *más* en español". *Investigaciones lingüísticas en el siglo* 21: 13–43.

Casas, A. 2006. "Truncamiento y remate de las construcciones comparativas". *Verba* 33: 281–311.

Devís Márquez, P. P. 2016. "Grupos sintácticos comparativos de igualdad introducidos por el artículo determinado en español". *Revista de Filología Española* 96(2): 257–287.

Devís Márquez, P. P. 2017. *Comparativas de desigualdad con la preposición* de *en español. Comparación y pseudocomparación*. Frankfurt am Main: Peter Lang.

ENGLE: Real Academia Española. 1973. *Esbozo de una nueva gramática de la lengua española*. Madrid. Espasa-Calpe.

GRAE31: Real Academia Española. 1931. *Gramática de la lengua española*. Madrid: Espasa-Calpe.

Gutiérrez Ordóñez, S. 1992a. *Las odiosas comparaciones*. Lecciones de Lingüística y Didáctica del Español, 13. Logroño: Gobierno Regional de la Rioja.

Gutiérrez Ordóñez, S. 1992b. "Más de-más que". *Contextos* 10(19–20): 47–86.

Gutiérrez Ordóñez, S. 1994a. *Estructuras comparativas*. Madrid: Arco Libros.

Gutiérrez Ordóñez, S. 1994b. *Estructuras pseudocomparativas*. Madrid: Arco Libros.

Martínez, J. A. 1985. "Construcciones y sintagmas comparativos en el español actual". En *Lecciones del I y II Curso de Lingüística Funcional (1983–1984)*, 141–151. Universidad de Oviedo.

Martínez, J. A. et al. 2011. "Construcciones comparativas: centro, periferia y límites". En *60 problemas de gramática*, eds. M. V. Escandell, M. Leonetti y C. Sánchez, 285–290. Madrid: Akal.

NGBLE: Real Academia Española y Asociación de Academias de la Lengua Española. 2011. *Nueva gramática básica de la lengua española*. Madrid: Espasa.

NGLE: Real Academia Española y Asociación de Academias de la Lengua Española. 2009–2011. *Nueva gramática de la lengua española*. Madrid: Espasa. (www.rae.es/recursos/gramatica/nueva-gramatica).

Prytz, O. 1979. "Construcciones comparativas en español". *Revue Romane* 14(2): 260–278.

Sáez, L. y Sánchez López, C. 2014. "Las construcciones comparativas. Estado de la cuestión". En *Las construcciones comparativas*, eds. L. Sáez y C. Sánchez López, 13–173. Madrid: Visor Libros.

Sáez, L. y C. Sánchez López eds. 2014. *Las construcciones comparativas*. Madrid: Visor Libros.

Sáez del Álamo, L. Á. 1999. "Los cuantificadores: las construcciones comparativas y superlativas". En *Gramática descriptiva de la lengua española*, vol. 1, eds. I. Bosque y V. Demonte, 1129–1188. Madrid: Espasa.

Suñer, A. 2014. "Las comparaciones prototípicas". En *Las construcciones comparativas*, eds. L. Sáez y C. Sánchez López, 337–369. Madrid: Visor Libros.

18
Construcciones causales, consecutivas e ilativas
(Causal, Consecutive and Illative Constructions)

José Luis Girón Alconchel

1 Introducción

Describiremos las tres construcciones señalando sus rasgos comunes y diferenciales, al tiempo que presentamos sus problemas fundamentales: identidad de las dos unidades que integran la construcción y naturaleza de la relación entre las mismas (§ 2). A continuación (§ 3) explicaremos las relaciones interoracionales variadas y heterogéneas de estas construcciones. Las causales son mayoritariamente interordinadas, pero unas —las explicativas y las que funcionan como tópicos— están próximas a la coordinación y a la sintaxis del discurso; otras —las causales argumentales y algunas explicativas introducidas por locuciones no plenamente lexicalizadas— son subordinadas sustantivas, y otras son sintagmas preposicionales de infinitivo, sustantivo y adjetivo. Las consecutivas e ilativas son interordinadas, pero las segundas están próximas a la coordinación y a la sintaxis del discurso. En consecuencia (§ 4), ensayaremos la explicación de la variación y heterogeneidad de las relaciones interoracionales analizadas mediante la consideración de las mismas como una cadena de gramaticalización. Cerraremos el capítulo (§ 5) con unas conclusiones y una propuesta de extender la cadena de gramaticalización de las relaciones interoracionales a la organización del discurso y su estructura informativa.

Palabras clave: construcción causal; construcción consecutiva; construcción ilativa; interordinación; gramaticalización

We begin by describing the three constructions, pointing out their common and differential features, while presenting their fundamental problems: identity of the two units that make up the construction and nature of the relationship between them (§ 2). Next (§ 3) we explain the varied and heterogeneous clause combining in these constructions. The causal constructions are mostly interdependent, but some of them—the explanatory ones and the causal ones that function as a topic—are close to coordination and discourse syntax; others—the causal sentences which are obligatory adjuncts and some explanatory causal ones introduced by phrases not fully lexicalized— are substantive subordinates, and others are prepositional phrases of infinitive, noun and adjective.

The consecutive and illative constructions are interdependent, but the latter are close to the syntax of coordination and discourse. We subsequently (§ 4) propose an explanation of the variation and heterogeneity of the clause combining analyzed by considering it as a chain of grammaticalization. We end the chapter (§ 5) with some conclusions and a proposal to extend the chain of grammaticalization of clause combining to the organization of discourse and its information structure.

Keywords: causal construction; consecutive construction; illative construction; interdependency; grammaticalization

2 Conceptos fundamentales

Estas tres construcciones se relacionan entre sí y con otras (finales, condicionales, concesivas) por la expresión del concepto de "causa", porque constituyen períodos bimembres y porque, de diferente modo, involucran la enunciación. Pero son construcciones distintas en otros muchos aspectos.

2.1 Construcciones causales

Son construcciones bimembres. En ellas el concepto de "causa" se expresa mediante una oración encabezada por las conjunciones y locuciones conjuntivas *porque, como, que, pues, ya que, puesto que, dado que, visto que*, etc., o mediante sintagmas formados por una preposición (*por, de*) o por una locución prepositiva (*a causa de, por culpa de, gracias a*) más subordinada sustantiva, infinitivo, sustantivo o adjetivo:

(1) a El suelo está mojado **porque ha llovido**.
    b Murió **por una sobredosis de barbitúricos** (NGLE 46.4b).
    c [...] han salido elegidos **por haberse ganado la confianza de los votantes** (La Vanguardia, 30/05/1995 en CREA).
    d Rechazado **por ser pobre ~ por pobre**.
    e Harto **de {que le lleven la contraria ~ tener que esperar ~ la espera}**.
    f Se desmayó **del calor que hacía**.
    g Se sintió más tranquila **{a causa de ~ gracias a} tu presencia** (NGLEM 46.1.2a, 46.2.2a, 46.3.1c, 26).
    h **Porque** gastaba mucho, se arruinó (Gutiérrez Ordóñez 2000, 88).

Las construcciones causales pueden ser de dos clases (Lapesa 1978): internas o externas al predicado. La construcción causal interna al predicado especifica "la causa de la acción o del estado de cosas" descrito por el núcleo del predicado (NGLE 46.3a), dentro del cual puede funcionar como argumento (complemento preposicional seleccionado por el verbo, nombre o adjetivo) o adjunto (complemento circunstancial). En algunas construcciones causales no siempre resulta fácil distinguir estas dos funciones. Normalmente, el argumento causal está seleccionado por predicados "que se refieren a las características distintivas de las cosas o las personas", como *caracterizarse* de (2a) y otros como *descollar, destacar(se), diferenciar(se)* y *distinguir(se)*, que eligen la preposición *por* (NGLE 36.10g). Del mismo modo, seleccionan un argumento causal, expresado con *por* y a veces con *de*, verbos, sustantivos y adjetivos que significan reacción afectiva como *desvivir* (2b), *interés* (2c), *preocuparse* (2dh), y otros como *alegrarse, desesperarse, inquietarse, irritarse, llorar*, etc. (NGLE 36.10h). El adjunto causal es un complemento no seleccionado de un verbo (2e), nombre (2f) o adjetivo (2g):

(2) a Estas compras se caracterizan **por que** el comprador tiene el derecho de examinar la mercancía y rescindir libremente el contrato si dicha mercancía no le conviene.

(Maldonado Fabián y Negrón Portillo, Derecho Mercantil y otros principios del Derecho puertorriqueño. Puerto Rico, 1997 en CREA).
  b Se desvivía **por que** [pero también **porque**] su presencia y figura fueran admiradas de cuantos pudiesen verla (Galdós, Episodios) (NGLE 46.4b).
  c Nuestro interés {**por que ~ porque**} el servicio mejore.
  d Preocupado {**por que ~ porque**} su hijo pasara de curso.
  e Se fue **porque** le dolía la cabeza.
  f La dimisión del concejal **porque** no quería perjudicar a su partido.
  g Mientras lo recordaba echado ahí, triste **porque** había tenido que abandonar aquel lugar (Armas Marcelo, Madrid).
  h **Porque** es consciente de su responsabilidad se preocupa **por que** su familia llegue a final de mes (NGLEM 46.3.1).

Cuando la oración causal es argumento y su verbo está en indicativo, la preposición *por* rige una subordinada sustantiva con *que* (2a). Si el verbo está en subjuntivo pueden alternar *por* seguido de *que* y subordinada sustantiva o *porque* seguido de la oración causal (2b-d). Con los adjuntos se emplea siempre *porque* (2e-g). En un mismo enunciado pueden coincidir *porque* de adjunto y *por que* de argumento (2h).

Las causales internas al predicado presentan propiedades sintácticas que las distinguen de las externas: responden a la pregunta *por qué* (3a), se pueden focalizar con relativas escindidas (3b), con los adverbios de foco *también, tampoco, solo...* (3c) y con la construcción de foco contrastivo *No A sino B* (3d):

(3) a —¿Por qué te fuiste del cine? —Porque me aburría.
  b Es porque lo necesito por lo que estudio francés.
  c {También ~ solo...} porque te quiero, te aguanto ese carácter.
  d No lo hizo porque le gustara sino porque la obligaron (NGLEM 46.3.3).

Las causales externas al predicado introducen una explicación o una justificación de lo que se ha dicho (4a) o se va a decir (4b), o justifican el acto ilocutivo empleado: declaración, amenaza, pregunta, deseo, petición (4c-g) o la elección de una determinada expresión (4h). Son las causales de la enunciación. Pueden estar separadas de la oración que explican por una entonación descendente y una pausa larga, con lo que la conjunción causal funciona de modo muy parecido a las conjunciones coordinantes (4i):

(4) a Podemos terminar la reunión, ya que no hay más cuestiones pendientes.
  b Ya que no hay más cuestiones pendientes, podemos terminar la reunión.
  c Ha llovido, porque el suelo está mojado.
  d Cuando yo sea el jefe de estudio esto se va a acabar, porque ya está bien.
  e ¿Hace frío? Porque os veo muy abrigados.
  f Ojalá termine pronto, porque ya me estoy cansando.
  g Acércame la sal, que no llego.
  h Miguel, pues así se llamaba el chico, tenía un año menos que yo (NGLEM 46.3, 46.4.1, 46.4.2; NGLE 46.5).
  i El sorprendente alineamiento de sus eurodiputados con los de los cuatro Gobiernos frugales, que bajo esa denominación disfrazan su predilección por la austeridad extrema —y en algunos casos, por la simple evasión de impuestos—, es un asunto de perfiles

inquietantes. Sobre todo **porque** el precedente aznarista acredita un patriotismo frágil ante coyunturas europeas decisivas (El País, Editorial, 13/06/20).

Las causales externas no presentan las propiedades sintácticas de las causales internas ejemplificadas en (3). Las causales de la enunciación se oponen a las causales del enunciado (1a), que son internas al predicado, expresan la causa de que el contenido de este se realice y no van precedidas de pausa. Compárese (1a) con (4d). Las explicativas antepuestas (4b) proporcionan una información temática (conocida o presentada como tal), mientras que las pospuestas (4a) ofrecen una información remática (nueva o dada como tal).

Cuando una causal —externa o interna— se antepone y se separa mediante pausa del resto de la construcción, se trasforma en inciso y funciona como una causal tópica (1h).

El modo prototípico de las oraciones causales es el indicativo. El subjuntivo solo aparece cuando lo selecciona la palabra regente (2b-d) o cuando está inducido por la negación (3d) o por otro elemento modalizador externo (adverbio de duda, modalidad interrogativa o desiderativa, etc.).

2.2 Construcciones consecutivas

El adjetivo "consecutivas" cubre tres tipos de construcciones (NGLE 46.11 y 12; Pavón Lucero 2012, 57): a) *ilativas*: coordinadas para unos estudiosos; subordinadas para otros; b) *yuxtapuestas*: introducidas por los conectores *por lo tanto, en consecuencia, así pues, de este modo*, etc.; y c) *subordinadas*: *tan, tanto, tal ... que, de manera que, de modo que, de forma que*.

Aquí entenderemos por construcciones consecutivas las del tercer tipo: los períodos bimembres constituidos por antecedentes intensivos —ya estén formados por los determinantes cuantificadores *tanto(s), tanta(s)*, el adverbio *tan* o el determinante cualitativo, *tal(es)*, ya lo estén por las "estructuras de cuantificación nominal" (NGLE 46.12f) *de manera, de modo, de forma*— y la oración de *que*:

(5) a Hay **tanta** arena **que** parece el desierto.
 b **Tanto** se esforzó **que** lo consiguió.
 c Estaba **tan** cerca **que** se podía tocar con la mano.
 d Les dijo **tales** cosas **que** todos enmudecieron.
 e Escríbelo de **tal forma que** todo el mundo lo entienda.
 f (Dila y Emanu se colocan detrás del "coche A" **de forma que** los espectadores no les ven.) (Arrabal, El cementerio de automóviles [Acotación escénica], en CREA).
 g He cumplido el primer mes en este rincón ardiente del Caribe y la cantidad de pormenores de toda una vida, han ido desfilando **en forma incesante, que** bien podría escribir otra historia, de la historia vivida en estos días. (Espinosa, Mi vida por un libro. Colombia, 2001 en CORPES XXI).

Los antecedentes intensivos discontinuos *de tal modo ... que, de un modo tal ... que, de tal manera ... que, de tal forma ... que ...* se pueden acortar por elisión del determinante y dan lugar a las estructuras cuantificadoras {*de manera, de forma, de modo*} *que*, construcciones sintácticas libres (5f) que alternan con *de tal forma que*, etc. Su condición de construcción sintáctica libre se la otorga la posibilidad de admitir otra preposición (*en, por, a*) e incluso un adjetivo calificativo con el sustantivo de "manera" (5g). Estas construcciones libres se lexicalizan como locuciones adverbiales de cantidad al quedar fijados el sustantivo escueto y la preposición *de* en las llamadas consecutivas de manera (Narbona 1978, 213–258). Cuando seleccionan el subjuntivo, pueden funcionar como índices de una construcción consecutiva, o de una consecutiva-final, sin que sea siempre fácil distinguir estos valores (5e).

A veces en los registros menos formales el determinante cuantificador o cualitativo se omite (6a) o se reemplaza por "*de* + adjetivo" (6b), por el artículo indefinido *un* (6c), por el cuantificador *cada* (6d), por el sintagma "*de un* + adjetivo" (6e) o por los cuantificadores interrogativos-exclamativos y construcciones equivalentes (6fg), o la conjunción *si* y el futuro o condicional de conjetura (6h). En el habla coloquial también se observan las *consecutivas suspendidas*, en las que se omite la oración de *que* y se suple con la entonación, representada en la escritura por los puntos suspensivos (6i–m), y tampoco es infrecuente la sustitución de toda la oración por una interjección (6n):

(6)   a   Está **que** trina ("... tan enojado...").
      b   Luisa está **de cansada que** se cae.
      c   Hace **un** frío **que** pela.
      d   Daba **cada** grito **que** temblaban los cristales.
      e   Es **de un mal** gusto **que** asusta.
      f   **¡Quién habrá venido**, **que** hay tanta policía!
      g   **¡Lo feo que será**, **que** hace los recados por la noche!
      h   Fíjate **si estará** loca **que** no sabes lo último que me ha propuesto.
      i   ¡Dice tales disparates...!
      j   ¡Dice cada disparat...!
      k   ¡Tiene una suert...!
      l   ¡Está de pesad...!
      m   Pero ¡fíjate si será maldita...!
      n   Estando en Deva, unas angulitas de Aguinaga, **que** ¡vamos! (Unamuno, Espejo)
         (Álvarez Menéndez 1999, 3744 y 3751–3752; Herrero 2005, 508; NGLE 23.15g; 32.4i; 45.14j, m, n, ñ, o, p, q; NGLEM 45.6.1b).

Se llaman construcciones causales-consecutivas las oraciones encabezadas por las expresiones *de tanto, de tal, de tan*, etc. seguidas de las conjunciones *que* o *como* (7ab). Una variante de esta construcción suspende la oración de *que* (7c). El adjetivo *puro* se construye con las preposiciones *a* y *de* y precede a infinitivos, sintagmas nominales y adjetivales (7de):

(7)   a   Costaba reconocerlos **de tanto plomo que** les metieron (Quintero, Danza).
      b   Ya no le puedo ni ver, **de tanto como** me lo metéis por las narices (Martín Gaite, Visillos).
      c   **Del sueño** no se tenía en pie.
      d   El vestido se caía a trozos **de puro viejo**.
      e   **A puro gritar**, se quedaron sin voz (NGLEM 45.6.2b).

Aunque alguna construcción comparativa permite una paráfrasis consecutiva, se discute si las de (8), que contienen los cuantificadores *tanto* y *tan*, y otros como *demasiado, suficiente, suficientemente, bastante*, seguidos por *para* y *como para* son consecutivas:

(8)   a   No estoy **tan** sordo **como para** no oírte.
      b   Tiene **suficientes** conocimientos **como para** hacerse cargo de la dirección (NGLEM 45.6.2c).

El modo verbal más frecuente en las oraciones consecutivas es el indicativo, puesto que expresan una relación de causa-consecuencia; pero el subjuntivo es obligatorio con los antecedentes intensivos *de (tal) manera, de (tal) modo, de (tal) forma* en la "interpretación consecutiva-final" (5e) y cuando está "inducido por un elemento externo al grupo consecutivo": la negación (9a), la interrogación en algunos contextos (9b), el imperativo (9c), la preposición *para* (9d) y los contenidos de "duda" y "posibilidad" (9e):

(9) a   No son tan fuertes que no se los pueda derrotar.
　　b   ¿Tan fuertes son que no se los pueda derrotar?
　　c   Esfuérzate tanto que nadie tenga que llamarte la atención.
　　d   Para que haya tantos globos que cubran el cielo.
　　e   Probablemente esté tan ocupado que no nos pueda recibir (Álvarez Menéndez 1999, 3750).

2.3 Construcciones ilativas

Son períodos sintácticos bimembres, cuyos miembros pueden ser cláusulas o enunciados. El primer miembro expone una premisa sin antecedente cuantificador y termina con cadencia y pausa; el segundo introduce una consecuencia que se presenta "como derivación natural de lo que el hablante ha expresado con anterioridad" (NGLE 46.11a) y está encabezado por conjunciones y locuciones conjuntivas como *luego, conque, pues, así que, de {ahí ~ aquí} que* y *de {modo ~ forma ~ manera} que*. En algunas construcciones el concepto de "ilación" admite matices —como la idea de "continuación"— que no expresan "exactamente la consecuencia de algo" (NGLE 46.11o), como (10g):

(10) a   Pienso, **luego** existo.
　　 b   Hizo mal el examen, **de manera que** lo suspendieron.
　　 c   Te necesito, **así que** {ven ~ te pido que vengas}.
　　 d   Creo que va a empezar el programa, **conque** ¿qué hora es?
　　 e   No lo soporto, **de modo que** ojalá se vaya.
　　 f   En todo caso, el plazo finaliza el 4 de enero, **de manera que** todos los socios dispongan del carnet a tiempo para poderlo presentar el 7 de enero en el primer partido del año ante el Zaragoza (El Diario Vasco. San Sebastián: Sociedad Vascongada de Publicaciones, 2000–12–19).
　　 g   Eran cuatro navíos de mediano tamaño, **no superando** ninguno de ellos las sesenta toneladas (Vázquez-Figueroa, Brazofuerte).
　　 h   Anteayer… despedazó el jamón que teníamos guardado para estas Pascuas y nos lo comimos entero. Ayer estuvimos todo el día con unas sopas de huevo y perejil; bueno, **pues** porque protesté de esto me hizo beber tres vasos seguidos de leche sin hervir (Lorca, Zapatera)
　　 i   —¿ **De modo que** murió? —Sí. Quizá usted debió saberlo (Rulfo, Pedro Páramo) (NGLE 46. 8.1; 8.2ab; 11c; 11g; 12l).

Las construcciones ilativas son "siempre externas al núcleo predicativo" y se parecen a las causales explicativas y a las coordinadas (NGLE 46.11bdei). Son, como las causales explicativas, recursos argumentativos que se apoyan en un "supuesto implícito". En (10a) el supuesto implícito puede ser "Si alguien piensa, existe", el mismo de la causal explicativa: *Existo, puesto que pienso*.

También como las causales, las ilativas pueden ser del enunciado y de la enunciación. Las primeras presentan dos hechos, el segundo de los cuales es consecuencia del primero (10b). Las ilativas de la enunciación comunican un hecho o situación cuya consecuencia es un acto ilocutivo (10c-e). En las ilativas, a diferencia de las causales, el primer miembro (la causa) suele ser declarativo, mientras que el segundo (la consecuencia) realiza todos los actos ilocutivos, incluso puede ser una interjección (11e). Por eso son agramaticales las construcciones de (11ab), pero no las de (11c-e):

(11) a *Sal de mi casa, de modo que vete recogiendo tus cosas.
 b *Ojalá lo hubiera perdonado, conque se ha ido para siempre.
 c No me ha llegado la convocatoria, así que ¿a qué hora es la reunión?
 d Estoy harto de tus tonterías, de modo que sal de mi casa cuanto antes.
 e Nadie la ha descubierto todavía, y probablemente nadie la descubra jamás. De modo que ¡cuidado! (NGLE 46.11fj).

Las ilativas pueden llevar el verbo en subjuntivo (10f) y entonces adquieren un sentido de finalidad, al tiempo que resulta difícil distinguirlas de las consecutivas con subjuntivo. Y también pueden construirse con un gerundio (10g).

Las ilativas funcionan también en la relación supraoracional o sintaxis del discurso, "en un plano más elevado de la trabazón discursiva" (NGLE 46.11h). Por eso es frecuente que las conjunciones y locuciones conjuntivas ilativas inicien párrafos en la escritura y turnos discursivos en la conversación (10i).

En su funcionamiento en la relación supraoracional, las conjunciones y locuciones ilativas pueden coincidir con adverbios que funcionan como conectores discursivos: *por consiguiente, por (lo) tanto, entonces, consecuentemente, en consecuencia*, etc.; pero se comportan de modo diferente. Los conectores pueden anteponerse, posponerse o intercalarse en el segmento discursivo que conectan: *Entonces, ¿vienes con nosotros?* ~ *¿Vienes, entonces, con nosotros?* ~ *¿Vienes con nosotros, entonces?*; pueden ir precedidos de la conjunción copulativa *y* (*y en consecuencia, y entonces y por tanto,* etc.), construcción imposible con las conjunciones (*y conque, *y luego, *y así que, *y de manera que,* etc.); y también, en ocasiones, los conectores pueden ir seguidos de una pausa (*Por tanto, alguien se lo dijo*), un hecho raro con las conjunciones (NGLEM 46.8.3b).

3 Aproximaciones teóricas

Los aspectos comunes de estas tres construcciones —expresión de la causalidad, períodos bimembres o bipolares y relación con la enunciación— no ocultan los problemas que las diferencian, cuya solución o esclarecimiento requiere nuevos acercamientos teóricos y metodológicos.

Los problemas más importantes son la diferente identidad de los dos miembros constitutivos de la construcción y la variada índole de su relación sintáctico-semántica.

En las construcciones causales (supra 1) el miembro que expresa la causa o la justificación puede ser:

1) Esquema A: un sintagma preposicional de infinitivo, sustantivo o adjetivo: [*por* ~ *de* ~ *a causa de* ~ *gracias a* ~ *por culpa de,* etc.] + [Infinitivo ~ Sustantivo ~ Adjetivo];
2) Esquema B: una oración subordinada sustantiva: [*por* ~ *de*] + [*que* O];
3) Esquema C: una oración encabezada por una conjunción: [*porque* ~ *como* ~ *que* ~ *pues* ~ *ya que,* etc.] + [O];
4) Esquema D: una causal tópico: [*porque* + enunciado en inciso].

En las construcciones consecutivas (supra 5 y 6) el miembro que expresa la consecuencia puede ser una oración, una interjección o una exclamación o incluso no existir como expresión léxico-sintáctica y hallarse representado únicamente por la entonación suspendida.

En las ilativas el segundo miembro puede ser un gerundio ilativo (10g), una oración (10a-f; 11cd), una interjección (11e) o un párrafo o turno discursivo (10i).

Si es heterogéneo el miembro que expresa la causa, la consecuencia cuantificada o la derivación o continuación de lo expresado antes, no menos heterogénea y variable es la relación sintáctico semántica que liga los dos miembros de la construcción.

En las construcciones causales el Esquema A no pertenece propiamente a la relación interoracional, sino a la intraoracional: la expresión de la causa no es una oración sino un argumento o adjunto nominales.

Los otros tres Esquemas son de relación interoracional, pero no idénticos. El Esquema B, [*por, de*] + [*que* O], es de subordinación sustantiva y se realiza en las causales internas que son argumentos del predicado y llevan el verbo en indicativo. En esta construcción la secuencia *por que* —nunca *porque*— no se sustituye por *ya que* o *puesto que*, "a diferencia de las oraciones en las que introduce complementos no argumentales" (NGLE 46.4c): en *Se caracterizan por que el comprador tiene el derecho de examinar la mercancía* ... (supra 2a) resultan agramaticales **Se caracterizan {ya que ~ puesto que} el comprador tiene el derecho de examinar la mercancía*.

Pero si la causal argumental lleva el verbo en subjuntivo, entonces admite un doble análisis: [*por*] + [*que* O], subordinada sustantiva (Esquema B) y [*porque*] + [O] (Esquema C): *Se desvivía {por que ~ porque} su presencia y figura fueran admiradas* (NGLE 46.2abc).

Si la causal interna al predicado es adjunto, se construye siempre con *porque* (Esquema C): *Se fue {porque ~ ya que ~ puesto que} le dolía la cabeza*.

El Esquema C, [*porque ~ como ~ que ~ pues ~ ya que, puesto que*, etc.] + [O], es también el de las causales externas al predicado (explicativas y causales de la enunciación).

Son también causales externas las construcciones absolutas de participio *dado que* y *visto que*, pero, si no están lexicalizadas plenamente como locuciones conjuntivas, permiten analizar la oración de *que* como subordinada sustantiva de sujeto: [*dado ~ visto*] + [*que* O].

¿Qué clase de relación interoracional representa el Esquema C? Desde luego no es subordinación sustantiva, porque la oración está encabezada por una conjunción, no por una preposición y la conjunción *que*. Con mucha discusión y poco consenso se ha identificado con una subordinación circunstancial o adverbial "impropia" (Narbona 1989, 33 y ss.). Pero se trata de una subordinación variable y heterogénea.

Las causales internas al predicado pueden anteponerse y se convierten en causales temáticas, que ofrecen una subordinación más débil —menos cohesionada— que cuando se posponen y son causales remáticas; y las externas al predicado se han visto como subordinadas débiles, próximas a la coordinación (Pérez Saldanya 2014, 3459) o como actos de habla —separados por una pausa larga y entonación descendente— que justifican otro acto de habla precedente (Gutiérrez Ordóñez 2000, 149). Es decir, como una relación interoracional próxima a la coordinación o a la relación supraoracional (supra 4c).

Más ajustada a la realidad nos parece la calificación de interordinación, porque las dos oraciones del Esquema C forman una construcción bipolar dentro de la cual se exigen mutuamente, esto es, establecen una relación de interdependencia (Rojo 1978, 104; Galán 1995, 136–137). Ello supone desechar la clasificación bipartita "coordinación-subordinación" y adoptar una tripartita: "coordinación-interordinación-subordinación" (Rojo 1978, 90–112).

Si las causales antepuestas se segregan en incisos, se transforman en tópicos del enunciado y se inscriben en la sintaxis del discurso (Esquema D). Así, la construcción *Se arruinó porque gastaba mucho* presenta una estructura de la información en la que se pregunta por el adjunto causal del predicado: *¿Por qué se arruinó?* Pero si se convierte en *Porque gastaba mucho, se arruinó* (1h), cambia la organización informativa. Ahora se pregunta por el tópico que introduce la causal (Esquema

D): *Porque gastaba mucho, ¿qué le pasó?* Estas dos construcciones "[d]icen lo mismo, pero no informan lo mismo" (Gutiérrez Ordóñez 2000, 88).

Así, pues, las oraciones causales con relación interoracional (Esquemas B, C y D) pueden ser a) subordinadas sustantivas; b) variablemente, subordinadas sustantivas o interordinadas; c) interordinadas; y d) sintaxis del discurso. A esta variedad de construcciones causales hay que añadir las "causales-consecutivas" (§ 2.2), que son sintagmas preposicionales causales (Esquema A) que integran una construcción consecutiva.

Como vemos, tampoco la interordinación explica todas las construcciones causales ni elimina toda su variabilidad interna. Esta variabilidad de las relaciones sintáctico-semánticas entre los dos miembros de la construcción causal nos obliga a entender la interordinación como una relación no estática, sino dinámica y variable.

En las construcciones consecutivas la segunda oración, encabezada por la conjunción *que*, se considera subordinada por la mayoría de los gramáticos. Pero hay razones para considerarla interordinada (Girón Alconchel 2011). Hay una relación de interdependencia entre el antecedente y la conjunción *que*, sea el antecedente *tanto, tan, tal, cada, un...* en las consecutivas de intensidad, sea *de manera, de modo, de forma...* en las consecutivas de manera. Además, en el funcionamiento de las consecutivas representan un papel decisivo factores prosódicos que las alejan de la subordinación típica: la inflexión de anticadencia o semianticadencia antes de *que*, la pausa, la independencia fónica de la segunda oración y con frecuencia la entonación exclamativa. Y la "cuantificación", que es el significado propio de la construcción en su conjunto, se puede expresar no solo mediante el antecedente intensivo, sino también mediante la entonación, que desempeña una función diacrítica en las consecutivas reducidas a interjección o exclamación, suspendidas o de antecedente elidido (6), esquemas frecuentes en la conversación. En el caso de las consecutivas de antecedente elidido es patente la función diacrítica de la entonación para distinguir la oración de relativo (13a) de la consecutiva (13b):

(13) a   Tan grande es la deuda que no podemos pagar (↓)
     b   Tan grande es la deuda (↑), que {no podemos pagar ~ no podemos pagarla} (Álvarez Menéndez 1999, 3772–3780; NGLE 15.14l)

Por otra parte, las construcciones consecutivas presentan una variabilidad interna que las enlaza con las ilativas, en las que "se acentúa la indistinción entre períodos yuxtapuesto, coordinado y subordinado" (Narbona 1990, 76). Por eso el concepto de interordinación explica mejor la naturaleza de la oración consecutiva. Las correlaciones intensivas *de tal manera ... que, de tal modo ... que, de tal forma ... que*, características de las consecutivas "de intensidad-manera", comenzaron un proceso de gramaticalización y lexicalización (Girón Alconchel 2008) al seleccionar mayoritariamente la preposición *de*, frente a otras posibles, incluso hoy, como *en, por, a* (5g). Posteriormente van perdiendo el determinante intensivo *tal* y cualquier otro modificador del sustantivo y se convierten en locuciones adverbiales cuantificadoras: *de manera que, de forma que, de modo que*. En ellas se percibe una breve pausa y una inflexión de semianticadencia antes de *que*, [demanéra↑| ke], [defórma↑| ke] [demódo↑| ke], "con lo que queda claramente marcado el carácter elativo del antecedente y se hace posible el desencadenamiento de la correlación consecutiva" (Bartol 1986, 81). Nótese en (5g) cómo —incluso hoy— esa pausa puede representarse en la escritura y el sustantivo estar calificado por un adjetivo. El proceso de gramaticalización y lexicalización prosiguió con la conversión de dichas locuciones adverbiales en las locuciones ilativas *de manera que, de modo que, de forma que* (Girón Alconchel 2011).

Por ser interordinadas las consecutivas presentan estructuras también variables en forma de "construcciones híbridas" (Narbona 1978, 144–154; Herrero 2005, 523–530) en las que comparten propiedades con otras construcciones. Lo acabamos de ver en las construcciones consecutivas próximas a las relativas, aunque distintas por la entonación; y lo vimos en las causales-consecutivas (§ 2.2), las consecutivas-comparativas y las consecutivas-finales (§ 2.3).

La relación de interordinación puede ser asindética. Todos los antecedentes de las consecutivas de intensidad —menos *un* y *cada*— se pueden posponer a la oración consecutiva, pero entonces desaparece la interordinación, sustituida por la yuxtaposición de las dos oraciones, aunque el período es semánticamente equivalente a la oración consecutiva (Álvarez Menéndez 1999, 3757, n. 4): *Les dijo tales cosas que todos enmudecieron* (interordinación consecutiva) à *Todos enmudecieron: tales cosas les dijo* (yuxtaposición con sentido consecutivo). Cuando el antecedente intensivo es una oración exclamativa, puede posponerse también: ¡*En un lugar con tanto calor, talar árboles que dan sombra!* ¡*Si será bestia!* (Narbona 1990, 81; Álvarez Menéndez 1999, 3799; NGLE 45.14o). Incluso se puede omitir la partícula *si* y entonces "la curva tonal ascendente suple en su conjunto el equivalente de la construcción consecutiva *tan ... que* o sus variantes con *tal*": *Y aun así tú crees que no hubo premeditación,* **tendrás cara** (Marías, J. *Batalla*) (NGLE 23.14q).

Las construcciones ilativas son igualmente interordinadas. Cuando el segundo miembro es una oración, esta puede ser ilativa de la enunciación o del enunciado; también puede reducirse a una interjección, pero en algunas muestras con dificultad se distingue una ilativa de una consecutiva. No obstante, las ilativas ocupan un espacio interoracional más extenso que las consecutivas, pues, por un extremo del mismo, se acercan a la relación intraoracional en los gerundios ilativos (10g) y, por el otro, están más próximas —como hemos señalado (§ 2.3)— a las causales explicativas y a la coordinación. El segundo miembro de la construcción ilativa puede ser un enunciado o "un PERÍODO completo que constituye un razonamiento trabado" (NGLE 46.11g), como en (10h), y también un párrafo o un turno de diálogo (10i). En estos casos las conjunciones ilativas funcionan como conectores discursivos (§ 2.3) y entonces intervienen en la sintaxis del discurso, proporcionando instrucciones sobre lo que el hablante pretende comunicar y sobre los estados mentales que prevé en sus interlocutores (Portolés 2010, 283–284; Girón Alconchel 2014, 225).

En conclusión, la relación interoracional entre los dos miembros de las construcciones causales, consecutivas e ilativas es principalmente de interordinación, pero debe entenderse esta interordinación como dinámica y variable, puesto que se desliza, por un extremo, hacia la subordinación (causales de [*por, de*] + [*que* O) y la relación intraoracional (causales de [*por*] + [Infinitivo, Sustantivo o Adjetivo], ilativas de gerundio) y, por el otro, hacia la coordinación (causales explicativas e ilativas), la yuxtaposición (consecutivas con posposición del sintagma intensivo) y la sintaxis del discurso (causales tópicos e ilativas).

4 Perspectivas actuales

Su condición dinámica y variable nos lleva a considerar la relación interoracional dentro del paradigma de la gramaticalización expuesto por Hopper y Traugott (2003, 175–211). Estos autores han propuesto concebir las relaciones interoracionales como una cadena de gramaticalización ("Grammaticalization across clauses"), con los eslabones "coordinación > interordinación ('Hypotaxis or interdependency') > subordinación". No es solo una perspectiva diacrónica, sino también sincrónica, siempre que la entendamos como *sincronía dinámica*, es decir, con esquemas variables desde las realizaciones más sueltas a las más ligadas. Así, las relaciones interoracionales integran un *continuum* categorial prototípico. Hopper y Traugott (2003, 183) ejemplifican con el *continuum* de las causales en inglés, que es perfectamente equiparable al *continuum* de las causales españolas: unas —externas al predicado— menos cohesionadas y con una modalidad oracional, o fuerza ilocutiva, independiente y otras —internas al predicado— más cohesionadas e incrustadas en la misma modalidad oracional de la otra oración de la construcción. Y podemos añadir el *continuum* de las consecutivas: desde la yuxtaposición con sentido consecutivo a las consecutivas de manera y a las consecutivas de intensidad. E igualmente, el *continuum* de las ilativas, desde las más prototípicas, cercanas a la coordinación y a la relación supraoracional, a las menos prototípicas, a veces difícilmente distinguibles de las consecutivas de manera.

Considerar las relaciones interoracionales como una cadena de gramaticalización implica considerar dos tipos de gramaticalización con dimensiones no exactamente idénticas. Por un lado, la gramaticalización de los esquemas de relación interoracional: coordinación-interordinación-subordinación; por otro, la gramaticalización-lexicalización de las conjunciones y locuciones conjuntivas (Hopper y Traugott 2003, 184–190).

La gramaticalización de las conjunciones y locuciones evidencia las tres dimensiones de la cadena de gramaticalización desarrolladas por Heine (1992): la dimensión semántico-cognitiva, según la cual en una cadena de gramaticalización el eslabón más a la derecha es el de significado más abstracto; la dimensión morfosintáctica, por la que el miembro más a la derecha es el menos variable morfosintácticamente; y la dimensión cronológica, que predice que el miembro más a la derecha es el más nuevo. Estas dimensiones se cumplen en los procesos de gramaticalización en los que se crean y lexicalizan conjunciones a partir del discurso. En las conjunciones causales es "transparente" este proceso. La preposición causal *por* y la conjunción *que* se gramaticalizan y lexicalizan "a partir de las construcciones en las que *por* selecciona como complemento una subordinada sustantiva con *que*" (Pérez Saldanya 2014, 3515–3516): [por] + [que O] > [porque] + [O]. Y *porque* es de significado más abstracto, de morfosintaxis menos variable y cronológicamente más nuevo que *por + que*. Del mismo modo, en las consecutivas de intensidad, los antecedentes intensivos *de tal forma … que, de tal manera … que, de tal modo … que* son menos abstractos y más variables que las locuciones adverbiales cuantificadoras de las consecutivas de manera {*de forma, de manera, de modo*} que y estas, a su vez, son también menos abstractas, más variables y más antiguas que las locuciones ilativas *de forma que, de manera que, de modo que*.

En la cadena de gramaticalización de las relaciones interoracionales se cumple la dimensión semántico-cognitiva: la subordinación es de significado más abstracto que la interordinación y esta es de significado más abstracto que la coordinación. Se cumple también la dimensión morfosintáctica: la subordinación es menos variable morfosintácticamente que la interordinación y esta menos que la coordinación. Pero no hay dimensión cronológica, porque no hay prioridad de la parataxis: la subordinación no es más nueva que la interordinación, ni esta más nueva que la coordinación. Al menos en la historia del español, la subordinación, la interordinación y la coordinación aparecen al mismo tiempo desde los primeros textos. Lo que hay es una *dimensión retórica* que determina la mayor o menor frecuencia de unos u otros de estos esquemas según el tipo de texto y su finalidad comunicativa.

Los parámetros que sustentan el análisis y la valoración de las relaciones interoracionales son la dependencia sintáctica y la integración semántica de las oraciones relacionadas.

En la relación de coordinación las oraciones están mínimamente integradas desde un punto de vista semántico y son mínimamente dependientes desde una perspectiva sintáctica. "Son núcleos que mantienen su independencia" (Girón Alconchel 2014, 213). En el otro extremo de la cadena, la oración subordinada mantiene una relación de dependencia sintáctica con la oración principal, al tiempo que se integra semánticamente en la misma. La oración subordinada es margen del núcleo que es la principal. En la relación de interordinación las dos oraciones son sintáctica y semánticamente interdependientes; forman un núcleo sin márgenes en el que se integran y se exigen recíproca y variablemente.

El dinamismo y la variación de los esquemas de la relación interoracional y, principalmente, de la interordinación viene dado por la cadena de gramaticalización y por el mayor o menor grado de lexicalización —producto de una gramaticalización concluida o no— de las conjunciones y locuciones conjuntivas.

Según hemos visto, las causales internas argumentales en subjuntivo pueden analizarse como subordinadas sustantivas o como interordinadas causales. Para explicar este hecho hay que tener en cuenta que la gramaticalización de *por* + *que* > *porque* genera polisemia y estratificación paradigmática, perceptibles incluso en una perspectiva sincrónica y que la cadena de gramaticalización *coordinación* > *interordinación* > *subordinación* origina relaciones sintácticas que no son estáticas sino dinámicas y cambiantes. Lo mismo pasa con las locuciones causales *puesto que*, *dado que* y *visto que*:

(14) a Nunca supe por qué había cruzado a la acera de enfrente, sin ninguna necesidad, **puesto que** la calle desembocaba en la plaza de la Chapelle (Cortázar, Glenda).
b La estabilidad también le preocupaba especialmente, **dado que** debería atravesar algunas pozas con remolino (Guelbenzu, Río).
c **Dado** el gran peso que tenían que soportar, tenían que hacerse de un material más compacto que la caliza (Villanueva Lázaro, Cantabria).
d **Visto que** tal cosa no había podido ser detectada, ¿qué quedaba del éter? Absolutamente nada (Boido, Einstein).
e Pero, **visto** el resultado, que producía líneas excelentes y de diversa intensidad, se pensó aplicarlo a la estampa (ABC Cultural 2/8/1996) (NGLE 46.6ño).

En *puesto que* el participio ha perdido tonicidad y no admite un sustantivo en construcción absoluta, lo que significa que *puesto que* se ha lexicalizado plenamente como locución causal y se analiza: [*puesto que*] + [O] (14a).

No es el caso de *dado que* y *visto que*, todavía construcciones absolutas de un participio que conserva su acento y admite un sustantivo como sujeto (14ce). En consecuencia, en (14bd) la expresión de la causa adopta la forma de subordinada sustantiva sujeto: [*dado*] ~ [*visto*] + [*que* O].

Tampoco es fácil distinguir el sentido consecutivo del ilativo en las secuencias *de modo que, de manera que* y *de forma que*. Como vimos (§ 3), el proceso de gramaticalización y lexicalización no ha concluido y ello provoca que puedan interpretarse como locuciones adverbiales intensivas en consecutivas de manera o como locuciones ilativas, según pausas y entonación.

He preguntado por estas locuciones al "CREA Versión anotada", poniendo en la casilla "Forma" cada una de ellas y seleccionando "Conjunción" en la casilla "Clase de palabra". He analizado los 200 primeros casos de cada secuencia. He considerado que la pausa delante de la locución —marcada por coma, punto y coma, dos puntos o punto (seguido y aparte), paréntesis— distingue las ilativas de las consecutivas de manera. Los resultados y porcentajes se plasman en la Tabla 18.1:

Tabla 18.1 Frecuencia de construcciones consecutivas de manera y locuciones ilativas.

Locución	de modo que	de manera que	de forma que
Casos analizados sobre el total en CREA	(200/5221) = 3,8 %	(200/3577) = 5,5 %	(200/1768) = 11,3 %
No locuciones	0	0	(1/200) = 0,5 %
Pausa (**ilativas**)	(183/200) = 91,5 %	(177/200) = 88,5 %	(159/199) = 79,8 %
No pausa (**consecutivas de manera**)	(17/200) = 8,5 %	(23/200) = 11,5 %	(41/1799) = 20,6 %

Fuente: CREA (versión anotada 0.4).

Resulta que en el español moderno el porcentaje de ilativas es sensiblemente superior al de consecutivas de manera, lo que había sido señalado por Alarcos (1994, 350). La locución ilativa *de modo que* es, en proporción, la más usada, seguida por *de manera que* y *de forma que*. Inversamente, la locución adverbial consecutiva más usada es *de forma que*, seguida por *de manera que* y *de modo que*. Se confirma que el criterio fundamental que distingue las construcciones ilativas es el tonema de cadencia y la pausa delante de las locuciones ilativas.

La cadena de gramaticalización de las relaciones interoracionales implica la variación y el movimiento de la interordinación hacia la subordinación y hacia la coordinación. Subordinación sustantiva son las causales argumentales en indicativo y las causales explicativas con *dado que* y *visto que*; las causales argumentales con el verbo en subjuntivo pueden analizarse como subordinadas sustantivas o como interordinadas; los sintagmas preposicionales causales son relación intraoracional y las causales-consecutivas son sintagmas causales dentro de una consecutiva. Por lo que respecta a las consecutivas se mueven hacia la subordinación las de intensidad, las consecutivas-finales, las consecutivas-comparativas, las consecutivas-relativas y las consecutivas de manera en subjuntivo con sentido de finalidad, lo mismo que las ilativas en subjuntivo.

La interordinación se mueve también hacia la coordinación y la sintaxis del discurso en las causales externas al predicado, las causales tópicas, la yuxtaposición con sentido consecutivo y las ilativas introducidas por conjunciones y locuciones con función de conectores del discurso.

La representación gráfica más apropiada de esta cadena de relación interoracional dinámica y variable sería: "*coordinación* → ← *interordinación* → ←*subordinación*", en la que los vectores opuestos (→←) muestran gráficamente la idea de continuum: no hay solución de continuidad entre coordinación, interordinación y subordinación (Girón Alconchel 2014, 215).

5 Direcciones futuras y conclusiones

Hemos visto que las construcciones causales, consecutivas e ilativas comparten propiedades: expresión de la causalidad, período bimembre, relación con la enunciación. Junto a estos rasgos comunes presentan diferencias importantes. La relación de los dos miembros constitutivos de la construcción es heterogénea y variable; se identifica básicamente con la interordinación, en la representación tripartita "coordinación-interordinación-subordinación". La interordinación, sin embargo, tiene un núcleo prototípico más o menos estable (las consecutivas de intensidad) y deslizamientos hacia la coordinación y la sintaxis del discurso (ilativas, yuxtaposición con sentido consecutivo, causales explicativas y causales tópicas) y hacia la subordinación (consecutivas de manera, causales argumentos y adjuntos del predicado) y la relación intraoracional (construcciones de gerundio ilativo, causales-consecutivas, sintagmas preposicionales de infinitivo, sustantivo o adjetivo de significado causal).

Coordinación-interordinación-subordinación integran así un *continuum* categorial prototípico, una cadena de gramaticalización. Los movimientos descritos de la interordinación —su variación y heterogeneidad— se deben a dos factores: las dimensiones semántico-cognitiva, morfosintáctica y retórica de la cadena de gramaticalización de las relaciones interoracionales y el mayor o menor grado de lexicalización alcanzado por los nexos.

Considerar estas construcciones como integrantes de una categoría prototípica invita a ensancharla incluyendo los eslabones cuyas fronteras en cierta medida han traspasado. Hablamos de ir no solo más allá sino también más arriba de la oración, considerando el *continuum* "sintaxis del discurso (o relación supraoracional)-relación interoracional (coordinación-interordinación-subordinación)-relación intraoracional" (Girón Alconchel 2014). En el *continuum* de las relaciones interoracionales e intraoracionales se instala un escenario delimitado por la dependencia sintáctica y la integración semántica, con una carga específica, aunque limitada, de instrucciones de procesamiento del discurso. En el nuevo *continuum* en el que se integran las relaciones supraoracionales aparece un nuevo escenario, no solo secuencial (más allá de la oración), sino de jerarquía estructural (más arriba de la oración), donde figuran otras instrucciones de procesamiento tendentes a organizar el discurso de acuerdo con los dos factores básicos de su estructura informativa: lo que se quiere comunicar y "los estados mentales" que el hablante prevé en sus interlocutores: si conocen o no lo que se les va a comunicar, si se han formado una idea equivocada, etc. (Portolés 2010, 283–284).

Lecturas complementarias recomendadas

Álvarez Menéndez, A. I. (1991); Girón Alconchel, J. L. (2011); Gutiérrez Ordóñez, S. (2000).

Referencias bibliográficas

Alarcos Llorach, E. 1994. *Gramática de la lengua española*. Madrid: Espasa-Calpe, Real Academia Española.
Álvarez Menéndez, A. I. 1991. "Conectores y grupos oracionales consecutivos". *LEA* 13: 117–132.
Álvarez Menéndez, A. I. 1999. "Las construcciones consecutivas". En *Gramática descriptiva del español*, eds. I. Bosque y V. Demonte, 3739–3804. Madrid: Espasa-Calpe.
Bartol Hernández, J. A. 1986. *Oraciones consecutivas y concesivas en las Siete Partidas*. Salamanca: Universidad de Salamanca.
CORPES: Real Academia Española. Corpus del Español del Siglo XXI. (http://rae.es/recursos/banco-de-datos/corpes-xxi). Versión 0.94.
CREA: Real Academia Española. Corpus de Referencia del Español Actual. (http://rae.es/recursos/banco-de-datos/crea). Versión anotada 0.4.
Galán Rodríguez, C. 1995. "Las oraciones causales: propuesta de clasificación". *Anuario de Estudios Filológicos* 18: 125–158.
Galán Rodríguez, C. 1999. "La subordinación causal y final." En *Gramática descriptiva del español*, eds. I. Bosque y V. Demonte, 3597–3642. Madrid: Espasa-Calpe.
Girón Alconchel, J. L. 2008. "Lexicalización y gramaticalización en la creación de marcadores del discurso ... y de otras palabras". En *Romanische Syntax im Wandel*, eds. E. Stark *et al.*, 363–385. Tübingen: Gunter Narr Verlag.
Girón Alconchel, J. L. 2011. "Ilativas, interordinación y consecutivas de enunciación". En *Sintaxis y análisis del discurso hablado en español. Homenaje a Antonio Narbona*, vol. 1, eds. J. J. de Bustos Tovar, *et al.*, 551–566. Sevilla: Universidad de Sevilla.
Girón Alconchel, J. L. 2014. "El *continuum* gramática-discurso: construcciones ilativas entre 1684 y 1746 en relatos históricos". En *Procesos de gramaticalización en la historia del español*, eds. J. L. Girón Alconchel y D. Sáez Rivera, 189–232. Madrid y Frankfurt a. M.: Iberoamericana y Vervuert.
Gutiérrez Ordóñez, S. 2000. "Causales". *Boletín de la Real Academia Española* 80: 47–159.
Heine, B. 1992. "Grammaticalization Chains". *Studies in Language* 16(2): 335–368.
Herrero Ruiz de Loizaga, J. 2005. *Sintaxis histórica de la oración compuesta en español*. Madrid: Gredos.
Hopper, P. J. y E. C. Traugott. 2003. *Grammaticalization*, 2ª ed. Cambridge: Cambridge University Press.
Lapesa, R. 1978. "Sobre dos tipos de subordinación causal". En *Estudios ofrecidos a Emilio Alarcos*, vol. 3, 173–205. Oviedo: Archivum
Narbona Jiménez, A. 1978. *Las proposiciones consecutivas en español medieval*. Granada: Universidad de Granada.
Narbona Jiménez, A. 1989. *Las subordinadas adverbiales impropias en español. Bases para su estudio*. Málaga: Editorial Librería Ágora S. A.
Narbona Jiménez, A. 1990. *Las subordinadas adverbiales impropias en español (II)*. Málaga: Editorial Librería Ágora S. A.
NGLE: Real Academia Española y Asociación de Academias de la Lengua Española. 2009–2011. *Nueva gramática de la lengua española. Morfología y sintaxis*. Madrid: Espasa. (www.rae.es/recursos/gramatica/nueva-gramatica).
NGLEM: Real Academia Española y Asociación de Academias de la Lengua Española. 2010. *Nueva gramática de la lengua española. Manual*. Madrid: Espasa Libros.
Pavón Lucero, M. V. 2012. *Estructuras sintácticas en la subordinación adverbial*. Madrid: Arco Libros.

Pérez Saldanya, M. 2014. "Oraciones causales." En *Sintaxis histórica de la lengua española. Tercera parte: Preposiciones, Adverbios, y conjunciones. Relaciones interoracionales*, vol. 3, ed. C. Company Company, 3447–36093. México: Universidad Nacional Autónoma de México y Fondo de Cultura Económica.

Portolés, J. 2010. "Los marcadores del discurso y la estructura informativa." En *Los estudios sobre marcadores del discurso en español, hoy*, coords. O. Loureda Lamas y E. Acín Villa, 281–326. Madrid: Arco/Libros.

Rojo, G. 1978. *Cláusulas y oraciones*. Santiago de Compostela: Universidad de Santiago de Compostela.

19
Estructura informativa
(Information Structure)

Andreas Dufter

1 Introducción

Desde los inicios de la gramática moderna, las intuiciones acerca de la relevancia de la estructura informativa para la organización sintáctica de los enunciados han estado omnipresentes. Este capítulo se abre con un repaso de algunos conceptos fundamentales, entre los que destaca la necesidad de distinguir entre dos dimensiones, a saber, la de tópico y comentario y la de foco y fondo. A continuación, el capítulo presenta una visión general de la codificación sintáctica de tópicos y focos en español. Para ello, se estudia primero la variación en la ordenación sintáctica de sujeto, verbo y objeto. En un segundo paso, se abordan los diferentes procedimientos de dislocación y de hendimiento que se encuentran en el español contemporáneo. Sigue un breve recorrido por trabajos dedicados a la estructura informativa en la zona preverbal. En este contexto, se apuntan también casos de codificaciones sintácticas sujetas a variación geográfica en el ámbito hispánico de nuestros días. Por último, se aventuran algunas observaciones sobre posibles vías de investigación futura.

Palabras clave: estructura informativa; tópico; foco; dislocación; oración hendida

Since the inception of modern grammar, insights into the relevance of information structure for the syntactic organization of utterances have been pervasive. This chapter opens with a survey of some basic concepts, namely, the notions of topic and comment, and the notions of focus and background. The chapter moves on to present a general perspective of the syntactic coding of topics and foci in Spanish. To this end, we first describe variation in the ordering of subject, verb and object. In a second step, we address the different dislocation and clefting strategies in contemporary Spanish. This is followed by a brief look into information structure in the preverbal domain. In this context, some instances of geographical variation in syntactic coding in the contemporary Spanish-speaking world are also noted. By way of conclusion, we will endeavor to make some observations about potential avenues for future research.

Keywords: information structure; topic; focus; dislocation; cleft sentence

2 Conceptos fundamentales

Desde los albores de la gramaticografía moderna, se pueden encontrar observaciones, a veces más bien casuales, según las cuales el nivel estructural sintáctico interactúa con otro más dependiente de las intenciones comunicativas del hablante. Ya en el siglo XIX, se propone una partición de las oraciones en "sujeto psicológico" y "predicado psicológico" (*psychologisches Subjekt* y *psychologisches Prädikat*, Paul 1886, 100). Intuiciones muy semejantes se ven progresivamente elaboradas en la escuela estructuralista conocida como el Círculo Lingüístico de Praga. En un breve artículo pionero dedicado al inglés, Mathesius (1929) argumenta que este idioma exhibe una tendencia muy marcada a hacer del tema (*Satzthema*) de una oración el sujeto, lo que a su vez diferencia al inglés de las lenguas eslavas y del alemán. Según el lingüista checo, varias propiedades gramaticales del inglés contribuirían a establecer una distinción muy nítida entre este tema y lo que se predica sobre él, el llamado rema (*Satzaussage*). Aunque las estrategias puedan variar entre los idiomas, Mathesius hace hincapié en que sus organizaciones gramaticales suelen optimizar la perspectivización (*Satzperspektive*) de los contenidos proposicionales, y privilegiar una ordenación tema—rema, excepto en casos de énfasis particular sobre un constituyente. Esta perspectiva funcional de la oración fue sucesivamente elaborada por los seguidores de la escuela de Praga.

Sin embargo, con el tiempo se hizo cada vez más evidente que el concepto de tematicidad (al igual que su pareja rematicidad) engloba diferentes aspectos que no siempre van juntos. En particular, puede haber sintagmas en el discurso que ya han sido mencionados anteriormente, lo que apunta al estatus de tema, pero que aun así añaden información nueva dentro de la oración en la que aparecen, por lo que también habría que calificarlos de remáticos. Así las cosas, se suele distinguir en la lingüística actual entre dos dimensiones independientes en lo que se ha dado en llamar el "embalaje de la información" (*information packaging*, Chafe 1976).

El primer concepto fundamental en este ámbito es el de tópico. Acuñado en el marco del estructuralismo norteamericano, el término, así como su término complementario comentario (*topic* y *comment* en inglés), desarrolló acepciones ligeramente distintas en las aproximaciones de diferentes lingüistas con el paso del tiempo. Debe mencionarse, primero, la tradición aristotélica, según la cual un hablante formula un tópico para expresar a continuación una predicación sobre este referente discursivo. En esta acepción del término, topicalidad designa una relación de *pragmatic aboutness* (Reinhart 1981, 53) y suele aplicarse a constituyentes nominales o pronominales, con frecuencia, pero no siempre, en función de sujeto. A la hora de examinar datos concretos, sin embargo, se hace evidente que no todos los enunciados obedecen a ese ideal de una estructura binaria de tópico y comentario. Asimismo, puede haber casos en los que resulta difícil atribuir la calidad de tópico a una determinada expresión lingüística en una oración dada:

(1) E: bien // y dígame // ¿alguna vez/ha estado en una situación/en la que haya sentido que su vida haya corrido peligro? [...]
 I: bueno alguna vez sí/tuve que ir a la clínica pero // mayormente no/y luego así que haya tenido muy mucho/mucho miedo/cuando nos asaltaron en la puerta de la casa [...]
 I: nos robaron todo lo que quisieron pero nada más (oral, Lima, 2009, PRESEEA)

En las dos últimas cláusulas de (1), la identificación de un tópico no resulta nada fácil. Tal vez se podría sostener que la entrevistada contesta a una pregunta sobre su vida, pero ni en *cuando nos asaltaron en la puerta de la casa* ni en *nos robaron todo lo que quisieron pero nada más* aparece una expresión con referencia específica a la hablante. Las dos ocurrencias de *nos*, en cambio, quedan algo imprecisas en cuanto a su referencia exacta. Aun así, quizás no resulta imposible calificarlas como tópicos. Lo mismo vale para los dos sujetos tácitos, correferenciales, cuyos referentes cumplen el rol de los agresores. Intuitivamente, podríamos decir que ambas cláusulas contienen información acerca de un robo, si bien es cierto que no existe ningún sintagma nominal que permita atribuirle el estatus de tópico. Ante tal estado de cosas, se propuso una distinción entre tópico oracional (*sentence topic*) y tópico discursivo (*discourse topic*, van Dijk 1977). A diferencia de los primeros, los tópicos discursivos tienden a mantenerse estables durante un segmento textual o conversacional más largo, organizando la macro-estructura discursiva.

Una segunda aproximación a la noción de tópico y de topicalidad toma en cuenta no solo la codificación lingüística de una información por un productor, sino también sus intenciones comunicativas respecto al procesamiento por el destinatario del mensaje. Según una propuesta influyente de Reinhart (1981), el tópico oracional sirve al oyente o lector de anclaje a la hora de evaluar la proposición expresada y de almacenar esta información en su base de conocimientos. Compárense los enunciados en (2):

(2) a   En 1810, el príncipe heredero Luis se casó con la princesa Teresa de Sajonia. (*La Vanguardia*, 30/09/1995, CREA).
    b   En 1810, la princesa Teresa de Sajonia se casó con el príncipe heredero Luis.

En (2a), se sugiere a los lectores que añadan esta información a la rúbrica del príncipe Luis I de Baviera, mientras en (2b) la información quedaría por añadir a la reservada a la princesa sajona. A elementos iniciales que especifican un marco espacio-temporal, como *en 1810* en (2) se les asigna también un papel informacional de tópico, llamado tópico de encuadre (*frame topic*) o "marcos del conjunto oracional" (Fernández Lorences 2010, 96). Las oraciones en (2) muestran entonces que puede haber más de un elemento topical dentro de una misma oración.

Además de la dimensión de tópico y comentario, hay una segunda dimensión fundamental en la descripción de la estructura informativa, a saber, la de foco y fondo. En una primera aproximación, el foco puede caracterizarse como la información nueva que se introduce en una oración. Con el fin de proporcionar un contexto suficiente para determinar el ámbito del foco en una oración declarativa, muchos estudios suelen recurrir a ejemplificaciones constituidas por pares de pregunta y respuesta. La oración en (2a), por ejemplo, podría aparecer en los contextos tanto de (3a) como de (3b):

(3) a   A: ¿Con quién se casó el príncipe heredero Luis en 1810?
        B: En 1810, el príncipe heredero Luis se casó con [la princesa Teresa de Sajonia]$_{Foco}$.
    b   A: ¿Qué sucedió en Baviera en el año 1810?
        B: En 1810, [el príncipe heredero Luis se casó con la princesa Teresa de Sajonia]$_{Foco}$.

Como se desprende de (3), el foco puede comprender tanto un constituyente clausal entero como un sintagma, a diferencia del tópico. Según apunta Rooth (1992), la marcación de un determinado segmento de la oración como focal indica que en el contexto de aparición de la oración están presentes segmentos alternativos que tienen particular relevancia para la interpretación de la oración. Es de notar que esta definición no hace ninguna referencia a las codificaciones sintácticas, prosódicas o morfemáticas del ámbito del foco en un enunciado concreto. Como en el caso de la topicalidad, se pueden distinguir subtipos semánticos y pragmáticos de focos, como el foco contrastivo, donde las alternativas pueden ser explicitadas en el contexto lingüístico o situacional.

Para terminar, queríamos hacer hincapié en el hecho de que las dos dimensiones introducidas establecen articulaciones lógicamente independientes la una de la otra (*cf.* Krifka y Musan 2012; Dufter y Gabriel 2016). En ambas respuestas en (3), por ejemplo, el tópico es el sujeto *el príncipe heredero Luis*. Evidentemente, entonces, el foco puede diferir del comentario al comprender solo una parte del mismo (3a), o bien comprender una oración entera (el llamado foco *all-new*), como en (3b).

3 Aproximaciones teóricas

Para el estudio de la estructura informativa en español, cabe mencionar el trabajo pionero de Bolinger (1954). Sin referirse a los conceptos de la Escuela de Praga, este autor llega a conclusiones parcialmente semejantes al investigar la ordenación de varios pares de constituyentes. Según Bolinger, en los órdenes libres en español se observa una tendencia a una ordenación situación—propósito—elemento reasuntivo (*situation—point—resumptive*, p. 55). Esto significa que en español se prefiere posicionar un elemento topical en la periferia izquierda de la oración (*situation*), aunque a veces pueden aparecer tópicos, sobre todo con carácter anafórico, en el margen derecho (*resumptive*). Las ideas de Bolinger se combinan con los conceptos de la Escuela de Praga en la monografía de Contreras (1976), otro trabajo seminal sobre la estructura informativa en español. Contreras desarrolla una jerarquía de selección de rema, teniendo en cuenta no solo el orden de los constituyentes básicos de la oración, sino también la entonación, así como los papeles temáticos de los argumentos. Volveremos sobre esta idea en la sección 5. En el apartado siguiente empezaremos por un breve repaso de la estructura informativa en las oraciones simples.

3.1 Ordenación de los constituyentes básicos

En general se admite en tipología lingüística que el orden básico de las oraciones declarativas en las lenguas romances es sujeto—verbo—objeto (SVO). Como recuerda Gutiérrez Bravo (2008, 370), la calidad no marcada, canónica, de SVO se ve reflejada en el hecho de que tal ordenación parece la única natural para responder a preguntas del tipo *¿Qué pasó?*, o sea, en contextos en los que no hay ningún fondo compartido, es decir, en oraciones *all-new*. Desarrollando observaciones que ya se encuentran en los trabajos de Bolinger y de Contreras, muchos trabajos adoptan un principio de proyección, o de percolación, del foco. Según este principio, una oración declarativa SVO es apta para diversas particiones foco/fondo, siempre que el constituyente sobre el cual recae el acento nuclear esté incluido en el dominio del foco.

Sin embargo, el español admite varias permutaciones del orden SVO, en particular sujetos posverbales (VS) y objetos no clíticos preverbales (OV) (véase este volumen cap. 20). En cuanto al posicionamiento de los sujetos antes o detrás del verbo, el papel de la estructura informativa es controvertido. En muchos casos, parece que la posición posverbal de sujetos estaría más bien vinculada con factores semánticos. Baste recordar aquí los verbos inacusativos, en particular verbos de movimiento, de apariencia o de cambio de estado, todos ellos intransitivos, en los que el orden VS predomina y en ocasiones resulta el único permitido. Al mismo tiempo, por su naturaleza semántica, tales oraciones suelen exhibir un carácter tético, es decir, carecen de una partición tópico/comentario. Como la posición inicial está fuertemente asociada con una interpretación de tópico, la posposición del sujeto podría analizarse como de-topicalización del sujeto. Asimismo, el sujeto posverbal en posición final de su cláusula recibe el acento nuclear, lo que marca su pertenencia al dominio del foco, como ilustra (4):

(4) Ha dimitido Jesús Mari Zamora y ha sido destituido Miguel Etxarri. (*El País*, 01/07/2007, CORPES)

En oraciones que presentan tanto un sujeto como un objeto léxico, el orden VOS suele marcar al sujeto como foco exclusivo de la oración (VO[S]$_{Foco}$, véase Zubizarreta 1998, 125; Leonetti 2017, 898), como en la segunda oración de (5). Por el contrario, el orden VS(O) señala un carácter tético y/o un foco oracional. Por ende, VSO parece un orden perfectamente adecuado para contestar a una pregunta como *¿Qué pasó (entonces)?*, por lo menos en el español europeo (Leonetti 2017, 902) (6), si bien es cierto que, en muchos casos, existe algún sintagma en función adverbial a la izquierda del verbo (XVSO). En el español de México, una oración VSO sin ningún elemento preverbal puede incluso ser juzgada agramatical (Gutiérrez Bravo 2020, 63):

(5) Mrs. Flight Stone, esposa de un miembro del consejo del petróleo, ofreció un premio de $ 5.000 a la mejor composición en español sobre el romanticismo americano del siglo XIX. Ganó el premio Mr. Flip, pastor evangelista y profesor de hidráulica en Lansing (Michigan). (Núñez, *La galera de Tiberio*, CORDE)

(6) Un día, hace ya bastante tiempo, porque el señor Vidal ya es un venerable abuelo, un viajero que paró en el garaje le pidió de comer. Mató el señor Vidal un pollo de su corral y se puso a hacer un arroz. (Domingo, *El sabor de España*, CREA)

En general, conviene distinguir entre dos casos de inversión de sujeto. En primer lugar, hay sujetos que van obligatoriamente detrás del verbo, como en las interrogativas o en oraciones con anteposición de un constituyente distinto del sujeto. En tales configuraciones "petrificadas", la posposición del sujeto no conlleva ningún valor informacional específico. En segundo lugar están las declarativas, con patrones VS, VOS o VSO, que se caracterizan por inducir en la gran mayoría de las ocurrencias una focalización del sujeto posverbal (Leonetti 2018, 31).

La segunda "desviación" respecto al orden declarativo canónico SVO es la anteposición de objetos léxicos. En ejemplos como (7), del tipo OV(S), el objeto antepuesto favorece un realce prosódico particular (L+H*L-), marcando así un foco estrecho con valores pragmáticos marcados como contraste o énfasis:

(7) UN MERCEDES se ha comprado Jorge. (Leonetti 2017, 890)

Tanto en lo que atañe a la anteposición de objetos como en la posposición de sujetos, el español se muestra relativamente liberal en comparación con las otras lenguas románicas (Leonetti 2017, 915). Un asunto que ha dado lugar a debate es la cuestión de si *todos* los objetos antepuestos al verbo sin clítico resumptivo deben analizarse como contrastivos o enfáticos. Volveremos sobre ese tema en la sección 4.1. Antes, sin embargo, parece indicado hacer hincapié en la distinción entre focos antepuestos y dislocaciones a la izquierda.

3.2 Dislocaciones

Entre las estrategias sintácticas para codificar la estructura informativa, las dislocaciones ocupan una posición privilegiada. A diferencia de la anteposición de un objeto focal, un objeto dislocado a la izquierda, como en (8), se encuentra fuera de la oración nuclear, y puede por lo tanto constituir por sí solo una unidad prosódica aparte, potencialmente separada por una pausa en la oralidad y en algunos casos separada por una coma en textos escritos. En el interior de la oración nuclear, el objeto dislocado está representado por un elemento correferencial, típicamente un clítico:

(8) a mi cumpleaños lo celebré con mi familia (oral, Granada, 2005, PRESEEA)
    b a mi marido también le metieron un puñetazo una vez
       (oral, Alcalá de Henares, 2011, PRESEEA) (Sedano 2013a, 163)

Entre las varias funciones de la dislocación a la izquierda en el nivel del texto o de la conversación, conviene subrayar la de la ordenación tópico—comentario (o *situation—point* en Bolinger 1954), sobre todo en oraciones en las que un objeto directo (8a) o indirecto (8b) cumple ese rol informativo. Es de notar que esta puesta en relieve de un tópico puede cruzar los límites de una cláusula subordinada, como se observa en el adelantamiento de *Holanda* desde la cláusula encabezada por *que* en (9):

(9) Holanda me han dicho que es preciosa (oral, Valencia, 2001, PRESEEA)

Existe también la opción de dislocar un sintagma a la derecha (10), aunque todos los estudios de corpus coinciden en que esta segunda opción resulta relativamente minoritaria, alcanzando tan solo el 8,1 % del total de los 359 registros de dislocaciones en los corpus orales manejados por Sedano (2013a). Los sintagmas dislocados a la derecha cuentan también con un elemento correferencial en la cláusula nuclear, que puede ser un clítico (10a), pero también otro elemento catafórico, como se desprende de (10b):

(10) a Lo que pasa que estaba entrando y saliendo... un poquillo raro el hombre. Sí, es muy... un poco serio, un poco... a mí... Yo le con... yo le conozco de toda la vida, a ese hombre. (oral, Alcalá de Henares, CREA)
     b Él se fue a Sudáfrica y yo me quedé en Nueva Zelanda. No es que aquello fuera mejor, Sudáfrica. (Marías, *Tu rostro, mañana*, 2002, Sedano 2013b, 44)

Las aportaciones pragmáticas de las dislocaciones a la derecha no se reducen a la marcación de algún sintagma como tópico oracional. En casos como el de (10a), la construcción sirve para recordar al interlocutor la referencia del argumento clítico (recuérdese la noción de *resumptive* en Bolinger 1954), o para evitar una posible confusión (10b), función llamada "esclarecedora" por Sedano (2013b). En algunos casos, se añade cierto valor evaluativo, como trasluce en (10a). Así las cosas, se ha propuesto que cabría distinguir entre dos configuraciones. En primer lugar, una dislocación no planificada, y por ende típica del discurso oral espontáneo, en la que la adición de un sintagma referencial preciso asegura una comprensión correcta por el oyente, al darse cuenta el hablante de que una "reparación" de un enunciado hasta ahora potencialmente equívoco podría ser oportuna. En segundo lugar, existen también dislocaciones a la derecha planificadas, para recordar un tópico oracional o discursivo.

En cualquier caso, estas observaciones ya deberían haber dejado claro que las dislocaciones a la izquierda y a la derecha, pese a ser consideradas ambas como recursos de marcación de tópicos, no constituyen en absoluto construcciones equivalentes por lo que respecta a la organización de la información y del discurso. Las dislocaciones a la izquierda no solo son más frecuentes, sino también más variadas sintácticamente. Además de la construcción ejemplificada en (8a, b) en la que el sintagma dislocado está representado por un clítico correferencial (*lo* en (8a), *le* en (8b)), denominada también dislocación a la izquierda con clítico (*Clitic Left Dislocation*, CLLD), se suele identificar una segunda configuración, llamada tópico vinculante (*Hanging Topic Left Dislocation*, HTLD). En la bibliografía de corte formalista, se suelen detallar una serie de rasgos distintivos entre ambos tipos de dislocación a la periferia izquierda oracional (*cf.* Olarrea 2012). Sin poder entrar en detalles, podemos caracterizar el vínculo del tópico vinculante con la oración que le sigue como menos estrecho en comparación con los sintagmas dislocados. Además, la función de tópico vinculante solo puede ser desempeñada por sintagmas nominales, mientras que los elementos dislocados también pueden pertenecer a otra categoría gramatical (véase el sintagma preposicional *a mi marido* en (8b)). En cambio, los tópicos vinculantes admiten un abanico más amplio de elementos reasuntivos dentro de la oración nuclear (11a-b), y también se han considerado casos de tópico vinculante sintagmas como *una buena película* en (11c), que carecen de exponente correferencial en la oración que les sigue:

(11) a no/la casa se le han hecho cambios (oral, Medellín, 2008, PRESEEA)
 b Paquita, además, tú no conocías a esa chica ni sabías como eran sus acciones ni como era su cara. (Radio, Madrid, 30/10/1991, CREA)
 c una buena película/no van a hacer ahora una porquería de versión (oral, Málaga, 1999, PRESEEA)

Se ha sugerido que los tópicos vinculantes tienen una naturaleza gramatical más independiente que las dislocaciones con clítico por expresar tópicos discursivos cuya pertinencia semántica a menudo transciende la oración individual. Asimismo, tales sintagmas parecen cumplir un papel de "margen enunciativo izquierdo" o "base" (López Serena 2012) en la oralidad espontánea desde un enfoque interaccional, tomando en cuenta la construcción de los enunciados sobre la marcha.

3.3 Oraciones hendidas

El segundo tipo de estructuras sintácticas que se ha vinculado tradicionalmente con la articulación de la estructura informativa se encuentra en oraciones complejas como (12a-c):

(12) a Es en verano cuando más trabajo tiene.
 b Cuando más trabajo tiene es en verano.
 c En verano es cuando más trabajo tiene. (oral, Valencia, 2001, PRESEEA)
 d En verano tiene más trabajo.

Los patrones ejemplificados por (12a-c) se consideran variantes sintácticas de la oración simple en (12d). En la tradición gramatical española han recibido diversas denominaciones, como "copulativas enfáticas de relativo" (NGLE, 3020), "construcciones ecuacionales", "perífrasis de relativo", "oraciones escindidas" u "oraciones hendidas". En este capítulo, optamos por el término hendidas, en consonancia con trabajos como Sedano (1990). En cualquier caso, las oraciones (12a-c) están conformadas por tres componentes: un predicado formado por la cópula *ser*, un elemento "hendido" —*en verano* en el ejemplo— y una subordinada. Estos tres componentes no admiten las seis permutaciones imaginables, sino solo las tres mencionadas: la cópula no puede ser relegada al final (**En verano cuando más trabajo tiene es*, **Cuando más trabajo tiene en verano es*) ni tampoco aparecer separada del elemento hendido (**Es cuando más trabajo tiene en verano*) (véase este volumen, cap. 40).

Sigue siendo muy mayoritaria la opinión según la cual el elemento hendido tiene que constituir el foco. Sin embargo, se han formulado también algunas matizaciones respecto a esta supuesta monofuncionalidad (NGLE, 3022), frente a datos como los de (13). En estos enunciados, el peso informativo recae casi exclusivamente en la cláusula subordinada, mientras el constituyente hendido proporciona simplemente un enlace anafórico, señalando por lo tanto la continuidad del tópico discursivo. Nótese que en (13b) aparece el complementante *que* en vez de un relativo. Este llamado "*que* galicado" sigue siendo común en variedades americanas (véase Dufter 2010, 268–274), pese a haber sido objeto de mucha crítica normativa.

(13) a   entonces ahí fue cuando me di cuenta/más todavía / que la salud aquí en Venezuela no sirve para un carrizo (oral, Caracas, 2008, PRESEEA)
     b   y entonces era que estaba a casa de mi tía (oral, Caracas, 2009, PRESEEA)

Por último, es de notar que las estructuras hendidas también se han asimilado a expresiones como el "*ser* focalizador" (14a), típico de Venezuela y de Colombia, pero también de otras áreas americanas (Méndez Vallejo 2015, véase también este volumen (cap. 40)), y la muletilla *lo que es* (14b), firmemente arraigada tanto en el español europeo como en las variedades americanas (Lastra y Butragueño 2015).

(14) a   estudié fue Administración de Personal (oral, Caracas, 2005, PRESEEA)
     b   tenemos lo que es los parques de <alargamiento> comunales / que son las unidades deportivas (PRESEEA, oral, Medellín, 2008)

4 Perspectivas actuales

En este apartado abordaremos brevemente dos temas que han suscitado cierta polémica. Primero, volveremos brevemente sobre los elementos preverbales que no son sujeto, para acto seguido esbozar el debate acerca de si los sujetos preverbales en español conllevan necesariamente un valor informativo particular.

4.1 Anteposiciones sintácticas y tipos de focos

Al estudiar las anteposiciones con más detenimiento, resulta que no todos los constituyentes interpretables como focales parecen ser igualmente aceptables en posición preverbal. En una perspectiva románica comparativa, Cruschina y Remberger (2017) constatan que los focos informativos "neutros", aquellos que aportan una información nueva en el discurso sin por lo tanto entrar en relaciones de contraste o conllevar particular énfasis, son claramente minoritarios y parecen restringidos a pocas variedades, como el siciliano o el sardo. En español, un objeto antepuesto portador de un foco informativo suena por lo menos poco idiomático en casos como (15a). Aun así, las anteposiciones no se limitan a objetos y adjuntos con valor contrastivo (véase 3.1), sino que se encuentran también con un abanico de otros elementos, entre ellos expresiones anafóricas (15b) y cuantificadores (15c):

(15) a   A: ¿Qué has comido?
          B: #Pescado he comido.
     b   Lo mismo pensamos hacer con la tubería [...]
        (*El Universal*, Caracas, 15/10/1996, CREA)
     c   Poco te puedo decir ya.
        (Martínez Salguero, *El combate místico*, La Paz, 2002, CREA)

A diferencia de los objetos dislocados a la izquierda, y al igual que los sintagmas contrastivos antepuestos, los objetos iniciales en (15) no admiten ni una separación prosódica (16a) ni un clítico reasuntivo (16b) ni otro sintagma intercalado entre el objeto y el predicado verbal (16c):

(16) a   *Lo mismo, pensamos hacer con la tubería.
     b   *Lo mismo lo pensamos hacer con la tubería.
     c   *Lo mismo en el futuro pensamos hacer con la tubería.

Constituye uno de los retos de la lingüística actual la caracterización semántica y pragmática del abanico de anteposiciones lícitas en el español moderno. Existe, por un lado, una bibliografía muy influyente en la que se defiende una dicotomía entre focos informacionales y focos identificacionales o simplemente entre focos no contrastivos y contrastivos. Quizás se pueda también asimilar a tales posiciones la defendida por López Carretero (2015). Según este autor, "los rasgos [±presupuesto] y [±contrastivo] son suficientes para definir la estructura de la información en español a grandes rasgos" (2015, 583). En su modelo, califica como presupuesto cada elemento que no introduce un referente nuevo en el discurso en el que aparece. Es de notar que el cruce de estos dos rasgos no permite definir una categoría informativa de tópicos pragmáticos (*aboutness topics*) ni una categoría básica que englobaría todos los elementos analizados como focos, ya que estos pueden ser tanto presupuestos como nuevos en su segmento de discurso, y tanto contrastivos como meramente informativos.

Por otro lado, están los defensores de una noción unitaria de foco, susceptible de ser formalizada en términos de semántica alternativa, si bien es verdad que resulta inevitable distinguir entre distintos subtipos a la hora de detallar el comportamiento sintáctico y prosódico de los diferentes sintagmas interpretables como focales. Un único rasgo binario, sea cual sea su definición, podría mostrarse insuficiente para explicar la propensión diferencial de constituyentes focales a la anteposición. Como apuntan Cruschina y Remberger (2017, 527), "*several* types of focus must be distinguished" (la cursiva es nuestra). En concreto, argumentan a favor de un subtipo adicional, denominado foco mirativo (*mirative focus*), asociado con la codificación gramatical de información inesperada, sorprendente. El ejemplo (17) ilustra la naturaleza del fenómeno. Quizás no sea mera casualidad el que este foco mirativo aparezca con particular frecuencia en oraciones exclamativas:

(17)   [En una conversación sobre una pareja recién casada, que los interlocutores habían considerado pobre:]
      ¡Y yo pensaba que no tenían ni un céntimo! ¡¿Y sabes qué?! ¡A Cuba se han ido de viaje de novios! (Jiménez-Fernández 2015, 52)

Leonetti y Escandell-Vidal (2009) proponen una visión algo diferente de la relación entre los constituyentes no sujetos antepuestos y el foco. Para estos autores, oraciones como las de (18) no pueden describirse adecuadamente como portadoras de foco exclusivamente en el constituyente frontalizado (*el libro* en (18a), *bastante trabajo* en (18b)), sea cual sea la variedad semántica o pragmática de foco que se quiera asumir para ellas. Más bien, estas oraciones parecen poner el foco en la polaridad de la proposición. Leonetti y Escandell-Vidal ofrecen varios argumentos empíricos para mostrar que los constituyentes frontales de (18) no son contrastivos ni susceptibles de recibir una interpretación mirativa. Más bien, las paráfrasis más naturales para estas oraciones son aquellas en las que se hace explícita la veracidad de la proposición, como en (19):

(18) a   Dije que terminaría el libro, y el libro he terminado.
     b   Bastante trabajo tengo ya.
       (Leonetti y Escandell-Vidal 2009, 162 y 166)

(19) a   El libro he terminado. → Sí que he terminado el libro.
    b   Bastante trabajo tengo ya. → Sí que tengo bastante trabajo.

4.2 Sujetos preverbales

Como es bien sabido, la tipología sintáctica considera que el español es una lengua *pro-drop* más o menos prototípica. Dicho esto, cabe advertir también que la variación entre sujetos tácitos, pronominales y léxicos está sujeta a un abanico complejo de factores semánticos y pragmático-discursivos, que han dado lugar a una cantidad impresionante de estudios empíricos (véase Travis y Torres Cacoullos 2020 y bibliografía allí citada). Aunque existen diferencias considerables entre las distintas variedades geográficas del español en cuanto a la frecuencia de uso de los sujetos pronominales, muchos hablantes de español serían más propensos a dar una respuesta como (20a) que como (20b) a la pregunta *¿Sabes dónde está Carmen?* Observaciones como estas han llevado a varios estudiosos a considerar que *todos* los sujetos preverbales explícitos están marcados pragmáticamente, incluidos los sujetos nominales preverbales como en (20c). Ojea (2015, 638), por ejemplo, llega a la conclusión de que, en español, "el sujeto aparece ante el verbo solo por razones informativas". En una línea similar, Biezma (2014) afirma que los sujetos léxicos siempre han de interpretarse como focos cuando aparecen en su posición canónica preverbal.

(20) a   Ya se fue al trabajo.
    b   Ella ya se fue al trabajo.
    c   Carmen ya se fue al trabajo.

Todo sujeto preverbal calificaría, pues, o como tópico (no necesariamente dado en el contexto, pero sí con anclaje temático y/o cognitivo en el sentido de los *aboutness topics*), o como algún tipo de foco antepuesto. Por ende, se observan ciertas restricciones en cuanto a sujetos preverbales inespecíficos (21a), al igual que para los constituyentes dislocados (21b). Nótese que el sujeto *estudiantes*, poco natural en (21a) por no funcionar ni de tópico ni de foco, resulta perfectamente aceptable en el contexto contrastivo de (21c).

(21) a   #Estudiantes no vinieron a la reunión.
    b   #A estudiantes, no los vi en la reunión.
    c   Estudiantes no vinieron a la reunión, pero sí muchos profesores. (Ojea 2015, 630)

Sin embargo, existe también una serie de argumentos en contra de la asociación obligatoria de un sujeto preverbal con algún rasgo informativo de topicalidad o de focalidad (véase Fábregas 2016, 69–75). Primero, cabe recordar que muchos sujetos preverbales se ven integrados en un grupo entonativo más largo, sin que el hablante pueda hacer una pausa antes del resto de su oración. En una dislocación, en cambio, el sintagma dislocado, extraoracional, siempre puede gozar de cierta autonomía prosódica. Segundo, los sujetos preverbales no obedecen a las mismas restricciones semánticas que los constituyentes dislocados: un cuantificador negativo, por ejemplo, no se admite en posición dislocada, pero sí como sujeto ante el verbo:

(22) a   *A nadie lo conocí en la fiesta de Lidia.
    b   Nadie vino a la fiesta de Lidia.

Finalmente, como ya hemos mencionado en 3.1, el orden SVO es la opción por defecto en contextos *all-new* (23), en los que a los sujetos no se les puede atribuir ningún rasgo informativo:

(23) ¿Qué pasó? Alguien se olvidó de ponerle el seguro a la puerta del auto con el que hacían el recorrido, un oso la abrió y el pánico se apoderó de todos. (*La Gazeta*, Argentina, 09/06/2016)

El segundo punto de debate se refiere a los sujetos focalizados preverbales. Como hemos visto en 4.1, no todo sujeto focalizado puede ascender a la periferia izquierda de una oración. Más bien, se suele asumir que debe existir algún valor pragmático marcado para tales focos antepuestos, como el contraste o posiblemente la miratividad. En cambio, es obligatoria una posición posverbal si el sujeto recibe un foco informativo neutro (Zubizarreta 1998) o tal vez algún otro tipo pragmático, como el foco correctivo. Sin embargo, algunos estudios recientes han cuestionado esta generalización (véase la bibliografía citada en Dufter y Gabriel 2016, 427–431). Estos trabajos se proponen demostrar que el español también permite sujetos con foco informativo *in situ*, antes del verbo, siempre que estos sujetos exhiban un fraseo entonativo y una marcación acentual adecuados. Sin embargo, esta línea de investigación se ha visto matizada más recientemente (Hoot y Leal 2020) y hasta rechazada, por razones metodológicas pero también conceptuales (Escandell-Vidal y Leonetti 2019). El debate sobre qué tipos de focos preverbales se admiten en qué regiones del mundo hispánico queda abierto.

5 Direcciones futuras y conclusiones

Como se ha podido apreciar en este breve capítulo, la interfaz entre la sintaxis y la estructura de la información en español constituye un campo de investigación dinámico y en expansión. A continuación, nos limitaremos a señalar tres direcciones que, en nuestra opinión, pueden ofrecer orientaciones especialmente fructíferas para futuras investigaciones:

En primer lugar, está la cuestión de la variación regional en la expresión sintáctica de la estructura informativa. El auge de una nueva dialectología en Europa y en América, dedicada también a aspectos gramaticales, y la confección de corpus panhispánicos según protocolos unitarios permiten identificar con cada vez más detalle diferencias de frecuencia en el uso de determinadas construcciones, pero también discrepancias categóricas en cuanto a las opciones gramaticales disponibles para la marcación de tópicos y focos. Nos gustaría mencionar tan solo dos observaciones a modo de ilustración: para el español de México, Gutiérrez Bravo (2020) indica una menor flexibilidad sintáctica, ya que las anteposiciones de foco, como en (7) o en (15), no se admiten. Este rechazo contrasta marcadamente con oraciones en las que un constituyente adelantado indica un foco de polaridad (véase (18)), muchas de ellas juzgadas perfectamente aceptables en el español mexicano. Los datos de Jiménez-Fernández (2015), obtenidos a partir de tareas de juicio gradual de aceptabilidad con informantes de Andalucía, evidencian que estos informantes aceptan en su gran mayoría oraciones del tipo OSV con algunos tipos de objetos focales. Quedarían por precisar, también sobre la base de corpus, las diferencias exactas en la admisibilidad de objetos focales antepuestos. Más allá de los avances para la dialectología sintáctica en el ámbito del hispanismo, tales diferencias "microparamétricas" conllevan consecuencias importantes a la hora de establecer un inventario de subtipos semánticos y pragmáticos de tópicos y focos.

En segundo lugar, nos atrevemos a afirmar que mucho queda todavía por investigar sobre la interfaz entre la estructura informativa y la estructura argumental. Hemos mencionado al inicio del apartado 3 el trabajo pionero de Contreras (1976). En un capítulo muy sugerente de esta monografía, Contreras propone una jerarquía de selección de remas —noción que se puede asemejar a la de foco aquí— a partir de los papeles temáticos para las principales estructuras argumentales del español. Más recientemente, trabajos como Heidinger (2015) y Gattei *et al.* (2021) han retomado este hilo conductor teórico. En concreto, se ha investigado la propensión diferencial de las diversas funciones sintácticas, y de los roles semánticos asociados a ellas, a atraer el foco dentro de su oración. Asimismo, se han ofrecido modelos explícitos de la concurrencia que puede darse entre diferentes estrategias en la expresión de la partición foco/fondo. Marcos teóricos como la Teoría de la Optimalidad pueden invitarnos a conceptualizar de otra manera el "embalaje de la información", para retomar la metáfora de Chafe (1976). Además de ello, ofrecen nuevas pistas para comprender la interacción de la estructura informativa con factores de índole semántica, sintáctica o prosódica desde un enfoque variacionista.

Por último, cabe destacar la nueva vertiente de la pragmática experimental y el auge de estudios sobre el procesamiento de las oraciones. En el ámbito de la lingüística hispánica, los trabajos basados en tareas de producción, en las que se solicita una respuesta, una corrección, la narración de algún suceso presentado en una serie de gráficos en la pantalla, etc., ya no escasean (véase, p. ej., contribuciones en García García y Uth (eds.) 2018). También se pueden mencionar en este contexto las tareas de juicio de aceptabilidad mediante escalas graduales y otras tareas de evaluación. Hoot y Leal (2020), por ejemplo, estudian el procesamiento de oraciones alternativas mediante una lectura autónoma sobre pantalla que permitió medir el avance de la lectura (*self-paced reading tasks*). Gattei *et al.* (2021) utilizan el método del rastreo ocular (*eye tracking*) al investigar el papel de la estructura informativa en la comprensión de diferentes variantes oracionales.

Casi se podría decir que con la llegada de tales enfoques al estudio de la estructura de la información estamos empezando a tomar en serio unas intuiciones originales que mencionamos al inicio de este capítulo. Se está averiguando el papel fundamental de la cognición en el estudio de la estructura informativa (recuérdese las nociones de sujeto y predicado psicológicos acuñadas ya por Paul 1886), así como la importancia de factores funcionales en su codificación sintáctica (recuérdese la perspectiva funcional de la oración, teoría desarrollada ya por Mathesius 1929). Al mismo tiempo, vamos reconociendo poco a poco el alcance, y los límites, de la infradeterminación observable entre la estructura de la información y su expresión sintáctica en el espacio variacional del español.

Lecturas complementarias recomendadas

Fábregas (2016); Krifka y Musan (2012); Leonetti (2017); Leonetti y Escandell-Vidal (eds.) (2021).

Referencias bibliográficas

Biezma, M. 2014. "Multiple Focus Strategies in Pro-Drop Languages: Evidence from Ellipsis in Spanish". *Syntax* 17(2): 91–131.
Bolinger, D. L. 1954. "Meaningful Word Order in Spanish". *Boletín de Filología* 8: 45–56.
Chafe, W. 1976. "Givenness, Contrastiveness, Definiteness, Subjects, Topics, and Point of View". En *Subject and Topic*, ed. Ch. N. Li, 25–55. Nueva York: Academic Press.
Contreras, H. 1976. *A Theory of Word Order with Special Reference to Spanish*. Ámsterdam: North-Holland.
CORDE: Real Academia Española. Corpus Diacrónico del Español. (www.rae.es/recursos/banco-de-datos/corde).
CORPES: Real Academia Española. Corpus del Español del Siglo XXI. (www.rae.es/recursos/banco-de-datos/corpes-xxi). Versión 0.94.
CREA: Real Academia Española. Corpus de Referencia del Español Actual. (www.rae.es/recursos/banco-de-datos/crea).
Cruschina, S. y E.-M. Remberger. 2017. "Focus Fronting". En *Manual of Romance Morphosyntax and Syntax*, eds. A. Dufter y E. Stark, 502–535. Berlín y Boston: De Gruyter.
Dufter, A. 2010. "El *que* galicado: distribución y descripción gramatical". En *La "excepción" en la gramática española. Perspectivas de análisis*, eds. A. Zamorano Aguilar y C. Sinner, 253–278. Madrid y Fráncfort: Iberoamericana/Vervuert.

Dufter, A. y Ch. Gabriel. 2016. "Information Structure, Prosody, and Word Order". En *Manual of Grammatical Interfaces in Romance*, eds. S. Fischer y Ch. Gabriel, 419–455. Berlín y Boston: De Gruyter.

Escandell-Vidal, M. V. y M. Leonetti. 2019. "Una nota sobre el foco informativo en español". En *Lengua, cultura, discurso. Estudios ofrecidos al profesor Manuel Casado Velarde*, eds. R. Martínez Ruiz y Ó. Loureda Lamas, 203–227. Pamplona: EUNSA.

Fábregas, A. 2016. "Information Structure and Its Syntactic Manifestation in Spanish: Facts and Proposals". *Borealis* 5(2): 1–109.

Fernández Lorences, T. 2010. *Gramática de la tematización en español*. Oviedo: Universidad de Oviedo.

García García, M. y M. Uth eds. 2018. *Focus Realization in Romance and Beyond*. Ámsterdam: John Benjamins.

Gattei, C. A., L. París y D. E. Shalom. 2021. "Information Structure and Word Order Canonicity in the Comprehension of Spanish Texts: An Eye-Tracking Study". *Frontiers in Psychology* 12 (en línea). DOI: 10.3389/fpsyg.2021.629724.

Gutiérrez Bravo, R. 2008. "La identificación de los tópicos y los focos". *Nueva Revista de Filología Hispánica* 56(2): 362–401.

Gutiérrez Bravo, R. 2020. "La sintaxis del español de México: un esbozo". *Cuadernos de la ALFAL* 12: 44–70.

Heidinger, S. 2015. "Optionality and Preferences in Spanish Postverbal Constituent Order: an OT Account without Basic Constituent Order". *Lingua* 162: 102–127.

Hoot, B. y T. Leal. 2020. "Processing Subject Focus across Two Spanish Varieties". *Probus* 32(1): 93–127.

Jiménez-Fernández, Á. L. 2015. "Towards a Typology of Focus: Subject Position and Microvariation at the Discourse: Syntax Interface". *Ampersand* 2: 49–60.

Krifka, M. y R. Musan. 2012. "Information Structure: Overview and Linguistic Issues". En *The Expression of Information Structure*, eds. M. Krifka y R. Musan, 1–44. Berlín y Boston: De Gruyter Mouton.

Lastra, Y. y P. M. Butragueño. 2015. "'Allá llega a lo que es el pueblo de San Agustín'. El caso de la perífrasis informativa con *lo que es* en el 'Corpus sociolingüístico de la Ciudad de México'". *Lingüística y Literatura* 69: 269–293.

Leonetti, M. 2017. "Basic Constituent Orders". En *Manual of Romance Morphosyntax and Syntax*, eds. A. Dufter y E. Stark, 885–930. Berlín y Boston: De Gruyter.

Leonetti, M. 2018. "Two Types of Postverbal Subject". *Italian Journal of Linguistics* 30(2): 11–36.

Leonetti, M. y M. V. Escandell-Vidal. 2009. "Fronting and Verum Focus in Spanish". En *Focus and Background in Romance Languages*, eds. A. Dufter y D. Jacob, 155–204. Ámsterdam: John Benjamins.

Leonetti, M. y M. V. Escandell-Vidal eds. 2021. *La estructura informativa*. Madrid: Visor Libros.

López Carretero, L. 2015. "Estructura de la información". En *Enciclopedia de Lingüística Hispánica*, vol. 1, ed. J. Gutiérrez Rexach, 574–583. Londres y Nueva York: Routledge.

López Serena, A. 2012. "En los márgenes de la estructura informativa: La posición inicial de enunciado como 'base'". *Lingüística española actual* 34(2): 303–337.

Mathesius, V. 1929. "Zur Satzperspektive im modernen Englisch". *Archiv für das Studium der neueren Sprachen und Literaturen* 29(155): 202–210.

Méndez Vallejo, D. C. 2015. "*Ser* focalizador: variación dialectal y aceptabilidad del uso". *Revista internacional de lingüística iberoamericana* 26(1): 61–79.

NGLE: Real Academia Española y Asociación de Academias de la Lengua Española. 2009–2011. *Nueva gramática de la lengua española*. Madrid: Espasa. (www.rae.es/recursos/gramatica/nueva-gramatica).

Ojea, A. I. 2015. "Sintaxis y estructura informativa: el sujeto preverbal en español". En *Studium grammaticae: homenaje al profesor José A. Martínez*, ed. A. I. Álvarez Menéndez, 625–639. Universidad de Oviedo: Ediciones de la Universidad de Oviedo.

Olarrea, A. 2012. "Word Order and Information Structure". En *The Handbook of Hispanic Linguistics*, eds. J. I. Hualde, A. Olarrea y E. O'Rourke, 603–628. Malden, MA: Wiley-Blackwell.

Paul, H. 1886. *Principien der Sprachgeschichte*. Segunda ed. Halle: Niemeyer.

PRESEEA: Universidad de Alcalá. Corpus del Proyecto para el Estudio Sociolingüístico del Español de España y de América. (http://preseea.linguas.net).

Reinhart, T. 1981. "Pragmatics and Linguistics: An Analysis of Sentence Topics". *Philosophica* 27(1): 53–93.

Rooth, M. 1992. "A Theory of Focus Interpretation". *Natural Language Semantics* 1(1): 75–116.

Sedano, M. 1990. *Hendidas y otras construcciones con* ser *en el habla de Caracas*. Caracas: Universidad Central de Venezuela.

Sedano, M. 2013a. "Dislocación a la izquierda y a la derecha en España y Latinoamérica". *Lingüística* 29(2): 153–189.

Sedano, M. 2013b. "La dislocación a la derecha en el español escrito". *Spanish in Context* 10(1): 30–52.
Travis, C. E. y R. Torres Cacoullos. 2020. "The Role of Pragmatics in Shaping Linguistic Structures". En *The Routledge Handbook of Spanish Pragmatics*, eds. J. C. Félix-Brasdefer y D. Koike, 129–147. Nueva York: Routledge.
van Dijk, T. E. 1977. *Text and Context*. Londres: Longman.
Zubizarreta, M. L. 1998. *Prosody, Focus, and Word Order*. Cambridge, MA: MIT Press.

20
Orden de elementos
(Order of Elements)

Belén López Meirama

1 Introducción

Este capítulo está dedicado a la descripción del orden de elementos en español en las oraciones no marcadas desde el punto de vista informativo. Comienza con una sucinta descripción de los dos marcos que propiciaron el desarrollo de los estudios sobre orden: de un lado, los conceptos fundamentales de la estructura informativa; de otro, el orden básico y los universales implicativos de la tipología lingüística. Continúa con una exposición de las cuestiones sobre orden estudiadas en los paradigmas formal y funcional, algunas de las cuales se retoman y amplían en el siguiente apartado, dedicado a una de las cuestiones que más interés ha suscitado en torno al orden de elementos en español, la posición del sujeto en las oraciones intransitivas. Finaliza con un breve apunte acerca de los ámbitos que precisan más investigación y sugiere una vía de análisis que podría dar buenos resultados.

Palabras clave: orden de elementos; posición del sujeto; verbo inacusativo; función presentativa; topicalidad

This chapter describes the order of elements in Spanish in unmarked sentences from the point of view of information flow. It begins with a short description of the two frameworks that led to the development of studies of word order: on the one hand, the essential concepts of informational structure; on the other, the basic order and implicative universals of linguistic typology. It continues with an exposition of the topics concerning word order studied in formal and functional paradigms. Some of these topics are developed in the next section, dedicated to one of the most studied word order topic in Spanish: the position of the subject in intransitive sentences. The chapter ends with a brief note about areas that require more research and suggests a promising route of analysis.

Keywords: order of elements; subject position; unaccusative verb; presentative function; topicality

2 Conceptos fundamentales

El estudio del orden de elementos debe su desarrollo a dos fuentes fundamentales: de un lado, a la llamada perspectiva funcional de la oración del Círculo Lingüístico de Praga sobre la variabilidad en el "orden de palabras", basada en los conceptos tema y rema; de otro, a los patrones de linealización de los primeros estudios modernos en tipología, impulsados por el artículo de Greenberg de 1963, que presentan lo que comúnmente se denomina "orden básico". La información sobre los conceptos fundamentales de la estructura informativa se ofrece en el capítulo 19, de modo que aquí apenas se esbozará la aportación fundamental del Círculo Lingüístico de Praga.

2.1 Conceptos fundamentales de la estructura informativa

En la bibliografía se destaca la relevancia del Círculo Lingüístico de Praga en el desarrollo del estudio del "orden de palabras"; en efecto, sus trabajos sobre el checo o el inglés son pioneros y sus conceptos definirán los estudios posteriores. Mathesius (1928) considera que el orden de los elementos está determinado por la perspectiva funcional de la oración, según la cual esta se divide en dos partes, el tema o información conocida y el rema o información nueva. Diferencia el orden objetivo, en el que el tema precede al rema, del orden subjetivo, en el que lo sigue. El primero hace hincapié en el oyente y es el orden más frecuente; el segundo se centra en el hablante y sus necesidades expresivas y solo se produce en oraciones con enfatización de algún constituyente. La posición habitual del tema, por tanto, es el comienzo de la oración, lo cual hace que se considere, también, el punto de partida de la misma.

Los seguidores de Mathesius desarrollan la teoría en distintas direcciones; por ejemplo, sustituyendo la dicotomía tema/rema por un concepto escalar —el llamado Dinamismo Comunicativo— que refleja el aumento progresivo del valor informativo de los elementos de la oración; o añadiendo un tercer aspecto a la noción de tema: aquello de lo que trata el enunciado.

En general, los trabajos de Mathesius y sus seguidores adolecen de cierta imprecisión en lo que concierne al concepto de tema, que se caracteriza, al menos, a través de tres rasgos: de él se dice que es el elemento que porta la información dada o conocida, el que ocupa la posición inicial de la oración y aquel del que se habla en el enunciado. Por ello, en trabajos posteriores se han ido diferenciando las distintas dimensiones de la estructura informativa en dicotomías distintas: dado/nuevo, tópico/comentario, foco/trasfondo (véase el capítulo 19).

2.2 Tipología del orden de palabras

Los estudios sobre orden de elementos deben su desarrollo, en gran parte, al influyente trabajo de Greenberg y al de sus seguidores en los años setenta y ochenta del s. XX. A partir de Greenberg (1963) se tiene la convicción de que las lenguas pueden presentar un orden predominante; más concretamente, se observa una tendencia a que los elementos principales de la oración presenten localizaciones estables en la misma. Esta tendencia es un parámetro que se analiza junto con otros (uso de adposiciones, uso de casos, orden sustantivo/adjetivo, orden sustantivo/genitivo, etc.) con el objetivo de determinar las correlaciones existentes entre ellos.

Greenberg (1963) establece una tipología de lenguas partiendo del orden relativo de los elementos principales de la oración: sujeto (S), verbo (V) y objeto (O). Encuentra que la mayoría de las treinta lenguas que somete a análisis gramatical presenta un orden predominante en las oraciones declarativas con sujeto y objeto nominales y que se pueden establecer algunas generalizaciones, que formula en términos de universales implicativos. Tales universales expresan relaciones de implicación entre unos parámetros y otros. Por ejemplo, según el universal 5, si una lengua tiene SOV como orden predominante y el genitivo sigue al sustantivo, entonces el adjetivo también sigue al sustantivo.

A partir de este trabajo el orden se ha estudiado a través de universales con el propósito de explicar la razón de la mayor o menor frecuencia de las seis distribuciones posibles (SOV, SVO, VSO,

VOS, OVS, OSV). El mismo Greenberg sugiere una serie de principios generales que podrían servir de fundamento a los cuarenta y cinco universales que propone. Así, se han establecido principios, aglutinadores de universales, sustentados en dos nociones básicas: la posibilidad de predominio de un orden particular sobre su alternativo y la introducción de relaciones armónicas y disarmónicas entre las distintas reglas de orden (por ejemplo, el orden "objeto nominal-verbo" es armónico con el orden "objeto pronominal-verbo", pero es disarmónico con el orden "verbo-objeto pronominal", puesto que ambos no se registran en la misma lengua).

Respecto a la primera noción, una de las afirmaciones que más eco han tenido del trabajo de Greenberg es que la gran mayoría de las lenguas presenta varios órdenes diferentes, pero solo uno de ellos es el predominante (Greenberg 1963, 76). En la tipología se ha extendido el uso de la expresión "orden básico" para identificar el orden de elementos más frecuente de la llamada oración básica, la oración independiente, declarativa, afirmativa y activa, cuyos participantes se expresan a través de frases nominales plenas. Además, el orden básico también se ha visto como la distribución de elementos asociada a la neutralidad pragmática, es decir, como el orden característico de las oraciones con una estructura informativa no marcada, identificándolo, así, como un *orden no marcado* o *canónico* (véase, por ejemplo, Leonetti 2017, 887–889). Este concepto ha sido un punto de partida fundamental en muchas aproximaciones al fenómeno del orden de elementos, desde distintas perspectivas y en buena parte de las lenguas del mundo.

Por otro lado, desde los estudios tipológicos se ha demostrado la inexistencia del orden libre entendido en términos absolutos, si bien se ha defendido la distinción entre lenguas de orden (relativamente) libre o flexible y lenguas de orden rígido. Las primeras presentan más variaciones de orden, que suelen responder a factores que intervienen en la estructura informativa (véase el capítulo 19).

El español, en general, se ha incluido entre las lenguas SVO, al tiempo que se ha observado cierto grado de libertad en la distribución de los elementos, propiciada por la existencia de marcas morfológicas, particularmente la preposición *a* introductora de complementos directos. La evidencia estadística de esta caracterización se ha conseguido con ciertas limitaciones, puesto que los trabajos que ofrecen datos cuantitativos suelen emplear corpus bastante pequeños, además de llevar a cabo cómputos de carácter absoluto, sin una previa selección de criterios que delimiten el estudio, es decir, sin tener en cuenta los factores de diversa índole que pueden contribuir a la variación. Por ejemplo, Sánchez Arroba (2004), empleando un corpus de muestras del habla de Lima, Bogotá y Ciudad de México de los años 70 y 80 del s. xx, contabiliza el orden SVO en más del 90 % de las oraciones transitivas con frases nominales plenas en posición de sujeto y de objeto, si bien no indica nada acerca de su modalidad, su polaridad o su carácter más o menos marcado desde el punto de vista informativo. Esta cifra coincide, *grosso modo*, con las aportadas en López Meirama (1997) a partir de datos extraídos del corpus ARTHUS y la *Base de datos sintácticos del español actual* (BDS): las oraciones independientes, declarativas, afirmativas, activas y con sujeto y objeto nominales presentan el orden SVO en el 90 % de los casos en el tipo de texto "lengua oral" y en el 94 % en el tipo de texto "ensayo". El recuento no se ha restringido a las oraciones no marcadas informativamente, por lo que estos resultados son únicamente aproximativos.

3 Aproximaciones teóricas

3.1 Gramática formal

En general, el paradigma formal asume los postulados praguenses y se hace eco de algunos de los principios fundamentales establecidos en la tipología, como la distinción entre (lenguas de) orden libre y (lenguas de) orden fijo, que relaciona con la presencia o ausencia de flexión:

Orden de elementos

las lenguas que tienen marcas flexivas, las de sujeto nulo o tácito, no necesitan del orden para la cohesión de los elementos oracionales y por tanto pueden emplearlo en la expresión de la estructura informativa. Asimismo, asume el principio greenbergiano de que toda lengua tiene un orden de palabras dominante y, en general, considera que este se halla en la estructura profunda, de modo que las discordancias entre el orden subyacente y el superficial se explican a través de transformaciones y reglas.

El español, lengua *pro-drop* (*pronoun-dropping*) o de sujeto nulo o tácito, presenta un orden de elementos relativamente libre, de modo que su organización sintáctica sirve fundamentalmente para la expresión de las funciones informativas. Ello determina que se diferencie entre las reglas y transformaciones que se explican a través de propiedades gramaticales y las que son mecanismos sintácticos vinculados directamente con la estructura informativa. Dado que esta última se explica en el capítulo 19, aquí nos centramos en las primeras, de las que cabe destacar la Hipótesis Inacusativa, el Efecto de Definitud y la Inversión Locativa, tres reglas cuyo objetivo es justificar la posición posverbal del sujeto que caracteriza ciertas estructuras.

Tal justificación se hace necesaria porque, según la Teoría de la X-con-barra, las estructuras sintácticas son endocéntricas, es decir, se articulan en torno a núcleos, que se expanden a través de complementos, seleccionados por los núcleos; adjuntos, complementos no seleccionados; y especificadores, elementos externos que inciden sobre el conjunto [núcleo + complemento(s)]. Y, dejando a un lado los adjuntos, en esta teoría se considera que, en general, sintagmas y oraciones siguen el orden especificador-núcleo-complemento, como la oración transitiva *Mi gato come pienso* (SVO), en la que *Mi gato*, sujeto, es el argumento externo y, como tal, se ubica preverbalmente.

(1) La Hipótesis Inacusativa (*Unaccusative Hypothesis; Split-intransitivity Hypothesis*) se emplea, básicamente, para explicar el orden VS en oraciones intransitivas. Parte de la existencia de dos clases de verbos intransitivos, establecidas en relación con la agentividad del sujeto: los verbos intransitivos puros o inergativos, que seleccionan sujetos agentes (*Los bomberos gritaban, La enfermera trabaja*) y los verbos inacusativos, que seleccionan sujetos pacientes (*Aparecieron los bomberos/las lluvias, Llegó la enfermera/el otoño*) (véase el capítulo 21). Según esta hipótesis, los verbos inacusativos propician la posposición del sujeto precisamente porque este, al recibir papel temático paciente o "tema", es un argumento interno, no prominente, y como tal se proyecta en la posición correspondiente al objeto.

(2) El Efecto de Definitud (*Definiteness Effect; Definiteness Restriction*) se presenta como una propiedad de las oraciones existenciales construidas con el expletivo *there* y también se aplica al sintagma nominal sujeto que acompaña a los verbos inacusativos. Consiste en la incompatibilidad de estas construcciones con los sintagmas definidos. Esta restricción completa la Hipótesis Inacusativa al señalar la tendencia de los verbos inacusativos a construirse con sujetos no definidos, de los que se afirma que son generados en la estructura profunda en la posición del objeto, es decir, posverbalmente.

Al respecto, suele indicarse que las lenguas de sujeto nulo, como el español, presentan la llamada "inversión libre" (*free inversion*), pues permiten la alternancia SV/VS en los verbos inacusativos (*Ha llegado la chica/La chica ha llegado*). En estas lenguas no se necesita un expletivo cuando el sujeto se coloca posverbalmente (*Ha llegado una chica*, frente a *There arrived a girl*) y las construcciones inacusativas no tienen que incluir el elemento locativo de las existenciales (el expletivo *there* en inglés o el locativo *y* en la forma verbal *hay* en español). En general, se considera que es así porque el "Principio de proyección extendido" (*Extended Projection Principle, EPP*), que exige ocupar siempre la posición preverbal del sujeto de manera explícita, es irrelevante en este tipo de lenguas, pues se satisface, precisamente, a través del sujeto nulo.

(3) La construcción con Inversión Locativa (*En el códice apareció una polilla; Por esa ventana entra (el) frío*) suele señalarse como uno de los contextos de posposición del sujeto, provocada

por el desplazamiento a la periferia izquierda de la oración de otro constituyente, normalmente un elemento adverbial de valor locativo. Con frecuencia se ha empleado como diagnóstico de inacusatividad, señalando una serie de propiedades tendentes a demostrar la equivalencia entre el sujeto de esta estructura y el complemento directo de la oración transitiva, aunque hay voces discordantes, como Levin y Rappaport Hovav (1995, 215–280), quienes, al constatar que no todos los verbos inacusativos experimentan la inversión locativa, en particular los de cambio de estado, mientras que algunos inergativos sí lo hacen, se decantan por una explicación alternativa para las propiedades de tipo inacusativo que presenta la construcción, sumándose a quienes atribuyen tales propiedades a su función discursiva: consideran que la construcción se usa como foco presentativo, es decir, para introducir referentes nuevos en el discurso a través del sujeto posverbal. Es, pues, la función discursiva de esta construcción la que favorece el empleo de ciertos tipos de verbos, que han de ser informativamente ligeros, en el sentido de que no añaden ninguna información a la proporcionada por el locativo preverbal, el cual, al establecer una escena, ya sugiere que algo existirá en ella (Levin y Rappaport Hovav 1995, 231).

3.2 Gramática funcional

El trabajo pionero de Greenberg también ha tenido continuidad en el ámbito de la Gramática funcional, en el que cabe destacar Tomlin (1986), que explica las frecuencias relativas de los seis tipos de orden básico de constituyentes mediante tres principios: el Principio del Tema primero (*Theme First Principle*), el de la Vinculación objeto-verbo (*Verb-Object Bonding Principle*) y el de lo Animado primero (*Animated First Principle*). Los tres tienen motivaciones independientes y también limitaciones, lo cual permite justificar tanto la existencia de órdenes básicos diferentes en las lenguas como su mayor o menor frecuencia. Tomlin comprueba en la muestra de más de cuatrocientas lenguas analizadas que los órdenes más frecuentes son aquellos que permiten la realización de todos los principios: SOV y SVO, con porcentajes similares, alcanzan más del 85 % de la muestra.

Un autor de inexcusable referencia en el ámbito de la Gramática funcional es Dik (1978, 1989), quien también establece una serie de principios universales de linealización. Su teoría es multifuncional, en el sentido de que los patrones de orden son producto de tres preferencias confrontadas:

(1) Colocar en la misma posición constituyentes con la misma función, de modo que todos los patrones funcionales siguen el mismo esquema general: (V) S (V) O (V).

(2) Destinar ciertas posiciones a determinadas categorías de constituyentes y a constituyentes con función "tema", "apéndice", "tópico" o "foco",[1] con lo que el esquema general se amplía: P2, P1 (V) S (V) O (V), P3. Las posiciones P2 y P3 son externas a la oración, producto de la dislocación de los constituyentes con función "tema" y "apéndice" a la izquierda (*En cuanto a los estudiantes, no se les va a invitar*) o a la derecha (*Es un buen chico, tu hermano*), mientras que P1 es la posición inicial de la oración, que suele tener usos especiales: en general, es una posición obligada para cierto tipo de constituyentes, como los interrogativos o relativos en el caso del español, así como para elementos con función "tópico" o "foco": *(¿Qué me dices de la Torre Eiffel?) La Torre Eiffel es realmente espectacular*; *(¿Quién se comió el pescado?) JÓhn se comió el pescado*.[2]

(3) Colocar los elementos de izquierda a derecha en orden a su mayor complejidad categorial (LIPOC: *Language Independent Preferred Order of Constituents*).

Dik (1989) desarrolla su teoría multifuncional del orden de constituyentes estableciendo una serie de principios que reflejan estas tres preferencias, a las que añade otros conceptos, entre los que destaca la iconicidad, que se da cuando el orden de los constituyentes refleja icónicamente el contenido semántico de la expresión de la que forman parte, como en *Si tienes hambre, debes comer*, donde el condicionante precede al condicionado (Dik 1989, 341). Tales principios recogen una serie de fenómenos o tendencias de distribución lo suficientemente importantes desde el punto de vista de la comunicación como para llegar a regularizarse de un modo u otro en la estructura gramatical de las lenguas: la tendencia de los constituyentes a ordenarse icónicamente, a conservar su posición y a ordenarse en relación con su mayor complejidad, así como la tendencia a reservar posiciones específicas para elementos informativamente relevantes.

4 Perspectivas actuales

Hace ya tiempo que se asume que el orden de palabras en español es flexible y, aunque se considera una marca gramatical, básicamente se ve como un modo de expresión de la estructura informativa, tanto en el ámbito de la gramática formal como en el de la funcional. El interés sigue centrado en la (pos)posición del sujeto (Leonetti 2017, 2018; Rivas 2008).

Los trabajos descriptivos sobre orden de constituyentes en español, en general enmarcados en el ámbito de la gramática funcional, han destacado la multiplicidad de factores que inciden en la posición del sujeto, desde el pionero de Kahane y Kahane (1950) hasta los llevados a cabo en las décadas de los 80 y 90 del s. xx, elaborados a partir de datos extraídos de muestras de habla, frecuentemente de dialectos americanos, en los que se evidencia que el orden de elementos obedece a factores de diverso tipo: sintácticos, prosódicos y discursivo-pragmáticos (Ocampo 2005, 143).

Normalmente, la bibliografía que aborda la cuestión del orden de elementos en español desde un punto de vista amplio suele hacerse eco de determinadas estructuras que presentan particularidades en la ubicación de los constituyentes, en especial del sujeto, que tiende a posponerse. Entre esas estructuras pueden mencionarse las oraciones exclamativas e interrogativas (*¡Cuánto sufrieron los republicanos!, ¿Cómo surgió la idea?*), las pasivas reflejas y medias (*Cuanto más oscura la noche, más se ven las estrellas, En un santiamén se marchitaron las flores*), las subordinadas, entre las que destacan las relativas (*[Si ves un sombrero parecido] al que usa la princesa Margarita en esa revista, [mándamelo]*) o las secuencias de estilo directo (*—Salgamos por la puerta —dice Juan*).[3]

Al respecto, cabe destacar una particularidad de las variedades del español del Caribe, en las que el sujeto pronominal de las interrogativas directas parciales no siempre se pospone (*¿Qué usted cree?, ¿Dónde tú estabas?*). Los trabajos que se han realizado en torno a esta cuestión apuntan a que el orden SV se está afianzando en estas variedades. Por ejemplo, Brown y Rivas (2011), tras un análisis cuantitativo del español puertorriqueño conversacional, observan que la anteposición se está fijando en esta variedad; asimismo, Zimmerman (2019) advierte una tendencia general cada vez más marcada hacia el orden SV en el español dominicano, que relaciona con el parámetro del sujeto nulo.

No obstante, la cuestión que más interés ha suscitado y sigue suscitando en la gramática del español es la ubicación del sujeto en las oraciones intransitivas: partiendo del orden básico SVO, se busca una explicación para los casos, significativos, de posposición del sujeto que se detectan en las oraciones intransitivas no marcadas informativamente. Esta es, por tanto, la cuestión a la que se dedica el apartado.

4.1 Oraciones intransitivas monoargumentales

En general, los casos de posposición del sujeto se han explicado aludiendo a la clase semántica verbal, que, en lo que se refiere a los verbos intransitivos, se ha considerado, fundamentalmente, ligada a la agentividad del sujeto. Desde la gramática generativa se ha justificado la tendencia de los verbos inacusativos a construirse con el sujeto pospuesto haciendo referencia a la falta de agentividad de este: como ya hemos visto en § 3.1., se dice de él que es un argumento "tema" o paciente, un argumento interno, no prominente, que se proyecta en la posición del objeto. La Hipótesis Inacusativa, tal y como se desarrolló en los años 80 del s. xx, establecía una correlación estricta entre la clase semántica de los verbos intransitivos y la posición del sujeto, hasta el punto de que la posposición se ha empleado a menudo como diagnóstico de inacusatividad. Sin embargo, en la actualidad se tiende más a asociar el orden SV con los verbos inergativos y a señalar la aceptabilidad de VS y SV en el caso de los inacusativos.

La mayor flexibilidad en la descripción que supone este cambio probablemente tenga que ver con el hecho de que la explicación semántica tropieza con el escollo de la "falta de sistematicidad en el comportamiento de los verbos monoactanciales en cuanto a la posición del sujeto" (Rivas 2008, 900), la cual se ha evidenciado cuando los análisis de carácter cuantitativo basados en datos de corpus han trascendido los estudios fundamentados en la introspección. Estos análisis presentan los verbos divididos en clases semánticas, entre las que, en general, se destacan las siguientes como propiciadoras de la posposición del sujeto: verbos de cambio de estado (*crecer, florecer*), de aparición/desaparición (*surgir, desaparecer*), de acaecimiento/existenciales (*existir, ocurrir, suceder*) y de movimiento, particularmente los verbos de direccionalidad inherente (*aproximarse, llegar*).

El establecimiento de estas clases se relaciona con el hecho de que el orden VS se asocia con un valor presentativo (Sánchez Arroba 2008): las oraciones presentativas tienen como función comunicativa básica la de introducir un referente (S) en el discurso, por lo que se interpretan en su totalidad como información nueva; son oraciones téticas o de foco amplio (*wide focus*) (Leonetti 2018, 19). Según indica Leonetti (2017, 893), los verbos intransitivos monoargumentales favorecen el orden VS en parte porque la simple combinación de verbo más argumento constituye el formato ideal para una interpretación tética, con el sujeto "integrado" en el predicado.

Si bien el carácter presentativo no es tanto una cualidad de los verbos cuanto de las oraciones, es indiscutible que en las presentativas el núcleo verbal está aligerado de su contenido semántico y por ello también lo es que ciertas clases semánticas son más proclives a emplearse en este tipo de construcción. Ello explica que no pocos autores hayan identificado los verbos inacusativos con los que aparecen preferentemente en las oraciones presentativas: en el caso del español, por ejemplo, los tipos semánticos establecidos por Hatcher (1956) se han adoptado como tipos inacusativos en gramáticas formales (Rivas 2008, 899).

Junto con la agentividad, se destaca también otro rasgo del sujeto, la definitud, al que ya hemos hecho referencia en § 3.1. aludiendo al llamado Efecto de Definitud. En la época en la que este se establece, empiezan a proliferar también las llamadas jerarquías de topicalidad, a través de las cuales se pone de manifiesto que la tendencia de un argumento a funcionar como tópico se relaciona directamente con los rasgos de la animación y la definitud. En lo que a la definitud se refiere, se ha demostrado muy útil interpretarla como "identificabilidad", ya que así se explica en el ámbito de la referencia, ámbito en el cual no es difícil justificar por qué un sujeto (referencial) definido es más propenso a funcionar como tópico: la comunicación humana trata, prototípicamente, de acontecimientos reales y de entidades referenciales individuales; del mismo modo que parece lógico pensar que tendemos a hablar de entidades animadas, agentivas, que controlan la acción, también mostramos una clara propensión a organizar las oraciones en torno a entidades reales, concretas e identificables por parte del oyente. Además, son individuos específicos, y no tipos o clases, los que desarrollan actividad (véase López Meirama 2006).

En esta línea se sitúa Leonetti (2018), que diferencia los sujetos pospuestos obligatorios, originados por una restricción sintáctica (por ejemplo, los que aparecen en construcciones de foco antepuesto), de los libres o no obligatorios, en los que la restricción sintáctica no se da (por ejemplo, los que se combinan con verbos inacusativos). De estos últimos afirma que son sujetos no canónicos y, entre los rasgos que los identifican como tales, señala el hecho de que sean indefinidos o no referenciales, que no tengan referencia autónoma, que no puedan interpretarse como agentes y que sean focales en lugar de topicales (Leonetti 2018, 29). Como indica Martínez Caro (2006, 192), en general, el orden VS favorece una interpretación tética con el sujeto posverbal focalizado, mientras que el SV favorece una interpretación categorial, con el sujeto considerado tópico o, a veces, foco contrastivo.

4.2 Oraciones intransitivas con complemento adverbial y con complemento indirecto

En relación con los verbos inacusativos se ha estudiado también la posposición del sujeto en oraciones biactanciales con complemento adverbial (AVS: *Por la ventana entraban los ruidos de la calle*) y con complemento indirecto (IVS: *A algunas mujeres les gustaban los tipos como yo*).

(1) AVS. Hemos visto en § 3.1. una descripción según la cual las construcciones con Inversión Locativa sirven para introducir un referente nuevo en el discurso, el sujeto posverbal, que funciona como foco. Mendikoetxea (1999) se hace eco de esta descripción, destacando el significado ligero del verbo: indica la autora que "los verbos que aparecen en estas construcciones han de ser "de apoyo" (semánticamente livianos) desde el punto de vista de la información" (Mendikoetxea 1999, 1613), lo que explica que normalmente se trate de verbos de existencia y aparición: *En el bosque existen hadas y enanitos, En el escenario apareció un monstruo* (1999, 1612), si bien la construcción no está vetada a los verbos inergativos, siempre que actúen como "ligeros", es decir, siempre que el significado que aporten equivalga al de un verbo de existencia; por ejemplo, puede considerarse que la secuencia *En este patio juegan niños* equivale a *Hay niños en este patio*, puesto que jugar es una actividad que el hablante percibe como típica de los niños (1999, 1613). En general, suele considerarse que el elemento adverbial, que normalmente es locativo o temporal, actúa como tópico, pero no como tópico propiamente dicho —el que expresa aquello de lo que se habla— (*aboutness topic*), sino como tópico de marco (*frame topic*) o de escenario (*scenic topic*) (véase el capítulo 19).

Melis y Alfonso Vega (2013) añaden algunos verbos de movimiento a los de existencia y aparición y consideran que en este tipo de secuencias el elemento circunstante, más que como escenario, actúa "como 'vehículo' de la puesta en escena del sujeto oracional" (2013, 136), a diferencia de lo que sucede en otros casos, en los que el segmento locativo o temporal tiene una prominencia especial por ser el tópico del discurso, como en *Allí durmió siempre la tía Francisca* (en un contexto en el que el adverbio *allí* hace referencia a un dormitorio en torno al cual gira el fragmento) o *En los ojos de Cristina nacía el terror*, secuencia en la que el locativo designa una parte del cuerpo, evocando así una entidad animada (2013, 140–142).

Sea como fuere, dejando a un lado los casos en los que la distribución de los elementos se debe a configuraciones informativamente marcadas (véase el capítulo 19), el orden AVS suele explicarse, como vemos, aludiendo a la clase semántica verbal, de modo que se interpreta que los elementos adverbiales se anteponen cuando se combinan con verbos que propenden a la posposición del sujeto, asumiendo el hecho de que tales elementos y los sujetos explícitos tienden a estar en distribución complementaria. Cabe preguntarse, sin embargo, si la tendencia puede ser la contraria, es decir, si la posposición del sujeto puede estar influida en cierta medida por el empleo y la ubicación de un elemento adverbial. Este es, precisamente, el punto de partida de Pulido (2021), trabajo de corte funcional y de base empírica centrado en los verbos de movimiento.

El autor parte de una división de los verbos de movimiento inherente en dos categorías flexibles basadas en la funcionalidad discursiva: la de los verbos "ir", que denotan desplazamiento desde el hablante y requieren una especificación del destino a través de un elemento adverbial, y la de los verbos "venir", que denotan desplazamiento hacia el hablante y no requieren tal especificación, dado que el destino está disponible implícitamente, como evidencia el siguiente ejemplo: —¿*Llamamos una ambulancia para ella?*/—*Mejor que venga la carroza fúnebre*. Su análisis de dos corpus orales pone de manifiesto que los primeros tienden a coocurrir con elementos adverbiales en posición posverbal, lo cual incide en la anteposición del sujeto, mientras que los segundos presentan tasas más bajas de modificación adverbial y una preferencia más marcada por VS. Pulido, además, llama la atención sobre el hecho de que los verbos "ir" también exhiben tasas significativamente más altas del orden SV en secuencias sin complemento adverbial, lo cual es, a su juicio, índice de fijación cognitiva (*entrenchment*). Su conclusión es que la visión de la inacusatividad como una explicación general del orden VS en español debe revisarse, de modo que conviene estudiar con más detenimiento cómo los rasgos léxico-semánticos interactúan con el discurso y el uso para generar patrones de variación en la posición del sujeto.

(2) IVS. Es frecuente que los llamados "verbos sicológicos" o "de reacción sicológica" se incluyan entre los que favorecen la posposición del sujeto y de ellos se destaque, de nuevo, su relación con los inacusativos, con los que comparten propiedades (Fernández Soriano 1993). Por ejemplo, Martínez Caro (2006), que sigue el modelo funcional de Dik (1989), afirma que existe una tendencia universal a colocar en primera posición de la oración la entidad que experimenta la noción designada por el verbo, lo que explica la preferencia por el orden OVS en los predicados combinados con un objeto experimentador y un sujeto estímulo, y observa que, tanto de estas oraciones como de las intransitivas con verbos inacusativos, con orden no marcado VS, puede afirmarse que la posposición del sujeto favorece una interpretación tética con el sujeto posverbal focalizado. De hecho, como afirman Jiménez-Fernández y Rozwadowska (2016, 103), el estatus inacusativo de los verbos que se combinan con un dativo experimentador está ampliamente aceptado.

Sin embargo, las preferencias en el orden de elementos de las oraciones con predicados sicológicos no tienen por qué explicarse aludiendo únicamente a una propiedad léxica de los verbos: Fábregas *et al.* (2017), por ejemplo, estudian las alternancias de los predicados sicológicos del tipo de *molestar* o *asustar*, destacando diferencias relevantes entre la estructura con experimentador dativo (*A María le molesta Juan*) y la estructura con experimentador acusativo (*Juan molesta a María; Juan la molesta*). Señalan que la primera, en contextos no marcados informativamente, en los que se interpreta como una respuesta natural a la pregunta ¿*Qué pasa?*, es una predicación estativa que funciona en su totalidad como foco, mientras que la segunda es una predicación eventiva con un argumento externo que, si es [+ animado] y [+ humano], controla el evento de alguna manera, de modo que a través de ella se presenta un tópico (*Juan*) seguido de información nueva (*molesta a María*).

4.3 Corolario

Tras todo lo visto, puede concluirse que, si bien la clase semántica verbal es un factor que incide en la posposición del sujeto en buena parte de las oraciones intransitivas, no es el único que debe considerarse; puede que ni siquiera sea el más relevante. En realidad, la (pos)posición del sujeto se explica de manera más adecuada en términos de estructura informativa. La revisión de los estudios funcionales descriptivos realizada en Roggia (2011, 77–85) revela que el orden de elementos en español depende al menos de cinco conceptos relacionados con el discurso, cuatro de los cuales se han señalado en los párrafos precedentes: la naturaleza presentativa de los verbos inacusativos; la identificabilidad de las entidades (información nueva, inferible, evocada); la definitud de la frase nominal sujeto y la ubicación de las frases adverbiales en relación con el peso informativo del verbo. El quinto es la pesantez, es decir, la longitud y/o complejidad sintáctica de los constituyentes (véase 3.2).

Demostrar que los factores informativos predicen mejor que los semánticos la posición del sujeto es el objetivo de Rivas (2008). El autor, desde un punto de vista funcional, estudia en un corpus oral la incidencia de tres variables en la posición del sujeto de la oración monoactancial: la animación (sujeto humano, animado o inanimado), la identificación (sujeto identificable, no identificable o genérico) y el tipo de información transmitida (conocida, accesible o nueva). Según sus datos, el 93 % de los sujetos preverbales son identificables, mientras que solo el 63 %, aproximadamente, son animados; por otra parte, observa que casi el 90 % de los sujetos antepuestos transmiten información dada o accesible. A la vista de estos porcentajes, el autor concluye que "de una parte, los sujetos preverbales son mayoritariamente identificables y transmiten información conocida [y] de otra, la posición postverbal es el mecanismo que utiliza el español para introducir información nueva y/o no identificable" (Rivas 2008, 906).

5 Direcciones futuras y conclusiones

Frente a la abundancia de referencias en torno a la posición del sujeto en las oraciones intransitivas independientes y no marcadas desde el punto de vista de la modalidad, todavía falta un mayor desarrollo de investigaciones descriptivas sobre otras estructuras, que estén basadas en datos de corpus de diferentes tipos de textos, registros y sintopías y que permitan ofrecer un panorama más amplio de los distintos aspectos que inciden en el orden en español. Con todo, pueden señalarse algunas referencias, simplemente como ilustración: además de los ya citados Brown y Rivas (2011), que estudian el orden SV en las interrogativas parciales del español de Puerto Rico y Zimmermann (2019), que lo hace en el español dominicano, cabe citar Rivas (2013), que investiga el orden en las oraciones temporales empleando un corpus oral de español peninsular, Erker *et al.* (2017), que analizan la ubicación del sujeto en hablantes cubanos de Nueva York, o Krivochen y García Fernández (2019), que tratan la posición del sujeto en las perífrasis verbales.

Otro camino que conviene transitar es el de la descripción del orden de elementos en español en el ámbito de la enseñanza de la lengua, en particular en la enseñanza del español como lengua extranjera, donde ya hay algunas referencias, entre las que cabe señalar, como ejemplo, Lozano 2013 o Villalba 2019.

Un contexto adecuado para desarrollar un enfoque holístico en el análisis de un fenómeno complejo como el que nos ocupa puede ser la Gramática de Construcciones, que permite identificar y conectar diferentes aspectos. Como sabemos, las construcciones se conciben como unidades lingüísticas simbólicas, pares de forma y significado. La forma se compone de propiedades sintácticas, morfológicas y fonológicas, mientras que el significado se compone de propiedades semánticas, pragmáticas y discursivas. Todas las construcciones son parte de un continuo léxico-sintáctico, por lo que abarcan segmentos de todo tipo: morfemas, palabras, locuciones, frases o estructuras sintácticas más complejas, y conforman una red de relaciones en la gramática mental de los hablantes.

En este contexto, poder reunir la estructura morfosintáctica, el orden de elementos, la semántica y la estructura de la información en una descripción formal de las unidades gramaticales resulta esencial para comprender y describir adecuadamente los fenómenos de orden y para integrar el conocimiento existente sobre estos fenómenos en una explicación más completa y coherente de la gramática, como afirman Kuningas y Leino (2006, 302).

La Gramática de Construcciones, además, es perfectamente compatible con los análisis empíricos basados en corpus, los cuales resultan especialmente importantes para analizar la productividad y la fijación cognitiva de determinados esquemas de orden.

A través de las "construcciones de orden" (*ordering constructions*) o "construcciones de linealización" (*linearization constructions*) se pueden registrar distintos patrones de distribución en las lenguas, desde los más particulares, como determinadas dislocaciones, a otros más generales, como la ubicación del tópico en posición inicial.

A pesar de que la Gramática de Construcciones se revela como un contexto adecuado para estudiar el orden de elementos, debe indicarse que la investigación en este terreno no ha recibido excesiva atención, mucho menos en español. Es, sin embargo, una vía de exploración con posibilidades de expansión.

Notas

1 El "tópico" presenta la entidad respecto a la que se predica algo; el "foco", la información más sobresaliente o importante. El "tema" especifica el universo del discurso respecto al cual la predicación se presenta como pertinente; el "apéndice" (*Tail*) presenta información que clarifica o modifica (algún constituyente de) la predicación. (Véase Dik 1978: 132–156).
2 Estos ejemplos están tomados de la versión española de Dik (1978), de L. Martín Mingorance y F. Serrano Valverde: *Gramática funcional*, 1981. Madrid: SGEL, pp. 173, 199, 186 y 196, respectivamente.
3 Los ejemplos del apartado 4, salvo algunos tomados de la bibliografía, se han obtenido del CORPES XXI. En ocasiones se han manipulado mínimamente para su simplificación.

Lecturas complementarias recomendadas

Fernández Soriano (1993); Leonetti (2017); Rivas (2008).

Referencias bibliográficas

BDS. *Base de datos sintácticos del español actual*. Universidade de Santiago de Compostela. (www.bds.usc.es).
Brown, E. L. y Rivas, J. 2011. "Subject-Verb Word Order in Spanish Interrogatives: A Quantitative Analysis of Puerto Rican Spanish". *Spanish in Context* 8(1): 23–49.
Dik, S. C. 1978. *Functional Grammar*. Ámsterdam: North Holland. [Versión española de Leocadio Martín Mingorance y Fernando Serrano Valverde: *Gramática funcional*. Madrid: SGEL, 1981].
Dik, S. C. 1989. *The Theory of Functional Grammar. Part I: The Structure of the Clause*. Dordrecht: Foris Publications.
Erker, D., E. Ho-Fernández, R. Otheguy y N. Shin. 2017. "Continuity and Change in Spanish among Cubans in New York: A Study of Subject Placement with Finite Verbs". En *Cuban Spanish Dialectology: Variation, Contact, and Change*, ed. A. Cuza, 63–82. Washington, DC: Georgetown University Press.
Fábregas, A., A. L. Jiménez-Fernández y M. Tubino. 2017. "*What's Up* with Dative Experiencers?". En *Romance Languages and Linguistic Theory 12. Selected Papers from the 45th Linguistic Symposium on Romance Languages*, eds. R. E. V. Lopes, J. Ornelas de Alvear y S. M. L. Cyrino, 29–47. Ámsterdam: John Benjamins.
Fernández Soriano, O. 1993. "Sobre el orden de palabras en español." *Dicenda (Cuadernos de Filología Hispánica)* 11: 113–152.
Greenberg, J. H. 1963. "Some Universals of Grammar with Particular Reference to the Order of Meaningful Elements". En *Universals of Language*, ed. J. H. Greenberg, 73–113. Second ed. Cambridge, MA: The MIT Press, 1966.
Hatcher, A. G. 1956. "Theme and Underlying Question: Two Studies of Spanish Word Order". *Word* 12: Suplemento 3.
Jiménez-Fernández, A. L. y Rozwadowska, B. 2016. "The Information Structure of Dative Experiencer Psych Verbs". En *Various Dimensions of Contrastive Studies*, eds. B. Cetnarowska, M. Kuczok y M. Zabawa, 100–121. Wydawnictwo Uniwersytetu Śląskiego.
Kahane, H. y R. Kahane. 1950. "The Position of the Actor Expression in Colloquial Mexican Spanish". *Language* 26: 236–263.
Krivochen, D. G. y L. García Fernández. 2019. "On the Position of Subjects in Spanish Periphrases: Subjecthood Left and Right". *Borealis: An International Journal of Hispanic Linguistics* 8(1): 1–33. http://dx.doi.org/10.7557/1.8.1.4687

Kuningas, J. y J. Leino. 2006. "Word Orders and Construction Grammar". *SKY Journal of Linguistics* 19 (*A Man of Measure: Festschrift in Honour of Fred Karlsson on His 60th Birthday*): 301–309.

Leonetti, M. 2017. "Basic Constituent Orders". En *Manual of Romance Morphosyntax and Syntax*, eds. A. Dufter y E. Stark, 887–932. Berlin y Boston: De Gruyter.

Leonetti, M. 2018. "Two Types of Postverbal Subject". *Italian Journal of Linguistics* 30(2): 11–36.

Levin, B. y M. Rappaport Hovav. 1995. *Unaccusativity: At the Syntax-Lexical Semantics Interface*. Cambridge: The MIT Press (Linguistic Inquiry Monographs 26).

López Meirama, B. 1997. "Aportaciones de la tipología lingüística a una gramática particular: el concepto orden básico y su aplicación al castellano". *Verba* 24: 45–82.

López Meirama, B. 2006. "Semantic and Discourse-Pragmatic Factors in Spanish Word Order". En *Functional Approaches to Spanish Syntax: Lexical Semantics, Discourse and Transitivity*, eds. J. C. Clements y J. Yoon, 7–52. Nueva York: Palgrave Macmillan.

Lozano, C. 2013. "Word Order in Second Language Spanish." En *The Handbook of Spanish Second Language Acquisition*, ed. K. L. Geeslin, 287–310. West Sussex, UK: Wiley Blackwell.

Martínez Caro, E. 2006. "Constituent Order in Spanish: A Functional Grammar Perspective". En *A Pleasure of Life in Words: A Festschrift for Angela Downing*, vol. 1, coords. Carretero Lapeyre et al., 187–213. Universidad Complutense de Madrid.

Mathesius, V. 1928. "On Linguistic Characterology with Illustrations from Modern English". En *A Prague School Reader in Linguistics*, ed. J. Vachek. Indiana University Press, 1964.

Melis, Ch. y M. Alfonso Vega. 2013. "Circunstantes, sujetos y orden de palabras en la oración intransitiva del español". *Lingüística* 29(2): 125–150.

Mendikoetxea, A. 1999. "Construcciones inacusativas y pasivas". En *Gramática descriptiva de la lengua española*, vol. 2, dirs. I. Bosque y V. Demonte, Real Academia Española, 1575–1629. Madrid: Espasa.

Ocampo, F. 2005. "The Word Order of Constructions with an Intransitive Verb, a Subject, and an Adverb in Spoken Spanish". En *Selected Proceedings of the 7th Hispanic Linguistics Symposium*, ed. David Eddington, 142–157. Somerville, MA: Cascadilla Proceedings Project.

Pulido, M. F. 2021. "Remapping Variable Subject Position in Spanish Intransitives: A Proposal for Functionally Defined Categories in Motion Verbs". *Spanish in Context* 18(1): en prensa.

Real Academia Española: Banco de datos (CORPES XXI) [en línea]. *Corpus del Español del Siglo XXI (CORPES)*. (http://www.rae.es) [23/04/2021].

Rivas, J. 2008. "La posición del sujeto en las construcciones monoactanciales del español: una aproximación funcional". *Hispania* 91(4): 987–912.

Rivas, J. 2013. "Variable Subject Position in Main and Subordinate Clauses in Spanish: A Usage-Based Approach". *Moenia* 19: 97–113.

Roggia, A. B. 2011. *Unaccusativity and Word Order in Mexican Spanish: An Examination of Syntactic Interfaces and the Split Intransitivity Hierarchy*. Tesis doctoral, The Pennsylvania State University, State College.

Sánchez Arroba, M. E. 2004. "Orden básico y órdenes marcados en español". En *Cuestiones de lingüística general, hispánica y aplicada*, comp. G. Solís Fonseca, 259–284. Lima: Universidad Nacional Mayor de San Marcos.

Sánchez Arroba, M. E. 2008. "Tipos de cláusula, clases verbales y posición del sujeto en español". *Lexis* 32(1): 83–105.

Tomlin, R. S. 1986. *Basic Word Order: Functional Principles*. Londres: Croom Helm.

Villalba, X. 2019. *El orden de las palabras en contraste (El español en contraste)*. Madrid: Arco/Libros.

Zimmermann, M. 2019. "Reconsidering the Syntax of Interrogatives in Caribbean Spanish, with Special Reference to Dominican Spanish". *Isogloss* 5(2): 1–36.

Parte III
Fenómenos oracionales

21
Transitividad e intransitividad
(Transitivity and intransitivity)

José M. García-Miguel

1 Introducción

Son oraciones transitivas aquellas predicaciones que denotan eventos con dos participantes, expresados sintácticamente como sujeto y como complemento directo. El complemento directo en español admite expresión variable y son difusos los límites con otras funciones como la de complemento indirecto (debido al uso variable de la preposición *a* y fenómenos como el *leísmo*). Se ofrecen aquí datos de frecuencia de variación en la expresión del complemento directo, que se pone en relación con la frecuencia relativa de propiedades inherentes de los actantes, tales como la animación y determinación.

Desde el punto de vista semántico, la transitividad se suele asociar prototípicamente con acciones en las que un agente provoca un cambio de estado en un paciente individualizado; pero también es necesario sustentar en datos empíricos la asociación de la transitividad con diferentes tipos de eventos denotados.

La clasificación de los verbos como transitivos o intransitivos se aborda desde una perspectiva empírica como probabilidad de aparecer en estructuras transitivas o intransitivas alternantes, con dos tipos básicos de alternancia según el sujeto de la construcción intransitiva sea semánticamente más similar al sujeto o al complemento directo de la construcción transitiva. Se trata desde este punto de vista la distinción entre verbos transitivos causativos y no causativos, y entre verbos intransitivos inergativos e inacusativos.

Palabras clave: transitividad; intransitividad; marcación variable del objeto; causatividad

Transitive sentences are those predications that evoke events with two participants, expressed syntactically as subject and as direct object. The direct object in Spanish admits variable marking and therefore the boundaries with other functions such as the indirect object are fuzzy (due to the variable use of the preposition *a* and phenomena such as *leísmo*). Here we provide data on the frequency of variation in the expression of the direct object, which is related to the relative frequency of inherent properties of the actants, such as animacy and determination. From a semantic point of view, transitivity is usually associated prototypically with actions in which an agent causes a change of state in an individualized patient; however, it is also necessary to support the association of transitivity with different types of events with empirical data. The classification of verbs as transitive or intransitive is approached from an empirical perspective as the probability of appearing in alternating transitive or intransitive structures, with two basic types of alternation according to whether the subject of the intransitive construction is semantically more similar to the subject or the direct object of the transitive construction. From this point of view, we discuss the distinction between causative and non-causative transitive verbs, and between unergative and unaccusative intransitive verbs.

Keywords: transitivity; intransitivity; differential object marking; causativity

2 Conceptos fundamentales

En la tradición gramatical española se llaman transitivos los verbos que se construyen con complemento directo [CDir] y las oraciones que los tienen como parte del predicado (NGLE, 2591). La descripción de la transitividad en español requiere, como suele hacerse en las gramáticas, determinar los criterios o pruebas que permiten identificar los complementos directos y una especificación de las propiedades sintácticas y semánticas de las construcciones que los contienen.

El término y el concepto de transitividad puede remontarse por lo menos hasta el gramático latino tardío Prisciano (c. 500), para quien "nomina cum uerbis construuntur. et nominatiuis quidem intransitiue, obliquis uero transitiue uerba coniunguntur" ["los nombres se construyen con los verbos, y los verbos se unen intransitivamente con los nominativos y transitivamente con los oblicuos"] (Priscianus 500, L. XVII: De constructione), y añade que hay verbos absolutos que se construyen solo con nominativo y verbos que además del nominativo pueden adjuntar un oblicuo, "id est transitione in alias personas" ["o sea, en transición a otras personas"] (*ibid*.), explicitando la metáfora del paso de una persona a otra que está en la base del término transitividad. Pero nótese que para Prisciano la construcción transitiva no es solo la construcción con acusativo sino con cualquier caso oblicuo, lo que conecta la transitividad con todo tipo de régimen verbal (véase este volumen, cap. 24).

Además, la construcción transitiva presupone la presencia en la misma oración de la relación sintáctica con el nominativo, con lo que estaríamos contraponiendo oraciones con un actante a oraciones con dos (o más) actantes. El concepto tradicional de transitividad surge por tanto de la necesidad de distinguir oraciones con un solo participante, el sujeto, y oraciones con dos participantes, el sujeto y el objeto directo. De ahí la metáfora de que en las oraciones transitivas (de *transire* "pasar de un sitio a otro") la acción pasa del sujeto al objeto.

No en todas las oraciones con un solo actante funciona este como sujeto, ni en todas las oraciones con dos actantes funciona el segundo como complemento directo. Pero lo cierto es que las estructuras intransitivas Suj-V y las estructuras transitivas Suj-V-CDir son con mucho las más frecuentes para uno y dos actantes respectivamente, tanto en lo que se refiere a frecuencia de uso en corpus como en lo que se refiere a frecuencia de inventario de verbos que entran en cada esquema sintáctico. Para cualquier lengua, propongo definir como construcción transitiva la construcción biactancial no marcada, entendiendo como tal la construcción con dos participantes con mayor frecuencia de inventario, esto es, con mayor número de verbos diferentes. Por extensión, son también construcciones transitivas las construcciones con más de dos participantes que incluyen la estructura transitiva nuclear. Paralelamente, defino la construcción intransitiva como la construcción monoactancial no marcada y, por extensión, las construcciones con dos o más participantes que no son transitivas. En este sentido, entendemos que en español son transitivas las oraciones con Sujeto y Complemento Directo (eventualmente, con algún otro actante adicional), y son intransitivas las oraciones solo con Sujeto (o eventualmente con algún otro actante adicional que no sea Complemento Directo). Llamaremos verbos transitivos a aquellos que aparecen o suelen aparecer en oraciones transitivas y verbos intransitivos a los que aparecen o suelen aparecer en oraciones intransitivas. Las definiciones propuestas se apartan de la postura de quienes hablan de "transitividad preposicional" para referirse a construcciones con dos o más actantes, aunque ninguno de ellos sea complemento directo.

En la tradición gramatical occidental, también se ha asociado la transitividad con la pasivizabilidad, hasta el punto de llegar a presentarse como equivalentes los términos activo o transitivo, aplicados a los verbos y oraciones que pueden convertirse en pasivos, frente a los verbos y oraciones neutros o intransitivos. En suma, suele entenderse en las gramáticas tradicionales que las oraciones transitivas son aquellas en las que el verbo se acompaña de un complemento directo, y que pueden pasarse a pasiva y que además designan acciones realizadas por un agente y que afectan a un paciente. Como estas tres facetas no son equivalentes, intentaremos un poco más adelante fundamentar empíricamente la relación entre las estructuras sintácticas transitivas y las relaciones semánticas agente—paciente. Para las construcciones pasivas, véase este volumen (cap. 22).

La definición de las oraciones transitivas como aquellas que tienen un complemento directo hace fácil su identificación con tal de poder reconocer los complementos directos [CDir]. Hay consenso entre los gramáticos del español en considerar que son CDir los actantes que pueden expresarse mediante clíticos acusativos (i. e., *lo, la, los, las*) y/o mediante sintagma nominal sin preposición o precedido de *a*. Sin embargo, no parece existir ninguna propiedad que posean todos los CDirs y solo ellos, por lo que interesa centrarse en la variación existente. Tomaremos para este apartado y para los siguientes datos de BDS/ADESSE con el análisis manual del corpus ARTHUS. Seleccionamos de ahí las cláusulas biactanciales transitivas, i.e., Suj—V—CDir, sin ningún actante adicional, en voz activa [N = 60 803]. De ese total, el 18 % de los CDirs es solo un clítico pronominal, el 80,5 % se expresa mediante frases plenas y el 1,5 % con ambos ("duplicación"). Del total de realizaciones plenas [N = 49 920], además de por nombres y pronombres, la función puede ser desempeñada por cláusulas (21 %). Llevan la preposición *a* el 7 %, en lo que se conoce como "differential object marking" [DOM] o marcación variable del objeto. Entre las realizaciones como clítico de tercera persona [N = 8906] se encuentra un 17 % de instancias de dativo *le(s)* que los anotadores han interpretado como CDir (leísmo real o aparente).

Es conocido que el sistema de caso del español está sometido a considerable variación dialectal. Esta fluctuación, unida a la marcación variable con *a*, y también a la variación en la pasivización hace que existan muchos ejemplos de régimen dudoso. Por ejemplo, el objeto animado con verbos como *afectar* lleva preposición *a*, toma casi siempre clítico dativo y raramente acusativo, pero es pasivizable.

(1) a La frase **afecta al viejo** y le decide a realizar una confesión [SON:315.17][1].
 b Andrea todavía recuerda cuánto le sorprendió [...]. Como si **le afectara** [SON:339.08].
 c Seguía **afectado** por el desasosiego que le produjo la disputa. [CAR:068.13].

3 Aproximaciones teóricas

3.1 Aspectos generales

En las últimas décadas, muchos estudios sobre el español (por ejemplo Mendikoetxea 1999) aceptan implícita o explícitamente presupuestos teóricos formalistas según los cuales las oraciones transitivas contarían con un argumento interno al sintagma verbal (el CDir) y un argumento externo (el Sujeto), mientras que en las tradicionales oraciones intransitivas el sujeto superficial podría ser inicialmente un argumento interno (estructuras inacusativas) o un argumento externo (estructuras inergativas o intransitivas puras). Parte de las investigaciones formalistas se orienta hacia la explicitación de configuraciones estructurales y categorías abstractas que se asocian con diferentes estructuras transitivas e intransitivas. Pero también hay aportaciones muy relevantes, incluso para quienes no siguen los mismos presupuestos teóricos, sobre la interacción entre léxico y sintaxis (véase en este volumen cap. 8), en este caso sobre las propiedades relevantes sintácticamente de verbos transitivos, inacusativos e inergativos.

En las aproximaciones funcionales y cognitivas se ha puesto el foco en la aportación de las estructuras sintácticas a la conceptualización de la realidad y a la organización del discurso. Halliday (2014) utiliza el término *transitividad* para referirse a una red sistémica que define el rango de tipos de procesos y de participantes en esos procesos. Se trata de un sistema fundamental para la función ideativa del lenguaje, esto es, para la construcción semiótica de la experiencia. Para la Gramática Cognitiva (Langacker 1991, 1993), las estructuras lingüísticas son parte esencial de la conceptualización y una cláusula transitiva evoca típicamente una interacción asimétrica entre dos participantes, donde uno de ellos es la cabeza y el otro la cola de una cadena de transmisión de energía. Además, lo mismo que otras categorías, se concibe la transitividad como una categoría radial que se extiende alrededor de un prototipo, lo que permite reconocer la categoría sin necesidad de que todos sus miembros compartan un conjunto cerrado de propiedades. El prototipo semántico de transitividad está también en la base de la comparación tipológica, en la definición de los conceptos comparativos (Haspelmath 2011) **S** (~sujeto intransitivo), **A** (~agente transitivo, en español sujeto) y P (~paciente transitivo, en español CDir) que permiten reconocer para cualquier lengua estructuras transitivas (V + A + P) e intransitivas (V + S), así como compararlas por sus sistemas de alineamiento de participantes (ergativo, acusativo...) y por sus posibilidades de marcación, incluyendo la marcación variable del objeto y del sujeto.

En las aproximaciones empiristas, como las basadas en corpus, y en general en los modelos basados en el uso concebimos el lenguaje como una red de patrones estructurales de empleo recurrente. Pero la transitividad, que no dispone en español de formas de expresión unívocas, es difícilmente observable en corpus no anotados. En corpus anotados morfosintácticamente podemos observar algunos patrones combinatorios verbo-nombre (colocaciones) y verbo-pronombre (por ej.; V + *le* vs. V + *lo*); pero para muchas otras cosas necesitamos corpus/bases de datos con anotación sintáctico-semántica (como ADESSE, de donde se extraen los datos usados aquí).

3.2 El prototipo semántico de construcción transitiva

Desde el punto de vista semántico, la transitividad se asocia tradicionalmente con la idea de que en una construcción transitiva hay una transferencia de la acción desde el sujeto al objeto; pero este punto de vista nos lleva inevitablemente a una noción multifactorial y gradual de transitividad. Hopper y Thompson (1980) proponen que la transitividad se puede descomponer en partes que focalizan diferentes facetas de tal transferencia; para lo cual desglosan diez parámetros (participantes, quinesis, aspecto, puntualidad, volición, afirmación, modo, agencia, afección e individuación) que se relacionan con la naturaleza del evento y de los participantes y que tomados conjuntamente permiten caracterizar las oraciones como más o menos transitivas, en la medida en que expresan acciones dinámicas por las que un agente afecta a un paciente concreto e individualizado. Aproximaciones posteriores han reelaborado diferentes aspectos del prototipo de transitividad. En su monografía, Næss define una oración transitiva prototípica como aquella "where the two participants are maximally semantically distinct in terms of the roles in the event described by the clause" (Næss 2007, 30).

Serían entonces prototípicamente transitivos verbos como *romper* y *matar*, que expresan acciones en las que un Agente provoca cambios de estado en un Paciente. De hecho, algunos tipólogos

(Lazard 2002, 152; Haspelmath 2015) utilizan esos significados para identificar la construcción biactancial básica (i.e., la construcción transitiva) en cualquier lengua. En la mayoría de las lenguas, y también en español, la construcción biactancial usada por los verbos que significan "romper" y "matar" es también la construcción biactancial más productiva, i.e., la más frecuente en el inventario de verbos o en los ejemplares de un corpus, mientras que otros verbos biactanciales como "gustar" pueden adoptar en muchas lenguas construcciones no transitivas.

Con todo, la construcción transitiva es posible con verbos de diferentes clases semántico-conceptuales (Cano Aguilar 1981; García-Miguel 2015a). Es posible con verbos que denotan procesos físicos (*romper, matar*) o procesos mentales (*ver, querer, conocer*) o relaciones estáticas (*tener, incluir*); con objetos afectados (*romper el cristal*), efectuados (*pintar un cuadro*) y no afectados (*mirar la luna*). En ADESSE, obtenemos el número de cláusulas y de verbos por clase semántica recogido en la Tabla 21.1 junto con la proporción sobre el total de cada clase. El inventario de verbos transitivos comprende una mayoría de procesos materiales, pero en el corpus hay más ejemplares de procesos mentales. Sin embargo, en términos relativos, es destacable la relativamente baja proporción de procesos materiales transitivos, lo que pone en cuestión la asociación de la transitividad con las acciones físicas.

Ante la variabilidad semántica de las construcciones transitivas, podría establecerse la generalización de que la estructura sintáctica transitiva se ajusta al patrón semántico Agente-Paciente (Demonte 1990), siempre y cuando se entiendan estas nociones como roles generalizados o macrorroles (Van Valin 2004) de modo que la noción de Agente incluya tanto iniciadores voluntarios como causas involuntarias e incluso experimentadores de procesos mentales, y la noción de Paciente incluya objetos efectuados, afectados y desplazados tanto en sentido literal como en sentido extendido. Por ejemplo, en "alguien ve algo" parece difícil interpretar el sujeto como agente de una acción y el complemento directo como paciente afectado por ella. Pero Moreno Cabrera (2003) propone distinguir entre procesos inherentes y adherentes, de modo que en "romper algo" hay un cambio de estado inherente (algo se rompe) y en "ver algo" hay un cambio de estado adherente (algo está visto) y añade que "los procesos adherentes no suponen una afección de las propiedades inherentes de la entidad que los experimenta, sino el establecimiento de una determinada relación con otra entidad que no necesariamente la afecta de modo palpable" (Moreno Cabrera 2003, 161–163). En la misma línea, Croft (2012, 53–55) trata *see* "ver" como un estado transitorio inceptivo, en el que hay un cambio puntual de no-visto a visto. En cualquier caso, con verbos como "romper" o "matar" tenemos Agentes y Pacientes prototípicos, mientras que la utilización de estas etiquetas con otros verbos transitivos parece más forzada.

Tabla 21.1 Cláusulas y verbos transitivos por clase semántica. Frecuencias relativas sobre el total de cada clase. [Total cláusulas = 158 623, total verbos diferentes = 4011].

Clase	Verbos ejemplo	Cláusulas transitivas	Frecuencia relativa	Verbos transitivos	Frecuencia relativa
1: Mental	*ver, saber*	24 902	0,68	436	0,76
2: Relacional	*ser, tener*	13 926	0,47	323	0,77
3: Material	*ir, romper*	23 379	0,45	1612	0,71
4: Verbal	*decir, hablar*	8 248	0,53	273	0,75
5: Existencial	*existir, causar*	3 093	0,27	116	0,58
6: Modulación/otros	*dejar, ayudar*	10 638	0,77	134	0,74
Total		84 186	0,53	2894	0,72

Fuente: ADESSE (http://adesse.uvigo.es). Elaboración propia.

Hay también estrechas relaciones entre transitividad y aspecto, aunque en español la construcción transitiva es posible con verbos de diferentes clases aspectuales. Con verbos de realización, la lectura télica requiere un objeto individualizado (*comer/se una manzana*), mientras que obtenemos lecturas atélicas con objetos continuos o en ausencia de objeto (*comer manzanas/arroz/Ø*), lo que muestra la baja transitividad de construcciones con objetos no individualizados. En español, muchas cláusulas transitivas tienen un objeto no individualizado (*tener tiempo, dar paseos, comer carne...*) y se parecen semánticamente a cláusulas intransitivas (*dar paseos ~ pasear*). En algunas lenguas la baja individualización del objeto puede dar lugar a construcciones formalmente intransitivas (como, por ej., la incorporación nominal o las construcciones antipasivas), pero en español no hay diferencias formales con construcciones en las que el objeto es definido (*tener el tiempo necesario, comer la carne*).

Lo importante de la concepción escalar de la transitividad es que en esta noción no solo está implicada la presencia de sujeto y complemento directo (eventualmente, agente y paciente), sino también la individuación de los participantes, la dinámica de fuerzas (causación), el desarrollo temporal interno del evento (aspectualidad), entre otras propiedades.

3.3 La naturaleza de los participantes y la marcación variable del objeto

Dada la asimetría de la construcción transitiva, esperamos un participante con capacidad agentiva, típicamente un ser animado autónomo que actúa voluntariamente, y por otro lado un objeto concreto e individualizado. Además, el flujo de la información suele tomar como punto de partida el agente (que suele ser temático e información dada), mientras que el paciente suele aparecer más frecuentemente como información nueva focalizada. De esa asimetría entre sujeto y objeto en términos de potencial agentivo y topicalidad, esperamos que los CDirs sean menos frecuentemente animados, definidos y preverbales que los sujetos, y también que sean expresados menos frecuentemente mediante formas reducidas (concordancia verbal o clítico), como se recoge en la Tabla 21.2

La variación formal en el objeto permite contrastar formas marcadas, menos frecuentes (presencia de *a*, duplicación, leísmo) frente a la expresión canónica, más frecuente (ausencia de *a*, no duplicación, acusativo en clíticos de tercera persona). La variación depende de factores relacionados con el potencial agentivo y el estatus informativo de los participantes de modo que las opciones menos frecuentes son las que requieren mayor marcación morfológica. Un objeto animado o definido o temático/dado se relaciona siempre con una mayor probabilidad de *a*, duplicación y leísmo, aunque el peso de los factores condicionantes es diferente en cada caso. Con datos globales de ADESSE sobre las 60 803 cláusulas transitivas de la Tabla 21.2, la presencia de *a* depende sobre todo de propiedades inherentes del referente (llevan *a* el 71,7 % de los CDirs animados, porcentaje que sube al 83,3 % de los animados definidos), la duplicación depende sobre todo del estatus informativo y también de la animación y la determinación (duplican el 50 % del total de CDirs preverbales, pero el 93 % de los preverbales animados y definidos),

Tabla 21.2 Algunas propiedades de los participantes en cláusulas Suj- V- CDir [N = 60 803].

	Suj	CDir
Animado	85,5 %	17,2 %
Definido (si FN)	90,1 %	64,4 %
Pre-verbal (si FN o cláusula)	81,3 %	1,7 %
No léxico, solo concordancia/clítico	69,9 %	17,9 %

Fuente: ADESSE (http://adesse.uvigo.es). Elaboración propia.

y el leísmo ocurre principalmente con referentes animados de género masculino (55,3 %), pero también está sujeto a una fuerte variación dialectal (72 % en textos de España y 4 % de leísmo real o aparente en textos hispanoamericanos).

La variación formal en el objeto, especialmente la variación de caso en los clíticos de tercera persona, hace borrosos los límites entre CDir y CInd así como entre diferentes clases de verbos biactanciales (García-Miguel 2015b, 234): (i) verbos como *gustar, hablar y pegar* que en ARTHUS se construyen siempre con dativo; (ii) verbos como *molestar, alegrar, preocupar* o *ayudar*, que alternan acusativo y dativo, dependiendo de varios factores que asocian el dativo con baja transitividad (Vázquez Rozas 1995); (iii) verbos transitivos que prefieren el acusativo, menos en ciertos dialectos con referentes animados masculinos ("leísmo"). Pero el comportamiento de estos verbos no es homogéneo: la frecuencia de *le* (Anim. Masc. Sing) es mayor con *observar* (64 %) que con *conocer* (32 %) o *ver* (28 %).

4 Perspectivas actuales

4.1 Variaciones de transitividad: alternancias transitivo/intransitivo

La transitividad contrapone primariamente oraciones transitivas con dos actantes Suj y CDir a oraciones intransitivas con un actante (Suj). Sin embargo, la mayoría de los verbos admiten ser usados en expresiones con y sin complemento directo expreso. Ante esta variación existen dos posturas básicas: hay quien entiende (como en NGLE) que los verbos son inherentemente transitivos o intransitivos, pero podemos registrar los verbos transitivos sin CDir en uso absoluto, o verbos intransitivos con un CDir interno/cognado. O, por otro lado, hay quien defiende (por ejemplo, Alarcos 1966) que transitivas o intransitivas son las oraciones pero no los verbos, que pueden usarse tanto transitiva como intransitivamente. Los datos de corpus no nos proporcionan una división tajante entre verbos transitivos e intransitivos, ni libertad absoluta para aparecer un verbo en cualquier esquema sintáctico. En corpus podemos observar cierta probabilidad de que un verbo se use transitiva o intransitivamente, y por tanto una gradación desde los más transitivos, i. e., los que aparecen más frecuentemente con un objeto directo individualizado, a los menos transitivos (Ibáñez y Melis 2015, 166).

Por otro lado, no todas construcciones transitivas son iguales y lo mismo puede decirse de las construcciones intransitivas. Al comparar los usos transitivo e intransitivo de un mismo verbo tenemos dos posibilidades según el Sujeto intransitivo sea semánticamente más similar al sujeto o al CDir de la construcción transitiva:

- Alternancia "objetiva": <Suj=X, CDir=Y> vs <Suj=X >
  Si en el uso intransitivo se omite el paciente/CDir de la transitiva, obtenemos usos absolutos de verbos transitivos (por ej. *Leer un libro* vs. *leer*) o, si partimos de un verbo básicamente intransitivo, una transitivación mediante adición de un objeto (*correr* vs. *correr la maratón*).
- Alternancia "causativa": <Suj=X, CDir =Y> vs <Suj= Y>
  Si en el uso intransitivo se omite el agente/Suj de la transitiva, el paciente ocupa su lugar como sujeto y obtenemos construcciones anticausativas o incoativas, esto es, verbos de cambio de estado en los que no se explicita una causa de ese cambio. Alternativamente, si partimos del uso intransitivo, tendríamos una transitivación causativa añadiendo un agente-causante como sujeto. Por ejemplo, transitiva *ellos continuaron la conversación en italiano* [CAR:155.21] vs. intransitiva *la charla interrumpida continuaría cualquier día* [JOV:081.22].

En otras palabras, al comparar estructuras con uno y dos participantes, tenemos dos modelos que Halliday llama el modelo "transitivo" y el modelo "ergativo". El primero es un modelo extensional: existe un participante cuya actividad puede extenderse o no a otra entidad (*Juan come* vs. *Juan come tortilla*). Según el modelo "ergativo", existe al menos un participante involucrado en el proceso que puede tener lugar espontáneamente en él o ser provocado por otro participante (*el barco se hundió* vs. *las autoridades hundieron el barco*).

De esa relación entre construcciones transitivas e intransitivas se pueden derivar dos clases de verbos transitivos y dos clases de verbos intransitivos. Hay verbos transitivos que tienden a intransitivarse en usos absolutos sin paciente, y verbos transitivos que tienden a la intransitivación anticausativa. Con ello podríamos distinguir transitivos causativos y no causativos. Hay verbos intransitivos cuyo sujeto es más similar a un paciente transitivo (incluso aunque no exista un correlato causativo), y verbos intransitivos cuyo sujeto es más similar a un agente (incluso aunque no admitan CDir/Paciente). Los primeros reciben en algunas aproximaciones formales a la gramática el nombre de "inacusativos", los segundos el de "inergativos". Existen otras propiedades de comportamiento sintáctico que permitirían diferenciar unos de otros (véase Mendikoetxea 1999; López García 2018).

Pero las clases de verbos transitivos e intransitivos no son totalmente excluyentes entre sí. Existen verbos como *dormir* que admiten ambos tipos de alternancia:

(2) a   El niño duerme. [SON:077.04] (intransitiva)
    b   El viejo viene de dormir al niño. [SON:232.01] (transitiva causativa)
    c   El niño duerme ya un sueño tranquilo. [SON:282.10] (transitiva no causativa)

Además de un análisis cualitativo, cabe un análisis cuantitativo del porcentaje de usos en que un verbo aparece en construcciones transitivas e intransitivas, situando en un extremo los verbos que siempre se usan como transitivos y en el otro los verbos intransitivos que no se registran nunca en la construcción transitiva. Entre unos y otros, en los verbos alternantes podemos observar si el sujeto de la construcción intransitiva es semánticamente más similar al sujeto o al objeto de la construcción transitiva

4.2 Alternancia "objetiva": omisión del objeto y objeto interno/cognado

La alternancia objetiva-deobjetiva (<Suj=X CDir=Y> vs <Suj=X>), en voz activa y sin actantes adicionales, la admiten muchos verbos (572 registrados en ADESSE) de todas las clases, que pueden ordenarse desde los transitivos que aparecen esporádicamente sin objeto hasta los intransitivos que aparecen esporádicamente con objeto

a) Transitivos frecuentes que se registran esporádicamente sin CDir:
    tener, conocer, encontrar, sentir, traer, matar...
b) Alternan en proporciones variables (intr/trans):
    escribir (44/138), *terminar* (35/104), *continuar* (13/39), *esperar* (117/306), *valer* (38/91), *estudiar* (109/213), *perdonar* (54/60), *beber* (79/82), *comer* (121/96), *cantar* (76/52), *empezar* (57/39), *contestar* (50/28), *jugar* (109/37), *respirar* (44/12), *bailar* (49/12), *gritar* (87/18), *hablar* (416/79)...
c) Intransitivos frecuentes que se registran esporádicamente con CDir:
    dormir (211/9), *caminar* (115/8), *andar* (49/3), *correr* (151/3), *charlar* (14/1), *cenar* (49/3), *llorar* (151/7), *reír* (191/4), *trabajar* (218/4); *crecer* (93/6).

No hay límites estrictos entre los tres grupos, aunque en general los del grupo (a) aparecen sin CDir solo si este es recuperable del entorno inmediato o admite una interpretación genérica, aplicable a cualquier entidad compatible con ese tipo de evento.

(3) a Dadme una copa de coñac si **tenéis** por ahí... [MOR:032.09]
   b ¿La señorita Herrera? No **conozco** [HIS:110.35]
   c Hay paellas que **matan** [RAT:026.05]

En los verbos del grupo (b) suele ocurrir que el uso intransitivo tiende a perder rasgos de transitividad semántica cardinal, por ejemplo, que el intransitivo designe una actividad genérica o habitual, aplicable a cualquier entidad compatible con el significado del verbo (*comer* [cualquier comida], *beber* [cualquier bebida], *escribir* [cualquier texto]) o especializada (*beber* = beber bebidas alcohólicas).

Los verbos del grupo (c) son básicamente intransitivos y pueden llegar a admitir un CDir de medida o extensión (*caminar una ciudad, andar x km, correr la pista*) o de causa/faceta de una actividad (*llorar la muerte de alguien, reír las bromas, trabajar la madera*) o un objeto cognado que especifica el significado del verbo (*llorar lágrimas de niño*).

La alternancia transitivo-intransitivo puede ocurrir, además de omitiendo el segundo actante como en los casos indicados, también expresando el segundo actante como complemento preposicional regido (Obl), como en *pensar (en) algo, hablar (de) algo, disfrutar (de, con) algo, atravesar (por) un lugar*...; pero es difícil asegurar que CDir y Obl sean equivalentes semánticamente y se trate del mismo actante. En cualquier caso parece que le tendencia general es que las construcciones con complemento preposicional comporten menos propiedades de transitividad cardinal que las construcciones con complemento directo (García-Miguel 1995).

Algunos verbos, no muchos y de manera bastante irregular, acompañan este tipo de alternancia con el uso de *se* en el alternante intransitivo <Vact: Suj=X CDir=Y> vs <V*se*: Suj=X (prep Y)>, como en (4).

(4) a Caminando acera adelante, Andrea **lamenta** su fracaso. [SON:176.31]
   b Pasaba sus días **lamentándose de** la destrucción de sus huevos. [1IN:017.06]

Otros verbos que registran este tipo de alternancia son:

> *Aguantar/se (con), compadecer/se (de), encontrar/se (con); extrañar/se (de/por), olvidar/se (de), equivocar/se (de/en); decidir/se (por), quedar/se (con); resistir/se (a), agarrar/se (a), aferrar/se (a), abrazar/se (a), sujetar/se (a), vengar/se (de), aprovechar/se (de); despedir/se (de), entrevistar/se (con), reafirmar/se (en)*
> [Alternan CDir/ø:] *explicar/se, expresar/se, pronunciar/se, declarar/se...*

Esta alternancia se ha visto (Bogard 1999) como equivalente a la diátesis "antipasiva" típica de lenguas ergativas, con la que comparte la intransitivación y la democión del Paciente, sin que sea relevante la promoción del Agente porque en lenguas acusativas es sujeto tanto en estructuras transitivas como intransitivas. Con todo, en español el proceso es menos regular de lo que suele ser en muchas lenguas ergativas y mucho menos productivo que el uso de *se* como expresión de diátesis anticausativa.

4.3 Alternancia causativa

De manera similar a lo que hemos hecho con la presencia o ausencia de objeto, podemos ordenar en una escala los verbos que admiten la alternancia causativa, donde esperamos en la construcción intransitiva cambios que ocurren espontáneamente y en la construcción transitiva cambios de estado en el objeto que necesitan como sujeto causas o agentes externos para ocurrir.

Tabla 21.3 Algunos verbos para los que se registra en ADESSE la alternancia causativa en voz activa (<Suj=X CDir=Y> vs <Suj=Y>) ordenados según la frecuencia relativa de cada alternante.

Clase	Trans	>	Intr
Movimiento y localización	arrancar—colgar—apartar—arrastrar—entrar—girar—pasear		
Cambio de estado	reventar—mejorar—curar—variar—cambiar—aumentar—empeorar		
Fase	acabar—terminar—seguir—continuar—cesar—finalizar—comenzar—empezar		
Otros	destacar—despertar—suspender—asomar—aprobar—dormir—callar		

Las diferencias de frecuencia relativa entre la construcción causativa y la anticausativa parecen tener que ver con la probabilidad de que ocurran espontáneamente las situaciones designadas o de que sea necesaria la aportación de energía externa para iniciarlas o llevarlas a cabo. En este sentido, son curiosos los contrastes entre *empeorar* y *mejorar*, entre *dormir* y *despertar*, o entre *empezar* y *acabar*, con el primer miembro de cada par designando procesos supuestamente más espontáneos que el segundo.

Hay que tener en cuenta que el español, como la mayoría de las lenguas europeas, prefiere marcar la variante anticausativa con una forma de expresión particular, en este caso, la construcción pronominal con SE. Se observa alternancia entre construcción transitiva causativa con el verbo en voz activa (*alguien/algo abre la puerta*) y construcción intransitiva anticausativa con SE (*la puerta se abre*) con la mayoría de los verbos que designan cambio de estado (Tabla 21.4).

Tabla 21.4 Algunos verbos para los que se registra en ADESSE la alternancia causativa/anticausativa con SE.

Modificación	abrir/se, producir/se, encoger/se, cerrar/se, romper/se, arreglar/se...
Movimiento y localización	acercar/se, sentar/se, levantar/se, dirigir/se, detener/se...
Afección psíquica	preocupar/se, interesar/se, alegrar/se, asustar/se, divertir/se...
Causativos de percepción	presentar/se, mostrar/se, manifestar/se...
Fase	acabar/se, mantener/se, interrumpir/se, terminar/se...
Causativos de atribución	poner/se, llamar/se, hacer/se, convertir/se, volver/se...
Inducción a la acción	decidir/se, acostumbrar/se, animar/se, imponer/se, inclinar/se...

Entre las lenguas del mundo hay muchas como el español que marcan la variante anticausativa pero muchas otras tienen morfemas verbales causativos. Al examinar la variación tipológica en la expresión de causatividad, se ha observado que las marcas formales de anticausatividad suelen ocurrir más bien con significados verbales cuyo uso más frecuente es transitivo causativo, y los morfemas causativos más bien con significados verbales cuyo uso más frecuente es intransitivo incoativo siguiendo la tendencia general de marcar explícitamente lo menos frecuente (Haspelmath 1993). Por supuesto, hay excepciones a esta tendencia general. Por ejemplo, en español la construcción anticausativa con SE (*la puerta se abre*) suele ser con la mayoría de los verbos menos frecuente que la construcción transitiva alternante (*alguien/algo abre la puerta*); pero con algunos verbos es más frecuente la construcción anticausativa que la transitiva causativa (por ejemplo, *pudrirse, sentarse, casarse,* ...). En esta línea, esperaríamos que con los verbos que no marcan formalmente el alternante intransitivo (tipo *envejecer*) este fuera más frecuente que el alternante transitivo. Además, la construcción marcada con *se* se asocia con la perfectividad y una menor autonomía del proceso verbal (Kailuweit 2012). Heidinger (2015) analiza datos del CREA para 20 verbos del español y encuentra que a mayor índice de causalidad (mayor

Transitividad e intransitividad

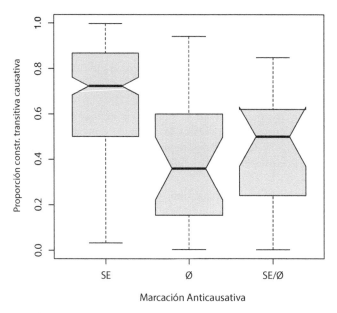

Figura 21.1 Proporción de usos causativos con verbos que registran alternancia causativa en ADESSE.

porcentaje de usos transitivos causativos) mayor es la probabilidad de uso de SE en el alternante intransitivo, tendencia corroborada por Vivanco (2017) añadiendo algunos verbos más al análisis: si el porcentaje de usos causativos es superior al 50 % del total se usa sistemáticamente SE en el anticausativo, por debajo del 30 % de usos causativos casi nunca se utiliza SE en el anticausativo (con algunas excepciones como *pudrirse*) y entre el 30 % y el 45 % tenemos una zona de fluctuación. Ampliando considerablemente el conjunto de verbos observados, he encontrado en ADESSE 271 verbos con los que se registra alternancia causativa y que tienen una frecuencia total de al menos 10 ejemplares sumando las construcciones transitiva e intransitiva. En la mayoría de ellos (224), la intransitiva anticausativa aparece siempre con SE (como *abrir/se*); mientras que con 26 verbos la intransitiva no se registra con SE en el corpus (verbos lábiles como *continuar*) y hay 24 verbos que admiten ambas posibilidades (como *terminar/se*). La Figura 21.1 muestra la proporción de usos transitivos causativos en los verbos de cada grupo, con una mediana de 0,72 en los que marcan la anticausativa con SE, 0,36 en los que no, y 0,5 en los que admiten ambas posibilidades. Los datos confirman la tendencia a marcar con SE el alternante intransitivo de verbos cuyo uso más frecuente es transitivo.

5 Direcciones futuras y conclusiones

En apartados anteriores hemos presentado un panorama muy general de las principales variaciones y alternancias de transitividad, sin apenas poder hacernos eco del creciente número de trabajos que analizan con mayor detalle la marcación variable del objeto, las alternancias de transitividad y el comportamiento de verbos o grupos de verbos particulares. También han quedado fuera otras alternancias del objeto como la alternancia locativa (*cargarlo de maletas/cargarle las maletas*) o la alternancia posesiva (*golpear su brazo/golpearle el brazo/golpearlo en el brazo*) y otras similares.

Lo esperable es que en el futuro próximo se siga avanzando en extensión y profundidad en el conocimiento de las interacciones entre léxico, semántica y sintaxis.

Un área de especial interés es el de las interacciones de transitividad y discurso. Hopper y Thompson (1980) asociaron la alta transitividad con la prominencia discursiva. También notaron (Thompson y Hopper 2001) que en el discurso oral espontáneo predomina la baja transitividad (vid. para el español Oropeza Escobar 2011). Diferentes géneros y modalidades discursivas pueden asociarse con diferentes grados de transitividad y, más claramente aún, con la predominancia de diferentes tipos de procesos. Por ejemplo, esperamos mayor frecuencia relativa de procesos materiales en las narraciones y de procesos verbales en crónicas periodísticas; pero el análisis en detalle de textos y corpus particulares puede mostrar otras distribuciones motivadas discursivamente.

En discurso observamos también patrones particulares de funcionamiento con algunas clases de verbos. Los verbos de cognición, como *creer y pensar*, son biactanciales y los encontraremos muy frecuentemente con CDir clausal. Pero en discurso oral aparecen frecuentemente desligados entonativamente de su complemento y/o como parentéticos convertidos en marcadores epistémicos (Travis 2006; Vázquez Rozas 2015). En consecuencia, se registran frecuentemente como intransitivos sin CDir explícito y también muy frecuentemente en primera persona. Vázquez Rozas (2015, 581) reporta con datos de ARTHUS/ADESSE que más de la mitad de los usos del verbo *creer* son de la forma *creo*, porcentaje que se eleva al 81 % (731/902) en el subcorpus oral. Todo esto apunta a la necesidad de seguir explorando la explotación discursiva de construcciones particulares concretas más allá de lo que ocurra en general con clases generales de verbos o con alternancias de transitividad.

La naturaleza y el estatus informativo de los participantes juega un papel muy relevante, como ya hemos visto, en la marcación variable del objeto. El prototipo de transitividad requiere dos participantes individualizados y prominentes, y tiende a marcarse formalmente el objeto humano, definido y topicalizado, es decir, aquel que semántica y discursivamente es igual de prominente o más que el sujeto. Pero la inmensa mayoría de los objetos son no animados y presentan información nueva. Se conoce como "estructura argumental preferida [EAP]" (Du Bois 1987; Ashby y Bentivoglio 1993; Du Bois *et al.* 2003) la tendencia a introducir los referentes nuevos en las funciones P (CDir transitivo) o S (Sujeto intransitivo), mientras que el sujeto transitivo (A) suele ser no léxico por contener mayoritariamente información dada. La tendencia se ve reforzada por que A suele ser animado, mientras P y S son inanimados más frecuentemente que A; por lo que debe seguir analizándose el peso relativo de los principales factores condicionantes (Vázquez Rozas 2006; Haig y Schnell 2016). En cualquier caso, la *EAP* concierne a la expresión de los participantes y no afecta a la transitividad, en el sentido de que un actante reducido a la flexión verbal o a clítico pronominal y recuperable del contexto sigue contando como participante. Otra cosa es la utilización en discurso de alternancias de diátesis como la pasiva, la anticausativa o la deobjetiva para situar un referente en segundo plano o para evitar mencionarlo, reduciendo su prominencia. En particular, una manera de ocultar o minimizar la responsabilidad de un agente es evitando estructuras transitivas y utilizando intransitivas inacusativas o anticausativas o nominalizaciones, de modo que ciertos eventos se presentan como algo que ocurre y no como algo que alguien hace. Es, por ejemplo, una de las maneras que tienen manuales de historia para bachillerato de camuflar responsabilidades de las dictaduras chilena y española (Oteiza y Pinto 2008).

Nota

1 Todos los ejemplos de este capítulo proceden de ARTHUS. La referencia al final del ejemplo sigue la codificación utilizada en ADESSE [OBRA:página.línea].

Lecturas complementarias recomendadas

Hopper y Thompson (1980); Cano Aguilar (1981); García-Miguel (2007); NGLE (cap. 34).

Referencias bibliográficas

ADESSE: Base de datos de verbos, alternancias de diátesis y esquemas sintáctico-semánticos del español. Universidade de Vigo. (http://adesse.uvigo.es).
Alarcos, E. 1966. "Verbo transitivo, verbo intransitivo y estructura del predicado". *Archivum* 16: 5–17.
ARTHUS: Archivo de textos hispánicos de la Universidad de Santiago de Compostela. (www.bds.usc.es/corpus.html).
Ashby, W. J. y P. Bentivoglio. 1993. "Preferred Argument Structure in Spoken French and Spanish". *Language Variation and Change* 5(1): 61–76.
Bogard, S. 1999. "Construcciones antipasivas en español". *Nueva Revista de Filología Hispánica (NRFH)* 47(2): 305–327.
Cano Aguilar, R. 1981. *Estructuras sintácticas transitivas en el español actual*. Madrid: Gredos.
Croft, W. 2012. *Verbs: Aspect and Causal Structure*. Oxford: Oxford University Press.
Demonte, V. 1990. "Transitividad, intransitividad y papeles temáticos". En *Estudios de Lingüística de España y de México*, eds. V. Demonte y B. Garza Cuarón, 115–150. México: UNAM.
Du Bois, J. W. 1987. "The Discourse Basis of Ergativity". *Language* 63(4): 805–855.
Du Bois, J. W., L. E. Kumpf, y W. J. Ashby eds. 2003. *Preferred Argument Atructure: Grammar as Architecture for Function*. Ámsterdam: John Benjamins.
García-Miguel, J. M. 1995. *Transitividad y complementación preposicional en español*. Santiago de Compostela: Universidade de Santiago.
García-Miguel, J. M. 2007. "Clause Structure and Transitivity". En *The Oxford Handbook of Cognitive Linguistics*, eds. D. Geeraerts y H. Cuyckens, 753–781. Oxford: Oxford University Press.
García-Miguel, J. M. 2015a. "Transitivity and Verb Classes". En *Verb Classes and Aspect*, eds. E. Barrajón López, J. L. Cifuentes Honrubia y S. Rodríguez Rosique, 288–311. Ámsterdam: John Benjamins.
García-Miguel, J. M. 2015b. "Variable Coding and Object Alignment in Spanish: A Corpus-Based Approach". *Folia Linguistica* 49(1): 205–256.
Haig, G. y S. Schnell. 2016. "The Discourse Basis of Ergativity Revisited". *Language* 92 (3): 591–618.
Halliday, M. A. K. 2014. *Halliday's Introduction to Functional Grammar*, 4ª ed. (revisada por Ch. Matthiessen). 1985[1]. Londres y Nueva York: Routledge.
Haspelmath, M. 1993. "More on the Typology of Inchoative/Causative Verb Alternations". En *Causatives and Transitivity*, eds. B. Comrie y M. Polinsky, 87–120. Ámsterdam: John Benjamins.
Haspelmath, M. 2011. "On S, A, P, T, and R as Comparative Concepts for Alignment Typology". *Linguistic Typology* 15(3): 535–567.
Haspelmath, M. 2015. "Transitivity Prominence". En *Valency Classes in the World's Languages*, vol. 1, eds. A. Malchukov y B. Comrie, 131–148. Berlín: De Gruyter.
Heidinger, S. 2015. "Causalness and the Encoding of the Causative: Anticausative Alternation in French and Spanish". *Journal of Linguistics* 51(3): 562–594.
Hopper, P. J., y S. A. Thompson. 1980. "Transitivity in Grammar and Discourse". *Language* 56(2): 251–299.
Ibáñez, S., y C. Melis. 2015. "Ambivalencia transitiva y estructura argumental: resultados de un estudio de uso". *Anuario de Letras* 3(2): 153–198.
Kailuweit, R. 2012. "Construcciones anticausativas: el español comparado con el francés". En *Aspectualidad—transitividad—referencialidad: las lenguas románicas en contraste*, eds. V. Bellosta von Colbe y M. García García, 133–158. Frankfurt: Peter Lang.
Langacker, R. W. 1991. *Foundations of Cognitive Grammar, Vol. II: Descriptive Application*. Stanford: Stanford University Press.

Langacker, R. W. 1993. "Clause Structure in Cognitive Grammar". *Studi italiani di linguistica teorica e applicata* 22(3): 465–508.
Lazard, G. 2002. "Transitivity Revisited as an Example of a More Strict Approach in Typological Research". *Folia Linguistica* 36(3–4): 141–190.
López García, F. 2018. *Predicados inacusativos en español*. Madrid: Arco/Libros.
Mendikoetxea, A. 1999. "Construcciones inacusativas y pasivas". En *Gramática descriptiva de la lengua española*, vol. 2, eds. I. Bosque y V. Demonte, 1575–1630. Madrid: Espasa.
Moreno Cabrera, J. C. 2003. *Semántica y Gramática. Sucesos, papeles semánticos y relaciones sintácticas*. Madrid: Antonio Machado.
Næss, Å. 2007. *Prototypical Transitivity*. Ámsterdam: John Benjamins.
NGLE: Real Academia Española y Asociación de Academias de la Lengua Española. 2009–2011. *Nueva gramática de la lengua española*. Madrid: Espasa.
Oropeza Escobar, M. 2011. "Transitivity in Spanish Conversational Discourse". *Estudios de Lingüística Aplicada* 53: 73–98.
Oteiza, T. y D. Pinto. 2008. "Agency, Responsibility and Silence in the Construction of Contemporary History in Chile and Spain". *Discourse & Society* 19(3): 333–358.
Priscianus. 500. *Institutionum Grammaticorum Libri XVIII*. Grammatici Latini, ex recensione Henrici Keilii. (http://mlat.uzh.ch/?c=13&w=PriCae.InstGra).
Thompson, S. A. y P. J. Hopper. 2001. "Transitivity, Clause Structure, and Argument Structure: Evidence from Conversation". En *Frequency and the Emergence of Linguistic Structure*, eds. J. Bybee y P. J. Hopper, 27–60. Ámsterdam: John Benjamins.
Travis, C. E. 2006. "Subjetivización de construcciones: los verbos 'cognitivos' en el español conversacional". En *Memorias del VIII Encuentro Internacional de Lingüística en el Noroeste*, vol. 2, ed. R. M. Ortiz Ciscomani, 85–109. Hermosillo: UniSon.
Van Valin, R. D. 2004. "Semantic Macroroles in Role and Reference Grammar". En *Semantische Rollen*, eds. R. Kailuweit y M. Hümmel, 62–82. Tubinga: Gunter Narr.
Vázquez Rozas, V. 1995. *El complemento indirecto en español*. Santiago de Compostela: Universidade de Santiago de Compostela.
Vázquez Rozas, V. 2006. "Animación, accesibilidad y estructura argumental preferida". En *Haciendo Lingüística. Homenaje a Paola Bentivoglio*, eds. M. Sedano, A. Bolívar y M. Shiro, 393–409. Caracas: Universidad Central de Venezuela.
Vázquez Rozas, V. 2015. "Dialogue and Epistemic Stance: A Diachronic Analysis of Cognitive Verb Constructions in Spanish". *eHumanista/IVITRA* 8: 577–599.
Vivanco, M. 2017. "La conceptualización de los eventos de cambio de estado y la alternancia lábil en español". *Estudios de Lingüística (ELUA)* 31: 327–347.

22
Las construcciones pasivas del español
(The passive constructions of Spanish)

Fernando Zúñiga

1 Introducción

En este capítulo se presentan los aspectos fundamentales relativos a las pasivas del español. Se distingue la construcción de uso más frecuente, con el elemento *se* ("refleja", p. ej., *se preparan los platos*), abordándose también un caso especial de esta pasiva, el cual expresa componentes modales adicionales a la acción expresada por el verbo ("mediopasiva", p. ej., *los platos se preparan así*). También se distinguen dos construcciones con participio y cópula ("analíticas"), una de proceso, p.ej., *los platos son preparados por el chef*, y otra de estado, p. ej., *los platos están preparados*). El capítulo se centra en la caracterización sincrónica de la estructura de dichas construcciones, poniendo especial atención sobre las diversas restricciones semánticas y sintácticas a las que están sujetas. Dicha caracterización estructural de las pasivas se complementa con comentarios tipológicos que posibilitan una adecuada contextualización de las construcciones tratadas. También se tratan aspectos mencionados en la literatura especializada relativos al uso de las distintas pasivas, con especial atención a la variación diafásica.

Palabras clave: español; pasiva; pasiva analítica; pasiva refleja; voz gramatical

This chapter presents the essentials of Spanish passive constructions. The passive that is most widely used features the element *se* ("reflexive passive", e.g., *se preparan los platos*); a special case of this *se*-passive expresses modal meanings ("mediopassive", e.g., *los platos se preparan así*). The other two constructions addressed ("analytic passives") feature a participle and a copula; one expresses mainly processes, e.g., *los platos son preparados por el chef*, while the other expresses states, e.g. *los platos están preparados*. The chapter focuses on the synchronic characterization of these constructions' structures, with special attention to the various semantic and syntactic restrictions placed upon them. This structural characterization is complemented by a brief typological commentary that allows an adequate contextualization of the constructions discussed. In addition, the chapter addresses some aspects treated by the literature on the use of the different passives, with special attention to register variation.

Keywords: analytic passive; grammatical voice; passive; reflexive passive; Spanish

DOI: 10.4324/9781003035633-25

2 Conceptos fundamentales

2.1 Características generales de las pasivas españolas

Respecto de su estructura, la voz pasiva se caracteriza frente a la voz activa por (i) tener un sujeto que corresponde al complemento directo o primario de la última, (ii) expresar el agente de la acción como complemento adposicional optativo y (iii) mostrar una diferencia morfológica en el predicado verbal. Respecto de su significado y productividad, las pasivas se caracterizan por presentar restricciones que no afectan a las construcciones activas. Respecto de su función, baste decir aquí que una de las motivaciones para preferir la voz pasiva a la activa dice relación con el deseo o la necesidad de otorgar prominencia discursiva y morfosintáctica al paciente por sobre el agente.

El español tiene varios tipos de pasivas, tres de los cuales se describen a continuación. El presente capítulo no trata otras construcciones que tienen una estructura diatética pasiva, pero que se usan solo en sintagmas dependientes sin cópula (*un cuadro pintado por Goya*), o que emplean verbos con contenido léxico en lugar de la cópula (*quedar, dejar, resultar, salir, traer, llevar, venir, verse, hallarse, encontrarse*, etc.). Ninguna de las pasivas tiene una estructura morfológica de uso exclusivo.

2.2 La pasiva con se[1]

La pasiva de mayor uso en el español (v. Tabla 22.2 en § 3) se caracteriza por la marca *se* y el verbo transitivo léxico. Ha habido cierto debate sobre la naturaleza de la marca *se*; la propuesta más aceptada actualmente consiste en analizarla como una marca de congruencia con el paciente (ya sea con estatus de afijo, como en Mendikoetxea 1999b, o de clítico, como en Sánchez López 2002). El verbo concuerda respecto de número con su sujeto, que solo puede ser de tercera persona. Se diferencia a este respecto de otras construcciones con *se*, p. ej., las reflejas, recíprocas y antipasivas, que son compatibles con todas las personas gramaticales. El sujeto explícito normalmente sigue al verbo, pero también puede precederlo (v. § 3). El complemento directo de la contraparte activa debe ser expreso: *Madrid lee de noche* (*El País*, Corpus del Español del Siglo XXI, (CORPES)) no admite una contraparte pasiva del tipo **se lee de noche (por Madrid)* (*Se lee de noche* es gramatical como construcción impersonal; v. hacia el final de § 2.2.). Véanse los ejemplos de esta pasiva ("refleja" o "sintética") en (1):

(1) a Se afectaron los techos y cielorrasos.
    b Se alquilan habitaciones.
    c Ambos acuerdos se rubricarán esta semana. (López Machado y Falk 1999, ej. 27)

El sintagma que expresa al agente (llamado "complemento agente") normalmente va introducido por la preposición *por*, pero es de uso tan poco común que debe considerarse marginal (Gómez Torrego 1992, 28; Sepúlveda Barrios 1988, 110–111). Véanse a continuación dos ejemplos de referencia explícita —específica en (a), más vaga, con *desde*, en (b)- citados por Marín Arrese (2002, 39):

(2) a … se ha mentido por el presidente del Gobierno respecto a la existencia…
    b … se estima desde la presidencia que pueden ser aportadas algunas ideas…

Cuando aparece, el complemento agente lo hace preponderantemente en algunos registros de la lengua escrita, a saber: jurídico, administrativo y periodístico (Gómez Torrego 1992,

28–29; Ricós Vidal 1998). En estos casos, tiende claramente a corresponder a referentes plurales indeterminados, o a entes abstractos y genéricos, con interpretación de tipo, no a agentes concretos y específicos (Maldonado 1999, 289; Mendikoetxea 1999a, § 25.1.3; Sánchez López 2002, 59–61). Véase el siguiente *continuum* de gramaticalidad mencionado por González Vergara (2006, 53), aunque el autor no aporta datos de uso registrado que sustenten su propuesta.

(3) a   Este país se construyó por mucha gente trabajadora.
    b   ?Este edificio se construyó por muchos obreros.
    c   *La basílica de San Pedro se construyó por Miguel Ángel.

Además de lo concerniente a la persona gramatical del sujeto, la otra restricción importante de las pasivas con *se* consiste en que sus sujetos normalmente no son animados y definidos (*se necesitan (*los) camareros*). Dichos referentes llevan usualmente a un análisis de la oración en cuestión como una refleja, independientemente de la plausibilidad semántica y pragmática (#*se saludó José*). No obstante, una interpretación de tipo o clase relaja la restricción (compárese #*los camareros Juan y José se necesitan* con *los camareros se necesitan con urgencia, pero las camareras no corren prisa*; Sánchez López 2002, 57).

Hay abundante literatura acerca de construcciones españolas morfosintácticamente similares a la pasiva con *se* y semánticamente relacionadas con ella, como las reflejas (*Arantxa se lavó la cara*), las recíprocas (*las niñas se saludaban unas a otras*), las anticausativas o incoativas (*el vaso se rompió*), las de *se* aspectual (*Jordi se durmió*) y las antipasivas (*Manuel se olvidó de la llave*); véanse Maldonado (1999), Mendikoetxea (1999b) y Sánchez López (2002). En el presente contexto, es particularmente relevante mencionar la relación con las impersonales y las pasivas modales.

Pese a que tanto la pasiva (a) como la impersonal (b) hacen uso de la marca *se*, según se ve en (4), ambas son estructuralmente diferentes (datos tomados de Marín Arrese 2002, 40):

(4) a   Se han arrestado cinco activistas.
    b   Se ha arrestado a cinco activistas.
    c   Se han arrestado a cinco activistas.

La impersonal es una construcción activa, aplicable a verbos de cualquier transitividad; en ella, el verbo aparece en una forma invariable de 3SG y nunca concuerda con el paciente, que aparece con *a* según las regularidades de la marca diferencial del objeto en oraciones activas. Sin embargo, también es posible encontrar híbridos como (c). Las oraciones con verbos transitivos y sujetos inanimados de 3SG, como *se vende la casa* (CORPES), normalmente admiten tanto la interpretación pasiva (¿*Qué cosas se venden? Se venden coches, se vende una casa...*) como la impersonal (¿*Qué se hace aquí? Se alquila habitaciones, se vende una casa...*).

Las pasivas modales ("medias", "medias-pasivas", "mediopasivas", "cuasipasivas") constituyen un caso especial de las pasivas con *se*. (5a) muestra una pasiva simple, que puede referirse tanto a una ocasión particular como a una serie de ocasiones. La oración (5b) tiene dos interpretaciones posibles: una es análoga a la de (5a) y se refiere a las diferentes ocasiones en que alguien lee los cuentos; la otra puede parafrasearse como "cómo deben/pueden leerse estos cuentos", oscilando entre obligación y necesidad, según el contexto:

(5) a   Cuando se leen los testimonios, aparecen referencias frecuentes al tema. (Saavedra, *Trabajo infantil en niños, niñas y adolescentes Afrodescendientes en Uruguay*, CORPES)
    b   Y ¿cómo se leen estos cuentos? [...] De una sentada. (*El Universal*, CORPES)

Esta segunda interpretación está disponible solo con un subconjunto de las pasivas con *se*: se trata de una proposición estativa, de aspecto genérico, que usualmente aparece con una modificación adverbial del tipo *fácilmente, difícilmente, bien, rápidamente*, etc. y es común con verbos de percepción sensorial (*en Ticlio se aprecia hoy el bizarro monumento levantado por el gobierno de Polonia*; Morales, *Las cordilleras del Perú*, CORPES), o cuando se dan instrucciones (*esta palabra se escribe así*). La pasiva modal normalmente no tiene una equivalente analítica (*esas cremas se venden bien* vs. **esas cremas son bien vendidas*; López Machado y Falk 1999). Incluso cuando existen analíticas análogas, el significado suele ser marcadamente diferente, p. ej., *se ve bien* vs. *es bien visto*. En (6), (a) es una pasiva simple que no implica ninguna propiedad inherente al libro, mientras que la pasiva modal (b) implica que son características del objeto físico, el contenido y/o la autora las que influyen en que se venda tan bien (datos y análisis tomados de Mendikoetxea 1999b, 1641; la literatura sobre el inglés llama a las construcciones equivalentes a (6b), p. ej., *this book sells very well* "*middle constructions*"):

(6) a Este libro se vende en todas las esquinas.
    b Este libro se vende muy bien.

Nótese en (6) la posición preverbal del sujeto determinado (v. § 3), estructura particularmente común con la pasiva modal (Zhou Lian 2015, 78).

2.3 La pasiva con ser

El español tiene una pasiva ("analítica" o "perifrástica") que se caracteriza por la cópula verbal *ser* y el participio del verbo transitivo léxico. Ambos elementos muestran concordancia con el sujeto: el primero, en persona y número, y el segundo, en número y género. El complemento agente es normalmente opcional y va introducido por las preposiciones *por* o *de*. La terminología tradicional llama "primeras de pasiva" a las construcciones con el complemento agente expreso y "segundas de pasiva" a aquellas sin complemento agente (González Calvo 1992). En lugar del complemento agente, es común encontrar adverbios y locuciones adverbiales que implican un agente (p.ej., *cuidadosamente, a conciencia*), así como complementos finales (p.ej., *con la intención de…*). El complemento directo de la contraparte activa debe ser expreso: *Madrid lee de noche* (CORPES) no admite la pasiva **es leído de noche (por Madrid)*. Contrariamente a lo que acaso sugiera su presentación en gramáticas tradicionales, esta pasiva es poco común, y típica de algunos estilos de la lengua escrita (v. Tablas 22.1–22.2 en § 3). Véanse los ejemplos en (7):

(7) a Las ventas fueron afectadas por la crisis.
    b El comité fue elegido por los trabajadores.

El uso de esta construcción muestra varias tendencias relacionadas con rasgos de los argumentos involucrados. Por ejemplo, para los diez verbos que ocurren con mayor frecuencia en pasivas de la Base de Datos Sintácticos del Español Actual (BDS) —*relanzar, canalizar, fusilar, auspiciar, capitanear, circunscribir, desproveer, expedir, prorrogar, actualizar*—, los agentes grupales y genéricos son tres veces más frecuentes que los individuales y específicos. Asimismo, el agente más común es de 3.ª persona (88,4 %); ejemplos como *ese documento fue hecho por mí*, con un agente de 1.ª/2.ª persona, son infrecuentes (12,6 %). También son poco comunes los sujetos nombres comunes sin artículo u otro determinante, especialmente en posición preverbal:

(8) a   Los sobrevivientes no fueron encontrados.
    b   ?No fueron encontrados sobrevivientes.
    c   ??Sobrevivientes no fueron encontrados.

Para los diez verbos más frecuentes de BDS, no se encontraron ejemplos como (8b-c). Algunos estudios mencionan que el agente no puede ser poseedor del complemento directo (p. ej., en *los ojos fueron cerrados por Maite*, "los ojos son de otra persona", (NGLEM, 775), pero dichas restricciones están relacionadas con aspectos no exclusivos de la pasivización, sino con la posesión inalienable; considérese *la casa fue vendida por su dueño*.

Una tendencia clara que ha recibido relativamente poca atención en la literatura es que el sujeto normal de la pasiva con *ser* sea de 3.ª persona (98,3 %–100 %) y, dentro de ella, el singular sea casi tres veces más común que el plural (Hamplová 1970; Sepúlveda Barrios 1988, 68). Ejemplos como *en los últimos partidos fuimos perjudicados* (*La Nación*, CORPES), con un sujeto de 1.ª/2.ª persona, son marginales (1,7 % en Hamplová, 0 % en Sepúlveda Barrios). Es importante mencionar que los sujetos de 3.ª persona son más numerosos en español en general —70,6 % del total en la BDS en promedio, proporción que va de 55,7 % en teatro a 96,2 % en textos periodísticos; véase Vázquez Rozas y García-Miguel (2006)—, pero nótese que esta tendencia es significativamente mayor en las pasivas analíticas.

Es de observar que la pasiva se aplica principalmente a cláusulas de alta transitividad. En consecuencia, hay varias restricciones y tendencias basadas en la semántica del verbo léxico, especialmente en la estructura aspectual léxica/sintáctica del mismo. Los verbos de estado (*saber, temer, oír, implicar*, etc.) son problemáticos (**el palacio era rodeado por las murallas*). Además, no todos los estados excluyen esta pasiva de manera estricta (**dos hermanas son tenidas por ella* vs. *Palamedes es tenido por el primer jugador*; Alonso, *El imperio de las drogas*, CORPES). Otros verbos que suelen rechazar esta pasiva son los de complemento directo argumental de medida (*costar, medir, tardar, valer*, etc.), especialmente cuando son de estado en lugar de acción (**una tonelada es pesada por los sacos* vs. *los alimentos fueros pesados en una báscula*; Parees Arana et al., *Revista de Investigaciones Veterinarias del Perú*, CORPES). Los verbos que denotan fases sin límite o sin estado resultante también son problemáticos (**la luna está siendo vista por mí* vs. *el asunto será visto por el ministerio, la película fue vista por 17.591 personas*; Mabuse, CORPES). Las actividades requieren una interpretación habitual o iterativa con agente genérico para permitir la construcción; las realizaciones (*la casa fue construida*) y los logros (*el crimen fue descubierto*) son las *Aktionsarten* que normalmente admiten la pasiva con *ser* sin problemas (de Miguel 2004). Nótese que el complemento agente es obligatorio, o casi, con algunos verbos específicos (**la película fue interpretada,* ??*la novela fue empezada*). De Miguel (2004) ofrece una convincente explicación para casos como estos, basada en estructura temporal y argumental; en líneas generales, el complemento agente es necesario con pacientes creados por el agente, en casos de creación artística (*interpretar una sonata*) o deportiva (*marcar un gol*). Por último, tres grupos de verbos normalmente no se encuentran en estas pasivas, o solo de manera muy restringida: aquellos de acusativo interno o complemento cognado (**una vida plena fue vivida por mis padres*); aquellos en construcciones con verbo de apoyo (**un paseo fue dado*); y expresiones lexicalizadas o locuciones verbales (**la pata fue metida*) (de Miguel 2004; Zhou Lian 2015).

Hay tendencias claras relacionadas con el modo, tiempo y aspecto verbales. De modo general, los hablantes evitan las pasivas analíticas en el modo imperativo. El corpus de lengua escrita de Hamplová (citado en Sepúlveda Barrios 1988, 58–59; incluye los estilos narrativo, ensayístico, periodístico y coloquial) recoge solo el 8,8 % de casos de la pasiva con *ser* en infinitivo simple y muy pocos casos en diferentes tiempos en subjuntivo (1,9 %), y la gran mayoría de casos en indicativo son de pretérito indefinido (37,4 %) y de presente (29,8 %); los casos de pretérito perfecto (9,5 %) y futuro imperfecto (5,4 %) son menos frecuentes; todos los otros tiempos y formas no finitas son relativamente infrecuentes (total combinado: 7,1 %). Una consecuencia de dicha distribución es que parece adecuado llamar a la pasiva con *ser* "pasiva de proceso"; aun cuando el uso del pretérito perfecto —con un valor resultativo, entre otros— no sea en absoluto poco común, los tiempos simples, que expresan procesos, representan el grueso de casos en que habitualmente se utiliza la construcción.

La última restricción importante que cabe mencionar es semántico-sintáctica: las construcciones con verbos de percepción que llevan un infinitivo como complemento directo y sujetos distintos solo admiten la voz activa (p. ej., *te veo leer* vs. **eres visto leer (por mí)*). (ENGLE, § 449)

Un tema relativamente poco estudiado es el tipo sintáctico de sujetos normalmente empleados por esta pasiva. Un estudio reciente basado en un corpus mixto (peninsular-mexicano) que cubre desde el s. xiii hasta el presente muestra (i) que los sintagmas nominales complejos siempre han sido más frecuentes que los simples —actualmente se encuentran en una relación 3:1— y (ii) que los sintagmas nominales siempre han sido mucho más frecuentes que los oracionales —actualmente se encuentran en una relación 24:1— (Ramírez 2018). No obstante, es necesario contrastar estas cifras con aquellas de voz activa y considerar diferentes factores semánticos y pragmáticos que pueden explicar en parte dichas diferencias para comprenderlas mejor.

2.4 La pasiva con estar

El español tiene una segunda pasiva analítica que se caracteriza por la cópula verbal *estar* y el participio del verbo transitivo léxico. Ambos elementos muestran concordancia con el sujeto; el primero, en persona y número, y el segundo, en número y género. El complemento agente es normalmente opcional y va introducido por las preposiciones *por* o *de*. El complemento directo de la contraparte activa debe ser expreso: *Rosa escribía de noche* no admite la pasiva **estaba escrito de noche (por Rosa)* (Aranda, *La otra ciudad*, CORPES). Esta pasiva es aún menos común que la pasiva con *ser*, y típica de la lengua hablada (v. Tabla 22.2 en § 3). Véanse los ejemplos de CORPES en (9):

(9) a   Otras personas están afectadas por la enfermedad.
    b   El Sr. Díaz Ferrán está elegido por los empresarios.

Algunos autores discuten el análisis más apropiado de dichas construcciones analíticas, ya como perífrasis verbales en un sentido estricto, ya como construcciones adjetivales-estativas, ya como un híbrido de ambas (v. p. ej., *NGLE*, 2213). Sobre el debate análogo en relación con las pasivas de proceso, véanse Alarcos Llorach (1982, 163–171) y González Calvo (1991).

Respecto de la persona gramatical del sujeto, lo normal es que sea de 3.ª persona (95,6 %–96,6 %) y, dentro de ella, el singular es 2,9–3,4 veces más común que el plural (Sepúlveda Barrios 1988, 78). Los sujetos de 1.ª/2.ª persona son muy poco frecuentes (4,4 % en Hamplová 1970, 5,1 % en Sepúlveda Barrios 1988).

A diferencia de la pasiva con *ser*, la construcción con *estar* es ambigua respecto de su estructura diatética. El sujeto es el paciente de la acción, pero *la puerta está abierta* es esencialmente una construcción resultativa, compatible con dos estructuras argumentales: una anticausativa (equivalente a la de *la puerta se ha abierto*, donde no hay agente) y otra pasiva (equivalente a la de *la puerta ha sido abierta*, donde hay un agente sin mención explícita). La presencia de un complemento agente —apenas un subconjunto no demasiado común de todos los sintagmas posibles con *por/de* con estas construcciones— excluye la primera interpretación, pero su ausencia permite ambas; el contexto léxico y el discursivo resuelven la ambigüedad.

Por otra parte, el complemento agente muestra un comportamiento variable con esta pasiva; es obligatorio en algunos casos (*la colina está rodeada *(por el bosque)*), opcional en otros (*el garaje está vigilado (por el guardia)*) e incluso agramatical en algunos (*la puerta está abierta (*por Ferrán)*). Hay diferentes explicaciones de este hecho: por ejemplo, la construcción permitiría la presencia del complemento agente solo cuando este participante debe seguir actuando para que persista el estado (Navas Ruiz 1987, 51). Alternativamente, el complemento agente debería ser especialmente informativo, lo cual ocurre cuando es contrastivo (*el documento está firmado por mi amigo, no por el tuyo*), indefinido (*el cuadro está pintado por un niño/*el niño*) y/o definido que se refiere a un ente relevante (*el cuadro está pintado por Velázquez/*por Luis*) (Conti Jiménez 2004, 40). Por último, el complemento agente sería obligatorio cuando su actividad crea al paciente (de Miguel 2004; este es el "*effected patient*" en la literatura en inglés).

Esta pasiva está sujeta a restricciones aspectuales más limitantes que la de su contraparte con *ser*. Las nociones que se pueden expresar con ella son estados locativos acotados (*la ciudad estaba rodeada de murallas*), rasgos constitutivos (*el filamento de ADN está formado por eslabones*), origen o razón de ser (*este temporal está causado por un tifón*) y apariencias (*la fachada está adornada por columnas barrocas*) (NGLE, § 28.16e).

Respecto del modo, tiempo y aspecto verbales, el corpus de Hamplová (citado en Sepúlveda Barrios 1988, 77) recoge solo el 3,6 % de casos de la pasiva con *estar* en infinitivo simple y muy pocos casos en diferentes tiempos en subjuntivo (5,6 %), y la gran mayoría de casos en indicativo son de presente (62,7 %) y pretérito imperfecto (23,3 %); hay muy pocos casos de pretérito indefinido (2,0 %); todos los otros tiempos son relativamente marginales (total combinado: 2,8 %). A juzgar por los datos de CORPES con los veinticinco verbos de mayor frecuencia, los tiempos compuestos se encuentran principalmente en textos escritos, y el futuro simple parece ocurrir de preferencia con algunos verbos (*el énfasis estará puesto en la contribución del Poder Judicial*). Una consecuencia obvia de la baja frecuencia de uso del pretérito indefinido y de tiempos compuestos es que parece adecuado llamar a la pasiva con *estar* "pasiva de estado": los tiempos simples aquí expresan estados y representan el grueso de casos en que se utiliza la construcción.

3 Aproximaciones teóricas

Las pasivas españolas expresan proposiciones con un agente desconocido o de baja prominencia discursiva y un paciente que no es uno de los interlocutores. Incluso con esta función, dichas construcciones compiten con construcciones activas, tanto impersonales como personales. Asimismo, las tres pasivas no son intercambiables, sino que se distribuyen los nichos de manera compleja y parcialmente complementaria.

Obsérvese que las pasivas españolas son relativamente infrecuentes si se las compara con otras construcciones encontradas en BDS (v. Tabla 22.1 para dos de las pasivas). "Otras" incluye la voz activa —que es la más frecuente, por un orden de magnitud superior a 7— y otras construcciones con *se* no pasivas, además de la pasiva con *estar* (una exploración preliminar de este corpus arroja un 56,2 % respecto de la pasiva con *ser*).

Tabla 22.1 Uso relativo de voces gramaticales por estilo (porcentajes, N global = 158 769).

	Total	Prensa	Ensayo	Novela	Teatro	Oral
Otras	96,3	7,4	11,4	44,8	17,4	15,3
Pasiva con *se*	2,3	0,5	0,7	0,4	0,2	0,5
Pasiva con *ser*	1,5	0,5	0,5	0,3	0,1	0,1

Fuente: BDS; Elaboración propia

En segundo lugar, las tres pasivas presentan frecuencias claramente diferentes: aquella con *se* es con mucho la más frecuente, seguida por aquella con *ser* y aquella con *estar* (v. Tabla 22.2; Hamplová 1970 solo trata las pasivas perifrásticas).

Tabla 22.2 Uso relativo de pasivas (porcentajes; español escrito).

	se	ser	estar
Hamplová (1970) (N total = 658)	—	62,2	37,9
Sepúlveda Barrios (1988, 115) (N total = 3 334)	65,8	23,1	11,1

En tercer lugar, el uso relativo de las pasivas depende del medio y el estilo. Como se aprecia en las Tablas 22.1 a 22.3, varias tendencias en el español escrito son claras: la pasiva con *se* es mucho más frecuente que las analíticas, independientemente del estilo. Véanse Alcina Franch y Blecua (1975, 903) y Melis y Peña-Alfaro (2007) para una documentación del aumento de la pasiva con *se* y la reducción de la pasiva con *ser* en la historia del español. En general, la pasiva con *ser* es más frecuente que la pasiva con *estar* (sobre todo en el estilo periodístico; en el coloquial la frecuencia se invierte).

Tabla 22.3 Uso relativo de pasivas por estilo escrito.

	se	ser	estar
Prensa	57,2	33,7	9,1
Ensayo	89,9	5,7	4,3
Narrativa	66,01	23,0	11,0
Teatro	73,8	11,0	15,3

Fuente: Sepúlveda Barrios 1988; porcentajes, N total = 3 334.[2]

En cuarto lugar, si bien las tres pasivas —especialmente las finitas en oraciones principales— están sujetas a las reglas generales que determinan el orden de constituyentes en la lengua, las analíticas ocurren normalmente con sujetos preverbales, mientras que la pasiva con *se* ocurre frecuentemente con sujetos posverbales. Dicha tendencia parece estar relacionada fundamentalmente con una diferencia en la estructura informativa (Sánchez López 2002, 54; cf. Gonzálvez-García 2006). Los sujetos preverbales son típicos de construcciones con tópico oracional ("categóricas") y los posverbales, de aquellas con foco oracional ("téticas"). Estudios de corpus muestran una clara tendencia a que las pasivas con *se* se encuentren en ambos grupos —si bien preferentemente en construcciones téticas (Noh 2011, 464)—, mientras que las pasivas con *ser* ocurren con mucha mayor frecuencia en construcciones categóricas (López Machado y Falk 1999; González Vergara 2006, 54; Fernández 2002, 82).

En quinto lugar, las mediciones realizadas por Hamplová (1970) y Sepúlveda Barrios (1988, 62 y 76) sugieren que la diferencia en uso del complemento agente con las pasivas analíticas es desestimable (v. Tabla 22.4).[3]

Tabla 22.4 Uso del complemento agente con pasivas analíticas.

	ser	estar
Hamplová (1970)	29,8 %	26,1 %
	(N = 409)	(N = 249)
Sepúlveda Barrios (1988)	16,7 %	17,0 %
	(N = 771)	(N = 369)

Por último, parte importante de la distribución de las tres pasivas españolas está relacionada con factores aspectuales (Mendikoetxea 1999a, 1617). De Miguel (2000) propone una distribución —en principio complementaria— de las tres pasivas según el aspecto léxico/sintáctico que estas "focalicen" y por lo tanto presupongan: una culminación la pasiva con *se* (*se construyeron casas*); una culminación y un estado siguiente aquella con *ser* (*fue encontrado petróleo en el mar del Norte*); y un estado siguiente a un evento aquella con *estar* (*la puerta está abierta*) (ejemplos: de Miguel 2000). No obstante, las pasivas con *se* son más frecuentes que las analíticas con todos los aspectos léxicos/sintácticos, con cierta preferencia por los tiempos imperfectos. Takagaki (2005, 303–304) demuestra esto en un estudio de corpus con una docena de verbos de alta frecuencia; v. también López Machado y Falk (1999). Las pasivas con *ser* de predicados télicos ocurren mucho más frecuentemente en tiempos perfect(iv)os que imperfectivos; una tendencia similar, pero mucho menos acusada, se detecta en las pasivas con *se* (Takagaki 2005, 303–304).

4 Perspectivas actuales

4.1 Contextualización tipológica

Las construcciones pasivas se encuentran con facilidad en las gramáticas de las lenguas del mundo, especialmente en las de Europa y particularmente en las romances. Las pasivas españolas siguen claramente las tendencias habituales a nivel mundial esbozadas por Keenan y Dryer (2007). En primer lugar, si una lengua muestra alguna construcción pasiva, esta será una donde no se expresa el agente; por otro lado, si en una lengua hay pasivas que admiten la expresión del agente, debe haber también pasivas que la excluyan.

El español no constituye una excepción a estas generalizaciones, si se acepta que la pasiva con *se* se acerca razonablemente a una pasiva sin agente (en otras lenguas solo existe una pasiva y la prohibición de expresar el agente es estricta). En segundo lugar, si una lengua admite las pasivas de verbos de estado como *tener* y *carecer*, también admite las pasivas de verbos dinámicos como *comprar* y *golpear*. Hemos visto que las pasivas españolas limitan de distintas maneras justamente la aplicabilidad con verbos de estado, así que tampoco en este sentido son una excepción. En tercer lugar, las pasivas analíticas más frecuentes a nivel mundial utilizan cópulas o verbos que expresen "ser" (como *ser* y *estar* en español), verbos de recepción (p. ej., el inglés *get* "obtener, recibir" y el alemán *kriegen* "recibir"), verbos de movimiento (p. ej., el italiano *andare* "ir" y *venire* "venir") o verbos de vivencia (p. ej., "sufrir" y "tocar" en lenguas del Sudeste Asiático). En cuarto lugar, hay pasivas que no muestran concordancia verbal con sus sujetos pese a tenerla con las activas (como la forma llamada "impersonal" o "autónoma" en las lenguas celtas), y también pasivas que muestran una concordancia distinta de la de las activas (como las del latín clásico), pero esto prácticamente no se aplica al español: en esta lengua la concordancia verbal es relativamente simple y regular (exceptuando las formas verbales impersonales, que son invariablemente de 3sg). Por último, es común que las lenguas muestren más de una pasiva, y es probable que se opongan según un parámetro aspectual. Como hemos visto, este parámetro no es estricto ni simple en las pasivas españolas, pero sí tiene un rol muy importante en su distribución.

Las pasivas españolas son estructuralmente parecidas a sus contrapartes funcionales en otras lenguas romances. La pasiva con *se* existía ya en el italiano antiguo y las antiguas variedades iberorromances, y se encuentra en todas las lenguas romances actuales, a excepción del francés estándar (el cual, no obstante, tiene una pasiva "no canónica" con *se faire* "hacerse"); las otras lenguas tampoco suelen expresar el agente con esta pasiva, a excepción del rumano estándar. La pasiva con *ser* existe en todas las lenguas romances, y en diversas lenguas se aprecian restricciones aspectuales y de medio/registro similares a las españolas. La pasiva con *estar* parece ser exclusiva de las lenguas iberorromances. La característica propia más evidente de las pasivas españolas dice relación con el uso más común o incluso gramaticalizado de auxiliares no copulativos en otras lenguas, p. ej., verbos de movimiento ("venir" e "ir") en el italorromance y aun el catalán, pero también algunos verbos que expresan modalidad deóntica ("querer" y "necesitar") en el italorromance y el rumano. Véase Cabredo Hofherr (2017) para un breve esbozo comparativo, información diacrónica y referencias bibliográficas acerca de las pasivas romances.

4.2 Consideraciones sistémicas

Respecto del estatus de las pasivas en el sistema de la lengua como un todo, las construcciones españolas son más parecidas a sus contrapartes en otras lenguas indoeuropeas —las cuales muestran restricciones de diferentes tipos y grados— que a aquellas en lenguas bantúes o austronesias —las cuales admiten la pasivización con mayor liberalidad—. No obstante, las pasivas españolas están bien integradas sistémicamente, en el sentido de que admiten operaciones formales productivas como la relativización y la transformación en preguntas. Una restricción importante al uso de las pasivas españolas —mencionada al pasar en relación con las pasivas analíticas españolas en § 2— es que habitualmente se limitan al modo indicativo (o subjuntivo), excluyendo con mayor o menor estrictez el modo imperativo; dicha restricción ha recibido especial atención en la literatura sobre el inglés (véase p. ej., Takahashi 2012), y parece ser frecuente a nivel mundial.

5 Conclusiones y direcciones futuras

Considérese para el siguiente resumen a modo de conclusión la tripleta de pasivas españolas en (10), basada en ejemplos discutidos en Mendikoetxea (1999b, 1672):

(10) a Se solucionaron todos los problemas.
　　　b Todos los problemas fueron solucionados.
　　　c Todos los problemas están solucionados.

- La pasiva con *se* (a) no tiene restricciones estrictas en cuanto al aspecto léxico/sintáctico, y el sujeto paciente puede ser de diferentes tipos, mientras sea de 3.ª persona e inanimado; la intencionalidad del agente es menos marcada que en la pasiva con *ser* (b), y dicho argumento normalmente no se expresa. Es más común el sujeto posverbal en oraciones téticas, pero el sujeto preverbal en oraciones categóricas también es posible. Si bien los contextos de uso son variables, es común que se la use para expresar acciones habituales o iterativas, enunciados de validez general, o contenidos con una componente modal.
- La pasiva con *ser* (b) se emplea para expresar un proceso particular, concreto y puntual, de preferencia en presente y en tiempos perfectivos. El interés comunicativo está puesto en el paciente —que normalmente es de 3.ª persona— o la acción, pero no en el agente (que puede desconocerse pero tiene una intervención en el evento). Además, el paciente

generalmente debe ser externo, independiente de la semántica del verbo. Se la usa de preferencia en la lengua escrita, con especial frecuencia en los estilos jurídico, administrativo y periodístico.
- La pasiva con *estar* (c) tiene limitaciones aspectuales aún más restrictivas que aquella con *ser*; está especializada para la expresión de estados predicados de un paciente —que normalmente es de 3.ª persona—, pero solo aquellos acotados, de preferencia en presente y en tiempos imperfectivos. Se la usa con mayor frecuencia en la lengua hablada, así como en la lengua escrita de estilo coloquial.

Aun cuando el español tiene un considerable número de hablantes y cuenta con una larga tradición de documentación y estudio, la variación de diversos fenómenos morfosintácticos —p. ej., las pasivas— en sus dimensiones diastrática y diatópica todavía no ha sido estudiada de modo exhaustivo y sistemático. Futuros estudios de corpus mostrarán si hay factores sociolectales que influyen de manera significativa en la aplicación y la frecuencia de las distintas pasivas españolas; es razonable suponer que las variedades más lejanas de los estándares regionales muestren patrones más similares a aquellos identificados en la lengua oral que aquellos de la escrita. Respecto de posibles diferencias regionales, no sé de estudios dialectológicos que documenten empíricamente y analicen en detalle diferencias en el uso de las pasivas, como tampoco un posible aumento reciente de la pasiva con *ser* en desmedro de aquella con *se* bajo la influencia del inglés, p. ej., en el español de EE. UU. También sería útil contar con estudios de la influencia de las lenguas indoamericanas sobre el uso de las pasivas en las variedades regionales de bajo prestigio; en particular, lenguas indígenas sin una pasiva gramaticalizada, o al menos sin construcciones asimilables a las pasivas del español, podrían disminuir la frecuencia de uso en variedades del español que hayan estado en contacto estrecho y prolongado con ellas.

Notas

1 El presente capítulo sigue a Alcina Franch y Blecua (1975, 919) y a Vera Luján (1990, 134–158). Para una breve discusión terminológico-analítica, véanse González Vergara (2006, 56) y, sobre todo, Mendikoetxea (1999b, 1673), *NGLE* (2009, 3087–3099) y Sánchez López (2016). Para estudios del desarrollo histórico de esta pasiva, véanse Ricós Vidal (1988–1989), Elvira (2002) y Melis y Peña-Alfaro (2007).
2 El corpus escrito empleado por Sepúlveda Barrios (1988, 114) para este cómputo incluye numerosos textos narrativos publicados a ambos lados del Atlántico entre 1963 y 1982, así como varios textos periodísticos y coloquiales (teatro), pero solo un texto ensayístico.
3 El corpus empleado por Sepúlveda Barrios para este cómputo es más pequeño que el de Hamplová; el primero se limita a obras de ficción, mientras que el segundo incluye textos del registro periodístico.

Lecturas complementarias recomendadas

Mendikoetxea (1999a, 1999b), NGLE (2009), NGLEM (2010), Sánchez López (2016).

Referencias bibliográficas

Alarcos Llorach, E. 1982. *Estudios de gramática funcional del español*. Madrid: Gredos.
Alcina Franch, J. y Blecua, J. M. 1975. *Gramática española*. Barcelona: Ariel, 1994.
BDS: Universidad de Santiago de Compostela. Banco de Datos Sintácticos del Español Actual. (www.bds.usc.es/).
Cabredo Hofherr, P. 2017. "Voice and Voice Alternations". En *Manual of Romance Morphosyntax and Syntax*, eds. A. Dufter y E. Stark, 230–271. Berlin: De Gruyter.
Conti Jiménez, C. 2004. "Construcciones pasivas con *estar*". *Estudios de Lingüística de la Universidad de Alicante* 18: 21–44.

CORPES: Real Academia Española. Corpus del Español del Siglo XXI. (http://rae.es/recursos/banco-de-datos/corpes-xxi). Versión 0.94.
Elvira, J. 2002. "Sobre el desarrollo de la pasiva refleja en español medieval". En *Actas del V Congreso Internacional de Historia de la Lengua Española*, eds. M. T. Echenique Elizondo y J. Sánchez Méndez, 597–608. Madrid: Gredos.
ENGLE. Real Academia Española. 1973. *Esbozo de una nueva gramática de la lengua española*. Madrid: Espasa.
Fernández, S. S. 2002. "La voz pasiva en español: hacia un análisis discursivo". *Romansk Forum* 16(2): 74–85.
Gómez Torrego, L. 1992. *Valores gramaticales de "se"*. Madrid: Arco Libros.
González Calvo, J. M. 1991. "Notas sobre las estructuras llamadas pasivas con *ser* en español (I)". *Anuario de Estudios Filológicos* 14: 183–198.
González Calvo, J. M. 1992. "Notas sobre las estructuras llamadas pasivas con *ser* en español (II)". *Anuario de Estudios Filológicos* 15: 107–123.
González Vergara, C. 2006. *Las construcciones no reflexivas con "se". Una propuesta desde la Gramática del Papel y la Referencia*. Tesis doctoral, Universidad Complutense de Madrid.
Gonzálvez-García, F. 2006. "Passives without Actives: Evidence from Verbless Complement Clauses in Spanish". *Constructions* SV1–5.
Hamplová, S. 1970. *Algunos problemas de la voz perifrástica pasiva y de las pasivas factitivas en español*. Praga: Instituto de Lengua y Literaturas de la Academia Checoslovaca de Ciencias.
Keenan, E. y M. Dryer. 2007. "Passive in the World's Languages". En *Language Typology and Syntactic Description*, vol. 1, ed. T. Shopen, 325–361. Cambridge: Cambridge University Press.
López Machado, C. y J. Falk. 1999. "La pasiva analítica y la pasiva refleja: dos formas, dos contenidos". En *XIV Skandinaviska Romanistkongressen*, ed. J. Nystedt, 294–305. Estocolmo: Almqvist & Wiksell International.
Maldonado, R. 1999. *A media voz. Problemas conceptuales del clítico se*. México, D.F.: Universidad Nacional Autónoma de México.
Marín Arrese, J. I. 2002. "Mystification of Agency in Passive, Impersonal and Spontaneous Situation Types". En *Conceptualization of Events in Newspaper Discourse: Mystification of Agency and Degree of Implication in News Reports*, ed. J. I. Marín Arrese, 31–54. Madrid: Universidad Complutense de Madrid.
Melis, Ch. y S. Peña-Alfaro. 2007. "El desarrollo histórico de la pasiva con *se* en español". *Romance Philology* 61(1): 49–77.
Mendikoetxea, A. 1999a. "Construcciones inacusativas y pasivas". En *Gramática descriptiva de la lengua española, vol. II: Las construcciones sintácticas fundamentales*, eds. I. Bosque y V. Demonte, 1575–1630. Madrid: Espasa.
Mendikoetxea, A. 1999b. "Construcciones con *se*: medias, pasivas e impersonales". En *Gramática descriptiva de la lengua española, vol. II: Las construcciones sintácticas fundamentales*, eds. I. Bosque y V. Demonte, 1631–1722. Madrid: Espasa.
Miguel, E. de. 2000. "Relazioni tra il lessico e la sintassi: classi aspettuali di verbi ed il passivo spagnolo". *Studi Italiani di Linguistica Teorica ed Applicata* 29(2): 201–217.
Miguel, E. de. 2004. "La formación de pasivas en español. Análisis en términos de la estructura de *qualia* y la estructura eventiva". *Verba Hispanica* 12(1): 107–129.
Navas Ruiz, R. 1987. *Usos de 'ser' y 'estar'*. Madrid: Sociedad Española de Librería.
NGLE. Real Academia Española y Asociación de Academias de la lengua española. 2009. *Nueva gramática de la lengua española: sintaxis II*. Madrid: Espasa.
NGLEM. Real Academia Española y Asociación de Academias de la lengua española. 2010. *Nueva gramática de la lengua española: manual*. Madrid: Espasa.
Noh, E. 2011. "Distribución de la pasiva en español: análisis sintáctico basándose en un corpus lingüístico". En *Actas del I Congreso Ibero-asiático de Hispanistas: Siglo de Oro e Hispanismo General*, eds. V. Maurya y M. Insúa, 457–470. Pamplona: Universidad de Navarra.
Ramírez, P. A. 2018. "El sujeto paciente presente de la pasiva perifrástica en español. Acercamiento diacrónico". En *Actas del X Congreso Internacional de Historia de la Lengua Española*, 893–911. Zaragoza: Institución Fernando el Católico.
Ricós Vidal, A. 1988–1989. "Las construcciones pasivas en el español del siglo xv". *Estudios Lingüísticos de la Universidad de Alicante* 5: 183–189.
Ricós Vidal, A. 1998. "La pasiva con *se* agentiva en los textos jurídico-administrativos: su incidencia pragmática". *Estudios Lingüísticos de la Universidad de Alicante* 12: 195–210.
Sánchez López, C. 2002. "Las construcciones con *se*: estado de la cuestión". En *Las construcciones con se*, ed. C. Sánchez López, 13–163. Madrid: Visor.

Sánchez López, C. 2016. "Pasividad e impersonalidad". En *Enciclopedia de lingüística hispánica*, vol. 1, ed. J. Gutiérrez-Rexach, 773–784. Londres: Routledge.

Sepúlveda Barrios, F. 1988. *La voz pasiva en el español del siglo xvii: contribución a su estudio*. Madrid: Gredos.

Takagaki, T. 2005. "On the Productivity of the Spanish Passive Constructions". En *Corpus-Based Approaches to Sentence Structures*, eds. T. Takagaki, S. Zaima, Y. Tsuruga, F. Moreno-Fernández y Y. Kawaguchi, 289–309. Ámsterdam: John Benjamins.

Takahashi, H. 2012. *A Cognitive Linguistic Analysis of the English Imperative: With Special Reference to Japanese Imperatives*. Ámsterdam: John Benjamins.

Vázquez Rozas, V. y J. M. García-Miguel. 2006. "Transitividad y frecuencia de uso en español". En *Actes del VII Congrés de Lingüística General*. Publ. CD-ROM (ISBN 84–475–2086–8).

Vera Luján, A. 1990. *Las construcciones pronominales pasivas e impersonales en español*. Murcia: Universidad de Murcia.

Zhou Lian, X. 2015. *La pasiva en español y su enseñanza a estudiantes chinos: análisis contrastivo, análisis de errores y propuestas didácticas*. Tesis doctoral, Universidad Complutense de Madrid.

23
La impersonalidad
(Impersonal Expressions)

Joseph Clancy Clements y Laura M. Merino Hernández

1 Introducción

Las construcciones impersonales[1] reciben esta denominación por la naturaleza no referencial del sujeto de un enunciado. En este capítulo se describen los recursos lingüísticos que usan los hablantes para expresar la impersonalidad y algunos de los factores sociolingüísticos que condicionan su uso. Existen dos tipos principales de construcciones impersonales (CI), las que nunca cuentan con un sujeto referencial (por ejemplo, *se* impersonal y cláusulas con un infinitivo nominalizado) y las CI cuyo sujeto es potencialmente referencial. Entre las expresiones que pueden tener una interpretación referencial o no-referencial, como lo es el caso del pronombre *tú*, mostramos cómo los hablantes pueden explotar esta flexibilidad de interpretación para crear una interacción más solidaria con el interlocutor. Vemos también la distribución de uso de algunas expresiones impersonales en los diferentes dialectos del español y consideramos la distribución de estas expresiones impersonales en diferentes tipos de discurso.

Palabras clave: expresiones impersonales; construcciones impersonales; tipo-instancia; referencialidad, especificidad, dialectos, Diseño de la Audiencia

Impersonal constructions have this label because of the non-referential nature of their subject. In this chapter, we describe the linguistic means speakers use to express themselves impersonally and some sociolinguistic factors that affect the use of impersonal constructions. There are two main types of impersonal constructions, those whose subject is never referential (for example, impersonal *se* constructions and clauses with sentential subjects) and those whose subject is potentially referential (such as the impersonal *tú*). Among the constructions that allow the possibility of a referential or non-referential interpretation, we show how speakers can exploit this flexibility of interpretation to create a more solidarity-oriented interaction with their interlocutors. We also look at the distribution in the use of impersonal constructions in different Spanish dialects and discuss the distribution of these constructions in different discourse types.

Keywords: impersonal expressions; impersonal constructions; type-token; referentiality, specificity, dialects, Audience Design

2 Conceptos fundamentales

Este capítulo describe las distintas CI del español, su distribución en varios dialectos y su uso en el discurso. Antes de continuar, definiremos brevemente tres conceptos clave para entender el comportamiento lingüístico de las CI: la REFERENCIALIDAD, los referentes de TIPO-INSTANCIA y la DEFINITUD. La REFERENCIALIDAD en las CI alude a la relación entre el sujeto y un individuo [+humano] o una clase de individuos [+humano]. Al mencionar cualquier entidad en una situación comunicativa, quien habla puede referirse a una o más entidades en particular. Es decir, una entidad en un enunciado puede ser referencial o no (p. ej., *los humanos respiran* vs. *mi mamá respira*). Como veremos a lo largo de este capítulo, todas las CI carecen de sujeto referencial. No obstante, no todas las construcciones no referenciales son impersonales (p. ej., *los gatos maúllan*). La impersonalidad también se ve afectada por la clase de referente ya sea de TIPO (*type*) o de INSTANCIA (*token*). Los referentes clasificados como tipo apuntan a una unidad (individuo, objeto material o inmaterial) como concepto. En *los humanos respiran*, el sujeto *los humanos* se interpreta de manera abstracta, un tipo de persona, mientras que en *mi mamá respira*, nos referimos a una persona en particular, una instancia específica del concepto *humano*. Los referentes clasificados como instancia pueden aludir a uno o más de uno en particular en una situación concreta (*mi mamá*). En este capítulo, dividimos las CI en aquellas cuyo referente es de tipo y que nunca son referenciales de aquellas que son de instancia y que pueden ser +/- referenciales. Finalmente, la DEFINITUD también juega un papel importante cuando hablamos de CI. Una entidad definida se puede identificar en una situación concreta por el interlocutor (Matthews 1997, 89). En el enunciado *tengo dos bicis: una [bici] está en la terraza, la otra en el garaje*, el sujeto *una [bici]* es referencial pero indefinido desde la perspectiva de la persona con quien hablo. En un enunciado siguiente, si digo *es la bici que uso para ir a trabajar*, la bici es un referente definido, identificable en la situación discursiva. En lo que resta de este apartado, la referencialidad, los referentes de tipo-instancia y la definitud servirán como punto de partida para categorizar los diferentes tipos de CI y así poder llegar a un mejor entendimiento de la impersonalidad.

Si bien las caracterizaciones clásicas de la impersonalidad incluyen estructuras que no aceptan un agente humano o un sujeto sintáctico (p. ej., *llover*, ver Company 2017) en este capítulo nos enfocaremos únicamente en las construcciones impersonales que admiten un agente humano. La Figura 23.1 presenta las construcciones impersonales más frecuentes del español. Como se puede observar, en el nodo 1 se presentan las CI no-referenciales (*se* impersonal, *quienquiera*, *quien*, *hay que*, sujeto de *caber* y otros verbos como *tocar*), en el nodo 2 las CI de tipo (*uno*, SN definidos, infinitivo nominalizado, pronombres de sujeto) y en el nodo 3 las que pueden ser referenciales o no-referenciales (se incluyeron las construcciones personales del nodo 3 para demostrar el contraste *personal* vs. *impersonal*).

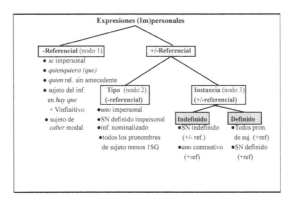

Figura 23.1 La referencialidad, la distinción tipo-instancia y la (in)definitud.

En lo que sigue, describimos las características básicas de cada una de las estructuras que se encuentran en la Figura 23.1 y proveeremos al lector con ejemplos para facilitar la descripción.

Empezamos nuestro recorrido por las CI en el nodo 1. En todas estas estructuras, la interpretación nunca se refiere a un individuo o individuos en particular. El *se* impersonal es quizás una de las estrategias más frecuentes con las que los hablantes del español expresan la impersonalidad (1a).

(1) a En tanto, Unión mostró a donde se puede llegar cuando **se trabaja** bien. (La Época, 1997, Chile, CREA)
    b En tanto, Unión mostró a donde se puede llegar cuando **los jugadores trabajan** bien. (ejemplo creado)

El sintagma *los jugadores* en (1b) es definido y tiene un significado al nivel de tipo; sin embargo, mantiene su valor referencial por lo que no es impersonal. En (1a), la interpretación del *se* impersonal bloquea cualquier posibilidad de tener un referente definido y/o referencial. Es decir, no hay un sujeto explícito en *se trabaja bien* en (1a). El *se* impersonal también comparte rasgos con el *se* pasivo. La pasivización de una oración con *se* reduce la valencia, ya que el sujeto pasa a ser un complemento. Por ejemplo, el sujeto *el director* en (2a) se elimina en la oración correspondiente con el *se* pasivo en (2b) y el complemento *cuatro [helicópteros]* se convierte en el sujeto, indicado por la concordancia.

(2) a De los cinco helicópteros que tenía Helipet, **el director vendió** cuatro [helicópteros] (ejemplo creado).
    b De los cinco helicópteros que tenía Helipet, **se vendieron cuatro [helicópteros]** (Vistazo, 1997, Ecuador, CREA).

En contraste, el *se* impersonaliza verbos intransitivos y transitivos. En (3a) *el equipo* es el sujeto del verbo intransitivo *trabajar* y en (3b) el *se* reemplaza al sujeto *el equipo*, elimina al sujeto explícito e impersonaliza la oración.

(3) a Si el **equipo trabaja** bien, todos salimos beneficiados. (La Razón, 2001, España, CREA)
    b Si **se trabaja** bien, todos salimos beneficiados. (ejemplo creado)

En las oraciones transitivas en (4), por ejemplo, el sujeto *algunos jóvenes* en (4a) se elimina en (4b) con el uso del *se*, pero, al contrario de las construcciones pasivas, el complemento *bebidas alcohólicas y droga* no se convierte en el sujeto.

(4) a En las fiestas **algunos jóvenes venden bebidas alcohólicas y droga**. (ejemplo creado)
    b En las fiestas **se vende bebidas alcohólicas y droga**. (El Correo del Sur, 2019, Bolivia, Corpus del Español NOW)

Otra CI se desprende del pronombre *quienquiera*, que siempre tiene una interpretación inespecífica y no referencial como se observa en el ejemplo (5) en el que actúa como el sujeto de *puede*, que aquí expresa un estado de posibilidad. El predicado *puede obtener los privilegios que genera* es una acción con un complemento directo plural no referencial. La falta de especificidad y referencialidad del pronombre coocurre con la falta de las mismas características del complemento *los privilegios que genera*.

(5) Por los teléfonos 926972 y 927108 **quienquiera** puede obtener los privilegios que genera. (El Universal, 1988, Venezuela, CREA)

Asimismo, en su uso impersonal, *quien* es un pronombre relativo sin un antecedente que también es inespecífico y no-referencial como se observa en el ejemplo (6).

(6) Al público no se le puede engañar porque es inteligente, y **quien** piense que el público es tonto, es un perfecto inconsciente. (Tiempo, 1990, España, CREA)

En la CI *hay que* + Vinf, hay un sujeto implícito impersonal. Así, en el enunciado *hay que trabajar mucho más* (7), el que trabaja es inespecífico y no-referencial.

(7) Se trabaja mucho y **hay que trabajar mucho más** en la creación de normas, preceptos, controles. (Oral, Cuba, CREA)

La última construcción impersonal del nodo 1 de la Figura 23.1 que nunca tiene una interpretación referencial es la que se forma con el verbo modal *caber* y que se interpreta de forma semejante al *se* impersonal.[2] El sujeto de *caber* en este tipo de construcciones nunca es explícito. En el ejemplo (8), *cabe pensar* se puede reemplazar, sin cambiar el significado, por una expresión impersonal *es posible pensar* o la expresión *se puede pensar*.

(8) Por eso, **cabe pensar** que el presidente Reagan confía en que el mantenimiento de una baja presión fiscal puede provocar, por sí sola, un aumento a la larga de la recaudación impositiva por la vía del estímulo que se provoca en la actividad económica. (El País, España, 1984, CREA)

Dentro de los nodos 2 y 3 de la Figura 23.1 encontramos CI cuyo valor referencial depende del contexto y que se oponen a las CI del primer nodo que se caracterizan por la falta obligatoria de referencialidad. Según el contexto, *uno* puede ser referencial, con una interpretación contrastiva (nodo 3) como en (9a) o no-contrastiva (nodo 2), como en (9b).

(9) a Tengo dos hermanos. **Uno** nos visitó el año pasado, el otro todavía no nos ha visitado. (ejemplo creado)
    b ... **uno** no sabe, ¿verdad?, cómo se va morir. (Lope Blanch 1990, 109, en Gervasi 2007, 144)

Existe también otro uso de *uno* empleado por hablantes para encubrir o atenuar una perspectiva propia. Así, en (10) el hablante se pregunta lo que sentía en 1SG (*¿qué sentí?*) y después sigue hablando de su experiencia de manera impersonal (*uno empieza a hacer comparaciones, uno empieza...*), para luego volver a hablar de sí en 1SG (*por lo menos yo empecé*).

(10) ¿Qué sentí? A ver, yo no sé. La verdad es que **uno** empieza a hacer comparaciones, **uno** empieza... Por lo menos yo empecé a hacer comparaciones, empecé a compararlo con Soledad... (Hurtado y Gutiérrez-Rivas 2016, 268–269)

Hurtado y Gutiérrez-Rivas (2016) llaman a este uso de *uno* impersonal el "*yo*-encubierto" o "*yo*-oculto" (véase también Rasson 2016).

Los sujetos que consisten en un determinante definido + sustantivo (SN definido) a menudo son referenciales (o sea no son impersonales; nodo 3) ya sea debido al contexto en el que se encuentran (11a) o por la singularidad del referente (11b).

(11) a Todo era muy raro ese día; mi padre comía en casa como si fuera domingo. La única que seguía igual era mi madre, que hizo lentejas como casi siempre. Mi abuelo siempre nos pregunta: "¿Por dónde nos salen las lentejas" "¡Por las orejas!" gritamos con todas nuestras fuerzas el Imbécil y yo. **El abuelo** me llevó al colegio, como todas las tardes, y mis padres se quedaron echando la siesta. (Lindo 1994, 45)
b El lector que ha seguido hasta aquí este texto podrá preguntarse con toda legitimidad qué es lo que diferencia entonces al discurso de la información de otro tipo de relatos. "Había una vez una reina..." es completamente diferente de "Ayer **la reina de Inglaterra** acordó..." (Malvinas: El Gran Relato. Fuentes y Rumores en la Información de Guerra, 1996, Argentina, CREA)
c **Los humanos** cada vez comen más parecido. (El País, España, 14 enero, 2020)

El sintagma nominal definido en (11a) se refiere a un individuo, una instancia particular de un humano mencionado en este párrafo como *mi abuelo* y luego como *el abuelo*. En (11b), *la reina de Inglaterra* solo puede referirse a una persona, a la reina Elizabeth. En contraste, el sujeto definido *los humanos* en (11c) no es referencial. Sin más contexto tiene una interpretación genérica, siendo *los humanos* una subclase de primates, con una interpretación impersonal (nodo 2). En (12a) *se invita a todos los ciudadanos*, el sujeto no tiene interpretación referencial ni definida, pero en (12b) *el ayuntamiento*, si bien una colectividad, es determinado e identificable (nodo 3).

(12) a En esta presentación, a la que **se invita** a todos los ciudadanos... (España, 2001, CREA)
b En esta presentación, a la que **el ayuntamiento invita** a todos los ciudadanos... (ejemplo creado)

Otra estructura que puede dar origen a una CI es el infinitivo nominalizado. El verbo *fumar* en (13), por ejemplo, se emplea como sustantivo, aunque sigue teniendo un argumento (sujeto) que aquí es inespecífico y no referencial.

(13) Generalmente se supone que **fumar** causa problemas al corazón. (Martínez Muñoz en Ulises Moulines, CSIC-Trotta, Guatamala, 1993, CREA)

Al igual que los sujetos compuestos por un sintagma nominal, también es común que los pronombres de sujeto, explícitos e implícitos, sean referenciales, que tengan una función deíctica y que puedan tener una función de desambiguación o contrastiva (nodo 3). En los ejemplos de (14), los sujetos animados, generalmente con el rol semántico de agente o experimentador, son los únicos que se pueden impersonalizar; el ejemplo (14a) se puede expresar de forma impersonal como (14c) y el ejemplo (14b) como (14d), pero impersonalizar el sujeto inanimado *nuestro tiempo cambia* en (15a) con *se cambia* (15b) es imposible.

(14) a **Nuestra amiga baila** bien.
b **Nuestra amiga ve** el concierto entero.
c **Se baila** bien.
d **Uno ve** el concierto entero.

(15) a **Nuestro tiempo cambia** y mi forma de trabajar también.
b *****Se cambia** y mi forma de trabajar también.

En (16a), el pronombre 2SG en *tú hablas* y *entiendes* no se refiere a nadie en particular, es decir, el interlocutor no es el referente de *tú*.[3] El pronombre implícito 1PL *veíamos* y *decimos* en (16b) tiene la función de incluir al hablante y a personas inespecíficas sin referencia (*cf.* § 4). En (16c), el pronombre implícito 3PL tampoco es referencial ni específico.

(16) a Es difícil entenderles, muchas veces **tú hablas** con un costeño y no le **entiendes** ni una palabra. (De Mello 2000, 361)
 b Como **veíamos** antes, los estímulos discriminativos preceden o acompañan a las respuestas; en su presencia el comportamiento es altamente probable; como es más probable, **decimos** que el comportamiento está bajo el control del estímulo. (Psicología del aprendizaje, 1975, Colombia, CREA)
 c Confieso que no entiendo cómo puede conciliarse el equilibrio macroeconómico, que ciertamente hemos conseguido, con el desequilibrio de la microeconomía doméstica. Mientras más **explican** y **se vanaglorian** de los éxitos, menos alcanza el ingreso mensual para satisfacer las necesidades cotidianas de las grandes mayorías. (Rumbo, 1997, República Dominicana, CREA)

El hecho de que un pronombre como *tú* se pueda emplear tanto de manera impersonal como personal le permite al hablante manipular los niveles de cortesía que las expresiones meramente impersonales no permiten. De la misma manera, el pronombre indefinido *uno* se puede emplear para referirse a la 1SG (el *yo* encubierto) que tratamos en el apartado 3.

De igual modo, un sujeto que incluye un determinante indefinido + sustantivo también puede ser referencial (nodo 3), como en el ejemplo (17a).

(17) a **Un amigo** nos vino a ver ayer. (ejemplo creado)
 b Mire, si **una persona** quiere ser albañil, nosotros no tenemos el derecho de cambiarle su vía, su dirección. (Oral, hombre de 65 años, profesor de música, Venezuela, CREA)

Desde la perspectiva de los hablantes del enunciado en (17a), *un amigo* se refiere a una persona en particular. En (17b) *una persona* es inespecífico y no referencial. En una situación comunicativa en la que introducimos un participante como *una amiga de la familia*, si nos referimos a ella como *nuestra amiga* como en los ejemplos (14a, b) arriba, el argumento correspondiente es referencial. El referente es un individuo en este caso (*nuestra amiga*). Si no son referenciales, la interpretación de tales argumentos es o bien genérica o inespecífica (véase 11c). En (18), la interpretación de *personas de la tercera edad* es inespecífica ya que no abarca la clase entera de personas de la tercera edad, sino solamente a algunas sin saber cuáles.

(18) Llegan **personas de la tercera edad** a las instalaciones del complejo... (Facebook)

En este apartado presentamos los diferentes tipos de expresiones impersonales. Distinguimos entre las expresiones obligatoriamente no referenciales y las que pueden ser referenciales o no y las que son de tipo o instancia. Esta flexibilidad de interpretación se puede explotar para ciertos usos pragmáticos que exploraremos en el siguiente apartado.

3 Aproximaciones teóricas

Este apartado se enfoca brevemente en la distribución sociolingüística de algunas CI, así como también en su uso desde una perspectiva del diseño de la audiencia.

3.1 La distribución de dos pronombres (im)personales

El estudio de Guirado (2011) analiza la alternancia de los pronombres de sujeto *tú* y *uno* impersonales en el habla de Caracas, Venezuela e incluye también una comparación del uso de estos en otros dialectos del español. Uno de los objetivos de este estudio es investigar las motivaciones que explican las diferencias de uso de los pronombres en distintas variedades del español. La investigadora distingue cinco grupos de hablantes distribuidos geográficamente según la frecuencia relativa de los usos impersonales de *tú* y *uno*. Los dialectos en que prevalece el *tú* impersonal (76–100 %) son el de España (Alcalá de Henares, Madrid) y la norma culta de Puerto Rico. Los que favorecen el *tú* impersonal entre 51–75 % son el de Maracay, Venezuela y los jóvenes de Puerto Rico. Los hablantes caraqueños y los colombianos costeños suelen preferir el empleo de *uno* (los dos emplean el *tú* impersonal un 26–50 %). Por último, los hablantes de Buenos Aires (Argentina), Santiago (Chile), Mérida (Venezuela) y los colombianos de la zona andina forman el grupo que evita el uso de *tú* impersonal (0–25 %) a favor del uso de *uno* impersonal. Dentro de este último grupo se destaca un subgrupo, los hablantes de dialectos andinos, que presenta una preferencia marcada por el empleo del *uno* con interpretación impersonal (0 y 15 %). Guirado (2011, 21) explica la distribución dialectal del *tú* y *uno* impersonales de esta manera:

> La distribución de los porcentajes de ambas variantes llama la atención, ya que el uso impersonal de *tú* es más frecuente en la zona de fuerte tuteo (área metropolitana de Madrid y ciudades caribeñas), mientras que su empleo es menor en zonas favorecedoras del ustedeo (ciudades andinas y cono sur)... Por consiguiente, si el pronombre *tú* no forma parte de la norma cultural de tratamiento de una comunidad, difícilmente los hablantes de ese dialecto lo usen como recurso para expresar la impersonalidad semántica.

Así, la probabilidad de que el pronombre *tú* se emplee como impersonal depende de su uso deíctico entre los hablantes de una comunidad.

El estudio de Hurtado y Gutiérrez-Rivas (2016) emplea datos recogidos del corpus sociolingüístico PRESEEA (2014) para examinar, entre otras cosas, el *uno* impersonal en el habla de Barranquilla, Colombia. Las investigadoras señalan que el uso de *uno* no referencial abarcaba solo un 11 % (250/2302) de los usos de este pronombre indefinido y que la mayor parte de los usos de *uno* se refería o a la 1sg (61 % [1400/2302], el así llamado *yo* encubierto mencionado arriba), o a la 1pl (28 % [652/2302]). Aunque esta distribución no se puede considerar representativa del uso de *uno* en el español, sí se puede apreciar cómo los hablantes de una comunidad pueden emplear un pronombre indefinido para expresar indirectamente una perspectiva personal.

3.2 Diseño de la audiencia y la impersonalidad

En este apartado analizamos algunos de los usos más comunes de las CI desde una perspectiva del diseño de la audiencia (Bell 1984). Las diferentes expresiones impersonales tienen distintos valores pragmáticos que se aprecian bien en la expresión de la cortesía. La distinción propuesta por Brown y Levinson (1987) de la imagen social positiva y negativa se puede ver en la forma en que algunos comunicadores en la red hablan con el público. Cuando analizamos la cortesía, la imagen social positiva corresponde a expresiones de cortesía positiva, el código de confianza o solidaridad, que incluyen el uso de pronombres familiares como *tú* y *vosotros*, hacer cumplidos, emplear lenguaje coloquial y otras indicaciones de cercanía, entre otros. Por otra parte, la imagen social negativa corresponde a expresiones de cortesía negativa, o el código de respeto (véase

Félix-Brasdefer 2008). El estilo es la manera en que se expresa un(a) hablante individual en relación con otros hablantes. El hablante diseña el estilo del enunciado para y como respuesta a su audiencia, sea ésta real o percibida. El diseño de la audiencia abarca todos los códigos y niveles del repertorio lingüístico de un hablante, como pueden ser el uso pragmático de elementos para atenuar el impacto de los enunciados (el uso de pronombres, cambios entre el código de solidaridad y el de respeto, etc.)

Teniendo esto en cuenta, vemos una estrategia que emplea una persona que da a gente interesada direcciones en la red de cómo llegar a un parque. En este caso, el hablante eligió formular las indicaciones en el código de solidaridad, ilustrado por el texto en (19), que son instrucciones para llegar a un parque de niños, escrito para lectores de una página web.

(19) a Cabrero Park está en Colloto, pero no está a simple vista... Si **vienes** desde Oviedo al revés, **te encontrarás** la rotonda nada más entrar y si **llegas** al restaurante El Tonel, malo, **te has pasado**. Bueno lo dicho, en la rotonda **giras** a la izquierda y **sigues** por ese camino unos 2 kilómetros..., no **tienes** pérdida. (Asturianos 2.0, elcomercio.com, España, 8 de mayo, 2013)

   b Cabrero Park está en Colloto, pero no está a simple vista... Si **se viene** desde Oviedo al revés, **uno se encontrará** la rotonda nada más entrar y si **se llega** al restaurante El Tonel, malo, **se ha** ido demasiado lejos. Bueno lo dicho, en la rotonda **se gira** a la izquierda y **se sigue** por ese camino unos 2 kilómetros..., no **hay** pérdida. (ejemplo adaptado)

Al escribir el párrafo, el hablante no se refería a un individuo en particular ya que no sabía quiénes podrían ser los lectores de dicha información. Las formas de la 2SG se interpretan sin referencia a ninguna persona en particular. En un caso así, el "interlocutor" sería cualquier persona que leyese el párrafo. Así, se caracteriza este uso del pronombre familiar, no con una interpretación específica y referencial de la 2SG, sino con una interpretación inespecífica y no-referencial. Pero está claro que el hablante emplea un código de solidaridad, tanto en el uso del pronombre informal, como en el del lenguaje coloquial ("si llegas al restaurante El Tonel, malo, te has pasado").

Si se reformula el mismo párrafo con expresiones impersonales que no permiten una interpretación personal, es decir, el *se* impersonal y el *uno* sin interpretación contrastiva, como en (19b), se incrementa el nivel de formalidad en (19b). Por tanto, los párrafos (19a) y (19b) comunican la misma información y los sujetos de las oraciones en ambos no hacen referencia a entidades específicas, pero el uso del pronombre de sujeto familiar *tú* (explícito e implícito) ofrece un mayor abanico de interpretaciones e invita al lector a sentirse tratado dentro de un código de solidaridad. Así, aunque en términos de referencia no hay diferencia entre la manera de tratar al lector, al nivel pragmático (la cortesía), hay una diferencia significativa. Con todo, hay que añadir que el nivel de tratamiento varía, como ya hemos visto, según la variedad de español.

4 Perspectivas actuales

Como vimos en los apartados anteriores, la impersonalidad es una noción semántica en la que el sujeto de la oración no es específico ni referencial y se relega a un segundo plano, bien porque se desconoce, bien porque no es relevante. La impersonalidad no se realiza exclusivamente a través de una estructura sintáctica como lo son el *se* o el *uno* impersonal en español, sino que los hablantes también usan otros recursos que pueden dar lugar a una interpretación impersonal (ver el apartado 2). Tanto en español como en otras lenguas, los estudios sobre la impersonalidad se han centrado en las CI y sus funciones (Morales 1997;

Rossi y Zinken 2016) o bien en todas las formas que cierto tipo de discurso emplea para expresar esta noción (Molino 2010; Alonso 2011; van der Auwera *et al.* 2012; Moya Muñoz y Carrió Pastor 2018). En este apartado analizaremos brevemente las diferentes funciones discursivas de las construcciones impersonales y algunos de los factores que condicionan su uso. Este no pretende ser un análisis exhaustivo, sino que solamente se discutirán algunas de las perspectivas actuales más relevantes desde las cuales se ha abordado este tema, lo cual contribuirá a un mejor entendimiento de la impersonalidad y también se abrirán nuevas rutas para futuras investigaciones.

La impersonalidad es un rasgo que caracteriza el discurso académico en español y en otras lenguas como el italiano, ya que se considera que el uso de dichas construcciones dota al lenguaje de objetividad pues se espera que el autor se aleje de su propio texto para así darle primacía a los hallazgos principales de su investigación (Alonso 2011). Dentro del discurso académico en inglés y en italiano, Molino (2010) indica que se prefiere el uso de construcciones impersonales (y/o pasivas en el caso del inglés) para anunciar las metas o el propósito del texto (*will be discussed* "será discutido" [inglés N = 116/451; italiano 43/380]), explicar procedimientos (*è stato creato* "fue creado" [inglés N =1 91/451; italiano 147/380], ver más ejemplos del inglés y el italiano en Alonso [2011]), para exponer los resultados (*si sono trovati* "se encontraron" [inglés N = 12/451; italiano 56/380]) y para referirse al discurso anterior (*si è accennato* "se menciona" [inglés N = 29/451; italiano 68/380]). Cabe mencionar que habría que analizar estas cifras con mayor detenimiento, ya que podrían verse afectadas por la extensión de cada apartado en los textos analizados. Sin embargo, estas estrategias no son universales puesto que, en los artículos académicos escritos en inglés, por ejemplo, se prefiere el uso de 1sg (*yo*) para darle más visibilidad al autor, destacar su contribución al debate académico y darle más autoridad a su discurso (Hayland 2002; Rossi y Zinken 2016). Esto no quiere decir que el lenguaje académico en español no haga uso de la primera persona del singular, sino que su frecuencia es menor debido a que se prefiere "mitigar la fuerza de las afirmaciones —ser modestos, evitar la prepotencia" (Briz y Albelda 2013).

Generalmente los artículos académicos buscan persuadir a sus lectores, por lo que, además de presentar evidencia convincente, también es necesario incluir a la audiencia en el proceso de investigación. El uso de la primera persona del plural tanto en función de sujeto como de objeto (p. ej., *Roger Rouse reminds us* [inglés N = 17/260; español 53/343]) en artículos cuya autoría le pertenece a un único individuo, por ejemplo, crea "un sentido de solidaridad que invita al lector a compartir un punto de vista incluyéndolo de esta forma en el discurso" (Alonso 2011, 34–35). Este uso es similar al uso del *tú* impersonal que vimos en el apartado anterior. *Nosotros* como tal no hace referencia a un interlocutor específico, pero sí es incluyente en el sentido de que llama a la audiencia —cualquier lector, en este caso— a analizar el tema en cuestión desde la óptica del autor y así convencerle de que dicha aproximación es la mejor. Así pues, una estrategia de persuasión consiste en que el lector se involucre en los pasos que se siguieron para llegar a las conclusiones propuestas por el autor.

Otro género en el que involucrar a la audiencia también es crucial para el éxito del acto comunicativo son las indicaciones en diferentes géneros como los (video)blogs de recetas y viajes. Las recetas, por ejemplo, le indican a un interlocutor indeterminado cómo preparar un platillo. En estos casos, el autor no sabe, y quizás nunca sabrá, quién es su audiencia. Sin embargo, el autor precisa de hacer uso de estrategias incluyentes para que sus interlocutores se sientan identificados y así se conviertan en usuarios frecuentes de su canal o página de internet. En el ejemplo (20) podemos encontrar parte de una receta de caldo zapatero (platillo de Oaxaca,

México), en la que la chef hace uso inclusivo de la primera persona del plural. Así pues, se les involucra a los usuarios en el proceso de preparar esta receta mientras que la chef también se mete a la cocina del aprendiz para así crear un discurso más íntimo.

(20) Lo primero que **haremos** será poner a cocer los nopales, pueden ser picados en cuadritos o en bastones. *Nosotros* los preferimos en cuadritos. En una olla **agreguen** suficiente agua para taparlos, unas gotas de vinagre, sal, y orégano. **Dejen** que hierva hasta que los nopales cambien de color. (Mendez Enriquez, lossaboresdemexico.com, México, 22 de mayo, 2021)

Nótese que el uso contrastivo/exclusivo del pronombre *nosotros* en la segunda oración bloquea la interpretación impersonal ya que su uso se refiere a cómo la chef prefiere el nopal picado en cuadritos. La cancelación de una lectura genérica por el uso de pronombres también se ha documentado en la tercera persona del plural (p. ej., *vienen a recoger la ropa usada* vs. *Ellos vienen a recoger la ropa usada*; Fernández Soriano y Táboas Baylín 1999, 1738). En los siguientes pasos de la receta, se emplea la tercera persona del plural cuyo sujeto es indeterminado. De acuerdo con Fernández Soriano y Táboas Baylín (1999), a diferencia de la primera persona del plural o la segunda persona del singular, la tercera persona excluye al hablante. En este caso, la chef toma un rol de autoridad en el que le dice al interlocutor qué hacer y cómo hacerlo.

Además de involucrar a la audiencia en el discurso (ej., *nosotros*), la impersonalidad también cumple otras funciones en diferentes registros, siendo la atenuación uno de sus principales usos para mantener una imagen social positiva. En el debate político, por ejemplo, se ha encontrado que los insultos al oponente se realizan en tercera persona del singular con la ayuda del *se* impersonal (*no se puede ser tan ignorante*, véase González Sanz 2010, 835); en este caso, la ofensa se suaviza al no tener un referente. Por tanto, las estructuras impersonales, al no tener un referente específico, dejan un espacio abierto que se puede llenar a partir de las pistas contextuales y que puede incluir al hablante, al oyente y/o a terceros (p. ej., Helasvuo y Vilkuna 2008). En el caso de los insultos en el debate político el referente no solo es el adversario, sino que la ofensa también podría ir dirigida al grupo al que representa (González Sanz 2010). También podemos ver este mismo comportamiento en el lenguaje académico, cuando se critican otros trabajos de investigación se suele usar un discurso impersonal (Briz y Albeda 2013).

Otros géneros discursivos que se benefician de la atenuación a través de la impersonalidad para guardar las apariencias o para evitar daños a la imagen son las opiniones personales, los chismes y las revistas de farándula. En estos casos el hablante no se responsabiliza de lo dicho y se protege a sí mismo para evitar cualquier tipo de perjuicio contra su persona. El texto del ejemplo (21) sobre la monarquía inglesa proviene de una revista digital de farándula en la que se reporta la ausencia de Meghan Markle, la duquesa de Sussex, en el funeral del príncipe Phillip. Podemos observar el uso del *se* impersonal para indicar que alguien en algún momento sugirió que Markle no asistió al funeral por sus diferencias personales con la reina. Sin embargo, después alguien desmintió esto aclarando que dicha ausencia fue por su embarazo.

(21) ... aunque **se estipuló** que ella no fue por las diferencias que tiene con la reina Elizabeth, luego **se aclaró** que no se desplazó de continente por una fuerte razón: proteger su embarazo... (Entretenimiento, esisndo.com, Estados Unidos, 6 de junio 2021)

Como se indicó en apartados anteriores, el *se* nunca es referencial, por lo que su uso previene cualquier tipo de asociación con cualquier referente. Es decir, su uso es excluyente, nunca puede incluir al hablante *yo* como sí lo hace, por ejemplo, la primera persona del plural *nosotros*. Esto resulta ideal cuando se especula o se difama a un individuo, como es el caso de las revistas de chismes, los insultos en un debate o las críticas en un artículo académico, puesto que no se puede rastrear a ningún responsable. Se podría argüir que en el género discursivo de los chismes solamente sería pragmáticamente aceptable usar estrategias que bloqueen completamente la referencialidad como lo son *uno* o el uso modal de *caber* ya que la identidad del hablante debe permanecer en el anonimato. La revista digital perdería credibilidad si intercambiáramos *se estipuló* por *estipulamos* ya que sería asumir que el reporte anterior solamente se basó en especulaciones y no en un reportaje riguroso.

5 Direcciones futuras y conclusiones

En este trabajo establecimos que las CI carecen de un sujeto referencial. La ausencia de un referente puede ser una característica determinante de algunas estructuras (*se, uno*, pronombres relativos *quien/el que, quienquiera*, sujeto del verbo *caber* en su uso modal) ya que el uso de estos bloquea una interpretación referencial, mientras que otras estructuras impersonales pueden ser potencialmente referenciales (los pronombres de sujeto, los sintagmas nominales definidos e indefinidos, los sujetos oracionales con infinitivo, *uno*, y las expresiones existenciales). Es decir, existe una indeterminación que solamente se puede desambiguar con ayuda del contexto. Este último grupo se subdivide en dos categorías que dan lugar a dos tipos de construcciones, las de *tipo* genérico no referencial (pronombres de sujeto [excepto *yo*], sujetos definidos impersonales y *uno*) y las de *instancia* que pueden o no ser referenciales (no referenciales y por ende impersonales, como los complementos definidos e indefinidos, y *uno*).

En este capítulo también se vieron algunas diferencias en el uso de algunos pronombres impersonales (*tú* y *uno*) por dialecto. También se presentaron las funciones más frecuentes de la impersonalidad desde la teoría del Diseño de Audiencia (Bell 1984). Mientras que en algunos géneros como las instrucciones se prefiere el uso de estrategias incluyentes que involucren al oyente en el proceso, otros como lo son las críticas o los insultos favorecen las construcciones excluyentes como estrategia de atenuación para evitar daños a la imagen del hablante. Finalmente, hacemos un llamado a que investigaciones futuras se enfoquen en el uso de las diferentes estructuras impersonales en diferentes registros y desde una perspectiva sociolingüística. Es decir, es importante conocer las diferencias de género, edad, nivel socioeconómico, región, entre otras, para así dar luz no solamente a sus usos lingüísticos sino también a las posibles consecuencias sociales que tales diferencias pueden tener.

Notas

1 Usamos el término *impersonal* de manera amplia. Sin embargo, reconocemos que este término ha sido problematizado ya que en el caso de algunas construcciones (*se quebró*) no se trata de la falta de un agente humano sino más bien de una desagentivización o despersonalización (*cf*. Company 2017; Pierre 2020).
2 Nótese que también es posible llegar a un significado similar con otros verbos como por ejemplo *tocar*. Véase también el artículo de García Fernández y Bravo (2013) en el que se discuten los valores de *caber*.
3 Véase la propuesta de Kluge (2010, 2012) en la que se trata la referencialidad de manera gradual y se analizan los efectos pragmáticos de las diferentes formas de tratamiento.

Lecturas complementarias recomendadas

Flores-Ferrán, N. 2009. "Are you referring to me? The variable use of uno and yo in oral discourse". *Journal of Pragmatics* 41 (9): 1810–1824.
Mendikoetxea, A. 1999. "Construcciones con se: medias, pasivas e impersonales". En *Nueva Gramática Descriptiva de la Lengua Española*, eds. I. Bosque y V. Demonte, 1631–1722. Madrid: Espasa-Calpe.
Posio, P. 2017. "Entre lo impersonal y lo individual: Estrategias de impersonalización individualizadoras en el español y portugués europeos". *Spanish in Context* 14 (2): 209–229.

Referencias bibliográficas

Alonso, M. 2011. "Un estudio comparativo de la impersonalidad en el lenguaje académico a través de la UAM Corpus Tool". *Hesperia, Anuario de Filología Hispánica* 14(2): 23–38.
Asturianos 2.0. 2013. "Jugando en Cabrero Park". 13 de mayo. (https://asturianinos.elcomercio.es/jugando-en-cabrero-park/).
Bell, A. 1984. "Language Style as Audience Design". *Language in Society* 13(2): 145–204.
Briz Gómez, A. y M. Albelda Marco. 2013. "Una propuesta teórica y metodológica para el análisis de la atenuación lingüística en español y portugués. La base de un proyecto en común". *Onomázein* 28: 288–319.
Brown, P. y S. C. Levinson. 1987. *Politeness: Some Universals in Language Usage*. Cambridge: Cambridge University Press.
Company, C. 2017. *Los opuestos se tocan. Indiferencias y afectos sintácticos en la historia del español*. México: El Colegio Nacional.
Corpus del español. Véase Davies (2002–).
CREA: Real Academia Española. *Corpus de Referencia del Español Actual*. (https://rae.es/recursos/banco-de-datos/crea).
Davies, M. 2002. *Corpus del español. News on the Web (NOW)*. (www.corpusdelespanol.org).
DeMello, G. 2000. "'Tú' impersonal en el habla culta". *Nueva Revista de Filología Hispánica* 48(2): 359–372.
Entretenimiento. 2021. "Meghan y Harry informan que ya nació Lilibet Diana, cuyo nombre es un homenaje a Lady Di." 6 de junio. (www.telemundo.com/entretenimiento/latinx-now-espanol/famosos/meghan-y-harry-informan-que-ya-nacio-lilibet-diana-cuyo-nombre-es-un-homenaje-lady-di-tmna3885602).
Félix-Brasdefer, C. 2008. *Politeness in Mexico and the United States: A Contrastive Study of the Realization and Perception of Refusals*. Amsterdam y Philadelphia: John Benjamins.
Fernández Soriano, O. y S. Táboas Baylín. 1999. "Construcciones impersonales no reflejas". En *Gramática Descriptiva de la Lengua Española*, eds. I. Bosque y V. Demonte, 1723–1778. Madrid: Espasa.
García Fernández, L. y A. Bravo 2013. "El verbo 'caber' como auxiliar modal-2". *LEA: Lingüística Española Actual* 35(2): 211–240.
González, M. 2010. "Las funciones del insulto en debates políticos televisados". *Discurso & Sociedad* 4(4): 828–852.
Guirado, K. 2011. "Uso impersonal de *tú* y *uno* en el habla de Caracas y otras ciudades". *CÍRCULO de Lingüística Aplicada a la Comunicación* 47: 3–27.
Helasvuo, M. L. y M. Vilkuna. 2008. "Impersonal Is Personal: Finnish Perspectives". *Transactions of the Philological Society* 106(2): 216–245.
Hurtado, L. M. y C. Gutiérrez-Rivas. 2016. "La versatilidad del pronombre *uno* para expresar posicionamiento frente a lo enunciado en el español de Barranquilla, Colombia". *Forma y Función* 29(1): 37–60.
Hyland, K. 2002. "Authority and Invisibility: Authorial Identity in Academic Writing". *Journal of Pragmatics* 34: 1091–1112.
Kluge, B. 2010. "El uso de formas de tratamiento en las estrategias de generalización". *Formas y fórmulas de tratamiento en el mundo hispánico*, eds. M. Hummel, B. Kluge y M. Vázquez Laslop, 1107–1136. México, DF: El Colegio de México / Karl-Franzens-Universität Graz.
Kluge, B. 2012. *Referential Ambiguity in Discourse: The Generic Use of the Second Person Singular in the Romance Languages*. Habilitation esis, Universität Bielefeld.
Lindo, E. 1994. *Manolito Gafotas*. Madrid: Grupo Santillana de Ediciones S. A.
Lope Blanch, J. M., ed. 1990. *El español hablado en el suroeste de los Estados Unidos*. Ciudad de México: UNAM.

Matthews, P. 1997. *The Concise Oxford Dictionary of Linguistics*. Oxford (UK) y New York (US). Oxford University Press.

Méndez Enríquez, E. 2021. "Caldo de Zapatero, como lo hacían las abuelas en Oaxaca." 22 de mayo. (https://lossaboresdemexico.com/caldo-de-zapatero-como-lo-hacian-las-abuelas-en-oaxaca/).

Molino, A. 2010. "Personal and Impersonal Authorial References: A Contrastive Study of English and Italian Linguistics Research Articles". *Journal of English for Academic Purposes* 9(2): 86–101.

Morales, A. 1997. "El *se* impersonal: valores referenciales y algunos aspectos diacrónicos". *Anuario de Letras. Lingüística y Filología* 35: 417–433.

Moya-Muñoz, P. y M. L. Carrió-Pastor. 2018. "La atenuación en los comentarios sobre las noticias digitales en periódicos de España y Chile". *Onomázein* 40: 56–76.

Pierre, E. 2020. "Análisis de la inclusión de participantes en las estructuras despersonalizadoras". *Pragmática y Discurso Oral*, eds. O. Ivanova, V. Álvarez-Rosa y M. Nevot Navarro 101–117. Salamanca: Ediciones de la Universidad de Salamanca.

PRESEEA. 2014-. *Corpus del Proyecto para el Estudio Sociolingüístico del Español de España y de América*. Alcalá de Henares: Universidad de Alcalá. (http://preseea.linguas.net).

Rasson, M. 2016. "Interpretación y tipología del pronombre indefinido uno a partir de tres géneros discursivos". *Círculo de Lingüística Aplicada a la Comunicación* 67: 227–272.

Rossi, G. y J. Zinken. 2016. "Grammar and Social Agency: The Pragmatics of Impersonal Deontic Statements". *Language* 92(4): 145–204.

Van der Auwera, J., G. Volker y J. Vanderbiesen. 2012. "Human Impersonal Pronoun Uses in English, Dutch and German". *Leuvense Bijdragen* 98: 27–64.

24
Régimen verbal
(Verbal Government)

Chantal Melis

1 Introducción

El capítulo aborda el concepto de régimen verbal desde la perspectiva de la distinción entre actantes obligatorios o argumentos y circunstantes opcionales o adjuntos, atribuida a Tesnière (1959), que actualmente ocupa un lugar central en muchas teorías sintácticas. Se empieza por identificar los factores que intervienen en el proceso de establecer el "régimen" semántico y sintáctico de un predicado, es decir, su "valencia" o su "estructura argumental", compuesta de los elementos exigidos por el lexema verbal para formar una oración gramatical. Se esboza la evolución que ha seguido el concepto de régimen, partiendo de una visión restrictiva y moviéndose hacia la articulación de criterios más flexibles, que se han visto respaldados por el análisis del comportamiento de los verbos en datos de uso real. Se discuten las dificultades que entraña la delimitación argumento-adjunto, y se concluye con una nota sobre la necesidad de profundizar en la variación diatópica que se observa en el régimen verbal en español.

Palabras clave: aproximación lexicalista; esquema valencial; marco conceptual; perfil combinatorio; régimen preposicional

This chapter approaches the concept of verbal government from the perspective of the distinction between obligatory arguments and optional adjuncts, which modern linguistics owes to Tesnière (1959), and which now occupies central stage in many syntactic theories. It starts by defining the variety of factors involved in establishing the semantic and syntactic "government" of a predicate, that is to say, its "valency" or "argument structure", which comprises the elements required by the verbal lexeme to form a grammatical sentence. It sketches the evolution undergone by the concept at hand, moving away from a restricted notion of government towards the adoption of more flexible criteria, which have gained support from the analysis of the behavior of verbs in real use data. It addresses the challenge that the argument-adjunct distinction poses to researchers, and it concludes with a comment on the need for deeper insights into dialectal differences associated with verbal government in Spanish.

Keywords: collocational profile, conceptual frame, lexical-semantic approach, oblique argument, valency template

DOI: 10.4324/9781003035633-27

2 Conceptos fundamentales

Con el término "régimen verbal" se hace referencia a los elementos con los que el verbo que funge como núcleo predicativo debe combinarse para formar una oración gramatical. Así, en *Miguel oyó con claridad a su espalda un sonido leve* (TER: 031.27),[1] el objeto percibido completa el significado de *oír* de manera que en este contexto no puede omitirse (*¿?Miguel oyó con claridad a su espalda*). En cambio, los segmentos *con claridad* y *a su espalda* aportan informaciones accesorias que son eliminables sin que se resienta la gramaticalidad (*Miguel oyó un sonido leve*).

La introducción de esta distinción en la teoría lingüística moderna se atribuye a Tesnière (1959), quien propuso el nombre de "actantes" para los constituyentes obligatorios y "circunstantes" para los opcionales, inspirándose en la imagen del "pequeño drama" que representa una oración: los actantes son los actores que deben figurar en la escena evocada por el verbo; los circunstantes agregan notas de ambientación (tiempo, lugar, modo, etc.). Con una metáfora fundada esta vez en la química, Tesnière estableció que los actantes obligatorios conforman la "valencia" de los verbos, concebidos estos como especies de "átomos con enlaces" que, en función de la cantidad de enlaces implicados en su significado, ejercen su atracción sobre un determinado número de actantes.

La obra del lingüista francés abrió una nueva perspectiva sobre la interacción entre contenidos léxicos y estructuras sintácticas, que se desenvolvió en la Gramática de Valencias, originalmente ideada por investigadores alemanes (Vázquez Rozas y Lübke 2007, 12), y de forma gradual se fue incorporando en distintos modelos de análisis lingüístico, de tal manera que en la actualidad la noción de "valencia", también referida en términos de "estructura argumental" o "marco de subcategorización", ocupa un lugar central en la mayoría de las teorías sintácticas. Desde múltiples enfoques, se trabaja con la idea de que el estudio de los verbos pide la discriminación entre actantes (obligatorios) y circunstantes (marginales), o bien, si se prefiere, entre "argumentos" y "adjuntos", atendiendo al significado léxico de los núcleos predicativos.

En su dimensión cuantitativa, una valencia especifica el número de actantes o argumentos exigidos por el lexema verbal. Con base en este rasgo, suelen identificarse cuatro grandes clases: los verbos avalentes no requieren ningún argumento (*llueve, amanece*), los monovalentes exigen uno solo (*toser, trabajar, correr, morir, llegar*), los bivalentes se construyen con dos argumentos obligatorios (*borrar, dilucidar, temer*) y los trivalentes rigen tres argumentos (*dar, decir, prometer, ordenar*) (Di Tullio 2007, 102).

En su dimensión cualitativa, afinada en años posteriores a Tesnière, una valencia verbal contiene indicaciones semánticas y sintácticas acerca de los argumentos. En el plano del significado, se les asigna una función semántica o papel temático, que intenta capturar el modo de participación de la entidad valencial en la situación designada. No existe acuerdo alguno en torno a la naturaleza, la denominación y el inventario de estos papeles, concebidos, sin embargo, como instrumentales en la vinculación del significado léxico con los esquemas morfosintácticos de los verbos. Los papeles temáticos se multiplican cuando la atención está fijada en aspectos específicos de la semántica verbal ("matador", "escritor", "jugador", etc.), pero se pueden agrupar en categorías más generales, tales como "agente" o "paciente", cuando interesa poner de relieve las relaciones de similitud existentes entre varios tipos de eventos.

Los argumentos de un verbo también desempeñan una función sintáctica, que ayuda a interpretar la naturaleza de su participación en la escena evocada. A diferencia de los roles semánticos, potencialmente universales, las funciones sintácticas interactúan con los mecanismos de codificación —marcas de caso, adposiciones, morfemas de concordancia, orden de constituyentes— propios de cada lengua en particular.

Una división importante opone las funciones sintácticas definidas como "centrales" a las no centrales, a veces denominadas "oblicuas". Las funciones centrales tienden a presentar las siguientes características: formalizan participantes exigidos por verbos monovalentes o bivalentes (sujeto y objeto), son morfológicamente simples (frases nominales no marcadas), cubren una variedad de roles semánticos y disparan fenómenos de concordancia en el verbo (García-Miguel 1995, 31–33; Vázquez Rozas 1995, 68–75). Las no centrales, en cambio, se expresan por medio de adposiciones o frases adverbiales y articulan relaciones semánticas específicas que guardan cierta independencia con respecto al verbo. Por lo que al español atañe, se ha establecido que, junto con el sujeto y el complemento directo, el indirecto responde a la definición de una función central (García-Miguel 1995, 33–38; Vázquez Rozas 1995, 75–89), frente al complemento circunstancial, que a todas luces representa una función no central.

En principio, se espera que los elementos valenciales se codifiquen mediante funciones centrales. No obstante, el español posee una nutrida clase de verbos (*abogar por, contar con, depender de, incurrir en, renunciar a,* etc.) que aproximan la forma de su objeto a la de un complemento circunstancial. Estas unidades de "régimen preposicional" han dado pie a una intensa polémica, plasmada en un sinnúmero de trabajos.

Muy brevemente, existe la propuesta, que se remonta a Alarcos (1968), de crear una nueva categoría funcional —llamada "suplemento" en el sistema alarquiano— para acoger esos complementos exigidos semánticamente, pero marcados como adjuntos. Otra opción consiste en postular, vía el concepto de la "transitividad preposicional" (Cano Aguilar 1981), que estamos ante variantes formales de una misma función sintáctica, permitiéndose asimismo el que algunos verbos alternen libremente objeto directo y objeto preposicional (p. ej., *disfrutar (de) algo*). Además, sigue discutiéndose la posibilidad de reunir complementos preposicionales y complementos circunstanciales en un solo espacio funcional, caracterizado por diferentes grados de cohesión semántica entre el lexema verbal y el adyacente preposicional (para una exposición detallada de la controversia, véase Barrajón López 2009, caps. 1 y 2).

Desde la perspectiva de la distinción entre argumentos y adjuntos, parece que la solución adecuada se halla en reconocer que el español, al igual que otras lenguas, utiliza una función no central —régimen preposicional— para dar expresión a ciertos complementos exigidos por la semántica del verbo.[2] Esta postura es compatible con la observación de que en algunos casos el morfema de enlace es una preposición única, fija y relativamente vacía de contenido, mientras que otras veces las preposiciones de régimen conservan matices de significado y son conmutables (Cano Aguilar 1999). Veremos que la intrusión de estos complementos "oblicuos" en el ámbito valencial tuvo profundas repercusiones sobre el análisis del régimen verbal en español.

3 Aproximaciones teóricas

La idea general que impulsó las investigaciones sobre régimen verbal —y aún prevalece en varios modelos calificados globalmente de lexicalistas— es que el significado de los lexemas determina su comportamiento gramatical. Desde esta óptica, el primer paso en el establecimiento de una valencia o estructura argumental lleva a caracterizar el evento, proceso o estado denotado por el verbo y a fijar el número de participantes que intervienen de manera necesaria en la situación referida. Aunque los procedimientos y las representaciones léxico-semánticas obtenidas varían, en todos los análisis de esta índole los participantes obligatorios se relacionan con un papel temático. El papel asignado resulta ser crítico bajo la suposición de que las funciones semánticas, de acuerdo con algunas reglas de enlace y siguiendo una organización jerárquica, se proyectan de forma regular y predecible en determinadas funciones sintácticas. Como parte de esta visión, impera la hipótesis de que los verbos que designan situaciones afines, en cuanto miembros de una "clase" semántica, tenderán a manifestar la misma estructura argumental (para un panorama de las aproximaciones lexicalistas, véase Levin y Rappaport Hovav 2005).

En algunos casos, ciertamente, las previsiones derivadas de la semántica verbal se verifican. Por ejemplo, los verbos que involucran a un "agente" —un ser humano que actúa con intención— y un "paciente" —la entidad afectada por la acción del agente— permiten anticipar que, en su esquema actancial básico, los dos participantes asumirán respectivamente las funciones de sujeto y objeto directo, debido a que el agente tiene un rango superior en la jerarquía de los papeles temáticos. A esta pauta obedece el comportamiento de una gran cantidad de verbos transitivos en español, como muestran estos ejemplos:

(1) El Duque de Alba$_{AG/S}$ **mata** en el África Oriental inglesa un elefante$_{PAC/OD}$ (MAD: 219.30)
Para demostrar que hablaba en serio, **encendí**$_{AG/S}$ otro billete$_{PAC/OD}$ (LAB: 200.30)
Estudia medicina, zío. ¡Así **curaremos**$_{AG/S}$ a todo el pueblo$_{PAC/OD}$, entre los dos, hombres y animales! (SON: 108.05)

En muchos otros casos, sin embargo, el enlace entre roles semánticos y funciones gramaticales se caracteriza por ciertas discrepancias. Para ilustrar, los verbos *tener*, *pertenecer* y *carecer* ("no tener") expresan una relación de posesión que, concebida en términos locativos, según hoy se acostumbra, implica la presencia de dos elementos: la entidad localizada (objeto poseído) con función de "tema" y el dominio de localización (poseedor típicamente humano) que actualiza el papel "locativo". Como se aprecia en (2), *tener* y *carecer* asignan la función de sujeto a su participante locativo humano, frente a *pertenecer* que lo codifica como objeto indirecto (*nos*). El tema, por su parte, es objeto directo con *tener* (*la misma grasa*), objeto preposicional con *carecer* (*de temple*) y sujeto con *pertenecer* (*ese dinero*):

(2) Sí, yo **tengo** la misma grasa. (BAI: 477.04)
Carecía de temple. Me defraudó. (CIN: 034.11)
Vamos, vamos —dijo ella—, siempre supimos que ese dinero no nos **pertenecía**. (LAB: 206.28)

Los verbos que denotan procesos mentales tampoco se comportan de manera homogénea. Destacan, en particular, los verbos emocionales o de sentimiento, relacionados en el plano semántico con la persona que cumple el papel de "experimentante" y un elemento que induce la sensación interna y actúa como "estímulo". Según las previsiones de las teorías en discusión, un verbo como *amar* atribuye la función de sujeto al experimentante, que se asemeja al agente por referirse a un ser humano, pero otros verbos requieren su formalización como complemento indirecto (p. ej., *gustar*) o admiten la alternancia de esta función con el complemento directo (p. ej., *asustar*):

(3) Él sí **amaba** esa ciudad. (MIR: 093.32)
Le **gustaban** las fiestas ruidosas y largas. (CRO: 032.20)
Y esa reflexión la **asustó**. (CRO: 059.08)

Los ejemplos presentados en (2) y (3) han dejado claro que los papeles temáticos no se proyectan en funciones sintácticas con la sistematicidad que prometen las aproximaciones lexicalistas. Más problemático para la distinción entre argumentos y adjuntos ha sido constatar que los participantes definidos como exigidos por el significado del verbo no siempre aparecen en la cadena oracional. Con muchos verbos de régimen directo o preposicional, el elemento omitido, por motivos discursivos, se mantiene implícitamente presente y se puede recuperar en el contexto lingüístico o situacional. Otros, en cambio, como *comer*, *beber*, *escribir* o *leer*, prescinden de su complemento argumental con tal frecuencia que los gramáticos no se ponen de acuerdo respecto a si se trata de verbos básicamente monovalentes o bivalentes (véase Ibáñez y Melis 2015, 156–161). Evidentemente, con el reconocimiento de que ser eliminable no siempre significa ser marginal (Rojo 1990, 161), el criterio de opcionalidad que servía para separar los circunstantes facultativos de los actantes obligatorios se ha vuelto menos seguro. La exigencia semántica y la expresión sintáctica no corren a la par; hay desajustes entre los dos niveles estructurales.

Inversamente, ciertos elementos que a primera vista sugieren algún tipo de información opcional han demostrado ser constituyentes sintácticos no eliminables. Varios fenómenos podrían aducirse para ilustrar lo anterior. Limitándonos a uno de ellos, advertimos que en *Te vi envejecido* (SUR: 026.01), el adjetivo *envejecido* no se puede suprimir sin que se modifique el valor significativo de la oración. Mientras *Te vi* denotaría un evento de percepción, el ejemplo aludido sitúa el foco de atención en la condición física que, a juicio del hablante, caracteriza al referente del objeto directo. Estos casos se tratan en algunos estudios como complementos predicativos obligatorios o seleccionados (NGLE, 2872–2879).

Otro factor que ha complicado el panorama valencial en español se relaciona con el hallazgo de que algunos verbos rigen complementos de valor locativo. Los dependientes semánticos de esta naturaleza no figuraban en el conjunto de suplementos originalmente visualizado por Alarcos (1968). Entre ellos, unos vienen exigidos por verbos bivalentes, como *residir*; y otros completan el significado de verbos trivalentes, como *poner*, en cuya estructura semántica está implicado el punto de llegada o "meta" del movimiento que un "agente" (sujeto) produce en la entidad "tema" (objeto directo):

(4) Siempre **ha residido** en Madrid. (MAD: 165.06)
     Pablo Vicario se quitó el saco, lo **puso** en el taburete (CRO: 114.05)

Sobre la mesa de debate está la propuesta de que estos complementos locativos cumplen una función sintáctica que debe distinguirse de la que ejercen elementos seleccionados por verbos tales como *abogar por* o *consistir en*. Su conmutabilidad por adverbios (*residir ahí*) y quizá sobre todo el carácter de las preposiciones que los introducen —menos "regidas" por el verbo, dotadas de una carga semántica propia y específica que se suma al sentido del núcleo verbal (*poner en/bajo/detrás de*, etc.)— son propiedades que se invocan para justificar la identificación de otra categoría funcional denominada "complemento adverbial" (Rojo 1990). Las opiniones divergen en torno a este punto. Hay autores que se inclinan por mantener suplementos y complementos locativos fusionados en el interior de una misma función, frente a otras opciones en las que los dos tipos de argumento se manejan como subclases incorporadas al complemento preposicional. Para los fines de este capítulo, independientemente de la postura que se adopte, lo que cabe resaltar es el impacto que han tenido los argumentos locativos sobre el análisis del régimen verbal. Puede decirse, en efecto, que la proximidad tanto nocional como formal de estos locativos con la categoría circunstancial marca el comienzo de un proceso de re-valoración que se ha ido aplicando a una gama de elementos antiguamente catalogados como adjuntos.

A modo de ilustración, tomemos el caso de los complementos que parecen funcionar como "instrumentos", en sentido amplio (Schlesinger 1995, 63–66), con verbos que se refieren a poner sustancias en superficies (5) o cosas en contenedores (6):

(5) [...] hasta la cocina, donde le **roció** el cráneo con agua (LAB: 151.29)
     Se toman las rebanadas de pan, mejor de pueblo, y se **untan** con el tomate (HOT: 015.09)
(6) Después abría su bolsa blanca de deporte, la **llenaba** con las cosas que cogía (TER: 093.14)
     [...] sino las [guerras] que por aquellas mismas fechas **sembraban** de cadáveres el mundo (USO: 154.04)

El significado de estos verbos permite relacionarlos con el vasto conjunto de unidades trivalentes que, como *poner*, expresan el cambio de lugar de una entidad causado por la acción de un agente, lo cual, a su vez, conduce a identificar el aparente instrumento con el objeto movido, que forma parte constitutiva de las acciones descritas. Nótese que el carácter argumental de este participante semántico es el rasgo que justifica su capacidad para aparecer como objeto directo (7) o sujeto (8) en esquemas sintácticos alternativos, ligados a ciertos cambios de perspectiva que se han discutido en la bibliografía sobre estos verbos:

(7) Ahora sonríe, lavado y fresquito, mientras le **untan** una crema contra las irritaciones (SON: 079.25)

(8) Y pagar con el papel higiénico que **llenaba** el maletín (LAB: 035.17)

La noción circunstancial de "compañía" ha registrado igualmente el impacto de las nuevas interpretaciones valenciales. En su caso, están en juego verbos de corte "simétrico". Este valor lo comparten unidades pertenecientes a diversas clases semánticas, entre las cuales, de interés aquí, figuran predicados tales como *conversar*, *charlar* y *discutir* que denotan un evento de comunicación (NGLE, 2748–2749). La propiedad común a todos los verbos simétricos es la bidireccionalidad. Es decir, su significado implica que la actividad designada es realizada por una entidad (o varias) "en relación de correspondencia mutua con otra u otras" (Arellano González 2004, 325). De este modo, entendemos que el supuesto adjunto de compañía codificado en (9) se refiere al interlocutor que "toma parte en el evento descrito de la misma forma y en la misma medida que el sujeto" (Arellano González 2004, 330). A ello se debe que los co-participantes previstos en la valencia de *discutir*, como sucede con otros verbos simétricos, puedan presentarse de forma coordinada en la posición del sujeto argumental (10):

(9) Lo **discutía** con Bob, mi amigo y anfitrión. (JOV: 098.27)

(10) [...] aunque desde luego no era de eso que **estaban discutiendo** Mario y Sandro (GLE: 107.31)

Obsérvese que el verbo *hablar* también se combina con complementos introducidos por *con*: *¿Por qué no **habla** usted con él?* (SUR: 065.22). A diferencia de *discutir*, sin embargo, *hablar* no se puede interpretar como inherentemente simétrico, pues en su acepción básica significa "emitir sonidos que forman palabras" (Moliner 1998, s.v. *hablar*) y, según hacen notar los gramáticos, es posible "hablar en solitario" (NGLE, 2434). Al mismo tiempo, en cuanto verbo *dicendi*, *hablar* activa con naturalidad la idea de un interlocutor, sin seleccionar a este participante en sentido estricto.

El caso de *hablar* ejemplifica la emergencia de zonas dudosas o ambiguas provocada por la apertura del régimen verbal a nociones circunstanciales. Una y otra vez los investigadores se enfrentan a complementos de difícil caracterización, semánticamente congruentes con el predicado, pero no por ello necesariamente integrados en su valor léxico. Esta situación ha llevado a algunos a cuestionar la naturaleza dicotómica de la oposición entre argumentos y adjuntos. La alternativa planteada en varias publicaciones ha consistido en introducir categorías intermedias para albergar complementos que no responden a las exigencias impuestas por el lexema verbal, ni funcionan como adjuntos inequívocos. En estas categorías se reúnen complementos calificados de "previsibles" o "esperables", en la medida en que añaden contenidos acordes con el significado del predicado (véase Crego García 2003). Desde una perspectiva más radical, se ha defendido la concepción de un *continuum* funcional, sin límites discretos entre categorías, a lo largo del cual los constituyentes oracionales muestran distintos grados de cohesión semántica y formal con el núcleo predicativo (Moure 1995).

La dificultad para instaurar una frontera tajante entre argumentos y adjuntos se explica en parte por el empleo "intuitivo" de representaciones léxico-semánticas que carecen del respaldo de métodos probatorios. Cabe señalar al respecto que ha habido intentos de diseñar pruebas sintácticas que revelen el comportamiento diferenciado de los dos tipos de constituyentes (para estas pruebas, véanse Barrajón López 2009, 46–62 y García-Miguel 1995, 13–16). Sin embargo, el consenso casi unánime que al presente existe en torno a estas pruebas es que ninguna proporciona resultados plenamente satisfactorios. Por esta razón se ha llegado a afirmar que no merece la pena sostener la existencia de una oposición que ha resistido todo esfuerzo de sistematización y no es, a fin de cuentas, necesaria para una descripción adecuada de las estructuras oracionales (Haspelmath 2014, entre otros autores).

4 Perspectivas actuales

El giro más notable que han experimentado los estudios sobre régimen verbal en las últimas décadas consiste en la prominencia otorgada a datos de uso real. Se trata de una evolución que ha seguido la lingüística en general, fomentada por los desarrollos de la tecnología y el acceso a amplios conjuntos de textos en formato electrónico. Por lo que atañe a los verbos, la atención prestada al uso ha tenido como efecto poner al descubierto las diferencias que median entre valencias fijadas *a priori* y pautas de conducta registradas en datos empíricos.

Muy pronto, con el objeto de salvar las discordancias, surge la propuesta de distinguir entre "potencial valencial" y "realización valencial" (Ágel 1995, en García-Miguel 2007). El primer término remite a los participantes que se definen como implicados en el significado del verbo o por lo menos compatibles con la escena evocada. Con el segundo término, se abre camino para dar cuenta de todas las posibilidades de variación que ocurren en datos concretos: los argumentos que sí se expresan y los que se omiten; las alternancias entre distintos patrones sintácticos, asociados algunos de ellos a cambios de diátesis; la codificación de participantes adicionales que se unen a la predicación como si estuvieran previstos en la valencia del verbo.

Esto último, como es sabido, sucede a menudo en español con entidades, típicamente humanas, que desempeñan el rol de "beneficiario" o de "poseedor". Aunque las entidades en cuestión no las selecciona el verbo, adoptan la forma del complemento indirecto regido y a través de su promoción a una función central logran situarse en un primer plano. Así, en (11), notamos la presencia del llamado "dativo benefactivo" en la descripción de un evento de lectura, mientras que en (12) el dueño del objeto afectado (*flequillo*) se enlaza con el verbo de modificación *arreglar* bajo la forma del "dativo posesivo":

(11) Acabo de **leér**telo, ése es el texto (GLE: 079.26)
(12) Se sentó junto a Miguel, le **arregló** el flequillo con la mano (TER: 034.04)

De manera paralela, ha venido difundiéndose un concepto de valencia mucho más amplio, cuyo origen apunta a la teoría de los "marcos" conceptuales vinculados a las palabras (Fillmore 1985). Estos marcos funcionan como ricos almacenes de conocimiento susceptible de ser "activado", total o parcialmente, en los contextos de uso de las unidades lingüísticas. Aplicados al ámbito verbal, los marcos integran el conjunto de elementos evocados por la situación que describe el predicado y habilitados para desempeñar cierto papel en ella. Todos estos elementos son los que, bajo la nueva perspectiva "maximalista" inspirada en los marcos (Ibáñez 2014, 196), conforman la valencia de un verbo. Naturalmente, no se espera que las entidades presentes en el marco se proyecten en la sintaxis con la misma frecuencia. El modelo deja margen para distintos grados de implicación, que motivan la expresión regular de algunos participantes, en contraste con las realizaciones opcionales de otros.

Para entender mejor las implicaciones de esta visión, fijémonos en los verbos de movimiento clasificados en la tradición gramatical como intransitivos monovalentes (S + V). Desde la óptica de una valencia definida de modo restrictivo, se distinguen dos grandes grupos: los verbos de "desplazamiento" rigen un complemento locativo de meta (*llegar* a un lugar) u origen (*salir* de un lugar), sobreentendido si se omite; los de "manera de moverse", tales como *caminar*, *correr* o *viajar*, por el contrario, no exigen ninguna precisión locativa. Con base en la teoría de los marcos, en cambio, todos los elementos incluidos en la conceptualización de un movimiento en el espacio —la entidad que se desplaza, los puntos de partida y de llegada, junto con el trayecto recorrido entre ambos— se convierten en participantes valenciales aptos para ser activados por cualquiera de las unidades pertenecientes a ese campo semántico. Así lo demuestran los cinco verbos citados, al presentar una variedad de patrones combinatorios que, además de la entidad móvil, engloban referencias a orígenes (13), destinos (14) o trayectos (15) y solo difieren en la frecuencia con la que cada predicado induce la explicitación de uno u otro complemento locativo:

(13) **Llega** Lucrecia de la cocina. (COA: 012.18)
 Pero no alcanzaba a ver a su hijo que **corría** desde otro ángulo hacia la puerta. (CRO: 115.11)
(14) Marescu **salió** muy temprano para la capital. (CAR: 151.08)
 Me hubiera gustado, pero mañana **viajo** a París. (HIS: 030.29)
(15) Mientras **caminaban** por una calle arbolada pensó que le daban ganas de vivir en Salies. (HIS: 114.15)
 Ante el asombro de los aficionados, Rafa Benítez **corre** toda la pista. (2VO: 046–1.3–04)

En los datos de ADESSE, el verbo *salir* favorece el complemento de origen (40,4 %), frente a *llegar* (4,6 %) o *correr* (0,4 %), que de manera mucho más esporádica indican el punto de partida del movimiento. En cambio, el destino se expresa sobre todo con *llegar* (59,9 %), seguido de *viajar* (22,8 %). En cuanto a evocaciones del trayecto, en general poco frecuentes, se destaca *caminar* (6,6 %), en comparación con *viajar* (4,3 %) o *salir* (3,2 %).

Por mencionar otro ejemplo, si miramos los verbos *dicendi* con el mismo lente, caemos en la cuenta de que el marco de la comunicación humana abarca varios elementos al lado del emisor, todos ellos con derecho a ser interpretados como participantes valenciales ya que figuran en el marco. Uno de estos elementos es el código lingüístico, implicado de manera necesaria, que recibe expresión en oraciones tales como Siguió **hablando** en árabe a Santiago Nasar (CRO: 112.31).

La aproximación maximalista propiciada por los marcos conceptuales ha modificado el concepto de valencia. Es este un punto que merece ser realzado. Nos hemos distanciado de los constituyentes requeridos para formar una oración gramatical, en favor de una definición mucho más flexible de los elementos que pueden ser incluidos en una estructura argumental. Y como era de esperar, los estudios basados en datos de uso se han beneficiado de la nueva perspectiva, por ajustarse mejor a la conducta real de verbos propensos a combinarse con todo tipo de dependientes semánticos.

De hecho, los estudios de corpus han puesto en tela de juicio la idea de que la estructura semántica de un predicado determina su expresión sintáctica. Son raros los verbos que manifiestan un solo patrón valencial. Más característica es su tendencia a aparecer en distintas construcciones que repercuten en la interpretación semántica.[3] Se observa, por ejemplo, cómo diferentes esquemas se correlacionan con diferentes acepciones (*reparar algo* "componer"/*reparar en algo* "notar"); se registran fenómenos de diátesis que focalizan o degradan participantes; se detectan variaciones en la expresión de ciertos complementos que interactúan con sutiles rasgos diferenciadores de verbos afines (García-Miguel 2012; Vázquez Rozas y Lübke 2007). En suma, entre el léxico y la sintaxis se ejercen influencias en ambas direcciones, en insospechados y polifacéticos intercambios que los estudios de uso toman en consideración a la hora de elaborar el "perfil combinatorio" de cada lexema verbal.

Cabe reconocer, por otro lado, que la discriminación entre argumentos y adjuntos se ha vuelto más compleja a partir de la nueva mirada. Lo que ahora se recomienda es apelar al criterio de frecuencia que puede actuar como guía en el siguiente sentido: cuanto más estable sea la co-ocurrencia de cierto elemento con un predicado dado, mayor será la probabilidad de que este elemento formalice un participante valencial. Hay motivos, sin embargo, para manejar con cautela el parámetro sugerido. Tiene poder de predicción, sin duda, en el caso de los actantes obligatorios, que estarían incluidos en valencias restrictivas y que, efectivamente, se vinculan con regularidad al predicado que los selecciona; en cambio, se revela menos fiable en el caso de los elementos opcionales, que pueden corresponderse con actantes o no tener carácter argumental.

Veamos, a título de ilustración, los complementos que desempeñan el papel de "instrumento". De acuerdo con Koenig *et al.* (2003), resulta que esta función semántica comprende algunos ejemplares valenciales, siendo inherentes al significado del verbo o bien admitidos por un grupo específico de lexemas con los cuales encajan semánticamente. Por lo que al español se refiere, las definiciones de *cortar* ("hacer una raja en una materia o separar una parte de ella con un instrumento cortante") y *frotar* ("pasar algo por la superficie de una cosa, repetidamente y con fuerza"), consignadas en el diccionario de Moliner (1998), sugieren la pertenencia de este par al primer grupo (16), frente a *limpiar* ("quitar de una cosa cualquier otra que la ensucia, la empaña o estorba en ella") y *secar* ("dejar una cosa seca") que, sin exigir la presencia de un instrumento, describen actividades que a menudo la involucran (17):

(16) Cuando veía alguna flor, la **cortaba** inmediatamente con sus tijeras, para hacer un ramo y adornar la casa. (PAI: 041.11)
Frotaba suavemente con la esponja los pliegues amarillentos de aquel cuerpo monstruoso. (TER: 096.15)

(17) Claro, algunas amas de casa prefieren **limpiar**los con una papa partida por la mitad. (DIE: 165.30)
Pura Vicario había acabado de beber, se **secó** los labios con la manga. (CRO: 093.10)

Desafortunadamente, al confrontar la propuesta de Koenig *et al.* con los datos de uso registrados en ADESSE para los cuatro verbos, advertimos que los resultados cuantitativos presentados abajo (los números indican las ocurrencias del complemento instrumental en el total de ejemplos documentados) no ayudan a verificar el carácter valencial de esos instrumentos —los índices de frecuencia son bajos— ni permiten apreciar grados de implicación léxica (instrumento inherente o solo compatible): *cortar* (17/159 = 11 %), *frotar* (6/28 = 21 %), *limpiar* (22/85 = 26 %) y *secar* (6/40 = 15 %).[4]

Siguiendo con otro ejemplo, tanto *llorar* como *sonreír* denotan la manifestación de un estado emotivo, en cuyo marco conceptual tendría cabida, en principio, una referencia a la "causa" que suscita la reacción biológica. En el uso (Ibáñez y Melis 2015), sin embargo, solo *llorar* dispara repetidas alusiones al motivo del llanto, como en *Y todavía lloraba por los hijos que no había tenido*

(A. Grandes, *Las edades de Lulú*, 1989, CREA), no así *sonreír*. Estos datos ponen de relieve una diferencia notable en el perfil combinatorio de los dos verbos. La pregunta de si la "causa" merece figurar en su valencia, en cambio, no encuentra una respuesta sencilla.

La tendencia de algunos verbos a combinarse con notas informativas de todo tipo puede llegar a sorprender. Así, en un estudio de *dormir* (Ibáñez y Melis 2015), se descubrió que en el uso esta supuesta unidad monovalente raramente se conducía como tal, sino que solía atraer precisiones de diversa índole: se especificaba el lugar del sueño cuando no coincidía con la cama esperada, se hacía referencia a su corta o larga duración, a su buena o mala calidad, o bien se puntualizaba si se había tratado de una experiencia solitaria o acompañada. En todos los casos, era evidente que el complemento añadido difería del típico circunstancial periférico; actuaba más bien como centro focal de la predicación. Por cuestiones de frecuencia, uno u otro complemento podría entrar a formar parte del esquema "valencial" de *dormir*. Pero antes de dar ese paso, se haría bien en recordar la advertencia de que "el nivel de la intención comunicativa no debe confundirse con el nivel de la actancia, que representa el nivel gramatical" (Lazard 1998, 76).

Los datos de uso, en síntesis, ponen en evidencia que las representaciones semántico-conceptuales, por un lado, y las actualizaciones sintácticas, por el otro, operan con cierto grado de independencia. El papel que han jugado esos datos en iluminar el comportamiento real de los verbos es indiscutible, al tiempo que han oscurecido la distinción entre argumentos y adjuntos, contribuyendo en alguna medida a que el régimen verbal se transforme en un espacio caracterizado por límites borrosos, fronteras escurridizas y análisis que varían entre autores (NGLE, caps. 36 y 39). En última instancia, el panorama de incertidumbre que prevalece en la actualidad se debe a una falta de acuerdo en torno a la definición misma de lo que se entiende por entidad valencial o argumento.

5 Direcciones futuras y conclusiones

A pesar de las dificultades y los desacuerdos, se puede anticipar que la investigación lingüística seguirá ocupándose de la oposición entre argumentos y adjuntos, entre otras razones, porque el concepto de valencia ha demostrado ser de utilidad en distintas áreas. Así, en el ámbito del Procesamiento del Lenguaje Natural, se ha observado que el aprovechamiento de los esquemas valenciales asociados al léxico verbal, en la fase de etiquetación y lematización de los datos, ayuda a mejorar el desempeño de los sistemas automáticos. Estos se utilizan para tareas tales como la traducción mecánica o la sintetización de textos y se encuentran en pleno desarrollo (véase Hwang 2012).

La enseñanza de segundas lenguas es otra actividad que muy probablemente contribuirá a mantener vigente la reflexión lingüística sobre cuestiones de régimen verbal. Al parecer, el empuje inicial para elaborar diccionarios de valencias surgió de la constatación entre docentes del alemán de que los alumnos extranjeros cometían errores en su manejo de la sintaxis por desconocimiento de las posibilidades combinatorias de los verbos (Haspelmath 2014, 4). La confección de este tipo de diccionarios, tanto monolingües como contrastivos, viene realizándose desde los años 70 y sigue creciendo con el planteamiento de nuevos proyectos. En un mundo encaminado hacia la globalización es fácil prever que la necesidad del multilingüismo incidirá en el mantenimiento de la labor lexicográfica orientada a valencias verbales.

En el terreno de la psicolingüística, por otra parte, la teoría valencial se ha constituido en un tema de gran interés. Esta situación tiene su punto de partida en señalamientos relativos a que, en la decodificación e interpretación de las oraciones, los argumentos tienden a procesarse con mayor facilidad y rapidez que los adjuntos. Dicha hipótesis se ha puesto a prueba en una serie de experimentos, cuyos resultados, inestables y a veces contrarios, continúan estimulando el debate, junto con los esfuerzos por obtener evidencia clara en un sentido u otro (Tutunjian y Boland 2008).

El futuro deja vislumbrar, además, gran cantidad de trabajos sobre los verbos y sus patrones de conducta en el uso real. La llamada lingüística de corpus es una disciplina joven que tiene un largo camino por recorrer siguiendo el crecimiento progresivo de las bases de datos electrónicas y la evolución de técnicas de análisis estadístico cada vez más sofisticadas. Se espera de los estudios de corpus una descripción gradual del comportamiento del léxico verbal en todos sus aspectos. Los estudios pondrán atención en los rasgos semánticos y las categorías gramaticales de los argumentos, desmenuzarán los esquemas de engarce sintagmático, profundizarán en las modalidades de la interfaz entre léxico y sintaxis y extraerán perfiles combinatorios que facilitarán la visión de conjunto sobre afinidades de clase, conexiones entre campos semánticos e idiosincrasias en el seno de las familias eventivas (véase, por ejemplo, García-Miguel 2014).

Resta añadir que los corpus de datos se podrán aprovechar para indagaciones diatópicas sobre régimen verbal. Los fenómenos de variación en este ámbito no se han estudiado detenidamente. Se cuenta con comentarios acerca de algunas de las diferencias que exhiben el español europeo y el americano en sus elecciones entre objeto directo y complemento preposicional (NGLE, caps. 34 y 36), pero son escasos los trabajos que de manera sistemática contrastan esquemas valenciales desde un punto de vista geográfico. El "dequeísmo" en cláusulas subordinadas, que ejemplifica el enunciado *Yo creo de que es la incultura de la gente* (Serrano 2009, 159), se menciona como una de las excepciones más destacables en ese respecto (véase Serrano 2009). El estudio dialectal de Sanz y Melis (2019), en cambio, se centra en la oposición entre presencia y ausencia de preposición con los verbos *disfrutar* y *gozar*. En términos generales, sin embargo, puede decirse que la variación diatópica que caracteriza el régimen verbal en español dibuja un campo a la espera de investigaciones futuras.

Notas

1 Los ejemplos citados en este capítulo provienen de la base de datos ADESSE, con dos excepciones que se indicarán en su momento.
2 Una obra fundamental para investigaciones sobre este tema es el clásico *Diccionario de construcción y régimen de la lengua castellana* de Cuervo (1886–1994), en cuyas entradas están recogidas minuciosas descripciones morfosintácticas y semánticas del comportamiento de los verbos en español.
3 Conviene señalar que las "construcciones" verbales a las que suelen referirse los estudios de corpus no se entienden necesariamente en un sentido conforme a la definición propuesta por Goldberg (1995) en el marco de la Gramática de Construcciones. En este modelo, los verbos expresan eventos que integran a participantes con determinados "papeles" semánticos, pero la estructura argumental la proporcionan las construcciones —emparejamientos convencionales de forma y sentido— que existen de manera independiente. Al insertarse un verbo en una construcción, toma lugar un proceso de ajuste entre papeles verbales y argumentos construccionales, con la posibilidad de que la construcción elimine un papel previsto o agregue un participante inesperado, alterando el significado del verbo. Desafortunadamente, por motivos de espacio, no podemos detenernos en esta interesante propuesta.
4 En este recuento, se contabilizaron los instrumentos introducidos por *con* (o *de*) y los que aparecieron codificados como sujeto. El menor índice de frecuencia de este complemento con *cortar* puede deberse a una presencia importante de usos metafóricos, que no propician la co-ocurrencia de un instrumento, sin impedirla del todo (p. ej., *el silencio impresionante que podía cortarse con cuchillo*, DIE: 109.27).

Lecturas complementarias recomendadas

Cano Aguilar (1999); Levin y Rappaport Hovav (2005); García-Miguel (2012).

Referencias bibliográficas

ADESSE: Alternancias de Diátesis y Esquemas Sintáctico-Semánticos del Español. (http://adesse.uvigo.es).
Ágel, V. 1995. "Valenzrealisierung, Grammatik und Valenz". *Zeitschrift für Germanistische Linguistik* 23: 2–32.
Alarcos, E. 1968. "Verbo transitivo, verbo intransitivo y estructura del predicado." *Archivum* 16: 5–17.

Arellano González, B. 2004. "Los verbos simétricos". *Verba* 31: 325–359.
Barrajón López, E. 2009. *Análisis contrastivo locativo-nocional de la complementación de régimen verbal en el español hablado en Alicante: usos espaciales y abstractos de salir y entrar*. Alicante: CEE Limencop, S.L.
Cano Aguilar, R. 1981. *Estructuras sintácticas transitivas en el español actual*. Madrid: Gredos.
Cano Aguilar, R. 1999. "Los complementos de régimen verbal". En *Gramática descriptiva de la lengua española*, vol. 2, eds. I. Bosque y V. Demonte, 1807–1854. Madrid: Espasa Calpe.
CREA: Real Academia Española. Corpus de Referencia del Español Actual. (http://rae.es/recursos/banco-de-datos/crea).
Crego García, M. V. 2003. "Algunas observaciones en torno a la valencia verbal". *Revista de Filología* 21: 69–89.
Cuervo, R. J. 1886–1994. *Diccionario de construcción y régimen de la lengua castellana*, 8 tomos. Bogotá: Instituto Caro y Cuervo.
Di Tullio, A. 2007. *Manual de gramática del español*, 2ª ed. Buenos Aires: La isla de la luna. [1ª ed., 2005].
Fillmore, Ch. 1985. "Frames and the Semantics of Understanding". *Quaderni di Semantica* 6(2): 222–254.
García-Miguel, J. M. 1995. *Transitividad y complementación preposicional en español*. Anexos *Verba*, 40. Santiago de Compostela: Universidade de Santiago de Compostela.
García-Miguel, J. M. 2007. "Potencial valencial y tipología de argumentos". En *Perspectivas de análisis de la unidad verbal*, eds. I. Castellón y A. Fernández, 21–33. Barcelona: Universitat de Barcelona.
García-Miguel, J. M. 2012. "Lingüística de corpus y valencia verbal". En *Encoding the Past, Decoding the Future: Corpora in the 21st Century*, eds. I. Moskowich y B. Crespo, 29–57. Newcastle: Cambridge Scholars Publishing.
García-Miguel, J. M. 2014. "El perfil combinatorio de los verbos en ADESSE. Polisemia y parasinonimia de verbos de competición". En *Léxico, didáctica y nuevas tecnologías*, ed. Y. Morimoto, 11–37. A Coruña: Universidade da Coruña.
Goldberg, A. E. 1995. *A Construction Grammar Approach to Argument Structure*. Chicago: The University of Chicago Press.
Haspelmath, M. 2014. "Arguments and Adjuncts as Language-Particular Syntactic Categories and as Comparative Concepts". *Linguistic Discovery* 12(2): 3–11.
Hwang, J. D. 2012. "Making Verb Argument Adjunct Distinctions in English." *Colorado Research in Linguistics* 23: 1–21.
Ibáñez, S. 2014. "La estructura argumental de los verbos del tipo *intercambiar*. Definición semántica y horizonte construccional". En *De la estructura y el sentido a la construcción gramatical del discurso*, ed. S. Bogard, 191–222. México: El Colegio de México.
Ibáñez, S. y C. Melis. 2015. "Ambivalencia transitiva y estructura argumental. Resultados de un estudio de uso". *Anuario de Letras. Lingüística y Filología* 3(2): 154–197.
Koenig, J. P., G. Mauner y B. Bienvenue. 2003. "Arguments for Adjuncts". *Cognition* 89: 67–103.
Lazard, G. 1998. *Actancy*. Berlín: Mouton de Gruyter.
Levin, B. y M. Rappaport Hovav. 2005. *Argument Realization*. Cambridge: Cambridge University Press.
Moliner, M. 1998. *Diccionario de uso del español*, 2ª ed. Madrid: Gredos, 1967.
Moure, T. 1995. "Sobre el carácter no-discreto de la complementación clausal". *Revista de Filología de la Universidad de La Laguna* 14: 109–139.
NGLE: Real Academia Española y Asociación de Academias de la Lengua Española. 2009. *Nueva gramática de la lengua española*. Madrid: Espasa.
Rojo, G. 1990. "Sobre los complementos adverbiales". En *Jornadas de Filología. Homenaje al profesor Francisco Marsá*, 153–171. Barcelona: Universitat de Barcelona.
Sanz Martin, B. y C. Melis. 2019. "Variación sintáctica y diatópica con los verbos *disfrutar* y *gozar*". *Estudios Filológicos. Revista de lingüística y literatura* 63: 325–350.
Schlesinger, I. M. 1995. *Cognitive Space and Linguistic Case: Semantic and Syntactic Categories in English*. Cambridge: Cambridge University Press.
Serrano, M. J. 2009. "Cronología del estudio de la variación sintáctica en español: pasado y presente". *Revista de Filología* 27: 155–170.
Tesnière, L. 1959. *Élements de syntaxe structurale*. París: Klincksiek.
Tutunjian, D. y J. E. Boland. 2008. "Do We Need a Distinction between Arguments and adjuncts? Evidence from Psycholinguistic Studies of Comprehension". *Language and Linguistic Compass* 2: 631–646.
Vázquez Rozas, V. 1995. *El complemento indirecto en español*. Santiago de Compostela: Universidade de Santiago de Compostela.
Vázquez Rozas, V. y B. Lübke. 2007. "Sobre la delimitación entre argumentos y adjuntos". En *Perspectivas de análisis de la unidad verbal*, eds. I. Castellón y A. Fernández, 11–20. Barcelona: Universitat de Barcelona.

25
Ser, estar y los verbos semicopulativos
(Ser, estar and semi-copulative verbs)

Javier Rivas

1 Introducción

Los verbos copulativos son verbos de escaso contenido semántico que establecen una relación (identidad, atribución, localización) entre el sujeto y el predicado de la cláusula. Los principales verbos copulativos del español son *ser* y *estar*, pero, bajo el término de *semicopulativos*, aparecen otros con mayor carga semántica, como *volverse (loco)*. En la teoría formal, se apela a diferencias de significado para explicar el contraste entre verbos copulativos. Por ejemplo, *ser* se asocia con *predicados de individuos*, los cuales expresan propiedades permanentes, mientras que *estar* aparece con *predicados de estadios*, que remiten a propiedades transitorias. Sin embargo, estas diferencias no pueden explicar los contextos de uso variable de estos verbos. En este capítulo, nos aproximamos al contraste entre *ser* y *estar* desde una perspectiva más amplia que tiene en cuenta la historia de la lengua, la variación geográfica y social y las variedades del español en contacto con otras lenguas. Determinamos la gramática probabilística de *ser* y *estar* considerando los resultados de los estudios variacionistas sobre el español de comunidades monolingües y bilingües y analizamos la hipótesis de aceleración del cambio inducida por el contacto. Además, se examinan los procesos de variación y cambio que afectan a los verbos copulativos y semicopulativos a través del modelo de ejemplares (Bybee y Eddington 2006; Brown y Cortés-Torres 2012; Wilson 2014) y se muestra que su distribución está condicionada por patrones de uso basados en la frecuencia y la afinidad semántica.

Palabras clave: cambio inducido por el contacto; *estar* innovador; modelo de ejemplares; predicación nominal, verbos de cambio

Copulative verbs are verbs of little semantic content that establish a relationship (identity, attribution, location) between the subject and predicate of the clause. The main copulative verbs in Spanish are *ser* and *estar*, but there are other verbs with a heavier semantic load such as *volverse (loco)* "go (mad)" which are subsumed under the term *semi-copulative*. Formal approaches account for the difference between copulative verbs by means of semantic oppositions. For example, *ser* is associated with individual-level predicates, which express permanent properties, whereas *estar* occurs with stage-level predicates, which express transient properties. However, these differences cannot account for the variable contexts of use of these verbs. In this chapter, we describe the contrast between *ser* and *estar* from a wider perspective that takes into account the history of Spanish, geographic and social variation and contact varieties of Spanish. We determine the probabilistic grammar of *ser* and *estar* on the basis of the results of variationist studies on monolingual and bilingual varieties, and we examine the hypothesis of contact-induced acceleration of change. In addition, we account for the processes of variation and change that concern copulative and semi-copulative verbs by means of the exemplar model (Bybee and Eddington 2006; Brown and Cortés-Torres 2012; Wilson 2014), through which their distribution is conditioned by usage patterns based on frequency and semantic similarity.

Keywords: contact-induced change; exemplar model; innovative *estar*, nominal predication, verbs of becoming

2 Conceptos fundamentales

Tradicionalmente se utiliza el término *copulativo* para hacer referencia a un tipo de verbos que actúan como enlaces o nexos de unión entre el sujeto y el predicado de la cláusula. A través de los verbos copulativos se establecen diferentes tipos de relaciones entre estos dos constituyentes clausales: identificación (p. ej., *Pedro es el médico*), atribución (*Pedro es/está guapo*) y localización (*Pedro está en casa*). Los verbos copulativos tienen escaso contenido semántico; el peso semántico de la construcción recae en el predicado, el cual se considera tradicionalmente el núcleo de la frase verbal, mientras que la cópula es portadora de valores gramaticales relacionados con temporalidad, modo y aspecto. Aunque algunas lenguas (p. ej., inglés) utilizan el mismo verbo copulativo para expresar la predicación nominal y la predicación locativa, el patrón interlingüístico más frecuente es aquel en el que la expresión de estos tipos de predicación está dividida entre dos o más cópulas (Stassen 2013). Por ejemplo, en español el verbo *ser* se utiliza para la predicación nominal, mientras que el verbo *estar* se utiliza para la predicación locativa. Además, como indica Stassen (2013), el verbo *estar* ha sufrido un proceso de copularización que permite que se pueda utilizar, junto con *ser*, para la predicación nominal. Como resultado, la atribución se expresa por medio de *ser* o *estar* (*Pedro es/está guapo*). El atributo (*guapo*) admite la sustitución por el pronombre *lo* (Alarcos Llorach 1994, 374): *Pedro es guapo* → *Pedro lo es*, *Pedro está guapo* → *Pedro lo está*. Desde esta perspectiva, además de *ser* y *estar* se considera que el verbo *parecer* también funciona como plenamente copulativo, dado que su atributo también se puede sustituir por *lo* (Bello 1847, § 1099, NGLEM, § 37.4.1b): *Pedro parece guapo* → *Pedro lo parece*. El atributo aparece además con otros verbos como *ponerse*, *seguir* y *verse* (*Pedro se pone/sigue/se ve guapo*), aun cuando no admite la sustitución pronominal (*Pedro se pone guapo* → **Pedro se lo pone*). Estos verbos, denominados *semicopulativos* o *pseudocopulativos*, poseen un mayor peso semántico que *ser* y *estar* porque agregan un significado modal o aspectual a la construcción.

La diferencia entre *ser* y *estar* ha recibido mucha atención en la bibliografía. Tradicionalmente, se asocia *ser* con propiedades permanentes (*ser guapo*) y *estar* con propiedades transitorias (*estar guapo*). Sin embargo, esta oposición no justifica la existencia de construcciones como *estar muerto*. Por ello, se apela a otras distinciones, de carácter aspectual, como imperfectivo (*ser*) vs. perfectivo (*estar*) (Gili Gaya 1943, § 46, cf. con verbos permanentes vs. desinentes, Bello 1847, § 625) o al papel que desempeña la experiencia inmediata en la declaración. Sobre esta base se asientan dicotomías teóricamente más fundamentadas como *predicados de individuos* y *predicados de estadios*, que surgen en el marco de las gramáticas formales. Los predicados de individuos remiten a propiedades clasificatorias que permiten incluir a un individuo en una determinada clase, con lo cual se extienden en el tiempo, mientras que los predicados de estadios denotan propiedades transitorias o episódicas, es decir, propiedades que tienen principio y final (Fernández Leborans

1999, § 37.2.1). Conceptos como *predicados de individuos* y *predicados de estadios* remiten a contenidos que se suelen incluir dentro de la categoría aspecto, más concretamente a tipos de *Aktionsart*, o aspecto léxico.

Aunque estos contenidos aspectuales ayudan a entender la diferencia entre *ser* y *estar*, no pueden explicar todos los contextos de uso de ambos verbos. Por ejemplo, como indican Leonetti *et al.* (2015, 3) la correlación entre, por una parte, predicados de individuos y el verbo *ser* y, por otra, predicados de estadios y el verbo *estar* no es absoluta. De hecho, en algunos casos incluso resulta difícil determinar si un predicado es de individuos o de estadios, dado que las pruebas de detección de ambos tipos de predicados no apuntan todas ellas a la misma distinción semántica. Una dificultad añadida que presentan estas aproximaciones teóricas es que no tienen en cuenta los contextos de uso variable de *ser* y *estar*. Un fenómeno incuestionable del lenguaje y las lenguas es la variación (regional, social, individual) y dicha variación da lugar en algunos casos a procesos de cambio lingüístico que pueden estar en estado incipiente, en desarrollo o en proceso de culminación. La variación y el cambio lingüísticos son inherentes al lenguaje y las lenguas, las cuales son entidades dinámicas, en constante cambio. Para entender la diferencia entre *ser* y *estar*, debemos aproximarnos al fenómeno desde una perspectiva más amplia que tenga en cuenta la historia de la lengua, la variación geográfica y social y las situaciones de contacto del español con otras lenguas.

Desde el español medieval hasta la actualidad se puede observar un proceso de cambio lingüístico a través del que *estar* ha ido invadiendo el terreno de *ser*, el verbo copulativo por excelencia. *Estar* procede del verbo de postura del latín *stare* "estar de pie, permanecer". Este verbo aparece frecuentemente en combinación con un complemento adverbial locativo, aunque ya en latín se pueden observar algunos usos copulativos (Batllori *et al.* 2009). De hecho, como señala Devitt (1990, 107), los verbos de postura son frecuentes fuentes léxicas de los verbos copulativos en las lenguas del mundo. La transición de los usos locativos a los usos copulativos da lugar a un proceso de gramaticalización en el que *estar* adquiere significados cada vez más generales y abstractos. El significado locativo original incluye también un valor temporal porque hace referencia a estados de cosas con delimitación en el tiempo. Esto explica por qué *estar*, en sus primeros usos copulativos, aparece con participios. Los participios remiten a cambios de estado y estos están también delimitados temporalmente (Marco y Marín 2015, 250). Posteriormente el verbo *estar* se extiende a otros contextos, tanto a otros predicados de estadio como, más recientemente, a predicados de individuos. Este proceso de gramaticalización diacrónica del verbo *estar* como copulativo sigue en curso hoy en día a través de un fenómeno a veces denominado *extensión de estar* o *estar innovador* (Silva-Corvalán 1994), que todavía no es parte del estándar pero que, como veremos en el apartado siguiente, es un fenómeno prevalente tanto en comunidades monolingües como en comunidades en las que el español está en contacto con otras lenguas.

3 Aproximaciones teóricas

La variación entre *ser* y *estar* se observa fundamentalmente en la construcción [CÓPULA + ADJETIVO]: *es joven/está joven*. En otros contextos, por ejemplo, cuando el adjetivo va acompañado de un determinante (*un joven*) y/o de un nombre (*chico joven*), solamente es posible *ser*. La variación entre *ser* y *estar* no puede explicarse de manera satisfactoria apelando solamente a un rasgo gramatical, sino que está condicionada por diferentes factores lingüísticos y extralingüísticos. Desde la sociolingüística variacionista, la alternancia entre *ser* y *estar* se ha abordado desde dos perspectivas diferentes. En la primera de ellas se incluyen dentro del contexto variable todos los usos de *ser* y los usos innovadores de *estar*, es decir, aquellos en los que prescriptivamente se exige *ser* dado que el marco de referencia de la predicación es la clase y no el individuo. En otras palabras, forman parte del análisis construcciones como *Mi novio está joven* cuando el adjetivo *joven* incluye a *mi novio* en la clase de individuos que tienen esa cualidad, pero no en contextos como *Mi novio está joven, aunque ya pasa de los 50*, en el que el marco de referencia de la predicación es el individuo. Esta metodología fue iniciada por Silva-Corvalán (1994) para estudiar el español de Los Ángeles y replicada por muchos trabajos posteriores sobre otras comunidades de hispanohablantes en contacto con el inglés (Houston, Texas: Gutiérrez 2001; Las Alas, Texas: Carter y Wolford 2018; Tucson, Arizona: Bessett 2015; Puerto Rico: Ortiz López 2000) y comunidades monolingües (Michoacán, México: Gutiérrez 1992; Morelos, México: Cortés-Torres 2004, Sonora, México: Bessett 2015; Cuba: Alfaraz 2012).

En esta primera perspectiva de análisis, se determina la presencia de *estar* innovador a través de los porcentajes de uso de *estar* en las construcciones que se incluyen en el contexto variable. Estos porcentajes fluctúan de una variedad a otra, desde un 16 % en Michoacán (Gutiérrez 1992) y Sonora (Bessett 2015) hasta un 36 % en Houston (Gutiérrez 2001), siendo generalmente más altos en comunidades bilingües. A pesar de estas diferencias en los porcentajes de uso, los factores lingüísticos que restringen la variación entre *ser* y *estar* son sorprendentemente similares en todas las variedades lingüísticas. La clase semántica del adjetivo aparece en todos los trabajos como la variable independiente que de manera recurrente condiciona significativamente el uso de *estar* frente a *ser*. Por ejemplo, existe un consenso generalizado de que los adjetivos de edad (*joven, viejo*) favorecen el uso de *estar* en todas las variedades (Silva-Corvalán 1994, 107; Gutiérrez 1992, 127; Gutiérrez 2001, 211; Cortés-Torres 2004, 792; Bessett 2015, 435; Carter y Wolford 2018, 16) con la excepción del español cubano (Alfaraz 2012, 12), en el que los adjetivos de edad desfavorecen el uso de *estar* innovador. Otras clases semánticas de adjetivos en los que *estar* se ve especialmente favorecido son los adjetivos de tamaño (*chico, grande*),[1] de evaluación (*bueno, malo*) y de descripción física (*feo, bonito*).

En una segunda perspectiva, se incluyen dentro del contexto variable todos los usos de *ser* y *estar*. Este cambio metodológico tiene como objetivo evitar la dificultad en determinar de manera objetiva qué usos son prescriptivamente aceptables, dado que, como se ha mencionado anteriormente, se trata de un cambio lingüístico que lleva desarrollándose desde la Edad Media. En esta línea de investigación también se pueden encontrar estudios basados en comunidades monolingües (Venezuela: Díaz-Campos y Geeslin 2011 y Cuba: Díaz-Campos et al. 2017) y bilingües (español de Galicia, País Vasco, Cataluña y Valencia: Geeslin y Guijarro-Fuentes 2008, español puertorriqueño: Brown y Cortés-Torres 2012). En la mayor parte de estos trabajos, se determina la presencia de *estar* innovador al comparar los porcentajes de uso globales de *ser* y *estar* a través de diferentes comunidades.

A pesar de que la frecuencia de uso de *estar* varía significativamente de una variedad a otra (Geeslin y Guijarro-Fuentes 2008, 372; Díaz-Campos y Geeslin 2018, 152), la distribución de *ser* y *estar* está condicionada en todas las variedades analizadas por los mismos factores lingüísticos, los cuales se resumen en la Tabla 25.1, junto con la dirección de efecto de cada uno de los factores, que también se repite de dialecto en dialecto.

Teniendo en cuenta que el porcentaje de uso de *estar* innovador es generalmente más alto en las comunidades bilingües que en las comunidades monolingües, Silva-Corvalán (1994) formula la hipótesis de aceleración del cambio lingüístico. Dicha hipótesis mantiene que un cambio lingüístico como la extensión de *estar*, que surge en comunidades monolingües, se acelera en situaciones en las que el español está en contacto con otras lenguas. La aceleración del cambio (Silva-Corvalán 1994, 5) se constata a través de una mayor frecuencia de la construcción, tanto textual (número de ejemplos) como de tipo (número de contextos). Además, al comparar los porcentajes de uso en las diferentes generaciones, se observará una mayor presencia de *estar* en las generaciones más jóvenes que en las más viejas y esta diferencia entre generaciones será también más acusada en las comunidades bilingües que en las comunidades monolingües.

Tabla 25.1 Factores lingüísticos que condicionan la variación *ser/estar*.

Factor lingüístico	Dirección de efecto	Significatividad estadística
Marco de referencia	individual: *estar* (*Elvira está más alta que en verano*) de clase: *ser* (*Elvira es alta*)	todas las variedades
Clase semántica de adjetivo	estados físicos y mentales: *estar* (*está enfermo*) de estatus y clase social: *estar/ser* (*está/es casado*) de características observables: *ser* (*es alto*)	todas las variedades
Estado resultante	sí: *estar* (*los libros están mojados*) no: *ser* (*los libros son amarillos*)	todas en las que se considera este factor
Experiencia con el referente	inmediata: *estar* (*toqué la plancha y está fría*) indirecta o continuada: *ser* (*la casa es fría en invierno*)	todas excepto bilingües con euskera y valenciano
Susceptibilidad al cambio	sí: *estar* (*la puerta está recia*) no: *ser* (*la puerta es pesada*)	Venezuela, monolingües de España y bilingües con catalán y valenciano

Por ejemplo, en sus datos del español de Los Ángeles Silva-Corvalán (1994) encuentra un porcentaje del 34 % de *estar* innovador. Dicho porcentaje es considerablemente más alto que el 16 % que documenta Gutiérrez (1992) para el español de Michoacán. La frecuencia de tipo de *estar* innovador es también mayor en el español de los Ángeles, dado que se extiende a, por ejemplo, adjetivos de color y de clase social, mientras que en Michoacán se limita a adjetivos de edad, tamaño, descripción física y evaluación. Además, Silva-Corvalán (1994, 115) muestra que *estar* aumenta a través de las generaciones de hablantes; cuanto más joven es la generación, mayor es la frecuencia de uso de *estar*, mientras que en Michoacán no hay diferencias cuantitativas de uso destacables entre las diferentes generaciones. Para explicar estos resultados, Silva-Corvalán (1994) mantiene que, en situaciones de contacto de lenguas, los bilingües desarrollan estrategias para aligerar el peso cognitivo provocado por tener que manejar dos sistemas lingüísticos diferentes. Como resultado se produce una simplificación de la oposición *ser* y *estar* a favor de este último, dado que en inglés existe solamente un verbo copulativo. Este cambio se ve también favorecido por la falta de formación educativa en español, la cual implica también la ausencia de la presión de la variedad estándar. Ambos fenómenos pueden contribuir también a la aceleración del cambio lingüístico.

La hipótesis de aceleración del cambio lingüístico inducida por el contacto ha provocado muchos trabajos posteriores, con resultados no siempre coincidentes. Utilizando la misma metodología que Silva-Corvalán (1994), Bessett (2015) compara dos comunidades con el mismo dialecto base, una monolingüe de Sonora, México y otra bilingüe, descendiente de la primera, de Tucson y Nogales, Arizona. Los resultados muestran que no hay un aumento considerable de la frecuencia textual de *estar* en la comunidad bilingüe (21 %) cuando se compara con la comunidad monolingüe (16 %) y que el uso de *estar* innovador está restringido por la clase semántica del adjetivo en ambas comunidades, siendo los adjetivos de edad y tamaño los que favorecen el uso de *estar* tanto en Sonora como en Arizona. Por lo tanto, en la variedad en contacto con el inglés no se observa un aumento de la frecuencia de tipo de *estar*. En contraposición a estos resultados, Carter y Wolford (2018) encuentran un porcentaje considerablemente más alto (27 %) de *estar* innovador en el español de Las Alas, en el Sur de Texas, una variedad en la que no hay bilingüismo cíclico, es decir, sus hablantes no experimentan contacto continuo con nuevos inmigrantes llegados de Latinoamérica, como es el caso del español de Los Ángeles y Arizona. Además, en el análisis estadístico la generación más joven favorece la extensión de *estar*, mientras que la más vieja la desfavorece (Carter y Wolford 2018, 17).

El uso innovador de *estar* se ha estudiado también en variedades del español en contacto con otras lenguas diferentes del inglés. Geeslin y Guijarro-Fuentes (2008) hacen un análisis contrastivo de cuatro variedades en contacto (español-gallego, español-euskera, español-catalán y español-valenciano) y una variedad de español sin contacto con otras lenguas teniendo en cuenta los usos de *ser* y *estar* de 380 individuos que participan en una tarea de preferencia contextualizada. En la Península Ibérica la situación sociolingüística de las variedades de español en contacto con otras lenguas es muy diferente a la situación sociolingüística del español en Estados Unidos, dado que el español es la lengua de prestigio y los hablantes reciben instrucción educativa en esta lengua. Además, todas las lenguas con las que está en contacto (gallego, euskera, catalán, valenciano) poseen a su vez dos cópulas. Los resultados del trabajo de Geeslin y Guijarro-Fuentes (2008, 375) muestran que el contacto de lenguas no es en sí mismo un factor que necesariamente acelere el cambio lingüístico. Así, mientras que en las variedades del español en contacto con gallego y euskera los informantes prefieren *estar* más frecuentemente que en la variedad de español monolingüe, en las variedades en contacto con el catalán y el valenciano, se obtiene el resultado contrario. Estas diferencias alcanzan significatividad estadística. Además, estos autores encuentran que la alternancia entre *ser* y *estar* está condicionada por los mismos factores lingüísticos en todas las variedades (vid. Tabla 25.1), aunque también apuntan que la variedad de español monolingüe es la única en la que todos los factores lingüísticos restringen la variación de *ser* y *estar* de manera significativa (Geeslin y Guijarro-Fuentes 2008, 374). La pérdida de relevancia significativa de algunos factores lingüísticos en las variedades en contacto se podría interpretar como prueba de que *estar* está más gramaticalizado que en las variedades de español monolingüe. Los procesos de gramaticalización van generalmente acompañados de pérdida de características semánticas específicas, lo cual se conoce como debilitamiento semántico (Bybee 2010, 167).

Frente a *ser* y *estar*, el verbo *parecer* y los verbos semicopulativos han recibido mucha menos atención en la bibliografía. A pesar de que *parecer* se ha considerado tradicionalmente un verbo propiamente copulativo, la aportación semántica de este verbo a la cláusula es mayor que en el caso de *ser* y *estar*, dado que incluye valores epistémicos y evidenciales (Cornillie 2008), especialmente cuando se construye con un complemento indirecto (p. ej., *María me parece muy lista*). Al igual que *ser*, *parecer* se combina con predicados de individuos (*Pedro parece un hombre joven, Pedro parece mexicano*) y al igual que *estar*, también puede aparecer con predicados de estadios (*Pedro parece enojado*). Además, este verbo puede construirse con una cláusula completiva (*Parece que va a llover*) o de infinitivo (*Parece tener hambre*), con o sin complemento indirecto (Fernández Leborans 1999, §§ 37.7.3–37.7.5), aunque tradicionalmente estas construcciones no se consideran copulativas.

Junto con *ser, estar* y *parecer*, ya en la gramática tradicional se indica que muchos verbos intransitivos pueden adquirir valor copulativo al aparecer con un atributo (GRAE, § 167). Según su significado, los verbos semicopulativos se pueden clasificar en tres grandes grupos (NGLEM, § 38.1.2): cambio (*hacerse, ponerse, volverse*), permanencia, persistencia o continuidad (*andar, mantenerse, seguir*) y manifestación o presencia (*encontrarse, pasar, verse*). De todos ellos, los verbos de cambio son especialmente interesantes porque, al no haber en español un verbo específico para expresar cambios de estado, surgen complejos y variados patrones de uso en lo que respecta a las posibles combinaciones entre los verbos de cambio y los atributos. Se pueden observar algunas reglas —por ejemplo, el verbo *ponerse* no aparece con sustantivos o frases nominales (**se puso un gran hombre*)— pero en muchas ocasiones el mismo atributo puede aparecer con más de un verbo (*volverse/hacerse/ponerse arrogante*) o preferir claramente un verbo sobre otros (*volverse loco* pero *quedarse solo*). Para explicar esta variación se han tenido en cuenta diferentes tipos de cambio: temporal o permanente, esperable o inesperado (Eberenz 1985), de más o menos de 24 horas, con o sin participación activa del sujeto (Eddington 1999), entre otros. Estas distinciones explican con diferente éxito la variación que se observa en el uso.

4 Perspectivas actuales

La alternancia entre *ser* y *estar* sigue siendo uno de los temas de la gramática del español que despierta más atención. Su estudio se ha abordado desde muy diferentes perspectivas teóricas, como pueden ser la gramática formal (Leonetti *et al.* 2015; Leonetti 2018), y la sociolingüística variacionista, cuyo enfoque se basa en el uso natural de la lengua, según hemos visto en el apartado anterior. En líneas similares, se han llevado a cabo más recientemente trabajos que analizan los procesos de variación y cambio que afectan *ser*, *estar* y los verbos semicopulativos desde una perspectiva basada en el uso utilizando el modelo de ejemplares (Bybee 2010). En las aproximaciones basadas en el uso se asume que la gramática es el resultado de patrones discursivos convencionalizados que emergen en contextos específicos de uso. Un *ejemplar* (Bybee y Eddington 2006, 325) surge de la representación de uno o más ejemplos concretos de uso idénticos de una construcción (p. ej., [*quedarse solo*]). Cuantas más experiencias concretas idénticas con una construcción tenga el hablante, más fortalecido se verá el ejemplar y cuanto más fortalecido esté el ejemplar, más probable es que el hablante acceda a él de manera holística, como si fuese un *chunk* (Bybee 2010, 34). Estos ejemplares se convierten en miembros centrales en la categoría y, alrededor de ellos, se agrupan otros ejemplares menos frecuentes o novedosos a través del proceso de la analogía, basado en la similitud semántica que presentan estos elementos con el ejemplar central.

Desde esta perspectiva, Bybee y Eddington (2006) estudian los verbos semicopulativos de cambio *quedarse, volverse, hacerse, ponerse* con un sujeto animado y un atributo. Aunque el atributo de dichos verbos está generalmente desempeñado por un adjetivo (*volverse loco*) también pueden aparecer en esta función adverbios (*ponerse mal*), sustantivos (*hacerse amigos*) y frases preposicionales (*quedarse sin novio*). En su análisis, Bybee y Eddington (2006) identifican una serie de *chunks*, determinados por su alta frecuencia de uso en los datos. Para *quedarse*, que es el verbo con mayor frecuencia textual, se encuentran los siguientes: *quedarse solo, quedarse quieto, quedarse sorprendido* y *quedarse triste*. Hay 28 ejemplos de *quedarse solo* en su corpus. Esta construcción sirve de base analógica a otras construcciones en las que aparecen en función de atributo adjetivos o frases preposicionales que presentan similitud semántica con *solo* (Bybee y Eddington 2006, 32) tales como *soltera* (N = 3), *aislado* (N = 2), *a solas* (N = 1), *sin novia* (N = 1) o *emparejado* (N = 1).[2] Este último tiene un significado contrario y por este motivo también está relacionado semánticamente con el ejemplar central. Otras agrupaciones de ejemplares, como la que gira en torno a *quedarse quieto* son mucho más complejas porque poseen en su interior cinco subagrupaciones, cuyos ejemplares centrales son *quedarse inmóvil, quedarse callado, quedarse tranquilo, quedarse dormido* y *quedarse a gusto* (Bybee y Eddington 2006, 333). Aunque estos elementos no pertenecen al mismo campo semántico (compárese *a gusto* con *inmóvil*), todos ellos se relacionan entre sí a través de cadenas de parecidos de familia (Bybee 2010, 90). *Quieto* se relaciona con *inmóvil* porque ambos indican ausencia de movimiento. La ausencia de movimiento está vinculada a veces también con *tranquilo*, aunque la tranquilidad no implica necesariamente la inmovilidad. *Tranquilo* a su vez se conecta con *a gusto*, porque ambos remiten al significado de calma o paz. Finalmente, para *quedarse* se identifica también la categoría de ejemplares [*quedar* + estado físico] (Bybee y Eddington 2006, 339). Esta categoría no se agrupa en torno a un miembro central de alta frecuencia, sino que es mucho más esquemática porque incluye construcciones con significados mucho más amplios que solamente tienen en común que se refieren a condiciones físicas. Algunos ejemplares que se incluyen en esta categoría son *quedarse embarazada/preñada, quedarse ciego, quedarse calvo* y *quedarse desnutrido*.

En el caso de *ponerse*, se identifican cuatro ejemplares centrales de alta frecuencia textual que atraen una variedad de adjetivos menos frecuentes con los que se relacionan desde un punto de vista semántico (Bybee y Eddington 2006, 340–344): *ponerse nervioso* (en torno al que aparecen otros como *pálido, histérico* o *lívido*), *ponerse serio* (con el que se agrupan *triste, trágico* o *grave*), *ponerse pesado* (también *cargoso, fastidioso* o *inaguantable*) y *ponerse mal* (*enfermo, terrible* o *contento*). El ejemplar central de *volverse* es *volverse loco*, mientras que para *hacerse* se identifican dos: *hacerse amigos* y *hacerse tarde*. Este último se diferencia de los otros ejemplares en que carece de sujeto. El grado de productividad de *volverse* y *hacerse* es bastante alto. Debido a la variedad de adjetivos con los que aparecen, resulta difícil identificar agrupaciones de ejemplares según el criterio de la similitud semántica.

También se ha echado mano del modelo de ejemplares para explicar el desarrollo de los verbos semicopulativos de cambio en la diacronía. Wilson (2014) analiza la formación de [*quedarse* + ATRIBUTO] como una construcción de cambio esquemática a lo largo de la historia del español (desde el siglo XIII hasta el XIX). Su análisis muestra que en su desarrollo diacrónico esta construcción ha sufrido varios altibajos. Hasta el siglo XV, aumenta la frecuencia de [*quedarse* + ATRIBUTO] en detrimento de [*ficarse* + ATRIBUTO]. Por ejemplo, la expresión *quedarse solo*, que es la más frecuente en su corpus, se convierte en el ejemplar central en torno al que aparecen otros elementos nuevos en función de atributo por un proceso de extensión analógica basada en la similitud semántica con *solo*: adjetivos como *perdido* y *viudo*, construcciones con [*sin* + SUSTANTIVO HUMANO] (*sin padre, sin madre*) y construcciones con [*con* + sustantivo humano] (p. ej., *con hijo*), que expresan el significado contrario a *solo* (Wilson 2014, 103). A partir del siglo XVI, la construcción [*quedarse* + ATRIBUTO] experimenta una pérdida tanto de frecuencia textual como de tipo, dado que algunas agrupaciones de ejemplares (por ejemplo, aquellas cuyos miembros centrales son *rico* y *pobre*) comienzan a utilizarse con otros verbos de cambio (*hacerse*). El motivo es que esta agrupación de ejemplares no era tan sólida como la de *quedarse solo* y varios de los adjetivos que la componían se solapaban con otros que se combinaban con otros verbos de cambio. Por estos motivos, se produce un desplazamiento de la categoría entera de *rico/pobre* a *hacerse*.

Además de explicar los procesos de variación y cambio relacionados con los verbos semicopulativos de cambio, el modelo de ejemplares puede también dar cuenta de los patrones en los que emerge el *estar* innovador. Brown y Cortés-Torres (2012) proporcionan un análisis variacionista teniendo en cuenta todos los usos de [*ser/estar* + ADJETIVO] que aparecen en un corpus oral de español puertorriqueño. Los resultados de este análisis les permiten determinar la gramática probabilística de *ser* y *estar*, la cual aparece resumida en la Tabla 25.2. Esta gramática probabilística justifica los patrones de uso de la mayor parte de los ejemplos extraídos del corpus, pero queda un 5 % (N = 116) de ejemplos de [*estar* + ADJETIVO] sin explicar. Estos constituyen

Tabla 25.2 Gramática probabilística de *ser* y *estar*.

Ser	Marco de referencia de clase
	Adjetivos de edad y tamaño
	Estados no resultantes
	Experiencia continuada o indirecta con el referente
Estar	Marco de referencia individual
	Adjetivos de estado físico y mental
	Estados resultantes
	Experiencia inmediata con el referente

los casos de *estar* innovador (Brown y Cortés-Torres 2012, 66–67). Estos usos innovadores se pueden analizar a través de cuatro categorías de ejemplares. Tres de estas categorías se organizan alrededor de tres expresiones convencionalizadas a través de la alta frecuencia de uso: *estar brutal* (N = 11), *estar bueno* (N = 12) y *estar bonito* (N = 12). En torno a estos adjetivos se agrupan otros menos frecuentes y similares desde un punto de vista semántico. Por ejemplo, en la agrupación de ejemplares de *estar bonito* podemos encontrar otros adjetivos (Brown y Cortés-Torres 2012, 71) como *chulo* (N = 2), *lindo* (N = 2), *precioso* (N = 2) y *bello* (N = 1). Se establece un cuarto grupo semántico en el que se incluyen los adjetivos relacionados con el tamaño. En este grupo, el adjetivo que tiene una mayor frecuencia de uso es *chiquito* (N = 3). Estas cuatro agrupaciones de ejemplares explican el 95 % de los ejemplos de *estar* innovador que estas autoras encuentran en el corpus (Brown y Cortés-Torres 2012, 70).

Las aproximaciones basadas en el uso a las construcciones copulativas y semicopulativas del español sugieren que dichas construcciones se almacenan como agrupaciones de ejemplares en la representación léxica del hablante. Los resultados de estos análisis indican que la gramática de estas construcciones no surge de la aplicación de reglas abstractas categóricas, sino que se crea a través de ejemplos específicos de uso, los cuales, por medio de la repetición, fortalecen su representación y sirven como modelos para categorizar otros elementos lingüísticos menos frecuentes o nuevos con los que presentan similitud semántica. De este modo, la naturaleza de la construcción [CÓPULA/SEMICÓPULA + ATRIBUTO] está determinada por la presencia en función de atributo de adjetivos con una frecuencia de uso sesgada. Estos patrones locales de uso condicionan la estructura interna de la construcción y contribuyen a desentrañar los fenómenos de variación y cambio lingüístico en curso que experimenta en español.

5 Direcciones futuras y conclusiones

En este capítulo nos enfocamos en los hallazgos que aportan a la distinción entre los verbos copulativos *ser* y *estar* los trabajos de corte variacionista, en los que se analiza el proceso de extensión de *estar* a contextos en los que prescriptivamente se exige *ser* a través de los usos de estos verbos en variedades de español monolingüe y variedades en contacto con otras lenguas. A pesar de las diferencias en frecuencia textual que presentan estos verbos en diversos dialectos, los análisis estadísticos sistemáticamente seleccionan los mismos factores lingüísticos como condicionantes de la variación en lo que respecta a la cópula y establecen jerarquías similares en lo que se refiere a las variantes dentro de cada grupo de factores. Estos resultados sugieren que la gramática probabilística de *ser* y *estar* es básicamente la misma independientemente de la variedad de español que se maneje e independientemente de que dicha variedad esté o no en contacto directo con otras lenguas. En este sentido, se puede comparar el fenómeno de extensión de *estar* con la expresión variable del sujeto pronominal en español (*yo creo* vs. *creo*). Aunque el porcentaje de uso de sujetos explícitos cambia de un dialecto a otro, las restricciones de uso del sujeto pronominal son semejantes en todas las variedades, tanto de español monolingüe como de contacto (Carvalho *et al.* 2015).

Con todo, es importante hacer algunas matizaciones a las afirmaciones que se incluyen en el párrafo anterior. En primer lugar, se debe destacar la dificultad que conlleva establecer comparaciones entre los diferentes trabajos debido a las divergencias metodológicas que presentan, de una parte, en la manera de delimitar el contexto variable y, de otra, en cuanto a la naturaleza de los datos en los que se fundamentan los análisis. Mientras que algunos estudios (p. ej., Bessett 2015) están basados en corpus orales, otros (p. ej., Geeslin y Guijarro-Fuentes 2008) se apoyan en las respuestas de los informantes a cuestionarios y aun otros (p. ej., Silva-Corvalán 1994) hacen uso de ambos métodos. Quizás sea esta la razón por la que se obtienen resultados diferentes e incluso contradictorios, por ejemplo, en lo que respecta al papel que desempeña el contacto de lenguas en el proceso de aceleración de la extensión de *estar* a contextos de *ser*. Teniendo en cuenta los resultados no confluyentes de trabajos anteriores (véase, por ejemplo, Silva Corvalán 1994; Bessett 2015), no podemos determinar de manera definitiva si este cambio lingüístico está más avanzado en las variedades del español en contacto con otras lenguas que en las variedades del español monolingüe.

Además de factores lingüísticos, muchos de estos trabajos tienen también en cuenta en el análisis factores sociales como la edad, típicos de los estudios de sociolingüística variacionista de la primera ola. Como hemos visto, en algunas comunidades bilingües los usos innovadores de *estar* aumentan en las generaciones más jóvenes. Sin embargo, en algunas comunidades monolingües, como es el caso de Venezuela, se observa la tendencia contraria (Díaz-Campos y Geeslin 2011, 83). Quizás sería necesario aproximarse a los factores extralingüísticos que condicionan esta variación desde otras perspectivas que consideren clasificaciones más detalladas que vayan más allá de las tradicionales diferenciaciones basadas en edad (o género y clase social). El estudio de las actitudes lingüísticas de los hablantes a esta nueva construcción nos ayudaría también a determinar cómo se está produciendo el cambio lingüístico y qué factores contribuyen a estimularlo o a frenarlo.

Las aproximaciones desde el modelo de ejemplares a las construcciones copulativas con *ser* y *estar* y semicopulativas con *quedarse, volverse, ponerse* y *hacerse*, fundamentadas en el análisis pormenorizado de sus patrones locales de uso, destacan la importancia de la frecuencia y de la similitud semántica como moldes de la estructura lingüística. Estos análisis nos revelan que la distribución de los verbos copulativos y semicopulativos del español no responde a diferenciaciones categóricas de tipo semántico, sino que los verbos se organizan en categorías de ejemplares cuyo miembro central, generalmente de alta frecuencia, atrae a otros miembros a través de parecidos de familia.[3] Al igual que se ha hecho en el pasado con los verbos semicopulativos de cambio, sería necesario aproximarse al desarrollo diacrónico de *ser* y *estar* a través del modelo de ejemplares para entender de manera más completa los procesos de variación y cambio lingüístico que experimentan estos verbos tanto en etapas anteriores como en español actual.

Notas

1 En realidad, adjetivos como *grande* y *chico* pueden hacer referencia tanto al tamaño como a la edad. En los resultados de estos trabajos no queda claro si la frecuencia de uso con *estar* está condicionada por el significado que expresan estos adjetivos.
2 Los datos tomados del *Corpus del Español del siglo xxi* (*CORPES*) reflejan las mismas tendencias en lo que respecta a la frecuencia de uso de estas construcciones: *quedarse solo* (N = 1719) / *soltero* (N = 56), *aislado* (N = 49), *a solas* (N = 0), *sin novia* (N = 7) / *emparejado* (N = 0).
3 Como indica uno de los revisores, una visión alternativa es considerar que estas agrupaciones se explican por la congruencia semántica de los elementos y que la estructura interna que se les atribuye es simplemente consecuencia de la frecuencia propia de cada adjetivo.

Lecturas complementarias recomendadas

Brown y Cortés-Torres (2012); Bybee y Eddington (2006); Fernández Leborans (1999), Wilson (2014).

Referencias bibliográficas

Alarcos Llorach, E. 1994. *Gramática de la lengua española*. Madrid: Espasa Calpe.
Alfaraz, G. 2012. "The Status of the Extension of *estar* in Cuban Spanish". *Studies in Hispanic and Lusophone Linguistics* 5(1): 3–27.

Batllori, M., E. Castillo y F. Roca-Urgell. 2009. "Relation between Changes: The Location and Possessive Grammaticalization Path in Spanish". En *Diachronic Linguistics*, ed. J. Rafel, 443–493. Girona: Universitat de Girona.

Bello, A. 1847. *Gramática de la lengua castellana destinada al uso de los americanos*. Con notas de R. J. Cuervo. Edición de Ramón Trujillo, Madrid: Arco Libros, 1988.

Bessett, R. 2015. "The Extension of *estar* across the Mexico-US Border: Evidence against Contact-Induced Acceleration". *Sociolinguistic Studies* 9(4): 421–443.

Brown, E. y M. Cortés-Torres. 2012. "Syntactic and Pragmatic Usage of the [*estar* + Adjective] Construction in Puerto Rican Spanish: ¡Está brutal!". En *Selected Proceedings of the 14th Hispanic Linguistics Symposium*, eds. K. Geeslin y M. Díaz-Campos, 61–74. Somerville, MA: Cascadilla Proceedings Project.

Bybee, J. 2010. *Language, Usage and Cognition*. Cambridge: Cambridge University Press.

Bybee, J. y D. Eddington. 2006. "A Usage-Based Approach to Spanish Verbs of 'Becoming'". *Language* 82(2): 323–355.

Carter, P. y T. Wolford. 2018. "Grammatical Change in Borderlands Spanish: A Variationist Analysis of Copula Variation and Progressive Expansion in a South Texas Bilingual Enclave Community". *Studies in Hispanic and Lusophone Linguistics* 11(1): 1–27.

Carvalho, A., R. Orozco y N. Shin eds. 2015. *Subject Pronoun Expression in Spanish: A Cross-Dialectal Perspective*. Washington, DC: Georgetown University Press.

Cornillie, B. 2008. "On the Grammaticalization and (Inter)Subjectivity of Evidential (Semi) Auxiliaries in Spanish". En *Theoretical and Empirical Issues in Grammaticalization*, eds. E. Seone y M. López Couso, 55–76. Amsterdam: John Benjamins.

CORPES: Real Academia Española. Corpus del Español del Siglo XXI. (www.rae.es/banco-de-datos/corpes-xxi). Versión 0.94.

Cortés-Torres, M. 2004. "¿*Ser* o *estar*? La variación lingüística y social de *estar* más adjetivo en el español de Cuernavaca, México". *Hispania* 87(4): 788–795.

Devitt, D. 1990. "The Diachronic Development of Semantics in Copulas". *Berkeley Linguistics Society* 16: 103–115.

Díaz-Campos, M., I. Galarza y G. Delgado-Díaz. 2017. "The Sociolinguistic Profile of *ser* and *estar* in Cuban Spanish: An Analysis of Oral Speech". En *Cuban Spanish Dialectology: Variation, Contact and Change*, ed. A. Cuza, 135–159. Washington, DC: Georgetown University Press.

Díaz-Campos, M. y K. Geeslin. 2011. "Copula Use in the Spanish of Venezuela: Is the Pattern Indicative of Stable Variation or an Ongoing Change?". *Spanish in Context* 8(1): 73–94.

Eberenz, R. 1985. "Aproximación estructural a los verbos de cambio en Iberromance". En *Linguistique comparée et typologie des langues romanes*, ed. J. Bouvier, 460–475. Aix-en-Provence: Université de Provence.

Eddington, D. 1999. "On 'Becoming' in Spanish: A Corpus Analysis of Verbs Expressing Change of State". *Southwest Journal of Linguistics* 18: 23–46.

Fernández Leborans, M. 1999. "La predicación: las oraciones copulativas". En *Gramática descriptiva de la lengua española*. Vol. 2. *Las construcciones sintácticas fundamentales*, eds. I. Bosque y V. Demonte, 2357–2460. Madrid: Espasa.

Geeslin, K. y P. Guijarro-Fuentes. 2008. "Variation in Contemporary Spanish: Linguistic Predictors of *estar* in Four Cases of Language Contact". *Bilingualism: Language and Cognition* 11(3): 365–380.

Gili Gaya, S. 1943. *Curso superior de sintaxis española*. Barcelona: Bibliograph, 1980.

GRAE: Real Academia Española. 1931. *Gramática de la lengua española*. Madrid: Espasa Calpe.

Gutiérrez, M. 1992. "The Extension of *estar*: A Linguistic Change in Progress in the Spanish of Morelia, Mexico". *Hispanic Linguistics* 5(1–2): 109–141.

Gutiérrez, M. 2001. "*Estar* innovador en el continuo generacional bilingüe de Houston". En *Proceedings of the VII Simposio Internacional de Comunicación Social*, 210–213. Santiago de Cuba: Centro de Lingüística Aplicada.

Leonetti, M. 2018. "Nuevas aportaciones sobre *ser* y *estar*. Introducción". *Revista española de lingüística* 48: 7–11.

Leonetti, M., I. Pérez-Jiménez y S. Gumiel-Molina. 2015. "*Ser* and *estar*: Outstanding Questions." En *New Perspectives on the Study of* ser *and* estar, eds. I. Pérez-Jiménez, M. Leonetti y S. Gumiel-Molina, 1–20. Amsterdam: John Benjamins.

Marco, C. y R. Marín. 2015. "Origins and Development of Adjectival Passives in Spanish: A Corpus Study". En *New Perspectives on the Study of* ser *and* estar, eds. I. Pérez-Jiménez, M. Leonetti y S. Gumiel-Molina, 239–266. Amsterdam: John Benjamins.

NGLEM: Real Academia Española y Asociación de Academias de la Lengua Española. 2010. *Nueva gramática de la lengua española. Manual*. Madrid: Espasa.

Ortiz López, L. 2000. "Extensión de *estar* en contextos de *ser* en el español de Puerto Rico: ¿evolución interna y/o contacto de lenguas?" *Boletín de la Academia Puertorriqueña de la Lengua Española* 98–108.

Silva-Corvalán, C. 1994. *Language Contact and Change: Spanish in Los Angeles*. Oxford: Oxford University Press.

Stassen, L. 2013. "Nominal and Locational Predication". En *The World Atlas of Language Structures Online*, eds. M. Dryer y M. Haspelmath. Leipzig: Max Planck Institute for Evolutionary Anthropology. (http://wals.info/chapter/119).

Wilson, D. 2014. *Categorization and Constructional Change in Spanish Expressions of 'Becoming'*. Boston: Brill.

26
La polaridad
(Polarity)

Raquel González Rodríguez

1 Introducción

En este capítulo se presentan los principales aspectos relativos a la polaridad (afirmación y negación) en español. Se introducen, en primer lugar, los conceptos fundamentales (§ 2). Se explica qué caracteriza a las construcciones afirmativas y negativas y qué son las partículas de polaridad. También se describen las distintas formas de expresar afirmación o negación atendiendo a la vinculación (o no) de las partículas *sí* y *no* con el discurso previo. Además, se realiza una breve caracterización de los términos de polaridad y de las palabras negativas. Una vez que se han introducido los conceptos fundamentales, se exponen los aspectos de la afirmación y la negación que han centrado la atención de la bibliografía (§ 3). En primer lugar, se atiende al estudio de las partículas de polaridad y, en concreto, al comportamiento de *sí* y *no*. En segundo lugar, se analizan las palabras negativas y los términos de polaridad. En el § 4 se introducen tres cuestiones que son objeto de estudio en la actualidad: la variación que existe en relación con la negación, la presencia de la negación en las oraciones interrogativas y la negación de las formas no personales. El último apartado recoge las conclusiones del trabajo y plantea algunas cuestiones que aún están pendientes de estudio.

Palabras clave: polaridad; negación; afirmación; partículas de polaridad; términos de polaridad

This chapter reviews the main issues regarding polarity in Spanish. Section 2 introduces the basic concepts. The notions of polarity and polarity particles are defined. The different ways of expressing positive and negative polarity are also described taking into account the relation between polarity particles and the previous context. In addition, a brief characterization of polarity items and negative words is provided. Section 3 turns to issues that have been the focus of much research. Firstly, the behavior of polarity particles and, in particular, that of emphatic affirmative and negative particles, is described. Secondly, negative words and polarity items are analyzed. Section 4 is devoted to current perspectives in the study of polarity, dealing with three questions: dialectal variation regarding polarity, the presence of negation in interrogative sentences and the negation of non-personal verb forms. The concluding section raises a number of issues that deserve further research.

Keywords: polarity; negation; affirmation; polarity markers; polarity items

DOI: 10.4324/9781003035633-29

2 Conceptos fundamentales

La polaridad establece si se afirma o se niega el estado de cosas que se describe en una oración declarativa (en el § 4 se abordará la polaridad de las oraciones interrogativas). Los valores de polaridad son, por tanto, dos: afirmativo (1a) y negativo (1b). En (1a) se afirma que Yolanda se encuentra mal, mientras que en (1b) se refuta esa información. Los conceptos de afirmación y negación no son equivalentes a los de verdadero y falso. Una oración afirmativa como la de (1a) puede ser verdadera o falsa, lo que depende de si la situación descrita se corresponde o no con lo que sucede en el mundo extralingüístico. Lo mismo cabe decir con respecto a (1b).

(1) a Yolanda está enferma.
    b Yolanda **no** está enferma.

La negación, a diferencia de la afirmación, siempre se manifiesta a través de una marca explícita, como muestra el contraste entre (1a) y (1b). Ahora bien, esto no significa que en las oraciones afirmativas no haya nunca un elemento que marque explícitamente su polaridad. Existen casos en que sí hay una marca explícita de afirmación, como en (2), donde *sí* determina que se trate de una oración afirmativa y, además, establece un contraste con la correspondiente construcción negativa, como explicaremos más adelante.

(2) Yolanda **sí** está enferma.

La afirmación y la negación pueden clasificarse en función de criterios distintos. Antes de exponer las principales clasificaciones, cabe realizar dos precisiones. La primera es que aquí nos vamos a centrar únicamente en las clasificaciones que se aplican tanto a la afirmación como a la negación. Esta última se ha clasificado en función de otros criterios que se presentarán en el § 3.1. La segunda observación es que las clasificaciones no distinguen, o al menos no en un buen número de casos, entre piezas léxicas distintas, sino entre usos distintos de las mismas partículas. Esto es lo que sucede en la primera clasificación que vamos a introducir, que se basa en distinguir dos clases de partículas de polaridad: las internas a la oración y las externas a ella. Las primeras son las que están integradas en la oración (1)-(2); las segundas, las que no lo están (3). Las partículas externas a la oración, a diferencia de las internas, están seguidas de una pausa.

(3) a **Sí**, yo también te quiero (Paloma Pedrero, *Cachorros de negro mirar*, [España, 2001], CORPES).
    b **No**, tú no tienes ideas en la cabeza (Paloma Pedrero, *Cachorros de negro mirar*, [España, 2001], CORPES).

Un segundo criterio es el basado en la relación que mantienen las partículas de polaridad con el discurso previo y, en concreto, con respecto a si están vinculadas con él o no. Esta distinción se cruza, en parte, con la anterior. Las partículas de polaridad externas a la oración se emplean para responder a una pregunta previa o para expresar conformidad o disconformidad con respecto a un enunciado anterior, como se ilustra en (4) y (5), respectivamente. Por tanto, siempre están ligadas al discurso previo.

(4) MERCEDES.—¿Has terminado el documento, Segundo?
    SEGUNDO.—**Sí**, creo que sí (Paloma Pedrero, *El pasamanos*, [España, 2001], CORPES).

(5) DAVID.—Es una mujer muy buena, muy guapa y muy lista.
KARLOS.—**Sí**, es muy buena y muy guapa (Susana Sánchez, "Zaturecky". Baltés, Blanca et al.: *Teatro. Piezas breves*, [España, 2001], CORPES).

En el caso de las partículas internas a la oración, estas pueden estar vinculadas al discurso anterior o no. Comencemos analizando la afirmación. *Sí* se emplea para refutar una negación previa, ya se trate de una aserción previamente proferida o una presupuesta. Se trata, por tanto, de una partícula vinculada al discurso previo que expresa afirmación enfática o "foco de polaridad" (Romero y Han 2004). La afirmación neutra no se usa, en cambio, en el contexto descrito. Así, en (6), donde se está refutando la negación previa, se obtendría una secuencia inadecuada si suprimiéramos la partícula *sí*, a menos que el verbo recibiera acento enfático.

(6) TOÑÍN:—¡At... chis! No me acuerdo.
AMPARO:—**Sí** te acuerdas... (Fernando de las Heras, Fernando, "La azotea de las malvas". Baltés, Blanca et al.: *Teatro. Piezas breves*, [España, 2001], CORPES).

González Rodríguez (2009) señala que la distinción que hemos establecido entre la afirmación enfática y la neutra se aplica igualmente a la negación. La negación puede usarse para refutar el estado de cosas que se describe sin negar ninguna afirmación previa, como indica el que sirva para contestar a una pregunta como la de (7). Se trata, por tanto, de una negación en que no se niega una afirmación anterior. De forma similar a lo que sucede con la afirmación, la negación también puede emplearse para refutar una afirmación previa, como se muestra en (8), donde sí está ligada al discurso previo.

(7) A:—¿Qué tal te va?
B:—**No** me va muy bien.
(8) LOLA:—Estoy bien.
DENISE:—**No** estás bien (Víctor Hugo Rascón Banda, *Ahora y en la hora*, [México, 2003], CORPES).

También están ligadas al discurso previo las partículas *sí* y *no* cuando se emplean en construcciones con elipsis del sintagma verbal (9). Estos elementos establecen un contraste con el valor de polaridad de la oración anterior.

(9) a La salud no me faltó, pero el dinero **sí** (Miguel Barnet, *Gallego*, [Cuba, 1981], CREA).
b [...] los perros transmiten la rabia, pero los gatos **no** (Eduardo Galeano, *Días y noches de amor y de guerra*, [Uruguay, 1979], CREA).

Además de las partículas de polaridad, en el estudio de la polaridad son fundamentales los inductores negativos, los términos de polaridad y las palabras negativas. Como señalan Bosque (1980, 20) y Sánchez López (1999, 2563), los términos de polaridad se caracterizan o bien por necesitar estar en el alcance de la negación (términos de polaridad negativa, TPN) o bien por presentar la situación opuesta (términos de polaridad positiva, TPP). *Ver tres en un burro* (10a) y *alguno* en posición postnominal (10b) son TPN porque si eliminamos la partícula negativa *no*, la oración pasa a estar mal formada (**Ve tres en un burro la pobre*/**Sentía ya piedad alguna por ella*). En (11), *qué hábil* y *como mucho cinco libros* presentan la situación opuesta, dado que la presencia de la negación convierte la oración en agramatical. A la partícula *no*, que es la responsable de que los TPN puedan aparecer y los TPP no, se la denomina *inductor de polaridad negativa*. Hay otros elementos que se comportan igual que *no* a este respecto, como se ilustra en (12a) y (12b), donde los inductores son *sin* y *raramente*, respectivamente. En (12a), *sin* legitima la presencia de *nada*; en (12b), *raramente* desencadena un entorno negativo y, como consecuencia, es incompatible con el TPP *qué hábil*.

(10) a **No ve tres en un burro** la pobre (Ángel Vázquez, *La vida perra de Juanita Narboni*, [España, 1976], CREA).
   b **No** sentía ya **piedad alguna** por ella (Leopoldo María Panero, *El lugar del hijo*, [España, 1985], CREA).
(11) a ¡**Qué hábil** (*no) es Pedro!
   b (*No) compró **como mucho cinco libros**.
(12) a En todo caso, el lunes pasó entero **sin** que sacáramos **nada** (Lorenzo Silva, *El alquimista impaciente*, [España, 2000], CREA).
   b ¡**Qué hábil** es (***raramente**) Pedro!

Las palabras negativas son expresiones que presentan un comportamiento particular: requieren la presencia de un inductor cuando ocurren en posición postverbal (13a), pero no lo necesitan si preceden al verbo (13b). Además, en esta última posición son capaces de legitimar TPN (13c). Entre las palabras negativas del español están *ninguno, nadie, nada, nunca, jamás, tampoco, ni* cuando encabeza un sintagma (*ni Juan ni Pedro*) y formas adverbiales como *en mi vida* o *en absoluto*. Aunque los elementos que acabamos de mencionar se comportan como los TPN cuando están en posición postverbal, reservamos para ellos el término *palabras negativas*, ya que su comportamiento no es el mismo en posición preverbal.

(13) a **No** lo olvides **nunca** (Juan Forch, *El campeón*, [Chile, 2002], CORPES).
   b **Nunca** lo olvides.
   c **Nunca** conseguirás causar efecto **alguno** (Agustín Cerezales, *Mi viajera. Ciervos errantes y tigres invisibles*, [España, 2001], CORPES).

Como hemos podido comprobar en este apartado, el estudio de la polaridad requiere atender tanto al comportamiento de las partículas de polaridad como al de los términos de polaridad y las palabras negativas.

3 Aproximaciones teóricas

En esta sección vamos a presentar las principales cuestiones que han sido objeto de estudio en relación con la polaridad. Para ello partiremos de los principales fenómenos: el comportamiento de las partículas de polaridad (§ 3.1) y el de las palabras negativas y los términos de polaridad (§ 3.2).

3.1 El estudio de las partículas de polaridad

Ya hemos señalado que las oraciones afirmativas enfáticas y las negativas contienen una partícula de polaridad. A continuación, vamos a centrarnos en los elementos que expresan esos dos tipos de polaridad. Comencemos por la afirmación enfática. Además de la partícula *sí*, puede expresar afirmación enfática *bien*. Como señala Hernanz (2006), en (14), *bien* no funciona como un adverbio de modo o manera, sino que refuerza el valor de polaridad positiva de la oración. Nótese, además, que esta secuencia no sería aceptable sin *bien* y que esta partícula puede ser sustituida por *ya*, que también funcionaría como un elemento de afirmación enfática, como se muestra en Camus (2013). El que *bien* exprese afirmación enfática en (14) explica su incompatibilidad con otras partículas de polaridad (15).

(14) No soy guapa, lo acepto, pero poseo un marido fortachón y gitano que **bien** quisiera en su cubil la envidiosa de María Sarmiento (Igor Delgado Senior, *Sub-América*, [Venezuela, 1992], CREA).

(15) No soy guapa, lo acepto, pero poseo un marido fortachón y gitano que **bien** (*{no/ sí}) quisiera en su cubil la envidiosa de María Sarmiento.

A pesar de que *sí* y *bien* expresan afirmación enfática, no son intercambiables en cualquier contexto, como muestra el que la primera partícula no pueda sustituir a la segunda en (14). Como apuntamos en la sección anterior, *sí* refuta la correspondiente construcción negativa, pero esa no es la situación que encontramos en (14), donde la afirmación enfática introducida por *bien* enfatiza el carácter afirmativo de la construcción sin que esta se haya negado previamente.

La partícula *sí* no solo funciona como una marca de polaridad afirmativa. Obsérvese el siguiente ejemplo, en que *sí* aparece seguido de *que*:

(16) Ése **sí que** acabó en un campo de concentración (Víctor Alba, *El pájaro africano*, [España, 1975], CREA).

En un primer momento podría pensarse que la presencia de *que* es superflua, dado que este elemento puede omitirse (*Ese sí acabó en un campo de concentración*). A pesar de ello, existen diferencias entre las secuencias en que *sí* va seguido de *que* y aquellas en que no, al menos en algunas variedades del español (trataremos la variación que existe a este respecto en el § 4). Cuando no va acompañada de *que*, *sí* es, como hemos dicho, una partícula afirmativa que se emplea para refutar una negación previa. Cuando precede a *que*, *sí* no es una partícula de afirmación enfática; expresa el compromiso del hablante con respecto al contenido proposicional (Batllori y Hernanz 2013). Prueba de esta diferencia es que (17a) tienda a ser agramatical para los hablantes de español europeo, mientras que (17b) (el asterisco marca el juicio correspondiente al español europeo):

(17) a *Eso **sí no** me lo explico.
    b Eso **sí que no** me lo explico (Fernando Arrabal, *El cementerio de automóviles*, [España, 1993], CREA).

La mala formación de (17a) para los hablantes mencionados obedece a que la partícula afirmativa *sí* y la negación expresan polaridades opuestas (en el § 4 veremos que una secuencia como la de (17a) no es agramatical en todos los dialectos). Esta incompatibilidad no surge en (17b), lo que indica que *sí* no es una marca de afirmación. Nótese, además, que, en (17b), *sí* va precedido por un constituyente (*eso*) que recibe una interpretación contrastiva. En (17b) se expresa que, a diferencia de lo que sucede con otras cuestiones, aquella a la que se alude con *eso* no recibe explicación por parte del individuo al que refiere el sujeto. *Sí que* es igualmente compatible con una construcción que contiene una afirmación enfática (18a) y con una en que se expresa una afirmación no neutra, esto es, en que no hay marca explícita alguna de polaridad (18b).

(18) a Ahora **sí que sí** me pongo a su disposición (CORPES, oral [2011, España]).
    b Anoche **sí que estuve solo** (Mauricio Orellana Suárez, *Te recuerdo que moriremos algún día*, [El Salvador, 2001], CORPES).

Sí y *sí que* también difieren en su comportamiento sintáctico; por ejemplo, la partícula de afirmación enfática *sí* debe preceder inmediatamente al verbo, no permitiendo la interposición de otros elementos (19a) en español europeo, a excepción de los clíticos (*Sí le llamê*) (expondremos la situación de otros dialectos en al § 4). Esta restricción no se da con *sí que* (19b).

(19) a   Ahora **sí (*esta aventura) había acabado** (esta aventura) para mí.
   b   Ahora **sí que esta aventura había acabado** para mí (Clara Sánchez, *Lo que esconde tu nombre*, [España, 2010], CORPES).

Si se comparan los resultados estadísticos que ofrece el CORPES (véase la tabla 26.1) en el subcorpus de España, corpus escrito, 2001–2005, se observa que es mayor el uso sin *que*. Una vez descartados los ejemplos no relevantes, obtenemos los datos que se recogen en la tabla 26.1.

Una vez que hemos presentado algunas de las principales características de las marcas de afirmación enfática, vamos a pasar a la negación. Como señalamos en el § 1, la partícula *no* puede emplearse tanto para refutar una afirmación previa (8) como en contextos donde no existe esa vinculación al discurso previo (9). Aquí nos centraremos en otras clasificaciones que puede recibir la negación. Entre ellas se encuentra la que surge en función de la posición que ocupe *no* en la oración. La pauta general es que preceda al verbo, pero también puede anteponerse directamente al sintagma refutado, como señala Sánchez López (1999, 2577). En el primer caso tenemos una negación oracional (20a); en el segundo, una negación de constituyentes (20b). La negación también puede incidir solo sobre una palabra (negación morfológica), pero en este caso se recurre fundamentalmente a prefijos (20c).

(20) a   El quiosquero **no** hizo ademán de moverse (Miguel Naveros, *Al calor del día*, [España, 2001], CORPES).
   b   [...] èl genio comunica **no** una ilusión, sino la vida misma (Agustín Cerezales, *Escaleras en el limbo*, [España, 1991], CREA).
   c   ¡El texto está **in**completo! (Carlos Somoza, *La caverna de las ideas*, [Cuba, 2001], CREA).

En (20b), al constituye refutado le sigue un sintagma encabezado por *sino*, que introduce la información que corrige la refutada y, por tanto, información nueva. El sintagma negado introduce, en cambio, información conocida. Cuando *no* se antepone directamente al sintagma negado, la presencia del sintagma correctivo es necesaria (**El genio comunica no una ilusión*). Los únicos casos en que la negación de constituyentes no requiere la presencia del sintagma correctivo son aquellos en que *no* se antepone a cuantificadores como *muchos*, *pocos* o *todos* (*No todos vinieron*), a algunos adverbios (*no lejos de aquí*) y a ciertos cuantificadores como *muy* o *tan* (21).

Tabla 26.1 Datos de <*sí* + verbo> y <*sí que* + verbo> en el período 2001–2005.

Construcción	Número de casos	Porcentaje
<*sí* + verbo>	2776	70,2
<*sí que* + verbo>	1178	29,8
Totales	3954	100

Fuente: CORPES. Elaboración propia.

(21) Era blanco y **no muy alto** (Francisco Umbral, *Mortal y rosa*, [España, 1995], CREA).

Además de las clases de negación que se obtienen en función de cuál sea su alcance, suelen distinguirse otros dos tipos de negación: la anticipada y la expletiva. La negación anticipada es aquella en que *no* refuta una construcción subordinada pero no precede al verbo de esta cláusula, sino al principal. Tenemos una negación anticipada en (22), donde lo que se niega es que una determinada persona vaya a estar incómoda por el humo, y no que el individuo al que alude el sujeto del verbo principal crea eso. El estado de cosas que describe (22) es, por tanto, el mismo que se expresa cuando la negación se antepone al verbo de la subordinada (*Creo que no le {molesta/ molestará} el humo*). La diferencia entre las dos variantes se ha relacionado con el grado de seguridad que presenta el individuo al que refiere el sujeto del verbo principal: con la negación anticipada, se manifiesta un grado menor de seguridad (Bosque 1980, 51). Los datos que ofrece el CORPES indican que la construcción con negación anticipada se emplea con más frecuencia que aquella en que la negación aparece en la subordinada. La búsqueda de las secuencias *no creo que* y *creo que no* arroja los datos que se recogen en la tabla de 26.2.

(22) **No creo** que le moleste el humo (José Sanchis Sinisterra, *Sangre lunar*, [España, 2010], CORPES).

Como se acaba de ilustrar, el verbo *creer* acepta la negación anticipada. Este tipo de negación no se da con otros verbos, como son los factivos, que se caracterizan por presuponer el contenido proposicional de la subordinada. *Sorprenderse*, por ejemplo, es un verbo factivo porque en una construcción como *Me sorprende que Juan se haya disfrazado* se da por supuesto que Juan se ha puesto un disfraz. Pues bien, (23) y *Me sorprende que don Faustino no te quiera expulsar de la escuela* no denotan el mismo estado de cosas. En (23) se niega que la situación descrita en la subordinada sorprenda a un determinado individuo. Si la negación se antepone al verbo de la cláusula subordinada, lo que se refuta es el contenido proposicional correspondiente a dicha cláusula. Se expresa sorpresa por el hecho de que don Faustino no desee expulsar a un determinado individuo.

(23) [...] **no me sorprende** que don Faustino te quiera expulsar de la escuela (Alfonso Vallejo, *Culpable*, [España, 2010], CORPES).

La negación expletiva, por su parte, es aquella que no se interpreta semánticamente. Este tipo de negación se encuentra en una serie de contextos restringidos entre los que están las oraciones exclamativas (24a) o las cláusulas temporales encabezadas por *hasta* (24b) (véanse Sánchez López 1999, § 40.8 y la NGLE 2009, § 48.11a-v para una descripción más detallada de los contextos en que aparece la negación expletiva). Las construcciones de (24a-b) reciben la misma interpretación

Tabla 26.2 Datos de *no creo que* y *creo que no*.

Construcción	Frecuencia	Frecuencia normalizada (por millón de palabras)
no creo que	8338	24,94
creo que no	3664	10,95

Fuente: CORPES. Elaboración propia

Tabla 26.3 Datos de *hasta que no* en el período 2001–2005.

Interpretación	Número de casos	Porcentaje
Expletiva	548	80
No expletiva	137	20
Totales	685	100

Fuente: CORPES. Elaboración propia

que aquellas en que no está presente la partícula *no*. Como se muestra en (25), en esos mismos contextos podemos tener una negación no expletiva.

(24) a ¡Cuántas revueltas sociales **no** habrán surgido al son de una aspiración tan legítima! (Inmaculada Tejera Osuna, *El libro del pan*, [España, 1993], CREA).
  b [...] no me iré de aquí hasta que **no** te lo tomes (Gisela García Martín, *Nunca podré olvidarte*, [Cuba, 2003], CORPES).
(25) a ¡Y cuantas cosas **no** recuerda! (Huego Salcedo, *Obras en un acto*, [México, 2002], CORPES)
  b Ignacio la mira hasta que **no** le queda ninguna duda de que ella le está diciendo la verdad (Antonio Chavarrías, *Volverás*, [España, 2002], CORPES).

Desde un punto de visto cuantitativo, cabe señalar que, en los datos que ofrece el CORPES entre el 2001 y el 2005, cuando la negación aparece en una cláusula encabezada por *hasta*, es más frecuente que no se interprete semánticamente, como se muestra en la siguiente tabla, en la que se han excluido 11 ejemplos debido a que la interpretación de la negación no era clara.

3.2 Las palabras negativas y los términos de polaridad

Ya vimos que las palabras negativas son aquellas que requieren estar legitimadas por un inductor negativo si se encuentran en posición postverbal, pero que no están sujetas a esta restricción cuando preceden al verbo.

(26) a **No** soy rival de **nadie** (Juan Carlos Onetti, *Dejemos hablar al viento*, [Uruguay, 1979], CREA).
  b De **nadie** soy rival.

El diferente comportamiento de las palabras negativas en posición preverbal y postverbal podría obedecer a que las palabras negativas poseen significado negativo por sí mismas cuando preceden al verbo, pero no cuando lo siguen. Esto lleva a suponer que tenemos dos series de palabras negativas que coinciden en forma, una con valor negativo propio y otra que requiere entrar en una relación de concordancia para adquirir dicho valor. Otra posibilidad sería sostener que las palabras negativas presentan el mismo comportamiento en las dos posiciones y que en (26b) la negación está implícita, esto es, que se trata de una negación silente que no puede realizarse fonéticamente (**De nadie no soy rival*) (como señala la NGLE, § 48.3b, sí se da esta posibilidad en el español hablado en Paraguay, en Cataluña y en el País Vasco, donde son posibles oraciones como *Nadie no vino*).

En lo que respecta a la compatibilidad de las palabras negativas preverbales con otros elementos negativos, cabe señalar que estas sí legitiman tanto la presencia de TPN (27a) como la de palabras negativas en posición postverbal (27b).

(27) a [...] **nadie** conoce *comercio alguno* (Carlos Muñiz, *Tragicomedia del Serenísimo Príncipe Don Carlos*, [España, 1980], CREA).
  b **Nadie** había visto **nada** (Miguel Sánchez-Ostiz, *Un infierno en el jardín*, [España, 1995], CREA).

La posibilidad de que dos palabras negativas concurran en posición preverbal está bastante restringida. Las combinaciones *nunca nadie* (28a), *tampoco nadie* (28b) y *nadie nunca* (28c) son las más frecuentes tanto en el CORPES como en el CREA.

(28) a **Nunca nadie** se le acercaba (Ángela Pradelli, *Amigas mías*, [Argentina, 2002], CORPES).
  b **Tampoco nadie** la invitaba a ningún lado (Marcelo Birmajer, *Historia de una mujer*, [Argentina, 2007], CORPES).
  c **Nadie nunca** lo interrumpía (Lina Meruane, *Sangre en el ojo*, [Chile, 2021], CORPES).

El estudio de los términos de polaridad, por su parte, se ha centrado en las restricciones distribucionales que presentan estos elementos (véanse Israel 1996; Giannakidou 1998; Lahiri 1998; Tovena 1998; Chierchia 2004; Homer 2021; Tovena 2020, entre otros). Se ha intentado determinar qué propiedad semántica comparten los inductores de polaridad y por qué esa propiedad legitima la presencia de los TPN y rechaza la presencia de los TPP. Comencemos por la primera cuestión, que consiste en determinar qué propiedad comparten elementos como *raramente* y *no*, que legitiman la presencia de *alguno* en posición postnominal (29).

(29) {**Raramente/ no**} hace comentario **alguno**.

Autores como van der Wouden (1997) han defendido que los entornos negativos se caracterizan por realizar implicaciones de conjuntos (*fruta*) a subconjuntos (*manzanas*), como se muestra en (30), donde ==> señala que hay una relación de implicación y =/=> que no la hay. Los entornos afirmativos, en cambio, realizan las implicaciones en sentido opuesto (31). A los elementos que desencadenan el primer tipo de implicaciones se los denomina *decrecientes*; a los del segundo tipo, *crecientes*.

(30) a {**Raramente/ no**} compran fruta. ==> {**Raramente/ no**} compran manzanas.
  b {**Raramente/ no**} compran manzanas. =/=> {**Raramente/ no**} compran fruta.
(31) a Compran fruta. =/=> Compran manzanas.
  b Compran manzanas. ==> Compran fruta.

Una vez que se ha establecido la propiedad que comparten los contextos negativos frente a los positivos, debe explicarse por qué los primeros son incompatibles con los TPP y los segundos con los TPN. En otras palabras, es necesario explicar a qué obedecen los contrastes de (32). Este tipo de explicación excede nuestros objetivos. Nos limitaremos, por ello, a señalar que los análisis propuestos defienden que los contrastes de (32) obedecen a que la semántica de los TPP es incompatible con la de los contextos decrecientes, mientras que la de los TPN les obliga a estar en esos entornos. Cuando los TPP aparecen en un contexto creciente, no surge ningún tipo de incompatibilidad y, por tanto, no se obtiene una secuencia mal formada.

(32) a **¡Qué caliente** está el café (***raramente**)!
  b *(**Raramente**) hace comentario **alguno**.

4 Perspectivas actuales

En los últimos años se ha prestado especial atención al estudio de la variación sintáctica en español. Un fenómeno de variación dialectal relacionado con la polaridad es la posibilidad de tener una secuencia como *sí no*. En la sección 3.1. hemos señalado que las partículas *sí* y *no* son incompatibles, a menos que entre ellas aparezca *que*. Sin embargo, como ya adelantamos, esta no es la situación que encontramos en todas las variedades: si bien la secuencia *sí no* tiende a ser rechazada por los hablantes de español europeo se atestigua en zonas como Colombia (33a), México (33b) y Perú (33c).

(33) a Ahí **sí no** había trabajo (Germán Castro Caycedo, *Más allá de la noche*, [Colombia, 2011], CORPES).
b Eso **sí no** lo sé, abuelo (Fabiola Ruiz, *Telares*, [México, 2002], CORPES).
c Ahora **sí no** tengo nada más que hacer (Omar Salomé, *La armonía de los mapas*, [Perú, 2007], CORPES).

En las variedades en que la secuencia *sí no* alterna con *sí que no*, no parece haber diferencias de significado entre ambas estructuras. Las propiedades de *sí* en *sí no* se corresponden con las de la secuencia *sí que*, y no con las de la partícula de afirmación enfática *sí* (Villa-García y González Rodríguez 2020). Baste señalar que se documentan ejemplos en que el sujeto aparece entre *sí* y el verbo (34), lo que, como hemos visto en la sección 3.1., es posible cuando *sí* expresa el compromiso del hablante (19b), pero no cuando denota afirmación enfática (19a). Esto ha llevado a sugerir que las oraciones de (33) serían equivalentes a aquellas con *sí que no* en español europeo, con la salvedad de que en estos casos *que* no se realiza fonéticamente. En aquellas variedades que rechazan construcciones como las de (34), *que* debe realizarse fonéticamente.

(34) [...] ahora **sí la burbuja ha estallado** de veras (Daniel Samper Pizano, *Impávido coloso*, [Colombia, 2003], CORPES).

En la tabla 26.4 indicamos el número de casos que ofrece el CORPES de *sí que no* y *sí no* en Perú, Colombia y México. Al elaborar la tabla, se han descartado los casos que no se correspondían con la estructura que estamos analizando en este momento como, por ejemplo, aquellos en que *sí* y *no* están separados por una pausa y constituyen la respuesta a una pregunta.

Otro fenómeno relacionado con la variación dialectal en que intervienen una partícula de polaridad y *que* es el uso de la estructura *no que* en oraciones interrogativas. Esta estructura se emplea en variedades como la del español de México. Con ella, el hablante expresa que la información proporcionada por su interlocutor o la que se extrae del contexto contradice la que

Tabla 26.4 Datos de *sí no* y *sí que no* en Perú, Colombia y México.

Construcción	País	Número de casos	Porcentaje
Sí que no	Perú	30	66,7
	Colombia	32	33
	México	76	52,4
Sí no	Perú	15	33,3
	Colombia	65	67
	México	69	47,6

Fuente: CORPES. Elaboración propia

se le había facilitado previamente. Así, en (35), Aurora expresa que, de acuerdo con la información previa que se le había proporcionado, todas eran iguales, lo que entra en contradicción con lo manifestado por Pilar. La interrogativa podría parafrasearse como "¿No éramos todas iguales ante Dios?". En (35), *que* va seguido de una oración afirmativa; en (36), de una negativa.

(35) Pilar.—Ella es la madre superiora.
Aurora.—¿No que todas somos iguales ante Dios? (Estela Leñero Franco, *El Codex Romanoff*, [México, 2003], CORPES).
(36) —¿Por qué no le pides a tu mamá para la renta también?
— ¿No que no le hablara? (Luis Enrique Gutiérrez Ortiz Monasterio, *Las chicas del Tres y media Floppies*, [México, 2003], CORPES]).

La presencia de la negación en las oraciones interrogativas no solo es relevante en aquellos casos en que va seguida de *que*. También resulta de interés la interpretación que reciben las interrogativas totales que contienen una negación y en las que no está presente *que*, cuestión común ya a todas las variedades del español. Antes de exponer esta cuestión, veamos cuál es la interpretación de las interrogativas totales afirmativas. Estas construcciones inquieren sobre el valor de polaridad de la oración y, por ello, se espera una respuesta en la que se exprese afirmación (37) o negación (38). Nótese que, para contestar afirmativamente a (37), pueden emplearse, además del adverbio *sí*, otros como *claro, por supuesto* u *obviamente*. En (38), por su parte, también podría haberse respondido negativamente con *ni en broma, ni lo sueñes, de ninguna manera...*

(37) —¿Y tiene la botella?
—**Sí** (Cristina Sánchez-Andrade, *Bueyes y rosas dormían*, [España, 2001], CORPES).
(38) —¿Y te vas a quedar ahí? —preguntó.
—**No**... pues no —respondí agüevado (Jorge Franco, *Paraíso Travel*, [Colombia, 2001], CORPES).

Las interrogativas totales que contienen una negación no constituyen preguntas neutras en las que se inquiere sobre el valor de polaridad de la oración, sino que reciben interpretaciones particulares (Escandell Vidal 1999, 3956). Una de las lecturas que puede desencadenar la negación es aquella en que el hablante puede expresar que no se ha cumplido una expectativa que tenía, como en (39), donde, con la interrogativa, el hablante manifiesta su sorpresa ante las palabras de su interlocutor. De ellas se desprende que este no tiene miedo, lo que contradice la expectativa que albergaba el que emite la interrogativa. En segundo lugar, la interrogativa puede recibir una interpretación retórica. En este caso, la interrogativa constituye un acto declarativo de polaridad opuesta a la que presenta la interrogación. Así, la interrogativa negativa de (40) se interpreta como "Te lo dije".

(39) —Me gusta que me ahorquen para sentir mi cuerpo.
—¿**No** tienes miedo? (Homero Aridjis, *La zona del silencio*, [México, 2001], CORPES).
(40) ¡Cómo lo sabía yo que al final me llamaba para que fuera al velatorio! ¿**No** te lo dije? ¡Cómo me conozco a mi jefe! (Miguel Naveros, *Al calor del día*, [España, 2001], CORPES).

La diferente interpretación que reciben (39) y (40) provoca que se usen partículas de polaridad distintas para dar una respuesta en la que se expresa acuerdo: en el primer caso, se empleará *No, (no tengo miedo)*; en el segundo, la partícula *Sí, (sí me lo dijiste)*. Se ha discutido en la bibliografía si, cuando en la respuesta se emplea únicamente una partícula de polaridad, es necesario sostener que estos elementos están acompañados por una oración que se ha elidido o no. Sobre el uso de las partículas de polaridad en las preguntas y las respuestas, pueden consultarse Holmberg (2015), Krifka (2013) y Espinal y Tubau (2019), entre otros.

La NGLE (2009, § 42.10k) señala que la negación en las interrogativas totales puede también emplearse como un recurso cortés "destinado a atenuar preguntas o peticiones que podrían parecer rudas o descorteses enunciadas de otra forma". Ilustramos este uso en (41), donde podría haberse empleado una interrogativa afirmativa.

(41) ¿**No** quiere usted pasar? (Manuel Vargas, *Doce cuentos recontados*, [Bolivia, 2001], CORPES).

La negación de las formas no personales también ha despertado el interés de los investigadores en los últimos años. Los ejemplos de (42) muestran que estas formas verbales pueden negarse de la misma forma que el resto: con la partícula *no*.

(42) a   Allí es normal **no intervenir** en las peleas (Inés Palou, *Carne apaleada*, [España, 1975], CREA).
b   [...] me encontraba en una encrucijada de calle y, **no sabiendo** qué dirección tomar, permanecía inmóvil (Eduardo Mendoza, *La verdad sobre el caso Savolta*, [España, 1994], CREA).
c   [...] el general sentía cierta predilección **no declarada** por el comisario (José María del Val, *Llegará tarde a Hendaya*, [España, 1983], CREA).

Sin embargo, existen ciertas particularidades en lo que respecta a la negación de las formas no personales. Aquí nos centraremos especialmente en las que atañen a la negación de esas formas en las perífrasis verbales. La pauta general para negar una perífrasis es situar *no* delante del verbo auxiliar, como en (43a) y (44a). Ahora bien, ciertas perífrasis de infinitivo y gerundio también aceptan que la negación preceda al verbo léxico (véanse (43b) y (44b)), mientras que otras rechazan esta pauta (45)–(46).

(43) a   **No podía** hablar (Mercedes Salisachs, *La gangrena*, [España, 1976], CREA).
b   Podía **no hablar**.
(44) a   [...] **no continuó** comiendo (Leopoldo Azancot, *Los amores prohibidos*, [España, 1988], CREA).
b   Continuó **no comiendo**.
(45) a   **No arrancaba** a explicarse (Mercedes Salisachs, *La gangrena*, [España, 1976], CREA).
b   *Arrancaba a **no explicarse**.
(46) a   **No estoy** diciendo ninguna falsedad (Gabriel García-Badell, *Funeral por Francia*, [España, 1975], CREA).
b   *Estoy **no diciendo** ninguna falsedad.

En las perífrasis de participio, *no* nunca puede preceder al verbo léxico (47b), de forma que la única posibilidad es la de (47a). Lo mismo sucede en los tiempos compuestos (48a-b), aunque sí es posible que intervengan entre el auxiliar y el auxiliado otros elementos negativos como, por ejemplo, el adverbio *nunca* (48c).

(47) a   Las puertas **no fueron** forzadas (José Luis Alonso de Santos, *La estanquera de Vallecas*, [España, 1990], CREA).
b   *Las puertas fueron **no forzadas**.

(48) a **No has** cambiado la aguja (Mercedes Salisachs, *La garganta*, [España, 1976], CREA).
 b *Has **no cambiado** la aguja.
 c De hecho, no recuerda haberse **nunca** afectado por eso (Ana María Moix, *Vals negro*, [España, 1994], CREA).

Los contrastes entre (43b) y (44b), por una parte, y (45b) y (46b), por otra, se han vinculado con las restricciones aspectuales que impone el verbo auxiliar sobre el auxiliado. Fábregas y González Rodríguez (2019) proponen que la negación solo puede preceder al verbo léxico cuando la perífrasis acepta verbos estativos. La perífrasis <*poder* + infinitivo> es compatible tanto con verbos dinámicos (43) como con verbos estativos (49a). *Hablar* es dinámico porque expresa un evento que conlleva un progreso; *estar agazapadas*, en cambio, es estativo porque no denota ningún cambio o progreso. A diferencia de <*poder* + infinitivo>, <*arrancar a* + infinitivo> solo admite verbos dinámicos, como muestra el contraste entre (45a) y (49b). Pues bien, <*poder* + infinitivo> admite que la negación aparezca entre los dos verbos (43b), mientras que <*arrancar a* + infinitivo> no (45b).

(49) a **Pueden estar** agazapadas.
 b *Arrancaron a estar** agazapadas.

La correlación que se establece entre los requisitos de selección de la perífrasis y la posibilidad de que la negación preceda al verbo auxiliado obedece a las propiedades aspectuales de los predicados precedidos por una negación. Como ya hemos dicho, un predicado como *hablar* es dinámico, pero deja de serlo si aparece modificado por la negación: *no hablar* no denota ningún cambio o progreso. Esto explica el que, cuando la perífrasis es incompatible con los estados, la negación no pueda preceder al verbo léxico.

Los verbos auxiliares que seleccionan un gerundio no solo admiten la estructura negativa <*no* + gerundio>, sino que también pueden ir seguidos de la construcción <*sin* + gerundio> (50). Una búsqueda en CREA y CORPES indica que la segunda estructura es mucho más frecuente que la primera, como reflejan las tablas 26.5 y 26.6.

(50) Continúa {**no comiendo/sin comer**}.

Tabla 26.5 Datos de <*continuar sin* + infinitivo simple> y <*continuar no* + gerundio simple> en el CORPES.

Construcción	Frecuencia	Frecuencia normalizada (por millón de palabras)
<continuar sin + infinitivo simple>	384	1,14
<continuar no + gerundio simple>	148	0,44

Fuente: CORPES. Elaboración propia.

Tabla 26.6 Datos de <*continuar sin* + infinitivo simple> y <*continuar no* + gerundio simple> en el CREA.

Construcción	Frecuencia	Frecuencia normalizada (por millón de palabras)
<continuar sin + infinitivo simple>	173	1,43
<continuar no + gerundio simple>	0	0

Fuente: CREA. Elaboración propia.

5 Direcciones futuras y conclusiones

El estudio de la polaridad en español incluye fundamentalmente dos cuestiones: el comportamiento de las partículas de polaridad y las restricciones distribucionales de los términos de polaridad y de las palabras negativas. Las partículas de polaridad pueden expresar afirmación neutra, enfática o negación. En lo que respecta a las partículas de afirmación enfática, la bibliografía ha mostrado que *sí* no es la única partícula que puede expresar ese tipo de polaridad. También puede expresar afirmación enfática *bien* cuando aparece en posición preverbal. Los estudios han descrito igualmente el comportamiento de la partícula negativa *no*. Se distinguen tres tipos de negación dependiendo de su alcance: (a) la oracional, expresada por *no* delante del verbo y por las palabras negativas en posición preverbal (*nadie, ningún…*); (b) la de constituyentes, en que *no* precede al sintagma cuya información se refuta; (c) la léxica, que se expresa mediante morfemas. Además, existen otras manifestaciones de la negación con características particulares, como la negación anticipada y la expletiva.

En cuanto a los términos de polaridad, cabe señalar que son elementos que o bien requieren estar bajo el alcance de la negación (términos de polaridad negativa) o presentan la distribución contraria, es decir, deben estar fuera del alcance de la negación (términos de polaridad positiva). Estas restricciones distribucionales son las que han centrado la atención de los investigadores. Se ha analizado, en concreto, qué propiedades semánticas comparten los inductores de polaridad y cuál es la relación entre esas propiedades y las de los términos de polaridad. Las palabras negativas, por su parte, se comportan igual que los términos de polaridad negativa cuando ocupan una posición postverbal, pero no cuando se encuentran en posición preverbal.

A pesar de que los trabajos dedicados a la negación han permitido esclarecer en buena medida el comportamiento de las partículas de polaridad, de las palabras negativas y de los términos de polaridad, existen algunas cuestiones que merecen una mayor atención. A este respecto, cabe señalar que existen lagunas en el estudio de los términos de polaridad. Aunque la limitada distribución de estos elementos es una de las cuestiones relativas a la polaridad sobre las que más se ha escrito, aún quedan ciertos aspectos sin cubrir. Así, por ejemplo, no se han investigado las restricciones distribucionales que presentan algunos TPP como son *mero, cierto*, etc. Habría que determinar con qué inductores negativos son incompatibles y a qué obedece esa incompatibilidad.

Otra cuestión que merece más atención es la variación dialectal. Como ya hemos señalado, en los últimos años se han desarrollado numerosos estudios centrados en la variación sintáctica en español, pero son muy escasos los que se centran en la polaridad. Esto podría llevarnos a pensar que no existe demasiada variación dialectal en este ámbito. Sin embargo, esta conclusión no parece cierta. Son varios los fenómenos de variación que se han mencionado en la bibliografía y que merecerían un estudio empírico y teórico detallado. En el § 4 hemos aludido a las construcciones en que las partículas *sí* y *no* aparecen seguidas de *que*, pero la variación relacionada con la polaridad no se limita a esas estructuras. Así, en la NGLE (2009, §§ 48.3b, 48.3e, 48.3g) se alude a la posibilidad de que las palabras negativas preverbales coaparezcan con la negación en el español hablado en distintas áreas, como señalamos en el § 3.2. Sin embargo, solo hay dos trabajos, en lo que se nos alcanza, que atiendan a esa cuestión, uno centrado en el español de Corrientes (Argentina) (Cuervo y Mazzaro 2013) y otro en el español del País Vasco (Franco y Landa 2006). Además, no se ha relacionado este fenómeno con los estudios de tipología lingüística, en los que se ha atestiguado la misma asimetría que se encuentra en las variedades del español: lenguas en que las palabras negativas preverbales deben concurrir con la partícula de negación y lenguas en que rechazan la presencia de dicha partícula. Sin duda, un estudio detallado de la variación relacionada con la polaridad ayudaría no solo a comprender mejor este fenómeno, sino también a entender mejor la variación lingüística en general.

Lecturas complementarias recomendadas

Bosque (1980); Sánchez López (1999); González Rodríguez (2009).

Referencias bibliográficas

Batllori, M. y M. L. Hernanz. 2013. "Emphatic Polarity Particles in Spanish and Catalan". *Lingua* 128: 9–30.
Bosque, I. 1980. *Sobre la negación*. Madrid: Cátedra.
Camus, B. 2013. "*Ya* como partícula afirmativa en el castellano del País Vasco". En *De la unidad del lenguaje a la diversidad de las lenguas*, eds. J. F. Val Álvaro *et al.*, 106–111. Zaragoza: Universidad de Zaragoza.
CORPES: Real Academia Española. Corpus del Español del Siglo xxi. (http://rae.es/recursos/banco-de-datos/corpes-xxi). Versión 0.94.
CREA: Real Academia Española. Corpus de Referencia del Español Actual. (http://rae.es/recursos/banco-de-datos/crea). Versión anotada 0.3.
Chierchia, G. 2004. "Scalar Implicatures, Polarity Phenomena, and the Syntax/Pragmatics Interface". En *Structures and Beyond: The Cartography of Syntactic Structures*, ed. A. Belleti, 39–103. Oxford: Oxford University Press.
Cuervo, M. C. y N. Mazzaro. 2013. "Duplicación de la negación en el español de Corrientes". En *Perspectivas teóricas y experimentales sobre el español de la Argentina*, eds. L. Colantino y C. Rodríguez, 159–175. Madrid-Frankfurt: Iberoamericana Vervuert.
Escandell Vidal, M. V. 1999. "Los enunciados interrogativos. Aspectos semánticos y pragmáticos". En *Gramática descriptiva de la lengua española*, dirs. I. Bosque y V. Demonte, 3929–3991. Madrid: Espasa.
Espinal, M. T. y S. Tubau. 2019. "Response Systems: The Syntax and Semantics of Fragment Answers and Response Particles". *Annual Review of Linguistics* 5: 261–287.
Fábregas, A. y R. González Rodríguez. 2019. "Perífrasis e inductores negativos: un análisis en términos de dominios". *Onomázein* 43: 95–113.
Franco, J. y A. Landa. 2006. "Preverbal N-Words and Anti-Agreement Effects". En *Selected Proceedings of the 9th Hispanic Linguistics Symposium*, eds. N. Sagarra y A. J. Toribio, 34–42. Somerville, MA: Cascadilla.
Giannakidou, A. 1998. *Polarity Sensitivity as (Non)veridical Dependency*. Ámsterdam: John Benjamins.
González Rodríguez, R. 2009. *La expresión de la afirmación y la negación*. Madrid: Arco/Libros.
Hernanz, M. L. 2006. "Emphatic Polarity and C in Spanish". En *Studies in Spanish Syntax*, ed. L. Brugè, 105–150. Venecia: Università Ca' Foscari.
Holmberg, A. 2015. *The Syntax of Yes and No*. Oxford: Oxford University Press.
Homer, V. 2021. "Negative Polarity". En *The Wiley Blackwell Companion to Semantics*, eds. D. Gutzmann *et al.*, 1–39. Wiley-Blackwell.
Israel, M. 1996. "Polarity Sensitivity as Lexical Semantics". *Linguistics and Philosophy* 19: 619–666.
Krifka, M. 2013. "Response Particles as Propositional Anaphors". *Proceedings of the 23rd Semantics and Linguistic Theory Conference* 23: 1–18.
Lahiri, U. 1998. "Focus and Negative Polarity in Hindi". *Natural Language Semantics* 6: 57–125.
NGLE: Real Academia Española y Asociación de Academias de la Lengua Española. 2009–2011. *Nueva gramática de la lengua española*. Madrid: Espasa. (www.rae.es/recursos/gramatica/nueva-gramatica).
Romero, M. y Ch. Han. 2004. "On Negative *Yes/No* Questions". *Linguistics and Philosophy* 27: 609–658.
Sánchez López, C. 1999. "La negación". En *Gramática descriptiva de la lengua española*, dirs. I. Bosque y V. Demonte, 2561–2634. Madrid: Espasa.
Tovena, L. 1998. *The Fine Structure of Polarity Items*. Nueva York: Garland.
Tovena, L. 2020. "Negative Polarity Items". En *The Oxford Handbook of Negation*, eds. V. Déprez y M. T. Espinal, 390–406. Oxford: Oxford University Press.
Van der Wouden, T. 1997. *Negative Contexts: Collocation, Polarity and Multiple Negation*. Londres: Routledge.
Villa-García, J. y R. González Rodríguez. 2020. "Dialectal Variation in the Expression of *que* in *sí-que* 'Yes That' Contexts across Spanish: The Case of Some Latin American Spanish Varieties". *Glossa: A Journal of General Linguistics* 5(1): 99.

27
Modo y modalidad
(Mood and modality)

Manuel Pérez Saldanya

1 Introducción

Se denomina modalidad a la expresión de la actitud del hablante respecto al valor de verdad de lo que se comunica. La modalidad se asocia a mecanismos lingüísticos diferentes, entre los que se encuentran la entonación, los adverbios y perífrasis modales, y los modos y tiempos verbales. En este capítulo se analizan las diferencias de modalidad asociadas a los modos verbales. En la oposición de modo, el indicativo es no marcado frente al subjuntivo. Por eso, sintácticamente puede aparecer en cualquier tipo de oraciones, a diferencia del subjuntivo, que es básicamente un modo de subordinación. Semánticamente, por otra parte, el indicativo se puede caracterizar como el modo de la asertividad, frente al subjuntivo, que es el modo de la no asertividad y se utiliza en contextos en los que se expresan situaciones posibles o irreales, pero también en contextos en los que se hace referencia a situaciones reales pero que son poco relevantes informativamente. El imperativo, finalmente, es el modo más marcado y el que presenta más especificidades, ya que es un modo restringido a la expresión de mandatos apelativos.

Palabras clave: modos verbales; modalidad; predicados y operadores modales; conjunciones; asertividad

The concept of modality refers to the speaker's attitude regarding the truth value of what is communicated. Modality is conveyed through different linguistic mechanisms, such as intonation, adverbs and modal periphrases, in addition to specific verbal tenses and moods. This chapter focuses on the analysis of the differences in modality that are expressed through the use of verbal moods. In the mood opposition, the indicative is the unmarked term with respect to the subjunctive. Therefore, the indicative can appear in any type of clause, unlike the subjunctive, which is essentially a subordination mood. In addition, the indicative can be characterized semantically as the assertive mood, as opposed to the subjunctive, which is non-assertive and, consequently, can be used to express possibility and irreality, as well as lack of informational relevance. The imperative, finally, is the most marked mood and the one with the most specificities, since it is a mood restricted to the expression of appellative commands.

Keywords: verbal moods; modality; modal predicates and operators; conjunctions; assertiveness

2 Conceptos fundamentales

El modo es una propiedad gramatical del verbo, que se expresa de manera fusionada junto al tiempo y el aspecto. Como en latín y en el resto de lenguas románicas, en español existen tres modos verbales, el indicativo, el subjuntivo y el imperativo (NGLE 1866), aunque en la tradición gramatical se ha considerado que el condicional es un modo, y no un tiempo verbal, y hay autores, como Alarcos Llorach (1970), que han defendido que el futuro y el condicional constituyen un modo independiente.

Los modos son una de las manifestaciones de la modalidad, entendiendo por esta la actitud del hablante respecto al valor de verdad de lo que se comunica o respecto al interlocutor del acto habla (Ridruejo 1999, 3211–3215; NGLE 1866, 3113–3118). Pensemos, por ejemplo, en las tres oraciones siguientes:

(1) a   Acabas pronto.
    b   ¡Acaba pronto!
    c   ¡Que acabes pronto!

Las tres presentan el mismo contenido proposicional, pero tienen una modalidad diferente. Dicha modalidad se expresa mediante el modo verbal, pero también mediante otros recursos, como la entonación (declarativa en la primera, y exclamativa en las otras dos) o la presencia de la conjunción *que* en (1c). Con la oración en indicativo de (1a) el hablante asevera el contenido proposicional; con la oración en imperativo de (1b) expresa un ruego o mandato, y con la oración en subjuntivo de (1c) reitera de manera enfática una exhortación.

Además de los modos verbales, la entonación y las marcas de subordinación, las lenguas disponen de otros recursos para expresar la modalidad: adverbios modales (*tal vez, necesariamente, ojalá*, etc.), perífrasis modales (*deber (de)* + infinitivo, *poder* + infinitivo, etc.), determinados predicados verbales (*ordenar, necesitar*, etc.) y determinados usos de los tiempos verbales. Respecto a estos últimos, se puede citar, por ejemplo, el uso del futuro con un valor epistémico, de probabilidad (*Ahora estarán descansando*), o del condicional para expresar que una situación es imposible o difícilmente realizable en la esfera del presente o el futuro (*Me iría contigo, pero no puedo*).

A pesar de que muchos tiempos verbales pueden asumir significados modales en ciertos contextos, se acepta mayoritariamente que no constituyen modos diferentes del indicativo y el subjuntivo. Retomando los ejemplos citados, la pertenencia del futuro y el condicional al modo indicativo se justifica, como ya defendiera Bello (1847, § 452), porque tienen una distribución sintáctica semejante a los otros tiempos de indicativo, es decir, porque todos ellos forman un paradigma de formas flexivas. Desde este punto de vista, pertenecen al indicativo los tiempos que pueden aparecer, entre otros contextos, en subordinadas sustantivas seleccionadas por verbos como *asegurar* o *saber* en forma afirmativa, y al subjuntivo, los que pueden aparecer en subordinadas sustantivas seleccionadas por verbos como *dudar* o *querer*. De acuerdo con lo apuntado, forman parte del modo indicativo los tiempos a los que pertenecen las formas que aparecen en cursiva en (2a), además de los paralelos compuestos con "*haber* + participio", y al subjuntivo los que aparecen en cursiva en (2b), además de los paralelos compuestos.

(2) a   Me han asegurado que {*vienen/vendrán/vinieron/venían/vendrían*}.
    b   Dudo que {*venga/viniera* o *viniese*}.

Esta caracterización del indicativo y el subjuntivo no niega que dentro de cada modo se puedan establecer agrupaciones de tiempos a partir de sus usos modales específicos. Ya nos hemos referido más arriba al caso del futuro y el condicional dentro del indicativo. Una cosa semejante se puede decir del imperfecto y el pluscuamperfecto dentro del subjuntivo. Estos tiempos pueden establecer diferencias temporales y aspectuales con los otros tiempos del mismo modo, como ocurre en el ejemplo anterior de (2b) o en el paralelo de (3), en el que se incluyen las formas compuestas.

(3) Dudo que {*venga/haya venido/viniera* o *viniese/hubiera* o *hubiese venido*}.

Pero también pueden establecer diferencias modales a partir de las cuales se puede considerar que forman un sistema específico dentro del subjuntivo (Veiga 2006, 120–123; Borrego *et al.* 2013, 49–56). Es lo que ocurre, por ejemplo, en las oraciones siguientes:

(4) a   Ojalá {*venga/haya venido*}.
　　b   Ojalá {*viniera* o *viniese/hubiera* o *hubiese venido*}.

Con los tiempos de (4a) el hablante se refiere a una situación que es o será posible, si usa el presente (*venga*), o que ha sido posible, si usa el perfecto (*haya venido*). Con los tiempos de (4b), en cambio, hace referencia a una situación que es o será muy difícil o imposible, si usa el imperfecto (*viniera* o *viniese*), o que ya se ha descartado, si usa el pluscuamperfecto (*hubiera* o *hubiese venido*). Para más detalles sobre los valores modales de los tiempos de indicativo y subjuntivo, véase el capítulo 28.

El subjuntivo aparece sobre todo en oraciones subordinadas y se usa en muchos casos en correlación con determinados elementos sintácticos que inducen su uso (Bosque 2012). El inductor puede ser el predicado que selecciona la subordinada, generalmente un verbo (5a), pero también un sustantivo (5b) o un adjetivo (5c).

(5) a   Te **culpan** de que haya fracasado el proyecto.
　　b   La **culpa** de que haya fracasado el proyecto es tuya.
　　c   Eres **culpable** de que haya fracasado el proyecto.

En otros casos, el inductor es una preposición (6a), un adverbio (6b) o una conjunción (6c).

(6) a   Nos vamos **para** que podáis hablar tranquilos.
　　b   Se fueron **antes** de que se hiciera de noche.
　　c   Lo acabaré hoy, **así** me tenga que quedar sin dormir toda la noche.

Y en otros, finalmente, es un operador modal, como la negación en los ejemplos de (7). En estos ejemplos, el subjuntivo se justifica porque la subordinada queda dentro del alcance del operador negativo, como ocurre con la sustantiva de (7a), la relativa de (7b) o la causal de (7c).

(7) a   **No** creo que **venga** nadie más.
　　b   **No** conozco ningún lugar donde se **coma** bien.
　　c   **No** se enfadó porque **llegáramos** tarde.

3 Aproximaciones teóricas

En la tradición gramatical del español, es recurrente el debate sobre si el uso del subjuntivo se puede explicar a partir de criterios estrictamente sintácticos o no. Teniendo en cuenta que el subjuntivo aparece en muchos contextos de manera obligatoria en correlación con determinados elementos modales, hay autores que defienden que el uso del subjuntivo se debe más a dichas correlaciones sintácticas que a una aportación semántica específica (Butt *et al.* 2013) y que, históricamente, se puede constatar una progresiva rutinización léxica o estructural del subjuntivo (Torres Cacoullos *et al.* 2017; Poplack *et al.* 2018; Schwenter y Hoff 2020). Esta explicación, sin dejar de ser adecuada en muchos casos, no permite dar cuenta de los contextos en los que el subjuntivo alterna con el indicativo y en los que dicha alternancia introduce diferencias semánticas o pragmáticas. Por eso, otros autores consideran que el subjuntivo, como el resto de modos, tiene un significado específico y que este significado explica su uso en los diferentes contextos en los que aparece (Bybee y Terrell 1974; Borrego *et al*. 1986; Pérez Saldanya 1999; Ridruejo 1999; NGLE 1865–1960). En este capítulo asumiremos esta segunda perspectiva, pero sin dejar de lado los aspectos sintácticos que intervienen en la selección del modo y explican usos semánticamente inesperados. Para justificar este punto de vista en § 3.1. se analizan las oposiciones de marcaje que se dan entre los modos y en § 3.2. aspectos relativos al significado.

3.1 El modo y las oposiciones de marcaje

Dentro del sistema verbal, el indicativo es el modo menos marcado y el imperativo el más marcado. El subjuntivo, por su parte, ocupa una posición intermedia, ya que es marcado respecto al indicativo, pero no marcado respecto al imperativo. Estas diferencias se constatan fácilmente en la frecuencia de uso de los modos, como muestran los datos de la Tabla 27.1, obtenidos a partir de la BDS. El indicativo, como no marcado, es mucho más frecuente que el subjuntivo en todos los géneros textuales y este más que el imperativo.

Tabla 27.1 Modos y géneros textuales.

Género	Indicativo	Subjuntivo	Imperativo
Narración	91,7 % (55 036)	6,9 % (4162)	1,4 % (844)
Teatro	85,9 % (20 932)	9 % (2197)	5,1 % (1239)
Ensayo	89,1 % (13 262)	10,5 % (1555)	0,4 % (65)
Prensa	93 % (9756)	6,9 % (723)	1 % (4)
Oral	93,6 % (21 061)	5,5 % (1243)	0,9 % (195)

Fuente: BDS. Elaboración propia.

El indicativo, además, puede aparecer tanto en oraciones independientes como en subordinadas. El subjuntivo, en cambio, se usa sobre todo en subordinadas y el imperativo únicamente en oraciones no subordinadas afirmativas. Damos en la Tabla 27.2 la frecuencia de los tres modos en diferentes tipos de oraciones de acuerdo con la clasificación de la BDS, que caracteriza como bipolares las oraciones compuestas que contienen dos cláusulas que se exigen mutuamente (causales, finales, condicionales, etc.).

Tabla 27.2 Modo y tipos de oración.

Oración	Indicativo	Subjuntivo	Imperativo
Independiente	93,6 % (49 237)	3,2 % (1705)	3,2 % (1676)
Coordinada	95,9 % (23 250)	1,8 % (448)	2,3 % (555)
Subord. sustantivas con *que*	66,5 % (7567)	33,5 % (3806)	—
Otras subord. sustantivas	98,6 % (1842)	1,4 % (27)	—
Relativa	92,8 % (19 186)	7,2 % (1490)	—
Adverbial	90,6 % (4372)	9,4 % (452)	—
Clausula bipolar	91,5 % (12 965)	7,8 % (1104)	0,7 % (107)

Fuente: BDS. Elaboración propia.

Desde un punto de vista semántico, por otra parte, el indicativo se asocia típicamente a contextos en los que se expresa una simple aserción, mientras que el subjuntivo se asocia a contextos no asertivos, que introducen matices modales de subjetividad, posibilidad, irrealidad, deseo, causación, etc., y el imperativo a la expresión de mandatos apelativos.

El indicativo, finalmente, presenta otros rasgos típicos de los términos no marcados, como el hecho de que pueda aparecer en contextos típicamente asociados a los otros modos. Los casos más claros del uso del indicativo en lugar del subjuntivo están condicionados por el subordinante. La conjunción *que*, por ejemplo, es una conjunción semánticamente vacía y no impone restricciones al uso de los modos, a diferencia de lo que ocurre con la conjunción condicional *si*, que además de ser subordinante contiene un determinado significado e impone determinadas restricciones. Estas diferencias explican la alternancia de modos en las condicionales de (8). En ambos casos, la subordinada hace referencia a una situación posible. Sin embargo, se usa el subjuntivo cuando el subordinante es una locución formada con la conjunción *que* (8a), pero el indicativo cuando es *si* (8b).

(8) a **En caso que desee** información turística, conviene visitar la oficina de Sernatur (Gastón Lux, *Descubramos Chile*, [Chile, 1997], CREA).
   b **Si desea** información adicional, puede enviar su consulta por correo al Servicio de Información Administrativa (*Página web*, [España, 1999], CREA).

Por el tipo de modalidad que expresa, el imperativo es un modo defectivo, que posee un solo tiempo y que únicamente presenta formas específicas de segunda persona del singular (*¡Canta, tú!*, *¡Cantá, vos!*) o del plural (*¡Cantad, vosotros!*). Para el tratamiento de *usted*, en que el verbo se conjuga en tercera persona, se adoptan las formas del subjuntivo, el modo no marcado respecto al imperativo (*¡Cante, usted!*, *¡Canten, ustedes!*). También se recurre a este modo para expresar órdenes o exhortaciones en primera persona del plural (*¡Cantemos!*) o prohibiciones (*¡No cantes!*, *¡No cantéis!*).

3.2 El modo y el significado

Aunque el subjuntivo es obligatorio en muchos contextos, su uso no puede justificarse exclusivamente a partir de criterios sintácticos. Un análisis puramente sintáctico del modo plantea al menos tres problemas. Por una parte, es bien conocido el hecho de que determinados predicados pueden seleccionar subordinadas en las que alternan el indicativo y el subjuntivo con significados diferentes (NGLE, 1846–1902). En algunos casos esta alternancia no resulta problemática para un análisis sintáctico del modo, ya que cada modo se asocia a una construcción sintáctica diferente. Es lo que ocurre, por ejemplo, con el verbo *explicar*. Selecciona el indicativo si se utiliza con un sujeto agente que realiza un acto de habla (9a) y con subjuntivo si el sujeto es causa y justifica una determinada situación (9b).

(9) a La doctora Gracida explica que la insuficiencia hepática aguda se **debe** al consumo de algunas drogas como el éxtasis (*Investigación y Desarrollo*, [México, 2002], CREA).
   b Eso explica que los linces **sean** sustituidos por zorros (*Radio, Madrid*, [España, 1991], CREA).

En otros casos, sin embargo, el uso de un modo u otro depende exclusivamente del significado asociado a este. Es lo que ocurre, por ejemplo, en las subordinadas seleccionadas por verbos de comunicación, que pueden aparecer coordinadas con modos diferentes y dependiendo de un mismo verbo subordinante:

Modo y modalidad

(10) a   Me dijo que Ireneo **estaba** en la pieza del fondo y que no me **extrañara** encontrarla a oscuras (Jorge Luis Borges, *Ficciones*, [Argentina, 1944–1956], CORDE).
  b   la mujer gritó que la casa **era** muy decente y que al hijo no le **pusieran** una mano encima. (Marta Lynch, *Los dedos de la mano*, [Argentina, 1977], CREA).

La posibilidad de que se produzca esta alternancia de modos en las subordinadas coordinadas se debe a las propiedades de los verbos de comunicación. Estos verbos pueden usarse en estilo directo o indirecto y, en ambos casos, se limitan a reportar el contenido de un acto de habla. En estilo directo, el modo es el que expresa la modalidad de los enunciados, y por eso, en (11a) se usa el indicativo con la oración declarativa (*Es hora de cenar*); el imperativo, con la imperativa (*Recoge los juguetes*), y el subjuntivo, con la exhortativa (*que no quede ninguno por el suelo*). Y en estilo indirecto ocurre lo mismo y, por eso, en el ejemplo paralelo de (11b), el indicativo se utiliza en el primer caso, y el subjuntivo en los otros dos, puesto que tanto las subordinadas que expresan órdenes como las que expresan exhortaciones se construyen con subjuntivo.

(11) a   Su papá le dijo: —**Es** hora de cenar. **Recoge** los juguetes y que no **quede** ninguno por el suelo.
  b   Su papá le dijo que **era** hora de cenar, que **recogiera** los juguetes y que no **quedara** ninguno por el suelo.

El segundo problema de un análisis en términos exclusivamente sintácticos del modo tiene que ver con el hecho de que, en ciertos casos, la selección del modo se asocia a diferencias pragmáticas. Por ejemplo, en una situación en la que el hablante sabe que está lloviendo, podría utilizar tanto el indicativo como el subjuntivo en la subordinada concesiva de (12).

(12)   Aunque {**está**/**esté**} lloviendo, no hace falta que lleves el paraguas.

La posibilidad de usar los dos modos no se puede justificar a partir del criterio sintáctico de la rección ni a partir del valor de verdad de la subordinada, pues con ambos modos se expresa una situación que se presenta como real. La diferencia tiene que ver con el valor informativo de la subordinada: con indicativo se asevera el contenido de la subordinada, mientras que con subjuntivo se minimiza su valor informativo, porque se trata de un hecho ya conocido por el interlocutor o porque se presenta como poco relevante.

Un último ejemplo que no se puede explicar exclusivamente en términos de correlaciones sintácticas es la relación que se establece en ciertos casos entre el modo y los verbos modales. El subjuntivo es obligatorio en las subordinadas sustantivas dependientes de verbos de mandato (13a). Sin embargo, se construyen con indicativo si contienen un modal deóntico que asume el significado modal que en su ausencia aportaría el subjuntivo (13b).

(13) a   Rogelio intentó corregirlo, pero el tipo le **ordenó que se callara**. (*Proceso*, [México, 1997], CREA)
  b   En 1970 se formó la Cooperativa Los Laureles de Limache, la cooperativa duró hasta 1978, donde fue el Secretario Ministerial de la Provincia y **ordenó que se tenía que parcelar** (VV.AA. *Vida y Palabra Campesina*, [Chile, 1986], CREA).

De acuerdo con lo apuntado, se puede concluir que en el uso de los modos confluyen factores sintácticos, semánticos y pragmáticos. Para dar cuenta de estos últimos, una de las explicaciones más aceptadas es que la oposición entre el indicativo y el subjuntivo tiene que ver con la asertividad (Bybee y Terrell 1974; Ridruejo 1999; Pérez Saldanya 1999; Borrego et al. 2013; Lindschouw 2017) o con la actitud declarativa del sujeto ante lo enunciado (Ruiz Campillo 1999). Desde esta perspectiva, el subjuntivo es el modo de la no asertividad (o la actitud no declarativa), frente al indicativo, que como modo no marcado tiene un valor asertivo, pero puede usarse también con un valor no asertivo en determinadas construcciones sintácticas. Según el contexto, el carácter no asertivo del subjuntivo se puede deber a que la oración expresa una situación posible o irreal, una situación que se quiere o desea que se produzca o que se presenta como necesaria o provocada, o una situación que es real pero que no es relevante informativamente. Teniendo en cuenta estas diferencias, se pueden distinguir tres grandes contextos de uso del subjuntivo: el potencial (o irreal), el optativo y el temático (o de escasa relevancia informativa).

4 Perspectivas actuales

Partiendo de lo expuesto en los apartados anteriores, se analiza a continuación el uso de los modos en las oraciones no subordinadas (§ 4.1.), en las subordinadas sustantivas (§ 4.2.), en las relativas (§ 4.3.) y en las adverbiales (§ 4.4.).

4.1 El modo en las oraciones no subordinadas

Como modo por defecto, el indicativo es el más general en las oraciones no subordinadas. Se utiliza en oraciones con modalidad declarativa, sea afirmativa (*Marta se ha ido*) o negativa (*Marta no se ha ido*), pero también interrogativa (*¿Marta se ha ido?*) y exclamativa (*¡Marta se ha ido!*). Queda excluido, sin embargo, de las oraciones vinculadas a contextos optativos, en las que se usa el imperativo o el subjuntivo. Este último, se utiliza como imperativo en personas que no tienen una forma propia de imperativo (*Vuelva usted mañana; Volvamos mañana*) y en oraciones negativas (*No vuelvas mañana*). Con un significado a veces próximo al del imperativo se emplea también en oraciones exhortativas (14ab) o desiderativas (14cd).

(14) a ¡Que te **calles**, hombre!
     b (Que) **sea** lo que tenga que ser.
     c **Quiera** el destino que sea así.
     d ¡Ojalá (que) nos **equivoquemos**!

En contextos potenciales, se emplea también en oraciones que equivalen a la prótasis de una condicional con *si* (15a) y puede aparecer, en alternancia con el indicativo, en oraciones encabezadas por adverbios de duda y posibilidad como *tal vez* y sinónimos (NGLE 1954–1958; Butt et al. 2019, 243–245). Damos en (15b) un ejemplo con subjuntivo, y en (15c), uno con indicativo con el adverbio *tal vez*.

(15) a ¡Lástima! **Hubieras avisado** antes y te sentabas a morfar con nosotros. (Eduardo Pavlovsky, *El señor Galíndez*, [Argentina, 1975], CREA).
     b Tal vez **sean** tonterías, pero me parece realidad. (Daniel Leyva, *Una piñata llena de memoria*, [México, 1984]).
     c Tal vez **son** erróneos los vaticinios. (Alejandro Dolina, *El ángel gris*, [Argentina, 1993], CREA).

En estas últimas oraciones, el uso del subjuntivo es una innovación relativamente reciente, que no suele documentarse con anterioridad al siglo xix. El subjuntivo, como se ha apuntado, solo es posible si el adverbio se antepone al verbo. Además, no todos los adverbios de duda y posibilidad tienen el mismo comportamiento respecto al modo (Butt *et al.* 2013, 242–245; NGLE 1954–1957). En la Tabla 27.3 se indica la frecuencia del indicativo y el subjuntivo en contextos en los que un adverbio de duda o posibilidad inicia la oración y va seguido inmediatamente por el verbo.

Tabla 27.3 El modo en oraciones encabezadas por adverbios de duda y posibilidad.

Adverbio	Indicativo	Subjuntivo
Posiblemente	51,3 % (153)	48,7 % (145)
Quizás/quizá	54,4 % (3204)	45,6 % (2685)
Tal vez	55,2 % (1930)	44,8 % (1567)
Probablemente	70,4 % (524)	29,6 % (220)
Capaz que	75 % (51)	25 % (17)
Acaso	90,6 % (1318)	9,4 % (136)
A lo mejor	98, 5 % (1322)	1,5 % (20)
Igual	99 % (1120)	1 % (11)

Fuente: CORPES. Elaboración propia.

Como muestran los datos de la Tabla 27.3, el subjuntivo es frecuente con *tal vez*, *quizás* o *quizá* y *posiblemente*. Es menos frecuente con *probablemente*, *capaz que* y sobre todo con *acaso*. Este último se usa normalmente con indicativo en oraciones interrogativas (16a) pero con subjuntivo en oraciones declarativas (16b). Finalmente, el subjuntivo se evita en general con *a lo mejor* o *igual*, aunque se documentan algunos casos con este modo (16cd).

(16) a ¿**Acaso** tiene miedo de que lo lleven preso? (Silvia Ocampo, *Cornelia frente al espejo* [Argentina, 1988], CREA).
 b Siento entonces una certeza en mi interior. **Acaso** sea la raíz misma de la vida. (Guillermo Schlesinger, *Yo nunca me olvidaré de ti* [El Salvador, 2001], CORPES).
 c —**A lo mejor** tengas razón, después de todo no tengo derecho a arriesgar también tu vida. (Luis Alberto Portugal, *Cuestión de Karma* [Bolivia, 2004], CORPES).
 d Retrocede tambaleándose, hace como si quisiera devolver los golpes, pero en vez de esto termina desplomándose como una tarta de merengue. **Igual** sea una estrategia de lucha, por eso mantengo una distancia prudencial. (Maximiliano Nkogo Esono, "Cumpleaños infeliz" [Guinea Ecuatorial, 2010], CORPES).

4.2 El modo en las subordinadas sustantivas

De los diferentes tipos de subordinadas, es en las sustantivas donde el subjuntivo presenta una frecuencia más alta (*v*. Tabla 27.2 y Butragueño y Lastra 2012). En estas subordinadas, el modo está generalmente inducido por el predicado de la oración subordinante o por un elemento modal de esta, pero también puede depender de factores estrictamente semánticos o pragmáticos, como se indica a continuación.

 a) De acuerdo con el significado no asertivo asociado al subjuntivo, este modo se utiliza en contextos optativos, esto es, en subordinadas que dependen de predicados que expresan petición, deseo, orden, oposición, prohibición o necesidad: {*Quiere/Desea/Nos exige/Se opone a/ Necesita*} *que le ayudemos*. Generalmente, también se emplea con predicados que expresan causa o que desencadenan una situación, a pesar de que en estos casos la subordinada pueda expresar situaciones ya ocurridas, como muestran los ejemplos siguientes:

(17) a Esta perspectiva **explica** y **justifica** que **haya sido** la Filosofía del Derecho en España la que haya producido una reflexión más amplia sobre el tema de los derechos fundamentales. (Gregorio *Peces-Barba, Introducción a la filosofía del derecho*, [España, 1983], CREA).
 b Aquello **dio lugar a** que **estallara** la rivalidad entre ambos. (Juan Miralles, *Hernán Cortés*, [México, 2001], CREA).

b) El subjuntivo es también obligatorio en contextos potenciales o irreales, es decir cuando se combina con predicados que indican posibilidad, duda, falsedad, etc.: {*Es posible/Dudo*} *que haya apoyado la propuesta*.

c) No hay obligatoriedad en el uso del subjuntivo cuando la principal contiene un predicado factivo-emotivo, esto es, un predicado que expresa la emoción, positiva o negativa, que provoca el hecho designado en la subordinada. Si la subordinada funciona como sujeto (18a) o complemento directo (18b), el uso del subjuntivo es muy general, aunque también es posible el indicativo (18c), sobre todo en el español americano (Ridruejo 1999, 3230; NGLE 1895).

(18) a Me **molesta** que me **pregunte** dónde voy. (Chavela Vargas, *Y si quieres saber mi pasado*, [México, 2002], CREA).
 b **Siento** que te **duela**, pero esa es la pura verdad. (Ana María Matute, *Primera memoria*, [España, 1959], CREA).
 c Cuando voy a orinar **me sorprende** que la orina **arrastra** algo más molesto que en ocasiones anteriores. (Huber Matos, *Cómo llegó la noche*, [Cuba, 2002], CREA).

La posibilidad de usar el indicativo es mayor en otros contextos sintácticos; concretamente, con predicados que seleccionan un complemento de régimen con la preposición *de* (19a) y, sobre todo, en copulativas con "lo + adjetivo" (19b) o en seudohendidas (19c).

(19) a El profesor **se lamenta de que** hoy, en la escuela, se **están** perdiendo talentos. (*Diario de Navarra*, [España, 2001], CREA).
 b **Lo triste es que** la pequeña **pasó** las navidades lejos de su familia. (*La Prensa de Nicaragua*, [Nicaragua, 2001], CREA).
 c **Lo que te molesta** es que te **pareces** a él. (Rafael Mendizábal, *De cómo Antoñito López...*, [España, 1990], CREA).

En estos casos, el subjuntivo es la opción neutra y se asocia al carácter temático de la subordinada, mientras que el indicativo remarca la relevancia informativa del contenido de la subordinada. La misma distinción pragmática se establece en las subordinadas factuales introducidas por *el hecho de que*: *Es muy significativo el hecho de que no* {*ha/haya*} *habido votos en contra*).

d) Los verbos de juicio, creencia y suposición seleccionan, en general, subordinadas en indicativo y lo mismo ocurre con los verbos de comunicación cuando introducen un acto declarativo: {*Opina/Cree/Supone/Dice*} *que hemos actuado mal*. Todos estos verbos, sin embargo, se pueden construir con subjuntivo en determinados contextos en los que la subordinada no es propiamente asertiva (Rivero 1971; Ridruejo 1999, 3222–3223; NGLE 1914–1918). Se ejemplifica a continuación esta posibilidad con el verbo *creer(se)*. En los ejemplos de (20) el subjuntivo no se encuentra en correlación con ningún elemento modal y este modo es el que otorga un carácter no asertivo a la subordinada, minimizando el compromiso respecto a su valor de verdad (20a) o indicando que este valor se acepta, pero de manera polémica (20b).

(20) a   Hallaron entre los restos del aparato, que quedó destrozado al desplomarse, tres cadáveres aún no identificados, y **se cree que haya** otros entre la maleza. (*Excélsior*, [México, 1996], CREA).
   b   Hoy día casi nada me parece mentira y **me creo que** Inés Sastre **se traiga** dos maletas de libros de teatro y de filosofía. (*Cambio 16*, n° 978, [España, 1990], CREA).

En otros casos, el subjuntivo sí se encuentra en correlación con un elemento modal que justifica el carácter no asertivo de la subordinada, como la negación o la interrogación: *No cree que hayas actuado mal*, *¿Tú crees que haya sido capaz de hacerlo?* En la Tabla 27.4 se muestra la frecuencia del indicativo y el subjuntivo en las subordinadas sustantivas seleccionadas por el verbo *creer* en contextos negativos e interrogativos. La condición general de búsqueda es *creer* precedido de *no* o en oraciones interrogativas, seguido de *que* y de una forma verbal en el contexto de tres posiciones a la derecha.

Tabla 27.4 El modo en las subordinadas dependientes de *creer* en contextos negativos e interrogativos.

Contexto	Indicativo	Subjuntivo
no CREER que...	12,3 % (704)	87,7 % (5030)
¿CREER que...?	92,1 % (1441)	7,9 % (123)

Fuente: CORPES. Elaboración propia.

El subjuntivo es poco frecuente en contextos interrogativos y este modo solo se utiliza para remarcar el carácter dudoso, poco probable de la situación por la que se pregunta. Si la pregunta es neutra, la subordinada se construye con indicativo. En contextos negativos, en cambio, el uso del subjuntivo es la opción más general, como ocurre con *negar* y *dudar* que incorporan léxicamente la negación: {*Niega/Duda*} *que hayan sido ellos*. El indicativo, sin embargo, resulta igualmente posible, como muestran los ejemplos siguientes, en los que *creer* aparece en una oración negativa:

(21) a   al verme con la máscara negra y los ojos de robot **ni creen** que **soy** Darth Vader (Carlos Fuentes, Cristobal Nonato, [México, 1987], CREA).
   b   —Yo no sé si Julito ha muerto. Yo no he visto su cadáver. Hasta que yo lo vea o alguien de quien yo me pueda fiar me diga que lo ha visto, yo **no me creo que Julio ha muerto**. (*La Razón*, [España, 2001], CREA).
   c   Pero **no creas que me he aburrido**. Al contrario. (Juan Marsé, *Últimas tardes con Teresa*, [España, 1966], CORDE).

En estos ejemplos, la subordinada queda fuera del alcance de la negación y se establece un contraste entre el valor de verdad que otorga a la subordinada el hablante y otro enunciador. Generalmente, es el hablante el que asume dicho valor de verdad por oposición al sujeto de la principal (21a), pero también puede ocurrir que la subordinada reproduzca una aseveración previa a pesar de que el hablante no la asuma (21b). Un poco más complejo es el caso de (21c), en el que hablante pide al interlocutor que no asuma como verdadera una conclusión a la que ha llegado o podría llegar. En este contexto, a diferencia de los dos anteriores, no es posible el subjuntivo, seguramente porque la negación es el inductor del subjuntivo en el verbo *creer* y esto impide que la subordinada pueda interpretarse como el foco de dicho operador (Bosque 2012, 384).

e) En todos los casos analizados hasta ahora, los inductores del subjuntivo son elementos modales de la oración subordinante, pero también se dan casos de doble subordinación: *Lamenta que creas que ella {es/sea} la responsable*; *No es que crea que {seamos/somos} insolidarios*. El subjuntivo se explica por la correlación con el verbo o un operador de la oración principal y el indicativo por la correlación con el verbo de la primera subordinada (Ridruejo 1999, 3244–3246; NGLE 1913–1915).

f) Respecto a las interrogativas indirectas, el indicativo es el modo mayoritario, tanto en las totales como en las parciales (*v*. Tabla 27.5).

Tabla 27.5 El modo en las subordinadas interrogativas.

Interrogativa	Indicativo	Subjuntivo
Total	98,93 % (3717)	1,06 % (40)
Parcial	98,37 % (3881)	1,62 % (64)

Fuente: BDS. Elaboración propia

En las interrogativas totales se utiliza generalmente el indicativo (22a), aunque el subjuntivo también es posible, especialmente en el español de México y de otros países americanos (22b), y está bien documentado en textos antiguos.

(22) a No sé **si hay** algún proyecto de proponer algún cambio o no. (*La Vanguardia*, [España, 1995], CREA).
     b No sé **si haya abundado** con él en mayores explicaciones, pienso que no... (*Proceso*, [México, 1996], CREA).

En las parciales, el subjuntivo es muy general en contextos en los que se indica dependencia, independencia o indiferencia: *Participaremos {según/dependiendo de/no importa} quién nos lo pida*. Los dos modos son posibles con *no saber*, aunque el subjuntivo es más habitual en el español americano que en el peninsular: *No sé con quién {ha/haya} hablado*. Y se usa generalmente el indicativo con *preguntar*: *Nos preguntó dónde habíamos estado*.

4.3 El modo en las subordinadas relativas

El modo en las relativas depende generalmente del carácter específico o inespecífico del sintagma nominal en el que se integran, pero también puede estar condicionado por otros factores.

a) En general, si el sintagma nominal es específico y denota una entidad concreta del universo del discurso, la relativa se construye con indicativo, y si es inespecífico y no denota una entidad concreta, con subjuntivo. En una oración como *Está leyendo un libro en el que se analiza el periodo de entreguerras*, la relativa solo admite el indicativo porque el sintagma nominal es específico. En cambio, en *Quiere leer un libro en el que se {analiza/analice} el periodo de entreguerras*, son posibles los dos modos, pues el sintagma nominal puede ser específico o no. En este segundo caso, el verbo *querer* es el elemento que permite que el sintagma nominal tenga una lectura inespecífica y, por lo tanto, el que actúa como inductor del subjuntivo.

b) Son variados los elementos que pueden suspender el carácter referencial de un sintagma nominal y que pueden actuar como inductores del subjuntivo. Entre otros, forman parte de esta clase: los verbos intensionales, como el ya mencionado *querer* u otros como *buscar, intentar* o *necesitar*; los verbos modales, como *poder* o *tener que* (*Tengo que leer un libro que trate del periodo de entreguerras*); el modo imperativo (*Regálale un libro que trate del periodo de entreguerras*); los tiempos que expresan posterioridad o condición ({*Leeré un libro que trate/Leería un libro que tratara*} *del periodo de entreguerras*); la negación (*No ha leído ningún libro que trate del período de entreguerras*); la interrogación (*¿Has leído algún libro que trate del periodo de entreguerras?*), o los elementos que dan lugar a interpretaciones genéricas, como los tiempos imperfectivos o el verbo aspectual *soler* ({*Normalmente lee/Suele leer*} libros *que traten del periodo de entreguerras*).

c) Además de los inductores mencionados, hay otros que no implican una lectura inespecífica del sintagma nominal y en los que el subjuntivo puede alternar con el indicativo sin cambio de significado (Pérez Saldanya 1999, 3275–3280; NGLE 1934–1937). Forman parte de este grupo de inductores los adverbios focales de exclusión, como *solo* o *únicamente* (*Solo ha leído dos libros que* {*tratan/traten*} *del periodo de entreguerras*), del cuantificador *poco* (*Ha leído pocos libros que* {*tratan/traten*} *del periodo de entreguerras*) y de las construcciones superlativas (*Es el libro más interesante que* {*he/haya*} *leído sobre el periodo de entreguerras*). En las oraciones con los adverbios de exclusión y el cuantificador *poco*, el indicativo se explica por el carácter referencial del sintagma nominal y el subjuntivo porque se designa un grupo reducido, casi inexistente de entidades, en contra de lo que sería esperable. En las construcciones superlativas, en cambio, las diferencias son menos precisas, aunque el subjuntivo otorga un carácter más general al conjunto respecto al que se establece la comparación. Por eso, el uso del subjuntivo se ve favorecido cuando se combina con cuantificadores negativos (como *jamás*, *nunca*), y con el modal *poder*:

(23) Se han estudiado tres supernovas alejadísimas aparecidas en tomas del Telescopio Espacial. La más alejada que **haya podido** detectarse **jamás** explotó hace unos 7.700 millones de años. (Josep Maria Trigo, *Nosotros en el Universo*, [España, 2001], CREA).

d) La alternancia modal también es posible en ejemplos como los siguientes: *No me importa la fuente de información que* {*has/hayas*} *utilizado*; *El que te* {*ha/haya*} *dicho eso te está engañando*. Con indicativo se señala que el hablante desconoce la identidad del referente, pero que acepta su existencia; con subjuntivo, que no se compromete con su existencia o que esta le resulta del todo indiferente.

e) También pueden alternar los dos modos sin cambios relevantes de significado si el sintagma nominal que contiene la relativa forma parte de una subordinada en subjuntivo seleccionada por predicados factivo-emotivos: *Me sorprende que haya políticos que no* {*apoyan/apoyen*} *la iniciativa*.

f) Finalmente, el subjuntivo no está inducido por ningún elemento modal en las relativas explicativas en las que se expresa un deseo (*A mi padre, que en paz descanse, le encantaba hacer deporte*) y en las relativas con valor final (*Le regalamos una radio que le distrajera durante las largas horas de tedio en el hospital*).

4.4 El modo en las subordinadas adverbiales

Las llamadas subordinadas adverbiales constituyen un grupo heterogéneo de oraciones entre las que se incluyen subordinadas sustantivas seleccionadas por una preposición (*para que vengas*) o un adverbio (*después de que vengas*), relativas (*donde/cuando/como puedas*), subordinadas encabezadas por una conjunción (*si pudieras*) o con subjuntivo libre (*quieras o no*). Analizamos a continuación algunos de los casos más significativos.

a) En general, las subordinadas que expresan situaciones hipotéticas o irreales se construyen en subjuntivo, como ocurre con las subordinadas finales (*Nos avisó para que no llegáramos tarde*) o las modales introducidas por *sin* (*Se fue sin que nos diéramos cuenta*). Nótese que en este último caso el contenido de la subordinada es falso y, por eso, se activa la implicación "no nos dimos cuenta".

b) Lo mismo sucede en las prótasis condicionales introducidas por la conjunción *como* o por subordinantes que presentan la conjunción *que* (*a condición de que, en caso que, a no ser que, excepto que*): *Como se entere, no te lo perdonará*; *Avísanos en caso que necesites ayuda*. Si están encabezadas por la conjunción *si*, en cambio, son posibles los dos modos, en combinación con ciertos tiempos verbales: se construyen con indicativo si expresan situaciones posibles (*Avísanos si necesitas ayuda*) y con subjuntivo si expresan situaciones difícilmente realizables o descartadas (*Te avisaríamos si necesitáramos ayuda*).

c) El uso de los modos también presenta variación en las subordinadas concesivas, que expresan un obstáculo inefectivo para lo indicado en la principal. Como en el caso anterior, las concesivas encabezadas por subordinantes que contienen la conjunción *que* se construyen con subjuntivo si expresan situaciones posibles o descartadas: *No volveré a verte, aunque me lo pidas por favor*. Y admiten los dos modos si se trata de *si*: con indicativo si expresan situaciones posibles (*Incluso si me lo pides por favor...*) y con subjuntivo si expresan situaciones difícilmente realizables o descartadas (*Incluso si me lo pidieras por favor...*). También se construyen con este modo las que no contienen ningún subordinante y aparecen encabezadas por el verbo en construcciones universales (*Diga lo que diga, no le hagas caso*) o disjuntas (*Llueva, nieve o haga calor empezaremos mañana la obra*).

d) Las concesivas que expresan situaciones reales admiten los dos modos: con indicativo se pone de manifiesto la relevancia informativa del contenido de la subordinada (*Aunque esta lloviendo, me apetece ir a la montaña*) y con subjuntivo su escasa relevancia informativa (*Ya sé que llueve, pero aunque esté lloviendo ...*). Los dos modos son posibles en las subordinadas encabezadas por *aunque*, pero se construyen preferentemente con indicativo las encabezadas por *a pesar de que* (*A pesar de que está lloviendo ...*).

e) Las causales indican la razón o el motivo de lo expresado en la principal o introducen una explicación y se construyen con indicativo: *Se fueron pronto porque estaban cansados*; *Yo me encargaré, que conozco bien el tema*. Sin embargo, se construyen con subjuntivo en contextos en los que no tienen un carácter asertivo; por ejemplo, cuando son el foco de la negación: *No se fueron porque estuvieran cansados, sino por otra razón*.

f) Las construcciones ilativas expresan la consecuencia que se deriva de la situación señalada en la oración precedente y, generalmente, se construyen con indicativo: *La carretera estaba cortada, así que tuvimos que cancelar la visita*. Las encabezadas por *de ahí que*, sin embargo, se construyen con escasas excepciones con subjuntivo: *La carretera estaba cortada; de ahí que tuviéramos que cancelar la visita*. Como ocurre con las subordinadas sustantivas que dependen de predicados que expresan causa (*Eso justifica que tuviéramos que cancelar la visita*), el subjuntivo se debe a que la situación no se presenta de manera independiente sino bajo la dependencia de otra.

g) En las subordinadas temporales el modo está relacionado con el tiempo en el que se sitúa la subordinada. En general, se construyen con indicativo si expresan situaciones que se presentan como verdaderas (pasadas, presentes o habituales): *Se fue cuando dormíamos*; *Cuéntamelo ahora, mientras cenamos*; *Vamos a la montaña siempre que podemos*. Y con subjuntivo, si expresan situaciones posteriores y no experimentadas en el momento que se toma como referencia: *Me iré mientras estéis durmiendo*, *Me dijo que me lo contaría mientras cenáramos*; *Iremos a la montaña siempre que podamos*.

h) Las construidas con el adverbio *antes* se construyen con subjuntivo, independientemente de que puedan expresar situaciones acaecidas (24), porque dicha situación es posterior a un momento de referencia pasado y, por lo tanto, no experimentada en dicho momento:

(24) La liberación de Berna y el nacimiento de la República Lemánica fueron proclamados **antes de que llegaran** las tropas francesas el 28 de enero de 1798. (Adolfo Adolfo, *Régimen de convención*, [España, 2004], CREA).

En contextos de pasado las subordinadas con el adverbio *después* expresan situaciones acaecidas, pero contrariamente a lo esperable, admiten tanto el indicativo (25a) como el subjuntivo (25b).

(25) a **Después** de que sus casas **fueron** quemadas, se les obligó a transportar sus pertenencias unos 70 kilómetros. (*El País*, [España,1988], CREA).
 b **Después** de que los peritos **entregasen** su informe y lo **ratificasen**, el fiscal consideró necesario oír al resto de los querellados. (*El País*, [España, 1997], CREA).

El subjuntivo es mucho más frecuente en el español de España que en el americano y aparece típicamente en textos periodísticos o literarios (Aurová 2013). Su uso se puede explicar por analogía con las construcciones con el adverbio *antes*. Esta analogía, además, se puede ver favorecida por la complejidad de las relaciones temporales que poden en juego, pero también por el hecho de que la subordinada se identifica con el segundo plano informativo y se utiliza como marco para introducir la información más relevante asociada a la oración principal.

5 Direcciones futuras y conclusiones

En la tradición gramatical del español, el estudio sobre los modos se centra sobre todo en el subjuntivo y es recurrente el debate sobre si su uso se puede explicar a partir de uno o varios significados, o a partir de criterios estrictamente sintácticos. Como hemos tratado de mostrar, un estudio sobre el modo que pretenda ser exhaustivo debe tener en cuenta tanto aspectos sintácticos, como semánticos y pragmáticos. Los modos aparecen en construcciones diferentes y a veces su uso está motivado por restricciones sintácticas, como ocurre con las prótasis condicionales con *si*, que, contrariamente a lo esperable, exigen el indicativo si expresan situaciones posibles. Además, son muchos los elementos modales que actúan como inductores del subjuntivo y existen diferencias diacrónicas y dialectales en el uso de los modos que no pueden justificarse con criterios semánticos. Siendo esto cierto, también es verdad que en determinados contextos pueden alternar los dos modos y son estos los que establecen diferencias de modalidad.

Como ocurre con otras propiedades gramaticales, los modos tienen un significado abstracto y este significado explica que puedan aparecer en correlación con determinados predicados u operadores modales, estableciendo una especie de concordancia modal, o sin este tipo de correlaciones. Desde esta perspectiva, el subjuntivo puede caracterizarse como el modo de la no asertividad, o de una actitud no declarativa, frente al indicativo, que es el modo por defecto, y aparece en contextos asertivos, pero no queda excluido de los no asertivos, en determinadas construcciones sintácticas.

A pesar de que se ha avanzado mucho en el estudio de los modos verbales, quedan aspectos todavía por delimitar, especialmente en el ámbito de la variación diacrónica y dialectal y de la rutinización de su uso en ciertos contextos.

Lecturas complementarias recomendadas

Ahern (2008), Bosque (2012), Pérez Saldanya (1999), NGLE, Porto Dapena (1991), Ridruejo (1999).

Referencias bibliográficas

Ahern, A. 2008. *El subjuntivo: contextos y efectos*. Madrid: Arco/Libros.
Alarcos Llorach, E. 1970. "*Cantaría*: modo, tiempo y aspecto". En *Estudios de gramática funcional del español*, 95–108. Madrid: Gredos.
Aurová, M. (2013): "Diversidad lingüística: *después de que* y el modo verbal". En *Diversidad lingüística del español*, eds. M. Valeš y S. Míča, 113–130. Liberec: Universidad Técnica de Liberec.
BDS: Base de Datos Sintácticos del Español Actual, Universidade de Santiago de Compostela. (www.bds.usc.es).
Bello, A. 1847. *Gramática de la lengua castellana destinada al uso de los americanos*. Edición crítica de R. Trujillo. Madrid: Arco/Libros, 1988.
Borrego, J. dir., L. Domínguez, S. Lucas, Á. Recio y C. Tomé. 2013. *Gramática de referencia para la enseñanza del español. La combinación de oraciones*. Salamanca: Universidad de Salamanca.
Borrego, J., J. Gómez Asencio y E. Prieto. 1986. *El subjuntivo: valores y usos*. Madrid: SGEL.
Bosque, I. ed. 1990. *Indicativo y subjuntivo*. Madrid: Taurus.
Bosque, I. 2012. "Mood: Indicative vs. Subjunctive". En *The Handbook of Hispanic Linguistics*, eds. J. I. Hualde, A. Olarrea y E. O'Rourke, 373–394. Berlín y Boston: De Gruyter.
Butt, J., C. Benjamin y A. Moreira. 2013. *A New Reference Grammar of Modern Spanish*. Londres y Nueva York: Routledge.
Bybee, J. y T. D. Terrell. 1974. "A Semantically Based Analysis of Mood in Spanish". *Hispania* 57: 484–494. Edición en español de Bosque, I. ed. 1990, 145–163.
CORDE: Real Academia Española. Corpus Diacrónico del Español. (http://rae.es/recursos/banco-de-datos/corde).
CORPES: Real Academia Española. Corpus del Español del Siglo XXI. (http://rae.es/recursos/banco-de-datos/corpes-xxi). Versión 0.94.
CREA: Real Academia Española. Corpus de Referencia del Español Actual. (http://rae.es/recursos/banco-de-datos/crea). Versión anotada 0.3.
Lastra, Y. y P. Martín Butragueño. 2012. "Aproximación al uso del modo subjuntivo en el Corpus sociolingüístico de la Ciudad de México". *Boletín de filología* 47(2): 101–131.
Lindschouw, J. 2017. "Tense, aspect, mood". En *Manual of Romance Morphosyntax and Syntax*, eds. A. Dufter y E. Stark, 397–448. Berlín y Boston: De Gruyter.
NGLE: Real Academia Española y Asociación de Academias de la Lengua Española. 2009–2011. *Nueva gramática de la lengua española*. Madrid: Espasa.
Poplack, S., R. Torres Cacoullos, N. Dion, R. de Andrade Berlinck, S. Digesto, D. Lacasse y J. Steuck. 2018. "Variation and Grammaticalization in Romance: Across-Linguistic Study of the Subjunctive". En *Manuals in Linguistics: Romance Sociolinguistics*, eds. W. Ayres-Bennett y J. Carruthers, 217–252. Berlín y Boston: De Gruyter.
Porto Dapena, J. Á. 1991. *Del indicativo al subjuntivo*. Madrid: Arco Libros.
Ridruejo, E. 1999. "Modo y modalidad. El modo en las subordinadas sustantivas", En *Gramática descriptiva de la lengua española*, 2, eds. I. Bosque y V. Demonte, 3208–3251. Madrid: Espasa.
Rivero, M.ª L. 1971. "Mood and Presupposition in Spanish". *Foundations of Language* 7: 305–336.
Pérez Saldanya, M. 1999. "El modo en las subordinadas relativas y adverbiales". En *Gramática descriptiva de la lengua española*, 2, eds. I. Bosque y V. Demonte, 3253–3322. Madrid: Espasa.
Schwenter, S. A. y M. Hoff. 2020. "Cross-Dialectal Productivity of the Spanish Subjunctive in Nominal Clause Complements". En *Variation and Evolution: Aspects of Language Contact and Contrast across the Spanish-Speaking World*, S. Sessarego, J. Colomina-Almiñana y A. Rodríguez-Riccelli, 12–31. Amsterdam y Philadelphia: John Benjamins.
Torres Cacoullos, R., D. LaCasse, M. Johns y J. De la Rosa Yacomelo. 2017. "El subjuntivo: hacia la rutinización". *Moenia* 23: 73–94.
Ruiz Camillo, J. P. 1999. *La enseñanza significativa del sistema verbal: un modelo operativo*. Tesis doctoral publicada en Biblioteca redELE, Ministerio de Educación y Ciencia, 2004. (www.mepsyd.es/redele/biblioteca/ruiz_campillo.shtml).
Veiga, A. 2006. "Las formas verbales subjuntivas. Su organización modo-temporal". En *Sintaxis histórica de la lengua española. Primera parte: la frase verbal*, 1, dir. C. Company, 93–240. México: Fondo de Cultura Económica y Universidad Nacional Autónoma de México.

28
Tiempo y aspecto
(Tense and aspect)

Alexandre Veiga

1 Introducción

El análisis gramatical de las significaciones funcionalmente temporales configuradas en el sistema verbal español las revela como realizables en conjuntos de orientaciones enfocadas directa o indirectamente desde un punto central de referencias. La consideración global de todas las unidades de contenido temporal excluye la idea de "tiempos absolutos" al evidenciar distintos grados de relatividad respecto de dicho punto central. Por otro lado, la existencia de diferencias de base temporal entre los contenidos expresables por todas las formas que transmiten un mismo valor modal no permite defender, pese a ciertas apariencias y a las opiniones de diferentes estudiosos, la funcionalidad del aspecto como categoría independiente en la estructura del verbo español (no homogénea, por otra parte, considerando las disparidades observables entre distintas variantes geográficas).

Palabras clave: verbo español; tiempo verbal; aspecto

The grammatical analysis of the functionally temporal meanings configured in the Spanish verb system reveals them to be realizable in combinations of orientations focused directly or indirectly from a center point of reference. The global consideration of all the units of temporal content excludes the idea of "absolute times" in demonstrating different degrees of relativity with respect to said center point. Furthermore, the existence of temporal base differences among the expressible contents of the forms that transmit the same modal value does not allow us to defend, despite certain appearances to the contrary and the opinions of various scholars, the functionality of aspect as an independent category in the structure of the Spanish verb (which, in addition, is not homogeneous, given the disparities observed between geographical varieties.)

Keywords: Spanish verb; tense; aspect

2 Estado de la cuestión

El *aspecto* verbal ha sido definido como "la relación temporal no deíctica entre dos intervalos de tiempo" (García Fernández 1998, 14), definición explícitamente basada en hechos de "tiempo", mas frente a un *tiempo* (verbal) que sí depende "de la situación concreta comunicativa para su plena interpretación semántica" (*ibid.*). Comrie (1976, 5) se refirió a *tense* y *aspect* como "concerned with time", pero destacando la condición de *deictic category* del tiempo verbal frente al aspecto, "[...] concerned [...] rather with the internal temporal constituency of the one situation". Coseriu (1980, § 2.3.2) señaló el aspecto como categoría que se presenta casi siempre íntimamente combinada con la de tiempo y estableció en general unas "dimensiones aspectuales" en términos de duración, iteración, determinación, terminación, resultado, visión, fase o colocación (1980, § 4.2.1–4.2.8).

Por su parte, reiteradamente las significaciones temporales de expresión verbal han visto su análisis perturbado por su identificación con conceptos derivados del análisis del tiempo extralingüístico, pero la pretensión de apoyar su reconocimiento en posibles divisiones de una línea temporal se ha revelado inadecuada ante la observación conjunta de las significaciones configurables mediante la categoría que llamamos *tiempo verbal* o *temporalidad*. La naturaleza relativa, orientativa, de dichas significaciones se reconoce con claridad en un sistema verbal como el del español. Una primera observación nos permite apreciar que los ejemplos 2a-c resultan de la transformación de 1a-c a la correlación temporal desde un verbo regente en *pretérito*: unos y otros expresan el proceso verbalmente enfocado como respectivamente anterior (1a, 2a), simultáneo (1b, 2b) o posterior (1c, 2c) a un determinado punto de referencia, que en el segundo conjunto consiste en la señalada relación temporal *pretérito* expresada por *anunció*, mientras que en el primero es directamente el que consideramos centro deíctico de referencias temporales del sistema o punto *origen*, normalmente localizable en el momento en que se produce el acto comunicativo (Rojo 1974, 78; Rojo y Veiga 1999, § 44.2.2.5). Anotamos entre paréntesis la realización temporal que atribuimos a cada unidad verbal destacada:

(1) a En Quito ayer *llovió* por momentos. (*El Observador* [Montevideo, 12/2/1997], CREA) (*pretérito*)
 b *Llueve* en toda esta zona en estos momentos. (CREA, oral [España, 1991]) (*presente*)
 c *Lloverá* hasta el miércoles. (*El País Digital* [Montevideo, 5/2/2007] CORPES XXI) (*futuro*)
(2) a La radio anunció que el día anterior *había llovido* por momentos (*ante-pretérito*).
 b La radio anunció que en aquellos momentos *llovía* en toda la zona (*co-pretérito*).
 c La radio anunció que *llovería* hasta el miércoles (*pos-pretérito*).

Una construcción como la ilustrada en (2c) evidencia con especial claridad la intrascendencia, a efectos de configuración gramatical, de la situación del proceso en divisiones "externas" del "tiempo" como pueden ser "pasado"/"presente"/"futuro". Lo determinante para que en el indicativo español sea *cantaría* y no otra forma la que transmite la correspondiente significación temporal es que dicha significación implique el enfoque directo del proceso verbal como posterior a una referencia (enfoque de *posterioridad primaria*) que, en su relación con el origen, contiene una perspectiva de anterioridad (enfoque de *anterioridad originaria*). Apareciendo conjuntamente las orientaciones de posterioridad primaria y anterioridad originaria, integrantes de la relación temporal *pos-pretérito*, la unidad verbal cuyo uso el sistema prescribe es la misma, con total independencia de que el hecho aludido haya tenido lugar en el pasado (3a), esté teniendo lugar en el presente (3b) o se prevea como de cumplimiento futuro (3c):

(3) a La radio anunció que *llovería* y efectivamente *llovió* ayer.
 b La radio anunció que *llovería* y efectivamente *llueve* en estos momentos.
 c La radio anunció que *llovería* y efectivamente *lloverá* de un momento a otro.

La confrontación entre los ejemplos 1a-c y 2a-c revela un conjunto de cambios formales que marcan una diferencia funcional entre orientaciones de anterioridad, simultaneidad y posterioridad directamente enfocadas desde el punto origen e idénticas orientaciones enfocadas desde una referencia anterior a dicho punto.

Contrariamente, las mismas formas verbales, respectivamente *canto* y *cantaré*, que expresan las relaciones de simultaneidad (*presente*) y posterioridad (*futuro*) al origen, siguen siendo las utilizadas si dichas relaciones temporales primarias pasan a ser enfocadas desde una referencia no anterior a dicho punto, sino simultánea (ejs., 4a-b) o posterior (ejs., 5a-b):

(4) a La radio anuncia en estos momentos que *llueve* en toda la región (*co-presente*).
    b La radio anuncia en estos momentos que *lloverá* en toda la región (*pos-presente*).
(5) a La radio anunciará mañana que *llueve* en toda la región (*co-futuro*).
    b La radio anunciará mañana que *lloverá* en toda la región (*pos-futuro*).

Especialmente significativa resulta la confrontación de los dos últimos ejemplos, correlativamente orientados desde una referencia originaria en *futuro*, con las correspondientes expresiones en "estilo directo",

(6) La radio anunciará mañana: "*llueve/lloverá* en toda la región",

ilustrativa de cómo en 5a la forma *canto* —el tradicional "presente de indicativo"— se refiere a un hecho cronológicamente futuro (en el momento en que se pronuncia dicha secuencia puede no estar aún lloviendo), pero simultáneo al momento también futuro de su directo enfoque temporal, mientras que en 5b la forma *cantaré* —el tradicional "futuro imperfecto de indicativo"— aparece expresando posterioridad enfocada desde una referencia a su vez posterior al origen.

La confrontación entre las sustituciones formales observables en el caso de 1a-c frente a 2a-c y la conservación de las formas primitivas cuando la reorientación temporal se efectúa respecto de una referencia en *presente* (ejs. 4a-b) o *futuro* (ejs. 5a-b) pone de manifiesto que la noción originaria de anterioridad posee en el sistema verbal español una importancia que no poseen las de simultaneidad o posterioridad. Solo la primera puede ser formalmente marcada, mientras que en los otros dos casos las correspondientes orientaciones se manifiestan como variantes contextuales de unos mismos contenidos sistemáticos, a que nos referiremos como funciones temporales /presente/ (expresión: *canto*) y /futuro/ (expresión: *cantaré*), cuyas realizaciones básicas son respectivamente las que venimos denominando mediante las mismas expresiones (tradicionales): *presente* y *futuro*.

La oposición entre estas dos últimas funciones, como entre /co-pretérito/ y /pos-pretérito/, no funciona en subjuntivo, modo carente de formas específicas para marcar posterioridad (Rojo y Veiga 1999, § 44.3.2). Las oposiciones temporales en que interviene esta orientación son las más fácilmente neutralizables en todo el sistema, como se manifiesta en el propio indicativo cuando el contexto explicita una noción de posterioridad que permite emplear las formas no marcadas (*canto, cantaba*) en lugar de las respectivamente marcadas (*cantaré, cantaría*); es el tradicional uso del "presente *pro futuro*" —de raíz diferente al conocido como "presente histórico", resultante de un desplazamiento retrospectivo en la ubicación del punto origen, paralelamente aplicable a relaciones temporales distintas de la de *presente* (Rojo y Veiga 1999, § 44.2.2.5)— y empleos paralelos de otras formas:

(7) a Mañana *salgo* [~*saldré*] de viaje (*futuro*).
    b Dijo que al día siguiente *salía* [~*saldría*] de viaje (*pos-pretérito*).

Y un contexto sintáctico concreto como el de la prótasis condicional con *si* impone la misma neutralización, impidiendo esta vez la aparición de las formas verbales marcadas de posterioridad cuando tal orientación temporal aparece:

(8) a Si mañana *llueve*... [*lloverá] (*futuro*)
    b Me dijo que si al día siguiente *llovía*... [*llovería] (*pos-pretérito*).

En combinación con valores modales de *irrealidad* (resultantes de *migración temporal* para Bull 1960, de *dislocación* para Rojo 1974), las posibilidades de distinción temporal se reducen al máximo, estableciéndose una única oposición, basada en el rasgo *anterioridad primaria*, marcado mediante el uso de formas compuestas frente a las correspondientes simples, como se aprecia en las oraciones condicionales modalmente "irreales":

(9) a Si *tuviera* dinero, *viviría* en otro lugar.
    b Si *hubieras~-ses venido* antes, *habríamos salido* de paseo.

Este hecho prueba la supremacía funcional de la anterioridad primaria en el sistema temporal del verbo español (única propiedad que funciona, por el mismo motivo, en infinitivo —*cantar/haber cantado*— o gerundio —*cantando/habiendo cantado*—). Y destaquemos que dicha oposición no admite formulación en términos ("tradicionales") como, por ejemplo, "no pasado"/"pasado", dado que las mismas expresiones compuestas pueden transmitir la relación temporal que Bello llamaba *ante-futuro*, aplicada a un hecho cronológicamente futuro, pero, y esto es lo determinante, primariamente anterior en relación con otro punto futuro de referencia:

(10) Si *hubiera~-se conseguido* terminar el trabajo antes de mañana...

3 Aproximaciones teóricas

La evidencia de la naturaleza relativa de las significaciones lingüísticamente temporales ha originado diversas propuestas de representación y clasificación de dichas significaciones en la historia de la lingüística española.

Ya Andrés Bello (1847, § 622–650) presentó un claro y coherente modelo descriptivo conjugando las tres posibles orientaciones de "anterioridad", "coexistencia" y "posterioridad", directa o indirectamente medidas desde el momento del acto verbal. Más de un siglo después, William Bull introduciría la imagen geométrica del vector para la representación de las orientaciones temporales que consideramos *primarias*, que vinculaba a cada suceso verbalmente expresado (*event* = E) mediante los símbolos –V (vector de anterioridad), 0V (vector de simultaneidad) y +V (vector de posterioridad), orientables desde un máximo de cuatro ejes, respectivamente presente (PP), retrospectivo (RP), anticipado (AP) y retrospectivo anticipado (RAP) (Bull 1960, 42). Posteriormente Rojo (1974) analizaría las relaciones temporales en posibles conjuntos de entre uno y tres vectores (–V, oV y +V en su representación) medidos desde el punto origen (O).

Más recientemente se divulgaría el modelo analítico de Reichenbach (1947), básicamente concebido desde los hechos estructurales del verbo inglés y que conjugaba tres puntos formulados S (*speech*), E (*event*) y R (*reference*), cuya aplicación al sistema español hallaremos en investigadores como, entre otros, García Fernández (p. ej., 1998) o Zagona (2012).

La tabla 28.1 ilustra las caracterizaciones propuestas desde estos puntos de vista para las realizaciones temporales que consideramos básicas expresadas por las formas verbales indicativas del castellano actual (excluimos la arcaica *hube cantado*) con arreglo a lo que para Bello eran sus significaciones "fundamentales", para Bull sus "systemic functions" y para Rojo sus "usos rectos", esto es, sin adición de ningún matiz modal marcado.

Tabla 28.1 Caracterizaciones temporales.

Formas	Bello (1847)	Bull (1960)	Rojo (1974)	Zagona (2012)
Canto	Presente	E(PP0V)	OoV	S, R, E
Cantaré	Futuro	E(PP+V)	O+V	S_R, E
Canté	Pretérito	E(RP0V)	O-V	E, R_S
Cantaba	Co-pretérito	E(RP0V)	(O-V)oV	E, R_S
Cantaría	Pos-pretérito	E(RP+V)	(O-V)+V	R_E_S
He cantado	Ante-presente	E(PP–V)	(OoV)-V	E_R, S
Habré cantado	Ante-futuro	E(AP-V)	(O+V)-V	S_E_R[1]
Había cantado	Ante-co-pretérito	E(RP-V)	(O-V)-V	E_R_S
Habría cantado	Ante-pos-pretérito	E(RAP-V)	((O-V)+V)-V	

Visiblemente estos cuatro modelos interpretativos ofrecen puntos en común frente a sus divergencias, entre las que hemos de comenzar puntualizando el único error destacable en la teoría temporal de Bello: su caracterización del significado fundamental expresado por *había cantado* no como *ante-pretérito*, sino como *ante-co-pretérito*, forzada por su afán de rigurosa simetría entre los análisis temporales de las formas compuestas y los de las correspondientes simples.

No menos errónea se nos manifiesta la atribución al significado temporal de *he cantado* por parte de Bull de una formulación, E(PP—V), que viene a resultar perfectamente simétrica "hacia el pasado" de la propuesta para el significado del "futuro" *cantaré*, E(PP+V) y que para la gran mayoría de los hispanohablantes no puede corresponder sino al valor expresado por *canté*. Pero la rigidez del sistema bulliano de cuatro ejes y un solo vector enfocable desde cada uno de ellos excluía desde el principio cualquier representación congruente con la significación temporal que Bello llamaba *ante-presente* y Rojo, admitiendo los encadenamientos de vectores, formularía (OoV)—V; así, Bull interpretó el valor propio del "pretérito perfecto compuesto" como si fuese el de un *pretérito*, viéndose forzado a atribuir a *canté* un enfoque de simultaneidad primaria idéntico al de *cantaba* (mutatis mutandis, el de un *co-pretérito*), el mismo que asignaba a *sang* en el verbo inglés (Bull 1960, 31).

Como Bull, también García Fernández o Zagona (quien no incluyó entre sus caracterizaciones temporales la de *habría cantado*, que exige más de los tres puntos del sistema reichenbachiano ortodoxo) postularían equivalencia temporal en los significados de *canté* y *cantaba* (idéntico "tiempo pasado", García Fernández 1998, 19). Y por considerarlas formas temporalmente equivalentes, todos ellos recurrirían para su diferenciación gramatical, como ya antes Gili Gaya (1943) o Alarcos Llorach (1949), a una categoría diferente, el aspecto verbal.

Un criterio aspectual en la descripción de los significados de los "tiempos verbales" figuraba ya en las gramáticas académicas publicadas entre 1917 y 1931, que hablaban de "cualidad de la acción verbal" (RAE 1931, § 287) para hacer referencia a la noción que posteriormente la lingüística española designaría en general como *aspecto* y exponían textualmente que "[l]a diferencia que existe entre la significación de los tiempos simples y la de los tiempos compuestos, estriba en que éstos denotan la significación del verbo como verificada, terminada o cumplida ya, y los simples no" (1931, § 86,*d*), recurriendo para el caso concreto de la forma simple *canté* a una forzadísima explicación que valdría a la Academia las críticas de Gili Gaya (1943, § 119), defensor de una distinción entre tiempos "perfectos" e "imperfectos" que incluyese en el primer grupo todas las formas compuestas junto con *canté*, esto es, para nosotros aquellas con significados gramaticales temporalmente transmisores de una orientación primaria de anterioridad —lo que podría evidenciar una relación de concomitancia entre ambos tipos de rasgo, pero no explicar, por ejemplo, el uso de la forma compuesta *he cantado* aplicada a procesos y series reiterativas no concluidas aún en el momento "presente" (*cf. infra* § 4)—.

Alarcos Llorach (1949, § 33) invocaría una noción aspectual para oponer directamente los contenidos expresados por *canté* y *cantaba*, formas a que atribuía idéntico valor temporal "remotospectivo" e "improspectivo" (1949, § 12), señalándolas como términos de una correlación de "aspecto flexional" en términos de "terminativo"/"no terminativo". Paralelamente presentaba los valores expresados por las formas compuestas como caracterizados por otro rasgo aspectual, esta vez de "aspecto sintagmático", hablando de formas "*delimitadas (determinables)*" (1949, § 34). Posteriormente reemplazaría esta última interpretación por una noción de "anterioridad" (p. ej., Alarcos Llorach 1994, § 199, 229–230), reconociendo así su fundamento de base temporal, pero separando dicha noción de la de "tiempo" y sin aplicarla al caso concreto de *canté*, para cuya diferenciación frente a *cantaba* mantuvo en todo momento la caracterización aspectual (*cf.* 1994, § 225). Con ello atribuía a nociones gramaticales diferenciadas la anterioridad primaria reconocible en el significado de *canté* y la expresada por una forma como *había cantado*. Pero la sustitución de la primera forma por la segunda al establecerse correlación con una referencia de anterioridad originaria (*cf.* nuestros anteriores ejemplos 1a–2a y, más abajo, 11a–12a) pone de manifiesto su identidad como una y la misma orientación, al tiempo que las correspondencias de 1b y 11b con respectivamente 2b y 12b evidencian que *cantaba* es la forma verbal que enfoca respecto de una referencia temporal de *pretérito* la misma orientación de simultaneidad primaria que un "presente" orienta directamente desde el origen:

(11) a Me dijo: *nací* en Bogotá. O-V, *pretérito*
 b Me dijo: me *gusta* la música. OoV, *presente*
(12) a Me dijo que *había nacido* en Bogotá. (O-V)-V, *ante-pretérito*
 b Me dijo que le *gustaba* la música. (O-V)oV, *co-pretérito*.

4 Perspectivas actuales

La introducción del aspecto en la descripción gramatical del verbo español ha conducido a un panorama investigador en el que se han señalado dos tendencias predominantes, digamos "temporalista" frente a "aspectualista" (Kempas 2014, § 1), cuyos planteamientos básicos se reflejan en la NGLE, que ofrece aquí o allá menciones o contraposiciones de puntos de vista remisibles a una y otra.

La última gramática académica explicita inicialmente que en sus páginas "se considerará que el aspecto desempeña un papel importante en la gramática del verbo [...], pero se introducirán menos distinciones aspectuales de las que se manejan en otros estudios" (NGLE, § 23.2c). Tales distinciones girarán en torno a la dicotomía *perfectivo/imperfectivo*, privilegiada en las investigaciones aspectualistas por su importancia en ciertas lenguas eslavas, pero de diversa naturaleza en ellas respecto de los hechos en que descansan las distinciones para las que suele ser invocada en el verbo español —Nowikow (2002, 2017, cap. 2, § 5.2), por ejemplo, contrapone desde un estudio contrastivo español-polaco las nociones de "limitación temporal" (tiempo)/"conclusión procesal" (aspecto)—.

La confrontación directa entre los análisis temporales correspondientes a las realizaciones básicas expresadas por las formas verbales indicativas tal como refleja el capítulo 44 de la GDLE (Rojo y Veiga 1999) y las caracterizaciones aspectuales que la NGLE les atribuye evidencia visibles paralelismos (tabla 28.2).

Tabla 28.2 Formulaciones vectoriales (GDLE) y caracterizaciones aspectuales (NGLE).

Forma verbal	Rojo y Veiga (1999), cf . Rojo (1974)	NGLE (§ 23.2k) (caracterizaciones aspectuales)
Canto	OoV	forma imperfectiva
Cantaba	(O-V)oV	"
Cantaré	O+V	forma neutra en cuanto al aspecto
Cantaría	(O-V)+V	"
He cantado	(OoV)-V	forma imperfectiva o perfectiva
Canté	O-V	forma perfectiva
Había cantado	(O-V)-V	"
Habré cantado	(O+V)-V	"
Habría cantado	((O-V)+V)-V	

Fácil resulta apreciar que las formas a que la NGLE se refiere como aspectualmente imperfectivas son aquellas cuyas realizaciones básicas de contenido temporal incluyen un vector de simultaneidad, oV, mientras que las que caracteriza como perfectivas son aquellas en cuyos valores temporales interviene la anterioridad primaria (= vector—V a la derecha de la fórmula, con nuevo "olvido" de *habría cantado*). Por ello, el "ante-presente" *he cantado*, cuyo análisis temporal conduce a la detección de ambos vectores, es aquí aludido en términos de "forma perfectiva o imperfectiva" y no como forma aspectualmente "neutra", caracterización esta última que la gramática académica atribuye estrictamente a las formas que expresan posterioridad primaria (= vector +V a la derecha).

En el análisis gramatical del sistema verbal español, las correspondencias mostradas en la tabla 28.2 no permiten, pues, señalar una categoría aspectual funcionalmente independiente de la temporal. Pero tampoco parece admisible la atribución a ciertas formas de significaciones aspectuales como las defendidas en la NGLE si observamos usos concretos que no responden a las susodichas caracterizaciones.

Para empezar, la descripción del tradicional "presente de indicativo" como gramaticalmente imperfectivo —válida inicialmente para los usos "actual", "habitual" o de "verdades intemporales" de que hablaba Gili Gaya (1943, § 121; *cf.* el "presente continuo", "actual", "ampliado o extendido", el "habitual o cíclico" o los "genéricos o generalizadores" junto con el "gnómico" en la NGLE, § 23.5d, 23.5g, 23.5l)— no resulta aceptable en apariciones aspectualmente "puntuales" que excluyen la interpretación del hecho como inconcluso (13ab), como tampoco en actos formularios en que la pronunciación misma de la forma supone el cumplimiento de lo significado por el verbo (14ab):

(13) a *Muere* Cristóbal Halffter, el compositor [...]. (*El Mundo*, Madrid, 24/5/2021)
    b ¡Rafa Nadal *termina* el partido y se va [...]! (*Marca*, Madrid, 23/4/2021)
(14) a Se *levanta* la sesión.
    b Os *declaro* marido y mujer.

No es posible, pues, verificar en castellano una oposición aspectual en términos de *perfectivo/ imperfectivo* en combinación con un valor temporal /presente/; antes bien, la forma *canto* puede, con unos u otros verbos o bien en tales o cuales contextos, comunicar hechos o procesos aspectualmente dispares.

En cuanto a la atribución de un valor aspectual *imperfectivo* a la forma *cantaba*, condicionada por la defensa de su supuesta identidad con *canté* en lo temporal, no solamente hemos verificado ya que no existe tal identidad, sino que, al igual que las formas de "presente", las de "imperfecto" no dejan de ofrecer usos particulares a los que puede resultar inaplicable la consideración aspectual que les ha valido su tradicional etiqueta gramatical (*cf.* Veiga 2020, § 4.7.8–9). Y mencionemos el parangón establecido en este sentido con los hechos del verbo griego moderno, con la oportuna ejemplificación, por parte de Leontaridi (p. ej., 2019, 91).

De hecho, palabras como las de la NGLE (§ 23.2k) cuando nos dice del "pretérito imperfecto" que, como forma imperfectiva, "presenta la acción en su curso, sin referencia a su inicio o su fin", resultan poco adecuadas a sus usos en contextos en que se relaciona con marcadores gramaticales que, como *hasta que*, señalan un límite final para el proceso expresado:

(15) Ni siquiera *sabía* quién era yo hasta que hace un par de años… (*apud* NGLE: § 23.13g)

y, desde luego, huelga toda pretensión de señalar aspectualidad imperfectiva ante un ejemplo como:

(16) El 12 de marzo de 1874 el poeta *moría* en Madrid […] (*apud* Havu 2004, 265 [ej. 81]),

para el que resulta inadmisible interpretar que el poeta no hubiese acabado de morir. Y en este tipo de construcciones no es indiferente el uso de *cantaba* o *canté*; precisamente la renuncia al enfoque temporal más espontáneo para el relato de un hecho "pasado" es lo que explica el recurso en ciertos estilos de lengua al *co-pretérito* como alternativa al *pretérito*, como ya advirtió Coseriu (1976, 148) al afirmar que, así empleado, el "imperfecto" románico "parece retener su propio valor y uso, y expresar algo especial; no se trata de un simple prescindir de una diferencia […], ella es aquí intencionada para expresar un cierto matiz". Nos hallamos, en cualquier caso, ante un uso estilísticamente marcado (Havu 2004, 265), perfectamente explicable como aplicación a determinados hechos "pasados" y momentáneos de un enfoque temporal, el de *co-pretérito*, no precisamente habitual en los actos de comunicación ordinarios.

Inadecuada igualmente puede resultar la tradicional expresión "pretérito perfecto (compuesto)" en el caso de *he cantado*, forma que en cualquier variedad de español en que propiamente exista admite el empleo acorde con el concepto aspectual de "perfecto compuesto continuo" (*NGLE*, § 23.7ñ; *cf.* la noción de "pretérito perfecto continuativo-resultativo" en Gutiérrez Araus 1995 o la de "perfecto continuo" en García Fernández 2000), esto es, la comunicación de procesos o estados o bien series de hechos —normalmente vinculados a tipos de valores léxicos o de situaciones— que, con su inicio en algún momento pasado, no han concluido aún en el "presente" en que se procede a su enfoque:

(17) a   Yo siempre *he vivido* en la calle Moral (CREA, oral [España, s.a.]).
      b   […] toda la vida me *he levantado* temprano (J. A. Bueno Álvarez, *El último viaje de Eliseo Guzmán* [España, 2001], CORPES XXI).

Este uso halla una coherente explicación temporal considerando la aplicabilidad de la orientación de simultaneidad inherente a la realización *presente*, OoV, tanto a procesos (18a) como a series de acciones (18b) que han comenzado en un momento del pasado y trascienden hacia el futuro por no haber llegado a su fin:

(18) a Actualmente *vivo* en esta calle ("presente actual").
     b Siempre me *levanto* temprano ("presente habitual").

Es precisamente dicha aplicabilidad la que, ahora en el seno de la realización temporal que Rojo formula (OoV)-V, permite que cualquier proceso verbal enfocado primariamente como anterior a una referencia simultánea al origen pueda no haber concluido todavía en el momento de su configuración lingüística. Basta para ello con que resulte anterior a cualquier punto inserto en la duración total de dicha referencia, aun cuando se trate de un punto cronológicamente situado en lo que para el hablante es todavía "futuro".

El mismo componente temporal de simultaneidad se halla tras las reiteradas alusiones a una situación o período de tiempo "presente" en que tiene lugar la acción (19a), a resultados o consecuencias "presentes" de una acción pasada (19b), a inmediatez temporal (19c) o bien a relevancia "presente" o efectos psicológicos vinculados a una situación "presente" de unos hechos en rigor acaecidos en el pasado (19d), que tantas veces hallamos en descripciones del "perfecto compuesto" español (principalmente "peninsular") y contraposiciones de su significado gramatical al expresado por el "simple". *Cf*.:

(19) a Lo cierto es que este año *ha llovido* poco (*El Diario Vasco* [23/7/1996], CREA).
     b Nava cuenta con varios monumentos que le *ha legado* la historia (*El Norte de Castilla* [30/3/2001], CORPES XXI).
     c Aviones de Argentina y Perú ya *han llegado* con las primeras ayudas (*ABC* [Madrid, 6/3/1985], CREA).
     d El tío se murió y esto lo *ha traumatizado* un poco (G. Martínez, *Sólo para gigantes* [España, 2011], CORPES XXI).

Pero precisamente la confrontación entre los valores expresados por *canté* y *he cantado* exige la consideración en la gramática del verbo español de al menos cuatro variedades, establecida o predominante cada una de ellas en la lengua hablada en esta o aquella región del vasto dominio castellanohablante. Señalamos al respecto (Veiga 2019, § 2.1) dos estructuras básicas de sistema, diferenciando un *subsistema A*, en que *canté* y *he cantado* transmiten significados gramaticales contrapuestos, de un *subsistema B*, en que una de dichas formas puede expresar toda la sustancia de contenido gramatical que *A* reparte entre los contenidos asignados a una y otra.

En España la estructuración correspondiente a *A* es la más extendida, hallándose únicamente ausente en el habla común de ciertos territorios peninsulares noroccidentales en que la forma simple mantiene la amplitud gramatical del *perfectum* latino, por no haber llegado nunca la compuesta a integrarse propiamente en la conjugación, lo que nos sitúa ante la realidad del subsistema *B*. Esta preponderancia de *canté* en la lengua viva es característica del castellano hablado en Galicia (en consonancia con las estructuras del arcaizante sistema verbal gallego, carente de formas compuestas) y en las provincias "que coinciden con los dominios del antiguo dialecto leonés" (Pato y Heap 2008, 932). En esta variedad de español es fácil registrar apariciones de *canté* aspectualmente "continuativas" (negativas al combinarse con *aún/todavía no*) que en otras áreas lingüísticas exigirían *he cantado*:

(20) a Los jóvenes que votan el 18 por primera vez solo *vivieron* con un presidente (*La Voz de Galicia*, 5/3/2018).
     b El gobierno local todavía no *inició* el proceso de licitación (*El Progreso*, Lugo, Galicia, 5/12/2018).

La oposición gramatical plasmada entre las formas simple y compuesta (subsistema *A*) se registra también en buena parte de Hispanoamérica, pero con un ámbito de aplicación más restringido para *he cantado*, resultando especialmente espontánea la utilización de *canté* para hechos acaecidos en un pasado inmediato o bien en combinación con marcadores temporales de significación "presente":

(21) a En este semestre se *incluyó* otro programa (Colombia).
   b Y ahorita me *dijeron* que había venido (México).
   c Ahora me *llegó* una circular que dice… (Chile)
   d ¿Usted sabe que hoy *hice* las torticas que a usted tanto le gustan? (Venezuela)
         (apud Hurtado González 2009, 99).

Distinguimos, en consecuencia, dos dimensiones en el reparto funcional entre los contenidos expresados por *canté/he cantado*: la correspondiente a la variedad que llamamos *A1* (Veiga 2019, § 2.1–2) —la prototípicamente "peninsular"[2]— y la propia de la que designamos como *A2*, correspondiente a los hechos que han sido descritos para México, América Central, Colombia, Venezuela y otras áreas americanas (no todas, *cf. infra*), que igualmente constituye componente básico en la gramática del español canario (Veiga 2019, § 2.2, 6.1), la mayoritaria si consideramos el número de hablantes de dicha variedad.

La verificación de un empleo "particularly experiential and continuative (perfect of persistent situation)" (Schwenter y Torres Cacoullos 2008, 32, sobre México) de *he cantado* en el español de estas regiones nos sitúa de nuevo ante una posible aplicación de la simultaneidad originaria correspondiente a la noción bellista del *ante-presente*, lo que supone el reconocimiento de una mayor restricción en la aplicabilidad nocional de esta simultaneidad en la variedad *A2* frente a la amplitud que ha alcanzado en *A1*. Se explica así coherentemente la diferente "función denotativa" para un "campo de acción más reducido" que señaló Moreno de Alba (1978, 68) para *he cantado* en América frente a la Península o la base temporal de la "relatively restricted interpretation of 'present relevance'" que Harris (1982, 53) mencionó como general en español americano.

En cuanto al subsistema *B*, la verificación global de las áreas en que no puede hablarse de una distinción significativa por medio de *canté/he cantado* nos permite también diferenciar una variedad *B1*, en que *canté* cubre los ámbitos de aplicación que *A* reparte entre las dos formas, y una nueva variedad *B2*, localizable en territorios en que la compuesta ha extendido su significación gramatical a expensas de la simple. A la variedad *B1*, la ya mencionada en el noroeste de la Península Ibérica, parece también asignable el componente básico del castellano hablado en el Río de la Plata (Veiga 2019, § 2.3, *cf.* las observaciones de Azpiazu Torres 2019, § 3.4.3). En cuanto a *B2*, la creciente generalización de *he cantado*, con verosímil influencia sustratística de ciertas lenguas nativas (*cf.* Veiga 2019, 37–38), ha sido señalada en territorio "andino" (Ecuador, Perú, Bolivia, noroeste de Argentina, *cf.* Azpiazu Torres 2019, § 3.5.3). Un ejemplo como

(22) [...] muy poco ha variado desde la época que *ha llegado* Pizarro [...] (*apud* Egido Fernández y Morala Rodríguez 2009, 121),

de labios de un informante boliviano, refleja inequívocamente la aplicación de la forma compuesta a un genuino enfoque temporal *pretérito*, que cualquier otra variedad de español encomienda a la simple.

La tabla 28.3 esquematiza el actual reparto básico en el uso de las formas *he cantado/canté*.

Tabla 28.3 Subsistemas y variedades de español sobre *he cantado/canté*.

	SUBSISTEMA A		SUBSISTEMA B	
	Variedad A1	Variedad A2	Variedad B1	Variedad B2
Uso "continuativo"	he cantado	he cantado	canté	he cantado
Pasado inmediato/reciente	he cantado	canté	canté	he cantado
Pretérito	canté	canté	canté	he cantado

Las tablas 28.4 y 28.5 recogen datos recopilados respectivamente por Hurtado González (2009) y Soto (2014) sobre conversaciones/entrevistas grabadas. En ambos casos sobresalen las cifras bolivianas, correspondientes al país en que es más notoria la difusión de *he cantado* (subsistema *B2*), también destacada en el habla madrileña, que sugiere su avance hacia "the default exponent of past perfective tense/aspect in Peninsular Spanish" (Schwenter y Torres Cacoullos 2008, 32). Los datos argentinos, incluso bonaerenses, han de entenderse en la perspectiva global del país, en cuya "mitad norte" coexisten las variedades *B1* y *B2*, y de una gran ciudad aglutinante de población de diversos orígenes como es Buenos Aires. El territorio mexicano (ejemplo "prototípico" de variedad *A2*) se muestra en ambas tablas especialmente favorecedor del uso de *canté*.

Tabla 28.4 He cantado/canté por países.

País[3]	% he cantado/canté
Bolivia	56,8/43,2
Perú	32,0/68,0
Colombia	30,2/69,8
Venezuela	26,6/73,4
R. Dominicana	25,4/74,6
Ecuador	25,2/74,8
Costa Rica	24,1/75,9
Puerto Rico	23,1/76,9
Chile	18,1/81,9
Argentina	14,7/85,3
México	12,4/87,6

Fuente: Hurtado González (2009)

Tabla 28.5 Frecuencia de *he cantado* por capitales.

Ciudades	Ocurrencias de he cantado por cada 1000 palabras
La Paz	13,5
Lima	10,5
Madrid	8,7
Bogotá	6,1
Caracas	5,4
S. Juan de Puerto Rico	5,4
S. José de Costa Rica	4,9
Santiago de Chile	4,7
Buenos Aires	3,0
Ciudad de México	2,9

Fuente: Soto (2014).

Otra importante diferencia geolingüística en la organización gramatical del sistema verbal español afecta al tradicional "pretérito imperfecto de subjuntivo", de expresión doblemente alomórfica (*cantara~-se*), bien que en la lengua hablada predomine absolutamente la forma (innovadora, etimológicamente indicativa) en *-ra*. En combinación con el valor modal que llamamos *subjuntivo 0*, funcionalmente no *irreal*, esta unidad expresiva se conserva, para empezar, en el español "peninsular", como vehículo de las relaciones temporales *pretérito*, *co-pretérito* y *pos-pretérito*, las que el *Indicativo 0* (funcionalmente no marcado) distribuye funcionalmente en los valores respectivamente expresados por *canté*, *cantaba* y *cantaría*. La doble combinabilidad modal de la partícula *tal vez* permite fácilmente observar la correspondencia temporal de *cantara~-se* con cualquiera de las antedichas formas indicativas:

(23) a Tal vez *llegaron ~ llegaran~-sen* cansados del viaje y por eso no nos llamaron.
    b Tal vez *estaban ~ estuvieran~-sen* cansados y por eso no nos llamaron.
    c Anticiparon que tal vez *llegarían ~ llegaran~-sen* cansados.

Pero en áreas americanas se registra una decadencia en el uso de estas formas (*cf.*, p. ej., Kany 1945, 220–221) en favor de una extensión temporal del "presente de subjuntivo" *cante*, que a su general aplicabilidad al ámbito *presente-futuro* añade las tres antedichas relaciones temporales en que interviene una noción originaria de anterioridad, como ilustran los siguientes ejemplos —respectivamente procedentes de Ecuador (J. Icaza), Chile (J. M. Castro) y Argentina (*Clarín*, 23/12/2001)—, en que el español europeo emplearía *obligara~-se*, *escuchara~-se* y *prestara~-se*:

(24) a Sin que el jinete le *obligue*, la mula paró [...] (*apud* Kany 1945, 221) [el jinete no la *obligó*].
    b [...] el enfermo seguía hablando sin que ninguno le *escuche* (*ibid.*) [ninguno lo *escuchaba*].
    c Fui a verla para que me *preste* un libro (*apud* Prymak 2004, 439) [esperando que me lo *prestaría*].

En este caso, la condición *dislocable* (concepción de Rojo 1974) de las formas en *-ra~-se*, esto es, su concreta bifuncionalidad en relación con la oposición que formulamos *irreal/no irreal*, ha extendido dicha decadencia a sus empleos modalmente irreales, como se aprecia en el siguiente ejemplo, cuya intencionalidad humorística parte de considerar que los sujetos femenino y masculino guarden silencio en circunstancias amatorias:

(25) A ellas les gustaría que él les *hable*... a ellos les gustaría que ella *grite*... (Maitena, *Mujeres alteradas 3*. Buenos Aires y México: Atlántida, 1997, 23).

Manteniendo plenamente un sistema más conservador en este aspecto, el español europeo empleará *cantara~-se* con toda normalidad:

(26) A ellas les gustaría que él les *hablara~-se*... a ellos les gustaría que ella *gritara~-se*...

5 Direcciones futuras y conclusiones

La diversidad geolingüística en el uso de determinadas formas verbales, cuando no las diferencias remisibles a la propia estructura de sistema en unas u otras variedades del español, constituye un vasto terreno de estudio todavía abierto y necesitado de cultivo en suficiente medida. Kempas (2017, § 5), por ejemplo, señala diferencias en el reparto *canté/he cantado* en el propio español "peninsular extranoroccidental" y reclama más estudios de campo, como igualmente para las áreas sudamericanas en que se ha extendido la forma compuesta, mientras que Azpiazu Torres (2019, § 3.6) plantea directamente la posible subdivisión de alguna de las variantes de sistema que hemos señalado. Y este es solo uno de los puntos concretos que atraen nuestra atención en la comparación de los usos verbales entre diferentes áreas del mundo hispanófono.

La evidencia, para concluir, de que el verbo español establece hasta nueve valores gramaticales con arreglo a unas diferencias de base temporal no permite postular la funcionalidad independiente de una categoría como el aspecto ni, en general, atribuir valor funcional a nuevas categorías al margen de modo y temporalidad que se pudieran sugerir desde la observación directa de unos matices de contenido normalmente apreciables en contextos concretos, pero nunca defendibles como funcionales en la caracterización del valor gramatical expresable por unas u otras formas.

Notas

1 Erróneamente S_R,E en el original.
2 En la cual, no obstante, se localizan usos de *canté* por *he cantado* para acciones recién ocurridas en construcciones del tipo *¡Se acabó!*, *¡Lo logramos!*, en que se ha señalado (Bajo Pérez 2012) un efecto de énfasis explicable precisamente por la aparición de *canté* en lugar de la forma —compuesta— que resultaría la no marcada como expresión temporal de dichas acciones (*cf.* Veiga 2019, § 5.4.2).
3 Excluimos datos de países con menos de 1000 registros de "pretéritos" y corregimos un visible error numérico en los porcentajes ecuatorianos.

Bibliografía complementaria recomendada

Bosque, I., ed. 1990. *Tiempo y aspecto en español*. Madrid: Cátedra.
Havu, J. 1997. *La constitución temporal del sintagma verbal en el español moderno*. Helsinki: Academia Scientiarum Fennica.
Gutiérrez Araus, M. L. 1998. "Sistema y discurso en las formas verbales de pasado". *Revista Española de Lingüística* 28/2, 275–306.
Carrasco Gutiérrez, Á. ed. 2008. *Tiempos compuestos y formas verbales complejas*. Madrid: Iberoamericana y Frankfurt am Main: Vervuert.
Quesada Pacheco, M. Á., ed. 2013. *El español hablado en América Central: nivel morfosintáctico*. Madrid: Iberoamericana y Frankfurt am Main: Vervuert.

Referencias bibliográficas

Alarcos Llorach, E. 1949. "Sobre la estructura del verbo español". En *Estudios de gramática funcional del español*, 50–89. Madrid: Gredos, 1980³.
Alarcos Llorach, E. 1994. *Gramática de la lengua española*. Madrid: Espasa Calpe.
Azpiazu Torres, S. 2019. *La composicionalidad temporal del perfecto compuesto español. Estudio sincrónico y dialectal*. Berlín y Boston: Walter de Gruyter.
Bajo Pérez, E. 2012. "El pretérito perfecto simple de valor modal: la expresión de la irreversibilidad absoluta". En *Estudios de filología española*, eds. J. L. Bartol Hernández y J. F. García Santos, 39–51. Salamanca: Luso-Española de Ediciones / Universidad de Salamanca.
Bello, A. 1847. *Gramática de la lengua castellana destinada al uso de los americanos. Con las notas de Rufino José Cuervo*. Estudio y ed. de R. Trujillo. Madrid: Arco/Libros, 1988.
Bull, W. E. 1960. *Time, Tense, and the Verb: A Study in Theoretical and Applied Linguistics, with Particular Attention to Spanish*. Berkeley: University of California Press.
Comrie, B. 1976. *Aspect: An Introduction to the Study of Verbal Aspect and Related Problems*. Cambridge: Cambridge University Press.
CORPES XXI: Real Academia Española. Corpus del Español del Siglo XXI. (www.rae.es/banco-de-datos/corpes-xxi). Versión 0.94.
Coseriu, E. 1976. El *sistema verbal románico*. Tr. esp. de C. Opazo Velásquez. México: Siglo Veintiuno, 1996.
Coseriu, E. 1980. "Aspect verbal ou aspects verbaux? Quelques questions de théorie et de méthode". En *La notion d'aspect*, eds. R. David y R. Martin, 13–25. Metz: Université de Metz / Klincksieck.

CREA = Real Academia Española. *Corpus de Referencia del español actual*. (www.rae.es/banco-de-datos.crea). Versión anotada 0.3.
Egido Fernández, C. y J. R. Morala Rodríguez. 2009. "El verbo. Morfología". En *Estudios lingüísticos del español hablado en América*, vol. 2, ed. C. Hernández Alonso, 13–181. Madrid: Visor.
García Fernández, L. 1998. *El aspecto gramatical en la conjugación*. Madrid: Arco/Libros.
García Fernández, L. 2000. "El perfecto continuativo". *Verba* 27: 343–358.
Gili Gaya, S. 1943. *Curso superior de sintaxis española*. Barcelona: Biblograf, 1973[11].
Gutiérrez Araus, M. L. 1995. *Formas temporales de pasado en indicativo*. Madrid: Arco/Libros.
Harris, M. 1982. "The 'Past Simple' and the 'Present Perfect' in Romance". En *Studies in the Romance Verb: Essays Offered to Joe Cremona on the Occasion of His 60th Birthday*, eds. N. Vincent y M. Harris, 42–70. London: Croom Helm.
Havu, J. 2004. "La accionalidad verbal y el imperfecto". En *El pretérito imperfecto*, eds. L. García Fernández y B. Camus Bergareche, 229–269. Madrid: Gredos.
Hurtado González, S. 2009. "El perfecto simple y el perfecto compuesto en Hispanoamérica: la inclusión o exclusión del *ahora* de la enunciación". *Estudios Filológicos* 44: 93–106.
Kany, C. 1945. *Sintaxis hispanoamericana*. Tr. esp. de M. Blanco Álvarez. Madrid: Gredos, 1969.
Kempas, I. 2014. "Aportes empíricos a los estudios sobre el pretérito perfecto compuesto «aoristizado»". En *Formas simples y compuestas del pasado en el verbo español*, ed. S. Azpiazu, 81–102. Lugo: Axac.
Kempas, I. 2017. "¿«Pre-presente» o «pretérito perfecto compuesto aoristizado»? Una mirada sobre dos planteamientos opuestos respecto a un cambio lingüístico en curso". *Moenia* 23: 239–256.
Leontaridi, E. 2019. *Plurifuncionalidad modotemporal en español y griego moderno*. Berlin, etc.: Peter Lang.
Moreno de Alba, J. G. 1978. *Valores de las formas verbales en el español de México*. México, DF: Universidad Nacional Autónoma de México, 1985[2].
NGLE = Real Academia Española y Asociación de Academias de la Lengua Española. 2009. *Nueva gramática de la lengua española. Morfología. Sintaxis I*. Madrid: Espasa Libros.
Nowikow, W. 2002. "Acerca de la distinción entre los conceptos de [±limitación temporal] y [±conclusión procesal]". *Romanica Cracoviensia* 2002(2): 177–186.
Nowikow, W., ed. 2017. *Gramática contrastiva español-polaco*. Łódź: Widawnictwo Uniwersytetu Łódzkiego.
Pato, E. y D. Heap 2008. "La organización dialectal del castellano: la distribución de las formas *canté* vs. *he cantado* en el español peninsular". En *Actas del VII Congreso Internacional de Historia de la Lengua Española*, vol. 1, eds. C. Company Company y J. G. Moreno de Alba, 927–941. Madrid: Arco/Libros.
Prymak, S. 2004. "El presente de subjuntivo en algunas cláusulas subordinadas en el español de Argentina". *Studia Romanica Posnaniensia* 31: 437–441.
RAE = Real Academia Española. 1931. *Gramática de la lengua española. Nueva edición, reformada*. Madrid, etc.: Espasa-Calpe, S. A.
Reichenbach, H. 1947. *Elements of Symbolic Logic*. Nueva York: The Free Press y Londres: Collier-MacMillan.
Rojo, G. 1974. "La temporalidad verbal en español". *Verba* 1: 68–149.
Rojo, G. y A. Veiga. 1999. "El tiempo verbal. Las formas simples". En *Gramática descriptiva de la lengua española*, vol. 2, eds. I. Bosque y V. Demonte, 2867–2934. Madrid: Real Academia Española / Fundación José Ortega y Gasset / Editorial Espasa Calpe S. A.
Schwenter, S. A. y R. Torres Cacoullos 2008. "Defaults and Indeterminacy in Temporal Grammaticalization: The 'Perfect' Road to Perfective". *Language Variation and Change* 20(1), 1–39.
Soto, G. 2014. "El pretérito perfecto compuesto en el español estándar de nueve capitales americanas: frecuencia, subjetivización y deriva aorística". En *Formas simples y compuestas del pasado en el verbo español*, ed. S. Azpiazu, 131–146. Lugo: Axac.
Veiga, A. 2019. *El "pretérito perfecto" español. Variación gramatical y estructuras de sistema*. Lugo: Axac.
Veiga, A. 2020. *El "pretérito imperfecto" en el sistema verbal español*. Lugo: Axac.
Zagona, K. 2012. "Tense and Aspect". En *The Handbook of Hispanic Linguistics*, eds. I. Hualde *et al.*, 355–372. Oxford: Wiley-Blackwell.

29
Perífrasis verbales
(Verbal periphrases)

Hella Olbertz

1 Introducción

Este capítulo examina la perífrasis verbal, es decir, la construcción auxiliar que consiste en un verbo léxico gramaticalizado y un verbo léxico en infinitivo, gerundio o participio, y ofrece una visión panorámica de algunos temas esenciales para su estudio. Una vez definido el concepto de perífrasis verbal, en la sección 2 se describen los criterios para su delimitación con respecto a las construcciones léxicas de infinitivo, gerundio y participio. En la sección 3 se revisan los dos dominios semánticos más relevantes para la expresión perifrástica, el aspecto verbal (sección 3.1) y la modalidad (sección 3.2). En la sección 4 se presentan tres cuestiones de interés actual; la primera se refiere a las perífrasis fundamentadas en verbos que ya tienen un significado aspectual o modal (sección 4.1), mientras que la segunda se ocupa de las perífrasis que se han desarrollado a partir de verbos léxicos, cuyos grados de gramaticalización son considerados en algún detalle (sección 4.2); la sección 4.3 muestra algunas peculiaridades del español hispanoamericano, entre ellas dos perífrasis desconocidas en el español peninsular (*vivir* + gerundio y *dar* + gerundio). En la sección 5 se apuntan tres posibles futuras vías de estudio: (i) la función de las perífrasis del tipo *llegar a* + infinitivo; (ii) el reto que representan las combinaciones de perífrasis y (iii) el uso de la perífrasis *ir a* + infinitivo en preguntas retóricas.

Palabras clave: perífrasis verbal; aspecto; modalidad; gramaticalización; variación

This chapter deals with verbal periphrases, i.e., auxiliary constructions consisting of a finite grammaticalized lexical verb and a main verb in the form of an infinitive, gerund or participle. The chapter provides an overview of the most important issues related to the study of this type of construction. Section 2 starts with a definition of verbal periphrases, on the basis of which two criteria are developed that distinguish periphrases from formally similar verbal constructions. Section 3 is dedicated to the most important semantic domains expressed by means of periphrastic constructions, aspect (3.1) and modality (3.2). In section 4, three topics of interest in relation to verbal periphrases are discussed. The first concerns periphrases based on verbs that have aspectual or modal meanings of their own (4.1), while the second discusses degrees of grammaticalization of periphrases that have developed out of fully lexical verbs. Section 4.3 presents a number of characteristics of Latin American Spanish usage, among these two periphrases unknown in

DOI: 10.4324/9781003035633-32

Peninsular Spanish (*vivir* + gerund and *dar* + gerund). Section 5 presents three problems that require further research: (i) the functions of periphrastic constructions such as *llegar a* + infinitive and related ones, (ii) the challenging subject of the combinations of periphrases, and (iii) the use of the infinitive construction with *ir a* in rhetorical questions.

Keywords: verbal periphrasis; aspect; modality; grammaticalization; variation

2 Conceptos fundamentales

Una perífrasis verbal consiste en la combinación productiva de un verbo léxico que desempeña la función de auxiliar con un lexema verbal en una forma no finita, un infinitivo (precedido o no por un nexo), un gerundio o un participio, con el que forma un complejo verbal, cuyo sujeto concuerda con el primer argumento (*i.e.,* el sujeto en la oración activa) del verbo léxico. Esta definición excluye las construcciones con *haber* y *ser*, que ya no conservan rasgos léxicos, la voz pasiva y las perífrasis causativas con *dejar* y *hacer* que no comparten el primer argumento del verbo, y también las llamadas perífrasis paratácticas del tipo *tomo y me voy* (Kany 1951, 197–200). Asimismo, se excluyen las unidades fraseológicas tales como *salir corriendo/volando* y *echarse a reír/ llorar* por no ser productivas. Los correlatos positivos de la definición inicial son los siguientes: (i) la perífrasis verbal constituye el núcleo de una construcción monoclausal; (ii) la valencia cualitativa y cuantitativa de la construcción perifrástica está determinada por el verbo en forma no finita. Además, la definición no implica que el verbo finito (en adelante: auxiliar perifrástico) esté gramaticalizado por completo.

Para distinguir las perífrasis de otras construcciones formalmente similares hay dos criterios sintácticos esenciales. El primero y más importante está relacionado con la monoclausalidad de las construcciones perifrásticas, que se opone a la biclausalidad de las construcciones léxicas. Veamos un ejemplo simple:

(1) Va a vivir en Nueva York.
(2) Va a Nueva York a vivir.

En los dos ejemplos aparece *ir a* + infinitivo, pero solo en (1) tenemos una perífrasis, ya que en (2) *ir* se usa como verbo de movimiento, así que el primero es monoclausal y el segundo biclausal. La prueba sintáctica para distinguirlos consiste en la referencia pronominal a la parte no finita, en este caso al infinitivo.

(1) a   #¿Adónde va?
    b   #¿A qué va?
    c   #Va a eso.
(2) a   ¿Adónde va? —A Nueva York
    b   ¿A qué va? —A vivir.
    c   Va a eso.

Mientras que en la construcción perifrástica las referencias por medio de los pronombres interrogativos y del pronombre deíctico carecen de sentido, sí son relevantes y aceptables en los casos en los que *ir* tiene entidad léxica plena.

El segundo criterio tiene que ver con la predicatividad del verbo finito léxico, que le permite realizarse independientemente, lo que no es válido para el auxiliar perifrástico. Por lo tanto, (2d) es adecuado, mientras que (1d) no lo es:

(1) d   #¿Va de verdad?
(2) d   ¿Va de verdad? —Sí, claro.

Este segundo criterio sirve sobre todo para eliminar una serie verbos como *empezar* y *poder* que, sin ser verbos léxicos plenos, tienen valor predicativo en contextos agentivos, y, en consecuencia, no son auxiliares perifrásticos en estos contextos (*cf.* sección 4.1). La prueba de omisión se puede aplicar también a las construcciones de gerundio y participio.

Con respecto al criterio de la monoclausalidad, las pruebas varían según la forma no finita del verbo léxico, puesto que la estructura biclausal correspondiente es el punto de partida de la prueba. Consideremos primero las perífrasis de gerundio y después la de participio.

En los siguientes dos ejemplos, *andar* aparece como verbo léxico con un gerundio adverbial, que en (3) expresa manera y en (4) circunstancia simultánea. Las pruebas para averiguar la estructura léxica de las construcciones son, entre otras, las sustituciones correspondientes en (3a) y (4a).

(3) Por huirle al hacha, *anduve* cojeando durante un largo tiempo. Doy gracias a Dios que a pesar de todo, yo era un árbol que podía caminar. (Siso, *Raízdeagua*, [Venezuela, 2002], CORPES)
   a   ¿Cómo anduvo el árbol?
(4) Franco la había desterrado y *andaba* por París haciendo locuras; (Mendicutti, *El palomo cojo*, [España, 1991], CREA)
   a   ¿Qué hacía cuando andaba por París?

Demostrando la biclausalidad de (3) y (4), estas pruebas dan un resultado negativo cuando se aplican a la perífrasis; sin ser agramaticales, las preguntas en (5a) y (5b) no guardan relación con (5).

(5) Pero, para ser del todo franco, agregaré que nosotros *andábamos buscando* una información más concreta. (Mendoza, *El laberinto de las aceitunas*, [España, 1992], BDS)
   a   #¿Cómo andabais?
   b   #¿Qué hacíais cuando andabais?

En la perífrasis de participio la prueba está relacionada con la correferencialidad del sujeto con el primer argumento del verbo léxico. En (6) esta condición no se cumple, ya que no es el referente sujeto de *tener* quien empapó la ropa:

(6) Ayúdame a desvestirla. *Tiene* la ropa *empapada*. (ibíd.)
   a   ¿Cómo tiene la ropa?

Además, en este ejemplo el sintagma nominal de complemento directo se encuentra entre la forma de *tener* y el participio. El ejemplo (7), en cambio, es un caso claramente perifrástico, ya que el auxiliar *tener* y el participio forman una unidad monoclausal, como confirma la correferencialidad entre el sujeto y el primer argumento del participio.

(7) Además, *tengo entendido* que últimamente se habla de medidas "de excepción" para los que ahora llaman "arrepentidos". (Colinas, *Larga carta a Francesca*, [España, 1986], BDS)
   a   *—¿Cómo [lo] tengo?

Otros autores presentan más criterios, entre ellos la desemantización, la subida de clíticos y la posibilidad de pasivizar el verbo léxico, de los cuales ninguno es del todo fiable y/o necesario, como demuestra Garachana (2017). De hecho, las pruebas de sustitución y omisión presentadas aquí son necesarias y suficientes.

Las perífrasis verbales que se pueden distinguir sobre la base de estas pruebas y que además tienen frecuencias superiores a 20 en la BDS (1 449 005 palabras), se presentan ordenadas según la frecuencia absoluta de cada una en la tabla 29.1.

Tabla 29.1 Perífrasis verbales frecuentes.

Perífrasis de infinitivo					
ir a	1869	*llegar a*	258	*soler/acostumbrar*	51
poder	1569	*empezar/comenzar a*	243	*(a)*	38
tener que	1195	*acabar de*	225	*acabar/terminar de*	29
volver a	584	*dejar de*	112	*alcanzar a*	26
deber (de)	392	*acabar/terminar por*	61	*cesar de*	
Perífrasis de gerundio					
estar	1528	*acabar/terminar*	121		
ir	581	*venir*	74		
seguir/continuar	134	*andar*	35		
Perífrasis de participio					
tener	101				

Fuente: BDS. Elaboración propia.

En esta tabla, la construcción de infinitivo con *acabar de* aparece dos veces, una vez individualmente y la otra en conjunto con la construcción sinónima de *terminar*. La primera sirve como expresión de pasado reciente, mientras que la segunda expresa la compleción de un estado de cosas.

3 Aproximaciones teóricas

Esta sección está dedicada a la semántica de las perífrasis. Se distinguirán las perífrasis de aspecto de fase y de aspecto cuantitativo (sección 3.1.) y las modales (dinámicas, deónticas y epistémicas) (sección 3.2.). Esta descripción es necesariamente simplificada; para más detalles, se remite al lector a las lecturas recomendadas.

3.1 Perífrasis aspectuales

Las perífrasis aspectuales están relacionadas íntimamente con la configuración interna del estado de cosas que modifican, denominado "aspecto léxico" o "modo de acción", porque parte de estas perífrasis puede modificar esta configuración. Así que, antes de entrar en más detalle, hace falta considerar brevemente el modo de acción. La clasificación representada aquí se basa en Vendler (1967) (*cf.* también Comrie 1976, 41–51).

Mientras que la subcategorización con respecto al dinamismo parece ser obvia, es importante distinguir entre los estados de cosas (en adelante: "eventos") que tienen un final inherente (télicos) y los que no lo tienen (atélicos): *Estoy leyendo un poema* es una Realización, mientras que *Estoy leyendo* es lo que se llama Actividad (o Proceso, cuando se trata de sujetos inanimados). El primero tiene un final inherente (el final del poema), pero el segundo no lo tiene porque en principio puede seguir indefinidamente. Otro criterio relevante es la duración del evento:

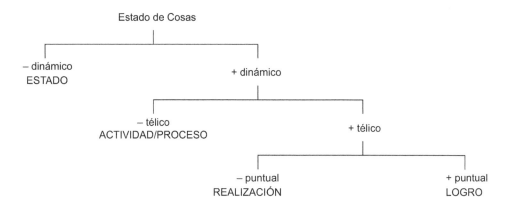

Figura 29.1 Modos de acción.

cuando es puntual, es decir, sin duración (*La bomba explota*) es un Logro; cuando sí tiene cierta duración, como *Estoy leyendo un poema*, es una Realización.

Otro concepto teórico relevante es el del punto de referencia, que consiste en el momento a partir del cual se describe el evento en curso. En contextos de tiempo presente, este punto de referencia es igual al momento de la enunciación.

Aclarados estos preliminares, pasemos a considerar las perífrasis aspectuales en detalle. Estas se pueden subdividir en dos grupos: las de (i) aspecto de fase y las de (ii) aspecto cuantitativo (Dik 1987).

(i) Las perífrasis de fase suelen atañer a distintos puntos focales externos e internos al desarrollo de un evento único. Las distinciones de fase se representan en la tabla 29.2.

Tabla 29.2 Perífrasis de fase.

Significado	Perífrasis
Prospectivo	*ir a* + infinitivo
Ingresivo	*empezar/comenzar a* + infinitivo
Progresivo	*estar* + gerundio
Egresivo	*dejar de, cesar de* + infinitivo
Completivo	*terminar/acabar de* + infinitivo
Pasado inmediato	*acabar de* + infinitivo
Resultativo	*tener* + participio

Las fases internas, ingresiva, progresiva, egresiva y completiva, pueden influir en el modo de acción. El ejemplo (8) ilustra la fase progresiva, que describe un momento interno al evento:

(8) *[E]stoy leyendo* un libro de Unamuo. (BDS, oral [España, 1983]).

La fase completiva indica que el evento se ha realizado por completo. Este sentido se presenta sobre todo en contextos de cognición y evaluación:

(9) Pero, ya en el momento que los coches *empiezan a ser grandes*, tienen la incomodidad del andar por [. .] estas calles tan estrechas... (BDS, oral [España, 1983]).

El modo de acción de *leer un libro* es télico, pero pierde la telicidad en (8). El modo de acción original de *ser grandes* en (9) es un estado, pero la expresión ingresiva *empezar a* lo convierte en un evento dinámico. Volveremos sobre el modo de acción en el apartado 4.

Los aspectos de fase exteriores, por otra parte, no suelen tener tal efecto. El aspecto prospectivo indica un evento cuya ocurrencia se prevé en función de las circunstancias del punto de referencia, que en (10) coincide con el momento de la enunciación:

(10) [C]uando volvía [...] me la encuentro paseando por el campo, bajo la tormenta que caía. Pero ¿qué haces?, le digo. ¿No ves que te *vas a helar*? (Ribera, *La sangre de mi hermano*, [España, 1988], CREA).

Nótese que, además de expresar aspecto prospectivo, *ir a* + infinitivo también expresa futuro próximo y futuro general, y como tal está en vías de sustituir al futuro morfológico (*cf.* p.ej. Tena Dávalos 2017).

Los aspectos de fase posteriores al evento mismo son el pasado inmediato y el aspecto resultativo. Aunque el primero pueda parecer de índole temporal, la presencia del adverbio *ahora* en ejemplo (11) demuestra su relación íntima con el evento en cuestión:

(11) [M]i hermano *acaba de terminar* ahora el... sexto, sexto de básica. (BDS, oral [España, 1981]).

De hecho, la perífrasis raramente coocurre con expresiones adverbiales de pasado (Olbertz 1998, 358–364), y por tanto el significado de la perífrasis no puede ser tiempo pasado. En contraste, el aspecto resultativo conlleva una relación menos inmediata con el evento, indicando el estado del argumento paciente del verbo léxico, que puede designar un objeto efectuado (*Tengo escritos ya cinco o seis folios*, CREA) o afectado ([Sobre pantalones rotos] *los tengo yo repasados a mano*, BDS).

(ii) El aspecto cuantitativo suele operar sobre una serie de eventos idénticos continuos o iterativos. Los valores individuales y las perífrasis correspondientes vienen especificados en la tabla 29.3.

Tabla 29.3 Perífrasis cuantitativas.

Significado	Perífrasis
Distributivo	*andar* + gerundio
Continuativo	*seguir/continuar* + gerundio
Habitual	*soler* + gerundio, *acostumbrar (a)* + infinitivo
Repetitivo	*volver a* + infinitivo
Gradual	*ir* + gerundio
Perfecto de situación persistente	*venir* + gerundio

El aspecto distributivo es iterativo: especifica eventos repetidos de modo irregular en distintas ocasiones:

(12) Tú, que siempre *andas cogiendo* animalitos para guardarlos en botes y observarlos. (Aldecoa, *Porque éramos jóvenes*, [España, 1986], BDS)

El aspecto continuativo indica que un evento acontece antes y después del punto de referencia sin que haya interrupción (*Seguía nevando copiosamente*, BDS). El aspecto habitual, por otro lado, se caracteriza por la existencia de un evento cuya ocurrencia es característica de un individuo u otro tipo de entidad involucrados, sin que se produzca necesariamente en el punto de referencia (*Mi mujer suele ser más amable que yo*, CORPES). El aspecto repetitivo es algo más complicado, puesto que no designa necesariamente la repetición de un evento (13), sino que también puede indicar que se restablece una situación anterior (14):

(13) Bajamos al despacho y poco antes del mediodía nos *volvió a llamar* Antúnez. (Leguina, *Tu nombre envenena mis sueños* [España, 1992], CREA).

(14) Que si hoy me compro esto, que si mañana lo *vuelvo a vender*. (Sánchez Ferlosio, *El Jarama* [España, 1956], CREA).

El aspecto gradual describe el desarrollo de un solo evento, pero también de una serie de eventos como es el caso en *Las posiciones se van acercando, si bien no sin esfuerzos* (BDS), dada la pluralidad del referente del sujeto. Un concepto algo más complicado es el perfecto de situación persistente (Comrie 1976, 60), ya que parece ser aspecto de fase, pero se diferencia de este por expresar, además, continuidad:

(15) [E]xplicó que aquella enfermedad de garganta la *venía arrastrando* desde hacía varios años. (Martínez de Pisón, *La ternura del dragón*, [España, 1988], BDS).

A pesar de la duración larga expresada en (15), queda claro, por el uso de *venir* + gerundio, que el referente del sujeto sigue enfermo en el punto de referencia.

Para una descripción detallada del aspecto cuantitativo, *cf.* Fernández de Castro (1999, 308–327), y para el aspecto perifrástico en las lenguas románicas, *cf.* Squartini (1998).

3.2 Perífrasis modales

La modalidad es una categoría lingüística relacionada con el estatus factual de un evento o una proposición. La expresión modalizada de un evento o una proposición "se marca como indeterminada con respecto a su estatus factual, es decir que no es factual ni positiva ni negativamente" (Narrog 2005, 184; traducción propia). Esta indeterminación factual queda ilustrada en los siguientes ejemplos:

(16) a Pedro tiene que tocar el piano.
     b # Pedro toca el piano.
     c # Pedro no toca el piano.
(17) a Elisa puede/debe/tiene que estar durmiendo.
     b # Elisa duerme.
     c # Elisa no duerme.

Las expresiones modales se pueden subcategorizar según dos criterios; el primero su dominio semántico: dinámico (posibilidades o necesidades que dependen de propiedades inherentes o de las circunstancias), deóntico (permiso u obligación basados en normas individuales o sociales) y epistémico (posibilidad o probabilidad relacionadas con el conocimiento del hablante); el segundo criterio es el alcance, es decir, la entidad conceptual hacia la que se orientan las expresiones modales: el agente, el evento y la proposición (*cf.* Hengeveld y Mackenzie 2008, capítulo 3). Esta relación se resume en la tabla 29.4.

Las perífrasis modales más frecuentes son las construcciones de infinitivo con *poder*, *deber (de)* y *tener que*. Puesto que las limitaciones de espacio no permiten discutir cada una de las

Tabla 29.4 Dominio y orientación de la modalidad perifrástica.

Dominio	Orientación		
	agente	*evento*	*proposición*
Dinámico	A está forzado a actuar debido a las circunstancias	E es físicamente posible o inevitable	—
Deóntico	A tiene permiso u obligación de actuar	E es permitido u obligatorio	—
Epistémico	—	Es posible o probable que E acontezca	P es posible o probablemente cierta

combinaciones posibles, se considerarán algunos ejemplos representativos, ordenados por el criterio de la orientación.

Los ejemplos (18) y (19) ilustran el uso de *tener que* + infinitivo con orientación al agente; (18) es de naturaleza deóntica:

(18) ¡Tú lo que *tienes que hacer* es devolverme el dinero que me debes! (Alonso de Santos, *Bajarse al moro*, [España, 1987], BDS).

En este caso, la obligación deóntica sobre el agente la impone un individuo. El ejemplo (19) es de necesidad dinámica, pues las circunstancias exigen que el agente actúe:

(19) *Tuvo que quitar*le el cofre de las manos porque él no sabía dónde dejarlo para abrir la puerta. (García Márquez, *Crónica de una muerte anunciada*, [Colombia, 1987], BDS).

Los siguientes dos ejemplos son representativos del uso de *poder* con orientación hacia el evento. En (20), *poder* especifica la posibilidad dinámica:

(20) Igualmente las estaciones del Sistema Central han visto disminuir sus espesores y, con excepción de Valdesquí, se *puede esquiar* con muchas limitaciones. (El País, 1/2/1985, [España], CREA).

Lo que indica este ejemplo es la posibilidad restringida de que se esquíe, que depende de las circunstancias meteorológicas. El siguiente ejemplo ilustra el uso epistémico de *poder*:

(21) Guillermo, vuestro hijo, el único que *podría haber hablado*, no lo ha hecho. (Fernán Gómez, *La coartada*, [España, 1987], BDS).

En su uso epistémico *poder* sirve para indicar la posibilidad de que ocurra un evento según el conocimiento que tiene el hablante. En el ejemplo (21), concretamente, el hablante evalúa la probabilidad teórica de que se hubiera dado un evento en el pasado. La modalidad epistémica orientada al evento se llama también "modalidad epistémica objetiva", ya que los eventos son observables y se pueden localizar en el tiempo y en el espacio (Lyons 1977, 806).

La modalidad epistémica subjetiva incide sobre pensamientos, ideas y sentimientos; en suma, sobre proposiciones, que son entidades abstractas que no se pueden localizar ni en el espacio ni en el tiempo (Lyons 1977, 805). Esta categoría se ejemplifica en (22) y (23):

(22) —Nadie se desvanece en el aire, Max.
—Para mí es una especie de transfiguración, yo lo veo así. [...]
—No estaba pensando exactamente en una transfiguración. *Debe haber* alguna explicación... menos teológica. (Contreras, *El nadador* [Chile, 1995], CREA)

(23) [La dificultad que implicaría aparcar un coche Madrid]
Inf. A.—Y sobre todo, los nervios; porque los nervios tienen que sufrir un montón porque llegar ahí y empezar a dar vueltas y vueltas y vueltas... *debe de ser* horrible. (BDS, oral [España, 1981])

Aunque los contextos son completamente distintos, en ambos casos la función de la perífrasis consiste en expresar las ideas y convicciones propias del hablante.

De manera resumida las categorías modales se representan en la tabla 29.5 junto con las perífrasis correspondientes. Nótese que *poder* y *deber*, cuando inciden sobre el agente, no forman perífrasis (*cf.* sección 4.1). Para simplificar la presentación se prescinde de distinguir entre *deber* y *deber de*, una distinción prescriptiva que parece estar perdiéndose (Fernández de Castro 1999, 173–181).

Tabla 29.5 Perífrasis modales.

	Sobre el Agente	*Sobre el Evento*	*Sobre la Proposición*
Dinámica	*tener que*	*poder, tener que*	
Deóntica	*tener que*	*poder, deber, tener que*	
Epistémica		*poder, deber, tener que*	*poder, deber, tener que*

4 Perspectivas actuales

Esta sección está dedicada a tres cuestiones debatidas en el contexto de las perífrasis: (i) el papel de los verbos inherentemente aspectuales y modales en la categorización de las perífrasis (sección 4.1); (ii) la gramaticalización de las perífrasis (sección 4.2); (iii) algunos usos específicamente hispanoamericanos (sección 4.3).

4.1 Perífrasis parciales

Llaman la atención las perífrasis de la tabla 29.1 que, al menos según parece, no conllevan cambio de significado del auxiliar perifrástico. Se trata, específicamente, de las perífrasis de infinitivo con *empezar a, soler, terminar/acabar de, poder* y *deber* así como de la perífrasis de gerundio con *seguir/continuar*. Todas estas perífrasis se basan en verbos que tienen un significado bastante abstracto aspectual o modal y funcionan como semiauxiliares en ciertos contextos. Lo que los semiauxiliares tienen en común con los auxiliares perifrásticos es que no forman estructuras biclausales, pero se distinguen de estos por poderse separar de la construcción en que figuran. Por lo tanto, la segunda prueba sintáctica introducida en la sección 2 demuestra que no son perífrasis en una parte considerable de sus usos. La tabla 29.6 indica el número de casos de semiauxiliares en la BDS.

Los siguientes ejemplos de *poder* (24), *empezar* (25) y *soler* (26) demuestran que estos verbos pueden ocurrir independientemente cuando el evento descrito por el verbo léxico (y sus argumentos) se puede recuperar del contexto inmediatamente anterior:

Tabla 29.6 Semiauxiliares.

verbo	casos
poder	2552
deber	487
empezar	355
soler	213
comenzar	58
acabar	50
terminar	18
acostumbrar	13

Fuente: BDS. Elaboración propia.

(24) Adela.—[...] Dile que no sea pelma, que lo olvide ya.
Ramón.—No *puede*.
Adela.—¿Y por qué no *puede*? (Reina, *La cinta dorada* [España, 1989], BDS)

(25) Para ganar, Santos señaló que "tenemos que jugar concentrados y con la paciencia debida, sin precipitaciones, sin querer ganar nada más *empezar*. (*La Voz de Galicia,* 30/10/91, BDS).

(26) Después de la cena, la madre le permitió quedarse más rato que otras veces, no le insistió para que se fuera a la cama como *solía*. (Aldecoa, *Porque éramos jóvenes*, [España, 1986], BDS).

Aunque las limitaciones exactas de este uso varían en cada caso (*cf.* Olbertz 1998, capítulo 5), ningún semiauxiliar puede darse independientemente cuando el primer argumento tiene un referente abstracto, describiendo un evento o una proposición. En tal caso, los semiauxiliares se convierten en auxiliares perifrásticos:

(27) Uno de los efectos nocivos de los pesticidas organoclorados, [...] es que reduce la disponibilidad de carbonato cálcico durante el proceso de formación de los huevos y, en consecuencia, éstos tienen la cáscara más fina. *Pueden* ocurrir, entonces, dos cosas. (Delibes de Castro, *La naturaleza en peligro,* [España, 2005], CORPES).
  a #¿Cuales son las cosas que *pueden*?
(28) El papel de Internet *empezó* a verse en Seattle. (*El País,* 17/3/2003 [España], CREA).
  a —¿Dónde *empezó* a verse el papel de Internet?
     —# *Empezó* en Seattle.
(29) No tiene que realizarse exclusivamente a través de Internet pero *acostumbra* ser el modo más utilizado. (Taboada Vázquez, *Hiperconectados,* [España, 2015], CORPES).
  a *Realizarlo a través de Internet es común, como *acostumbra*.

Sin mencionar el término "semiauxiliar", García Fernández *et al.* (2006) también especifican la posibilidad de omisión del verbo léxico en determinados contextos con los verbos mencionados aquí. Finalmente, cabe observar que todos los semiauxiliares citados, con la notable excepción de *soler*, tienen correlatos plenamente léxicos con significados cercanos (*cf.* Olbertz 1998, capítulo 5).

4.2 Gramaticalización

Lo que entendemos por "gramaticalización" en el contexto de las perífrasis es (i) su grado de aplicabilidad general y (ii) el grado de abstracción de su significado. Ambas propiedades están relacionadas entre sí; cuanto más general es la aplicabilidad de una perífrasis tanto más abstracto suele ser su significado y viceversa. Dado que es difícil medir la abstracción del significado con criterios controlables, nos concentraremos aquí en la aplicabilidad de las perífrasis. Empezaremos por *ir a* + infinitivo, que es un caso paradigmático de un alto grado de gramaticalización, ya que se aplica a verbos de cualquier valencia, que, por su parte (en combinación con los argumentos), expresan cualquier modo de acción:

(30) a Va a darle un caramelo.
      b Va a comer un helado.
      c Va a caerse.
      d Va a estar triste.
      e Va a nevar.

En esta serie de ejemplos simples la perífrasis coocurre con predicados del tipo ditransitivo (30a), transitivo (30b), intransitivo (30c) y (30d) y avalente (30e). Los modos de acción expresados son Estado (30d), Proceso (30e), Realización (30a, 30b) y Logro (30c). Sin embargo, sigue habiendo una relación semántica entre el significado de movimiento direccional designado por la construcción *ir a* en su función léxica y la perífrasis prospectiva (y su posterior desarrollo temporal): el concepto espacial se aplica al concepto aspecto-temporal (*cf.* Lyons 1977, 718–724).

Las demás perífrasis consisten en (i) perífrasis parciales basadas en semiauxiliares presentadas en el apartado anterior, y (ii) perífrasis que se desarrollaron a partir de verbos léxicos, como es el caso de la perífrasis prospectiva. Con respecto a las primeras, no es de extrañar que se comporten de una manera similar a *ir a* + infinitivo, es decir, están fuertemente gramaticalizadas, puesto que, incluso fuera de la perífrasis, los semiauxiliares tienen significados más abstractos que aquellos que suelen designar los verbos plenamente léxicos. En el segundo grupo, el de las perífrasis basadas en verbos léxicos, hay algunas con un grado de gramaticalización bajo: *cesar de* + infinitivo y *andar* + gerundio. La primera de las dos es egresiva, igual que *dejar de* + infinitivo. Sin embargo, su comportamiento es muy diferente:

(31) a Espero que, con los años, eso *dejará de tener* importancia para ti. (Buero Vallejo, *Caimán*, [España, 1981], BDS)
      b [...] *cesará de tener importancia para ti.
(32) a Cuando los días empezaron a ser calurosos, Forcat *dejó de encender* la estufa. (Marsé, *El embrujo de Shanghai*, [España, 1993], CREA)
      b [...] *cesó de encender la estufa.
(33) a Cuando reanudan la conversación, Adela *deja de tocar* y gira en el taburete para mirarles y escucharles. (Reina, *La cinta dorada*, [España, 1989], BDS)
      b La pianista *cesa de tocar*. (Moncada, *El hombre del Taj Mahal*, [España, 1990], CREA).

Estos ejemplos demuestran que *cesar de* + infinitivo no admite estados (31), ni eventos télicos (32), sino exclusivamente eventos dinámicos y atélicos (33), mientras que el uso de *dejar de* + infinitivo no está restringido en su funcionamiento aspectual egresivo. La aplicabilidad restringida de *cesar de* + infinitivo se debe a su significado léxico básico, que es la interrupción de procesos atélicos: "Cesar el baile [la música, el viento, la lluvia]" (Moliner 2008, *s.v.*). Es decir, *cesar* conserva esta restricción heredada de su origen en la perífrasis, que, por tanto, está poco gramaticalizada.

La perífrasis de gerundio con *andar* se basa en el verbo de movimiento, cuyo significado es "moverse de un lado a otro dando pasos" (Moliner 2008, *s.v.*). Su uso suele limitarse a entidades dotadas de movimiento autónomo, más concretamente, a personas. Además, casi siempre aparece en contextos compatibles con el significado original de *andar*. De los 35 casos de la perífrasis en la BDS, hay 11 con *buscar* (34), y solo hay una incompatible con el sentido de movimiento (35).

(34) *Anda buscando* el modo de hacerse con el bar de Tony. (Aldecoa, *Porque éramos jóvenes*, [España, 1986], BDS).

(35) A simple vista usted le daba cincuenta y tantos años; no faltan quienes afirman que *andaba pisando* los noventa. (Bioy Casares, *Historias desaforadas* [Argentina, 1986], BDS).

La cantidad de rasgos léxicos residuales en estas dos perífrasis está en proporción inversa a su grado de gramaticalización, que es débil en relación con las demás.

Las restricciones sobre el funcionamiento de las demás perífrasis mencionadas en este capítulo son inherentes a su significado; p.ej., las perífrasis aspectuales de fase interna no se dan con Logros porque estos no tienen estructura interna, y la perífrasis resultativa exige verbos léxicos transitivos, puesto que, sin argumento paciente difícilmente puede haber resultado.

4.3 Algunas observaciones sobre las perífrasis en el español americano

Este apartado está dedicado a algunas propiedades del uso perifrástico hispanoamericano general, para tratar después con algo más de detenimiento una perífrasis específica del español norandino.

En el PRESEEA de Montevideo hay 10 casos de una perífrasis inexistente en la Península, *vivir* + gerundio:

(36) Me hablo con todos/me *viven llamando*/cualquier cosa bueno pasa una desgracia cualquier cosa bueno/lo primero que/llamarme a mí (PRESEEA, Montevideo, [Uruguay, 2007]).

Se trata de una perífrasis de aspecto frecuentativo, cuya gramaticalización la demuestra Amaral (2013) en su estudio sobre esta construcción, que se da también en otras zonas de Hispanoamérica:

(37) [Conclusión después de contar un episodio vergonzoso]
vivo metiendo la pata todo el tiempo (PRESEEA, Medellín, [Colombia, 2006])

A diferencia de (36), el ejemplo (37) ilustra un caso de la perífrasis con un evento no agentivo. Según Amaral (2013, 109), la perífrasis incluso se da con referentes inanimados (*mi carro vive dañándose*) y con verbos meteorológicos (*vive haciendo frío*).

Otro fenómeno muy destacado del español hispanoamericano es el uso de *saber* en lugar de *soler* (Kany 1951, 205–210), uso que parece ser común en el habla de la zona rioplatense (Di Tullio 2007). Es frecuente en el español andino, como observa también Kany (1951, 206): en Salcedo (210 224 palabras), un corpus del español rural de los Andes ecuatorianos, no hay ningún caso de *soler*, mientras que aproximadamente una cuarta parte los 225 casos de *saber* tiene valor indudablemente habitual.

(38) Señora. —*Sabe silbar* mi grabadora.
     Enc. —¿Sabe silbar? ¿Cómo será?
(39) T.H. —Ay, mamá ya, no tomo yo mucho dulce.
     Enc. —¿No? ¿Desde cuándo? [...]
     T.H. —No puedo tomar, me hace... me *sabe dar* la vinagrera.

Pasemos ahora a un fenómeno limitado geográficamente a las tierras altas del Ecuador y del sur de Colombia, que ocurre en el uso oral: la perífrasis benefactiva *dar* + gerundio. Veamos algunos ejemplos:

(40) Yo misma *le daba arreglando* la ropa para que vaya bien vestido. (Minango Narváez, *Los años viejos y las viudas* [Ecuador, 2010], CORPES).
(41) Ya *me han dado hablando* (G.M., 5/2004; Olbertz 2008, 89)

Dependiendo del contexto, la perífrasis puede significar "hacer algo para alguien", como en (40), o bien "hacer algo en lugar de alguien", como es el caso en (41). Aparte del significado distinto de lo que hemos visto hasta aquí, lo atípico de esta perífrasis está en la ditransitividad del auxiliar, que, además de compartir el primer argumento del verbo léxico en forma de gerundio, tiene un argumento propio que hace referencia al beneficiario, siempre realizado por un clítico de dativo (una tercera persona en (40) y el hablante en (41)). Esta relación queda todavía más clara cuando *dar* aparece con un verbo ditransitivo, lo que lleva a una construcción con dos dativos:

(42) *Dame vendiendo* el libro a María. (Haboud 1997, 213)

En este ejemplo, *María* es el objeto indirecto del verbo léxico *vender* con función de receptor, mientras que el clítico de dativo *me* pertenece al auxiliar *dar*. A pesar de esta propiedad aparentemente léxica del auxiliar, la construcción es perífrasis (Olbertz 2008, 90–94), y además está altamente gramaticalizada, puesto que no solo admite verbos de cualquier valencia, sino también verbos incompatibles con el significado léxico de *dar* (43) e incluso el mismo verbo *dar* (44):

(43) ¡*Dame teniendo* esto! (C.D., 1/2003; Olbertz 2008, 93).
(44) *Nos da dando* la ropa a la costurera. (Haboud 1997, 213).

La construcción, corriente en el habla espontánea, se encuentra en textos escritos en la medida que se acercan al habla (*cf.* también Kany 1951, 211). La explicación más probable de la existencia de esta construcción en una región tan limitada es el contacto lingüístico con el quechua, la lengua indígena más hablada en esta zona. De hecho, el quechua, una lengua aglutinante, tiene sufijos benefactivos tanto verbales como nominales, y además hace uso frecuente de la subordinación adverbial por medio de formas verbales similares al gerundio español. Estos dos factores, además de las propiedades específicas del quechua norandino, han contribuido al origen de la perífrasis (*cf.* Olbertz 2008 para más detalles).

5 Direcciones futuras y conclusiones

En el presente capítulo se ha pasado revista a las características básicas de las perífrasis, es decir, a los criterios para distinguirlas de construcciones formalmente similares, a sus significados y a la gramaticalización de las perífrasis más importantes; además se han presentado de forma sucinta algunas peculiaridades del uso americano de estas construcciones. Lo que no se ha mencionado hasta ahora son ciertos problemas que quedan por investigar: (i) la semántica de algunas perífrasis difíciles de clasificar, (ii) las cadenas de perífrasis, y (iii) el uso no aspecto-temporal de *ir a* + infinitivo.

En primer lugar, hay un cierto número de perífrasis incluidas en la tabla 29.1 que no se han discutido en este capítulo. Se trata de las perífrasis *llegar a* + infinitivo, *acabar/terminar* + gerundio, *acabar/terminar por* + infinitivo, cuyos significados son difíciles de describir. La más frecuente es *llegar a* + infinitivo, cuyo significado varía según el contexto en que aparece:

(45) [sobre la pesca de carpas]
Las *he llegado a sacar* de más de dos kilos. (Caballero, *Nostalgia del agua* [España, 1996], CREA).
(46) ¿Crees que el hombre *llegará a dominar* la muerte en algunas circunstancias? (BDS, oral [España, 1981]).
(47) Me hubiera gustado tanto *llegar a verte* mozo, valiente, bien plantado y comiéndote con los ojos las mujeres... (Sampedro, *La sonrisa etrusca*, [España, 1985], BDS).

Lo que tienen en común estos casos es que siguen manteniendo una relación más o menos estrecha con el significado léxico del auxiliar perifrástico. Aunque no faltan los esfuerzos por sistematizar su significado, de los cuales Carrasco Gutiérrez (2008) presenta una visión panorámica, resulta difícil dar una descripción semántica que explique satisfactoriamente los tres ejemplos citados. La propuesta de Carrasco Gutiérrez (2008), presentada primero en García Fernández *et al.* (2006), consiste en equiparar la semántica de *llegar a* + infinitivo y las demás perífrasis mencionadas aquí a la de los marcadores del discurso. Según la autora, *llegar a* + infinitivo es un marcador aditivo que equivale más o menos a *incluso*. Aparte de los problemas teóricos que implica esta aproximación, la sustitución de la perífrasis por *incluso* es posible en (45), pero es dudosa en (46) e imposible en (47). En conclusión, hasta el momento, este problema carece de solución convincente.

El segundo problema es de índole completamente distinta; se trata de la combinación de las perífrasis, que últimamente ha generado una gran cantidad de publicaciones desde la perspectiva generativa, que casi siempre se sirve de ejemplos inventados, lo cual no implica que estas contribuciones no sean valiosas desde el punto de vista teórico. Laca (2019), p.ej., estudia las combinaciones entre las perífrasis aspectuales y las modales que, efectivamente, parecen ser las más frecuentes, como se desprende de los ejemplos (48)—(50).

(48) —*Vamos a tener que ingeniár*moslas de algún modo para salir de aquí—anuncié. (Mendoza, *El laberinto de las aceitunas*, [España1992], BDS).

En (48), la perífrasis de aspecto prospectivo *ir a* + infinitivo opera sobre un evento que a su vez viene modificado por la expresión de modalidad dinámica orientada al agente *tener que* + infinitivo, ya que los participantes se ven forzados por las circunstancias de estar encerrados.

(49) [P]orque siempre, cuando quieres que te dejen apuntes, pues *tienes que andar buscando* un poco a la persona y tal; (BDS, oral [España, 1981])

En (49), *tener que* + infinitivo expresa modalidad dinámica orientada al evento, ya que la segunda persona tiene referencia genérica, y esta expresión modal incide sobre el de *buscar un poco a la persona y tal*, modificado por la perífrasis aspectual distributiva *andar* + gerundio.

(50) Lo cierto es que hoy *puede volver a "caerse"* alguien de la lista de cabecillas de la Vuelta. (*El Mundo*, 04/05/1994, [España], CREA)

En este ejemplo la perífrasis modal con *poder* es de naturaleza epistémica especificando la posibilidad de que acontezca *"caerse" de la lista de cabecillas de la Vuelta*, que a su vez está modificado por medio de la perífrasis aspectual repetitiva *volver a* + infinitivo, que indica que tal evento ya ha ocurrido por lo menos una vez antes.

El orden mutuo en el que se dan estas combinaciones de perífrasis no está sujeto al azar, ya que en ningún caso es posible invertir el orden de las perífrasis sin que cambie radicalmente el significado, hasta el punto de volverse incomprensible:

(48) a ¿? *Tenemos que ir a ingeniár*noslas de algún modo para salir de aquí [...]
(49) a [...] ¿? *andas teniendo que buscar* un poco a la persona y tal
(50) a [...] ¿? hoy *vuelve a poder "caerse"* alguien de la lista de cabecillas de la Vuelta.

Las estructuras secuenciales de las perífrasis en los tres ejemplos delatan las relaciones de ámbito mutuo de las perífrasis entre sí. Sería muy interesante estudiarlas en detalle en base a ejemplos auténticos desde una perspectiva funcional de gramaticalización basada en un modelo semántico jerárquico (Hengeveld y Mackenzie 2008).

Finalmente, valdría la pena investigar con detalle el uso marcado de la perífrasis *ir a* + infinitivo relacionado con la pragmática de la conversación. Cuando aparece en preguntas retóricas, *ir a* + infinitivo no tiene función aspectual ni temporal y suele aparecer con pronombres interrogativos, más frecuentemente con *cómo*:

(51) Ernesto. —¿Es realmente un empleado tuyo?
Javier. —*¿Cómo voy a saberlo?* Tengo más de dos mil. Es posible. (Reina, *El pasajero de la noche*, [España, 1988], BDS).

(52) Rosa. —Algún problema sindical, supongo. (Néstor abre la carta y lee. Su rostro se demuda.) ¿No? ... ¿Qué te pasa? Te has quedado blanco...
Néstor. —(Con dificultad.) No... te preocupes...
Rosa. —(Se levanta.) *¿Cómo no me voy a preocupar?* (Buero Vallejo, *Caimán*, [España, 1981], BDS).

Las preguntas retóricas son medios enfáticos para aseverar el contenido comunicado con polaridad opuesta a la que se codifica (Sadock 1971); por tanto, es negativa en (51) y positiva en (52). Sería muy interesante indagar en las condiciones de uso de este tipo específico de pregunta retórica y ver cuál es la contribución de la perífrasis.

Lecturas complementarias recomendadas

García Fernández *et al.* (2006), Olbertz (1998), Squartini (1998).

Referencias bibliográficas

Amaral, P. 2013. "The Pragmatics of Number: The Evaluative Properties of *vivir* + V[gerund]". *Journal of Pragmatics* 51: 105–121.
BDS. *Base de Datos Sintácticos del español actual*. (www.bds.usc.es/).
Carrasco Gutiérrez, A. 2008. "<*Llegar a* + infinitivo> como conector aditivo en español". *Revista española de lingüística* 38(1): 67–94.

Comrie, B. 1976. *Aspect*. Cambridge: Cambridge University Press.
CORPES: Real Academia Española. *Corpus del Español del Siglo XXI*. (http://rae.es/recursos/banco-de-datos/corpes-xxi). Versión 0.94.
CREA: Real Academia Española. *Corpus de Referencia del Español Actual*. (http://rae.es/recursos/banco-de-datos/crea). Versión anotada 0.3.
Dik, S. C. 1987. "Copula Auxiliarization: How and Why?" En *Historical Development of Auxiliaries*, eds. M. Harris y P. Ramat, 53–84. Berlin: Mouton de Gruyter.
Di Tullio, A. 2007. "Auxiliares y operadores aspectuales en el español rioplatense". *Signo y seña* 15: 268–285.
Fernández de Castro, F. 1999. *Las perífrasis verbales en el español actual*. Madrid: Gredos.
Garachana, M. 2017. "Los límites de una categoría híbrida: las perífrasis verbales." En *La gramática en la diacronía: la evolución de las perífrasis verbales modales en español*, ed. M. Garachana. 35–80. Madrid/Frankfurt: Iberoamericana/Vervuert.
García Fernández L. dir., A. Carrasco Gutiérrez, B. Camus Bergareche, M. Martínez-Atienza y M. A. García García García-Serrano. 2006. *Diccionario de perífrasis verbales*. Madrid: Gredos.
Haboud, M. 1997. "Grammaticalization, Clause Union and Grammatical Relations in Ecuadorian Highland Spanish". En *Grammatical Relations: A Functionalist Perspective*, ed. T. Givón, 199–231. Amsterdam: Benjamins.
Hengeveld, K. y J. L. Mackenzie. 2008. *Functional Discourse Grammar*. Oxford: Oxford University Press.
Kany, C. 1951. *Spanish-American Syntax*, 2ª ed. Chicago: The University of Chicago Press [1ª ed., 1945].
Laca, B. 2019. "On the Interaction between Modal and Aspectual Periphrases." *Borealis* 8(2): 83–109.
Lyons, J. 1977. *Semantics*, 2 Vols. Cambridge: Cambridge University Press.
Moliner, M. 2008. *Diccionario de uso del español*. CD-ROM. Madrid: Gredos.
Narrog, H. 2005. "On Defining Modality Again". *Language Sciences* 27(2): 165–182.
Olbertz, H. 1998. *Verbal Periphrases in a Functional Grammar of Spanish*. Berlin: Mouton de Gruyter.
Olbertz, H. 2008. "*Dar* + Gerund in Ecuadorian Highland Spanish: Contact-Induced Grammaticalization?". *Spanish in Context* 5(1): 89–109.
PRESEEA. *Corpus del Proyecto para el Estudio Sociolingüístico del Español de España y de América*. Alcalá de Henares: Universidad de Alcalá. (https://preseea.linguas.net/).
Sadock, J. 1971. "Queclaratives." *Chicago Linguistic Society* 7: 223–232.
Salcedo: Muysken, P. 2020. *Corpus de Salcedo*, eds. P. Dankel, M. Haboud, H. Olbertz y S. Pfänder, acceso libre via MOCA (D. Alcón). (http://moca.phil2.uni-freiburg.de/moca3_v3/register_salcedo.php?vi=15).
Squartini, M. 1998. *Verbal Periphrases in Romance: Aspect, Actionality and Grammaticalization*. Berlin: Mouton de Gruyter.
Tena Dávalos, J. 2017. "The End of a Cycle: Grammaticalization of the Future Tense in Mexican Spanish." En *The Grammaticalization of Tense, Aspect, Modality and Evidentiality*, eds. K. Hengeveld, H. Narrog y H. Olbertz, 215–239. Berlin: De Gruyter Mouton.
Vendler, Z. 1967. *Linguistics in Philosophy*. Ithaca, NY: Cornell University Press.

Parte IV
Sintagmas y clases de palabras

30
El sintagma nominal
(Noun Phrases)

María José Rodríguez Espiñeira

1 Introducción

Este capítulo ofrece un panorama de las principales cuestiones debatidas en torno al sintagma nominal (SN) en la lingüística hispánica. Tras presentar sus constituyentes y su potencial funcional (§ 2), se examina su estructura, el rol atribuido al determinante, los criterios empleados para identificar el núcleo, y las soluciones adoptadas cuando la construcción nominal no contiene un sustantivo (§ 3). La sección 4 se ocupa de dos subtipos de SN ampliamente estudiados en la bibliografía: (i) construcciones binominales cuyo N_2 proporciona la clase designativa del referente; (ii) SN con nombres relacionales, particularmente con nombres deverbales; el examen de las nominalizaciones léxicas en su contexto de uso lleva a cuestionar algunos análisis previos. El § 5 contiene una síntesis y una reseña de tres estudios basados en datos de corpus, que pueden servir de guía para trabajos futuros.

Palabras clave: nombre; determinante; núcleo; construcción binominal; nominalización léxica

This chapter provides an overview of the most important issues concerning the noun phrase (NP) in Spanish linguistics. Section 2 is dedicated to the constituents and possible functions of the NP. Section 3 examines its structure, the role attributed to the determiner, the criteria for the identification of its head, and the solutions adopted for nominal constructions without a nominal head. Section 4 concerns two subcategories of NPs that have been widely discussed in the literature: (i) binominal constructions in which the second noun indicates the descriptive class of the referent, and (ii) NPs with relational nouns, with a focus on deverbal nouns; the discussion of lexical nominalizations in actual usage will cast doubt on some earlier accounts. Section 5 concludes and briefly reviews three corpus-based studies on specific nominal constructions, which provide new perspectives for further research.

Keywords: noun; determiner; head; binominal construction; lexical nominalization

2 Conceptos fundamentales

La etiqueta de *sintagma nominal* (en adelante SN) se aplica a una unidad lingüística, intermedia en la escala de unidades sintácticas entre la palabra y la oración, cuyo componente central es un nombre (abreviado como N) y cuya función típica es hacer referencia a una entidad que pertenece a la clase semántica designada por el nombre.[1] La clase semántica tiene naturaleza diversa: individuos, objetos, materias, cantidades, lugares, periodos de tiempo, así como reificaciones de propiedades, eventos, estados, etc. (Laca 1999, 894). La pertenencia a la clase gramatical nombre o sustantivo se reconoce por criterios formales y semántico-pragmáticos: (i) sufijos derivativos específicos *-aje, -ción, -dad, -dor,-a, -ez, -miento*, etc.; (ii) oposición de género y número con valor informativo: *león, leona, leones, leonas*; (iii) típicamente los sustantivos aparecen precedidos de un determinativo (artículo, demostrativo, posesivo), de un cuantificador, y en ciertos contextos de un adjetivo: *Comparecieron {las ~ esas ~ dos ~ varias ~ famosas} abogadas*; (iv) las unidades que conforman pueden constituir expresiones referenciales, actuar como argumentos de un predicado y servir como antecedente de un pronombre personal: *Las guerras no las hace uno solo, las hacen dos*. Sin embargo, existen ejemplares que no satisfacen alguna de estas propiedades: los sustantivos simples no contienen afijos derivativos; muchos sustantivos son invariables en cuanto al género; los no contables no se usan en plural; los nombres propios no llevan determinante en español, salvo en algunas variedades; son no referenciales muchos sustantivos integrantes de modificadores preposicionales con valor clasificador, modal o evaluativo (*falda de cuero negro, envío por avión, disco de poco espesor*), entre otros subtipos.

Existe acuerdo en que la estructura del SN (§ 3) gira sobre cuatro tipos de constituyentes:

1. El sustantivo, de cuya naturaleza léxica depende el número y tipo de modificadores (§ 4.2). Los sustantivos comunes escuetos designan *clases* o *tipos* (*kinds*); su intensión está constituida por complejos de propiedades.
2. Los modificadores, que añaden rasgos léxicos descriptivos al contenido del sintagma (aumentan su intensión). Entre ellos se distinguen los no restrictivos, que no alteran la extensión del SN —*enojosos trámites, impactante película*— y los restrictivos o clasificadores, que reducen la extensión del nominal: *trámites aduaneros, película de terror, ministros que firmaron la carta*. Los modificadores enriquecen semánticamente el SN sin alterar la clase semántica ni las posibilidades sintagmáticas del conjunto formado con el sustantivo (Jiménez Juliá 2007, 22). Se denominan adjuntos los modificadores opcionales no requeridos por sustantivos que seleccionan argumentos: *fumigación* [*nocturna*]$_{TIEMPO}$ [*con herbicidas*]$_{INSTRUMENTO}$ (§ 4.2).
3. Los complementos, adyacentes argumentales cuyas funciones semánticas dependen del sustantivo que los selecciona: *el supuesto canje* [*de un periodista*]$_{SUSTITUIDO}$ [*por dos soldados afganos*]$_{SUSTITUTO}$ (§ 4.2).
4. Los determinantes (o especificadores), unidades gramaticales responsables, en buena medida, de la referencia o denotación del SN (§ 3.2).

En cuanto a su capacidad funcional, los sintagmas nominales desempeñan las mismas funciones sintácticas que un nombre: sujeto (1a), complemento directo (1b), término de preposición de un constituyente oracional (1c); adjunto en una oración (1d), atributo (o predicativo) del sujeto (1e) o del complemento directo (1f). El SN alterna en (1a-c), con nombres propios y pronombres, pero en algunos contextos puede hacerlo con nominales sin determinante (1c) y con sustantivos comunes escuetos o con adjetivos (1e); ocasionalmente es conmutable por otras unidades, como los adverbios deícticos *ayer, así* en (1d, 1f):[2]

(1) a   En el escándalo aparece implicado *su padre* ~ él ~ Fernando.
    b   Los veraneantes invadieron *las principales playas del país* ~ aquello.
    c   Habló con *una ingeniera* ~ Marta ~ obreras de la conservera.
    d   Lo mencionó *aquella tarde* ~ ayer.
    e   Usted es *una escritora de éxito* ~ arquitecta ~ famosa.
    f   A esta ciudad la llaman *la perla del desierto* ~ así.

En las funciones de (1a-d), los SN son usados en su función discursiva prototípica, como expresiones referenciales que permiten a los hablantes conversar sobre entidades del mundo real o del universo discursivo creado por el propio texto. En cambio, los SN de (1e-f) tienen valor predicativo: el SN no representa una entidad, sino una propiedad que se atribuye a las entidades denotadas por otro sintagma del contexto. Por otra parte, un SN introducido por preposición puede integrarse como modificador en una unidad de su mismo rango (2a), dependiendo de sustantivos, adjetivos o adverbios; o bien como modificador externo, en la periferia derecha del SN, como la aposición incidental de (2b):

(2) a {un fragmento, satisfecha, dentro} *de su novela.*
    b Ninón Sevilla —*la espléndida cubana de Camagüey*—.

Los SN se comportan en los ejemplos de (1–2) como constituyentes sintácticos y en las funciones consideradas privativas del SN —sujeto, complemento directo— representan argumentos de un predicado verbal. Sin embargo, unidades con la misma configuración interna pueden carecer de integración sintáctica, como el tópico extraoracional de (3a), típico del discurso oral, o constituir enunciados independientes, como títulos de obras literarias, películas (3b) o titulares de prensa (3c):

(3) a *La equitación*, yo jugué hasta polo, cuando estaba soltero (CREA. Oral [Venezuela]).
    b El amor en los tiempos del cólera.
    c Los nombres propios de la trama rusa.

La complejidad del SN varía según el número y el valor semántico de sus modificadores (4) y de la recursividad existente en su seno; en (5) la recurrencia reside en el sintagma modificador:

(4) a Los [fuertes [[prejuicios racistas] de su época]]].
    b Las [sospechosas [[[prácticas irregulares] financieras] de la empresa]].
(5) a El mapa [de las explotaciones de sílex de Europa].
    b La cerradura [de la puerta abombada de la cripta].

El SN completo admite expansiones: en su periferia izquierda puede aparecer el cuantificador *todo,a(s)*, a veces analizado como predeterminante: *todas las otras novelas de Galdós*. Y en su periferia derecha se ubican algunos modificadores en inciso: (i) adjetivos y cláusulas de participio: *Los personajes de Goya, rudos, macilentos*; *Una científica mexicana, reconocida y respetada por todos*; (ii) aposiciones incidentales: *Minerva, la diosa del saber*; (iii) oraciones de relativo explicativas: *Mi hermano, que llegó más tarde, y yo*.

Para marcar las relaciones semánticas entre los constituyentes del SN, el español dispone de varios recursos (Hernanz y Brucart 1987, NGLE 2009): (i) adyacencia: los modificadores con mayor potencial especificador o restrictivo están pospuestos y jerarquizados; los no restrictivos, evaluativos y adverbiales, se anteponen y tienen dominio sobre el conjunto de sustantivo y modificadores restrictivos (4); (ii) concordancia, que señala relaciones entre unidades contiguas o distantes e identifica capas de modificación: *band*<u>*as*</u> *de papel de imprenta plegad*<u>*as*</u>; (iii) adposiciones equivalentes de marcas casuales: el complemento con *de* que representa un genitivo subjetivo u objetivo: *La despedida* <u>*de las tropas*</u> (las que se despiden ~ las despedidas); (iv) preposiciones regidas: *carencia de vitamina, incitación a la lectura*, o introductoras de modificadores (*muñeco de papel*) y adjuntos (*una caminata de catorce días*); (v) patrones entonativos, bien identificados en los modificadores externos del SN que forman grupo fónico autónomo, pero menos estudiados cuando se acumulan modificadores en el interior del SN.

3 Aproximaciones teóricas

La estructura interna de las unidades nominales es objeto de controversia teórica. La ya clásica construcción endocéntrica con núcleo nominal ₛₙ [DETERMINANTE] ₛₙ [(MODIFICADOR) [NÚCLEO] (MODIFICADOR)] ha dado paso a la diferenciación de dos unidades nominales, con determinante y sin él. En la gramática constitutivo-funcional, al modo descrito en Rojo y Jiménez Juliá (1989), se distingue entre *frase nominal*, con la estructura funcional [DETERMINANTE + NOMINAL] y *frase sustantiva*, con la estructura [(MODIFICADOR) + NÚCLEO + (MODIFICADOR)], es decir, la construcción formada por el sustantivo y sus expansiones (adjetivos, sintagmas prepositivos, oraciones de relativo o adverbios). Se considera que el determinante no constituye una expansión de un núcleo nominal, sino un adyacente de carácter nominalizador que habilita al nominal como "unidad presentativa, temática" (Jiménez Juliá 2007, 23). Frases nominales y sustantivas no tienen identidad distribucional, pues no son conmutables en algunos contextos, como en la posición de sujeto preverbal (Jiménez Juliá 2007, § 2.1).

En versiones de la sintaxis generativa posteriores a 1980 se opone el *sintagma determinante* (SD), con el determinante como núcleo, al *grupo nominal*, con el sustantivo como núcleo; la hipótesis del SD se basa en el supuesto paralelismo entre la estructura interna de las expresiones nominales referenciales y la de la oración (con núcleo en la flexión). En los modelos generativos se postula el carácter endocéntrico de las unidades gramaticales; se considera que el determinante legitima a la construcción para actuar como argumento y selecciona las categorías que aparecen tras él. Esto supone admitir que categorías funcionales con contenido relacional, como artículos, posesivos o demostrativos, exigen estructuralmente un complemento adyacente, un *grupo nominal* (Eguren 1993; Fernández Leboráns 2003, entre otros).

Se afirma, también, que no es posible coordinar un sintagma dotado de determinante con otro que no lo posea (Hernanz y Brucart 1987, 177): en *La ministra y la portavoz* los SN coordinados hacen referencia a dos personas distintas, frente a la entidad única a la que remite *La [ministra y portavoz]*. Si bien la coordinación opera con mayor frecuencia entre dos SN con determinante, es posible encontrar ejemplos como: *La ministra y representantes de varios partidos se reunieron*, donde lo coordinado son un SN con determinante y un SN sin determinante; la coordinación requiere equivalencia funcional. Véase este volumen (cap. 15).

3.1 El papel del determinante

El determinante se considera, por tanto, un elemento obligatorio en un tipo específico de unidad nominal, responsable del valor presentativo y referencial de esa unidad y que tiene en el artículo definido su prototipo. Cuando la determinación se vincula con la precisión referencial, se asigna este valor a las unidades que confieren capacidad denotativa a un SN: artículo definido (identificador), demostrativos y posesivos antepuestos (deícticos señaladores), así como los cuantificadores, que limitan la extensión del N mediante la expresión del número (cardinales) o de la cantidad. La lista de unidades determinantes puede extenderse a algunos cuantificadores —numerales e indefinidos como *muchos, bastantes, pocos*, etc.— cuando se tienen en cuenta otros factores de tipo distribucional o bien su grado de gramaticalización (Jiménez Juliá 2006). Diacrónicamente, se ha producido una progresiva incorporación de unidades adjetivas prenominales a la clase de los determinantes: *cierto, dicho, semejante, tamaño*, etc. Es mayoritaria en español actual la distribución complementaria de los determinadores definidos: artículos, demostrativos y posesivos.[3]

Existe acuerdo en que, dentro del SN, el papel de determinante corresponde a un grupo delimitado de unidades, que son los constituyentes situados más a la izquierda, y que ejercen su dominio sobre el sustantivo y sus modificadores. Su carácter obligatorio se establece a partir de la función de sujeto en posición preverbal. También es común el determinante cuando un SN temático, no focal, desempeña otras funciones sintácticas: complemento directo: *Los tobillos los recuperas en cuatro meses*; complemento indirecto, con marca *a*: *A las víboras no les gusta el agua*; o en unidades extrapredicativas: *De este tema prefiero no hablar; Con las madres se suele tener más confianza*. Esta tendencia dominante parece obedecer, por tanto, a principios sintácticos e informativos.

Se admite, por otra parte, que los determinantes son el recurso especializado para esta habilitación sintagmática, pero no el único. Hernanz y Brucart (1987, 144) y Leonetti (1999, 32–35), entre otros, mencionan como recursos indirectos: el plural en el sustantivo, la presencia de modificadores adjetivos, prepositivos o equivalentes, así como la coordinación de sustantivos. Jiménez Juliá (2007, 23) afirma que estos recursos pueden "actuar como si de determinantes se tratase". Los contextos que favorecen la presencia de sustantivos escuetos preverbales, como los de (6a-b), se describen en la NGLE (2009, §15.12). Como sujeto, son infrecuentes los sustantivos en singular, salvo que remitan a entidades identificables discursivamente (6c):

(6) a Trenes y aviones la conducen a un poblado terso, de casitas y bosques bien cuidados (José Balza, *La mujer de espaldas y otros relatos*, [Venezuela, 1986], CREA).
     b Madre e hija se escribían casi a diario (Isabel Allende, *La casa de los espíritus*, [Chile, 1982], CREA).
     c Una historia poética, que ilustraremos poéticamente. *Material* no nos falta. (Vlady Kociancich, *La octava maravilla*, [Argentina, 1982], CREA).

En (7) los sintagmas escuetos temáticos no tienen función de sujeto: el de (7a) está ligado al cuantificador *nada*; los de (7b, 7c) transmiten información conectada con segmentos discursivos previos:

(7) a *Dinero suelto* no tengo nada. Te puedo dar un talón. (Juan José Alonso Millán, *El guardapolvo*, [España, 1990], CREA).
     b *Azúcar* la vendían en una locha. (CREA [Oral. Venezuela].
     c *Motor*, yo ya tenía y solo me faltó colocarlo. (Daniel Marín, *Dos islas*, [Paraguay 2013], CORPES).

En posición remática, el sujeto inagentivo de construcciones presentativas y el complemento directo de oraciones transitivas admiten sustantivos escuetos —*Llegaron médicos, Consultó diccionarios*— y sintagmas nominales con determinante: *Llegaron los médicos, Consultó los diccionarios*. Los primeros tienen lectura "parti-genérica" (Laca 1999, 902), mientras que los SN con artículo pueden referir genéricamente "a la especie de individuos o al tipo de materia" (Laca 1999, 896) o tener lectura específica. Por tanto, la distribución de los determinantes obedece no solo a principios informativos, sino que depende de las propiedades semántico-referenciales del SN, de la semántica de los predicados con que se combinan y del contexto. Con predicados psicológicos el sujeto pospuesto lleva determinante porque las cláusulas verbalizan reacciones provocadas por entidades específicas —*Les repugnan estas escenas, Me desagradan su tabaco y su alcohol*— o por clases de entidades: *Le repugnan las coles, Nos entretienen las series de ficción*. Similares contrastes se obtienen en cláusulas transitivas: *Odiaba {aquel baile ~ el baile}, Adora {este licor ~ el licor}*. Algunos verbos de suficiencia muestran preferencia por sintagmas nominales con determinante en función de sujeto posverbal, ya que se usan para evaluar la existencia de clases o tipos de entidades: *Dietas donde abunda la carne y escasean las frutas y las verduras*.

3.2 El sustantivo como núcleo

El valor nuclear del sustantivo se reconoce por los siguientes rasgos:

(i) Morfosintácticos: a) Concordancia interna: el sustantivo determina los rasgos flexivos de género y número de sus dependientes, incluidos los determinantes: *Él leyó los titulares de las noticias señaladas*; b) Concordancia externa: induce los rasgos morfosintácticos de otras unidades relacionadas, como predicados primarios y secundarios: *Le encontraron fracturados dos huesos de la mano*.

(ii) Semánticos: el sustantivo define el tipo de entidad implicada, es decir, proporciona las propiedades semántico-referenciales del sintagma: a) ±animado: *Llegaron las ambulancias y los bomberos*; b) ±concreto: *Desató la camisa; Se desató la ira*; y entre los abstractos, eventivos —*Presenciaron {la persecución ~ el crimen}*— y nombres de cualidad: *Admiraba la esbeltez de las palmeras*; c) ±contable: *Había demasiado humo y pocos muebles; Amontonó (veinte) cristales ~ (*veinte) leña*; d) colectivo o individual: *La alarma ha cundido entre el vecindario ~ varios vecinos*.

No tienen autonomía referencial los sustantivos cuantificativos —*El cuarteto de ciclistas se completará hoy*— y clasificativos: *Este tipo de delitos no está ya tan mal visto* (§ 4.1.). Para las subclases de sustantivos, véanse Bosque (1999) y NGLE (2009, §12). Además, el subtipo de sustantivo condiciona otras propiedades del SN, como su complejidad y, cuando exige argumentos, sus funciones semánticas (§ 4.2.).

(iii) Discursivo-pragmáticos: el uso típico de los SN es evocar referentes discursivos y la forma de las expresiones anafóricas que los retoman está motivada por los rasgos del núcleo: *Las telas de colores vivos las traigo de Perú*. En construcciones binominales con sustantivos cuantificadores plenos o habilitados como tales (§ 4.1.), los pronombres pueden tomar como antecedente tanto el N_1 precedido de determinante (8a) como el sustantivo escueto N_2 (8b), por lo que este criterio resulta débil para reconocer el núcleo:

(8) a   Pusieron frente a ella una tabla con *un pedazo de carne sanguinolenta* [...] Nina *lo* miró y dijo (José Donoso, *Donde van a morir los elefantes*, [Chile, 1995], CREA).
    b   Agarró y picó *un pedazo de carne, la* frito (CREA, Oral [Venezuela]).

3.3 SN sin sustantivo

Existen varias construcciones donde la identificación del núcleo es problemática, entre ellas los sintagmas binominales, con dos potenciales núcleos (§4.1.), así como los sintagmas con determinante que no contienen un sustantivo (9):

(9) a   ¿Una de mis travesuras? *La más famosa*. (CREA, Oral, [Venezuela]).
    b   Y además, por favor, *los de la oposición* cuídense de los micrófonos. (CREA, Oral [México]).
    c   *Lo de Rusia* nadie sabe a estas horas cómo se va a resolver. (CREA, Oral, [Cuba]).
    d   Iniciamos con *la más genial, la más fantástica, la que ilumina nuestras vidas todos los días, la que nos habla de cines, de cosas*. Hola Ana. (CREA, Oral, [España, 1996]).
    e   no se permitirán en las audiencias, ni armas, ni combustible, [...] *Los que entren a Bellas Artes* tendrán que pasar por detectores de metales. (El Nuevo Herald, 17/04/1997 [EE. UU.], CREA).

Las soluciones adoptadas en la gramática española son dispares. Una opción analítica defendida en los modelos generativos consiste en considerar que son estructuras elípticas, por haber sido omitido el núcleo nominal, un núcleo nulo o una categoría vacía, cuyo contenido se recupera del contexto mediante una regla semántica (Eguren 2008; Gutiérrez-Rodríguez 2018, y referencias ahí citadas). El recurso a la elipsis ofrece algunas ventajas: a) no es preciso modificar la estructura interna del sintagma, pues determinantes y modificadores se mantienen como tales; b) desde el punto de vista interpretativo, permite recuperar, en la mayor parte de los casos, el contenido de su referente, antecedente textual —*travesura* en (9a)—, o extralingüístico en (9b): colegas de la Cámara del Senado a quienes se dirige el orador. En cambio, en (9c) el referente es abstracto y no corresponde a una palabra concreta del texto previo: se interpreta como "el asunto, el tema". En (9d) el referente se identifica catafóricamente, pero al tratarse de un nombre propio no puede recuperarse como tal en los SN anteriores con artículo definido. En (9e) la nominalización tiene referente animado: "un grupo de personas". Los partidarios de este análisis consideran que la relación existente entre el antecedente y el núcleo elidido es de identidad de sentido y no de identidad referencial (Gutiérrez-Rodríguez 2018, 140). No obstante, se mantiene en la estructura del SN el hueco correspondiente al sustantivo, lo que concita críticas desde otras posiciones teóricas. Así, Jiménez Juliá (2007, 160) señala que "en todos los casos la fuente de la expresión flexiva", limitada al artículo (9b, 9c) o expresada también en la unidad nominalizada, como en (9a), "es el conocimiento de la referencia".[4] Y añade: "que este conocimiento esté filtrado por su codificación lingüística no implica que el sustantivo que codifique esa referencia esté estructuralmente presente tras cada artículo".

En la tradición gramatical hispánica se han defendido dos tesis contrapuestas: (i) el artículo conserva en (9) su originario valor pronominal, funcionando como núcleo de su construcción; (ii) el artículo actúa como un sustantivador o *transpositor* a categoría sustantiva, convirtiendo en sustantivos funcionales unidades de otras clases: adjetivos, grupos sintagmáticos, oraciones. Más detalles, y una revisión crítica de estas propuestas, en Hernanz y Brucart (1987, § 5.6.) y Jiménez Juliá (2007, § 3.1.). El análisis pronominal equipara el artículo con demostrativos, numerales cardinales e indefinidos interpretados como pronombres y núcleos de su construcción (10), puesto que pueden aparecer sin adyacentes y representar al SN completo (Hernanz y Brucart 1987, 197–198):

(10) a *Aquel que creíamos conocer* no era él (El Mundo, 03/10/1994 [España] CREA).
   b *Cuatro de las integrantes del ballet* esperan para salir a escena. (Clarín, 08/07/1997 [Argentina], CREA).
   c *Alguna de esas personas* pudo entregarlo. (La Vanguardia, 15/09/1994 [España], CREA).

Analizado como núcleo, el artículo debería integrarse en el paradigma de los pronombres personales en caso nominativo (*él~ella~ello~ellos~ellas*). Se crearían así dos subconjuntos, el tónico que solo admitiría modificadores explicativos incidentales (*Ellos, los indignados*) y el átono, con modificadores restrictivos *Los indignados*. Quienes prefieren no distinguir un paradigma adjetivo y otro pronominal en los determinantes extienden la solución de la elipsis a los contextos de (10).

En cuanto a la tesis de que el artículo es un sustantivador, implica que se le asigna valor morfemático, distanciándolo de unidades que otros autores integran en el paradigma determinante: demostrativos o posesivos, con diferentes grados de gramaticalización. Como el conjunto [artículo + nominal] no se comporta referencialmente como un sustantivo escueto, sino que se parece a otros elementos nombradores —nombres propios y pronombres—, Jiménez Juliá (2007, 76) prefiere no usar la etiqueta de sustantivación, que parece aludir a un cambio categorial, sino la de "nominalización", que señala un proceso de habilitación sintagmática. Como instrumento nominalizador, el artículo puede adjuntarse a unidades de diferente tipo; su papel consiste en convertir conceptos virtuales, sean clases de propiedades o propiedades singulares, en referencias a clases (valor genérico) o a unidades actuales (Jiménez Juliá 2007, 178). Esta es, por tanto, otra vía de análisis de las "nominalizaciones sintácticas" de (9): la unidad nominalizada conserva sus propiedades categoriales —adjetivo, sintagma prepositivo, oración— y se comporta funcionalmente como *nominal*, "la unidad caracterizada por el determinante".

4 Perspectivas actuales

En las últimas décadas dos temas han acaparado la atención de los investigadores; de ellos se destacarán algunos aspectos relevantes.

4.1 Construcciones binominales

Cuando el SN contiene dos nombres [N_1 *de* N_2], el primer sustantivo suele comportarse como el núcleo semántico y sintáctico, al proporcionar la información más relevante sobre la clase designativa del referente e inducir la concordancia: *Un tren de cercanías arrolla a dos trabajadores*. Pero existe un grupo de construcciones denominadas binominales [N_1 *de* N_2], con un primer sustantivo de significado más general, e incluso carente de autonomía semántica —por su significado inherente o por usarse de forma figurada—, y con un N_2 que proporciona la clase designativa, por lo que ambos pueden atraer la concordancia: *Yo tuve un tren de profesores bastante bueno(s)*. El grado de gramaticalización del primer sustantivo influye sobre las posibilidades de interpretar N_2 como núcleo de la construcción. Entre los sustantivos que integran estos sintagmas destacan:

(i) Los nombres de cualidad con valor ponderativo en varios subtipos de aposiciones enfáticas: "Aquí tiene *su porquería de contrato*"; "Esta máquina mete *un horror de ruido*"; la relación existente entre los dos nombres es atributiva (Di Tullio y Suñer 2007).
(ii) Los sustantivos cuantificadores, en construcciones partitivas y seudopartitivas; las primeras constan de un cuantificado con determinante definido y contienen dos conjuntos referenciales distintos: *La mayoría de las piezas se conserva(n) en museos extranjeros*; el cuantificado de las seudopartitivas es un sustantivo escueto y existe un único referente; estas pueden estar encabezadas por sustantivos cuantificadores (*docena, centenar, totalidad* ...), nombres de medida (*litro, gramo*...), sustantivos que funcionan como acotadores (*un trozo de bizcocho, una caja de bombones, una botella de vino*), y colectivos en usos rectos (*una manada de elefantes*) o adaptados como cuantificadores: *un ejército de voluntarios, una jauría de demagogos*. De la heterogeneidad interna de las seudopartitivas da cuenta San Julián Solana (2018a).
(iii) Sustantivos de clase: *Sobre su vida se tejen toda suerte de rumores*.

En las gramáticas se distingue entre *concordancia gramatical* o *estricta*, con N_1, y *concordancia ad sensum*, con N_2. Al producirse un desajuste entre la disposición formal (Núcleo + Modificador) y la organización semántica del SN (Modificador + Núcleo), la concordancia es flexible: la realizada con N_2 supone otorgar preeminencia a la identificación de referentes (San Julián Solana 2018b).

4.2 Nombres relacionales

Es común distinguir dos tipos de núcleos nominales: los no relacionales y los relacionales. Los primeros sirven para clasificar entidades; sustantivos como *hoja, tren, espejo, fuego, muñeco, chica*, etc., indican la pertenencia de lo designado a una clase ontológica concreta. Los sintagmas con núcleo no relacional pueden contener uno o más modificadores, no requeridos por el sustantivo, aunque aporten información valiosa sobre el referente: [*tren* [*de carga*]$_{\text{CLASIFICADOR}}$] [*de las ocho*]$_{\text{TEMPORAL}}$. Los nombres relacionales describen entidades que mantienen una relación de dependencia semántica con otras entidades: *hermano, prima, colega, brazo*... (véanse las subclases de nombres relacionales puros en NGLE, §12.10c). Se considera argumental el adyacente con *de* o el posesivo que codifica a la entidad relacionada: *Telefoneé a una prima de mi madre ~su prima*.

En la bibliografía hispánica se ha prestado especial atención a los sustantivos emparentados con predicados verbales, que pueden heredar los argumentos de su base léxica y configuran un tipo complejo de SN, denominado *nominalización léxica*, típico de la prosa científica e informativa. El sustantivo *venta* implica tres argumentos: el agente, el objeto intercambiado y el destinatario, los dos últimos integrados en el SN en cursiva en "Francia interrumpió *la venta de uranio a Irak*", mientras que el agente coincide referencialmente con el sujeto de *interrumpió*. Por tanto, los argumentos pueden estar explicitados en el SN o estar latentes, bien porque se infieren del contexto, bien por tener valor genérico (Rodríguez-Espiñeira 2013, donde se analiza una muestra de 278 ejemplos). Además de asignar funciones semánticas a los argumentos, los núcleos nominales les imponen restricciones semánticas y sintácticas: hablamos de *derramamiento de sangre, de crudo, de aceite*... o de otras sustancias líquidas; nos referimos al *descarrilamiento de* (cierto tipo de) *vehículos*, al menos en los usos literales; metafóricamente también descarrila la economía, los gobiernos, etc. Algunos argumentos llevan una preposición regida: "Peligra *el acceso a los recursos biológicos*"; "Tiene *confianza en la recuperación económica*"; "Deciden *la no intervención en Siria*"; "Prosigue *la lucha contra la trata de mujeres*"; "Manifestó *su opción por los pobres*"; "Favorece *la colaboración de los sindicatos con la patronal*", etc. En las nominalizaciones también tienen cabida adjuntos, modificadores no previstos en el significado del núcleo nominal, que mantienen con él una relación más laxa: "El derrumbe de Alemania *en la guerra*"; "La voladura de la torre *en 1938*"; "El *paulatino* desmoronamiento del edificio"; "Una escapada al monte *de un par de horas*"; los adjuntos aportan informaciones circunstanciales sobre el lugar, el tiempo, la manera, o la cantidad, entre otras posibles.

El abanico de marcas gramaticales dentro del SN es limitado: tanto los complementos como la mayoría de los adjuntos van pospuestos y la misma preposición (*de, por, a*...) sirve para introducir diferentes argumentos. Así, la preposición *de* puede señalar: al participante único de predicados intransitivos (S), sea iniciador o afectado: "*La entrada brusca de Miriam* lo interrumpió"; "Vaticinan *un inminente estallido de violencia*"; al participante A (agente) de predicados biargumentales: "La ministra recibe *la visita de los investigadores*"; "Diana sufre *el acoso de los fotógrafos*"; al participante O (objeto): "Ordenaron *la inmediata evacuación del hotel*"; "Tras *la detención de una joven en Barajas*"; al participante expresado como complemento de régimen, cuya preposición es heredada: "Confesó *su dependencia de las drogas*", "Se rechazó *cualquier acusación de imprudencia*".

La preposición *por* puede marcar al participante iniciador, agente o causante: *el asesinato de Emiliano Zapata por Venustiano Carranza*; al estímulo con sustantivos que expresan sentimientos y emociones: *La querencia de la loba por la laguna, La preocupación de los europeos por el Brexit*; a la entidad sustituida con predicados de sustitución: *La suplantación del dibujo por la fotografía*; al espacio con predicados de localización: *La expansión de Canadá por el Oeste*, etc.

Una cuestión debatida en la bibliografía es si existen pruebas sintácticas que sustenten la oposición entre complementos en genitivo y adjuntos con valor posesivo en el seno del SN, pues ambas subclases tienen similar forma sintáctica: "Presenció *el asesinato de Zapata*"; "Visitó *el pueblo de Zapata*"; estos dos SN se distinguen por su valor eventivo/objetual, propiciado por el tipo de referente, por el contexto, y por las funciones semánticas de cada adyacente: paciente o tema, frente a poseedor. Complemento subjetivo y objetivo admiten posesivización —*Su desaparición, Su asesinato*—, al igual que los adyacentes con valor posesivo —*Su pueblo*— y unos pocos complementos regidos: *Su carencia produce escorbuto* (*cf. carecer de vitamina C*) (Rodríguez-Espiñeira 2010, 14).

Se ha defendido que existen dos formatos sintácticos vinculados con contenidos de voz: el de doble genitivo, con lectura activa —*La descripción del modisto del vestido*— y el formato genitivo-oblicuo, con lectura pasiva, ya que el argumento agentivo (i) presenta la disposición de participantes típica de una pasiva, O-A, (ii) tiene una expresión oblicua similar, (iii) es opcional, y (iv) este tipo de SN se usa frecuentemente en contextos eventivos: *Tras la descripción de sus efectos por Moreau*. También se ha cuestionado este análisis (Rodríguez-Espiñeira 2010) porque el supuesto cambio de voz no está acompañado de marcas morfológicas en el nombre; el sustantivo es diatéticamente neutro y compatible con diferentes lecturas del predicado base. El pretendido formato pasivo se documenta sin contexto eventivo —*La conquista de Inglaterra por los árabes que describe el Tirant lo Blanc*— y con predicados estativos: *La tenencia de armamento por los particulares*. Es mucho menos frecuente, pero posible, que la secuencia genitivo-oblicuo verbalice el asunto (narrado) y al autor (de la narración): "Leyó *el relato* [*de la conquista de México*] *por Bernal Díaz del Castillo*".

Los sustantivos de la clase 'destrucción', como *derrumbe, desmoronamiento* o *voladura*, originan nombres de acción o proceso cuyo argumento inherente es la entidad que deja de existir tras el evento, explicitada en forma de genitivo objetivo: *derrumbe de la mina, desmoronamiento de la presa, voladura del puente*, etc. Dependiendo de la lectura diatética más plausible en función de la acepción seleccionada de la base verbal (activa, pasiva o media), así como del contexto discursivo, podrá aparecer o no un argumento iniciador: *La destrucción del bosque tropical por el fuego · por los leñadores*. No obstante, en el uso es poco frecuente la presencia explícita de todos los potenciales argumentos del predicado base de la nominalización, ya que una de sus funciones discursivas es condensar información (Rodríguez-Espiñeira 2013).

La marcación con dos genitivos de los participantes agente y paciente está más restringida (*La petición de entrada en la Unión del Estado independiente de Texas*) porque se prefieren marcas diferenciadoras que eviten ambigüedades; en *La descripción del vestido del modisto* el segundo genitivo se interpreta como poseedor, no como agente, frente a *La descripción del vestido por el modisto*. Este marcado diferencial se observa también cuando se acumulan argumentos con otras funciones semánticas: con predicados causativos la preposición *a* puede introducir, bien la acción inducida —*Ayuda a la investigación; Incitación a la lectura; Invitación a pasear*—, bien la entidad animada causada: *Ayuda a los refugiados; Incitación a las mujeres; Invitación a la escritora*. Aunque sus referentes se distinguen bien (± animado), al combinarse ambos en el SN a menudo se sustituye la preposición de uno de ellos: *Ayuda a los países subdesarrollados en la selección de tecnologías apropiadas; Incitación a las mujeres para participar en la política*.

El encorsetamiento de un referente abstracto en el formato de un esquema nominal se lleva a cabo adaptando en mayor o en menor medida la expresión nominal al molde de un SN prototípico. Las nominalizaciones se pueden situar en una escala cuyos polos extremos son las construcciones que explicitan la valencia completa del sustantivo derivado e incluyen adjuntos (11) y aquellas que se acoplan por completo al formato nominal: "Asistimos a *un rápido desmoronamiento económico*".

(11) Un hito sin dudas trascendente en la conformación y difusión del modo sonero es *el hallazgo por José Urfé, en 1910, en El bombín de Barreto, de una vinculación entre la forma danzonera y el son* (Helio Orovio, *Música por el Caribe*, [Cuba, 1990], CREA).

5 Direcciones futuras y conclusiones

Para establecer las características del SN, las teorías gramaticales suelen destacar algunas de sus propiedades: (i) ser constituyente de unidades de mayor rango (oraciones) o del mismo, si existe recursividad; (ii) conformar, junto con determinadores y cuantificadores, expresiones referenciales, equiparables a sustantivos propios y pronombres; (iii) servir de argumentos de un predicado; (iv) desempeñar determinadas funciones sintácticas. En lugar de establecer patrones distribucionales de similitud para identificar el núcleo del SN, desde varios enfoques teóricos se han buscado patrones de equivalencia para un contexto específico, la posición de sujeto preverbal, lo que ha llevado a considerar al determinante un componente obligatorio del SN (etiquetado como *frase nominal* o como *frase/sintagma determinante*), unidad distinta de la formada por núcleo y modificadores (*frase sustantiva* o *grupo nominal*).

Suele admitirse que los adyacentes del sustantivo se escalonan jerárquicamente según criterios semánticos: tanto los especificadores de la clase designativa —restrictivos o clasificadores— como los argumentos se sitúan en un nivel interno, más próximo al núcleo, mientras que adjuntos y modificadores evaluativos, por una parte, y cuantificadores y determinadores, por otra, se sitúan progresivamente en capas más externas. En algunas versiones de la gramática generativa, donde es parte esencial del análisis la jerarquización de los constituyentes siguiendo pautas sintáctico-semánticas, se ha propuesto etiquetar los sucesivos constituyentes obtenidos: sintagma determinante, sintagma cuantificador, etc. Cabe preguntarse si es necesario reflejar la diversidad semántica de los constituyentes en los subtipos de unidades obtenidas en las sucesivas capas del análisis. Como señala Fernández Leboráns (2003, 64–65): "una determinada configuración estructural puede 'vertebrar' distintos valores semánticos, los cuales son adecuadamente interpretados en cada caso mediante las relaciones contextuales". La codificación de argumentos y adjuntos en el SN ilustra este punto de vista (§ 4.2.). Además, un mismo elemento puede incorporar dos valores, como el posesivo prenominal de algunos SN, cuyas propiedades anafóricas le permiten comportarse a la vez como determinante y como argumento objetivo o como poseedor: *su persecución, mi libro*. Por eso en este capítulo no se han ofrecido representaciones sintácticas como las incluidas en manuales y artículos, porque suelen estar excesivamente supeditadas a los axiomas de cada modelo teórico.

Sea mediante relaciones constitutivas (parte-todo), sea mediante relaciones dependenciales (parte-parte), desde el punto de vista interpretativo es importante mostrar cómo, a partir de una distribución secuencial similar, el sustantivo mantiene relaciones directas e indirectas con otros constituyentes del SN, e identificar los sucesivos núcleos:

(12) a La forma [del rabo del gato de Irene]→ su forma.
   b La [forma de maullar] [del gato de Irene]→ su forma de maullar.
   c La [forma de hablar de cine] de Irene → su forma de hablar de cine.

La investigación de las últimas décadas ha permitido conocer mejor las propiedades del SN y de sus componentes (véanse las lecturas recomendadas). Se ha dado prioridad a la búsqueda de criterios formales para validar las hipótesis semánticas. El interés se ha centrado en aquellas construcciones que, por diferentes motivos, se alejan de los SN prototípicos: (i) sintagmas [N_1 de N_2] cuyo primer sustantivo no proporciona la clase designativa del referente, contrariamente a lo esperado; (ii) sintagmas que poseen núcleos relacionales, sean sustantivos simples o derivados; los del segundo tipo retienen algunas propiedades léxicas de su base verbal o adjetival, como la selección de argumentos.

Una línea de investigación prometedora tiene que ver con los cambios producidos en las construcciones nominales por exigencias comunicativas del discurso escrito: variantes gramaticales, asociaciones léxicas, funciones discursivas, etc. Algunos trabajos comienzan a ocuparse de estas cuestiones. Con datos de textos medievales y renacentistas, Elvira (2020) muestra cómo la manera de formular los índices temáticos de libros históricos, doctrinales y técnicos ofrece un progresivo avance en el empleo de nominalizaciones, y destaca el papel modelador del latín sobre la prosa científica romance. Granvik (2019) analiza los orígenes y evolución (siglos XIII–XX) de la construcción encapsuladora, mediante la que sustantivos abstractos como *causa, convicción, idea* o *sospecha* remiten a un contenido proposicional, expresado en una oración complementaria o del cotexto. Para caracterizar formalmente la construcción y establecer grados de tipicidad en el uso, Granvik aplica a 7400 ejemplos de nueve sustantivos tres propiedades: la presencia de artículo definido o indefinido, la función sintáctica del SN y el tipo de unidad rectora. El autor lleva a cabo un exhaustivo análisis cuantitativo semántico-cognitivo y textual de las unidades seleccionadas y detecta diferencias funcionales vinculadas a la semántica léxica de cada sustantivo.

Es previsible también que cobren fuerza las investigaciones sobre combinatoria de determinantes con apoyo en datos contextualizados. Pons (2014) estudia el denominado efecto de definitud o de especificidad en construcciones con el verbo *haber* existencial. Al funcionar como predicado presentativo, introductor de referentes nuevos en el discurso, se ha supuesto que rechaza objetos directos definidos: *Había documentos~unos documentos~[2]los documentos*. En la NGLE (2009, § 15) se enumeran diez contextos que cancelan este efecto. Recuérdese que los SN definidos pueden hacer referencia a clases de entidades (§ 3.1.): *Si ahora hay drogas, antes había los cigarrillos y el aguardiente y las queridas* (Oral, [Venezuela], CREA). Pons comprueba que la presencia del artículo definido no es tan dialectal ni idiosincrásica como se desprende de análisis previos: en una muestra de 2193 ejemplos de entre fines del XIX y el tercer cuarto del XX, encuentra compatibilidad entre *haber* y objeto directo con artículo definido en construcciones locativas, fóricas, superlativas, identificativas, adscriptivas, deónticas, proposicionales y cuantificativas.

De lo examinado en este capítulo se desprende que los criterios formales empleados para caracterizar el SN deben ser complementados con criterios semántico-pragmáticos, de más compleja sistematización. Desde el punto de vista metodológico no hay que olvidar que algunas propiedades identificadas por los investigadores se manifiestan de forma gradual en el uso lingüístico, por lo que resulta desaconsejable trabajar con datos desligados de su contexto comunicativo.

Notas

1 Keizer (2019) ha inspirado la selección temática de este capítulo. Hella Olbertz, Jesús Pena y Javier San Julián me proporcionaron valiosos comentarios. Agradezco las sugerencias de los editores y de un/a evaluador/a.
2 Los ejemplos empleados están tomados directamente del corpus CREA o se han adaptado ligeramente para facilitar su integración en el texto.
3 En variedades americanas (Colombia, Guatemala o México) artículos y posesivos son compatibles, como en español medieval: *el su cuello, un su amigo*. También son posibles combinaciones de demostrativo y posesivo: *este mi pueblo*.
4 Eguren (2008) presenta ejemplos donde la elipsis nominal se lleva a cabo sin artículo, en contextos contrastivos discriminadores, como el siguiente: "Sirvo dos whiskies. Jameson. Últimamente sólo bebo *irlandés* o bourbon". (ABC Cultural, 06/09/1996 [España], CREA).

Lecturas complementarias recomendadas

GDLE. [Caps. 5, 6, 7, 8, 12–18]; NGLE. [Caps. 12, 13, 14, 15, 17, 18, 19, 20, 21].

Referencias bibliográficas

Bosque, I. 1999. "El nombre común". En GDLE, cap. 1, 3–75.
CORPES: Real Academia Española. Corpus del Español del Siglo XXI. (http://rae.es/recursos/banco-de-datos/corpes-xxi). Versión 0.94.
CREA: Real Academia Española. Corpus de Referencia del Español Actual. (http://rae.es/recursos/banco-de-datos/crea). Versión anotada 0.3.
Di Tullio, Á. y A. Suñer. 2007. "Los 'nombres de cualidad' en la estructura del SN". En *Actes du XXIVe Congrès International de Linguistique et de Philologie Romanes*, vol. 4, ed. D. Trotter, 533–540. Tubinga: Max Niemeyer.
Eguren, L. 1993. "Núcleos de frase". *Verba* 20: 61–91.
Eguren, L. 2008. "Restricciones de la elipsis nominal en español". *RSEL* 38(1): 127–154.
Elvira, J. 2020. "Nouns and Labelling: The Advance of Nominalization in Spanish". En *Changes in Meaning: Studies in Historical Linguistics with a Focus on Spanish*, eds. J. Fernández Jaén y H. Provencio Garrigós, 2–19. Ámsterdam: John Benjamins.
Fernández Leboráns, M. J. 2003. *Los sintagmas del español. I. El sintagma nominal*. Madrid: Arco Libros.
GDLE. 1999. *Gramática descriptiva de la lengua española*, dirs. I. Bosque y V. Demonte. Madrid: Espasa.
Granvik, A. 2019. "Sobre los orígenes de la construcción encapsuladora en español". En *Corpus y construcciones. Perspectivas hispánicas*, eds. M. Blanco, H. Olbertz y V. Vázquez Rozas, 41–79. Santiago de Compostela: Verba, Anexo 79.
Gutiérrez Rodríguez, E. 2018. "Interpretación genérica de sintagmas nominales con núcleo elíptico". *Borealis: An International Journal of Hispanic Linguistics* 7(2): 135–160.
Hernanz, M. Ll. y J. M. Brucart. 1987. *La Sintaxis*. Barcelona: Crítica. Cap. 5: "El sintagma nominal", 142–209.
Jiménez Juliá, T. 2006. *El paradigma determinante en español*. Santiago de Compostela: Verba, Anexo 56.
Jiménez Juliá, T. 2007. *Aspectos gramaticales de la frase nominal en español*. Santiago de Compostela: Verba, Anexo 60.
Keizer, E. 2019. "Noun Phrases". En *The Oxford Handbook of English Grammar*, eds. B. Aarts, J. Bowie y G. Popova, 335–357. Oxford: Oxford University Press.
Laca, B. 1999. "Presencia y ausencia de determinante". En *GDLE*, cap. 13, 890–928.
Leonetti, M. 1999. *Los determinantes*. Madrid: Arco/Libros.
NGLE: Real Academia Española y Asociación de Academias de la Lengua Española. 2009–2011. *Nueva gramática de la lengua española*. Madrid: Espasa. (www.rae.es/recursos/gramatica/nueva-gramatica).
Pons, L. 2014. "*¿Hay la intuición?* La historia de la lengua española y el efecto de definitud". *RILCE* 30(3): 807–832.
Rodríguez-Espiñeira, M. J. 2010. "Complementos en genitivo y lecturas diatéticas de los nominales de acción". *Verba* 37: 7–56.
Rodríguez-Espiñeira, M. J. 2013. "Mantenimiento o reducción de valencia en nominalizaciones con sustantivos deverbales". *RILI* 11(22/2): 69–87.
Rojo, G. y T. Jiménez Juliá. 1989. *Fundamentos del análisis sintáctico funcional*. Universidade de Santiago de Compostela: SPIC.
San Julián Solana, J. 2018a. "La heterogeneidad estructural de las pseudopartitivas en español". *Círculo de Lingüística Aplicada a la Comunicación* 75: 243–268.
San Julián Solana, J. 2018b. "La concordancia (*ad sensum*) con sustantivos cuantificadores en español". *Verba* 45: 67–106.

31
Los pronombres personales
(Personal Pronouns)

Diana L. Ranson

1 Introducción

Este capítulo presenta seis fenómenos de variación sintáctica relacionados con los pronombres personales.[1] Dos de estos fenómenos, la expresión del pronombre sujeto y su posposición, enfocan la alternancia entre pronombres sujetos nulos y explícitos en posición preverbal y posverbal (*veo ~ yo veo ~ veo yo*). Se examinan también dos casos de variación en los pronombres clíticos: la duplicación pronominal del objeto directo (*la veo a mi madre ~ veo a mi madre*) y la posición del clítico en perífrasis verbales (*la estoy viendo ~ estoy viéndola*). Los dos últimos fenómenos tratan de la variación entre distintas formas del pronombre clítico de tercera persona: los fenómenos de leísmo (*le veo (a mi padre) ~ lo veo*), laísmo (*la hablo (a mi madre) ~ le hablo*) y loísmo (*lo hablo (a mi padre) ~ le hablo*) y el uso variable de *le* y *les* con referente plural (*le hablo (a mis padres) ~ les hablo*). El capítulo comienza con una presentación de los conceptos fundamentales sobre estos fenómenos que incluye su definición, ilustración y variación interdialectal. A continuación, se presentan las aproximaciones teóricas destinadas a dar cuenta de esta variación, y las perspectivas actuales que resumen los aportes tanto cuantitativos como cualitativos sobre estos fenómenos. El capítulo concluye con reflexiones sobre direcciones para investigaciones futuras sobre los pronombres personales.

Palabras clave: clíticos; duplicación pronominal; expresión y posición del pronombre sujeto; gramaticalización; leísmo

This chapter presents six phenomena in which personal pronouns exhibit syntactic variation. Two of these phenomena, subject expression and postposition, focus on the variation between null and overt subject pronouns in preverbal and postverbal position (*veo ~ yo veo ~ veo yo*). It also examines two cases of variation involving clitic pronouns: the doubling of direct object pronouns (*la veo a mi madre ~ veo a mi madre*) and the position of the clitic pronoun in verbal periphrases (*la estoy viendo ~ estoy viéndola*). The final two phenomena deal with different third person forms of the clitic pronoun: the phenomena of *leísmo* (*le veo (a mi padre) ~ lo veo*), *laísmo* (*la hablo (a mi madre) ~ le hablo*) and *loísmo* (*lo hablo (a mi padre) ~ le hablo*) and the variable use of *le* and *les* with a plural referent (*le hablo (a mis padres) ~ les hablo*). The chapter begins with a presentation of fundamental concepts including the definition, illustration and interdialectal variation of these phenomena. Next it presents the theoretical approaches that attempt to account for this variation, and the current perspectives that summarize the quantitative and qualitative findings for these phenomena. The chapter concludes with proposals for the future directions of research on personal pronouns.

Keywords: clitics; redundant direct object pronouns; subject pronoun expression and position; grammaticalization; *leísmo*

2 Conceptos fundamentales

2.1 Funciones y formas de los pronombres personales

Los pronombres personales en español se organizan según su tonicidad o cliticidad, su persona gramatical y su rol sintáctico (sujeto, objeto directo/acusativo, objeto indirecto/dativo). Los pronombres átonos, como *le, lo,* y *la*, que se ven en la Tabla 31.1, son clíticos que se unen al verbo y forman parte del sintagma verbal (*le habla, está viéndola*). Los pronombres tónicos de sujeto, como *él* y *ella*, cuando se expresan, son independientes del verbo y forman sintagma nominal propio. Estos pronombres varían según su expresión u omisión y su posición antes o después del verbo (*habla ~ ella habla ~ habla ella*). El pronombre clítico acusativo varía en su expresión con un sustantivo correferencial siguiente en ciertos contextos y dialectos (*veo a mi madre ~ la veo a mi madre*) a menos que el objeto directo esté topicalizado, en cuyo caso la presencia del doblado

Tabla 31.1 Los pronombres personales en español.

Persona referencial	Persona gramatical	Tónicos		Átonos		
		Sujeto	Término de preposición	Acusativo	Dativo	Reflexivo
1sg	1sg	yo	mí (conmigo entre tú y yo según yo)	me		
2sg	2sg	tú (tuteo)	ti (contigo, entre tú y yo, según tú)	te		
2sg	2sg	vos (voseo)		te		
2sg	3sg	usted		lo la	le (se)	se
3sg	3sg	él ella ello		lo le (leísmo)	lo (loísmo) la (laísmo)	
3sg impersonal	3sg	—	sí (consigo)			
1pl	1pl	nosotros nosotras		nos		
2pl	2pl	vosotros vosotras		os		
2pl	3pl	ustedes		los las	les (se)	se
3pl	3pl	ellos ellas		las les (leísmo)	los (loísmo) las (laísmo)	
3pl impersonal	3pl	—	sí (consigo)			

es obligatoria (*a mi madre la veo regularmente*). Todos los pronombres clíticos tienen una posición variable con respecto al verbo solo en perífrasis verbales como *la estoy viendo* y *estoy viéndola*, y los pronombres clíticos de tercera persona varían en cuanto a su forma acusativa o dativa (*lo veo ~ le veo, la hablo ~ le hablo*). Se incluyen en la tabla las formas pronominales tras preposición, como *con ella*, aunque no varían ni en su forma ni en su posición.

Además de la tonicidad y la cliticidad, otra cualidad de los pronombres personales es la referencialidad ya que remiten a personas o entidades animadas o personificadas y a veces a entidades inanimadas. Los pronombres neutros de tercera persona, *ello* y *lo*, remiten también a eventos y proposiciones. Aunque los pronombres, fieles a su étimo latino PRONOMINEM (PRO "en lugar de" + NOMINEM "nombre"), ocupan el lugar de nombres, no proporcionan por sí solos toda la información necesaria para la identificación de su referente, como lo haría un nombre propio con referente único. Para su interpretación es necesario recurrir a otra información presente en la situación de habla, como el cotexto de la conversación, es decir, lo que se dice antes y después del pronombre, y los conocimientos compartidos entre interlocutores.

Cabe mencionar la variación diatópica en el uso de pronombres personales de segunda persona. *Vos*, como pronombre singular informal, tiene un uso generalizado en Argentina y Uruguay, y un uso limitado a ciertas regiones o ciertos registros en Bolivia, Chile, Colombia, Venezuela, Guatemala y otros países centroamericanos (NGLE, 1253–1254). En otros lugares, se usa mayoritariamente el pronombre *tú*. En el plural se usa *ustedes* en América, Andalucía occidental y Canarias (NGLE, 1255), sin distinción entre tratamiento informal y formal, y *vosotros* y *ustedes* en otras partes de España donde sí existe tal distinción. Es solo en el tratamiento formal que la persona referencial no es la misma que la persona gramatical; *usted* y *ustedes* hacen referencia a la segunda persona, pero exigen formas verbales de tercera persona menos en Andalucía occidental donde *ustedes* concuerda con formas verbales de segunda persona del plural.

2.2 Descripción e ilustración de la variación pronominal y su distribución geográfica

En todo el mundo hispanohablante, hay variación entre sujetos nulos y explícitos, que incluyen sujetos pronominales en todas las personas gramaticales, como *yo creo, ella cree, nosotros creemos*, y también sujetos léxicos en la tercera persona, como *mi madre cree*. Los sujetos explícitos varían también en cuanto a su posición antes o después del verbo en todo dialecto, como *yo creo ~ creo yo*. Por lo tanto, existen diferencias regionales en la tasa de pronombres sujetos explícitos en comparación con sujetos nulos. Los dialectos con una baja tasa pronominal de menos de 30 % en orden creciente son los de Perú, España, México, Uruguay y Argentina. Los de Colombia, Chile, Puerto Rico y la República Dominicana tienen tasas más altas que llegan hasta el 45 % (Cerrón-Palomino 2018, 62, Tabla 2). También hay diferencias dialectales en la proporción de pronombres sujetos antepuestos y pospuestos. Mientras que la posposición se usa en la mayoría de los dialectos hispánicos en la interrogación y la relativización, la anteposición es más frecuente en el Caribe en preguntas como *¿Qué número tú anotaste?* y en pseudohendidas como *¿Dónde fue que tú estudiaste?* (Toribio 2000, 322–324; Bosque y Brucart 2019, 304–306).[2]

Otros fenómenos pandialectales son el uso de *le* como pronombre dativo plural, por ejemplo, *uno le compra a los hijos de eso* (Sánchez Avedaño 2008, 12), que puede ocurrir solo cuando *le* dobla a un objeto indirecto pospuesto, y la posición variable del clítico, que es preverbal en *la estoy viendo* y posverbal en *estoy viéndola*. Según un estudio sobre el uso de *le* plural en 16 dialectos, las tasas más elevadas del pronombre ocurren en el Caribe y América Central y las tasas más bajas se dan en España y el Cono sur (Gustafson 2017, citado por Hoff y Schwenter 2021). En un estudio de corpus sobre la posición del clítico en 10 dialectos, Davies (1995, 373) encuentra tasas altas de pronombres proclíticos en México (66 %) y España (61 %) y menos altas en Perú (41 %) y Bolivia (43 %).

Los fenómenos regionales son la duplicación del clítico acusativo y el leísmo, laísmo y loísmo. La duplicación del pronombre acusativo se ha documentado en España y México, pero está más extendida en Argentina, como *lo va a matar al amigo* (Belloro 2012, 417). El leísmo, laísmo y loísmo ocurren sobre todo en el norte y centro de España (Fernández-Ordóñez 1993; Klein-Andreu 2000), pero se han observado también en América, sobre todo en situaciones de contacto con lenguas amerindias (Fernández-Ordoñez 1993; Palacios Alcaine 2005).

3 Aproximaciones teóricas

Las tres aproximaciones teóricas más utilizadas para estudiar la variación de los pronombres personales son las aproximaciones generativas, que se enfocan en las estructuras representadas por la variación y la interpretación del sistema gramatical que las produce (Bosque y Brucart 2019, 298), las aproximaciones variacionistas, que se proponen establecer de manera objetiva correlaciones entre variantes y factores de diversa índole, y las aproximaciones pragmáticas, que tratan de descubrir de manera subjetiva los significados transmitidos por los pronombres más allá de su significado literal. Estas aproximaciones permiten entender las estructuras en las que participan los pronombres personales y cómo y con qué fin un hablante varía la expresión, posición o forma de los pronombres personales.

3.1 Aproximaciones generativas

Las aproximaciones generativas disponen de un aparato formal bien desarrollado, aunque difícil de entender para los no iniciados, que identifica cada constituyente de una estructura sintáctica, sus rasgos, su posición, y los procesos que sufre, incluso su movimiento, para generar las oraciones aceptables en español. Para alcanzar sus objetivos teóricos, estas aproximaciones proporcionan una riqueza de información sobre la variación pronominal. Este apartado presenta algunas de sus contribuciones al estudio de los pronombres personales.

El parámetro del sujeto nulo propone dar cuenta de la variación entre sujetos explícitos y nulos en las lenguas del mundo para poder compararlas y hacer predicciones sobre el comportamiento sintáctico de estos sujetos y estructuras relacionadas. Entre las siete propiedades del parámetro del sujeto nulo figuran "(i) la existencia misma de sujetos nulos [*habló*], (ii) la inversión del sujeto en cláusulas simples [*Marta habló ~ habló Marta*], … (vi) los expletivos obligatoriamente nulos [*llueve*, no *ello llueve*] y (vii) las diferencias interpretativas entre los pronombres nulos y los explícitos" (Camacho 2010, 85). Por ejemplo, en la oración *cuando él trabaja, Juan no bebe*, *él* y *Juan* son personas distintas, mientras que en *cuando trabaja, Juan no bebe* la persona que trabaja puede ser Juan u otra persona (Luján 1987, 24). Este parámetro permite describir las diferencias dialectales en la expresión del sujeto, que vimos en 2.2., y explicarlas como un reajuste de este parámetro en los dialectos caribeños (Toribio 2000).

El estudio de Di Tullio *et al.* (2019) da una descripción completa de la duplicación del clítico en el español argentino al compararla con dislocaciones a la izquierda y a la derecha. Demuestran el distinto comportamiento sintáctico de cada construcción en una serie de contextos y luego proponen una solución generativa para dar cuenta de los hechos presentados. Por otra parte, la posición variable del clítico en las perífrasis verbales ha generado muchas propuestas. Una opción es generar tanto el clítico como el sustantivo en un solo argumento con el subsiguiente desplazamiento del clítico hasta el dominio funcional (Raposo y Uriagereka 2005). Otra es la reestructuración del grupo verbal y un mecanismo de movimiento para que la posición del clítico dependa del verbo auxiliar mientras mantiene su dependencia temática y sintáctica con el verbo léxico (p. ej., Aissen y Perlmutter 1976).

3.2 Aproximaciones variacionistas

Las aproximaciones variacionistas establecen de manera objetiva y cuantificable las correlaciones entre variantes y los factores condicionantes. Lo que dificulta estas interpretaciones es la multitud de factores y la interacción entre ellos y, por supuesto, el funcionamiento distinto de los pronombres en las numerosas variedades del español. Los estudios variacionistas sobre la variación pronominal subrayan la importancia de factores lingüísticos más que diastráticos (sociales) y diafásicos (situacionales). A continuación, se presentan algunos de estos factores.

Una primera motivación de la variación, sugerida por los resultados de estudios variacionistas, es el deseo del hablante de seleccionar la forma pronominal que permita la identificación de su referente. Por ejemplo, la información expresada por un sujeto pronominal en vez de uno nulo ayuda en este proceso, sobre todo cuando hay un cambio de referente desde el verbo anterior, como el sujeto *yo* en (1).

(1) Mi hermana… ha sido nada más que con mi madre… y yo tengo todo el pueblo de amigos (CPG, Adela 1–16–131 y 133).

Esto explica por qué la discontinuidad de referencia es un factor que favorece un pronombre sujeto explícito en todos los dialectos. Por otra parte, el hablante puede seleccionar una forma menos informativa cuando el referente ya se indica claramente. Esto explica el mayor uso de *le* con referente plural cuando le sigue directamente un sintagma nominal correferencial, como en (2a), que cuando otro material interviene, como en (2b) (Mojedano Batel 2014, 88–89).

(2) a *Le tengo el pánico a esas mariposas* (Mojedano Batel 2014, 89).
    b *Eso que les vendí el otro día a los gitanos* (Mojedano Batel 2014, 88).

Una variante puede también proporcionar información sobre las características del referente. Por ejemplo, el leísmo le indica al oyente que su referente es animado en dialectos donde solo se usa con personas (véase § 4.5. abajo). El *le* plural también se usa más con referentes inanimados que animados (Mojedano Batel 2014, 91). El referente de un clítico acusativo doblado en el dialecto argentino es casi siempre animado, como en *Yo no la conozco a la mina* "muchacha" y categóricamente definido y específico, como en *Se lo doy el papel* (Rinke et al. 2019, 29, 32). La animacidad del referente se correlaciona igualmente con la posición del clítico. Según Requena (2020, 10, 13), la animacidad favorece la proclisis, como en *Lo voy a matar [al hombre]*, mientras que la inanimacidad favorece la enclisis, como *Voy a mirarlo [el libro]*. Sin embargo, Schwenter y Torres Cacoullos (2014, 521–523) concluyen que la variación entre la posición proclítica y la enclítica depende de la inanimacidad del referente en interacción con su estatus como tópico persistente, uno que se menciona dos veces o más en las diez cláusulas siguientes.

Otro factor que influye en la variación pronominal es el *priming* o *facilitación*, que mantiene que una variante es favorecida tras otra igual. Por ejemplo, el pronombre *yo* en el primer verbo en (3) favorece el uso del sujeto explícito en el segundo verbo.

(3) pero yo vi que aquello no le sacaba yo nada (CPG Mario 3, 13, 31).

Se ha comprobado el efecto de la *facilitación* para la expresión del sujeto (Torres Cacoullos y Travis 2018, 90–91), la posposición del sujeto (Benevento y Dietrich 2014, 9) y la posición enclítica del pronombre en perífrasis verbales (Torres Cacoullos 1999, 163; Schwenter y Torres Cacoullos 2014, 523).

3.3 Aproximaciones pragmáticas

Las aproximaciones pragmáticas tienen el propósito de descubrir el significado transmitido por los elementos lingüísticos más allá del significado literal que identifica el referente. Para determinar los significados pragmáticos es necesario recurrir a juicios subjetivos, como los que hace el oyente en la situación de habla para poder entender el mensaje que el hablante le quiere comunicar.

Un estudio reciente sirve para ilustrar la aplicación de la aproximación pragmática a los pronombres sujetos. Ranson (2015) propone que un hablante usa un pronombre sujeto informativamente redundante, es decir, cuyo referente se puede identificar sin el pronombre explícito, para indicarle al oyente que atribuya un significado pragmático al pronombre. Para identificar el referente, el oyente se sirve de toda la información disponible en la situación de habla, como la presencia física de personas y objetos, el cotexto, y los conocimientos compartidos con el hablante. El oyente interpreta la información adicional proporcionada por el pronombre sujeto redundante como un tipo de énfasis.

Dos estudios pragmáticos sobre los pronombres sujetos en dialectos de España mencionan funciones parecidas. Davidson (1996) propone el término "peso pragmático" que incluye nociones de contraste, toma de turno, topicalidad y relevancia personal. Blackwell (2003) identifica el contraste y el establecimiento del tópico como funciones de los pronombres sujetos de tercera persona. Otros estudios proponen funciones pragmáticas adicionales. Vázquez Rozas y Enríquez Ovando (2020, 230–231) demuestran que los hablantes de la Ciudad de México y de Galicia dicen *yo creo* frente a *creo* con más frecuencia cuando el verbo expresa una opinión (67–69 % de sujeto expuesto) que cuando expresa la reserva o duda, es decir, cuando tiene función epistémica (30–45 %). Según Stewart (2000), el pronombre sujeto en *yo creo*, además de indicar claramente que es la opinión del hablante, puede mitigar o reforzar la autoridad de esta opinión. Aijón Oliva y Serrano (2010, 21) proponen que un hablante que dice *yo creo* señala la subjetivización de su enunciado y "afirma su presencia en la escena perceptiva e inserta el discurso en su esfera personal, subrayando su propia relación en el contenido proposicional de dicho discurso". Una propuesta para la expresión del pronombre *tú* es que puede servir para negociar la imagen del oyente. En el ejemplo (4) el hablante usa el pronombre para establecer la solidaridad con el oyente antes de expresar su desacuerdo con él:

(4) *Se plantea una cuestión que a mí me parece importante... la que dices tú... yo no sé si tú lo habrás apreciado* (Stewart 2003, 194).

4 Perspectivas actuales

4.1 Expresión del sujeto

La expresión del pronombre sujeto es el fenómeno pronominal más estudiado. Algunos factores que condicionan su expresión son la discontinuidad de referencia, la ambigüedad verbal, la persona gramatical del singular, el tiempo verbal imperfecto, los verbos estimativos y mentales, y el *priming* (Torres Cacoullos y Travis 2018). Sin embargo, por la complejidad del tema, no queda claro todavía por qué un hablante expresa o no un pronombre sujeto.

Una innovación prometedora en la aproximación variacionista es la nueva codificación de factores y el análisis de la interacción entre ellos. Por ejemplo, en la codificación de la continuidad de referencia, Torres Cacoullos y Travis (2018, 80–88) toman en cuenta no solo el referente del verbo anterior sino también la distancia desde la mención previa del referente. Las autoras concluyen que una mayor distancia favorece la expresión del sujeto sobre todo cuando interviene otro sujeto humano. En (5) el pronombre *ella*, correferente con el sujeto de *tenía*, se expresa después de la inserción del narrador:

(5) <u>tenía</u> *una pintura… en blanco y negro y <u>yo</u> simplemente le eché color… y <u>ella</u> quedó feliz.*

Otra innovación muestra que el sujeto que escoge un hablante depende de toda la información disponible en la situación de habla que permite identificar el referente del sujeto, no solo la información gramatical de la forma verbal (Ranson 2015). Esto explica por qué el número de pronombres sujetos que se deben a la ambigüedad verbal es mínimo (Torres Cacoullos y Travis 2018, 76–80). Cuando se toma en cuenta, además de la forma verbal, la información expresada por la continuidad de referencia y la presencia física de personas, el cotexto, y los conocimientos compartidos entre participantes, resulta que en el Corpus Puente Genil (CPG) solo 66 pronombres sujetos (8 % del total de 784 pronombres explícitos en un corpus de 4566 verbos) sirven para desambiguar el referente de un verbo ambiguo (Ranson 2015, 141). Se propone además que un pronombre sujeto informativamente redundante expresa una función pragmática que puede ser un contraste, un nuevo tema o la importancia personal de la información expresada. Cuando se combinan los pronombres que sirven para identificar el referente con los que tienen una función pragmática solo quedan en la muestra 21 pronombres sujetos explícitos que no se explican por estas dos razones.

4.2 Posición del sujeto

Los pronombres sujetos explícitos pueden aparecer en posición preverbal o posverbal. Cumplen las mismas funciones pragmáticas en ambas posiciones,[3] por lo que su expresión se explica de la misma manera que la de los preverbales, pero hay que buscar el motivo de su posposición. Una propuesta es que la posposición del pronombre sujeto pone su referente en segundo plano para indicar que no sirve de tópico (Posio 2012, 29–31). En la posición posverbal, que es prototípica del objeto, el pronombre sujeto tiene menos prominencia y agentividad (Aijón Oliva y Serrano 2013, 311). Esto explica en parte por qué un sujeto pronominal tiende a posponerse cuando introduce una cita. En un enunciado como (6), no es la locutora la que está en primer plano sino el mensaje que transmite.

(6) *Mis sobrinos empezaron a reírse y dice <u>ella</u>: "¡Niña! qué yo también sé decir patates"* (CPG, Adela 1-14-72-76).

Esta misma función podría explicar la correlación entre elementos preverbales y la posposición del pronombre sujeto (Benevento y Dietrich 2014, 9–10). Cuando un objeto precede al verbo, como *esos* en (7), este objeto es el tópico de la oración y el sujeto *yo*, que expresa un contraste implícito, se coloca tras el verbo, si no está focalizado.

(7) *Esos, estoy <u>yo</u> ya harta de comprarlos* (CPG, Juana 5, 4, 7).

En el ejemplo (8), el contraste no es entre dos personas sino entre sus actividades. Después de la afirmación de Juana de que las mujeres no paran de limpiar durante el día, dice Mario con un pronombre sujeto pospuesto que se ponen ellas en bañador para ir a la piscina.

(8) *Me ha preguntado qué hacíamos aquí, durante el día* (CPG, Graciela 9, 34, 7–8). [...]
Fregando, limpiando, no paramos (CPG, Juana, 9, 34, 10).
Se ponen <u>ellas</u> en bañador (CPG, Mario 9, 34, 11).

En otros casos el pronombre sujeto pospuesto presenta información nueva sobre un referente ya activado:

(9) *¿Quién hizo el queque, tú o tu mamá? Lo hice <u>yo</u>* (Silva-Corvalán 1982, 107).

La posposición se usa también con verbos inacusativos, como *pues aquí venía <u>yo</u>* (Benevento y Dietrich 2014, 6). Serrano y Aijón Oliva (2013, 329), por otra parte, dicen que la posposición del pronombre sujeto no depende de su "novedad contextual" ni "su función de contraste", "sino el hallarse motivado por el interés comunicativo de añadir el sujeto a un evento ya existente, de realzar su participación en él y de compensar así una prominencia percibida como insuficiente". En otras palabras, es una manera de indicar la presencia del sujeto expreso sin enfatizarlo.

4.3 Duplicación del pronombre acusativo

Según Belloro (2012), el hablante se sirve de la duplicación del pronombre acusativo para indicar el estatus cognitivo del referente de este pronombre. Al usar el pronombre clítico con un sintagma nominal pospuesto correferencial, el hablante señala que su referente es accesible en vez de activo, en cuyo caso usaría un pronombre, o inactivo, en cuyo caso usaría un sustantivo. Por ejemplo, el taximetrista, el referente de *lo* en (10), es accesible porque es inferible de la mención del taxi.

(10) *Cuando se toma el taxi <u>lo</u> mira <u>al taximetrista</u>* (Belloro 2012, 412).

Según el continuo de subtipos de doblados identificados por Belloro (2012, 410–413), el primer paso en la duplicación del pronombre acusativo es la reparación. En este caso, el hablante se da cuenta tardíamente de que el pronombre solo no es suficiente para la identificación de su referente y añade un objeto léxico como en (11):

(11) *Te <u>lo</u> has estudiado... <u>el examen</u> digo* (Belloro 2012, 411).

Sin embargo, mientras se va extendiendo el fenómeno en Argentina, menos se asocia el clítico acusativo con el estatus cognitivo del referente. Belloro (2012, 420) interpreta la mayor proporción de referentes nuevos no inferibles por el contexto en Argentina y de casos de doblado en general como un grado más avanzado de gramaticalización del fenómeno en este país en comparación con México y España.

Esto explica por qué un estudio reciente sobre la naturaleza del referente del clítico acusativo doblado ha destacado su animacidad, especificidad y definitud puesto que son cualidades asociadas con referentes accesibles, como es el caso de *la mina* en (12).

(12) *Yo no <u>la</u> conozco a <u>la mina</u>* (Rinke et al. 2019, 29).

4.4 Leísmo, laísmo, loísmo

Los fenómenos de leísmo, laísmo y loísmo muestran que los hablantes varían la forma del pronombre átono de tercera persona para indicar las cualidades pertinentes del referente según su dialecto, como objeto directo/indirecto, masculino/femenino, animado/inanimado, y contable/no contable. El resumen de estas formas en la Tabla 31.2 da una imagen de la variedad de estos sistemas en el norte y centro de España. La tabla registra solo las formas que son distintas de las del sistema llamado "etimológico" presentado en la Tabla 31.1 arriba. La presencia de una forma en la tabla indica que esta forma predomina cuantitativamente en los estudios citados; hay dos formas cuando ninguna predomina.

Tabla 31.2 Leísmo, laísmo, loísmo en algunos dialectos del norte y centro de España.

	Cántabro	Castellano occidental	Soria	La Mancha	Toledo Norte	Burgos	Logroño	Valladolid
Leísmo: objetos directos vivos contables								
msg	*le*	*le*	*le*	*le*	*le*	*le*	*le*	*le*
mpl		*les/los*	*les*		*les*	*les*	*les*	*les*
fsg			*le*	*le*			*le*	
fpl							*les/las*	
Leísmo: objetos directos inanimados								
contables			no contables					
msg	*le*	*le*		*le*	*le/lo*	*le/lo*		*le*
mpl		*les/los*						*les*
Laísmo: objetos indirectos								
fsg		*la*			*la*	*la*		*la*
fpl		*las*			*las*	*las*		*las*
Loísmo 1: objetos indirectos inanimados no contables								
msg		*lo*				*lo*		
fsg		*lo*				*lo*		
Loísmo 2: objetos directos inanimados no contables								
fsg	*lo*	*lo*						

Fuente: Fernández-Ordóñez 2012, 89, 93; Klein Andreu 2000, *passim*.

Se observa que el leísmo, el uso de *le/les* en el acusativo, como *le veo* en vez de *lo veo*, ocurre con referencia a personas en todas las regiones en el masculino singular. Se extiende al masculino plural y/o al femenino singular en algunas regiones y en Logroño al femenino plural. Se observa también leísmo con objetos directos inanimados, como *le llevo al colegio (el paquete)*. El laísmo, el uso de *la* como pronombre de objeto indirecto, como *A María la di el libro*, ocurre en tres de los lugares donde hay leísmo con inanimados y en el castellano occidental. Finalmente, se observa loísmo, el uso de *lo* para objetos indirectos inanimados no contables, como *al vino lo echan azúcar* en el castellano occidental y en Burgos (ejemplos de Fernández-Ordóñez 2012, 92, 94). Un segundo tipo de loísmo ocurre en el cántabro y el castellano occidental, el uso de *lo* con referentes femeninos acusativos inanimados no contables, como *lo tomo (el agua)*.

Otros tipos de leísmo y loísmo se observan en situaciones de contacto en el mundo hispanohablante. Una variedad leísta del español andino usa *le/les* sin diferencia de caso y género (Palacios Alcaine 2005, 80–81). Esto ocurre también en el español vasco con personas, pero con referentes inanimados se usa *lo/los* y *la/las*, u objetos nulos, como *sí, compré* en vez de *sí, lo compré (el regalo)* (Fernández-Ordóñez 2012, 83–89). En Ecuador existe también una variedad loísta, que usa la forma invariable *lo* en acusativo sea cual sea el género o número del referente (Palacios Alcaine 2000, 128, 130). En la región amazónica, Caravedo (1997) atestigua un uso muy variado de *lo* y *le* para objetos directos en Perú que no sigue ningún patrón discernible y Ramírez-Cruz (2018) documenta un leísmo en Colombia que es más frecuente con referentes femeninos (64 %) que con masculinos (50 %).

4.5 Le plural y se lo(s)

La forma *le* con referente plural ocurre con más frecuencia con un sintagma nominal siguiente que indica su referente (3.2. arriba). Por ejemplo, un hablante costarricense dice *le* en *uno le compra a los hijos de eso*, pero dice *les* sin el sintagma nominal en cuatro menciones posteriores a los hijos (Sánchez Avedaño 2008, 12). El *le* plural es favorecido también cuando su referente es inanimado, como en *lo mismo le pasa a las plantas* (Mojedano Batel 2014, 88, 90). Curiosamente un objeto directo singular también favorece el empleo del *le* con referente plural, como en *le di la pelota a los niños* (Gustafson 2017, citado por Hoff y Schwenter 2021).

Otro fenómeno donde hay falta de concordancia entre clítico y referente es el uso de *se los* con objeto directo singular, como en *se los regalé ayer (el libro a ustedes)* (Schwenter y Hoff 2020, 2). La secuencia *se los* resulta cuando *se* y *lo* se interpretan como una sola unidad y luego se pluralizan en *se los*. Esta construcción es una estrategia para ayudar al oyente a rastrear el referente dativo en el discurso (Schwenter y Hoff 2020, 12). La pluralización de *los* (o *las*) permite marcar la pluralidad del objeto indirecto, algo que el *se* invariable no permite. Puesto que se añade una marca de plural en *se los* y se pierde una en el *le* plural, no sorprende que los factores condicionantes de los dos fenómenos sean opuestos: *se los* es más frecuente con referentes dativos plurales menos accesibles, con los cuales no hay ningún sintagma preposicional aclarador, ni mención previa del referente en las tres cláusulas anteriores. Sin embargo, la falta de concordancia entre *los* y el objeto directo supone una descategorización del pronombre *los* y por lo tanto un alto grado de gramaticalización.

5 Direcciones futuras y conclusiones

A través de la presentación de seis fenómenos de variación pronominal, hemos visto que el hablante escoge la forma, la posición y la expresión de los pronombres personales, en la medida que sean variables, para proporcionarle información al oyente. Puesto que los pronombres por su definición remiten a entidades sin nombrarlas de manera concluyente, un primer propósito de esta información es la identificación del referente. La forma del pronombre indica su interpretación gramatical (Tabla 31.1), lo que delimita el número de candidatos que hay que tomar en consideración. Los fenómenos de leísmo, laísmo y loísmo muestran que los hablantes usan la forma del pronombre átono que en su dialecto ayuda a su identificación. Con el uso de *le* con referente plural, el hablante proporciona menos información para identificar el referente, por lo que el *le* plural es más frecuente cuando le sigue un sintagma nominal aclarador. La posición del pronombre puede indicar su estatus en el discurso, como su topicalidad. La proclisis en las perífrasis verbales se asocia con la persistencia del referente como tópico y la posposición del pronombre sujeto se asocia con su estatus no tópico de segundo plano. La expresión del pronombre proporciona información directamente. Un clítico acusativo doblado, ya que le acompaña un sintagma nominal, no sirve para identificar el referente sino para indicarle al oyente que su identidad se puede inferir. Un pronombre sujeto explícito, preverbal o posverbal, tiene dos funciones posibles. En primer lugar, ayuda al oyente a identificar su referente si la información en la situación de habla no es suficiente para esta identificación. En segundo lugar, si el pronombre sujeto no se necesita para la identificación del referente, el oyente le atribuye un significado pragmático relacionado con la comparación, la estructura del discurso, o la importancia personal de esta información para el hablante u oyente o ambos.

Una dirección futura en los estudios sobre la variación pronominal es la innovación metodológica en la codificación de factores y su interacción (p. ej., Torres Cacoullos y Travis 2018) y en la propuesta de funciones pragmáticas y su cuantificación (p. ej., Ranson 2015). Sería un gran avance reconciliar las aproximaciones variacionistas, que son objetivas, y las pragmáticas, que son subjetivas, para ver hasta qué punto las funciones pragmáticas podrían arrojar luz sobre las correlaciones entre variantes y factores establecidas por los estudios variacionistas. Será importante también seguir incorporando información discursiva y pragmática en los análisis generativos para que reflejen los usos de los hablantes.

Otra área prometedora es la comparación entre los seis fenómenos pronominales. Las innovaciones desarrolladas para analizar un fenómeno podrían aplicarse a otro. Esta comparación puede contribuir también a nuestro entendimiento de los procesos de gramaticalización en todos los niveles, pero sobre todo en el proceso de desemantización. Hemos visto pronombres en diferentes etapas de este proceso, desde los que expresan funciones pragmáticas, hasta los que se asocian con las cualidades del referente, como su animacidad, accesibilidad y topicalidad, hasta el *le* plural que ya sirve solo de afijo verbal.

Será importante también seguir documentando la variación pronominal en distintas variedades del español. Estos datos facilitarán la comparación diatópica para determinar, por ejemplo, si los fenómenos en una región suelen tener el mismo grado de gramaticalización. Parece ser el caso con los pronombres sujetos, ya que tienen tasas relativamente bajas de expresión y de posición preverbal en España, México, Argentina y Perú, y tasas opuestas en el Caribe. La baja tasa del clítico acusativo doblado y de *le* plural en las regiones con baja tasa de pronombre sujeto sugiere que la correlación aún es válida con los clíticos, pero la tasa alta de proclisis en perífrasis verbales en las mismas regiones la contradice. En resumen, los pronombres personales constituyen un conjunto de formas relacionadas cuyo estudio y comparación seguirá proporcionando nuevas ideas sobre su comportamiento sintáctico y las aproximaciones teóricas que dan cuenta de su variación.

Notas

1 Es un placer expresar mi agradecimiento a Pilar Chamorro, Tim Gupton y Andreea Sandu Karas por su ayuda con el contenido y estilo del capítulo y al evaluador externo anónimo por sus sugerencias valiosas.
2 Los ejemplos citados en el texto van seguidos de su referencia. La indicación CPG remite al Corpus Puente Genil, grabado en junio 1987 por la autora. El corpus incluye 7 horas de grabación de 9 conversaciones espontáneas con 18 hablantes originarios de Puente Genil, Andalucía, España. Las citas de este corpus, como Raquel 5, 29, 11, incluyen el seudónimo del hablante seguido por el número de la conversación (5), la página (29) y el verbo (11) en la transcripción escrita.
3 En el Corpus Puente Genil, 157 de los 816 pronombres explícitos son pospuestos. Sin contar las funciones múltiples, 81 tienen una función proposicional, 8 una función textual y 16 una función expresiva.

Lecturas complementarias recomendadas

Bosque y Brucart (2019); Fernández-Ordóñez (1993); Torres Cacoullos y Travis (2018).

Referencias bibliográficas

Aijón Oliva, A. y M. J. Serrano. 2010. "El hablante en su discurso: expresión y omisión del sujeto de *creo*". *Oralia* 13: 7–38.

Aissen, J. y D. M. Perlmutter. 1976. "Clause Reduction in Spanish". *Annual Meeting of the Berkeley Linguistics Society* 2: 1–30.
Belloro, V. A. 2012. "Pronombres clíticos, dislocaciones y doblados en tres dialectos del español". *Nueva Revista de Filología Hispánica* 60: 391–424.
Benevento, N. M. y A. J. Dietrich. 2014. "I Think, Therefore *digo yo*: Variable Position of the 1sg Subject Pronoun in New Mexican Spanish-English Code-Switching". *International Journal of Bilingualism* 19: 407–422.
Blackwell, S. E. 2003. *Implicatures in Discourse: The Case of Spanish NP Anaphora*. Amsterdam/Philadelphia: John Benjamins.
Bosque, I. y J. M. Brucart. 2019. "Caribbean Spanish and Theoretical Syntax: An Overview". En *The Syntactic Variation of Spanish Dialects*, ed. Á. J. Gallego, 297–328. Oxford: Oxford University Press.
Camacho, J. 2010. "El parámetro del sujeto nulo como un caso de movimiento". *Cuadernos de la ALFAL* 1: 83–93.
Caravedo, R. 1997. "Los pronombres objeto en un corpus del español amazónico peruano". *Anuario de Letras. Lingüística y Filología* 35: 131–155.
Cerrón-Palomino, Á. 2018. "Variable Subject Pronoun Expression in Andean Spanish: A Drift from the Acrolect". *Onomázein* 42: 53–73.
Davidson, B. 1996. "'Pragmatic Wand Spanish Subject Pronouns". *Journal of Pragmatics* 26: 543–565.
Davies, M. 1995. "Analyzing Syntactic Variation with Computer-Based Corpora." *Hispania* 78: 370–380.
Di Tullio, Á., A. Saab y P. Adrojewski. 2019. "Clitic Doubling in a Doubling World: The Case of Argentinian Spanish Reconsidered". En *The Syntactic Variation of Spanish Dialects*, ed. Á. J. Gallego, 215–244. Oxford: Oxford University Press.
Fernández-Ordóñez, I. 1993. "Leísmo, laísmo y loísmo: estado de la cuestión." En *Los pronombres átonos*, ed. O. Fernández Soriano, 63–96. Madrid: Taurus.
Fernández-Ordóñez, I. 2012. "Dialect Areas and Linguistic Change: Pronominal Paradigms in Ibero-Romance Dialectos from a Cross-Linguistic and Social Typology Perspective". En *The Dialect Laboratory*, eds. G. De Vogelaer y G. Seiler, 73–106. Amsterdam y Philadelphia: John Benjamins.
Gustafson, G. 2017. "Variable Number Agreement in the Spanish Indirect Object Pronoun *le(s)*". ms. inédito, The Ohio State University.
Hoff, M. y S. A. Schwenter. 2021. "Variable Constraints on Spanish Clitics a Cross-Dialectal Overview." En *The Routledge Handbook of Variationist Approaches to Spanish*, ed. M. Díaz-Campos, 411–424. Abingdon: Routledge.
Klein-Andreu, F. 2000. *Variación actual y evolución histórica: los clíticos*, LE/S, LA/S, LO/S. München: Lincom Europa.
Luján, M. 1987. "Los pronombres implícitos y explícitos del español". *Revista argentina de lingüística* 3: 19–53.
Mojedano Batel, A. 2014. "Variación de *le/les* en diferentes zonas hispanoparlantes: México, Colombia y España". *IULC Working Papers* 14: 80–94.
Myhill, J. 1988. "Variation in Spanish Clitic Climbing". En *Synchronic and Diachronic Approaches to Linguistic Variation and Change*, ed. T. J. Walsh, 280–292. Washington: Georgetown University Press.
NGLE. Real Academia Española y Asociación de Academias de la Lengua Española. 2009–2011. *Nueva Gramática de la Lengua Española*. Madrid: Espasa. (www.rae.es/recursos/gramatica/nueva-gramatica).
Palacios Alcaine, A. 2000. "El sistema pronominal del español paraguayo". En *Teoría y práctica del contacto*, ed. J. Calvo Pérez, 123–143. Madrid: Iberoamericana Editorial Vervuert.
Palacios Alcaine, A. 2005. "Aspectos y metodológicos del contacto de lenguas: El sistema pronominal del español en áreas de contacto con lenguas amerindias". En *El Español en América: Aspectos teóricos, particularidades, contactos*, ed. V. Noll *et al.*, 63–92. Madrid: Iberoamericana Editorial Vervuert.
Posio, P. 2012. "The Functions of Postverbal Pronominal Subjects in Spoken Peninsular Spanish and European Portuguese". *Studies in Hispanic and Lusophone Linguistics* 5: 149–190.
Ramírez-Cruz, H. 2018. "*Yo no le conocí a mi abuela*: The Use of Clitics *le*, *lo*, and *la* in Amazonian Colombian Spanish". En *Language Variation and Contact-Induced Change*, eds. J. King y S. Sessarego, 175–198. Amsterdam: John Benjamins.
Ranson, D. L. 2015. *A Pragmatic Analysis of Subject Expression in Puente Genil Spanish*. ms. inédito, University of Georgia.
Raposo, E. y J. Uriagereka. 2005. "Clitic Placement in Western Iberian: A minimalist View". En *The Oxford Handbook of Comparative Syntax*, eds. G. Cinque y R. Kayne, 639–697. Oxford: Oxford University Press.

Requena, P. E. 2020. "A Usage-Based Perspective on Spanish Variable Clitic Placement". *Languages* 5(33): 1–26.

Rinke, E., J. Wieprecht y M. Elsig. 2019. "Clitic Doubling in Peninsular and Rioplatense Spanish." *Isogloss* 5(3): 1–43.

Sánchez Avedaño, C. 2008. "El uso de 'le' por 'les' en el español costarricense". *Revista Internacional de Lingüística Iberoamericana* 6: 111–127.

Schwenter, S. A. y M. Hoff. 2020. "Variable Constraints on *se lo(s)* in Mexican Spanish". En *Aspects of Latin American Spanish Dialectology: In honor of Terrell A. Morgan*, eds. M. Díaz-Campos y S. Sessarego, 47–68. Amsterdam: John Benjamins.

Schwenter, S. A. y R. Torres Cacoullos. 2014. "Competing Constraints on the Variable Placement of Direct Object Clitics in Mexico City Spanish". *Revista Española de Lingüística Aplicada* 27: 514–536.

Serrano, M. J. y M. Á. Aijón Oliva. 2013. "El sujeto posverbal: función pragmática y cognición en las cláusulas declarativas". *Neuphilologische Mitteilungen* 114: 309–331.

Silva-Corvalán, C. 1982. "Subject Expression and Placement in Mexican-American Spanish". En *Spanish in the United States: Sociolinguistic Aspects*, ed. J. Amastae y L. Elías-Olivares, 93–120. Cambridge: Cambridge University Press.

Stewart, M. 2000. "Hedging Your Bets: The Use of *yo* in Face-to-Face Interaction". *Web Journal of Modern Language Linguistics* 5: Article 3. (http://wjmll.ncl.ac.uk/).

Stewart, M. 2003. "'Pragmatic Weight' and Face: Pronominal Presence and the Case of the Spanish Second Person Singular Pronoun *tú*". *Journal of Pragmatics* 35: 191–206.

Toribio, A. J. 2000. "Setting Parametric Limits on Dialectal Variation in Spanish". *Lingua* 10: 315–341.

Torres Cacoullos, R. 1999. "Construction Frequency and Reductive Change: Diachronic and Register Variation in Spanish Clitic Climbing". *Language Variation and Change* 11: 143–170.

Torres Cacoullos, R. y C. E. Travis. 2018. *Bilingualism in the Community: Code-Switching and Grammars in Contact*. Cambridge: Cambridge University Press.

Vázquez Rozas, V. y A. Enríquez Ovando. 2020. "*(Yo) creo* en el español de la Ciudad de México y de Galicia: Diferencias de gramaticalización". En *Evidencialidad: Determinaciones léxicas y construccionales*, ed. R. Maldonado y J. de la Mora, 199–239. Ciudad de México: UNAM/UAQ.

32
Demostrativos y posesivos
(Demonstratives and Possessives)

Naomi Shin y Rosa Vallejos Yopán

1 Introducción

Este capítulo ofrece un resumen de las construcciones sintácticas en las que aparecen los demostrativos y los posesivos. Tanto los unos como los otros funcionan como determinantes dentro de una frase nominal. Sin embargo, los demostrativos muestran mayor versatilidad que los posesivos, porque además de funcionar como determinantes, pueden operar como pronombres y, algunos, como marcadores discursivos. Prestamos atención a las funciones semánticas y pragmáticas de estas formas, especialmente a aquellas extensiones que emergen del uso. Por un lado, además de situar referentes en el espacio (su función canónica), los demostrativos expresan —por extensión— distancia temporal y distancia intersubjetiva entre los participantes de un acto de habla. Por otra parte, los posesivos, además de denotar propiedad prototípica, expresan otras relaciones semánticas, incluyendo asociación y cercanía espacial, entre otras. En este capítulo también incorporamos el parámetro diatópico y los fenómenos asociados a situaciones de contacto de lenguas. Hablamos, por ejemplo, de la variación en la concordancia de género del demostrativo y su referente, tanto en construcciones adnominales (*esta/este gallina*) como pronominales (*la gallina... esa/eso vendíamos*). Describimos también las innovaciones en el área de la posesión: patrones documentados en variedades del español en contacto con otras lenguas, que incluyen la doble posesión (*su canoa de ellos*), la anteposición de la frase genitiva (*de ellos su canoa*), la combinación de artículo y posesivo (*una mi tacita de café*) y la discordancia de número entre poseedor y poseído (*sus canoa*). En resumen, esta mirada conjunta a las formas, las funciones y el contacto del español con otras lenguas nos ayuda a entender las motivaciones comunicativas del uso de los demostrativos y los posesivos, así como los procesos de cambio que puedan estar experimentando.

Palabras clave: demostrativos; posesivos; variación social; variación diatópica; cambio lingüístico

This chapter presents an overview of Spanish demonstrative and possessive forms and their usage in discourse. Both demonstratives and possessives function as determiners in noun phrases. Demonstratives also function as pronouns and can grammaticalize into discourse markers. The semantic and pragmatic meanings of demonstratives and possessives are discoverable by examining patterns that emerge from language use. Demonstrative forms situate referents in space, expressing how near or far a referent is. By extension, demonstrative forms can also express temporal and interpersonal distance. Possessives can also express multiple meanings. Besides denoting possession in a prototypical sense, possessives also express semantic relations such as association and spatial distance. This chapter also reviews regional variation and phenomena associated with language contact. For example, in regions where Spanish is in contact with other languages, demonstratives do not always match the gender of their referent (*esta/este gallina, la gallina ... esa/eso vendíamos*). Possessive constructions in language contact areas include double possession (*su canoa de ellos*), genitive fronting (*de ellos su canoa*), article and possessive combinations (*una mi tacita de café*) and lack of number agreement between possessor and possessed item (*sus canoa*). In summary, examining form, function, discourse context and language contact scenarios reveals the meanings conveyed by demonstratives and possessives as well as ongoing changes in how these forms are used.

Keywords: Demonstratives, possessives, social variation, regional variation, language change

2 Conceptos fundamentales

2.1 Demostrativos: formas y configuraciones morfosintácticas

Tradicionalmente los demostrativos en español se agrupan en tres categorías: proximal, medial y distal (Coventry *et al.* 2008; Zulaica Hernández 2012). Los demostrativos también llevan la flexión de género, y los masculinos y femeninos llevan la flexión de número, como se ve en la Tabla 32.1.

Tabla 32.1 Los demostrativos en español.

	Masculino		Femenino		Neutro
	singular	plural	singular	plural	singular
Proximal	este	estos	esta	estas	esto
Medial	ese	esos	esa	esas	eso
Distal	aquel	aquellos	aquella	aquellas	aquello

La frecuencia de uso de los demostrativos varía según la forma, la región y la modalidad (oral versus escrita). La Figura 32.1 presenta la frecuencia de cada demostrativo singular, la cual ha sido normalizada por cada millón de palabras (cpm) en el Corpus del Español del Siglo XXI (CORPES). Los datos están disponibles en Open Science Framework (OSF), incluyendo las frecuencias absolutas. Dada su baja frecuencia, en los distales se combinaron *aquel*, *aquella* y *aquello*.

En general, el uso de los demostrativos es más frecuente en los datos orales que en los escritos, con excepción de los distales que son más frecuentes en los datos escritos. Esta marcada diferencia en cuanto al uso de los demostrativos en las modalidades se puede deber a varios factores. En la interacción comunicativa, el rango de funciones de los demostrativos es más amplio que las funciones típicamente asociadas con ellos. Además de las funciones prototípicas como deixis anafórica y catafórica, los demostrativos son usados con frecuencia para hacer referencia exofórica a elementos del contexto extralingüístico, como punteros (*pointers*) para atraer la atención del interlocutor hacia un referente, y, como se muestra más adelante, como comodines o marcadores de duda. La distribución de formas en la Figura 32.1 también muestra algunas diferencias entre países, como por ejemplo el uso mínimo de formas distales en el habla peruana (59 ejemplos, 0,4 % de todos los demostrativos en los datos orales de Perú). Otro detalle notable es el uso frecuente de *este* en los datos orales de los países latinoamericanos en comparación con los de España. Volveremos sobre estos puntos más adelante.

Demostrativos y posesivos

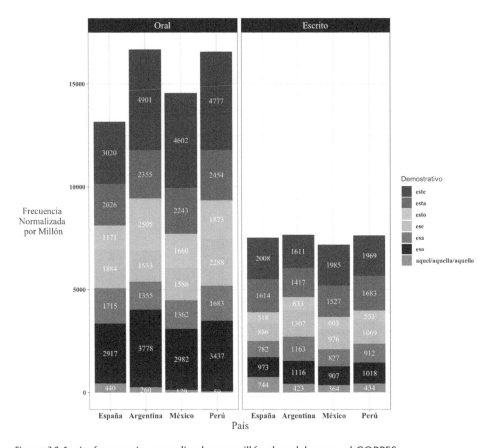

Figura 32.1 La frecuencia normalizada por millón de palabras en el CORPES.

Los demostrativos masculinos y femeninos tienen dos funciones sintácticas: la de determinantes (1) y la de pronombres (2) y (3). Los demostrativos neutros solo operan como pronombres.

(1) En **este** mundo ya nadie regala nada (CORPES, oral [Argentina, 2002]).
(2) **Este** es definitivo (CORPES, oral [Colombia, 2001]).
(3) ¿Crees que **eso** tiene que ver con la burocracia? (CORPES, oral [España, 1991]).

Como vemos en (4) los demostrativos pueden aparecer después del sustantivo. En esta posición tienen un comportamiento comparable al de los adjetivos porque debe coocurrir con un artículo (**Porque hombre este*).

(4) Porque el hombre **este** estaba tan, pero tan bueno. (Quintana, *Tras la rendija* [Nicaragua, 2003], CORPES).

Cabe notar que la posición prenominal es mucho más frecuente que la posnominal. Por ejemplo, el CORPES contiene 3287 casos de *este hombre* y 13 casos de *el hombre este*.

2.2 Posesivos: formas y configuraciones morfosintácticas

El español posee dos paradigmas para expresar la posesión atributiva en el interior del sintagma nominal. Los elementos que indican posesión pueden operar como determinantes (Tabla 32.2) o como adjetivos (Tabla 32.3). Los primeros son conocidos también como formas átonas, los segundos, como formas tónicas. La distribución de algunas formas en ambos paradigmas posesivos está restringida a ciertas regiones geográficas. Por ejemplo, las formas que corresponden al poseedor vosotros se usan casi exclusivamente en variedades ibéricas.

Tabla 32.2 Determinantes posesivos.

Posesor	Poseído singular	Poseído plural
1.ª singular	mi	mis
2.ª singular	tu	tus
1.ª plural	nuestro	nuestros
2.ª plural *(vosotros/vosotras)*	vuestro	vuestros
2.ª *(usted/ustedes)* 3.ª *(él/ella/ellos/ellas)*	su	sus

En términos sintácticos, los determinantes posesivos anteceden al núcleo nominal del sintagma (5). Este conjunto de formas son un tipo especial de determinante ya que varían según la persona gramatical del poseedor y el número gramatical del poseído. Se comportan como elementos pronominales porque su interpretación depende de un antecedente en el discurso.

(5) Vi uno de mis/tus/sus libros en esa librería.

Tabla 32.3 "Adjetivos" posesivos.

Posesor	Poseído singular		Poseído plural	
	masculino	femenino	masculino	femenino
1.ª singular	mío	mía	míos	mías
2.ª singular	tuyo	tuya	tuyos	tuyas
1.ª plural	nuestro	nuestra	nuestros	nuestras
2.ª plural *(vosotros/vosotras)*	vuestro	vuestra	vuestros	vuestras
2.ª *(usted/ustedes)* 3.ª *(él/ella/ellos/ellas)*	suyo	suya	suyos	suyas

Las formas en la Tabla 32.3 se usan típicamente en los siguientes contextos: después de un sustantivo (6a), después de un determinante (6b) y como predicado de una cópula (6c). El tercer patrón no será tratado en este capítulo porque rebasa el sintagma nominal. Nótese que tanto en (6a) como en (6b), el sintagma nominal debe incluir un determinante.

(6) a Vi un libro mío/tuyo/suyo en esa librería.
    b Hablando de libros, vi uno mío/tuyo/suyo en esa librería.
    c Ese libro es mío/tuyo/suyo.

Siguiendo consideraciones estrictamente morfosintácticas, las formas *mío/tuyo/suyo* podrían ser analizadas como adjetivos, debido a su colocación respecto a los sustantivos (6a), o como sustantivos, debido a su colocación respecto a los determinantes (6b). Sin embargo, estos posesivos despliegan características únicas que los distinguen tanto de adjetivos como de sustantivos: forman una clase cerrada, varían según las categorías de persona del poseedor y del género y número del poseído.

El uso adjetival de estas formas parece más extendido en ciertas variedades de español, especialmente en variedades ibéricas (Rodríguez Ramalle 2005, 127) y del Caribe. El uso de posesivos como adjetivos es una alternativa al uso de construcciones con frase genitiva. Es decir, *vi un libro suyo* y *vi un libro de usted* serían semánticamente equivalentes. Sin embargo, esta opción parece estar condicionada por el poseedor. Consideremos los siguientes ejemplos:

(7) a *Vi un libro de mí/ti en esa librería.
    b Vi un libro de él/ella/usted en esa librería.

La opción con frase genitiva no se usa cuando el poseedor es primera o segunda persona *tú* (7a). De hecho, no se encontró ningún ejemplo con primera o segunda persona en la sección Web/Dialects del CDE, que tiene dos mil millones de palabras. Ejemplos con tercera persona o *usted* (7b) son comunes. Es decir, las formas *mío/tuyo* suelen preferirse a la opción con frase genitiva cuando el poseedor es primera o segunda persona singular.

Las formas posesivas pueden aparecer también en construcciones morfosintácticas bastante específicas en español. Por ejemplo, las construcciones con adverbios espaciales pueden colocarse con las formas posesivas adjetivales (Tabla 32.3) o con la frase genitiva. La alternancia es la siguiente:

(8) Estaba delante mío/de mí.

Este es un fenómeno ampliamente documentado en la mayor parte del mundo hispanohablante (Marttinen Larsson y Bouzouita 2018). Los adverbios de lugar que suelen combinarse con mayor frecuencia con un posesivo pospuesto son *cerca, delante, detrás, encima* y *enfrente* (Santana 2014). En un estudio de corpus oral de la Península Ibérica, Salgado y Bouzouita (2017) encontraron que la persona y el género son factores influyentes en esta alternancia. La construcción con posesivo (*delante mío*) ocurre principalmente con la primera y segunda persona; con la tercera persona es más bien raro. Otro hallazgo interesante del estudio de Salgado y Bouzouita es que la forma más común de la variante posesiva adjetival es la de la declinación femenina (*delante mía*), independientemente de si el referente del posesivo es masculino o femenino. Sin embargo, Rojo (2021, 233) reporta que las frecuencias normalizadas de las tres construcciones en CORPES son: *delante de + pronombre personal* (7,78 cpm), *delante + posesivo masculino* (0,47 cpm), *delante + posesivo femenino* (0,04 cpm). Es decir, predomina la variante con frase genitiva. Este autor reporta que los tres patrones posesivos siguen la misma tendencia cuando ocurren con los adverbios *detrás, encima* y *alrededor*. Serían necesarios estudios detallados en el español de las Américas para identificar los factores que promueven el uso de estas construcciones.

3 Aproximaciones teóricas

3.1 La función espacial de los demostrativos y sus extensiones metafóricas

La distancia espacial representa un significado central de los demostrativos en la mayoría de las lenguas (Diessel y Coventry 2020). En cuanto al español, hay tres propuestas principales sobre el uso de los demostrativos según la distancia espacial del referente. Según una de ellas, el uso depende de la distancia entre el referente y el hablante: se usa *este/esta* cuando el referente está cerca del hablante, *ese/esa* cuando el referente está un poco más distante del hablante y *aquel/aquella* para referentes mucho más lejanos (Hottenroth 1982; Coventry et al. 2008). Otra explicación involucra tanto al hablante como al interlocutor: se emplea *este/esta* cuando el referente está cerca del hablante, *ese/esa* cuando el referente está cerca del interlocutor y *aquel/aquella* cuando el referente está lejos tanto del hablante como del interlocutor (Bello 1847; Alonso 1968). Una tercera explicación se basa en el espacio compartido entre dos hablantes interactuando frente a frente y propone que se usa *este/esta* para cualquier referente en ese espacio compartido independientemente de la proximidad física del referente a los interlocutores (Jungbluth 2003).

La importancia de la distancia espacial en el uso de los demostrativos se ha comprobado en estudios experimentales. Por ejemplo, el experimento de Coventry et al. (2008) con participantes de Granada, España, elicitó el uso de demostrativos para localizar objetos distribuidos en una mesa organizados en cuatro zonas, cada una más lejos del hablante. Este estudio descubrió que los participantes casi siempre usaron *este* (93 %) para referirse a los objetos más cercanos al hablante y *aquel* para referirse a los objetos más lejanos (91 %). Para los objetos en los espacios intermedios, los resultados fueron menos categóricos; los participantes hicieron uso variable de *este* y *ese* y, para los objetos un poco más lejanos, de *ese* y *aquel*. En general, los resultados revelan la importancia de la distancia espacial en el uso de los demostrativos. También hubo un efecto de la posición del interlocutor: cuando el interlocutor se sentó frente al participante, se aumentó el uso de *este* en vez de *ese*. Este resultado sugiere que al tener el interlocutor enfrente, el hablante divide el espacio en dos, el espacio "mío" (del hablante) y el espacio "tuyo" (del interlocutor) (Coventry et al. 2008).

Sin embargo, la diferencia entre los demostrativos proximales y distales no tiene que ser espacial. De hecho, la distancia espacial se extiende metafóricamente a la distancia temporal. Como se ve en los siguientes ejemplos extraídos del Corpus de Referencia Actual del Español (CREA), en (9), *esta mañana* se refiere al mismo día en que se publicó el artículo; en (10) *esa mañana* se refiere a un evento en el pasado, y en (11), *aquella mañana* se refiere al pasado más lejano (el año 1977).

(9) Los alumnos del Instituto de Formación Profesional de Fontiñas se manifestarán **esta** mañana por varias calles de la ciudad (*La Voz de Galicia* [España, 1991], CREA).
(10) Terito había decidido por fin presentarse **esa** mañana. (*Tiempo* [España, 1990], CREA).
(11) El público de **aquella** mañana valenciana de mayo del 77 reaccionó de modo contradictorio ante las lenguas utilizadas por Federica Montseny en su reaparición valenciana después de 37 años de exilio. (*La Vanguardia* [España, 1994], CREA).

El uso de los demostrativos proximal y distal para referirse a eventos en el presente y el pasado, respectivamente, ha sido comprobado cuantitativamente. Zulaica Hernández (2012) estudió las correlaciones entre los tiempos verbales y los demostrativos *esto, eso* y *aquello* en los datos del español ibérico en el CREA, y observó que el 91 % de las instancias de *esto* ocurrieron con verbos en el presente, mientras el 91 % de las instancias de *aquello* ocurrieron con verbos en el pasado. El demostrativo *eso* mostró un poco más de flexibilidad, pero la mayoría de las instancias (81 %) ocurrieron con verbos en el pasado.

La modalidad escrita ofrece otra extensión metafórica. En el ejemplo (12), extraído del Corpus del Español (CDE), *este* indica el referente más cercano (Martí) y *aquel*, el referente más lejano (Serafín Sánchez) en el contexto discursivo.

(12) Investigadores del tema aseguran que existen un total de 150 cartas de Serafín Sánchez a Martí y 98 de **este** a **aquel**. (*La Demajagua* [Cuba, 2000], CDE NOW).

3.2 Intersubjetividad, afectividad y activación

La extensión metafórica de la distancia espacial expresada por los demostrativos también se da en el campo intersubjetivo. En un experimento llevado a cabo en Monterrey, México, en el que el investigador y el participante completaron un rompecabezas juntos, Shin *et al.* (2020) compararon la producción de *esta* versus *esa*. Los resultados mostraron tanto el efecto de la distancia espacial como el impacto del alineamiento intersubjetivo. En algunas pruebas, el investigador creó una situación de desalineamiento intersubjetivo (después de que el participante señaló una pieza, el investigador escogió otra pieza, es decir, la incorrecta, y preguntó ¿*esta*?). Estos "malentendidos" aumentaron el uso de *esta* en vez de *esa*, incluso para las piezas más lejanas al hablante. Este resultado apoya la idea de que los demostrativos proximales sirven para llamar la atención del interlocutor, sobre todo cuando se da cuenta de que el interlocutor no puede encontrar fácilmente el referente indicado (Piwek *et al.* 2008).

La posición del demostrativo con respecto al sustantivo parece estar asociada con fenómenos pragmático-discursivos como la afectividad y la activación. Como notamos en la Sección 2.1., los demostrativos pueden aparecer antes del sustantivo, como en el ejemplo (1), o después del sustantivo, como en el ejemplo (4). Varios estudios han propuesto que los demostrativos pospuestos aportan un valor afectivo negativo, particularmente los demostrativos no-proximales (Gutiérrez-Rexach 2002). Este uso se ilustra con el ejemplo (13) del CORPES.

(13) era la creencia, que desde tiempos remotos ningún capitaleño de estirpe y nacimiento se atrevía a pronunciar el nombre del aludido por considerarlo fucú o portador de mala suerte. En vez, los antiguos capitaleños usaban para referirse al genovés su oceánico título oficial de Almirante o la frase preñada de implicaciones, "**El hombre ése**". (Rodríguez de León, *Con flores a la reina* [República Dominicana, 2002], CORPES).

Por otro lado, en su análisis de las funciones pragmático-discursivas de la posición del demostrativo en un corpus del español andaluz, Ranson (1999) no encuentra ninguna correlación entre la posición pospuesta y el valor afectivo. Su análisis encuentra que es la activación del referente la que juega un rol en esta distribución. Mientras los demostrativos prenominales suelen referirse anafóricamente a entidades explícitamente mencionadas en el discurso, los posnominales no requieren mención previa y suelen hacer referencia a una entidad que es reintroducida en el discurso, o una que forma parte del conocimiento compartido entre los interlocutores. En el CORPES hay 25 ejemplos de la frase *el hombre ese* (ver los datos en OSF). De esos, 16 tienen un valor afectivo negativo muy claro, como se ve en (13), 4 ejemplos tienen un valor afectivo negativo, pero constituyen también la primera mención del referente, y 5 no tienen suficiente contexto para identificar la función del demostrativo con claridad. Estos datos parecen apoyar la idea de que la posposición del demostrativo *ese* puede tener un valor afectivo negativo, pero es posible que esa función también dependa del sustantivo con el cual se combina.

3.3 Relaciones semánticas entre poseedor y poseído

La posesión, a nivel conceptual, supone tres elementos: el poseedor, el poseído y una relación entre ellos (Heine 1997; Stassen 2009). Según Heine (1997, 39), la noción posesiva prototípica implica los siguientes rasgos: (i) un poseedor humano, (ii) un poseído concreto, (iii) un poseedor que tiene el derecho de usar al poseído, (iv) proximidad espacial entre poseedor y poseído y (v) ningún límite temporal en la relación posesiva. Una distinción básica en la expresión gramatical de la posesión es aquella que existe entre construcciones atributivas (*mi perro*) y predicativas (*tengo un perro*). Las construcciones atributivas presuponen la posesión; las construcciones predicativas establecen o afirman la posesión. En cuanto al aspecto morfosintáctico, la construcción atributiva implica la especificación de sustantivos al interior de sintagmas nominales, mientras que las construcciones predicativas implican relaciones entre sintagmas nominales y predicados o cópulas a nivel de cláusulas. En este capítulo, nos enfocamos exclusivamente en la posesión atributiva a nivel de sintagma nominal y destacaremos algunos aspectos semánticos y pragmáticos del poseedor, del poseído, y de la relación entre ellos, pues estos parámetros son relevantes en el estudio de la posesión en español.

Heine (1997, 34–37) propone que las construcciones posesivas suelen expresar siete subtipos de relaciones semánticas: física, temporal, permanente, inalienable, abstracta, inanimada inalienable e inanimada. Por su parte, Aikhenvald (2003, 3–5) plantea que los significados asociados a las construcciones posesivas pueden ser clasificados como centrales o periféricos. En el primer grupo tenemos: la propiedad propiamente dicha (*tu teléfono*), el parentesco (*tu hijo*) y las relaciones parte-todo (*tu brazo*). En el segundo grupo se encuentran: la asociación (*tu universidad*), la cercanía espacial (*tu lado*) y la posesión metafórica (*tu opinión*). Nótese que estas diversas interpretaciones emergen del núcleo nominal al que los pronombres posesivos modifican, no del pronombre posesivo en sí mismo.

3.4 *Posesión, alienabilidad y animacidad*

La propiedad del elemento poseído puede ser transferible o intransferible. Por ejemplo, en una frase como *su foto*, la relación semántica entre el referente del pronombre posesivo *su* y *foto* puede interpretarse de diferentes maneras. La foto pertenece a la persona porque aparece en ella, porque es el fotógrafo, porque la compró, porque se la asignaron temporalmente como material en una clase, etc. Así, la relación posesiva es alienable porque la propiedad de la *foto* puede ser transferida a otra persona. En efecto, eso hace posible oraciones como *su foto de la campeona ganó el premio*, en la que el pronombre posesivo y la frase genitiva hacen referencia a diferentes poseedores (el fotógrafo y la que aparece en la imagen, respectivamente). Por el contrario, en frases como *su cabeza* existe una relación inalienable entre el referente del pronombre posesivo *su* y *cabeza*; *la cabeza* siendo una parte del cuerpo no suele ser transferida a otra persona.

La distinción alienable/inalienable es relevante para explicar algunas estructuras en español. Por ejemplo, existe una preferencia por el artículo, en vez del pronombre posesivo, en los siguientes ejemplos, tomados de Demonte (1988, 92) (el símbolo % representa una opción posible, pero estilísticamente/pragmáticamente marcada):

(14) a *A Juan se le quemó la/*su mano.*
b *A Juan se le quemó la/%su casa.*

El ejemplo (14a) muestra que el pronombre posesivo suele eludirse con sustantivos del tipo inalienable, pero que puede usarse con sustantivos alienables (14b).

El rol de la animacidad en la expresión de la posesión está bastante establecido. Estudios tipológicos han demostrado que existen construcciones que hacen hincapié en la prominencia pragmática del poseedor, mientras que otras enfatizan el poseído (Givón 2001). Una construcción que revela la prominencia del poseedor es conocida como posesión externa, y aquella que realza el poseído, posesión interna. En la construcción de posesión interna, el poseedor y el poseído aparecen en el mismo sintagma nominal, como en (15a). En la construcción de posesión externa, el poseedor es expresado por el pronombre dativo, y tanto el poseedor como el poseído aparecen en constituyentes independientes, como en (15b). En estos casos, el poseedor no es parte de la estructura argumental del predicado.

(15) a El perro mordió **mi** juguete/**mi** pie.
     b El perro **me** mordió el juguete/el pie.

Estas observaciones han sido corroboradas empíricamente en español (Winters 2006, 157). Una de las explicaciones para el uso del pronombre dativo en la posesión externa es que el poseedor se ubica por encima del poseído en la escala de animacidad, por lo tanto, es "natural" que sea expresado a través de una estrategia más prominente en la sintaxis. Nótese, una vez más, que la alienabilidad del poseído juega un rol en la distribución de estos patrones. Cuando el poseído es alienable, la posesión interna (*mordió mi juguete*) suele ser el patrón más común; cuando es inalienable, la posesión externa (*me mordió el pie*) suele ser el patrón preferido (Winters 2006).

Vaamonde (2010) analizó 1100 instancias de posesión externa y 952 de posesión interna extraídas de la base de datos ADESSE. Al examinar las motivaciones que subyacen el uso de la posesión externa, presta especial atención a la posibilidad de que el poseedor experimente un mayor grado de afectación que el poseído. Así, el autor encontró que, por un lado, la construcción de posesión externa es usada generalmente cuando confluyen los siguientes factores: el predicado involucra un paciente afectado (*doler, temblar*), el poseedor es animado y el poseído es inalienable, de preferencia un sustantivo que hace referencia a una parte del cuerpo. Por otro lado, la posesión interna se suele usar cuando el poseído está acompañado de adjetivos (*mirar su boca de caldera abierta, ensalivada, sus párpados caídos*), lo cual sugeriría que el hablante está focalizando su atención en el sustantivo objeto de la modificación.

4 Perspectivas actuales

4.1 Procesos de gramaticalización con demostrativos

Es común que los demostrativos participen en procesos de gramaticalización, muchas veces en combinación con otros elementos. En un estudio de corpus del español coloquial de Valencia, España, Montañez Mesas (2015, 394) explora el uso gramaticalizado de *y eso*. En el ejemplo (16), *y eso* sirve como cierre enumerativo en una conversación sobre medicamentos. Cabe notar que en este caso, *eso* es referencial (enfermedades parecidas a la ansiedad), y así retiene algo de su función original.

(16) esto es como para —para la ansiedad **y eso**// mira cómo vienen

Los demostrativos se combinan con otros elementos para formar construcciones gramaticalizadas, como es el caso de *eso sí* (Llopis Cardona 2018), *y todo eso* (Cortés Rodríguez 2006), y también *y todo esto* (Gille y Häggkvist 2006).

Los demostrativos participan también de procesos más avanzados de gramaticalización: experimentan desgaste semántico y llegan a usarse como muletillas mientras el hablante busca la palabra que dirá a continuación. Por ejemplo, Hayashi y Yoon (2010) documentan la función muletilla del demostrativo pronominal distal japonés y los demostrativos pronominales distales y mediales coreanos. Para estudiar los demostrativos que sirven como muletillas, es útil distinguir dos tipos: los comodines (*placeholders*) —que reemplazan una parte de la estructura sintáctica y son referenciales— y los marcadores de titubeo (*hesitators*), que pueden aparecer en cualquier parte del enunciado y no son referenciales (Hayashi y Yoon 2010). En su estudio sobre el español hablado por monolingües en la Amazonía peruana, Vallejos (en evaluación) encontró que el 77 % de las 219 instancias de *este* fueron muletillas, incluyendo comodines (17a) y marcadores de titubeo (17b).

(17) a   Hacen **este**, fariña.
     b   No ves que antes de venir el agua, cuando viene, **este**, siembran.

Este uso del demostrativo próximo está bastante extendido en otras variedades de español en Latinoamérica, incluyendo Argentina, Chile, Ecuador, México, Uruguay y Venezuela (Kany 1969; Soler Arechalde 2008). Esta es una línea de investigación interesante que podría explicar las diferencias en cuanto a la distribución de los demostrativos en la modalidad oral y en la modalidad escrita (Figura 32.1). Además, la forma que asume las funciones de comodín y marca de titubeo puede ser diferente en las distintas variedades. En ese sentido, el uso de *este* como comodín en Perú, Argentina y México podría explicar la alta frecuencia de esta forma en los datos orales de estos países (Figura 32.1).

4.2 Demostrativos: variación diatópica y el español en contacto

En esta sección consideramos situaciones de contacto en las que los demostrativos no muestran concordancia de género con sus referentes. En su estudio sobre el español hablado en la Amazonía peruana, Vallejos (en evaluación) encuentra un uso extendido de las formas neutras *esto* y *eso* con referentes masculinos o femeninos, como en el ejemplo (18).

(18) Criábamos gallina en la chacra, y **eso** vendíamos para la fiesta.

Los análisis de concordancia de género se hicieron con datos de cuatro monolingües y de cuatro bilingües. Los bilingües hablaban kukama, un idioma que codifica el género del hablante en los demostrativos, como se ve en los ejemplos (19) y (20).

(19) *ikian ɨrara* "Esta canoa" (hablante hombre).
(20) *ajan ɨrara* "Esta canoa" (hablante mujer).

Vallejos encontró más ejemplos de discordancia de género, como (18), entre los bilingües en comparación con los monolingües. También detectó un efecto interesante relacionado a la animacidad: entre los bilingües, los referentes inanimados y animales favorecieron la discordancia, mientras los referentes humanos y proposicionales favorecieron la concordancia. En contraste, entre los monolingües no se documentó ese efecto.

Mientras Vallejos (en evaluación) encuentra un uso extendido de las formas neutras en vez de las masculinas o femeninas, Avellana (2012) ha documentado la extensión de la forma masculina en vez de la forma neutra en el español en contacto con la lengua toba en Argentina. Según la autora, esta extensión no es por influencia del toba, sino que es el resultado de la adquisición del español como segunda lengua y, por lo tanto, representa una simplificación introducida por los aprendices. En resumen, algunos estudios del español en contacto con otras lenguas sugieren que los cambios en la realización de género en los demostrativos son resultado de la adquisición de segunda lengua o de una transferencia a nivel semántico.

4.3 Posesivos: variación diatópica y el español en contacto

En esta sección analizamos algunos patrones posesivos asociados a algunas variedades regionales, que en muchos casos emergieron motivados por el contacto con lenguas indígenas locales. Estos son el doble posesivo, la anteposición de la frase genitiva y la discordancia de número entre poseedor y poseído.

La marcación doble del poseedor, a través de un pronombre posesivo y una frase genitiva (*su casa de él*), es un rasgo extendido en varias regiones de América, con excepción de Argentina, Chile y Uruguay. Como lo explican Company Company y Huerta Flores (2017), su distribución actual ha sido abordada desde diferentes perspectivas. La primera es como construcciones desambiguadoras motivadas por la polisemia del pronombre posesivo. *Su* puede tener seis referentes: segunda persona formal (singular femenina, singular masculina, plural) y tercera persona (singular femenina, singular masculina, plural). Así, la especificación catafórica del poseedor a través de la frase genitiva ayudaría a monitorear la referencia del poseedor. Según Rodríguez Garrido (1982), el patrón actual se debería a la retención de un arcaísmo. En efecto, el doble posesivo con segunda y tercera persona se remonta al español medieval que estaba presente en la lengua escrita culta del español medieval temprano para transmitir cortesía. Una tercera posibilidad es que el doble posesivo sea el resultado del contacto del español americano con las lenguas amerindias. Por ejemplo, algunos estudios indican que este rasgo es por la influencia del quechua o el aimara en el Perú y por la influencia del maya en Yucatán (Klee y Lynch 2009). En efecto, la estructura [su N de N] en los países con un fuerte contacto del español con lenguas amerindias es cuatro veces más frecuente que en aquellos países donde el sustrato indígena es mínimo (Company Company y Huerta Flores 2017, 187). Finalmente, algunos estudios adjudican a esta construcción una función pragmático-discursiva específica. Con el doble posesivo el hablante establecería una relación intrínseca, cercana, relevante entre el poseedor y el poseído (Company Company y Huerta Flores 2017; Vallejos 2014).

Otra expresión del doble posesivo es la anteposición de la frase genitiva ante la frase poseída (de mi mamá su casa). Esta construcción está asociada generalmente al español amazónico peruano (Vallejos 2014). Un aspecto interesante de esta construcción es que la frase genitiva no ocurre sin el pronombre poseedor, es decir, construcciones como *de mi mamá la casa* no se han documentado. Es llamativo que entre los muchos patrones asociados con el castellano de la Amazonía, la anteposición de la frase genitiva sea uno de los más estigmatizados. Este rasgo se usa, por ejemplo, en los medios de comunicación para denigrar el habla de la región amazónica. Sin embargo, un estudio de corpus (Vallejos 2014) observó que, contrariamente a la creencia popular, la anteposición del genitivo no es muy frecuente en el uso oral. De hecho, es menos frecuente que la doble posesión.

La discordancia entre poseedor y poseído al interior del sintagma nominal es una construcción innovadora en el español amazónico (Vallejos 2014, 2019). En este nuevo patrón, el pronombre posesivo no concuerda en número con el elemento poseído (21), como sucede en el español canónico. Su uso, además, trasciende cualquier variable social —incluyendo grupo socioeconómico, edad, género o centros urbanos o rurales— y es muy común en las redes sociales.

(21) a   Después de tanto reclamar, el alcalde les construyó **sus colegio**.
     b   Se cansaron de esperar a **sus jefe**, entonces los trabajadores se largaron.

Una evaluación cuantitativa detectó que, si bien la construcción innovadora revela discordancia de número entre el pronombre posesivo y el objeto poseído, existe una concordancia sistemática entre el pronombre posesivo y su antecedente, el referente del pronombre que está fuera del sintagma nominal. Esta construcción coexiste con la opción canónica, aquella en la que el pronombre posesivo concuerda con el elemento poseído. La construcción posesiva innovadora (21) suele aparecer cuando el poseedor y el poseído se ubican en los extremos opuestos de la jerarquía de animacidad: el poseedor suele ser humano y lo poseído una entidad inanimada. La opción conservadora, por el contrario, no muestra estas restricciones (Vallejos 2019).

5 Direcciones futuras y conclusiones

En este capítulo hemos subrayado no solo la distribución sincrónica de los demostrativos y posesivos, sino también su capacidad de cambiar a través del tiempo y en situaciones de contacto con otras lenguas. Sin embargo, hacen falta investigaciones más detalladas sobre estos temas. Por ejemplo, una línea de investigación interesante sería explorar si los diferentes demostrativos muestran la misma capacidad de gramaticalización. Una pregunta por explorar es si tanto los proximales *este/esto* y los mediales *ese/eso* pueden convertirse en marcadores de titubeo y comodines. Estos estudios contribuirán a la discusión sobre las trayectorias de gramaticalización en general y sobre cómo los demostrativos ejemplifican estas trayectorias (Bybee *et al.* 1994).

El contacto del español con lenguas tipológicamente distantes es un área prometedora para la investigación de contacto lingüístico. Como mencionáramos en la sección 2, se ha notado que el uso de *aquel/aquella/aquello* es poco frecuente en los datos orales, especialmente en algunas variedades (Figura 32.1). En un experimento diseñado para provocar el uso de demostrativos, Vulchanova *et al.* (2020) compararon 12 bilingües hablantes de español y noruego con 30 hispanohablantes monolingües. Este estudio observó que los bilingües produjeron menos formas distales *aquel/aquella* que mediales y proximales. Los resultados sugieren que el sistema bipartito del noruego afecta el uso de demostrativos en español entre los bilingües y que, en general, el contacto con otros idiomas puede conducir a la simplificación del sistema tripartito de español. ¿Será que el sistema español tiende a simplificarse en contacto con lenguas con sistemas bipartitos?

Asimismo, muchas lenguas que hoy por hoy coexisten con el español codifican categorías gramaticales ausentes en este idioma. Una de ellas es la distinción colectiva/distributiva que suele expresarse en diferentes dominios de la gramática. Por ejemplo, Vallejos (2014) encontró que en el español de la Amazonía peruana hay una construcción posesiva innovadora en la que el pronombre posesivo no concuerda en número con el poseído y suele indicar posesión distributiva. El quechua, una lengua en intenso contacto con el español en Sudamérica, posee tres marcadores distributivos asociados a sustantivos, adjetivos, numerales, pronombres posesivos y, más comúnmente, a verbos (Faller 2001). La codificación de la oposición distributiva/colectiva se manifiesta en varios dominios del quechua, esto sugiere que es una categoría saliente en el mundo andino. Sería entonces interesante explorar posibles rastros de estas categorías en el español en contacto con el quechua, tanto en el ámbito nominal como verbal.

Finalmente, la creciente disponibilidad de datos de diferentes variedades de español hace posible avanzar con los estudios comparativos sobre los demostrativos y posesivos, sus funciones pragmáticas en la interacción espontánea, la gramaticalización de estas formas en combinación con otros elementos, entre otros temas. Estudios de adquisición de estos sistemas por parte de niños y adultos, tanto en contextos monolingües como bilingües, se han convertido en otra área de investigación muy fructífera.

Lecturas complementarias recomendadas
Diessel y Coventry (2020); Heine (1997); Himmelmann (1996).

Referencias bibliográficas
Aikhenvald, A. Y. 2013. "Possession and Ownership: A Crosslinguistic Perspective". En *Possession and Ownership: A Cross-Linguistic Typology*, eds. R. M. W. Dixon y A. Y. Aikhenvald, 1–64. Oxford: Oxford University Press.
Alonso, M. 1968. *Gramática del español contemporáneo*. Madrid: Guadarrama.
Avellana, A. 2012. "El español en contacto con la lengua toba (*QOM*): fenómenos de transferencia y adquisición de segundas lenguas". *Forma y función* 25(1): 83–111.
Bello, A. 1847. *Gramática de la lengua castellana destinada al uso de los americanos*. Edición crítica de R. Trujillo. Tenerife: Instituto universitario Andrés Bello/Cabildo de Tenerife, 1981.
Bybee, J., R. Perkins y W. Pagliuca. 1994. *The Evolution of Grammar*. Chicago: University of Chicago Press.
CDE: Davies, M. El Corpus del Español. (www.corpusdelespanol.org). Recuperado junio 2021.
Company Company, C. y N. Huerta Flores. 2017. "Frases nominales sobreespecificadas encabezadas por un posesico átono: *su casa de Juan, su casa que tiene Juan*". En *Posesión en la Lengua Española*, eds. C. Concepción Company y N. Huerta Flores, 177–218. Madrid: Consejo Superior de Investigaciones Científicas.
CORPES: Real Academia Española. Corpus del Español del Siglo XXI. (http://rae.es/recursos/banco-de-datos/corpes-xxi). Recuperado junio 2021.
Cortés Rodríguez, L. 2006. "Los elementos de final de serie enumerativa del tipo 'y todo eso', 'o cosas así', 'y tal', etc. Perspectiva interactiva". *Boletín de Lingüística* 18(26): 102–129.
Coventry, K., B. Valdés, A. Castillo, y P. Guijarro-Fuentes. 2008. "Language within Your Reach: Near-Far Perceptual Space and Spatial Demonstratives". *Cognition* 108: 889–895.
CREA: Real Academia Española. Corpus de Referencia del Español Actual. (http://rae.es/recursos/banco-de-datos/crea). Recuperado junio 2021.
Demonte, V. 1988. "El 'artículo en lugar del posesivo' y el control de los sintagmas nominales". *Nueva Revista de Filología Hispánica* 36: 89–108.
Diessel, H., y K. Coventry. 2020. "Demonstratives in Spatial Language and Social Interaction: An Interdisciplinary Review". *Frontiers in Psychology* 11.
Faller, M. 2001. "The Problem of Quechua *-nka*—Distributivity vs. Group Forming". En *Proceedings of SULA, the Semantics of Under-Represented Languages in the Americas*, eds. J.-y. Kim y A. Werle. Amherst: The Graduate Linguistics Students' Association, University of Massachusetts.
Gille, J. y C. Häggkvist. 2006. "Los niveles del diálogo y los apéndices conversacionales". En *Discurso, interacción e identidad. Homenaje a Lars Fant*, eds. J. Falk, J. Gille y F. Bermúdez Wachtmeister, 65–80. Stockholm: Stockholms Universitet.
Givón, T. 2001. *Syntax: An Introduction*, vol. 1. Amsterdam y Philadelphia: John Benjamins.
Gutiérrez-Rexach, J. 2002. "Demonstratives in Context". En *From Words to Discourse: Trends in Spanish Semantics and Pragmatics*, ed. J. Gutiérrez-Rexach, 195–236. Oxford y New York: Elsevier.
Hayashi, M. y K.-E. Yoon. 2010. "A Cross-Linguistic Exploration of Demonstratives in Interaction: With Particular Reference to the Context of Word-Formulation Trouble". En *Fillers, Pauses and Placeholders*, eds. N. Amiridze, B. Davis, y M. Maclagan, 33–66. Amsterdam y Philadelphia: John Benjamins.
Heine, B. 1997. *Possession: Cognitive Sources, Forces, and Grammaticalization*. Cambridge: Cambridge University Press.
Himmelmann, N. 1996. "Demonstratives in Narrative Discourse: A Taxonomy of Universal Uses". En *Studies in Anaphora*, ed. B. A. Fox, 205–254. Amsterdam y Philadelphia: John Benjamins.
Hottenroth, P.-M. 1982. "The System of Local Deixis in Spanish". En *Here and There: Cross-Linguistic Studies on Deixis and Demonstration*, eds. J. Weissenborn y W. Klein, 133–153. Amsterdam y Philadelphia: John Benjamins.
Jungbluth, K. 2003. "Deictics in the Conversational Dyad: Findings in Spanish and Some Cross-Linguistic Outlines". En *Deictic Conceptualisation of Space, Time and Person*, ed. F. Lenz, 13–40. Philadelphia y Amsterdam: John Benjamins.
Kany, C. E. 1969. *Sintaxis hispanoamericana*. Madrid: Gredos.
Klee, C. y A. Lynch. 2009. *El español en contacto con otras lenguas*. Washington, DC: Georgetown University Press.

Llopis Cardona, A. 2018. "The Historical Route of *eso sí* as a Contrastive Connective". En *Beyond Grammaticalization and Discourse Markers: New Issues in the Study of Language Change*, eds. S. Pons-Bordería y O. Loureda Lamas, 78–114. Leiden y Boston: Brill.

Marttinen Larsson, M. y M. Bouzouita. 2018. "*Encima de mí* vs. *encima mío*: un análisis variacionista de las construcciones adverbiales locativas con complementos preposicionales y posesivos en Twitter". *Moderna Sprak* 112: 1–39.

Montañez Mesas, M. 2015. *Marcadores discursivos conversacionales y posición final. Hacia una caracterización discursiva de sus funciones en unidades del habla*. tesis doctoral, Universitat de València, Valencia.

Piwek, P., R.-J. Beun y A. Cremers. 2008. "'Proximal' and 'Distal' in Language and Cognition: Evidence from Deictic Demonstratives in Dutch". *Journal of Pragmatics* 40: 694–718.

Ranson, D. 1999. "Variación sintáctica del adjetivo demostrativo en español". En *Estudios de variación sintáctica*, ed. M. J. Serrano, 121–142. Frankfurt y Madrid: Vervuert y Iberoamericana.

Rodríguez Garrido, J. 1982. "Sobre el uso del posesivo redundante en el español del Perú". *Lexis* 6: 117–123.

Rodríguez Ramalle, T. M. 2005. *Manual de sintaxis del español*. Editorial Castalia.

Rojo, G. 2021. *Introducción a la lingüística de corpus en español*. Londres y Nueva York: Routledge.

Santana, J. 2014. "La estructura adverbio + posesivo en medios de comunicación digitales". *Español Actual* 101: 7–30.

Salgado, H. y M. Bouzouita. 2017. "El uso de las construcciones de adverbio locativo con pronombre posesivo en el español peninsular: un primer acercamiento diatópico". *Zeitschrift für Romanische Philologie* 133(3): 766–794.

Shin, N., L. Hinojosa-Cantú, B. Shaffer, y J. P. Morford. 2020. "Demonstratives as Indicators of Interactional Focus: Spatial and Social Dimensions of Spanish *este/esta* and *ese/esa*". *Cognitive Linguistics* 31(3): 485–514.

Soler Arechalde, M. A. 2008. "Algunos factores determinantes y contextos de uso para el marcador discursivo *este* ... en el habla de la ciudad de México". *Anuario de Letras. Lingüística y Filología* 46: 155–168.

Stassen, L. 2009. *Predicative possession*. Oxford: Oxford University Press.

Vaamonde, G. 2010. "Le besé la mano vs. besé su mano. Un estudio de la alternancia con dativo posesivo a partir de datos de corpus". *Actas del XXXIX Simposio Internacional de la Sociedad Española de Lingüística (SEL)*, Santiago de Compostela, Unidixital.

Vallejos, R. 2014. "Peruvian Amazonian Spanish: Uncovering Variation and Deconstructing Stereotypes". *Spanish in Context* 11(3): 425–453.

Vallejos, R. 2019. "*Llegaron en sus canoa*: Innovación gramatical en el español de la Amazonía peruana". *Letras-Lima* 90(131): 77–106.

Vallejos, R. en evaluación. "*Este*: From Demonstrative to Filler in Amazonian Spanish and Beyond". *Linguistics: An Interdisciplinary Journal of the Language Sciences*.

Vulchanova, M., P. Guijarro-Fuentes, J. Collier, y V. Vulchanov. 2020. "Shrinking Your Deictic System: How Far Can You Go?". *Frontiers in Psychology* 11.

Winters, R. 2006. "Transitivity and the Syntax of Inalienable Possession in Spanish". En *Functional Approaches to Spanish Syntax: Lexical Semantics, Discourse and Transitivity*, ed. J. C. Clements y J. Yoon, 151–160. New York: Palgrave Macmillan.

Zulaica Hernández, I. 2012. "Temporal Constraints in the Use of Demonstratives in Iberian Spanish". *Borealis: An International Journal of Hispanic Linguistics* 1(2): 195–234.

33
El sintagma adjetival
(Adjective phrases).

Ana Serradilla Castaño

1 Introducción[1]

El objetivo de este capítulo es profundizar en la estructura del sintagma adjetival (SA) en español. En primer lugar, se especificará qué se entiende por SA. A continuación, se insistirá en las características del núcleo de dicho sintagma, el adjetivo, y se hará una clasificación de los diferentes tipos de adjetivos. Se aludirá a la concordancia en género y número que se establece con el sustantivo, y se tratarán los diferentes procedimientos existentes en la lengua para expresar la gradación, con especial énfasis en las distintas fórmulas superlativas del español actual.

Para conocer a fondo el SA, se ha de prestar atención asimismo a la posible modificación del núcleo mediante sintagmas adverbiales o preposicionales y es necesario insistir en la posición de los elementos que lo conforman (modificadores y complementos). También se aludirá a las diversas funciones sintácticas que este sintagma puede desempeñar en la oración. Además, se analizarán las diferencias diatópicas en el español actual y se presentará una bibliografía actualizada, que permita dar cuenta de las diversas corrientes teóricas o perspectivas desde las que se pueden analizar el SA y sus componentes.

Terminará el capítulo con una alusión a futuras posibles líneas de investigación en torno al adjetivo y unas breves conclusiones. Todos estos aspectos teóricos se ilustrarán con una abundante ejemplificación, que permitirá a los lectores comprender cuál es la estructura del SA en español y que, en el caso de estudiantes extranjeros de ELE, les facilitará el empleo de este sintagma.

Palabras clave: adjetivo, sintagma adjetival, tipos de adjetivos, gradación, superlativo

The goal of this chapter is to gain a deeper understanding of the structure of the adjectival phrase (AP) in Spanish. First, we define the concept of AP. Then, we delve into the characteristics of the head of this phrase, the adjective, and propose a classification of the different types of adjectives. We also deal with gender and number agreement established with the noun, and the different procedures for expressing gradation, with special emphasis on the different superlative formulas of present-day Spanish.

In order to obtain a deep understanding of the AP, attention must also be paid to the possible modification of the head by adverbial or prepositional phrases as well as to the position of the elements within the AP (modifiers and complements). Furthermore, the chapter addresses the different syntactic functions that this phrase can serve in the sentence. In addition, diatopic differences in present-day Spanish are analyzed and an updated bibliography is presented, which will allow us to account for the various theoretical currents or perspectives from which the AP and its components can be analyzed.

The chapter ends with an allusion to future possible lines of research on the adjective and some brief conclusions. All theoretical aspects are illustrated with abundant exemplification, which allows readers to understand the structure of the AF in Spanish and, in the case of foreign language students, facilitates the use of this phrase.

Keywords: adjective, adjective phrase, types of adjectives, gradation, superlative

2 Conceptos fundamentales

El sintagma adjetival es aquel cuyo núcleo es un adjetivo. La categoría gramatical del adjetivo engloba unidades de carácter muy diverso, por lo que ha sido definida de varias formas a lo largo de la historia. Así, Alcina y Blecua (1975, 507) hacían referencia a esta diversidad y señalaban cómo los adjetivos pueden expresar distintas cualidades inherentes al referente de la expresión nominal en posición de sujeto, como tamaño, forma, color, capacidad, extensión, materia, o bien cualidad moral, valoración de conducta, etc.; la relación del sujeto con respecto al origen; situación social, cultural, religiosa, política; técnica, ciencia; pertenencia o filiación; y también el estado producido por una acción.

También la NGLEM (235) apunta que el adjetivo es una clase de palabras que modifica al sustantivo o se predica de él aportándole muy diversos significados. Así, muy frecuentemente, el adjetivo denota propiedades o cualidades (*las amplias avenidas, un día difícil, huyó despavorida; eres fantástica*); asimismo, señala cómo en ocasiones los conceptos de "propiedad" y "cualidad" deben entenderse en un sentido más amplio (*determinadas empresas, su actual novio, una mera coincidencia, en su propio domicilio, trucos de ingeniería financiera, la ingeniera aeronáutica*). En estos últimos ejemplos, los adjetivos, como bien señala la NGLEM (235), hacen referencia "a la manera particular en que son mencionadas las entidades, al número que forma el conjunto de estas, a la actitud del hablante hacia ellas o a su relación con cierto ámbito, entre otras nociones".

Por su parte, Bosque (2015, 107) ofrece una definición que permite explicar la diferencia de categoría gramatical de *adolescente* en las siguientes secuencias: *María es una adolescente/María es adolescente*; así, "los sustantivos 'categorizan', esto es, determinan clases de objetos, mientras que los adjetivos 'describen' propiedades que no constituyen clases". Hay abundante bibliografía sobre este punto, por lo que en este trabajo no insistiremos en la definición y categorización de los adjetivos, ni en sus similitudes y diferencias con sustantivos, adverbios y verbos (para ello, véanse NGLE y Bosque 2015).

El SA, en general, presenta una menor complejidad que el sintagma nominal o el verbal y su núcleo puede aparecer solo o modificado o complementado por otros elementos (*lista, muy guapo, orgulloso de su familia, difícil de aprender...*). Es importante reseñar también que el adjetivo puede mostrar, como el nombre, flexión de género (*listo/lista*) y de número (*grande/grandes*) y, cuando acompaña a un nombre, debe concordar con él y con el determinante en género y número (*mujer lista, unos amigos entrañables*).

Antes de entrar a estudiar la estructura del SA y sus funciones, es necesario mostrar una clasificación de los distintos tipos de adjetivo: así, a grandes rasgos, y desde una perspectiva mucho más restrictiva que la de la NGLE, diferenciaremos relacionales y calificativos. Hay clasificaciones más detalladas en Bosque (1999), NGLE, Di Tullio (2010), Pastor (2016) o Fernández Leborans (2018); pero esta es la división más generalizada en la bibliografía y la que aquí seguiremos.

Entre los rasgos que definen a los adjetivos relacionales, a diferencia de los calificativos, están su formación a partir de nombres (*diente—dental*); el uso de sufijos como *-al, -ero, -ar* o *-ico* entre

El sintagma adjetival

otros (frente a *-oso* o *-udo* preferidos por los calificativos); la obligación de posponerse al nombre (**matrimonial agencia*), la imposibilidad, con matizaciones, de ser usados predicativamente (**la crítica es musical*); el no poder entrar en comparaciones o ser modificados por adverbios de grado (**mi clínica es más dental que la tuya*, **clínica muy dental*); la imposibilidad de presentar antónimos (**amecánico*); la imposibilidad de coordinación con adjetivos valorativos (**taller mecánico y viejo*); la posibilidad de recibir prefijación culta; su cercanía a los nombres, etc. Todos estos criterios aparecen recogidos por Demonte (1999, 137–138), quien define estos adjetivos como aquellos que, frente a los calificativos, que se refieren a un rasgo constitutivo del nombre modificado, no indican una sola propiedad del nombre, sino que expresan un conjunto de propiedades y las vinculan a las del nombre al que acompañan, dando lugar, así, a relaciones semánticas más complejas y diversificadas. La separación entre ambos tipos de adjetivo no es, sin embargo, siempre nítida, como luego veremos.

Por otro lado, los núcleos del SA pueden recibir modificadores y complementos:

(1) a   He leído un libro *fantástico*.
    b   María es *digna de elogio*.
    c   Ella estaba *deseosa de que se lo dijeras*.
    d   La situación es *extremadamente grave*.
    e   Luis es *susceptible hasta la saciedad*.

En (a) el adjetivo constituye por sí solo un SA que complementa al sustantivo; en (b) aparece acompañado de un SP que actúa como complemento, en (c) el complemento preposicional tiene como término una oración y en (d) y (e) el adjetivo aparece modificado en su grado.

En otro orden de cosas, las funciones básicas del adjetivo son la atributiva: un resultado *contundente, un grandioso* espectáculo, y la predicativa: el resultado es *contundente*, considero *contundente* el resultado; ella me saludó *encantada*, la fotografié *sonriente* (Di Tullio 2010, 185).

Además, los SA, independientemente de la complejidad de su estructura, pueden ejercer, como recoge Fernández Leborans (2018), diferentes funciones en la oración:

(2) a   Marta es una persona *influyente* (complemento del nombre).
    b   Pablo está *muy alegre* (atributo).
    c   Los chicos andan *distraídos* estos días (predicado de verbos semicopulativos).
    d   Salió *bien feliz* de la reunión (predicativo del sujeto).
    e   Los informes los vendieron *excesivamente caros* (predicativo del CD).
    f   Pensaba en Luisa *enferma de covid* (predicativo del CRP).
    g   *Incapaz de subir la cuesta* Manuel, dejaron la excursión para otro día (predicado nominal en construcción absoluta).
    h   ¡*Muy guapo* el chaval! (predicado en construcción nominal).

Para cerrar este apartado de conceptos fundamentales me referiré a la posición del adjetivo respecto al nombre cuando se usa como CN. Así, son gramaticales en español sintagmas como (3a, 3b) en los que aparecen adjetivos calificativos, pero de (3c) solo lo es la primera de las opciones, pues estamos ante un adjetivo relacional, que, como tal, no admite la anteposición. La gramaticalidad de ambas construcciones en el caso de (3d) se explica por el paso de relacional a calificativo:

(3) a   Los *bellos* jardines/los jardines *bellos*.
    b   Las mujeres *influyentes*/las *influyentes* mujeres.
    c   El resultado *electoral*/*el *electoral* resultado.
    d   El espectáculo *teatral*/su *teatral* comportamiento.

443

3 Aproximaciones teóricas

Se mencionarán algunos aspectos que han llamado la atención de investigadores de diferentes corrientes teóricas: la evolución de adjetivos relacionales a calificativos; la posición del adjetivo respecto al nombre y la de los diferentes componentes del SA; y la gradación del adjetivo e (im) posibilidad de los adjetivos relacionales de admitir cuantificadores.

3.1 El paso de adjetivos relacionales a calificativos

Sobre la adquisición de nuevos valores de los adjetivos relacionales reflexionaban ya Cabré et al. (2000, 204): "en algunos casos en los que el adjetivo se lexicaliza, es posible encontrar dos significados: una acepción semánticamente transparente, uso relacional propiamente dicho (*dantesco* 'relativo a Dante'), y otra no predictible sin conocimientos enciclopédicos (*dantesco* 'terrorífico')". Así, en el DLE, *teatral, kafkiano, cervantino, cerebral, cardiaco, legal*... aparecen recogidos con ambos valores y la NGLEM (256) propone ejemplos de recategorización de relacionales (posnominales) como calificativos (prenominales): *una obra dramática ~ un dramático final; una sanción económica ~ una muy económica solución*. Borrego (2016, 275) alude también a esta realidad y señala que un adjetivo como *constitucional* en *reforma constitucional* puede ser calificativo, si es una reforma que no está en contra de la constitución, o relacional, si se refiere a una reforma de la constitución; en estos casos solo el contexto permite diferenciar el significado.

Esta posibilidad no se da en todos los casos y, como señala Bosque (2015, 124), "el paso de un adjetivo de relación a uno calificativo no es un proceso estrictamente gramatical predecible en términos sintácticos"; debemos acudir a explicaciones semánticas y de conocimiento del mundo para entender esta evolución. Así, por ejemplo, un adjetivo como *terrenal* en español antiguo significa solo "de la tierra" ([a] *mas baxa parte de la nuve, do la materia es mas terrenal* [1494, Burgos, Fray Vicente, CORDE]), mientras que hoy significa "mundano". También, es interesante el caso de *carnal*, que a partir del significado inicial de "de la carne" ha ido adquiriendo nuevos valores. Así, como se señala en Serradilla (2009), este cambio semántico es muy temprano y ya Covarrubias (1611) recoge como usuales ambas acepciones: "Lo que pertenece a la carne; y al hombre que es muy dado a la sensualidad y vicio de la carne, le llamamos *carnal*". Hemos de tener en cuenta que entran aquí en juego las ideas cristianas que en el medievo oponen *espiritual* a *carnal* y que relacionan, por tanto, la carne con el hombre y el pecado; por eso, no puede extrañar ese paso tan temprano a "sensual, lascivo, lujurioso". Para entender, pues, los cambios que en los diferentes niveles han ido sufriendo este adjetivo y algunos otros más, hay que enlazar necesariamente explicaciones externas con explicaciones lingüísticas internas. Bosque (2004, 445) recoge para el español actual la doble significación de *carnal*, pero, en este caso, observa cómo las posibilidades combinatorias del adjetivo con valor relacional aparecen muy restringidas; de hecho, la nómina de sustantivos con los que puede combinarse se reduce a unos pocos nombres de parentesco: *tío, pariente, sobrino* y *primo*.

La capacidad de estos adjetivos para sufrir esta evolución tiene que ver con que el adjetivo relacional parece estar en una posición periférica dentro de la categoría del adjetivo, pues algunos aspectos de su sintaxis lo acercan más al nombre que al propio adjetivo calificativo. De hecho, en gran medida, podemos considerar que estos adjetivos surgen como sustitutos del genitivo latino (*mortal—de la muerte*) y desde una situación en la que el adjetivo posee un único valor de relación, similar al genitivo, con muchas restricciones semánticas y pocas restricciones sintácticas, se llega a la situación contraria, que facilita su paso a valorativo. Además, se trata de un cambio unidireccional e irreversible, que nunca se da en sentido contrario.

3.2 Posición del adjetivo y de los distintos elementos que componen el SA

Otro aspecto que ha interesado a los investigadores es la posición que ocupa el adjetivo respecto al nombre al que acompaña. Lo más habitual en español es la posposición y solo los calificativos admiten también la anteposición (*municipales dependencias*). En español antiguo, sin embargo, aunque lo más frecuente era también la posposición (que la *ley umanal* tiene una imagen de *la ley divinal*, [1454–1457, Sánchez de Arévalo, Rodrigo, CORDE]), era posible, incluso, la anteposición de los relacionales por cuestiones rítmicas o de rima, por latinismo o por otras razones (García González 1990; Lapesa 2000).

Como recuerda Lapesa (2000, 210–211), en latín el adjetivo se anteponía al nombre que modificaba excepto cuando el sustantivo era monosílabo (*vir fortis*) o cuando derivaba de un nombre propio (*populus Romanus*) pero "[t]al estado de cosas hubo de cambiar considerablemente en latín vulgar, donde la posposición, excepcional en el clásico, dejó de serlo". Este último es el orden más frecuente en español, y, aunque en ocasiones el cambio de posición de los relacionales trae consigo un cambio de significado y una recategorización en valorativo —pocas aún en español antiguo—, era posible que un mismo adjetivo pudiera anteponerse o posponerse sin ningún cambio significativo (*es su <u>carnal primo</u>* [1498, López de Villalobos, Francisco, CORDE]; *que era <u>francesa mugier</u> deste Rey don Alffonso* [1270–1284, Alfonso X, CORDE]). La anteposición como posibilidad constructiva de los relacionales va desapareciendo hasta llegar a la situación del español actual, aunque aún en la segunda mitad del siglo XVII la encontramos, sobre todo, en verso, por necesidades métricas, rítmicas o de rima, o en textos moralizantes, de carácter conservador o arcaizante, especialmente en textos americanos. El tipo de texto, pues, era determinante a la hora de elegir una u otra construcción (*la francesa espada* [1670–1700, Barrios, Miguel de, CORDE] *la campal batalla* [1698, San Agustín, Fray Gaspar de, CORDE], véase Serradilla 2009). De todas formas, como ya indicó Alarcos Llorach (1994, 83), aunque se refería únicamente a la permutación de la posición de los calificativos, "el resultado no perturba la estructura del grupo ni la relación entre sus componentes". Esto resulta evidente sobre todo en el español antiguo donde, por regla general, el cambio de posición ni siquiera tiene relevancia en el significado de la construcción.

Todavía hoy en español es posible encontrar anteposición de adjetivos relacionales. Borrego (2016) cita ejemplos como los siguientes: *madrileña calle, histórico acuerdo, olímpico desprecio...*, pero es evidente que en estos casos ya no funcionan como relacionales sino como calificativos. Se trataría de la recategorización ya mencionada. En el caso específico de los gentilicios, la NGLEM (256) alude a que, al acompañar a ciertos nombres propios, pueden usarse como epítetos en posición antepuesta: *la (muy) madrileña calle de Alcalá, la (muy) porteña avenida Corrientes*. Este paso de relacional a valorativo es el que permite la ampliación de posibilidades constructivas como acabamos de ver.

Borrego (2016) también menciona que los gentilicios son un tipo especial de relacionales que pueden ser tomados como calificativos cuando se interpretan como rasgos prototípicos: *muy vasco, españolísimo...* Habitualmente solo se da este uso con gentilicios que nos resultan cercanos; es raro convertir en calificativos los que hacen referencia a poblaciones de las que no tenemos establecidos prototipos.

Por otra parte, en el caso de SA con modificadores se puede anteponer el adjetivo: *un muy grave problema; los extremadamente brillantes investigadores*; sin embargo, con complementos no es posible la anteposición independientemente de que su núcleo sea un adjetivo relacional o calificativo: **el difícil de entender problema; *una digna de alabar mujer*. Bosque (1999, 225–226) añade que en estos casos tampoco es posible que el adjetivo se separe de su complemento "b. *Un difícil problema (*de solucionar)*".

Cuando el núcleo del SA es un participio, este no puede, en principio, anteponerse, salvo en su interpretación adjetival: *La acertada decisión/*La acertada quiniela; Un reservado personaje/*Una reservada mesa en el restaurante* (Bosque 1999, 300).

Por otro lado, Pastor (2016, 376) añade que cuando el adjetivo se pospone "colabora en la determinación y referencialidad del sintagma nominal, mientras que el adjetivo antepuesto deja intacta la referencia y añade nuevas notas para la identificación del referente". Esto es lo que explicaría por qué los adjetivos pospuestos no pueden acompañar a nombres propios (*María guapa), ya que los nombres propios, al ser expresiones máximamente referenciales, no suelen admitir complementos o adjetivos pospuestos que se usen para escoger el referente. No obstante, sí podríamos decir *la María guapa* si queremos distinguir a dos personas con el mismo nombre mediante una propiedad que una de las dos tiene y la otra no. Por lo que respecta a los adjetivos antepuestos, estos sí pueden acompañar a los nombres propios: *la guapa María*, puesto que en este caso el adjetivo no restringe la clase denotada por el nombre, sino que sirve para evaluar una propiedad del referente o para destacarla.

Asimismo, respecto al orden de los elementos del SA, en ocasiones es posible la separación de elementos. Así, como señala Bosque (1999, 225), se pueden formar oraciones exclamativas, relativas o interrogativas anteponiendo todo el SA, o bien se puede separar el complemento y adelantar solo el resto de la secuencia:

(4) a ¡Qué orgullosa está Luisa de su hija!
    b ¡Qué orgullosa de su hija está Luisa!
(5) a Cuanto más dispuesto estés a ayudar,
    b Cuanto más dispuesto a ayudar estés.

Es la misma alternancia que podemos observar en otras estructuras enfáticas en las que se focaliza el SA:

(6) a ¡Muy feliz con tu regalito estás tú!
    b ¡Muy feliz estás tú con tu regalito!

En otra línea, cuando coaparecen dos calificativos en un SA, los de carácter descriptivo van inmediatamente pospuestos al nombre, mientras que los de carácter evaluativo ocupan una posición periférica. Di Tullio (2010, 188) lo ejemplifica así: *un gato gris precioso, un precioso gato gris*; **un gris gato precioso, ??un gato precioso gris* (esta solo sería aceptable con una determinada entonación que separe el segmento en *un gato precioso/gris*). Por otro lado, es necesario mencionar que cuando aparecen relacionales y calificativos junto al nombre, a diferencia del español antiguo en el que había mayor flexibilidad, la secuencia formada por un nombre y un adjetivo relacional es compacta, por lo que no pueden intercalarse entre ellos adjetivos calificativos (*edificio bello modernista, *clínica espaciosa dental*) ni modales o circunstanciales. Solo pueden intercalarse adverbios focalizadores, con ciertas restricciones; así, de los tres tipos de adverbios focalizadores que distingue Kovacci (1999): exclusivos (*únicamente, exclusivamente*), particularizadores (*particularmente, especialmente*) e identificativos (*exactamente, justamente*), solo los primeros pueden intercalarse, y no siempre, entre el nombre y el adjetivo que lo modifica: *actuación exclusivamente policial* pero **estilo exactamente arquitectónico* (Serradilla 2009). Señala Santos Río (2000, 288) que la única ordenación posible en español actual es: "[/[C]alificativos *No Restrictivos/Nombre/ Relacionales Clasificativos/Argumentales/Calificativos Restrictivos...* y la estructura... [[CNRestr [[N] RCl] Arg] CRestr...]": *bellos edificios modernistas; bellos edificios modernistas restaurados; clínicas dentales espaciosas; amplia clínica dental recién inaugurada*. Sobre la clasificación del adjetivo como no restrictivo (antepuesto) o restrictivo (pospuesto) y sus repercusiones sintácticas, véase Demonte (1999). Para la posición del adjetivo, consúltese también el reciente trabajo de Pérez-Leroux *et al.* (2020), quienes analizan secuencias de dos adjetivos posnominales (N + A + A) o de adjetivo prenominal y posnominal (A + N + A) y, además de concluir que los relacionales son los adjetivos estructuralmente más cercanos al sustantivo, muestran interesantes datos sobre la ordenación en el SA de los adjetivos de nacionalidad, tamaño, color...

3.3 La gradación del adjetivo

La gradación de los adjetivos es otro tema que ha despertado recientemente el interés de los investigadores (véanse Sánchez 2006; Serradilla 2016). Así, podemos encontrar en el ámbito de la superlación expresiones cuantitativas tipo *muy, bien, harto, asaz, mogollón, tope...*; elativos sintácticos como *sumamente, increíblemente...*; y elativos morfológicos (*-ísimo, re-, requete-, mega-, super-, híper-...*) o, incluso, elativos léxicos (*fatal, terrible, colosal, fantástico...*) o fraseológicos (*a carta cabal, más lento que una tortuga...*). En todo caso, el uso de las distintas formas depende, en gran medida, de parámetros como la edad, el nivel de instrucción, la situación comunicativa o la variedad dialectal. El manejo de dichos parámetros permite concluir que hay fórmulas como *asaz*, que, fuera de la lengua escrita culta, podemos considerar desaparecidas; mientras que otras como *harto* perviven en España solo en hablantes cultos en determinadas situaciones comunicativas (*harto sabido, harto difícil*) pero mantienen su uso en la lengua oral coloquial en otros países como Chile; otras expresiones como *mazo/mazo de* ven generalizado su uso en hablantes muy jóvenes, sobre todo del área geográfica madrileña. Hay también otras formas usadas por jóvenes (*to, súper*) y expresiones mucho más generalizadas en unas zonas que en otras (*tope* [zona oriental de España], *full, re-* [Hispanoamérica], *fleje* [Canarias] ...). Por otro lado, hay expresiones de la lengua coloquial (*mazo, to, full, mega...*), mientras que otras como *muy, bien,* adverbios en *-mente, -ísimo...* se utilizan en todo tipo de registros.

El paradigma de la intensificación está en constante ebullición y continuamente van incorporándose nuevos términos para expresar el máximo grado del adjetivo, mientras que otros comienzan su retroceso. Como comentaba en Serradilla (2016, 41), tanto los términos formados por la adición de un prefijo o un sufijo como las expresiones analíticas han evolucionado a lo largo de nuestra historia lingüística. En el caso de *-ísimo*, por ejemplo, observamos cómo, aunque aún pueda quedar cierto matiz culto, su uso se ha extendido a todo tipo de adjetivos y puede hoy considerarse de uso común en diversos registros (véase su uso en textos coloquiales extraídos de Google: *Primavera Sound ya ha anunciado su tochísimo cartel*). Por otro lado, respecto a los prefijos, es digna de mencionar su evolución hacia la expresión analítica y, así, observamos cómo *súper, híper* o *mega* en textos de carácter coloquial (más en los americanos que en los europeos) se presentan como términos independientes que vienen a sumarse al resto de expresiones cuantitativas y comienzan a funcionar como estas en todos los sentidos: *abrigos súper clásicos; igual de guapos los hermanos, hiper igualitos; ambientazo con decoración alemana, personal uniformado y mega simpático* (Google).

Respecto a las formas analíticas —muchas de ellas presentes desde antiguo y otras de penetración reciente como *mazo, mogollón, tope* o *to*—, o a los adverbios en *-mente* (*increíblemente*) que preceden al adjetivo, se podría decir que, en cierta medida, han sufrido un proceso de gramaticalización: son formas que, en principio, tenían un valor léxico pleno, con matiz de cantidad (o modo en el caso de *bien* o *-mente*), pero han perdido su valor inicial para convertirse en meras partículas de grado y han experimentado procesos de fijación, decategorización, paradigmatización, coalescencia o, incluso, reducción fónica.

Es evidente que el paradigma de la intensificación sufre una constante renovación; a lo largo de la historia, se ha venido nutriendo de elementos de muy diferente origen y categoría, y todavía hoy sigue enriqueciéndose con nuevos elementos.

Por otra parte, solo los adjetivos calificativos pueden recibir gradación y entrar en estructuras comparativas: *problema muy grave, este problema es más grave que el tuyo*; o *mensaje interesantísimo*. Por el contrario, los adjetivos relacionales, que no expresan propiedades, sino relaciones, no se pueden graduar, cuantificar ni comparar: *edificio muy modernista, *este problema es más matemático que el otro, *energía eoliquísima o *ganado bastante lanar. Los adjetivos de este tipo que parecen admitirlos (*muy inglés, bastante periodístico, demasiado teatral*) se reinterpretan como calificativos, como veremos a continuación.

También los investigadores se refieren a la agramaticalidad de los sintagmas con doble intensificación (p. ej., *muy -ísimo*); pero Bosque (1999, 228) admite su presencia en el español clásico y en el coloquial actual, lo que podría sugerir que su fuerza intensificativa está atenuada en estos estados de lengua. De hecho, los ejemplos en español antiguo son numerosos y también hay datos del español actual: "bajar su forma de vida hasta niveles *muy paupérrimos*" (España, 2016, CORPES); "Media casa, que era *mu grandísima*" (Alanís, Sevilla; COSER); "pero eran *unos trenes muy malísimos*" (Ventorros de San José [Loja], Granada; COSER) (Serradilla 2022).

4 Perspectivas actuales

En el apartado 2 se ha hecho referencia a los modificadores y complementos del SA. Fernández Leborans (2018, 36) recuerda que solo los calificativos pueden recibirlos, ya que los relacionales por su significado no los admiten. En cuanto a los tipos de complementos, podemos hacer una diferenciación entre complementos argumentales y adjuntos:

(7) a   Una persona [[fiel a sus ideas] hasta la muerte].
    b   Un colegial [[reticente al esfuerzo] desde el comienzo de sus estudios].
    c   Gente [[alérgica al polen] durante toda su vida] (Bosque 1999, 237).

Bosque señala cómo en estos ejemplos tenemos un adjetivo con un complemento argumental con el que forma un sintagma que a su vez es complementado por un adjunto.

Di Tullio (2010, 195), refiriéndose a la estructura argumental, va más allá y distingue adjetivos monádicos (*Aníbal es rubio*), diádicos (*Aníbal está orgulloso de su hijo*) y triádicos (*Aníbal es igual a Pedro en estatura*).

Lo que resulta significativo, en todo caso, es que hay complementos obligatorios (*aquejado [*de sarampión]; constitutivo *[de delito]*) y optativos. Pese a que, en principio, algunos complementos sean obligatorios, en ocasiones es posible que no se expliciten, pues son fácilmente recuperables por el contexto (*María coge muchos resfriados y Pedro también es propenso*), pueden interpretarse como genéricos (*No soy creyente*) o se trata de infinitivos de interpretación pasiva (*no tiene una vida fácil [de vivir]*) (Fernández Leborans 2018, 39). También Di Tullio (2010, 196–197) recoge estas ideas y señala casos como *el comandante está ansioso de gloria* y *el comandante es (un) ansioso*, en los que la presencia o ausencia del complemento tiene que ver con que en el primer ejemplo "el adjetivo selecciona un argumento, aparezca explícito o no" y en el segundo se usa de forma absoluta.

Como hemos visto, al igual que los verbos y los nombres, los adjetivos pueden acompañarse de complementos preposicionales formados por nombres o por oraciones sustantivas. Bosque (1999, 239) menciona que es frecuente la presencia de subordinadas sustantivas en casos en los que el complemento del adjetivo denota hechos o situaciones: *contradictorio con que defienda la empresa pública, incompatible con tener otro trabajo*. Estos complementos oracionales no incluyen solo oraciones enunciativas, sino que también admiten, igual que nombres y verbos, interrogativas indirectas: *interesada en cómo se solucionará, independiente de a qué persona elijan* (Bosque 1999, 240).[2] No obstante, no todos los adjetivos admiten complementos oracionales. Así, Fernández Leborans (2018, 41) propone ejemplos aceptables como *amable con sus invitados*, pero no *amable con que vengan a visitarlo*; esto es debido a que en el caso de esta construcción el referente del complemento es un "objeto" o "ente" y no un evento o situación.

Por otro lado, normalmente, los modificadores del adjetivo son cuantificadores, pero también pueden acompañar al adjetivo otros adverbios como los de punto de vista o de perspectiva, que, según Bosque (1999, 235) "indican que la propiedad se asigna con la limitación impuesta por un determinado dominio o un marco de conocimiento o de intereses que la restringe. Suelen admitir la paráfrasis 'desde el punto de vista + adj': *estéticamente inclasificable, estratégicamente necesario*". También pueden acompañarlo adverbios que establecen relaciones de tiempo (*eternamente vivo, actualmente visitable*) o de frecuencia (*frecuentemente arisco, diariamente asequible*). Todos ellos modifican a todo el SA y admiten, por tanto, elementos gradativos interpuestos: *medidas estratégicamente muy necesarias*, o *un país económicamente bastante desarrollado*. Y no olvidemos las combinaciones fijas que constituyen clichés relativamente estables como *celosamente guardado; endiabladamente complicado; vilmente asesinado* ... (Bosque 1999, 235–236).

En lo que respecta a las funciones del SA, también son varios los investigadores que se han ocupado del tema. En el apartado 2 hemos hablado de las funciones más frecuentes: complemento del nombre y atributo. Seguimos a Cifuentes (2012, 91), quien incluye dentro de los atributos a los predicativos, es decir, a aquellos que "no poseen como núcleo verbal un verbo gramaticalizado que pierde parte de su valor léxico en favor de un cambio de significado, una modificación hacia un contenido esencialmente relacional". Es necesario recordar, en todo caso, que los predicativos, a diferencia de los atributos copulativos, permiten elidir el atributo, sin que resulte una frase agramatical (*Irene sonrió contenta / Irene sonrió*). Esto no quita para que, como señala este autor, tan atributos sean los copulativos como los predicativos; aunque, obviamente, haya diferencias en el tipo de verbo: copulativo vs. predicativo o léxico.

Por otro lado, independientemente de la función del SA, este podrá tener una estructura más o menos compleja. A continuación, se muestran ejemplos, la mayoría de ellos extraídos de Google, en los que se da la extensión del núcleo con modificadores y complementos de diferente categoría:

(8) a   Jared Isaacman es un empresario *muy influyente en su campo* (CN) (Google, 23/2/21).
    b   Este gato está *absolutamente feliz de viajar en automóvil* (atributo) (Google, 13/10/19).
    c   Durante la primera semana de la puesta, los padres andan *muy concentrados en limpiar y ventilar a los alevines* (predicado de verbos semicopulativos) (Google, s/f).
    d   La joven madre *sonrió contenta de verle* y plantó un casto beso en sus labios (predicativo del sujeto) (Google, s/f).
    e   La encuentro *algo cara para su calidad* (predicativo del CD) (Google, s/f).
    f   Pensaba en Luisa *actualmente enferma de covid* (predicativo del CRP).
    g   *Incapaz de saltar por la ventana* Manuel, tuvieron que bajarlo con una grúa (pred. nominal en construcción absoluta).
    h   *Demasiado listo el colega* (predicado en construcción nominal) (Google, 25/10/07).

Obsérvese, comparando con los ejemplos mostrados en el apartado 2, que en estos casos lo que cambia es únicamente la complejidad de la estructura del SA, pero no sus funciones.

5 Direcciones futuras y conclusiones

En este último apartado me centraré en los cambios que el adjetivo está sufriendo debido al paso de relacional a calificativo, que implica cambio en la posición, y posibilidad de aceptar cuantificadores y complementos, así como de funcionar como predicados (recuérdese que Demonte [1999], Bosque [2015] o Di Tullio [2010] insisten en que solo los calificativos pueden ser predicados).

En el apartado 3 se ha hablado de la imposibilidad de gradación de los relacionales; no obstante, a lo largo de la historia del español, o incluso hoy en día, es posible documentar ejemplos como *es muy grande e muy malo e muy mortal para el cuerpo* (1293, Anónimo, CORDE); *Le hicieron una operación muy divina...* (Los Tablones [Órgiva], Granada, COSER). Borrego (2016) extrae ejemplos de corpus que permiten ver que los hablantes usamos la gradación para convertir relacionales en calificativos: *muy físico* o *muy político*, y estudia la distribución geográfica de estos sintagmas. En esta línea, he seleccionado tres sintagmas compuestos por un adjetivo, en principio, relacional, para ver cómo se extiende su uso como calificativo: *muy cerebral, muy inglés/ inglesa* y *muy periodístico/periodística* y sus variantes en *-ísimo*. En primer lugar, señalaré que se trata de un fenómeno que está en plena expansión y que, muy probablemente, como afirma Borrego (2016, 284), seguirá vigente en el futuro; veamos, entonces, los datos extraídos de COSER, CORDE, CREA, CORPES, NOW y Google.

De *muy cerebral* no hay datos en CORDE; en CREA hay 6 casos en prensa, textos literarios y textos orales (con una frecuencia normalizada de 0,03 casos por millón en España, 0,07 en Argentina y un aumento muy significativo en Bolivia: 1,33), y puede aparecer pospuesto (*El Colorado es un tipo muy cerebral*) o como predicado (*es muy cerebral*, a mi juicio, Borges):

Tabla 33.1 Distribución de *muy cerebral* por país.

País	Casos
España	3
Bolivia	2
Argentina	1

Fuente: CREA. Elaboración propia.

En CORPES hay un aumento de casos (14 en 14 documentos con una frecuencia normalizada de 0,04 casos por millón) y se usa como predicado (*se mostraba muy cerebral; Soy muy cerebral en este aspecto*), pospuesto (*un futbolista muy cerebral*) y antepuesto (única *en su prolongada y muy cerebral cinematografía*). Además, se coordina con calificativos (*una escritura fría y muy cerebral*). Observamos, pues, cómo asume las posibilidades constructivas de un SA con adjetivo calificativo:

Tabla 33.2 Distribución de *muy cerebral* por país.

País	Frecuencia	Fnorm
España	4	0,03
Chile	2	0,11
Costa Rica	2	0,53
Colombia	1	0,04
México	1	0,02
Panamá	1	0,40
Paraguay	1	0,14
Puerto Rico	1	0,24
Venezuela	1	0,07

Fuente: CORPES. Elaboración propia.

En una búsqueda en Google realizada el 24 de abril de 2020 *muy cerebral* alcanza los 20 300 resultados: *El amor es una cuestión "muy cerebral"; Diego es muy cerebral pues piensa antes de contestar; empieza muy cerebral y evoluciona...; va a despedirse de la muy cerebral Olga*. Se encuentran incluso 7 casos de *cerebralísimo*, también con gran variabilidad constructiva: *Parecía sólo un tímido estudiante empeñoso y cerebralísimo; hasta el cerebralísimo rascamiento de cabeza; Su arte era cerebralísimo y de composición*. Estos ejemplos contradicen lo afirmado por Bosque (1999, 228): "Cuando los adjetivos relacionales pasan a ser calificativos admiten gradación sintáctica, pero no léxica (*muy musical*/??*musicalísimo; bastante político*/??*politiquísimo*). Se exceptúan los gentilicios: *españolísimo, madrileñísimo*"; y son buena muestra de la evolución que están sufriendo los relacionales en su paso a calificativos en sus posibilidades semánticas y constructivas.

Muy inglés es un sintagma frecuente en español actual y ha sido seleccionado como muestra de la facilidad de los gentilicios para convertirse en calificativos, indicando no el origen sino las características prototípicas de personas, ideas o comportamientos.

En CORDE hay un total de 10 ejemplos de *muy inglés* (con variaciones de género y número), todos ellos de España a excepción de uno de Guatemala; el primero, de 1884 (*dulce ironía muy inglesa; Yo soy muy inglés en todas mis cosas; lo que resulta muy inglés; en un bar muy inglés*). No hay casos de anteposición.

En CREA el número de ejemplos aumenta ligeramente: hay 13 casos, repartidos entre España, Chile, México, Cuba, Costa Rica y Uruguay con mayor número de posibilidades constructivas, aunque la anteposición es anecdótica, pues hay un único ejemplo (*con un humor muy inglés y muy ácido; Es... muy inglés, eso es, muy inglés; Resulta muy inglés; la muy inglesa Carrington*).

En CORPES se incrementa, de nuevo, el número de ejemplos hasta llegar a 26 (en 23 documentos con una frecuencia normalizada de 0,08 casos por millón):

Tabla 33.3 Distribución de *muy inglés* por país.

País	Frecuencia	Fnorm
España	14	0,13
Bolivia	3	0,53
Argentina	2	0,07
México	2	0,05
Perú	2	0,18
Colombia	1	0,04
Paraguay	1	0,14
Venezuela	1	0,07

Fuente: CORPES. Elaboración propia.

Ejemplos: *dos distinguidas estrellas del muy inglés elenco de "Gosford Park"; con talante muy inglés; una novela muy personal, muy cubana y muy inglesa al mismo tiempo; su ropa es muy inglesa y nada francesa*.

También en abril de 2020 en Google se han localizado 60 400 de *muy inglés* y 14 700 resultados de *muy inglesa* (*en cualquier novela muy inglesa; la composición parece muy inglesa; el desayuno es muy inglés pero fresco; la muy inglesa y provinciana ciudad de Crawley*).

Asimismo, en Google hay 369 resultados de *inglesísimo* y 167 resultados de *inglesísima*: *la inglesísima ciudad de Liverpool; A mi esposo que es inglesísimo le encantó; este abrigo impermeable rígido, inglesísimo y elegante*. Obsérvese cómo también en este caso el adjetivo asume todas las posibilidades constructivas de un calificativo.

Respecto a *muy periodístico*, en CORDE hay un único ejemplo: *una especie de información muy periodística*. En CREA se documentan dos casos: *un texto muy periodístico* y *una cuestión así muy periodística, pero efectiva*. En CORPES hay 3 casos, todos ellos de España: *un texto muy periodístico*; *Sería muy periodístico*; *El tono de la narración, repito, es muy periodístico*. No parece, pues, muy frecuente en los corpus, pero en Google (en la búsqueda realizada el 24 abril de 2020) aparecen 9210 resultados de *muy periodístico* y 2470 resultados de *muy periodística* tanto en España como en América y hay ejemplos como predicado (*Nuestro estilo es muy periodístico, suena muy periodístico*), pospuestos (*Un disco muy periodístico*, literario, de alcurnia), antepuestos (*muy periodística toma*), e incluso coordinado con valorativos (un retrato *íntimo, concreto, humano y muy periodístico* de cientos de pamploneses). No se localizan casos con *-ísimo*, posiblemente por su terminación en *-ístico*.

En COSER no hay ningún ejemplo de estos adjetivos cuantificados; de hecho, ni siquiera aparecen los adjetivos *cerebral* y *periodístico*. Téngase en cuenta que los informantes son hablantes rurales de avanzada edad; esto corrobora la idea de que es en los últimos años cuando este fenómeno —de gran tradición en español— vive su máxima extensión, como ilustra el corpus NOW de Davies (que contiene unos 7200 millones de palabras extraídas de periódicos y revistas desde 2012 hasta 2019). De este corpus se extraen los siguientes datos: *muy cerebral* (112 ejemplos: 0,02 frecuencia por millón), *cerebralísimo/a* (0), *muy inglés* (99: 0,02), *muy inglesa* (50: 0,01), *inglesísimo* (0), *inglesísima* (1: 0), *muy periodístico* (40: 0,01), *muy periodística* (19: 0). Es evidente que la frecuencia es mucho menor que la de superlativos como *buenísimo* (8848: 1,47), pero también lo es que no es un fenómeno extraño al español contemporáneo.

Del análisis de los corpus manejados se desprende que el registro influye en el uso de estas construcciones, pues la intensificación se observa principalmente en la prensa y en el lenguaje coloquial. No obstante, aún son necesarios estudios más profundos en torno a su extensión en otros ámbitos y a su uso en las diferentes regiones hispanohablantes.

Notas

1 Este trabajo ha sido realizado en el marco del proyecto PGC2018–095077-B-C42 dirigido por Inés Fernández-Ordóñez y Ana Serradilla Castaño.
2 Bosque (1999, 241) ejemplifica los tipos de oraciones subordinadas que pueden ser complementos:
   a. Seguro de que su jefe será elegido *(declarativa en indicativo)*.
   b. Ansioso de que su jefe sea elegido *(declarativa en subjuntivo)*.
   c. Preocupado por cómo van las cosas *(interrogativa en indicativo)*.
   d. Preocupado por cómo vayan las cosas *(interrogativa en subjuntivo)*.
   e. Ansioso de viajar al extranjero *(declarativa de infinitivo)*.
   f. Interesado en cómo conseguir mayores beneficios *(interrogativa de infinitivo)*.

Lecturas complementarias recomendadas

Bosque (1999) y (2015), Di Tullio (2010), Fernández Leborans (2018), NGLEM.

Referencias bibliográficas

Alarcos Llorach, E. 1994. *Gramática de la lengua española*. Madrid: Espasa Calpe.
Alcina Franch, J. y J. M. Blecua. 1975. "El nombre". En *Gramática española*, 495–586. Barcelona: Ariel.
Borrego, J. dir. 2016. "*Muy españoles*: adjetivos que se mudan". En *Cocodrilos en el diccionario. Hacia dónde camina el español*, dir. J. Borrego, 272–284. Madrid: Instituto Cervantes/Espasa.
Bosque, I. 1999. "El sintagma adjetival. Modificadores y complementos del adjetivo. Adjetivo y participio".
   En *Gramática descriptiva de la lengua española*, dirs. V. Demonte y I. Bosque, 217–310. Madrid: Espasa.
Bosque, I. 2004. *Redes: diccionario combinatorio del español contemporáneo. Las palabras en su contexto*. Madrid: SM.
Bosque, I. 2015. *Las categorías gramaticales*, 2ª ed. Madrid: Síntesis, 1989[1].

Cabré, M. T. et al. 2000. "Nombre propio y formación de palabras". En G. Wotjak, ed., 191–206. Frankfurt am Main: Vervuert Verlag.
Cifuentes Honrubia, J. L. 2012. "Atribución y sus límites: atributo, predicativo y complemento de modo". *ELUA* 26: 89–144.
CORDE: Real Academia Española. Corpus diacrónico del español. (www.rae.es).
CORPES: Real Academia Española. Corpus del Español del Siglo XXI. (http://rae.es/recursos/banco-de-datos/corpes-xxi).
COSER: Corpus Oral y Sonoro del Español Rural. (www.uam.es/coser).
Covarrubias, S. de. 1611. *Tesoro de la lengua castellana o española*, ed. de Felipe C.R. Maldonado, revisada por M. Camarero. Madrid: Castalia, 1995.
CREA: Real Academia Española. Corpus de Referencia del Español Actual. (http://rae.es/recursos/banco-de-datos/crea).
Demonte, V. 1999. "El adjetivo: clases y usos. La posición del adjetivo en el sintagma nominal". En *Gramática descriptiva de la lengua española*, dirs. V. Demonte y I. Bosque, 129–215. Madrid: Espasa.
Di Tullio, Á. 2010. *Manual de gramática del español*, 3ª ed. Buenos Aires: Waldhuter Editores, 2005[1].
DLE: RAE y ASALE. *Diccionario de la lengua española*. Madrid: Espasa, 2014. (https://dle.rae.es/).
Fernández Leborans, M. J. 2018. *Los sintagmas del español II. El sintagma verbal y otros*, 3ª ed. Madrid: ArcoLibros, 2005[1].
García González, J. 1990. *Contribución al estudio de la sintaxis histórica del adjetivo en español*. Madrid: UCM.
Kovacci, O. 1999. "El adverbio". En *Gramática descriptiva de la lengua española*, dirs. V. Demonte y I. Bosque, 705–786. Madrid: Espasa.
Lapesa, R. 2000. "La colocación del adjetivo atributivo en español". En *Estudios de morfosintaxis histórica del español*, eds. R. Cano y Mª. Tª. Echenique, vol. 1, 210–234. Madrid: Gredos.
NGLE: RAE y ASALE. 2009. *Nueva gramática de la lengua española*. Madrid: Espasa.
NGLEM: RAE y ASALE. 2011. *Nueva gramática de la lengua española. Manual*. Madrid: Espasa.
NOW: Corpus del español. NOW. (www.corpusdelespanol.org/now/).
Pastor, A. 2016. "Adjetivo". En *Enciclopedia de Lingüística Hispánica*, coord. J. Gutiérrez Rexach, 369–379. Londres/Nueva York: Routledge.
Pérez-Leroux, A. T. et al. 2020. "Restrictions on Ordering of Adjectives in Spanish". *Borealis: An International Journal of Hispanic Linguistics* 9(1): 181–207.
Sánchez López, C. 2006. *El grado de adjetivos y adverbios*. Madrid: Arco Libros.
Santos Río, L. 2000. "Sobre el concepto de adjetivo argumental, con especial referencia al español". En G. Wotjak, ed., 275–291. Frankfurt am Main: Vervuert Verlag.
Serradilla Castaño, A. 2009. "Los adjetivos relacionales desde una perspectiva diacrónica: características morfológicas, sintácticas y semánticas". *ZrP* 125: 197–242.
Serradilla Castaño, A. 2016. "Sobre la expresión de la superlación en el español contemporáneo: la convivencia de nuevas y viejas fórmulas". *REL* 46(1): 13–44.
Serradilla Castaño, A. 2022. "*Buenísimo* o *muy bueno*: la expresión de la superlación en el andaluz rural contemporáneo". *Dialectología* 28: 175–201.
Wotjak, G. ed. 2000. *En torno al sustantivo y adjetivo en español actual. Aspectos cognitivos, semánticos, (morfo) sintácticos y lexicogenéticos*. Frankfurt am Main: Vervuert Verlag.

34
El sintagma adverbial
(Adverb phrases)

Mabel Giammatteo

1 Introducción

A pesar de ser una clase de palabra reconocida desde antiguo, los estudios actuales sobre el adverbio oscilan entre negar su existencia como clase y plantear que la diversidad de subclases podría originar "paradigmas gramaticales diferentes" (NGLE, § 30.1c). Dada su invariabilidad morfológica, la investigación se ha centrado en el funcionamiento sintáctico de los adverbios, ya que pueden incidir tanto sobre constituyentes individuales como sobre toda la oración. Aunque predominantemente se emplean solos, son posibles series de unidades consecutivas —*casi tan increíblemente mal, quizá demasiado poco frecuentemente*, etc.—. Los sintagmas adverbiales presentan diversos grados de complejidad y pueden combinar distintos modificadores y complementos —*poco después del anochecer; casi justo enfrente de mi casa, calle arriba, muy sinceramente*, etc.—.

Este capítulo introduce conceptos fundamentales para el tratamiento del adverbio y la descripción de su estructura sintagmática. Presenta las principales aproximaciones teóricas sobre su funcionamiento, desde estudios clásicos (Bello 1847; Jespersen 1924) hasta propuestas más recientes (Cinque 1999; Kovacci 1999; Rodríguez Ramalle 2003; NGLE, Giammatteo 2013, 2016; Company Company 2014; Torner 2016) que consideran las posibilidades sintagmáticas de distintas subclases (locativos, temporales, modales, cuantificativos de grado, evaluativos, focalizadores, etc.). También se esbozan futuras líneas de investigación que contemplan la gramaticalización de unidades y particularidades de distintas variedades.

Palabras clave: subclases de adverbios; estructura sintagmática; niveles de incidencia; modificadores; complementos.

Though the adverb has been recognized since ancient times, current studies range from denying its existence as a class to positing that the diversity of subclasses could lead to "different grammatical paradigms" (NGLE, 30.1c). Given the morphological invariability of adverbs, research has focused on their syntactic functioning, since they can affect both individual constituents and the whole sentence. Although predominantly used alone, series of consecutive units are possible, e.g., *casi tan increíblemente mal, quizá demasiado poco frecuentemente*. Adverb phrases have varying degrees of complexity because they can combine different modifiers and complements, e.g., *poco después del anochecer; casi justo enfrente de mi casa, calle arriba, muy sinceramente*.

This chapter introduces fundamental concepts for the study of the adverb and the description of its phrase structure. The main theoretical approaches regarding its functioning are presented, from classical treatments to more recent proposals (Cinque 1999; Kovacci 1999; Rodríguez Ramalle 2003; *NGLE*, Giammatteo 2013, 2016; Company Company 2014; Torner 2016) that consider the syntagmatic possibilities of different subclasses (locative, temporal, modal, quantifying degree, evaluative, focus, etc.). Future lines of research that contemplate the grammaticalization of units and particularities of different varieties are also outlined.

Keywords: subclasses of adverbss; phrase structure, lyers, modifyers, complements

2 Conceptos fundamentales

La *Nueva gramática de la lengua española* (NGLE, § 0.2) propone tres criterios de clasificación para los adverbios: el significado, la naturaleza gramatical y la incidencia sintáctica.

En relación con *el significado*, se distinguen adverbios de lugar, tiempo, modo, cantidad, afirmación, negación y duda. Dado que estos criterios de base semántico-nocional no son muy precisos, Kovacci (1999) propuso centrar la clasificación en aspectos formales como *la naturaleza categorial*. Torner (2016) retoma la distinción entre adverbios de base léxica —la mayoría de los en -*mente* y otros no derivados, como *bien o temprano*— y adverbios gramaticales —deícticos (*este, hoy*), cuantificativos (*muy, bastante*), relativos (*cuando, adonde*), enfáticos (*cuándo, cómo*) y focalizadores (*precisamente, incluso*)—.

Aunque *el funcionamiento sintáctico* se considera determinante para caracterizar al adverbio, Schachter (1985), para el inglés (1), y Bosque (1989), para el español (2), ilustraron la amplitud de funciones que desempeña con oraciones en las que casi todos los elementos pueden pertenecer a la clase:

(1) *Unfortunately,* John walked *home extremely slowly yesterday.*
(2) *También ayer* caminaba *muy lentamente incluso mucho más despacio.*

Paulatinamente se establecieron distinciones más finas, basadas en pruebas (§ 3), que permitieron explicar las diferencias. Se plantea que las distintas funciones que cumplen los adverbios dependen de la unidad a la que modifican, es decir, de su alcance (Kovacci 1999; NGLE, Torner 2016). La NGLE (§ 30.2n) presenta tres grupos, según cumplan función argumental (*Vive aquí*), atributiva (*Estás estupendamente*) o adjuntiva (*Llegó tarde*), la que también incluye modificadores de adjetivos y otros adverbios (*Muy listo; soberbiamente desafiante*). Asimismo, dado que "los adverbios funcionan en varios niveles de estructuración [...]" (Kovacci 1999, 724), el alcance (Sasse 1995) permite distinguir adverbios, como *unfortunately* (1), que admiten la paráfrasis: *Es una desgracia que Juan...*, con alcance sobre toda la oración; de otros que actúan dentro del SV modificando al V, como *slowly* (1) o *lentamente* (2), que inciden, respectivamente, sobre *walked* y *caminó;* mientras que un tercer grupo, como *extremely* (1) o *muy* (2), tiene "alcance estrecho" sobre un constituyente no verbal, respectivamente, *slowly* y *lentamente*.

En cuanto a su conformación sintagmática, los adverbios funcionan como núcleos que pueden recibir modificadores y complementos. Son *modificadores típicos* los cuantificadores de grado (3); los sintagmas nominales de grado o medida (siempre antepuestos) (4); y los focalizadores (5).

(3) Fernando Alonso completó *muy satisfactoriamente* el Rookie Test (www.actualidadmotor.com/).
(4) Las Escuelas Públicas del Condado de Montgomery (MCPS) abrirán *dos horas más* tarde (www.facebook.com/ConcejodelCondadodeMontgomery/).
(5) 20 Juegos Android Gratis que puedes descargar *solo* hoy (www.proandroid.com).

No obstante, según veremos (§ 4), no todas las subclases admiten modificadores; por ejemplo, solo los graduables aceptan cuantificadores de grado (*muy históricamente; *bastante siempre).

Pueden recibir complementos algunos adverbios temporales —antes, después, posteriormente— y locativos —encima, atrás, cerca, fuera, alrededor, perpendicularmente, etc.—.

(6) El día *después del coronavirus*:... (www.cronista.com/).
(7) Un objeto de origen desconocido pasó ayer *muy cerca de la Tierra* (www.infobae.com/).

Los adverbios que proceden de adjetivos que exigen complemento, por lo general no lo heredan: *digno de aprecio/ *dignamente de aprecio; fácil de hacer/ *fácilmente de hacer*; aunque sí lo mantienen los deadjetivales que significan "unión, similitud o confluencia" y sus opuestos, que mayormente se construyen con *a* (8), los que indican relaciones temporales o espaciales y los que proceden de adjetivos que admiten *para* (9).

(8) *Paralelamente a la carrera para crear una vacuna* hay otra para asegurar bodegas para almacenarlas (www.jll.com.ar/es).
(9) *Afortunadamente para el atleta penquista*, la enfermedad la venció rápidamente (Contreras C., "*Cristián Reyes en su vuelta a las pistas: "Vencí a la vida"*", [Chile, 2015], CORPES).

Un subgrupo de adverbios temporales y locativos, y algunos modales, aceptan *aposiciones adverbiales* (10) *y preposicionales* (11), *y oraciones de relativo* (12).

(10) ... cuando, *aquí abajo*, se volvió a prender la rumba (Espinel J., "Alba Negra", [Colombia, 2001], CORPES).
(11) *Hoy, en pleno siglo XXI*, las alternativas existentes en el mercado son muy variadas (www.larazon.es/).
(12) *Antiguamente, cuando Playa Blanca no estaba aún tan poblada*, ... (www.parquetropical-lanzarote.com/).

Los adverbios pueden coordinarse con otros de su misma subclase (13) o de clases próximas (14). Cuando se coordinan dos adverbios en *-mente* se elide la terminación *-mente* en el primero (Kovacci 1999; NGLE) por su "peso fónico" (Company Company 2014, 463) (15).

(13) Eva Perón tiene que venir a la cena, no sé si *hoy o mañana*, ... (Braun J., "*Evita es Cosa Nostra*", [Argentina, 2001], CORPES).
(14) Las academias tienen que hacer lo mejor —*aquí y ahora*— con los mejores instrumentos de hoy (Henríquez Gratereaux F., "*Empollar huevos históricos*", [República Dominicana, 2001], CORPES).
(15) ... respirar *lenta y profundamente*, ... regula el ritmo cardíaco... (https://peru21.pe/).

Un mismo adverbio se puede repetir con valor intensificador:

(16) Son *muy muy muy* valientes. *Tan tan tan* valientes que podemos ayudarles... (https://helpify.es/).
(17) ... la vida *siempre siempre* encuentra una manera. (https://elemmental.com/)

3 Aproximaciones teóricas

El adverbio es la cuarta palabra en aparecer en las lenguas, después del nombre, el verbo y el adjetivo (Sasse 1995). La palabra latina *adverbium* traduce la griega *epirrhēma*, y ambas refieren a la función modificadora del adverbio respecto del verbo (*rhēma*). En el s. II d. C, Dionisio definió al adverbio como una parte indeclinable, que se agrega al verbo.

Tanto en la teoría de Bello (1847) como en la de los tres rangos de Jespersen (1924), el adverbio es una palabra de tercer orden, que incide sobre adjetivos y verbos —palabras de segundo orden—, que a su vez modifican al nombre —palabra de primer orden—; aunque el adverbio también puede afectar a otro adverbio y a un sintagma preposicional. En el ámbito de la gramática del español existe una larga tradición en esta misma línea (Gili Gaya 1943; Alcina Franch y Blecua 1975; Alarcos 1994, entre otros). Desde el estructuralismo, Barrenechea (1963) clasificó a las palabras según sus funciones privativas y, respecto del adverbio, planteó una paradoja: por un lado, la función de circunstancial, que abarca a toda la clase, no es privativa porque el adverbio la comparte con algunos sustantivos —*Llegó ayer/ el sábado*—. Por otro lado, su función privativa de modificar adjetivos y adverbios solo es desempeñada por un número reducido de adverbios: los de cantidad —*bastante bien, poco inteligente*—, con lo que la clase no tiene una función que defina a todos sus miembros.

A partir de mediados del s. XIX, varios gramáticos ampliaron las funciones adverbiales acuñando denominaciones como "modificadores de oración" o "de modalidad". Greenbaum (1969) propuso la distinción entre adverbios "adjuntos", modificadores del verbo, y "disjuntos", con alcance oracional. Estos últimos se consideran periféricos en la estructura sintáctica, dado que habitualmente están separados del resto por pausas entonacionales. Una de las características de los disjuntos es la movilidad:

(18) a *Lamentablemente* no contamos en nuestro ordenamiento jurídico con una figura de este tipo... (*La Ley*, Año LXXXIV, n °67).
 b No contamos..., *lamentablemente*, con una figura...
 c No contamos... con una figura de este tipo, *lamentablemente*.

A diferencia de los anteriores, los adjuntos o modificadores del verbo no permiten desplazamientos ni suelen presentarse separados por pausas del resto de la oración:

(19) a María trabaja *duramente* (Hernanz y Brucart 1987, ej., (189)).
 b *María trabaja, *duramente*.
 c **Duramente*, María trabaja.
 d *María, *duramente*, trabaja.

Hernanz y Brucart (1987) aplicaron pruebas que se suman a las anteriores —pausa entonacional y movilidad— para discriminar ambas funciones adverbiales. Mientras los circunstanciales pueden ser foco de la negación (20) y de la interrogación (22), los periféricos quedan fuera de esos ámbitos, como muestran (21) y (23):

(20) Marina no sigue estudiando *felizmente* (→ sigue estudiando, pero no felizmente), sino contra su voluntad/ *sino que se recibió.
(21) *Felizmente*, Marina no sigue estudiando, sino que ya se recibió/*sino contra su voluntad.

(22) ¿Nuestros amigos volverán de su viaje *hoy*?
(23) *¿*Probablemente* volverán de su viaje nuestros amigos?

Al estar más desligados del contenido de la oración, a diferencia de los de manera internos al SV (24), los oracionales resultan compatibles con verbos de estado (25):

(24) *El comandante del avión también era piloto de planeadores *cuidadosamente*.
(25) *Afortunadamente*, el comandante del avión también era piloto de planeadores, ... (H. Sanchez C., "*Metrología*", *Página12.com.ar*, [Argentina, 2008], CORPES).

Las diferencias señaladas consolidaron los planteos que distinguían entre los adverbios internos, que funcionan dentro del SV, y los periféricos.

3.1 Posición oracional de los adverbios

En análisis generativos clásicos se asumía que los adverbios en la posición de adjuntos tenían orden libre, podían iterarse y alterar su posición relativa sin problemas:

(26) a Juan comió una pizza *(cerca de su casa) (rápidamente) (ayer a la noche)*.
     b Juan comió una pizza *(rápidamente) (ayer a la noche) (cerca de su casa)*.
     c Juan comió una pizza *(ayer a la noche) (rápidamente) (cerca de su casa)*.

Sin embargo, estudios posteriores demostraron que existen posiciones específicas para los distintos tipos de adverbios y que no todos aceptan cualquier lugar en la oración:

(27) *María *completamente* resolvió el ejercicio.
(28) **Fragmentariamente*, el estudio presenta los resultados.

Asimismo, el cambio de posición, resaltado por la presencia de la juntura, puede alterar el alcance del adverbio y modificar el significado de la oración:

(29) La interpelada no respondió *astutamente* a las preguntas, sino ingenuamente.
(30) La interpelada, *astutamente*, no respondió a las preguntas, sino que permaneció callada.

También existen restricciones de coocurrencia entre adverbios de la misma subclase (31) y (32), excepto que tengan distinto alcance (33); pero entre clases disjuntas, como los nucleares y los periféricos, las restricciones desaparecen (34).

(31) *Los invitados llegan *hoy mañana*.
(32) **Prudentemente* el nuevo director *tontamente* consultó el tema con su predecesor
(33) *Hoy* prefiero cenar *temprano*.
(34) *Posiblemente*, no deberíamos haciendo estoy *hoy*.

Planteos como los anteriores llevaron a revisar la cuestión de la libertad posicional de los adverbios y establecer posiciones típicas para las subclases. La propuesta más relevante fue la de Cinque (1999), quien vinculó las posiciones adverbiales con los núcleos o categorías funcionales postulados en la gramática generativa para expresar distintos contenidos gramaticales, como tiempo, modo, aspecto, etc. Cinque distingue entre adverbios circunstanciales, no ordenados entre sí e internos al SV, y adverbios "propios", a los que ubica en núcleos funcionales que responden a un orden o jerarquía universal y que pertenecen a "capas" o niveles externos al SV. Dentro de los adverbios propios, reconoce dos subgrupos:

A   **Adverbios superiores** (oracionales): externos al SV y con un orden fijo entre ellos. Expresan valores modales, relacionados con la enunciación o con el enunciado.

(35) a   *Francamente*, Juan *astutamente* no aceptó la oferta.
      b   **Astutamente*, Juan *francamente* no aceptó la oferta.

B   **Adverbios inferiores:** manifiestan valores temporales —anterioridad, simultaneidad, prospectividad, etc.— y aspectuales —habitualidad, completitud, progresividad, etc.—, y mantienen un orden entre sí.[1]

(36) a   Pedro *últimamente* gana siempre *fácilmente* sus partidos de tenis.
      b   *Pedro *siempre fácilmente últimamente* gana sus partidos de tenis.

Dentro de la jerarquía universal, Cinque plantea un ordenamiento entre ambos grupos de adverbios propios: los "superiores" —*francamente, posiblemente*— preceden siempre a los "inferiores" —*ahora, a menudo* (37)—, excepto cuando éstos se encuentran en posición inicial absoluta o "de marco" (38) (§ 3.2).

(37) a   *Posiblemente ahora* vaya a misa *a menudo*.
      b   **A menudo posiblemente* vaya a misa ahora.

(38) *Ahora* falta, *desafortunadamente*, uno de los fundadores... (www.elmundo.es/encuentros/invitados/2001/07/102).

3.2 Adverbios nucleares y periféricos

Por la misma época, dentro de la gramática del español, Kovacci (1999, 724) empleó la fórmula de relieve con *ser* y relativo para distinguir los adverbios nucleares (*Tocó magistralmente* > *Es magistralmente como tocó*) de los periféricos (*Probablemente vendrá hoy* > **Es probablemente como* ...). Los **adverbios nucleares** incluyen: a) los circunstanciales —que pueden ser facultativos o argumentales—; b) los modificadores de adjetivos y adverbios; y c) los "de marco". Estos últimos funcionan como "... circunstanciales, externos al predicado y semánticamente, ... establecen un marco espacial o temporal respecto de la predicación entera y se hallan fuera del ámbito de la interrogación y de la negación". Para los **adverbios periféricos**, que se corresponden con los "adverbios propios" de Cinque (§ 3.1.), reconoce dos subgrupos principales: los externos al *dictum*, que afectan al contenido proposicional; y los del *modus*, que inciden sobre la modalidad. Los primeros modifican las funciones nucleares en su conjunto e incluyen a los adverbios de frecuencia indeterminada —*habitualmente, frecuentemente*— y determinada —*diariamente, quincenalmente*—, los nocionales o "de punto de vista" —*geográficamente, ortográficamente*— y los evaluativos —*lamentablemente, afortunadamente*—. Los evaluativos (39) pueden suprimirse, pero los de frecuencia (40) y los nocionales (41) no, porque se alteraría el valor de verdad de la oración.

(39) *Desgraciadamente*, él (mi padre) ya no está y cosas fundamentales quedaron sin decirse entre nosotros; ... (Sábato, *Antes del fin*).
(40) El coronavirus es una enfermedad que *habitualmente* es benigna. ≠ El coronavirus es una enfermedad que es benigna (https://lauradimarco.cienradios.com).

(41) Finlandia, *tecnológicamente*, el país más desarrollado del mundo, según la ONU. ≠ Finlandia, el país más desarrollado del mundo, según la ONU (https://cordis.europa.eu).

Los adverbios del modus comprenden dos subgrupos: los relacionados con la modalidad, que incluyen indicadores y reforzadores de la actitud del hablante —*quizás, probablemente, aparentemente* (42)—, y los de la enunciación, que pueden estar orientados hacia el emisor o receptor —*francamente* (43)*, honradamente*— o hacia el código —*incidentalmente, sumariamente, primero*— (44).

(42) *Probablemente* ella sabía algo que a alguien no le gustó o *quizás* ella le dijo que no a alguien… (www.ellitoral.com).
(43) "*Francamente*, mi esposo se ocupa de eso", contestó la canciller… (www.lanacion.com.ar).
(44) *Incidentalmente*, R. B es confirmado por un directivo merengue… (www.espn.com.ar/).

4 Perspectivas actuales

Hoy día las subclases no se consideran compartimentos estancos por lo que no se identifican con funciones fijas: así, por ejemplo, en (45) *sinceramente* funciona como un circunstancial dentro del SV; pero en (46) y (47), el mismo adverbio tiene alcance oracional.

(45) Y lo digo *sinceramente*, soy así, sino diría otra cosa; … (https://rec.defensoria.org.ar/2020/12/10/).
(46) "*Sinceramente* nunca pensé en agradecerte algo que no tenga que ver con el fútbol, …" (https://misionesonline.net/2020/11/26/).
(47) Y no creo que sea muy complicado, *sinceramente* […] (Bosco Castilla, J. "El hombre que amaba a Franco Batiatto").

En lo que sigue presentamos las posibilidades de conformación sintagmática que admiten las distintas subclases de adverbios, en relación con el ámbito en que inciden: a) el SV, b) un constituyente oracional menor, o c) toda la oración.

4.1 Adverbios internos al SV

Los **adverbios nucleares**, cuyas posiciones canónicas son la posverbal (48) y la final (49), son los a) *locativos;* b) *de manera* y c) *aspectuales*. Además, dado que responden positivamente a las pruebas para este subgrupo (§ 3), incluimos también los *temporales*, aunque no dependen del SV, sino que se ubican en el nivel superior de la Flexión, con cuyos rasgos temporales deben concordar (Giammatteo 2013).

(48) Twitter ocultó *parcialmente* este martes otro mensaje del presidente de EE. UU. (www.infobae.com/).
(49) —Todavía no —dijo el padre—. Te llevaré más *tarde* (R. Bradbury, *El regalo*).

Los locativos, temporales y de manera, sobre todo cuando tienen naturaleza pronominal, aceptan los modificadores y complementos presentados en § 2, por tanto, aquí nos ocuparemos de características más específicas de su combinatoria. Dentro de locativos y temporales distinguimos entre: a) *los de ubicación*, que "se construyen con complemento en todas las variedades del español", si bien este puede estar expreso o quedar tácito (NGLE §30.5e) —*delante/detrás;*

encima/debajo; dentro/fuera— (50); y los que se asimilan a este grupo —*cerca/lejos, enfrente, al lado, en medio, antes/después*—; y b) *los de dirección* —*adelante/ atrás; arriba/abajo; adentro/afuera*— (51).

(50) ... y la empujé hasta que su cabeza se metió *debajo* de la cama... (Bueno Álvarez J., *El último viaje de Eliseo Guzmán*, [España, 2001], CORPES).

(51) "Ellos lo justifican diciendo que siendo hombre quizás es más difícil llegar <u>arriba</u>, ... (Orúe, E. y Gutiérrez, S., *Locas por el fútbol. De las gradas al vestuario*, [España, 2001], CORPES).

Cuando el complemento de estos adverbios incluye un pronombre personal (52), en el uso americano puede alternar o ser desplazado por un posesivo tónico. En el Río de la Plata esta última posibilidad es aceptada en todos los niveles de lengua (NGLE §18.4ñ) (53). Es menos frecuente, y se considera poco aceptable, el uso del posesivo femenino, que se combina con un número más restringido de adverbios (NGLE §18.4o y Shin y Vallejos cap. 33 de este volumen § 3.3) (54).

(52) *Detrás de él*, Hamilton salvó por poco el séptimo lugar. (https://gualeguaychuadiario.com.ar).

(53) La veía gesticular *delante <u>de mí</u>*, pero miraba *detrás <u>suyo</u>*... (Pfeiffer, M., *Como papel de seda*).

(54) Álvaro mira el deportivo, que pasa por *delante <u>suya</u>* (Hernández A. y Martín Cuenca M., *El autor* [España, 2017], CORPES).

En muchas gramáticas, los adverbios que pueden ir seguidos de una subordinada completiva (55) se reclasifican como locuciones conjuntivas, pero para Bosque (1989), aunque sus posibilidades de complementación varíen, siempre son adverbios.

(55) Probarlos desde el momento en que se conciben hasta poco *antes de su lanzamiento* .../ *de que sean lanzados.* (Romero P., "*No me hagas pensar: Una aproximación a la usabilidad en la Web de Steve Krug*" [España, 2017], CORPES).

Los locativos del grupo b (NGLE) forman dos tipos de estructuras bimembres. En el primero, en el que el componente inicial indica "trayecto" y el adverbio, "dirección", se reconocen esquemas consolidados —*calle arriba, mar adentro, cuesta abajo* (56)—, pero también puede ser productivo (57). En el segundo, el primer constituyente remite a una parte del cuerpo y, aunque el adverbio tiene sentido orientacional, su valor conjunto es estático y modal (58), y suele adquirir significados metafóricos (59).

(56) Ahora, *cuesta abajo* en mi rodada... (Gardel, *Cuesta abajo*).

(57) ... oyó, ..., un tremendo portazo *patio arriba*... (Naveros M., *Al calor del día* [España 2001], CORPES).

(58) Flotaría *boca arriba* en el río con los ojos bien abiertos. (Sánchez-Andrade C., *Bueyes y rosas dormían* [España, 2001], CORPES).

(59) El presidente... ha abogado por "no poner *patas abajo* el país" ... (www.eldiario.es)

Dentro de los adverbios aspectuales se reconocen tres subtipos, dos vinculados al aspecto cualitativo: a) los *de fase* —*ya, todavía*—; y b) *los de completamiento y delimitación* —*completamente, fragmentariamente*—; y el tercero subtipo, relacionado con el aspecto cuantitativo son: c) los de *frecuencia* —*a menudo, frecuentemente*—. Los primeros dos grupos rechazan cualquier tipo de modificador y, dentro de los del tercero, los de frecuencia indeterminada los admiten (60), pero los de frecuencia determinada, no (*muy semanalmente), aunque aceptan modificadores comparativos (61).

(60) *Muy frecuentemente*, la insuficiencia valvular aórtica se manifiesta en forma gradual... (www.mayoclinic.org/).
(61) *Tanto semanal como mensualmente* recibe informes de sus empleados.

4.2 Adverbios con alcance estrecho

Varios subtipos de adverbios pueden emplearse en sentido estrecho incidiendo sobre un adjetivo —*sorprendentemente difícil*—, otro adverbio —*extremadamente temprano*—, un sintagma preposicional —*completamente sin fuerzas*— o sobre sustantivos —*tan niño, menos hombre*— y pronombres —*absolutamente todo*— (Bosque 1989; Kovacci 1999; Company Company 2014).

Aunque hoy día se considera que palabras como *muy, poco o demasiado* integran la clase de los cuantificadores (Leonetti 2007; Bosque y Gutiérrez Rexach 2009), muchas gramáticas los incluyen con los adverbios de grado. Dentro del sintagma adjetivo, Corver (1997) y Rodríguez Ramalle (2003) distinguen distintas posiciones estructurales para estos adverbios: los que expresan grado (G°) se ubican delante de los de cuantificación (Q):

(62) Juan es *tan* (G°) *poco* (Q) audaz que no puede tomar ninguna decisión.
(63) Juan es *demasiado/ bastante/ muy* (G°) *poco/más/ menos* (Q) audaz para tomar esa decisión.

Rodríguez Ramalle incluye como adverbios de *grado* a los del tipo de *terriblemente, extremadamente, enormemente* "que, a pesar de ser formalmente idénticos a los modificadores de manera, no tienen, a diferencia de estos, ninguna relación con el evento verbal" (2003, 94). A semejanza de los adjetivos de los que proceden, exigen la presencia de un verbo graduable de estado o proceso (64), pero rechazan los logros (65).

(64) Si Abraham hubiera asesinado... hubiera sufrido *terriblemente* (Kortanje, *Konvergencias*, año VI (20)).
(65) *El estudiante aprobó *extraordinariamente* el examen.

La alternancia de estos adverbios con cuantificadores como *mucho/bastante/poco* no solo les adjudica un estatuto mixto entre ambas clases, sino que asimila sus posibilidades sintagmáticas, por lo que también se ubican detrás de los adverbios de grado, en la posición propia de los cuantificacionales:

(66) Marina es *tan* (G°) *terriblemente* (Q) caprichosa$_k$ que ya nadie la soporta.

También pueden funcionar dentro del sintagma adjetivo (67) o del adverbial (68) otros adverbios de origen no cuantificacional, que suman al significado de su base una lectura intensificadora.

(67) Ese machismo, visto con ojos del siglo XXI, es *francamente repudiable*... (www.elnortedecastilla.es/).
(68) Sabéis realizar vuestro trabajo *francamente bien* (www.altoren.com/).

Para Rodríguez Ramalle, estos adverbios están lexicalizados y se ubican en la misma posición que los de grado, lo que explicaría la imposibilidad del orden **tan francamente*, frente al posible *francamente tan*. Sin embargo, se han registrado ambas posibilidades, aunque solo en (69) tiene *francamente* valor intensificador; en (70), en cambio, retiene significado habitual y funciona como modificador del núcleo *tan*.

(69) Solo para él, entonces, y de manera *tan* (G°) *francamente* (Q) *fraternal*, ... intentaremos ... (Alonso, Prólogo de Baudelaire, *Mi bella tenebrosa*).
(70) Sacar a relucir su gordura..., es *francamente tan* (G°) *ridículo* como cuando Miller, decía que... (http://boxeadores.cl/).

Otro adverbio que también adquiere valor cuantificacional, a partir de su significado de "relleno o saciado" (*DLE*), es *harto*. En el español general se empleó hasta el s. *XIX* y se mantiene aún en la lengua culta, sobre todo con adjetivos —*harto difícil/ complejo*—. En Chile y otros países andinos su uso es propio de la lengua estándar (NGLE § 19.2n y Serradilla 2016). En el SV se coloca tras el verbo (71), antecediendo al complemento (72); en el SA y en el SAdv puede preceder a otro modificador cuantificacional (73). Además de complementos (72), acepta aposiciones (74).

(71) Pesan harto. (Alcoholado F., "*Horóscopo 2016*", [CHILE, 2015], CORPES).
(72) Hablamos harto de política (Ganora E. y Labra A., "*PS—PPD—PC exploran carta presidencial única para enfrentar a la DC*", [CHILE, 2015], CORPES).
(73) ..., perderme en sus preocupaciones harto *más livianas que las que me atareaban*... (Paz Soldán E., *Norte*, [BOLIVIA, 2011], CORPES).
(74) Y el libro de Olea conmueve harto, *más de que lo que su autor imagina*. (www.bibliotecanacionaldigital.gob.cl/).

Los adverbios de tiempo pueden emplearse con alcance restringido y valor "limitador" cuando se anteponen tanto a adjetivos (75) como a sustantivos (76), sobre todo referidos a cargos.

(75) Una persona *continuamente* triste pierde la energía vital... (https://lamenteesmaravillosa.com/).
(76) El *entonces* presidente del COI se desplazó a Portlligat... (www.salvador-dali.org/).

4.3 Adverbios con alcance oracional

Los *adverbios periféricos* están en una posición externa al SV y jerárquicamente superior de la que derivan su alcance sobre otros adverbios.

(77) *Afortunadamente*, hoy siguen hallando tesoros en el baúl dejado por este escritor húngaro... (https://letralia.com/214/articulo06.htm).
(78) *Honestamente* no le podría decir si ese plazo está contemplado en la ley... ('Ecuador deberá pagar a Oxy'. *La Hora*, [Ecuador, 2006], CORPES).

La ubicación de las diferentes subclases puede vincularse con los planteos de Rizzi (1997) sobre el ordenamiento de núcleos funcionales en la periferia izquierda de la oración (Rodríguez Ramalle 2003; Giammatteo 2013; Torner 2016). Se reconocen tres subgrupos principales: a) los *del enunciado*, que refieren al contenido proposicional de la oración (79); b) los *de dominio o marco*, que establecen las coordenadas espacio-temporales de referencia oracional y se ubican en posición de tópico (Cinque 1999; Kovacci 1999) (80); y c) los *de la enunciación*, que refieren al acto mismo de decir (81).

(79) ... *probablemente* la hice sufrir innecesariamente... (www.elespanol.com/).
(80) *Filosóficamente* el destino y el libre albedrío son dos conceptos metafísicos... (www.elsol.com.ar/).

(81) *Francamente*, cuando se cumplen las leyes estamos en un mundo civilizado… (Maldonado C., "El *cinismo produce un efecto moral que corrompe a la sociedad*". *El Telégrafo*, [Ecuador, 2019], CORPES).

Según la NGLE (§ 30.14k) "… la mayor parte de los adverbios oracionales rechazan los adverbios de grado…, pero unos pocos los acepta…".

(82) Pues <u>muy</u> *sinceramente*, nosotros hoy hemos comido de lujo. (www.tripadvisor.es/).
(83) El planeta se encuentra en una zona habitable, …, pues <u>muy</u> *posiblemente* haya agua. (www.dw.com/).

Dentro de los adverbios del enunciado, los epistémicos son no omisibles porque marcan la modalidad de la oración (Kovacci 1999). Además de adverbios propios del español general —*posiblemente, quizás, tal vez*, etc.—, en Hispanoamérica está muy extendido, especialmente en la lengua coloquial, el empleo de *capaz* para señalar duda (NGLE § 30.2.i).

(84) Elegí tres cuentos brevísimos de Cortázar… y marqué varias oraciones. Capaz les parece que son muchas, … (mail recibido el 21/07/20).
(85) Yo había entendido que como conjunciones subordinantes solo tomamos a "que" y "si"… pero capaz entendí mal (mail recibido el 21/10/20).

A diferencia de *quizá* o *posiblemente*, *capaz* no tiene alcance estrecho ni recibe modificadores. *NGLE* (§ 30.11j) señala un uso adjetivo de *capaz* "como atributo de oraciones copulativas" (86). En el Río de la Plata se usa *capaz que*, sin verbo cópula precedente y como equivalente de *puede que* más subjuntivo, al que la *NGLE* (§ 28.1.o) considera lexicalizado como adverbio como en (87) y (88).

(86) *Es capaz que* en el Día del Padre ningún papá se queda en casa (http://udep.edu.pe/castellanoactual/).
(87) Suárez: *Capaz que* les molestaba que me llevara bien con Leo, no sé (www.ole.com.ar/).
(88) Lloro porque a pesar de ser médica y, *capaz que* por ser médica, tengo miedo (https://lapalta.com.ar/).

En el habla coloquial del Río de la Plata, *posta* (del italiano *apposta: apropiadamente* (Conde 2004, 267) se emplea con valor evidencial para señalar el grado de compromiso del emisor respecto de la verdad de aquello que comunica. Se emplea *posta* solo o seguido de una completiva introducida por *que* como equivalente a "de verdad, seguro".

(89) Te lo digo *posta*, no estoy mintiendo (https://matadornetwork.com/es/).
(90) *Posta que* es un sketch. (https://elintransigente.com/)
(91) *Posta que* son mejores que las que vayas a probar en cualquier parte!!! (www.facebook.com/watch/).

4.4 Los focalizadores

Los focalizadores son un grupo particular de adverbios que presentan "selección categorial múltiple", ya que pueden incidir sobre prácticamente cualquier otra categoría: *también Juan* (SN), *también enfermo* (SA), *también en casa* (SP), *también come* (SV), *también así* (SAdv), *también cuando duerme* (SComp), siempre que esta posea el rasgo [+Foco] (Giammatteo *et al.* 2012). A semejanza de otros operadores sintácticos, como los modales o la negación, tienen alcance sobre constituyentes contiguos (92) o distantes (93), situados a la derecha, aunque también pueden posponerse a ellos (94):

(92) *También* yo *me eduqué en Londres...* (Martínez Espinosa J., "*Su excelencia*". *El final de los milagros*, [Colombia, 2001], CORPES).

(93) ... *su lanzamiento comercial en el país vecino recién ocurrirá* a fin de año (www.faccara.org.ar/).

(94) *Porque* yo *también te quiero a ti* (*Elmundo.es. Encuentro digital con Chayanne*, [Puerto Rico, 2001], CORPES).

Se reconocen distintos grupos: de inclusión —*también, todavía, incluso, aún, hasta*—; de exclusión —*solo, únicamente, nomás, al menos, apenas*—; de particularización —*precisamente, justamente, meramente, recién*—; de aproximación —*casi, prácticamente*—. Expresan un valor cuantificacional escalar (Ferrari *et al.* 2011) que los acerca a los cuantificadores de grado y se asocia con una "contraexpectativa", que les permite añadir un matiz valorativo-evaluativo.

(95) *Hasta* yo, *que cocino pésimo, podría haber hecho esto mejor...*, (www.tripadvisor.com.ar/).

(96) *Al menos* 48 estados *en EU presentan demanda antimonopolio contra Facebook* (www.eluniversal.com.mx/).

Algunos focalizadores pueden recibir modificadores (97) y refuerzos enfáticos como *nada más* en (98).

(97) *Con capacidad para* tan *sólo trece mil personas...* (Ramos R., "*El sentido de Inglaterra, a través del cricket*", [España, 2001], CORPES).

(98) *...;* sólo *hay automóviles allí, y* nada más (Aridjis H., *La zona del silencio*, [Mexico, 2001], CORPES).

No más, registrado desde el Siglo de Oro (NGLE § 40.9m) y la forma más actual *nomás*, que en el español general equivalen a "solo, solamente", tiene un uso más frecuente y variado en América. Se emplea como modificador en estructuras semigramaticalizadas (99) y (100) y con verbos en imperativo, a los que agrega matiz atenuador (101). En Perú tiene un uso minimizador que se ha vinculado con el sufijo restrictivo *-lla* del quechua (Soto 1978) y que es utilizado "para suavizar la expresión con el fin de transmitir modestia o dar confianza al oyente" (102) (Escobar 2000, 82).

(99) ... *y lo dejé ir,* así *nomás, sin decirle adiós* (= "sin más vueltas") (CORPES, México, 2019)

(100) *¿Me lo vendés?'. Se lo compró* ahí *nomás* (= "de inmediato") (Villar E., "*Jacobo Fiterman, el coleccionista y sus tentaciones*", [Argentina, 2019], CORPES).

(101) *Dale nomá' (=seguí adelante), dale que va* (Discépolo, *Cambalache*).

(102) *ves ves no te digo no te digo/diciendo no más han venido/eso no más* (= solo eso) (Escobar 2000, ej. (151 a)).

El adverbio *recién* en el español general se emplea delante de participios, pero en Chile, Río de la Plata y parte de la zona andina se usa con formas personales para indicar "acción reciente" (103) y también modificando a expresiones temporales con valor de "particularización" (104).

(103) Hola yo lo <u>compré</u> *recién*. Soy de La Plata... (www.smart-gsm.com/).
(104) ... la provincia discutirá salarios *recién* <u>después</u> de septiembre (www.elciudadanoweb.com/).

Además del valor aspectual que posee en el español general, en el del Perú, por calco funcional del sufijo quechua *-raq* o del aimara *-raki*, *todavía* adquiere más significaciones: prioridad (105), inclusión (106) o coordinación (107).

(105) ¿Dónde *todavía* habrá ido? (= primeramente).
(106) Ese muchacho es <u>mi hijo</u> *todavía* (= incluso).
(107) Come *todavía* habla *todavía* ("ya come ya habla (cuando no debería hacerlo)") (ejs. de Cerrón Palomino 1996).

En el habla coloquial de España y la zona de México y el Caribe se usa *mismamente* con el sentido de "justamente o cabalmente" (108), por lo general con valor enfático (DPD), y en México, con el mismo significado se emplean *mero* y *meramente* (109).

(108) Es igualita a Lisa, ¿ya tú viste? <u>Como dos goticas de agua</u> *mismamente* (Soler-Espiauba, *Guantanameras*).
(109) Cuando menos acordamos aquí estaban ya, *mero* <u>enfrente de nosotros,</u> todos desguarnecidos (Rulfo, *El llano...*).

5 Direcciones futuras y conclusiones

Considerando que la lengua se encuentra en constante transformación, se pueden plantear dos direcciones de exploración futura. La primera implica refinar las múltiples clasificaciones que se intersectan ampliando los estudios sobre usos de los adverbios en diferentes zonas dialectales (§ 3 y § 4). La segunda dirección supone considerar los procesos de cambio que afectan a las combinaciones sintagmáticas admitidas por los adverbios.

Vamos a ilustrar esta segunda posibilidad con uno de los grupos más debatidos: el de los adverbios cuantificacionales, los cuales, mientras por un lado pierden a favor de la clase de los cuantificadores muchos de los que eran sus representantes típicos (*muy, bastante, demasiado,* etc.), por el otro lado, incorporan nuevos miembros con significado original de manera que, en determinados contextos, comienzan a recibir interpretación cuantificacional. Así, por ejemplo, mientras *terriblemente* acepta una paráfrasis modal en (110), no sucede lo mismo en (111), donde puede alternar con el cuantificador *mucho;* responder a la pregunta ¿*cuánto?*, en vez de ¿*cómo?*; y también construirse con verbos de estado, lo que rechazan los adverbios de modo:

(110) ... el impacto del mar la golpeó *terriblemente* (= de modo terrible) (https://ar.cienradios.com/).
(111) Julie, ..., ama *terriblemente* a su familia y su región. (= muchísimo/*de manera terrible) (www.lerepairedesepicuriens.eu/).

Desde la perspectiva de la gramaticalización, en Giammatteo (2016) se consideran tres subgrupos de estos adverbios. Los del primero derivan sus posibilidades combinatorias de las bases adjetivas de las que proceden, referidas a valoración —*terrible, horrible*— o magnitud —*inmenso, enorme*— (Bosque y Masullo 1996; Rodríguez Ramalle 2003). Su lectura cuantificacional se legitima cuando acompañan a verbos o nombres de "cuantificación inherente" con rasgo [—delimitado] o a adjetivos graduables.

(112) a   Los precios han aumentado *terriblemente/enormemente*.
      b   Un aumento *terrible/enorme*.
      c   El aumento fue *terriblemente/enormemente* grande.

El segundo grupo está integrado por los adverbios *profundamente, hondamente y altamente*, que derivan de adjetivos con significaciones metafóricas espaciales (Bosque 1989). Presentan posibilidades combinatorias más restringidas y se emplean con verbos con sujeto experimentante o tema (113), o con adjetivos referidos a actitudes y disposiciones (114).

(113)   Existen algunas señales que indican cuando un hombre está *profundamente* enamorado (www.soycarmin.com).
(114)   Son personas *altamente* absorbentes y egoístas que exigen y acaparan la atención (https://melaniamosteiro.com/).

En los del tercer grupo, la interpretación cuantificacional está menos consolidada —*asombrosamente lúcido, finamente gasificada, salvajemente sofisticado, insufriblemente dulces*—, por lo que todavía es posible reconstruir las etapas de gramaticalización (Traugott 2010), lo que ejemplificaremos con *visiblemente*.

I. Contexto etimológico: Admite la paráfrasis con "en forma visible" y rechaza la equivalencia con *mucho* o *terriblemente*. Se emplea pospuesto al núcleo y no admite anteposición.

(115)   A los padres que se queden toda la noche se les dará un distintivo que deben portar *visiblemente*... (www.linguee.es/).

II. Uso puente o de transición: La frecuente colocación con verbos graduales de "cuantificación inherente" (Bosque y Masullo 1996) —*mejorar, hincharse, incrementar*, etc.— genera un uso ambiguo, en el que al valor de manera se superpone el cuantificacional y *visiblemente* admite ambas paráfrasis: "mucho/muy" y "en forma visible". Este uso es posible tanto en el SV como en el SA, donde *visiblemente* admite anteposición:

(116)   Pigmentos enmascaradores verdes: atenúan inmediata y *visiblemente* el aspecto coloreado de las estrías. (www.linguee.es/).
(117)   Tobillos o pies *visiblemente* hinchados [...] (www.linguee.es).

III. Uso innovador: En posición antepuesta, *visiblemente* pierde especificidad, pero adquiere mayor valor expresivo, que le permite transmitir el punto de vista del hablante en un sentido valorativo-evidencial, parafraseable tanto por "mucho" como por "notoria o evidentemente". En este uso se ha perdido o relajado el significado original de *visiblemente*, vinculado a la percepción visual, por lo que se vuelve compatible con verbos psicológicos y puede aparecer en posiciones periféricas (118). En (119), *visiblemente* antepuesto al comparativo *menos*, evidencia que en esta nueva acepción se ha gramaticalizado con el valor de "mucho" y puede alojarse en la posición de los adverbios de grado, donde es modificado por *quizás*.

(118)   *Visiblemente preocupados por el debate...* numerosos encuestados piden información ... (Diario Oficial de la UE, 27/07/2007).

(119) Hoy, la competición para los recursos es *quizás visiblemente* (= mucho) *menos violenta* que era hace cien años... (*Foro Pax, Anexo I, Síntesis II*, 04–24/02/02).

En síntesis, el adverbio como clase y los sintagmas que conforman sus diferentes subclases constituyen un terreno atravesado por paradojas e incertezas, en el que los mismos elementos se reconvierten y "juegan" en diferentes niveles, en los que asumen nuevas significaciones. Por un lado, las distintas posiciones en las que se ubican responden a un orden jerárquico universal; sin embargo, por otro lado, su uso está sometido a cambios y adaptaciones que dependen de variación regional. Por tanto, los hablantes continuamente resignifican esta particular clase de palabra reconfigurando sus posibilidades combinatorias a fin de poder expresar más vivamente aquello que desean transmitir. No obstante, los significados anteriores no desaparecen y dejan huellas que permiten rastrear la evolución.

Nota

1 No obstante, dado que el español es una lengua de orden relativamente libre, no es posible pensar una única colocación para cada tipo de adverbio, sino más bien considerar órdenes preferidos.

Lecturas complementarias recomendadas

Cinque (1999); Kovacci (1999); Rodríguez Ramalle (2003); Giammatteo (2013, 2016); Torner (2016).

Referencias bibliográficas

Alarcos Llorach, E. 1994. *Gramática de la lengua española*, Real Academia Española. Madrid: Espasa-Calpe.
Alcina Franch, J. y J. M. Blecua. 1975. *Gramática española*. Barcelona: Ariel.
Barrenechea, A. 1963. "Las clases de palabras en español, como clases funcionales". *Romance Philology* 17(2): 301–309.
Bello, A. 1847. *Gramática de la lengua castellana destinada al uso de los americanos*. Paris: Blot.
Bosque, I. 1989. *Las categorías gramaticales*. Madrid: Síntesis.
Bosque, I. y J. Gutiérrez Rexach. 2009. *Fundamentos de sintaxis formal*. Madrid: Akal.
Bosque, I. y P. Masullo 1996. "On Verbal Quantification in Spanish". *Proceedings of the 3rd Workshop on the Syntax of Central Romance Languages*. Girona, 1–47.
Cerrón Palomino, R. 1996. *También, todavía y ya en el castellano andino*. Lima: Universidad Nacional de San Marcos.
Cinque, G. 1999. *Adverbs and Functional Heads*. Oxford: Oxford University Press.
Company Company, C. 2014. "Adverbios en -*mente*". En *Sintaxis histórica de la lengua española*, dir. C. Company Company, 457–611. UANM: Fondo de Cultura Económica.
Conde, O. 2004. *Diccionario etimológico del lunfardo*. Buenos Aries: Taurus.
CORPES: Real Academia Española. *Corpus del Español del Siglo XXI*. (http://rae.es/recursos/banco-de-datos/corpes-xxi). Versión 0.94.
Corver, N. 1997. "The Internal Syntax of the Dutch Extended Adjectival Projection". *Natural Language and Linguistic Theory* 15(2): 289–368.
CREA: Real Academia Española. *Corpus de Referencia del Español Actual*. (http://rae.es/recursos/banco-de-datos/crea). Versión anotada 0.4.
DLE: Real Academia Española y Asociación de Academias de la lengua española 2014. *Diccionario de la lengua española*. Madrid: Espasa. (https://dle.rae.es/).
DPD: Real Academia Española y Asociación de Academias de la lengua española 2005. *Diccionario panhispánico de dudas*. Madrid: Espasa. (www.rae.es/dpd/).
Escobar, A. 2000. *Contacto social y lingüístico*. Biblioteca digital andina: Pontificia Universidad Católica del Perú.
Ferrari, L., M. Giammatteo y H. Albano. 2011. "Adverbios operadores de foco: El caso de *incluso, hasta, solo* y *aun*". *Cuadernos de la ALFAL* 3: 30–41.

Giammatteo, M. 2013. "El adverbio: una palabra con clase". En *Del español y el portugués: lenguas, discurso y enseñanza*, eds. E. Arnoux y P. Roca, 51–100. João Pessoa: Editoria UFPB.

Giammatteo, M. 2016. "De mujeres visiblemente invisibilizadas y autos salvajemente sofisticados": Procesos de gramaticalización en adverbios de modo con lectura de grado". *Saga* UNR 5: 378–410.

Giammatteo, M., L. Ferrari y H. Albano. 2012. "Operadores de foco: aspectos léxico-sintácticos y procesos de gramaticalización". En *Léxico y Sintaxis*, eds. M. Giammatteo, L. Ferrari y H. Albano, 107–123. UNCuyo y SAL.

Gili Gaya, S. 1961. [1943]. *Curso superior de sintaxis española*. Barcelona: Biblograf.

Greenbaum, S. 1969. *Studies in English Adverbial Usage*. Londres: Longman.

Hernanz, M. L. y J. Brucart. 1987. *La sintaxis I*. Barcelona: Crítica.

Jespersen, O. 1924. *The Philosophy of Grammar*. London: Allen and Unwin Ltd.

Kovacci, O. 1999. "El adverbio". En *Gramática descriptiva de la lengua española*, dirs. I. Bosque y V. Demonte, 705–786. Madrid: Espasa Calpe.

Leonetti, M. 2007. *Los cuantificadores*. Madrid: Arco/Libros.

NGLE: Real Academia Española y Asociación de Academias de la Lengua Española. 2009–2011. *Nueva gramática de la lengua española*. Madrid: Espasa. (www.rae.es/recursos/gramatica/nueva-gramatica).

Rizzi, L. 1997. "The Fine Structure of the Left Periphery". En *Elements of Grammar*, ed. L. Haegeman, 281–337. Dordrecht: Kluwer.

Rodríguez Ramalle, T. 2003. *La gramática de los adverbios en—mente o cómo expresar maneras, opiniones y actitudes a través de la lengua*. Madrid: UAM Ediciones.

Sasse, H.-J. 1995. "Syntactic Phenomena in the World's Languages I: Categories and Relations". En *Syntax. An International Handbook of Contemporary Research*, eds. J. Jacobs, A. von Stechow, W. Sternefeld y T. Vennemann, 645–689. Berlin: De Gruyter.

Schachter, P. 1985. "Parts-of-Speech Systems". En *Language Typology and Syntactic Description*, ed. T. Shopen, 3–60. Cambridge: Cambridge University Press.

Serradilla Castaño, A. 2016. "Sobre la expresión de la superlación en el español contemporáneo: la convivencia de nuevas y viejas fórmulas". *Revista de la Sociedad Española de Lingüística* 46(1): 13–44.

Soto, C. 1978. "La interferencia quechua-español: una doble perspectiva". En *Lingüística y educación-Actas del IV Congreso de la ALFAL* (1975), 619–626. Lima: Universidad Nacional Mayor de San Marcos.

Torner, S. 2016. "Adverbio". En *Enciclopedia de lingüística hispánica*, ed. J. Gutiérrez Rexach, 237–244. Londres y New York: Routledge.

Traugott, E. 2010. "(Inter)subjectivity and (Inter)subjectification: A Reasessment". En *Subjectification, Intersubjectification and Grammaticalization*, 29–74. Berlín: Walter de Gruyter.

35
El sintagma preposicional
(Prepositional Phrases)

María Victoria Pavón Lucero

1 Introducción

En este capítulo se presentan las principales propiedades del sintagma preposicional, unidad sintáctica formada por una preposición y su término. En primer lugar, se lleva a cabo una descripción de la estructura del sintagma preposicional y las funciones sintácticas que puede desempeñar, y se presenta el conjunto de las preposiciones del español. A continuación, se revisan las principales cuestiones teóricas que suscita el estudio de la preposición y el sintagma preposicional, unidad sintáctica no reconocida explícitamente como tal hasta el siglo xx: se revisa la concepción tradicional de la preposición, su significado, el carácter endocéntrico o exocéntrico del sintagma preposicional, y las dudas relativas a la delimitación del conjunto de las preposiciones. En otra sección se revisan algunas de las principales cuestiones que se abordan en los trabajos actuales sobre esta clase de unidades sintácticas: las locuciones preposicionales y otras locuciones formadas sobre la base de un sintagma preposicional y la variación dialectal asociada al sintagma preposicional. El capítulo finaliza presentando las que consideramos principales líneas futuras de investigación en relación con las preposiciones y el sintagma preposicional.

Palabras clave: preposición; término; endocentricidad; locución; variación dialectal

This chapter presents the main properties of the prepositional phrase, a syntactic unit formed by a preposition and its complement. It begins with a description of the structure of the prepositional phrase, the syntactic functions that it can perform in the sentence, and the units than can head it, that is, the prepositions of Spanish. The main theoretical questions raised by the study of the preposition and prepositional phrase, a syntactic unit not explicitly recognized as such until the twentieth century, are then reviewed: the traditional conception of the preposition, its meaning, the endocentric or exocentric character of the prepositional phrase, and the main questions regarding the delimitation of prepositions. Another section reviews some of the main issues addressed in current work on this class of syntactic units: phrasal prepositions and other phrasal units formed on the basis of a prepositional phrase, as well as dialectal variation associated with prepositions and prepositional phrases. The chapter concludes by presenting our view of the main future lines of research in relation to prepositions and the prepositional phrase.

Keywords: preposition; complement; endocentricity; phrasal unit; dialect variation

2 Conceptos fundamentales

El *sintagma preposicional* es el constituyente sintáctico formado por una preposición y su término o complemento. Este es, por lo general, un sintagma nominal (1a), aunque también puede ser una oración subordinada sustantiva, ya sea una oración de infinitivo (1b) o una oración con verbo finito encabezada por *que* (1c), una oración de relativo sin antecedente expreso (1d), un pronombre (1e), un sintagma adjetivo (1f), un sintagma adverbial (1g) u otro sintagma preposicional (1h):

(1) a El libro está *sobre la mesa*.
 b Y así estoy desde entonces, *sin pegar ojo*. (Joaquín Carbonell, *Apaga y… vámonos*, [España, 1992], CREA).
 c El templo ardió *sin que se pudiera dominar las llamas* (Jaime Martínez Salguero, *El combate místico*, [Bolivia, 2002], CREA).
 d Tiraron por Aguas Blancas *hasta donde se perdía el camino* (Emilio Gavilanes, *El bosque perdido*, [España, 2000], CREA).
 e *Por eso*, anuncio que no aprobaré la indicación. (Oral, [Chile, 1996], CREA).
 f Prefería pasar *por ignorante*. (Pilar Nasarre, *El país de Nunca Jamás*, [España, 1993], CREA).
 g *Desde allí* veo la ciudad envuelta en una nube de azufre. (Raúl del Pozo, *La novia*, [España, 1995], CREA).
 h Este método permitió elegir *de entre varios embriones de la pareja* (*Revista Semana*, 09–15/10/2000, [Colombia], CREA).

El término de la preposición en español no presenta ninguna marca formal específica, salvo si se trata de un pronombre personal de primera o segunda persona del singular, o del reflexivo de tercera persona, que aparecen en caso oblicuo: *para mí, sin ti, por sí*. Cuando estos pronombres son término de la preposición *con*, el sintagma adopta las formas *conmigo, contigo, consigo*.

En español, el término de la preposición es obligatorio. En esto se diferencia de otras lenguas, como el inglés, que en determinadas circunstancias admiten que la preposición no vaya seguida de su término, como cuando este aparece en la posición inicial de una secuencia interrogativa: *Who are you talking to?* ("¿con quién estás hablando?"). Una excepción la constituyen secuencias como las de (2), con las preposiciones *con* y *sin*, que se pueden coordinar. Asimismo, cualquiera de ellas se puede emplear sin término en la respuesta a una pregunta como la que se formula en el ejemplo:

(2) —¿El café lo quieres *con* o *sin* azúcar?
 —*Sin*, por favor.

El conjunto formado por preposición y término puede estar modificado por adverbios de foco, como *incluso, hasta, exactamente, aproximadamente*, etc. (3a-b). Asimismo, algunos sintagmas preposicionales pueden ser modificados por grupos cuantificativos de medida, como los de (3c), o por adverbios de cantidad (3d).

(3) a   Abogados hay *hasta en la sopa* (Jorge Edwards, *El anfitrión*, [Chile, 1987], CREA).
    b   Sonaron unos aldabonazos tremendos en la planta baja, *justo sobre nuestras cabezas*. (Eduardo Mendoza, *La ciudad de los prodigios*, [España, 1993], CREA).
    c   "Voló" *unos 10 metros sobre la calzada* (*El Mundo*, [España, 1995], CREA).
    d   [...] la niebla se extendía *muy hacia el sur*, llegando casi a Sao Paulo. (Carlos Pérez San Emeterio, *Pilotos y aventura. Historia de los viajes en avión*, [España, 1991], CREA).

El sintagma preposicional puede estar seleccionado por un núcleo léxico. Así, en los ejemplos de (4) observamos que puede ser complemento de un sustantivo (4a), un adjetivo (4b), un verbo (4c), un adverbio (4d) y una interjección (4e):

(4) a   La *hermana* de Pedro.
    b   Está *pendiente* de ella.
    c   *Confío* en que regrese temprano.
    d   *Paralelamente* al congreso, se organizó una exposición.
    e   ¡*Ay* de mí!

Asimismo, el sintagma preposicional puede ser complemento adjunto, es decir, no seleccionado léxicamente, del sustantivo (5a), el adjetivo (5b) y el verbo (5c). Este último tipo de complementos son los llamados complementos circunstanciales, y pueden expresar diversas relaciones semánticas con respecto al verbo: en el ejemplo (5c), el complemento adjunto recibe una interpretación instrumental. El sintagma preposicional también puede modificar al conjunto de la oración, como adjunto o modificador oracional; como en (5d):

(5) a   La mesa *de madera*.
    b   Está feliz *de verle*.
    c   Abrió la puerta *con la llave que había encontrado*.
    d   *Desde mi punto de vista*, ese argumento es erróneo.

El sintagma preposicional se forma a partir de una *preposición*. Si bien esta categoría se considera una clase cerrada, el conjunto concreto de unidades que la integran ha sufrido variaciones. La *Nueva gramática de la lengua española* (NGLE, § 29.2a) ofrece, para el español actual, la siguiente lista de preposiciones (véase también de Bruyne 1999):

(6)   *A, ante, bajo, cabe, con, contra, de, desde, durante, en, entre, hacia, hasta, mediante, para, por, pro, según, sin, so, sobre, tras, versus* y *vía*.

De esta lista, *cabe* y *so* apenas se usan hoy en día. Solo la segunda se emplea como parte de las locuciones preposicionales *so pena de, so pretexto de, so color de* y *so capa de* (NGLE, § 29.2c). Por otra parte, *durante* y *mediante*, procedentes de participios activos latinos, no han formado parte tradicionalmente de la lista de preposiciones. Todavía de Bruyne (1999) no las recoge entre las preposiciones que estudia en su capítulo de la GDLE, si bien menciona que ya Bello (1847, §§ 386 y 528) se refería a ellas como "preposiciones imperfectas".

Tampoco pertenecen al repertorio tradicional de las preposiciones *pro, versus* y *vía* (también "preposiciones imperfectas" según Bruyne 1999, § 10.18). Según la NGLE

(§ 29.2j), la primera es preposición cuando precede a sustantivos, con el significado de "en favor de" (*movimiento pro independencia*), pero prefijo cuando precede a adjetivos (*congresistas progubernamentales*). *Versus* ("hasta" en latín) se ha introducido en el español actual, con el significado de "contra", "frente a" (de Bruyne 1999, § 10.18.4.2; NGLE, § 29.2k) (7a, b); *vía* equivale a *por* en construcciones como la de (7c), pero en la lengua de la política, la jurisprudencia y el periodismo se emplea con el significado de "mediante" o "a través de" (NGLE, §§ 29.2k-m) (7d):

(7) a Cultura *versus* crisis (*La Vanguardia*, [España,1994], CREA).
    b En el tema se enfrentan los derechos de los menores de edad, *versus* los beneficios económicos que pueden obtener [...] (*El Mercurio*, [Chile, 2004], CREA).
    c Gracias al TAV, que a principios del próximo siglo permitirá enlazar Sevilla *vía* Madrid y Barcelona con el resto de Europa [...] (*La Vanguardia*, [España, 1994], CREA).
    d La policía actuó siguiendo la pista de datos y direcciones facilitados por Rabat, *vía* Interpol [...] (*La Vanguardia*, [España, 1994], CREA).

Otra de las preposiciones caracterizadas por Bello (1847, §§ 386 y 528) como "imperfecta" (véase también Pavón 1999, § 9.2.5.1), y tildada de "dudosa" por de Bruyne (1999, § 10.18.3), es *según*. A diferencia de otras preposiciones, no rige caso oblicuo, sino nominativo (*según* {*tú*/ *ti}), es tónica, admite en su término una oración flexiva que no va encabezada por *que* (8a) y puede aparecer sin término (8b):

(8) a Luego ella ha intentado congraciarse y lo llamó el otro día, *según me ha contado mamá* [...] (Gregorio Salvador, *El eje del compás*, [España, 2002], CREA).
    b —¿Vas a hacer lo que te pido? —*Según*. Si me lo pides por favor...

Las preposiciones están entre las palabras más frecuentes del español. Según el diccionario de frecuencias de Davies y Hayward Davies (2018), la preposición *de* es la segunda palabra más frecuente del español, *en* es la quinta, y *a*, la octava. Según este mismo corpus, la menos frecuente entre las preposiciones que figuran en (6) es *mediante*, que ocupa el lugar 652 de las 5000 palabras recogidas. En la lista de frecuencias del CORPES XXI, la preposición *de* ocupa la primera posición como forma y como elemento gramatical; *en* y *a* se encuentran también entre las palabras más frecuentes (entre la cuarta y la sexta posición en las tres categorías señaladas). Entre las menos frecuentes están *mediante* (con una frecuencia de 161,33 casos por millón), *vía* (8,25) y *versus*, que es la menos frecuente (5,07). *Cabe* y *so* no se encuentran en la lista.

3 Aproximaciones teóricas

3.1 La preposición y el sintagma preposicional en la tradición gramatical del español

Tradicionalmente se considera que los rasgos definitorios de la preposición son la invariabilidad, la atonicidad y la necesidad de que introduzca un término, que, como hemos visto, es obligatorio en español (NGLE, § 29.1a). El propio nombre "pre-posición" hace referencia a la ubicación de la preposición con respecto a su término. Asimismo, se ha destacado que su función principal es poner en relación dos elementos sintácticos: su elemento rector y su término. No obstante, tradicionalmente no se suele manejar un concepto equiparable al de sintagma preposicional.

Con anterioridad al siglo xx, solo Bello (1847, § 83) hace referencia a una noción como la de *frase preposicional*.

3.2 El significado de las preposiciones

Tradicionalmente se ha destacado el carácter de clase cerrada de la preposición, por lo que en los tratados gramaticales se suele ofrecer una lista limitada de ellas, como la que hemos visto en § 2. También se ha establecido una distinción entre dos tipos de preposiciones: aquellas que poseen un significado léxico específico, llamadas *llenas*, y aquellas con un significado más amplio, que desempeñan en muchas ocasiones funciones puramente gramaticales, o preposiciones *vacías* (véase Bello 1847, § 66). Esta distinción se ha mantenido hasta hoy en día, si bien diversos autores consideran que las preposiciones "vacías" también poseen un significado léxico, más abstracto que el de las preposiciones llenas, que explica por qué ellas, y no otras, encabezan los sintagmas preposicionales que desempeñan las funciones gramaticales que les son propias (Morera 1988).

En los estudios sobre las preposiciones llevados a cabo dentro del marco cognitivista, se rechaza esta dicotomía (Sancho Cremades 1995; Delbecque 1996): se considera que el significado de las preposiciones está ligado a la experiencia humana y a la relación del ser humano con su entorno, por lo que se ha trabajado mucho en cómo el significado de las preposiciones codifica las relaciones espaciales. Todas las preposiciones, incluso las vacías, tienen un significado básico espacial, que se puede extender metafóricamente a otros dominios cognitivos (Sancho Cremades 1995, 57–60). Los diferentes usos preposicionales que de aquí derivan se organizan alrededor de los más prototípicos. Así, el significado básico de una preposición como *a* guarda relación con el destino y la dirección (*llegar a Madrid*), y de aquí se han originado una diversidad de usos abstractos, desde los más claramente metafóricos (*Llegué a pensar si me habrían echado una maldición*) hasta los más gramaticales, como aquellos en que introduce el objeto indirecto o ciertos objetos directos.

3.3 El sintagma preposicional: ¿exocéntrico o endocéntrico?

El carácter relacional de las preposiciones, el formar una clase cerrada o el hecho de que algunas de ellas, en determinados usos, expresen contenidos fundamentalmente gramaticales, las diferencian de categorías como el sustantivo, el adjetivo o el verbo, lo que ha llevado a plantear si realmente la preposición es el núcleo del sintagma preposicional. La exocentricidad del sintagma preposicional se ha defendido fundamentalmente desde la perspectiva del estructuralismo (véase, por ejemplo, Kovacci 1990, § 4.2.2.1). El argumento principal para ello es la obligatoriedad del término, a lo que se suele objetar que son muchos los elementos léxicos que tampoco pueden prescindir de su término, entre ellos, por ejemplo, muchos verbos transitivos (Bosque 2015, § 3.2, GTG: s.v. *núcleo*).

Una versión particular de la exocentricidad del sintagma preposicional es la del marco teórico del funcionalismo, con la teoría de la transposición (propuesta inicialmente por Bally 1950; véase también Alarcos 1969; Martínez 1981, entre otros). En esta teoría, que parte del establecimiento de una estrecha relación entre categoría y función, la preposición no sería una categoría sintáctica propiamente dicha, pues, debido a la obligatoriedad de su término, no puede asumir por sí sola una función sintáctica. La preposición es un transpositor, es decir, un elemento que cambia la categoría de su término para transponerlo a otra categoría. Así, por ejemplo, en *la mesa de madera*, la preposición *de* convierte el sustantivo que le sigue, *madera*, en un adjetivo funcional.

La endocentricidad del sintagma preposicional se defiende en el ámbito teórico de la gramática generativa. Se suele aducir que la preposición determina las propiedades semánticas y distribucionales del sintagma (Horno Chéliz 2002; Pavón Lucero 2003, § 3.2; Bosque 2015, § 3.2; Fernández Leborans 2018, § 1.2; GTG, s.v. *sintagma preposicional*). Así, el sintagma preposicional *sobre la mesa* puede ser complemento locativo seleccionado en *Dejó el libro sobre la mesa* gracias a la preposición *sobre*. Asimismo, la preposición restringe semánticamente a su término: GTG (s.v. *sintagma preposicional*) pone como ejemplo la preposición *durante*, que selecciona sustantivos encabezados por nombres que designan un suceso (*durante la batalla*), un periodo de tiempo (*durante dos horas*) o una entidad con un curso o desarrollo (*durante la película*). En este marco teórico se considera que incluso las preposiciones vacías son núcleos, pues determinan la distribución sintáctica del sintagma. Así, la preposición *a* que introduce el complemento directo o la preposición *de* que introduce muchos complementos nominales son elementos nucleares, ya que son necesarias como marca sintáctica de la relación de complementación (GTG, s.v. *sintagma preposicional*).

3.4 Los límites de la preposición y el sintagma preposicional

En diversos marcos teóricos se considera que la categoría gramatical preposición acoge más elementos de los que han sido señalados tradicionalmente. En primer lugar, el hecho de que la preposición se anteponga a su término no sería una característica definitoria de la clase como tal, sino que dependería de una propiedad más general de las lenguas: el orden relativo entre núcleo y complementos. En las lenguas con preposiciones, como el español, el orden canónico de palabras sería el orden núcleo-complemento, pero en lenguas con el orden complemento-núcleo, los elementos similares a las preposiciones serían en realidad posposiciones. Por ello, se suele emplear el término *adposiciones* para acoger a todos estos elementos, con independencia del orden relativo con respecto a su término (Hagège 2010).

Autores como Bello (1847) y Plann (1988), entre otros, han propuesto la existencia de posposiciones, o preposiciones pospuestas, para explicar construcciones del español del tipo de *cuesta arriba, río abajo, mar adentro*, etc. No obstante, en ellas, el sustantivo, invariable y carente de determinantes, no constituye un verdadero sintagma nominal. Morimoto y Pavón (2003) las analizan como construcciones idiomáticas.

Por otra parte, la obligatoriedad del término de la preposición ha sido cuestionada por algunos gramáticos que, como Jespersen (1924), han defendido que la preposición, el adverbio y la conjunción subordinante constituyen una sola categoría. Esta categoría admite distintos tipos de complementos (obligatoriamente oracionales en el caso de las conjunciones) e incluso complementos no realizados fonéticamente (lo que sería el caso de los adverbios).

En español, los adverbios del tipo de *delante, detrás*, etc. presentan indudables similitudes con las preposiciones, como su significado locativo o la capacidad de que el sintagma que encabezan desempeñe funciones de adjunto (Bosque 2015, § 10.5). A diferencia de las preposiciones, su complemento puede estar ausente (*Siéntate delante*), va encabezado por la preposición *de* y, en la lengua coloquial, se sustituye a veces por un posesivo (*delante mío, detrás suya*), por lo que otros autores los han relacionado más bien con los nombres (Plann 1988; Pavón 1999).

También comparten algunas propiedades con las preposiciones las conjunciones que encabezan las oraciones subordinadas adverbiales. De hecho, muchas locuciones conjuntivas están encabezadas por una preposición seguida de la conjunción *que*, lo que plantea la duda de si estamos ante una oración encabezada por una conjunción subordinante o ante un sintagma preposicional: entre ellas están las secuencias *porque* y *para que*, y otras que revisaremos en § 4.1, como las causales *a causa de (que), por motivo de (que)*, las finales *a fin de (que), de manera que, con vistas a (que)*, etc.

Autores como Brucart y Gallego (2016) consideran que todas las subordinadas adverbiales pueden ser reducidas a dos patrones sintácticos: sintagmas preposicionales (en los que el término de la preposición es una oración subordinada sustantiva) y oraciones encabezadas por adverbios relativos. Teniendo en cuenta que postulan que estos últimos incorporan una preposición, se podría concluir que una buena parte de las que tradicionalmente han sido consideradas oraciones subordinadas adverbiales son en realidad sintagmas preposicionales. En una línea muy similar, autores como Haumann (1997) consideran que las conjunciones subordinantes son una categoría híbrida, que combina propiedades de las preposiciones y de las conjunciones que introducen oraciones subordinadas sustantivas (en español, *que*).

También se ha señalado la relación entre preposiciones y prefijos. Algunos prefijos del español son homófonos con preposiciones (*ante, bajo, con, de, entre, para, sin, sobre*) y, como señala la NGLE (§ 10.1b), han sido considerados en la tradición *preposiciones inseparables*. La NGLE (§§ 10.14m-n, 29.2j) hace referencia a la discusión sobre si *anti-* y *pro-* deberían ser considerados prefijos o preposiciones (recuérdese lo indicado sobre *pro* en 2; véase también Serrano-Dolader 1999, § 72.2.3). En general, existe cierta controversia sobre si determinadas formaciones con elementos como los señalados corresponden al ámbito de la derivación o la composición (Val Álvaro 1999, § 73.1.4; Varela y Martín García 1999, §§ 76.1.1, 76.2.1.1, entre otros).

4 Perspectivas actuales

4.1 La gramaticalización del sintagma preposicional. Las locuciones

Si bien la preposición se considera una clase cerrada de elementos invariables, existen mecanismos de formación de nuevas unidades pertenecientes a la misma clase: las llamadas locuciones preposicionales. Se trata de expresiones constituidas por varias palabras, lexicalizadas con una forma fija, que presentan el comportamiento gramatical de una preposición (Pavón 1999, § 9.2.4; Cifuentes Honrubia 2003, NGLE, § 2.9, GTG, s.v. *locución*; *locución preposicional*). Proceden de elementos de la sintaxis libre que han sufrido un proceso de reanálisis y gramaticalización. Por ejemplo, la locución *en lugar de* (*Irá Pedro en lugar de Juan*) se ha formado a partir de la estructura (9a), que por reanálisis pasa a convertirse en la estructura (9b):

(9) a [$_{SP}$ en [$_{SN}$ lugar [$_{SP}$ de ...]]]
    b [$_{SP}$ [$_{P}$ en lugar de] ...]]

En el proceso de gramaticalización, las unidades de la estructura original pierden parte de sus propiedades léxicas y pasan a constituir formas gramaticales. Así, el sustantivo *lugar* no admite cambios morfológicos (**en lugares de*) ni puede ser modificado por elementos que forman parte de la estructura del sintagma nominal, como complementos del nombre (**en lugar oscuro de*) o ciertos determinantes (**en ese lugar de*).

Las locuciones pueden presentar diversos grados de gramaticalización. Por ejemplo, la locución *en lugar de* acepta el artículo (10a) y permite la sustitución de su término por un posesivo (10b); otras locuciones admiten ciertos elementos entre el nombre que forma parte de la locución y su término, como *gracias a* en (10c), y también es posible en general separar la preposición que precede al término, por efecto de la coordinación (10d):

(10) a Actuará la actriz suplente *en (el) lugar* de la titular.
     b Actuará *en su lugar* la actriz suplente.
     c Poco a poco iba arrinconando a sus verdugos *gracias únicamente a* su inteligencia (Bolaño, *2666*; NGLE 29.9c).
     d Huyó *en busca de paz y de tranquilidad* (Pavón 1999, 9.2.4.2).

El sintagma preposicional

Numerosas locuciones preposicionales están formadas según la pauta <preposición + sustantivo + preposición>, como la ya vista *en lugar de*, junto con otras como *a base de, con arreglo a, de acuerdo con, en aras de*, etc. Otras locuciones se forman sobre la pauta <sustantivo + preposición>, como *gracias a* o *frente a*. Otros esquemas menos productivos son <adjetivo + preposición> (*junto a, referente a...*) o <preposición + verbo + preposición> (*a juzgar por, a partir de*).

Una cuestión relativamente controvertida es si, en determinados casos, nos encontramos ante una locución preposicional u otro tipo de unidad sintáctica. Así, algunas gramáticas y diccionarios (entre los que se encuentra el DLE) consideran que los adverbios del tipo de *delante, encima, debajo, dentro, fuera, alrededor*, etc. (véase § 3.4) forman locuciones preposicionales seguidos de la preposición *de* incluso en casos en que no ha cambiado el significado o la función del adverbio, como (11a). Sí parece formar una locución preposicional una secuencia como *dentro de* cuando se refiere al término de un periodo de tiempo. En tal caso, el complemento no se puede suprimir, como muestra el contraste entre (11b) y (11c):

(11) a Ponlo *dentro (del cajón)*.
     b Esperamos tener resultados *dentro de dos meses*.
     c Juana ya ha llegado al teatro, así que la veremos *dentro* [del teatro].
     d *Acaban de subir al barco, y tardan dos horas en llegar, así que los veremos *dentro* [de dos horas].

También es cuestionable si determinadas locuciones son preposicionales o conjuntivas. Como hemos apuntado en § 3.4, en algunas gramáticas tradicionales se ha considerado que *porque* o *para que* son conjunciones subordinantes. No obstante, las preposiciones *por* y *para* admiten en su término, sin perder respectivamente su valor causal y final, tanto una oración con verbo en forma finita encabezada por *que* como una oración de infinitivo o un sintagma nominal. Así lo muestran los ejemplos de (12), con la preposición *por*:

(12) a Eso te pasó *porque hablaste demasiado*.
     b Eso me pasa *por hablar tanto*.
     c Eso me pasa *por mi mala cabeza*.

La NGLE (§§ 31.1g, 31.11b, 46.2a) considera que en estos casos se produce reanálisis, pues en estas secuencias se produce una cierta unión entre la preposición y la conjunción. En el caso de *porque*, ello impide la coordinación de dos subordinadas encabezadas por *que* en el término de la preposición (**porque... y que...*). Con *para que*, sin embargo, dicha coordinación sí es posible: *en las puertas de... de casa que van hacia la huerta le tenemos unas gateras ¿no sabes? Para que salgan y entren y que hagan lo que quieran* (ESLORA: SCOM_H21_039).

De la misma manera que *para* o *por*, muchas locuciones preposicionales pueden aparecer seguidas de una oración subordinada. Son controvertidos los casos de locuciones, como *a fin de* o *con intención de*, que admiten en su término una oración de infinitivo (*a fin de enterarse de lo que había ocurrido; con intención de decirle la verdad*) o una oración finita encabezada por *que* (*a fin de que le dijeran lo que había ocurrido; con intención de que le contaran la verdad*), pero no un sintagma nominal (**a fin de su información; *con intención de su conocimiento*) o un pronombre (**a fin de eso; *con intención de ello*).

La NGLE (§§ 26.13d, 46.10ñ-o) considera que se trata de un grupo particular de conjunciones que admitirían, a diferencia del resto de las conjunciones subordinantes, oraciones de infinitivo. Una alternativa a este análisis sería considerar que se trata de locuciones preposicionales que presentan ciertas restricciones en la selección de sus complementos. Así, por ejemplo, el sustantivo que forma parte de locuciones como *a fin de, con idea de, con intención de, a condición de*, etc. no se ha desemantizado completamente, y la locución hereda ciertas restricciones que este pone a sus complementos fuera de ella, como muestra el carácter dudoso e incluso agramatical de secuencias como las de (13) (véase Pavón 2013, de donde están tomados los ejemplos):

(13) a   ??Le pusieron la condición de la omisión de su nombre.
　　 b   *Quedó con él con el fin de un mejor conocimiento.
　　 c   ??Ambos tenían la intención de una confidencia.

Por otra parte, se documentan casos aislados en que estas locuciones aparecen seguidas de un término nominal:

(14) a   Se tendrán en cuenta, tanto los éxitos como los fracasos, *a fin de su evaluación Peirce*. (Rafael Emilio Bello Díaz, *Epistemología de la Ciencia y la Tecnología*, [República Dominicana, 2003], CREA).
　　 b   [...] es necesario coordinar [...] los esfuerzos técnicos y científicos [...] *con objeto de una racional utilización de los recursos del agua*. (*Los Tiempos*, [Bolivia, 1997], CREA).

Muchos sintagmas preposicionales sufren procesos de gramaticalización por los cuales dan lugar a locuciones correspondientes a otras categorías gramaticales. Así, hay un buen número de *locuciones adjetivas* formadas a partir de un sintagma preposicional (NGLE, § 13.18). Muchas de ellas están formadas por una preposición y un sustantivo escueto: *camisa a cuadros, camino de perdición, emisión en directo*. Otras contienen también el artículo, como las que se ajustan a la pauta "hasta + grupo nominal" (NGLE § 13.18i): *hasta la coronilla, hasta la bandera*, etc. También hay locuciones adjetivas formadas con preposición y elementos no sustantivos, como un adjetivo o un infinitivo: *pantalones de vestir, cultivo en limpio*.

Entre las *locuciones adverbiales*, también son numerosas las formadas a partir de una preposición (con mucha frecuencia la preposición *a*) y un término nominal (NGLE, § 30.16). En muchos casos el término es un sustantivo escueto, en singular o plural: *a caballo, a veces, bajo llave, contra reloj, de bruces, de día, de golpe, en broma, en vilo, para colmo, por casualidad, por defecto, sin duda, sin fin, sobre manera* (o *sobremanera*), etc.; pero también hay locuciones formadas con un sustantivo determinado: *a la carta, a la fuerza, al azar*, etc. En ocasiones, el sustantivo que forma parte de la locución no se utiliza fuera de ella, como sucede en las locuciones *a hurtadillas, a horcajadas, a quemarropa*, etc. También es posible que el término no sea nominal (NGLE, § 30.17), sino un adjetivo (*a menudo, en absoluto*; etc.), un pronombre o un adverbio (*con todo, en estas, desde luego*, etc.) o un infinitivo (*a morir, a pedir de boca*, etc.).

4.2 Variación dialectal y preposiciones

Una parte de la variación dialectal relacionada con la preposición y el sintagma preposicional es léxica. Este tipo de variación no afecta al conjunto de las preposiciones simples, que es el mismo para todas las áreas hispanohablantes, pero sí a las locuciones, ya sean locuciones preposicionales o locuciones correspondientes a otras categorías, formadas a partir de un sintagma preposicional. Existen numerosas expresiones de uso general en todas las áreas hispanohablantes, pero también una gran cantidad de locuciones restringidas a ciertas zonas geográficas.

Es tal la variedad existente en este sentido que resultaría imposible recogerla en los límites de este capítulo. Nos vamos a referir únicamente a algunas alternancias presentes en diversos tipos de locuciones, con datos extraídos de la NGLE (§§13.18, 29.9, 30.15–16), el *DPD*, el DLE, el CREA, el CORPES XXI y el Corpus del español (web-dialects).

Entre las locuciones adverbiales, es de destacar la alternancia preposicional existente en las expresiones temporales relativas a las partes del día. En España hay una clara preferencia por la preposición *por* (*por la {mañana/tarde/noche}*) frente a *en* (*en la {mañana/tarde/noche}*), mientras que en las distintas áreas de América la frecuencia de ambas preposiciones es muy similar. La preposición *a* es la menos frecuente (*a la {mañana/tarde/noche}*), y se documenta en algunas zonas de España (Cataluña, Galicia y el País Vasco), y también en la Argentina.

También se encuentran alternancias en algunos esquemas de formación de este tipo de locuciones. Por ejemplo, con la pauta <*a* + sustantivo en plural>, a la que nos hemos referido en 4.1, se forman locuciones que designan una forma violenta o brusca de actuar, como *a balazos, a cañonazos, a empujones, a garrotazos,* etc. En el español rioplatense, es común el uso del artículo en este mismo tipo de locuciones: *a los golpes, a los gritos, a los empujones, a los saltos, a las patadas,* etc.

Con la misma pauta, y con sustantivos que designan cantidades, se forman locuciones como *a pares, a docenas, a cientos, a centenares, a montones, a carretadas, a carradas* (en el área rioplatense), etc. Pero en algunas áreas, especialmente la rioplatense y parte de la andina, con este mismo tipo de sustantivos se emplea la pauta <*de a* + N>, como *de a pares*.

Encontramos asimismo alternancias léxicas en locuciones preposicionales como *a {cambio/trueque} de* (la segunda aparece documentada en el CORPES XXI en Colombia, España, Argentina y México), *a {diferencia/distinción} de* (esta última, aunque poco frecuente, se documenta en diversos países, entre ellos España —CREA, CORPES XXI, web-dialects—) o *so {pretexto ~ capa ~ color} de* (en este caso las tres variantes son de uso general en todas las zonas hispanohablantes).

Junto con esta variación de tipo léxico, otra parte de la variación relacionada con la preposición y el sintagma preposicional tiene un carácter fundamentalmente gramatical. Es decir, en algunas zonas geográficas se emplean construcciones particulares con ciertas preposiciones. Este es el caso de las construcciones que Mare y Pato (2017) denominan de *concordancia comitativa*. En ellas se emplea la primera persona del plural del verbo junto con un sustantivo precedido por la preposición *con*, que parece desempeñar, en el evento expresado por el verbo, un papel similar al del sujeto, el cual se interpreta como de primera persona del singular (Pavón 1999, § 9.2.6.3; Camacho 2000, NGLE §§ 37.7g-j; Conti Jiménez 2005; Mare y Pato 2017, entre otros). Así, una construcción como *Fuimos con María al cine* tiene el mismo significado que la construcción del español general *María y yo fuimos al cine*. Como señala la NGLE (§ 37.7g-j), este uso se documenta en el español chileno, rioplatense, andino y en una parte del hablado en las áreas centroamericana y caribeña (véase también Mare y Pato 2017). Se trata, asimismo, de una construcción presente en otras lenguas, como el italiano y el catalán (Rigau 1990), por lo que también se documenta en el español hablado en Cataluña:

(15) a ¡Aquel Madrid! *Nos íbamos con Maruja Mallo*, la pintora gallega, por los barrios bajos (Pablo Neruda, *Confieso que he vivido. Memorias,* [Chile], tomado de Mare y Pato 2017, 76).
    b *Con Timoteo nunca nos casamos*, solo nos juntamos (M. Vargas Llosa, *Lituma en los Andes,* [Perú], tomado de Conti Jiménez 2005, 276).

En el español de México y de Centroamérica, y también en ciertas áreas de Colombia, el Ecuador y Bolivia, se atestigua una construcción con la preposición *hasta* que la NGLE (§§ 48.11v-w) considera de negación encubierta (véase también Carrasco 1991). Así, una secuencia como *Llegó hasta las cinco* se interpreta como "No llegó hasta las cinco". Como en el ejemplo señalado, esta construcción se puede producir con verbos que expresan una acción puntual o delimitada, y también con verbos de realización y efectuación. En este último caso, las construcciones resultantes, como las de (16a-b), son ambiguas entre la interpretación con negación encubierta ("no se queda dormido hasta las 5.00 a. m.", "indicaba que no se reabriría hasta las 11 horas") y la interpretación común en el español general ("se queda dormido hasta las 5.00 y a esa hora se despierta", "la reapertura termina a las 11 horas"). Con los verbos de estado y actividad no se da esta construcción.

(16) a Cuando llega la noche se va temprano a la cama con el propósito de dormir por un periodo más largo, pero *se queda dormido hasta las 5:00 a. m.* (Arnoldo Téllez, *Trastornos del sueño. Diagnóstico y tratamiento*, [México, 1995], CREA).
  b [...] un rótulo que indicaba la *reapertura hasta las 11 horas*," por asuntos administrativos" (*La Hora*, [Guatemala, 1997], CREA).

Otros autores, como Lope Blanch (1990) y Miyoshi (2013), consideran que *hasta* es en estas construcciones una preposición puntual, que expresaría un límite como resultado de un componente adverbial (equivalente a "al fin, finalmente") que a su vez procede del significado original de *hasta*, y que está también presente en su uso actual como adverbio escalar ("incluso"). Bosque y Bravo (2015) adoptan una aproximación composicional a la gramática de estas construcciones, según la cual la interpretación que la construcción recibe en las zonas donde se documenta es el resultado de la interacción de las propiedades del evento descrito en la oración con las de la propia preposición, cuyo significado no es distinto del que posee en la lengua estándar.

5 Direcciones futuras y conclusiones

En este capítulo hemos revisado las principales cuestiones que suscita el estudio de la preposición y el sintagma preposicional. Muchas de ellas todavía no están resueltas y siguen siendo objeto de análisis en los trabajos actuales. Así, la propia lista de las preposiciones del español puede variar en función de la bibliografía que se consulte. Buena parte de la investigación sobre esta cuestión tiene que ver, por una parte, con cuáles se consideran los rasgos definitorios de la categoría preposicional, y, por otra, con el hecho de que diversas unidades que han sido incluidas dentro de la categoría preposicional presentan comportamientos que no corresponden con los que se consideran paradigmáticos en ella. Muy conectada a esta cuestión está la relación entre las preposiciones y otras categorías gramaticales, fundamentalmente la conjunción y el adverbio. Estas tres categorías presentan rasgos en común, como su invariabilidad, el constituir clases cerradas, y la posibilidad de introducir constituyentes que pueden funcionar como adjuntos. Asimismo, como hemos visto, las preposiciones presentan propiedades comunes tanto con las categorías léxicas como las funcionales o gramaticales; en este sentido, forman parte de las que actualmente se conocen como *categorías semilexicas*, que son objeto de estudio de diversos trabajos actuales (véase Cover y Van Riemsdijk 2001).

Otro ámbito de estudio tiene que ver con la variación, fundamentalmente dialectal. En § 4.2 nos hemos referido a la variación léxica, que se localiza sobre todo en la gran cantidad de locuciones formadas a partir de un sintagma preposicional, y a la variación relacionada con los usos gramaticales de determinadas preposiciones. Otra cuestión de gran relevancia actualmente es el estudio de las preposiciones del español en contacto con otras lenguas, mediante trabajos como el de Palacios (2019). Por último, cabe destacar los trabajos en lingüística aplicada, fundamentalmente en el ámbito de la enseñanza del español como lengua extranjera, cuestión a la que ya nos hemos referido en § 3.2. Podemos añadir a lo allí indicado estudios sobre la enseñanza de las preposiciones del español como el de Llopis-García (2015). Una buena base para ellos son los estudios contrastivos y tipológicos, como el de Haspelmath (1997); entre los orientados a la enseñanza del español como lengua extranjera, podemos señalar los de Gómez Laguna (2018) o Morras Cortés (2019).

Lecturas complementarias recomendadas

Bosque (2015); Cifuentes Honrubia (2003); Horno Chéliz (2002); Morera (1988); NGLE.

Referencias bibliográficas

Alarcos Llorach, E. 1969. "Aditamento, adverbio y cuestiones conexas." *Archivum* 19: 301–309.
Bally, C. 1950. *Linguistique générale et linguistique française*, 3ª ed. Berna: A. Francke, 1932[1].
Bello, A. 1847. *Gramática de la lengua castellana destinada al uso de los americanos*. Edición de Ramón, Trujillo. Tenerife: Instituto Universitario de Lingüística Andrés Bello—Cabildo Insular de Tenerife, 1981.
Bosque, I. 1997. "Preposición tras preposición". En *Contribuciones al estudio de la lingüística hispánica, Homenaje al profesor Ramón Trujillo*, eds. M. Almeida y J. Dorta, 133–155. Tenerife: Editorial Montesinos.
Bosque, I. 2015. *Las categorías gramaticales*, 2ª ed. Madrid: Síntesis, 1989[1].
Bosque, I. y A. Bravo. 2015. "Temporal Prepositions and Intervals in Spanish: Variation in the Grammar of *hasta* and *desde*." *Isogloss* 1(1): 1–31.
Brucart, J. M. y Á. Gallego. 2016. "Aspectos formales e interpretativos de la subordinación adverbial". En *Las relaciones interoracionales en español. Categorías sintácticas y subordinación adverbial*, ed. M. V. Pavón Lucero, 161–199. Berlin: De Gruyter.
Bruyne, J. de. 1999. "Las preposiciones." En *Gramática descriptiva de la lengua española*, dirs. I. Bosque y V. Demonte, 657–703. Madrid: Espasa.
Camacho, J. 2000. "Structural Restrictions on Comitative Coordination". *Linguistic Inquiry* 31: 366–375.
Carrasco, F. 1991. "La variante mexicana de *hasta*: perspectivas diacrónicas sincrónicas". En *El español de América. Actas del III Congreso Internacional de "El español de América"*, eds. C. Hernández *et al.*, 455–461. Valladolid: Junta de Castilla y León, Universidad de Valladolid.
Cifuentes Honrubia, J. L. 2003. *Locuciones prepositivas. Sobre la gramaticalización preposicional en español*. San Vicente del Raspeig: Universidad de Alicante.
Conti Jiménez, C. 2005. "Pluralidad comitativa." *Verba* 32: 275–306.
CORPES XXI: Real Academia Española: Banco de datos (CORPES XXI) [en línea]. Corpus del Español del Siglo XXI (CORPES) Versión 0.94. (www.rae.es).
Corpus del español (web-dialects): Davies, M.: Banco de datos [en línea]. Corpus del español web-dialects. Disponible en. (www.corpusdelespanol.org/web-dial/).
Corver, N. y H. C. van Riemsdijk, eds. 2001. *Semi-Lexical Categories: The Content of Function Words and the Function of Content Words*. Berlin: Mouton de Gruyter.
CREA: Real Academia Española. Corpus de Referencia del Español Actual. (http://rae.es/recursos/banco-de-datos/crea).
Davies, M. y K. Hayward Davies. 2018. *A Frequency Dictionary of Spanish: Core Vocabulary for Learners*, 2ª ed. New York: Routledge, 2006[1].
Delbecque, N. 1996. "Towards a Cognitive Account of the Use of the Prepositions *por* and *para* in Spanish". En *Cognitive Linguistics in the Redwoods: The Expansion of a New Paradigm in Linguistics*, ed. E. H. Casad, 249–318. Berlin: De Gruyter Mouton.
DLE: Real Academia Española y Asociación de Academias de la lengua española. *Diccionario de la lengua española*. Madrid: Espasa, 2014. (https://dle.rae.es/).
DPD: Real Academia Española y Asociación de Academias de la lengua española. *Diccionario panhispánico de dudas*. Madrid: Santillana. 2005. (https://rae.es/dpd/).
ESLORA: Corpus para el estudio del español oral. (http://eslora.usc.es). Versión 2.0 de septiembre de 2020.
Fernández Leborans, M. J. 2018. *Los sintagmas del español II. El sintagma verbal y otros*. Madrid: Arco Libros. [3ª ed., 2005].
Gómez Laguna, I. 2018. "Análisis contrastivo de las características semánticas de las preposiciones monolécticas del español y del griego moderno." *Estudios de Lingüística de la Universidad de Alicante* 32: 155–177.
GTG: Real Academia Española y Asociación de Academias de la Lengua Española 2020. *Glosario de términos gramaticales*. Salamanca: Ediciones de la Universidad de Salamanca.
Hagège, C. 2010. *Adpositions*. Oxford: Oxford University Press.
Haspelmath, M. 1997. *From Space to Time: Temporal Adverbials in the World's Languages*. München: Lincom.
Haumann, D. 1997. *The Syntax of Subordination*. Tübingen: Max Niemeyer Verlag.
Horno Chéliz, M. C. 2002. *Lo que la preposición esconde. Estudios sobre la argumentalidad preposicional en el predicado verbal*. Zaragoza: Prensas Universitarias de Zaragoza.

Jespersen, O. 1924. *The Philosophy of Grammar*. Londres: Allen and Unwin.
Kovacci, O. 1990. *El comentario gramatical. Teoría y práctica. I*. Madrid: Arco Libros.
Llopis-García, R. 2015. "Las preposiciones y la metáfora del espacio: Aportaciones y potencial de la lingüística cognitiva para su enseñanza". *Journal of Spanish Language Teaching* 2(1): 51–68.
Lope Blanch, J. M. 1990. "Precisiones sobre el uso mexicano de la preposición *hasta*". *Anuario de Lingüística Hispánica* 6: 295–324.
Mare, M. y E. Pato. 2017. "La concordancia comitativa en español: caracterización general y valores discursivos". *Revista de la Sociedad Española de Lingüística* 47(1): 67–90.
Martínez, J. A. 1981. "Acerca de la transposición y el aditamento sin preposición". *Archivum* 31–32: 493–512.
Miyoshi, J. 2013. "Nueva reflexión sobre el uso particular americano de *hasta*." *Anuario de Letras, Lingüística y Filología* 1: 123–143.
Morera, M. 1988. *Estructura semántica del sistema preposicional del español moderno y sus campos de usos*. Puerto del Rosario: Cabildo Insular de Fuerteventura.
Morimoto, Y. y M. V. Pavón Lucero. 2003. "Dos construcciones idiomáticas basadas en el esquema [nombre + adverbio]: *calle arriba* y *boca abajo*." En *Foro Hispánico. Aproximaciones cognoscitivo-funcionales al español*, dir. N. Delbecque, 95–106. Amsterdam: Rodopi.
Morras Cortés, J. A. 2019. "Estudio contrastivo de la semántica de las preposiciones del inglés y el español: Un enfoque en lingüística cognitiva". Tesis doctoral, Universidad de Córdoba.
NGLE: Real Academia Española y Asociación de Academias de la Lengua Española 2009–2011. *Nueva gramática de la lengua española*. Madrid: Espasa, 2009–2011. (www.rae.es/recursos/gramatica/nueva-gramatica).
Palacios, A. 2019. "La reorganización de las preposiciones locativas *a, en* y *por* en el español en contacto con guaraní". *Círculo de Lingüística Aplicada a la Comunicación* 78: 233–254.
Pavón Lucero, M. V. 1999. "Clases de partículas: preposición, conjunción y adverbio". En *Gramática descriptiva de la lengua española*, dirs. I. Bosque y V. Demonte, 565–655. Madrid: Espasa.
Pavón Lucero, M. V. 2003. *Sintaxis de las partículas*. Madrid: Visor.
Pavón Lucero, M. V. 2013. "Locuciones del tipo de *a fin de*: ¿preposicionales o conjuntivas?" *Español Actual* 99: 137–143.
Plann, S. 1988. "Prepositions, Postpositions and Sustantives". *Hispania* 71: 920–926.
Rigau, G. 1990. "The Semantic Nature of Some Romance Prepositions". En *Grammar in Progress*, eds. J. Mascaró y M. Nespor, 363–373. Dordrecht: Foris Publications.
Sancho Cremades, P. 1995. *La categoría preposicional*. València: Servei de Publicacions de la Universitat de València.
Serrano-Dolader, D. 1999. "La derivación verbal y la parasíntesis". En *Gramática descriptiva de la lengua española*, dirs. I. Bosque y V. Demonte, 4283–4755. Madrid: Espasa.
Val Álvaro, J. F. 1999. "La composición". En *Gramática descriptiva de la lengua española*, dirs. I. Bosque y V. Demonte, 4757–4839. Madrid: Espasa.
Varela, S. y J. Martín García. 1999. "La prefijación". En *Gramática descriptiva de la lengua española*, dirs. I. Bosque y V. Demonte, 4993–5040. Madrid: Espasa.

36
Las conjunciones
Conjunctions

Pedro Gras

1 Introducción

En este capítulo, se analizan las propiedades formales e interpretativas de las conjunciones, palabras invariables y, habitualmente, átonas que vinculan expresiones lingüísticas de diverso nivel (desde unidades léxicas y sintagmas, a oraciones y unidades supraoracionales). En primer lugar, se presentan las clases y subclases en que estas pueden agruparse: conjunciones coordinantes vs. subordinantes, en función de si establecen relaciones simétricas o asimétricas; conjunciones simples vs. locuciones conjuntivas, en función de su estructura interna. A continuación, se presentan diversos acercamientos teóricos al análisis del funcionamiento sintáctico de estas palabras: sus límites con otras clases de palabras (relativos, preposiciones y adverbios) y su papel (nuclear o no) en la estructura de la expresión que sigue a la conjunción. Finalmente, se abordan los usos discursivos de las conjunciones, ya sea introduciendo enunciados independientes o estableciendo relaciones entre enunciados y segmentos discursivos superiores a la oración.

Palabras clave: conjunción, coordinación, subordinación, insubordinación, marcador del discurso

This chapter analyzes the main formal and interpretive features of conjunctions, which are invariable and unstressed words that join linguistic expressions of different structural levels (from lexical items and phrases, to sentences and discourse units). First, the main classes of conjunctions are introduced: coordinating vs. subordinating conjunctions, according to whether they establish symmetric or asymmetric relationships; simple vs. multi-word conjunctions, according to their internal structure. Then, some theoretical approaches to the analysis of the grammatical behavior of conjunctions are presented: their delimitation with respect to other word classes (relatives, prepositions and adverbs) and their role (nuclear or not) in the syntactic structure they introduce. Finally, the discursive uses of conjunctions are discussed, as either introducing independent sentences or joining sentences and extrasentential units.

Keywords: conjunction, coordination, subordination, insubordination, discourse marker

2 Conceptos fundamentales

En esta sección se presenta el inventario de las conjunciones del español, señalando oportunamente las clases o subclases en que estas se agrupan. Generalmente, las conjunciones se dividen entre coordinantes, si señalan relaciones de equivalencia entre los elementos que relacionan, o subordinantes, si establecen relaciones de dependencia. Asimismo, en función de su estructura interna, se diferencia entre conjunciones simples y locuciones conjuntivas.

2.1 Conjunciones coordinantes

La *Nueva gramática de la lengua española* (NGLE, 31.2) clasifica las conjunciones coordinantes en función de si son simples o compuestas (también correlativas o discontinuas) y de su significado (copulativas, disyuntivas y adversativas). Las conjunciones simples pueden ser copulativas (*y, e, ni*), disyuntivas (*o, u*) o adversativas (*pero, mas, sino*). En cambio, las conjunciones coordinantes compuestas solo pueden ser copulativas (*ni … ni…, tanto … como…, tanto… cuanto…; así … como…*) o disyuntivas (*o … o…; sea … sea…; ora … ora …; bien … bien…; ya … y…*).

Las conjunciones coordinantes pueden relacionar elementos de diversa complejidad estructural: morfemas (*pre o postindustrial*), unidades léxicas (*mar o montaña*), sintagmas (*en tu casa o en la mía*), oraciones (*¿Se lo dices tú o se lo digo yo?*) o unidades supraoracionales (*DESCONOCIDO: Le repito que está loca. ALICIA: O usted la volvió loca*, Ana Istarú, *Hombres en escabeche*, [Argentina, 2001], CORPES).

2.2 Conjunciones subordinantes

A diferencia de las conjunciones coordinantes, las conjunciones subordinantes suelen introducir oraciones con un verbo en forma personal, y pueden, asimismo, clasificarse en función de su estructura interna (conjunciones vs. locuciones conjuntivas) y su significado. A continuación, se presentan las conjunciones subordinantes (y algunas locuciones conjuntivas) identificadas en la última gramática académica. La NGLE no incluye las finales entre las conjunciones subordinantes. Ello se debe a que se considera que *para que* —así como otras locuciones con valor final— no es una locución conjuntiva, sino una preposición que toma como término una oración subordinada. Este aspecto se aborda con más detalle en el apartado 3.2.

2.3 Diferencias entre conjunciones coordinantes y subordinantes

Ambos tipos de conjunciones se diferencian en tres dimensiones: la naturaleza de su término, la posición que ocupan en relación con los miembros conectados y la relación que establecen entre estos. Ahora bien, como se señalará a continuación, estos parámetros no separan de forma nítida ambas clases.

Con respecto a la categoría gramatical de su término, las conjunciones coordinantes pueden tomar como término unidades de diverso nivel estructural, desde los morfemas a las oraciones. En cambio, las conjunciones subordinantes toman como término oraciones con un verbo en forma personal. Ahora bien, ciertas conjunciones subordinantes seleccionan otras categorías gramaticales: *que* puede introducir adverbios o interjecciones con valor prooracional (*Me dijo que sí*), *aunque* puede introducir sintagmas con valor predicativo (*Es inteligente, aunque poco trabajadora*), las conjunciones comparativas y exceptivas pueden introducir constituyentes de muy diversa naturaleza (*Tan guapo como amable*, *Vinieron todos,*

Tabla 36.1 Conjunciones y locuciones conjuntivas agrupadas según su significado.

	Conjunciones	Locuciones conjuntivas
Completivas	*Que* *Si*	
Condicionales	*Si* *Como* + subjuntivo	*A no ser que* *Siempre que* *En caso de que*
Causales	*Porque* *Como* + indicativo *Pues*	*Ya que* *Dado que* *Visto que* *Puesto que*
Concesivas	*Aunque*	*Si bien* *A pesar de que* *Pese a que*
Temporales	*Mientras*	*Luego que* *Ni bien* *En cuanto*
Consecutivas	*Que*	*Así que* *De {forma/manera/modo} que*
Ilativas	*Luego* *Pues*	*Con que/conque*
Comparativas	*Que* *Como*	
Exceptivas	*Salvo* *Excepto*	

excepto él) y ciertas locuciones pueden seleccionar verbos en forma no personal (*Lo vi <u>nomás</u> llegar/llegó*).

En cuanto a la posición entre los miembros conectados, no existe una disposición única para cada tipo de conjunciones. Las conjunciones coordinantes admiten dos esquemas: las simples siguen el esquema <miembro 1 + conjunción + miembro 2> (*El perro y el gato*), mientras que las conjunciones compuestas siguen el esquema <conjunción + miembro 1 + conjunción + miembro 2> (*Tanto el perro <u>como</u> el gato*). Las conjunciones subordinantes, por su parte, también admiten el esquema <miembro 1 + conjunción + miembro 2> (*Me dijo <u>que</u> venía, Te lo dejo <u>si</u> me dejas el tuyo*), que coexiste con el patrón <conjunción + miembro 1 + miembro 2> (*<u>Si</u> me dejas el tuyo, te lo dejo*). Por regla general, las conjunciones completivas, consecutivas, comparativas y exceptivas seleccionan el primer patrón, mientras que las temporales, causales, condicionales y concesivas admiten ambos patrones, e incluso pueden situarse en posición parentética intercaladas en uno de los miembros conectados (*Me gustaría, si puedes, hacerlo mañana*). Ahora bien, existen restricciones léxicas: el término de *porque* se sitúa en segunda posición (*Me quedé en casa porque estaba cansado* vs. ?*Porque estaba cansado, me quedé en casa*), mientras que el término de *como* con valor causal se sitúa en primera posición (*Como estaba cansado me quedé en casa* vs. **Me quedé en casa como estaba cansado*).

Por último, con respecto al tipo de relación, las conjunciones coordinantes relacionan elementos equivalentes, de modo que es posible en ciertos casos alterar el orden de los miembros conectados (*Quería comer y beber, Quería beber y comer*). Sin embargo, se ha señalado repetidamente la tendencia a que el orden de los elementos sea relevante, de modo que la alteración es pragmáticamente inadecuada (*Tuvo un accidente y lo llevaron al hospital* vs. *Lo llevaron al hospital y tuvo un accidente*). En cambio, las conjunciones de subordinación establecen una relación de dependencia de su término con respecto a algún elemento de otra oración, que, en muchos casos, implica que la conjunción y su término sean un constituyente de la oración principal, ya sea como argumento del verbo (*Me dijo que viniera*) o término de una preposición (*No soporto la idea de que no esté aquí*). Sin embargo, en otros casos, el conjunto formado por la conjunción y su término se relaciona con otra oración sin llegar a formar un constituyente de esta última, como sucede con las oraciones condicionales o concesivas. Algunos autores han propuesto reservar el concepto de subordinación para los casos en los que se produce integración en la oración principal, y han propuesto otros conceptos para dar cuenta de la segunda situación, como el de interordinación o bipolaridad (Rojo 1978) para dar cuenta de la relación de interdependencia entre dos cláusulas, o el de hipotaxis (Halliday y Hassan 1976) para describir la dependencia sintáctica que no conduce a la integración.

2.4 Conjunciones y locuciones conjuntivas

Cabe señalar que existen pocas conjunciones simples, tanto coordinantes (*y/e, ni, o/u, mas*) como subordinantes (*que, si, como*, por ejemplo). Es más, en la mayoría de los casos, es posible percibir la similitud formal y/o semántica entre las conjunciones y otras clases de palabras: relativos/interrogativos (*que, si, como*), preposiciones (*según*), adverbios (*mientras, luego, nomás*) y participios (*salvo, excepto*). Por otra parte, existe un nutrido grupo de locuciones conjuntivas, especialmente en ciertas áreas semánticas: tiempo (*cada vez que, primero que*, etc.), causa (*dado que, puesto que*, etc.), consecuencia (*de forma/manera/modo que, así que*, etc.), condición (*con tal de que, siempre que*, etc.) y concesión (*si bien, aun cuando*, etc.).

A pesar de su equivalencia funcional, conjunciones y locuciones conjuntivas se diferencian en el uso. La tabla 36.2 recoge las 15 conjunciones más frecuentes en el *Corpus del español del siglo XXI* (CORPES), a partir de la lista total de frecuencias de elementos gramaticales: en la primera

Tabla 36.2 Las 15 conjunciones más frecuentes en CORPES.

Elemento	Frec. Abs.	Frec. Norm.
y	7 914 906	28 139,80
que	3 707 937	13 182,80
como	1 401 298	4 982,02
o	923 081	3 281,82
pero	898 478	3 194,35
si	594 333	2113,03
porque	377 527	1342,22
ni	234 616	834,12
e	210 580	748,67
aunque	206 877	735,50
sino	154 113	547,91
pues	125 785	447,20
mientras	120 305	427,71
ya que	81 864	291,05
mientras que	46 123	163,98

Fuente: CORPES.

columna se indica la frecuencia general y en la segunda la frecuencia normalizada, que se obtiene de calcular el número de casos por cada millón de elementos sin contar los signos ortográficos. Las primeras 13 posiciones corresponden a conjunciones simples, mientras que las locuciones conjuntivas ocurren en las últimas posiciones, con una diferencia de frecuencia notable.

Esta diferencia de frecuencia puede explicarse a partir del hecho de que las conjunciones simples suelen carecer de restricciones variacionales, mientras que muchas locuciones conjuntivas suelen asociarse a determinados registros o variedades geográficas. Compárese a este respecto las siguientes parejas: *si* vs. *en caso de que*, *porque* vs. *puesto que*, *aunque* vs. *si bien*. Mientras que las conjunciones simples son neutras en cuanto al registro, las correspondientes locuciones conjuntivas son propias de registros formales. Esta diferencia se pone de manifiesto en la escasa frecuencia de estas últimas en el discurso informal por excelencia: la conversación coloquial. De hecho, no se encuentra ninguna ocurrencia de estas locuciones en los corpus orales consultados: *Corpus de conversaciones coloquiales de Valencia* (Val.Es.Co.), el *Corpus de español coloquial de América y España* (Ameresco) y el *Corpus oral del lenguaje adolescente* (COLA).

Del mismo modo, ciertas locuciones están marcadas con respecto a una determinada variedad geográfica del español. Es lo que ocurre, por ejemplo, con las locuciones temporales *nada más* y *no más*, seguidas de un verbo en forma personal o infinitivo, para expresar sucesión inmediata ("en cuanto"):

(1) a   No nos conocíamos de nada, pero ellos nada más verme me tutearon (Eduardo Mendoza, *La aventura del tocador de señoras*, [España, 2001], CORPES).
    b   Él se lo había informado hacía unos días, nomás llegar a la ciudad de México. No había podido esperar (Federico Jeanmaire, *Vida interior*, [Argentina, 2011], CORPES).

Mientras que la primera es típica del español de España, la segunda se emplea en el español americano (NGLE, 31.14m).

3 Aproximaciones teóricas

Tradicionalmente, las conjunciones se han agrupado con los adverbios y las preposiciones entre las denominadas partículas. En concreto, la tradición gramatical ha caracterizado las conjunciones como la clase de partículas que expresan relaciones entre oraciones, frente a las preposiciones, que prototípicamente expresan relaciones entre los elementos de la oración (ENGLE, 3.17.3). Por ello, su estudio se ha enmarcado en el ámbito de la oración compuesta (o compleja), de modo que se han considerado conjunciones los nexos que introducen oraciones coordinadas, y subordinadas sustantivas y circunstanciales (ENGLE, 3.17.5), entremezclando en su identificación criterios sintácticos y semánticos.

De este modo, la perspectiva tradicional privilegia el criterio nocional en la caracterización de las conjunciones y deja de lado la explicación de sus propiedades formales, especialmente cuáles son los límites entre las conjunciones y otras categorías funcionalmente cercanas (relativos, preposiciones y adverbios) así como la función de las conjunciones en el seno del sintagma o la oración de la que forman parte.

3.1 La delimitación de la clase de las conjunciones: relativos y conjunciones

Relativos y conjunciones constituyen las clases de palabras que pueden introducir oraciones subordinadas; de hecho, en ciertos casos conjunciones y relativos son homónimos (*que* y *como*). La distinción entre ambas categorías ha resultado confusa en el caso de los adverbios relativos (*cuando*, *donde* y *como*), dado que tradicionalmente las oraciones introducidas por estos han sido clasificadas entre las adverbiales propias (tiempo, lugar y modo), y no entre las relativas (RAE 1973, 3.17.5). Probablemente, la mayor cercanía se produzca en la expresión de las relaciones temporales en que coexisten un adverbio relativo (*cuando*) así como un grupo de conjunciones (*mientras*) y locuciones conjuntivas (*en cuanto*).

Ambas categorías —relativos y conjunciones— pueden funcionar como nexo: ambas introducen una oración subordinada que funciona como adjunto temporal del predicado principal. Así las oraciones encabezadas por *cuando* (2a) y *mientras* (2b) se interpretan como el complemento circunstancial de tiempo de *escribió*.

(2) a   Escribió su novela cuando trabajaba como profesora.
    b   Escribió su novela mientras trabajaba como profesora.

Sin embargo, únicamente los relativos pueden ocurrir en construcciones perifrásticas de relativo (3) o en construcciones con antecedente expreso (4):

(3) a   En 2020 fue cuando escribió su novela.
    b   * En 2020 fue mientras escribió su novela.
(4) a   Recordó el momento cuando escribió su novela.
    b   * Recordó el momento mientras escribió su novela.

Ahora bien, cabe señalar que, aunque resultan gramaticales, las construcciones con *cuando* con antecedente expreso como (4a) resultan poco frecuentes en español contemporáneo. El CORPES ofrece ejemplos de esta construcción (5), pero prefiere el empleo de *en el que* en dicho contexto (6):

(5) Volvió al momento cuando supo que le gustaban las mujeres (Maurice Echeverría, *Labios*, [Guatemala, 2004] CORPES).
(6) Este es el momento en el que no recuerdo mi propio nombre (Esteban Cabañas, *Otra carita. Juego cruzado*, [Paraguay, 2001] CORPES).

En este sentido, *cuando* se distingue del resto de adverbios relativos, en cuanto a que muestra resistencia a construirse con un antecedente explícito. Como recoge la tabla 36.3, *cuando* es con diferencia el adverbio relativo que muestra una menor frecuencia en la construcción con antecedente, lo que podría interpretarse como un acercamiento de *cuando* a la categoría de las conjunciones.

Tabla 36.3 Adverbios relativos vs. <preposición + relativo> con antecedente expreso.

Construcción	Adverbio relativo	Preposición + relativo
El momento cuando/en el que	90	1496
El lugar donde/en el que	5078	825
La manera como/en la que	1319	481

Fuente: CORPES. Elaboración propia.

3.2 Preposiciones, adverbios y locuciones conjuntivas

Como ya hemos señalado, la gramática tradicional ha primado el criterio nocional a la hora de identificar locuciones conjuntivas, de modo que ha considerado como locuciones conjuntivas elementos formalmente heterogéneos que coinciden en expresar un mismo tipo de noción semántica. A continuación, se ofrecen algunos ejemplos de elementos considerados locuciones conjuntivas en el ENGLE:

- Adversativas: *sin embargo, no obstante, ahora bien*.
- Temporales: *en tanto que, en cuanto, luego que, tan pronto como, antes de que, después de que, desde que, hasta que*.
- Modales: *como para* + infinitivo, *como que* + indicativo, *como si* + subjuntivo.
- Finales: *a que, para que, a fin de que*.
- Consecutivas: *por consiguiente, por tanto, así que; tan/tanto … que*.

El análisis gramatical contemporáneo, por su parte, tiende a emplear el concepto de locución de una forma más restringida: se consideran locuciones secuencias de palabras que muestran fijación formal e idiomaticidad semántica (Ruiz Gurillo 2002), que las distinguen de los sintagmas libres. Es lo que ocurre con la locución causal *ya que* (7a), cuyo significado causal no puede derivarse del significado temporal del adverbio *ya* sumado al de una cláusula con *que*, como demuestra la interpretación exclusivamente temporal del ejemplo sin la oración con *que* (7b).

(7) a La madre no logra percibir el estado de su hijo ya que está desconsolada por no haber encontrado el traje de torero (Daniella Lillo, *Carita de emperaora*, [Chile, 2001], CORPES).
    b La madre no logra percibir el estado de su hijo ya.

En este sentido, la gramática contemporánea tiende a analizar como preposiciones o adverbios secuencias tradicionalmente consideradas locuciones conjuntivas (Bosque 1990; Pavón Lucero 1999, 2003; Bosque y Gutiérrez-Rexach 2009, 733–766; NGLE, 31.11). Es lo que ocurre con la secuencia *para que* como introductora de oraciones finales (8a). En este contexto, la preposición *para* toma como término una cláusula finita. A favor de este análisis, puede argumentarse que la preposición mantiene su significado cuando toma como términos un sintagma nominal (8b) o una oración de infinitivo (8c), y que el conjunto de preposición más término desempeña la misma función en los tres casos (atributo del verbo *son*).

(8) a Estas gafas [...] son para que no me moleste la claridad de la luz (Encuentro digital con La Vieja Trova Santiaguera, [Cuba, 2001], CORPES).
    b Son para mis ojos.
    c Son para proteger mis ojos.

Ahora bien, parece que *para que* —y otras formas afines como *porque*— funcionan como unidades léxicas, como pone de manifiesto la dificultad de coordinar la cláusula con *para que* con otra cláusula finita (9a) a diferencia de lo que ocurre cuando se coordinan dos cláusulas finitas como término de una preposición (9b) (Bosque 1990, 214; Pavón Lucero 1999, 630–632).

(9) a ? Son para que no me moleste la claridad y que me hagan más atractivo.
    b Confío en que no me moleste la claridad y que me hagan más atractivo.

Algo similar es lo que ocurre con *antes (de) que* y *después (de) que*, que en ocasiones se han analizado como locuciones conjuntivas subordinantes, puesto que, al igual que estas, pueden introducir oraciones subordinadas que funciona como adjunto temporal del predicado principal.

(10) a Antes de que te vayas dime tu nombre verdadero (Homero Aridjis, *La zona del silencio*, [México, 2005], CORPES).
b Después de que terminé la universidad para maestra, emigré a Siberia (Cynthia Rimsky, *Poste restante*, [Chile, 2001], CORPES XXI).

Sin embargo, no resulta conveniente considerar estas expresiones como locuciones conjuntivas, dado que carecen de la fijación e idiomaticidad típicas de las locuciones. Por una parte, mantienen el significado y las propiedades combinatorias propias de los adverbios correspondientes. Así, en las versiones modificadas del ejemplo anterior (11) en las que el complemento con *de* es un SN o una oración de infinitivo, *después* mantiene su significado ("en un momento posterior") y funciona como núcleo del adjunto temporal del predicado *emigré*.

(11) Después de {terminar la universidad/la universidad}, emigré a Siberia.

Por otra parte, estas expresiones carecen de la fijación formal típica de las locuciones, como demuestra el hecho de que puedan recibir cuantificadores de grado (12).

(12) {Mucho/bastante/poco} después de que terminé la universidad para maestra, emigré a Siberia.

Finalmente, también se han considerado locuciones conjuntivas secuencias como *no obstante* y *por tanto*. A diferencia de los casos anteriores, no se trata ahora de cuestionar el carácter de locución de estas expresiones, sino su funcionamiento como conjunciones. Estos elementos tienen función conectiva análoga a la de las conjunciones, como se ilustra en los ejemplos de (13): en (13a) *no obstante* señala una relación adversativa entre los dos enunciados conectados; en (13b) *por tanto* señala una relación de causa-consecuencia entre estar desparejados y ser asiduos al bar.

(13) a Es un poeta menor y los poetas menores pasan desapercibidos. Al cabo de los días, no obstante, comienzan a buscarlo (Roberto Bolaño, *Putas asesinas*, [España, 2001], CORPES).
b Se trenzó luego a pescozones con aquellos de los asistentes desparejados y por tanto, asiduos al bar (Jorge Martínez, *El final de los milagros*, [Colombia, 2001], CORPES).

Ahora bien, existen diferencias de comportamiento sintáctico, como muestra la imposibilidad de conmutación por las conjunciones (14). En primer lugar, a diferencia de las conjunciones, estas expresiones tienen movilidad posicional y pueden ocupar la posición inicial, intermedia o final del miembro al que afectan. En segundo lugar, pueden combinarse con conjunciones (13b). Por último, se separan entonativamente del miembro al que afectan, como intenta representar el uso de comas en (13a) y (13b); entre otras diferencias.

(14) *Al cabo de los días, pero, comienzan a buscarlo.

En la actualidad existe consenso en considerar que estos elementos funcionan como marcadores del discurso, si bien existe discrepancia en cuanto a considerarlos un tipo especial de adverbios (*NGLE*: § 30.12, Martín Zorraquino 2010) o bien una nueva clase gramatical, la de los conectores parentéticos, con características formales y semánticas diferenciadas (Cuenca 2013).

3.3 El funcionamiento sintagmático de las conjunciones

Pasando ahora a la función sintáctica de las conjunciones, la visión más extendida es que estas no desempeñan ninguna de las funciones básicas en el ámbito sintagmático: no son el núcleo de un sintagma, como nombres, verbos o adjetivos, pero tampoco son modificadores o complementos de otra categoría. De forma más o menos explícita, los estudios gramaticales estructurales y funcionales consideran que las conjunciones —coordinantes o subordinantes— funcionan como nexos que forman parte de construcciones exocéntricas (*cf.* Jiménez Juliá 2011).

Por una parte, se suele asumir que la estructura sintáctica de una construcción coordinada como *peras y manzanas* es [peras] [y] [manzanas], una estructura trimembre de naturaleza exocéntrica, puesto que ninguno de los tres componentes puede identificarse como núcleo. En cuanto a las conjunciones subordinantes, suele asumirse que estas dan lugar a oraciones subordinadas cuya estructura está compuesta por dos elementos: una conjunción y una oración con un verbo en forma personal.

La gramática generativa, por su parte, propone un acercamiento distinto a la función de las conjunciones en la determinación de la estructura sintáctica de los constituyentes en que intervienen. A partir del modelo de Principios y Parámetros, las conjunciones son consideradas como núcleos. Esta propuesta se basa en dos supuestos teóricos: (i) todos los sintagmas son endocéntricos y (ii) las categorías funcionales (determinantes, flexión verbal, por ejemplo) pueden actuar como núcleos. Desde este marco teórico, se han realizado una serie de propuestas que han reinterpretado tanto las estructuras subordinadas como posteriormente las coordinadas como construcciones endocéntricas cuyo núcleo es la conjunción que las encabeza.

Esta propuesta se aplicó en primer lugar a la conjunción *que* como introductora de oraciones subordinadas sustantivas. Según este modelo, *que* es el núcleo de un sintagma complementante que toma como complemento una oración finita. Este análisis permite distinguir configuracionalmente las oraciones subordinadas sustantivas tanto de las oraciones (uniones de un sujeto y un predicado) como de los sintagmas nominales, y de este modo permite explicar los requisitos de construcción de determinados predicados (como *opinar*) que seleccionan subordinadas sustantivas en función de objeto (15a), y no oraciones (15b) o sintagmas nominales (15c).

(15) a. Opinó que había que despedirle.
b. *Opinó había que despedirle.
c. *Opinó su despido.

En cuanto a las conjunciones que introducen subordinadas adverbiales, la situación es menos clara. Por una parte, algunos análisis proponen un solapamiento parcial entre conjunciones y preposiciones, de modo que las conjunciones son preposiciones que admiten términos oracionales (Larson 1990). Por otra, otros análisis proponen la categoría de complementante para ciertas conjunciones como *si* (16a) o *como* (16b) (Bosque y Gutiérrez-Rexach 2009, 733–735), puesto que toman como término a una oración finita, sobre la que imponen sus rasgos de forma (selección modal-temporal) y significado (tipo de relación, condición y causa, respectivamente).

(16) a. Si estudias hasta tarde, no escucharás la alarma.
b. Como estudias hasta tarde, no escucharás la alarma.

Finalmente, la propuesta también se ha extendido a las estructuras coordinadas (véase, por ejemplo, Bosque 1994; Johanessen 1998). Se propone que la conjunción funciona como núcleo que selecciona obligatoriamente un complemento (su término) y está precedida opcionalmente de un especificador. Así, la expresión *peras y manzanas* recibe el análisis de (17), donde *y* es el núcleo del sintagma conjunción (SCONJ), que toma como complemento al sintagma determinante (SD) *manzanas* y tiene como especificador al SD *peras*.

(17) [$_{SCONJ}$ [$_{SD}$ peras] [[$_{CONJ}$ y] [$_{SD}$ manzanas]]]

Los defensores de este análisis esgrimen dos tipos de argumentos. Desde el punto de vista estructural, este análisis propone que la conjunción y su complemento forman un constituyente y ello explica que puedan ocurrir en diversos contextos (*y manzanas*), a diferencia del especificador y la conjunción (**peras y*). Desde el punto de vista de los rasgos de selección, son diversas las unidades léxicas que seleccionan sintagmas coordinados, como el adverbio *respectivamente* (*A Pedro y a Rubén les gustan las manzanas y las peras, respectivamente*) o el predicado *parecerse* (*Las manzanas y las peras se parecen*).

4 Perspectivas actuales

Con el cambio de siglo, se ha incrementado el interés hacia el funcionamiento de las conjunciones en el discurso, ya sea introduciendo enunciados independientes o estableciendo relaciones entre enunciados y segmentos discursivos superiores a la oración.

4.1 Conjunciones y marcadores del discurso

Existe consenso en la bibliografía en considerar que el concepto de marcador del discurso es de naturaleza semántico-pragmática y no gramatical, mientras que el concepto de conjunción es de naturaleza gramatical; de modo que no existe una contradicción en considerar que una conjunción puede funcionar como marcador del discurso. Ahora bien, para una explicación adecuada del funcionamiento de las conjunciones como marcadores del discurso, hay que atender a dos cuestiones: las condiciones para que una conjunción funcione como marcador del discurso y el inventario de las conjunciones que funcionan como marcadores del discurso.

Con respecto a la primera cuestión, la definición más extendida de marcador del discurso en la lingüística hispánica se basa en tres criterios (Portolés 1998; Martín Zorraquino y Portolés 1999): (i) son palabras invariables, (ii) no desempeñan una función en la predicación oracional, y (iii) guían las inferencias que se producen en la comunicación. Dado que el primer criterio es característico de las conjunciones como clase gramatical, su funcionamiento como marcador discursivo depende de los dos restantes criterios. En concreto, se puede considerar que las conjunciones actúan como marcadores del discurso cuando introducen oraciones independientes, esto es, que no mantienen una relación de subordinación o coordinación con una oración precedente o siguiente, según el caso. Para comprobar esta independencia, no es posible basarse en la puntuación, que puede obedecer a criterios estilísticos, sino que es mejor recurrir a criterios discursivos, como la posibilidad de iniciar un párrafo en un texto escrito (18) o una intervención en una conversación (19).

(18) ¿Y después de Fidel, qué? (Encuentro digital con Zoé Valdes, [Cuba, 2001], CORPES).
(19) A: oye que no hay agua↑ y yo quiero beber→// mañana hay que comprar agua ¿eh? (Val. Es.Co. 2.0).

En el ejemplo (18), la conjunción *y* encabeza una pregunta dirigida por un lector de un diario a la escritora cubana Zoe Valdés. Dado que los lectores preparan de antemano sus preguntas, no se puede considerar que el enunciado encabezado por *y* constituya una oración coordinada sintácticamente con una oración previa. Resulta más apropiado considerar que *y* funciona como un marcador discursivo de carácter consecutivo. En el ejemplo (19), procedente de una conversación coloquial, la conjunción *que* encabeza una oración que inicia un nuevo tema, tras las risas de los participantes. No resulta posible interpretar la secuencia *que no hay agua* como una oración subordinada sustantiva cuya interpretación depende de un predicado previo, puesto que no existe tal predicado. Por el contrario, se trata de un enunciado independiente con un valor ilocutivo de advertencia (Santos Río 2003: sv. *que*, Gras y Sansiñena 2015).

En su funcionamiento como marcadores del discurso, las conjunciones siguen manteniendo dos propiedades básicas que las distinguen de otras clases de palabras que también pueden desempeñar esta función (Portolés 1998; Pavón 2003, 24; Cuenca 2004): por una parte, se sitúan en posición inicial de su término, rechazando las posiciones intermedia y final; por otra, están unidas sintáctica y prosódicamente a su término, lo que se muestra en la ausencia de pausa entre la conjunción y el término (en una entonación no marcada).

4.2 Usos discursivos de las conjunciones coordinantes

En cuanto al inventario de las conjunciones que pueden funcionar como marcadores del discurso, las conjunciones coordinantes y subordinantes funcionan de forma diferenciada. Las conjunciones copulativas simples (*y*, *ni*, *o*, *pero*) pueden iniciar enunciados independientes (Martín Zorraquino 2010; Porroche 2003), a diferencia de las conjunciones compuestas, que presentan un funcionamiento exclusivamente oracional. El empleo de las conjunciones coordinantes como marcadores discursivos no es exclusivo del discurso oral informal, sino que se encuentra, asimismo en textos escritos (20–21). De hecho, es frecuente que los manuales de escritura desaconsejen su uso en textos escritos formales, lo que demuestra que este mecanismo está consolidado en el uso.

(20) La obra de la artista procede, en este caso, a descubrir y patentizar este hecho. **O** trabaja representaciones de objetos que, aunque oficialmente carecen de valor, son, sin embargo, objeto de la curiosidad, del aprecio o incluso de la veneración de sectores marginales muy amplios (Álvaro Robayo, *La crítica de los valores hegemónicos en el arte colombiano*, [Colombia, 2001], CORPES).

(21) Desde el punto de vista iconográfico, el desconocido artista de la colonia se inspira en una obra homónima de Francisco Zurbarán [...]. **Pero** es oportuno aclarar que hay profundas diferencias entre una y otra versión (Simón Noriega, *Venezuela en sus artes visuales*, [Venezuela, 2001], CORPES).

En estos casos, las conjunciones coordinantes no relacionan cláusulas que constituyen una oración compuesta, sino que introducen enunciados que mantienen con el discurso precedente relaciones de alternativa (20) o contraste (21). No se trata de nuevos valores para estas conjunciones, sino de la interpretación en el discurso de los mismos valores observados en su uso para coordinar unidades menores.[1]

4.3 Usos discursivos de las conjunciones subordinantes

En el caso de las conjunciones subordinantes, la situación es más compleja y afecta casi exclusivamente al discurso oral coloquial (Gras *et al.* en prensa). Es posible identificar tres situaciones en que las conjunciones subordinantes introducen una cláusula que ocupa por sí sola un turno conversacional: (i) construcciones compuestas en el diálogo o coconstrucciones

(Montolío 2011) (22), (ii) construcciones suspendidas (Pérez Béjar 2018) (23) y (iii) construcciones independientes (24).

(22) G02: tú por qué lo sabes
    G01: porque lo sé (COLA, Madrid)
(23) E: mira que si me sale ahora un trabajo que me interesa ¿no?
    L: tía↓ pues no está mal ¿no?
    G: mm si te interesa y encima te va bien/ te es compatible con los estudios↑ (Val.Es.Co.)
(24) A: ¿ya están recogiendo para casarse?
    M: ¡ay!/ claro/ puess
    A: pero si aún es muy joven (Val.Es.Co.)

En los dos primeros casos, las conjunciones mantienen las propiedades formales e interpretativas típicas de los contextos de subordinación. En (22) la cláusula introducida por *porque* se interpreta como el adjunto causal del predicado "lo sé", que se recupera contextualmente a partir de la intervención previa. En (23) el hablante G emite únicamente la prótasis de un período condicional (*si te interesa y encima te va bien/te es compatible con los estudios*), cuya apódosis puede ser reconstruida inferencialmente por el resto de participantes en la interacción ("pues estaría muy bien"). En (24), en cambio, la cláusula encabezada por (*pero*) *si* no presenta las características propias de una prótasis condicional (Schwenter 1999; Gras 2020): (i) no introduce una situación hipotética, sino factual; (ii) rechaza las formas de subjuntivo (**Pero si aún fuera muy joven*); y no presenta la entonación ascendente propia de las prótasis condicionales, como en (24). Por el contrario, esta construcción se interpreta como una aserción de la hablante A, que discursivamente funciona como una premisa que cuestiona la adecuación de la intervención anterior de M ("Dado que es muy joven, cuestiono que te parezca normal que estén ahorrando para casarse").

La posibilidad de subordinar una cláusula a una proposición recuperable contextualmente —como ocurre en (22) y (23)—está abierta, en principio, a cualquier conjunción subordinante, si bien el carácter dialogal de los mecanismos de coconstrucción y suspensión dificulta el empleo de locuciones conjuntivas propias de los registros formales. En cambio, el tercer contexto parece restringido a un número reducido de conjunciones subordinantes, que presentan en estos contextos propiedades formales e interpretativas relativamente idiosincrásicas, esto es, no predecibles a partir del funcionamiento de estos mismos elementos en contextos de subordinación (Gras 2011). La bibliografía ha identificado usos independientes para <*como si* + subjuntivo> (*¡Como si no lo supiera!*), <*ni que* + subjuntivo> (*¡Ni que fuera tu madre!*) y <*para que* + subjuntivo> (*Para que luego digas que no te ayudo*), además de las construcciones con *que* y *si* ya ejemplificadas.

Las construcciones con *que* resultan especialmente complejas. Si bien no existe acuerdo en la bibliografía sobre cuántos tipos conviene postular, es posible distinguir tres patrones formales en función de la selección modal. Un primer patrón selecciona siempre subjuntivo con una interpretación imperativo-desiderativa[2] (25). Un segundo patrón selecciona indicativo para expresar diversos valores discursivos, como el contraste (26). Y un tercer patrón alterna indicativo y subjuntivo con valor citativo: indicativo para reproducir enunciados declarativos, interrogativos y exclamativos (27), y subjuntivo para reproducir enunciados imperativos (28).

(25) Ándale hija, que te vaya bien (Ameresco, Ciudad de México).
(26) G01: nadie sabe que cómo es dios
    G33: que la biblia dice que dios nos hizo a su semejanza (COLA, Santiago de Chile)

(27) JX4: no querías hacer nada
　　　G04: qué/
　　　JX4: que no querías hacer nada (COLA, Buenos Aires)
(28) J02: pero pruébatela
　　　G01: que no me la voy a probar
　　　J02: que te la pruebeess (COLA, Madrid)

Desde una perspectiva formal, los usos independientes de las conjunciones se han relacionado con los enunciados exclamativos (Bosque 2017) y sus propiedades se han explicado a partir de la posición que estas conjunciones ocupan en el margen izquierdo de la oración, como lexicalizaciones de categorías como la evidencialidad o la fuerza ilocutiva (Demonte y Fernández Soriano 2009; Etxepare 2010; Rodríguez Ramalle 2015; Corr 2017). Desde una perspectiva funcional, estos usos se han explicado como marcadores del discurso (Porroche 2003; Martín Zorraquino 2010) e interlingüísticamente se han relacionado con el fenómeno de la insubordinación, el uso independiente de construcciones formalmente subordinadas (Evans 2007). Desde esta última perspectiva, se ha señalado que los usos independientes de las conjunciones de subordinación llevan a cabo dos grandes funciones (Gras 2011, 2016): expresar tipos oracionales menores, como los imperativos-desiderativos de (25) y expresar conexión en la interacción, como el contraste (26) o la reiteración (27, 28).

5 Direcciones futuras y conclusiones

El recorrido realizado en este capítulo abre dos vías de investigación: empírica y teórica. Desde una perspectiva empírica, son necesarios trabajos que describan el uso de las conjunciones en corpus representativos de la diversidad discursiva y geográfica del español por diversos motivos. En primer lugar, los trabajos de referencia suelen listar las conjunciones del español sin señalar de forma sistemática si se trata de elementos de uso general o bien si poseen especificaciones de registro o variedad. En segundo lugar, faltan inventarios exhaustivos de las locuciones conjuntivas del español organizadas semánticamente. Las panorámicas existentes (Pavón 1999; § NGLE: 31) están organizadas según su pauta de construcción (<preposición + *que*>, <adverbio + *que*>, etc.), puesto que presentan un objetivo eminentemente gramatical. Sin embargo, dado que las locuciones conjuntivas se cuentan entre los mecanismos típicos de la conexión oracional y textual (Cuenca 2004), repertorios detallados de estas formas pueden resultar útiles para los profesionales de la enseñanza de lenguas (maternas y extranjeras), así como de la traducción y la interpretación. En relación con este último punto, son necesarios trabajos que aborden de forma integral el funcionamiento intraoracional y extraoracional de las conjunciones.

Pasando a la dimensión teórica, cabe plantearse si las conjunciones constituyen una clase gramatical unitaria. Según hemos podido observar a lo largo del capítulo, es posible identificar una serie de subparadigmas, que comparten ciertos rasgos formales e interpretativos:

(i) Conjunciones coordinantes simples (*y/e, ni, o/u, pero, sino*): son elementos muy frecuentes, de significado general, que pueden seleccionar términos de muy amplio nivel estructural, incluyendo unidades supraoracionales (sin un primer miembro explícito).
(ii) Conjunciones coordinantes correlativas (*tanto … como, tanto … cuanto …, sea … sea …*): son elementos poco frecuentes en registros informales, con un funcionamiento exclusivamente oracional y bimembre.
(iii) Conjunciones subordinantes completivas (o complementantes) (*que, si*): son elementos muy frecuentes, de significado exclusivamente gramatical, que se integran con su término en un

constituyente de una categoría superior y que solo en ciertas condiciones pueden introducir enunciados independientes (insubordinación).
(iv) Conjunciones subordinantes léxicas (*mientras, como, si, aunque*, etc.): son elementos con significado léxico, que no se integran habitualmente en un constituyente de una categoría superior y que solo en ciertas condiciones pueden introducir enunciados independientes (insubordinación).

Todos estos elementos tienen en común tres características: (i) la invariabilidad; (ii) la posición inicial de su término, con el que constituyen una unidad entonativa (a excepción de las conjunciones correlativas que presentan dos términos) y (iii) la posibilidad de seleccionar términos con un verbo finito. Ahora bien, las diferencias son múltiples en cuanto a los significados expresados, sus restricciones de registro y los contextos sintácticos en que pueden ocurrir.

Notas

1 El caso de la conjunción *ni* es especial en este sentido, puesto que, cuando encabeza un único elemento (*¡Ni hablar!*), adopta un significado escalar, que la acerca a los adverbios de foco. Sobre este valor, véanse Albelda y Gras (2011) y Martí (2020).
2 Existe un segundo patrón con subjuntivo, mucho menos frecuente, que recibe una interpretación evaluativa de tipo negativo: *[Es inaceptable] que tenga que verme en esta situación*. Para un análisis, véase Gras y Sansiñena (2017).

Lecturas complementarias recomendadas

Pavón Lucero (2003); Porroche (2003); Jiménez Juliá (2011)

Referencias bibliográficas

Albelda, M. y P. Gras. 2011. "La partícula escalar *ni* en el español coloquial". En *Gramática y discurso. Nuevas aportaciones sobre partículas discursivas del español*, eds. R. González Ruiz y C. Llamas, 11–30. Pamplona: EUNSA.
Ameresco: Albelda, M. y Estellés, M. *Corpus Ameresco*. (www.corpusameresco.com).
Bosque, I. 1990. *Las categorías gramaticales: relaciones y diferencias*. Madrid: Síntesis.
Bosque, I. 1994. "La negación y el principio de las categorías vacías". En *Gramática del español*, ed. V. Demonte, 167–199. México: El Colegio de México.
Bosque, I. 2017. "Spanish Exclamatives in Perspective: A Survey of Properties, Classes, and Current Theoretical Issues". En *Advances in the Analysis of Spanish Exclamatives*, ed. I. Bosque, 1–52. Ohio: Ohio University Press.
Bosque, I. y J. Gutiérrez-Rexach. 2009. *Fundamentos de sintaxis formal*. Madrid: Akal.
COLA: Jørgensen, A. *Corpus Oral del Lenguaje Adolescente*. (www.colam.org/om_prosj-espannol.html).
CORPES: Real Academia Española. *Corpus del Español del Siglo XXI*. (http://rae.es/recursos/banco-de-datos/corpes-xxi). Versión 0.94.
Corr, A. V. 2017. *Ibero-Romance and the Syntax of the Utterance*. Tesis doctoral. Universidad de Cambridge.
Cuenca, M. J. 2004. *La connexió i els connectors*. Vic: Eumo.
Cuenca, M. J. 2013. "The Fuzzy Boundaries between Discourse Marking and Modal Marking". En *Discourse Markers and Modal Particles. Categorization and description*, eds. L. Degand, B. Cornillie y Paola Pietrandrea, 181–216. Ámsterdam: John Benjamins.
Demonte, V. y O. Fernández-Soriano. 2009. "Force and Finiteness in the Spanish Complementizer System". *Probus* 21: 23–49.
ENGLE: Real Academia Española. 1973. *Esbozo de una nueva gramática de la lengua española*. Madrid: Espasa.
Etxepare, R. 2010. "From Hearsay Evidentiality to Samesaying Relations". *Lingua* 120: 604–627.
Evans, N. 2007. "Insubordination and Its Uses". En *Finiteness: Theoretical and Empirical Foundations*, ed. I. Nikolaeva, 366–431. Oxford: Oxford University Press.
Gras, P. 2011. *Gramática de Construcciones en Interacción*. Tesis doctoral. Universitat de Barcelona.

Gras, P. 2016. "Revisiting the Functional Typology of Insubordination: Insubordinate *que*-Constructions in Spanish". En *Insubordination*, eds. N. Evans y H. Watanabe, 113–144. Ámsterdam: John Benjamins.
Gras, P. 2020. "Construcciones gramaticales y ubicación discursiva: sobre la construcción independiente <*si* + indicativo>". En *Pragmática del español hablado*, eds. A. Cabedo y A. Hidalgo, 211–226. Valencia: Universitat de València.
Gras, P., S. Pérez y F. Brisard. En prensa. "Quotative *que* Constructions in Spanish: A Corpus-Based Constructional Approach". En *Constructions in Spanish*, eds. I. Hennecke y E. Wiesinger. Ámsterdam: John Benjamins.
Gras, P. y S. Sansiñena. 2015. "An Interactional Account of Discourse-Connective *que*-Constructions in Spanish". *Text & Talk* 35(4): 505–529.
Gras, P. y S. Sansiñena. 2017. "Exclamatives in the Typology of Insubordination: Evidence from Spanish Complement Insubordination". *Journal of Pragmatics* 115: 21–36.
Halliday, M. A. K. y R. Hassan. 1976. *Cohesion in English*. London: Longman.
Jiménez Juliá, T. 2011. "Conjunciones y subordinación en español". *Verba* 38: 7–50.
Johanessen, J. B. 1998. *Coordination*. Oxford: Oxford University Press.
Langacker, R. 2008. *Cognitive Grammar: A Basic Introduction*. Oxford: Oxford University Press.
Larson, R. K. 1990. "Extraction and Multiple Selection in PP". *The Linguistic Review* 7: 169–182.
Martí, M. 2020. "Construcciones fraseológicas y frasemas gramaticales con *ni* incoordinado". *Romanica Olomucensia* 32(1): 112–126.
Martín Zorraquino, M. A. 2010. "Los marcadores del discurso y su morfología". En *Los estudios sobre marcadores del discurso en español, hoy*, eds. Ó. Loureda y E. Acín, 93–181. Madrid: Arco.
Martín Zorraquino, M. A. y J. Portolés. 1999. "Los marcadores del discurso". En *Gramática descriptiva de la lengua española*, eds. I. Bosque y V. Demonte, vol. 3, 565–655. Madrid: Espasa.
Montolío, E. 2011. "Gramática y conversación: oraciones compuestas construidas en el diálogo". En *Sintaxis y análisis del discurso hablado en español*, eds. J. J. de Bustos *et al.*, 313–324. Sevilla: Universidad de Sevilla.
NGLE: Real Academia Española y Asociación de Academias de la Lengua Española. 2009–2011. *Nueva gramática de la lengua española*. Madrid: Espasa. (www.rae.es/recursos/gramatica/nueva-gramatica).
Pavón Lucero, M. V. 1999. "Clases de partículas: preposición, conjunción y adverbio". En *Gramática descriptiva de la lengua española*, eds. I. Bosque y V. Demonte, vol. 1, 565–655. Madrid: Espasa.
Pavón Lucero, M. V. 2003. *Sintaxis de las partículas*. Madrid: Visor.
Pérez Béjar, V. 2018. *Pragmagramática de las estructuras suspendidas*. Tesis doctoral. Sevilla: Universidad de Sevilla.
Porroche, M. 2003. "Aspectos discursivos en el uso de algunas conjunciones españolas". *Oralia* 6: 259–282.
Portolés, J. 1998. *Los marcadores del discurso*. Barcelona: Ariel.
Rodríguez Ramalle, T. 2015. *Las relaciones sintácticas*. Madrid: Síntesis.
Rojo, G. 1978. *Cláusulas y oraciones*. Santiago: Universidade de Santiago de Compostela, anejo de *Verba* 14.
Ruiz Gurillo, L. 2002. *Las locuciones en español actual*. Madrid: Arco.
Sansiñena, S. 2015. *The multiple functional load of* que. Tesis doctoral. Universidad de Lovaina.
Santos Río, L. 2003. *Diccionario de partículas*. Salamanca: Luso-Española.
Schwenter, S. 1999. "Meaning and Interaction in Spanish Independent *si*-Clauses". *Language Sciences* 58: 22–34.
Val.Es.Co.: Briz, A. y grupo Val.Es.Co. 2002. *Corpus de conversaciones coloquiales*. Madrid: Arco.

37

Los marcadores discursivos

(Discourse markers)

Asela Reig Alamillo

1 Introducción

En las últimas décadas, se ha observado un auge en los estudios sobre marcadores discursivos en español (Portolés 1998; Martín Zorraquino y Portolés 1999; Placencia y Fuentes 2019; Messias *et al.* 2020). Los marcadores del discurso (unidades lingüísticas como *sin embargo, es más, con todo, mira, pues, al fin y al cabo, bueno*) habían quedado relegados de las descripciones y teorías lingüísticas principalmente por encontrarse fuera de la sintaxis oracional y no aportar significado proposicional. Intuitivamente, estas expresiones se asociaban con valores discursivos o interaccionales que, hasta hace unas décadas, no contaban con marcos teóricos rigurosos en los estudios lingüísticos. A medida que se desarrollan las herramientas teóricas para aproximarse a los significados y funciones que este grupo de unidades lingüísticas cumplen en el discurso y en la interacción, despega la imparable bibliografía sobre marcadores. El presente capítulo ofrece un acercamiento a los marcadores discursivos del español, los significados que estos aportan al enunciado y las principales clases de marcadores analizados en la bibliografía, y presenta algunas aproximaciones actuales al estudio de los marcadores, que se han convertido en un objeto de estudio prioritario en la interfaz entre gramática, pragmática, discurso y cognición.

Palabras clave: marcadores discursivos; partículas discursivas; conectores; significado procedimental; funciones discursivas

In the last decades, the literature on discourse markers has seen a rapid growth, both in Spanish and other languages (Portolés 1998; Martín Zorraquino y Portolés 1999; Placencia y Fuentes 2019; Messias et al. 2020). Discourse markers (linguistic units such as *sin embargo, es más, con todo, mira, pues, al fin y al cabo, bueno*) had been ignored in linguistic descriptions, mainly on the grounds that they do not participate in the syntactic construction of the clause, nor do they contribute propositional meaning to the sentence. Intuitively, these expressions were associated with discourse or interactional values which, until some decades ago, were not supported by rigorous theoretical frameworks in linguistic studies. As suitable theoretical tools to approach the meanings and functions of this group of linguistic units developed, the wave of literature on discourse markers took off. This chapter offers an overview of Spanish discourse markers, the meanings that they contribute to the discourse and their main classes, and introduces some of the current approaches to discourse markers, which have become a critical object of study in the interface between grammar, pragmatics, discourse and cognition.

Keywords: discourse markers; discourse particles; connectives; procedural meaning; discourse functions

2 Conceptos fundamentales

Muchos son los términos empleados en la bibliografía para designar al tipo de unidades lingüísticas que aquí nos ocupan. Además de marcadores discursivos o del discurso, se emplean "marcadores pragmáticos", "partículas discursivas" o "pragmáticas", "operadores discursivos", "conectores" —los dos últimos, otras veces como hipónimos de los primeros— o "enlaces extraoracionales y supraoracionales", entre otros. La diversidad terminológica, existente también en otras lenguas, responde en general a diferencias en los enfoques teóricos con que se abordan estas unidades lingüísticas (Garcés 2008). Las siguientes páginas ofrecen un acercamiento a los marcadores discusivos, su significado y las principales clases de marcadores descritos en la bibliografía, así como un breve recorrido por algunas de las perspectivas teóricas desde las que se observan estas unidades lingüísticas.

A falta de una definición unánimemente aceptada de los marcadores discursivos, resulta útil revisar en este apartado algunos de los criterios generalmente mencionados como definitorios de la clase de marcadores discursivos, que constituyen conceptos fundamentales en su investigación.

En primer lugar, la clase de los marcadores del discurso no se corresponde con una categoría gramatical. Bajo el término de marcador del discurso se incluyen palabras pertenecientes a, y provenientes de, varias categorías gramaticales: conjunciones (*pero, pues*); adverbios y locuciones adverbiales (*además, por tanto, con todo, así*); vocativos o formas apelativas de origen nominal (*hombre, m'hijo*) o verbal (*anda, mira, oye, fíjate*), así como otras construcciones sintagmáticas (*o sea, lo que pasa es que, ahora sí que, a saber, así las cosas*). La clase de los marcadores del discurso, por tanto, no es una categoría gramatical, sino un conjunto de unidades caracterizadas por su función o significado pragmático.

Esta característica y el hecho de que, con frecuencia, una misma unidad tenga el doble valor de marcador discursivo y de una de las mencionadas categorías gramaticales, tiene repercusiones interesantes en la discusión teórica sobre los límites de las categorías —especialmente, aunque no solo, acerca de la categoría de las conjunciones— y otorga al estudio de los marcadores discursivos un lugar especialmente relevante para la descripción y el análisis de la interfaz sintaxis-pragmática/discurso. Además, la pertenencia de los marcadores discursivos a diferentes categorías gramaticales es clave en la explicación de sus posibilidades de ocurrencia. Por ejemplo, Portolés (1998, 54) señala e ilustra que los marcadores que son conjunciones coordinantes no pueden aparecer tras la conjunción *que* (1a) pero los marcadores que son adverbios sí tienen esa posibilidad (1b).

(1) a *Dijo que era rico y añadió **que pero** ahorraba mucho.
    b Dijo que era rico y añadió **que, sin embargo**, ahorraba mucho.

Un segundo rasgo comúnmente considerado en las definiciones de marcadores discursivos es la fijación de su forma: son unidades lingüísticas típicamente invariables, aunque esta fijación formal puede no ser total, ya que algunos marcadores discursivos aceptan un cierto grado de alternancia morfológica como *oye/oiga*, o sintagmática, como *ahora sí que/ahora sí*.

En tercer lugar, los marcadores discursivos, en general, no participan de las relaciones sintácticas de la oración. De nuevo, esta característica no es categórica y la bibliografía señala la diferencia entre los marcadores que cumplen este rasgo y un pequeño grupo de marcadores que están, de hecho, integrados en constituyentes con función sintáctica en la oración, como el operador focal *hasta* en *Hasta Luisa llegó puntual*, integrado en el sujeto oracional.

Un cuarto rasgo señalado con frecuencia es que los marcadores discursivos suelen mostrar libertad de posición con relación al fragmento discursivo al que acompañan: aunque parece haber una cierta tendencia discursiva a ubicarlos al comienzo del enunciado (2), son numerosos los ejemplos de empleos en diversas posiciones, como se ilustra en (3).

(2) E: **pero igual ni modo/o sea como que/también** tienes que hacer tu vida porque ... (PRESEEA México).

(3) a ellos dependen generalmente del juicio de una sola persona, **por cierto** muy calificada, que visita el país respectivo (Prensa, 2004, CREA España).
  b la "dedocracia" hizo su show. Muy parecido, **por cierto**, al de los conocidos cuarenta años de manos peludas y decisiones cogolléricas. (Prensa, 2000, CREA Venezuela).
  c Y en una carta, muy elogiosa **por cierto**, que me enviaron desde una Universidad (Prensa, 2000, CREA Panamá).

En términos de su prosodia, los marcadores discursivos constituyen con frecuencia su propio grupo fónico y son descritos como incisos entonativos, delimitados por pausas en el discurso oral, aunque ciertamente tampoco este rasgo es constante en las unidades incluidas bajo el paraguas de la marcación discursiva.

Por último, el rasgo considerado principal en la definición de la clase de los marcadores discursivos consiste en que su significado no es significado conceptual, sino que aportan al enunciado unas instrucciones de procesamiento o cumplen en el discurso una función pragmático-discursiva. Esta característica constituye la base de las definiciones o consideraciones de los marcadores discursivos como una clase o categoría pragmática (Pons 2006; Garcés 2008) y buena parte de la bibliografía dedicada a estas unidades lingüísticas se centra precisamente en abordar qué tipo de significado es este: ¿qué valores semántico-pragmáticos y/o interaccionales codifican los diferentes tipos de marcadores discursivos?, ¿qué funciones cumplen estos elementos en el discurso y en la interacción? A revisar brevemente las respuestas a estas preguntas dedicaremos el apartado 3.

Asimismo, las diferencias en cuanto a si estos rasgos se consideran necesarios o no en la definición de un marcador explica en buena medida las discrepancias en la bibliografía respecto a los límites de la categoría. Diferentes respuestas a preguntas como qué grado de fijación debe tener una forma lingüística para ser considerada un marcador, puede o no el marcador estar integrado en una unidad sintáctica, o es o no posible que un marcador discursivo mantenga el significado conceptual de sus componentes, explican las discrepancias respecto a qué unidades se incluyen como marcador discursivo en diferentes investigaciones (para un análisis detallado, véase Pérez y Patiño 2014, 124).

3 Aproximaciones teóricas

En este apartado se presentarán e ilustrarán los principales tipos de marcadores discursivos y los diversos valores semántico-pragmáticos que se adjudican a estas unidades.

Una primera distinción que permea en los estudios sobre marcadores es la que diferencia los conectores de los operadores discursivos. Los conectores son marcadores que indican el tipo de relación que debe interpretarse entre dos miembros explícitos del discurso (4) o entre uno explícito y uno implícito pero accesible.

(4) en el estudio/le flojea mucho/y **además** está en una etapa así como de cambios (PRESEEA México).

En (4), el conector *además* vincula "le flojea mucho" y "está en una etapa de cambios" y especifica el tipo de conexión, aditiva en este caso, que debe interpretarse entre ambos. Por su parte, los operadores afectan a un solo miembro discursivo, sin relacionarlo con un fragmento discursivo anterior. En (5), por ejemplo, *desde luego* no vincula dos miembros discursivos, sino que aporta al enunciado un valor de refuerzo argumentativo que no se encontraría sin el marcador.

(5) Los paparazzi no son, **desde luego**, periodistas (Prensa, 1997, CREA, Argentina).

Vinculen o no dos fragmentos discursivos, los marcadores aportan al enunciado un significado no conceptual, frecuentemente capturado con el término de "significado procedimental", procedente de la Teoría de la Relevancia. Desde este enfoque, los marcadores no contribuyen al significado vericondicional del enunciado, pero sí a su procesamiento, ofreciendo unas instrucciones semánticas rígidas que guían el proceso inferencial del oyente y condicionan la interpretación del enunciado (Martín Zorraquino y Portolés 1999; Murillo 2010). Un ejemplo: en (6), ante la respuesta de B, la inferencia de si A querrá o no sopa dependerá de la información compartida entre los hablantes respecto a, por ejemplo, los gustos culinarios o las alergias alimenticias del interlocutor. En cambio en B', *lo que pasa es que* guía, por su significado procedimental, a interpretar que el hecho de que la sopa sea de cebolla es causa de que A no vaya a tomarla, o lo vaya a hacer con cierto desagrado. Guía, de esta manera, la inferencia que se obtendrá del enunciado.

(6) A: Tengo hambre, ¿hay algo de comer?
    B: Hay sopa. Es de cebolla.
    B': Hay sopa. **Lo que pasa es que** es de cebolla.

Desde este enfoque, los marcadores codifican una o varias instrucciones de procesamiento, descritas a partir de conceptos teóricos procedentes de la semántica y la pragmática, que permiten agruparlos en clases. A continuación, se detallan algunas de estas clases y el tipo de instrucciones o valores de significado que codifican.

Nos referiremos en primer lugar a los marcadores argumentativos. La Teoría de la argumentación en la lengua de J.C. Anscombre y O. Ducrot y los conceptos de orientación, fuerza y escala argumentativa han ofrecido un marco teórico muy fructífero para capturar el significado de numerosos marcadores del discurso. Así, por ejemplo, tanto *sin embargo* como *además* y *por tanto* en (7) pertenecen al grupo de los conectores, pues vinculan dos miembros discursivos. No obstante, lo hacen aportando al enunciado significados diferentes, en virtud de sus diferentes instrucciones argumentativas.

(7) a   me gusta mucho la Floresta/ **sin embargo** yo creo que prefiero vivir al sur/ (PRESEEA Colombia).
    b   me gusta mucho la Floresta/ **además** yo creo que prefiero vivir al sur/.
    c   me gusta mucho la Floresta/ **por tanto** yo creo que prefiero vivir al sur/.

En (7a), *sin embargo* fuerza a interpretar que "me gusta mucho la Floresta" y "yo creo que prefiero vivir al Sur" son argumentos que orientan hacia conclusiones contrarias. Este marcador, junto con otros como *en cambio, por el contrario* o *no obstante*, pertenece al grupo de los conectores contraargumentativos. En (7b), *además* lleva a interpretar que los dos miembros del discurso argumentan hacia la misma conclusión. Por ello, pertenece a la clase de los conectores aditivos, junto con otros marcadores como *encima* o *incluso*. Por último, *por tanto* (7c) pone en relación un argumento (me gusta mucho la Floresta) con la conclusión hacia la que argumenta (yo creo que prefiero vivir al Sur), y pertenece al grupo de los conectores consecutivos, junto con *en consecuencia, de ahí que, por eso* o *así pues*.

Para incidir en la idea de que son los marcadores los que codifican, como parte de su significado, estas instrucciones argumentativas, es útil observar que, para un lector desconocedor de la geografía colombiana, es la presencia de cada uno de los conectores lo que le lleva a inferir una relación de contraargumentación en (7a) —e inferir por tanto que la Floresta no está al Sur—, una relación aditiva en (7b) y una consecutiva en (7c), infiriendo necesariamente que la Floresta está, según el hablante, en el Sur. En este mismo sentido, nótese que el hecho de que estas instrucciones argumentativas sean parte del significado convencional del marcador explica que, para un lector conocedor de que la Floresta no está en el Sur, la presencia de *por tanto* en (7c) hará que el enunciado resulte inadecuado, pues la inferencia que el marcador le obliga a obtener choca con su conocimiento previo. Junto con datos de corpus, por tanto, la modificación del contenido lingüístico y de la información compartida o contextual en los ejemplos permite poner a prueba qué instrucciones componen el significado de determinado marcador.

Entre los marcadores que codifican instrucciones argumentativas se encuentran igualmente operadores. Los operadores focales escalares, como *incluso, hasta, ni siquiera* o *al menos* convocan alternativas al elemento focal sobre el que tienen alcance, "las personas bien mayores" en (8), y codifican una relación escalar entre el elemento focal y dichas alternativas.

(8) a la gente a veces ya no le gusta tanto que la traten de usted/más bien prefieren que la tuteen ¿no? // **incluso** las personas bien mayores ¿no? (PRESEEA Perú).

En (8), la presencia de *incluso* ubica a "las personas bien mayores" en una escala argumentativa junto con otras alternativas discursivas como "los jóvenes", "los adultos", etc., de tal manera que el operador guía la interpretación de que las personas mayores serían aquellas de las que menos se esperaba que prefirieran ser tuteadas, ubicando "las personas bien mayores" en un extremo de la escala argumentativa.

La segunda gran clase que nos ocupa es la de los marcadores de formulación, que agrupa a los marcadores discursivos cuya instrucción semántica se relaciona con la propia formulación del discurso. Estos marcadores codifican la valoración del hablante respecto a la propia formulación lingüística, que puede señalarse por ejemplo como adecuada o inadecuada (*ma qué*, usada en Argentina para descalificar un miembro discursivo anterior), definitiva (*ahora sí que*), mejorada respecto a una anterior (*digo*), aproximada (*por decirlo así, digamos*), cancelable, etc. (Murillo Ornat 2016). Los reformuladores (*o sea, es decir, de todos modos, este, digo*) se encuentran en este grupo y, aunque con frecuencia vinculan dos elementos explícitos (9), su función principal es señalar el valor que el hablante otorga a la formulación del miembro discursivo al que acompañan. Por ello, es frecuente que se empleen como operadores, sin que aparezca un primer miembro discursivo reformulado (10).

(9) Yo soy juez de fútbol y de microfútbol/**o sea/**yo manejo juzgamiento (PRESEEA Colombia).

(10) E: ¿cómo hubiera querido que fuera su casa?
I: pues a ver!/el anhelo de uno es una casa más grande/con dos/tres alcobitas/y tener uno facilidades de tener mucha cosa/ que le hace falta/pero/**o sea**/uno sin empleo/fuera de eso/hay que esperar a ver qué/qué nos llega (PRESEEA Colombia).

Entre los marcadores de formulación se incluyen en general los llamados operadores de refuerzo argumentativo, que instruyen a interpretar que el miembro discursivo que acompañan tiene más fuerza argumentativa o relevancia informativa que otros posibles elementos discursivos. A este grupo pertenecen *al fin y al cabo, después de todo, al menos, de todos modos, de todas maneras* o *en cualquier caso*.

En tercer lugar, algunos marcadores aportan instrucciones sobre la organización y la estructura de la información en el discurso. Este grupo de marcadores (estructuradores de la información u ordenadores del discurso) contribuye, con sus instrucciones de significado, al subproceso de organización de la información que el emisor lleva a cabo necesariamente en la producción lingüística. En este gran grupo se incluyen marcadores que señalan un fragmento discursivo como una continuación del mismo tópico abierto en el discurso (*asimismo, entonces*) o como un cambio de tópico o una digresión (*por cierto, a propósito, a todo esto*). También se incluyen aquí marcadores que ordenan la información, por ejemplo, presentando dos o más miembros del discurso como partes de un mismo contenido informativo (*por una parte, por otra; por un lado, por otro*), o aquellos que señalan un fragmento discursivo como fragmento de cierre (*total; y punto; finalmente*).

En cuarto lugar, suele señalarse una clase de marcadores cuyo significado contribuye a la modulación de la aserción y que se describen como centrados en la actitud del hablante (Garcés 2008, 323). Esta clase incluye marcadores que indican el nivel de certeza del hablante o de compromiso respecto al contenido del enunciado (valores epistémicos) o aportan información sobre la fuente de la información (valores evidenciales). Se incluyen unidades como *por supuesto, la verdad, claro, de veras, por lo visto, igual, lo mismo, por ahí, según* o *dizque*.

(11) dicen que va a ser el 28 el juego de el Real Madrid y el Barcelona (sic)/que **por supuesto** va a ganar el Barcelona (PRESEEA Cuba).
(12) yo no sé de carta que haya dejado mi mamá/ hasta ahorita no/ mi mamá ya va a cumplir más de dos años/ que falleció/ y nunca me han enseñado la tal carta/ que dejó mi mamá/ que **según** dejó una carta que luego apa-/fueron tres cartas no sé/ **según** el departamento se lo dejó a mi sobrina/ a la hija de mi hermana la más chica/ **¡según!**/ mh/ (PRESEEA México).

De nuevo, incluir un marcador de este tipo en un enunciado condiciona la interpretación del mismo y, consecuentemente, las posibilidades de continuación del discurso: resulta inadecuado incluir un marcador que señala que la fuente de conocimiento del contenido no es directa (*según*) y, a la vez, indicar explícitamente el conocimiento directo y la consecuente certeza (#Mi mamá según dejó una carta, que yo he visto).

Por último, hay marcadores discursivos que cumplen funciones interaccionales o conversacionales. En este grupo, más heterogéneo que los anteriores, se incluyen marcadores que contribuyen al establecimiento y mantenimiento de la propia interacción lingüística y la relación entre los participantes en esta interacción. Estos marcadores pueden servir para apelar a la atención del oyente (marcadores de control de contacto como *oye, mira, escucha*) y comprobar que se mantiene esa atención o el acuerdo del interlocutor. Entre estos se ubican las formas interrogativas como *¿ves?, ¿entiendes?, ¿cachái/cacháis?, ¿estamos?, ¿sabes?, ¿no?, ¿eh?* y no interrogativas, como *ya sabes, ya ves (que)*.

(13) porque pasáis rabias con tu mamá o con tus tías/o con las viejas culeadas/**cacháis** / o primos/**cacháis/**pero con los amigos lejos la mejor (PRESEEA Chile).

Son considerados también marcadores conversacionales aquellos que contribuyen a la relación interpersonal entre los hablantes (establecer o favorecer una relación de solidaridad o cercanía, o mitigar una relación jerárquica existente en el contexto, por ejemplo) y cuyo aporte al enunciado se describe principalmente en términos de cortesía lingüística (*ándale, hombre, mujer*) (Briz 1998).

El análisis y descripción de los marcadores discursivos requiere no solo caracterizar a determinado marcador como perteneciente a una de las clases propuestas en las diferentes taxonomías. Más difícil es identificar en qué coinciden y difieren los significados de los diferentes marcadores dentro de una misma clase. Para esta empresa, resulta esencial considerar que el significado de un marcador, con frecuencia, combina instrucciones de más de un tipo y es preciso, además, encontrar contextos discursivos en los que uno de ellos no resulta adecuado pragmáticamente. Obsérvese (14) y (15), donde contrastan los reformuladores *o sea* (en los ejemplos originales del corpus) y *esto es*.

(14) en cosas que sean legales **o sea/esto es** que sean buenas para uno y para el país (PRESEEA Colombia).

(15) en esa época // el semáforo de rojo y pasaba a naranja y ellos ahí mismo arrancaban // **o sea/#esto es** era un desastre total (PRESEEA Colombia).

Portolés (1998, 123) explica que los reformuladores *o sea* y *esto es* comparten la instrucción de reformulación, pero difieren en su instrucción informativa: *esto es* solo puede introducir una reformulación que responde al mismo tópico (¿Cómo son las cosas? legales/buenas para uno y para el país) mientras que *o sea* permite, además, introducir un tópico distinto, como en (15) (¿Qué ocurría? El semáforo pasaba a naranja y ellos arrancaban; ¿Cómo era? Un desastre total). *Esto es* resulta inadecuado en este último caso.

En resumen, el análisis de los marcadores discursivos tiene como objetivo capturar el significado que cada uno de ellos aporta al enunciado y sistematizar los tipos de instrucciones o valores de significado que codifican. Los diversos enfoques para lograr este objetivo, así como otras perspectivas recientes desde las que se analizan los marcadores discursivos en las últimas décadas, serán revisados en el siguiente apartado.

4 Perspectivas actuales

La investigación actual sobre marcadores discursivos continúa siendo considerablemente fructífera y, lo que es más interesante, se abre desde hace algunos años a diversas perspectivas que enriquecen nuestro conocimiento sobre el valor y el uso de estas unidades lingüísticas. Este apartado hará un repaso de algunas de las perspectivas actuales en el estudio de los marcadores discursivos, con el fin de ofrecer una imagen al menos esquemática de las diversas aristas que conforman actualmente esta investigación.

Por el tipo de respuesta que se da a la pregunta ¿qué aporta el marcador discursivo al enunciado?, pueden diferenciarse dos perspectivas teóricas en la bibliografía. Por un lado, se encuentran los trabajos que hacen uso del concepto de significado procedimental, arriba presentado, para capturar el significado de los marcadores discursivos. En general, estos estudios tienen un enfoque monosémico y tratan de encontrar el significado nuclear, convencional, asociado al marcador discursivo en cuestión en todas sus ocurrencias, evitando así multiplicar los significados más allá de lo imprescindible. Desde este enfoque se da cuenta de la sensibilidad contextual de los marcadores estableciendo que un mismo marcador puede cargarse de diversos sentidos o efectos de sentido en sus usos discursivos, o emplearse para ciertas funciones conversacionales, que emergen de su significado nuclear y el contexto. Por otro lado, están las investigaciones que responden a la pregunta empleando el concepto de función pragmática o discursiva (Pons 2006; Pérez y Patiño 2014). Desde esta perspectiva funcional, la clase de los marcadores se considera una clase pragmática de palabras que cumplen una macrofunción, la marcación discursiva (Pons 2006), que puede ser subcategorizada en funciones que se cumplen en diversos planos o dimensiones del discurso. Los distintos tipos de marcadores cumplen en el discurso una o, con mucha frecuencia, varias funciones discursivas, por lo que se favorece desde este enfoque un análisis polisémico de los marcadores. Por ejemplo, *¿eh?* en (16) (ejemplo 14 en Pons 2006) señala, según el análisis del autor, una función interactiva entre los participantes de la conversación y, simultáneamente, una función de regulación al marcar el final del constituyente.

(16) D: pasa Fanta// hay que beberse —aún queda un litro y medio **¿eh?**

La diferencia entre ambas perspectivas puede ilustrarse con el empleo de *lo que pasa es que* en (17) y (18). Un enfoque monosémico y basado en el concepto de significado procedimental trata de ofrecer un significado constante del marcador *lo que pasa es que*, analizando qué instrucciones codifica en todos sus empleos. Se propone, entonces, un significado nuclear que, para nuestros fines, podemos resumir así: dado un enunciado *p, lo que pasa es que q*, el marcador guía la inferencia de que *porque q, no p* (Reig 2011). Este valor debe poder recuperarse en todas las ocurrencias del marcador. En (17), porque "para vestir había pensado comprarme un traje entero (q), no llevaré una camisa de tonos suaves y una corbata tostada" (p); en (18), porque "ahora en verano es horroroso [el calor] (q), no ando" (p). A partir de ese significado nuclear pueden derivarse sentidos contextuales o funciones discursivas como la de introducir respuestas no preferidas en el diálogo (17) o dar una justificación (18).

(17) A: ... con una camisa así, de tonos suaves, y una corbata tostada te quedaría muy bien
       B: Ya, **lo que pasa es que** para vestir había pensado comprarme un traje entero (Millás, El desorden de tu nombre, 1988, CREA España).
(18) I: me gusta mucho andar.
       E: ¿sí?
       I: me gusta mucho andar // intento andar/**lo que pasa es que** ahora en verano es que es horroroso/es que o te levantas a las seis de la mañana y te vas a andar a las seis de la mañana // o es que ya no puedes andar en todo el día (PRESEEA España).

Un análisis funcional, en cambio, consideraría más adecuado realizar el análisis diferenciando planos o dimensiones del discurso y describir las funciones que, de forma simultánea, el marcador cumple en el discurso: podría decirse que *lo que pasa es que* cumple a la vez, en (17), una función conectiva o lógico-argumentativa, en cuanto a que vincula, contraponiendo, dos contenidos y, simultáneamente, una función interpersonal o interactiva, en la medida en que atenúa la respuesta no preferida del interlocutor. En (18), cumple la primera función, pero no la interpersonal. Desde este enfoque, la función interpersonal no está supeditada a un significado convencional y permanente del marcador.

Frente a la perspectiva teórica basada en el significado de procesamiento, en el enfoque funcional, guiar las inferencias del oyente sería una de las diversas funciones que pueden cumplir los marcadores, junto a otras como ordenar el discurso, conectar oraciones o segmentos, expresar actitudes del hablante, etc. En cambio, para los defensores del concepto de significado procedimental de los marcadores, las instrucciones de procesamiento que componen el significado de un marcador pueden ser instrucciones de distinto tipo, y dentro de ellas se incluyen aspectos como la ordenación del discurso, la conexión de oraciones, las actitudes del hablante, etc. (Martín Zorraquino y Portolés 1999).

Desde una u otra perspectiva, buena parte de los esfuerzos siguen enfocándose en completar el análisis de los marcadores discursivos del español. Además de los trabajos que analizan en profundidad uno o varios marcadores, esta investigación ha cristalizado en los últimos años en diccionarios de marcadores discursivos editados en papel (Santos 2004; Fuentes 2009) o en línea, como el *Diccionario de partículas discursivas del español* (Briz et al. 2008).

Uno de los elementos enriquecedores de la investigación más reciente ha sido el abarcar, cada vez más, la variación diatópica en el mundo hispanohablante y superar la inicial tendencia a enfocarse exclusivamente en el español europeo. Se han aportado análisis de marcadores como *dale* en Argentina y Uruguay, *hágale* en Medellín o *cachái* en el habla santiaguina, por mencionar solo algunos. Pocos son, no obstante, los trabajos que abordan de forma explícita diferencias o similitudes dialectales en el significado y/o empleo de marcadores discursivos del español. Un ejemplo es Rivas y Brown (2009), quienes analizan el empleo de *no sé* como marcador discursivo en corpus del español de Nuevo México, San Juan de Puerto Rico y Madrid y encuentran diferencias en el estatus más o menos "fuerte" —en sus términos— del marcador: el marcador es más frecuente en Madrid, menos en San Juan y aún menos en Nuevo México, y las tres variantes se diferencian también en los patrones de empleo del pronombre sujeto *yo* en *no sé* marcador frente a *no sé* referencial.

Por otro lado, a pesar de que desde los primeros trabajos se señalaban diferencias entre el empleo de marcadores discursivos en lengua oral y lengua escrita (López Serena y Borreguero 2010), solo recientemente ha despuntado la investigación respecto a la variación sociolingüística y estilística de marcadores discursivos (Placencia y Fuentes Rodríguez 2019). Así, se va conociendo —todavía de forma insuficiente— la estratificación social de algunos marcadores discursivos en diferentes variedades del español. San Martin (2016), por ejemplo, analiza la distribución sociolingüística de reformuladores de explicación en el español hablado de Santiago de Chile y encuentra claras diferencias en los patrones de uso de *onda*, significativamente más frecuente en los hablantes jóvenes (20 a 34 años) que en los mayores, mientras que *digamos* es proporcionalmente más usado por el grupo de más edad. Estos trabajos comienzan a dibujar un panorama respecto a cómo ciertos marcadores discursivos con funciones semejantes pueden diferenciarse más en sus patrones de distribución sociodemográfica o estilística que en su significado, contribuyendo así a entender mejor la forma en la que significado pragmático y significado social se relacionan. Estas investigaciones, basadas necesariamente en datos de corpus con información sociolingüística, encajan en el reciente desarrollo de la variación pragmática-discursiva y representa una de las líneas de trabajo que merece mayor atención en el futuro. En este momento, tener información respecto a la distribución sociolingüística y estilística de los marcadores discursivos es una de las tareas pendientes para completar nuestro conocimiento de estas unidades lingüísticas.

En relación con este último punto, la bibliografía sobre marcadores discursivos va diversificándose en cuanto a los métodos y tipos de datos analizados. Aunque muchos de los trabajos fundacionales de la investigación en marcadores discursivos presentaban exclusivamente ejemplos inventados por el investigador, la mayor parte de los estudios que abordan el significado lingüístico de los marcadores optan por combinar datos de corpus con la creación o modificación de ejemplos. Estos últimos son necesarios para hacer evidentes las anomalías pragmáticas que resultan cuando los enunciados o su contexto no satisfacen los requisitos impuestos por el significado procedimental de los marcadores discursivos o, en otros términos, cuando un marcador con determinada función discursiva se emplea en un contexto discursivo en el que esa función no encaja.

Junto a estos dos tipos de datos, cada vez más se van incorporando metodologías cuantitativas al estudio de los marcadores, principalmente para dar respuesta a preguntas acerca de la variación sociolingüística de estas unidades o para su análisis diacrónico, pero no solo: los datos cuantitativos se incorporan al análisis de los significados y empleos discursivos. De la Fuente *et al.* (2019), por ejemplo, combinan datos cuantitativos y cualitativos para analizar los contextos en los que *por (lo) tanto* pone en relación elementos no oracionales.

Por otra parte, el creciente estudio de marcadores discursivos en diversas lenguas y el impulso a la investigación en lingüística aplicada a la enseñanza de lenguas y la traducción, ha permitido el desarrollo de una fructífera línea de investigación contrastiva. En el caso del español, los estudios contrastan con frecuencia marcadores discursivos del español y de otras lenguas romances (Loureda *et al.* 2020), aunque no exclusivamente.

Otro aspecto que ha merecido y merece gran atención ha sido la formación diacrónica de los marcadores discursivos (Pons 2010), al que no se dedicará más atención aquí por falta de espacio. En el análisis de las vías de surgimiento de los marcadores discursivos, el enfoque teórico más presente en la investigación es el que analiza los marcadores como resultado de un proceso de gramaticalización o pragmaticalización, que daría cuenta de la progresiva fijación formal y cambio de significados conceptuales a discursivos, entre otros rasgos. Sin embargo, y junto con el análisis del proceso de conformación de cada uno de los marcadores discursivos, son muy pertinentes las discusiones teóricas respecto al papel central o no de la gramaticalización en la conformación de este tipo de unidades (Pons y Loureda 2018).

Un ángulo más desde el que se observan los marcadores discursivos es el del análisis fónico: con demasiada frecuencia, los estudios pragmático-discursivos hacen referencia a caracterizaciones prosódicas de unidades lingüísticas de forma impresionística, pero cada vez más se van incorporando análisis rigurosos que complementan la descripción pragmática de los marcadores discursivos, que la falta de espacio impide recoger aquí (Hidalgo 2017). Esta línea de investigación va iluminando la manera en la que la realización prosódica de los marcadores es determinante para su interpretación en el contexto discursivo.

Por último, los análisis de marcadores discursivos suelen establecer, en relación con los diversos significados codificados, hipótesis respecto al efecto del marcador en el proceso de interpretación del enunciado y los mecanismos cognitivos involucrados en esa interpretación. Por ejemplo, se encuentra en la bibliografía la idea de que los marcadores que tienen como función la estructuración y ordenación del discurso se emplean "con el fin de facilitar al receptor su procesamiento" (López Serena y Borreguero 2010, 251) y, en general, de la descripción de los marcadores discursivos como elementos que guían las inferencias se desprende la hipótesis de que enunciados con marcadores discursivos serían menos costosos de comprender que enunciados sin marcadores. Una creciente corriente de trabajos experimentales busca encontrar datos que permitan comprender cómo se procesan estos elementos y qué efectos tiene la presencia de los marcadores en procesos cognitivos involucrados en la comunicación lingüística. Trabajos experimentales recientes, que toman en cuenta medidas como los tiempos de lectura y procesamiento y medidas indirectas como el rastreo de la mirada, apuntan a que en efecto la presencia del marcador facilita el procesamiento de los enunciados (Loureda *et al.* 2021) y exploran cómo se relaciona con otros procesos como la predicción o la atención en la comunicación lingüística.

5 Direcciones futuras y conclusiones

El propósito de este capítulo ha sido presentar el concepto de marcador discursivo, su significado y las principales clases de marcadores descritas en la investigación reciente, así como exponer algunos de los ángulos desde los que la investigación en lingüística aborda los marcadores como objeto de estudio.

El enorme interés que han despertado los marcadores discursivos en las últimas décadas puede explicarse por el hecho de que estas unidades lingüísticas habían quedado fuera de los análisis lingüísticos centrados en la sintaxis oracional y los análisis semánticos de corte proposicional. Es la conjunción entre el interés por abordar el nivel supraoracional y el surgimiento de teorías que explican los aspectos pragmáticos e interaccionales de la lengua lo que permite abordar, de forma entusiasta, el análisis de este heterogéneo conjunto de unidades lingüísticas que llamamos marcadores discursivos.

Aunque la rápida explosión bibliográfica sobre el tema ha dado lugar a cierta sobregeneración terminológica y, en demasiadas ocasiones, menos diálogo del deseable entre los trabajos publicados sobre los mismos marcadores o conjuntos de marcadores, también es cierto que se ha avanzado de forma considerable en nuestra comprensión de cómo las lenguas, y en este caso el español, codifican por medio de estas unidades información que va más allá del significado conceptual y que atañe a aspectos como la organización de la información, la formulación del discurso, la relación entre elementos del discurso y del conocimiento compartido, el valor argumentativo de los enunciados, los estados mentales del hablante y del oyente o el manejo de la conversación, entre otros. En definitiva, la gran cantidad de trabajos dedicados a estas unidades debe verse como reflejo de la alta frecuencia de estas unidades en la lengua, del vacío previo respecto a su análisis y, sobre todo, del hecho de que los marcadores discursivos se sitúan en una encrucijada teórica interesante entre aquellos que observan el significado no conceptual, los niveles de análisis supraoracional, la lengua en uso, el discurso y sus diferentes realizaciones culturales, y la lengua y los procesos cognitivos involucrados en la comunicación lingüística.

Algunas de las direcciones en las que se espera que siga desarrollándose la investigación han sido apuntadas en el apartado anterior: es deseable que nuestro conocimiento sobre el significado y las funciones de los marcadores discursivos del español integre cada vez de forma más sistemática la variación, tanto diatópica como social y estilística del español. Esta empresa es vasta pero permitirá enriquecer nuestra comprensión no solo de los marcadores discursivos sino también de la interfaz pragmática-sociolingüística, que los estudios sobre la lengua en uso necesitan seguir abordando de forma prioritaria.

Por otra parte, será necesario lograr una mayor integración entre los estudios que, de forma individual, analizan un determinado marcador y las teorías respecto a la construcción y comprensión del discurso, así como la interpretación del mismo. Esto, como ya se apunta en la bibliografía, requiere revisar y proponer qué unidades de análisis son útiles para dar cuenta del empleo y los valores de los marcadores y, al mismo tiempo, lograr que estas reflexiones teóricas resulten útiles para el análisis de datos de corpus y sean compatibles e, idealmente, coincidentes con los datos progresivamente obtenidos con métodos experimentales respecto al efecto de los marcadores discursivos en los procesos de interpretación. En este último sentido, parece que los marcadores discursivos ofrecen también una ocasión idónea para ahondar en el necesario diálogo entre diversos tipos de datos que el análisis lingüístico debe fomentar: si los marcadores discursivos se describen como elementos clave en la construcción de inferencias y en la activación de diversos procesos cognitivos, y se les asignan funciones discursivas e interaccionales diversas, estas descripciones teóricas deben estar sustentadas de forma robusta con datos de diversos tipos que, cada vez más, se pongan a dialogar en la investigación.

Por último, y por mencionar uno más de los extremos sueltos en esta madeja, el análisis de marcadores discursivos de forma individual y el enfoque principalmente lexicocentrista de buena parte de la bibliografía revisada —enfoques probablemente necesarios en los primeros acercamientos— han contribuido a que las posibilidades combinatorias de los marcadores hayan quedado relegadas en los trabajos previos con pocas excepciones, a pesar de que esta carencia se ha puesto sobre la mesa en más de una ocasión.

Lecturas complementarias recomendadas

Portolés (1998); Martín Zorraquino y Portolés (1999); Pons (2006); Garcés (2008); Loureda, Rudka y Parodi (2020).

Referencias bibliográficas

Briz, A. 1998. *El español coloquial en la conversación. Esbozo de pragmagramática*. Barcelona: Ariel.
Briz, A., S. Pons y J. Portolés. 2008. *Diccionario de partículas discursivas del español*. (www.dpde.es).
CREA: Real Academia Española. Corpus de Referencia del Español Actual. (http://rae.es/recursos/banco-de-datos/crea).
Fuente, M. de la, M. Iglesias y M. Maquieira. 2019. "*Por (lo) tanto* en 'contextos reducidos' (I): análisis cuantitativo y formal". *ELUA* 6: 173–200.
Fuentes, C. 2009. *Diccionario de conectores y operadores del español*. Madrid: Arco/Libros.
Garcés, M. P. 2008. "Perspectivas en el análisis de los marcadores discursivos". *Romanistisches Jahrbuch* 58: 306–328.
Hidalgo, A. 2017. "Marcadores discursivos y prosodia: parámetros acústicos y especialización funcional de partículas atenuantes en español". *Verba* 47: 35–70.
López, A. y M. Borreguero. 2010. "Los marcadores del discurso y la variación lengua hablada vs. lengua escrita". En *Los estudios sobre marcadores del discurso en español, hoy*, eds. O. Loureda y E. Acín, 415–496. Madrid: Arco/Libros.
Loureda, O. y E. Acín, ed. 2010. *Los estudios sobre marcadores del discurso en español, hoy*. Madrid: Arco/Libros.
Loureda, O., A. Cruz, I. Recio Fernández y M. Rudka. 2021. *Comunicación, partículas discursivas y pragmática experimental*. Madrid: Arco/Libros.
Loureda, O., M. Rudka y G. Parodi, eds. 2020. *Marcadores del discurso y lingüística contrastiva en las lenguas románicas*. Madrid/Frankfurt: Iberoamericana/Vervuert.
Martín Zorraquino, M. A. y J. Portolés. 1999. "Los marcadores del discurso". En *Gramática descriptiva de la lengua española*, eds. I. Bosque y V. Demonte, 1, 4051–4213. Madrid: Espasa.
Messias, A., C. Fuentes y M. Martí, ed. 2020. *Aportaciones desde el español y el portugués a los marcadores discursivos treinta años después de Martín Zorraquino y Portolés*. Sevilla: Universidad de Sevilla.
Murillo, S. 2010. "Los marcadores del discurso y su semántica". En *Los estudios sobre marcadores del discurso en español, hoy*, eds. O. Loureda y E. Acín, 241–280. Madrid: Arco Libros.
Murillo Ornat, S. 2016. "Sobre la reformulación y sus marcadores". Cuadernos AISPI: Estudios de lenguas y literaturas hispánicas 8: 237–258.
Pérez, B. y G. Patiño. 2014. "De los marcadores a la marcación en el discurso". *Círculo de Lingüística Aplicada a la Comunicación* 59: 119–147.
Placencia, M. E. y C. Fuentes. 2019. "Introducción. Variación en el uso de marcadores del discurso en español". *Revista internacional de lingüística iberoamericana* 33: 7–14.
Pons Rodríguez, L. 2010. "Los marcadores del discurso en la historia del español". En *Los estudios sobre marcadores del discurso en español, hoy*, eds. O. Loureda y E. Acín, 523–616. Madrid: Arco Libros.
Pons, S. 2006. "A Functional Approach to the Study of Discourse Markers". En *Approaches to Discourse Particles*, ed. J. Fischer, 77–99. Ámsterdam: Elsevier.
Pons, S. y O. Loureda, eds. 2018. *Beyond Grammaticalization and Discourse Markers*. Ámsterdam: John Benjamins.
Portolés, J. 1998. *Marcadores del discurso*. Barcelona: Ariel.
PRESEEA. 2014. *Corpus del Proyecto para el estudio sociolingüístico del español de España y de América*. Alcalá de Henares: Universidad de Alcalá. (http://preseea.linguas.net).
Reig, A. 2011. "The Pragmatic Meaning of the Spanish Construction *lo que pasa es que*". *Journal of Pragmatics* 43: 1435–1450.
Rivas, J. y E. Brown. 2009. "'No sé' as a Discourse Marker in Spanish: A Corpus-Based Approach to a Cross-Dialectal Comparison". En *A Survey of Corpus-Based Research*, eds. P. Cantos y A. Sánchez, 631–645. Murcia: Asociación Española de Lingüística del Corpus.
San Martín, A. 2016. "Análisis sociolingüístico de los reformuladores de rectificación en el habla santiaguina". *Literatura y lingüística* 33: 241–264.
Santos, L. 2004. *Diccionario de partículas discursivas del español*. Salamanca: Luso-Española de Ediciones.

Parte V
Variación y cambio en sintaxis

38
El cambio sintáctico en español
(Syntactic Change in Spanish)

Christopher John Pountain

1 Introducción

Intentamos presentar aquí las principales corrientes teóricas que han impactado en la investigación del cambio sintáctico en español, destacando al mismo tiempo las contribuciones que han aportado los estudiosos de la lengua española a este campo. Aparte de la investigación de fenómenos particulares, los temas candentes en la actualidad son la gramaticalización, el estudio de la periferia izquierda, la elaboración lingüística y la explotación de corpus. El estudio de la sintaxis histórica del español se distingue por la disponibilidad de corpus tanto generales como especializados y una conciencia de la importancia de la variación lingüística relacionada con la tradición discursiva y el parámetro de distancia comunicativa. Mirando hacia el futuro, estos enfoques serán aún más fructíferos, si bien se debe atender asimismo a la relación entre la sintaxis histórica y la teoría sintáctica.

Palabras clave: sintaxis histórica; lingüística de corpus; variación lingüística; elaboración lingüística; teoría sintáctica

We present the main theoretical currents which have impacted on the investigation of syntactic change in Spanish while also highlighting the contributions to this field made by researchers on Spanish. Besides the investigation of individual phenomena, the principal concerns at present are grammaticalisation, study of the left periphery, linguistic elaboration and the exploitation of corpora. The study of Spanish historical syntax is distinguished by the availability of both massive and specialised corpora and an awareness of the importance of linguistic variation in relation to traditions of discourse and the parameter of communicative distance. Looking towards the future, these approaches will bear even more fruit, although attention is also needed to the relation between historical syntax and syntactic theory.

Keywords: historical syntax; corpus linguistics; linguistic variation; linguistic elaboration; syntactic theory

2 Conceptos fundamentales

El cambio sintáctico en español abarca hoy un cuerpo de trabajo ingente al que este artículo no es capaz de hacer justicia, de modo que destacamos tan solo los temas que nos parecen

DOI: 10.4324/9781003035633-43

más significativos. Sin embargo, es tópico aseverar que antes de la segunda mitad del siglo XX escaseaban en la historia del español los estudios sintácticos frente a los otros "niveles" lingüísticos. Lo cierto es que faltaban estudios de conjunto: Keniston afirmó ser el primero en idear una sintaxis histórica española en un proyecto ambicioso cuya única entrega efectiva fue su (1937) *Syntax of Castilian Prose*, y hace solamente 15 años Company Company (2006—, I, ix) lamentaba, si bien de forma más matizada, la ausencia persistente de una empresa de este tipo. Esto no quiere decir que no hubiera interés por la sintaxis, sea como un aspecto de gramáticas históricas más amplias, como Hanssen (1913), sea como estudios de textos o de construcciones sueltas. Pero en los últimos cincuenta años se puede observar una auténtica explosión de atención a los temas sintácticos. Eso se debe en buena medida a que la lingüística generativista puso en primer plano a la sintaxis, es decir, las posibilidades combinatorias de los elementos de la lengua, frente a la tradicional preocupación estructuralista por establecer taxonomías; pero hay también otros factores de importancia, entre los que cabe mencionar tres. El primero es la investigación de la variación sintáctica dentro de la sociolingüística, que tanto ha impactado en la lingüística histórica: incluso se puede decir que solo observando la variación resulta factible conocer el proceso verdadero del cambio, ya que de otra forma la historia de un fenómeno determinado se concibe como una comparación de varios cortes sincrónicos. El segundo es el reconocimiento de la importancia de la tradición textual en la evolución de la lengua escrita (§ 3.4), porque el análisis textual no se puede limitar a formas sueltas, sino que involucra necesariamente a estructuras más complejas. Por último, hay que agregar que la disponibilidad de los grandes corpus generales ha facilitado a los investigadores de sintaxis histórica herramientas que permiten sondeos antes impensables (§ 4.4).

No es fácil delimitar el alcance de los estudios sintácticos históricos. El proceso de gramaticalización, uno de los temas clave de la sintaxis histórica actual (§ 4.1), consiste esencialmente en la conversión, total o parcial, de un elemento léxico en una forma gramatical, muchas veces morfológica. La frontera borrosa entre la morfología y la sintaxis se puede apreciar en casos como la evolución de la supuesta categoría morfológica de "artículo neutro" atribuida a *lo* seguido de adjetivo (1a), que ha adquirido un nuevo valor sintáctico en construcciones como (1b), donde *lo* señala el grado de peligro, a modo de adverbio.

(1) a Ca por que ellos non pueden dar las gracias acomiendan lo aaquel que da por pequeño don grandes bienes & por **lo terrenal** da **lo çelestial** (*Castigos e documentos de Sancho IV*, siglo XIII, CDE).
    b ¿Quién negará **lo peligrosa** que es la mucha felicidad? (Francisco de Quevedo, *Sentencias: de la mundana falsedad y las vanidades de los hombres*, 1612, CDE).

Los primeros estudios que se pueden calificar de sintácticos seguían el modelo establecido por las gramáticas sincrónicas y pedagógicas, que estaban organizadas según las partes de la oración tradicionales. Por ejemplo, la ya referida obra de Keniston (1937) estaba basada en un listado de estas categorías. Desde un punto de vista más estrictamente sintáctico, algunas categorías son más significativas que otras, y han suscitado el interés de estudiosos posteriores. El artículo es tema candente por ser una categoría morfológica nueva en las lenguas románicas y por las dificultades que presenta cualquier intento de asociarlo con funciones propias; interesa también como miembro de la clase sintáctica de determinantes que aparecen típicamente en la periferia izquierda del sintagma nominal (véase más abajo, § 4.2). Entra también en combinación con posesivos (antiguamente *la mi casa*, y hoy en día *un amigo mío*) y demostrativos (*el libro este*). Los pronombres relativos llaman la atención por su variabilidad y por los múltiples cambios que experimentaron, algunas veces de manera aparentemente abrupta.

Más recientemente, la sintaxis histórica ha venido tratando unidades más largas (frase verbal y frase nominal, que son los temas de Company Company (2006–) y la sintaxis compleja (*ibid.* y Herrero Ruiz de Loizaga 2005). Aparte de estas obras de alcance general, han sido de interés las construcciones en las que se puede notar una variación pronunciada a lo largo de la historia del idioma, como son las frases condicionales, que interesan por su secuencia de tiempos en prótasis y apódosis y su importancia en la evolución de las formas del subjuntivo (Rojo y Montero 1983), o las distintas maneras de expresar la concesión (Herrero Ruiz de Loizaga 1999).

3 Aproximaciones teóricas

Pasamos a examinar las distintas bases teóricas y metodológicas que han alentado las investigaciones de la sintaxis histórica, centrándonos en los retos que ha planteado el español para estos enfoques.

3.1 El estructuralismo

El enfoque estructuralista del cambio lingüístico es conocido principalmente por su aplicación a la fonología y a la morfología, donde la hipótesis de la presión estructural como fuerza motriz del cambio lingüístico sirve de base a fenómenos hoy reconocidos como clásicos, como son el gran desplazamiento vocálico del inglés antiguo o la reorganización de los demostrativos del latín vulgar. Se podría pensar que la sintaxis, por no tener unidades que formen un sistema paradigmático propiamente dicho, fuera resistente a este tipo de análisis; sin embargo, dentro de este enfoque se pueden incluir hipótesis estructuralistas que intentan unir fenómenos que a primera vista no están relacionados. Un caso muy estudiado por la individualidad que demuestra el español en este aspecto es el cambio en el orden de los constituyentes básicos (Verbo, Sujeto, Objeto) que experimentaron las lenguas románicas. Aunque el latín permitía mucha libertad en este sentido, se suele considerar que el orden por defecto colocaba el verbo al final de la frase (Sujeto-Objeto-Verbo, p. ej., PUER CĂNEM VĪDIT "el muchacho vio al perro"), orden que en general es ajeno a las lenguas románicas, salvo por imitación culta en determinadas épocas y estilos (§ 3.5, § 4.3). Las lenguas románicas adoptaron el orden por defecto Sujeto-Verbo-Objeto (*cf.* esp. *El muchacho vio al perro*), pero el español se destaca por favorecer, en determinadas circunstancias, la anteposición del verbo, sobre todo cuando se trata de lo que se puede denominar un sujeto "pesado" o largo, p. ej., *Llegaban cada vez más turistas alemanes e ingleses*. A este cambio sintáctico en las lenguas románicas se suele vincular su pérdida de inflexiones de caso, ya que se supone que la interposición del verbo consigue la separación nítida de las dos funciones fundamentales de sujeto y objeto directo, que de otra forma serían difíciles de distinguir sin marcación flexiva. Es más, Harris (1978, 19–20) sugiere que la evolución de la *a* "personal" del español, que restituye parcialmente la marcación del objeto directo, es uno de los factores que contribuye a la mayor libertad de orden en español.

El estructuralismo también llamó la atención hacia una aparente tendencia muy general en la evolución del latín, la sustitución de estructuras sintéticas, conformadas por elementos morfológicos ligados, por las analíticas, o perifrásticas. Ejemplos de construcciones analíticas verbales románicas son los tiempos perfectos, formados en español por *haber* + participio pasado, y el futuro, formado por el infinitivo + *haber* (AMĀBŌ = *amaré*). En efecto, el español se destaca por su productividad en perífrasis verbales, como son *estar* + gerundio, *tener* + participio pasado, *llevar/ir/quedar* + gerundio/participio pasado, etc. Los casos flexivos latinos se sustituyeron en muchos casos por preposiciones (DŎMUM PETRĪ = *a la casa de Pedro*), y la comparación se expresa por *más* + adjetivo en vez de un sufijo (DŪRIOR = *más duro*). Algunas construcciones perifrásticas se han vuelto a sintetizar, como es el caso de los adverbios en *-mente*, donde una perífrasis de adjetivo femenino + MENTE sustituyó a una inflexión adverbial del latín para luego sintetizarse (FĒLĪCE = *felizmente*).

3.2 La gramática generativa y sus derivados

La lingüística histórica no siempre ha sido partidaria del enfoque generativista. Harris y Campbell (1995, 1) comentan que la investigación histórica emprendida desde una perspectiva generativista tiende a abogar por una teoría sintáctica determinada antes que tratar los cambios lingüísticos. De otra parte, sin embargo, el enfoque generativista aporta una dimensión comparativa obligatoria a la investigación diacrónica por su preocupación con los universales lingüísticos y la hipótesis de que las diferencias entre las lenguas, y entre distintas etapas de lo que se considera la misma lengua, se deben a los parámetros fijados por cada lengua. Rivero (1993), por ejemplo, sugiere que los parámetros de Sujeto Omitido (Null Subject) y de V2 (según el cual un verbo finito debe aparecer en segunda posición dentro de su oración) están relacionados con lo que denomina "Long-Head Movement", o sea, la transformación sintáctica responsable de las formas analíticas en los tiempos del futuro y del condicional en el español antiguo y otras lenguas románicas.

3.3 La lingüística variacionista

La perspectiva de una lingüística histórica de carácter variacionista ha llevado a una relación más estrecha entre la sociolingüística y el cambio lingüístico, ya que concibe el cambio sintáctico como la preferencia por una variante ya existente sobre otra, y se interesa en la difusión del cambio en la comunidad lingüística más que en el proceso de innovación. Para una visión sistemática de la historia del español según este enfoque, véase Penny (2000) (que sin embargo se centra en fenómenos fonológicos y morfológicos antes que sintácticos); Fernández-Ordóñez (2012) señala la pertinencia de datos dialectológicos al cambio morfosintáctico. Las variantes sintácticas, por su menor incidencia, son difíciles de extraer del acervo textual, pero al mismo tiempo es factible establecer datos de tipo estadístico a base de búsquedas en los grandes corpus, si bien es cierto que hace falta cierta sensibilidad filológica por parte del investigador. Un ejemplo de lo que se puede conseguir se puede ver en Octavio de Toledo y Huerta (2011), que hace una comparación detallada de las versiones sucesivas del *Camino de perfección* de Santa Teresa. Entre los fenómenos sintácticos que analiza, menciona la supresión más frecuente del nexo *que* (*hame parecido que es menester* → *hame parecido es menester*) y el rechazo del uso adverbial de adjetivos (*cumplido* es sustituido por *cumplidamente*), de la duplicación de posesivos (*suyo* sustituye a *suyo del esposo*) y de la duplicación de complementos por clíticos (*déjalas a las otras* pasa a ser *deje a las otras*). Los cambios que hace la autora favorecen una sintaxis lineal que evita introducir incisos que rompan las unidades sintácticas; también rehúyen la elipsis excesiva. En general se puede discernir un movimiento en la dirección de la "escrituralidad" o lo que se ha denominado la "distancia comunicativa" (Koch y Oesterreicher 1990), que ha demostrado ser un parámetro importante de la variación.

3.4 La tradición discursiva

Una consideración de los tipos de variación observables en los textos necesariamente involucra otra corriente importantísima en la lingüística histórica, que es la atención a lo que se llama la tradición discursiva: sobre su incidencia en la sintaxis histórica, véase en especial Kabatek (2008), cuyos artículos intentan asociar determinados rasgos sintácticos con las tradiciones discursivas. Para citar tan solo un ejemplo, Barra Jover (2008) distingue entre la tradición notarial y la tradición literaria en cuanto al uso de estrategias anafóricas: aquella da prioridad a la precisión y no se preocupa por la repetición, mientras esta se empeña más en elaborar la referencia. Por consiguiente, no es de extrañar que en la tradición notarial prolifere el uso de *el dicho* mientras que la tradición literaria opta por una construcción relativa introducida por *el cual*.

3.5 Las influencias externas

Tampoco hay que descartar el contacto como fuente de innovaciones sintácticas en el idioma. Aunque hay lingüistas que niegan la posibilidad de los préstamos sintácticos, su realidad se reconoce cada vez más (Harris y Campbell 1995, 120–122). Si bien faltan ejemplos claros de innovaciones sintácticas motivadas por la influencia externa, lo que sí se puede aseverar es que la imitación de pautas extranjeras puede propiciar un cambio de marcación ("shift of markedness") que se manifiesta en la ampliación de posibilidades existentes o en su mayor frecuencia.

En particular, parece innegable que los modelos cultos o latinizantes (véase también § 4.3) han desempeñado un papel importante en el desarrollo sintáctico del español y de las otras lenguas románicas occidentales (Pountain 2011, 623, 643–656). La imitación de la sintaxis latina por la lengua culta escrita necesitaba de un mayor uso de construcciones subordinadas y sus nexos característicos (incluso no sería exagerado suponer que algunos —como *supuesto que*, que no está atestiguado antes de fines del siglo xv—, aunque formados por palabras patrimoniales ya conocidas, se acuñaran o bien para conseguir una mayor precisión o bien para sustituir a conjunciones latinas que habían caído en desuso en el habla cotidiana). Algunas construcciones aparentemente calcadas del latín todavía son propias de registros formales de la lengua: el uso de *cuando* como *cum inversum* (*Estaban para salir de casa, cuando sonó el teléfono*), las construcciones absolutas (*Dicho esto, todos tienen derecho a vivir en paz*) y la proliferación de adjetivos calificativos antepuestos al nombre, que permite contrastes semánticos muy matizados como es el caso de *un caro amigo/un amigo caro*.

En tiempos recientes hay indicios de los efectos del contacto con el inglés. Dos ejemplos son el incremento en el uso de la pasiva *ser* + participio pasado, sobre todo en el lenguaje periodístico, y la proliferación de sustantivos empleados como modificadores de otros nombres (p. ej., *hora punta, fecha límite*). Dado que ya existían estas posibilidades sintácticas en el español, el efecto del inglés es más bien alentador que innovador.

4 Perspectivas actuales

4.1 La gramaticalización y procesos relacionados

Desde hace muchos años la gramaticalización, es decir, la adquisición de funciones gramaticales por elementos léxicos, se reconoce como proceso universal de cambio. Un ejemplo clásico de lo que se puede considerar una gramaticalización completa en el español se observa en el caso del verbo *haber*. Su étimo latino, HABĒRE, expresaba la noción de posesión, valor que también persistió en el español hasta tiempos recientes. Pero hoy en día el valor léxico de *haber* prácticamente ha desaparecido, y solo le quedan funciones esencialmente gramaticales: la de verbo auxiliar del perfecto (ahora generalizado a todos los verbos, no solo a los transitivos que le correspondían como verbo originalmente transitivo), y la de verbo existencial (*hay, había*, etc.). Otros verbos auxiliares parecen haber logrado una gramaticalización parcial: *venir* con gerundio expresa una acción que se ha repetido hasta el momento en que se pronuncia la frase

(p. ej., *Vengo diciéndolo hace años*), pero *venir* todavía mantiene su valor de verbo de movimiento. Recientemente la gramaticalización de los marcadores de discurso ha suscitado mucho interés, en parte porque esta categoría estaba desatendida (los marcadores de discurso no están incluidos entre las partes de la oración tradicionales, por lo que su definición es polémica y algunos estudiosos prefieren hablar de "pragmaticalización" en vez de "gramaticalización"), en parte porque aparecen típicamente en la periferia izquierda (véase § 4.2); otra particularidad de este tipo de gramaticalización es que parece llevarse a cabo muy rápidamente. Un ejemplo de este fenómeno, minuciosamente presentado por Garachana Camarero (2008), es el de *encima (de que)*, en cuya trayectoria histórica se pueden discernir varias fases de evolución. Empezando como sintagma preposicional constituido por preposición + sustantivo (*en* + *cima*), se convierte en adverbio de lugar (*encima*). Este forma luego un marcador aditivo (2a) para después agregar la función de contraargumentativo (2b):

(2) a Me insultó y **encima** me acusó de robo.
    b No sabes nada y **encima** me criticas.

Sobre la gramaticalización en español hay una rica bibliografía, en la que son fundamentales Company Company (2003) y Garachana Camarero (2006).

También se han reconocido mecanismos funcionales más específicos de cambio sintáctico, que están estrechamente relacionados con la gramaticalización. El reanálisis (Harris y Campbell 1995, 61) puede ser la razón de una gramaticalización: este tipo de cambio se ve en la historia del elemento negativo *nada*, cuyo origen fue el participio pasado latino NATA "nacida"; se supone que se trata de una elipsis de CAUSA NATA "cosa nacida", o sea "cualquier cosa", que, empleada como complemento de un verbo transitivo negado, fue reanalizada como pronombre negativo. En otros tipos de cambio funcional, es tal vez más claro hablar de "refuncionalización" (término empleado por Smith 2011). El sistema de pronombres personales del español, como el de otras lenguas románicas, distingue una forma átona (p. ej., *me*), que sirve de pronombre clítico, de una forma tónica (p. ej., *mí*), que es la que se emplea como complemento de una preposición (*a mí, para mí*). El origen latino más verosímil de estas formas son los casos acusativo y dativo del pronombre (MĒ, MIHI), pero está claro que esta distinción de caso nada tiene que ver con el español, donde *me* sirve tanto de complemento directo como de complemento indirecto. Por tanto, se puede concluir que el sistema pronominal ha quedado reorganizado al aprovechar algunas de las formas antiguas en el desempeño de funciones nuevas. Este tipo de cambio, en el que una forma que corre el riesgo de hacerse superflua es aprovechada para otra función se ha denominado "exaptación" por Lass (1990). A veces un elemento determinado extiende sus funciones gramaticales sin abandonar las que tenía previamente. Ejemplo de este proceso, denominado "capitalización" por Pountain (2000), es la extensión del verbo *estar* en español, que además de convertirse en verbo copulativo asociado con la ubicación (3a) o el resultado de una acción (3b), funciones estrechamente asociadas con el valor de lat. stare "ESTAR (de pie)", también ha formado un tipo de voz pasiva estativa que contrasta con la pasiva dinámica constituida por *ser* + participio pasado: (3c, acción dinámica), pero (3d, estado resultante).

(3) a La fuente **está** en la plaza.
    b **Estuvimos** encerrados tres meses.
    c La puerta **fue** abierta (por el guardián).
    d La puerta **estaba** abierta.

También se ha señalado la posibilidad de que algunas construcciones que aparentemente son el resultado de un proceso de gramaticalización se deban en realidad a una sustitución léxica. Garachana Camarero y Rosemeyer (2011) demuestran cómo la sustitución de *haber* y *tornar* por *tener* y *volver* también afectó a las perífrasis *aver* + *de/a* + infinitivo y *tornar* + *a* + infinitivo, que fueron desplazados por *tener* + *de/a* + infinitivo y *volver* + *a* + infinitivo respectivamente.

4.2 Estudio de la periferia izquierda

Una de las preocupaciones de la gramática generativa en las tres últimas décadas ha sido la periferia izquierda, o sea, la parte de la frase que precede al verbo. Las lenguas románicas ofrecen datos comparativos de gran interés, cuanto más porque a lo largo de su historia ha cambiado el detalle de la estructura de esta parte de la frase. Desde una perspectiva comparativa románica siempre ha sido de sumo interés la posición de los pronombres clíticos con respecto al verbo, por el abandono progresivo en español de la ley Tobler-Mussafia desde la Edad Media (Wanner 1991). Según este principio, un pronombre clítico no podía aparecer en posición inicial de la frase, de modo que todavía a principios del siglo XVII se encuentra un orden como (4a), correspondiente al moderno (4b):

(4) a **Llenósele** la fantasía de todo aquello que leía en los libros (Miguel de Cervantes Saavedra, *El ingenioso hidalgo don Quijote de la Mancha*, I, i, 1605, CORDE).
 b **Se le** llenó la fantasía de todo aquello que leía en los libros (*ib.*, adaptado por Blanca Martínez Fernández, 2013, México D.F.: Selector).

En el español moderno, la posición del clítico está determinada por la forma verbal de que depende, no por la estructura de la frase. La periferia izquierda en español también interesa por su importancia en la expresión del tema o el foco informativo de la frase. En español, el orden de palabras está regido más que nada por la colocación del tema: típicamente el tema, como información ya conocida, se antepone al resto de la frase mientras que la nueva información, o foco, se pospone, así que en una frase como *Este libro lo compré ayer*, *este libro* es el tema, que ya se habrá mencionado en el discurso previo, mientras que *ayer* es el foco, que añade información y por consiguiente se enfatiza. El movimiento de *este libro* a la periferia izquierda rompe el orden de palabras normal, en el que un complemento sigue al verbo. El estudio del orden de palabras en español ha alentado el estudio de tales dislocaciones sintácticas, cuya investigación diacrónica está respaldada por una mayor conciencia de las posibilidades que existen en registros hablados del español actual (véanse los artículos recogidos en Dufter y Octavio de Toledo 2014; también Mackenzie 2019, 23–73).

4.3 Elaboración sintáctica de una lengua Ausbau

Kloss (1967) llamó la atención sobre la noción de las lenguas "Ausbau" (elaboradas). A medida que las lenguas vernáculas románicas iban sustituyendo al latín en la formulación de leyes, en las necesidades administrativas, en la literatura creativa y como vehículos de cultura y de ciencia, se hacía necesaria una ampliación no solo de su léxico sino también de sus posibilidades sintácticas. Este es el caso de todas las lenguas románicas que posteriormente se fijaron como lenguas oficiales estandarizadas. Esta es una perspectiva importante, porque sugiere que el cambio lingüístico puede ser efectuado por procesos esencialmente artificiales: la búsqueda de nuevas formas de expresarse por parte de los usuarios, que puede afectar a la simple evolución. Por ejemplo, en los siglos XV y XVI se observa un incremento en el uso del sistema más discriminado de pronombres relativos que marcaban el número y género de su antecedente (*el/la/los/las quales/cuales*), requerido sin duda por el cultivo de una sintaxis más compleja. Tampoco hay que descartar el posible efecto de actitudes puristas: es probable, por ejemplo, que el rechazo del uso del llamado gerundio adjetival (p. ej., *una caja conteniendo libros*) se deba a la censura de los gramáticos decimonónicos.

Ya nos hemos referido (§ 3.5) a la importancia de la influencia externa del latín en la sintaxis histórica de las lenguas románicas. El latín servía (e incluso sigue sirviendo) de fuente principal en cuanto a la elaboración de las lenguas vernáculas, ya que gozaba de un enorme prestigio cultural y todavía se cultivaba por la iglesia católica romana y por los estudiosos, lo que fomentó la imitación de estructuras sintácticas latinas en un deseo de adecuar una lengua vernácula a la expresión de conceptos complejos y a una mayor matización de los nexos sintácticos. Recientemente han sido foco de gran interés los mecanismos por los que se cumplió la transferencia de rasgos latinos al romance, sobre todo el papel que desempeñó la traducción del latín: véanse en especial Kabatek (2018) y Del Rey Quesada (2018).

4.4 Creación y explotación de corpus

En los últimos veinte años ha habido una notable actividad en la creación de corpus de distintos tipos, y hoy en día es impensable no recurrir a un corpus para la obtención de datos en la investigación del cambio sintáctico. Los corpus históricos más grandes y más explotados para la sintaxis histórica son el Corpus del español (CDE) de Davies, diseñado originalmente para informar sus propias investigaciones sobre la sintaxis histórica, y el CORDE de la Real Academia Española (también incorporado al más compendioso CDH). A pesar de las grandes ventajas que aportan estas herramientas, es importante darse cuenta de sus limitaciones en cuanto a la sintaxis. En CORDE, por ejemplo, no hay etiquetación sintáctica, de modo que para la extracción de datos sintácticos normalmente es imprescindible empezar con un elemento léxico como término de búsqueda. En el CORDE tampoco hay lematización, por lo que hay que tener presente que se deben anticipar variantes ortográficas y morfológicas en los términos de búsqueda. El CDH y el CDE, en cambio, están etiquetados y lematizados. Además de estos problemas de carácter práctico hay dudas inevitables sobre la homogeneidad de los datos: la datación de los textos (el CDH diferencia entre la fecha del testimonio y la fecha supuesta de redacción, pero en otros corpus la versión digitalizada que entra en el corpus a veces procede de una copia posterior a su composición original) y su lugar de origen (en la Edad Media, hay debate sobre lo que se puede calificar de "castellano": el CORDE, por ejemplo, ha optado por incluir las obras de Juan Fernández de Heredia, que tienen rasgos claramente aragoneses). En cuanto a la variación diastrática y diafásica, el CDE solo da información sobre el registro lingüístico (bajo la forma de tipo de texto) para el siglo XX, mientras que el CORDE ofrece una clasificación de fuentes más exhaustiva para todas las épocas. También hay problemas al extraer datos de tipo estadístico: mientras el CDE permite calcular la frecuencia relativa por siglo, y el CDH por épocas, de un fenómeno determinado, la extracción de datos estadísticos del CORDE es mucho más laboriosa, aunque es posible hacer consultas por períodos determinados y hallar la frecuencia normalizada correspondiente con un cálculo adicional. Dicho esto, la gran utilidad de los corpus para la sintaxis histórica se puede apreciar en un ejemplo sencillo, que consiste en la recuperación de la frecuencia relativa de los tres nexos concesivos *aunque*, *com(m)oquier* y *maguer(a)*, que permite ver de forma muy clara el auge de *aunque* a expensas de los otros dos:

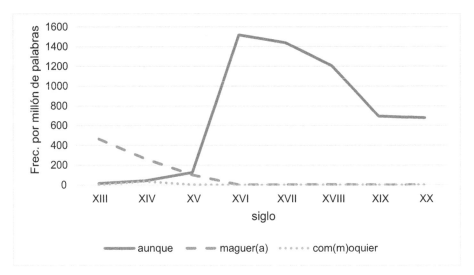

Figura 38.1 Frecuencia relativa de tres nexos concesivos a base de datos extraídos del Corpus del español.

Hoy en día existen varios otros corpus que se centran en fuentes, registros o tipos de texto determinados, como son el CORDIAM, un corpus diacrónico y diatópico del español de América; el CODEA, un corpus de documentos españoles anteriores a 1800, o el CORDEREGRA, un corpus diacrónico del español del reino de Granada que cubre los años 1492–1833. La disponibilidad de tales recursos ha ayudado mucho a ampliar el ámbito de la investigación textual, que tradicionalmente se ha concentrado en textos en su mayoría literarios. Para eliminar algunas de las limitaciones de los grandes corpus diacrónicos y orientar los datos textuales hacia fines específicos, varios investigadores han construido corpus propios que pueden controlar mejor. Por ejemplo, todos los artículos de Company Company (2006–) están basados en un corpus de base más restringido pero cuidadosamente seleccionado y compartido entre los colaboradores. El corpus de Mackenzie (2019, 17–18) cubre los años 1250–1609 y está constituido por textos del Hispanic Seminary of Medieval Studies, que han sido rigurosamente editados a base de fuentes originales. Siguiendo la datación de Faulhaber (1997–), se dividen en bloques de veinte años, lo que permite establecer una cronología de cambio mucho más fina que los datos del CDE.

5 Direcciones futuras y conclusiones

Claro está que siempre quedarán por investigar más a fondo muchas construcciones sintácticas sueltas. Pensemos, por ejemplo, en la complementación de los verbos, que ofrecen un panorama idiosincrásico (infinitivo, gerundio, preposición + infinitivo, complemento oracional con o sin preposición), o en la ampliación del uso del infinitivo, especialmente en construcciones con preposición (*al, de, por, sin*: véase Schulte 2007). En esta sección, sin embargo, nos centramos en varios temas generales que en nuestra opinión deben caracterizar las investigaciones futuras.

5.1 Adecuación de los corpus al estudio de fenómenos sintácticos

Dado que la investigación detallada de la historia de las lenguas románicas depende enteramente de su acervo textual, es imprescindible disponer de textos fiables sistematizados en corpus que permitan su fácil consulta y ayuden con su análisis lingüístico. No sería exagerado decir, como hemos observado en § 4.4, que los grandes corpus han revolucionado la lingüística románica. Hay que recordar que el diseño de un corpus tiene que satisfacer muchos criterios tanto lingüísticos (y no solo sintácticos) como filológicos y literarios. Pero es deseable que los corpus estén adecuados a la recuperación de rasgos sintácticos: para la sintaxis formal diacrónica interesan la etiquetación POS (de partes de la oración), la posibilidad de buscar tanto palabras sueltas en forma lematizada como secuencias de palabras y la organización de los datos según su contexto sintagmático inmediato. Hay que decir que los corpus históricos existentes son muy desiguales en cuanto a su idoneidad para las investigaciones sintácticas. Excelente ejemplo de lo que se puede conseguir es el CDH; el CORDEREGRA también está lematizado y tiene una etiquetación POS bastante amplia.

5.2 Ampliación a más géneros lingüísticos

Otra dimensión que merecería la pena abordar en los corpus es la de identificar y aislar distintos tipos de variación lingüística, en vista de la importancia actual de la variación y la tradición discursiva para la diacronía (§ 3.3, § 3.4). Ya hemos visto (§ 4.4) que algunos corpus generales han intentado dar indicios del registro o género de los textos que los constituyen. Aquí, sin embargo, surgen problemas metodológicos. Mientras que es razonable asumir que un documento legal, como un testamento o un contrato de compraventa, pertenece a un determinado género lingüístico, no puede decirse lo mismo de un texto literario que puede reunir varios registros, como el diálogo, la narrativa o el comentario moralizante. El análisis diafásico de este tipo de texto es por lo tanto dificilísimo, además de polémico, tanto más cuanto que los autores creativos son capaces de manipular y exagerar estilos para crear un efecto (véase, por ejemplo, el estudio de Cano Aguilar 2005 sobre el diálogo del *Quijote*).

Al mismo tiempo, los corpus especializados han sacado a la luz tipos de documentos antes desatendidos por los investigadores de sintaxis diacrónica, que tradicionalmente se han basado en fuentes predominantemente literarias: esto se ve de forma muy clara en Company (2006–), donde muchos colaboradores se sirven casi exclusivamente de textos literarios. La razón de esta tradición es que las obras literarias son de fácil acceso por haber sido editadas rigurosamente (aunque no siempre con fines lingüísticos). Lo que ahora urge es la disponibilidad de datos pertenecientes a otros registros y géneros lingüísticos, en donde residen muestras de alfabetización práctica ("practical literacy") e incluso de la lengua cotidiana. Ya hay buenos comienzos: como ejemplo, citamos a Fernández Alcaide (2009), quien analiza un corpus de cartas particulares del Archivo de Indias. Aunque este es un estudio lingüístico global que también abarca la fonología, incluye un análisis de muchos rasgos sintácticos —los marcadores del discurso, las conjunciones y sintagmas adverbiales— y sus conclusiones están basadas exclusivamente en la sintaxis. La autora compara determinados fenómenos sintácticos con el canon de textos establecidos, llamando la atención, entre otros fenómenos, sobre el uso frecuente de la conjunción copulativa *y*, de *que* como nexo causal y de *por eso* como consecutivo, sobre la falta de un verbo regente en muchas subordinaciones sustantivas, y sobre la imprecisión en el uso de *que* relativo. Concluye que, aunque tales fenómenos son propios del género epistolar de carta privada, dependen de la necesidad comunicativa en el intercambio de cartas entre familiares o personas conocidas, de los temas de que se ocupan sus autores y de la intensidad emocional que a veces sienten, más que del nivel socioeconómico de los corresponsales.

5.3 La variación sintáctica

La insistencia en la distinción entre inmediatez y distancia comunicativas establecida por Koch y Oesterreicher (1990) ha llamado la atención no solo sobre la necesidad de ampliar las investigaciones diacrónicas a textos que reflejen la oralidad, sino también sobre la importancia del análisis del discurso en general en la recuperación de datos que puedan informar sobre la lengua hablada de épocas pasadas. Incluso se podría decir que lo que hace falta es la plena conciencia de que un texto determinado puede abarcar varios registros o estilos, con los que es posible que correspondan las variantes lingüísticas observadas. Por ejemplo, Pountain (2012) demuestra que la dislocación a la derecha del verbo es característica de los personajes cultos de las comedias de Lope de Rueda, mientras que la dislocación a la izquierda de complementos directos e indirectos no estaba asociada con ningún grupo social.

5.4 Por un mayor acercamiento de la sintaxis histórica y la lingüística teórica

Finalmente, vale la pena insistir en un mayor acercamiento de la sintaxis histórica y la lingüística teórica. Un ejemplo reciente es la investigación ya referida de Mackenzie (2019), quien emplea datos de sintaxis histórica española para evaluar hipótesis como el "Constant Rate Effect" (efecto de velocidad constante), según el cual, en un cambio lingüístico en el que una variante sustituye a otra, la velocidad de sustitución es la misma en todos los contextos. Mackenzie llama la atención sobre los problemas para esta hipótesis planteados por la proclisis de los pronombres personales átonos en sintagmas principales, que tiene una tasa de velocidad distinta en los cuatro contextos en los que ocurre (es decir, siguiendo a un adverbio, a un sujeto, a una pausa y a un coordinador). Otra hipótesis que Mackenzie somete a crítica es la clasificación del español antiguo como lengua V2 a la luz de un análisis pormenorizado del adelantamiento de constituyentes. Su investigación sigue la línea de investigar temas que han demostrado ser pertinentes para las preocupaciones de la sintaxis teórica (§ 3.2), pero al mismo tiempo compagina su valoración de estas hipótesis con una investigación llevada a cabo a base de datos recuperados de un corpus, lo que le permite sacar conclusiones importantes de tipo estadístico.

Incluso el estudio de un fenómeno suelto puede tener importancia para las hipótesis de cambio sintáctico: tal es el caso, por ejemplo, de Pato (2019), que sitúa la presencia de *lo cualo* en variantes diatópicas del español peninsular dentro de la teoría de la refuncionalización (§ 4.1).

5.5 Conclusión

La investigación del cambio sintáctico en español está a la altura de la lingüística histórica en general, a la que también ha contribuido con varios enfoques nuevos distintivos. Como lengua elaborada, variada y bien documentada, se puede confiar en que el español seguirá siendo un foco de interés importantísimo en este campo de investigación.

Lecturas complementarias recomendadas

Para aspectos concretos, pueden consultarse los capítulos correspondientes de Company Company (2006–). Kabatek (2008) trata el cambio sintáctico desde la perspectiva de las tradiciones discursivas. Mackenzie (2019) aporta un enfoque generativista llevado a cabo a base de un corpus histórico.

Referencias bibliográficas

Barra Jover, M. 2008. "Tradición discursiva, creación y difusión de innovaciones sintácticas: la cohesión de los argumentos nominales a partir del siglo xiii". En Kabatek, ed., 127–149.

Cano Aguilar, R. 2005. "La sintaxis del diálogo en el Quijote (1615)". *Boletín de la Real Academia Española* 85: 133–155.

CDE = Davies, M. 2002—. *Corpus del Español.* (www.corpusdelespanol.org).

CDH = Real Academia Española 2013. *Corpus del Diccionario histórico de la lengua española (CDH) [en línea].* (https://apps.rae.es/CNDHE).

CODEA = Sánchez-Prieto Borja, P., coord. Corpus de Documentos Españoles Anteriores a 1700. (http://demos.bitext.com/codea).
Company Company, C., ed. 2003. *Gramaticalización y cambio sintáctico en la historia del español*. México: UNAM.
Company Company, C., dir. 2006—. *Sintaxis histórica de la lengua española*. México: UNAM/Fondo de Cultura Económica.
CORDE = Real Academia Española. Banco de datos (CORDE) [en línea]. Corpus diacrónico del español. (www.rae.es).
CORDEREGRA = Calderón Campos, M. y M. T. García-Godoy. 2010–2019. Oralia Diacrónica del Español (ODE). (http://corpora.ugr.es/ode).
CORDIAM = Bertolotti, V. y C. Company Company. Corpus Diacrónico y Diatópico del Español de América. (www.cordiam.org).
Del Rey Quesada, S. 2018. "Latinismo, antilatinismo, hiperlatinismo y heterolatinismo: la sintaxis de la prosa traducida erasmiana del Siglo de Oro". En *Actas del X Congreso Internacional de Historia de la Lengua Española, Zaragoza, 7–11 de septiembre de 2015*, eds. M. L. Arnal Purroy, R. M. Castañer Martín, J. M. Enguita Utrilla, V. Lagüéns Gracia y M. A. Martín Zorraquino, 623–645. Zaragoza: Institución "Fernando el Católico"/Excma. Diputación Provincial de Zaragoza.
Dufter, A. y Á. S. Octavio de Toledo, eds. 2014. *Left Sentence Peripheries in Spanish: Diachronic, Variationist and Comparative Perspectives*. Ámsterdam: Benjamins.
Faulhaber, C. B., dir. 1997—. *PhiloBiblon*. Berkeley: Bancroft Library, University of California. (http://vm136.lib.berkeley.edu/BANC/philobiblon/index.html).
Fernández Alcaide, M. 2009. *Cartas de particulares en Indias del siglo XVI. Edición y estudio discursivo*. Madrid: Iberoamericana/Vervuert.
Fernández-Ordóñez, I. 2012. "Dialect Areas and Linguistic Change: Pronominal Paradigms in Ibero-Romance Dialects from a Cross-Linguistic and Social Typology Perspective". En *The Dialect Laboratory: Dialects as a Testing Ground for Theories of Language Change*, eds. G. De Vogelaer y G. Seiler, 73–106. Ámsterdam: Benjamins.
Garachana Camarero, M., ed. 2006. "Gramaticalización y cambio sintáctico". *Anuari de Filologia* 11–12.
Garachana Camarero, M. 2008. "En los límites de la gramaticalización. La evolución de *encima (de que)* como marcador del discurso". *Revista de Filología Española* 88(1): 7–36.
Garachana Camarero, M. y M. Rosemeyer. 2011. "Rutinas léxicas en el cambio gramatical. El caso de las perífrasis deónticas e iterativas". *Revista de historia de la lengua española* 6: 35–60.
Hanssen, F., 1913. *Gramática histórica de la lengua castellana*. Halle: Niemeyer.
Harris, A. C. y L. Campbell. 1995. *Historical Syntax in Cross-Linguistic Perspective*. Cambridge: Cambridge University Press.
Harris, M. 1978. *The Evolution of French Syntax. A Comparative Approach*. Londres: Longman.
Herrero Ruiz de Loizaga, F. J. 1999. "Sobre la evolución de las oraciones y conjunciones adversativas". *Revista de Filología Española* 79: 303–306.
Herrero Ruiz de Loizaga, F. J. 2005. *Sintaxis histórica de la oración compuesta en español*. Madrid: Gredos.
Kabatek, J., ed. 2008. *Sintaxis histórica del español y cambio lingüístico. Nuevas perspectivas desde las tradiciones discursivas*. Madrid/Fráncfort: Iberoamericana/Vervuert.
Kabatek, J. 2018. "Traducción y dignificación lingüística". En *Lenguas en contacto, ayer y hoy: traducción y variación desde una perspectiva filológica*, eds. S. Del Rey Quesada, F. Del Barrio de la Rosa y J. González Gómez, 27–46. Fráncfort: Peter Lang.
Keniston, H. 1937. *The Syntax of Castilian Prose*. Chicago: Chicago University Press.
Kloss, H. 1967. "*Abstand*-Languages and *Ausbau*-Languages". *Anthropological Linguistics* 9: 29–41.
Koch, P. y W. Oesterreicher. 1990. *Gesprochene Sprache in der Romania, Französisch, Italienisch, Spanisch*. Tubinga: Niemeyer.
Lass, R. 1990. "How to Do Things with Junk: Exaptation in Language Evolution". *Journal of Linguistics* 26: 79–102.
Mackenzie, I. E. 2019. *Language Structure, Variation and Change: The Case of Old Spanish Syntax*. Londres: Palgrave Macmillan.
Maiden, M., J. C. Smith y A. Ledgeway, eds. 2011. *The Cambridge History of the Romance Languages. Volume I: Structures*. Cambridge: Cambridge University Press.
Octavio de Toledo y Huerta, Á. S. 2011. "Santa Teresa y la mano visible: sobre las variantes sintácticas del *Camino de perfección*". En *Así se van las lenguas variando: Nuevas tendencias en la investigación del cambio lingüístico en español*, eds. M. Castillo Lluch y L. Pons Rodríguez, 241–304. Berna: Peter Lang.

Pato, E. 2019. "*¿Lo cuálo?* Una 'nueva' partícula (re)funcionalizada en español actual". *GLOSEMA. Revista Asturiana de Llingüística* 1: 177–194.
Penny, R. 2000. *Variation and Change in Spanish*. Cambridge: Cambridge University Press.
Pountain, C. J. 2000. "Capitalization". En *Historical Linguistics 1995, Volume 1: General Issues and non-Germanic Languages*, eds. J. C. Smith y D. Bentley, 295–309. Ámsterdam: Benjamins.
Pountain, C. J. 2011. "Latin and the Structure of Written Romance". En Maiden, Smith y Ledgeway, eds., 606–659.
Pountain, C. J. 2012. "Dislocación popular y dislocación culta en la comedia en prosa del Siglo de Oro español". En *Pragmatique historique et syntaxe/Historische Pragmatik und Syntax. Actes de la section du même nom du XXXIè Romanistentag allemand/Akten der gleichnamigen Sektion des XXXI. Deutschen Romanistentags (Bonn, 27.9.—1.10.2009)*, eds. B. Wehr y F. Nicolosi, 140–156. Fráncfort: Peter Lang.
Rivero, M. L. 1993. "Long Head Movement versus V2, and Null Subjects in Old Romance". *Lingua* 89: 217–245.
Rojo, G. y E. Montero Cartelle. 1983. *La evolución de los esquemas condicionales (Potenciales e irreales desde el poema del Cid hasta 1400)*. Santiago de Compostela: Universidade de Santiago de Compostela.
Schulte, K. 2007. *Prepositional Infinitives in Romance: A Usage-Based Approach to Syntactic Change*. Berna: Peter Lang.
Smith, J. C. 2011. "Change and Continuity in Form-Function Relationships". En Maiden, Smith y Ledgeway, eds., 268–317.
Wanner, D. 1991. "The Tobler-Mussafia Law in Old Spanish". En *Current Studies in Spanish Linguistics*, eds. H. Campos y F. Martínez Gil, 313–378. Washington, DC: Georgetown University Press.

39
La variación sintáctica en español
(Syntactic variation in Spanish)

Carmen Silva Corvalán

1 Introducción

En este capítulo se presentan los fundamentos teóricos del variacionismo y se ilustran con estudios de variación sintáctica en distintas variedades del español. El principio básico de la *teoría variacionista* es que los sistemas lingüísticos no son homogéneos, sino que varían tanto según *factores internos* a una lengua como también según el *contexto externo*. Esta teoría considera esencial la integración de aspectos lingüísticos y sociales (edad, sexo, grupo socioeconómico cultural, etc.) en el estudio de las lenguas e incorpora un *componente cuantitativo* esencial en el análisis de los factores que condicionan la variación. La sociolingüística variacionista comparte algunos conceptos con la dialectología, tales como los de *diasistema* y nociones afines. Se presentan estas y otras nociones que establecen barreras comunicativas y conducen a variedades dialectales, como los conceptos de *registro* y *estilo*, relacionados también con variación lingüística. A diferencia de la variación fonológica, la variación sintáctica enfrenta el problema del significado de formas alternantes que no son claramente dos o más formas diferentes de decir lo mismo, cuestión que se solventa tomando como punto de partida variantes cuya sinonimia lógica no es cuestionable. Se revisan estudios que han identificado factores semánticos, pragmáticos, cognitivos y sociales que condicionan la variación, verbigracia, copias pronominales en cláusulas relativas, expresión variable del sujeto gramatical, *haber* personalizado. Finalmente, se sugieren algunas líneas de investigación y posibles direcciones futuras de la variación sintáctica en español.

Palabras clave: variacionismo; variable sintáctica; expresión del sujeto; *haber* personalizado; pronombres reasuntivos

This chapter presents the theoretical foundations of variationism and illustrates them with studies of syntactic variation in different Spanish varieties. The basic principle of *variationist theory* is that linguistic systems are not homogeneous but vary both according to language *internal factors* as well as to the language *external context*. This theory considers essential the integration of linguistic and social aspects (age, sex, socioeconomic group, etc.) in the study of languages and incorporates an essential *quantitative component* in the analysis of the factors that condition variation. Variationist sociolinguistics shares some concepts with dialectology, such as those of *diasystem* and related notions. These and other notions that establish communication barriers and lead to dialectal varieties are presented, e.g. the concepts of *register* and *style*, also related to linguistic variation. Unlike phonological variation, syntactic variation faces the problem of the meaning of alternating forms that are not clearly two or more different ways of saying the same thing, a question that is solved taking as a starting point variants whose logical synonymy is not questionable. We review studies that have identified semantic, pragmatic, cognitive and social factors that condition variation, such as pronominal copies in relative clauses, the variable expression of grammatical subjects, personalized *haber*. Finally, we suggest some lines of research and the possible future direction of syntactic variation in Spanish.

Keywords: variationism; syntactic variable; subject expression; personalized *haber* "there to be"; resumptive pronouns

2 Conceptos fundamentales

Adopto aquí una perspectiva relativamente estricta en la discusión de variación sintáctica, la de la sociolingüística variacionista, que considera esencial la integración de aspectos sociales y lingüísticos en el estudio de las lenguas. Su principio fundamental es que los sistemas lingüísticos no son homogéneos, sino que varían tanto según el *contexto externo* como también según *factores internos* a una lengua. La búsqueda de las motivaciones que expliquen la variación lingüística ha dado impulso al desarrollo de la *teoría variacionista*, que incorpora un *componente cuantitativo* esencial y plantea, entre otras cosas, que la variación lingüística no es aleatoria, sino que está condicionada y estructurada por factores internos al sistema de la lengua y por factores sociales y geográficos externos a ella. Estos factores incluyen, entre otros, características individuales que tienen repercusiones sobre la organización social en general, como la edad, la raza o la etnia, el sexo y el nivel de instrucción.

El variacionismo comparte algunos conceptos con la dialectología, que ha reconocido desde siempre la existencia de la heterogeneidad lingüística. Este reconocimiento se refleja en la existencia de conceptos tales como los de *diasistema*, que implica la coexistencia de sistemas en toda lengua, y tres nociones afines: *diatopía*, de acuerdo con la dimensión geográfica, que establece diferenciación a través de diferentes áreas espaciales; *diastratía*, correlacionada con factores socioculturales que determinan diferenciación vertical, es decir, diferentes estratos dentro de un lugar o espacio geográfico; y *diafasia*, diferenciación individual según el tipo de relación entre los interlocutores, según la situación u ocasión del hablar, o según el tema o tópico del que se habla, parámetros todos que se correlacionan con variaciones de modalidad expresiva o de estilo, llamadas diferencias diafásicas.

Las variedades dialectales son la manifestación lingüística de un número de características más o menos estables asociadas con diferentes grupos que se *distancian* a través del tiempo y el espacio geográfico. La *distancia social* constituye además otro tipo de barrera comunicativa que resulta en diferenciación dialectal, pues factores tales como la edad, el sexo y la clase social (o grupo socioeconómico cultural) inciden en la formación de grupos sociales distanciados entre sí en mayor o menor grado.

El constructo *clase social* es complejo y debatible, pero en la realidad no se puede negar la existencia de estratificación social, incluso en pueblos pequeños, y la asociación de ciertos rasgos lingüísticos con hablantes pertenecientes a uno u otro grupo socioeconómico cultural. Los dialectos sociales, llamados *sociolectos*, se desarrollan en el mismo lugar geográfico y el contacto entre ellos es continua fuente de cambio lingüístico. Técnicamente no hay un dialecto ni un acento más correcto o inherentemente mejor que otro. La noción de corrección es una noción social basada en actitudes subjetivas; no responden a un juicio lingüístico objetivo.

Ciertamente, incluso un individuo perteneciente a un grupo social cuyo hablar se identifica con la variedad estándar es *multidialectal*, pues su manera de hablar también varía de acuerdo con ciertos factores; por ejemplo, el tema de la conversación, los interlocutores, o el entorno espacial, que determina un continuo de variación tanto por registro como por estilo.

En todo dialecto hay variaciones según registro y según estilo. El concepto de *registro* se refiere a variaciones lingüísticas asociadas con el propósito de la interacción y el medio (oral, escrito) en el que esta se desarrolla. Los registros se distinguen por sus variaciones léxicas y gramaticales. Ejemplos de registros (o géneros) son la prosa académica escrita, las recetas de cocina, el correo electrónico, la conversación social informal.

Ahora bien, en todo registro hay variación según *estilo* o *nivel de lengua*. Simplificando, se podría distinguir entre estilo formal e informal o coloquial, determinados por el contexto social de la comunicación y la relación entre los participantes en la interacción. Por un lado, está el nivel más extremo de formalidad, propio de algunos discursos, clases y obras literarias, mientras que en el extremo opuesto está el nivel o estilo más coloquial.

Los estudios variacionistas han considerado al menos algunas de estas numerosas posibilidades de diferenciación lingüística, las que se manifiestan en los diversos niveles de análisis: fonético, fonológico, morfológico, sintáctico, semántico y pragmático. Dado que el interés científico del paradigma variacionista es la explicación de las estructuras lingüísticas tal como se observan en la lengua en uso, ya sea en el discurso oral o escrito, los métodos de obtención y selección de los datos adquieren importancia fundamental.

La teoría variacionista se desarrolló a partir del trabajo pionero de William Labov (1966) sobre variación fonológica en inglés. El objetivo central ha sido la descripción e interpretación de la variación entre formas que "dicen la misma cosa" (do<u>s</u> casa<u>s</u> vs. do<u>h</u> casa<u>h</u>). Pero la variación (morfo)sintáctica, sin embargo, presenta el problema del significado de variantes aparentemente sinónimas (por ejemplo entre *Te llamo mañana* ~ *Te llamaré mañana*), discutido en numerosos estudios (ver Silva-Corvalán y Enrique-Arias 2017).

El modelo descriptivo del variacionismo incluye por lo menos dos tipos de hechos de lengua: categóricos y variables. Un hecho categórico en sintaxis, por ejemplo, es la introducción de una cláusula relativa por medio de un complementante o pronombre relativo (*La lluvia que cayó anoche nos inundó*). La expresión de un sujeto gramatical, en cambio, es variable, pues el sujeto puede expresarse o no (Ø/*yo vivo lejos*). Se postula que esta variación no es opcional, sino que puede estar condicionada por factores extralingüísticos, intralingüísticos, o por una combinación de estos dos. Los posibles factores explicativos de la variable a estudiar se examinan en corpus de lengua oral o escrita siguiendo el *principio de responsabilidad analítica* ("accountability principle"), que motiva la consideración exhaustiva de todas y cada una de las realizaciones de una variable en relación con todos los contextos posibles de uso en los datos examinados.

La posible influencia de los factores lingüísticos, estilísticos y sociales se determina con el apoyo de programas estadísticos multivariantes. La contribución probabilística de estos factores (variables explicativas) y/o la frecuencia con que coocurren ciertas variables se recogen en tablas que incluyen la información estadística. Cada variable explicativa representa una hipótesis sobre el efecto que se presume que tiene en la frecuencia de realización de la variable en estudio (la variable dependiente).

El programa de análisis multivariante usado habitualmente en estudios de variación sintáctica en español, que procede del original, *Varbrul*, es *Goldvarb* en sus varias manifestaciones. Este programa asigna a las variantes dentro de cada factor independiente un peso probabilístico. Los valores por encima de 0,50 reflejan una correlación positiva con una variante de la variable dependiente, siempre en relación con los valores que se hallan por debajo de 0,50, que tienen una correlación menos positiva o negativa con la variante en cuestión.

3 Aproximaciones teóricas

La *variable lingüística* se ha conceptualizado como dos o más maneras o realizaciones de una variable en el habla, las *variantes de una variable*. Por definición, las variantes son idénticas en cuanto a su valor referencial o de verdad, pero conllevan diferentes significados sociales, pragmáticos y/o estilísticos. La naturaleza de la *variable sintáctica* (o *morfosintáctica*), sin embargo, no es análoga a la de la variación fonológica. Crucial es el hecho de que la variación sintáctica plantea el problema de las posibles diferencias de significado que pueden estar asociadas con cada variante. Es decir, mientras las variantes fonológicas constituyen dos o más formas "de decir la misma cosa", las variantes de una variable sintáctica no son claramente dos o más formas diferentes de decir lo mismo.

A manera de ilustración, se pueden comparar las posibles variantes de la variable (s) en el lexema *poste* (en el español de Chile, por ejemplo), con una aparente variable sintáctica: la elección entre el orden verbo-objeto directo-objeto indirecto (2a), objeto indirecto-verbo-objeto directo (2b).

(1) Chocaron con un poste [ˈpohte]/[ˈpot:e]/[ˈpote].
(2) a   Le entregaron el libro a Juan.
     b   A Juan le entregaron el libro.

En el ejemplo (1), el uso de una u otra variante (h, t:, Ø) no cambia el significado referencial del enunciado *Chocaron con un poste*.

En el ejemplo (2), por otra parte, aunque el significado referencial de la proposición en (a) y (b) es el mismo, la variación en el orden de las palabras conlleva ciertas diferencias de significado relacionadas con el valor *temático* (información conocida) o *remático* (información nueva o focal) de los elementos oracionales, por lo que (a) y (b) no podrían estar en variación libre en el discurso. No responderían, por tanto, a una definición estricta de variable sintáctica. Así pues, solamente (2a), con curva entonativa no marcada, puede responder a la pregunta *¿A quién le entregaron el libro?* Con la misma curva entonativa, (2b) responde a la pregunta *¿Qué le entregaron a Juan?* Queda claro, entonces, que (2a) y (2b) tienen presuposiciones diferentes: en (2a) se presupone que "le entregaron un libro", pero no se sabe a quién; en cambio, en (2b) se presupone que a Juan le entregaron algo, pero no se sabe qué.

Gran parte de la variación morfosintáctica estudiada en diversas comunidades parece estar condicionada por factores sintácticos, semánticos y pragmático-discursivos e incluso en algunos casos por factores fonológicos (como posiblemente el orden de los constituyentes oracionales). La sociolingüística integra, por tanto, los diferentes niveles analíticos que se han identificado tradicionalmente: la fonología, la morfología, la sintaxis y la semántica, agregando uno más: la pragmática (Silva-Corvalán y Enrique-Arias 2017).

Por ejemplo, el uso no estándar de *de* antepuesto a *que* en complementos oracionales, fenómeno variable conocido como *dequeísmo*, parece responder a factores internos a la lengua relacionados con factores semánticos y pragmáticos. Así pues, el *dequeísmo* es favorecido por un sujeto de tercera persona y desfavorecido cuando el sujeto es primera persona. El tiempo pasado, en oposición a presente y futuro, también favorece el uso de *dequeísmo*. El ejemplo (3) ilustra la correlación entre *dequeísmo*, tiempo pasado y sujeto de tercera persona.

(3) En 1997 o 1998 me dijo *de que* iba a vender una casa de su propiedad a una empresa extranjera (*La República* [Perú, 2002], CORPES).

La distribución del *dequeísmo* ha llevado a diferentes autores a proponer que el hablante *dequeísta* emplea este fenómeno (a) con el propósito pragmático de comunicar, entre otros, distanciamiento del contenido del enunciado (García 1986) y además (b) con el propósito pragmático-discursivo de marcar el complemento como información nueva o focal (Martínez Sequeira 2000). La variable *dequeísmo*, entonces, conllevaría significados pragmáticos y no correspondería a "dos formas de decir la misma cosa".

En verdad, el análisis de algunas variables (morfo)sintácticas ha mostrado que en muchos casos el efecto de factores sociales externos es mínimo o inexistente. Los factores lingüísticos internos que condicionan la variación han resultado ser, por otra parte, de gran interés y han llevado a asignar un papel central a los aspectos semánticos, pragmáticos y cognitivos de las unidades lingüísticas como factores explicativos.

Hay variables sintácticas y morfológicas que no parecen conllevar diferencias de significado en ningún nivel de análisis lingüístico o *pragmalingüístico* (término usado para referirse más específicamente a la pragmática como subcampo de la lingüística). Por ejemplo, el doblado de clíticos en perífrasis verbales (4), posiblemente también algunos fenómenos de concordancia de número (5) e incluso de pérdida de marcación de caso en cláusulas relativas (6).

(4) Debatimos esta idea de llevar a Tony Stark a los orígenes porque lo queríamos verlo usar su cerebro (*El diario* [Bolivia, 2013] CORPES).
(5) Levantó la mirada y efectivamente, un grupo de personas estaban allí, observándolo (Ayala, José Luis: *Zorro, zorrito y otras narraciones cosmogónicas* [Perú, 2008], CORPES).
(6) El hombre *que/al que* le entregué el mensaje ya se fue.

Con respecto al problema del significado, en el estudio de la variación (morfo)sintáctica se han tomado como punto de partida variantes cuya sinonimia lógica no es cuestionable y cuya estructura sintáctica o morfosintáctica varía solamente con respecto al fenómeno considerado variable. Fuera de todo contexto discursivo, esta *variable (morfo)sintáctica* no altera la equivalencia referencial. El análisis cualitativo de los contextos de uso de las variantes identificadas en el habla de un grupo social, tomando en cuenta su distribución en el discurso, permite en algunos casos establecer posibles diferencias de significado semántico y/o pragmático. Así pues, los estudios variacionistas van más allá de lo distintivo en el nivel lingüístico estructural para poder identificar lo distintivo en los niveles semántico-pragmático, social y estilístico. El sociolingüista busca explicar por qué los hablantes optan por una u otra forma, qué factores en el contexto amplio (lingüístico y extralingüístico) favorecen una u otra.

La presencia variable de una copia pronominal en Cláusulas Relativas (CRs), por ejemplo, había sido estudiada como un caso de sinonimia lógica no cuestionable: *Se puso un abrigo$_i$ que (lo$_i$) había comprado el día antes* (Silva-Corvalán y Enrique-Arias 2017). Cerrón-Palomino (2015) examina esta variable en materiales de Lima (Perú) y, yendo más allá de lo estructural y semántico, su análisis revela una motivación pragmática en el uso de sujetos reasuntivos. Cerrón-Palomino argumenta de manera convincente que el sujeto reasuntivo (*Por eso se lo pregunto a mi amigo$_i$, que él$_i$ sí sabe de esto.*) tiene una función contrastiva: la propiedad introducida por la CR pertenece exclusivamente a su antecedente y descarta otros posibles candidatos. La función contrastiva del uso de estos pronombres se refuerza con el adverbio *sí* o con acento prosódico en el pronombre.

El análisis cuantitativo realizado con el programa *Goldvarb* también es interesante por cuanto corrobora estadísticamente resultados afines a los de otras variedades del español que han revelado condicionamientos estructurales y semánticos a la presencia de copias pronominales en CRs. La Tabla 39.1 presenta los valores probabilísticos para la contribución de distintos factores lingüísticos a la presencia del elemento doblado en tres comunidades: Lima, Santiago de Chile y Caracas.

Los factores se ordenan según el valor del *rango*, que indica la importancia relativa de estas variables en cuanto a la probabilidad de uso de una copia. Cuanto mayor sea el rango,

Tabla 39.1 Contribución de distintos factores lingüísticos a la presencia de elemento redundante (probabilidades GOLDVARB).

Variables		Peso probabilístico		
		Lima (N=2062)	Santiago (N=1012)	Caracas (N=1464)
Función sintáctica relativizada	*(rango =*	*71*	*60*	*67)*
Objeto directo (el hombre que vi)		0,91	0,89	0,93
Oblicuo (el lugar (al) que iban)		0,66	0,43	0,53
Sujeto (el hombre que vino)		0,20	0,29	0,26
Tipo de cláusula	*(rango =*	*51*	*23*	*34)*
No restrictiva o explicativa		0,82	0,65	0,77
CR restrictiva o especificativa		0,31	0,42	0,43
Definitud del antecedente	*(rango =*	*27*	*51*	*29)*
Con determinante indefinido		0,64	0,74	0,66
Con determinante definido		0,37	0,23	0,37
Animacidad del antecedente	*(rango =*	*17*	*23*	*22)*
Animado		0,56	0,63	0,60
Inanimado		0,39	0,40	0,42

Fuente: Bentivoglio y Sedano (2011, tabla 8.3) y Cerrón Palomino (2015, cuadro 4)

mayor es la importancia de una variable. Los resultados probabilísticos revelan gramáticas similares en los tres dialectos que, con una sola excepción, comparten el ordenamiento relativo de las variables explicativas del uso de un pronombre reasuntivo. La excepción es el orden del factor *definitud* en datos de Santiago, que sobrepasa la importancia del tipo de cláusula. El factor más determinante en los tres dialectos es la función sintáctica relativizada, es decir, es más probable que se emplee un elemento reasuntivo si se trata de una CR de objeto directo (OD) que si la función relativizada es el sujeto de la CR. El factor menos importante es la animacidad del referente; se espera encontrar menos copias en CRs con antecedente inanimado.

Los valores de probabilidad representan un cierto nivel de abstracción, pues los factores que condicionan la variabilidad y el ordenamiento de estos factores de acuerdo con el mayor o menor efecto que ejercen sobre la frecuencia de realización de una u otra variante se identifican a partir de los datos de un grupo de individuos. Es posible que la conducta lingüística de uno o más de los hablantes se desvíe de la del promedio del grupo, pero en general se continúa aceptando que la gramática del grupo es más regular o sistemática que la del *idiolecto* de un individuo y que las reglas de esta gramática son compartidas por grupos numerosos de hablantes. Esta presuposición es avalada por resultados comparativos como los presentados en la Tabla 39.1, que revelan gramáticas similares a través de diferentes grupos dialectales.

No ha sido fácil asignar valor social y/o estilístico a todos los casos de variación morfosintáctica estudiados en diversas comunidades. Por ejemplo, es nulo el efecto de la edad, el sexo y la educación en el uso de construcciones de retoma en CRs en datos de Lima. Varios estudios de variedades del español en España concluyen que las variables sociales inciden en general poco o nada en la expresión variable de un sujeto pronominal. La escasa influencia de los factores sociales no es sorprendente ya que la expresión del sujeto es una variable cuyas variantes conllevan significados diferentes en el contexto discursivo. La atención se vuelve entonces al estudio de la variación sintáctica y no necesariamente *socio*sintáctica.

4 Perspectivas actuales

Ilustramos aquí enfoques actuales a través de una selección de estudios de variación sintáctica realizados en diferentes variedades del español. Se incluyen variables de interés para el *Proyecto de Estudio Sociolingüístico del Español de España y América* (PRESEEA), que coordina los esfuerzos de 40 grupos de investigación en la recogida y estudio de datos orales con estratificación de edad, sexo y nivel de instrucción en otras tantas ciudades del mundo hispánico. Los estudios seleccionados presentan un panorama actual de los temas a los que se ha prestado mayor atención en sociosintaxis variacionista: la expresión variable del sujeto y la variable *haber* impersonal.

4.1 La variable "expresión del sujeto"

La expresión variable del sujeto gramatical en español ha sido desde hace años motivo de gran interés. Estudios realizados en los años 80 mostraron que la variación es controlada por factores tales como el establecimiento del tópico oracional o de una unidad discursiva; la expresión de información focal (nueva o contrastiva); la clarificación del referente del sujeto; la persona gramatical; la ambigüedad de la forma verbal; y la correferencialidad con el sujeto precedente. En general se ha mostrado que los factores sociales tienen escasa influencia en la expresión variable del sujeto. Los ejemplos (7)–(10) ilustran la variación. El sujeto no se requiere en (7); pero es en cambio obligatorio en (8)–(10).

(7) (a) Ø/*yo* hablo bien español, pero el francés (b) Ø/*yo* lo hablo muy mal.
(8) *Contraste*
 Mi hermana habla bien inglés pero *yo* *(Ø) lo hablo muy quebrado.
(9) *Información focal*
 A: ¿Quién trajo este diario?
 B: *Yo* lo traje./*Ø lo traje.
(10) *Clarificación del referente del sujeto*
 S: ... yo despertaba gritando y mi hermana tenía que levantarse a verme. Y (a) ella iba a mi lado (b) y *yo* estaba temblando, que hasta los dientes se oían que pegaban.

Obviamente, si la información transmitida por el sujeto es nueva o focal (contrastiva), este debe expresarse. Si la información es recuperable por el oyente, entonces entran a desempeñar un papel factores pragmáticos que motivan la expresión o no del sujeto. Obsérvese el ejemplo (10), donde la expresión o no de "yo" en (10b) tiene consecuencias semánticas claras, ya que un sujeto cero implica que es "ella" la que "estaba temblando" y no "yo," tal como el hablante especifica.

La correferencialidad ha resultado ser el factor estadísticamente más significativo en todos los estudios realizados. El ejemplo (7) ilustra correferencialidad: dos formas verbales finitas en cláusulas contiguas con el mismo sujeto. En diversos dialectos del español, los sujetos correferenciales (7b) se expresan en más o menos el 25 % de los casos y los sujetos que implican cambio de referente (10a–10b) se expresan en más del 40 % de los casos (Shin y Cairns 2012).

El tipo de verbo ha resultado ser significativo. Las siguientes son las probabilidades de expresión del sujeto de 1ª persona singular y plural (Bentivoglio 1987):

a De percepción: *oler*, *ver*, etc. 0,59
b Cognitivos: *pensar*, *saber*, etc. 0,48
c Enunciativos: *comentar*, *decir*, etc. 0,45

d   Desiderativos y de manipulación: *querer, pedir, ordenar*, etc. 0,41
e   Otros verbos (no incluidos en a–d). 0,34

La variable tipo de verbo ha sido incluida, con algunas diferencias en cuanto a la clasificación de los verbos, en varios estudios que han refrendado la relación entre tipo de verbo y expresión del sujeto pronominal (*p. ej.*, Cerrón-Palomino 2014; Orozco 2015). El *ranking* de estos tipos de verbo no es el mismo, pero en todos los estudios citados los verbos de percepción y los cognitivos (unidos en "verbos mentales") son los que más favorecen la expresión de un sujeto.

Es notable que las probabilidades asignadas al factor correferencialidad del referente del sujeto en estudios de diferentes dialectos sean casi exactamente iguales: Los Ángeles y Caracas: 0,34 con sujeto correferencial y 0,66 cuando no lo es (Bentivoglio 1987). Valores muy similares se obtienen en Barranquilla (0,35 y 0,67, Orozco 2015), en Castañer (0,34 y 0,70, Holmquist 2012), en Lima (0,36 y 0,64, Cerrón-Palomino 2014) y en cuatro ciudades españolas (0,35 y 0,62, Samper Padilla *et al.* 2006). Los porcentajes globales de sujetos explícitos en variedades distintas del español pueden ser diferentes, pero la expresión del sujeto pronominal responde de manera similar a los mismos condicionantes o variables explicativas. Una vez más, el análisis multivariante revela lo que es común en este aspecto de la gramática de varios dialectos del español.

El factor ambigüedad de la forma verbal también muestra correlaciones similares en algunos dialectos, aunque no hay acuerdo general. Algunos estudiosos sustentan la idea de que la ambigüedad se correlaciona con mayor frecuencia de expresión de sujetos, pero otros no encuentran apoyo para tal relación o sugieren que la relación puede resultar de la interacción entre formas verbales ambiguas y persona gramatical.

La persona gramatical es un factor determinante en la expresión de un sujeto. Con excepción del pronombre *uno* indefinido, que presenta generalmente la probabilidad más alta de empleo, es común que los sujetos singulares (sing) se expresen con mucha mayor frecuencia que los plurales (pl), como se observa en los pesos probabilísticos obtenidos en el análisis del corpus de Granada (Manjón-Cabeza Cruz *et al.* 2016): 1sing 0,65; 3sing 0,52; 2sing 0,50; 1pl 0,25; 3pl 0,20.

En general los factores sociales tienen escasa influencia en la expresión variable del sujeto. Algunos estudios, sin embargo, han indicado que el sexo femenino y la edad parecen incidir en la variación, aunque levemente (*p. ej.*, Manjón-Cabeza Cruz *et al.* 2016; Orozco 2015).

En resumen, parece claro que hay más semejanzas que diferencias interdialectales en cuanto a la expresión del sujeto en general. Aunque los porcentajes de frecuencia de uso de pronombres sujeto no son iguales en los dialectos estudiados, los análisis multivariantes muestran probabilidades similares que validan la consideración de una gramática común. Esta afirmación encuentra apoyo en la comparación de datos de San Juan, que evidencia un alto porcentaje de pronombres sujeto expresos (44,7 %, Cameron 1993), y Madrid con un porcentaje visiblemente más bajo (21 %, Enríquez 1984). Aunque la frecuencia de uso es muy diferente, un análisis multivariante muestra que el peso probabilístico de las restricciones asociadas con clase de verbo y cambio de referente es el mismo; por ej., pretérito y cambio de referente: San Juan 0,57, Madrid 0,61, sin cambio de referente: San Juan 0,33, Madrid 0,32 (Cameron 1993), revelando así que estas dos variedades comparten la misma gramática en este aspecto de la lengua.

4.2 Pluralización de haber impersonal

La pluralización de *haber* es una variable sintáctica muy estudiada en los últimos decenios. La variante plural, *Han habido muchas protestas*, con una frase nominal (FN) que concuerda en número con el verbo, alterna con la variante normativa en singular, *Ha habido muchas protestas*.

Haber introduce en el discurso el referente de una FN considerada el OD, que en concordancia con el verbo parece reinterpretarse como el sujeto de la oración.

El estudio de esta variable ha sido privilegiado por algunos equipos del PRESEEA. Metodologías comunes permitirían determinar con más precisión tanto su difusión geográfica y social como los factores lingüísticos y extralingüísticos que condicionan la variación.

La variante concordada de *haber* impersonal en la norma culta de varias ciudades de España e Hispanoamérica había sido constatada ya en los años noventa. No se habían encontrado casos de pluralización en Madrid ni Sevilla, pero en 2016, Paredes García comprueba la existencia de *haber* plural en Madrid en todos los estratos sociales, aunque en un porcentaje bajo (2,1 %). Esta observación es compartida por estudios realizados en países hispanoamericanos y en otras ciudades de España, con porcentajes que van del 8,4 % en Ciudad de México al 82 % en Táchira, Venezuela. Las formas pluralizadas *habemos* y *hubieron* no son muy frecuentes y parecen estar estigmatizadas en el nivel educativo alto en algunos dialectos. No todos los estudios aplican las mismas metodologías, pero los resultados dan una idea de la extensión del fenómeno, que parece ir en aumento en algunas variedades del español (Gómez Molina 2013, 276; Paredes García 2016, 211–212).[1]

La pluralización de *haber* y de los verbos auxiliares usados con *haber* ("poder", "soler", etc.) *(como en Nunca pueden haber contradicciones para gente inescrupulosa.,* Majfud, Jorge: *La reina de América* [Uruguay, 2001], CORPES) se constata en todos los países hispanohablantes. En España, se ha sugerido que los porcentajes más altos en Valencia y Castellón son resultado del contacto con el catalán. Blas Arroyo (2018) observa que las formas plurales de *haver-hi* son producidas con frecuencia en catalán: 56 % de pluralización en Castellón, similar al porcentaje de formas plurales en el español de Castellón (52 %). Además, el análisis de regresión múltiple comparativo muestra variables explicativas similares en las dos lenguas, apoyando una posible situación de influencia recíproca.

En Hispanoamérica, al menos dos variantes que favorecen la pluralización son comunes a casi todos los estudios realizados: el rasgo [+ humano] de la FN (*Habían unos niños en el parque*) y la idea de pluralidad (*Habían alrededor de quinientas personas*). Otras variables son significativas en unos estudios y no en otros, por ejemplo, el tiempo del verbo y variables sociales como el sexo y el nivel socioeconómico.

La semántica de la FN y el tiempo verbal son significativos en Puerto Rico. Rivas y Brown (2012) analizan 27 horas de conversación con 33 hablantes nativos de diferentes edades y encuentran el 58 % de *haber* pluralizado. *Goldvarb* determina que son altamente favorables la FN [+ humana] (peso probabilístico 0,81; [—humana] 0,41) y el imperfecto de indicativo (0,58; otros tiempos 0,36). El pretérito *hubieron* se constata en 11 de 19 casos de pretérito (*Hubieron muchos desórdenes*).

A diferencia de Puerto Rico, en la comunidad urbana de Valencia (España) no es significativa ninguna de las variables lingüísticas (Gómez Molina 2013). Siguiendo el proyecto PRESEEA, Gómez Molina establece diez variables lingüísticas, entre estas el tiempo del verbo y el rasgo [± humano] de la FN; tres estilísticas y cuatro sociológicas. Incluye 72 informantes, 36 mujeres y 36 hombres distribuidos uniformemente en tres niveles socioculturales (alto, medio, bajo) y tres grupos etarios (mayores de 55; 35–55 y 20–34 años). De todas las variables independientes consideradas, *Goldvarb* identificó solo dos significativas: la edad y el grupo sociocultural.

Basado en el uso mayor de *haber* plural entre los hablantes jóvenes y en el sociolecto medio, Gómez Molina sugiere que la forma plural parece estar en expansión en Valencia. Esta conclusión encuentra apoyo en el relativamente alto índice de aceptación de las formas personales de *haber* en esta comunidad (36,9 %). La prueba de aceptabilidad incluía ocho formas personales de *haber*. Por el contrario, aunque el nivel de aceptabilidad hacia la pluralización es incluso más alto en Las Palmas de Gran Canaria, Hernández Cabrera (2016, 158) sugiere "la regresión de la personalización de *haber*". Esta sugerencia se deriva del porcentaje de aceptación más bajo en el grupo etario más joven (50,3 %) que en el de los mayores de 55 años (64,7 %), y del uso menos frecuente de *haber* concordado entre los jóvenes de nivel educativo alto (20,5 %).

Otros estudios de *haber* realizados siguiendo los criterios de PRESEEA son el ya mencionado de Hernández Cabrera (2016) en Las Palmas (365 casos de 72 informantes) y el de Lastra y Martín Butragueño (2016) en Ciudad de México (561 casos de 108 informantes). Incluyen los mismos factores que Gómez Molina (2013), pero a diferencia de este, determinan que una variable lingüística, diferente en cada estudio, es significativa: el rasgo semántico de la FN en Las Palmas ([+humana] 50,6 %; [-humana] 31,9 %) y la definitud de la FN en Ciudad de México (definida 14,7 %; indefinida 7,1 %). Dos variables sociales son también significativas en ambos estudios: la edad y el nivel de instrucción. La variable sexo solo resulta significativa en México, donde las mujeres favorecen la pluralización, mientras que en Valencia (España) y Las Palmas esta variable no es estadísticamente significativa.

Los resultados dejan claro que estas tres comunidades comparten dos variables externas como condicionantes de la variación *haber* singular~plural: la edad y el nivel de estudios o sociocultural de los hablantes. Los niveles medio y bajo potencian la pluralización y el nivel alto la restringe en las tres localidades. Así pues, aunque los porcentajes de uso de *haber* plural pueden ser diferentes en estos dialectos, el análisis probabilístico subraya las semejanzas en sus gramáticas.

Además de las variables sintácticas presentadas en este capítulo, se han realizado estudios de otras variables que deberán examinarse en profundidad con metodologías comparables: el *(de)queísmo*, el leísmo, la duplicación del clítico de OD, la posición de los clíticos en perífrasis verbales, los tiempos verbales, etc. Lo que no debe obviarse en estos estudios es que la variación sintáctica no puede entenderse cabalmente sin referencia a la semántica y a la pragmática discursiva.

Tabla 39.2 Variables explicativas estadísticamente significativas en tres comunidades.[2]

Variables independientes		Peso probabilístico		
		Valencia (España) (N= 275)	Las Palmas (N= 365)	Ciudad de México (N= 561)
Lingüísticas				
Frase Nominal	[-humana]	—	0,41	—
	[+humana]	—	0,59	—
Frase Nominal	[-definida]	—	—	0,46
	[+definida]	—	—	0,69
Sociológicas:				
Edad				
	20–34 años	0,59	0,44	0,56
	35–55 años	0,52	0,44	0,68
	más de 55	0,39	0,62	0,33
Nivel de estudios	Alto	0,40	0,31	0,36
	Medio	0,56	0,64	0,39
	Bajo	0,53	0,56	0,76
Sexo				
	Femenino	—	—	0,61
	Masculino	—	—	0,42

Fuentes: Hernández Cabrera (2016), Gómez Molina (2013) y Lastra y Martín Butragueño (2016). Elaboración propia.

5 Direcciones futuras y conclusiones

No podemos dejar de reconocer los avances logrados en el estudio de la variación sintáctica, aunque todavía quede mucho por hacer. En el continuo proceso de investigación de los condicionamientos de la variación el sociolingüismo seguirá haciendo aportes importantes a la sintaxis, semántica y pragmática del español. La variación se ha considerado sistemáticamente y se han buscado explicaciones tanto dentro como fuera del sistema lingüístico propiamente tal. El análisis probabilístico ha permitido hacer predicciones confiables sobre competencia lingüística y equivalencias o divergencias interdialectales. El objetivo tiende a ser unificar metodologías (recolección y codificación de datos, análisis cualitativo y cuantitativo) para establecer un cuadro cohesivo del valor sociolingüístico de las variables examinadas en diferentes comunidades hispanohablantes. Sin duda, una de las contribuciones más importantes que los estudios de variación sintáctica pueden hacer a la teoría lingüística es poner a prueba la validez de hipótesis sobre los posibles factores condicionantes de la variación.

Es de esperar que estudios coordinados continúen dando resultados significativos para el avance de nuestro conocimiento de la vida real de la lengua española en sus principales variedades y para el esclarecimiento de ciertos aspectos fundamentales de la teoría sociolingüística. Me refiero aquí a cuestiones tales como la validez de los constructos que se han empleado en el estudio de la variación lingüística, tanto en el plano de la definición del objeto social y lingüístico en estudio (por ejemplo, comunidad de habla, estilo, registro), como con relación al valor relativo que pueden tener tales factores como el sexo, la edad, las actitudes lingüísticas de la población, etc. en la determinación de la variación y/o del cambio lingüístico. Un resultado de crucial relevancia que nos permita evaluar el futuro de las variedades del español hablado será la identificación de fenómenos de variación que correspondan a cambios en marcha, ya sea hacia patrones más conservadores o, por el contrario, alejándose de ellos y por tanto presagiando quizá mayores divergencias interdialectales. Una comparación cuidadosa de materiales recogidos en dos periodos diferentes (por ejemplo, materiales del PRESEEA y de la Norma Culta) podría arrojar resultados reveladores.

El español se ha encontrado o todavía se encuentra en situación de contacto intenso con numerosas lenguas (gallego, portugués, euskera, catalán, italiano, inglés, quechua, etc.). En algunas de estas situaciones de contacto se ha informado ya sobre variables que podrían estar relacionadas con este contacto: el uso de condicional por subjuntivo (*Lo llevó para que lo vería el doctor*); la extensión de *estar* (*La gente está muy alta allí*); la no expresión de clíticos verbales correferenciales con un OD (*Tenía un perrito y 0 llevaba a correr con ella*); la duplicación casi categórica de clíticos correferenciales con un OD definido (*Le llevaré a Pepe a la escuela* (sistema leísta), *Lo encontré a Pepe en el parque*), etc. Será de gran interés examinar si la causa o la difusión y estabilización de estas construcciones se encuentran en la situación de bilingüismo propiamente tal o más bien en cada una de las lenguas involucradas en el contacto. La migración a gran escala, ya sea de un país hispanohablante a otro, o de una comunidad a otra dentro de un país, puede tener repercusiones lingüísticas significativas, que los análisis multivariantes podrían revelar.

El variacionismo es hoy un campo en continuo crecimiento en el mundo hispanohablante. De hecho, una línea de investigación relativamente reciente y poco explorada en estudios del español es la que considera el léxico y su frecuencia en los procesos de variación. Algunos estudios de la expresión del sujeto y de la subida de clíticos en perífrasis verbales, por ejemplo, han considerado que al menos parte de la variación sintáctica puede explicarse apelando al léxico (p. ej., tipos de verbo). Estudios pioneros de Torres Cacoullos (p. ej., 1999, 2001) sobre aspectos diacrónicos del español han confirmado que la frecuencia de ciertos ítems léxicos y/o construcciones fijas tiene un efecto significativo, por ejemplo, en la gramaticalización de *andar* como auxiliar progresivo y en la posición del pronombre átono en perífrasis verbales, pero aún quedan pendientes análisis estadísticos multivariantes sobre el rol del léxico en la variación sintáctica del español de hoy. Schwenter y Torres Cacoullos (2014) sobre la subida del clítico verbal en materiales de la Ciudad de México ilustra esta nueva línea de investigación.

El futuro de la investigación sobre la variación sintáctica en español es promisorio. La labor parece titánica pues los estudios variacionistas son complejos y requieren el esfuerzo de muchos. Afortunadamente, sin embargo, hay ya grupos de lingüistas que independientemente o como parte de PRESEEA continúan haciendo aportes valiosísimos a nuestro conocimiento de la lengua española y al avance de la sociolingüística en general.

Notas

1 Las Palmas de Gran Canaria podría ser una excepción al avance de la personalización de *haber* (Hernández Cabrera 2016: 158).
2 Los signos — indican que *Goldvarb* no ha seleccionado este factor como estadísticamente significativo.

Lecturas complementarias recomendadas

Serrano, M. J., ed. 1999. *Estudios de variación sintáctica*. Madrid: Iberoamericana.
Silva-Corvalán y Enrique-Arias (2017).

Referencias bibliográficas

Bentivoglio, P. 1987. *Los sujetos pronominales de primera persona en el habla de Caracas*. Caracas: Universidad Central de Venezuela.
Bentivoglio, P. y M. Sedano. 2011. "Morphosyntactic Variation in Spanish-Speaking Latin America". En *The Handbook of Hispanic Sociolinguistics*, ed. M. Díaz-Campos, 168–186. Malden, MA: Wiley-Blackwell.
Blas Arroyo, J. L. 2018. "At the Boundaries of Linguistic Convergence: Variation in Presentational *haber / haver-hi*. A Sociolinguistic Comparative Analysis of Spanish and Catalan grammars". *Languages in Contrast* 18(1): 35–68.
Cameron, R. 1993. "Ambiguous Agreement, Functional Compensation, and Non-Specific *tú* in the Spanish of San Juan, Puerto Rico, and Madrid, Spain". *Language Variation and Change* 5: 305–334.
Cerrón-Palomino, Á. 2014. "Ser más *pro* o menos *pro*: Variación en la expresión de sujeto pronominal en el castellano limeño". *Lingüística* 30: 61–83.
Cerrón-Palomino, Á. 2015. "Resumption or Contrast? Non-Standard Subject Pronouns in Spanish Relative Clauses". *Spanish in Context* 12: 349–372.
Enríquez, E. V. 1984. *El pronombre personal sujeto en la lengua española hablada en Madrid*. Madrid: CSIC.
García, E. 1986. "El fenómeno *(de)queísmo* desde una perspectiva dinámica del uso comunicativo de la lengua". En *Actas del II Congreso Internacional sobre el Español de América*, ed. J. Moreno de Alba, 45–65. México: UNAM.
Gómez Molina, J. R. 2013. "Pluralización de *haber* impersonal en el español de Valencia". *Verba* 40: 253–284.
Hernández Cabrera, C. E. 2016. "Variación de *haber* impersonal en el español de Las Palmas de Gran Canaria". *ELUA* 30: 141–162.
Holmquist, J. 2012. "Frequency Rates and Constraints on Subject Personal Pronoun Expression: Findings from the Puerto Rican Highlands". *Language Variation and Change* 24: 203–220.
Labov, W. 1966. *The Social Stratification of English in New York City*. Washington, DC: Center for Applied Linguistics.
Lastra, Y. y P. Martín Butragueño. 2016. "La Concordancia de *haber* Existencial en la Ciudad de México". *Boletín de Filología* 51(2): 121–145.
Manjón-Cabeza Cruz, A., F. Pose Furest y F. J. Sánchez García. 2016. "Factores determinantes en la expresión del sujeto pronominal en el corpus PRESEEA Granada". *Boletín de Filología* 51(2): 181–207.
Martínez Sequeira, A. T. 2000. *El dequeísmo en el español de Costa Rica. Un análisis semántico-pragmático*. Tesis doctoral, University of Southern California, Los Angeles.

Orozco, R. 2015. "Pronoun Variation in Colombian Costeño Spanish". En *Subject Pronoun Expression in Spanish: A Cross-Dialectal Perspective*, eds. A. M. Carvalho, R. Orozco y N. L. Shin, 17–37. Washington, DC: Georgetown University Press.

Paredes García, F. 2016. "La pluralización del verbo *haber* existencial en Madrid: ¿etapas iniciales de un cambio lingüístico?" *Boletín de Filología* 51(2): 209–234.

PRESEEA. *Proyecto de Estudio Sociolingüístico del Español de España y América*. (http://preseea.linguas.net/Inicio.aspx).

Rivas, J. y E. Brown. 2012. "Concordancia variable con *haber* en español puertorriqueño". *Boletín de Lingüística* Iv/37–38 / Ene—dic: 102–118.

Samper Padilla, J. A., C. E. Hernández Cabrera y M. Troya Déniz. 2006. "Presencia / ausencia del sujeto pronominal de primera persona singular en la norma culta de España". En *El español en América. Diatopía, diacronía e historiografía*, ed. C. Company Company, 87–109. México: UNAM.

Schwenter, S. A. y R. Torres Cacoullos. 2014. "Competing Constraints on the Variable Placement of Direct Object Clitics in Mexico City Spanish". *Revista Española de Lingüística Aplicada* 27: 514–536.

Shin, N. L. y H. Smith Cairns. 2012. "The Development of NP Selection in School-Age Children: Reference and Spanish Subject Pronouns". *Language Acquisition: A Journal of Developmental Linguistics* 19: 3–38.

Silva-Corvalán, C. y A. Enrique-Arias. 2017. *Sociolingüística y Pragmática del Español*. Washington, DC: Georgetown University Press.

Torres Cacoullos, R. 1999. "Variation and Grammaticalization in Progressives: Spanish -*ndo* Constructions". *Studies in Language* 23: 25–59.

Torres Cacoullos, R. 2001. "From Lexical to Grammatical to Social Meaning". *Language in Society* 30(3): 443–478.

40
Sintaxis del español hablado
Syntax of Spoken Spanish

Mercedes Sedano

1 Introducción

En este capítulo se destaca la importancia del estudio de la sintaxis de la lengua hablada en situaciones de interacción. La vinculación entre sintaxis y oralidad se debe a que la inmediatez del habla condiciona la planificación del discurso y, como resultado, permite que afloren aspectos de interés para una mejor comprensión del funcionamiento de la lengua. Se definen varios conceptos relacionados con la lengua oral y escrita (*vernácula, estándar, formal*...). Se adopta un marco teórico-metodológico que incluye algunos aspectos cognitivo-funcionales de la lengua, los cuales pueden ayudar a explicar los resultados sociolingüísticos. Se analizan dos fenómenos de variación sintáctica en el habla que ofrecen alternancia entre: i) futuro simple y perifrástico (*Cantaré vs. Voy a cantar*); ii) seudohendidas y oraciones con verbo *ser* focalizador (*Donde vive María es en esa casa vs. María vive es en esa casa*). El primero corresponde al español general; el segundo, solo a algunas zonas hispanohablantes. Después de las conclusiones se señalan vías para la investigación.

Palabras clave: oralidad, sintaxis, variación, futuridad, focalización

This chapter highlights the importance of studying the syntax of spoken language in conversational situations. The link between syntax and orality stems from the fact that the immediacy of speech conditions the planning of discourse and, as a result, it allows aspects of interest to emerge for a better understanding of the ways language functions. Some concepts related to oral and written language are defined (*vernacular, standard, formal* ...). In our theoretical-methodological framework we include cognitive-functional aspects of language which can explain our findings from a sociolinguistic perspective. We analyze two phenomena of syntactic variation, between: i) simple and periphrastic future (*Cantaré* "I will sing" vs. *Voy a cantar* "I am going to sing"); ii) pseudo-clefts and sentences with the verb *ser* "to be" as a focalizer (*Donde vive María es en esa casa* "Where Mary lives is in that house" vs. *María vive es en esa casa* "Mary lives is in that house"). The first one belongs to general Spanish; the second, only to certain Spanish-speaking-regions. After the conclusions, we discuss paths for future research.

Key words: orality, syntax, variation, futurity, focalization

2 Conceptos fundamentales

En este capítulo se aborda la importancia de la lengua hablada para el estudio de la sintaxis desde una posición lingüística ecléctica, aunque asociada fundamentalmente a las teorías cognitivo-funcionales, según las cuales la sintaxis es la columna vertebral de un idioma ya que permite interrelacionar los distintos campos lingüísticos utilizados para generar información.

Diversos investigadores han señalado la conveniencia de estudiar el funcionamiento y eventuales cambios de un idioma a través de las distintas manifestaciones de la lengua hablada, sobre todo de la más coloquial y espontánea. Labov (1972, 208) llama *vernácula* a esta variedad y dice de ella que es la primera que se aprende y la que mejor representa el uso natural de un idioma; además, proporciona "los datos más sistemáticos" para los estudios lingüísticos. No olvidemos que los niños se comunican en la lengua vernácula de su comunidad mucho antes de aprender a escribir. Chafe (1994, 50), después de enumerar las diferencias entre la lengua oral y escrita, considera que "conversational speaking appears to have a special status as the most natural use of language".

Los estudiosos coinciden en que, si bien las modalidades hablada y escrita se nutren de una base común, que son los patrones de la propia lengua, cada una de ellas tiene características propias. Aunque ambas modalidades pueden influirse mutuamente, parece natural que los cambios lingüísticos se inicien en la lengua hablada, ya que es sobre todo en esa modalidad, cuando es espontánea, donde se ponen en juego todas las posibilidades implicadas en el intercambio comunicativo, entre ellas, facilidad *vs.* dificultad prosódica y/o de planificación, expresividad, economía, claridad del mensaje, prestigio social o apoyo gestual.

La transición de un cambio sintáctico de la lengua hablada a la escrita no parece fácil de comprobación científica. Sin embargo, podría conseguirse hoy en día, gracias a las modernas tecnologías y a los avances en la recolección de corpus, si se logra dejar constancia de dos momentos importantes en esa transición: i) el nuevo uso se registra en la lengua hablada de una determinada comunidad lingüística, pero no en la escrita; ii) el nuevo uso se registra ya no solo en el habla de esa comunidad sino también en la escritura.

Antes de abordar el capítulo, conviene recordar que el español es una lengua histórica formada por variedades geográficas denominadas *dialectos*. Un dialecto es entonces la variedad del español hablada en un determinado país o región. Cada dialecto está compuesto por distintos sub-dialectos. En cada país suele haber al menos una lengua *estándar*, que es la variedad tenida por modélica en la zona. Las variedades estándar de los distintos países hispanohablantes pueden ser muy diferentes entre sí, sobre todo en lo que respecta a la fonética y a la lengua oral; sin embargo, permiten la comunicación entre los hablantes gracias a los elementos comunes.

En los usos de un determinado dialecto se reconocen varios estilos, en cuyos extremos están el *formal* y el *informal*. El formal se suele asociar a la lengua escrita y el informal a la lengua hablada. En sus usos prototípicos, Givón (1995, 30) les adjudica algunas de las siguientes propiedades: *Lengua formal escrita*, abundante en subordinación; poco dependiente del contexto; orden de palabras más bien rígido, modelado por la gramática; *Lengua informal hablada*, abundante en coordinación; muy dependiente del contexto (lingüístico o situacional); orden de palabras flexible, modelado por la pragmática.

La asociación de la lengua escrita con el estilo formal, y la hablada, con el informal, se considera prototípica, pero no debemos olvidar que la lengua escrita ofrece toda una gama de posibilidades (formal, en artículos científicos; informal, en muchos *blogs* y *tuits*) y que otro tanto sucede con la lengua hablada (formal, en conferencias; informal, en situaciones familiares). Independientemente de los usos en una u otra modalidad, es evidente que la escritura y la oralidad se guían por pautas diferentes, al menos en sus usos más diferenciados. La ventaja de estudiar la lengua hablada, sobre todo la más espontánea, es que el emisor apenas tiene tiempo de anticipar mentalmente lo que dirá en su discurso. Esa peculiaridad hace que utilice, casi sin pensarlo, expresiones que después podrán ser estudiadas por el analista. El conocimiento de la lengua se enriquecerá, por un lado, si esas expresiones se comparan con otras semánticamente próximas y, por el otro, si se observa el aumento o disminución del uso de las expresiones alternativas en diferentes etapas cronológicas.

No todos los hablantes que emplean el habla en un estilo informal o coloquial lo hacen de la misma manera; cada uno utilizará la variedad de la lengua que le sea más afín dentro de su propia comunidad socio-geográfica. Hay una continuidad de posibilidades: los de mayor nivel educativo emplearán la variedad coloquial de la lengua estándar, en tanto que los de menor nivel harán uso de sus variedades vernáculas no estándar. Silva-Corvalán y Enrique-Arias (2017, 28), si bien recomiendan la enseñanza de la lengua estándar, insisten en que, desde el punto de vista lingüístico, las otras variedades sirven igualmente para la comunicación.

Para recolectar muestras de habla, los investigadores accedían antiguamente al discurso coloquial a través de algunos pasajes dialogados de las obras escritas; actualmente, existen muchas posibilidades de captar ese tipo de discurso gracias a la fidelidad de las grabaciones hechas por los investigadores, así como a los registros de los medios audiovisuales.

La relevancia de los estudios sobre el habla puede medirse por los numerosos corpus de lengua oral existentes hoy en día en español. El primero se inició con *El estudio coordinado de la norma lingüística culta de las principales ciudades de Iberoamérica y de la Península Ibérica*, dirigido por J. M. Lope Blanch (1969), de la Universidad Nacional Autónoma de México. Actualmente, existen muchos corpus orales en ambos lados del océano, varios de ellos recogidos con criterios sociolingüísticos. Entre los más conocidos figuran: i) Proyecto para el Estudio Sociolingüístico del Español de España y de América (PRESEEA); ii) Proyecto Val.Es.Co.; iii) Corpus Oral y Sonoro del Español Rural (COSER); iv) Corpus para el Estudio del Español Oral (ESLORA). La Real Academia Española, por su parte, ha puesto a disposición de los usuarios los numerosos materiales hablados y escritos recolectados en todos los países donde se habla español: i) Corpus Diacrónico del Español (CORDE); ii) Corpus de Referencia del Español Actual (CREA); iii) Corpus del Español del Siglo XXI (CORPES).

3 Aproximaciones teóricas

Este capítulo, centrado en la variación sintáctica de la lengua hablada, se apoya en las actuales teorías cognitivo-funcionales del lenguaje cuyos elementos en común podrían resumirse así: i) el lenguaje no es una entidad autónoma, sino que se relaciona con otras capacidades cognitivas del ser humano; ii) las lenguas del mundo configuran o cambian sus características particulares con la finalidad de adaptarse a las necesidades comunicativas de sus hablantes. Como señalan Bybee *et al.* (1994, 1): "Substance is potentially universal, but languages differ as to how it is shaped because it is constantly undergoing change as language is used".

La forma de las lenguas se adapta, pues, a su función, que es comunicar. Si un patrón de uso favorece el intercambio de ideas, ese patrón se repetirá una y otra vez, y se hará extensivo a toda la comunidad; Du Bois (1985, 363) dice al respecto: "Grammars code best what speakers do most". Por el contrario, si el empleo de una determinada forma deja de satisfacer las necesidades de los hablantes, esa forma se irá sustituyendo por otra mediante pasos que no serán arbitrarios sino funcionalmente sistemáticos.

Los estudios sobre sintaxis tienen mucho que agradecer a lingüistas como Comrie (1981), Bybee *et al.* (1994), y Givón (1995), entre otros, quienes, en su intento por desentrañar los *universales lingüísticos*, analizan las lenguas del mundo desde una perspectiva funcional, y ponen de relieve las implicaciones y correlaciones existentes entre los distintos usos. Givón (1995, 46), por ejemplo, al establecer una jerarquía de topicalidad en las lenguas del mundo, señala la estrecha relación entre tópico (Pragmática) y sujeto (Gramática). Bybee *et al.* (1994, 4–22), por su parte, hacen notar que las pautas cognitivas y comunicativas que subyacen al uso de las lenguas condicionan determinadas tendencias en los procesos de *gramaticalización*. Dentro de esas tendencias está el que verbos de movimiento general como *go* y *come* (y no otros de movimiento más específico como *walk*, *stroll* o *slide*) sean verbos muy empleados en las gramaticalizaciones que se producen en las lenguas del mundo.

La gramaticalización es definida por la NGLE (§28.1f-1g) como un proceso mediante el cual una forma plenamente léxica adquiere valor gramatical a lo largo del tiempo. Ilustremos este proceso en español con los verbos *ir* y *volver*, que, aunque son claramente léxicos y con independencia sintáctica en VAMOS *al cine* o en VOLVIÓ *a su casa*, se han gramaticalizado como verbos auxiliares en perífrasis como VAMOS *a pensarlo* o VOLVIÓ *a decirlo*.

Los diversos factores que inciden en la comunicación hacen que las lenguas y sus respectivos dialectos sean inherentemente variables: ofrecen usos alternantes que pueden conducir a cambios lingüísticos. La *variación*, perceptible sobre todo en los estudios cuantitativos de la oralidad, se debe a que, como señala Torres-Cacoullos (2011, 395), existe asimetría entre forma y función, de manera que una forma puede tener varias funciones discursivas, en tanto que una función discursiva puede ser desempeñada por varias formas. El futuro simple como forma, por ejemplo, puede tener significados ajenos a la futuridad y, por el contrario, existen varios tiempos verbales que pueden referirse a hechos venideros. Esta situación determina que puedan ser usados en el habla espontánea, en un mismo contexto y casi con idéntico mensaje, el futuro simple y el presente por futuro (*El próximo mes María* CUMPLIRÁ/CUMPLE *20 años*).

El estudio de la variabilidad en las lenguas, realizado en la actualidad mediante análisis de frecuencias y análisis multivariados, toma en cuenta los diversos factores que pueden afectar las preferencias de uso por una determinada forma sintáctica en detrimento de otra. Los factores analizados pueden ser lingüísticos (*cf.* Schwenter y Torres Cacoullos 2008) y/o sociolingüísticos (Silva-Corvalán 2001).

Labov (1972) es uno de los primeros investigadores en señalar la dimensión social en la variación de las lenguas. Su metodología está destinada a demostrar que la alternancia entre dos formas lingüísticas puede estar condicionada por distintos factores. Los lingüísticos se relacionan con aquellos elementos del contexto que se suelen asociar cognitiva o pragmáticamente con el uso de la forma estudiada. Los extralingüísticos más comunes son la edad, el sexo, o el nivel socioeducativo de los hablantes, pero también pueden ser otros, como la etnia o la religión.

En el inicio de los estudios sociolingüísticos, los investigadores analizaban solo las variantes fonéticas de un mismo fonema, variantes que, obviamente, no cambiaban el significado. Posteriormente, se planteó el problema del significado en sintaxis. Sobre ese problema, hay distintas opiniones: desde los que consideran que no puede haber variación sintáctica entre dos formas porque cada una de ellas trasmite una significación particular, hasta los que opinan que es posible la comparación funcional si las formas en competencia han neutralizado su significado en un contexto dado, es decir, si como resultado del contexto en que se usan, cumplen idéntica función discursiva. Sobre este aspecto:

> ... lo único que interesa es que para alguna *función discursiva* importante, una forma parezca reemplazar a la otra, o bien en el tiempo o bien en alguna dimensión socioeconómica o demográfica en la comunidad de habla
>
> *(Sankoff y Thibault 1981, 213)*

Aaron (2007, 2) insiste en la idea de que, si bien dos formas o construcciones sintácticas, analizadas aisladamente, ofrecen matices semánticos diferentes, lo cierto es que esos matices pueden diluirse en un contexto dado, lo cual produce una "equivalencia textual", una *neutralización* de los significados de cada una de ellas. La neutralización en sintaxis es importante porque puede conducir a un cambio lingüístico.

Pensemos en dos formas o estructuras sintácticas, A y B, que son susceptibles de neutralizarse en el discurso; si la neutralización se repite una y otra vez, puede suceder que B comience a emplearse en contextos no relacionados estrictamente con sus propias características léxico-semánticas sino con las de A. Es posible que A y B mantengan la alternancia por un tiempo indefinido, aunque B vaya poco a poco ganando terreno semántico y sintáctico a A (reflejado cuantitativamente en los usos de A o B). Estos pequeños triunfos de B sobre A pueden llevar a que B se convierta en la forma o estructura usada "por defecto", lo que significa que "[it] is felt to be more usual, more normal, less specific" (Dahl 1985, 19). Cuando se produce un cambio lingüístico total, B reemplaza por completo a A. Históricamente, es lo que sucede, por ejemplo, con una estructura B del español actual que cuenta con la preposición *a* delante de un complemento directo que remita a una persona o cosa personificada; esta estructura ha reemplazado a una estuctura A del pasado en el que no se usaba esa preposición. Lapesa (1968, 260) ilustra el empleo antiguo (A) con "no disgustemos MI ABUELA"; "quiere doña Beatriz SU PRIMO", oraciones estas que hoy en día solo serían gramaticales si se insertara la preposición *a* (B).

He aquí un nuevo ejemplo, esta vez del español actual. En nuestra lengua, el pretérito simple y el pretérito compuesto se usan en todas las comunidades hispanohablantes y no es raro que puedan neutralizarse en un contexto dado ("*Llegaste* temprano" vs. "*Has llegado* temprano") para trasmitir un significado más o menos equivalente. Se abre así el camino de un posible cambio lingüístico, observable gracias al análisis cuantificado de los contextos que favorecen o desfavorecen el uso de cada uno de esos tiempos verbales en la lengua hablada. Howe y Schwenter (2008, 100) enumeran cuatro usos del pretérito compuesto que pueden influir en la evolución: i) "Perfect of Result; ii) Experiencial (or Existencial) Perfect; iii) Continuative (or Universal) Perfect or Perfect of Persistant Situation; iv) Perfect of Recent Past". De los análisis multivariados realizados por esos autores, así como por Schwenter y Torres Cacoullos (2008), sobre la utilización de esos tiempos verbales en la lengua hablada de Lima, México D.F. y Madrid, se concluye que, en esta última ciudad, el pretérito compuesto ha ido paulatinamente ganando terreno al pretérito simple a través de unas etapas similares a las que se dieron en francés y que culminaron con el empleo casi exclusivo del pretérito compuesto (*passé composé*) en la lengua gala, como señalan Howe y Schwenter (2008, 100, 107). El uso en Madrid es muy diferente al que se da en Ciudad de México y Lima pues en esas dos ciudades se registra un elevado uso del pretérito simple, y parecen poco probables los pasos por los que esa forma podría competir con la forma compuesta. De los resultados de las anteriores investigaciones se concluye que, mientras la forma usada por defecto en Madrid es el pretérito compuesto, la forma usada por defecto en las dos ciudades hispanoamericanas estudiadas es el pretérito simple (*cf.* cap. 28 de este volumen).

Para estudiar la variación entre dos o más formas lingüísticas desde la perspectiva sociolingüística, se suelen utilizar los conceptos de *variable* (el conjunto formado por dos o más formas de decir lo mismo) y de *variantes* (las distintas realizaciones posibles de una variable). Sobre estos conceptos, así como sobre la metodología empleada en sociolingüística, puede consultarse Silva-Corvalán en el capítulo 39 de este volumen.

La medición de frecuencias es fundamental cuando se estudia la variación en sintaxis (Givón 1995, 20; Rojo 2011) y, por lo tanto, también en las investigaciones sintácticas sociolingüísticas. Debido a la necesidad de cuantificación, el analista, antes de iniciar su trabajo, ha tenido que identificar los factores lingüísticos y/o extralingüísticos que pueden afectar el empleo de cada variante. En la sección 4.1. de este capítulo se señalan algunos factores relevantes en la alternancia entre *cantaré* y *voy a cantar*.

Muchos resultados sociolingüísticos cuantitativos se someten a análisis de regresión, mediante GoldVarb o programas semejantes, para determinar qué factores lingüísticos y extralingüísticos son estadísticamente significativos y qué grado de importancia tiene cada uno de ellos en la selección de cada variante. La última tarea del investigador, a la vista de los resultados obtenidos, es determinar qué elementos de funcionalidad pragmática, cognitiva o socio-cultural permiten explicar los datos; en esa tarea el analista cuenta con la ayuda de las teorías funcionales y sociales existentes.

Además de los estudios sintácticos variacionistas, destinados a analizar los factores lingüísticos y/o sociales que condicionan el empleo entre dos formas en alternancia, existen otros estudios que abordan el análisis de la lengua hablada espontánea desde el pragmatismo funcional existente en el intercambio comunicativo. En ese proceso de intercambio, Gras (2011), por ejemplo, estudia ciertas cláusulas subordinadas propias del habla coloquial para determinar las características formales, semánticas y pragmáticas de las mismas: i) *Yo que tú* + SV [condicional] "Consejo" (*Yo que tú no comería*); ii) Tópico reduplicado en infinitivo "Tematización y evaluación del concepto tematizado" (*Comer comer no comió*); iii) *A ver si* + presente de indicativo "Deseo" (¡*A ver si tienes suerte!*).

Desde una perspectiva no exclusivamente sintáctica, Briz (2018) propone una teoría destinada a analizar semántica y pragmáticamente los "residuos del habla" (p. 15), es decir, las rupturas, interrupciones y vacilaciones que suelen darse en el habla espontánea. He aquí un ejemplo dado por el autor:

El curso↓ *el curso*↑ no quiero decir *que no me guste*↑/o sea *que noo*→ *pero reconocerás quee* →
(p. 2).

La unidad de análisis para este autor no es ya la oración sino el *acto comunicativo*, caracterizado por tener "autonomía comunicativa" y ser una "unidad melódica" (p. 5–6). Los estudios de Briz y su equipo son importantes porque reflejan la pragmática del habla espontánea.

4 Perspectivas actuales

En las secciones precedentes se ha señalado la importancia de las investigaciones basadas en el estudio de la lengua hablada. En esta sección se mostrarán los beneficios de esas investigaciones a través de dos fenómenos de variación sintáctica basados en corpus orales.

4.1 Variación entre el futuro simple y el futuro perifrástico

La noción de futuro hace referencia a un suceso que aún no ha tenido lugar, por lo tanto, es natural que los seres humanos, al verbalizar ese suceso, todavía irreal, tratemos de expresar nuestra opinión sobre su posible realización.

Aunque en el español actual la idea de futuro se suele expresar mediante diversos procedimientos, en este capítulo se analizará solo la variación entre el futuro simple (FS) y el futuro perifrástico (FP). El FS (*cantaré*) se origina en una perífrasis de obligación proveniente del latín (*cantare habeo* → *cantarhé* → *cantar-hé* → *cantaré*); el FP (*voy a cantar*) es una metáfora del movimiento direccional hacia un objetivo (*ir a*), construida con el verbo *ir* en presente de indicativo, que es el tiempo asociado a los hechos reales. Aaron (2007) ha estudiado la evolución del FS en español desde el s. XIII hasta la actualidad y señala que es sobre todo a partir del s. XX cuando esa forma verbal sufre un detrimento considerable en relación con el uso de FP.

Sedano (1994) estudia el empleo del FS y del FP en un corpus del español hablado de Venezuela y señala que ambas formas están en variación cuando significan futuridad, pero hay enunciados en los que no es posible la alternancia. Con el FS no hay alternancia, en más del 50 % de los casos, cuando esta forma presenta un valor modal relacionado con duda, conjetura o cálculo referido al presente del emisor (*el más joven es... TENDRÁ veintiséis años*, p. 227); cabe añadir que, incluso cuando el FS expresa futuro, su empleo puede estar revestido de valores epistémicos asociados a probabilidad (*para irme, bueno, yo no sé cómo HARÉ*, p. 234), uso este que la NGLE (2009, §23.24h) denomina "futuro de conjetura". Contrariamente a lo que sucede con el FS, hay pocos contextos con el FP (solo el 12 %) en los que esta última forma puede alternar con el FS con el significado de desplazamiento (*[El gas] lo VA A COMPRAR cada ocho días*, p. 228). Los resultados de la investigación parecen indicar entonces que, mientras el FP se emplea fundamentalmente para indicar tiempo futuro, el FS parecería encaminarse, al menos en el corpus oral venezolano estudiado, a la expresión de valores modales.

En Sedano (2005) se señalan las grandes diferencias existentes entre el español hablado y escrito en lo que respecta al uso del FS y del FP. Para ofrecer un panorama general sobre la alternancia entre esas formas en la actualidad, en la tabla 40.1. se ofrece la frecuencia normalizada de los casos que aparecen en el CORPES. Aunque no todos ellos tienen significación futura, el recuento de los mismos, con la debida cautela, sí puede reflejar en alguna medida la situación:

Tabla 40.1 Frecuencias normalizadas (casos por millón de formas) del futuro simple y del futuro perifrástico.

	España				América				Total	
	Oral	%	Escrito	%	Oral	%	Escrito	%		%
Futuro simple (forma)	4171	56,5%	3391	83,9%	1735	29,5 %	3365	83,8 %	12662	59,4%
Futuro perifrástico (forma)	3216	43,5%	651	16,1%	4142	70,5%	649	16,2%	8658	40,6%
Total	7387	100%	4042	100%	5877	100%	4014	100%	21320	100%

Fuente: CORPES. Elaboración propia.

Los datos de la tabla 40.1 indican un fuerte arraigo del FS en la lengua oral de España (56,5 %), que contrasta con el empleo bastante reducido de esa forma verbal en el español oral de América (29,5 %). Se observa asimismo que el FS se usa con cierta frecuencia en la lengua escrita, tanto en España como en América (resp. 83,9 % y 83,8 %). En cuanto al FP, su utilización es muy escasa en el español escrito de ambos lados del océano (16,1 % y 16,2 %), fundamentalmente si se compara con los usos de la lengua oral, donde el FP es una forma recurrente tanto en España (43,5 %) como en América, sobre todo en América (70,5 %). Los anteriores resultados no permiten saber qué porcentajes de esas frecuencias normalizadas se refieren exclusivamente a un tiempo futuro, pero, tomados con las reservas del caso, nos permiten concluir que hay al menos dos factores externos que pueden influir en la selección del FS o del FP: uno es el *área dialectal* (España *vs.* América) y el otro, la modalidad *oral o escrita de la lengua*.

Fleischman (1982, 23) considera que la tendencia a los cambios en las expresiones verbales del futuro observados en las lenguas se debe a que, cuando una expresión de futuro se tiñe de coloraciones aspectuales o modales que empañan el significado de "predicción pura" que debería tener el tiempo futuro, los hablantes tratan de volver a reflejar la predicción pura mediante el uso de una nueva expresión. Es lo que parecería estar sucediendo en español con el futuro simple, que actualmente, por su asociación con valores modales, podría estar siendo reemplazado, sobre todo en el habla de América, por el futuro perifrástico.

A continuación, enumero aquellos factores lingüísticos que, en diversos estudios de la lengua oral, favorecen el empleo del FS y, consecuentemente, desfavorecen el uso del FP:

- Presencia en la oración de una expresión temporal: MAÑANA/EL DOMINGO *lo leerá* vs. *lo va a leer*. Orozco (2005); Aaron (2007); Claes y Ortiz L. (2011); Martínez Guillem (2019).
- Poca o ninguna conexión temporal del evento futuro con el presente del emisor: ALGÚN DÍA/NUNCA *lo leerá* vs. *lo va a leer*.
  De Jonge (1991); Silva-Corvalán y Terrell (1989); Blas Arroyo (2008); Orozco (2005); Sedano (1994); Claes y Ortiz López (2011).
- Uso en la oración de marcas de incertidumbre: *No sé si/al parecer lo leerá* vs. *lo va a leer*. Sedano (1994); Díaz-Peralta y Almeida (2000); Blas Arroyo (2008).

Si relacionamos estos resultados con la inmediatez de la comunicación oral, podemos sospechar la influencia de un factor relacionado con la claridad del mensaje y dos más con aspectos cognitivos. En efecto, los resultados de las investigaciones parecen indicar lo siguiente: i) en la selección del FS es importante la presencia de una expresión de tiempo en la oración, la cual parece justificarse por la necesidad de esclarecer, mediante ella, los casos en que esa forma no remite a una situación presente sino realmente futura; ii) se señala la preferencia por el FS cuando se trata de un futuro poco o nada conectado con el presente del emisor; iii) las marcas de incertidumbre sobre la realización del evento futuro van en la misma dirección que los datos sobre distancia temporal: la falta de conexión temporal del hablante con el acontecimiento venidero genera incertidumbre, de ahí el empleo de marcas como NO SÉ SI o AL PARECER.

Puesto que los factores que desfavorecen el uso del FS estimulan el del FP, este se verá beneficiado por la conexión (sobre todo, la inminencia) con el presente del emisor y con marcas de certidumbre (ESTOY SEGURO DE QUE/YO SÉ QUE...) sobre la realización del evento futuro.

4.2 Variación entre las seudohendidas y las oraciones con verbo SER focalizador

Entre las construcciones destinadas a dar relevancia informativa, es decir, a poner bajo FOCO un constituyente que trasmite información no esperable, limitativa o contrastiva, están dos oraciones con el verbo *ser*: las llamadas seudohendidas (SH: A LA QUE *yo escribí* FUE A MARÍA) y las que se suele denominar de *ser focalizador* (SF: *Yo escribí fue a María*).

Las SH se emplean en el español hablado y escrito de todos los países hispanohablantes, y se caracterizan por llevar un pronombre o adverbio relativo inicial, que puede ir precedido por una preposición (A LA QUE, en la SH del párrafo anterior). Las SF carecen de relativo inicial y se usan solo en algunos países hispanoamericanos, fundamentalmente en Colombia (Cuervo 1876; Pato 2010; Escalante y Ortiz López 1917; Diez del Corral 2018), pero también en Ecuador, Panamá, República Dominicana (Kany 1976; Méndez Vallejo 2015) y Venezuela (Sedano 1995, 2003, 2014, 2016). Las SF son propias de la lengua hablada, pero actualmente aparecen también en la escritura. La creciente importancia de estas construcciones ha logrado que se les dedique un espacio en la NGLE (2009, §40.12h) y en Pérez Saldanya y Hualde (en prensa). Las SF también se emplean en el portugués hablado y escrito de Brasil (Braga et al. 2013).

Muchas SF están actualmente en alternancia con las SH, como se muestra en los siguientes ejemplos, extraídos de Sedano (2003, 829–830), donde sería fácil "convertir" cada SH en una SF y viceversa:

(1) a SH LO QUE me gusta es EL MERENGUE.
    b SF a mi esposa le gustaba era OTRO TIPO.
(2) a SH Tú LO QUE estás es LOCO.
    b SF la gente está es DESESPERADA.
(3) a SH pero DONDE más metida está la política es EN LOS MILITARES.
    b SF la nota la puso fue EN LA BOLETA.
(4) a SH A QUIEN le duele es A LOS HIJOS.
    b SF el disfraz se lo sacamos fue A MI TÍA.

¿Cuál es la razón funcional que justifica el empleo de las SF en lugar de las SH? En todas las investigaciones sobre el tema, varias de ellas realizadas con análisis multivariados, se constata que las SF están particularmente relacionadas con la focalización de sintagmas preposicionales como los ilustrados en (3b)-(4b) (Sedano 2003, 834; Pato 2010, 158; Méndez Vallejo 2015, 73–74; Escalante y Ortiz López 2017, 382; Diez del Corral 2018, 79).

Si las SF tienden a focalizar frases preposicionales, cabe preguntarse qué constituyente/s focaliza/n sobre todo las SH. En Sedano (1995) se analizaron estas construcciones en un corpus del español hablado de Caracas y se observó que, de las 263 SH encontradas en el corpus, 248 focalizaban un *Nominal* (sintagmas nominales, adjetivos, infinitivos y subordinadas sustantivas) y tan solo 15 focalizaban un sintagma preposicional (constituyente precedido por una preposición). Un dato de particular interés es que todas las SH que focalizaban un nominal estaban bien formadas; en cambio, de las 15 SH que focalizaban un sintagma preposicional, solo había dos que anticipaban adecuadamente la categoría gramatical del FOCO; las 13 restantes no estaban gramaticalmente bien formadas: "LO QUE está pendiente es DEL ESTUDIO"; "A LOS QUE primero deberían dar orientación es POR LOS ABUELOS, empezar por ellos" (p. 65–66).

Ante esos datos, cabía preguntarse por qué los hablantes utilizaban tanto las SH para focalizar *Nominales* y no se "equivocaban" nunca en su estructuración, contrariamente a lo que sucedía con las SF. La explicación que se da en ese estudio es en buena medida cuantitativa: en un 95 % de los casos, el relativo inicial de las SH era LO QUE, que los hablantes parecían haber automatizado y extendido a otras SH, incluso a las que focalizaban un sintagma preposicional.

¿Cómo explicar los usos tan distintos de SH y SF en cuanto a la categoría gramatical del FOCO? Para una justificación funcional, veamos las ventajas y desventajas de ambas construcciones:

—SH: i) cuentan con una amplia gama de pronombres o adverbios relativos en posición inicial o casi inicial (LO QUE, LA QUE, QUIENES, DONDE, CUANDO, COMO...), que alertan al oyente sobre la presencia de una estructura focalizadora y anticipan algunas características sintácticas del foco (LO QUE compré fueron FLORES); ii) la selección adecuada del relativo inicial puede dificultar la tarea mental del emisor, que debe saber, antes de iniciar las construcción, cuál es la categoría gramatical y la función sintáctica del FOCO, que aparece al final, para representarlo adecuadamente por medio del relativo; la selección es todavía más complicada cuando la oración es muy extensa o bien cuando el FOCO recae en un sintagma preposicional o en un *adverbial* (adverbio o subordinada adverbial); pensemos, por un lado, que la forma del relativo inicial cambia en función del adverbial y, por el otro, que, si el foco es un sintagma preposicional, la preposición que lo precede debe anteceder también al relativo (A LA QUE, POR LO QUE, EN EL QUE...).

—SF: i) carecen de pronombre o adverbio relativo inicial, lo cual facilita la tarea cognitiva del emisor (*Compré fueron* FLORES); ii) esta carencia dificulta la temprana percepción del receptor, que no sabe que está ante una estructura de foco marcado hasta que aparece el verbo *ser*.

Llegados a este punto, parece posible demostrar la importancia de las investigaciones de la lengua hablada en sintaxis: la preferencia de las SF por un FOCO preposicional se justifica por la conveniencia de evitar la presión mental que, en el habla, representa para al emisor de una SH la selección del relativo adecuado, sobre todo, cuando este va precedido por una preposición.

El que las SH parezcan haberse especializado en la focalización de *Nominales* y las SF en la de *No nominales* (sobre todo de sintagmas preposicionales, pero también de adverbiales) no es definitivo, pues una vez que las SF se consolidan en una zona, es natural que vayan ganando terreno y compitan con las SH a la hora de focalizar Nominales, como sucede en los ejemplos de (2b, 3b). Sobre el poder expansivo de las SF, vale la pena señalar que Sedano (2014) en su estudio de Caracas, y Escalante y Ortiz López (2017) en el de Barranquilla, señalan que, si bien las SF se usan sobre todo en el nivel bajo, su empleo se ha incrementado notablemente en los niveles medio y alto.

El aumento en el uso de las SF no significa, desde luego, que estas construcciones vayan a reemplazar a las SH, pues, como ya se indicó, cada una de ellas ofrece ventajas y desventajas para su emisión/percepción y, además, también cuenta el factor sociolingüístico relacionado con el prestigio social, cualquiera que este sea, asociado a cada una de ellas.

5 Direcciones futuras y conclusiones

En el presente capítulo se ha justificado la importancia de las investigaciones sobre variación sintáctica realizadas en el español hablado. Esa importancia se debe a que la espontaneidad de la lengua oral permite que afloren usos lingüísticos que, por un lado, apuntan hacia las "motivaciones en competencia" que condicionan la evolución (Du Bois 1985) y, por el otro, enriquecen el conocimiento sobre la lengua. Se parte de una posición teórica y metodológica que subyace al estudio de los datos de habla reales. Para ilustrar la variación sintáctica, se han presentado dos fenómenos del español hablado.

El primer fenómeno muestra la alternancia entre el futuro simple y el futuro perifrástico a partir del siglo XX. Esta alternancia, que se produce desde hace varios siglos, parece haber fortalecido mucho el uso del FP en la lengua hablada, sobre todo en América. Es muy posible que esta situación se deba a que el FP se relaciona sobre todo con la idea de futuridad, en tanto que el FS se asocia con frecuencia a valores modales, sobre todo a conjetura, cálculo, duda o probabilidad, que lo alejan de la predicción pura.

El segundo fenómeno trata de la variación entre dos estructuras focalizadoras construidas con el verbo *ser*: las seudohendidas y las construcciones con verbo *ser* focalizador. Las SH se emplean en todo el español; las SF se dan solo en varios países de Hispanoamérica. Los resultados de las investigaciones indican que, mientras las SH focalizan fundamentalmente *Nominales*, las SF focalizan sobre todo *No nominales*, en particular, sintagmas preposicionales. Como explicación funcional, conviene mostrar las ventajas e inconvenientes funcionales de las dos construcciones en alternancia: las SH son tradicionales y tienen una estructura que facilita la decodificación y consiguiente interpretación del mensaje, pero su emisión puede resultar bastante compleja, sobre todo en el habla espontánea; las SF, por el contrario, son muy fáciles de emitir, pero poco transparentes en cuanto a la anticipación de su función comunicativa.

Los dos análisis de variación sintáctica ofrecidos en este capítulo pueden servir para ilustrar el papel que juega la lengua hablada espontánea en los procesos de la evolución del español. Nuestra lengua cambia lenta pero constantemente y una forma de observar su evolución es analizar con datos cuantitativos los casos de alternancia sintáctica en el habla para después, guiados por esos datos, establecer cuáles son los factores funcionales (cognitivos y pragmáticos) y sociales que condicionan los cambios.

1   Deseo expresar todo mi agradecimiento a Paz Battaner, Carmen Silva-Corvalán y Martha Shiro por sus siempre acertados comentarios.

Lecturas complementarias recomendadas:

Bybee *et al.* (1994), Du Bois (1985), Givón (1995), Silva-Corvalán y Enrique-Arias (2017).

Referencias bibliográficas

Aaron, J. E. 2007. "El futuro epistémico y la variación: gramaticalización y expresión de futuridad desde 1600". *Moenia* 13: 257–274.

Blas Arroyo, J. L. 2008. "The Variable Expression of Future Tense in Peninsular Spanish: the Present (and Future) of Inflexional form in Spanish Spoken in a Bilingual Region". *Language Variation and Change* 20(1): 85–126.

Bosque, I. 1998–1999. "Sobre la estructura sintáctica de una construcción focalizadora. Homenaje al profesor Ambrosio Rabanales". *Boletín de Filología* 37: 207–231.

Braga, M. L., D. Leite de Oliveira y E. De Melo Barbosa. 2013. "Gradiência e variação nas construções de foco no português brasileiro". *Cadernos de Letras da UFF* 7(2): 49–73.

Briz, A. 2018. "Los llamados 'cortes sintácticos' de la conversación coloquial". *Anuari de Filogia. Estudis de Lingüística* 8: 1–19.

Bybee, J., R. Perkins y W. Pagliuca. 1994. *The Evolution of Grammar: Tense, Aspect and Modality in the Languages of the World*. Chicago: The University of Chicago Press.

Chafe, W. 1994. *Discourse, Consciousness, and Time*. Chicago y Londres: The University of Chicago Press.

Claes, J. y Ortiz López, L. 2011. "Restricciones pragmáticas y sociales en la expresión de futuridad en el español de Puerto Rico". *Spanish in Context* 8(1): 50–72.

Comrie, B. 1981. *Language universals and linguistic typology*. Chicago: University of Chicago Press.

CORDE. Real Academia Española. Corpus Diacrónico del Español (CORDE). (http://rae.es/recursos/banco-de-datos/corde).

CORPES. Real Academia Española. Corpus del Español del Siglo XXI. (http://rae.es/recursos/banco-de-datos/corpes-xxi). Versión 0.94 (julio de 2021).

COSER. Corpus Oral y Sonoro del Español Rural. (www.corpusrural.es).

CREA. Real Academia Española. Corpus de Referencia del Español Actual. (http://rae.es/recursos/banco-de-datos/crea).

Cuervo, R. J. 1876. *Apuntaciones críticas sobre el lenguaje bogotano*. Cito por la novena edición, publicada en Bogotá por el Instituto Caro y Cuervo, 1955.

Curnow, T. J. y C. E. Travis. 2003. "The emphatic *es* construction of Colombian Spanish". En *Proceedings of the 2003 Conference of the Australian Linguistic Society*, ed. C. Moskovsky. (www.als.asn.au/proceedings/als2003/curnow.pdf).

Dahl, O. 1985. *Tense and Aspect Systems*. Oxford: Blackwell.

De Jonge, B. 1991. "La interpretación de datos numéricos en el análisis lingüístico". *Numerus omen est. Boletín de Lingüística* 3: 141–148.

Díaz-Peralta, M. y M. Almeida. 2000. "Sociolinguistic Factors in Grammatical Change: The Expression of Future in Canarian Spanish". *Studia Neophilologica* 72: 217–228.

Diez del Corral, E. 2018. "Construcciones con '*ser* focalizador' en narconovelas colombianas: de Antioquia al Valle del Cauca". *Lexis* 42(1): 69–98.

Du Bois, J. 1985. "Competing Motivations". En *Iconicity in Syntax*, ed. J. Haiman, 343–365. Amsterdam: J. Benjamins.

Escalante, M. F. y L. A. Ortiz López. 2017. "Restricciones de concordancia. El ser focalizado y las seudohendidas en Barranquilla, Colombia". *Spanish in Context* 14(3): 363–390.

ESLORA. Corpus para el Estudio del Español Oral. (http://eslora.usc.es). Versión 2.0.

Fleischman, S. 1982. *The Future in Thought and Language*. Cambridge: Cambridge University Press.

Gras, P. 2011. *Gramática de construcciones en interacción. Propuesta de un modelo y aplicación al análisis de estructuras independientes con marcas de subordinación en español*. Tesis doctoral, Universidad de Barcelona.

Givón, T. 1995. *Functionalism and Grammar*. Amsterdam y Philadelphia: John Benjamins.

Howe, C. y S. Schwenter. 2008. "Variable Constrains on Past Reference in Dialects of Spanish". *Selected Proceedings of the 4th Workshop on Spanish*, ed. J. A. Thomas, 100–108. Somerville, MA: Cascadilla Proceedings Project.

Kany, Ch. 1945. *Sintaxis hispanoamericana*. Madrid: Gredos, 1976.
Labov, W. 1972. *Sociolinguistic Patterns*. Philadelphia: University of Pennsylvania Press.
Lapesa, R. 1942. *Historia de la lengua española*. Madrid: Escelicer, 1968.
Martínez Guillem, J. 2019. "Futuro analítico y futuro sintético en el español: un análisis basado en el uso". (www.academic.edu/1982442/).
Méndez Vallejo, D. C. 2015. "Changing the Focus: An Empirical Study of *Focalizing ser* ('to be) in Dominican Spanish". *Isogloss* 1(1): 67–93.
NGLE: Real Academia Española y Asociación de Academias de la Lengua española. 2009–2011. *Nueva gramática de la lengua española*. Madrid: Espasa. (https://rae.es/recursos/gramatica/nueva-gramatica).
Orozco, R. 2005. "Distribution of Future Time Forms in Northern Colombian Spanish". En *Selected Prooceedings of the 7th Hispanic Linguistics Symposium*, ed. D. Eddington, 56–65. Somerville, MA: Cascadilla Proceeding Project.
Pato, E. 2010. "El verbo *ser* focalizador en el español de Colombia". *Español Actual* 93: 152–172.
Pérez Saldanya, M. y J. I. Hualde. En prensa. "Las hendidas y otras construcciones informativas con *ser*". En *Sintaxis histórica del español. Cuarta parte: estructuras argumentales, estructura informativa y discurso. Tradiciones y soportes textuales*, ed. C. Company. México: Fondo de Cultura Económica y Universidad Autónoma de México.
Poplack, S. y D. Turpin. 1999. "Does the *futur* Has a Future in (Canedien) French?". *Probus* 11: 133–164.
PRESEEA. Proyecto para el estudio sociolingüístico del español de España y de América. (www.linguas.net/preseea).
Proyecto Val.Es.Co. Valencia.España.Coloquial. (www.valesco.es).
Rojo, G. 2011. "Sobre la frecuencia de verbos y esquemas sintácticos". En *Sintaxis y análisis del discurso hablado en español. Homenaje a Antonio Narbona*, vol. 2, eds. J. J. Bustos Tovar et al., 906–922. Sevilla: Universidad de Sevilla.
Sankoff, D. y P. Thibault. 1981. "Weak Complementarity: Tense and Aspect in Montreal French". En *Syntactic Change*, eds. B. B. Johns y D. R. Strong. *Natural Language Studies* 25: 205–216.
Schwenter, S. y R. Torres Cacoullos. 2008. "Defaults and Indeterminacy in Temporal Grammaticalization: The 'Perfect Road' to Perfective". *Language Variation and Change* 20: 1–39.
Sedano, M. 1994. "El futuro morfológico y la expresión *ir a* + infinitivo en el español hablado de Venezuela". *Verba* 21: 225–240.
Sedano, M. 1995. "A la que yo escribí fue a María *vs*. Yo escribí fue a María. El uso de estas dos estructuras en el español de Caracas". *Boletín de Lingüística* 9: 51–80.
Sedano, M. 2003. "Más sobre las seudohendidas y construcciones con verbo *ser* focalizador en el habla de Caracas". En *Lengua, variación y contexto. Estudios dedicados a Humberto López Morales*, eds. F. Moreno F. et al., vol. 2, 823–843. Madrid: Arco/Libros.
Sedano, M. 2005. "Futuro morfológico y futuro perifrástico en el español hablado y escrito". En *Actas del XIV Congreso de la Asociación de Lingüística y Filología de la América Latina*. (www.mundoalfal.org/cdcongreso/cd/analisis_estructuras_linguísticas/sedano.swf).
Sedano, M. 2014. "Nuevos datos diacrónicos sobre las seudohendidas y las cláusulas con verbo *ser* focalizador en el habla de Caracas". *Boletín de Lingüística* 26(41–42): 133–157.
Sedano, M. 2016. "Presente, pasado y futuro de las construcciones con verbo *ser* focalizador". *Lingua Americana*, Año 20(38): 37–59.
Silva-Corvalán, C. 2001. *Sociolingüística y pragmática del español*. Washington, DC: Georgetown University Press.
Silva-Corvalán, C. y A. Enrique-Arias. 2017. *Sociolingüística y pragmática del español*. Whashington, DC: Georgetown University Press.
Silva-Corvalán, C. y T. Terrell. 1989. "Notas sobre la expresión de futuridad en el español del Caribe." *Hispanic Linguistics* 2: 191–208.
Torres Cacoullos, R. 2011. "El estudio de la variación morfosintáctica: volver a la "complementariedad débil" por los canales de gramaticalización". En *Realismo en el análisis de corpus orales (primer coloquio de cambio y variación lingüística)*, ed. P. Martín Butragueño, 391–410. México: El Colegio de México.

41
Sintaxis del español en contacto con otras lenguas
(Spanish syntax in contact with other languages)

Ricardo Otheguy y Luis Bernardo Quesada Nieto

1 Introducción

Estudiamos diferencias entre formas del español relacionadas con la mayor o menor exposición de sus hablantes a otras tradiciones lingüísticas en distintos puntos del mundo hispánico. Estos episodios de exposición se dan en el presente y se han dado en momentos históricos anteriores. Como consecuencia, encontramos hoy numerosas formas gramaticales del español equiparadas con las de lenguas situadas en distintos entornos de contacto. Consideramos algunos de estos entornos en este capítulo, que se suma así a las muchas miradas anteriores a este tema de larga trayectoria de estudio y nutrida bibliografía. Porque son los contextos de equiparación interlingüística más frecuentes y de mayor envergadura, ejemplificamos las ideas básicas del tema presentando instancias de equiparación con guaraní, inglés, náhuatl y quechua. La nota bibliográfica al final del capítulo informa sobre otras lenguas de contacto hispánico y sobre otros acercamientos además del enfoque sincrónico que adoptamos aquí.

Las equivalencias por contacto se ven reflejadas en el presente en dos tipos de variación estadística, la variación comunitaria o interhablante y la variación inherente o intrahablante. Los rasgos equiparados no se encuentran solamente entre bilingües, sino también entre hispanohablantes monolingües. La ubicuidad de la variación, y la presencia de equiparaciones en los monolingües, nos llevan a problematizar los conceptos de variedad y hablante de contacto, y a preferir el rasgo individual de contacto como unidad definitoria del campo de investigación.

Los hablantes en quienes identificamos rasgos de contacto operan con gramáticas sincrónicas que exigen descripciones en sus propios términos. Esto nos aleja de conceptos tales como la neutralización y la discordancia de género o número.

Las equivalencias interlingüísticas que constituyen el foco de la investigacón dan lugar a tres clases de diferencias entre distintos hispanohablantes: las relacionadas con distintas estrategias de uso, las que afectan los rasgos de morfosintaxis arbitraria y las que tienen que ver con los contenidos nocionales de las formas morfosintácticas. De suma importancia son los cuestionamientos recientes de la evidencia de contacto desde posturas teóricas de gran explicitud.

Palabras clave: contacto morfosintáctico; variación comunitaria (interhablante) y variación individual (intrahablante); contacto en monolingües; equiparaciones por contacto; neutralización y simplificación

We study differences between forms of Spanish related to the greater or lesser exposure by speakers to other linguistic traditions in different points of the Hispanic world. This exposure occurs today and has occurred in the past. As a consequence, we find today many instances of Spanish grammatical forms equated with the forms of other languages found in contact environments. We consider some of these environments in this chapter, which follows on the footsteps of many previous treatments of a topic with a long scholarly tradition and rich bibliography. Because they represent the most frequent and impactful cases of interlinguistic equivalence, we exemplify the basic ideas on this topic by means of equivalences with English, Guarani, Nahuatl and Quechua. The bibliographic note at the end of the chapter points to sources on other languages in contact with Spanish and about approaches other than the synchronic one taken here.

Contact equivalences are manifested in the present in community variation and inherent variation. Equivalences due to contact are not found exclusively in bilinguals, but also in Spanish monolinguals. The pervasiveness of variation and the presence of contact features in monolinguals lead us to prefer the individual contact feature as the defining unit of the field.

The speakers in whom we identify contact features are operating with grammars that demand description in their own terms and require the avoidance of such concepts as neutralization and lack of number or gender agreement. We study three types of equivalences: the ones related to strategies of use, those related to arbitrary features, and those related to the semantic content of morphosyntactic forms. Recent questionings of the evidence of contact made from explicit theoretical positions are of great importance for future research.

Keywords: morphosyntactic contact; community variation and inherent variation; contact in monolinguals; contact equivalences; neutralization y simplification

2 Conceptos fundamentales

2.1 Contacto, equiparación

Estudiamos en este capítulo rasgos de morfosintaxis española *de contacto*, llamados así porque su distribución actual es consecuencia de interacciones entre hispanohablantes y hablantes de otras lenguas que tienen lugar hoy o tuvieron lugar en el pasado. En un momento de contacto inicial, tiene lugar una *equiparación* de uno o más de los rasgos morfosintácticos españoles del bilingüe con rasgos pertenecientes a otras tradiciones lingüísticas (*cf.* Heine y Kuteva 2005, 133). Pasado el primer momento de contacto, el grado de permanencia y difusión del rasgo equiparado dependerá de factores *sociolingüísticos*, llamados así porque tienen que ver con características sociodemográficas, personales y políticas del hablante y de su comunidad.

Según se desprende de nuestro examen de los rasgos de contacto señalados por Klee y Lynch (2009), Escobar (2012) y Elizaincín (2018), es mayormente *en la frase verbal* —en las desinencias del verbo y sus pronombres objeto y sujeto— donde encontramos los elementos que con mayor incidencia marcan diferencias de contacto en el mundo hispanohablante. Aunque menos que en la frase verbal, también se encuentran equiparaciones por contacto en las preposiciones, los sintagmas nominales y el orden de las palabras.

2.2 Dos ejemplos preliminares

Por propias observaciones y por datos de Flores Farfán (1998) y Escobar (2012), sabemos que emisiones como las de (1b) distinguen a muchos peruanos andinos de la mayoría de los peruanos que usan (1a), y que las de (2b) distinguen a muchos mexicanos del Alto Balsas (Guerrero) de la mayoría de los mexicanos, que dicen (2a).

(1) a   Compró la casa y luego la vendió/Vio la picada en la niña cuando la bañó.
    b   Compró la casa y luego lo vendió/Vio la picada en la niña cuando lo bañó.
(2) a   María y Juan compraron su casa.
    b   María y Juan compraron sus casa (véase este volumen, cap. 32).

Vemos ambos casos como instancias de equiparación: en (1b) equiparación de *lo* con la característica quechua de no subdividir sus formas nominales o pronominales en clases o géneros; y en (2b) equiparación de *su/sus* con el significado de los prefijos nahuas *i-/in-*, que es número del posesor (*n.b.*, no número de lo poseído).

3 Aproximaciones teóricas

3.1 Cambios y diferencias

El concepto de *cambio* es aplicable al estudio de la diacronía de la entidad sociocultural que llamamos el español. La situación es distinta cuando centramos nuestro interés en la competencia lingüística del individuo y en sus percepciones de diferencias y semejanzas interlingüísticas, interés que ya encontramos, en principio, entre otros muchos estudiosos del contacto (Weinreich 1953; Joseph 1992; Caravedo 2014; Palacios 2017). Cuando el análisis se centra en el individuo, el concepto de cambio es solamente aplicable al estudio de hablantes cuyo español evoluciona como parte de procesos de adquisición durante el transcurso de su propia vida.

Pero para muchos, quizás la mayoría, de los hispanohablantes en quienes detectamos rasgos equiparados, no es exacto el concepto de cambio. Aunque es normal describir las emisiones del tipo (b) arriba como cambios, de hecho, las encontramos frecuentemente entre monolingües que hoy en día hablan solamente español. Así lo indica, para el caso andino, el consenso entre los investigadores citados por Granda (1994, 133, notas 30–32) y para el caso altobalsero, Flores Farfán (1998). Estos hablantes monolingües han usado enunciados como (b) desde su primera infancia, *no habiendo así nunca cambiado nada en sus gramáticas sincrónicas individuales*.

Definiéndolo de la forma más general y abarcadora, nuestro objeto de estudio no son así los cambios sufridos por el español, sino las *diferencias* entre hispanohablantes causadas por equiparaciones de ayer y de hoy entre elementos del español y de otras lenguas, como por ejemplo, las diferencias entre los que usan las versiones (b) de nuestros ejemplos y la mayoría de los peruanos y mexicanos que usan las versiones (a).

3.2 El contacto y la variación

Los rasgos morfosintácticos equiparados por contacto se manifiestan en muchos casos de forma variable o cuantitativa. Por lo tanto, no sería exacto afirmar que las versiones (b) pertenezcan al español andino o al español altobalsero, pues dentro de cada uno de estos se registran dos importantes tipos de *variación* respecto de estos rasgos:

(i) Observamos *variación comunitaria* (interhablante): no todos los andinos o altobalseros usan las versiones (b), sino que, dependiendo de características demográficas y experiencias de vida, algunos utilizan (b) y otros (a). Más importante: muchos usan tanto (b) como (a), una más que la otra, y las usan, además, tanto dentro como fuera de las zonas geográficas de los Andes o del Alto Balsas. Por ejemplo, y según Klee y Caravedo (2005), los usos del tipo (1b) son más frecuentes y se encuentran entre más hablantes en la sierra andina que entre los andinos emigrados a Lima, y más entre los limeños de primera generación (G1) que entre sus hijos (G2).

(ii) Observamos también *variación inherente* (intrahablante): aunque algunos andinos usen *lo* como en (1b) de forma categórica (en un 100 por ciento de las oportunidades de uso), otros muchos alternan ellos mismos entre (1b) y (1a). En el estudio citado, cuatro de seis hablantes G1 y cinco de nueve hablantes G2 muestran esta variación inherente.

Estos patrones de distribución cuantitativa de rasgos equiparados nos obligan a problematizar la división entre *la variedad de contacto* andina o altobalsera y la variedad estándar peruana o mexicana (o estándar general). Dicha división llevaría al contrasentido de tener hablantes de dos variedades dentro de la misma variedad (algunos que serían hablantes de contacto y otros que no) y hablantes que ellos mismos pertenecerían, en algunos momentos de habla, a una variedad, y en otros a la otra (y que serían así a veces hablantes de contacto y a veces no).

Así, el ineludible hecho de variación comunitaria nos impone la necesidad de descartar, o manejar con suma cautela, la excesiva abstracción "español andino" o "español altobalsero", y de forma más general, nos lleva al escepticismo respecto de la categoría de la *zona o variedad de contacto* (Otheguy 2008). Por su parte, el también ineludible hecho de la variación inherente o intrapersonal nos lleva igualmente a valorar las limitaciones del concepto de *hablante de contacto*. Este concepto resulta útil solamente en la medida en que recordemos que los hablantes de contacto lo son respecto de algunos rasgos de su competencia lingüística, pero de otros no, y más importante, lo son en algunas oportunidades de uso de estos rasgos, y en otras no.

3.3 El rasgo estructural de contacto

Resultará menos arriesgado concebir el campo de estudio en los términos más concretos del *rasgo de contacto*. Nuestro tema son así las diferencias entre rasgos de la morfosintaxis española equiparados con los de otra lengua, reflejados en emisiones que oímos en boca de algunos bilingües y sus descendientes monolingües (no en todos), en algunas oportunidades de uso (no en todas), siguiendo patrones sociolingüísticos de distribución que, como en el ejemplo peruano, son de naturaleza cuantitativa variable.

Los condicionamientos estadísticos de la variabilidad son numerosísimos, pero destacan entre ellos, además de edad y sexo del hablante, su nivel de instrucción formal en español, su lugar de residencia, la identidad de su interlocutor, el tamaño y diversidad de su repertorio lingüístico, el nivel de formalidad y el entorno de la conversación, el contexto sintáctico de ocurrencia del rasgo, etc.

3.4 Gramáticas estudiadas en sus propios términos

Dentro de los estudios hispánicos de contacto (Elizaincín 2018), así como dentro de la lingüística de contacto en general (Heine y Kuteva 2005, 35), se reconoce la importancia de describir *en sus propios términos* los sistemas lingüísticos en los cuales registramos las equiparaciones. Esto quiere decir que para los hispanohablantes de hoy en día que actualmente muestren rasgos equiparados, el análisis no tendrá que compararlos con estadios anteriores de la lengua, ni con ninguna supuesta norma del español general. No habrá así cabida en este tipo de análisis para errores, incorrecciones, o usos defectuosos o erráticos, nociones todas descartables por su índole preceptiva.

Pero mucho más importante, tampoco son compatibles con estos análisis las convergencias, las divergencias, las discordancias de género o número, las innovaciones o las interferencias, así como tampoco lo son las neutralizaciones o las simplificaciones, nociones estas que podrán ser todas válidas para los enfoques históricos o comparativos, pero que nos alejan del análisis sincrónico de las gramáticas de los hablantes individuales en sus propios términos. Así, no decimos que el *lo* de (1b) sea una neutralización de la oposición *lo* versus *la*, pues esto sería ofrecer una descripción sincrónica de estos hablantes en términos de las gramáticas de otros. Conceptos como neutralización y simplificación nacen de adoptar una perspectiva diacrónica y externa al hablante, quien, sin embargo, visto desde una perspectiva sincrónica, no ha experimentado en su propia vida, en un gran número de casos, ni simplificación ni neutralización.

En aquellos hispanohablantes andinos que usan (1b) de forma categórica, estos enunciados de plena gramaticalidad los produce un sistema que contiene un pronombre objeto *lo* que no pertenece a ningún género gramatical (*cf. le, me, te*, que tampoco tienen género gramatical en ningún hispanohablante). En aquellos emisores que alternan entre (1a) y (1b), ambos enunciados, también de plena gramaticalidad, son producto de una gramática que contiene un *lo* agenérico y un *la* femenino, que se usaría en ocasiones de mayor precisión referencial.

En aquellos hispanohablantes que usan (2b) de forma categórica, ya hemos visto que estas emisiones de plena gramaticalidad las produce un sistema en el que *su/sus* significan número del posesor. Para los altobalseros que alternan entre las formas plenamente gramaticales (2a) y (2b), la variación en el uso refleja gramáticas donde el valor de *su/sus* es número de la posesión, sin distinguir entre posesor y poseído.

Al analizar las emisiones de (b) en sí mismas y sin registrarlas como cambios o desviaciones de las de (a), notaríamos también que no hay ningún imperativo universal que dicte que los pronombres objeto de una lengua tengan que marcar género, ni que el número de los genitivos deba basarse en lo poseído. Sin ir más lejos, el pronombre objeto inglés *it* se asemeja al de muchos andinos en no marcar género, y el posesivo plural inglés es como el de muchos altobalseros (*their house* marca número del posesor, igual que *sus casa*).

Hispanohablantes cuyas gramáticas contienen un pronombre objeto único de tercera persona (que en algunos casos es *lo* y en otros *le*) se encuentran no solo en Perú, sino también en otras áreas de tradición quechua, como en Ecuador; en zonas de tradición guaranítica, como en Paraguay; y en poblaciones infantiles en los EE. UU. (Palacios 2005; Shin *et al.* 2019). Además, y en paralelo con otras lenguas en donde los pronombres objeto no solo carecen de marca de género sino también de número (*cf.* inglés *I saw you* "te vi/os vi, los vi"), las gramáticas españolas de los hablantes de estas zonas frecuentemente tienen pronombres objetos no solo agenéricos sino anuméricos, oyéndose emisiones del tipo (1b) donde *lo* hace referencia no solo a la casa o la niña, sino a las casas o las niñas.

4 Perspectivas actuales

Las equiparaciones interlingüísticas por contacto con hablantes de otras tradiciones son de tres clases:

(I) Equiparaciones de *estrategias de uso*, o de maneras de usar formas gramaticales cuyos contenidos son iguales entre los equiparadores y los demás hispanohablantes.

(II) Equiparaciones de *rasgos gramaticales arbitrarios*, o de propiedades del sistema lingüístico carentes de carga significativa directa.

(III) Equiparaciones de *rasgos gramaticales de importe semántico*, o que atañen a los contenidos nocionales de las formas de la morfosintaxis española.

Diciéndolo de otra forma, los influjos de otras lenguas sobre el español que crean diferencias variables entre hispanohablantes se registran en algunos casos solamente en equiparaciones pragmáticas al nivel del habla o el uso (Tipo I), pero en muchos otros casos en equiparaciones a nivel de lengua, afectando estas a veces a categorías gramaticales arbitrarias o autónomas (Tipo II), a veces a rasgos de estructura directamente semántica (Tipo III).

4.1 Equiparación de estrategias de uso (Tipo I)

El *Corpus Otheguy-Zentella del español de Nueva York* (COZNY, detalles en Otheguy y Zentella 2012) recoge muestras de habla de inmigrantes nacidos en Latinoamérica (G1) así como de la generación de sus hijos nacidos en Nueva York (G2). Hablando en inglés, y al igual que otros anglohablantes, los latinos de Nueva York usan el pronombre sujeto *they* tanto para los plurales específicos como para los genéricos. En una conversación sobre un seguro inmobiliario llamado PMI, *they* se usa en (3) tanto para referirse a dos empleados específicos (Pedro y Juan), o al banco en general:

(3)   ***they*** *call it PMI insurance*

Hablando en español, y al igual que entre otros hispanohablantes, encontramos entre los G1 de Nueva York usos de *ellos* para la referencia específica:

(4)   *bueno, Pedro y Juan, a eso* **ellos le llaman** *seguro PMI*

Y encontramos también entre los G1 una marcada tendencia estadística a omitir el pronombre para la referencia genérica a empleados del banco en general:

(5)   a   *a eso* **le llaman** *seguro PMI*

Los neoyorquinos G2 coinciden con la mayoría de los G1 en usar ocasionalmente *ellos* para las referencias específicas (4), pero se diferencian de estos en usarlo con frecuencia también para las referencias genéricas, alternando entre los tipos (5a) y (5b):

(5)   b   [No se ha mencionado ningún empleado del banco.] *Pero también sube algo que* **ellos** *llaman seguro mensual, PMI,* **ellos** *lo llaman* [COZNY, Informante 409P].

Para este *ellos* de uso genérico de los G2 de NY, tenemos datos concretos sobre la variación, y sabemos que sus referencias genéricas con *ellos* son el doble de las de los G1 (Lapidus y Otheguy 2005, 71).

El contenido nocional de *ellos* no exige que el referente de esta forma sea específico, y de hecho permite el uso genérico. Así, la muy baja incidencia del uso genérico de *ellos* en España y Latinoamérica, y entre los neoyorquinos G1, responde a una estrategia de uso, consistente en no explicitar información sobre el sujeto en caso de mensajes genéricos, omitiendo el pronombre. En cambio, las estrategias de uso de *ellos* entre los G2 de Nueva York están equiparadas con las estrategias de *they*, que incluyen referencias genéricas.

La equiparación que hacen los G2 con *they*, y que los diferencia de otros hispanohablantes, no es así a nivel del sistema lingüístico, pues vemos siempre el mismo *ellos* con el mismo contenido de tercera persona plural. La equiparación con *they* característica de estos neoyorquinos es al nivel de estrategias de uso en el habla, pues consiste en una libre aplicación del mismo significado de *ellos* para referencias (las genéricas) que no encontramos en otros hablantes.

4.2 Equiparaciones de morfosintaxis arbitraria (Tipo II)

Las equiparaciones de Tipo II y III están plasmadas en la lengua, acercando la estructura del sistema español, con respecto a ciertos rasgos, a la de la otra lengua. Son del Tipo II las relacionadas con rasgos morfosintácticos que reflejan categorías arbitrarias, y de Tipo III las que tienen que ver con rasgos morfosintácticos de contenido más directamente semántico.

La diferencia que vimos en (1) arriba, entre hablantes andinos con rasgo *lo* equiparado con quechua y otros hispanohablantes, es del Tipo II, porque tiene que ver con la diferencia entre *lo* y *la*, que descansa sobre la categoría del género gramatical, que es arbitraria o asemántica. El *lo* equiparado de los andinos de (1b) es agenérico entre estos hablantes, mientras que el *lo* de otros hablantes es masculino. También encontramos equiparaciones relacionadas con el género gramatical entre hablantes nahuas (Flores Farfán 1998) y entre latinos de los EE. UU., como en los usos variables de (6).

(6)   *el voz ~ la voz, el mapa ~ la mapa*

Como parte del proyecto de estudiar las gramáticas de estos hablantes en sus propios términos, diríamos que en ellos estos sustantivos no pertenecen de forma categórica a ninguno de los dos géneros, o que son de género ambiguo (*cf.* en la generalidad de los hispanohablantes *el radio ~ la radio*).

En la medida en que algunas diferencias en cuanto al orden de palabras quieran verse como puramente sintácticas, serían también del Tipo II datos andinos como la alternancia entre *compramos la casa ~ la casa compramos* (Muysken 2012, pero ver discrepancia de Muntendam 2013). Por último, son de este Tipo II también los análisis generativistas que formulan los efectos de contacto utilizando los constructos de un componente de sintaxis formal autónoma, la cual por definición es siempre de naturaleza arbitraria o asemántica (*cf.* entre otros, Sessarego y Gutiérrez-Rexach 2015).

4.3 Equiparaciones de morfosintaxis semántica (Tipo III)

Estudiamos aquí las diferencias por contacto de mayor envergadura, que distinguen a los hispanohablantes según la distinta semántica de sus formas gramaticales. Ya vimos una equiparación de este Tipo III en el ejemplo (2), que diferencia a los hablantes en quienes *sus* significa plural del posesor de aquellos hablantes en quienes significa plural de lo poseído.

Se encuentran las más marcadas diferencias de Tipo III en los tiempos del verbo español entre hispanohablantes de origen aymara, quechua y guaraní. Los ejemplos (7) y (8) son adaptaciones de datos recabados por Pfänder y Palacios (2013) en Perú y Ecuador.

(7)   [Visita a una adivinadora] *Mi mamá me comentó... mi mama dijo... mi mamá empezó a contar... esa señora ha dicho...*
(8)   [Relato sobre lo que le cuentan los primos emigrados] *se fueron los tres... no estudiaron aquí... se hicieron malos... cuenta lo que ha pasado bien... se han ido a los parques... se han encontrado con los primos.*

De especial interés es en (7) el uso de *mi mamá me comentó* (no, *mi mamá me ha comentado*), y de *esa señora ha dicho* (no, *esa señora dijo*). En (8) son de notar *se fueron* en un caso y *se han ido* en el otro. Esta distribución de las formas verbales se debe a que, entre estos hablantes, lo testimonial y fiable (que la mamá lo dijo, que los primos no estudiaron, que se fueron al extranjero, etc.) se expresa por medio del pretérito perfecto simple (PPS), mientras que lo delegatorio y de oídas (lo que la mamá dice que ha dicho la adivinadora, lo de haberse encontrado con los primos, etc.) se comunica utilizando el compuesto (PPC).

El consenso investigativo es que estos hablantes operan con una conceptualización, de origen en el mundo cultural quechua, bajo la cual lo que se pregunta sobre los eventos no es: ¿*cuándo pasó?*/¿*tiene límites definidos?* sino: ¿*me consta?*/¿*me inspira confianza?* Esta diferente conceptualización se manifiesta: (i) en la equiparación de desinencias verbales españolas con formas quechuas, y consecuentemente, (ii) en la incorporación al verbo español de una *sustancia semántica* que no se encuentra en las formas verbales de la generalidad de los hispanohablantes. Las fuentes de esta equiparación son dos: los significados de las flexiones verbales quechuas *rqa/sqa* y los de una compleja serie de sufijos quechuas llamados *validadores* (Granda 1994). La sustancia semántica incorporada al español es la de *evidencialidad* (Speranza 2014), aunque hay también sugerencias de una modalidad *epistémica* más abarcadora, incluyente de la evidencialidad (Andrade Ciudad 2020).

Estos distintos valores de evidencialidad suelen organizarse de manera diferente según las distintas procedencias de los hablantes. Escobar (1997), Pfänder (2002) y Palacios (2017) coinciden en que para equiparadores bolivianos y peruanos el PPC denota mayor fiabilidad que el pretérito pluscuamperfecto (PPL, *había caminado*). Por otro lado, Pfänder y Palacios (2013) y Palacios (2017) coinciden en que entre ecuatorianos el punto de mayor fiabilidad lo denota el PPS, mientras que el más delegatorio o de menos fiabilidad lo denota el PPC. Se indica así que estas gramáticas contienen dos valores evidenciales, aunque sea probable que existan también sistemas de tres valores (Escobar 2000).

El análisis de los evidenciales requiere de algunas precisiones atenientes a la variación, las gramáticas y la distinción entre estrategias y significados. Se conocen los significados evidenciales de las formas PPS, PPC, PPL por importantes trabajos teóricos y de campo como los ya citados, los cuales, diciéndolo en sus términos, documentan lo que ellos llaman cambios respecto de la norma general del verbo español y proponen los nuevos significados evidenciales que acabamos de ver. Como en todos los contextos de contacto, la situación estará sujeta a variación comunitaria y variación inherente. No todos los hablantes serán equiparadores de desinencias españolas con formas aymaras, guaraníes o quechuas, y los que lo son, no lo serán siempre.

Existirán también sin duda patrones *cuantitativos* como los ya vistos, que registrarán mayor incidencia de estas equiparaciones morfosemánticas entre bilingües que entre monolingües, entre hablantes campesinos que entre citadinos, entre los de menos escolarización que entre los de más, etc. El estudio de Speranza (2014) representa una importante contribución a la documentación de esta variación cuantitativa. Además, y como ya hemos dicho, se estudiarán en todos estos hablantes sus gramáticas sincrónicas, que serán distintas en distintas zonas, y en distintos hablantes dentro de la misma zona.

La hipótesis de que cada una de las formas estudiadas (PPS, PPC, PPL) tiene, en las gramáticas de hablantes como los de (7) y (8), un significado distinto del que tiene en las de otros hablantes merece cierta reserva, mayormente porque los "otros hablantes" del mundo hispánico difieren también entre sí en cuanto al valor de estas flexiones, sobre todo el PPC y el PPS. Pero si adoptamos, aunque sea provisionalmente, el análisis tradicional y académico más generalizado, que propone que las formas verbales españolas denotan valores de temporalidad y perfectividad del evento, queda claro que usos como (7) y (8) no son derivables de esos dos valores; *ha dicho* y *se han ido al parque* no sitúan lo que han dicho la señora y el primo emigrado en un punto del eje de temporalidad o perfectividad distinto del de *me comentó* y *se fueron*.

Creemos que la ocurrencia de estas formas en emisiones como (7) y (8) no responde simplemente a distintas estrategias de uso de los mismos contenidos de perfectividad en el pasado de otros hispanohablantes, y es por eso que no estamos ante una diferencia de Tipo I. La distribución ejemplificada en (7) y (8) es del Tipo III, porque la producen significados propios de estos hablantes, los de evidencialidad, significados que pertenecen a su lengua, y que encontramos en ella como resultado de una historia, una cultura y una socialización particulares. Así lo ven los especialistas del tema, quienes afirman que en la sierra ecuatoriana el PPC no denota "los familiares valores temporales o aspectuales" (Pfänder y Palacios 2013, 70), o concluyen que el PPL andino ha abandonado "la función verbal que posee en el español normativo" y ha adoptado "un valor coincidente con el pasado narrativo o delegatorio" del quechua (Granda 1994, 184).

Queda por investigar más a fondo la posibilidad de un nuevo análisis del verbo español en general, que viera en una escala PPS > PPC > PPL una progresión de lo menos remoto a lo más remoto, y que unificara la lejanía en el tiempo con la lejanía en la confiabilidad, como sugiere Bermúdez (2008, 220). Los usos del tipo de (7) y (8) representarían entonces diferentes estrategias de explotación de un significado común panhispánico (de nuestro Tipo I) y no, como en las propuestas más consensuadas que acabamos de detallar, diferentes valores de una sustancia semántica de evidencialidad.

Diferencias entre hispanohablantes relacionadas con el núcleo de la frase verbal se encuentran no solo entre ecuatorianos y peruanos, sino también entre mexicanos y paraguayos, encontrándose en el español de estos últimos no solo distintos significados en formas del verbo español, sino en formas verbales guaraníticas usadas libremente en enunciados del español (Granda 1994; Flores Farfán 1998; Palacios 2010).

La cristalización de la equiparación por contacto de formas verbales españolas con las de otra lengua no parece necesitar de los muchos siglos de convivencia característicos de la situación sudamericana. Los hispanohablantes de Los Ángeles y Nueva York participan en procesos de contacto mucho más recientes, pero así y todo, las muestras de habla de las clásicas monografías de Silva-Corvalán (1994) y Zentella (1997) documentan ya entre los G2 y G3 la ausencia casi categórica del pretérito simple de subjuntivo (*caminara*). Y la corta duración del contacto tampoco quita para que veamos equiparaciones del pretérito imperfecto de indicativo (*caminaba*) con formas del inglés, que nos indican que el significado de esta forma es distinto del de otros hablantes. En nuestras adaptaciones de los ejemplos de estas investigadoras, indicamos en (c) la equiparación del pretérito imperfecto con el pretérito inglés, que diferencia a estos angelinos y neoyorquinos de otros hispanohablantes que usarían (b).

(9) a my father didn't like it that I <u>walked</u> to school alone
(9) b a mi papá no le gustaba que yo <u>caminara</u> a la escuela sola
(9) c a mi papá no le gustaba que yo <u>caminaba</u> a la escuela sola
(10) a if I <u>carried</u> the baby like that, I would hurt my back
(10) b si yo <u>cargara</u> al niño así, se me estropearía la espalda
(10) c si yo <u>cargaba</u> al niño así, se me estropeaba la espalda

El surgimiento de equiparaciones que llegan a diferenciar a los bilingües y sus descendientes respecto del valor semántico de las formas españolas sin la mediación de largos períodos de convivencia no se limita al verbo. Entre los informantes G1 del COZNY, como entre los hispanohablantes en general, es de notar el uso, poco frecuente pero muy establecido, de los pronombres sujetos *él* y *ella* para hacer referencia a objetos inanimados no sexuados:

(11) *al pan pan, y al vino vino, ¿me entiende?... porque la verdad existe, <u>ella</u> está ahí...* (COZNY, Informante 376U).

Sin embargo, no se encuentra este uso entre los G2 del COZNY, casi todos los cuales usan *él* y *ella* exclusivamente para referencias a seres animados sexuados. Esto parecería indicar que estos neoyorquinos G2 han equiparado *él* y *ella* con los pronombres sujetos ingleses *he* y *she*, incorporando al pronombre español los significados sexuados de estas formas.

5 Direcciones futuras y conclusiones

Contemplamos un futuro en el que los valiosos análisis que hemos revisado aquí se verán complementados por estudios centrados en posturas teóricas aún más elaboradas, que permitirán determinar de forma más explícita si verdaderamente hay o no rasgos morfosintácticos equiparados en los hablantes de interés, y si los hay, cuáles y de qué índole. Ya marcan este camino estudios sobre situaciones de contacto donde se ha dado una respuesta negativa a esta interrogante con respecto a diferencias lingüísticas de Tipo III, pues se ha encontrado que los usos divergentes de las formas morfosintácticas españolas responden, en las poblaciones estudiadas, a las mismas consideraciones sistémicas que en cualquier otra población. Suelen proponer estos investigadores que la equiparación, si la hay, se encuentra solo en el uso (de nuestro Tipo I, *cf.* Silva-Corvalán 1994, 2008). Dos de estos análisis que ven contacto en el habla, pero no en la lengua merecen revisarse de forma detallada. Prima en ellos la explicitud de las posiciones teóricas adoptadas, las cuales, aplicadas con rigor, conducen a la conclusión de no equiparación gramatical.

(i) Apoyándose de manera explícita en los presupuestos teóricos del variacionismo, Torres Cacoullos y Travis (2018) investigan el uso variable de los pronombres sujetos españoles en Nuevo México, EE. UU., entre hispanohablantes herederos de más de 150 años de bilingüismo. En las muestras de habla analizadas, es recurrente el intercalamiento de emisiones inglesas dentro del discurso español. Se asume, como principio teórico básico, que la competencia lingüística del hablante está constituida por los condicionamientos estadísticos internos de la variación, y por el ordenamiento de estos en jerarquías derivadas de los análisis de regresión estadística. Sobre esta base teórica, las autoras disienten de la muy difundida atribución al inglés del llamado sobreuso de estos pronombres en EE. UU. y Puerto Rico (ver referencias en Otheguy y Zentella 2012).

Concretamente, las investigadoras descubren que los entornos de variación compartidos por las dos lenguas son, entre otros, posición inicial en la unidad entonativa (12) y segunda cláusula de las coordinadas (13).

(12) a **he** ~ Ø *doesn't know that he's gay // **he** ~ Ø has no idea*
(12) b **él** ~ Ø *no sabe que es gay // **él** ~ Ø no tiene ni idea*
(13) a *she got up and **she** ~ Ø left*
(13) b *ella ~ Ø se levantó y **ella** ~ Ø se fue*

Las autoras demuestran que los condicionamientos que guían la variación en (b) no están influidos, ni en su ordenamiento ni en su peso estadístico, por los factores que guían la variación en (a). Los factores que determinan (en el sentido estadístico del término) el uso de *yo, tú, ella, él*, etc. entre hablantes novomexicanos bilingües son los mismos que entre mexicanos monolingües, y no son los mismos que condicionan el uso variable de *I, you, she, he*, etc. Así, las pautas de determinación estadística de la variación en español y en inglés se mantienen separadas, a pesar de los largos años de convivencia y el intenso intercalamiento.

Las técnicas variacionistas se han aplicado al estudio del pronombre sujeto en muchas otras localidades (Carvalho *et al.* 2015) entre ellas, como hemos visto, Nueva York. Pero, aunque los hablantes de G2 en el COZNY usan el pronombre sujeto con mucha más frecuencia que los de G1, lo hacen guiados por los mismos condicionamientos estadísticos, los cuales se encuentran ordenados en jerarquías iguales o muy parecidas. Para todos los hispanohablantes neoyorquinos de cualquier grupo generacional, la decisión de usar u omitir el pronombre sujeto va pautada primordialmente por la persona del verbo, la condición del referente pronominal como nuevo o continuado, y el tiempo y modo del verbo. En paralelo con la situación de Nuevo México, y si aceptamos la definición variacionista de lo que constituye una gramática, no hay tampoco entre estos neoyorquinos equiparación gramatical con el inglés.

(ii) Apoyándose de manera explícita en los presupuestos teóricos de la Escuela de Columbia, Martínez y Speranza (2009) y Martínez (2013) estudian, entre otras formas, los pronombres objeto *le, lo, la* en la zona bilingüe guaranítica de Corrientes, Argentina. Asumen como presupuesto básico que una gramática semántica explícitamente especificada da cuenta de la distribución de las unidades morfosintácticas sin intervención de una sintaxis autónoma, y dan por entendido que las categorías de la tradición no son siempre reveladoras de los significados de estas formas, los cuales siempre constituyen hipótesis que necesitan ser comprobadas por el investigador. Los significados gramaticales, organizados en complejas redes o sistemas, constituyen la competencia lingüística del emisor.

Las autoras adoptan la conocida hipótesis de García (1975), según la cual la categoría tradicional de caso debe entenderse en términos semánticos: en la ocurrencia o evento denotado por el verbo, los clíticos especifican el grado de actividad o participación relativa del actante denotado por el pronombre. En esta escala de actividad o control, la forma *le* se sitúa en un grado superior al de *lo/la*, y son estas posiciones en la escala las que dan cuenta de la distribución de los clíticos.

Según una opinión generalizada, hay en muchos hablantes correntinos, y por influjo del guaraní, un pronombre *le* único, que se encuentra inclusive en función de objeto directo (es el llamado *leísmo* paraguayo). El análisis disidente de Martínez y de Speranza sostiene que la supuesta influencia del guaraní no existe, y no solo porque en sus datos encuentran ocurrencias de *lo*. Más importante, las ocurrencias de *le* en eventos de dos participantes (*i.e.*, como objeto directo) son las que serían de esperar de una forma cuyo significado es mayor participación o control sobre el evento, pues se trata siempre de referencias a actantes de singular importancia cultural en el entorno guaranítico correntino, muchos de ellos personajes legendarios, a los que naturalmente se les asigna un alto grado de participación en la ocurrencia marcada por el verbo. El significado de *le* entre estos hablantes no registra así ninguna equiparación lingüística con unidades guaraníticas, y es el mismo que encontramos en la gramática de cualquier otro hispanohablante leísta.

Estas dos excepciones al contacto no invalidan la generalización de que el influjo de otras lenguas sobre la morfosintaxis española es indudable entre un gran número de hablantes, especialmente en lo tocante a la frase verbal. Nuestra comprensión de estos fenómenos dependerá en el futuro de la adopción de posturas teóricas plenamente explicitadas (como las de Martínez, Speranza, Torres Cacoullos, Travis), tanto respecto del contenido lingüístico de los rasgos como de su organización cognitiva (Otheguy 2021). Esto llevará a la valoración crítica de la evidencia de contacto lingüístico en cada una de las situaciones de contacto cultural, y a generalizaciones que conecten los datos variables de las equiparaciones lingüísticas con los contextos sociales que las propician.

Lecturas complementarias recomendadas

Para las circunstancias socioculturales que propician la equiparación, ver Granda (1995). Para el contacto con lenguas africanas y con el inglés, ver Lipski (1994, 2008). Para el contacto con árabe, catalán, haitiano y guaraní, ver Díaz-Campos (2011). Para el contacto con euskera, gallego y lenguas africanas, ver Klee y Lynch (2009). Para las bases del estudio del contacto, ver Weinreich (1953) y Thomason y Kaufman (1988).

Referencias bibliográficas

Andrade Ciudad, L. 2020. "Evidentiality and Epistemic Modality in the Andean Spanish Verb". En *Variation and Evolution: Aspects of Language Contact and Contrast across the Spanish-Speaking World*, eds. S. Sessarego, J. Colomina-Almiñana y A. Rodríguez-Riccelli, 75–106. John Benjamins.

Bermúdez, F. 2008. "*Había sido o no había sido, he ahí la cuestión*: Pluscuamperfecto y evidencialidad en castellano". *Studia Neophilologica* 80: 203–222.

Caravedo, R. 2014. *Percepción y variación lingüística: Enfoque sociocognitivo*. Iberoamericana.

Carvalho, A. M., R. Orozco y N. Lapidus Shin, eds. 2015. *Subject Pronoun Expression in Spanish: A Cross-Dialectal Perspective*. Georgetown.

Díaz-Campos, M. ed. 2011. *The Handbook of Hispanic Sociolinguistics*. Wiley-Blackwell.

Elizaincín, A. 2018. "La frontière linguistique hispano-portugaise entre l'Uruguay et le Brésil". En *Manuel des frontières linguistiques dans la Romania*, eds. O. Winkelmann y C. Ossenkop, 538–555. Walter de Gruyter.

Escobar, A. M. 1997. "Contrastive and Innovative Uses of the Present Perfect and the Preterite in Spanish in Contact with Quechua". *Hispania* 80: 859–870.

Escobar, A. M. 2000. *Contacto social y lingüístico: El español en contacto con el quechua en el Perú*. Fondo Editorial de la Pontifica Universidad Católica del Perú.

Escobar, A. M. 2012. "Spanish in Contact with Amerindian Languages". En *The Handbook of Hispanic Linguistics*, eds. J. I. Hualde, A. Olarrea y E. O'Rourke, 65–88. Blackwell.

Flores Farfán, J. A. 1998. "On the Spanish of the Nahuas". *Hispanic Linguistics* 10: 1–41.

García, E. 1975. *The Role of Theory in Linguistic Analysis: The Spanish Pronoun System*. North-Holland Publishing Co.

Granda, G. de. 1994. "Dos procesos de transferencia gramatical de lenguas amerindias (quechua/aru y guaraní) al español andino y al español paraguayo. Los elementos validadores". *Revista de Filología Española* 74: 127–141.

Granda, G. de. 1995. "El influjo de las lenguas indígenas sobre el español: Un modelo interpretativo sociohistórico de variantes areales de contacto lingüístico". *Revista Andina* 13: 173–198.

Heine, B. y T. Kuteva. 2005. *Language Contact and Grammatical Change*. Cambridge: Cambridge University Press.

Joseph, B. 1992. "Diachronic Explanation: Putting Speakers Back into the Picture". En *Explanation in Historical Linguistics*, eds. G. W. Davis y G. K. Iverson, 123–144. John Benjamins.

Klee, C. y R. Caravedo. 2005. "Contact Induced Language Change in Lima, Perú: The Case of Clitic Pronouns". En *Selected Proceedings of the 7th Hispanic Linguistic Symposium*, ed. D. Eddington, 12–21. Cascadilla.

Klee, C. y A. Lynch. 2009. *El español en contacto con otras lenguas*. Georgetown.

Lapidus, N. y R. Otheguy. 2005. "Contact Induced Change? The Case of Nonspecific *ellos*". En *Selected Proceedings of the Second Workshop on Spanish Sociolinguistics*, eds. L. Sayahi y M. Westmoreland, 67–75. Cascadilla.

Lipski, J. 1994. *Latin American Spanish*. Longman.

Lipski, J. 2008. *Varieties of Spanish in the United States*. Georgetown.

Martínez, A. 2013. "Tendencias internas y externas al cambio lingüístico. ¿El adiós a otra dicotomía?". En *Lingüística amerindia. Contribuciones y perspectivas*, eds. A. Fernández Garay, M. Censabella y M. Malvestitti, 211–224. Instituto de Lingüística, Universidad de Buenos Aires.

Martínez, A. y A. Speranza. 2009. "¿Cómo analizar los fenómenos de contacto lingüístico? Una propuesta para ver el árbol sin perder de vista el bosque". *Lingüística* 21: 87–107.

Muntendam, A. 2013. "On the Nature of Cross-Linguistic Transfer: A Case Study of Andean Spanish". *Bilingualism: Language and Cognition* 16: 111–131.

Muysken, P. 2012. "Two Linguistic Systems in Contact: Grammar, Phonology, and Lexicon". En *The Handbook of Bilingualism*, eds. T. K. Bhatia y W. C. Ritchie, 147–168. Blackwell.

Otheguy, R. 2008. "Affirming Differences, Valuing Variation and Dismissing Dialects in Modern Linguistics". *Studies in Hispanic and Lusophone Linguistics* 1: 223–233.

Otheguy, R. 2021. "El hablante, no la lengua, en el estudio de los hispanounidenses nativos de Nueva York". En *Variedades del español en contacto con otras lenguas*, eds. É. Blestel y A. Palacios, 225–247. Peter Lang.

Otheguy, R. y A. C. Zentella. 2012. *Spanish in New York: Language Contact, Dialectal Leveling and Structural Continuity*. Oxford.

Palacios, A. 2005. "Aspectos teóricos y metodológicos del contacto de lenguas: el sistema pronominal del español en áreas de contacto con lenguas amerindias". En *El español en América: Aspectos teóricos, particularidades, contactos*, eds. V. Noll, K. Zimmermann y I. Neumann-Holzschuh, 63–94. Iberoamericana.

Palacios, A. 2010. "Algunas reflexiones en torno a la lingüística del contacto. ¿Existe el préstamo estructural?" *Revista Internacional de Lingüística Iberoamericana* 8: 33–36.

Palacios, A. 2017. "Introducción: Sobre los cambios lingüísticos en situaciones de contacto". En *Variación y cambio lingüístico en situaciones de contacto*, ed. A. Palacios, 7–20. Iberoamericana.

Pfänder, S. 2002. "Contacto y cambio lingüístio en Cochabamba (Bolivia)". En *La romania americana: Procesos lingüísticos en situaciones de contacto*, eds. N. Díaz, R. Ludwig y S. Pfänder, 219–255. Iberoamericana/Vervuert.

Pfänder, S. y A. Palacios. 2013. "Evidencialidad y validación en los pretéritos del español andino ecuatoriano". *Círculo de Lingüística Aplicada a la Comunicación (CLAC)* 54: 65–98.

Sessarego, S. y J. Gutiérrez-Rexach. 2015. "Nominal Ellipses in an Afro-Hispanic Language of Ecuador: The Choteño Case". En *New Perspectives on Hispanic Contact Linguistics in the Americas*, eds. S. Sassarego y M. González-Rivera, 177–194. Iberoamericana.

Shin, N., B. Rodríguez, A. Armijo y M. Perara-Lunde. 2019. "Child Heritage Speaker's Production and Comprehension of Direct Object Clitic Gender in Spanish". *Linguistic Approaches to Bilingualism* 9: 659–686.

Silva-Corvalán, C. 1994. *Language Contact and Change: Spanish in Los Angeles*. Oxford.

Silva-Corvalán, C. 2008. "The Limits of Convergence in Language Contact". *Journal of Language Contact* 2: 213–224.

Speranza, A. 2014. *Evidencialidad en el español americano: La expresión lingüística de la perspectiva del hablante*. Iberoamericana.

Thomason, S. y T. Kaufman. 1988. *Language Contact, Creolization, and Genetic Linguistics*. University of California.

Torres Cacoullos, R. y C. Travis. 2018. *Bilingualism in the Community: Code Switching and Grammars in Contact*. Cambridge: Cambridge University Press.

Weinreich, U. 1953. *Languages in Contact*. Mouton.

Zentella, A. C. 1997. *Growing Up Bilingual: Puerto Rican Children in New York*. Blackwell.

42

La enseñanza de la gramática en ELE

(The Teaching of Grammar for Spanish as a Foreign Language)

Javier de Santiago Guervós y Jesús Fernández González

1 Introducción

El objetivo del estudio teórico y descriptivo de la sintaxis es presentar un modelo explícito del conocimiento que el hablante nativo tiene de este nivel lingüístico. En el caso de las lenguas extranjeras (LE) no es tan frecuente hablar de sintaxis como de gramática dado la frecuente interacción entre morfología flexiva y sintaxis y las repercusiones que esta interacción tiene en el aprendizaje. La gramática del español como lengua extranjera (ELE) se ha abordado desde una doble perspectiva. Por un lado, desde un enfoque más teórico, como estudio de la interlengua de los aprendices; por otro desde una óptica más práctica como estrategia para facilitar la adquisición/aprendizaje a hablantes no nativos. Aunque hay evidentes puntos de contacto, la realidad es que ambos enfoques están más distanciados de lo que sería de desear. En este capítulo nos centraremos sobre todo en la vertiente pedagógica. La necesidad de este segundo enfoque es consecuencia de que los procesos de internalización de una o más lenguas maternas (L1) y una LE son, en buena medida, distintos. El primero tiene lugar en los primeros años de vida, de manera biológicamente programada, sin instrucción explícita, sin esfuerzo, sin necesidad de instrucción gramatical y, salvo patologías, con total éxito. El segundo puede ocurrir en cualquier momento si bien en contextos de inmersión no suele ser tan patente durante la infancia, los niveles de competencia alcanzados pueden ser muy variables, está condicionado por la L1 u otras lenguas que conozca el aprendiz y parece beneficiarse de la instrucción explícita. En ambos casos es necesaria la interacción social como activador y garante del proceso de adquisición.

La vertiente didáctica implica que lingüistas, autores de materiales, profesores y los propios estudiantes deban atender al menos tres interrogantes: 1) cómo se plasma el pensamiento y la intención comunicativa en moldes sintácticos; 2) en qué medida el contraste interlingüístico (rasgos y categorías sintácticas, usos de formas, estructuras, construcciones, etc.) con la L1 u otras aprendidas pueden favorecer o dificultar el aprendizaje; 3) qué tipos de reglas son los más fácilmente accesibles para su comprensión y posterior aplicación.

Palabras clave: sintaxis; lengua extranjera; didáctica; adquisición/aprendizaje; regla

The objective of the theoretical and descriptive study of syntax is to present an explicit model of the native speaker's knowledge. For foreign languages (FL), it is more common to speak of grammar than syntax, given the frequent interaction between inflectional morphology and syntax and the repercussions of this interaction on learning. The grammar of Spanish as a foreign language has been approached from twin perspectives, from a more theoretical approach as the study of learners' interlanguage, on the one hand, and, on the other, from a more practical view as a strategy to facilitate acquisition/learning by non-native speakers. Despite clear points of contact, in fact both perspectives are more distanced than would be desired. In this chapter we focus above all on the pedagogical aspect. The need for this latter focus is a consequence of the fact that the internalization processes of one or more mother tongues (L1) and a foreign language (FL) are, to a great extent, different. The first takes place in the first years of life, in a biologically programmed way, without explicit instruction, without effort, without the need for grammatical instruction and, excepting pathologies, with total success. The second can occur at any time, even though in immersion contexts it is not as evident in childhood, the levels of proficiency achieved can be highly variable, it is conditioned by L1 or other languages the learner already knows, and it seems to benefit from explicit instruction. In both cases social interaction is necessary to activate and ensure the acquisition process.

This didactic perspective implies that linguists, authors of materials, teachers, and students themselves must address at least three questions: 1) how is thought and communicative intention embodied in syntactic templates; 2) to what extent can the interlinguistic contrast (in terms of features and syntactic categories, uses of forms, structures, constructions, etc.) between L1 or other previously learned languages and the target language favour or hinder learning; 3) what types of rules are most easily accessible for the learner to understand and use.

Keywords: syntax; foreign language; didactics; acquisition/learning; rule

2 Conceptos fundamentales

La gramática de ELE abarca, entre otros aspectos, los siguientes:

1. los diferentes usos de las clases de palabras, por ejemplo, el uso del artículo determinado en español;
2. los diversos tipos de estructuras y construcciones sintácticas, por ejemplo, la pasiva con *se* o las construcciones de objeto topicalizado como alternativas de la pasiva;
3. las distinciones semánticas con manifestación formal, por ejemplo, la diferencia entre las formas *cantaba* y *canté* o entre el uso del indicativo y del subjuntivo en *Cuando lo ve, se enfada* vs. *Cuando lo vea, se enfadará*;
4. la relación entre determinadas estructuras sintácticas y funciones comunicativas, por ejemplo, *¿Por qué no...?* como sugerencia;
5. las diferentes formas de proyectar el pensamiento en esquemas sintácticos, por ejemplo, la sensación personal de frío se corresponde con:

   - *Tengo frío* en español,
   - *I am cold* (lit. *Yo soy/estoy frío*) en inglés,
   - *Ich friere* (lit. *Yo frío*, donde *frío* sería una forma verbal de un hipotético verbo *friar* en español con el sentido de *tener frío*) o *Es ist mir kalt* (lit. *Ello es a mí frío*) en alemán.

Tradicionalmente, también, los temas abordados en la gramática de ELE han sido recurrentes: *ser* y *estar*, los usos de los tiempos del indicativo, la distinción entre indicativo y subjuntivo, los determinantes y, en especial, los usos del artículo, los pronombres, las preposiciones, las perífrasis verbales y algunos otros en menor medida. Aunque este inventario cubre una parte sustancial de los temas que causan dificultades a los aprendices, cualquier docente es consciente de que no agotan ni mucho menos la complejísima problemática de la gramática de ELE. Preguntas como por qué no se puede decir en español *¿*Qué es la diferencia en precio entre estas dos habitaciones?*; qué diferencia hay entre *todavía* y *ya*, o entre *ir* e *irse*, o entre *Olvidé las pastillas, Me olvidé de las pastillas, Se me olvidaron las pastillas*; por qué no se dice en español **En alemán el verbo va al fin de la oración en muchos casos*, esto es, ¿cuál es la diferencia entre *fin* y *final*? y tantas otras son con frecuencia ignoradas en manuales y libros de texto.

La primera idea que debe tenerse en cuenta es la de que, aunque las lenguas pueden decir lo mismo, lo hacen con frecuencia de manera diferente. A la hora de convertir el pensamiento en lenguaje cada una elige un molde sintáctico determinado. De una manera muy sencilla esto puede verse en el orden de palabras. En japonés el objeto precede al verbo; el poseedor al poseído; el adjetivo, al nombre; las relativas, a su antecedente; y en lugar de preposiciones hay posposiciones. El español, por su parte, parece una imagen del japonés reflejada en un espejo (De Santiago y Fernández 2017, 231–232). En otras ocasiones, la variación es más sutil. Así, por ejemplo, las lenguas se diferencian en la expresión de la trayectoria y el modo del movimiento. En inglés, el verbo incluye los conceptos de movimiento y modo, mientras que la trayectoria es expresada por otro elemento (preposición, adverbio); en español, por el contrario, el verbo asume los significados de movimiento y trayectoria, y el modo es el que debe expresarse con un elemento externo a él. Se oponen, pues, *I ran my way down the stairs* (lit. *Yo corrí mi camino abajo las escaleras*) vs. *Bajé las escaleras corriendo*. Este tipo de escollos se encuentran muy pronto. Basta pensar en las dificultades que las estructuras con verbos del tipo *gustar* plantean a los aprendices como consecuencia de la diferente correspondencia entre la estructura temática y la sintáctica. Frente al esquema menos marcado en otras lenguas en el que el sujeto es el experimentante, *I like you*, en español el sujeto es el tema, y el experimentante aparece como complemento indirecto, *Tú me gustas*.

La segunda idea, relacionada directamente con la anterior, es la relevancia que el contraste interlingüístico tiene en el aprendizaje de una LE y, por tanto, en la elaboración de una gramática pedagógica. De hecho, Bosque (2015) afirmaba:

> Yo no creo que exista español para extranjeros (...) yo creo que hay español para japoneses, que es algo distinto de español para italianos o español para francófonos o español para lo que quieras. Casi todos los manuales de ELE tienen un capítulo para *canté* y *cantaba*, pero a un italiano no hay que explicarle nada del significado del imperfecto porque es igual.

En la misma línea, Swan (2006) mostraba cómo el mismo tipo de error puede tener causas diferentes en función de la L1 del aprendiz y cómo ello exigiría distintos tipos de reglas pedagógicas.

Aunque la valoración de la influencia de la L1 en la LE ha variado en los últimos 70 años, en la actualidad parece claro que, sin ser la única causa, es uno de los factores más determinantes en la producción lingüística de los aprendices. De hecho, en los estudios gramaticales y materiales didácticos orientados a aprendices de una determinada L1 este es el enfoque habitual. En el caso de la gramática de ELE para anglófonos, por ejemplo, pueden citarse, entre otros, los trabajos de Bull (1965), Stockwell, Bowen y Martin (1965) y Stanley (1986). En un sentido parecido, la lingüística tipológica ha sido utilizada como base para el contraste con intención pedagógica. Söhrman (2007) y Moreno (2010) son ejemplos para el español. Este enfoque permite agrupar lenguas de muy diversa filiación genética que comparten determinadas características. Aprendices de L1 inglés, turco, chino o japonés tienen dificultades con la concordancia en el sintagma nominal en español porque en sus lenguas no se da esta relación sintáctica (Moreno 2010, 39–40).

La tercera idea, la del tipo de reglas adecuadas para una sintaxis de LE, es especialmente problemática. Entre los tipos de debates que plantea pueden recordarse los siguientes:

1 ¿Es realmente eficaz la enseñanza de la gramática para el aprendizaje de LE? (Swan 2006; Nassaji y Fotos 2011; Nassaji 2017).
2 ¿En qué medida las investigaciones teóricas en adquisición de LE y en sintaxis son aplicables a las gramáticas pedagógicas? (Muñoz 1996, 185–186; Brucart 2009).
3 ¿Cómo debe establecerse la relación entre los niveles gramatical y pragmático? (Brucart 2009; Bosque 2011; Amenós, Ahern y Escandell 2018).
4 ¿Cuáles son los planteamientos más eficaces en la enseñanza de la gramática? En este sentido pueden diferenciarse: 1) explicaciones que van de la regla a los ejemplos (deductivos) o a la inversa (inductivos); 2) instrucción gramatical directa (presentación explícita) o inferencia inconsciente de las reglas mediante la mera exposición al *input* lingüístico (asimilación implícita); y 3) práctica de las formas lingüísticas aisladas del contexto comunicativo (atención a las formas) o énfasis en la dimensión comunicativa a partir de la cual se incide en aspectos gramaticales relevantes (atención a la forma) (De Santiago y Fernández 2017, cap. 9).
5 ¿Hay un prototipo de regla pedagógica ideal? (Swan 1994; Llopis-García, Real y Ruiz 2012).

Sin pretensión de exhaustividad, repasaremos el estado de la cuestión en las siguientes secciones.

3 Aproximaciones teóricas

Tradicionalmente, hasta los años sesenta del siglo XX, la enseñanza/aprendizaje de ELE se entendía como la asimilación de vocabulario y reglas gramaticales. A partir de entonces, con la aparición en escena de la pragmática y el aumento de aprendices con necesidades prácticas, la dimensión comunicativa fue ganando terreno. Este desplazamiento hacia el componente funcional eclipsó durante un tiempo al estructural. Como suele suceder con estos movimientos pendulares, el tiempo ha ido restableciendo el equilibrio. El debate de la interfaz, esto es, si la enseñanza de la gramática es o no eficaz o, dicho en términos más concretos, si es preferible el aprendizaje explícito, consciente e intencional de las reglas o el implícito, a través del uso comunicativo de la misma, es en buena medida falaz (Ortega Olivares 1998; Alonso 2014; Nassaji 2017). Los resultados de los metaanálisis parecen inclinar el fiel a favor de la utilidad de la instrucción gramatical explícita. Ahora bien, la diversidad de variables en su ejecución (enfoque teórico, grado de explicitud, modo de instrucción, atención al *input*, al *output* o a la interacción, tipo de estructura, tiempo de instrucción, etc.) y la falta de estudios hacen difícil calibrar la eficacia de los diversos procedimientos. Esto explica por qué la mera presentación y práctica de una regla no garantiza su adquisición (Swan 2006, 5; Miki 2010, 150). De una parte, las reglas de una gramática pedagógica deben cumplir una serie de requisitos: veracidad, acotación clara de su alcance, claridad, planteamiento al alcance del aprendiz y orientación a sus necesidades (Swan 1994; De Santiago y Fernández 2017, 333–342); de otra, deben presentarse, practicarse y automatizarse de acuerdo con el nivel del aprendiz, su L1, su estilo de aprendizaje y en contextos significativos. Hay, pues, dos pasos: la presentación explícita (o concienciación formal) y la posterior internalización.

3.1 *Planteamientos analíticos o sintéticos*

Apuntábamos antes que la enseñanza tradicional de la gramática de ELE se ha articulado sobre una serie de temas recurrentes con frecuencia presentados a modo de oposiciones: *ser* vs. *estar*; *canté* vs. *cantaba*, *canté* vs. *he cantado*, indicativo vs. subjuntivo, *por* vs. *para*; además de otros enfocados de manera más genérica: el uso de los determinantes, las perífrasis verbales, los pronombres, etc. A partir de estos bloques se han ido enumerando y contraponiendo los distintos usos. Este planteamiento de carácter analítico ha sido cuestionado por lingüistas generalmente, pero no exclusivamente, asociados a la corriente de la gramática cognitiva. Se defiende desde esta óptica un enfoque sintético, que aboga por la reducción a principios operativos unitarios de los que se puedan derivar los usos concretos. Veamos algunos ejemplos.

Respecto del enfoque analítico, la distinción entre *ser* y *estar* es formulada por Matte Bon (1995, 48–53) en términos de funciones comunicativas que, en realidad, difieren poco de planteamientos tradicionales de tipo nocional. Así:

- SER: identidad/definición, origen/nacionalidad/procedencia, profesión/actividad (salvo actividad temporal), materia/material, coordenadas temporales o espaciales de un suceso o acontecimiento, apreciación subjetiva sobre un dato o un hecho (*Es increíble, es extraño...*).
- ESTAR: localización espacial.
- SER/ESTAR: descripción de personas o cosas:
    - *Ser* con descripciones objetivas o características permanentes/inherentes
    - *Estar* con descripciones no objetivas (comparación de diversos momentos, experiencia vivida personalmente, apreciaciones subjetivas), características provisionales.
- SER/ESTAR:
    - Valoración de una actividad o periodo (*Ha sido una tarde muy agradable*).

La descripción de usos es, en algunos casos, sencilla y clara. Cualquier aprendiz puede entender sin dificultad que, si quiere indicar la nacionalidad de alguien o el material de lo que algo está hecho, debe recurrir a *ser*. Sin embargo, presenta también ciertos problemas. En primer lugar, no es exhaustiva. No se recoge, por ejemplo, la posibilidad de referirse a una fecha con los dos verbos en cuestión (*Es 26 de diciembre/Estamos a 26 de diciembre*) o el hecho de que los adverbios *bien* y *mal* son solo compatibles con *estar*, pero *mejor* y *peor*, que tienen la doble condición de adverbios y adjetivos, puedan alternar con *ser* y *estar*. En segundo lugar, no es totalmente veraz y puede inducir a confusión. Al hablar de descripciones objetivas, podría pensarse que es correcto decir *Es muerto en lugar de *Está muerto*. De igual forma, no debería ser gramatical *Está siempre borracho*, puesto que la característica es permanente tal y como refleja el adverbio. En tercer lugar, la inclusión de los conceptos de objetividad y subjetividad es muy resbaladiza. Si alguien dice *Yo creo que es bonito*, está llevando a cabo una apreciación subjetiva y, sin embargo, usa *ser*. En cuarto lugar, se afirma que la valoración de una actividad o periodo puede ir con ambos verbos, pero solo se dan ejemplos con *ser*: *Ha sido una tarde muy agradable*, [*La fiesta*] *ha sido un auténtico fracaso*. Se habla en este caso de "valoraciones que pretenden presentarse como frías y objetivas" y que, por tanto, van con *ser* + *frase nominal/adjetivo*. No se entiende, pues, por qué se incluye *estar* o por qué no se dan ejemplos. De hecho, con un adjetivo sí sería posible: *La tarde ha estado maravillosa*.

Más exhaustivo y completo es el tratamiento de Porroche (1988). La autora parte de un criterio formal, la combinatoria con diferentes clases de palabras, dentro del cual incluye los matices semánticos. Dada la extensión de la clasificación, ofrecemos únicamente una muestra:

- Con sustantivos, pronombres e infinitivos en construcción directa (sin preposición)—SER
- Con adjetivos:
    - Adjetivos que solo van con SER
    - Adjetivos que solo van con ESTAR

- Adjetivos que admiten SER y ESTAR
    - Sin cambio de significado
    - Con cambio de significado
- Con sintagmas preposicionales
    - Tiempo, cantidad y cualidad—SER
    - Localización y estado (situaciones transitorias y provisionales)—ESTAR
- Con adverbios:
    - Temporales, cantidad, bien, mal... con SER
    - De lugar, con ESTAR
    - ...
- ...

La casuística y los matices que presenta son muy numerosos, dado que se incluyen también usos idiomáticos. El objetivo de exhaustividad choca aquí con la dificultad de abarcar y aprender un conjunto tan variopinto de usos. Los defensores de aproximaciones sintéticas son muy críticos con la dispersión de los enfoques analíticos. Silvagni (2013, 48) habla de un aprendizaje limitado y mecánico, y resalta "el esfuerzo cognitivo necesario para la memorización de un repertorio de reglas que, por su condición de no abarcador, obliga al profesor a una constante ampliación". Llopis-García, Real y Ruiz (2012, 127) hablan de "contradicción pedagógica, ya que suponen una gran cantidad de datos que, aunque con paciencia y esfuerzo puedan ser almacenados en la memoria a corto plazo, es complicado que una parte significativa de los mismos se traslade a la memoria a largo plazo". Con todo, cabe argüir que los planes curriculares y los manuales no presuponen un aprendizaje memorístico global de los usos, sino que los gradúan en función de los niveles de dominio.

Frente a ello, los enfoques sintéticos buscan establecer un denominador común del que irradien las diferentes posibilidades. Se intenta así reducir a un rasgo el grueso de la oposición. Entre los propuestos cabe destacar [permanente vs. transitorio], [imperfectivo vs. perfectivo], [norma general vs. norma individual], [-/+ nexus (verbo) y -/+ resultativo] (atributo)], [predicado de individuo vs. predicado de estadio], [estadio no acotado vs. estadio acotado]. El primer término de cada par iría vinculado a *ser*; el segundo, a *estar*. De ellos, el que más fortuna ha tenido en la teoría lingüística es el de predicado de individuo vs. predicado de estadio. En la vertiente pedagógica ha sido defendido, entre otros, por Silvagni (2013), quien propone reducir los usos a 3 bloques:

- SER: identificación
- SER: evento/ESTAR: localización
- SER: propiedad (predicados de individuo)/ESTAR: estado (predicados de estadio)

Por su parte, Llopis García *et al.* (2012, 124–137), tras criticar la distinción permanente vs. temporal, proponen la de consustancial, para *ser* y circunstancial para *estar*. Si se dice que *Silvia es guapa* la belleza es inherente, parte de Silvia; si se dice que *Silvia está guapa*, la belleza es casual y ajena a ella.

Con independencia de que todas estas síntesis puedan tener una cierta base, en el aula se plantean al menos dos problemas. El primero, la inevitabilidad de los contraejemplos. Si decimos *Paco siempre está borracho*, la embriaguez parece más consustancial que circunstancial. Si decimos *Paco está muerto*, tampoco parece que el deceso sea muy circunstancial. El segundo es la dificultad en la adscripción. Al margen de usos muy claros (*ser* + sustantivos; *estar* + gerundio, etc.), los aprendices pueden tener dificultades a la hora de atribuir los ejemplos concretos a la característica general. ¿Por qué —podrían preguntar— se puede *ser feliz* y *estar feliz*, pero solo *estar contento*?, ¿por qué *contento* no puede ser una propiedad y *feliz* sí?

Consideraciones semejantes podrían hacerse para la oposición entre indicativo y subjuntivo. Al igual que con *ser/estar*, el aprendiz tiene que discriminar entre construcciones que solo van con indicativo, solo van con subjuntivo o alternan los dos modos con diferencias mayores o menores de significado. El subjuntivo puede aparecer en oraciones simples y en los tres tipos clásicos de subordinadas, y, además, puede ser inducido por un núcleo funcional, por uno léxico, o por estar bajo el alcance de un operador (Bosque 2012, 374). También en esta distinción gramatical se ha oscilado entre la descripción exhaustiva de contextos y la síntesis unitaria. Como muestra, puede contraponerse a Borrego *et al.* (1985), quienes describen su uso mediante 77 reglas, con Llopis-García et al. (2012, 88–123), quienes lo reducen a una: la declaración para el indicativo, la no declaración para el subjuntivo. Este reduccionismo ha sido criticado desde el punto de vista teórico por Bosque (2012, 378) con ejemplos del tipo *Sospecho que me estás/*estés engañando* vs. *Me temo que me estás/estés engañando* o *Depende de que llueva/si llueve* en los que no parece que haya una diferencia de significado que justifique la variación modal. En un sentido parecido, Fábregas (2014, 24) señala la "dificultad para encontrar una definición que cubra todos los usos y, a la vez, para explicar por qué no aparece en contextos del tipo *Imagina que soy un perro* o *Soñé que estaba en la playa*, que pueden relacionarse con la no aserción, la irrealidad o el deseo". En el fondo, subyace una diferente concepción del modo. El contraste *Quizás llegue/llegará mañana* vs. **Llegue mañana, quizás/Llegará mañana, quizás* es consecuencia para Brucart (2009, 39) de la diferente configuración formal de las oraciones. En la primera el adverbio rige al verbo, lo que permite la alternancia; en la segunda, la posición del adverbio es periférica y, por ello, no puede regir al verbo. Para Llopis-García et al. (2012, 106–108), la agramaticalidad del verbo en subjuntivo con el adverbio *quizás* pospuesto se debe a que, al ser el subjuntivo el modo de la no declaración, no se puede "*declarar nada* y luego matizar con un *quizás* lo que no se ha declarado". La doble posibilidad con *quizás* inicial se debe a que el hablante puede hacer una declaración matizada con "quizás" seguido de indicativo o una no declaración que "con el *quizá* atenúa doblemente la contradicción". El subjuntivo con *quizá* pospuesto "no es incorrecto, es un acto carente de sentido".

La complejidad de su uso, la diversidad de estructuras en las que se presenta y la cantidad de matices y contraejemplos, y la falta de acuerdo sobre lo que origina su activación hacen, en fin, muy difícil reducir la distinción indicativo-subjuntivo a una fórmula mágica (De Santiago y Fernández 2021).

3.2 Nociones, funciones comunicativas y formas

Frente al estudio, *a priori*, más atomizado que de cada unidad y estructura puede hacer la gramática descriptiva, la gramática aplicada se ve sometida a la tensión entre comunicación y estructura. En una gramática descriptiva podemos encontrar un apartado para los usos del presente en el que aparecerá sin duda el presente con valor de futuro, otro sobre los usos del futuro simple y otro sobre las perífrasis en el que se incluirá *ir a* + infinitivo. Pero lo que el aprendiz puede preguntar y lo que la gramática aplicada debería incluir es ¿qué diferencia hay entre el uso de las tres formas? O, dicho de otra manera, cómo la noción de futuridad se reparte en las tres opciones o, incluso, si puede responder a diferentes funciones comunicativas. ¿*Comemos mañana en mi casa?* puede ser entendido como una pregunta o una sugerencia; ¿*Comeremos mañana en mi casa?*, solo como una pregunta. Polanco et al. (2004) y Matte Bon (2006) han intentado deslindar los usos y mostrar los matices en los solapamientos. En ellos intervienen factores como el enfoque de la temporalidad y la perspectiva en la que se sitúa el hablante, el registro o el tipo de función comunicativa. Con todo, algunos de los ejemplos propuestos son discutibles. Por ejemplo, Matte Bon (2006, ej. 12) afirma que en las aceptaciones de sugerencias, peticiones o propuestas o los compromisos en respuesta a una petición o para resolver un problema lo más probable es el uso del presente de indicativo. Así en:

(1) A: *Hazme caso, llámala.*
    B: *Sí, tal vez tengas razón, la llamo.*

El futuro, a su juicio, supone un aplazamiento y algún tipo de implicatura. Al margen de que la probabilidad y el tipo de implicatura sean difíciles de medir, a nuestro modo de ver, el futuro puede perfectamente indicar un mayor grado de compromiso. Tampoco se podría descartar aquí la perífrasis *La voy a llamar* con una marca clara de intencionalidad. Polanco et al. (2004), por su parte, vinculan la predicción al futuro. Así, por ejemplo, en *Mañana habrá tormenta en el norte de la península.* Pero la misma idea de predicción hay en *Mañana va a llover* o incluso en *Mañana llueve.* Es cierto que la primera parece más esperable en el pronóstico meteorológico y las otras dos en intervenciones menos formales. En cualquier caso, el adverbio *mañana* habilita a las tres. Si no fuera el caso, si se ven síntomas de lluvia más o menos inmediatos, solo sería posible decir *Va a llover. Llueve* sería claramente falso y *Lloverá* demasiado alejado temporalmente. Esto no quiere decir que estos autores no estén en lo cierto en otros muchos ejemplos, lo que sucede es que las referencias a la distancia temporal, a la presencia de síntomas de que algo va a suceder, a la formalidad y al tipo de acto comunicativo son todavía muy imprecisas. Quizá en este caso, como en muchos otros, habría que empezar por delimitar qué casos son claramente agramaticales o inadecuados e intentar derivar de ellos el valor de las formas.

Desde otra óptica, la vinculación de la expresión de una noción o una función comunicativa a un exponente gramatical es ya una práctica frecuente no solo en los libros de texto sino también en las gramáticas. En ocasiones, no obstante, esta práctica puede ocultar parte de las funciones que una determinada forma puede presentar. Aunque formalmente no sea una construcción causal, la estructura *Es que...*, propia del lenguaje coloquial ha sido incorporada a las gramáticas dentro del apartado dedicado a la expresión de la causa, ya que funcionalmente es asimilable a esta noción. Respecto de su significado, se ha hablado de pretexto, justificación, y en su forma negativa *no es que...* para descartar una primera formulación. Siendo esto verdad, no es toda la verdad. España (1996) ya ofrecía un panorama mucho más detallado en el que se incluían, por ejemplo, usos como el de justificación del acto de habla y no de lo enunciado:

(2) [En un cajero automático]
    A: *¿Funciona?*
    B: *Sí, sí.*
    A: *Es que el de dentro no funciona.*

U otras variantes con introductores como:

1) Los pronombres personales de sujeto: *Yo es que me fijo mucho en los botones.*
2) Expresiones como *La verdad/Lo que pasa/El caso es que...* a veces con omisión del verbo copulativo.
3) La conjunción si: *Si es que yo no valgo.*
4) La modalidad interrogativa como petición de explicación: *¿Es que te vas?*

Siendo cierto que el vector común es la justificación o explicación, la falta de detalle en los usos resulta empobrecedora para el aprendiz. En términos semejantes, Amenós *et al.* (2018, 96–97) advierten del peligro de fragmentación que supone presentar usos gramaticales supeditados a una función comunicativa. Se presenta así la gramática como "un conjunto de reglas inconexas y carentes de lógica interna que solo cabe memorizar" y "se dificulta la construcción de aprendizajes significativos, pues no hay relación entre unos y otros, entre lo que se ve antes y lo que se ve después en clase".

4 Perspectivas actuales

Hace 40 años, Krashen (1982, 2–8) lamentaba la falta de conexión entre la teoría de adquisición de segundas lenguas, la lingüística aplicada, las ideas e intuiciones de los profesores y la práctica en el aula. A ello cabría añadir la atomización en el panorama de la teoría gramatical. Recordaba, en definitiva, la poca relación entre la teoría y la práctica. Entre los profesores de ELE ha habido un cierto desconocimiento y una cierta desconfianza de planteamientos que les han parecido complejos, excesivamente técnicos y difícilmente aplicables en el aula. Entre los lingüistas más teóricos ha faltado a veces una sensibilidad por hacer accesibles y aplicadas sus investigaciones. Pese a todo, en los últimos tiempos parece reducirse el grado de separación entre unos y otros.

Por un lado, las conexiones entre la investigación sobre el proceso de adquisición de LE y la práctica en el aula se han ido incrementando en las últimas décadas. A modo de ejemplo, podemos referirnos a la siempre problemática oposición entre las formas *canté* y *cantaba*. Como ha mostrado Blyth (2005), se trata de una distinción que presenta numerosas dificultades, entre otras razones, por: 1) su dificultad formal (el aspecto se desdobla en dos formas); 2) su dificultad funcional (el imperfecto tiene numerosos usos opacos para el aprendiz); 3) la poca fiabilidad de las reglas (es frecuente encontrar excepciones o casos en los que los dos son posibles con diferencias sutiles); 4) el metalenguaje (la terminología puede inducir a confusión); 5) su imprecisa correspondencia interlingüística (el inglés incide más en la diferencia aspectual progresivo/no progresivo frente a perfectivo/imperfectivo); y 6) la frecuencia (son formas relativamente infrecuentes en el discurso hablado de la clase).

Paralelamente, los estudios sobre la adquisición de estas formas han mostrado (Comajoan 2014, 2018) que se trata de un proceso sistemático. Inicialmente, los aprendices recurren a estrategias léxicas y pragmáticas, posteriormente incluyen el uso de adverbios y finalmente incorporan la oposición morfológica. Esta, a su vez, sigue un patrón conocido como hipótesis del aspecto léxico según la cual la forma perfectiva aparece primero y la imperfectiva después. Esta última es usada inicialmente con verbos cuyo aspecto léxico indica estado, después con los de actividad, posteriormente con los de realización y por último con los de logro. Asimismo, las formas verbales se adquieren antes de saber qué usos corresponden a cada una de ellas con lo que en oposiciones de este tipo se produce una sobre o infrautilización de las mismas. La aparición más tardía del imperfecto se debe al mayor número de usos no prototípicos que muestra. Por último, las variables que inciden en su adquisición, además del aspecto léxico, incluyen la estructura del discurso, las diferencias con la L1, aspectos sintácticos y cognitivos, etc. Estas reflexiones se pueden traducir en la práctica del aula (Comajoan 2018, 126–128) adecuando la secuenciación didáctica a las fases de adquisición, siendo conscientes de la dificultad de la tarea, potenciando un aprendizaje cíclico en lugar del lineal acostumbrado y teniendo en cuenta aquellos aspectos de la L1 que pueden facilitar el aprendizaje. Paralelamente, las investigaciones sobre la forma en la que los aprendices procesan el *input* o cómo los conocimientos declarativos se transforman en procedimentales contribuyen al desarrollo de estrategias que facilitan el aprendizaje.

Por otro lado, determinadas corrientes teóricas muestran una mayor sensibilidad hacia la práctica docente. En concreto, la gramática cognitiva (Castañeda 2014) parte de la idea de que los signos lingüísticos remiten a representaciones conceptuales que dan imágenes o perspectivas alternativas sobre una misma escena. Además, las representaciones icónicas de las que se sirve permiten añadir el canal visual al de la mera explicación oral. Entre otros elementos que pueden explicar los usos de las formas, la gramática cognitiva alude a los grados de abstracción, los planos de representación (perfil-base), la perspectiva, la metáfora, el énfasis o la subjetivización. Así, por ejemplo, el uso de *se* puede explicarse por un cambio de perspectiva. En *La puerta se abrió y dos hombres entraron en la habitación* el hablante parece estar dentro de la tal habitación, en *Dos hombres abrieron la puerta y entraron en la habitación*, fuera. Una corriente derivada de la lingüística cognitiva, la gramática de construcciones (Gras 2018) aporta las siguientes contribuciones:

1) Atención a construcciones generalmente ignoradas por las gramáticas aplicadas, por ejemplo, estructuras reduplicativas del tipo *Comer, comer, no comí*, *Despacio, despacio, no iba*.
2) Explicaciones alternativas en forma de representaciones esquemáticas, por ejemplo, el concepto de complemento indirecto explicado como destinatario en un escenario de transferencia o experimentador en uno de afectación psicológica o física.
3) Organización de redes formales y significativas, por ejemplo, construcciones con sentido imperativo como *¡Que te calles!, ¡A callarse!, ¡A ver si te callas!*
4) Diferenciación en grados de concreción o abstracción que van desde el ejemplo concreto hasta la explicación general pasando por niveles intermedios. Los tres niveles pueden ser útiles en la enseñanza, al igual que en la conducción —como dice Gras— a veces se necesitan luces largas y otras cortas.

Por último, al recoger muestras de la producción lingüística de los aprendices, la Lingüística de Corpus permite analizar la interlengua de los aprendices y calibrar factores como la influencia de la lengua materna, la evolución de determinados errores, el grado de estabilización, el tipo de destreza o tarea, etc. Además, este análisis puede ir más allá de la mera detección de los errores y sus causas. Sirve también para determinar cuáles son los usos más o menos frecuentes, las estrategias más utilizadas y las omitidas. Así, por ejemplo, a propósito del uso de conectores en aprendices de ELE, el Corpus de Aprendices de Español (CAES) ofrece los siguientes datos:

Tabla 42.1 Frecuencias normalizadas (casos por millón) de nexos por niveles.

	A1	A2	B1	B2	C1
y	41 350	37 121	26 999	29 427	28 820
pero	4745	4546	5673	3561	4766
porque	3568	4433	3354	2613	2754
como	1378	2288	2226	3329	3190
ni	1153	202	439	311	861
o	1129	1553	2712	3604	1642
cuando	827	2678	3926	1889	2529
entonces	531	551	885	550	397
pues	362	565	775	427	966
si	320	1873	4643	3988	2906
mas	97	47	12	51	26

(Continúa en la pág. siguiente)

Tabla 42.1 (Viene de la pág. anterior)

	A1	A2	B1	B2	C1
así como	60	42	46	109	93
aunque	54	216	306	789	622
así que	36	132	243	253	384
así	18	14	98	36	26
mientras	18	113	145	152	265
sin embargo	18	160	411	485	397
a pesar de	12	56	17	116	106
en cuanto	12	0	0	0	0
o sea	12	9	12	0	40
de modo que	6	9	29	7	66
puesto que	6	9	29	80	159
por tanto	6	9	0	0	26
ya que	6	52	179	347	675
mientras que	6	9	23	46	66
a fin de	0	5	6	7	13
a no ser que	0	0	6	0	0
dado que	0	0	6	58	26
ahora bien	0	0	12	7	0
de manera que	0	0	0	14	13
a pesar	0	5	0	0	13
al paso que	0	0	6	0	0
incluso	0	0	14	0	0
no obstante	0	9	35	87	79
tan pronto como	0	5	35	0	13
o bien	0	5	40	7	0
por lo tanto	0	0	0	14	13
sino que	0	5	12	80	40
siquiera	0	0	0	0	26

Fuente: CAES. Elaboración propia.

De ellos pueden extraerse las siguientes conclusiones:

1. El aprendiz emplea una riqueza de conectores y posee una capacidad expresiva mucho mayor que la supuesta en el Plan Curricular del Instituto Cervantes (PCIC). Por ejemplo, para la expresión escrita de A1, el PCIC incluye *y, también, tampoco, pero, porque*. El CAES muestra que la variedad es significativamente mayor. Los aprendices, sobre todo en los primeros niveles, usan conectores que el PCIC coloca en niveles muy superiores. Este dato tiene una enorme trascendencia, ya que el DELE, el SIELE, los manuales de español o las lecturas graduadas se rigen por el PCIC. Por otro lado, muchos de estos nexos están entre las 300 palabras más frecuentes del español, lo que abunda en la necesidad de incluirlas cuanto antes en la programación.
2. La frecuencia de los marcadores más habituales en el nivel A1 se mantiene en niveles superiores. Constituirán el núcleo de su construcción discursiva a lo largo del proceso de aprendizaje con independencia del nivel de dominio. Con todo, la escasa recurrencia

a marcadores menos habituales en niveles avanzados parece indicar que deben ser más trabajados en el aula.
3   Desde el punto de vista interlingüístico, la selección y la frecuencia es muy semejante. Con alguna excepción, los conectores más utilizados son los mismos en las lenguas representadas en el CAES (árabe, mandarín, francés, inglés, portugués y ruso), esto es, los respectivos correlatos de *y, o, pero, porque, como, cuando, entonces*... Es de reseñar el uso del *mas* adversativo en aprendices de L1 portugués por influencia de su lengua, o el menos frecuente de *tan pronto como* en anglohablantes.

Observaciones de este tipo permiten ajustar la programación y modificar los planes curriculares para ajustarlos más a la realidad del aprendizaje tanto por lo que se refiere a la L1, a la incidencia de los errores o a la producción lingüística.

5 Direcciones futuras y conclusiones

El desarrollo del mundo ELE en las últimas décadas ha sido exponencial. El avance en los estudios gramaticales ha sido también notable tanto en cantidad como en calidad. De la mera enumeración de usos se ha pasado al debate de propuestas en ocasiones antagónicas, a la incorporación de ámbitos como la adquisición de segundas lenguas, la lingüística contrastiva, o la aplicación de los avances en lingüística teórica. Con todo, el presente y el futuro están llenos de posibilidades. Entre otras cabría incluir las siguientes:

1) Elaboración de gramáticas pedagógicas de ELE que recojan los avances llevados a cabo en los últimos años por las gramáticas descriptivas y los estudios monográficos.
2) Extensión de la investigación gramatical más allá de la oración, incluyendo el nivel discursivo y con especial atención a los operadores.
3) Inclusión del nivel coloquial en la descripción gramatical.
4) Síntesis y profundización de los estudios contrastivos.
5) Potenciación de la creación y explotación de corpus y bases de datos de producciones de aprendices de ELE.
6) Ampliación y validación de la experimentación en adquisición de ELE, así como en la aplicación de propuestas gramaticales específicas en el aula.
7) Acotación y calibración de los contenidos gramaticales y su relación con el nivel pragmático en los planes curriculares.

Lecturas complementarias recomendadas

Castañeda (2014); De Santiago y Fernández (2017) caps. 4, 5, 6 y 9; Herrera y Sans (2018); Llopis-García, Real y Ruiz (2012).

Referencias bibliográficas

Alonso, I. 2014. "Fundamentos cognitivos de la práctica sistemática en la enseñanza gramatical". En *Enseñanza de gramática avanzada de ELE*, coord. A. Castañeda, 9–38. Madrid: SGEL.
Amenós, J., A. Ahern y V. Escandell. 2018. "Del significado a la interpretación: gramática y pragmática". En *Enseñar gramática en el aula de español*, eds. F. Herrera y N. Sans, 95–106. Barcelona: Difusión.
Blyth, C. 2005. "From Empirical Findings to the Teaching of Aspectual Distinctions". En *Tense and Aspect in Romance Languages*, eds. R. Salaberry y D. Ayoun, 211–252. Ámsterdam: John Benjamins.
Borrego, J., J. J. Gómez y E. Prieto. 1985. *El subjuntivo. Valores y usos*. Madrid: SGEL.

Bosque, I. 2011. "Actitudes hacia la lengua que enseñamos". *Signos Universitarios Virtual* VIII/11. (http://pad.usal.edu.ar/archivos/pad/docs/bosque.pdf).
Bosque, I. 2012. "Mood: Indicative vs. Subjunctive". En *The Handbook of Hispanic Linguistics*, eds. J. I. Hualde, A. Olarrea y E. O'Rourke, 373–394. Chichester: Blackwell.
Bosque, I. 2015. *Diálogo Fundación BBVA Ignacio Bosque en conversación con Raffaele Simone*. (www.youtube.com/watch?v=o_hT79GTC-I) 44,38´- 45,11´).
Brucart, J. M. 2009. "La gramática en ELE y la teoría lingüística: coincidencias y discrepancias". *Monográficos MarcoELE* 9: 27–46.
Bull, W. 1965. *Spanish for Teachers*. Nueva York: John Wiley and Sons.
CAES. Instituto Cervantes y Universidad de Santiago de Compostela. Corpus de Aprendices de Español. (https://galvan.usc.es/caes). Versión 2.0.
Castañeda, A., coord. 2014. *Enseñanza de gramática avanzada de ELE*. Madrid: SGEL.
Comajoan, L. 2014. "Tense and Aspect in Second Language Spanish". En *The Handbook of Second Language Acquisition*, ed. K. L. Geeslin, 235–252. Chichester: Wiley Blackwell.
Comajoan, L. 2018. *Los tiempos verbales en español. Descripción del sistema y su adquisición en segundas lenguas*. Barcelona: Octaedro.
De Santiago, J. y J. Fernández. 2017. *Fundamentos para la enseñanza del español como 2/L*. Madrid: Arco.
De Santiago, J. y J. Fernández. 2021. "La alternancia modal". En *Pragmática. Estrategias para comunicar*, coord. S. Robles Ávila, 73–101. Madrid: Edelsa.
España, M. 1996. "Aspectos semántico-pragmáticos de la construcción 'es que' en español". *Dicenda. Cuadernos de Filología Hispánica* 14: 129–147.
Fábregas, A. 2014. "A Guide to Subjunctive and Modals: Questions and Analysis". *Borealis: An International Journal of Hispanic Linguistics* 3(2): 1–94.
Gras, P. 2018. "Gramática de construcciones para profesores de ELE". En *Enseñar gramática en el aula de español*, eds. F. Herrera y N. Sans, 64–76. Barcelona: Difusión.
Herrera, F. y N. Sans eds. 2018. *Enseñar gramática en el aula de español*. Barcelona: Difusión.
Instituto Cervantes. 2006. *Plan Curricular del Instituto Cervantes*. Madrid: Instituto Cervantes.
Krashen, S. D. 1982. *Principles and Practice in Second Language Acquisition*. Oxford: Pergamon Press.
Llopis-García, R., J. M. Real y J. P. Ruiz. 2012. *Qué gramática enseñar, qué gramática aprender*. Madrid: Edinumen.
Matte Bon, F. 1995. *Gramática comunicativa del español*, 2 tomos. Madrid: Edelsa.
Matte Bon, F. 2006. "Maneras de hablar del futuro en español entre gramática y pragmática. Futuro, ir a + infinitivo y presente de indicativo". *Red/Ele* 6.
Miki, C. 2010. "Hacia una gramática para el no nativo. Replanteamiento y definición de la gramática pedagógica". *MarcoELE* 10: 147–158.
Moreno. J. C. 2010. *Spanish is different. Introducción al español como lengua extranjera*. Madrid: Castalia.
Muñoz, J. 1996. *La adquisición de lenguas segundas y la gramática universal*. Madrid: Síntesis.
Nassaji, H. 2017. "Grammar Acquisition". En *The Routledge Handbook of Instructed Second Language Acquisition*, eds. S. Loewen y M. Sato, 205–233. Londres: Routledge.
Nassaji, H. y S. Fotos. 2011. *Teaching Grammar in Second Language Classrooms*. Nueva York: Routledge.
Ortega Olivares, J. 1998. "Algunas consideraciones sobre el lugar de la gramática en el aprendizaje del español/LE". *RILCE: Revista de filología hispánica* 14(2): 325–347.
Polanco, F., P. Gras y M. Santiago. 2004. "Presente, *ir a* + infinitivo y futuro: ¿expresan lo mismo cuando se habla de futuro?". En *Actas del XV Congreso Internacional de ASELE*, coord. M. A. Castillo, 668–674.
Porroche, M. 1988. *Ser, estar y verbos de cambio*. Madrid: Arco.
Silvagni, F. 2013. *¿Ser o estar? Un modelo didáctico*. Madrid: Arco.
Söhrman, I. 2007. *La lingüística contrastiva como herramienta para la enseñanza de lenguas*. Madrid: Arco.
Stanley, M. 1986. *Spanish/English Contrasts*. Washington, DC: Georgetown University Press.
Stockwell, R. P., J. Donald Bowen y J. W. Martin. 1965. *The Grammatical Structures of English and Spanish*. Chicago: The University of Chicago Press.
Swan, M. 1994. "Design Criteria for Pedagogical Language Rules". En *Grammar and the Language Teacher*, eds. M. Bygate, A. Tonkyn y E. Williams, 45–55. Nueva York: Prentice Hall.
Swan, M. 2006. "Teaching Grammar: Does Teaching Grammar Work?" *Modern English Teacher* 15(2): 5–13.

43
La adquisición de la sintaxis
The Acquisition of Syntax

Juana M. Liceras

1 Introducción

En este capítulo nos ocupamos, en primer lugar, del concepto adquisición en relación con el término aprendizaje, así como de las diferencias y similitudes que se atribuyen a la adquisición de la lengua materna (AL1), nativa o primera lengua, por un lado, y a la adquisición del español como lengua no nativa (AL2) o lengua segunda (tercera, etc.), por otro. En segundo lugar, abordamos la adquisición del español como una de las lenguas del bilingüe en los contextos que se conocen como bilingüismo simultáneo y bilingüismo secuencial y, en torno a esta distinción, nos ocupamos de temas centrales del bilingüismo como la influencia interlingüística, la caracterización de la lengua primera o lengua dominante y la mezcla o alternancia de códigos. En tercer lugar, presentamos algunos trabajos que abordan la relación entre adquisición y procesamiento, y también conceptos como la dotación genética (la Gramática Universal) o el papel del *input*. A continuación, presentamos ejemplos concretos de investigación empírica sobre la adquisición de la morfosintaxis del español como L1 y como L2, prestando especial atención al conocimiento implícito y explícito y a los llamados desencadenantes, así como a lo que se conoce como rellenos monosilábicos, la Hipótesis de la Materialización de los Rasgos Formales y también a las categorías funcionales y los rasgos formales en la sintaxis nativa y no nativa. Para concluir, presentamos líneas de investigación que deberían ocupar un lugar central en los trabajos de adquisición de la sintaxis del español.

Palabras clave: lengua materna; lengua no nativa; interlengua; adquisición bilingüe; influencia interlingüística; adquisición y procesamiento del lenguaje

We begin this chapter by addressing the relationship between language acquisition and language learning as well as the differences and similarities between native or first language acquisition (L1A), on the one hand, and non-native or second (third, etc.) language acquisition (L2A), on the other. Secondly, we discuss the acquisition of Spanish as one of the languages of the bilingual learner and we pay attention to central topics pertaining to bilingualism, among them, crosslinguistic influence, primary language or language dominance, and code-mixing or code-switching. Thirdly, we address specific research studies dealing with the relationship between language acquisition and language processing as well as with constructs such as the linguistic genetic endowment (Universal Grammar) or the role of input. We finally present empirical research on first and second language acquisition of Spanish morphosyntax paying special attention to the issue of implicit versus explicit knowledge, the concepts of triggers and monosyllabic placeholders, the Grammatical Features Spell-out Hypothesis and to functional categories and formal features in native and non-native Spanish syntax. We conclude with a description of several lines of research that could be at the core of forthcoming work in the acquisition of Spanish syntax.

Keywords: mother tongue; non-native language; interlanguage; bilingual language acquisition; crosslinguistic influence; language acquisition and language processing

2 Conceptos fundamentales

2.1 Adquisición y aprendizaje

Krashen (1977) diferencia entre adquisición y aprendizaje equiparando la adquisición a la forma en que los niños que aprenden la lengua materna (L1 o nativa) captan el *input* y lo estructuran. El aprendizaje, sin embargo, lo relaciona con los procesos y mecanismos que intervienen en el acceso al *input* y su organización como *intake* en las lenguas segundas o no nativas.[1] Este autor mantiene, además, que el proceso de adquisición recurre al conocimiento implícito y el de aprendizaje al explícito. Casi medio siglo después, en el contexto de la llamada Hipótesis de la Diferencia Fundamental-HDF (Bley Vroman 1990), la polémica sobre la atribución de conocimiento implícito solamente a la lengua nativa y explícito a la lengua no nativa, sigue ocupando un papel central entre los estudiosos de la adquisición del lenguaje, como se desprende de los trabajos del propio Bley-Vroman (2009), que adopta una visión mucho menos radical de la HDF, o de Slabakova (2009), que repasa el proceso y los datos de adquisición de la L1 y la L2 para proponer que la separación radical que propone la HDF no es realista y que es hora de aceptar el compromiso de que, tanto en la AL1 como en la AL2, algunas partes del conocimiento lingüístico pueden ser innatas y otras pueden tener puntos en común con el aprendizaje no lingüístico.

2.2 La adquisición de la sintaxis del español

La adquisición de la morfosintaxis del español como L1 y como L2, tanto por parte de niños como de adultos, ha sido objeto de numerosos trabajos de investigación que se han llevado a cabo a partir de la segunda mitad del siglo pasado y en este siglo. Un simple repaso de la información que se ha puesto a disposición de la comunidad científica en el importante banco de datos TALKBANK/CHILDES (https://talkbank.org/, https://childes.talkbank.org) avala esta afirmación. Dichos estudios cubren distintos marcos teóricos, algunos de los cuales se mencionan en el apartado 3, y cubren también distintos tipos de adquisición, entre ellos la adquisición monolingüe del español como L1, la adquisición bilingüe del español y otra lengua de forma simultánea (2L1), sobre todo cuando una de las lenguas es la que se conoce como lengua de herencia y, finalmente, la adquisición del español L2 o como lengua extranjera por niños y adultos. Por otra parte, y sobre todo en lo que va de siglo, la adquisición de la morfosintaxis se ha ligado a temas de procesamiento y de lo que se conoce como interfaces con la pragmática.

2.3 La sintaxis del español nativo y del español no nativo

El concepto de interlengua (Selinker 1972) puede considerarse como un claro antecedente de la HDF en la medida en que la Hipótesis de la Interlengua (HI) plantea que la AL1 depende de una "estructura lingüística latente" que tiene un programa genético y que se realiza siempre como una lengua natural, mientras que la AL2 depende de una "estructura psicológica latente" que puede no realizarse. Es decir, la HI también se pronuncia por una diferencia fundamental pero lo que ha calado de esta hipótesis entre los estudiosos de la adquisición son conceptos como la transferencia, la sobregeneralización y la fosilización. De hecho, medio siglo más tarde, en los trabajos sobre la adquisición de la sintaxis bilingüe en general y del español en particular, el papel de la experiencia lingüística previa o transferencia, también llamada influencia interlingüística, positiva o negativa, sigue ocupando un lugar central.

Un problema fundamental que se plantea en torno al concepto de interlengua (IL) es si las IL (o lenguas segundas o no nativas) se pueden considerar lenguas como las lenguas naturales con las que están relacionadas, es decir, la lengua materna y la lengua objeto de aprendizaje. Nosotros hemos defendido (Liceras 2010) que en tanto en cuanto son sistemas con los rasgos de las lenguas naturales, aunque esos rasgos no se distribuyan igual o no se activen con la misma consistencia que en las lenguas con las que están relacionadas (en el español no nativo puede haber sobreuso de pronombres sujeto, uso no nativo u omisión de los pronombres átonos, falta de concordancia de género o de número, etc.), son sistemas como los sistemas nativos que pueden y deben analizarse a partir de los modelos de la lingüística formal, de la psicolingüística y de la sociolingüística.

2.4 El orden de adquisición

El orden de adquisición de las estructuras sintácticas en general y sobre todo el orden de adquisición de los morfemas de las distintas lenguas es un tema que se ha ligado a la visión innatista de la adquisición en lo que se refiere a encontrar un orden de adquisición "universal", ya que avalaría la importancia de la dotación genética que la HDF (Bley-Vroman 1990) propone como punto de partida de la adquisición de la L1 pero no de la L2 por adultos. En el caso de la L1, como se plantea Baralo (1999), no sorprende que el orden de adquisición de morfemas sea muy similar en el caso de los niños que adquieren la lengua materna porque todos tienen también un desarrollo cognitivo similar (Pérez Pereira 1984). Sin embargo, Vivas (1979), en un estudio pionero y muy detallado compara la adquisición de morfemas del español por parte de cuatro niños con datos de niños ingleses de edades comparables disponibles en CHILDES (MacWhinney 2002) y, si bien reconoce que se necesitan más datos y que hay mucho trabajo por hacer, los datos que presenta no avalan una conclusión optimista en lo que se refiere a la existencia de un orden similar en las dos lenguas. Las diferencias claras que encuentra las explica en función del papel que juegan la complejidad gramatical y semántica de los morfemas en cada una de las dos lenguas.

Si bien por lo que se refiere al orden de adquisición en L2 por parte de individuos de distintas edades y en contextos muy diferentes no se esperarían similitudes, algunos autores han encontrado tendencias que apuntan, por ejemplo, a que la adquisición de los morfemas de plural se produce generalmente antes que la relativa al género o las marcas del pretérito perfectivo antes que las del durativo (Baralo 1999). En su estudio comparado (L1 y L2 de niños y adultos), que fue un referente en lo que se refiere al orden de adquisición de morfemas en español, Van Naerssen (1981) llega a la conclusión de que el orden de adquisición de L1 y L2 es similar pero no igual y que hay más similitud entre L1 y L2 de adultos que entre L1 y L2 de niños, al contrario de lo que se argumentaba para el inglés.

En nuestro trabajo sobre el tema (Zobl y Liceras 1994), si bien con datos del inglés y a partir de los datos publicados por muchos autores, se defiende que se pueden extraer generalizaciones si se comparan los estudios de adquisición de morfemas de L1 y de L2 tomando como punto de partida la teoría de las categorías funcionales de la gramática generativa. Por ejemplo, se muestra que en L1 la morfología flexiva y los morfemas libres surgen al mismo tiempo, mientras que en L2 los morfemas libres se adquieren más pronto y con independencia de la morfología flexiva.

3 Aproximaciones teóricas

3.1 La dotación genética y el medio o la dicotomía nature/nurture

Uno de los temas de debate en la adquisición del lenguaje en general y de la sintaxis en particular es el papel que juegan la dotación génetica (*nature*) de los humanos, por un lado, y el medio (*nurture*), por otro (Liceras 1996). En un extremo del debate están los que consideran que la dotación genética tiene un papel fundamental, los llamados defensores del innatismo, entre los que se encuentra como representante más destacado Chomsky (1967). En el otro, los que ponen el peso del proceso de adquisición en el medio, los conductistas, cuya base se encuentra en la filosofía empirista y los planteamientos de la psicología conductista de Skinner (1957). Para los primeros la adquisición es un proceso de selección, planteamiento que las ciencias cognitivas y la adquisición del lenguaje comparten con la biología. La otra cara de la moneda viene representada por los que defienden que la adquisición es un proceso de instrucción: el medio proporciona la estructura que va conformando una lengua dada. Para los innatistas, el *input* que proporciona el medio es pobre y errático, para los empiristas o conductistas, el medio permite que se transfieran a la mente todas las estructuras necesarias para proyectar la gramática de una lengua dada. Para los conductistas, todo el aprendizaje, incluido el aprendizaje de la lengua, consiste en adquirir nuevas conductas y el medio constituye, si no el único, el factor fundamental del aprendizaje que consiste en elaborar respuestas a los estímulos, respuestas que, al ser reforzadas, se convierten en hábitos. Pero no todos los investigadores se sitúan necesariamente en uno de esos dos extremos del debate y, de hecho, en este siglo hemos visto cómo ha evolucionado o se han matizado esas posiciones en propuestas como las de Miller (2019), Tomasello (2015) y Yang (2016), entre otras. Miller (2019) se hace eco del papel que tiene el *input* variable en la adquisición de la morfología, especialmente de la concordancia sujeto verbo y el rasgo plural. Esta autora se basa en el análisis de datos experimentales y de corpus para argumentar que el *input* variable influye en el tiempo necesario para adquirir estas propiedades, pero no influye en los patrones de adquisición ya que parece que todos los niños pasan por los mismos estadios.

Tomasello (2015), por su parte, tomando como punto de partida los acercamientos pragmáticos a la filosofía del lenguaje, propone que los niños se enfrentan a la adquisición del lenguaje aproximadamente cuando cumplen un año y equipados con dos capacidades o habilidades cognitivas, una de corte funcional que denomina *lectura intencionada* y otra de corte gramatical que denomina *búsqueda de patrones*. El origen de ambas está en funciones más generales que surgen con anterioridad a la capacidad comunicativa de la especie humana. La primera capacidad guía a los niños en la identificación de los objetivos o intenciones que subyacen al lenguaje de los adultos. La segunda les obliga a ir más allá de los enunciados individuales a los que están expuestos para crear esquemas o construcciones. En resumen, lo que este autor defiende es que la pragmática de la comunicación humana es un primitivo, tanto desde la perspectiva filogenética como de la ontogenética y que solo si se parte de los procesos de comunicación en sentido amplio se puede comprender la naturaleza de las lenguas naturales y cómo se adquieren.

Para Yang (2016) una teoría del lenguaje tiene que ser lo suficientemente flexible como para dar cuenta de los complejos patrones propios de las distintas lenguas pero, al mismo tiempo, tiene que ser lo suficientemente restrictiva como para permitir que los niños adquieran el lenguaje en muy pocos años, como defiende Chomsky (1965). El acercamiento variacional de los primeros trabajos de Yang defiende que los niños usan los mecanismos generales del aprendizaje de la lengua para formular hipótesis dentro del espacio de la Gramática Universal (GU) con que están dotados. Es decir, se separa parcialmente de muchos innatistas y de Chomsky ya que no considera que el aprendizaje de la lengua está ligado a un dominio-específico de la cognición, sino que pone una parte importante del peso del aprendizaje en mecanismos externos al lenguaje, fuera de la GU y teniendo en cuenta la complejidad computacional. En sus trabajos recientes mantiene que si bien la GU contesta parcialmente a cómo pueden los niños aprender la lengua cuando la experiencia no es suficiente (lo que se conoce como el Problema de Platón), son otros mecanismos como las estructuras jerárquicas recursivas, el principio Fusión (*Merge*), por ejemplo, los que explican cómo se produce la adquisición. Este sistema combinatorio que afecta a un inventario fijo de expresiones aborda la arbitrariedad y la idiosincrasia del lenguaje por medio de una ecuación que Yang denomina el Principio de la Tolerancia. Este principio es una teoría que da cuenta de la forma en que los niños mapean un *input* muy pobre para convertirlo en una gramática muy sofisticada.

3.2 El input y los desencadenantes: conocimiento implícito y conocimiento explícito

Krashen (1977) defiende que la adquisición y el aprendizaje son dos procesos diferentes y no propone ningún mecanismo o proceso que permita que el conocimiento explícito pueda convertirse en implícito. Ellis (2005), en la línea de Krashen, defiende que el conocimiento implícito (la adquisición) y el explícito (el aprendizaje) están disociados y, además, están representados de forma diferente. Ahora bien, va más allá que Krashen al afirmar que la interfaz entre el conocimiento explícito y el implícito es dinámica y que, si bien la cooperación se produce durante el procesamiento consciente, la influencia en el conocimiento implícito se establece de forma permanente.

Hay propuestas que, como las que hemos descrito en el apartado anterior, hacen especial hincapié en la relación entre el organismo y el medio, niegan la existencia de facultades o capacidades de dominio específico para el lenguaje y consideran que el medio tiene un papel desencadenante y, no solo van más allá del estatuto instintivo que se atribuye a la adquisición del lenguaje dentro del innatismo, sino que defienden que la dotación innata debe de ir acompañada de un proceso de creación (O'Grady 2003).

3.3 Lengua dominante

En varios trabajos (p.ej., Liceras *et al.* 2016) hemos apostado por el estudio de tres características intrínsecamente ligadas al bilingüismo: la determinación de la lengua dominante, la alternancia de código y la influencia interlingüística. En el caso del bilingüismo simultáneo, cuando nos encontramos ante dos lenguas nativas, el problema que se plantea es si una de las dos va a ser la lengua dominante ya que está claro que los bilingües, por lo general, no tienen la misma competencia o habilidad en las dos lenguas (Silva-Corvalan y Treffers-Daller 2016). Ahora bien, hay mucha confusión terminológica en torno a la noción de lengua dominante y no hay consenso en cuanto a cómo se debe medir (Treffers-Daller 2019). De hecho, lo que parece claro es que no hay una medida óptima de lengua dominante. Treffers-Daller (2019) presenta varias definiciones de lengua dominante y si bien admite que muchos investigadores definen el concepto en función de la competencia relativa en las dos lenguas, los hay que prefieren poner el énfasis en las diferencias en la frecuencia de uso de las dos lenguas o en las áreas del lenguaje en las que utilizan una o la otra.

Propuestas ligadas a los aspectos intralingüísticos incluyen índices relacionados con la longitud media de enunciado (LME), los enunciados multimorfémicos y los tipos de palabras.[2] El uso de categorías funcionales en las producciones de mezcla o alternancia de código de los niños bilingües simultáneos también se ha propuesto como diagnóstico para determinar cuál sea la lengua dominante. Según la *Hipótesis de la Lengua Dominante*, en una secuencia como <u>la</u> *house* en la que una de las lenguas del bilingüe, en este caso el español, proporciona la categoría funcional (el artículo *la*) y la otra lengua, aquí el inglés, la léxica (el sustantivo *house*), la lengua dominante será la que proporciona la categoría funcional, es decir, el español. Si la secuencia fuera en la dirección contraria, es decir, <u>*the*</u> *casa*, la lengua dominante sería el inglés puesto que es la lengua que proporciona la categoría funcional (el artículo *the*). Esta hipótesis no se ha confirmado.

3.4 La alternancia de código: la Hipótesis de la Materialización de los Rasgos Formales

Liceras *et al.* (2016), haciéndose eco de los datos de alternacia de código que se presentan en Liceras *et al.* (2008), proponen una definición de la lengua dominante según la cual la lengua con una categoría funcional que tiene un rasgo altamente gramaticalizado (el género gramatical) será la lengua dominante del bilingüe y será el tipo de sintagma mezclado que los bilingües utilicen con mayor frecuencia. Los datos espontáneos de alternancia de código inglés-español presentan sistemáticamente casos de Sintagmas Determinantes (SD) en los que el español proporciona el determinante y el inglés el sustantivo (**la** *house*, **el** *book*) y no al revés (**the** *casa*, **the** *libro*).

Los escasos datos de producción espontánea disponibles avalan esta propuesta que Liceras *et al.* (2008) denominan la *Hipótesis de la Materialización de los Rasgos Gramaticales* (*Grammatical Features Spell-Out Hypothesis*) y que da cuenta de datos de alternancia en SD producidos por niños bilingües simultáneos no solamente de español-inglés sino de francés-inglés y también de italiano-alemán. Por lo que se refiere a este último par, y como las dos lenguas tienen un determinante con el rasgo género, la predicción es que no hay preferencia por SD con determinante italiano o alemán y, efectivamente, esto es lo que se ha constatado. Liceras *et al.* (2016) van más allá y, a partir de los datos de juicios de gramaticalidad producidos por adultos bilingües de inglés-español, defienden que la preferencia por los sintagmas con determinante español que concuerda con la traducción del sustantivo inglés en español (**la** *house* o **el** *book*) frente a los casos en que no concuerda (**el** *house* o **la** *book*), es decir, el respeto por lo que se conoce como "criterio analógico", es un índice no solo de cuál es la lengua dominante sino también de quiénes son hablantes nativos de la lengua. De hecho, los datos muestran claramente que los hispanohablantes que han aprendido inglés como L2 rechazan los casos en que no hay concordancia, mientras que los nativos de inglés que han aprendido español como L2 no muestran esa preferencia con la misma claridad, aunque a medida que aumenta su nivel de competencia lingüística en español muestran más rechazo a los casos en que no hay concordancia.

Esta evidencia a favor del "criterio analógico" permite constatar que los rasgos gramaticales son muy importantes para la representación de la lengua en la mente del bilingüe y nos lleva a argumentar que los datos de alternancia de código sirven como diagnóstico para determinar la lengua dominante (en el caso de un bilingüe simultáneo) así como el estatuto de nativo (la diferencia entre AL1 y AL2).

4 Perspectivas actuales

4.1 Las categorías funcionales, las categorías vacías y los rasgos formales

4.1.1 Rellenos monosilábicos

Un fenómeno que diferencia claramente la AL1 y la AL2 del español son las unidades fonéticas que se denominan *rellenos monosilábicos* (Liceras 2003) y que se realizan como una vocal neutra, generalmente una schwa [/ə/]. Esos rellenos identifican la posición de categorías funcionales como el determinante de (1) y (2):

(1) **a** for   [Magín 1;8]
(2) **e** bolo (el globo) [María 2;5]   (Liceras 2003)

Este tipo de rellenos, que aparecen en los datos del español infantil, no forman parte de la AL2 del español ni siquiera en el caso de los hijos de emigrantes que entran en contacto con el español a una edad muy temprana y, desde luego, no forman parte del español L2 de los adolescentes o de los adultos, al menos los datos espontáneos o de entrevistas no lo avalan. La identificación de fenómenos de este tipo es muy importante para comparar la adquisición de la sintaxis del español L1 y L2 porque son indicativos de cómo se abordan los datos del *input* y como se proyectan las categorías funcionales.

4.1.2 Marcado diferencial de objeto: la llamada "a personal"

La adquisición de la llamada "*a* personal" (la preposición que se conoce como marcador diferencial de objeto) que es obligatoria con los objetos directos con rasgo [+animado] y [+específico] (*Laura está buscando a Julia/*Laura está buscando Julia*), se ha investigado en la adquisición del español L1, L2 y como lengua de herencia. Es una propiedad difícil de adquirir para los hablantes de lenguas en las que no existe esta marca porque, salvo en el caso de los dos rasgos mencionados, no siempre está claro cuáles son las condiciones semánticas, sintácticas y pragmáticas que regulan su presencia. En relación con la L1, Rodriguez-Mondoñedo (2008), utilizando datos de CHILDES (MacWhinney 2002), concluye que los niños que aprenden español como L1 apenas producen errores relacionados con este marcador de objeto. Ticio (2007) analiza datos de producción espontánea de siete bilingües simultáneos (2L1) y de niños monolingües y concluye que estos últimos, pero no los hablantes de herencia, adquieren este marcador a la edad de 3;6. Es decir, ante el *input* reducido que reciben los hablantes de herencia, las propiedades específicas de la lengua son difíciles de adquirir. Estos datos son comparables a los de los adultos hablantes de herencia (Montrul 2015) ya que no solamente tienen problemas con la "a personal" sino que los problemas tienden a fosilizarse, algo que se atribuye a la posible influencia del inglés.

4.2 Adquisición y procesamiento

4.2.1 La adjunción de las cláusulas relativas

Gibson y Pearlmutter (1998) proponen que los hablantes de lenguas como el español (incluyen también el francés, el holandés, el alemán o el ruso), muestran una preferencia por lo que se ha llamado Adjunción Alta, es decir, en una relativa como la de (3) en la que hay ambigüedad en cuanto a la elección del antecedente del sujeto de *vive*, eligen el SN1, es decir el núcleo del sintagma complejo (*el hijo*).

(3) Es el hijo_[SN1] de la periodista_[SN2] que vive en Mallorca

Por su parte, los hablantes de lenguas como el inglés, el árabe, o las lenguas escandinavas, prefieren la Adjunción Baja, es decir, el SN2 o complemento (*la periodista*). La Adjunción Alta se atribuye al Principio de la Proximidad del Predicado (el núcleo del SN) mientras que la Adjunción Baja se atribuye al Principio de Inmediatez del Antecedente. Ambos son principios de procesamiento y, por lo tanto, en el caso de la adquisición, no se pueden abordar como los principios morfosintácticos que hemos examinado en el apartado anterior que suelen tener carácter categórico, porque aquí son tendencias o preferencias. Sin embargo, estas preferencias definen al hablante nativo y se han estudiado en relación con los hablantes bilingües porque también se detecta influencia interlingüística relacionada con las estrategias de procesamiento.

En el estudio de Liceras y Senn (2009) se analiza la estrategia de adjunción ligada a los pronombres reasuntivos ya que, al tener el rasgo de género y/o de número, pueden eliminar la ambigüedad forzando la selección del antecedente. Es decir, en la oración de (4), puede forzarse la Adjunción Baja incorporando el reasuntivo femenino como sucede en (5), o la Adjunción Alta, incorporando el reasuntivo con el rasgo masculino como se ve en (6).

(4) Pintaron los techos de las casitas que cuando nos fuimos a vivir al campo estaban remodelando.
(5) Pintaron los techos de las casitas que cuando nos fuimos a vivir al campo **las** estaban remodelando.
(6) Pintaron los techos de las casitas que cuando nos fuimos a vivir al campo **los** estaban remodelando.

Los resultados de una prueba de juicios de gramaticalidad que se administró a tres grupos de bilingües (hablantes de español de herencia con inglés como lengua dominante, inmigrantes bilingües español-inglés con español como lengua dominante y hablantes nativos de español con inglés L2) muestran que los tres grupos son sensibles a los rasgos de género y número de los reasuntivos, si bien los hablantes de herencia producen más errores que los nativos y que los emigrantes, es decir que los dos grupos que tienen el español como lengua dominante.

5 Direcciones futuras y conclusiones

5.1 La adquisición de lenguas segundas y el cambio diacrónico

La comparación entre la opcionalidad relacionada con el cambio diacrónico y la opcionalidad propia de la IL (Zobl y Liceras 2006; Perales *et al.* 2009) constituye una forma innovadora de abordar estructuras de la IL ya que presenta opcionalidad (la existencia de dos construcciones ligadas a dos opciones opuestas del mismo parámetro en el mismo periodo e incluso en el mismo individuo) en el contexto de la Hipótesis de la Competición de las Gramáticas (HCG). Según esta propuesta, el uso de dos estructuras en competición que da lugar a opcionalidad se resuelve a favor de una de ellas con el paso del tiempo. Fontana (1993) adopta este modelo para dar cuenta de la evolución del sistema de los pronombres átonos (clíticos) del español antiguo al sistema de los pronombres clíticos del español moderno. La explicación que proporciona este autor es que los pronombres sufrieron un proceso de reanálisis, concretamente de gramaticalización. Y ese proceso está relacionado con la eliminación del fenómeno de interpolación del ejemplo de (7), el hecho de que los clíticos pudieran aparecer delante o detrás del verbo flexionado como en (8), y el que estuvieran en distribución complementaria con los pronombres fuertes, como se observa en (9), ya que no era posible el doblado de clíticos.

(7) *Interpolación*
    Que <u>les</u> dios <u>fiziera</u>   (Fontana 1993, 47; ejemplo (32a))
(8) *Coexistencia de las dos posiciones: V-Cl y Cl-V*
    <u>Rogaron-le</u> que <u>les diesse</u> la llave   (Fontana 1993, 63; ejemplo (14a))
(9) *Cliticos y SNs en posición complementaria*
    <u>A-el</u> (*le) llamaban otrossi amosis   (Fontana 1993, 262; ejemplo (35c))

En la tabla 43.1 se puede observar como la competición varía entre el siglo XII y el siglo XVI con respecto a dos de esas propiedades.

En el siglo XVI se ve un uso muy elevado de posición preverbal del clítico y muy reducido de posición posverbal, al contrario de lo que es propio del siglo XII.

De las tres propiedades mencionadas, la primera que se pierde en el cambio diacrónico es la interpolación, la segunda la posición posverbal y la tercera la posición complementaria entren clíticos y pronombres fuertes. El paralelismo con el español L2 de los hablantes de checo (Perales *et al.* 2009) no es total ya que la primera propiedad que adquieren es la posición preverbal, seguida del rechazo de la interpolación y, por último, de la aceptación del doblado. Por lo tanto, es obvio que no se puede establecer un paralelismo estricto entre el cambio diacrónico y la adquisición de L2, ni siquiera cuando la L1 de los aprendices (el checo) coincide plenamente con el español antiguo en lo que se refiere a las características de los clíticos. Ahora bien, estos estudios prueban que la HCG es una herramienta interesante para investigar la opcionalidad de las gramáticas no nativas como un fenómeno natural.

5.2 Adquisición, bilingüismo y discapacidad cognitiva

Un área que apenas se ha abordado en la adquisición en general y del español en particular es la del bilingüismo en relación con la discapacidad cognitiva. Es más, los estudios de adquisición de lenguas segundas por parte de niños, adolescentes o adultos con desarrollo atípico del lenguaje son prácticamente inexistentes, sobre todo si además ese desarrollo atípico incluye una discapacidad cognitiva como es el caso de los individuos con Síndrome de Down o con el Síndrome Prader-Willi. Es más, y por lo que se refiere a la dimensión pedagógica, raramente se promociona o se facilita el acceso a una L2 o el apoyo con la lengua de herencia (García Alcaraz 2021).

Si bien la polémica sobre la llamada ventaja bilingüe se ha discutido sobre todo en relación con las tareas ligadas al control ejecutivo, lo que parece claro es que si ser bilingüe no aporta ventajas tampoco tiene un efecto negativo (García Alcaraz 2021). Una línea de investigación que debería desarrollarse en el futuro es la de los problemas lingüísticos con que se enfrentan las personas con discapacidad cognitiva que aprenden una L2, y no solamente porque es importante para la investigación sobre la adquisición del lenguaje, sino, sobre todo, porque se les debe

Tabla 43.1 Cambio diacrónico de la posición y el doblado de los clíticos.

Siglo	Cl+Vflexión	Vflexión+CL	No-doblado de Cl	Doblado de Cl
XII	16 %	84 %	92,5 %	7,5 %
XIII	13 %	87 %	90,2 %	9,8 %
XIV	15 %	85 %	71,8 %	28,2 %
XV	32 %	68 %	42,5 %	57,5 %
XVI	86 %	14 %	38,8 %	61,2 %

Fuente: Fontana 1994 (adaptada).

proporcionar ayuda y porque es necesario concienciar a los logopedas, los psicólogos y los responsables de los programas de educación especial de que las ventajas de ser bilingüe superan con creces los posibles problemas de influencia interlingüística (Liceras y García Alcaraz 2019). Otra línea de investigación que ha comenzado a dar frutos muy interesantes es la del llamado bilingüismo bimodal. En concreto, lo que se ha discutido, en el contexto del llamado *Language Synthesis Model* (Lillo-Martin *et al.* 2016) es si las restricciones que presentan las gramáticas unimodales bilingües en lo que se refiere, por ejemplo, a la alternancia de código (sección 3.4.) van a jugar un papel también en el bilingüismo bimodal. En otras palabras, se ha propuesto que se investiguen las diferencias entre monolingües y bilingües que se han detectado en la adquisición de la cópula *be* del inglés. Los bilingües dejan de omitir la cópula antes y la omiten menos por la influencia positiva de la especialización léxica que es propia del español (utiliza "ser" para los predicados individuales y "estar" para los de estadio). El paralelismo con el lenguaje de signos llevaría a proponer que, por influencia del español oral, los bilingües bimodales usarán signos que diferencien estos dos tipos de predicados en su lengua de signos (el lenguaje de signos del español parece que cuenta con esa diferencia) con más frecuencia que los monolingües.

5.3 Conclusiones

Es imposible hacerse eco no solo de la variedad de acercamientos teóricos y experimentales con que se ha abordado la adquisición de la sintaxis del español como lengua materna y como lengua no nativa (así como la adquisición bilingüe) desde la segunda parte del siglo pasado hasta nuestros días, sino de la gran variedad de estructuras sintácticas que han sido objeto de análisis tanto en el terreno de la sintaxis digamos nuclear como en el terreno de las interfaces entre la sintaxis y el léxico o la sintaxis y semántica, y no digamos ya entre la sintaxis y la morfología que van sistemáticamente emparejadas. En las distintas secciones de este capítulo, nos hemos ocupado de temas que no se han tratado apenas en los volúmenes dedicados a la adquisición del español, como es el caso de la alternancia de código en el lenguaje bilingüe infantil y adulto, los pronombres reasuntivos como elementos ligados al procesamiento de las oraciones relativas y la sensibilidad al género formal, los pronombres átonos en la interlengua de hablantes cuya L1 funciona como el español antiguo. Esta muestra se puede obviamente ampliar no solamente con los trabajos que se incluyen en las lecturas recomendadas sino también con la consulta de trabajos recientes que proporcionan una panorámica, también escueta y sesgada, sobre la adquisición de la adquisición del español como lengua materna en general, incluida la adquisición de la sintaxis (Gavarró 2018) o sobre la adquisición de la morfosintaxis del español como lengua segunda (Rothman *et al.* 2018) o sobre la adquisición de la sintaxis del español como lengua materna y como lengua segunda (Liceras y Fernández-Fuertes 2018). En estos trabajos, temas como el procesamiento bilingüe de las estructuras comparadas, los pronombres átonos en la adquisición del español por hablantes de lenguas indígenas, los sujetos nulos en el español de los hablantes con SLI (discapacidad específica del lenguaje), los rellenos monosilábicos en el español como segunda lengua de niños o la comparación de la adquisición de la "a personal" por hablantes de chino y de portugués brasileño, completan y matizan la temática que hemos abordado en este capítulo.

Notas

1 Vamos a utilizar indistintamente los términos lengua nativa, L1 y lengua materna para referirnos a la lengua primera (o a las lenguas primeras en el caso del bilingüismo simultáneo) y lengua no nativa o L2 para referirnos a las lenguas que se adquieren después de los tres o los cuatro años.

2   La longitud Media de Enunciado, en inglés *Mean Length Utterance* (MLU), es una medida de la productividad lingüística de los niños. Normalmente se calcula recogiendo cien enunciados y dividiendo el número de morfemas (MLUm) o de palabras (MLUw) por el número de enunciados. Cuanto mayor sea este número, mayor será la competencia lingüística del hablante en cuestión. En el caso del lenguaje infantil se considera una medida más fiable que la edad.

Lecturas complementarias recomendadas

Geeslin, K. (2014); Montrul, S. (2004); Planelles Almeida, M., A. Foucart y J. M. Liceras. 2020.

Referencias bibliográficas

Baralo, M. 1999. *La adquisición del español como lengua extranjera*. Madrid: Arco Libros.
Bley-Vroman, R. 1990. "The Logical Problem of Foreign Language Learning". *Linguistic Analysis* 20: 3–49.
Bley-Vroman, R. 2009. "The Evolving Context of the Fundamental Difference Hypothesis". *Studies in Second Language Acquisition* 31(2): 175–198.
Chomsky, N. 1965. *Aspects of the Theory of Syntax*. Cambridge, MA: The MIT Press.
Chomsky, N. 1967. "A Review of B. F. Skinner's *Verbal Behavior*". En *Readings in the Psychology of Language*, eds. L. A. Jakobovits y M. S. Miron, 142–143. New Jersey: Prentice-Hall.
Ellis, N. C. 2005. "At the Interface: Dynamic Interactions of Explicit and Implicit Language Knowledge". *Studies in Second Language Acquisition* 27(2): 305–352.
Fontana, J. M. 1993. *Phrase Structure and the Syntax of Clitics in the History of Spanish*. Tesis doctoral. Philadelphia, University of Pennsylvania.
Fontana, J. M. 1994. "A Variationist Account of the Development of the Spanish Clitic System". En *Papers from the 13th Regional Meeting of the Chicago Linguistic Society, Vol. 2: The Parasession on Variation in Linguistic Theory*, ed. K. Beals, 87–100, Chicago: Chicago Linguistic Society.
García Alcaraz, E. 2021. *The Cognitive and Linguistic Abilities of Bilinguals with Genetic Disorders: The Prader-Willi Syndrome Population*. Tesis doctoral. Ottawa, University of Ottawa.
Gavarró, A. 2018. "Child Language Acquisition". En *The Cambridge Handbook of Spanish Linguistics*, ed. K. Geeslin, 689–715. Cambridge: Cambridge University Press.
Geeslin, K., ed. 2014. *The Handbook of Spanish Second Language Acquisition*. Malden, MA: Wiley-Blackwell.
Gibson, E. y N. Pearlmutter. 1998. "Constraints on Sentence Comprehension". *Trends in Cognitive Science* 2: 262–268.
Krashen, S. 1977. "The Monitor Model for Second Language Performance". En *Viewpoints on English as a Second Language*, eds. M. K. Burt, H. D. Dulay y M. B. Finocchiaro, 152–161. New York: Regents. [Traducción al español en Liceras (1992), 124–143].
Liceras, J. M. 1996. *La adquisición de las lenguas segundas y la gramática universal*. Madrid: Síntesis.
Liceras, J. M. 2003. "Monosyllabic Place Holders in Early Child Language and the L1/L2 'Fundamental Difference Hypothesis'". En *Theory, Practice and Acquisition: Papers from the 6th Hispanic Linguistics Symposium and the 5th Conference on the Acquisition of Spanish and Portuguese*, eds. P. Kempchinsky y C. L. Piñeros, 258–283. Somerville, MA: Cascadilla Press.
Liceras, J. M. 2010. "Second Language Acquisition and Syntactic Theory in the 21st Century". *Annual Review of Applied Linguistics* 30: 248–269.
Liceras, J. M. y A. Alba de la Fuente. 2015. "Typological Proximity in L2 Acquisition: The Spanish Non-Native Grammar of French Speakers". En *The Acquisition of Spanish in Understudied Language Pairings*, eds. T. Judy y S. Perpiñán, 329–358. Amsterdam y Philadelphia: John Benjamins.
Liceras, J. M. y R. Fernández-Fuertes eds. 2018. *Romance Languages at the Forefront of Language Acquisition Research. Languages* Special Issue Vol. 1 & Vol. 2.
Liceras, J. M. y R. Fernández-Fuertes. 2019. "Subject Omission/Production in Child Bilingual English and Child Bilingual Spanish: The View from Linguistic Theory". *Probus* 31(2): 245–278.
Liceras, J. M., R. Fernández-Fuertes y A. Alba de la Fuente. 2012. "Subject and Copula Omission in the English Grammar of English-Spanish Bilinguals: On the Issue of Directionality of Interlinguistic Influence". *First Language* 31(1–2): 88–115.

Liceras, J. M., R. Fernández-Fuertes y R. Klassen. 2016. "Language Dominance and Language Nativeness: The View from English-Spanish Code-Switching". En *Spanish-English Codeswitching in the Caribbean and the U.S.*, eds. R. E. Guzzardo Tamargo, C. M. Mazak y M. C. Parafita Couto, 107–138. Amsterdam y Philadelphia: John Benjamins.

Liceras, J. M., R. Fernández Fuertes, S. Perales, R. Pérez-Tattam y K. T. Spradlin. 2008. "Gender and Gender Agreement in Bilingual Native and Non-Native Grammars: A View from Child and Adult Functional-Lexical Mixings". *Lingua* 118(6): 827–851.

Liceras, J. M. y E. García Alcaraz. 2019. "Grammatical Gender in a Typical Language Development: A Case Study of the Interpretation and Production of Sentence Internal Code-Switching by an English-Spanish Bilingual with Prader-Willi Syndrome". *Journal of Monolingual and Bilingual Research* 1(2): 225–247.

Liceras, J. M. y C. Senn. 2009. "Linguistic Theory and the Analysis of Minority Languages: Native, Immigrant and Heritage Spanish". *Language and Migration* 1(1): 39–74.

Lillo-Martin, D., R. Müller de Quadros y D. Chen Pichler. 2016. "The Development of Bimodal Bilingualism: Implications for Linguistic Theory". *Linguistic Approaches to Bilingualism* 6(6): 719–755.

MacWhinney, B. 2002. *The CHILDES Project: Tools for Analyzing Talk*. Mahwah, NJ: Lawrence Erlbaum.

Miller, K. 2019. "Children's Acquisition of Sociolinguistic Variation". En *Three Streams of Generative Language Acquisition Research: Selected Papers from the 7th Meeting of Generative Approaches to Language Acquisition—North America, University of Illinois at Urbana-Champaigne*, eds. T. Ionin y M. Rispoli, 35–58. Amsterdam: John Benjamins.

Montrul, S. 2004. *The Acquisition of Spanish: Morphosyntactic Development in Monolingual and Bilingual L1 Acquisition and in Adult L2 Acquisition*. Amsterdam: John Benjamins.

Montrul, S. 2015. *The Acquisition of Heritage Languages*. Cambridge: Cambridge University Press.

O'Grady, W. 2003. "The Radical Middle: Nativism without Universal Grammar". En *Handbook of Second Language Acquisition*, eds. C. J. Doughty y M. H. Long. Oxford: Blackwell.

Perales, S., M. Slovik y J. M. Liceras. 2009. "Cambio diacrónico y adquisición de lenguas segundas: ¿condenados a entenderse?". *Ponencia presentada en el 38 Simposio Internacional de la Sociedad Española de Lingüística*, Consejo Superior de Investigaciones Científicas, Madrid, 2–5 de febrero.

Pérez Pereira, M. 1984. "Adquisición de morfemas del español". *Journal for the Study of Education and Development* 27–28: 205–221.

Planelles Almeida, M., A. Foucart y J. M. Liceras eds. 2020. *Perspectivas actuales en la enseñanza y el aprendizaje de lenguas en contextos multiculturales. Current Perspectives in Language Teaching and Learning in Multicultural Contexts*. Thomson Reuters Aranzadi.

Rodriguez-Mondoñedo, M. 2008. "The Acquisition of Differential Object Marking in Spanish". *Probus* 20(1): 111–145.

Rothman, J., J. González Alonso y D. Miller. 2018. "The Acquisition of L2 Spanish Morphosyntax". En *The Cambridge Handbook of Spanish Linguistics*, ed. K. Geeslin, 689–715. Cambridge: Cambridge University Press.

Selinker, L. 1972. "Interlanguage". *International Review of Applied Linguistics in Language Teaching*, 10(3): 209–231. [Traducción al español en Liceras (1992), 79–101].

Silva-Corvalan, C. y J. Treffers-Daller eds. 2016. *Language Dominance in Bilinguals: Issues of Measurement and Operationalization*. Cambridge: Cambridge University Press.

Skinner, B. F. 1957. *Verbal Behavior*. Englewood Cliffs, NJ: Prentice-Hall.

Slabakova, R. 2009. "L2 Fundamentals". *Studies in Second Language Acquisition* 31(2): 155–173.

Ticio, E. 2007. "Differential Object Marking in Spanish-English Early Bilinguals". En *The Acquisition of Spanish in Understudied Language Pairings*, eds. T. Judy y S. Perpiñán, 62–90. Amsterdam y Philadelphia: John Benjamins.

Tomasello, M. 2015. "The Usage-Based Theory of Language Acquisition". En *The Cambridge Handbook of Child Language*, eds. E. L. Bavin y L. R. Naigles, 89–106. Cambridge: Cambridge University Press.

Treffers-Daller, J. 2019. "What Defines Language Dominance in Bilinguals?" *Annual Review of Linguistics* 5: 375–393.

Van Naerssen, M. 1981. *Generalizing Second Language Acquisition Hypotheses across Languages: A Test Case in Spanish as a Second Language*. Tesis doctoral. Los Angeles, University of Southern California.

Vivas, D. M. 1979. "Order of Acquisition of Spanish Grammatical Morphemes: Comparison to English and Some Cross-Linguistic Methodological Problems". *Kansas Working Papers in Linguistics* 4: 77–106.

Yang, Ch. 2016. *The Price of Productivity: How Children Learn to Break the Rules of Language*. Cambridge, MA: The MIT Press.

Zobl, H. y J. M. Liceras. 1994. "Functional categories and acquisition orders". *Language Learning* 44(1): 159–180.

Zobl, H. y J. M. Liceras. 2006. "Competing Grammars and Parametric Shifts in Second Language Acquisition and the History of English and Spanish". En *Proceedings of the 30th Boston University Conference on Language Development (BUCLD)*, eds. D. Bamman, T. Magnitskaia y C. Zaller, 713–724. Somerville, MA: Cascadilla Press.

Parte VI
Sintaxis y computación

44
Corpus para el estudio de la sintaxis del español
(Corpora for the Study of Spanish Syntax)

Carlos Sánchez Lancis

1 Introducción

La lingüística de corpus ha experimentado un gran desarrollo en las últimas décadas, gracias a la evolución de las computadoras y la elaboración de nuevas aplicaciones por parte de la lingüística computacional.[1] Ello ha posibilitado la creación de diferentes tipos de corpus del español, de distintas características, accesibles por Internet. Su explotación para el estudio de la sintaxis ha supuesto un gran avance, ya que ha permitido el análisis de una gran cantidad y diversidad de textos, de diferentes zonas geográficas, de distintas variedades sociales e incluso de todas las épocas, además de incorporar diferentes géneros textuales orales y escritos. Así, se ha obtenido un mayor conocimiento del comportamiento de los elementos léxicos, las clases de palabras, las categorías sintácticas y las relaciones que establecen entre sí mediante las funciones sintácticas, además de aspectos semánticos y pragmáticos. En el presente capítulo, en primer lugar, se analizan los aspectos más destacados que conforman un corpus; en segundo lugar, se presentan y contrastan los corpus más importantes del español que posibilitan la realización de diferentes tipos de estudios de sintaxis; en tercer lugar, se ejemplifica las posibilidades de explotación de los corpus para el análisis sintáctico del español; y, finalmente, se aborda el futuro de la relación entre la sintaxis y la lingüística de corpus. Como se podrá constatar, la utilidad del empleo de la lingüística de corpus en el estudio de la sintaxis es incuestionable.

Palabras clave: sintaxis; lingüística de corpus; base de datos sintáctica; sincronía; lengua española

Corpus linguistics has undergone great development in recent decades, thanks to the evolution of computers and the development of new applications by computational linguistics. This has led to the creation of different types of corpora of Spanish, with different characteristics, accessible via the Internet. The exploitation of corpora for the study of syntax has been a major breakthrough, since it has allowed the analysis of a large number and diversity of texts from different geographical areas, social varieties and even different periods, in addition to considering their textual genre or simply whether they belong to written or oral language. Thus, greater knowledge has been made possible of the behavior of the lexical elements that make up Spanish sentences, the classes of words, the syntactic categories and the relationships they establish with each other through syntactic functions, as well as semantic and pragmatic aspects. In this chapter, first, the most outstanding aspects characterizing a corpus are analyzed; secondly, the most important corpora of Spanish allowing different types of syntactic studies are presented and contrasted; thirdly, possibilities of exploitation of corpora for the syntactic analysis of Spanish are exemplified; and, finally, the future relationship between syntax and corpus linguistics is addressed. As can be seen, the usefulness of corpus linguistics in the study of syntax is unquestionable.

Keywords: syntax: corpus linguistics: tree-bank: synchrony: the Spanish language

2 Conceptos fundamentales

El término *lingüística de corpus* (LC) es de uso común desde los años 60, gracias al desarrollo tecnológico de los ordenadores para el tratamiento de una gran cantidad de información (véase, entre otros, Parodi 2010; O'Keeffe y McCarthy 2010; Viana *et al.* 2011; Torruella 2017; Rojo 2021). Kabatek (2017, 7) define la LC como "una disciplina científica *numérica*, cuya base es la transformación de enunciados lingüísticos en datos digitales y contables, permitiendo análisis cualitativos y cuantitativos con rigor científico", aunque también es considerada simplemente como un método empírico de investigación. Su objeto de estudio son los corpus, entendidos como "un conjunto de (fragmentos de) textos, orales o escritos, producidos en condiciones naturales, seleccionados de modo que resulten conjuntamente representativos de una lengua o una variedad lingüística, en su totalidad o en alguno(s) de sus componentes, que se almacenan en formato electrónico y se codifican con la intención de que puedan ser analizados científicamente" (Rojo 2021, 62; *cf.* Sinclair 2005). Un corpus es representativo si refleja adecuadamente todas las diferentes características que posee una determinada comunidad de hablantes, y además es equilibrado si los distintos tipos de textos que lo componen tienen el número y el tamaño adecuados y son lo suficientemente variados para mostrar esa realidad.

Para poder realizar estudios de sintaxis del español desde la LC, es necesario que los corpus posean unas determinadas características que permitan el análisis de secuencias de palabras según unos determinados criterios. Por ello, son de gran importancia tanto el diseño de estos corpus como la aplicación de consulta que nos ofrecen con el fin de ser explotados y obtener diferentes tipos de datos sintácticos.

En la actualidad, contamos con distintas clases de corpus. Un corpus puede ser abierto o cerrado si va incrementando o no el número de palabras que posee; según el medio, puede contener textos escritos u orales; y según la mayor o menor variedad de textos que lo conforman, hablamos de corpus de referencia, también denominados generales, que permiten el análisis de fenómenos lingüísticos variados, o especializados.

Además, existen corpus considerados sincrónicos, compuestos por textos que documentan períodos limitados, hasta unos veinticinco años aproximadamente. Por contra, los corpus diacrónicos abarcan espacios de tiempo relativamente extensos, que, según el caso, posibilitan el estudio de la evolución de una determinada construcción sintáctica.

También hay corpus que permiten conocer las zonas geográficas en las que se encuentra una determinada estructura, así como sus diferentes formas, es decir, su variación diatópica o dialectal. En este caso, se indica el lugar de composición de cada texto, ya sea escrito u oral, o el origen de la persona que lo ha producido, si no coincide con el dato anterior. Lo mismo sucede con la variación diastrática o sociolingüística, pues el sexo, la edad o el nivel de estudios de los hablantes provoca distintas variantes en una misma zona geográfica.

Por último, existen corpus que realizan la clasificación tipológica de los textos que los componen según el medio, ya que una cierta estructura gramatical puede estar determinada, por un género específico, un tema o una tipología textual concretas.

Todos estos metadatos (año, país, tema, etc.) son datos externos al propio texto, fruto de su codificación. Además, los corpus facilitan la realización de investigaciones de tipo sintáctico gracias a la existencia de datos específicos sobre las palabras que los componen y las combinaciones que estas realizan. A partir de un proceso de anotación lingüística, es posible recuperar los contextos, en forma de concordancias, en los que se encuentra un vocablo o una determinada construcción.

Así, la lematización del corpus permite relacionar con una única forma canónica (lema) todas las variantes flexivas (género y número en los nombres; número, persona, tiempo y modo en los verbos; etc.) y gráficas (sobre todo en diacronía) de un mismo elemento léxico. Por ejemplo, con un verbo irregular como *ir*, la lematización facilita realizar búsquedas de construcciones en las que se hallan sus formas conjugadas (*voy*, *íbamos*, *fuiste*, *irás*, *vaya*, *hubiesen ido*, etc.). Actualmente existen lematizadores automáticos, herramientas que realizan esta labor principalmente en textos actuales.

Por otro lado, es posible la categorización morfosintáctica de cada vocablo que compone el corpus mediante un analizador y etiquetador morfológicos. Esta herramienta asigna, de forma automática o semiautomática (es decir, con revisión manual), una determinada categoría gramatical a cada palabra (sustantivo, adjetivo, verbo, etc.). También se puede añadir información más precisa acerca de los valores que presentan estas categorías gramaticales (género, número, grado, tiempo, modo, persona, poseedor, etc.). Gracias a la adición de toda esta información, la búsqueda de construcciones no se realiza solo a partir de elementos léxicos concretos sino de las categorías gramaticales que las forman. Por ejemplo, de este modo es posible recuperar los diferentes tipos de estructuras partitivas del español compuestas por un cuantificador seguido de un grupo nominal encabezado por la preposición *de*, como en *muchos/algunos/ninguno de los miembros* (cuantificador + *de* + artículo + sustantivo).

En la actualidad, con mayor o menor fiabilidad, bastantes corpus incorporan la lematización y la categorización morfosintáctica de sus formas, lo que facilita enormemente el estudio de la sintaxis.

Por último, existen los *tree-banks*, también denominados *corpus parseados*. Se trata de corpus lingüísticos muy especializados, en los que, además de la categorización gramatical de cada vocablo, cada oración ha sido analizada mediante un analizador sintáctico (*parser*), por lo que se le ha asignado una estructura sintáctica, de forma automática o semiautomática, la cual se representa generalmente en forma de árbol. De este modo, se pueden conocer cuáles son los constituyentes y las funciones sintácticas que hay en el corpus. A partir de aquí, el etiquetado se puede completar con la información de la estructura argumental y los papeles temáticos, clase semántica de los verbos, etc. Véase el cap. 45 de este volumen.

3 Aproximaciones teóricas

En la actualidad, los investigadores cuentan principalmente con los siguientes corpus del español para realizar estudios de tipo sintáctico (véase De Benito 2019). Respecto a los corpus sincrónicos, el Corpus del Español del Siglo XXI (CORPES) es un corpus en construcción, que posee, en la versión 0.94 (julio de 2021), unos 350 millones de formas ortográficas, procedentes de unos 328 000 documentos, textos escritos en su gran mayoría, aunque también orales (casi 5 millones de formas). Es un corpus abierto, de referencia del español actual, desde el año 2001 hasta nuestros días, que se va actualizando constantemente, pero también es cerrado, ya que solo incorpora 25 millones de palabras por año. Además, en cuanto a su diseño, es un corpus representativo y equilibrado del español actual, y presenta una proporción entre el español europeo y el español de América del 30 % y 70 %, respectivamente.

El CORPES, además de identificar el autor de cada documento, el texto concreto (título) y su fecha de composición, aporta datos externos de tipo diatópico: origen o lugar de procedencia, zona lingüística y país; y de tipo textual: en el medio escrito, bloque, soporte, tema y tipología (32 conceptos); en el medio oral, tipología, sexo, grupo de edad y nivel de estudios. Toda esta información facilita la realización de estudios de sintaxis variacional, en los que la distribución diatópica y diastrática de una determinada construcción es fundamental.

Por otra parte, el CORPES es un corpus anotado, es decir, lematizado y categorizado morfosintácticamente, por lo que no solo permite realizar búsquedas de formas gráficas (con su grafía original o no), sino también de lemas, según la clase de palabra a la que pertenece. También posibilita interrogaciones contextuales por proximidad sintagmática de otra(s) forma(s) a derecha o izquierda, o emplear operadores lógicos (Y, O, NO) para hacer consultas complejas. Igualmente, según la categoría gramatical del vocablo, es posible afinar su análisis con datos morfosintácticos más precisos (género, número, persona, etc.). Gracias a esta anotación, por ejemplo, se puede estudiar los casos de omisión de la negación, también denominados de negación encubierta, en construcciones con un sintagma preposicional introducido por la preposición *hasta* que modifica predicados de acción puntual o delimitada (*el profesor llegaba hasta las nueve y media* "el profesor no llegaba hasta las nueve y media"). Para ello, se realizan búsquedas de esta preposición seguida de un artículo femenino y un numeral cardinal, en una oración con, por ejemplo, el verbo *llegar* tanto a derecha o izquierda en un intervalo de varias palabras, y con el operador lógico de que no aparezca una negación cercana en este contexto. El resultado revela que se trata de una construcción propia del español de México y Centroamérica (Nicaragua, Honduras, El Salvador, Costa Rica, Guatemala), aunque también presenta algún caso en otra zona (Cuba).

Además, el CORPES incluye un tratamiento estadístico que proporciona las frecuencias absolutas (número de formas totales en un conjunto determinado de documentos) y las frecuencias normalizadas (número de casos por millón de formas) del elemento analizado según la zona, el país, el período, el tema y la tipología; o las coapariciones (colocaciones) que presenta un lema concreto, para conocer las formas con las que se combina con mayor frecuencia en su contexto en función de la clase de palabra a la que pertenece, el tema y el origen. Así, el análisis mediante coapariciones permite, por ejemplo, el estudio de las locuciones verbales, como en el verbo *echar*, que establece una relación de proximidad principalmente con el sustantivo *vistazo* (*echar un vistazo*) y, en segundo lugar, con *ojeada* (*echar una ojeada*) para formar una locución verbal. A partir de los datos, se observa que la primera predomina básicamente en España, mientras que la segunda es de gran difusión sobre todo en Guinea Ecuatorial y después en Cuba, seguidos por España, República Dominicana, El Salvador, Honduras y Puerto Rico, con menor presencia en el resto de los países.

Finalmente, las concordancias obtenidas a partir de los lemas o las formas gráficas concretas pueden ser ordenadas en función de diferentes parámetros internos o externos presentes en el contexto: pivote (lema, forma o clase de palabra), año, autor, origen, zona lingüística, país, o lemas, categorías y formas presentes a izquierda o derecha. En definitiva, el CORPES permite hacer estudios sintácticos muy completos, representativos del español del siglo XXI.

El Corpus de Referencia del Español Actual (CREA) es un corpus cerrado, representativo del español, que incluye textos desde 1975 hasta 2004, aunque la versión anotada solo llega hasta el año 2000, porque los correspondientes a 2001 y siguientes están ya en el CORPES. Está formado por más de 160 millones de formas, con una gran variedad de textos escritos y orales de todos los países hispanohablantes (56 % del español europeo y 44 % del español de América). La parte oral posee casi 9 millones de formas (50 % español europeo y 50 % español de América) y la parte escrita más de 154 millones. El CREA, en su versión anotada, está lematizado y etiquetado morfosintácticamente, y también posibilita realizar análisis estadísticos de frecuencia absoluta y frecuencia normalizada según zona, país, período, tema y tipología, así como el estudio de coapariciones. Posee la misma aplicación de consulta que el CORPES, pero no tiene documentos de Filipinas ni Guinea Ecuatorial, ni incluye textos orales, ni todos los temas y conceptos tipológicos de este.

El Corpus del Español (CE) de Davies es un corpus cerrado, representativo del español. Es de menor tamaño que el CREA, ya que el siglo XX solo contiene unos 20 millones de formas de todos los años comprendidos (20 % del total del corpus histórico). No presenta diferenciación diatópica (español de España y español de América), ni tampoco permite la extracción de datos según una periodización inferior al siglo. Respecto a la tipología textual, solo tiene en cuenta cuatro parámetros (prensa, ficción, textos académicos y orales), pero únicamente para el siglo XX. Está lematizado y etiquetado morfológicamente, por lo que permite el análisis de formas y construcciones gramaticales, así como extraer el contexto de la palabra buscada, obtener su frecuencia de empleo o realizar un estudio de sus coapariciones. Por último, posibilita crear "corpus virtuales", es decir, subcorpus diseñados por el investigador tras seleccionar un conjunto de autores, fuentes o temas. Con todo, las posibilidades combinatorias para realizar estudios específicos de sintaxis del español son menores que en el CREA y el CORDE (véase Rojo 2010).

Además, Davies ha añadido otra serie de corpus sincrónicos que destacan por su ingente tamaño. El primero es Web/Dialectos, un corpus cerrado, con casi 2000 millones de palabras extraídas de páginas web de los años 2013–2014 de 21 países hispanohablantes. El segundo es NOW, un corpus en principio cerrado, de más de 7200 millones de formas extraídas de periódicos y revistas en la web de los años 2012–2019 de todos estos países hispanohablantes. Y el último es Google Books n-grams (BYU), un corpus cerrado, con 45 000 millones de palabras extraídas de libros de 1800 a 2000. Estos corpus también están lematizados y etiquetados gramaticalmente. Sin embargo, aunque acumulan un gran volumen de formas, no parecen seguir un criterio de representatividad y equilibrio del español (proporción de diferentes procedencias, tipología textual, etc.).

El Spanish Web Corpus (Es-Ten-Ten) es un corpus textual creado a partir de textos de la web. Está compuesto por documentos tanto del español europeo (49,32 %) como del español americano (46,46 %) y de otros orígenes (4,21 %). Posee un total aproximado de 17 500 000 000 de palabras, extraídas de páginas webs de español de distinta procedencia geográfica y época, así como de toda la Wikipedia en español. Permite el estudio de colocaciones y combinaciones de palabras, concordancias, lista de frecuencias, estadísticas del corpus entero, etc. Es un corpus lematizado y categorizado morfosintácticamente. Con todo, aunque posee un equilibrio entre zonas dialectales, no parece que sea representativo del español respecto a las distintas tipologías textuales.

Además de los corpus anteriores, existen bases de datos con información sintáctica. La Base de Datos Sintácticos del español actual (BDS) contiene el resultado del análisis manual de cerca de 160 000 cláusulas extraídas de la parte contemporánea del Archivo de Textos Hispánicos de la Universidad de Santiago (ARTHUS). Este archivo está formado por 34 textos narrativos, teatrales, ensayísticos, periodísticos y orales de España e Hispanoamérica, de los años 80 y principios de los 90, con un total de 1 449 005 palabras. La base de datos está organizada por registros compuestos por 63 campos clasificados en cuatro grandes bloques: datos referentes al predicado, datos relacionados con la cláusula como conjunto, datos referidos a cada una de las funciones sintácticas y observaciones. La información anterior se ha ampliado y completado con la Base de Datos de Verbos, Alternancias de Diátesis y Esquemas Sintáctico-Semánticos del Español (ADESSE). Se trata de un corpus de verbos y construcciones verbales del español, obtenido a partir del análisis sintáctico-semántico de la base de datos anterior. Asigna a cada verbo su caracterización sintáctico-semántica, además de sus alternancias de diátesis con las frecuencias relativas de cada alternativa construccional con similares relaciones semánticas. De esta forma, se obtiene una completa información sintáctica y semántica sobre verbos y acepciones verbales, con un total de 3400 lemas verbales, que equivalen a más de 4000 entradas verbales asociadas cada una a una clase semántica con un conjunto determinado de argumentos. Las búsquedas se realizan tanto a partir de los verbos léxicos, como de las clases semánticas a las que pertenecen o a través de sus esquemas sintácticos. Los resultados proporcionan todas las oraciones del corpus en las que aparecen dichos elementos. Por otra parte, la Base de Datos de Semántica Oracional *Sentence Semantics* (SenSem) es una base de datos léxica verbal del español, formada a partir de un corpus de frases anotadas a nivel sintáctico y semántico, constituido por cerca de 1 000 000 de palabras, que equivalen a unas 30 000 oraciones, 125 frases para cada uno de los 250 verbos más frecuentes del español actual, obtenidas de forma aleatoria de un corpus textual extraído principalmente del ámbito periodístico y, en menor medida, del literario. Cada oración está etiquetada en relación con su sentido verbal, papeles semánticos, estructura argumental, funciones sintácticas, patrones de subcategorización y frecuencia, categorías sintagmáticas, construcciones e información relativa a la semántica oracional (aspectualidad, modalidad y polaridad). Permite realizar búsquedas por verbos y por fenómenos lingüísticos, además de visualizar la anotación de las frases.

Finalmente, AnCora-ES es un claro ejemplo de *tree-bank*. Se trata de un corpus pequeño y cerrado del español formado por unas 500 000 palabras extraídas fundamentalmente de textos periodísticos, que posee diferentes niveles de anotación: lema y categoría morfológica; constituyentes y funciones sintácticas; estructura argumental y papeles temáticos; clase semántica verbal; tipo denotativo de los nombres deverbales; sentidos de WordNet nominales; entidades nombradas; relaciones de correferencia. El corpus permite obtener la estructura de la oración en forma arbórea, por lo que posibilita el análisis sintáctico más completo.

Aparte de los corpus textuales anteriores, contamos con los siguientes corpus orales del español lematizados y anotados morfosintácticamente, que también permiten el estudio de la sintaxis. El Corpus Oral y Sonoro del Español Rural (COSER), versión de diciembre de 2020, está compuesto por 4 526 735 palabras extraídas de entrevistas realizadas a 2857 informantes, con una media de edad de 73 años, de 54 provincias o islas (contadas independientemente, aunque estén adscritas a una única provincia) de España, desde 1990 hasta 2020. El corpus permite realizar búsquedas de tipo diatópico, diastrático (sexo, año de nacimiento) o por tema. El Corpus para el Estudio del Español Oral (ESLORA), versión 2.0 de septiembre de 2020, está formado por 750 700 palabras, obtenidas a partir de grabaciones de entrevistas semidirigidas y conversaciones de hablantes de Galicia realizadas desde 2007 a 2015. El corpus distingue variables sociales (grupo de edad, nivel de estudios y sexo) y permite realizar análisis estadísticos.

Respecto a los corpus diacrónicos que posibilitan estudios de sintaxis histórica, véase Sánchez Lancis (en prensa).

4 Perspectivas actuales

El estudio de determinadas construcciones del español a partir de algunos de los corpus anteriores permite valorar las posibilidades que ofrece la LC a la investigación en sintaxis. Un ejemplo es la combinación de los pronombres personales átonos *me se* y *te se* en posición preverbal en español. La NGLE (§35.2g) señala que "cuando se combinan varios pronombres átonos, el pronombre *se* precede a los demás, a diferencia de lo que sucede en otras lenguas romances. No han pasado a la lengua culta las construcciones con el orden inverso (*Me se cayó*; *Te se ve*, por *Se me cayó*; *Se te ve*), que se recomienda evitar". Además, considera esta construcción un rasgo característico de la lengua popular, que cuando aparece en los textos literarios acostumbra a caracterizar sociolingüísticamente un determinado personaje. No está sujeta a variaciones de registro, por lo que el hablante que la utiliza lo hace de forma sistemática. Y respecto a su distribución geográfica, esta presenta una gran variación según la NGLE (§16.11c), la cual indica que esta combinación no es infrecuente "en el habla popular y rural del español europeo y americano", aunque no se documenta en todos los países. Así, en México la sitúa en el habla infantil; en las zonas andina y antillana, con excepción de Cuba, aparece muy poco; y en Venezuela solo se halla en ciertas zonas costeras y en niveles socioculturales bajos. Sin embargo, posee una mayor frecuencia en gran parte de Centroamérica y en el español de Estados Unidos.

Para el estudio del orden de estos pronombres átonos en español es necesario que el corpus esté anotado morfosintácticamente, a pesar de ser, aparentemente, una simple secuencia de elementos léxicos con valor gramatical. Ello se debe a que es necesario indicar que se trata de una construcción con dos pronombres personales, *me/te se* (el primer elemento puede ser de primera o segunda persona del singular), sin variación gráfica para impedir que en los datos obtenidos se añada también una forma verbal (*me/te sé*), que van seguidos de un verbo. Además, la búsqueda se debe realizar mediante un operador lógico (O) que indique la alternancia entre ambas secuencias pronominales. Para evitar que se recuperen secuencias que no se corresponden con esta estructura, en las que el primer elemento puede aparecer en forma enclítica con un verbo en infinitivo, gerundio, imperativo o presente de subjuntivo, es necesario emplear el operador lógico (NO) para excluir la presencia de estas formas verbales antepuestas.

Si se empieza por su estudio en el CORPES, se obtiene una frecuencia absoluta de esta construcción de 53 casos en 38 documentos, con una frecuencia normalizada (fn) de 0,15 casos por millón. Este último dato permite establecer qué zonas hispanohablantes poseen una mayor presencia de esta secuencia. Así, se halla en primer lugar España (0,31 fn con 38 casos), seguida de Estados Unidos (0,24 fn con 1 caso), México y Centroamérica (0,12 fn con 8 casos); mientras que las áreas con un índice de menor frecuencia son el Caribe continental (0,04 fn con 2 casos), la zona chilena (0,04 fn con 1 caso), Antillas (0,04 fn con 1 caso), la zona Andina (0,03 fn con 1 caso) y la zona de Río de la Plata (0,02 fn con 1 caso). Sin embargo, el análisis por países permite un estudio diatópico mucho más real, ya que la visión únicamente por zonas puede provocar una interpretación errónea. Curiosamente, el país con mayor frecuencia normalizada es Honduras (0,41 fn), seguido de España (0,31 fn), Estados Unidos (0,24 fn), El Salvador (0,20 fn) y México (0,13 fn), mientras que Cuba (0,08 fn), Perú (0,08 fn), Venezuela (0,06 fn), Chile (0,04 fn), Argentina (0,03 fn) y Colombia (0,03 fn) tendrían la menor presencia. Teniendo en cuenta la escasez todavía de textos orales en el CORPES (menos de 5 millones de formas), sobre todo del español americano (menos de 1 millón), en principio estos datos permitirían corroborar que ciertamente no se trata de una variante diatópica general, pues no se encuentran documentaciones en todas las áreas y en todos los países hispanohablantes. Además, su frecuencia de empleo variaría claramente en función de la zona y del país, por lo que, gracias al análisis del corpus, es posible precisar mucho mejor esta información.

Finalmente, los datos que más nos pueden ayudar a establecer si existe una variación de tipo diastrático, y como claro complemento del análisis anterior ante la carencia de un significativo corpus oral, son los relacionados con la temática y la tipología de los documentos. En el primer caso, el teatro (1,53 fn), más cercano a la lengua oral, es el género con una mayor frecuencia de empleo seguido del guion (1,17 fn), el relato (0,21 fn) y la novela (0,18 fn), mientras que el resto está muy por debajo (donde menos en ciencias y tecnología). Por lo que respecta a la distribución por tipología, los resultados no solo confirman la precisión anterior sobre su oralidad, sino que añaden el carácter popular a esta construcción, ya que la mayor frecuencia se halla en los debates (8,38 fn), seguida de los magacines y variedades (4,46 fn), las entrevistas (1,68 fn), otros (0,42 fn) y la ficción (0,33 fn), siendo el reportaje (0,06 fn) donde menos aparece.

Si se comparan los datos anteriores con los obtenidos en CREA a partir del mismo análisis estadístico, se observa una variación que podría estar justificada por un cambio en el empleo de esta estructura por los hablantes, ya que se obtiene una frecuencia normalizada de 0,57 casos por millón (*cf.* 0,15 fn en CORPES), con una frecuencia absoluta de 70 casos en 11 documentos. La única zona con un índice superior vuelve a ser España (0,95 fn con 66 casos), mientras que el resto queda por debajo y en un orden muy diferente: la zona Andina (0,40 fn con 2 casos), las Antillas (0,20 fn con 1 caso) y el Río de la Plata (0,07 fn con 1 caso). Por países, significativamente, solo 4 presentan esta construcción, con una frecuencia muy distinta: España (0,95 fn), Puerto Rico (0,79 fn), Perú (0,64 fn) y Argentina (0,08 fn).

El análisis estadístico nos permite comparar la presencia de esta construcción en ambos corpus de referencia, a partir, no del número de casos totales sino de las frecuencias normalizadas, las cuales nos indican que se ha producido un cambio en su uso por parte de los hablantes en los últimos años. Si bien continúa siendo una estructura bien documentada en el español europeo, se constata una mayor difusión en su empleo en el español americano. Sin embargo, sigue siendo de uso no general en todas las zonas geográficas. Además, el hecho de que ciertos países como Puerto Rico no presente casos en el CORPES, así como su menor presencia en Perú, es un claro indicio de su carácter no formal (diastrático). Tampoco hay que olvidar que el CREA, en su versión anotada, no contiene textos orales. En cambio, la distribución temática de este sí se corresponde en parte con los datos del CORPES, pues el teatro (tipología más cercana a la oralidad) es la de mayor frecuencia (2,65 fn), seguida de la novela (2,64 fn) y el relato (0,49 fn).

Al tratarse de una construcción más propia del medio oral que del escrito, dados los pocos datos orales que incluye alguno de los corpus anteriores, la consulta de los corpus orales COSER y ESLORA nos permite obtener, de este fenómeno, una perspectiva diatópica y diastrática del español de España más precisa. Así, en el COSER, la secuencia *me se* se documenta en 184 ocasiones (87 casos de hombres y 97 de mujeres), 40,65 fn, siendo la zona de Andalucía, con 80 casos (43,5 % del total), la de mayor frecuencia absoluta de uso. Por su parte, *te se* se halla en 117 casos (43 de hombres y 74 de mujeres), 25,85 fn, pero, a diferencia del caso anterior, la distribución geográfica de la frecuencia de uso es más general, aunque Andalucía posee 46 casos (39,3 % del total). El empleo del orden normativo es muy superior en la primera construcción, con 284 casos de *se me* (81 casos en hombres y 203 en mujeres), 62,74 fn, pero está bastante igualado en la segunda, con 132 casos de *se te* (28 casos en hombres y 104 en mujeres), 29,16 fn, lo que demostraría una mayor aceptación de esta última variante.

Por su parte, el corpus ESLORA incluye para el español de Galicia solo 4 casos de la secuencia *me se* (frente a 189 de *se me*) y 7 de *te se* (78 de *se te*). El estudio por variables sociales, gracias al análisis estadístico que permite el corpus, nos aporta una información diastrática importante, ya que nos indica, por ejemplo, que los hombres (7 fn y 14 fn respectivamente) la emplean más que las mujeres (4 fn y 7 fn); que a mayor edad, mayor frecuencia de uso (19/34 años: 0 fn y 3 fn; 35/54 años: 9 fn y 13 fn; >54 años: 8 fn y 13 fn); y que, en principio, a menor nivel de estudios, mayor utilización (primarios: 10 fn y 15 fn; medios: 5 fn y 5 fn; universitarios: 3 fn y 8 fn), con la excepción, de nuevo, de la secuencia *te se*. El resto de los corpus permite encontrar ejemplos concretos de esta construcción, pero no posibilita un análisis tan detallado de esta secuencia como el realizado con los corpus anteriores.

Diversos estudios de sintaxis del español realizados a partir de la LC corroboran su gran utilidad, independientemente de que sea considerada una disciplina científica o un método empírico de investigación. Por ejemplo, en Buenafuentes y Sánchez Lancis (2020), se estudia la discordancia de número en el pronombre acusativo en oraciones del tipo *Eso se los dije ayer a tus hermanos*, en donde el clítico personal concuerda gramaticalmente con los rasgos morfológicos del complemento indirecto (*a tus hermanos*) y no del complemento directo (*eso*). Su análisis en el CORPES demuestra que se trata de un fenómeno relacionado con la variación diatópica y diastrática, dada su escasa presencia en el español europeo (apenas 0,04 casos por millón) frente a su alta frecuencia en distintas zonas del español de América (hasta 1,81 fn aproximadamente). Así, destacan, por orden, las zonas de México y Centroamérica, Caribe continental, la zona *chilena* y el Río de la Plata, en las que esta construcción ha pasado al registro formal; y por países, de mayor a menor frecuencia normalizada, se halla Guatemala, Honduras, México, Panamá, Venezuela, El Salvador, Chile, Nicaragua, Colombia, Cuba y Argentina. Además, se constata que la tipología textual es un factor que favorece una mayor presencia de la discordancia morfológica, ya que la ficción y la entrevista presentan los índices más altos; y por temática, el teatro, reflejo escrito aproximado de la oralidad, seguido del guion, el relato y la novela.

Por otra parte, si se desea hacer un estudio de un nivel superior de abstracción, por ejemplo, de las estructuras argumentales de las oraciones del español, el análisis de los datos de una base de datos sintácticos como la BDS, en la que se ha realizado una etiquetación de las categorías sintácticas, permite hacerse una idea de su funcionamiento general en español. Así, Rojo (2003) observa que el esquema más frecuente del español es el de dos argumentos formado por predicado, sujeto y complemento directo en voz activa (39,06 % del total de las oraciones analizadas del corpus), seguido del de un argumento compuesto por predicado y sujeto en voz activa (12,26 %) y del de dos argumentos formado por predicado, sujeto y predicativo de sujeto (6,34 %). Estos datos, según Rojo (2021, 283), revelan la mayor frecuencia de uso en la lengua de unos pocos verbos como *tener, decir*, etc., que responden al primer esquema sintáctico, y *ser, estar*, relacionados con la tercera estructura.

Para otros ejemplos de la aplicación de la LC al estudio de la sintaxis, tanto del español como de otras lenguas, véase, entre otros, De Kock (2001), Jones y Waller (2015), Blanco *et al.* (2019), Paquot y Gries (2020) y Rojo (2021, cap. 5).

5 Direcciones futuras y conclusiones

La aplicación de la LC al estudio de la sintaxis nos permite obtener un conocimiento mucho más completo y real de la lengua en toda su amplitud, independientemente del marco teórico del que parta el investigador. Gracias a la existencia de corpus del español, convertidos hoy día en herramientas fundamentales en la investigación lingüística, es posible acceder a una gran cantidad de textos de diferentes zonas lingüísticas, estratos sociolingüísticos, tipologías textuales y períodos temporales. Mediante una determinada aplicación informática, el investigador puede acceder, según sus necesidades, a una gran variedad de datos para su análisis. De este modo, por ejemplo, se puede conocer la variación existente en un momento determinado o el origen, el desarrollo y la posterior evolución de las diferentes estructuras gramaticales que conforman la lengua.

Actualmente contamos con diferentes clases de corpus del español que facilitan el estudio de su sintaxis. Así, tenemos corpus generales o de referencia (CORPES, CREA, CE), aunque no todos cerrados. Junto a estos, existen los corpus formados a partir de la recopilación de documentos de internet, entre los que se encuentran los distintos corpus de Davies (Web/Dialectos, NOW y BYU) y el Es-Ten-Ten. Son corpus de un tamaño ingente, generales y no todos cerrados, que posibilitan el acceso a miles de millones de formas, aunque no siempre sea viable el manejo de la información del mismo modo que con los anteriores. Todos estos corpus están lematizados y categorizados morfosintácticamente, y permiten diferentes análisis estadísticos.

Además, existen las bases de datos con información sintáctica (BDS, ADESSE, SenSem), obtenidas a partir del análisis de un corpus textual pequeño, cerrado, pero que facilitan el conocimiento muy detallado y específico de los verbos y las estructuras verbales del español. Junto a estas, poseemos un corpus pequeño, cerrado, con un grado completo de análisis sintáctico

(AnCora-ES), considerado *tree-bank*, que permite incluso la obtención de la estructura de la oración en forma de árbol.

Finalmente, también contamos con corpus representativos de la lengua oral (COSER, ESLORA), de diferente tamaño y de distinto alcance (corpus rural del español europeo y corpus oral del español de Galicia). Los dos están lematizados y anotados morfosintácticamente, y además permiten búsquedas por variables sociolingüísticas. Estos corpus también posibilitan realizar diferentes clases de estudios sintácticos.

A tenor de los datos anteriores, se puede afirmar que la lingüística de corpus ha avanzado muchísimo en los últimos años. Ello se debe tanto al desarrollo de la web, que se ha convertido en cierto modo en un gran repositorio mundial de documentos, como a la mejora de los equipos informáticos para el manejo de grandes cantidades de datos. Sin embargo, es preciso que los corpus faciliten todavía más el acceso a los datos necesarios para el estudio de la sintaxis del español.

Como se ha podido constatar, es fundamental mejorar cuantitativa y cualitativamente el diseño de los distintos corpus del español. Es necesario, en primer lugar, que sean, como señala Rojo (2021, 291–294), corpus realmente representativos y equilibrados, es decir, que sean un reflejo lo más aproximado posible de la realidad lingüística. Por ello, hacen falta corpus orales mucho más completos que los actuales, dada la importancia de este medio para el estudio y la descripción de la sintaxis del discurso oral informal y poder conseguir así el conocimiento pleno del español. Además, los corpus han de ser más manejables para el investigador, pues la simple acumulación enorme de datos no garantiza siempre un estudio de mayor calidad. No basta con poder encontrar miles de ejemplos de construcciones sintácticas si no es posible analizarlas adecuadamente. También es necesaria la máxima identificación tipológica de todos los documentos, tanto escritos como orales, que facilite información de tipo sociolingüístico. Todos estos datos externos son fundamentales a la hora de explicar los procesos de variación sintáctica.

Además, se ha demostrado que, principalmente, gracias a la lematización y, sobre todo, a la etiquetación y categorización morfosintáctica, se puede llevar a cabo estudios de sintaxis que sobrepasen la mera búsqueda de secuencias de palabras. Por ello, es imprescindible que los corpus posean por defecto este tipo de anotación, mucho más precisa incluso, ya que de lo contrario no es posible obtener todos los datos de una determinada construcción sintáctica, cuando esta presenta diferentes combinatorias gramaticales. Por último, como se ha podido constatar, el análisis estadístico, mediante la frecuencia absoluta y la frecuencia normalizada, además de las coapariciones, se convierte en fundamental a la hora de analizar un cierto fenómeno gramatical en el corpus, independientemente de la cantidad de datos recuperados, para poder así comparar, con total garantía, los resultados obtenidos con los de otros corpus de diferente configuración.

En definitiva, la lingüística de corpus debe seguir aportando a los estudios de sintaxis del español las herramientas imprescindibles para que el investigador pueda interpretar adecuadamente los datos que se le proporcionen. Independientemente de si el corpus es grande o pequeño, cerrado o abierto, general o específico, en forma de compendio textual o de base de datos, debe responder a unos criterios básicos de representatividad y equilibrio que certifiquen la fiabilidad de los datos obtenidos. Como se ha visto, no hay, ni creemos que deba haber, un modelo único de corpus para la investigación en sintaxis del español, ya que la variedad existente responde a las distintas necesidades que van surgiendo en su estudio. Por ello, es necesario que los corpus, actuales o futuros, en la forma que mejor convenga, permitan ser explotados y reutilizados indefinidamente para el análisis de antiguos, diferentes o nuevos problemas sintácticos, que el investigador no siempre ha podido prever.

Nota

1 La presente investigación ha sido parcialmente financiada con una ayuda del MICINN y FEDER (FFI2017–87140-C4–1-P) y de la CIRIT del Comissionat per Universitats i Recerca de la Generalitat de Catalunya (2017, SGR 634).

Lecturas complementarias recomendadas

Rojo, G. (2021); Torruella, J. (2017); Jones, Ch. y D. Waller (2015).

Referencias bibliográficas

ADESSE: García-Miguel, J. M. dir. Base de Datos de Verbos, Alternancias de Diátesis y Esquemas Sintáctico-Semánticos del Español. (http://adesse.uvigo.es/index.php/ADESSE/).
AnCora-ES: Corpus AnCora del español. (http://clic.ub.edu/corpus/es/ancora).
ARTHUS: Archivo de Textos Hispánicos de la Universidad de Santiago. (http://adesse.uvigo.es/data/corpus.php).
BDS: Rojo, G. dir. Base de Datos Sintácticos del Español Actual. (www.bds.usc.es/).
Blanco, M., H. Olbertz y V. Vázquez Rozas eds. 2019. *Corpus y construcciones. Perspectivas hispánicas*. Santiago de Compostela: Universidade de Santiago de Compostela.
Buenafuentes, C. y C. Sánchez Lancis. 2020. "La variación sintáctica del español a la luz del *Corpus del español del siglo XXI* (*CORPES* XXI)". En *Dialectología digital del español*, eds. A. Gallego y F. Roca, 29–45. Santiago de Compostela: Universidade de Santiago de Compostela.
CE: Davies, M. dir. Corpus del Español: 10 billion words. (www.corpusdelespanol.org).
CORDE: Real Academia Española. Corpus Diacrónico del Español. (https://corpus.rae.es/cordenet.html).
CORPES: Real Academia Española. Corpus del Español del Siglo XXI. (https://apps2.rae.es/CORPES). Version 0.94.
COSER: Fernández-Ordóñez, I. dir. Corpus Oral y Sonoro del Español Rural. (www.corpusrural.es).
CREA: Real Academia Española. Corpus de Referencia del Español Actual. (https://apps2.rae.es/CREA). Version anotada 0.3.
De Benito Moreno, C. 2019. "Los corpus del español desde la perspectiva del usuario lingüista". *Scriptum Digital* 8: 1–21.
De Kock, J. ed. 2001. *Lingüística con corpus. Catorce aplicaciones sobre el español*. Salamanca: Universidad de Salamanca.
ESLORA: Vázquez Rozas, V. coord. Corpus para el Estudio del Español Oral. (http://eslora.usc.es). Versión 2.0.
Es-Ten-Ten: Spanish Web Corpus. (www.sketchengine.eu/esTenTen-spanish-corpus/).
Jones, Ch. y D. Waller. 2015. *Corpus Linguistics for Grammar: A Guide for Research*. Londres y Nueva York: Routledge.
Kabatek, J. 2017. "Prólogo". En *Lingüística de corpus: génesis y bases metodológicas de los corpus (históricos) para la investigación en lingüística*, ed. J. Torruella Casañas, 7–9. Frankfurt am Main: Peter Lang.
NGLE: Real Academia Española y Asociación de Academias de la Lengua Española (2009–2011). *Nueva gramática de la lengua española*. Madrid: Espasa. (https://aplica.rae.es/grweb/cgi-bin/buscar.cgi).
O'Keeffe, A. y M. McCarthy eds. 2010. *The Routledge Handbook of Corpus Linguistics*. Londres y Nueva York: Routledge.
Paquot, M. y St. Th. Gries eds. 2020. *A Practical Handbook of Corpus Linguistics*. Berlín y Nueva York: Springer.
Parodi, G. 2010. *Lingüística de corpus: De la teoría a la empiria*. Frankfurt y Madrid: Vervuert e Iberoamericana.
Rojo, G. 2003. "La frecuencia de los esquemas sintácticos clausales en español". En *Lengua, variación y contexto*, coords. F. Moreno, F. Gimeno, J. A. Samper, M. Luz Gutiérrez, M. Vaquero y C. Hernández, Vol. 1, 413–424. Madrid: Arco y Libros.
Rojo, G. 2010. "Sobre la codificación y explotación de corpus textuales: otra comparación del *Corpus del español* con el *CORDE* y el *CREA*". *Lingüística* 24: 11–50.
Rojo, G. 2021. *Introducción a la lingüística de corpus*. Londres y Nueva York: Routledge.

Sánchez Lancis, C. en prensa. "Corpus diacrónicos del español de España". En *Lingüística de corpus en español/The Routledge Handbook of Spanish Corpus Linguistics*, eds. G. Parodi, P. Cantos y Ch. Howe. Londres y Nueva York: Routledge.

SenSem: Grup de Recerca Interuniversitari en Aplicacions Lingüístiques (GRIAL). Sentence Semantics: Base de Datos de Semántica Oracional. (http://grial.edu.es/sensem/corpus/main).

Sinclair, J. 2005. "Corpus and Text: Basic Principles". En *Developing Linguistic Corpora: A Guide to Good Practice*, ed. M. Wynne, 1–16. Oxford: Oxbow Books. (http://ota.ox.ac.uk/documents/creating/dlc/chapter1.htm).

Torruella Casañas, J. 2017. *Lingüística de corpus: génesis y bases metodológicas de los corpus (históricos) para la investigación en lingüística*. Frankfurt am Main: Peter Lang.

Viana, V., S. Zyngier y G. Barnbrook eds. 2011. *Perspectives on Corpus Linguistics*. Amsterdam: John Benjamins.

45
Análisis morfosintáctico y sintáctico automáticos
(Automatic Morphosyntactic and Syntactic Analysis)

M. Antònia Martí y Mariona Taulé

1 Introducción

Este capítulo trata del análisis morfosintáctico de las lenguas y de la compilación en formato digital de datos morfosintácticos, con especial atención al español. Se exponen los conceptos básicos de gramática formal y su tipología, así como el concepto de analizador en tanto que herramienta que aplica las gramáticas formales al análisis de textos. El tratamiento computacional de la morfosintaxis incluye diferentes preprocesos como son la segmentación del texto y el tratamiento de diferentes unidades léxicas. Se distingue entre el análisis parcial y el análisis completo, así como las diferentes aproximaciones a la anotación sintáctica: el análisis de constituyentes y el análisis de dependencias. Se presenta con cierto detalle la metodología para la anotación de bancos de datos sintácticos o *treebanks*. Se describe y se analiza el contenido básico de los principales bancos de datos sintácticos del español.

La visión de la morfosintaxis desde una perspectiva computacional requiere, así mismo, abordar la complejidad que presenta el análisis de corpus de la lengua real, normalmente procedentes de la web, en los que se hace un uso de la lengua mucho más libre y espontáneo. Los conceptos de oración, de constituyentes y de coherencia sintáctica y semántica, muchas veces, no siguen las normas prescriptivas.

Finalmente se trazan las líneas de futuro, que se concretan en la definición de *tagsets* sintácticos válidos para el mayor número de lenguas posible y el tratamiento de corpus no normativos y de estructuras sintácticas específicas.

Palabras clave: análisis morfosintáctico; análisis sintáctico; bancos de datos sintácticos; analizadores; gramática formal

This chapter deals with the morphosyntactic analysis of languages and the compilation of morphosyntactic data in digital format, with special attention to Spanish. The basic concepts of formal grammar and its typology are presented, as well as the concept of the analyser as a tool that applies formal grammars to text analysis. The computational treatment of morphosyntax includes several preprocesses, such as tokenization and the treatment of different kinds of lexical units. We distinguish between partial and full analysis, as well as different approaches to syntactic annotation: constituent analysis and the analysis of dependencies. We provide a fairly detailed presentation of the methodology used for the annotation of treebanks. We describe and analyse the basic content of the main Spanish treebanks.

The approach to morphosyntax from a computational perspective also involves addressing the complexity of the analysis of real language corpora, usually extracted from the Internet, in which the language is less formal and more spontaneous. The concepts of the sentence, constituents and syntactic and semantic coherence often do not follow prescriptive rules.

Finally, future lines of research are set out, concretely the definition of syntactic tagsets valid for the largest possible number of languages and the treatment of non-normative corpora and specific syntactic structures.

Keywords: morphosyntactic analysis; parsing; treebanks; analysers; formal grammar

2 Conceptos fundamentales

El análisis automático del lenguaje tiene como objetivo obtener una representación formal de los textos en términos de un determinado nivel de análisis lingüístico, morfológico, sintáctico, semántico o pragmático, en el marco de una aplicación o bien para el estudio teórico de la lengua.

El tratamiento morfosintáctico automático del lenguaje requiere una serie de procesos que difiere del modo en que un especialista humano lo llevaría a cabo. El proceso de análisis requiere una fase previa de segmentación del texto en sus unidades básicas, que en inglés corresponde al término *tokenization*, y el tipo de conocimiento que se utiliza para llevarla a cabo está relacionado con las convenciones de escritura: uso de determinados signos de puntuación, mayúsculas, fórmulas, etc.

Una vez segmentado el texto, se procede al análisis lingüístico propiamente dicho. El proceso lingüístico más básico es el análisis morfológico, que consiste en la asociación de todas las categorías morfológicas posibles a cada unidad léxica. Aunque los hablantes no somos conscientes de ello, más de la mitad de las formas lingüísticas tienen más de una interpretación morfológica posible (p.e., *paseo* puede ser tanto nombre como verbo y *partido* puede ser nombre, verbo o adjetivo).

En la mayoría de aplicaciones, el análisis morfológico suele completarse mediante un proceso de desambiguación morfosintáctica o microsintaxis, que consiste en la selección de la categoría adecuada de cada forma en función del contexto en que se encuentra. Así, en las oraciones *Salgo de paseo* y *El equipo local ganó el partido*, *paseo* y *partido* son nombres. Este proceso suele incluir también la asociación del lema (lematización) a cada una de las formas desambiguadas.

Una vez se ha obtenido la categoría morfológica asociada a cada palabra del texto sometido a análisis, se puede proceder a analizarlo sintácticamente. Del mismo modo que el análisis morfológico requiere diferentes subprocesos que implican el uso de herramientas específicas, el análisis sintáctico puede realizarse en dos niveles: el análisis parcial, denominado también *chunking*, y el análisis sintáctico completo. El *Natural Language Toolkit* (NLTK) (www.nltk.org/) es un conjunto de herramientas (bibliotecas de *software* y programas) para el procesamiento del lenguaje natural simbólico y estadístico que incluye segmentadores, analizadores morfológicos y sintácticos, corpus, léxicos y gramáticas para el español. El análisis parcial consiste en la identificación de los grupos sintácticos básicos, que pueden corresponder a sintagmas, aunque no necesariamente. Por ejemplo, las formas compuestas de los verbos en español (*ha venido*) se suelen resolver a este nivel ya que a nivel morfosintáctico se habrán analizado como dos formas independientes. Una característica de los sistemas de análisis parcial (Abney 1991) es que no admiten reglas recursivas, de manera que los sintagmas preposicionales que complementan a un nombre o a un verbo se analizan como sintagmas independientes. El análisis parcial genera árboles sintácticos de un solo nivel de profundidad: no se identifican los complementos de las diferentes categorías morfosintácticas.

El análisis sintáctico completo consiste precisamente en resolver las dependencias internas entre estos grupos sintácticos que pueden haber sido identificados previamente. El gran problema de la sintaxis, que el proceso de *chunking* ignora, es la resolución de la ambigüedad estructural: la mayor parte de las dependencias sintácticas tienen más de una solución posible y difícilmente se puede determinar la dependencia correcta de manera inequívoca mediante reglas de tipo general. Así, nos encontramos con el problema de tener que decidir si nos quedamos a un nivel de análisis superficial parcial, pero sin errores, o si se opta por un análisis completo, asumiendo que contendrá errores. La magnitud de este problema difiere de una lengua a otra en función de sus características morfosintácticas: si tiene casos o no, si es de orden sintáctico más o menos fijo, etc. (Jurafsky y Martin 2020). Así, el euskera, por ejemplo, es muy rico en información morfológica e incluye información sobre el caso, lo cual facilita el análisis sintáctico; el español no expresa morfológicamente el caso y el orden de palabras es bastante libre, lo cual dificulta el análisis sintáctico automático; el inglés, aunque es pobre morfológicamente, es de orden fijo, lo que da buenos resultados en sintaxis.

En el tratamiento automático del lenguaje es habitual separar los procesos computacionales de los datos lingüísticos, de manera que un mismo procesador puede aplicarse a diferentes lenguas y los datos lingüísticos se pueden modificar sin tener que reprogramar el mecanismo informático. Los componentes necesarios para realizar los diferentes procesos que se han presentado incluyen los segmentadores de texto, los analizadores morfológicos y sintácticos, las gramáticas formales y los bancos de datos sintácticos o treebanks.

Para la segmentación del texto se suelen utilizar gramáticas muy simples que combinan tanto palabras como categorías morfosintácticas. Las reglas de estas gramáticas funcionan como reconocedores de patrones. Para el análisis morfológico un simple autómata de estados finitos suele ser suficiente. Para el análisis sintáctico se desarrollan analizadores que son capaces de aplicar las reglas expresadas en una gramática formal y obtener una representación del texto en términos de esta gramática. Para poder llevar a cabo el análisis sintáctico, previamente hay que haber asociado a cada palabra su categoría morfosintáctica. Las gramáticas formales expresan las combinaciones sintácticas posibles para cada lengua. Como veremos en el apartado 3.1, las gramáticas formales se distinguen por el tipo de reglas que permiten.

En la actualidad, y dado que los textos que se analizan proceden de entornos web en los que se dan diferentes grados de formalidad, para adecuar la herramienta de análisis a los hechos que hay que procesar, se recurre a la anotación manual (o semiautomática) de corpus de uso real de la lengua (*treebanks*) y se derivan los analizadores a partir de los datos anotados. Esta aproximación se ha demostrado que es la más adecuada para el análisis sintáctico y se presenta en el apartado 4.

3 Aproximaciones teóricas

Desde una perspectiva muy amplia podemos considerar dos aproximaciones metodológicas al tratamiento automático de la morfosintaxis y la sintaxis: la aproximación simbólica, que parte del conocimiento que se tiene sobre la estructura de una lengua y, en base a este conocimiento, se construye una gramática (formal) que dé cuenta de los textos que se quieren analizar; y la aproximación empírica que parte de textos previamente anotados o *treebanks* e infiere la gramática a partir de los mismos.

La aproximación simbólica es, desde un punto de vista histórico, la primera que se siguió, por razones diversas. Inicialmente, los textos disponibles en soporte digital eran muy limitados y pertenecían a dominios temáticos muy restringidos, como el dominio médico o legal o manuales de instrucciones. Dado este contexto, era posible desarrollar manualmente analizadores específicos para los mismos, con resultados de calidad. Se trataba de textos con léxico de especialidad, con el predominio de determinadas estructuras gramaticales muy específicas, pero acotados, lo que permitía un tratamiento ad hoc: el número y tipo de estructuras sintácticas era predecible y se podían expresar en términos de una gramática elaborada a mano. Los propios textos servían de prueba para verificar si la gramática y el analizador eran adecuados.

Esta aproximación presenta aspectos positivos y negativos. Desde el punto de vista de la calidad de los resultados, se podía obtener un análisis completo, que podía abarcar incluso el nivel semántico. Sin embargo, presentaba importantes limitaciones en cuanto a su escalabilidad y aplicación a otros dominios: es decir, si el corpus aumentaba de tamaño, el número de estructuras y la riqueza del vocabulario aumentaba y, en consecuencia, el sistema fallaba. Así mismo, la aproximación simbólica requiere un proceso importante de adaptación si se cambia de dominio temático. Además, en algunos casos, los datos lingüísticos formaban parte del propio sistema de análisis; en consecuencia, si se cambiaba de dominio temático, se tenía que reprogramar todo el sistema de análisis. A estas limitaciones hay que añadir que no existían repositorios de recursos lingüísticos (gramáticas y léxicos) a gran escala e independientes de un dominio temático específico.

La arquitectura más común de estos sistemas de Procesamiento del Lenguaje Natural (PLN) estaba formada por dos componentes básicos. En primer lugar, una herramienta informática, el analizador, y en segundo lugar el conocimiento lingüístico expresado en una gramática formal, normalmente una Bachus-Naur Form (BNF), es decir, una gramática independiente del contexto (véase la tipología de Chomsky en el apartado 3.1). Estas gramáticas se pueden ampliar con la inclusión de un componente léxico independiente de la gramática o con la inclusión de restricciones a los posibles árboles de análisis.

Para el español, los primeros desarrollos de analizadores sintácticos y morfológicos se realizaron en el marco del proyecto EUROTRA (1978–1992) de traducción automática. Se trataba de análisis sintáctico basado en constituyentes y seguía la misma metodología para todas las lenguas implicadas (Badia et al. 1990). A nivel morfológico se asociaba la categoría morfosintáctica a cada palabra de la lengua de inicio o lengua fuente. La sintaxis se resolvía en dos niveles: en un primer nivel se identificaban los constituyentes y, en un segundo nivel, se establecía la función sintáctica de los mismos. Finalmente, se proyectaba cada constituyente a su representación semántica para así proceder a la traducción a la lengua objeto.

Desde un punto de vista lingüístico era necesario disponer de lenguajes formales que permitieran representar el conocimiento de forma computacionalmente tratable. De ahí surgieron propuestas para la representación del léxico y formalismos gramaticales para la sintaxis. Cabe destacar la aparición de los formalismos gramaticales de unificación como son la Gramática léxico-funcional (Bresnan y Kaplan 1982) y la Gramática de estructura sintagmática regida por el núcleo (Pollard y Sag 1994).

La jerarquía o tipología de gramáticas formales de Chomsky (1956) es, todavía, un referente en el análisis sintáctico computacional ya que define los diferentes tipos de gramáticas posibles. Dada su importancia y su vigencia actual, las presentamos brevemente más adelante (véase 3.1).

En cuanto a la aproximación empírica, a lo largo de los años noventa y, sobre todo, con el cambio de siglo, el uso habitual del ordenador personal como herramienta de trabajo y el uso de Internet como medio de interacción social dieron como resultado una gran eclosión de información textual en formato digital. Las aplicaciones de PLN experimentaron un cambio paradigmático en su planteamiento: se tenían que procesar textos de gran tamaño con el correspondiente incremento cuantitativo del léxico y estos textos no siempre estaban revisados, podían contener errores y en muchos casos correspondían a un nuevo registro escrito: la lengua escrita espontánea.

En este contexto, los analizadores sintácticos que se habían desarrollado hasta aquel momento se mostraron ineficaces: ante un error ortográfico, morfológico o una construcción sintáctica errónea no proporcionaban ningún resultado o el sistema daba error. Los datos textuales en soporte digital que se tenían que procesar necesitaban sistemas de análisis de gran alcance, que trataran cualquier tipo de texto y que no fallaran ante textos de escritura espontánea. Ante esta nueva situación se desarrollaron nuevas aproximaciones metodológicas para dar solución a los retos que se planteaban. Por un lado, se inició el desarrollo de bancos de datos sintácticos o *treebanks* (véase 4) y, por otro lado, se propusieron formas alternativas de análisis sintáctico basadas en el análisis parcial.

A continuación, presentamos los dos componentes esenciales de los sistemas basados en reglas (simbólicos): qué es una gramática formal, ejemplificada con la tipología de gramáticas formales de Chomsky (véase 3.1) y la contrapartida computacional de las gramáticas formales, los analizadores morfosintácticos y sintácticos (véase 3.2).

3.1 Jerarquía de Chomsky

Chomsky (1956) propuso una jerarquía de gramáticas de cuatro niveles basada en la capacidad expresiva de las reglas. Las gramáticas de tipo cero son las menos restrictivas y permiten cualquier tipo de regla. Las gramáticas de tipo 2 y 3 son las más restrictivas y las más utilizadas en PLN. Estas gramáticas fueron concebidas desde una perspectiva generativa, pero se pueden aplicar igualmente para el análisis automático.

Una gramática formal está constituida por la siguiente tupla:

G = <VT, VNT, R, O>

Donde VT es el vocabulario terminal, es decir, las palabras de la lengua, el léxico; VNT es el vocabulario no terminal, los símbolos que se usan para la representación de los constituyentes sintácticos y que incluye las categorías morfosintácticas de Nombre, Verbo, Adjetivo, Adverbio, etc. denominadas también "vocabulario preterminal"; R es el conjunto de reglas de reescritura, que tienen la forma:

A → B

Donde el símbolo "→" se lee como "se reescribe por".

O es la categoría máxima descrita por la gramática o axioma inicial. Se asume que a partir de este axioma y mediante la aplicación de reglas de reescritura podremos generar todas las estructuras de la lengua o bien obtener una descripción estructural de las frases a analizar.

Las gramáticas se clasifican en función de la capacidad expresiva de las reglas de reescritura. Así, las reglas se diferencian estructuralmente según acepten uno o más signos del VT o del VNT a la derecha y a la izquierda del símbolo de reescritura ("→").

En función del carácter más o menos restrictivo de las reglas y de la capacidad de los analizadores para tratarlas, se distinguen los cuatro tipos de gramáticas formales que presentamos a continuación. No son los únicos tipos de gramáticas, pero sí los más comunes, ya que incluyen aquellas que son más fácilmente tratables por un analizador (tipos 2 y 3).

Gramáticas de nivel 0, o gramáticas recursivamente enumerables. En las reglas de este tipo de gramáticas no hay restricciones de ningún tipo ni a la derecha ni a la izquierda del signo de reescritura. Admiten reglas con cualquier tipo de combinación de símbolos. La gran variabilidad que presentan hace que este tipo de gramáticas sean impredecibles y, por lo tanto, prácticamente no existen analizadores que las puedan tratar:

La N ADJ → la niña SP

Como se ve en el ejemplo, aparecen signos no terminales a derecha (SP) e izquierda (N, ADJ) del signo de reescritura, sin ningún tipo de restricción, lo que las hace computacionalmente intratables.

Gramáticas de nivel 1, o sensibles al contexto. Estas gramáticas restringen el número de símbolos posibles a la izquierda de la regla: el número de símbolos a la izquierda tiene que ser igual o menor que el número de símbolos a la derecha.

el SN → el NMS SP
NMS SP → abuelo de NP
NP → Juan

En esta gramática el nodo no terminal NP (nombre propio) solo puede tomar el valor "Juan" en el contexto "el abuelo de".

Gramáticas de nivel 2, o gramáticas independientes del contexto. Estas gramáticas solo admiten un símbolo a la izquierda del signo de reescritura y este tiene que ser del vocabulario no terminal. A la derecha puede haber uno o más símbolos del vocabulario terminal, del vocabulario no terminal o el elemento vacío:

SV → V CV
CV → SN
CV →
SN → Det SN
Det → el, un
SN → perro
V → vio

A partir de esta gramática se pueden analizar o generar las oraciones "Vio el perro", "Vio", "Vio un perro", etc.

Gramáticas de nivel 3, gramáticas de estados finitos o gramáticas regulares. Son gramáticas cuyas reglas solo admiten un símbolo a la izquierda y tiene que ser del vocabulario no terminal, y a la derecha admiten más de un símbolo, pero al menos uno tiene que ser del vocabulario terminal:

SN → el N CN
N → hijo
NP → María
CN → de NP

3.2 Analizadores morfosintácticos y sintácticos

Los analizadores son programas informáticos que, a partir de la información lingüística contenida en una gramática formal y de una colección de textos, producen una descripción de los textos en términos de la gramática.

Desde la perspectiva de la estrategia de análisis, los analizadores pueden operar a partir del texto y de las categorías gramaticales asociadas a las formas de la lengua para obtener el análisis (estrategia *bottom-up*). Estas gramáticas tienen que encontrar el camino que, a partir del texto con información morfológica, llegue al nodo inicial "Oración". Otra opción consiste en aplicar las reglas de la gramática a partir del nodo inicial "Oración" hasta construir un árbol sintáctico que dé una descripción completa de la oración que se está analizando (estrategia *top-down*).

En principio, los analizadores, en cualquiera de sus dos estrategias, son independientes de la gramática de manera que una misma gramática puede ser utilizada en la estrategia *top-down* o en la *bottom-up*.

El análisis sintáctico automático presenta, además, dos modalidades básicas: el análisis de constituyentes y el análisis de dependencias. El análisis de constituyentes consiste en la identificación de aquellos grupos de palabras que funcionan juntos, como una sola unidad. El número y tipo de constituyentes depende de cada lengua, pero en general tienen una amplia aplicabilidad en la medida en que los constituyentes están determinados por la categoría morfosintáctica que funciona como su núcleo. De ahí surgen los conceptos de sintagma nominal, sintagma verbal, sintagma preposicional, etc. según la naturaleza del núcleo. El problema que plantea el análisis de constituyentes es que el número y tipo de constituyentes no está predefinido y los niveles de profundidad del análisis tampoco. Como consecuencia existe una gran variedad de soluciones para expresar esta información, lo que dificulta la comparación entre textos analizados en este formato. Por ejemplo, la estructura de constituyentes de un sintagma nominal puede ser expresada según diferentes configuraciones:

SN → Det N CN

O bien:
SN → Det GN
GN → N CN

Donde CN corresponde a "complementos del nombre" y GN a "grupo nominal", que incluye el nombre y sus complementos. El resultado final es el mismo: un sintagma nominal está formado por un determinante, un nombre y un complemento del nombre, pero las estructuras arbóreas generadas por estos dos grupos de reglas son distintas.

El análisis de dependencias se fundamenta en la existencia de un conjunto de relaciones binarias entre las palabras que forman parte de una oración. En esta aproximación, el verbo suele ser el núcleo en torno al cual se organizan las dependencias (Jurafsky y Martin 2020). El análisis de dependencias capta directamente las relaciones de dependencia entre las palabras que funcionan como núcleo y sus complementos. En la actualidad, como veremos en la sección 4, esta aproximación se revela como la más adecuada ya que estas relaciones son más generales y universales que las estructuras de constituyentes.

Para el español y otras lenguas existe la librería Freeling (Padró y Stanilovsky 2012) (http://nlp.lsi.upc.edu/freeling/) de libre disposición que proporciona herramientas para el análisis morfológico, sintáctico y semántico. Contiene analizadores basados tanto en constituyentes como en dependencias, así como analizadores parciales y completos.

4 Perspectivas actuales

La digitalización de la información en todos los ámbitos de la actividad humana en los que interviene el lenguaje, sea oral o escrito, ha repercutido tanto en los estudios teóricos sobre el lenguaje como en las aplicaciones de PLN. Los sistemas actuales de tratamiento automático del lenguaje deben afrontar el análisis de textos tanto orales como escritos, en cualquier tipo de registro y de cualquier ámbito temático.

La aproximación simbólica basada en reglas elaboradas manualmente se ha mostrado claramente menos adecuada que la aproximación empírica basada en datos (Márquez *et al.* 2002). Los sistemas de análisis que se desarrollan a partir de los años 90 del siglo pasado, afrontan este reto desde dos estrategias metodológicas distintas. Por un lado, se simplifica la profundidad del análisis sintáctico aplicando técnicas de análisis parcial: para muchas de las aplicaciones de PLN, no se requiere un análisis sintáctico en profundidad ya que la simple identificación de los constituyentes, sin necesidad de establecer qué relaciones o dependencias mantienen entre ellos, es suficiente. El análisis parcial es una opción muy habitual en aplicaciones como la búsqueda de respuestas y la extracción de información. Por otro lado, otra aproximación a la resolución del análisis de textos no restringidos ha sido la anotación manual de corpus de uso real de la lengua, es decir, el desarrollo de bancos de datos sintácticos o *treebanks*, a partir de los cuales mediante la aplicación de herramientas de tipo estadístico y de aprendizaje automático, se infiere la gramática que utilizarán los analizadores.

La anotación de los *treebanks* se puede realizar manualmente o semiautomáticamente, ya que no existen analizadores que lleven a cabo este tipo de análisis de manera completa y automática con un mínimo de garantías de calidad. Los analizadores que se infieren a partir de *treebanks* resuelven el análisis sintáctico con niveles de calidad superior que los sistemas de análisis basados en reglas elaboradas a mano. La razón estriba en el hecho de que la gramática que se infiere de los *treebanks* procede de textos de uso real de la lengua y resulta más adecuada para el análisis de textos de todo tipo.

A partir de finales del siglo pasado se empezaron a desarrollar *treebanks* para las lenguas con más presencia en el entorno de la red, para así facilitar el desarrollo de aplicaciones como la extracción de información, los sistemas de búsqueda de respuesta y la recuperación de información, entre otras.

Los *treebanks* consisten en colecciones de oraciones anotadas con información morfológica y sintáctica. La información morfológica consiste en asociar a cada palabra su categoría morfosintáctica y su lema. La información morfosintáctica puede limitarse a la categoría sintáctica básica (Nombre, Verbo, Adjetivo, Pronombre, Preposición, Adverbio y Conjunción) o bien incluir también información sobre rasgos más específicos como son el género, el número, el caso, etc. Hay que destacar que también se asigna una etiqueta identificadora a los signos de puntuación.

Los *treebanks* se utilizan fundamentalmente para inferir gramáticas y analizadores, pero también se pueden aplicar para evaluar teorías sintácticas, analizar fenómenos lingüísticos, para la obtención de patrones y estudiar el cambio lingüístico, entre otras aplicaciones.

En cuanto a la información sintáctica, esta se puede expresar en términos de constituyentes o dependencias. La anotación basada en constituyentes se caracteriza porque se pueden definir nodos sintácticos intermedios (SN, SV, SAdj, SP, Cláusula, etc.) entre el axioma inicial u Oración y el vocabulario preterminal (N, V, ADV, A, P, C y PR), es decir, el que corresponde a las categorías morfosintácticas. No hay ningún tipo de restricción en lo que se refiere al número y tipos de constituyentes intermedios, lo cual permite desarrollar gramáticas diferentes pero equivalentes para analizar un mismo corpus. Este hecho tiene como consecuencia que los *treebanks* anotados con estructuras de constituyentes sean difícilmente comparables ya que normalmente no coinciden en el vocabulario no terminal utilizado. Desde un punto de vista computacional, las gramáticas derivadas de un *treebank* basado en constituyentes requieren un coste de computación alto y difícilmente predecible.

En contraste, la anotación con dependencias se fundamenta en la existencia de un conjunto limitado y normalmente muy reducido de relaciones binarias entre las palabras que forman parte de una oración. No se admiten nodos intermedios, por lo que las relaciones son siempre entre palabras. Los *treebanks* anotados con relaciones de dependencias son fácilmente comparables entre sí, el coste computacional es menor y predecible: el número de relaciones está determinado por el número de palabras. Otra ventaja que presenta esta aproximación es que el tipo de relaciones que se pueden establecer es mucho más general y aplicable a lenguas diversas. Como se verá en el próximo apartado, una línea de investigación actual y con perspectivas de futuro es la definición de un conjunto universal de relaciones de dependencia (Nivre *et al.* 2020) que hará posible el desarrollo de *treebanks* para un gran número de lenguas actualmente con pocos recursos computacionales.

4.1 Treebanks del español

Desde un punto de vista histórico, el primer *treebank* que se desarrolló fue el Penn TreeBank (Taylor *et al.* 2003) para la lengua inglesa. A partir de los años 90 se empiezan a desarrollar *treebanks* para diferentes lenguas, en los que se siguen diferentes criterios de anotación, básicamente constituyentes o dependencias.

Para el español cabe distinguir dos tipos de *treebanks*: aquellos que tienen un nivel de anotación sintáctica básico consistente en el lema y la categoría morfosintáctica y los que contienen, además, información sintáctica referente a las funciones gramaticales, los constituyentes o las dependencias. Para muchos autores la categoría gramatical y el lema constituyen ya un nivel básico de información sintáctica porque implica haber resuelto la ambigüedad a nivel morfológico. En estos casos, se suele utilizar el término de microsintaxis. En el extremo opuesto, se encuentran aquellos *treebanks* que además de la información morfológica y sintáctica, contienen también información semántica y/o pragmática.

4.2 Corpus del español con información sintáctica básica

En primer lugar, presentamos los *treebanks* anotados con la información sintáctica básica. Los representantes más destacados de este tipo de *treebanks* son el Corpus de Referencia del Español Actual (CREA, www.rae.es/recursos/banco-de-datos/crea), el Corpus del Español del siglo XXI (CORPES, www.rae.es/recursos/banco-de-datos/corpes-xxi), ambos desarrollados por la Real Academia Española (RAE), y el Corpus del Español elaborado por Mark Davies (www.corpusdelespanol.org/) que se compone de varios subcorpus. No nos extenderemos en detallar las características de estos corpus ya que constituyen el núcleo del contenido del capítulo 44 de este mismo volumen.

4.3 Spanish FrameNet (SFN) Corpus

El Spanish FrameNet Corpus (Subirats y Sato 2004) se desarrolló como parte del proyecto FrameNet del español (http://spanishfn.org/). El SFN Corpus contiene 634 503 formas y 113 825 lemas anotados con la categoría morfológica, de los cuales 86 104 son formas simples y 25 721 expresiones multipalabra. El corpus como tal no es accesible y solo se puede acceder a las formas que contiene mediante una interfaz de consulta. Las formas se han almacenado en un diccionario online que informa sobre el lema, la categoría y las propiedades flexivas de nombres y verbos.

4.4 Corpus del español con información sintáctica completa o treebanks

A continuación, presentamos los corpus que contienen información sintáctica, que puede estar almacenada en diversos formatos. Nos hemos centrado en los corpus de mayor relieve, tanto por su tamaño como por su difusión y uso.

4.4.1 ARTHUS-BDS

La Base de Datos Sintácticos del español actual (BDS, www.bds.usc.es/) contiene el resultado de analizar manualmente las aproximadamente 160 000 cláusulas de que consta la parte contemporánea del Archivo de Textos Hispánicos de la Universidad de Santiago (ARTHUS). Se trata, por tanto, de una base de datos organizada en torno al concepto de cláusula, de manera que las oraciones fueron segmentadas en tantas cláusulas como formas verbales contenían.

La BDS está organizada en 63 campos que contienen información sobre el verbo que actúa como predicado, información sobre la cláusula en la que aparece, las funciones sintácticas que puede contener cada cláusula y observaciones. La BDS presupone un análisis lingüístico minucioso sobre los tipos de cláusulas (un total de 54) y el tipo de complementación que admiten, así como un estudio exhaustivo de los predicados verbales.

ARTHUS-BDS es una herramienta de gran interés para realizar estudios sintácticos del español basados en ejemplos de uso real. Este recurso se complementa con una interfaz de acceso que permite al investigador consultar con gran detalle toda la información que contiene.

4.4.2 El corpus ADESSE

ADESSE es una versión ampliada de la Base de Datos Sintácticos del español actual (BDS) que contiene información sintáctico-semántica sobre las cláusulas y los verbos registrados en un corpus del español (ARTHUS) de 1,5 millones de palabras. Para cada verbo se dispone de una información completa de sus alternancias diatéticas y su frecuencia relativa. Los argumentos de cada cláusula están anotados con la función sintáctica, la categoría sintáctica, el tipo semántico (animado, concreto, abstracto...), el rol semántico y el núcleo léxico. Los verbos están representados en sus diferentes acepciones y, para cada una de ellas, se indica su clase semántica y el tipo de proceso.

4.4.3 Spanish Treebank de la UAM

La Universidad Autónoma de Madrid (UAM) desarrolló entre 1997 y 2000 un banco de datos sintácticos de 1600 oraciones extraídas de periódicos (El País Digital y Compra Maestra, www.lllf. uam.es/~treebank/ayuda/manual-5.pdf). El corpus está anotado con información morfosintáctica (categorías gramaticales), sintaxis de constituyentes y funciones e información semántica sobre les restricciones selectivas de los complementos verbales. La sintaxis se ciñe literalmente al texto, de modo que no se recuperan los elementos elididos, no contiene por lo tanto categorías vacías.

4.4.4 Corpus AnCora

El corpus AnCora del español (AnCora-ES) (Martí *et al.* 2008; Taulé *et al.* 2008) contiene 500 000 formas extraídas del diario El Periódico y la agencia EFE (aproximadamente 18 500 oraciones). El corpus AnCora contiene diferentes niveles de anotación, para los que se ha seguido una metodología diversa. La anotación morfosintáctica se ha realizado automáticamente y se ha revisado durante la anotación sintáctica, que se ha realizado a mano, al igual que la anotación de semántica léxica con Spanish-WordNet (Gonzalez-Agirre et al. 2012) y la correferencia (Recasens y Martí 2010). La anotación de la estructura argumental y los papeles semánticos correspondientes se ha realizado de manera semiautomática.

Para la anotación sintáctica se siguieron los criterios siguientes: a) se mantuvo el orden sintáctico original; b) solo se recuperaron los sujetos elípticos; c) se optó por utilizar una estructura de constituyentes; d) se asoció a cada constituyente la función sintáctica correspondiente; d) no se distinguió entre argumentos y adjuntos en el árbol de análisis, ya que estos elementos se identifican por medio de la etiqueta que tienen asociada y e) finalmente, cabe destacar que para la anotación se siguió un criterio descriptivo y teóricamente neutro.

Civit *et al.* (2006) crearon de manera semiautomática la versión de dependencias del corpus AnCora, que ha sido, desde entonces la más utilizada por la comunidad investigadora; se ha utilizado como corpus de entrenamiento y evaluación en diferentes competiciones.

4.4.5 Corpus de la lengua española de registro no formal

Actualmente el PLN debe afrontar el reto de anotar corpus de lengua de registro no formal procedente en su mayor parte de los medios de comunicación social. Hay un interés creciente en detectar las opiniones de los usuarios sobre productos y servicios, sobre política y temas controvertidos, la detección de noticias falsas y del lenguaje tóxico u ofensivo, entre otros temas.

Estos textos están escritos en su mayoría de manera espontánea, informal y sin un proceso de postedición: contienen errores gramaticales, no siguen los criterios ortográficos de los signos de puntuación, manifiestan un uso muy libre de todo tipo de signo gráfico disponible en los teclados y, en consecuencia, requieren unos criterios y un proceso de anotación distinto al de los textos normativos. El desarrollo de *treebanks* a partir de corpus de estas características es mucho más complejo y costoso que el tratamiento de la lengua normativa, lo que explica que, de momento, estén poco representados.

En esta línea, cabe destacar el Latin American Spanish Discussion Forum Treebank (LAS-DisFo) un corpus del español de Latinoamérica (Taulé *et al.* 2015) disponible en el Linguistic Data Consortium (LDC) de la Universidad de Pensilvania. El corpus contiene 50 291 palabras 2846 oraciones con información sobre la categoría morfosintáctica, el lema y la anotación sintáctica con constituyentes y funciones.

5 Direcciones futuras y conclusiones

Uno de los retos a los que la tecnología lingüística debe hacer frente en la actualidad es compensar el impacto de la globalización en la pervivencia de las lenguas. Hasta el momento, los recursos de tecnología lingüística y, en concreto, los bancos de datos sintácticos, se han limitado a un pequeño número de lenguas: cerca de un centenar frente a las 6000 existentes, según datos del proyecto Universal Dependencies (UD) (Nivre *et al.* 2016, 2020). Las lenguas que carecen de recursos tecnológicos están sometidas a un factor de riesgo que puede afectar su supervivencia. Disponer de bancos de árboles sintácticos facilita el desarrollo de aplicaciones como la extracción y la recuperación de información y la traducción automática multilingües, lo que permite que estas lenguas estén presentes en el entorno de la comunicación digital.

El proyecto UD tiene como objetivo el desarrollo de bancos de datos sintácticos para el máximo número de lenguas posible. Con este objetivo, se han diseñado dos líneas de actuación:

- Definir un sistema de anotación sintáctica de corpus de valor universal que permita compatibilizar los recursos de tecnología lingüística existentes.
- Fomentar el desarrollo de recursos de tecnología lingüística para las lenguas sin infraestructura tecnológica: de hecho, la mayoría de las 6000 lenguas existentes.

El proyecto UD parte de las relaciones de dependencia entre las palabras. Las unidades básicas de anotación son las palabras sintácticas, lo que, en el caso del español, implica separar los clíticos de las formas verbales y separar las contracciones ("del", "al"). En la anotación morfológica distinguen tres niveles de anotación: el lema, la categoría principal y un conjunto de rasgos que representan las propiedades léxicas y gramaticales (género, número, caso, tiempo, modo, etc.). El nivel sintáctico consiste en un árbol de relaciones entre palabras. El nodo raíz es el verbo de la cláusula principal, del que dependen el resto de palabras. En el proyecto UD se distinguen 37 tipos de relaciones universales para clasificar las relaciones sintácticas (p.e.: nombre en función sujeto (nsubj), objeto (obj), complemento (ccomp), etc.).

UD distingue dos niveles de etiquetado, el general y el universal. El sistema general incluye las categorías básicas, sin especificaciones. Los sistemas de etiquetado más específicos, normalmente aplicables a unas determinadas lenguas se utilizan para representar distinciones adicionales, como la distinción entre sujeto de oración activa y de oración pasiva, solo relevante para las lenguas que tienen voz pasiva.

Este proyecto fomenta también el estudio de técnicas y métodos para la anotación de *treebanks* para las lenguas que no disponen de los mismos a partir de los *treebanks* que ya existen. Actualmente se dispone de 157 *treebanks* que representan un total de 90 lenguas de 20 familias de lenguas distintas. El español está representado con diferentes corpus, que suman un total de un millón de palabras (https://universaldependencies.org/).

Tratamiento de estructuras específicas

Como se ha visto, los bancos de datos sintácticos contienen información general sobre la sintaxis de la lengua. Sin embargo, para determinadas aplicaciones, especialmente para los sistemas de extracción de información y minería de opiniones, es necesario tratar aspectos específicos relacionados con la sintaxis que afectan directamente la interpretación de los textos. La negación, la factualidad y las expresiones temporales aportan información que incide de manera determinante en los resultados de dichos sistemas.

La negación

En el marco del PLN, el tratamiento de la negación ha cobrado un especial interés ya que afecta directamente a la polaridad de los textos (Morante y Sporleder 2012). La negación es un fenómeno lingüístico mediante el cual se invierte el valor de verdad de la unidad lingüística (proposición, sintagma o palabra) a la que se aplica. El carácter idiosincrático de la expresión de la negación en cada lengua requiere un análisis lingüístico específico.

Los *treebanks* del español no contienen información específica sobre la negación. A lo sumo, identifican las partículas negativas más frecuentes (*no, nada, nunca*). Con el fin de entrenar sistemas de detección automática de la negación en español, se están desarrollando corpus anotados con esta información, aunque no siempre contienen información sintáctica completa. Es el caso, por ejemplo, de los corpus SFU-ReviewSP-NEG (Jiménez-Zafra *et al.* 2018) y NewsCom-NEG (Taulé *et al.* 2020).

Anotación de las expresiones temporales y la factualidad

Los sistemas de extracción y recuperación de información precisan a menudo disponer de información específica sobre la fecha en que ha tenido lugar un determinado evento, su evolución a lo largo del tiempo o bien necesitan determinar si se trata de hechos reales o hipotéticos. El seguimiento de noticias en la web o el tratamiento de la documentación médica son ejemplos paradigmáticos de este tipo de aplicaciones. Con el fin de garantizar la localización temporal de un determinado acontecimiento, se han enriquecido algunos *treebanks* ya existentes con anotación de las expresiones temporales que contienen y también con información sobre el carácter factual o no factual de los eventos que se narran. Para el español cabe destacar el corpus Spanish TimeBank (Saurí *et al.* 2010), que consiste en textos del corpus AnCora (una selección de 210 documentos, con un total de 75 000 palabras) anotado con los criterios del tagset TimeML. FactBank (Saurí y Pustejovsky 2009) es una versión de este mismo corpus al que se ha añadido información sobre factualidad.

A modo de conclusión, las líneas de futuro que se abren en el tratamiento sintáctico automático de las lenguas son, por un lado, el desarrollo de analizadores superficiales de máxima cobertura y un mínimo error aplicables a textos no normativos. Por otro lado, cabe destacar también, el desarrollo de aplicaciones multilingües, para lo cual se hace necesaria la dotación de recursos de tecnología lingüística para el máximo número de lenguas posible, con la idea de facilitar la comunicación en un mundo cada vez más globalizado. Finalmente, existe un interés creciente en el tratamiento de problemas sintácticos específicos que afectan de manera determinante la calidad de los resultados de las aplicaciones de PLN.

Lecturas complementarias recomendadas

Jurafsky, D. y J. H. Martin. 2020. Capítulos 12, 13 y 14. Versión electrónica. (https://web.stanford.edu/~jurafsky/slp3/).

Nivre, J. 2009. "Treebanks". En *Corpus Linguistics*, eds. A. Lüdeling y M. Kytö, Vol. 1, 225–241. Berlin: Mouton de Gruyter.

Referencias bibliográficas

Abney, S. P. 1991. "Parsing by Chunks". *Principle-Based Parsing*, 257–278. Dordrecht: Springer.

Badia, T., S. Balari, R. Cerdá y J. Vidal. 1990. "El tratamiento computacional de la lengua española en el Proyecto de traducción automática EUROTRA". *Actas del XX Congresos de la Sociedad Española de Lingüística*. Madrid: Gredos.

Bresnan, J. y R. M. Kaplan. 1982. *Lexical Functional Grammar: A Formal System for Grammatical Representation: The Mental Representation of Grammatical Relations*. Cambridge, MA: MIT Press.

Chomsky, N. 1956. "Three Models for the Description of Language". *IRE Transactions on Information Theory* 2(3): 113–124.

Civit, M., M. A. Martí y N. Bufi. 2006. "Cat3LB and Cast3LB: From Constituents to Dependencies". *International Conference on Natural Language Processing (in Finland)*, 141–152. Berlin, Heidelberg: Springer.

Gonzalez-Agirre, A., E. Laparra y G. Rigau. 2012. "Multilingual Central Repository Version 3.0: Upgrading a Very Large Lexical Knowledge Base". *Proceedings of the Sixth International Global WordNet Conference (GWC'12)*.

Jiménez-Zafra, S. M., M. Taulé, M. T. Martín-Valdivia, M. A. Martí y L. A. Ureña López. 2018. "SFU ReviewSP-NEG: A Spanish Corpus Annotated with Negation for Sentiment Analysis a Typology of Negation Patterns". *Language, Resources and Evaluation* 52(2): 533–569. Netherlands: Springer.

Jurafsky, D. y J. H. Martin. 2020. *Speech and Language Processing*. (https://web.stanford.edu/~jurafsky/slp3/).

Márquez, Ll. 2002. "Aprendizaje automático y procesamiento del lenguaje natural". En *Tratamiento del lenguaje natural*, eds. M. A. Martí y J. Llisterri, Fundación Duques de Soria, 133–188. Barcelona: Ediciones de la Universidad de Barcelona.

Martí, M. A., M. Taulé, Ll. Màrquez y M. Bertran. 2008. *AnCora: A Multilingual and Multilevel Annotated Corpus*. (http://clic.ub.edu/corpus/webfm_send/13).

Meechan-Maddon, A. y J. Nivre. 2019. "How to Parse Low-Resource Languages: Cross-Lingual Parsing, Target Language Annotation, or Both?". *Proceedings of the Fifth International Conference on Dependency Linguistics (Depling, SyntaxFest 2019)*, París, 112–120.

Morante, R. y C. Sporleder. 2012. "Modality and Negation: An Introduction to the Special Issue". *Computational Linguistics* 38(2): 223–260.

Nivre, J., M.-C. de Marneffe, F. Ginter, Y. Goldberg, J. Hajic, Ch. D. Manning, R. McDonald, S. Petrov, S. Pyysalo, S. Schuster, F. Tyers y D. Zeman. 2016. "Universal Dependencies v1: A Multilingual Treebank Collection". *Language Resources and Evaluation Conference*, 1659–1666.

Nivre, J., M.-C. de Marneffe, F. Ginter, J. Hajic, Ch. D. Manning, S. Pyysalo, N. Silveira, R. Tsarfaty y D. Zeman. 2020. "Universal Dependencies (v2): Evergoing Multilingual Treebank Collection". *Language Resources and Evaluation Conference*, 4034–4043.

Padró, L., y E. Stanilovsky. 2012. "Freeling 3.0: Towards Wider Multilinguality". *Eighth International Conference on Language Resources and Evaluation (LREC'12)*. European Language Resources Association (ELRA), Estambul.

Pollard, C. y I. A. Sag. 1994. *Head-Driven Phrase Structure Grammar*. Chicago: University of Chicago Press.

Recasens, M. y M. A. Martí. 2010. "AnCora-CO: Coreferentially Annotated Corpora for Spanish and Catalan". *Language Resources and Evaluation* 44(4): 315–345. Nueva York: Springer-Verlag.

Sager, N. 1981. *Natural Language Information Processing: A Computer Grammar of English and Its Applications*. Boston: Addison-Wesley Longman Publishing Co., Inc.

Saurí, R. y J. Pustejovsky. 2009. "FactBank: A Corpus Annotated with Event Factuality". *Language Resources and Evaluation* 43(3): 227–268.

Saurí, R., E. Saquete, y J. Pustejovsky. 2010. "Annotating Time Expressions in Spanish: TimeML Annotation Guidelines". Barcelona Media Technical Report, BM 2010–02. (http://comunicacio.barcelonamedia.org/technical_reports/BM2010_02.pdf).

Subirats, C. y H. Sato. 2004. "Spanish Framenet and Frames". *4th International Conference on Language Resources and Evaluation: Workshop on Building Lexical Resources from Semantically Annotated Corpora*, Lisboa.

Taulé, M., M. A. Martí, A. Bies, A. Garí, M. Nofre, Z. Song, St. Strassel y J. Ellis. 2015. "Spanish Treebank Annotation of Informal Non-Standard Web Text". En *CWE-2015 Worjshop, Lecture Notes in Computer Science*, eds. F. Daniel y O. Díaz, 15–27. Cham: Springer Verlag.

Taulé, M., M. A. Martí y M. Recasens. 2008. "Ancora: Multilevel Annotated Corpora for Catalan and Spanish". *Proceedings of 6th International Conference on Language Resources and Evaluation*, Marrakech, 96–101.

Taulé, M., M. Nofre, M. González, y M. A. Martí. 2020. "Focus of Negation: Its Identification in Spanish". En *Natural Language Engineering*, 1–22. Cambridge: Cambridge University Press.

Taylor, A., M. Marcus y B. Santorini. 2003. "The Penn Treebank: An Overview". En *Treebanks*, 5–22. Dordrecht: Kluwer.

índice temático

a: marca preposicional 10.2; *vid.* también marcación variable del objeto
activación en paralelo 7.1
acto de habla 6.4.6, 9.3.3, 9.4.1, 9.4.5, 11.4.1, 16.3, 18.3, 27.3.2, 42.3.2
    acusativo 2.3.1, 3.4, 10.2, 12.4.2, 21.2, 31.2, 31.4.3
    adjetival: *vid.* sintagma
adjetivo 1.2.1, 5.4.1, 8.2.1, 13.3, 14.2.1, 15.5, 17.2.2, 30.2, 30.3.3, 32.2.2, 32.5, 33.2; calificativo 3.3, 33.2, 33.3; clases semánticas del 25.3; clasificación del 33.2; diádico 33.4, funciones del 33.2; monádico 33.4; perfectivo 12.4.1; posición del 33.3.2; relacional 33.2 sigs.; triádico 33.4; valorativo 33.2
adjunción 3.4, 3.5, 5.3.2, 5.43, 12.5, 43.4.2; alta 43.4.2; baja 43.4.2; tardía 7.4; temprana 7.4
adjunto 5.2, 5.3.2, 5.3.3, 5.4.3, 8.1, 8.2.2 sigs., 8.4, 8.5, 10.2, 12.2, 18.2.1, 18.5, 19.4.1, 20.3.1, 24.2 sigs, 30.2, 30.4.2, 30.5, 33.4, 34.3, 35.2, 35.3.4, 36.3.1, 36.4.3, 45.4; libre 12.3.1, 12.5; nominal 13.2, 18.3; opcional 10.2
adordinación 5.2
adquisición 8.2.7, 17.5, 32.5, 41.3.1 sigs.; y aprendizaje 43.2.1; bilingüe 45.5.3; de la primera lengua 2.2, 2.4, 4.2, 4.4; de la sintaxis 43.2.2, 43.2.3, 45.5.3, de segundas lenguas 7.3, 32.4.2, 42.4, 42.5, 43.5.1; orden de 43.2; temprana 10.4.1
adverbial: *vid.* sintagma
adverbio 3.2, 3.5, 9.4.2, 13.3, 17.3.2.3, 34, 36.2.4, 36.3.2; de afirmación 34.2; argumental 34.3.2; aspectual 12.5; en cláusulas absolutas 12.2; de dominio 34.4.3; de duda 18.2.1, 27.4.1; de la enunciación 34.3.2, 34, 4.3; del enunciado 34.4.3; escalar 35.4.2; espacial 32.2.2; exclamativo 9.4.3; de exclusión 27.4.3; facultativo 34.3.2; de foco 18.2.1, 27.4.3, 33.3.2, 34.2, 35.2; de grado 33.2; interrogativo 9.3.2; de lugar 3.2, 32.2.2; de marco 34.3.2, 34.4.3; modal 27.2; de negación 34.2; nuclear 34.3.2; periférico 34.3.2; predicativo 34.3.2; relativo 14.2.1, 14.2, 36.3.1; de retoma 14.5; temporal 3.2, 12.2

afirmación 3.2, 21.3.2, 26
agente 2.3, 2.3.1, 8.2.5, 8.4, 10.2, 21.3.2, 22.2, 22.4, 29.3.2, 30.3.2, 30.4.2
alcance 11.4.1, 11.4.2, 12.4.1, 13.2, 26.2, 26.3.1, 26.5, 27.2, 27.4.2, 29.3.2, 34.2 sigs., 37.3, 42.3.1
alternancia 2.3, 8.2.3, 13.2, 13.4, 15.4.3.1, 20.3.1, 20.4.2, 21.4.1, 24.3, 24.4, 40.3, 40.5, 41.4.2, 42.3.1; causativa 21.4.1, 21.4.3; de código 43.3.3 y sigs.; diatética 45.4; entre *ser* y *estar* 25.3, 25.4; modal 13.2, 27.3.1, 27.3.2; objetiva 27.4.2; preposicional 35.3.2; de transitividad 21.5
ambigüedad 6.3.3, 13.2, 22.2.4, 30.4.2, 31.4.1, 39.4.1, 43.4.2.1, 45.5; estructural 45.2; sintáctica 7.4
análisis: de constituyentes 45.4; de dependencias 45.4; pragmático 45.2; sintáctico 1.3.4, 4.4, 5.5, 7.3, 8.3, 8.4, 44.3, 45.2 y sigs.; sintáctico automático 45.3.2; sintáctico-semántico 44.3
analizador 45.2 y sigs.; morfosintáctico 44.2; sintáctico 44.2, 45.2
anotación 5.5, 44.2 y sigs.; de expresiones temporales 45.5; manual 45.4; morfológica 45.5; pragmática 5.5; sintáctica 45.4, 45, 5; de *treebanks* 45.4 y sigs.
anticausatividad 21.4.3
apódosis 16; 36.4.3, 38.2
aposición 3.3, 5.2, 30.2; incidental 30.2
aprendizaje 4.2 y sigs., 7.3, 42.4, 43.2.1 y sigs.; automático 45.4; de ELE 42.3; de lenguas extranjeras 42.2; de segundas lenguas 7.3
argumentación 11.2, 11.4.1; teoría de la 37.2
argumento 2.3, 3.2, 3.4, 5.2 y sigs., 8.1, 8.2.2 y sigs.; externo 2.3, 13.2, 20.3.1; implícito 3.4; interno 2.3, 12.2, 12.4.2, 20.3.1, 21.3.1, 10.2, 10.3, 18.2.1, 18.3, 18.5, 20.4.1, 24.2, 24.4, 24.5, 29.2, 30.4.2 y sigs., 33.4, 44.3, 45.4
aspecto 28; completamiento y delimitación 34.4.1; continuativo 29.3.1; cuantitativo 29.3; distributivo 29.3.1; de fase 29.3.1; frecuentativo 29.4.2; gradual 29.3.1; habitual 29.3.1; prospectivo 29.3.1; repetitivo 29.3.1; resultativo 29.3.1

619

índice temático

atributo 1.3.2, 3.2, 3.4, 5.2, 5.3.3, 5.4.3, 10.2, 14.2.1, 14.2.2, 25.2, 25.4, 30.2, 33.2, 33.4, 42.3.1; de adjetivos 25.4; de complemento directo 10.4.1; facultativo 10.2; *vid.* también predicativo

banco de datos sintácticos 45.4
base de datos sintácticos 44.3
beneficiario 3.4, 10.2, 24.4, 29.4.3
borrado comparativo 17.3.2.2

cambio 4.4, 8.2.6, 8.4, 41.3.1, 43.5.1; de código 7.4; de diátesis 24.4; de estado 21.3.2, 21.4.3; hipótesis de aceleración del 25.3; lingüístico 38.3.3, 38.4.3, 39.2, 40.2, 40.3, 45.4; de marcación 38.3.5; sintáctico 16.5, 38.2, 38.3.1, 38.4.1, 38.4.4, 40.2; verbos de 25.3, 25.4; y variación 2.4.1, 16.4, 25.1 y sigs., 39.5
caso 1.2.4, 2.3, 5.5, 20.2.2, 21.2, 21.3.3, 31.4.5, 38.3.1, 45.2 y sigs.; marca de 14.4.1; marcado diferencial de 12.4.2; marcado excepcional de 2.3.1; marcadores de 10.2; marcas de 24.2; oblicuo 21.2, 35.2; recto 12.2; teoría del 2.3.1; *vid.* acusativo, dativo, nominativo
categoría 5, 35.3.3; frástica 6.2; funcional 2.4.1, 5.4.1, 30.3, 43.2.4, 43.4.1; gramatical 1.3.2, 3.2, 35.41; léxica 2.3, 6.2, 8.2.1, 8.3; lógica 1.3.2; oracional 6.2; prosódica 6.45; semántica 4.4; semiléxica 35.5; sintáctica 1.2.4, 4.4, 5.3.1, 5.4.1, 6.4.5; vacía 43.4.1
causatividad 21.4.3
cláusula 1.3.4, 3.2, 3.4, 5.3.1, 5.4.1, 5.4.4, 12.4, 13.3, 16.2.2, 18.2.3, 19.3.2, 25.2, 36.4.3, 45.4; absoluta 12; absoluta participial 12.3.2; dependiente 12.2; parentética 12.2; principal 11.4.3; *vid.* también oración
clítico 31; combinación de clíticos acusativo y dativo 31.4.5, 44.4; en zonas de contacto 41.3.4, 41.5; posición del 32.2.1, 38.4.2, 43.5.1; *vid.* también duplicación, pronombre personal
coacción contextual 8.2.7
   coaparición 2.5, 15.2.1.2; *vid.* también colocación.
   colocación 1.3.1, 32.2.2, 34.5
comparación: léxica 17.2.1
comparativo 14.2.1, 14.2.3, 34.4.1; esquema 15.4.2.2; plurifocal 17.3.2.1; sincrético 17.3.2.3
complementante 2.4.1, 13.2, 13.3, 36.5, 39.2
complemento: adverbial 3.5, 10.2, 20.4.2, 24; agente 22.3; argumental 10.2, 5.4.3, 30.2, 33.4; circunstancial 3.4, 8.4, 10.2, 22.2, 34.3 y 34.4, *vid.* también adjunto; directo 1.2.4, 3.4, 10.2, 12.4.2, 31.4.3, 43.4.1.2; indirecto 1.2.4, 3.4, 10.2, 20.4.2, 24.3, 29.4.3, 31.4.6; predicativo 3.4, 8.2.3, 12.3.1, 24.3, 33.2, *vid.* también atributo; de régimen 1.2.4, 2.4.1, 3.2, 5.3.3, 5.4.3, 10.2, 24.3, 27.4.2
componente pragmático 3.1, 3.3, 5.4.3
composicionalidad 2.2, 4.3.1, 8.27
concordancia 1.2, 2.4.1, 3.2, 3.4, 4.2.1, 4.3.2, 5.2, 5.3.2, 5.4.3, 6.3.3, 12.3.2, 14.4.2.3, 21.3.3, 22.2.4, 24.2, 30.2, 30.3.2, 32.4.2; ad sensum 30.4.1; comitativa 35.4.2; en corpus 44.2; léxica 8.2, 8.4; de modos 27.5; de tiempos 5.4.1
conector 4.3.1, 11.4.3, 11.4.4, 12.4.1, 15.4.4.1, 16.3, 17.3.3, 18.2.2 y sigs., 36.3.2, 37.2, 37.3
conjunción 1.2.1, 1.2.2, 15.2.1, 36; adversativa 15.4.1; causal 15.4.1, 36.2.2; consecutiva 36.2.2; coordinante 15.3.2; copulativa 15.4.1; disyuntiva 15.4.1; ilativa 15.4.1, 36.2.2; subordinante 36.2.2
constituyente: inmediato 2.3, 5.2
construcción: binominal 30.4.1; bitransitiva 4.2.1, 4.3.2; causal 18, 27.3.1, 27.4.4; consecutiva 9.4.3, 11.4.3, 17.2.1, 18; ilativa 18, 27.4.4; intransitiva 10, 21; presentativa 30.3.1; reasuntiva 14.2 y sigs.; transitiva 10, 21
constructicón 4.3.2
constructo 2.3, 4.3.2, 39.2, 39.5, 41.4.2
contacto 25.1 y sigs., 31.2.2, 31.4.5, 32.4.3, 32.5, 38.3.5, 39.2, 39.4.2, 41.2.1, 41.3.4. 41.4, 43.4.1.1; de lenguas 22.5, 25.2 y sigs., 31.2.2, 31.4.2, 38.3.5, 39.4.2, 41.2.1, 41.3.2 y sigs.
control cognitivo 7.3
coordinación 1.3.4, 3.3, 5.2, 5.3.2, 11.4.4, 15, 18.3, 18.4, 30.3
coordinador 15
corporeización 4.3.3
corpus 2.2, 3.3, 5.5, 7.4, 8.2.4, 8.3, 10.4.1, 12.5, 13.4, 16.5, 19.3.2, 20.2.2, 20.5, 21.3.1, 21.4.1, 22.3, 24.4, 24.5, 36.5, 37.4, 38.2, 38.3.3, 38.4.4, 38.5.1, 40.4, 42.4, 42.5, 44, 45.2, 45.4; paralelos 12.5; tipos de 44.2
correferencialidad 6.4.1, 29.2, 39.4.1
cuantificación 14.4.2.1, 17.3.2.1, 18.2.2, 18.3, 34.4.2; inherente 34.5
cuantificador 3.2, 3.5, 5.4.3, 13.2, 14.2.1, 14.2.3, 14.4.2.1, 17.2.1, 17.3.2, 19.4.1, 26.3.1, 27.4.3, 30.2 y sigs., 33.4, 33.5, 34.4.2, 34.5, 44.2; de grado 34.2, 36.3.2; sustantivo 30.3.2, 30.4.1

dativo 2.4.1, 3.4, 5.3.3, 8.2.5, 10.2, 20.4.2, 31.2.1, 31.4.6; benefactivo 20.4.2, de interés 3.3
definitud 20.4.3, 23.2, 31.4.3, 39.3, 39.4.2; efecto de 14.4.2.2, 20.4.3, 20.3.1, 30.5
deísmo 2.4.1, 13.4
demostrativo 14.4.2.4, 30.2, 30.3, 32, 38.3.1
dependencia 1.2.4, 1.3.2, 3.2, 3.3, 5.2, 5.3.2, 5.4.3, 11.3.2, 11.4.4, 15.2, 15.3.2, 18.4, 27.4.2, 30.4.2, 45.4

índice temático

dequeísmo 13.1, 13.3, 24.5, 39.2
destinatario: *vid.* recipiente
diafasia 39.2
dialecto social 39.2
diastratía 16.2.1, 39.2
diatopía 16.2.1, 16.5, 39.2
dimensión retórica 18.4
  diseño de la audiencia 23.3
dislocación 19.3.2, 19.4.2, 20.3.2, 28.2, 38.5.3
duplicación 21.2, 21.3.3, 31.2.2, 31.4.3, 38.3.3, 39.4.2; del CD 34; del CI 4.3.2, 43.5.1; del posesivo 38.3.3; *vid.* también clítico

economía 2.3, 6.3.3, 40.2; comunicativa 15.5
elaboración 38.4.2
ELE 42
elipsis 1.2.2, 5.4.2, 11.4.3, 14.3.2, 17.3.2.1, 17.4, 17.5, 26.2, 30.3.3, 38.3.3; ley de la 17.3.2; remática 15.5
elocución 6.3, 9.4.5
endocentricidad 2.3; hipótesis de 5.4.1; principio de 5.3.1
endocéntrico 5.3.1, 15.3.1, 20.3.1, 30.3, 35.3.3, 36.3.3
énfasis 9.4.3, 19.2, 19.3.1, 19.4.1, 31.3.3, 42.4
entonación 5.3.1, 9.3.2, 9.4.1, 11.4.1, 11.4.3, 14.3.1, 18.2.1, 18.3, 18.4, 19.3, 27.2, 33.3.2, 36.4.1; enfática 16.3; exclamativa 3.3
enunciado 3.4, 5.2, 5.4.3, 6.2, 6.3.4, 9.2.1 y sigs., 11.2, 11.4.1 y sigs.; parentético 11.4.3; suspendido 11.1, 11.4.3
equiparación 41.2., 41.4.3
escuela de Columbia 41.5
espacio conceptual 16.4.2, 16.5
estilo 3.3, 3.4, 22.3, 23.3.2, 38.3.1, 38.5.2, 38.5.3, 39.2, 39.5, 40.2; directo 9.4.3, 20.4, 27.3.2, 28.2; formal 40.2; indirecto 9.4.2, 27.3.2; 40.2
estímulo 10.3, 20.4.2, 24.3
estrategias de uso 41.4.1
estructura: argumental 2.3, 3.4, 4.3.2, 5.3.2, 5.4.3, 8.2.3, 8.2.6, 10.2, 10.3, 19.5, 20.4.1, 21.5, 24.2, 45.4; eventiva 8.2.6; informativa 2.5, 5.2, 6.4.4, 11.2, 11.3.1, 11.3.3, 12.3.3, 18.3, 19, 20.2 y sigs.; presentativa 11.4.4, de Qualia 8.2.4, 8.26; temática 8.2.5, 42.2; valencial 3.4
estructuralismo 3.3, 4.3, 8.3, 19.2, 35.3.3, 38.3.1
experimentador 10.4.1, 20.4.2, 21.3.2, 24.3, 42.4,
experimentante: *vid.* experimentador
exocéntrico 2.3, 5.4.1, 35.3.3
exocentricidad 35.3.3, 36.3.3
explicitud 2.3, 41.5, 42.3

figura 1.2.2
focal 17.3.2.1, 19.2 y sigs., 20.4.1, 29.31; contraste 6.2, función 6.4.1; información 39.3, 39.4

focalización 5.4.3, 8.2.6, 11.4.1, 11.4.2, 12.3.1, 15.5, 17.3.3, 19.3.1, 21.3.1, 22.3, 24.4, 33.3.2
focalizador 11.2, 40.4.2
frase: sustantiva 1.3.3, 30.3, 30.5; *vid.* sintagma
fraseo prosódico 6.4.5
frecuencia 19.5, 20.2.2, 20.3.2, 24.4, 25.5, 38.3.5, 42.4; absoluta 44.3; análisis de 40, 3; de inventario 21.2; normalizada 10.4.2, 38.4.4, 44.3; de uso 7.3, 7.4, 9.5, 21.2
función 35.3.3; discursiva 2.4.2, 4.2, 20.3.1, 23.4, 30.4.2, 32.3.1; 37.4, 40.3; informativa 5.2, 5.4.3, 20.3.1; pragmática 11.2, 37.2, 37.4; presentativa 20.4.1; *vid.* también función semántica, función sintáctica
función semántica 2.3, 3.4, 5.2, 8.2.2., 8.2.4, 8.2.5, 10.2, 21, 24.2, 24.3, 24.4, 30.4.2; *vid.* también agente, beneficiario, estímulo, experimentador, instrumento, locativo, paciente, recipiente
función sintáctica 1.3.2, 1.3.3, 1.3.4, 3.4, 5.2, 5.3.3, 5.4.3, 10.2, 10.4, 21, 24.2, 24.3; *vid.* también atributo, complemento agente, complemento circunstancial, complemento directo, complemento indirecto, complemento de régimen

gestión: informativa 6.2, 6.4
gradación 33.3.3, 33.5
gramática: basada en el uso 4.4, 6.5, 7.4, 10.3, 21.3.1, 25.4, 40.3; cognitiva 4.2, 4.3, 4.4, 10.3, 16.3, 18.4, 21.3.1, 42.4; de construcciones 4, 10.4, 20.5, 42.4; estructural-funcional 5.4.1, 5.4.3, 13.3, 36.3.3, 38.3.1; formal 20.3.1, 25.4, 45; funcional 15.3.2, 20.3.2, 21.3.1; generativa 2, 5.3.1, 5.4.1, 8.2, 8.3, 8.4, 10.3, 13.3; 15.3.1, 20.4.1, 30.3, 31.3.1, 35.3.3, 36.3.3, 38.3.2, 38.4.2, 45.3.1; pedagógica 38.2, 42.2; universal 2.2, 2.4, 4.2, 43.3.1; de valencias 5.3.2, 10.3, 24.2, 24.4, 24.5
gramaticalización 3.2, 6.2, 18.3, 18.4, 25.2, 29.4, 30.3.1, 31.4.3, 31.5, 32.4.1, 33.3.3, 34.5, 35.4.1, 37.4, 38, 40.3, 43.5
grupo: comparativo 17.2.2, 17.3.2.2; sintáctico 1.3.3, 5.2, 5.3.1, 10.2

herencia 4.4
hipotaxis 1.3.4, 15.2.1, 16.2, 36.2.3; *vid.* subordinación

ilocución 6.3
imperativo 27.3.1 y sigs.
impersonalidad 23
inacusatividad, *vid.* intransitividad; *vid.* también verbo inacusativo
influencia interlingüística 43.2.3, 43.4.2.1

índice temático

independencia 9.3.1, 27.4.2; formal 9.5; funcional 5.4.2, 5.3.1, 9.2.1, 40.3
indicativo 27.3.1 y sigs.
input 7.4, 42.2, 42.4, 43.2.1 y sigs.
instrumento 24.3, 24.4
insubordinación 11.2, 11.4.4, 16.3, 36.4.3
interfase 6.2 y sigs.; sintaxis-discurso 6.3 y sigs.
interrogación retórica 9.4.2
interrogativo 9.4.2
interacción 11.3.1, 11.3.2, 16.3, 32.5, 37.2, 37.3, 39.2, 42.1, 42.3; comunicativa 32.2.1; verbal 21.3.1
interordinación 5.4.1, 11.2, 11.4.4, 16.2 y sigs., 18.3 y sigs., 36.2.3
interpretación retórica 12.4.1, 26.4
interrogativo 9.4.2; sintagma 2.2, 9.4.2
intransitividad 2.3.1, 20.4, 10.2.5, 20.3.1, 21; vid. tb. construcción intransitiva
inversión locativa 20.3, 20.4

jerarquía de Chomsky 45.3.1

laísmo 10.2, 31.2, 31.4.5
le plural 31.4.6, 31.5, 31.2.2
leísmo 10.2, 21.2, 21.3.3, 31.2.2, 31.4.5, 31.5, 39.4.2, 41.5
lematización 24.5, 38.4.4, 44, 45
lengua: extranjera 42; hablada 10.4.2, 20.2.2, 22.2.4, 22.5, 40, 44.5; de herencia 43.2.2., 43.4.1.2, 43.5.2; materna 43; no nativa 43; oral *vid.* lengua hablada
locación: *vid.* locativo
locativo 20.3.1, 20.4.2, 24.3, 24.4, 25.2, 34.4.1
locución 4.2.1, 5.4.1, 27.3.1, 35.4.1, 36.3.2; adverbial 5.4.1, 15.4.4, 18.4; adversativa 36.3.2; causal 18.4, 36.3.2, conjuntiva 36.2.2; consecutiva 36.3.2; idiomática 4.2.1, 4.3.2; ilativa 18.4; final 36.3.2; modal 36.3.2; preposicional 18.2.1, 35.4.1; sustantiva 8.2.1; temporal 36.3.2; verbal 44.3
loísmo 10.2, 31.2.2, 31.4.5

macrosintaxis 9.5, 11.2, 11.4.1
marcador: pragmático 37.2; discursivo 2.4.1, 37
modalidad 9.3.1 y sigs., 11.1, 11.4, 11., 5, 15.4.1, 20.2.2, 20.5, 27, 29.3.2, 34.3.2, 44.3; de los actos de habla 9.3.3; aseverativa 9.3.1, 9.4.1; deóntica 22.4.1; desiderativa 9.3.1; dinámica 29.5; discursiva 21.5; del enunciado 9.3.1; epistémica 29.3.2; exclamativa 9.3.1; 41.4.3; expresiva 39.2; imperativa 9.3.1, 9.4.5; interrogativa 9.3.1, 9.4.2, 42.3.2; oracional 2.5, 9.3.2, 18.4, 34.4.3
modelo: cognitivista 10.3, 35.3.2; construccionista 8.2.6, 8.4, 10.3, 10.4.1; de ejemplares 25.4, 25.5; funcional 8.2.1; interactivo 7.3, 7.4; modular 2.3, 7.3

modificador 2.3, 5.2, 5.4.3, 10.2, 12.2, 12.3.1, 14.3.1, 14.4.2, 17.3.2, 18.3, 30.2, 30.3, 30.4.1, 30.5, 33.2, 33.4, 34.2 y sigs., 36.3.3, 38.3.5; explicativo 12.3.1; en inciso 30.2; de manera 34.4.2; de modalidad 11.4.1, 34.3; oracional 34.3, 35.2; preposicional 30.2; temporal 12.4.1
modo verbal 9.3.1 y sigs., 27; en las oraciones no subordinadas 27.4.1; en las oraciones subordinadas 27.4.2 y sigs.
modo de acción 12.3.2, 12.5, 29.3.1, 29.4.2
morfosintaxis 7.3, 14.4.2.3, 18.4, 41.2.1, 41.3.3, 41.4.2, 43.1, 43.2.2, 45.1, 45.3; arbitraria 41.4.2; semántica 41.4.3

negación 3.2, 9.4.1, 12.4, 13.2, 15.4.2, 17.3.2.1, 17.3.3, 18.2.2, 26, 27.2, 27.4, 34.3, 34.4.4, 35.4.2, 45.5
neutralización 28.2, 40.3, 41.1, 41.3.4; morfológica 3.3
nexo 3.2, 5.2, 5.3.2, 16.4 y sigs., 17.3.2, 18.5, 25.2, 29.2, 36.3, 38.3.5, 42.4; coordinante 15.2.1; correlativo 15.4.3.2
nombre: *vid.* sustantivo
nominal: *vid.* sintagma
 nominativo 1.3.2, 2.31, 12.2, 12.4.2, 21.2, 30.3.3, 35.2
nominalización: léxica 30.4.2; oracional 13.2, 13.3
núcleo 2.2 y sigs., 3.3, 5.2 y sigs., 8.3, 10.5, 11.4.1 y sigs., 13.3, 14.2.3, 14.5, 15.2.1, 15.3, 17.2.2, 17.3.2, 18.2.1, 18.4, 20.3, 25.2, 29.2, 30.3.2, 30.4, 30.5, 33.2, 34.2, 34.3.1 y sigs., 36.3.3, 43.4.2.1, 45.3; nominal 30.3, 30.4.2, 32.2.2; oracional 3.4, 5.4, 10.2, 11.4.2, 18.2.1; parámetro del 2.4; predicativo 24.2, 24.3; verbal 3.4

objeto 1.2.4, 10.2, 21, 31.4.3, 43.4.1.2, 44.4; duplicación del objeto 20.4.3; marcación variable del 21.3.3
opcionalidad diacrónica 43.5.1
operador 6.4, 27.4.2, 34.4.4, 37, 42.3.1; argumentativo 11.4.1; discursivo 11.2, 11.4.2; 37; enunciativo 11.4.2; informativo 11.4.2; focal 37.2, 37.3; lógico 44.3; modal 11.4.1, 11.4.2, 27.2, 27.5; oracional 12.4.1; relacional 15.3.2
oración 1.3, 2.2, 2.3, 3.2, 4.3, 5.2, 5.3.1, 5.4.1, 6.2, 9, 9.2.1, 10, 19.2; adjetiva 14; adverbial 10, 16, 18; aseverativa 9.3, 9.4.1; comparativa coordinadas bimembres 17.3.3; comparativa 17, comparativa de (di)similitud 17.3.2.3; comparativa de adición 17.3.3; comparativa de exclusión 17.3.3; comparativa propia 17.3.2.1; comparativa relativa 17.3.2.2; comparativa temporal 17.3.2.3; completiva 13; coordinada 15;

índice temático

copulativa 10.2; desiderativa 9.4.4; exclamativa 9.4.3; hendida 19.3.3; imperativa 9.4.5; independiente 15; interrogativa 9.4.2; principal 9.2; pseudocomparativa 17; relativa incidental 14.3.1; relativa libre 14.3.2; relativa maximal 14.3.1; relativa semilibre 14.3.2; subordinada 14, 16; subordinada adverbial 11.2; subordinada de relativo 7.4, 14; subordinada sustantiva 13; vid. también cláusula
orden: de constituyentes 10.3, 12.3.2; 38.3.1; 38.4.2; de elementos 19, 20, 44.4; de palabras 33.3.2, 34.3.1; tipología del orden de palabras 19.3.1, 20.2; vid. tb. posición del sujeto
organización informativa 11.4.1

paciente 2.3, 2.3.1, 8.2.5, 10.2, 21.3.2, 22, 30.4.2
papel temático: vid. función semántica
parataxis 1.3.4, 15.2.1, 15.4, 1, 18.4
parte de la oración 1.3.1, 5.2
participio 1.2.4, 3.2, 10.2; cláusulas de 12.3.2, 30.2; en cláusulas absolutas 2.3.1, 12.2; en construcciones pasivas 22.2.3 y sigs.
partícula 1.2.1, 36.3; discursiva 37.2; enfática 9.4.3, de polaridad 26; pragmática 37.2
pasiva 5.3.1, 22; analítica 22; refleja 3.4, 22
perfil combinatorio 24.4
periferia 2.2, 3.4, 6.4.3; derecha 30.2; del enunciado 11.4.1 y sigs.; izquierda 2.4, 19.3, 20.3, 30.2, 34.4.3, 38.2, 38.4
perífrasis verbal 22.2.4, 26.4, 29, 31.2.1, 31.5, 38.3.1, 39.3, 39.4.2, 42.2
período 1.3.4, 4.3.1, 5.3.1, 14.4.2, 16.2, 18.2 y sigs., 36.4.3
perlocución 6.3
perspectiva discursiva 16.3
 peso pragmático 31.3.3
polaridad 9.3.1, 13.4, 15.5, 19.4.1, 19.5, 20.2.2, 26, 44.3; término de 17.3.2
polifonía 11.5
posesivo 14.4.2.3, 30.3.1, 32, 35.3.4, 38.2; doble 32.4.2
potencial valencial 24.4
pragmática 2.2, 2.5, 4.2, 4.3.1, 5.3.1, 6.2, 11.2, 11.3.3, 13.4, 16.3, 16.5, 19.3.2, 19.4.2, 20.4 y sigs., 23.3.2, 27.4.2, 30.3.2, 31.3.3, 36.4.1, 39.2, 40.3, 42.3
predicación: incidental 3.4; nominal 25.2; vid. también predicado
predicado 1.3.2, 2.3, 3.4, 5.3.1, 5.4.3, 8.2, 10, 13.2, 24, 27; avalente 9.2.2, 10.3, 24.2; bivalente 9.2.2, 10.3; incidental 3.4, 12.3.1, 12.5; monovalente 9.2.2, 10.3, 24.2; trivalente 2.3, 8.2.2, 9.2.2, 10.3, 24.2
pregunta retórica 29.5
preposicional: vid. sintagma

preposición 1.2.4, 5.3, 13.2, 30.2, 30.4, 35; término de 35.2 y sigs.; vid. también a marca preposicional
préstamo sintáctico 38.3.4
priming sintáctico 7.3
procesamiento sintáctico 7.3
 prominencia discursiva 21.5, 22.3
pronombre personal 10.2, 31; acusativo 31.4.3 y sigs., 38.4.1, 44.4; dativo 3.4, 21.2, 29.4.3, 31.2.1 y sigs., 38.4.1; expletivo 2.4.1; impersonal 23.3.1, 23.4; posición del pronombre sujeto 6.4.1, 31.2.2, 31.4.1, 39.4.1, 41.4.1, 41.5; reasuntivo 14.4.1, 19.3.2, 39.3, 43.4.2.1; vid. también clítico
propiedad discursiva 20.5
proposición 1.3.2, 5.2, 5.3.1, 12.4.1, 19.4.1, 29.3.2, 36.3.2, 36.4.3, 45.5; subordinada 5.2
prótasis 9.4.5, 16, 27.4.1, 28.2, 36.4.3, 38.2
pseudocomparativas 17.3.1 y sigs

queísmo 13.1 y sigs.
quesuismo 14.4.1, 14.5

rección 1.2, 3.2, 3.4, 5.2, 5.3.2, 27.3.2
receptor: vid. recipiente
recipiente 2.3, 3.4, 4.3.2
referencialidad 23.2 y sigs., 31.2.1, 33.3.2
refuncionalización 38.2
regencia 1.2.4
régimen 1.2, 5.2, 5.3.2, 21.2, 24; preposicional 14.2.3, 14.4.2
registro 3.3, 11.2, 14.4.1, 18.2.2, 20.5, 22.2.2, 22.4.1, 31.2.1, 33.3.3., 36.2.4, 36.5, 38.3.5, 38.4.2, 38.3.5 y sigs., 39.2, 44.4, 45.4
relación sintáctica 5, 15.2.1; combinatoria 5.2; de dependencia 36.2, 45.2, 45.5; discursiva 11.4.4; sintagmática 5.2
relación temporal: de anterioridad 28.2 y sigs.; de simultaneidad 28.2 y sigs., de posterioridad 28.2 y sigs.
relativo 14; interrogativo 14.2.1
relativización 14.2.1, 14.5, 22.4.2, 31.2.2; gramáticas de 14.5; modalidades de 14.4
relevancia informativa 27.4.4, 37.3, 40.4.2
rema 5.2, 19.2, 20.2.1
restricción discursiva 12.3.3, 12.5

selección 5.2, 5.3.2; de argumento 2.5; categorial 8.2.3, 45.2; léxico-semántica 8.2.2, 8.2.4; modal 36.4.3; modal-temporal 36.3.3; sintáctica 8.1, 8.2.2, 10.2, 35.4.1
significado procedimental 11.5, 37.3, 37.4, 42.4
sintagma: adjetival 33; adverbial 34; complementante 2.5, 13.3; conjunción 36.3.3; determinante 30.3, 30.5, 36.3.3; nominal 30; preposicional 5.3.1, 35; tópico 2.5; verbal 2.3, 4.4

623

índice temático

sociolecto 39.2
subordinación 18.3, 18.4
subjuntivo 27.3.1 y sigs.
sujeto 2.3.1, 2.4.1, 3.4, 10.4.2, 20.4.2, 21, 22.2, 22.3, 23.2, 23.3, 31.4.1, 31.4.2, 39.4.1; posición del 20, 24.3, 31.3.2, 31.42; posposición del 9.3.2, 19.3.1
suplemento 3.2, 3.4, 5.4, 3, 13.2, 24.2; *vid.* también complemento de régimen
supresión: prueba de 3.3

tema 2.3, 2.5, 3.5, 5.2, 6.3.2, 6.4.3, 11.4.1, 19.2, 20.2, 24.3, 38.4.2, 39.2, 42.2
tiempo verbal 28
tipo-instancia 23.2
topicalidad 19.2, 19.4.2, 21.3, 31.3.3, 31.5; jerarquía de 20.4.1, 40.3
tópico 2.4.1, 5.4.3, 6.3.2, 10.3, 12.3.3, 12.4.1, 18.2.1, 18.4, 19.2, 19.4.2, 20.3.2, 22.3, 31.3.2, 31.4.2, 37.3, 39.4.1, 40.3; de encuadre 19.2; de marco 12.3.3; no dislocado 12.3.3; pragmático 19.4.1, 19.5; reduplicado 40.3; vinculante 19.3.2
tradición discursiva 38.3 y sigs.
treebank 45.2 y sigs.

unidad 5; discursiva 11.3.3
uso discursivo 11.2, 36.4.2, 36.4.3

valencia 4.3.2, 5.3.2, 23.2, 24.2 y sigs., 29.4.2, 30.4.2; argumental 8.2.2; cualitativa 29.2; cuantitativa 29.2

valencial: realización 24.4
variable: dependiente 39.2; explicativa 39.2; independiente 25.3
variación 2.3, 2.4.1, 3.4, 9.4.5, 10.2, 10.5, 11.2, 11.5, 12.4, 13.3, 14.4.1, 16.4, 16.5, 17.5, 18.4, 19.5, 20.2.2, 20.4.2, 21.2 y sigs., 22.5, 24.4, 25.2, 26.4 y sigs., 31.2 y sigs., 32.4, 34.5, 37.4, 38.2, 38.3 y sigs., 39.2, 40.3, 40.4, 41.3, 44.4; y cambio 25.4; comunitaria 41.1, 41.3.2; contexto externo de la 39.2; factores internos de la 39.2; inherente 41.1, 41.3.2; interhablante 41.3.2; intrahablante 41.3.2
variacionismo 3.4, 39.2, 39.5
verbo 27, 28, 29; auxiliar 29; avalente 9.2.2, 10.3, 24.2; bivalente 9.2.2, 10.3; de cambio de estado 20.3.1, 20.4.1, 21.4.1; de comunicación 9.4.1, 13.2, 27.3.2; copulativo 10.2, 25.1, 38.4.1; inacusativo 2.3.1, 8.2.5, 12.2, 12.4.2, 19.3.1, 20.3.1, 20.4, 21.3.1, 21.4.1, 31.4.2; inergativo 2.3.1, 8.2.5, 8.26, 12.3.1, 20.3.1, 20.4.2, 21.3.1, 21.4.1; intensional 27.4.3; monovalente 8.2.2; relacional 21.3.2; semiauxiliar 29.4.1; semicopulativo 3.4, 25; trivalente 2.3, 8.2.2, 9.2.2, 10.3, 24.2
voz 22; activa 22; pasiva 22, 29.2, 38.4.1

yuxtaposición 3.3

zona: enfática 3.4; predicativa 3.4; temática 3.4